“一带一路”产业分析

李芳芳　朱　健　李晓东　仲芊芊　著

電子工業出版社
Publishing House of Electronics Industry
北京 • BEIJING

内 容 简 介

本书以“一带一路”沿线国家为研究对象，详细梳理了 41 个国家的基本情况、经济发展情况、产业结构情况等，并对各国的产业结构及政策进行了分析总结。其中，基本情况部分简要介绍了各国在自然环境、人口民族、经济建设等方面的情况；经济发展情况分析部分梳理了各国在经济规模、人力资本基础、信息化、制度环境、税收负担、国际贸易、外商投资、经济活力等方面的数据，分析其变化趋势，概括成因，并得出结论；产业结构情况分析部分重点关注了三次产业在产值和从业人数方面占比的变化，同时对工业展开内部结构分析，最后就各国产品情况进行总结；产业政策分析部分结合各国政策背景和自然环境、人口、经济建设等方面的情况，通过分析得出相应结论。本书对“一带一路”沿线国家的产业结构及产业政策进行了较为全面的分析总结，可作为了解“一带一路”沿线国家产业结构及政策的信息参考，助力“一带一路”沿线国家友好合作。

图书在版编目（CIP）数据

“一带一路”产业分析 / 李芳芳等著. —北京：电子工业出版社，2023.11

ISBN 978-7-121-46367-9

Ⅰ. ①一… Ⅱ. ①李… Ⅲ. ①“一带一路”－产业合作－国际合作－研究 Ⅳ. ①F269

中国国家版本馆 CIP 数据核字（2023）第 175483 号

责任编辑：石　菲　　文字编辑：靳　平
印　　刷：北京虎彩文化传播有限公司
装　　订：北京虎彩文化传播有限公司
出版发行：电子工业出版社
　　　　　北京市海淀区万寿路 173 信箱　　邮编：100036
开　　本：787×1092　1/16　印张：37　　字数：972.8 千字
版　　次：2023 年 11 月第 1 版
印　　次：2023 年 11 月第 1 次印刷
定　　价：68.00 元

凡所购买电子工业出版社图书有缺损问题，请向购买书店调换。若书店售缺，请与本社发行部联系，联系及邮购电话：（010）88254888，88258888。

质量投诉请发邮件至 zlts@phei.com.cn，盗版侵权举报请发邮件至 dbqq@phei.com.cn。

本书咨询联系方式：（010）88254278 或 fengyl@phei.com.cn。

前　言

2013年9月和10月，习近平在出访中亚和东南亚国家期间，先后提出共建"丝绸之路经济带"和"21世纪海上丝绸之路"（简称"一带一路"）的重大倡议。该倡议旨在通过构建多边合作的机制着力解决贸易便利化的问题，以此促进"一带一路"沿线国家的贸易合作与交流。"一带一路"沿线国家处于不同经济发展阶段，资源禀赋、科技实力差距很大，但都有各自的优势。"一带一路"沿线国家通过与其他国家的发展战略对接，可以有效推动其产业结构调整和工业化进程。

"一带一路"倡议提出了中国为推动经济全球化深入发展而进行国际区域经济合作的新模式，为中国对外直接投资的布局优化创造了机遇和条件。"一带一路"倡议的核心目标是促进经济要素有序自由流动、资源高效配置和市场深度融合。"一带一路"倡议致力于维护全球自由贸易体系和开放型世界经济，加强亚洲、欧洲、非洲及附近海洋的互通互联，推动"一带一路"沿线国家实现经济政策协调，开展更大范围、更高水平、更深层次的区域合作，共同打造开放、包容、均衡、普惠的区域经济合作架构。

"一带一路"倡议自提出后，便引起了国际和国内社会的热烈响应，现已有65个国家或地区加入该倡议，共谋发展之路。中国政府采取了一系列行动，与参与国共同努力，通过成立亚洲基础设施投资银行、丝路基金有限责任公司等机构，举办博鳌亚洲论坛年会、亚非会议、北京亚信峰会、上海合作组织峰会、亚太经合组织（APEC）峰会等活动，推动"一带一路"建设不断走深走实。

《礼记》有云，万物并育而不相害，道并行而不相悖。"一带一路"沿线国家总人口约为44亿人，经济总量约为21万亿美元，在全球的占比分别为63%和29%，是全球贸易和跨境投资增长较快的地区之一，且多为新兴经济体和发展中国家，虽然在经济发展及工业化水平方面各有差异，但都面临着共同繁荣发展的任务，以及收入迈向新水平、产业迈向新高度的挑战。

"一带一路"沿线国家共谋发展，关键要识别各国产业优势及劣势，秉持"共商、共建、共享"的原则，进行深入合作互学。分析判断"一带一路"沿线国家的产业结构与政策是未来开展合作的重要依据，也是充分发挥"一带一路"倡议优势的基础。基于此，本书详细梳理和深入分析了阿富汗、埃及、菲律宾、以色列、克罗地亚等41个"一带一路"沿线国家的基本情况，经济发展、产业结构及产业政策情况，并得出相应结论，以期为"一带一路"沿线国家发挥产业优势、加强产业合作、借鉴学习他国经验技术提供参考信息，推动"一带一路"沿线国家合作不断深入，助力"一带一路"沿线国家经济发展，促进"一带一路"沿线国家共同繁荣。

目　　录

第一章　阿富汗产业结构与产业政策分析……1
　第一节　基本情况……1
　第二节　经济发展情况分析……2
　　一、经济规模情况分析……2
　　二、人力资本基础情况分析……3
　　三、信息化情况分析……4
　　四、制度环境情况分析……5
　　五、税收负担情况分析……6
　　六、国际贸易情况分析……6
　　七、外国直接投资情况分析……7
　　八、经济活力情况分析……7
　第三节　产业结构情况分析……8
　　一、三次产业结构分析……8
　　二、工业、制造业规模变化分析……9
　　三、资源情况分析……10
　第四节　产业政策分析……10
　第五节　产业结构与产业政策分析基本结论……10
第二章　阿联酋产业结构与产业政策分析……12
　第一节　基本情况……12
　第二节　经济发展情况分析……13
　　一、经济规模情况分析……13
　　二、人力资本基础情况分析……14
　　三、交通情况分析……15
　　四、研发投入与产出情况分析……16
　　五、制度环境情况分析……16
　　六、税收负担情况分析……17
　　七、国际贸易情况分析……18
　　八、外国直接投资情况分析……19
　　九、经济活力情况分析……19
　第三节　产业结构情况分析……20
　　一、三次产业结构分析……20
　　二、工业、制造业规模变化分析……20
　　三、资源情况分析……21
　第四节　产业政策分析……21

第五节 产业结构与产业政策分析基本结论……22
第三章 阿塞拜疆产业结构与产业政策分析……24
第一节 基本情况……24
第二节 经济发展情况分析……25
一、经济规模情况分析……25
二、人力资本基础情况分析……26
三、研发投入与产出情况分析……28
四、制度环境情况分析……28
五、税收负担情况分析……30
六、国际贸易情况分析……31
七、外国直接投资情况分析……31
八、经济活力情况分析……32
第三节 产业结构情况分析……32
一、三次产业结构分析……32
二、工业、制造业规模变化分析……33
三、服务业规模变化分析……35
第四节 产业政策分析……35
第五节 产业结构与产业政策分析基本结论……36
第四章 埃及产业结构与产业政策分析……37
第一节 基本情况……37
第二节 经济发展情况分析……37
一、经济规模情况分析……37
二、人力资本基础情况分析……39
三、交通情况分析……40
四、信息化情况分析……41
五、研发投入与产出情况分析……41
六、制度环境情况分析……42
七、税收负担情况分析……43
八、国际贸易情况分析……43
九、外国直接投资情况分析……44
十、经济活力情况分析……45
第三节 产业结构情况分析……45
一、三次产业结构分析……45
二、工业、制造业规模变化分析……46
三、服务业规模变化分析……47
四、资源情况分析……48
五、产品的相关成本……49
第四节 产业政策分析……49
第五节 产业结构与产业政策分析基本结论……50

第五章 巴林产业结构与产业政策分析 …… 52
第一节 基本情况 …… 52
第二节 经济发展情况分析 …… 52
一、经济规模情况分析 …… 52
二、人力资本基础情况分析 …… 54
三、制度环境情况分析 …… 56
四、国际贸易情况分析 …… 57
五、税收负担情况分析 …… 58
六、信息化情况分析 …… 59
七、外国直接投资情况分析 …… 59
第三节 产业结构情况分析 …… 60
一、三次产业结构分析 …… 60
二、工业、制造业规模变化分析 …… 61
三、服务业规模变化分析 …… 62
四、资源情况分析 …… 62
第四节 产业政策分析 …… 63
第五节 产业结构与产业政策分析基本结论 …… 64
第六章 保加利亚产业结构与产业政策分析 …… 65
第一节 基本情况 …… 65
第二节 经济发展情况分析 …… 66
一、经济规模情况分析 …… 66
二、人力资本基础情况分析 …… 68
三、交通情况分析 …… 69
四、信息化情况分析 …… 71
五、研发投入与产出情况分析 …… 71
六、制度环境情况分析 …… 72
七、税收负担情况分析 …… 73
八、国际贸易情况分析 …… 74
九、外国直接投资情况分析 …… 75
十、经济活力情况分析 …… 75
第三节 产业结构情况分析 …… 76
一、三次产业结构分析 …… 76
二、工业、制造业规模变化分析 …… 78
三、服务业规模变化分析 …… 79
四、资源情况分析 …… 80
五、产品的相关成本 …… 81
第四节 产业政策分析 …… 81
第五节 产业结构与产业政策分析基本结论 …… 82

第七章　波兰产业结构与产业政策分析……83
第一节　基本情况……83
第二节　经济发展情况分析……83
一、经济规模情况分析……83
二、人力资本基础情况分析……85
三、交通情况分析……86
四、信息化情况分析……86
五、研发投入与产出情况分析……87
六、制度环境情况分析……87
七、税收负担情况分析……88
八、国际贸易情况分析……89
九、外国直接投资情况分析……90
十、经济活力情况分析……90
第三节　产业结构情况分析……91
一、三次产业结构分析……91
二、工业、制造业规模变化分析……92
三、农业规模变化分析……93
四、资源情况分析……93
第四节　产业政策分析……94
第五节　产业结构与产业政策分析基本结论……96
第八章　不丹产业结构与产业政策分析……98
第一节　基本情况……98
第二节　经济发展情况分析……98
一、经济规模情况分析……98
二、人力资本基础情况分析……99
三、交通情况分析……100
四、信息化情况分析……101
五、研发投入与产出情况分析……101
六、制度环境情况分析……102
七、税收负担情况分析……103
八、国际贸易情况分析……104
九、外商直接投资情况分析……104
十、经济活力情况分析……105
第三节　产业结构情况分析……106
一、三次产业结构分析……106
二、工业、制造业规模变化分析……107
三、资源情况分析……108
第四节　产业政策分析……109
第五节　产业结构与产业政策分析基本结论……110

第九章　东帝汶产业结构与产业政策分析……112
第一节　基本情况……112
第二节　经济发展情况分析……112
一、经济规模情况分析……112
二、人力资本基础情况分析……113
三、信息化情况分析……115
四、制度环境情况分析……115
五、税收负担情况分析……116
六、国际贸易情况分析……117
七、外国直接投资情况分析……117
八、经济活力情况分析……118
第三节　产业结构情况分析……118
一、三次产业结构分析……118
二、工业、制造业规模变化分析……119
第四节　产业政策分析……120
第五节　产业结构与产业政策分析基本结论……121
第十章　菲律宾产业结构与产业政策分析……122
第一节　基本情况……122
第二节　经济发展情况分析……123
一、经济规模情况分析……123
二、人力资本基础情况分析……124
三、交通情况分析……125
四、信息化情况分析……126
五、研发投入与产出情况分析……127
六、制度环境情况分析……128
七、税收负担情况分析……129
八、国际贸易情况分析……130
九、外国直接投资情况分析……131
十、经济活力情况分析……132
第三节　产业结构情况分析……133
一、三次产业结构分析……133
二、工业、制造业规模变化分析……134
三、服务业规模变化分析……135
四、业务流程外包业情况分析……137
五、业务流程外包业的相关成本……138
第四节　产业政策分析……138
第五节　产业结构与产业政策分析基本结论……139
第十一章　格鲁吉亚产业结构与产业政策分析……140
第一节　基本情况……140

第二节 经济发展情况分析 …… 141
一、经济规模情况分析 …… 141
二、人力资本基础情况分析 …… 142
三、研发投入与产出情况分析 …… 144
四、制度环境情况分析 …… 145
五、税收负担情况分析 …… 146
六、国际贸易情况分析 …… 146
七、外国直接投资情况分析 …… 147
八、经济活力情况分析 …… 148
第三节 产业结构情况分析 …… 148
一、三次产业结构分析 …… 148
二、工业、制造业规模变化分析 …… 149
三、服务业规模变化分析 …… 150
第四节 产业政策分析 …… 151
第五节 产业结构与产业政策分析基本结论 …… 151
第十二章 哈萨克斯坦产业结构与产业政策分析 …… 153
第一节 基本情况 …… 153
第二节 经济发展情况分析 …… 153
一、经济规模情况分析 …… 153
二、人力资本基础情况分析 …… 155
三、交通情况分析 …… 156
四、信息化情况分析 …… 157
五、研发投入与产出情况分析 …… 157
六、制度环境情况分析 …… 158
七、税收负担情况分析 …… 159
八、国际贸易情况分析 …… 160
九、经济活力情况分析 …… 160
第三节 产业结构情况分析 …… 161
一、三次产业结构分析 …… 161
二、工业、制造业规模变化分析 …… 162
三、服务业规模变化分析 …… 163
四、资源情况分析 …… 163
第四节 产业政策分析 …… 169
第五节 产业结构与产业政策分析基本结论 …… 169
第十三章 黑山产业结构与产业政策分析 …… 171
第一节 基本情况 …… 171
第二节 经济发展情况分析 …… 171
一、经济规模情况分析 …… 171
二、人力资本基础情况分析 …… 172

三、交通情况分析……174
四、信息化情况分析……174
五、研发投入与产出情况分析……175
六、税收负担情况分析……176
七、国际贸易情况分析……176
八、外国直接投资情况分析……177
九、经济活力情况分析……177
第三节　产业结构情况分析……178
一、三次产业结构分析……178
二、工业、制造业规模变化分析……179
三、服务业规模变化分析……179
四、产品情况分析……179
五、产品的相关成本……181
第四节　产业政策分析……182
第五节　产业结构与产业政策分析基本结论……182
第十四章　柬埔寨产业结构与产业政策分析……184
第一节　基本情况……184
第二节　经济发展情况分析……184
一、经济规模情况分析……184
二、人力资本基础情况分析……185
三、交通情况分析……186
四、制度环境情况分析……187
五、国际贸易情况分析……188
第三节　产业结构情况分析……188
一、产业发展情况……188
二、第一产业规模变化分析……190
三、第三产业规模变化分析……190
四、第二产业规模变化分析……190
第四节　产业政策分析……191
第五节　产业结构与产业政策分析基本结论……192
一、加快实现两国发展战略对接……192
二、不断创新经贸投资方式……192
第十五章　卡塔尔产业结构与产业政策分析……193
第一节　基本情况……193
第二节　经济发展情况分析……194
一、经济规模情况分析……194
二、人力资本基础情况分析……195
三、交通情况分析……197
四、信息化情况分析……197

五、制度环境情况分析 …… 198
六、税收负担情况分析 …… 199
七、国际贸易情况分析 …… 200
八、外国直接投资情况分析 …… 201
九、经济活力情况分析 …… 201
第三节 产业结构情况分析 …… 202
一、三次产业结构分析 …… 202
二、工业、制造业规模变化分析 …… 203
三、服务业规模变化分析 …… 203
四、资源情况分析 …… 204
第四节 产业政策分析 …… 205
第五节 产业结构与产业政策分析基本结论 …… 205
第十六章 老挝产业结构与产业政策分析 …… 207
第一节 基本情况 …… 207
第二节 经济发展情况分析 …… 208
一、经济规模情况分析 …… 208
二、人力资本基础情况分析 …… 209
三、交通情况分析 …… 211
四、研发投入与产出情况分析 …… 211
五、信息化情况分析 …… 212
六、制度环境情况分析 …… 212
七、税收负担情况分析 …… 213
八、国际贸易情况分析 …… 214
九、外国直接投资情况分析 …… 215
十、经济活力情况分析 …… 215
第三节 产业结构情况分析 …… 216
一、三次产业结构分析 …… 216
二、工业、制造业规模变化分析 …… 217
三、旅游业规模变化分析 …… 218
四、资源情况分析 …… 219
第四节 产业政策分析 …… 220
第五节 产业结构与产业政策分析基本结论 …… 222
第十七章 黎巴嫩产业结构与产业政策分析 …… 223
第一节 基本情况 …… 223
第二节 经济发展情况分析 …… 224
一、经济规模情况分析 …… 224
二、人力资本基础情况分析 …… 225
三、税收负担情况分析 …… 227
四、制度环境情况分析 …… 228

五、国际贸易情况分析 …… 229
六、外国直接投资情况分析 …… 230
第三节　产业结构情况分析 …… 230
一、三次产业结构分析 …… 230
二、工业、制造业规模变化分析 …… 231
三、服务业规模变化分析 …… 232
第四节　产业政策分析 …… 232
第五节　产业结构与产业政策分析基本结论 …… 233
第十八章　立陶宛产业结构与产业政策分析 …… 234
第一节　基本情况 …… 234
第二节　经济发展情况分析 …… 235
一、经济规模情况分析 …… 235
二、人力资本基础情况分析 …… 236
三、交通情况分析 …… 237
四、信息化情况分析 …… 238
五、研发投入与产出情况分析 …… 239
六、制度环境情况分析 …… 239
七、税收负担情况分析 …… 240
八、国际贸易情况分析 …… 241
九、外国直接投资情况分析 …… 242
十、经济活力情况分析 …… 242
第三节　产业结构情况分析 …… 243
一、三次产业结构分析 …… 243
二、工业、制造业规模变化分析 …… 244
三、服务业规模变化分析 …… 244
四、资源情况分析 …… 245
第四节　产业政策分析 …… 247
第五节　产业结构与产业政策分析基本结论 …… 247
第十九章　马尔代夫产业结构与产业政策分析 …… 248
第一节　基本情况 …… 248
第二节　经济发展情况分析 …… 249
一、经济规模情况分析 …… 249
二、人力资本基础情况分析 …… 250
三、交通情况分析 …… 251
四、信息化情况分析 …… 252
五、科研水平情况分析 …… 253
六、制度环境情况分析 …… 253
七、税收负担情况分析 …… 254
八、国际贸易情况分析 …… 255

九、外国直接投资情况分析 …… 256
十、经济活力情况分析 …… 256
第三节 产业结构情况分析 …… 257
一、三次产业结构分析 …… 257
二、工业、制造业规模变化分析 …… 258
三、服务业规模变化分析 …… 259
四、产品情况分析 …… 260
五、产品的相关成本 …… 261
第四节 产业政策分析 …… 262
第五节 产业结构与产业政策分析基本结论 …… 263
第二十章 马来西亚产业结构与产业政策分析 …… 264
第一节 基本情况 …… 264
第二节 经济发展情况分析 …… 264
一、经济规模情况分析 …… 264
二、人力资本基础情况分析 …… 266
三、交通情况分析 …… 267
四、信息化情况分析 …… 268
五、研发投入与产出情况分析 …… 268
六、制度环境情况分析 …… 269
七、税收负担情况分析 …… 270
八、国际贸易情况分析 …… 271
九、外国直接投资情况分析 …… 271
十、经济活力情况分析 …… 272
第三节 产业结构情况分析 …… 272
一、三次产业结构分析 …… 272
二、工业、制造业规模变化分析 …… 273
三、服务业规模变化分析 …… 274
四、资源情况分析 …… 275
第四节 产业政策分析 …… 276
第五节 产业结构与产业政策分析基本结论 …… 277
第二十一章 蒙古产业结构与产业政策分析 …… 279
第一节 基本情况 …… 279
第二节 经济发展情况分析 …… 279
一、经济规模情况分析 …… 279
二、人力资本基础情况分析 …… 280
三、信息化情况分析 …… 282
四、研发投入与产出情况分析 …… 282
五、制度环境情况分析 …… 283
六、税收负担情况分析 …… 284

七、国际贸易情况分析……285
八、外国直接投资情况分析……285
九、经济活力情况分析……286
第三节 产业结构情况分析……286
一、三次产业结构分析……286
二、工业、制造业规模变化分析……287
三、服务业规模变化分析……288
四、资源情况分析……289
第四节 经济发展历程……289
第五节 产业政策分析……290
第六节 产业结构与产业政策分析基本结论……291
第二十二章 缅甸产业结构与产业政策分析……293
第一节 基本情况……293
第二节 经济发展情况分析……293
一、经济规模情况分析……293
二、人力资本基础情况分析……294
三、交通情况分析……295
四、信息化情况分析……296
五、制度环境情况分析……296
六、税收负担情况分析……298
七、国际贸易情况分析……298
八、外国直接投资情况分析……299
九、经济活力情况分析……299
第三节 产业结构情况分析……300
一、三次产业结构分析……300
二、工业、制造业规模变化分析……301
三、服务业规模变化分析……302
四、资源情况分析……302
第四节 产业政策分析……303
第五节 产业结构与产业政策分析基本结论……304
第二十三章 摩尔多瓦产业结构与产业政策分析……306
第一节 基本情况……306
第二节 经济发展情况分析……307
一、经济规模情况分析……307
二、人力资本基础情况分析……308
三、研发投入与产出情况分析……310
四、制度环境情况分析……310
五、税收负担情况分析……311
六、国际贸易情况分析……312

七、外国直接投资情况分析 …… 313
八、经济活力情况分析 …… 314
第三节 产业结构情况分析 …… 314
一、产业结构分析 …… 314
二、工业、制造业规模变化分析 …… 315
三、服务业规模变化分析 …… 316
第四节 产业政策分析 …… 317
第五节 产业结构与产业政策分析基本结论 …… 318
第二十四章 尼泊尔产业结构与产业政策分析 …… 319
第一节 基本情况 …… 319
第二节 经济发展情况分析 …… 320
一、经济规模情况分析 …… 320
二、人力资本基础情况分析 …… 321
三、制度环境情况分析 …… 323
四、税收负担情况分析 …… 324
五、国际贸易情况分析 …… 325
六、外国直接投资情况分析 …… 326
七、经济活力情况分析 …… 326
第三节 产业结构情况分析 …… 327
一、三次产业结构分析 …… 327
二、工业、制造业规模变化分析 …… 328
三、服务业规模变化分析 …… 328
第四节 产业政策分析 …… 329
第五节 产业结构与产业政策分析基本结论 …… 329
第二十五章 塞尔维亚产业结构和产业政策分析 …… 331
第一节 基本情况 …… 331
第二节 经济发展情况分析 …… 332
一、经济规模情况分析 …… 332
二、人力资本基础情况分析 …… 333
三、交通情况分析 …… 335
四、研发投入与产出情况分析 …… 336
五、制度环境情况分析 …… 336
六、税收负担情况分析 …… 337
七、国际贸易情况分析 …… 338
八、外国直接投资情况分析 …… 339
九、经济活力情况分析 …… 339
第三节 产业结构情况分析 …… 340
一、三次产业结构分析 …… 340
二、工业、制造业规模变化分析 …… 341

三、服务业规模变化分析……342
第四节　产业政策分析……342
第五节　产业结构与产业政策分析基本结论……343
第二十六章　沙特阿拉伯产业结构与产业政策分析……345
第一节　基本情况……345
第二节　经济发展情况分析……345
一、经济规模情况分析……345
二、人力资本基础情况分析……346
三、交通情况分析……348
四、制度环境情况分析……349
五、税收负担情况分析……350
六、国际贸易情况分析……350
七、外国直接投资情况分析……351
八、经济活力情况分析……352
第三节　产业结构情况分析……352
一、三次产业结构分析……352
二、工业、制造业规模变化分析……353
三、服务业规模变化分析……354
第四节　产业政策分析……355
第五节　产业结构与产业政策分析基本结论……355
第二十七章　斯里兰卡产业结构与产业政策分析……357
第一节　基本情况……357
第二节　经济发展情况分析……358
一、经济规模情况分析……358
二、人力资本基础情况分析……359
三、交通情况分析……361
四、研发投入与产出情况分析……361
五、制度环境情况分析……362
六、税收负担情况分析……363
七、国际贸易情况分析……364
八、外国直接投资情况分析……364
九、经济活力情况分析……365
第三节　产业结构情况分析……365
一、三次产业结构分析……365
二、工业、制造业规模变化分析……366
三、服务业规模变化分析……367
第四节　产业政策分析……368
第五节　产业结构与产业政策分析基本结论……368

第二十八章　斯洛伐克产业结构与产业政策分析 …… 370
第一节　基本情况 …… 370
第二节　经济发展情况分析 …… 371
一、经济规模情况分析 …… 371
二、人力资本基础情况分析 …… 372
三、交通情况分析 …… 374
四、信息化情况分析 …… 375
五、研发投入与产出情况分析 …… 376
六、制度环境情况分析 …… 376
七、税收负担情况分析 …… 378
八、国际贸易情况分析 …… 378
九、外国直接投资情况分析 …… 379
十、经济活力情况分析 …… 379
第三节　产业结构情况分析 …… 381
一、三次产业结构分析 …… 381
二、农业规模变化分析 …… 382
三、工业、制造业规模变化分析 …… 383
四、服务业规模变化分析 …… 384
五、资源情况分析 …… 384
第四节　产业政策分析 …… 386
第五节　产业结构与产业政策分析基本结论 …… 386
第二十九章　塔吉克斯坦产业结构与产业政策分析 …… 388
第一节　基本情况 …… 388
第二节　经济发展情况分析 …… 389
一、经济规模情况分析 …… 389
二、人力资本基础情况分析 …… 390
三、研发投入与产出情况分析 …… 392
四、国际贸易情况分析 …… 392
五、制度环境情况分析 …… 393
六、税收负担情况分析 …… 394
第三节　产业结构情况分析 …… 395
一、三次产业结构分析 …… 395
二、工业、制造业规模变化分析 …… 396
三、服务业规模变化分析 …… 396
第四节　产业政策分析 …… 397
第五节　产业结构与产业政策分析基本结论 …… 397
第三十章　泰国产业结构与产业政策分析 …… 399
第一节　基本情况 …… 399
第二节　经济发展情况分析 …… 400

一、经济规模情况分析……400
二、人力资本基础情况分析……401
三、交通情况分析……402
四、信息化情况分析……403
五、研发投入与产出情况……403
六、制度环境情况分析……404
七、税收负担情况分析……405
八、国际贸易情况分析……406
九、外国直接投资情况分析……406
十、经济活力情况分析……407
第三节　产业结构情况分析……407
一、三次产业结构分析……407
二、工业、制造业规模变化分析……408
三、服务业规模变化分析……409
四、产品情况分析……410
五、产品的相关成本……411
第四节　产业政策分析……412
第五节　产业结构与产业政策分析基本结论……413
第三十一章　文莱产业结构与产业政策分析……414
第一节　基本情况……414
第二节　经济发展情况分析……415
一、经济规模情况分析……415
二、人力资本基础情况分析……416
三、制度环境情况分析……418
四、税收负担情况分析……419
五、外国直接投资现状分析……419
六、国际贸易情况分析……420
七、经济活力情况分析……420
第三节　产业结构情况分析……421
一、三次产业结构分析……421
二、工业、制造业规模变化分析……422
三、服务业规模变化分析……423
第四节　产业政策分析……423
第五节　产业结构和产业政策分析基本结论……424
第三十二章　乌克兰产业结构与产业政策分析……426
第一节　基本情况……426
第二节　经济发展情况分析……427
一、经济规模情况分析……427
二、人力资本基础情况分析……428

三、研发投入与产出情况分析 …… 429
四、制度环境情况分析 …… 430
五、税收负担情况分析 …… 431
六、国际贸易情况分析 …… 432
七、外国直接投资情况分析 …… 432
八、经济活力情况分析 …… 433
第三节　产业结构情况分析 …… 433
一、三次产业结构分析 …… 433
二、工业、制造业规模变化分析 …… 434
三、服务业规模变化分析 …… 435
四、产品情况分析 …… 436
第四节　产业政策分析 …… 437
一、优先发展高科技产业和日用消费品工业 …… 437
二、扩大第三产业 …… 437
三、转产国防工业和机器制造业的军工生产部门 …… 438
第五节　产业结构与产业政策分析基本结论 …… 439
一、低能耗部门没有得到长足发展 …… 439
二、民族工业受挫影响内部调整 …… 439
三、科技实力的下降致使工业结构难以向现代高科技领域转换 …… 440
四、农业部门在产业结构调整中仍然没有得到长足发展 …… 440
第三十三章　乌兹别克斯坦产业结构与产业政策分析 …… 441
第一节　基本情况 …… 441
第二节　经济发展情况分析 …… 442
一、经济规模情况分析 …… 442
二、人力资本基础情况分析 …… 442
三、信息化情况分析 …… 443
四、创新活动情况分析 …… 444
五、制度环境情况分析 …… 444
六、税收负担情况分析 …… 445
七、国际贸易情况分析 …… 446
八、外国直接投资情况分析 …… 446
九、经济活力情况分析 …… 447
第三节　产业结构情况分析 …… 447
一、三次产业结构分析 …… 447
二、服务业规模变化分析 …… 448
第四节　产业政策分析 …… 449
一、大力发展汽车产业 …… 449
二、吸引外资优惠政策 …… 449
三、大力发展纺织服装业 …… 450

四、医药进口利好政策 …… 450
第五节　产业结构与产业政策分析基本结论 …… 450
第三十四章　新加坡产业结构与产业政策分析 …… 452
第一节　基本情况 …… 452
第二节　经济发展情况分析 …… 452
一、经济规模情况分析 …… 452
二、人力资本基础情况分析 …… 454
三、信息化情况分析 …… 455
四、研发投入与产出情况分析 …… 455
五、制度环境情况分析 …… 456
六、税收负担情况分析 …… 457
七、外国直接投资情况分析 …… 458
八、经济活力情况分析 …… 459
第三节　产业结构情况分析 …… 460
一、三次产业结构分析 …… 460
二、工业、制造业规模变化分析 …… 461
三、服务业规模变化分析 …… 462
第四节　产业政策分析 …… 463
一、积极鼓励出口，推动出口导向产业的发展 …… 463
二、吸引跨国公司促进经济发展 …… 464
三、建立配合不同产业发展的聚集区与工业园 …… 464
四、有效地进行出口贸易的管理和服务 …… 464
第五节　产业结构与产业政策分析基本结论 …… 465
第三十五章　匈牙利产业结构与产业政策分析 …… 467
第一节　基本情况 …… 467
第二节　经济发展情况分析 …… 467
一、经济规模情况分析 …… 467
二、人力资本基础情况分析 …… 469
三、研发投入与产出情况分析 …… 470
四、制度环境情况分析 …… 471
五、税收负担情况分析 …… 472
六、国际贸易情况分析 …… 473
七、外国直接投资情况分析 …… 474
八、经济活力情况分析 …… 474
第三节　产业结构情况分析 …… 475
一、三次产业结构分析 …… 475
二、工业、制造业规模变化分析 …… 476
三、服务业规模变化分析 …… 477
四、资源情况分析 …… 477

第四节 产业政策分析……478
第五节 产业结构与产业政策分析基本结论……479
第三十六章 叙利亚产业结构与产业政策分析……481
第一节 基本情况……481
第二节 经济发展情况分析……482
一、经济规模情况分析……482
二、人力资本基础情况分析……483
三、交通情况分析……485
四、研发投入与产出情况分析……485
五、制度环境情况分析……486
六、税收负担情况分析……487
七、国际贸易情况分析……488
八、外国直接投资情况分析……489
九、经济活力情况分析……489
第三节 产业结构情况分析……490
一、三次产业结构分析……490
二、服务业规模变化分析……491
三、资源情况分析……491
第四节 产业政策分析……492
第五节 产业结构与产业政策分析基本结论……492
第三十七章 以色列产业结构与产业政策分析……494
第一节 基本情况……494
第二节 经济发展情况分析……494
一、经济规模情况分析……494
二、人力资本基础情况分析……495
三、交通情况分析……496
四、信息化情况分析……497
五、研发投入与产出情况分析……498
六、制度环境现状分析……499
七、税收负担情况分析……500
八、国际贸易情况分析……501
九、外国直接投资情况分析……502
十、经济活力情况分析……502
第三节 产业结构情况分析……503
一、三次产业结构分析……503
二、工业、制造业规模变化分析……504
第四节 产业政策分析……505
第五节 产业结构与产业政策分析基本结论……506
一、具有复合型背景的研究委员会以确保创新决策的科学性……506

二、以色列政府资助项目条件的特殊设定推动应用产业化 …… 506
三、科研经费资助的返还制度提升使用效率 …… 506
第三十八章 印度尼西亚产业结构与产业政策分析 …… 507
第一节 基本情况 …… 507
第二节 经济发展情况分析 …… 508
一、经济规模情况分析 …… 508
二、人力资本基础情况分析 …… 509
三、研发投入与产出情况分析 …… 510
四、税收负担情况分析 …… 511
五、国际贸易情况分析 …… 512
六、外国直接投资情况分析 …… 512
七、经济活力情况分析 …… 513
八、制度环境情况分析 …… 513
第三节 产业结构情况分析 …… 515
一、三次产业结构分析 …… 515
二、工业、制造业规模变化分析 …… 516
三、服务业规模变化分析 …… 516
第四节 产业政策分析 …… 517
第五节 产业结构与产业政策分析基本结论 …… 517
第三十九章 约旦产业结构与产业政策分析 …… 519
第一节 基本情况 …… 519
第二节 经济发展情况分析 …… 520
一、经济规模情况分析 …… 520
二、人力资本基础情况分析 …… 521
三、交通基础情况分析 …… 522
四、信息化情况分析 …… 523
五、研发投入与产出情况分析 …… 523
六、制度环境情况分析 …… 524
七、税收负担情况分析 …… 525
八、国际贸易情况分析 …… 525
九、外国直接投资情况分析 …… 526
十、经济活力情况分析 …… 526
第三节 产业结构情况分析 …… 527
一、三次产业结构分析 …… 527
二、工业、制造业规模变化分析 …… 528
三、服务业规模变化分析 …… 529
四、产品情况分析 …… 530
五、外国援助情况分析 …… 531
第四节 产业政策分析 …… 532

第五节 产业结构与产业政策分析基本结论……532
第四十章 越南产业结构与产业政策分析……534
第一节 基本情况……534
第二节 经济发展情况分析……534
一、经济规模情况分析……534
二、人力资本基础情况分析……536
三、交通基础情况分析……537
四、信息化情况分析……538
五、研发投入与产出情况分析……538
六、制度环境情况分析……539
七、税收负担情况分析……540
八、国际贸易情况分析……541
九、外国直接投资情况分析……542
十、经济活力情况分析……542
第三节 产业结构情况分析……543
一、三次产业结构分析……543
二、工业、制造业规模变化分析……544
三、服务业规模变化分析……545
四、产品情况分析……545
五、产品的相关成本……546
第四节 产业政策分析……546
第五节 产业结构与产业政策分析基本结论……547
第四十一章 克罗地亚产业结构与产业政策分析……549
第一节 基本情况……549
第二节 经济发展情况分析……550
一、经济规模情况分析……550
二、人力资本基础情况分析……551
三、交通基础情况分析……553
四、信息化情况分析……553
五、研发投入与产出情况分析……554
六、制度环境情况分析……554
七、税收负担情况分析……555
八、国际贸易情况分析……556
九、外国直接投资情况分析……557
十、经济活力情况分析……557
第三节 产业结构情况分析……559
一、三次产业结构分析……559
二、工业、制造业规模变化分析……560
三、服务业规模变化分析……560

四、产品情况分析 …… 561
五、旅游业情况分析 …… 563
第四节　产业政策分析 …… 564
一、鼓励外商投资的政策措施 …… 564
二、外商投资的行业分布 …… 565
第五节　产业结构与产业政策分析基本结论 …… 565

第一章 阿富汗产业结构与产业政策分析

第一节 基本情况

阿富汗伊斯兰共和国，简称阿富汗，总面积为 647 500 平方千米，位于西亚、南亚和中亚交会处，是一个内陆国家。阿富汗总人口约为 3 804 万人，劳动力人口约为 410 万人，劳动力素质较高，大都受过高等教育且具有特定的技能和专长。阿富汗受教育人口超过了总人口的 98%，大约 2/3 的劳动力已经完成了一种专长或多种形式的技术培训和职业教育。阿富汗许多年轻人掌握英语、德语和法语等外语。阿富汗在宗教、语言、地理上与大部分比邻的国家有着相当程度的关联。

在地理环境方面，阿富汗北部与土库曼斯坦、乌兹别克斯坦以及塔吉克斯坦接壤，东部与中国以及部分巴基斯坦控制查谟-克什米尔地区接壤，南部与巴基斯坦接壤，西部与伊朗接壤。阿富汗平均海拔为 1 000 米，境内多山，最大的兴都库什山脉自东北斜贯西南，高原和山地占全国面积的 4/5，北部和西南部多为平原，西南部有沙漠。

在气候方面，阿富汗属大陆性气候，四季分明，昼夜温差较大，全年干燥少雨，年温差和日温差均较大，全国年平均降雨量只有 240 毫米。阿富汗冬季严寒，北部和东北部地区最低气温在零下 30℃以下。阿富汗夏季酷热，东部城市贾拉拉巴德最高气温可达 49℃。阿富汗首都喀布尔气候宜人，四季分明，全年平均气温为 13℃左右。阿富汗的河流大部分是内陆河，河水主要来源于雨雪，多注入沙漠和湖泊。阿富汗主要河流有阿姆河、喀布尔河、赫尔曼德河和哈里河等。

在自然资源方面，阿富汗矿藏资源丰富，基本处于未开发状态。经估测，阿富汗的矿藏资源价值超过 3 万亿美元。至 2014 年已发现 1 400 多处矿藏，包括铁、铬铁、铜、铅、锌、镍、锂、铍、金、银、铂、钯、滑石、大理石、重晶石、宝石和半宝石、盐、煤、铀、石油和天然气等。阿富汗著名矿藏包括哈吉加克铁矿、艾娜克铜矿、巴米扬煤矿、赫拉特锂矿、阿姆达利亚油气田、阿富汗-塔吉克盆地油气田等。阿富汗天然气储量约为 1 500 亿立方米，煤矿储量约为 1 亿吨，盐储量约为 3 亿吨，青金石储量约为 1 300 吨，铁矿储量约为 17 亿吨，铜矿石储量约为 5 亿吨。在阿富汗因运输困难和资金缺乏，仅天然气、煤、盐、铬得到少量开采。

在经济建设方面，阿富汗历经 30 多年战乱，经济破坏严重，交通、通信、工业、教育和农业基础设施遭到的破坏最为严重，生产生活物资短缺，曾有 600 多万人沦为难民。2002 年以来，阿富汗国民经济呈现“低水平的快速增长”，经济逐步恢复发展。阿富汗 2013/2014 财年经济同比增长 6.4%，GDP 约为 212 亿美元，人均 GDP 约为 720 美元，对外贸易额约为 58.47 亿美元。

第二节 经济发展情况分析

一、经济规模情况分析

GDP 表示一个地区在特定时期内的产品和劳务价值的总和，代表一个国家的经济发展总体水平，是评价一个地方经济状况的常用指标。GDP 增长率可以直观地反映一个国家的经济建设发展波动状况。由图 1-1 和图 1-2 可以看出，2006—2013 年，阿富汗的经济处于上升趋势；2014—2016 年，阿富汗连续 3 年 GDP 出现了负增长。由图 1-1 可以看出，2006—2016 年，阿富汗 GDP 增长率一直处于上下起伏的状态，经济发展比较不稳定，尤其是在 2007 年，增长率达到 13.8%，到 2008 年又下降到 3.9%，而从 2015 年以后开始出现超低增长，这对阿富汗经济重建是一个危险的信号。

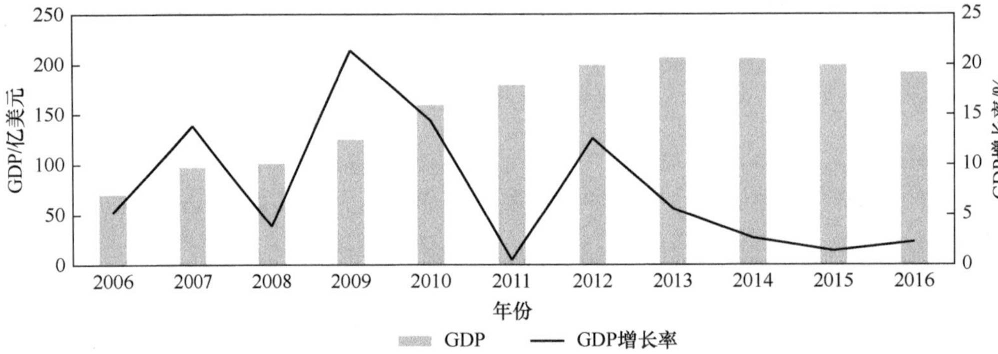

图 1-1 阿富汗 GDP 及其增长率变化情况

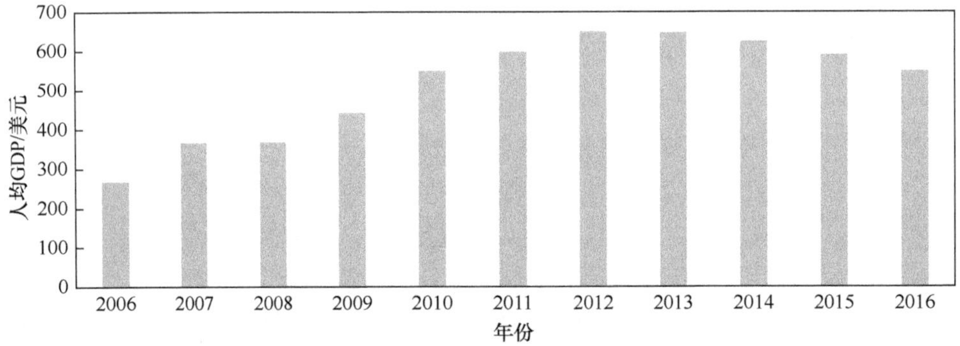

图 1-2 阿富汗人均 GDP 变化情况

按 CPI 计算通货膨胀率是基于 CPI 计算通货膨胀的一种方法。该方法紧密结合老百姓的收入对物价的影响，以此避免社会动荡。影响通货膨胀的因素有很多，如 CPI、生产价格指数等。因为 CPI 与人民生活联系最为密切，所以选择 2006—2015 年阿富汗按 CPI 计算通货膨胀率作为研究对象。由表 1-1 可以看出，2008 年阿富汗按 CPI 计算通货膨胀率指标达到近 10 年的最高点，为 30.56%，紧接着在 2009 年，按 CPI 计算通货膨胀率呈现负增长，下降到了−8.29%。10 年来，阿富汗的经济发展处于一种较为不稳定的状况，须及时进行宏观、科学、系统的调控。

广义货币是衡量一个地区经济指标的经济学概念，与狭义货币相对应，指市场上的交易货币加上过期存款的货币数量总和。广义货币增长率过高，说明该地区存在通货膨胀的潜在危险；反之，如果广义货币增长率过低，则说明该地区存在潜在通货紧缩的危险。据有关研究，广义货币增长率正常值应该为 13%～14%，一旦出现过高或者过低的偏差，就说明该地区经济发展是存在问题的。由表 1-2 可以看出，阿富汗这些年的广义货币增长率一直处于不正常状态，2011 年之前广义货币增长率过高，会造成该地区的通货膨胀。2012 年之后，广义货币增长率又突然大幅度降低，导致通货紧缩的情况出现。这种上下浮动的广义货币增长率充分表明阿富汗近些年的经济建设处于待改进状况。

表 1-1 阿富汗按 CPI 计算通货膨胀率

年份	按 CPI 计算通货膨胀率/%
2006	7.26
2007	8.48
2008	30.56
2009	−8.29
2010	0.89
2011	13.8
2012	6.80
2013	7.65
2014	4.60
2015	−1.53

数据来源：阿富汗统计局网站。

表 1-2 阿富汗广义货币增长率

年份	广义货币增长率/%
2007	42.4
2008	31.38
2009	33.05
2010	26.95
2011	21.31
2012	8.8
2013	9.4
2014	8.34

数据来源：阿富汗统计局网站。

二、人力资本基础情况分析

1996—2017 年阿富汗总人口是稳定增加的，其人口增长率基本保持在 2%～5%。2017 年阿富汗总人口约为 3 553.01 万人（见图 1-3）。其中，城镇人口占总人口的百分比（简称城镇人口占比）在小幅增加，但该占比仍然较低。2017 年阿富汗城镇人口占比和农村人口占总人口的百分比（简称农村人口占比）分别约为 25.25%和 74.75%（见图 1-4），可见阿富汗城市化水平较低，且城市化进展缓慢。

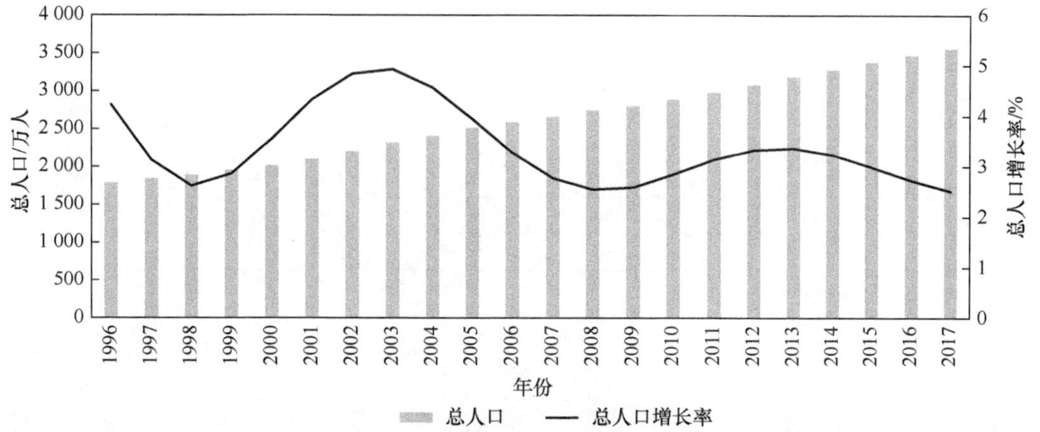

图 1-3 阿富汗总人口变化情况

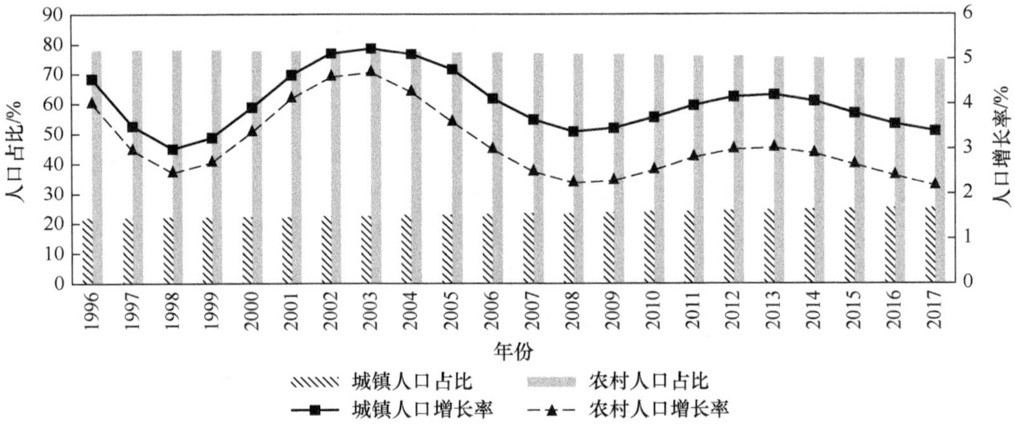

图 1-4 阿富汗城镇和农村人口变化情况

通过表 1-3 进一步分析阿富汗劳动力情况。总体来说，阿富汗劳动力总量不断增加，从 2000 年的 533.68 万人增加到 2016 年的 1 055.18 万人。但是，阿富汗劳动力总量占总人口的百分比（简称劳动力占比）仍然较低。截至 2017 年，阿富汗劳动力占比仅为 30.78%，反映出阿富汗人力资本不够充裕。

表 1-3 阿富汗劳动力情况

年份	劳动力总量/万人	劳动力占比/%	15～64 岁劳动参与率/%	15～24 岁劳动参与率/%
2000	533.68	26.56	52.92	48.34
2001	560.70	26.74	53.19	48.74
2002	593.50	27.00	53.53	49.15
2003	629.28	27.28	53.85	49.51
2004	664.50	27.55	54.12	49.76
2005	696.94	27.80	54.31	49.91
2006	713.37	27.55	53.97	49.31
2007	726.48	27.29	53.61	48.74
2008	739.08	27.08	53.29	48.24
2009	754.98	26.96	53.06	47.90
2010	776.66	26.96	52.97	47.75
2011	812.67	27.35	53.29	48.13
2012	856.07	27.89	53.73	48.64
2013	905.13	28.52	54.26	49.25
2014	956.77	29.21	54.82	49.90
2015	1 008.76	29.90	55.38	50.57
2016	1 055.18	30.45	55.73	50.96
2017	1 093.72	30.78	55.74	50.98

数据来源：世界银行数据库。

三、信息化情况分析

总体来看，阿富汗固定电话、移动电话和固定宽带的覆盖率都有所上升。其中，移动电话覆盖率增长最快，从 2010 年的 35.47%增长到 2017 年的 67.35%；固定电话覆盖率和固定宽带覆盖率基本持平，2017 年阿富汗固定电话覆盖率为 0.33%，而固定宽带覆盖率为 0.05%（见

图 1-5）。移动电话是阿富汗主要的通信方式，而网络作为一种高效、便捷的信息获取途径尚未得到广泛应用。

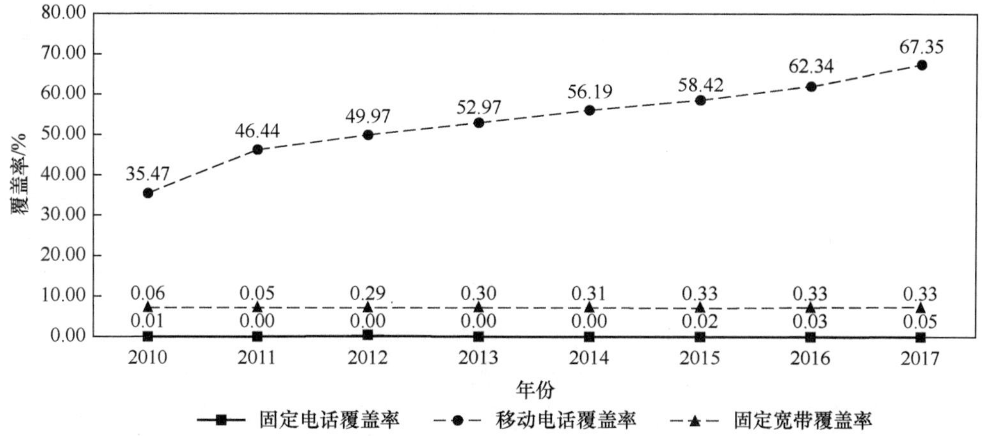

图 1-5 阿富汗信息化情况

四、制度环境情况分析

衡量一个国家制度环境主要有法律制度指数、腐败监管指数、政治稳定指数、民主自由权利指数和政府效能指数。下面主要从这 5 个指数来考察阿富汗的制度环境情况。

首先，从横向看阿富汗与其他国家制度环境的对比情况。如图 1-6 所示，阿富汗这 5 个指数均为负值，远低于“一带一路”沿线国家的平均值，特别是法律制度指数和政治稳定指数与其他国家的存在明显差距。

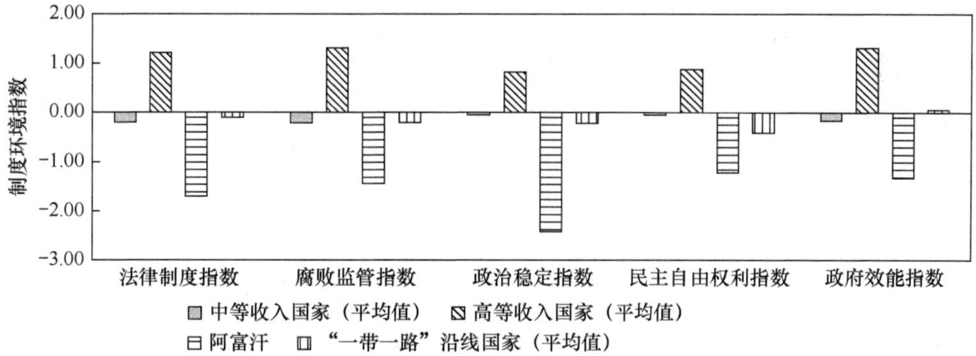

图 1-6 不同国家制度环境对比

数据来源：世界银行数据库。

其次，从纵向看 15 年阿富汗制度环境的发展情况。从表 1-4 可以看出，阿富汗这 5 个指数都呈波动态势并在近年出现下降趋势。其中，法律制度指数和政治稳定指数最低。2016 年阿富汗法律制度指数为−1.62，政治稳定指数为−2.75，说明阿富汗法治建设和行政建设亟待加强。

表 1-4 阿富汗制度环境评估

年份	法律制度指数	腐败监管指数	政治稳定指数	民主自由权利指数	政府效能指数
2002	−1.67	−1.26	−2.04	−1.43	−1.57
2003	−1.55	−1.35	−2.20	−1.18	−1.08

（续表）

年份	法律制度指数	腐败监管指数	政治稳定指数	民主自由权利指数	政府效能指数
2004	−1.70	−1.35	−2.30	−1.20	−0.89
2005	−1.66	−1.44	−2.07	−1.13	−1.21
2006	−1.86	−1.43	−2.22	−1.11	−1.43
2007	−1.83	−1.59	−2.41	−1.06	−1.40
2008	−1.86	−1.64	−2.69	−1.17	−1.50
2009	−1.85	−1.53	−2.71	−1.38	−1.48
2010	−1.85	−1.64	−2.58	−1.40	−1.45
2011	−1.90	−1.58	−2.50	−1.34	−1.45
2012	−1.64	−1.42	−2.42	−1.27	−1.36
2013	−1.60	−1.44	−2.52	−1.24	−1.38
2014	−1.45	−1.35	−2.41	−1.14	−1.33
2015	−1.50	−1.34	−2.57	−1.12	−1.32
2016	−1.62	−1.56	−2.75	−1.09	−1.22
2002—2016（平均值）	−1.70	−1.46	−2.43	−1.22	−1.34

数据来源：世界银行数据库。

五、税收负担情况分析

从图 1-7 中可以看出，阿富汗总税收占 GDP 的百分比总的来说是在一定范围内上下波动的。2006—2007 年阿富汗总税收占 GDP 的百分比不断下降；2007—2010 年阿富汗总税收占 GDP 的百分比不断增加，2010—2014 年阿富汗总税收占 GDP 的百分比小幅降低；2015 年阿富汗总税收占 GDP 的百分比有回升趋势，截至 2015 年，阿富汗总税收占 GDP 的百分比为 7.59%。总体来看，阿富汗税收负担较轻。

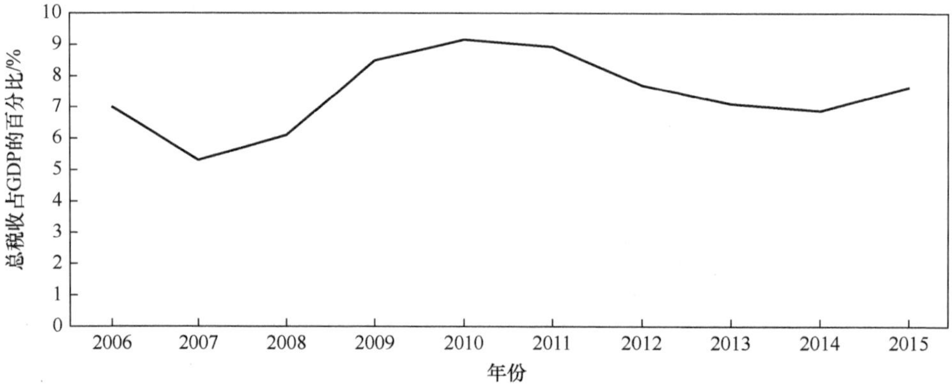

图 1-7 阿富汗总税收占 GDP 的百分比变化情况

六、国际贸易情况分析

从图 1-8 中可以看出，阿富汗对外贸易额占 GDP 的百分比是波动下降的。2002—2011 年阿富汗对外贸易额占 GDP 的百分比有升有降；2011 年阿富汗对外贸易额占 GDP 的百分比为 88.78%；2012—2016 年阿富汗对外贸易额占 GDP 的百分比逐渐降低；截至 2016 年，阿富汗对外贸易额占 GDP 的百分比为 47.66%。此外，这些年阿富汗货物和服务贸易差额占 GDP 的百分比也在波动下降，其中 2016 年为 41.73%。货物和服务进口贸易额占 GDP 的百分比基本持平，无太大变化，其中 2016 年为-35.79%。

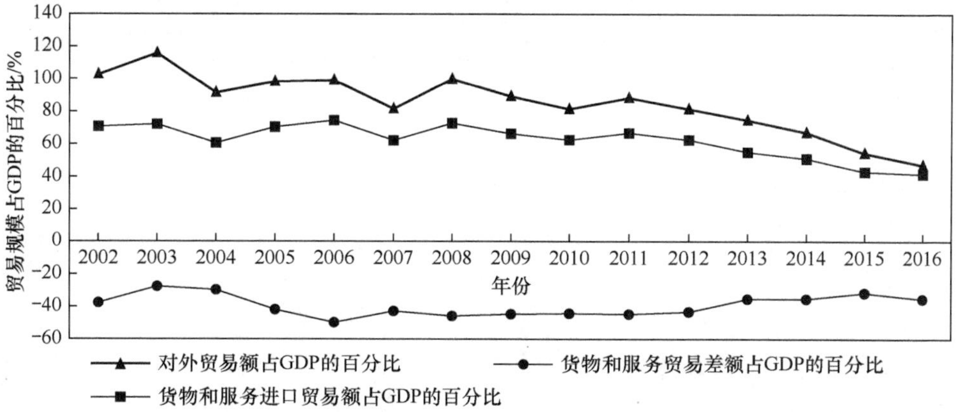

图 1-8　阿富汗国际贸易情况

七、外国直接投资情况分析

外国直接投资（Foreign Direct Investment，FDI），是现代的资本国际化的主要形式之一。按照国际货币基金组织的定义，外国直接投资是指投资人在其所属国以外的国家所经营的企业拥有持续利益的一种投资，而其目的在于对该企业的经营管理具有发言权。外国直接投资反映了一个国家或地区吸引外资的能力。从图 1-9 中可以看出，阿富汗外国直接投资占 GDP 的百分比是波动下降的。2003—2005 年阿富汗外国直接投资占 GDP 的百分比不断上升，其中 2005 年达到 4.36%；2006—2008 年阿富汗外国直接投资占 GDP 的百分比直线下降，其中 2008 年为 0.4%。总体来看，2003—2016 年阿富汗外国直接投资占 GDP 的百分比虽有小幅回升但基本稳定在 0.5%～1%的水平。

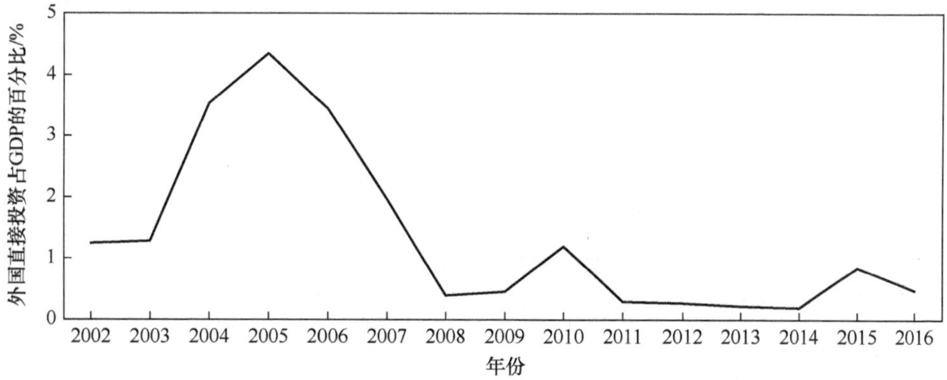

图 1-9　阿富汗外国直接投资占 GDP 的百分比变化情况

八、经济活力情况分析

下面从固定资本形成总额和新企业变动情况两方面来分析阿富汗的经济活力。

首先，阿富汗固定资本形成总额总体呈增长趋势，固定资本存量不断增加（见图 1-10）。

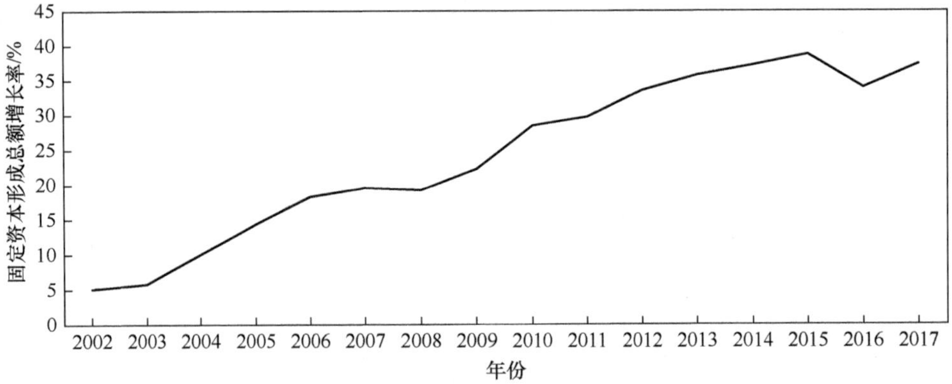

图 1-10　阿富汗固定资本形成总额变化情况

其次，阿富汗新注册企业数量和企业密度波动幅度较大。2006—2008 年阿富汗新注册企业数量不断减少，其中 2008 年为 903；2008—2010 年阿富汗新注册企业数量逐渐增加；2011 年阿富汗新注册企业数量出现短暂减少；2012 年阿富汗新注册企业数量又大幅度增加，并达到历年最大值，为 20 817；2013—2015 年阿富汗新注册企业数量逐渐减少，2016 年有所增加，为 3 492（见图 1-11）。

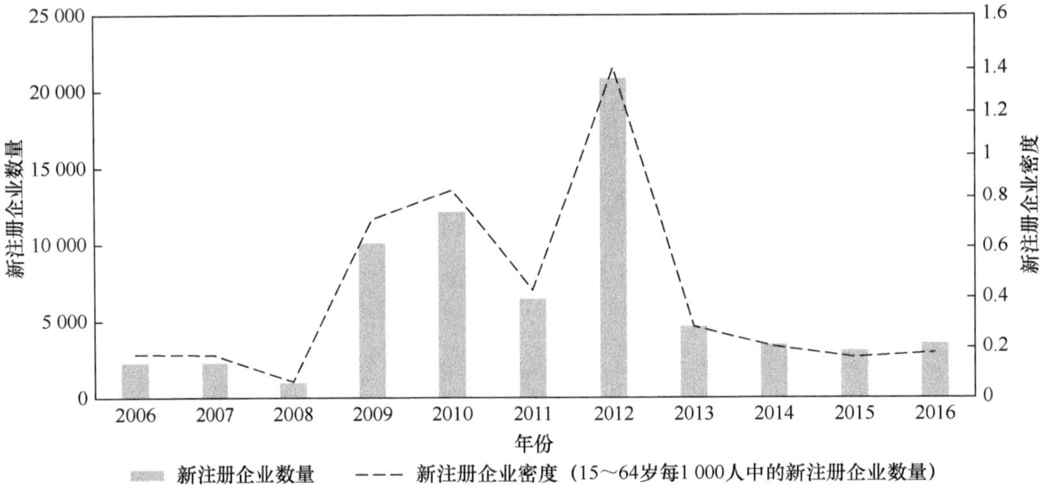

图 1-11　阿富汗新注册企业数量及密度变化情况

第三节　产业结构情况分析

一、三次产业结构分析

从以下两个方面来分析阿富汗三次产业结构状况。

一是三次产业增加值占 GDP 的百分比（简称占比）情况。从占比多少情况来看，服务业增加值占比最大；农业增加值占比与工业增加值占比基本持平，无太大区别。从占比变化情况来看，服务业增加值占比与工业增加值占比不断上升；农业增加值占比不断降低。2017 年农业、工业和服务业增加值占比分别为 20.47%、22.13%和 52.66%（见图 1-12）。

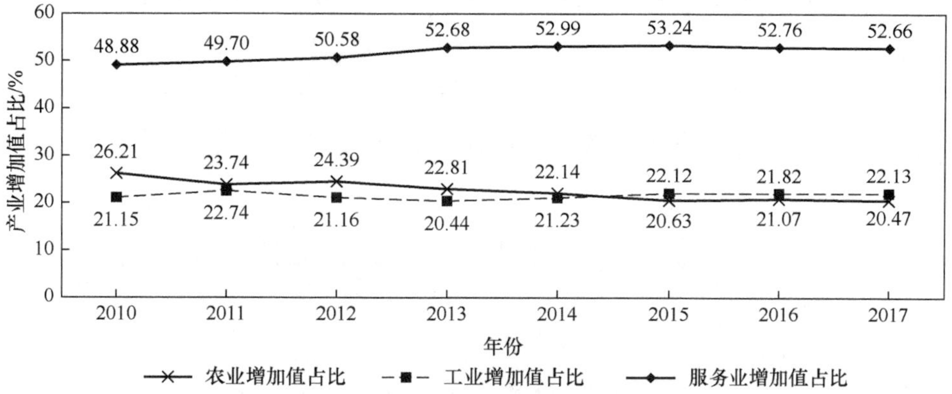

图 1-12　阿富汗产业结构变化情况

二是三次产业的就业人数占比情况。从图 1-13 中可以明显看出，阿富汗大部分劳动力农业就业人数最多，服务业就业人数次之，而工业就业人数最少。2010—2017 年阿富汗农业就业人数占比有不断下降的趋势，工业就业人数占比逐渐增加，服务业就业人数占比无太大变动。2017 年农业、工业和服务业就业人数占比分别为 62.16%、6.69%和 31.11%。

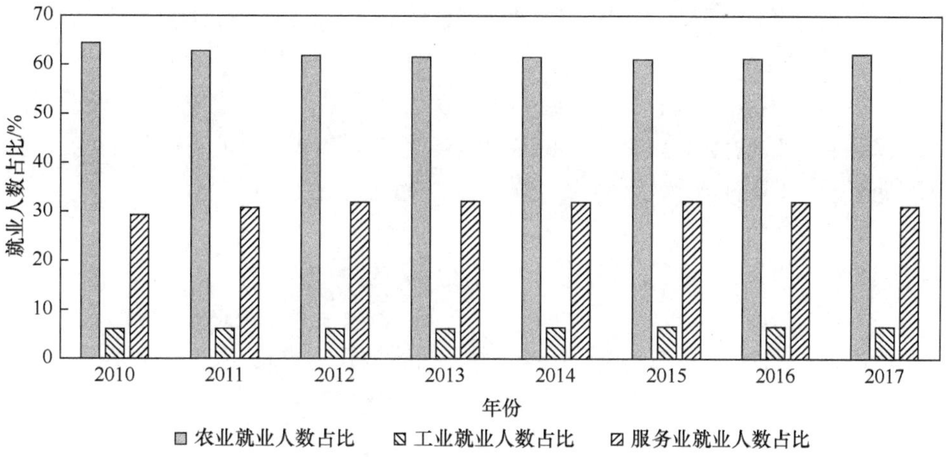

图 1-13　阿富汗劳动力就业结构变化情况

二、工业、制造业规模变化分析

接下来分析阿富汗工业、制造业规模变化情况。如图 1-14 所示，阿富汗工业增加值总体来说是不断增长的。2006—2011 年阿富汗工业增加值从 19.67 亿美元增至 40.49 亿美元，而 2012—2017 年阿富汗工业增加值基本保持不变。从总体来看，阿富汗制造业增加值与工业增加值变化类似，但增长幅度更小。2006—2011 年阿富汗制造业增加值从 11.42 亿美元增加到 24.53 亿美元，而 2012 年之后阿富汗制造业增加值有小幅度减少趋势，但基本稳定在 20 亿～25 亿美元范围内。

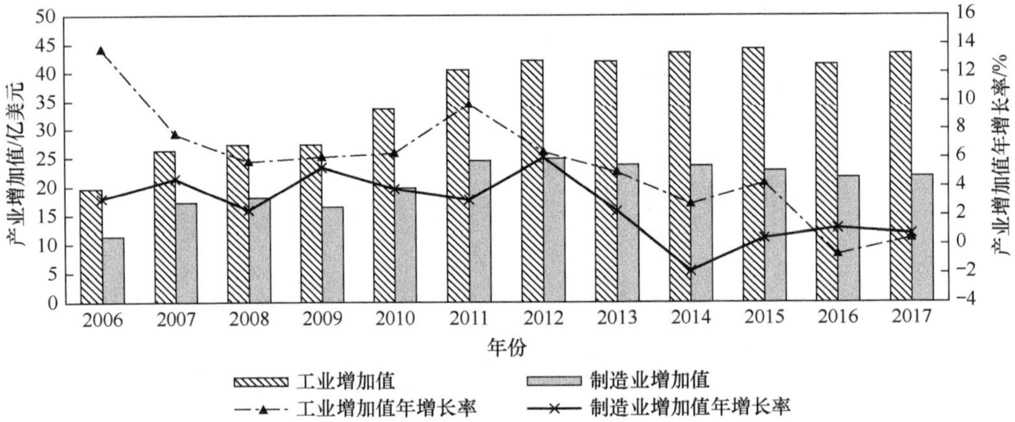

图 1-14 阿富汗工业、制造业规模变化情况

三、资源情况分析

阿富汗矿藏资源丰富，但基本未开发。经估测，阿富汗的矿藏资源价值超过 3 万亿美元。至 2014 年，阿富汗矿藏已被发现 1 400 多处，包括铁、铜、铅、锌、镍、锂、铍、金、银、铂、钯、滑石、大理石、重晶石、宝石和半宝石、盐、煤、铀、石油和天然气等。阿富汗著名矿藏包括哈吉加克铁矿、艾娜克铜矿、巴米扬煤矿、赫拉特锂矿、阿姆达利亚油气田、塔吉克盆地油气田等。阿富汗天然气储量约为 1 500 亿立方米，煤矿储量约为 1 亿吨，盐储量约为 3 亿吨，青金石储量约为 1 300 吨，铁矿储量约为 17 亿吨，铜矿石储量约为 5 亿吨。因运输困难和资金缺乏，阿富汗仅对天然气、煤、盐、铬进行了少量开采。

第四节 产业政策分析

阿富汗还不能以技术创新来调整产业结构。阿富汗至今仍以第一产业为主要经济来源。阿富汗是非常落后国家之一，历经 30 多年战乱，经济破坏殆尽，交通、通信、工业、教育和农业基础设施遭到的破坏最为严重，生产生活物资短缺，曾有 600 多万人沦为难民。2002 年以来，阿富汗国民经济呈现“低水平的快速增长”，经济逐步恢复发展。其产业结构的转变必然是一个艰难且漫长的过程。

目前，阿富汗政府的长期目标是通过吸引更多外资以增加就业，提高消费水平，逐步带动其产业结构的转型和升级。其短期目标是寄希望于外资，特别是希望中国提供担保，使之可以在金融市场上融资，以应付金融危机和债务危机。

第五节 产业结构与产业政策分析基本结论

通过对阿富汗基本情况、经济发展情况、产业结构和产业政策相关内容的分析，初步得出以下结论。

（1）从总体来看，阿富汗经济规模不断扩大，经济发展势头良好，城市化进程也在不断推进，并为第二、三产业的发展创造了一定的条件。移动电话覆盖率的上升从一定程度上反映了阿富汗生活水平的提高。阿富汗通信方式更加多样化。此外，阿富汗税收负担较轻，有利于降低生产经营成本，促进国民经济的发展。

与此同时，阿富汗也存在一些亟待解决的问题。近些年，阿富汗国民生产总值出现负增长，对于重建期的经济来说是一个危险信号。此外，阿富汗城市化水平较低且城市化进程过于缓慢，在一定程度上影响了产业发展。阿富汗劳动力占比较低，人力资本不够充裕，不利于国民经济的快速发展。阿富汗制度环境建设对于经济增长的重要性不容忽视，各项制度指标都远低于“一带一路”沿线国家平均水平，需要加强法治建设、腐败监管并着力提高行政办事效率。

（2）阿富汗是一个较为落后的农业国，需要优化产业结构，加快产业结构的转型和升级。虽然阿富汗有丰富的自然能源，但这些自然资源基本处于未开发状态，对阿富汗的发展难以起到积极作用。因此，阿富汗要转变经济发展方式、优化资源结构、提高对资源的利用，同时要注意不能过度浪费能源、保障国家能源储备量。

（3）阿富汗产业政策的着力点在于以各种优惠政策努力吸引外资。从阿富汗引进外资的情况来看，在促进经济发展、推动就业等方面确实起到了很大的作用，但是从长远来看，阿富汗仍需时间来弥补长时间战争带来的全面倒退，在此基础上实现产业政策的调整、产业政结构的转型和升级还需要更多的资金和机遇。

第二章　阿联酋产业结构与产业政策分析

第一节　基本情况

阿拉伯联合酋长国，简称阿联酋，位于阿拉伯半岛东部，北濒波斯湾，西北与卡塔尔为邻，西和南与沙特阿拉伯交界，东和东北与阿曼毗连，海岸线长度约为 734 千米，总面积约为 83 600 平方千米，首都是阿布扎比。阿联酋人口约为 930 万人，其中外籍人口占比约为 88.5%，主要来自印度、巴基斯坦、埃及、叙利亚、巴勒斯坦等国。阿联酋本地居民为阿拉伯人，大多信奉伊斯兰教。

在产业方面，阿联酋以石油生产和石油化工工业为主，同时注重发展多样化经济，政府把发展多样化经济，扩大贸易，增加非石油收入在 GDP 中的占比当作其首要任务。注重利用天然气资源，发展水泥、炼铝、塑料制品、建筑材料、服装、食品加工等工业；重视发展农、牧、渔业；充分利用各种财源，重点发展文教、卫生事业，完成和扩大在建项目。近几年，虽然受到世界市场石油价格波动、亚洲金融危机等不利影响，但阿联酋基本保持了低通胀、高增长、低失业率的良好发展态势。阿联酋人均 GDP 排名世界前十。21 世纪起，阿联酋发展了民航产业，如阿布扎比王室投资的阿提哈德航空公司。

1960 年之前，珍珠（采珠业）曾经是阿联酋的支柱产业。阿联酋在 20 世纪 70 年代开运河、在 20 世纪 80 年代做贸易、在 20 世纪 90 年代推广观光旅游。到 21 世纪，阿联酋已经是中东地区的转运中心，并营建了观光旅游购物城、科技网络城。现在，阿联酋特别是迪拜酋长国已经成为中东的贸易中心和旅游中心，每年有上百万人来到阿联酋参加展览、商业洽谈、商品交易，或者做其他商务旅行。阿联酋的旅游收入已占除石油以外国家收入的 15%，约为 4.5 亿美元。除发展传统经济外，阿联酋还大力发展新兴经济行业，如信息科技行业。为此，阿联酋在迪拜酋长国建立了迪拜科技、电子商务和媒体自由区。其中，迪拜网络城的建立是阿联酋计划建立中东第一个“硅谷”的重要举措。

在农、牧、渔业方面，阿联酋的农、牧、渔业发展由于受自然条件的限制，还不能完全实现自给自足，还需要大量进口粮食、蔬菜、水果、肉等产品。为保护本国渔业资源，阿联酋严格限制捕鱼数量、时间和方式。所以，阿联酋也需要进口海产品。

在基础设施方面，阿联酋对内有完善的公路交通网络，对外则有陆海空的立体交通线路。为满足贸易发展的需要，阿联酋还兴建了大量的冷藏库、大型仓库等。现在，阿联酋已经拥有了现代化的仓储运输设施，并采用最新的交通通信技术，保证该行业的发展。阿联酋机场装备的系统是最先进的，并按照最严格的质量管理体系进行管理。经过阿联酋多年的经济发展和建设，人民收入和生活水平大大提高。近几年，阿联酋人均国民收入保持在 1.6 万～1.7 万美元，已经跻身世界富国的前列。阿布扎比、迪拜、沙迦等主要城市的建设水平已与发达国家的相近。

在外交方面，阿联酋奉行中立、不结盟的外交政策。阿联酋坚持睦邻友好的和平外交政策，主张通过和平协商解决争端，维护世界和平；反对外来势力在海湾地区的争夺和扩张，强调海湾航道的通行自由必须得到保障；在密切同美国等西方国家关系的同时，重视发展与阿拉伯、伊斯兰、不结盟等第三世界国家的友好合作关系；主张加强海湾合作委员会国家的团结与合作。1984 年 11 月 1 日，中阿两国建立外交关系。自中阿两国建交以来，中阿两国关系发展顺利，中阿两国在基础设施建设、金融、人文等领域的合作内涵不断丰富。

第二节　经济发展情况分析

一、经济规模情况分析

阿联酋的经济规模在经历高速增长阶段后开始出现下行的趋势。阿联酋 GDP 及其增长率变化情况如图 2-1 所示。阿联酋 GDP1996—2008 年整体上呈现上升的趋势，2009 年出现大幅下降，2010—2014 年迅速回升，之后 2015 年再次出现下降。其中，阿联酋 GDP 最高值出现在 2014 年，约为 4 031.37 亿美元。其次，阿联酋的 GDP 增长率波动较大，2011 年之后波动幅度减小，2009 年受金融危机的影响甚至出现了负增长。其中，GDP 增长率的最高值出现在 2000 年，约为 10.85%。

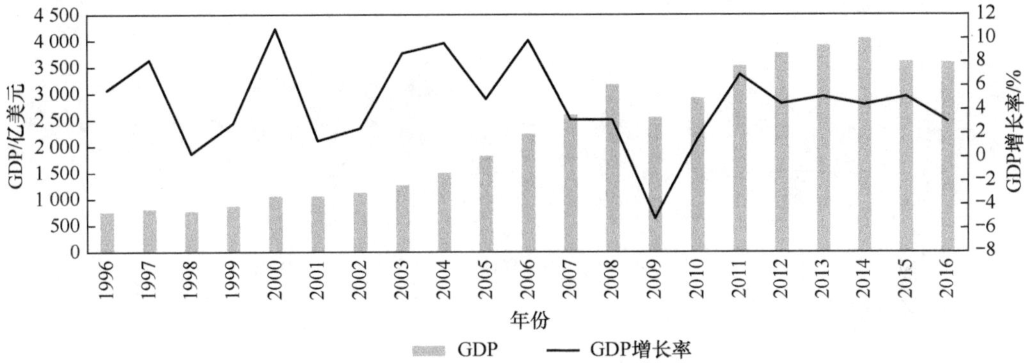

图 2-1　阿联酋 GDP 及其增长率变化情况

如图 2-2 所示，1996—2016 年，阿联酋的人均 GDP 的变化趋势大致与其 GDP 的变化趋势相同。近几年，阿联酋人均 GDP 保持在 3.8 万～4.5 万美元（人口包括占 3/4 以上的非居民人口），已经跻身世界富国的前列。阿联酋 GDP 情况如表 2-1 所示。

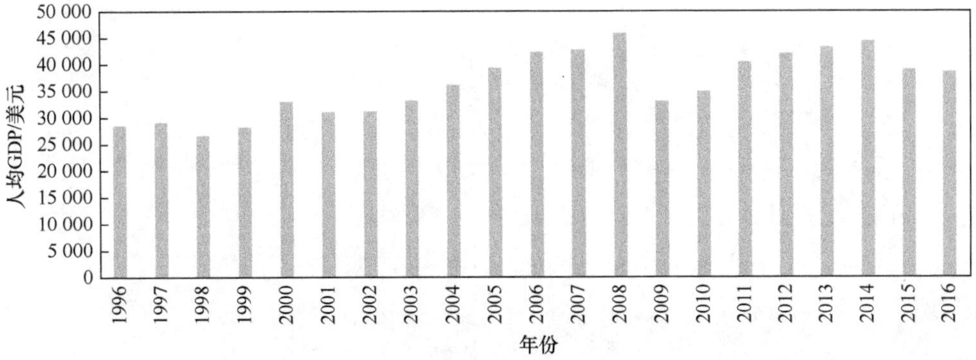

图 2-2　阿联酋人均 GDP 变化情况

表 2-1 阿联酋 GDP 情况

年份	GDP/亿美元	GDP 增长率/%	人均 GDP/美元	人均 GDP 增长率/%
2009	2 535.47	5.24	33 072.58	0.42
2010	2 897.87	1.60	35 037.89	7.98
2011	3 506.66	6.93	40 434.37	5.74
2012	3 745.91	4.48	42 086.69	1.82
2013	3 901.08	5.05	43 315.14	1.01
2014	4 031.37	4.40	44 443.06	1.63
2015	3 581.35	5.06	39 122.05	−3.98
2016	3 570.45	2.99	38 517.80	−2.65
2009—2016（平均值）	3 471.27	3.16	39 503.70	1.50

数据来源：世界银行数据库。

二、人力资本基础情况分析

阿联酋的人口规模总体上呈现出逐渐增加的趋势。首先，从图 2-3 中可以看出，阿联酋的人口规模在 2004 年之前增长缓慢，在 2004—2011 年迅速增长，在 2012 年之后增长放缓，基本趋于稳定。其次，从人口增长率的角度来说，阿联酋的人口增长率呈现出倒 U 形分布，最低值和最高值分别为 2014 年的 0.71%和 2007 年的 14.24%。

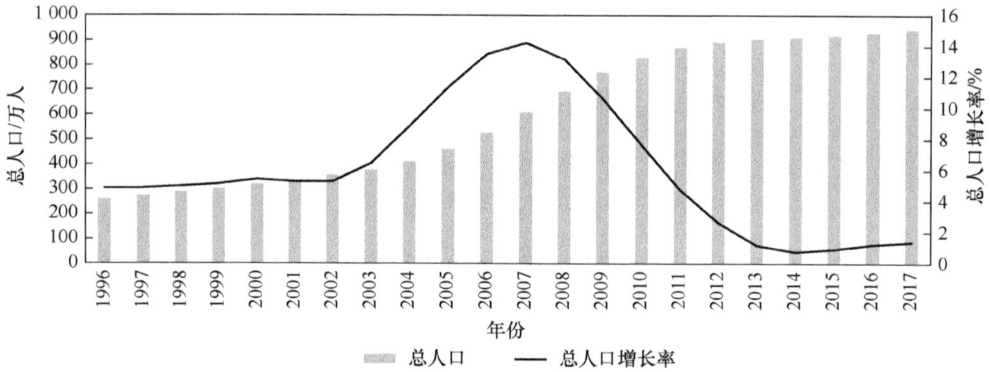

图 2-3 阿联酋总人口变化情况

图 2-4 反映了阿联酋城镇和农村人口变化情况。从图 2-4 中可以看出，城镇人口增长率和农村人口增长率的变化趋势一致，最高值均出现在 2007 年；城镇人口占比逐年增加，农村人口占比逐年减少；这两个占比变化幅度均不明显，总体上趋于稳定。

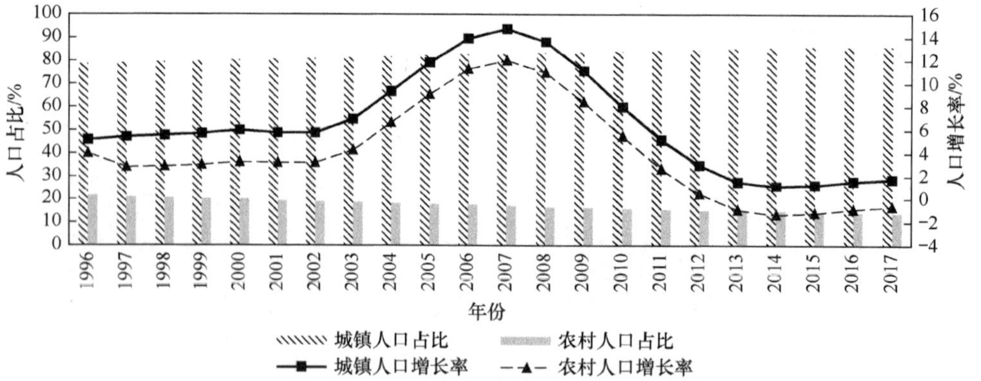

图 2-4 阿联酋城镇和农村人口变化情况

阿联酋劳动力情况如表 2-2 所示。由表 2-2 可见，阿联酋劳动力总量增加显著；阿联酋劳动力占比逐年增加，到 2010 年达到峰值 71.24%，之后有所减少；阿联酋 15～64 岁劳动参与率、15～24 岁劳动参与率变化趋势与劳动力占比的变化趋势相同。从整体来看，阿联酋劳动力利用率高，劳动力结构呈现出年轻化的趋势。

表 2-2　阿联酋劳动力情况

年份	劳动力总量/万人	劳动力占比/%	15～64 岁劳动参与率/%	15～24 岁劳动参与率/%
1996	140.42	54.61	75.59	47.44
1997	147.97	54.81	75.46	47.35
1998	156.57	55.17	75.68	47.49
1999	166.24	55.63	76.18	47.70
2000	177.19	56.16	76.80	47.68
2001	190.89	57.39	76.25	48.06
2002	206.34	58.83	76.25	48.38
2003	226.11	60.43	76.77	48.67
2004	254.14	62.17	77.78	49.10
2005	292.89	63.96	79.08	49.62
2006	343.04	65.44	79.20	50.16
2007	405.45	67.08	79.90	51.05
2008	473.18	68.63	80.87	52.04
2009	536.05	69.92	81.75	52.40
2010	589.19	71.24	82.77	53.63
2011	614.96	70.91	82.59	53.37
2012	628.63	70.63	82.37	52.58
2013	633.94	70.39	82.17	51.34
2014	636.80	70.20	82.05	50.03
2015	641.47	70.07	82.03	48.85
2016	641.58	69.21	81.17	47.86
2017	644.71	68.59	80.48	47.80

数据来源：世界银行数据库。

三、交通情况分析

阿联酋属沙漠地带，气候炎热，农业不发达，完全依赖进口的蔬菜和粮食。阿联酋没有铁路，均由高速公路相连，海陆空运输业发达。阿联酋公路网发达，陆上交通十分便利，其 7 个酋长国之间均有高速公路相连。阿联酋航空在世界上的声誉非常好，这主要是因为其服务到位、飞行安全等。从迪拜前往其他国家也不难，阿联酋航空公司的航班开往世界上 70 多个国家和地区。如图 2-5 所示，阿联酋航空货物周转量在 1996—2017 年呈现出逐年增加的趋势，2009 年减少，之后又迅速增加，2014 年之后增速放缓。

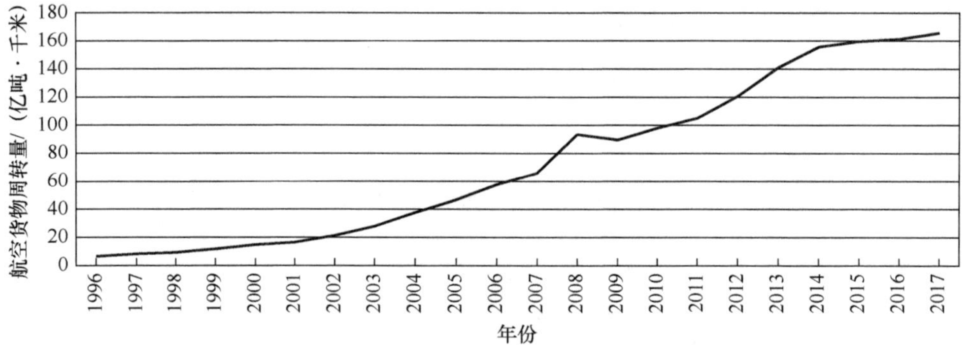

图 2-5 阿联酋航空货物周转量情况

四、研发投入与产出情况分析

图 2-6 反映了阿联酋研发投入与产出情况。

（1）从仅有 3 年的研发投入占 GDP 的百分比比例的数据来看，阿联酋科技投入增加趋势明显。

（2）阿联酋的居民专利申请数量逐年增加，说明阿联酋的科技产出情况越来越好。

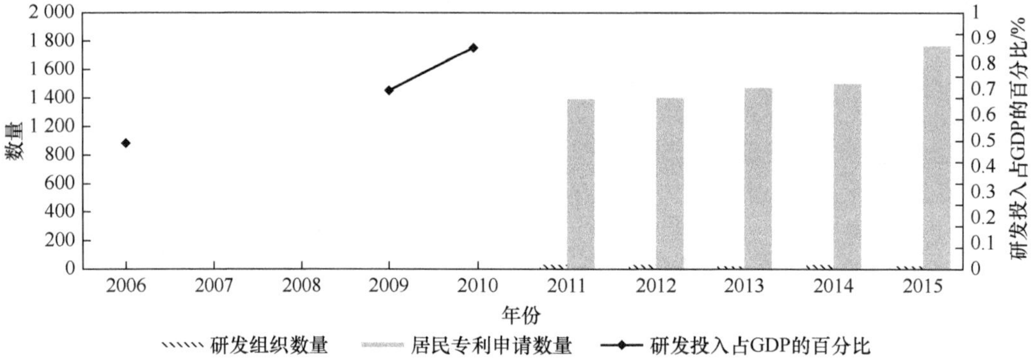

图 2-6 阿联酋研发投入与产出情况

五、制度环境情况分析

通过表 2-3，可以从法律制度指数、腐败监管指数、政治稳定指数、民主自由权利指数、政府效能指数 5 个方面对阿联酋制度环境进行分析。总体而言，阿联酋的制度环境在经历一段时间内的低谷之后呈现出逐渐改善的趋势。其中，2016 年法律制度指数、腐败监管指数、政府效能指数分别为 0.89、1.28 和 1.41，高于 2002—2016 年的平均值 0.52、1.06 和 1.01，有所改善。但 2016 年政治稳定指数、民主自由权利指数为 0.44、−1.12，均低于历年的平均水平 0.84、−0.91，这说明阿联酋在政治稳定性及民主自由权利方面有所退步。

在图 2-7 中，对阿联酋、中等收入国家、高等收入国家、“一带一路”沿线国家的制度环境进行了对比。从图 2-7 中可以看出，高等收入国家在法律制度、腐败监管、政治稳定、民主自由权利、政府效能等指数的平均值均远远高于其他国家。阿联酋与高等收入国家的制度环境相比，仅政治稳定指数高于高等收入国家的平均值，法律制度、腐败监管、民主自由权利、政府效能 4 个指数均落后于高等收入国家的平均值。其中，民主自由权利指数落后程度最严重，法律制度指数和政府效能指数与高等收入国家的平均值也相差较大。总体而言，阿联酋的制度环境指数与高等收入国家的平均值仍存在较大差距，但是在“一带一路”沿线国家中处于上游的水平。

表 2-3　阿联酋制度环境评估

年份	法律制度指数	腐败监管指数	政治稳定指数	民主自由权利指数	政府效能指数
2002	0.73	1.15	0.93	−0.63	0.85
2003	0.57	0.86	1.00	−0.91	0.58
2004	0.44	1.06	0.77	−0.69	0.70
2005	0.40	1.00	0.88	−0.71	0.71
2006	0.32	0.89	0.92	−1.00	0.94
2007	0.29	1.01	0.98	−0.91	0.92
2008	0.42	1.08	0.70	−0.91	0.88
2009	0.40	0.91	0.92	−0.84	0.99
2010	0.32	0.90	0.80	−0.90	0.90
2011	0.50	1.08	0.91	−0.90	1.06
2012	0.54	1.16	0.86	−1.00	1.15
2013	0.62	1.28	0.89	−1.02	1.18
2014	0.65	1.20	0.77	−1.06	1.44
2015	0.64	1.07	0.76	−1.11	1.51
2016	0.89	1.28	0.44	−1.12	1.41
2002—2016（平均值）	0.52	1.06	0.84	−0.91	1.01

数据来源：世界银行数据库。

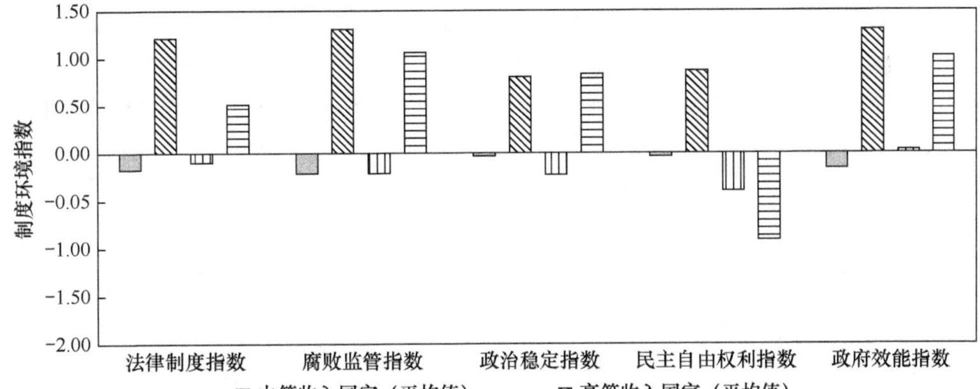

图 2-7　不同国家制度环境对比

六、税收负担情况分析

从图 2-8 中可以看出，阿联酋总税收占 GDP 的百分比在 2013 年之前逐渐增加但增加速度缓慢，在 2013 年之后下降，且在 2015 年出现剧降。2016 年，阿联酋总税收占 GDP 的百分比近 0.04%。从图 2-9 中可以看出，阿联酋总税收占比（总税收占商业利润的百分比）在 2011 年之前波动幅度小，在 2013 年急剧下降，之后出现增加趋势，但 2016 年再次下降。

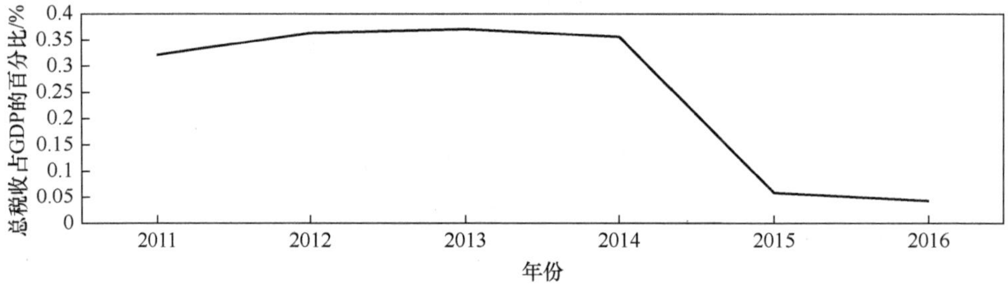

图 2-8 阿联酋总税收占 GDP 的百分比变化情况

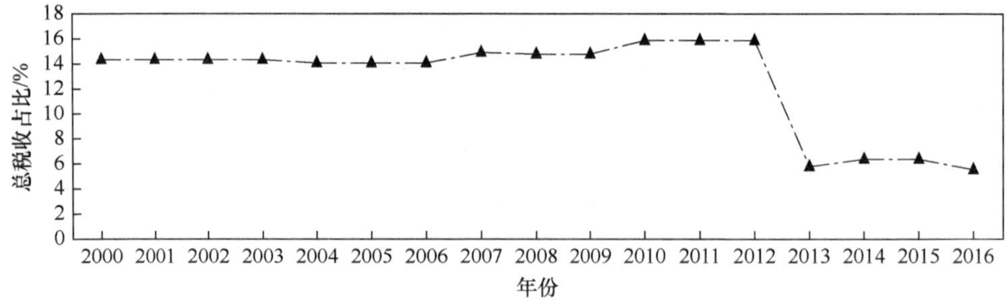

图 2-9 阿联酋总税收占比变化情况

七、国际贸易情况分析

2006—2017 年，阿联酋进口贸易额占 GDP 的百分比呈现出波动增加的趋势。进口贸易额占 GDP 的百分比在 2009—2010 年有所下降，之后又开始出现上升的趋势。其中，2016 年的进口贸易额占 GDP 的百分比达到最高值，约为 176.75%。货物和服务进口贸易额占 GDP 的百分比在 2006—2017 年变化相对平稳，基本稳定在 50%～75%。其中，货物和服务进口贸易额占 GDP 的百分比最高值出现在 2009 年，约为 73.81%；货物和服务进口贸易额占 GDP 的百分比最低值出现在 2006 年，约为 50.84%。2006—2017 年，货物和服务贸易差额占 GDP 的百分比的变化趋势与进口贸易额占 GDP 的百分比的变化趋势基本一致。

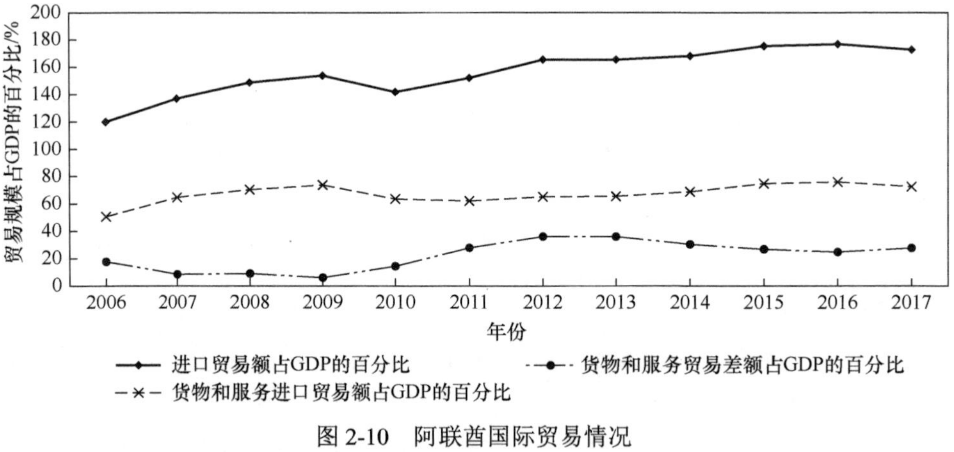

图 2-10 阿联酋国际贸易情况

八、外国直接投资情况分析

阿联酋外国直接投资占 GDP 的百分比变化情况如图 2-11 所示。

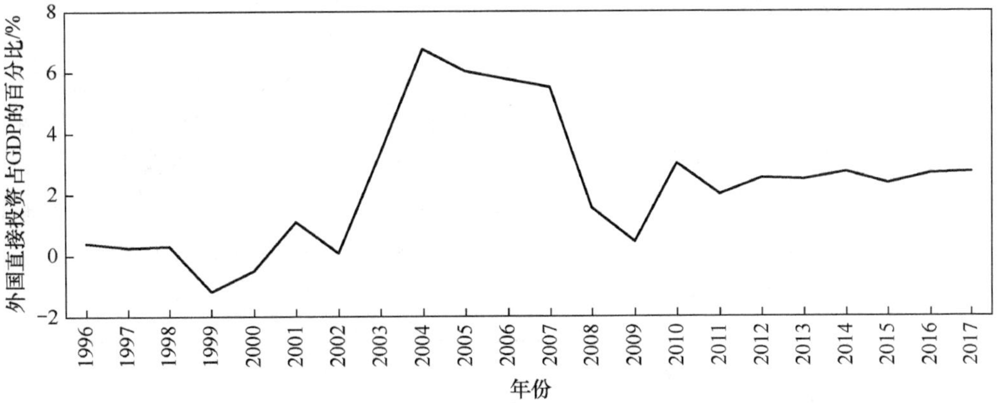

图 2-11 阿联酋外国直接投资占 GDP 的百分比变化情况

总体而言，阿联酋外国直接投资占 GDP 的百分比呈现出在波动中不断上升的趋势。2004 年之前，阿联酋外国直接投资占 GDP 的百分比波动较大。2010—2017 年，阿联酋外国直接投资占 GDP 的百分比则相对较为平缓，大致维持在 3%的水平。在 2004 年，阿联酋外国直接投资占 GDP 的百分比达到 1996—2017 年的最大值，约为 6.77%，首次超过高等收入国家外国直接投资占 GDP 百分比的平均水平（约为 5.5%）。

九、经济活力情况分析

图 2-12 反映了 2006—2016 年阿联酋新注册企业数量及密度变化情况，其中新注册企业数量出现波动增加的趋势，第一次下降出现在 2008 年，第二次下降出现在 2015 年。新注册企业密度变化情况与新注册企业数量的变化趋势一致，在 2009 年出现历史最低值 16.06%。

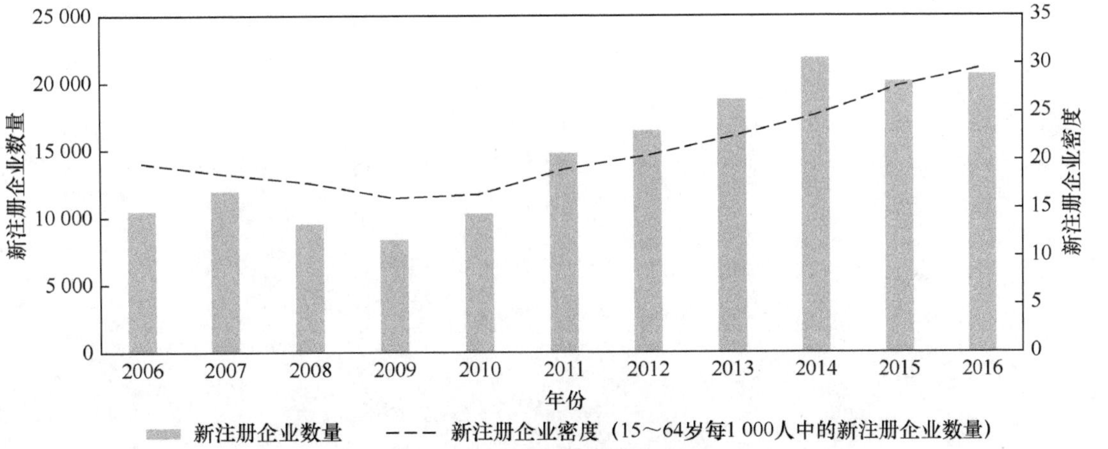

图 2-12 阿联酋新注册企业数量及密度变化情况

第三节　产业结构情况分析

一、三次产业结构分析

阿联酋劳动力就业结构变化情况如图 2-13 所示。农业就业人数占比低，且变化幅度不大，始终保持在 0.5%以内；工业就业人数占比较小，且在 2012—2015 年呈增加趋势；服务业就业人数占比较高，并呈现出逐年下降的趋势，且在 2017 年达到 60.96%。阿联酋为热带沙漠气候，降水稀少，发展农业条件差。阿联酋全国可耕地面积约为 3 200 平方千米，已耕地面积约为 2 700 平方千米。相对而言，阿联酋服务业发达，工业发展落后，就业人员向第二产业（工业）迁移，也是产业结构合理化的表现。

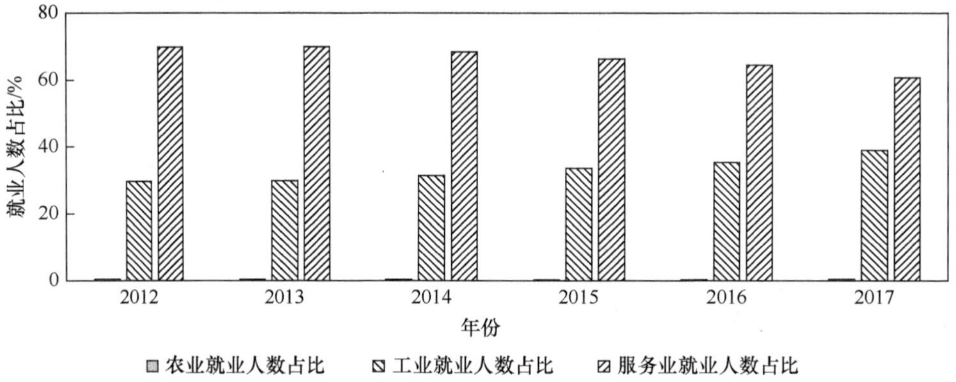

图 2-13　阿联酋劳动力就业结构变化情况

二、工业、制造业规模变化分析

阿联酋工业、制造业规模变化情况如图 2-14 所示。总体而言，2006—2008 年阿联酋工业、制造业发展较快。2009 年，由于金融危机，工业、制造业增加值出现大幅下滑。2010—2014 年，阿联酋工业、制造业逐步恢复，但其增加值增长放缓。2014 年之后，阿联酋工业、制造业增加值又呈现下降趋势。

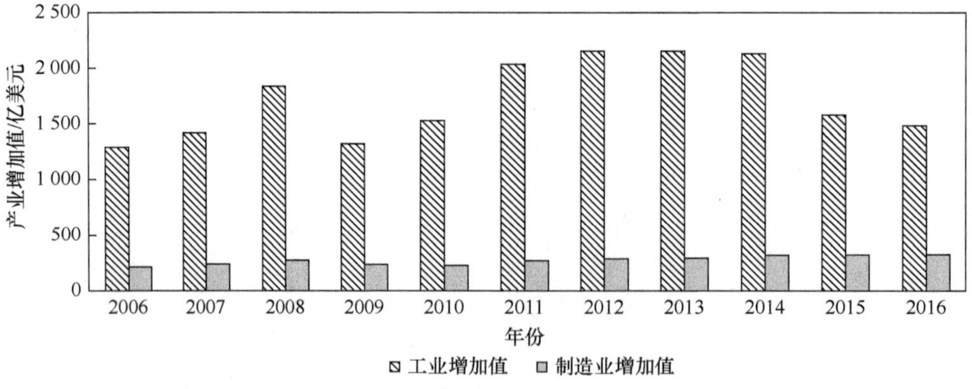

图 2-14　阿联酋工业、制造业规模变化情况

阿联酋的制造业主要由非金属矿业（约占 32%）、稀有金属和设备（约占 15%）、基础金属矿产品（约占 6%）、造纸（约占 6%）、化工和塑料产品（约占 4.8%）、食品和饮料（约占 4%）、木制品（约占 3.8%）、纺织服饰（约占 0.8%）等组成。阿联酋大型制造业还是以石油化工类为主。2006 年，原油及天然气增加值占 GDP 的 50%。阿联酋主要工业项目涉及石油冶炼、液化天然气生产、石油化工、炼铝、塑料制品、建材和食品加工等行业。

三、资源情况分析

从行业分布看，石油工业是阿联酋经济发展的支柱产业，石油收入曾一度是阿联酋的主要经济来源。从 20 世纪 80 年代起，阿联酋政府开始实施收入来源多样化政策，在石油工业的基础上，注重发展房地产、贸易、旅游、金融、航运、加工工业等产业，增加非石油收入。据阿联酋经济计划部统计数据，2012 年阿联酋 GDP 中，原油及天然气、贸易业、建筑业、运输业、工业增加值占比分别约为 32.98%、12.52%、10.03%、9.09%、8.95%。今后随着制造业、旅游及金融等行业的发展，非石油产业增加值对 GDP 的贡献度会逐步增大，阿联酋经济结构将会进一步优化。

阿联酋的石油和天然气资源非常丰富。其中，石油探明储量约为 133.4 亿吨（978 亿桶），约占全球石油探明储量的 8.3%，在沙特阿拉伯、伊朗、伊拉克、科威特之后世界排名第五位；天然气探明储量约为 6.06 万亿立方米，约占全球天然气探明储量的 3.4%，继俄罗斯、伊朗、卡塔尔、沙特阿拉伯之后世界排名第五位。按目前生产水平（日产 245 万桶左右，其中约 93%供出口，而日炼油能力约为 21.3 万桶），阿联酋原油还可开采 100 年以上。天然气年产量达 393 亿立方米，其中约 70%内销。阿联酋天然气已有储量计划可开采 150～170 年。近年来，阿联酋特别是阿布扎比酋长国天然气的需求双倍增长，因此天然气产业正在发展。除此之外，阿联酋还有铝、铬、铜、锌、铁、石膏、建筑石料等矿产。

总体来看，阿联酋除石油、天然气等资源外，其他矿产资源、农业资源、水资源等均不足，加工制造业原材料主要是进口的，经济对外依存度高。近年来，阿联酋保持了贸易顺差，在近 3 年出口贸易额中，原油出口贸易额平均占比超过 40%，具有很高的原油外贸依存度。2008 年以来，阿联酋一直维持石油日产 240 万桶左右。

第四节　产业政策分析

在符合阿联酋政府反洗钱规定的情况下，阿联酋不限制外汇自由汇入和汇出。因此，一般情况下，外国投资者投资资本和利润回流不受限制。阿联酋货币迪拉姆可自由兑换，汇率直接与美元挂钩。在阿联酋的商业银行向客户提供外汇贷款不必获得阿联酋中央银行批准。外资公司或外国自然人可将红利、利息、工资收入、营业利润等自由汇出境外而无须任何批准手续。此外，阿联酋通过设立自由贸易区的方式大量吸引外资。外国投资者可选择在不由阿联酋禁止或限制外国投资者投资的行业中设立特定专业公司，或者可选择在自由贸易区内设立有限责任公司形式的独资公司。基于海合会成员国的地位，阿联酋也鼓励和允许海合会成员国 100%控股企业在阿联酋进行商业活动。

阿联酋是一个低税收国家，境内没有营业税、消费税、企业所得税、个人所得税、增值税、印花税等税收。从税收法律层面上，外国企业与阿联酋当地企业法律地位平等，当地企业享受的税收政策基本适用于外国企业。阿联酋对行业的鼓励和优惠政策主要体现在以下几个方面。

（1）针对不同行业采取不同的征税措施。被征税企业主要集中于外国银行和外国石油类公司。

（2）针对不同商品征收不同税赋。阿联酋对于那些与阿联酋传统文化和习俗不相符的商品征收较高的重税。特定重税商品一般指烟草类和酒精饮料等。

（3）各酋长国根据自身条件设立不同的产业发展区，给予各种优惠政策，从而推动这些产业的快速发展。阿联酋政府负责对外贸易投资管理的部门主要是经济部和外贸部。经济部的职能主要包括：制定经济政策和经济贸易活动相关的法律法规并监督经济活动；管理国内投资及吸引外资；协调政府部门和企业间的关系。外贸部的职能主要包括：制定贸易政策和法律法规并监督实施；与其他国家同级别贸易部委签订贸易协议；在国际贸易组织、展会和会议中代表阿联酋与其他国家相关部门合作。

除国防、国内安全、外交、医疗卫生、环境规划与控制、劳动力市场调控与管理、电信，以及成员国之间的交通和水电气基础设施等事关国家内外安全领域的政策和法律由阿联酋政府保留制定法律的权力及管辖权外，阿联酋各酋长国在经济、贸易、投资、行政等法律制定，以及相关活动的控制和监管方面均享有不同程度的自主权和灵活处置权。阿联酋现行的与贸易相关的法律主要是《商业公司法》《商业代理法》及其相关规定，以及《商业交易法》《商标法》《版权法》《专利法》《海事法》、进出口商品检验检疫和海关监管等法律中。

2015 年，阿联酋经济部确定 14 个具有发展前景吸引外资的行业，包括制造、维修、交通、运输、仓储、旅游、金融服务、医护、医院、大学、电子、咨询、工程设计、有线及无线通信行业。

未来，中资企业应持续关注以下两个方面的投资机遇。一是“一带一路”框架下的中阿多领域合作。中阿合作从 7 世纪以珍珠、贝壳为主的商贸往来，到目前能源领域的战略性合作，已成为中国同“一带一路”沿线国家合作的主要动力。阿联酋处在亚非欧的核心位置，将打造成“一带一路”中天然的物流和商贸中心，努力实现“一带一路”沿线国家的互利共赢。二是重点关注石油、天然气、电信、新能源、旅游业等行业的潜在投资机遇。

根据现行法律，阿联酋不仅对外资可以进入的行业领域有明确的法律限制，而且对外方投资的持股比例有明确的规定，即外方持股不能超过 49%。外方可以以设备、技术、物资的形式投资，也可以现汇投资。在税收上，外国合资、独资企业与当地企业在法律上是平等的。

第五节　产业结构与产业政策分析基本结论

自 2010 年以来，阿联酋致力于推进经济多元化政策，改变依靠石油的单一经济结构，实现可持续发展，批发零售、加工制造、建筑、金融、新能源、旅游、航空、纺织服装等非石油产业带来的经济增长率不断提高。2015 年是中国政府落实“一带一路”倡议的起始之年；2016 年，中国政府进一步强化“一带一路”倡议在化解对外产能、增加海外投资收益、推进人民币国际化等任务中的重要作用。在此节点上，中国企业“走出去”投资阿联酋市场，将与阿联酋谋求经济社会发展的需求高度吻合。

阿联酋没有联邦税收体系，税收制度由各酋长国自行规定。除 5%的进口关税外，阿联酋基本不征收其他税种，无营业税、消费税、所得税。当在阿联酋的外国银行汇出利润时，企业要按照利润的 20%交税。在阿联酋特许区占有股份的外国公司必须支付特许权使用费和其他捐税（石油、天然气领域）。另外，阿联酋各酋长国税法大多规定年净收入在 100 万迪拉姆（约 27.22 万美元）以上的经营实体缴纳 10%～55%的税。但实践中，仅有石油、天然气、石化类公司及外资银行分支机构要纳税。石油、天然气公司依照有关特许经营协议中的规定纳税。阿联酋对某些商品及服务业也征收一些“间接税”，其中包括房租（征收标准为私人出租房年租金纳税率为 5%、商品房出租年租金纳税率为 10%、旅馆和娱乐场所年租金纳税率为 5%）。

第三章　阿塞拜疆产业结构与产业政策分析

第一节　基本情况

阿塞拜疆共和国，简称阿塞拜疆，位于欧亚大陆交界处的南高加索地区东部，地处东经44°～52°，北纬38°～42°，面积为8.66万平方千米，首都巴库。阿塞拜疆东濒里海，南接伊朗和土耳其，北与俄罗斯相邻，西傍格鲁吉亚和亚美尼亚，大、小高加索山自西向东穿越全境，余脉最终没入里海。阿塞拜疆陆地边境线总长为2 657千米，海岸线长为456千米。

阿塞拜疆全国总人口为996万人，其中城市人口约占53.2%。首都巴库市人口约为300万人。第二大城市甘贾市人口超过30万人；第三大城市苏姆盖特市人口约为30万人；其他城市人口均在10万人以下。在阿塞拜疆，华人数量较少，主要集中在巴库地区。

在气候方面，阿塞拜疆气候呈多样化特征。阿塞拜疆中部和东部为干燥气候，东南部降雨较为充沛。北部与西部山区气温较低，夏季平均气温为12℃，冬季为-9℃。阿塞拜疆大部分地区全年降水量为500毫米左右，但少数地区，如高加索山脉的高海拔地区及东南部的连科兰平原全年降雨量可达1 000毫米左右。阿塞拜疆大部分地区夏天为旱季（干燥少雨），秋末至次年春季为雨季，部分地区有降雪。

在自然资源方面，阿塞拜疆石油和天然气资源丰富，主要分布在阿普歇伦半岛和里海大陆架。在阿塞拜疆里海区域，石油探明储量为20亿吨，石油地质储量约为40亿吨，且石油具有埋藏浅、杂质少的特征。阿塞拜疆天然气探明储量为2.55万亿立方米，天然气远景储量为6万亿立方米。此外，阿塞拜疆境内还有铁、钼、铜、金等金属矿藏，以及丰富的非金属和矿泉水资源。阿塞拜疆拥有丰富的动物资源。东高加索羱羊、小亚细亚盘羊、高加索岩羚羊和狍子等珍贵动物多生活在高加索山地带。阿塞拜疆约有4 000种植物，其中很多可入药，主要树种有橡树、山毛榉、鹅耳枥及各种灌木，其南部与伊朗接壤的塔雷什山坡不乏珍贵树种，如黄杨、合欢，以及被称为“永久树”的紫衫。阿塞拜疆积极实施经济发展多元化战略，大力扶持非石油领域经济发展，促进各领域均衡发展，实施以大规模基础设施和电信业建设拉动经济的政策，从而使阿塞拜疆经济抵御各种风险的能力增强。

在外交方面，阿塞拜疆奉行独立自主、多元平衡外交政策，将发展与俄、美、欧洲大国，以及土耳其、伊朗、格鲁吉亚等邻国关系作为外交优先方向，将融入欧洲作为对外战略目标。阿塞拜疆重视与欧盟委员会、欧洲议会开展合作，积极参加欧盟“东部伙伴关系计划”。积极参与联合国、伊斯兰合作组织、不结盟运动等国际和地区性组织的活动。阿塞拜疆努力争取国际社会对阿塞拜疆解决“纳卡”问题的同情和支持。2012年，阿塞拜疆成为联合国2012—2013年度安理会非常任理事国，成功举办2012年欧洲电视歌曲大赛、第二届巴库国际人文论坛、伊斯兰合作组织峰会。截至2018年，阿塞拜疆已与182个国家建交。

第二节 经济发展情况分析

一、经济规模情况分析

阿塞拜疆 GDP 及其增长率变化情况如图 3-1 所示。阿塞拜疆人均 GDP 变化情况如图 3-2 所示。

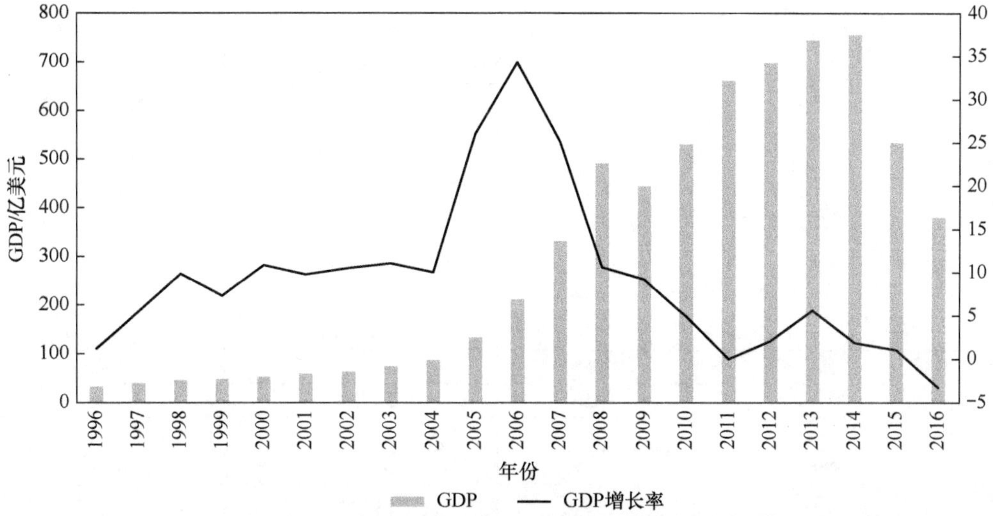

图 3-1 阿塞拜疆 GDP 及其增长率变化情况

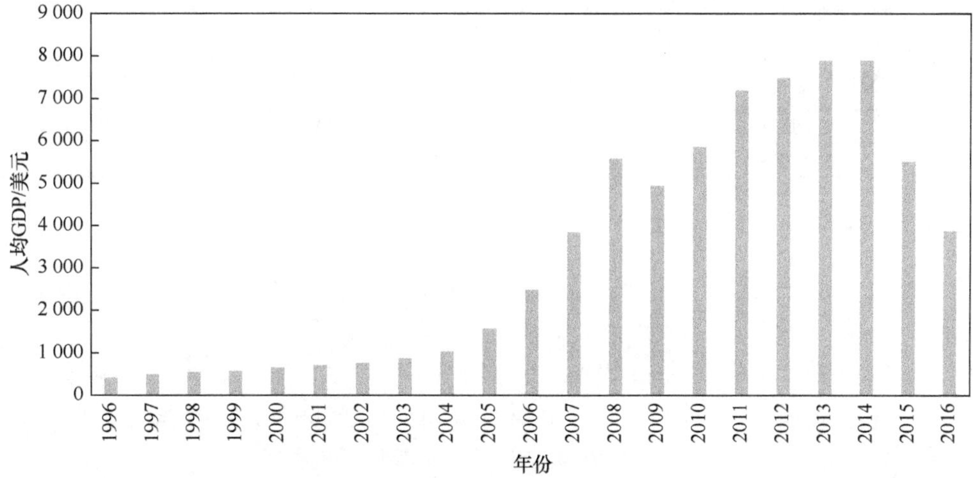

图 3-2 阿塞拜疆人均 GDP 变化情况

（1）从整体来看，阿塞拜疆 GDP 及其增长率在 1996—2016 年先增加再减少，人均 GDP 也呈现先增加再减少的趋势。

（2）从细节来看，1996—2014 年阿塞拜疆 GDP 从 31.77 亿美元增加至 752.44 亿美元，之后开始减少，2016 年阿塞拜疆 GDP 为 378.68 亿美元。1996—2006 年 GDP 增长率则从 1.30% 增长到 34.50%，之后 GDP 增速放缓，2016 年 GDP 增长率为−3.10%。1996—2014 年阿塞拜疆人均 GDP 从 409.22 美元增加至 7 891.31 美元，然后逐年减少，2016 年人均 GDP 为 3 880.74 美元。1996—2006 年阿塞拜疆人均 GDP 增长率从 0.28%增加至 33.03%，之后人均 GDP 增长率逐渐减少，2016 年增长率为−4.18%，这也是统计期内阿塞拜疆人均 GDP 增长率最慢的一年。

（3）2008 年经济危机对阿塞拜疆影响较大，GDP 和人均 GDP 分别从 2008 年的 488.52 亿美元和 5 574.60 美元减少至 2009 年的 442.91 亿美元和 4 950.29 美元。

阿塞拜疆 GDP 情况如表 3-1 所示。

表 3-1 阿塞拜疆 GDP 情况

年份	GDP/亿美元	GDP 增长率/%	人均 GDP/美元	人均 GDP 增长率/%
1996	31.77	1.30	409.22	0.28
1997	39.63	5.80	505.56	4.78
1998	44.46	10.00	561.91	8.96
1999	45.81	7.40	573.89	6.46
2000	52.73	11.10	655.10	10.19
2001	57.08	9.90	703.68	9.05
2002	62.36	10.60	763.07	9.78
2003	72.76	11.20	883.64	10.36
2004	86.80	10.20	1 045.02	9.24
2005	132.46	26.40	1 578.40	25.11
2006	209.83	34.50	2 473.08	33.03
2007	330.50	25.05	3 851.44	23.64
2008	488.52	10.77	5 574.60	8.47
2009	442.91	9.41	4 950.29	7.16
2010	529.03	4.85	5 842.81	3.61
2011	659.52	0.07	7 189.69	−1.23
2012	696.84	2.20	7 496.29	0.85
2013	741.64	5.80	7 875.76	4.44
2014	752.44	2.00	7 891.31	0.73
2015	530.74	1.10	5 500.31	−0.10
2016	378.68	−3.10	3 880.74	−4.18

二、人力资本基础情况分析

阿塞拜疆总人口变化情况如图 3-3 所示。阿塞拜疆城镇和农村人口变化情况如图 3-4 所示。阿塞拜疆劳动力情况如表 3-2 所示。

（1）从整体来看，阿塞拜疆总人口在统计期内不断增加，其增长率先减少再增加，然后开始减少。其中，城镇人口占比不断增加，相反，农村人口占比则不断减少；城镇人口增长率先增加再减少，农村人口增长率则先减少再增加，然后转而减少。在统计期内，阿塞拜疆劳动力数量及其占比逐年增加，除少数年份外，15～64 岁劳动参与率缓慢增加，15～24 岁劳动参与率逐年减少。

（2）从细节来看，1996—2017 年阿塞拜疆总人口从 776.3 万人增加至 986.242 9 万人。1996—2002 年总人口增长率从 1.00%减少至 0.75%，之后总人口增速加快。2008 年阿塞拜疆总人口增长率为 2.10%，然后转而减少为 2017 年的 1.07%。1996—2017 年城镇人口占比从 51.896%增加至 55.343%。1996—2008 年城镇人口增长率从 0.41%增加至 2.48%，然后开始减少为 2017 年的 1.65%。1996—2002 年农村人口增长率从 1.66%减少至 0.33%，之后增加至

2008年的1.68%，然后农村人口增速放缓。2017年阿塞拜疆农村人口增长率为0.35%。1996—2017年，阿塞拜疆劳动力总量从3 295 332人增加至5 002 124人，劳动力占比则从42.45%增加至50.72%，15～64岁劳动参与率从67.88%增加至71.23%，15～24岁劳动参与率从49.19%减少至39.02%。

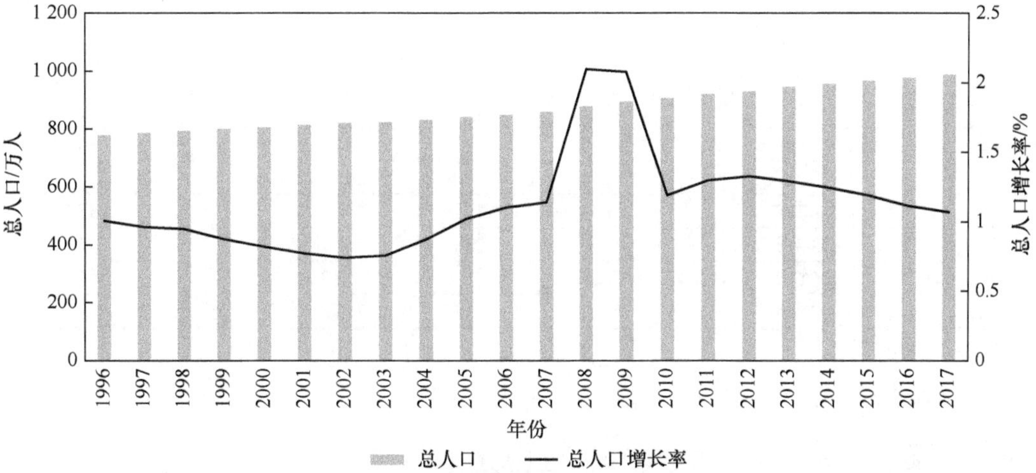

图3-3　阿塞拜疆总人口变化情况

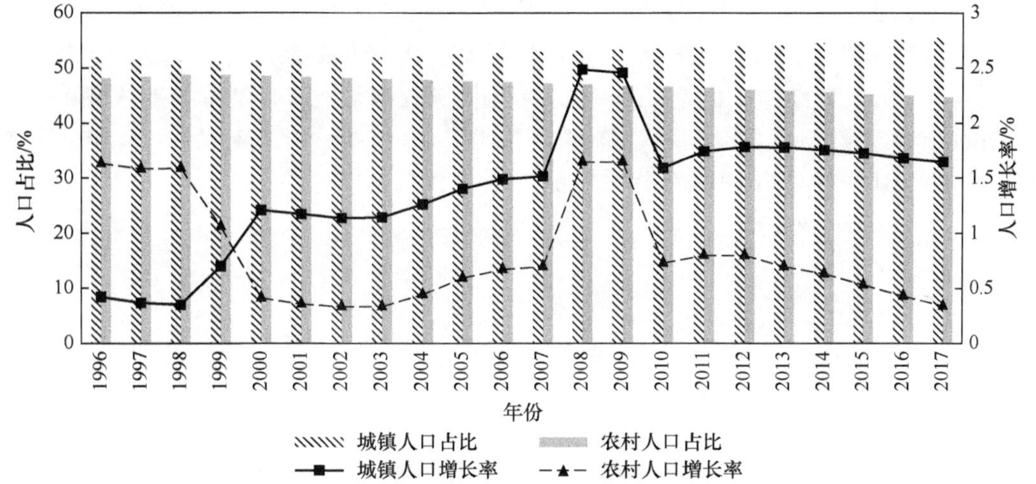

图3-4　阿塞拜疆城镇和农村人口变化情况

表3-2　阿塞拜疆劳动力情况

年份	劳动力总量/人	劳动力占比/%	15～64岁劳动参与率/%	15～24岁劳动参与率/%
1996	3 295 332	42.45	67.88	49.19
1997	3 340 970	42.62	67.89	48.81
1998	3 386 782	42.80	67.80	48.27
1999	3 439 577	43.09	67.74	47.72
2000	3 508 581	43.59	68.03	45.68
2001	3 586 313	44.21	68.29	43.85
2002	3 663 214	44.83	68.53	42.18
2003	3 742 291	45.45	68.73	40.67
2004	3 829 758	46.11	68.88	39.32

（续表）

年份	劳动力总量/人	劳动力占比/%	15～64 岁劳动参与率/%	15～24 岁劳动参与率/%
2005	3 927 697	46.80	68.99	38.10
2006	4 021 668	47.40	69.08	36.99
2007	4 123 365	48.05	69.16	35.99
2008	4 260 007	48.61	69.06	35.22
2009	4 390 880	49.08	68.96	34.47
2010	4 472 075	49.39	68.84	33.72
2011	4 540 067	49.49	68.69	32.98
2012	4 626 294	49.77	68.96	33.14
2013	4 700 437	49.92	69.29	34.06
2014	4 788 222	50.22	69.91	35.71
2015	4 873 418	50.51	70.31	37.35
2016	4 966 648	50.90	71.19	39.87
2017	5 002 124	50.72	71.23	39.02

三、研发投入与产出情况分析

图 3-5 反映的是阿塞拜疆研发投入与产出情况。

（1）从整体来看，在统计期内阿塞拜疆居民专利申请数量先增加再减少，然后基本保持稳定。研发投入占 GDP 的百分比则是先减少再增加，之后维持小幅度的波动。

（2）从细节来看，2001—2007 年阿塞拜疆居民专利申请数量从 203 个增加至 287 个，之后逐渐减少至 2012 年的 144 个。2012—2016 年居民专利申请数量则基本维持在 140～180 个。2001—2008 年阿塞拜疆研发投入占 GDP 的百分比从 0.34%减少至 0.17%，2009 年迅速增加至 0.25%，之后 2010—2015 年稍有减少，在 0.21%～0.23%范围内。

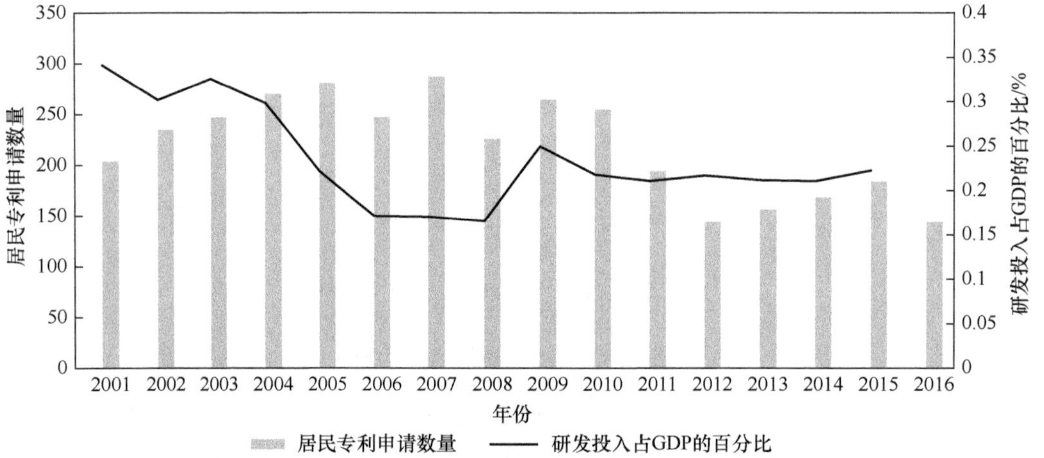

图 3-5 阿塞拜疆研发投入与产出情况

四、制度环境情况分析

在图 3-6 中，阿塞拜疆、中等收入国家、高等收入国家的制度环境进行了对比。阿塞拜疆制度环境评估如表 3-3 所示。

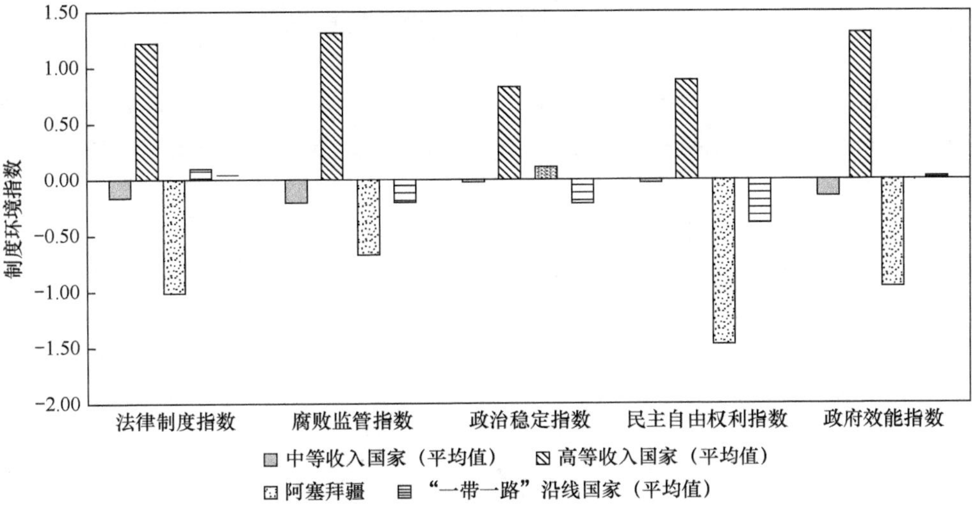

图 3-6 不同国家制度环境对比

表 3-3 阿塞拜疆制度环境评估

年份	法律制度指数	腐败监管指数	政治稳定指数	民主自由权利指数	政府效能指数
1996	−0.71	−0.92	0.21	−1.07	−0.41
1997	−0.72	−0.74	0.02	−0.96	−0.55
1998	−0.83	−0.56	0.02	−0.85	−0.68
1999	−0.95	−0.48	0.04	−1.10	−0.66
2000	−0.85	−0.51	0.06	−1.35	−0.65
2001	−1.21	−0.58	0.14	−1.42	−0.80
2002	−1.20	−0.50	0.23	−1.49	−0.96
2003	−1.15	−0.47	0.68	−1.50	−0.99
2004	−1.26	−0.92	0.16	−1.59	−1.08
2005	−1.19	−0.87	0.35	−1.77	−1.10
2006	−1.29	−0.63	0.13	−1.75	−1.17
2007	−1.14	−0.68	0.31	−1.69	−1.13
2008	−1.01	−0.64	0.50	−1.57	−1.12
2009	−1.00	−0.64	0.47	−1.53	−1.15
2010	−1.04	−0.73	−0.13	−1.54	−1.14
2011	−1.08	−0.72	−0.12	−1.64	−1.10
2012	−0.92	−0.52	0.02	−1.55	−0.94
2013	−0.89	−0.52	−0.04	−1.54	−0.94
2014	−0.81	−0.32	0.12	−1.45	−0.50
1996—2014（平均值）	−1.03	−0.67	0.17	−1.44	−0.90

数据来源：世界银行数据库。

（1）从整体来看，高等收入国家在法律制度、腐败监管、政治稳定、民主自由权利、政府效能指数的平均值均远远高于其他国家。阿塞拜疆的制度环境指数与高等收入国家的平均值相比仍然存在较大差距，但是其政治稳定指数明显好于中等收入国家。阿塞拜疆除腐败监管指数、政府效能指数和法律制度指数之外，其他两个指数表现优于中国。阿塞拜疆的法律制度指数、腐败监管指数、民主自由权利指数和政府效能指数低于“一带一路”沿线国家的平均值。

（2）从细节来看，1996—2006 年阿塞拜疆法律制度指数从−0.71 减少至−1.29，然后逐渐增加，2014 年为−0.81。1996—2003 年政治稳定指数从 0.21 增加至 0.68，然后在 2014 年减少至 0.12。1996—2006 年民主自由权利指数从−1.07 减少至−1.77，然后缓慢增加，2014 年为−1.45。1996—2003 年腐败监管指数从−0.92 增加至−0.47，然后逐渐下降，2010 年为−0.73，2010—2014 年逐渐上升，2014 年为−0.32。1996—2006 年政府效能指数从−0.41 下降至−1.17，然后缓慢增加，在 2014 年增加至−0.50。

（3）在样本期内阿塞拜疆法律制度指数、民主自由权利指数和政府效能指数先减少再增加，政治稳定指数则先增加再减少，腐败监管指数先增加再减少，然后再增加。

五、税收负担情况分析

阿塞拜疆总税收占 GDP 的百分比变化情况如图 3-7 所示。阿塞拜疆税收占比变化情况如图 3-8 所示。

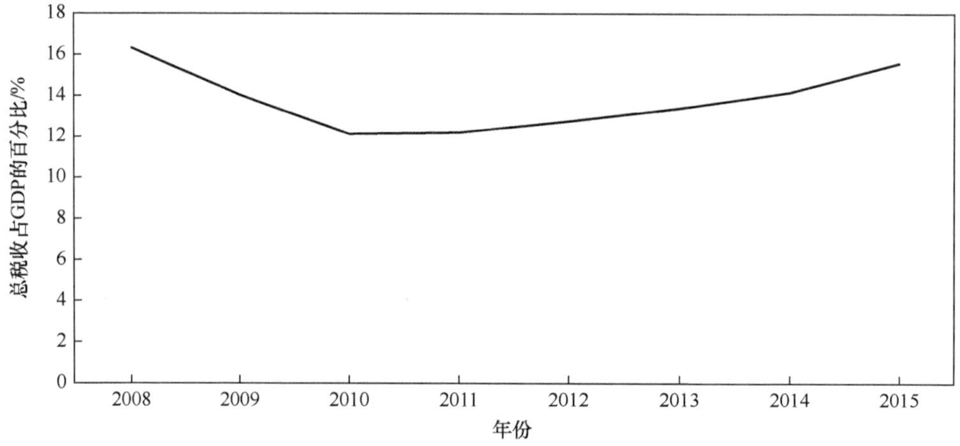

图 3-7 阿塞拜疆总税收占 GDP 的百分比变化情况

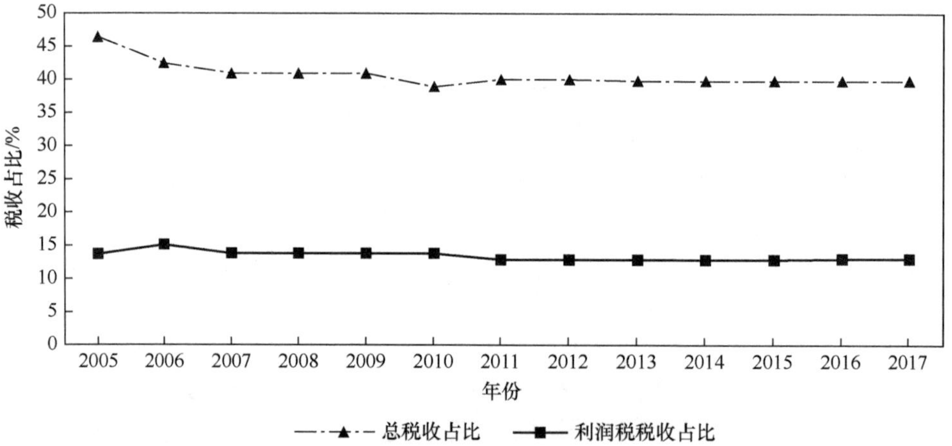

图 3-8 阿塞拜疆税收占比变化情况

（1）从整体来看，阿塞拜疆总税收占 GDP 的百分比先减少再增加；总税收占比逐年减少；

利润税税收占比（利润税税收占商业利润的百分比）则先增加再减少。

（2）从细节来看，2008—2011 年阿塞拜疆总税收占 GDP 的百分比从 16.42%逐渐减少至 12.22%，然后再逐年增加，2015 年为 15.60%；2005—2017 年总税收占比从 46.4%减少至 39.8%；2005—2006 年利润税税收占比从 13.7%增加至 15.1%，然后开始缓慢下降，2017 年为 13%。

六、国际贸易情况分析

图 3-9 反映的是阿塞拜疆国际贸易情况。

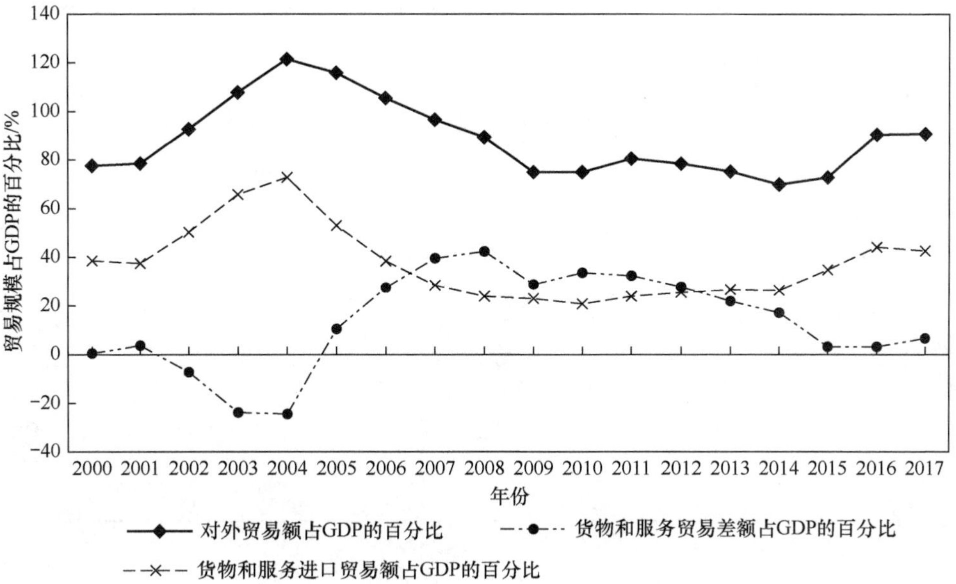

图 3-9　阿塞拜疆国际贸易情况

（1）从整体来看，对外贸易额占 GDP 的百分比先增加再减少，然后继续增加；货物和服务贸易差额占 GDP 的百分比先减少再增加，然后继续下降；货物和服务进口贸易额占 GDP 的百分比先增加再减少然后继续增加。

（2）从细节来看，2000—2004 年对外贸易额占 GDP 的百分比从 77.42%增加至 121.50%，然后逐渐减少，2014 年为 69.47%，2014—2017 年逐渐增加至 90.66%；2000—2004 年货物和服务贸易差额占 GDP 的百分比从 0.66%下降至−23.93%，然后逐渐增加，2008 年为 42.31%，2008—2017 年减少至 6.71%；2000—2004 年货物和服务进口贸易额占 GDP 的百分比从 38.38%增加至 72.72%，然后逐渐减少，2010 年为 20.68%，之后在 2017 年逐年增加至 41.98%。

七、外国直接投资情况分析

图 3-10 反映的是阿塞拜疆外国直接投资占 GDP 的百分比变化情况。

（1）从整体来看，阿塞拜疆外国直接投资占 GDP 的百分比先减少再增加，然后继续减少再有所增加。

（2）从细节来看，1996—2000 年阿塞拜疆外国直接投资占 GDP 的百分比从 19.75%减少至 2.46%，之后在 2003 年增加至 54.36%，然后减少，2013 年为 3.53%，接着在 2016 年增加至 11.88%。

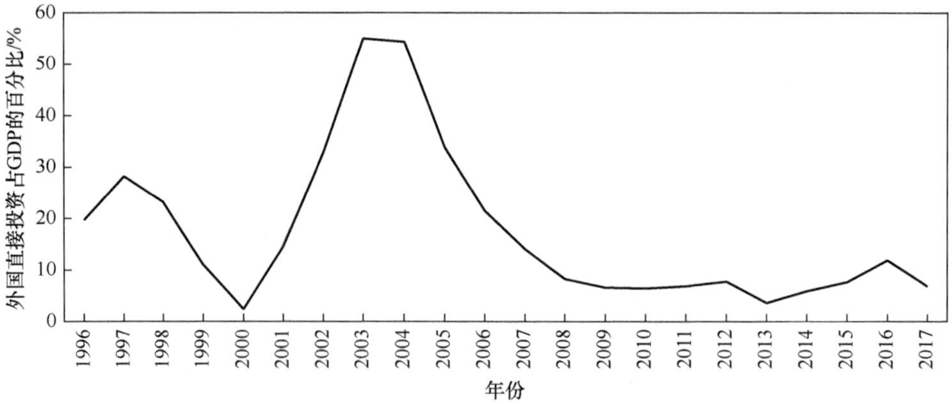

图 3-10 阿塞拜疆外国直接投资占 GDP 的百分比变化情况

八、经济活力情况分析

阿塞拜疆新注册企业数量及密度变化情况如图 3-11 所示。

（1）从整体来看，在统计期内阿塞拜疆新注册企业数量及密度先减少再增加，然后基本保持不变。

（2）从细节来看，2008—2010 年阿塞拜疆新注册企业数量及密度分别从 6 130、1.00 减少至 3 535、0.55，然后在 2013 年增加至 7 159、1.05，之后在 2013—2016 年分别在 5 000～7 000、0.75～1.10 范围内。

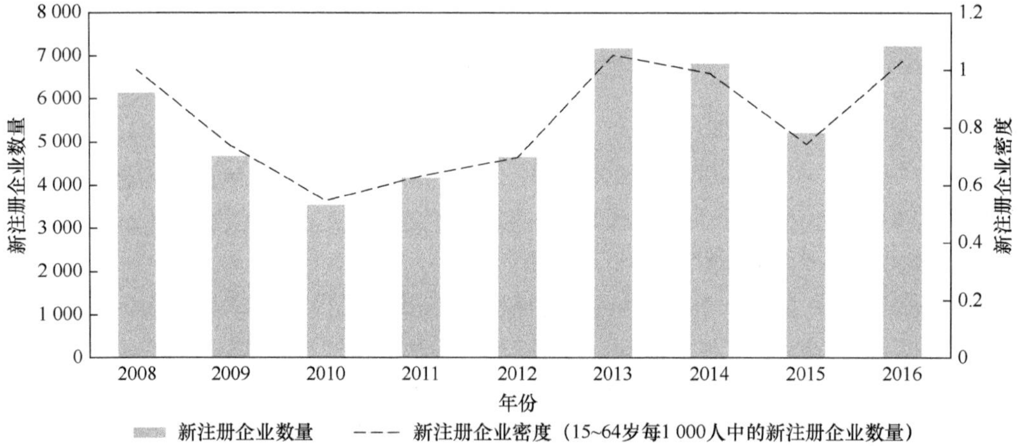

图 3-11 阿塞拜疆新注册企业数量及密度变化情况

第三节 产业结构情况分析

一、三次产业结构分析

图 3-12、图 3-13 分别反映的是阿塞拜疆产业结构和阿塞拜疆劳动力就业结构变化情况。

（1）从整体来看，在统计期内，农业增加值占比先减少再增加，工业增加值占比先增加再减少，然后继续增加，服务业增加值占比则先减少再增加，然后减少；农业就业人数占比先减少再增加，工业就业人数占比逐年增加，服务业就业人数占比基本保持不变。

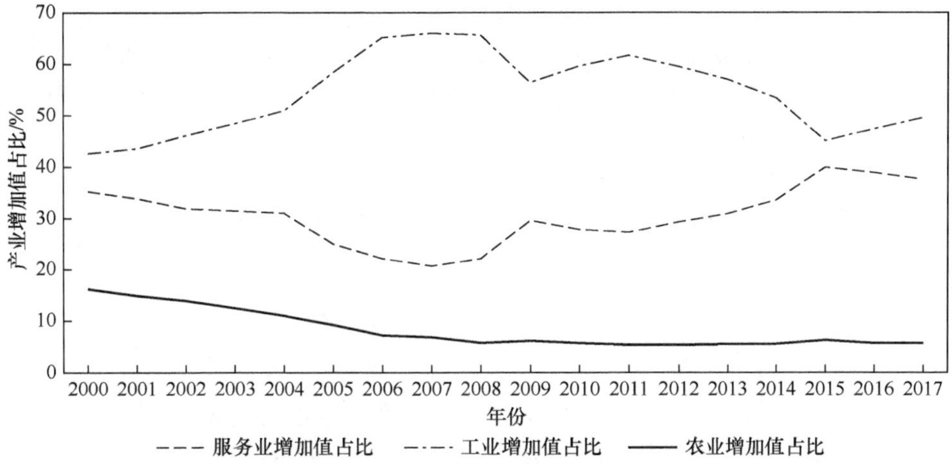

图 3-12　阿塞拜疆产业结构变化情况

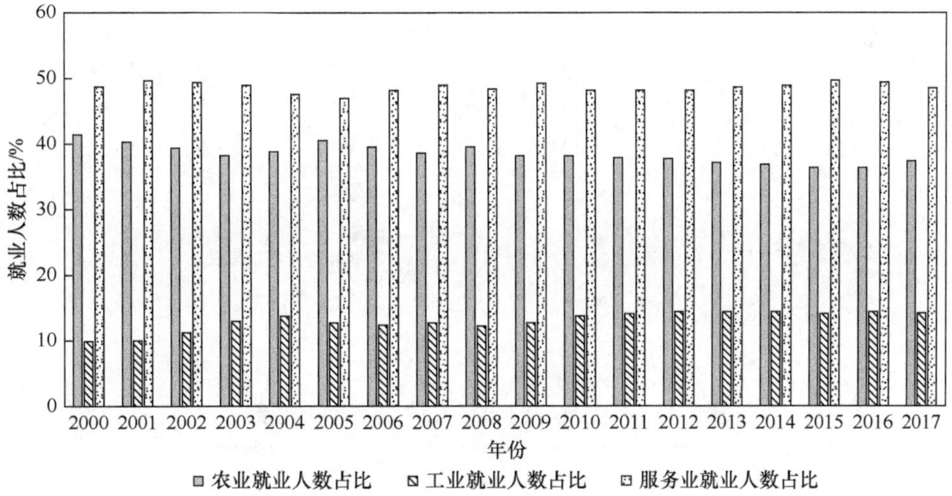

图 3-13　阿塞拜疆劳动力就业结构变化情况

（2）从细节来看，2000—2011 年农业增加值占比从 16.09%减少至 5.1%，然后在 2017 年增加至 5.63%。2000—2007 年工业增加值占比从 42.54%增加至 66.1%，之后逐渐减少，2015 年为 45%，接着转而增加，2017 年增加至 49.5%；2000—2007 年服务业增加值占比从 35.21%减少至 20.6%，然后开始逐渐增加，2015 年为 39.9%，接着缓慢减少，2017 年为 37.48%；2000—2016 年农业就业人数占比从 41.42%减少至 36.34%，然后逐渐增加，2017 年占比为 37.40%；2000—2017 年工业就业人数占比从 9.92%增加至 14.13%，同一时期内服务业就业人员占比基本在 48%～50%范围内波动。

二、工业、制造业规模变化分析

图 3-14 反映的是阿塞拜疆工业、制造业规模变化情况。

（1）从整体来看，阿塞拜疆工业、制造业增加值均呈现先增加再减少的走势。工业增加值年增长率则先增加再减少，然后增加转而继续减少。制造业增加值年增长率先增加再减少。

（2）从细节来看，2001—2013 年工业增加值从 24.81 亿美元增加至 423.14 亿美元，然后逐渐减少，2017 年为 202.04 亿美元；2001—2006 年工业增加值年增长率从 8.28%增加至 49.03%，然后迅速下降，2011 年增长率为−2.56%，2012 年又迅速增加至 18.60%，2013—2017 年逐渐减少至−3.81%；2001—2014 年制造业增加值从 3.53 亿美元增加至 35.36 亿美元，然后逐渐减少至 2017 年的 19.24 亿美元；2001—2005 年制造业增加值年增长率从 4.1%增加至 16.30%，但到 2017 年减少至−1.80%。

（3）受 2008 年经济危机的不利影响，阿塞拜疆工业增加值及其增长率分别从 321 亿美元、7.10%骤减至 2009 年的 249.4 亿美元、−12.60%。

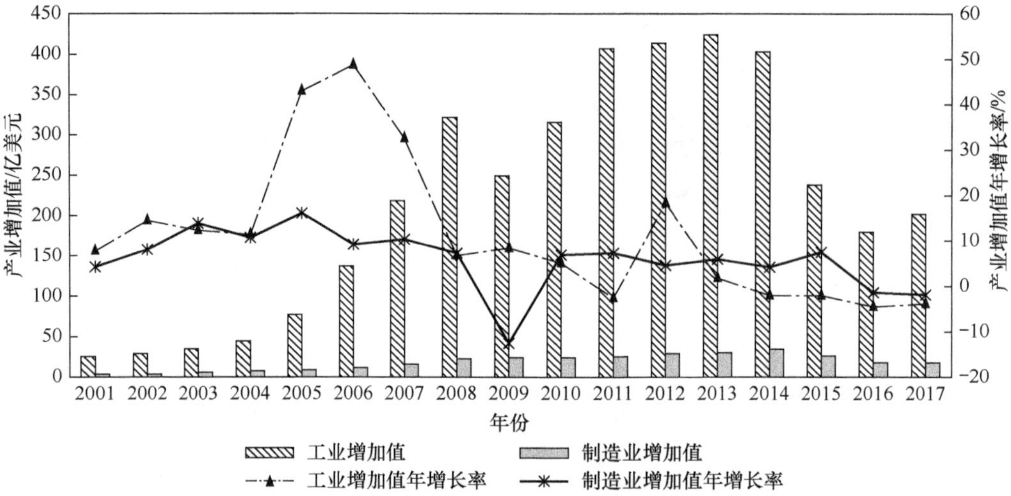

图 3-14 阿塞拜疆工业、制造业规模变化情况

表 3-4 是阿塞拜疆制造业分行业增加值占比情况。

表 3-4 阿塞拜疆制造业分行业增加值占比情况

行业	行业增加值占比/%							
	2006 年	2007 年	2008 年	2009 年	2010 年	2011 年	2012 年	2013 年
纺织品与服装	15.22	12.79	12.39	11.55	10.88	11.56	11.40	12.29
中、高端技术	28.68	31.00	30.78	37.82	40.15	42.00	41.92	41.27
其他	47.69	48.55	51.26	37.76	37.95	38.06	38.22	37.79
机械和运输设备	15.25	17.37	16.23	26.06	26.96	27.20	29.59	32.22
食品、饮料和烟草	16.07	16.19	14.91	18.51	17.53	15.17	14.56	15.55
化学品	5.77	5.11	5.21	6.11	6.68	8.00	6.24	2.15

（1）从整体来看，在统计期内，纺织品与服装行业增加值占比先减少然后稍有增加；中、高端技术行业增加值占比与机械和运输设备行业增加值占比逐年增加；化学品行业增加值占比先增加再减少；食品、饮料和烟草行业增加值占比基本维持不变。

（2）从细节来看，2006—2010 年纺织品和服装行业增加值占比从 15.22%减少至 10.88%，2013 年稍微增加至 12.29%；2006—2013 年中、高端技术行业增加值占比与机械和运输设备行业增加值占比分别从 28.68%、15.25%增加至 41.27%、32.22%；2006—2011 年化学品行业增加值占比从 5.77%增加至 8.00%，然后迅速减少，2013 年为 2.15%；食品、饮料和烟草行业增加值占比则基本维持在 15%～18%范围内。

三、服务业规模变化分析

图 3-15 反映的是阿塞拜疆服务业规模变化情况。

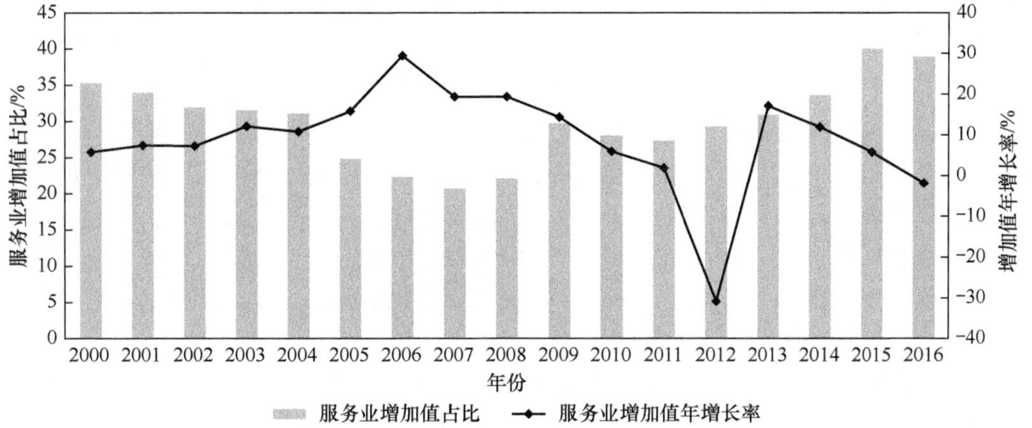

图 3-15　阿塞拜疆服务业规模变化情况

（1）从整体来看，阿塞拜疆服务业增加值占比先减少再增加；服务业增加值年增长率先增加再减少，在有所增加后继续减少。

（2）从细节来看，2000—2007 年服务业增加值占比从 35.21%减少至 20.6%，然后逐渐增加，2016 年增加至 38.8%；2000—2006 年服务业增加值年增长率从 6.31%增加至 29.27%，然后减少至−30.59%，2013 年迅速增加至 16.89%，之后开始缓慢减少，2016 年为−1.92%。

第四节　产业政策分析

阿塞拜疆迫切需要来自各方特别是外国的投资，以改善其经济和产业结构，为此阿塞拜疆政府制定了一系列政策和法规以创造能够吸引投资的环境。几年过去了，在投资环境有所改善的同时依然存在着严重的不协调。

从 1996 年起，阿塞拜疆经济开始回升，并持续保持较高的发展速度。近 3 年，阿塞拜疆 GDP 在 10%左右，人均 GDP 接近 750 美元，通胀率保持在 2%以内，总体上宏观经济保持稳定。与此同时，阿塞拜疆经济结构调整也在稳步进行。独立后阿塞拜疆经济被迫摆脱苏联时期以全苏联为市场和原料基地的结构模式，开始立足本国和地区市场。在一些传统产业出现衰退的同时，阿塞拜疆新兴产业得到一定发展。阿塞拜疆经济结构调整仅仅刚刚起步，基础设施建设停滞多年，百废待兴。一方面某些具有比较优势的传统产业部门亟待恢复和升级换代；另一方面市场空白点很多，有些靠进口弥补，有些有待当地生产的发展。外国投资（简称外资）是阿塞拜疆经济发展的主要推动力。阿塞拜疆政府实施的石油立国战略也着眼于吸引外资。1995 年以来，阿塞拜疆已经累计吸引外资 80 多亿美元，其中 60%以上投在石油行业。外资也带动了其他行业的发展，特别是基础设施建设、通信、交通等。鉴于外资在国民经济发展中的重要作用，阿塞拜疆政府和企业在吸引外资方面都比较积极。阿塞拜疆对外资企业实行优待，主要体现在单个合同中，特别是一些大的能源合作项目、大型生产项目和长期承包管理项目，在某些方面享受着接近国有垄断企业的待遇。例如，石油开发合作项目在税收上享受特别税率；有些生产型外资企业在电、水、气等国家控制价格的原材料使用上享受一定优惠。但对中小型外资企业基本无优惠可言。阿塞拜疆一直酝酿设置经济开发区、企业孵化器等投资促进形式，但多年过去了，仍停留在论证阶段。

2008 年 11 月和 2009 年 6 月，阿塞拜疆相继出台了《2020 年前阿塞拜疆社会经济长期发展构想》和《2020 年前阿塞拜疆联邦国家安全战略》。基于这两个文件，阿塞拜疆提出了传统优势部门、创新部门共同发展的综合发展战略（简称综合发展战略）。在经济全球化的今天，阿塞拜疆工业，在世界范围内不具备绝对的竞争优势。但阿塞拜疆比较优势的毕竟还是工业，如能源原材料生产、加工制造业等，特别是阿塞拜疆的航天航空业、军事武器生产等甚至具有一定的竞争优势。阿塞拜疆把产业结构优化的重点放在第二产业，通过“再工业化”，一方面发展高新技术产业，另一方面用高新技术装备和改造传统工业，提高劳动生产率，由过度依赖能源原材料部门的“发展版本”全面转向创新型发展模式。阿塞拜疆工业内部的结构优化，还将为第一和第三产业的发展提供条件。

近几年，阿塞拜疆农业形势较好，在很大程度上与农用机器制造业供给能力的增强有关。阿塞拜疆第二产业的重构与升级，必将为其生产性服务业创造出巨大的发展空间。阿塞拜疆经济结构和产业结构调整是综合发展战略的重点，其目标是实现经济结构多元化，促使“新经济”跨越式增长。阿塞拜疆通过转变经济增长方式，实现从资源型经济向发展型经济过渡，提高经济增长的质量。

第五节　产业结构与产业政策分析基本结论

通过从阿塞拜疆的基本情况、经济发展情况、产业结构情况、产业政策几个方面对其进行分析，初步得出以下结论。

阿塞拜疆具有非常优越的自然条件，盛产石油和天然气。在苏联解体前，阿塞拜疆是苏联重要的能源基地；首都巴库因为石油生产量大，所以有个外号叫“石油城”，其石油产量占苏联总产量的 73%。在油气开发合作方面，由于阿塞拜疆对外资开放，因此给中国带来很好的投资机会。目前，阿塞拜疆作为能源输出国经济不太稳定，也处在社会政治和经济转轨期，国内经济发展速度快，法律调整又跟不上，因此阿塞拜疆的外资企业对它的监督更加严格。

能源工程通常需要很多资金，且资金循环周期较长，这样就带来相对较高的商业风险，从而制约了能源项目的投资。目前，阿塞拜疆政府完善了交通道路系统与信息网络等领域，所以当地居民轿车、手机、网络使用率很高。

从区域经济长期发展来看，阿塞拜疆三次产业发展缺乏整体协调，导致资源投向长期侧重于石油工业、军事工业与能源工业等，产业结构变动所引起的经济增长具有短期和低效的特点，不利于实现经济的长期增长。因此，阿塞拜疆应以转变经济增长方式和推动技术创新和管理创新为核心，增强高新技术产业的辐射和带动能力，提高经济效益和产业竞争力。

第四章　埃及产业结构与产业政策分析

第一节　基本情况

阿拉伯埃及共和国，简称埃及，位于非洲东北部，地处欧亚非三大洲的交通要冲，是大西洋与印度洋之间海上捷径的必经之地，南接苏丹，西连利比亚，东濒红海与巴勒斯坦、以色列接壤，北经地中海与欧洲隔海相通，东南与约旦和沙特阿拉伯相望。埃及面积为100.145万平方千米，疆域横跨亚、非两洲，海岸线长为2 700多千米。在埃及，阿拉伯语是官方语言，英语、法语也被广泛使用。

据埃及国家统计局公布的数据，2017年埃及人口已经达到9 755万人。埃及是中东人口最多的国家和非洲人口第二大国，在经济、科技领域方面长期处于非洲领先态势。埃及被认为是一个中等强国，尤其在北非、中东和伊斯兰信仰地区有广泛的影响力。

在自然资源方面，埃及主要的资源有石油、天然气、磷酸盐、铁等，还有锰、煤、金、锌、铬、银、钼、铜和滑石等。2015年，埃及近海海域发现迄今地中海范围内最大天然气田，潜在天然气蕴藏量为8 500亿立方米。埃及的石油和天然气探明储量分别位居非洲国家第五位和第四位，是非洲最重要的石油和天然气生产国。

在经济与工业建设方面，埃及是非洲第三大经济体，属于开放型市场经济，拥有相对完整的工业、农业和服务业体系。在埃及，工业以纺织和食品加工等轻工业为主，重工业以石油化工业、机械制造业及汽车工业为主；工业生产总值约占GDP的16%，工业产品出口额约占商品出口总额的60%，工业从业人员有274万人，占全国劳动力的14%；工业企业过去一直以国营为主体，自20世纪90年代初开始，积极推行企业私有化改革，出售国营企业上百家。埃及是传统农业国，农村人口占全国总人口的55%，农业从业人员约有550万人，占全国劳动力的31%。全国可耕地面积为310万公顷，约占国土总面积的3.7%，绝大部分为灌溉地。埃及历史悠久，名胜古迹很多，具有发展旅游业的良好条件。埃及政府非常重视发展旅游业。埃及主要旅游景点有金字塔、狮身人面像、卢克索神庙、阿斯旺高坝、沙姆沙伊赫等。埃及服务业生产总值约占GDP的50%。埃及同120多个国家和地区有贸易关系，主要贸易伙伴是美国、法国、德国、意大利、英国、日本、沙特阿拉伯、阿联酋等。埃及由于出口商品少，对外贸易连年逆差。石油、天然气、旅游、侨汇和苏伊士运河是埃及外汇收入的主要来源。

第二节　经济发展情况分析

一、经济规模情况分析

埃及经济规模总体呈现上行的趋势。由图4-1可以看出，1996—2016年埃及GDP波动较大，其中2001年以前埃及国民经济总体保持稳中向好的态势；2001—2004年埃及经历了经济衰退；2005—2016年埃及GDP进入高速增长阶段。

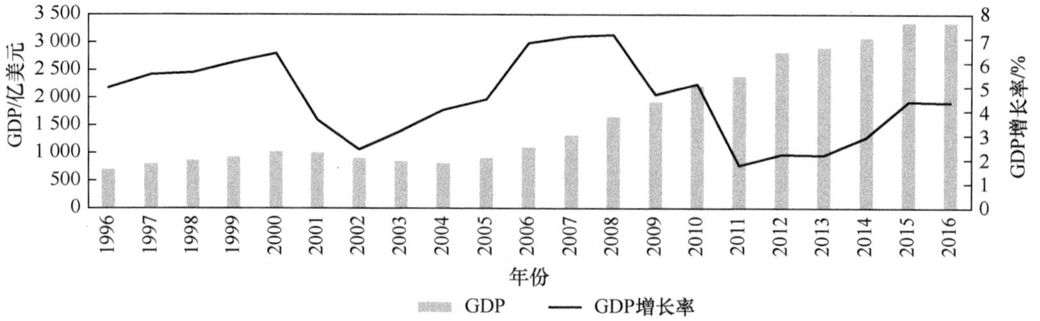

图4-1 埃及GDP及其增长率变化情况

埃及GDP情况如表4-1所示。

表4-1 埃及GDP情况

年份	GDP/亿美元	GDP 增长率/%	人均 GDP/美元	人均 GDP 增长率/%
2007	1 370.6	21.39	1 861	19.03
2008	1 708.0	24.62	2 770	21.99
2009	1 983.2	16.11	2 578	13.55
2010	2 300.2	15.99	2 922	13.33
2011	2 477.3	7.70	3 077	5.33
2012	2 787.7	12.53	3 383	9.94
2013	2 880.1	3.31	3 400	0.51
2014	3 055.7	6.10	3 524	3.65
2015	3 320.8	8.68	3 731	5.78
2016	3 324.8	0.12	3 686	−1.21
2017	2 365.3	−28.86	2 495	−32.31
2007—2017（平均值）	2 506.7	7.97	3 038.82	5.42

数据来源：世界银行数据库。

由表4-1可以看出，埃及人均GDP 2007—2017年变化趋势与其GDP变化趋势较为相似，2013年增长速度放缓，2015年达到最大值（3 731美元），但2016年和2017年均出现大幅减少。

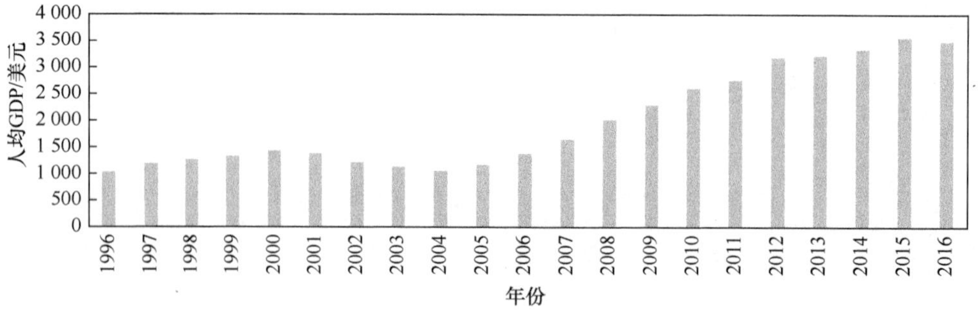

图4-2 埃及人均GDP变化情况

二、人力资本基础情况分析

由图 4-3 可以看出，埃及总人口持续增长，其增长率 2013 年开始放缓；埃及总人口增长率 2013 年达到最高，为 2.36%，2007 年达到最低，为 1.76%；2017 年埃及总人口达到 9 755 万人。图 4-4 为埃及城镇和农村人口变化情况。由图 4-4 可以看出，1996 之后埃及的城镇人口占比基本稳定在 42.89%左右；从数值来看，埃及的城市化水平较低，但城市化进程稳定；1997 年开始埃及城镇人口增长率高于农村人口增长率，但是 2007 年低于农村人口增长率；1996—2017 年，埃及城镇人口增长率的最低值是 1996 年的 1.58%，农村人口增长率的最低值是 2008 年的 2.01%。由表 4-2 可以看出，埃及劳动力总量不断增加，劳动力占比不断增加，由 1996 年的 28.02%增加为 2017 年的 31.93%。其中，2017 年，15～64 岁劳动参与率达 51.2%，15～24 岁劳动参与率达 31.3%。

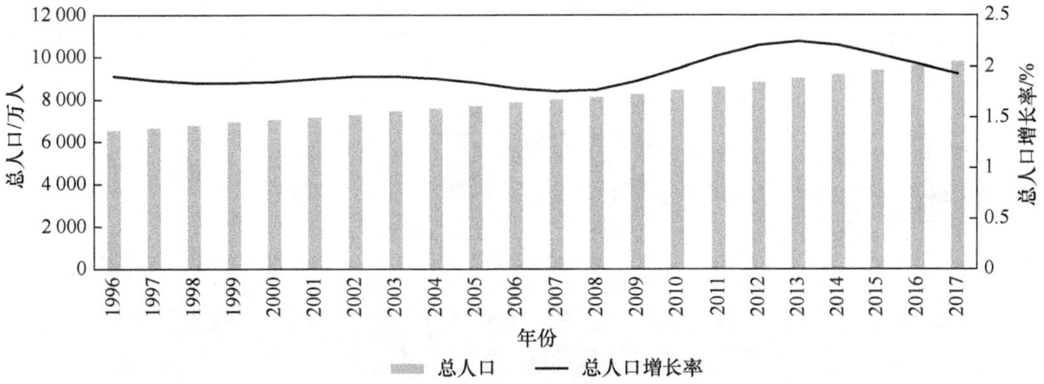

图 4-3　埃及总人口变化情况

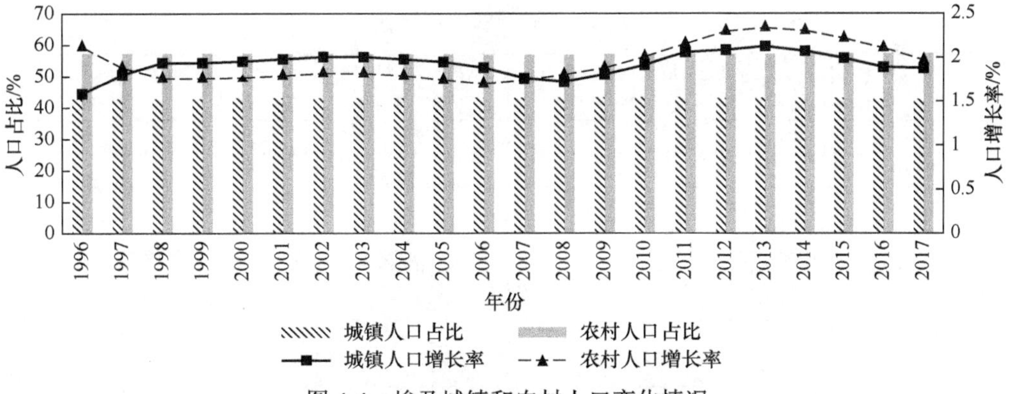

图 4-4　埃及城镇和农村人口变化情况

表 4-2　埃及劳动力情况分析

年份	劳动力总量/千人	劳动力占比/%	15～64 岁劳动参与率/%	15～24 岁劳动参与率/%
1996	18 195	28.02	48.4	32.2
1997	18 489	27.95	47.9	31.4
1998	18 774	27.86	47.3	30.6
1999	19 957	29.08	49	34.5
2000	20 449	29.25	48.9	31.7
2001	20 823	29.23	48.5	28.8

（续表）

年份	劳动力总量/千人	劳动力占比/%	15～64 岁劳动参与率/%	15～24 岁劳动参与率/%
2002	21 207	29.21	48.2	31.4
2003	22 074	29.84	48.6	31.9
2004	22 954	30.45	49.1	32.5
2005	23 825	31.03	49.5	33.1
2006	24 617	31.50	49.9	33.9
2007	25 779	32.41	51	33.3
2008	26 560	32.81	51.4	34.2
2009	27 334	33.15	51.7	35.1
2010	28 163	33.48	52.2	34.9
2011	28 501	33.18	51.8	32.8
2012	29 134	33.18	52	32.7
2013	29 844	33.23	52.5	33.4
2014	29 973	32.65	51.9	32.6
2015	30 078	32.07	51.1	31.9
2016	30 469	31.84	51	31.5
2017	31 149	31.93	51.2	31.3

数据来源：世界银行数据库。

三、交通情况分析

总体来看，埃及货物周转量在波动中呈现出上升的趋势。分阶段来看，2008 年之前，货物周转量保持逐年上升的趋势；2008 年之后，货物周转量增长率开始波动；2017 年货物周转量较上一年增加 7.09%。按运输类型划分，可以看出埃及货运以铁路、汽车道路运输为主，航空运输占比很少。

表 4-3 埃及货物周转量

年份	货物周转量（亿吨·千米）	货物周转量增长率/%	航空货物周转量/（亿吨·千米）	铁路货物周转量/（亿吨·千米）	汽车道路货物周转量/（亿吨·千米）	内陆水域货物周转量/（亿吨·千米）
2001	914.10	2.53	2.39	42.99	53.50	0.41
2002	979.63	7.17	2.49	42.54	66.58	0.59
2003	1 095.10	11.79	2.39	41.88	81.81	1.60
2004	1 187.38	8.43	2.42	41.88	88.67	1.82
2005	1 273.20	7.23	2.87	39.17	93.51	0.90
2006	1 284.94	0.92	3.09	39.17	89.39	1.09
2007	1 308.68	1.85	2.07	39.17	119.41	0.93
2008	1 307.96	−0.06	1.95	41.88	137.42	1.32
2009	1 211.72	−7.36	1.80	38.40	135.12	0.83
2010	1 281.44	5.75	4.17	38.40	160.23	1.10
2011	1 342.69	4.78	3.33	15.92	194.36	1.43
2012	1 316.84	−1.93	3.56	15.92	220.31	1.34
2013	1 307.52	−0.71	3.87	15.92	256.03	0.84
2014	1 314.02	0.50	4.19	16.92	265.87	0.49
2015	1 259.57	−4.14	3.77	16.92	245.23	0.21
2016	1 258.20	−0.11	3.74	17.80	252.39	0.21
2017	1 333.48	5.98	4.30	17.85	269.87	0.32

数据来源：世界银行数据库。

四、信息化情况分析

西亚及北非国家的信息化水平总体处于全球中等偏上水平。其中，大多数国家的信息社会指数平均值都高于全球和“一带一路”沿线国家；也有几个国家的信息化社会指数平均值低于全球，如埃及，位居全球第 92 位。埃及的信息化情况如图 4-5 所示。2010—2014 年互联网覆盖率和固定宽带覆盖率均呈逐年增长的趋势，以互联网覆盖率的上升趋势更为明显，而电话线路覆盖率逐年减少。由图 4-5 可以看出，互联网覆盖率最高，电话线路覆盖率次之，固定宽带覆盖率最低。

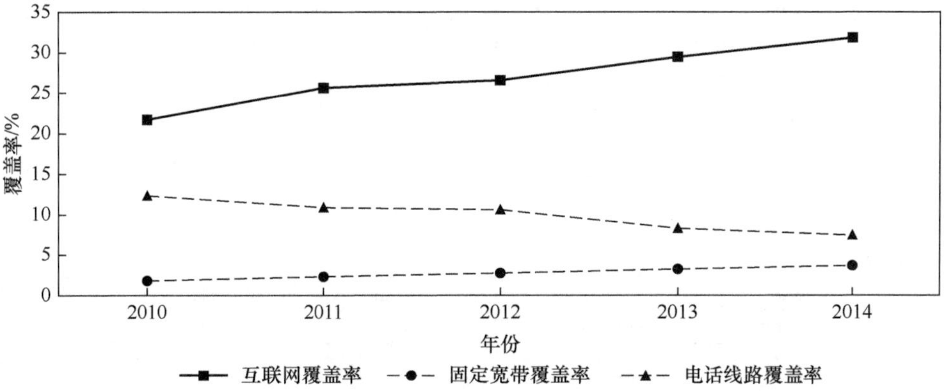

图 4-5 埃及信息化情况

五、研发投入与产出情况分析

图 4-6 反映了埃及研发投入与产出情况。埃及研发投入占 GDP 的百分比在 2000 年后是在波动中稳步增长的，其中在 2008—2009 年增长最快，2015 年达到 0.7%。埃及居民专利申请数量呈现逐年增加的趋势，而非居民专利申请数量是波动增加的，且居民专利申请数量始终低于非居民专利申请数量。埃及的商标申请数量也是波动增加的，最低值为 2003 年的 9 269 个，最高值为 2010 年的 20 160 个。

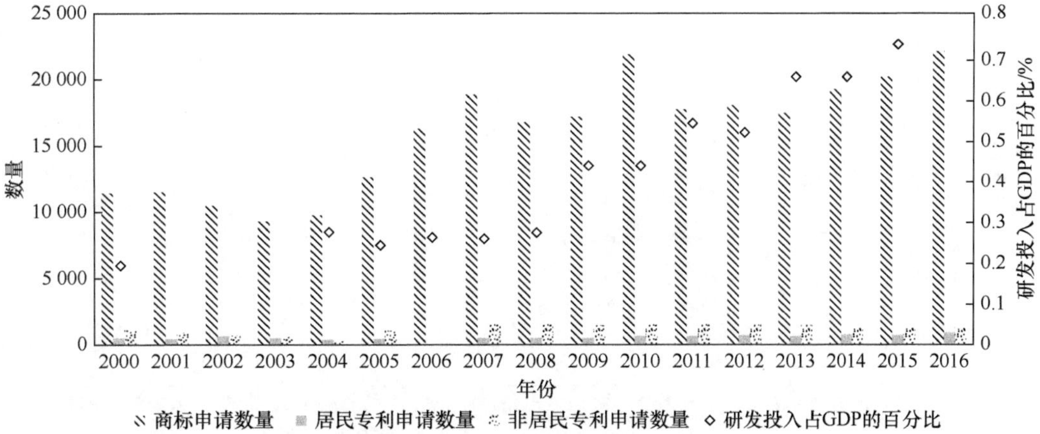

图 4-6 埃及研发投入与产出情况

六、制度环境情况分析

通过表 4-4，可以从法律制度指数、腐败监管指数、政治稳定指数、民主自由权利指数、政府效能指数 5 个方面对埃及制度环境进行分析。总体而言，埃及的制度环境呈现日益恶化的趋势。其中，2016 年法律制度指数、政治稳定指数、民主自由权利指数、政府效能指数分别为−0.41、−1.42、−1.23 和−0.66，均低于 2002—2016 年的平均值−0.27、−1.00、−1.10 和−0.52，即埃及在法律制度、政治稳定性、政府效能及民主自由权利方面的制度环境有所退步。

表 4-4　埃及制度环境评估

年份	法律制度指数	腐败监管指数	政治稳定指数	民主自由权利指数	政府效能指数
2002	0.01	−0.41	−0.41	−1.10	−0.41
2003	0.02	−0.55	−0.61	−1.08	−0.34
2004	0.02	−0.65	−0.82	−0.95	−0.27
2005	−0.02	−0.62	−0.63	−0.96	−0.42
2006	−0.26	−0.75	−0.84	−1.20	−0.51
2007	−0.23	−0.76	−0.55	−1.17	−0.39
2008	−0.13	−0.78	−0.51	−1.21	−0.37
2009	−0.11	−0.52	−0.61	−1.16	−0.28
2010	−0.18	−0.63	−0.90	−1.19	−0.37
2011	−0.45	−0.70	−1.44	−1.14	−0.57
2012	−0.47	−0.60	−1.44	−0.77	−0.81
2013	−0.63	−0.63	−1.64	−1.05	−0.88
2014	−0.66	−0.62	−1.63	−1.18	−0.82
2015	−0.59	−0.60	−1.50	−1.18	−0.75
2016	−0.41	−0.63	−1.42	−1.23	−0.66
2002—2016（平均值）	−0.27	−0.63	−1.00	−1.10	−0.52

数据来源：世界银行数据库。

在图 4-7 中，对埃及、中等收入国家、高等收入国家、“一带一路”沿线国家的制度环境进行了对比。从图 4-7 中可以看出，高等收入国家在法律制度指数、腐败监管指数、

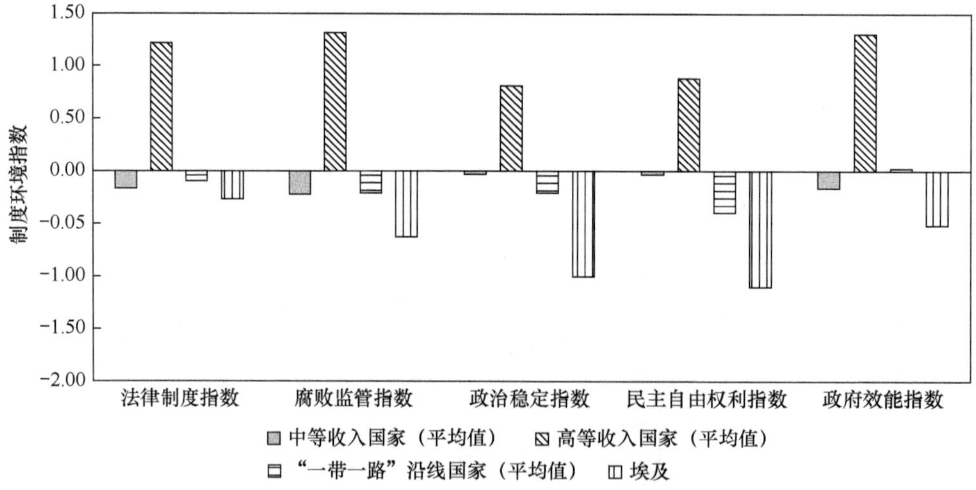

图 4-7　不同国家制度环境对比

政治稳定指数、民主自由权利指数、政府效能指数的平均值均远远高于其他国家。埃及制度环境与中等收入国家、“一带一路”沿线国家相比，法律制度指数、政治稳定指数、腐败监管指数、民主自由权利指数、政府效能指数均低于中等收入国家和“一带一路”沿线国家的平均值。其中，民主自由权利指数落后最严重，政治稳定指数和政府效能指数的平均值与中等收入国家和“一带一路”沿线国家差距较大。与中国相比，埃及的法律制度指数和民主自由权利指数均高于中国，而腐败监管指数、政治稳定指数和政府效能指数均低于中国。总体而言，在“一带一路”沿线国家中，埃及的制度环境与其他国家仍存在较大差距。

七、税收负担情况分析

税收是国家在许多预算项目（包括工资、补贴和执行社会保障计划等）上的经济支柱。埃及实行的是以所得税和消费税为主体的复合税制。埃及总税收占中央财政收入的一半以上。埃及开征的主要税种有公司税、个人所得税、消费税、关税、社会保险税、印花税、赠予及继承税、不动产税、土地税、登记费等。

从图 4-8 中可以看出，埃及总税收占 GDP 的百分比先增加后减少，2006 年达到最高值，为 15.82%，2014 年减少为最低值（12.22%）。

从图 4-9 中可以看出，总税收占比和利润税税收占比总体上呈现出增加的趋势，其中均以 2009 年增长最为迅速，2009 年之后增速放缓。

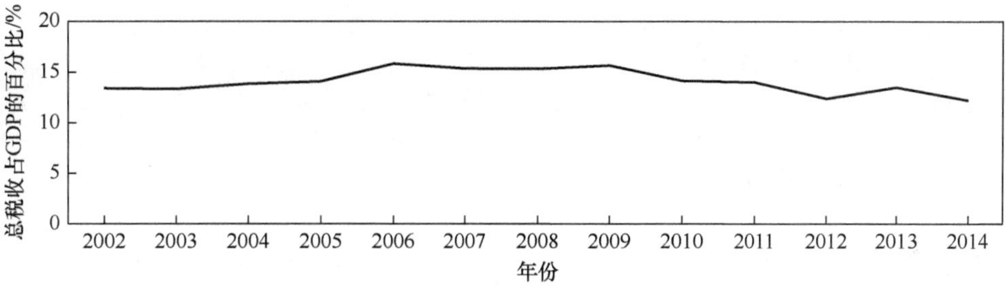

图 4-8　埃及总税收占 GDP 的百分比变化情况

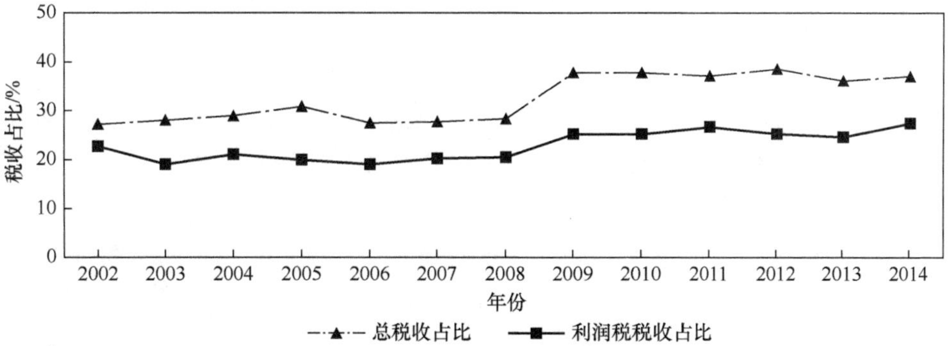

图 4-9　埃及税收占比变化情况

八、国际贸易情况分析

从图 4-10 中可以看出，对外贸易额占 GDP 的百分比及货物和服务进口贸易额占 GDP 的百分比均呈现出先增加后减少的趋势，2017 年均有所回升且均为正值，对外贸易额占 GDP 的百分比始终高于货物和服务进口贸易额占 GDP 的百分比；货物和服务贸易差额占 GDP 的百分比始终为负值，且在 2006—2017 年呈现递减的倾向，最高值为 2006 年的−1.61%，最高值为 2017 年的−13.49%，这说明埃及的货物和服务对外贸易存在逆差，且差距拉大。

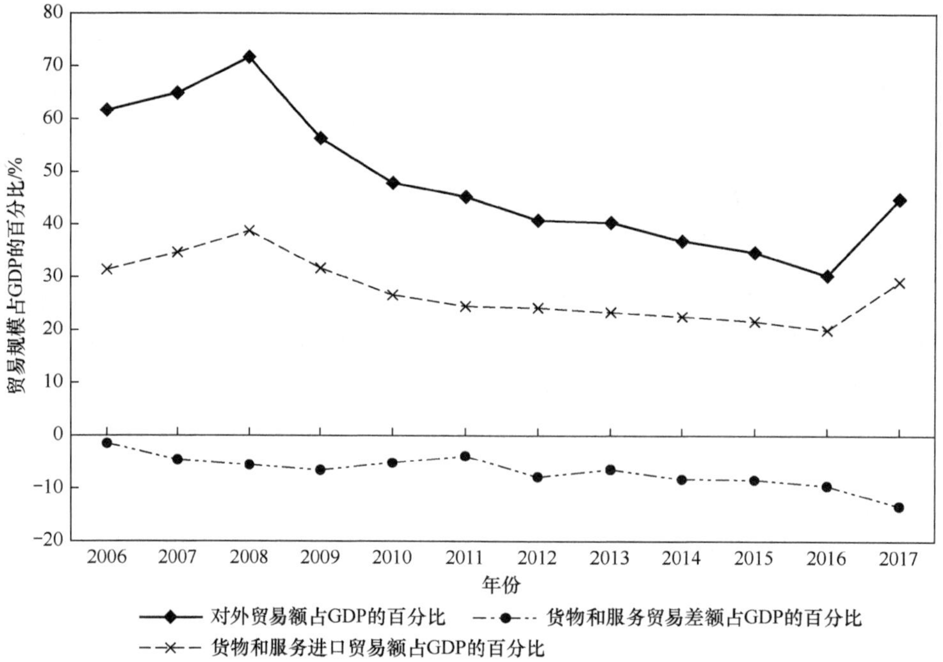

图 4-10　埃及国际贸易情况

九、外国直接投资情况分析

图 4-11 反映了埃及外国直接投资占 GDP 的百分比变化情况。总体而言，埃及外国直接投资占 GDP 的百分比在增加后呈现减少的趋势。2003 年之前，埃及外国直接投资占 GDP 的百分比变化幅度很小，维持在 1%～2%的水平。2004—2006 年，埃及外国直接投资占 GDP 的百分比急剧增加，其中在 2006 年相比于在 2005 年出现较大的增长。2006—2011 年，埃及外国直接投资占 GDP 的百分比迅速减少，2011 年甚至出现负值（−0.20%）。在 2011 之后，埃及外国直接投资占 GDP 的百分比又逐渐增加。对于样本期间外国直接投资占 GDP 的百分比平均值，埃及为 2.58%，中等收入国家为 4.82%，中国为 3.65%，埃及相比于中等收入国家仍有一段差距。

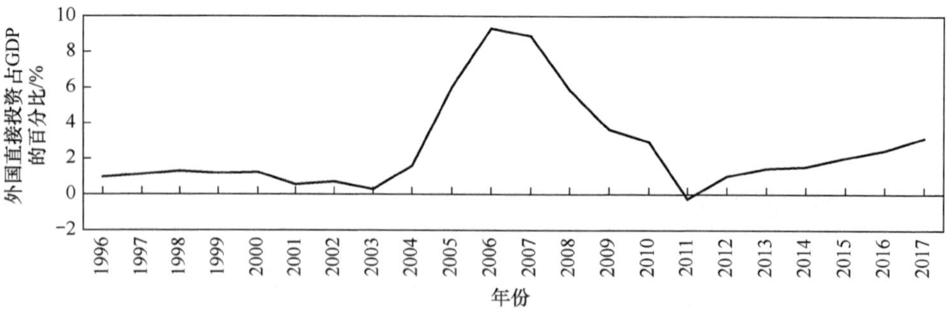

图 4-11　埃及外商直接投资占 GDP 的百分比变化情况

十、经济活力情况分析

图 4-12 反映了埃及固定资本形成总额变化情况。2011 年初以来，埃及动荡局势对国民经济造成严重冲击；埃及政府采取措施恢复生产，增收节支，吸引外资，改善民生，多方寻求国际支持与援助，以度过经济困难时期，但收效有限。2013 年 7 月，埃及塞西政府上台以来，得到海湾阿拉伯国家大量财政支持，经济情况较前有所好转。

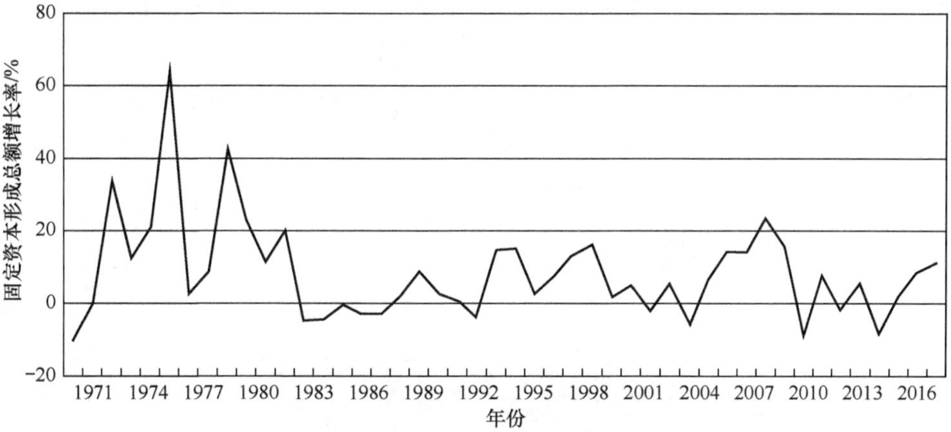

图 4-12　埃及固定资本形成总额变化情况

据埃及国家统计局统计数据，2011 年前 3 个季度，埃及固定资产投资保持较快增长：固定资产投资（不含农户）为 212 274 亿美元，同比名义增长 24.9%（扣除价格因素实际增长 16.9%），比上半年回落 0.7 个百分点，国有及国有控股投资为 73 481 亿美元，同比增长 12.7%；分产业看，第一产业投资同比增长 25.5%，第二产业投资同比增长 26.9%，第三产业投资同比增长 23.4%；分地区看，东部地区投资同比增长 22.3%，中部地区投资同比增长 29.9%，西部地区投资同比增长 29.5%。

前三季度，全国房地产开发投资为 44 225 亿美元，同比增长 32.0%，比上半年回落 0.9 个百分点。其中，住宅投资为 31 788 亿美元，同比增长 35.2%。同期，全国商品房销售面积为 71 289 万平方米，同比增长 12.9%。其中，住宅销售面积同比增长 12.1%。

第三节　产业结构情况分析

一、三次产业结构分析

近年来，埃及服务业发展较快，占比不断提高，三次产业的占比不断优化。埃及属于开放型市场经济，拥有相对完整的工业、农业和服务业体系。服务业增加值约占 GDP 的 50%。工业以纺织、食品加工等轻工业为主。埃及政府加大行政管理改革力度，改善投资环境，制定了一系列涉及外国直接投资的优惠政策。随着埃及道路、通信和电力供应等基础设施的不断完善，埃及国内百废待兴，新政府也为经济腾飞制订了雄心勃勃的计划。

从图 4-13 中可以看出，埃及第一产业增加值占比很小，变化缓慢，第二产业与第三产业增加值占比较大。2010—2014 年，工业增加值占比有所增长，之后不断下降。2014 年工业增加值占比最高，达到39.01%。服务业增加值占比在2010—2015年始终较高，并且呈现出不断提高的现象，从2012年起，服务业增加值达到50.08%。据统计，美国第三产业增加值占比约为80%，英国、法国、德国、日本第三产业增加值占比都在60%～70%之间。因此，埃及的经济从第二产业转移到第三产业的发展趋势与发达国家经济发展历程类似，并且第三产业增加值占比与发达国家的更为接近。

埃及劳动力就业结构变化情况如图4-14所示。农业就业人数占比较低，且有减少的趋势，始终保持在30%以内；工业就业人数占比较低，但在不断增加，2016年超过农业就业人数占比；服务业就业人数占比较高，并呈现逐年上升的趋势。

以上分析表明，埃及产业增加值占比、产业就业人数占比都体现了第一产业向第二产业转移的趋势，这说明埃及产业结构逐步走向合理化。

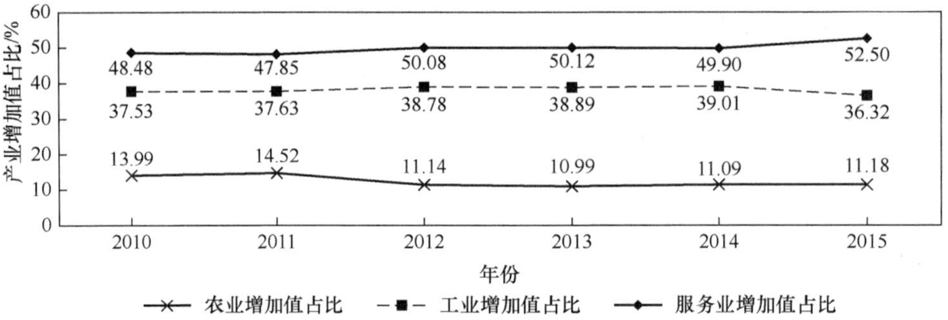

图4-13 埃及产业结构变化情况

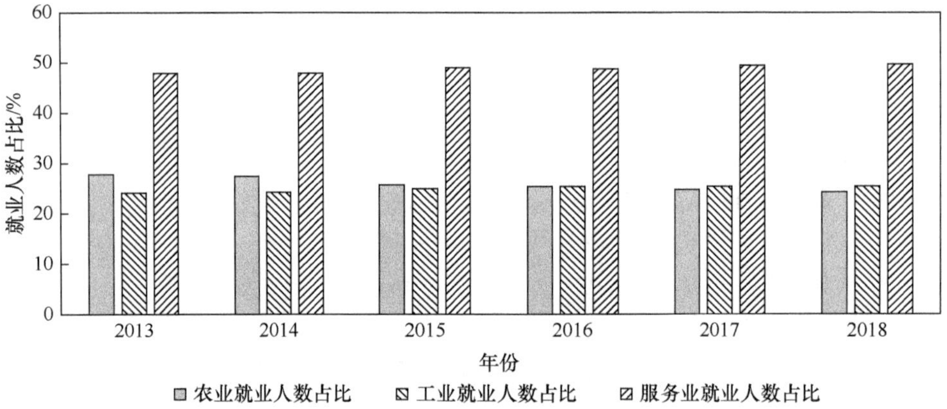

图4-14 埃及劳动力就业结构变化情况

二、工业、制造业规模变化分析

图4-15反映了埃及工业、制造业规模变化情况。总体而言，在2006—2008年，埃及工业、制造业发展较快。其中，工业增加值逐年增长，直到2016年下降；制造业增加值始终保持着增长的趋势。工业增加值和制造业增加值的年增长率均呈现波动中下降的趋势。

进一步通过表4-5探讨埃及制造业内部结构变化情况。2002—2012年（2003年、2007—2009年、2011年数据缺失），埃及制造业各行业产值呈现增长的趋势。其中，原油及加工行业和非金属行业产值增长幅度最大；纺织行业产值占制造业总产值的百分比下降幅度最明显。

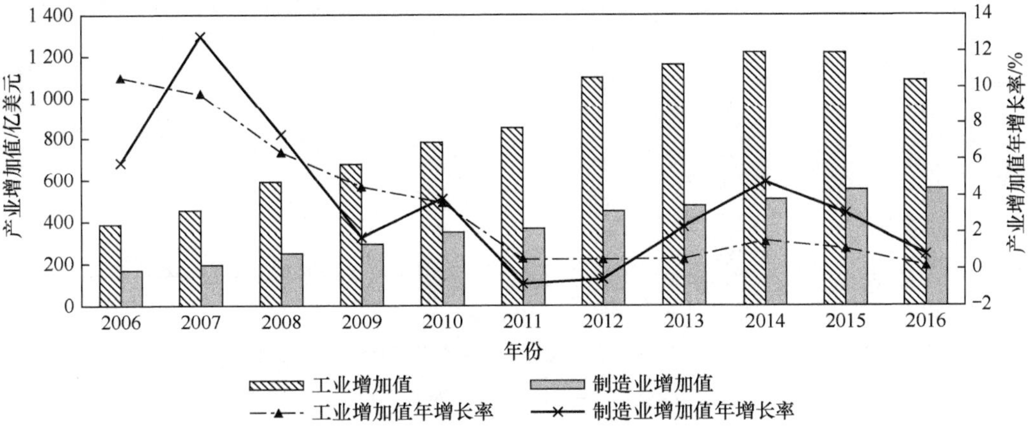

图 4-15　埃及工业、制造业规模变化情况

表 4-5　埃及制造业分行业产值状况　　（单位：亿美元）

年份	食品行业产值	纺织行业产值	原油及加工行业产值	化工产品行业产值	基本金属行业产值	非金属行业产值	制造业总产值
2002	41.7	13	33	26	12	16.08	185
2004	46	16	42	27	14.6	80	283
2005	53	17	64	80	21	44.6	302
2006	56	18.5	32	37	28	8.47	313
2010	97	21.2	158	65	52.7	67.6	594
2012	126.4	22.7	213	84	44.5	109.5	731

钢铁行业是埃及的经济支柱，产品主要应用于建筑、造船、汽车等行业。为保护本国钢铁行业的发展，埃及政府已限制铁矿石的直接出口，要求必须在埃及境内进行粗加工或深加工，以增加产品的附加值，提高经济效益。目前，埃及已成为非洲第二大生铁生产国。埃及生铁产量占非洲生铁总产量的 10%。现阶段，埃及钢铁行业仍然具有很大的发展潜力，主要体现在以下两个方面。

（1）近年来，埃及政府积极推进社会经济改革，加大对基础设施建设的投入，提升国内企业的工业化水平，这些措施都会直接或间接地刺激钢铁市场的需求，使其保持稳定的增长态势。

（2）埃及贸工部的资料显示，未来 10 多年，中东地区钢材需求的年增长率将超过 10%，周边国家如伊拉克、阿尔及利亚、苏丹等正处于快速发展过程中，这为埃及建立外向型钢铁企业提供了良好的机遇。

三、服务业规模变化分析

埃及第三产业整体的崛起，表现出第三产业内部结构出现了先进合理的趋势。如图 4-16 所示，总体而言，除 2011 年和 2014 年服务业增加值占比较 2010 年和 2013 年有所减少，其余各年均呈现不断增加的趋势。服务业增加值占比自 2010 的 48.48%增加为 2015 年的 52.50%，服务业对拉动经济的作用越发显著。特别要指出的是，在 2015 年，埃及的服务业增加值年增长率最高，达 5.21%。

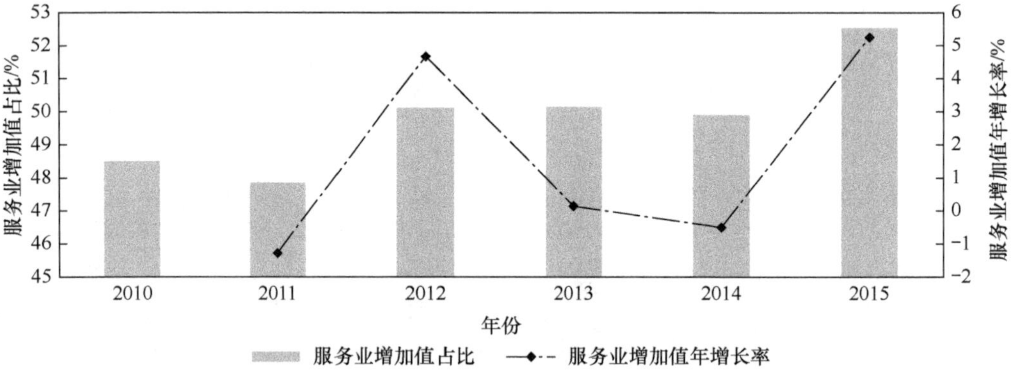

图 4-16 埃及服务业规模变化情况

四、资源情况分析

图 4-17 为埃及一次能源生产总量。埃及目前面临的主要和最大的挑战是人口无法控制且不断增加。

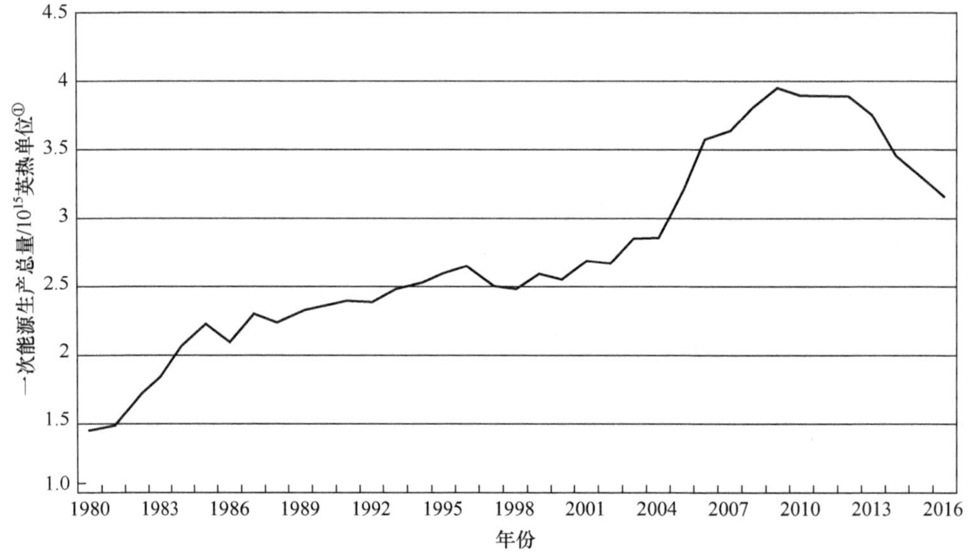

图 4-17 埃及一次能源生产总量

埃及石油和天然气探明储量下降，石油探明储量从 2009 年的 450 万桶减少到 2013 年的 420 万桶，而天然气探明储量从 2010 年的约 2.21 万亿立方米减少到 2014 年的约 2.19 万亿立方米。

目前，埃及没有多样化的能源混合物。埃及能源主要依靠石油、天然气和尼罗河的水力发电。其中，石油和天然气占一次能源消耗总量的 90.4%～94.4%。因为石油供给比例约为需求的 52.7%，所以石油供需存在缺口。大部分埃及进口石油（约 490 万吨）仅来自 3 个国家：科威特、伊拉克和阿曼。如此低数量的石油进口国，增加了埃及受到地缘政治不稳定性负面影响的可能性。

在能源方面，埃及的私人投资比例很低（2014—2015 年约为 16%）。这在某种程度上限制和阻碍了埃及的能源生产、分配和消费。例如，2013 年，埃及每日停电；2014 年夏天，埃及通常在每天的不同时间完全缺电 6～8 小时。埃及能源部门现有的混合战略存在不明确性和随机性，不完全适用于某些机构和能源供应商。

五、产品的相关成本

埃及产品的生产和销售成本表现出先增加后减少的变化特点，尤其是近两年出现大幅度减少。表 4-6 和图 4-18 反映了埃及产品成本变化情况。自 2010 年以来，埃及产品的生产和销售成本逐年增加，在 2016 年开始大幅度减少并保持相对较低水平。2015 年埃及产品的生产和销售成本达到统计期内最高值，为 8 825 210 亿卢布，其中材料成本占比为 63.96%，劳动力成本占比为 17.64%。2016 年埃及产品的生产和销售成本达到统计期内最低值，为 971 830 亿卢布，相较于 2015 年减少了 88.99%，其中材料成本占比为 65.05%，劳动力成本占比为 16.52%。在统计期内，材料成本、劳动力成本占比变化不大，较为平稳。

表 4-6　埃及产品的生产和销售成本

年份	2010	2011	2012	2013	2014	2015	2016	2017
生产和销售成本/亿卢布	2 102 100	3 759 780	6 635 650	7 210 460	7 972 840	8 825 210	971 830	109 590
材料成本/亿卢布	141 220	271 930	471 424	461 363	492 840	564 431	63 222	71 818
劳动力成本/亿卢布	31 752	47 847	92 253	127 467	148 396	155 636	16 055	17 668
社会贡献成本/亿卢布	11 206	16 588	30 735	41 941	48 803	50 522	5 142	5 650
固定资产和无形资产的折旧成本/亿卢布	10 974	14 690	33 821	45 514	53 826	48 738	5 409	6 485
其他成本/亿卢布	15 058	24 924	35 332	44 761	53 418	63 194	7355	7 969
材料成本占比/%	67.18	72.33	71.04	63.99	61.81	63.96	65.05	65.53
劳动力成本占比/%	15.10	12.73	13.90	17.68	18.61	17.64	16.52	16.12

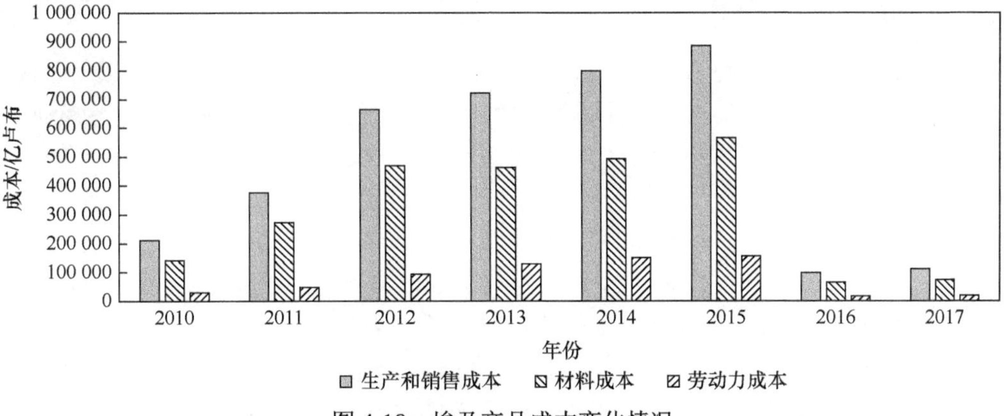

图 4-18　埃及产品成本变化情况

第四节　产业政策分析

2011 年，埃及政局动荡，削弱了其经济发展能力。目前，随着埃及政局逐渐稳定，新政府有更强的动力积极发展经济。2013 年，埃及计划部公布了《埃及 2022》远景发展规划，明确提出，2022 年要在埃及建立起基于社会公平、多元化及对外开放的强大而有秩序的经济体，并从加大基础设施建设力度、大力吸引外资、加大人力资源发展投入 3 个方面进行了远景规划。在基础设施建设上，埃及政府推出了多个国家层面的工程建设，包括新苏伊士运河项目、在沙漠里建设新首都和全国铁路网络建设等。吸引外资需要稳定的政局和良好的投资环境，埃及政府也积极进行改革，减少吸引外资的阻碍因素。另外，埃及政府将加大对人力资源开发的投入，升级基础教育和高等教育系统，提高劳动力素质和机构服务能力。

埃及政府为促进经济发展，制订了2015—2030年长期经济发展规划，确定了未来经济发展政策的三大核心：一是保持国家宏观经济稳定，减少财政赤字；二是改善投资环境，大力吸引外资；三是在各领域实施类似新苏伊士运河项目的大型“国家项目”。

埃及国内储蓄率不足，失业率严重，迫切需要吸引外资。中国“一带一路”倡议的提出，正好契合埃及经济发展的需要。埃及依托“一带一路”重要支点的优势，积极参与“一带一路”建设和产能合作。目前，中埃在能源、金融、通信、航空航天、气候变化等领域积极合作。埃及苏伊士运河走廊开发、新首都建设及卢克索向西到红海的“金三角”矿产项目等都蕴藏着巨大的投资机会。中埃在经贸合作领域充满机遇。

第五节 产业结构与产业政策分析基本结论

古代埃及处于丝绸之路的重要位置，中埃之间的贸易规模占埃及对外贸易额的百分比非常大。但是近代以来，随着欧洲经济的快速发展，埃及的主要贸易对象变为欧洲国家。1953年（阿拉伯埃及共和国成立）以后，埃及积极对西方国家开放，参与经济的全球化，1970年加入关贸总协定，1995年WTO成立以后转换为成员国，按照国际贸易投资的规则和协定减少关税和非关税壁垒，逐步取消进出口限制，推行贸易自由化。因此，欧美国家是埃及的主要贸易对象。埃及中央公众动员和统计局2015年的数据显示，在埃及的产业结构中，第一产业约占15%，第三产业约占50%，第二产业占比相对较少。其中，旅游业收入占GDP的13%，吸纳就业人数为400万人，约占劳动力总人口的14.6%。埃及国内工业基础比较差，其对外贸易竞争力并不强。因此，在对外贸易上就表现为出口少、进口工业制成品多、贸易逆差严重。埃及出口贸易额占GDP的百分比约为5%，而中国的这一百分比约为20%。2002年，埃及进出口贸易额为132亿美元，2011年接近800亿美元。近年，由于埃及国内政治形势恶化，对外贸易中出口贸易额减少了，但进口贸易额却增加了。2014年，埃及货物进出口贸易额为948.81亿美元。其中，出口和进口贸易额分别为266.93亿美元和681.88亿美元，贸易逆差414.95亿美元。对于中东国家和埃及来说，出口原油是非常重要的收入来源，虽然无法和沙特阿拉伯等石油输出国相比，但原油出口占埃及出口的百分比一度接近50%。1993年，埃及的原油出口量曾达到每天51.3万桶的较高水平。随着经济的发展和人口的迅速增加（1960年埃及人口为2800万人，2015年埃及人口达到8556万人，导致本土能源消费增加），埃及在2009年前后成为原油净进口国。其他出口产品包括棉花、农副产品和纺织品、铝材和钢材等建材产品。埃及的主要进口产品为机械设备、运输设备等机电产品，占进口产品的百分比约为30%。

对于中埃之间的贸易来说，总体贸易规模偏小，并且中国贸易顺差规模较大，贸易结构互补性较强。随着中国加入WTO，中国对外出口能力大幅提高，对埃及的出口也是如此。从2010年开始，中国成为埃及的第一大贸易伙伴。数据显示，在中埃贸易往来中，2000年中国对埃及出口贸易额为8.05亿美元，从埃及进口贸易额为1.02亿美元；到2015年，中国对埃及出口和进口贸易额分别为120亿美元和9亿美元，贸易顺差从2000年的7.03亿美元增长到

2015年的111亿美元。在出口结构中，2000年，中国对埃及出口的主要是杂项产品（占出口产品的百分比为38.91%）、初级制成品（占出口产品的百分比为25.9%）和运输机械设备（占出口产品的百分比为20.52%）。2008年，机械和运输设备占出口产品的百分比达到40.71%，初级制成品占出口产品的百分比为31.09%，杂项制品占出口产品的百分比仅仅为17.05%；2015年，这一趋势又出现变化，初级制成品占出口产品的百分比保持稳定，机械和运输设备占出口产品的百分比下降为30.6%，杂项制品占出口产品的百分比上升为25.27%。从整体来看，中国向埃及出口的主要产品包括各类纺织品、鞋类、箱包、机械设备、手机、化学品、汽车产品、金属制品等。其中，机电产品和成套设备对埃及出口呈现良好势头，主要项目有煤气罐生产线、制盐生产线、玻璃制品生产线、饲料加工生产线、聚酯纺纱成套设备出口项目、石膏加工成套设备、火车客车车厢项目等。埃及向中国出口的产品主要集中在能源矿产等领域，如石油、镁、钢铁、棉花、棉纱、金属制品、牛皮革、大理石、陶瓷制品、地毯、塑料和橡胶等产品，其中大理石占比较高。

中埃两国间的这一贸易结构也带来了双边贸易不平衡的问题。在中埃两国的贸易中，埃及始终处于贸易逆差的状态，且呈现扩大趋势。为了缓解本国的贸易逆差，埃及政府对从中国进口的纺织品等相关产品进行了相对严格的进口准入限制，同时积极刺激本国产品的对外出口。尽管此类举动控制了中国部分种类商品的出口数量，但也在客观上刺激了中埃两国贸易结构的优化及各自对本国投资环境的改善。

第五章　巴林产业结构与产业政策分析

第一节　基本情况

巴林王国，简称巴林，是一个邻近波斯湾西岸的岛国，首都麦纳麦，巴林岛为巴林最大的岛屿，气候属热带沙漠气候。巴林西邻沙特阿拉伯；北邻伊朗；南邻卡塔尔半岛。2010 年，巴林总人口为 1 234 571 人，其中包括 666 172 名外籍人口，阿拉伯人约占 60%，75%～80%的居民住在城市里，外籍人（主要为印度、巴基斯坦、孟加拉、伊朗、菲律宾和阿曼人）占 51%。

在经济建设方面，巴林为首个步入后石油经济的波斯湾国家。目前，巴林经济已经不依赖石油。自 20 世纪后期，巴林投入巨资在银行和旅游事业。巴林首都麦纳麦是国内外大型金融机构所在地。巴林具有较高的人类发展指数（世界排名第 44 位），也被世界银行认定为高收入经济体。

在交通方面，巴林境内无铁路，首都和主要城镇有公路相连，各级公路总长为 3200 多千米。巴林和沙特阿拉伯之间由长达 25 千米的法赫德国王大桥相连。萨勒曼深水港有 14 个泊位、2 个集装箱轮泊位和 1 个滚装轮泊位，可停泊 6 万吨级轮船。巴林是连接东西方的空中交通枢纽，有 5 个机场。2008 年，巴林国际机场客运量为 875.81 万人次，货物和邮件运量为 36.8 吨，飞机起落 10.12 万架次。

在通信方面，1969 年巴林开通中东地区第一个卫星地面站。截至 2014 年，巴林拥有 4 个卫星地面站，与国际卫星组织及阿拉伯卫星组织的卫星相连。1981 年，巴林政府从英国人经营的电信公司中取得 60%的股权，并把该公司改组为巴林电信公司。巴林电信公司实现了通信系统数字程控化。此外，巴林还有巴林有线和无线通信公司等。

在外交方面，巴林长期奉行温和务实、中立不结盟的外交政策，主张加强海湾国家之间的团结与合作，反对外来势力干涉海湾地区事务。巴林系联合国、阿拉伯国家联盟和海湾合作委员会的成员国。截至 2014 年，巴林已同 156 个国家建立了外交关系。1981 年，巴林同 5 个海湾国家筹组了海湾阿拉伯国家合作委员会。

第二节　经济发展情况分析

一、经济规模情况分析

巴林 GDP 及其增长率变化情况如图 5-1 所示。巴林人均 GDP 变化情况如图 5-2 所示。巴林 GDP 情况如表 5-1 所示。

（1）从整体来看，在统计期内，巴林 GDP 逐渐增加，GDP 增长率先增加再减少，然后在低 GDP 增长率区间内波动。

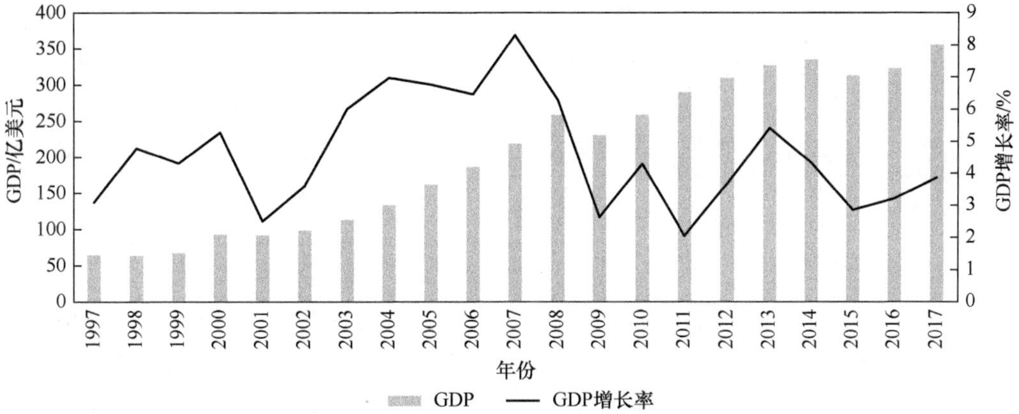

图 5-1 巴林 GDP 及其增长率变化情况

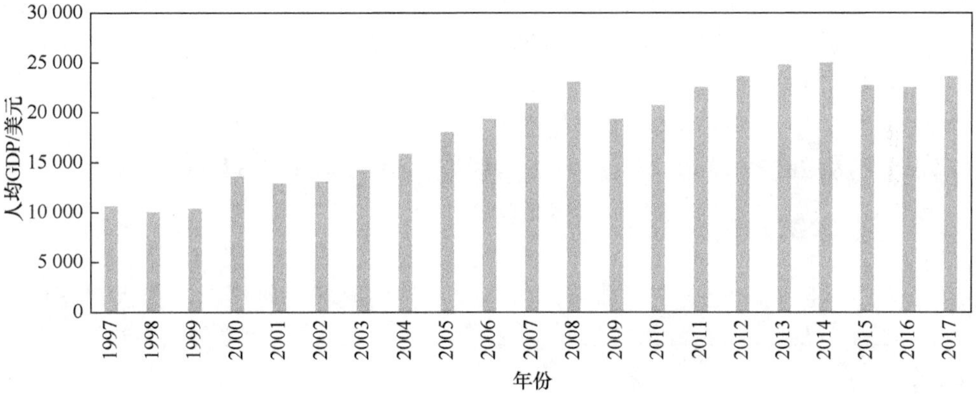

图 5-2 巴林人均 GDP 变化情况

表 5-1 巴林 GDP 情况

年份	GDP/亿美元	GDP 增长率/%	人均 GDP/美元	人均 GDP 增长率/%
1997	63.49	3.09	10 672.18	0.28
1998	61.84	4.79	10 076.19	1.58
1999	66.21	4.30	10 401.48	0.56
2000	90.63	5.30	13 636.35	0.85
2001	89.76	2.49	12 868.21	−2.35
2002	96.32	3.61	13 102.33	−1.69
2003	110.75	6.02	14 221.99	0.09
2004	131.50	6.98	15 846.48	0.39
2005	159.69	6.77	17 959.18	−0.35
2006	185.05	6.47	19 308.00	−1.22
2007	217.30	8.29	20 977.11	0.19
2008	257.11	6.25	23 067.57	−1.26
2009	229.38	2.54	19 356.67	−3.56
2010	257.13	4.33	20 722.10	−0.36
2011	287.77	1.98	22 512.16	−1.00
2012	307.49	3.73	23 649.37	1.98

（续表）

年份	GDP/亿美元	GDP 增长率/%	人均 GDP/美元	人均 GDP 增长率/%
2013	325.40	5.42	24 737.17	4.20
2014	333.88	4.35	24 983.38	2.71
2015	311.26	2.86	22 688.88	0.20
2016	321.53	3.22	22 560.58	−0.65
2017	353.07	3.88	23 655.04	−0.81

数据来源：世界银行数据库。

（2）1997—2017 年巴林 GDP 从 63.49 亿美元增加至 353.07 亿美元，1997—2007 年巴林 GDP 增长率从 3.09%增加至 8.29%，之后的 2008—2017 年 GDP 增长率基本在 2%～4%的区间内水平波动。1997—2014 年巴林人均 GDP 从 10672.18 美元增加至 24 983.38 美元，之后则逐渐下降，2017 年人均 GDP 为 23 655.04 美元，在 2016 年还曾一度减少至 22 560.58 美元。1997—2009 年人均 GDP 增长率从 0.28%减少至−3.56%，然后逐渐增加，2013 年人均 GDP 增长率为 4.20%，之后人均 GDP 增长率则迅速下降，2017 年人均 GDP 增长率为−0.81%。

（3）在 2008 年经济危机的不利影响下，巴林 GDP 和人均 GDP 分别从 2008 年的 257.11 亿美元和 23 067.57 美元骤减至 2009 年的 229.38 亿美元和 19 356.67 美元，GDP 增长率和人均 GDP 增长率则从 2008 年的 6.25%和−1.26%锐减至 2009 年的 2.54%和−3.56%。

二、人力资本基础情况分析

图 5-3、图 5-4 反映的分别是巴林总人口规模变化情况和巴林城镇农村人口变化情况。

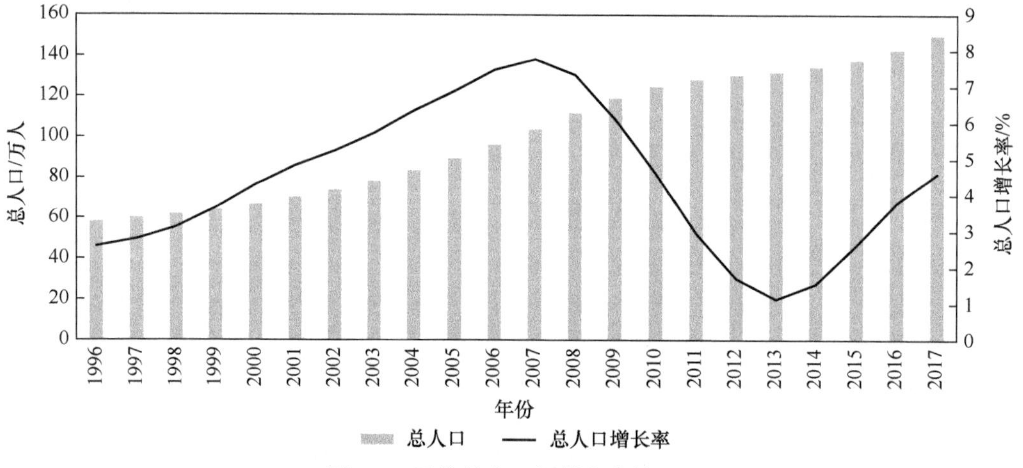

图 5-3 巴林总人口规模变化情况

（1）从整体来看，在统计期内巴林总人口不断增加，总人口增长率先增加再减少然后继续增加。城镇人口占比不断增加，农村人口占比则呈现相反的变动趋势。城镇人口增长率和农村人口增长率均先增加再减少然后继续增加。

（2）1996—2017 年巴林总人口从 578 668 人增长至 14 92 584 人。1996—2007 年巴林总人口增长率从 2.62%增加至 7.77%，然后逐渐减少，2013 年总人口增长率为 1.16%，接着总人口增长率逐渐增加，2017 年总人口增长率增加至 4.62%。1996—2017 年巴林城镇人口占比从 88.382%逐渐增加至 89.186%，农村人口占比则呈现相反的变动趋势。1996—2007 年城镇人口增长率从 2.62%增加至 7.81%，然后逐渐减少，2013 年城镇人口增长率为 1.24%，之后城镇人口增长率逐渐增加，2017 年城镇人口增长率为 4.73%。1996—2007 年农村人口增长率从 2.65% 增加至 7.46%，然后逐渐减少，2013 年农村人口增长率减少至 0.51%，然后逐渐增加，2017 年农村人口增长率增加至 3.74%。

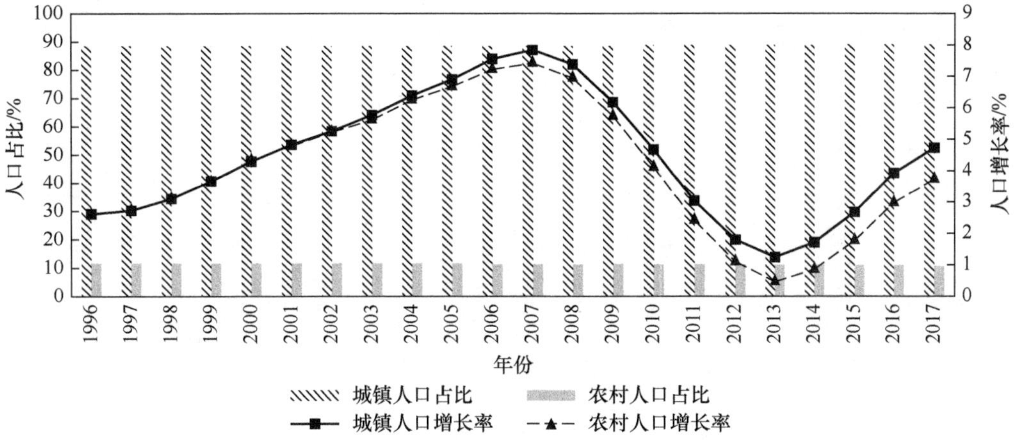

图 5-4 巴林城镇和农村人口变化情况

巴林劳动力情况如表 5-2 所示。

表 5-2 巴林劳动力情况

年份	劳动力总量/万人	劳动力占比/%	15～64 岁劳动参与率/%	15～24 岁劳动参与率/%
1996	26.40	45.62	65.27	42.14
1997	27.13	45.61	65.06	41.52
1998	28.01	45.64	65.05	41.23
1999	29.12	45.75	65.31	41.30
2000	30.54	45.96	65.79	41.57
2001	32.59	46.71	65.86	41.84
2002	34.98	47.58	66.13	41.86
2003	37.87	48.63	66.76	42.26
2004	41.33	49.80	67.64	42.81
2005	45.34	50.99	68.61	43.19
2006	50.17	52.34	69.04	43.40
2007	55.66	53.73	69.72	43.37
2008	61.41	55.09	70.55	43.04
2009	66.82	56.39	71.43	42.54
2010	71.41	57.55	72.22	41.89
2011	72.71	56.88	71.42	40.23
2012	74.00	56.92	71.50	41.15
2013	74.79	56.86	71.52	42.04
2014	75.88	56.78	71.57	42.94
2015	77.79	56.70	71.64	43.85
2016	81.64	57.28	71.86	44.91
2017	86.51	57.96	72.20	45.20

（1）总体而言，巴林劳动力总量、劳动力占比及 15～64 岁劳动参与率不断增加，15～24 岁劳动参与率则先减少再增加，然后继续减少，接着增加。

（2）1996—2017 年巴林劳动力总量从 26.40 万人增加至 86.51 万人，劳动力占比从 45.62%

增加至 57.96%，15～64 岁劳动参与率则从 65.27%增加至 72.20%。15～24 岁劳动参与率 1996—1998 年从 42.14%减少至 41.23%，然后逐渐增加，2006 年增加至 43.40%，接着再次减少，至 2011 年减少至 40.23%，然后继续增加，2017 年增加至 45.20%。

三、制度环境情况分析

在图 5-5 中对巴林、中等收入国家、高等收入国家的制度环境进行了对比。巴林制度环境评估如表 5-3 所示。

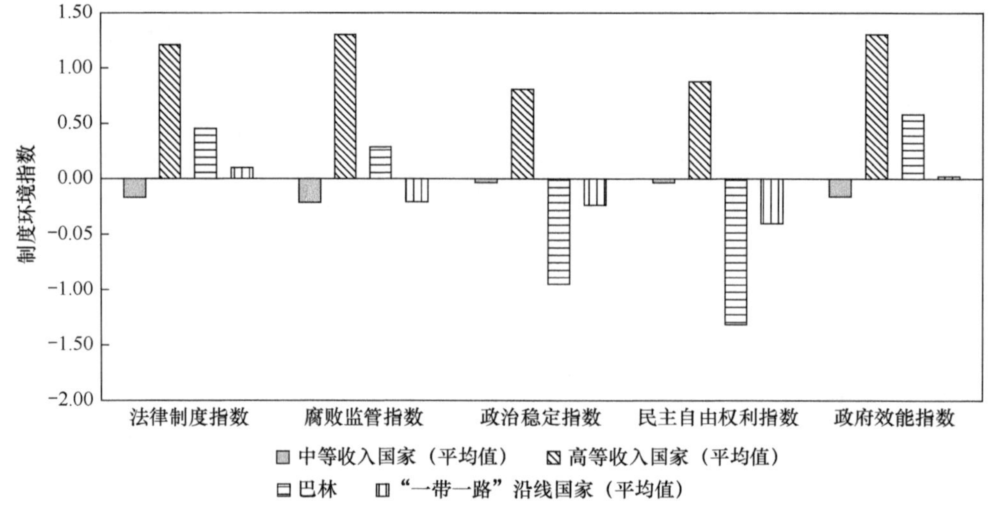

图 5-5 不同国家制度环境对比

表 5-3 巴林制度环境评估

年份	法律制度指数	腐败监管指数	政治稳定指数	民主自由权利指数	政府效能指数
1996	0.04	0.17	−0.41	−0.74	0.63
1997	0.22	0.13	−0.34	−0.93	0.59
1998	0.39	0.10	−0.26	−1.11	0.56
1999	0.38	0.24	−0.14	−1.11	0.55
2000	0.37	0.37	−0.02	−1.10	0.55
2001	0.49	0.57	0.09	−0.86	0.54
2002	0.61	0.77	0.19	−0.62	0.53
2003	0.64	0.45	0.43	−0.69	0.46
2004	0.76	0.53	0.29	−0.62	0.59
2005	0.65	0.47	−0.02	−0.81	0.40
2006	0.42	0.24	−0.39	−0.91	0.40
2007	0.57	0.25	−0.24	−0.86	0.42
2008	0.57	0.25	−0.24	−0.87	0.41
2009	0.55	0.24	−0.16	−0.80	0.50
2010	0.48	0.25	−0.51	−0.97	0.48
2011	0.39	0.24	−0.96	−1.22	0.55
2012	0.28	0.39	−1.14	−1.32	0.54
2013	0.35	0.45	−1.35	−1.32	0.58
2014	0.45	0.30	−0.94	−1.32	0.59
1996—2014（平均值）	0.45	0.34	−0.32	−0.96	0.52

数据来源：世界银行数据库。

（1）从整体来看，高等收入国家在法律制度指数、腐败监管指数、政治稳定指数、民主自由权利指数、政府效能指数平均值均远远高于其他国家。巴林制度环境与高等收入国家相比仍然存在较大差距，但是在政府效能、法律制度和腐败监管方面明显好于中等收入国家。与中国相比，除政治稳定指数之外，巴林法律制度指数、腐败监管指数、民主自由权利指数和政府效能指数表现优于中国。巴林法律制度指数、腐败监管指数和政府效能指数平均值高于“一带一路”沿线国家。

（2）在统计期内，巴林法律制度指数先增加再减少，然后再增加；政治效能指数基本保持水平波动；民主自由权利指数则先减少再增加，然后减少；政治稳定指数先增加再减少，然后再次增加；腐败监管指数先增加再减少，然后维持水平波动。

（3）巴林腐败监管指数 1996—2002 年从 0.17 增加至 0.77，然后逐渐减少，2006 年为 0.24，2007—2014 年基本在 0.20～0.45 范围内波动。巴林民主自由权利指数 1996—1999 年从−0.74 减少至−1.10，之后再逐渐增加，2002 年为−0.62，然后逐渐减少，到 2014 年减少至−1.32。1996—2014 年，除少数年份外巴林政府效能指数基本在 0.40～0.60 范围内波动。巴林政治稳定指数 1996—2003 年从−0.41 增加至 0.43，然后逐渐减少，到 2013 年减少至−1.35，2014 年则迅速增加至−0.94。巴林法律制度指数 1996—2004 年从 0.04 增加至 0.76，然后减少，2012 年增加至 0.28，2014 年为 0.45。

四、国际贸易情况分析

巴林国际贸易情况如图 5-6 所示。

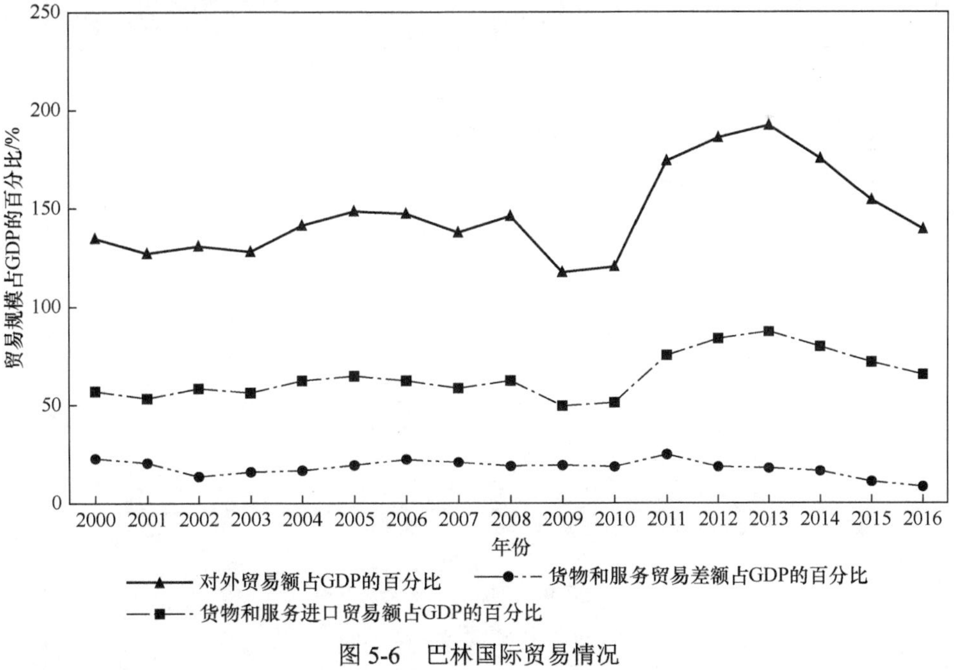

图 5-6　巴林国际贸易情况

（1）从整体来看，巴林对外贸易额占 GDP 的百分比先减少再增加然后减少，之后再增加、减少。货物和服务进口贸易额占 GDP 的百分比则先缓慢增加再减少。货物和服务贸易差额占 GDP 的百分比在统计期内先减少再缓慢增加，然后逐渐减少。

（2）2000—2001 年巴林对外贸易额占 GDP 的百分比从 135.81%减少至 127.03%，然后逐渐增加，2005 年增加至 148.31%，之后快速减少，到 2009 年减少至 117.96%，接着逐渐增加，2013 年达到 191.88%，之后在 2016 年减少至 139.55%。货物和服务贸易差额占 GDP 的百分比在 2000—2002 年从 22.55%减少至 13.83%，然后缓慢增加，2011 年增加至 24.68%，接着开始减少，2016 年减少至 8.38%。货物和服务进口贸易额占 GDP 的百分比在 2000—2013 年从 56.63%缓慢增加至 87.07%，然后减少，2016 年减少至 65.59%。

（3）受 2008 年经济危机的冲击，巴林对外贸易额占 GDP 的百分比、货物和服务进口贸易额占 GDP 的百分比分别从 2008 年的 145.88%、63.31%减少至 2009 年的 117.96%、49.50%。

五、税收负担情况分析

巴林总税收占 GDP 的百分比变化情况如图 5-7 所示。巴林税收占比变化情况如图 5-8 所示。

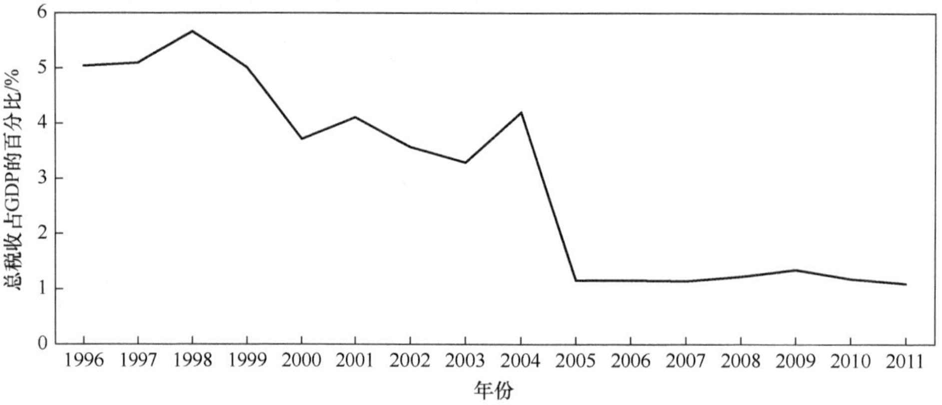

图 5-7　巴林总税收占 GDP 的百分比变化情况

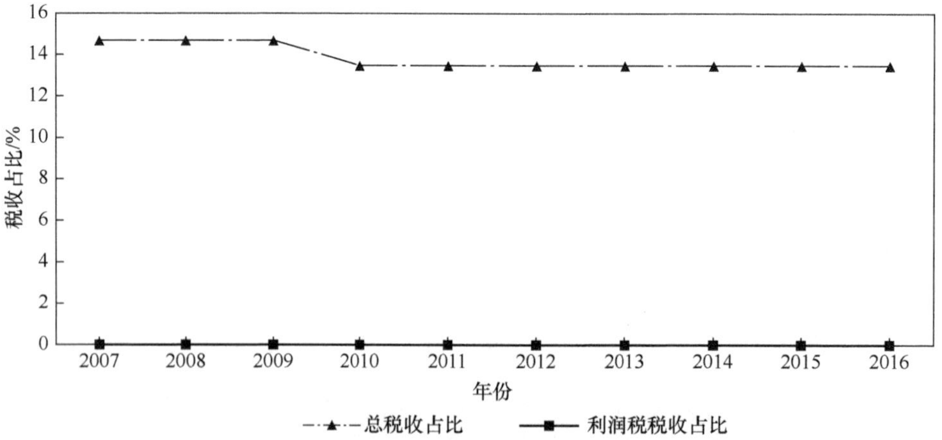

图 5-8　巴林税收占比变化情况

（1）从整体来看，巴林总税收占 GDP 的百分比先小幅增加再迅速减少，然后基本保持水平。在统计期内，巴林总税收占比逐渐减少，利润税税收占比保持不变。

（2）巴林总税收占 GDP 的百分比 1996—1998 年从 5.04%小幅增加至 5.66%，然后迅速减少，2005 年为 1.16%，2006—2011 年基本在 1.10%～1.25%范围内水平波动。2007—2016 年，

总税收占比从 14.7%减少至 13.8%，利润税税收占比一直为 0。

六、信息化情况分析

巴林信息化情况如图 5-9 所示。

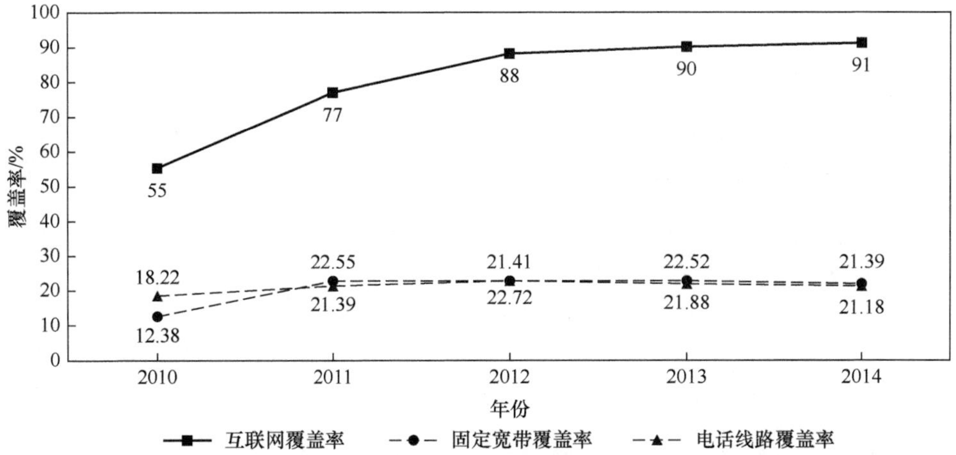

图 5-9 巴林信息化情况

（1）从整体来看，在统计期内，巴林互联网覆盖率大幅增加，固定宽带覆盖率和电话线路覆盖率均小幅增加。

（2）2010—2014 年互联网覆盖率从 55%增加至 91%，固定宽带覆盖率从 12.38%增加至 21.39%，电话线路覆盖率从 18.22%增加至 21.18%。

七、外国直接投资情况分析

巴林外国直接投资占 GDP 的百分比变化情况如图 5-10 所示。

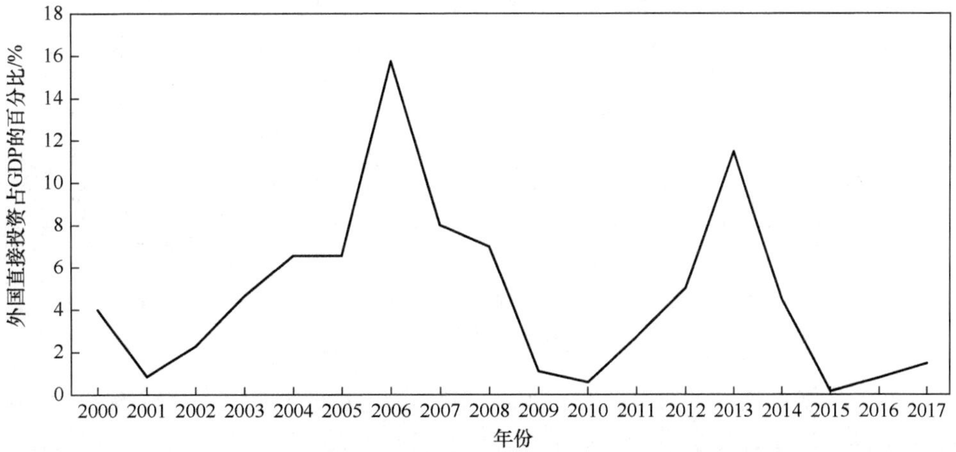

图 5-10 巴林外国直接投资占 GDP 的百分比变化情况

（1）从整体来看，在统计期内，巴林外国直接投资占 GDP 的百分比呈“M”形走势，先增加再减少，增加后再次减少。

（2）巴林外国直接投资占 GDP 的百分比 2000—2001 年从 4.01%减少至 0.90%，然后迅速增加，2006 年增加至 15.75%，之后快速减少，到 2010 年为 0.61%，在 2013 年增加到 11.46%，然后逐渐减少，2015 年为 0.21%，之后略有增加，2017 年增加至 1.47%。

第三节 产业结构情况分析

一、三次产业结构分析

巴林产业结构变化情况如图 5-11 所示。巴林劳动力就业结构变化情况如图 5-12 所示。

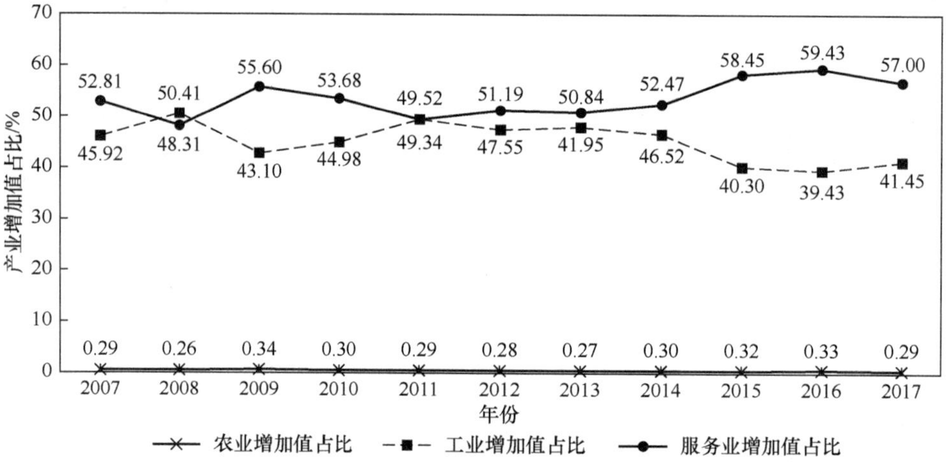

图 5-11 巴林产业结构变化情况

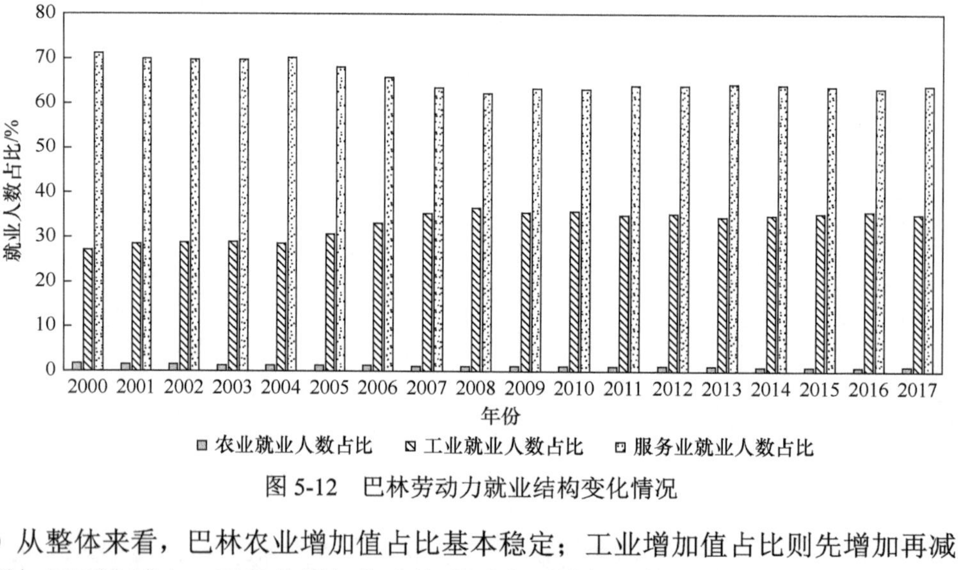

图 5-12 巴林劳动力就业结构变化情况

（1）从整体来看，巴林农业增加值占比基本稳定；工业增加值占比则先增加再减少，然后有所增加后再次减少；服务业增加值占比先减少再增加，然后减少后再次增加。农业就业人数占比在长期减少后小幅增加；工业就业人数占比先增加再维持水平波动；服务业就业人数占比则先维持水平波动，然后迅速减少，接着再次维持水平波动。

（2）2007—2017 年，巴林农业增加值占比基本在 0.25%～0.35%范围内波动。巴林工业增加值占比 2007—2008 年从 45.92%增加至 50.41%，然后有所减少，到 2009 年减少至 43.10%，之后开始增加，2011 年为 49.52%，2011—2017 年逐渐减少，2017 年为 41.45%，2016 年还曾一度减少至 39.43%。巴林服务业增加值占比 2007—2008 年从 52.18%减少至 48.31%，2009 年为 55.60%，较前一年有所增加，然后转而减少，2011 年减少至 49.34%，接着逐年增加，2017 年增加至 57.00%。巴林农业就业人数占比 2000—2015 年从 1.66%缓慢减少至 0.94%，然后有所增加，2017 年增加至 1.03%。巴林工业就业人数占比 2000—2008 年从 27.22%增加至 36.49%，之后到 2017 年则一直在 35.00%～36.50%范围内维持水平波动。服务业就业人数占比 2000—2004 年在 69.50%～71.50%范围内波动，然后迅速减少，到 2008 年减少至 62.37%，2009—2017 年在 63.00%～64.50%范围内水平波动。

二、工业、制造业规模变化分析

巴林工业、制造业规模变化情况如图 5-13 所示。

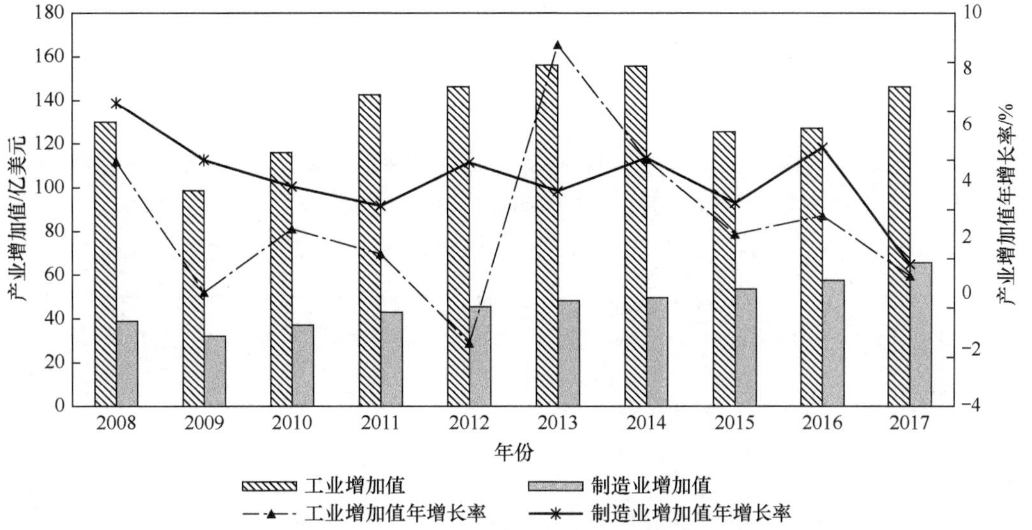

图 5-13　巴林工业、制造业规模变化情况

（1）从整体来看，工业增加值先减少再增加，然后再次减少；制造业增加值先减少然后逐年增加。工业增加值年增长率先减少再增加然后再次减少；制造业增加值年增长率先减少再增加。

（2）2008—2009 年工业增加值从 129.60 亿美元减少至 98.86 亿美元，然后逐年增加，2013 年增加至 156.01 亿美元，然后逐渐减少，2017 年减少至 146.37 亿美元，2015 年还曾一度减少至 125.43 亿美元。2008—2009 年制造业增加值从 38.81 亿美元减少至 32.07 亿美元，然后逐渐增加，到 2017 年制造业增加值增加至 65.62 亿美元。2008—2012 年工业增加值增长率从 4.69%减少至−1.75%，2013 年又增加至 8.90%，然后迅速减少，2017 年减少至 0.62%。2008—2011 年制造业增加值年增长率从 6.80%减少至 3.11%，然后开始增加，2016 年增加至 5.21%。

巴林制造业分行业增加值占比情况如表 5-4 所示。

（1）食品、饮料和烟草行业增加值占比先减少再增加；纺织品与服装行业增加值占比不断增加；机械和运输设备行业增加值占比逐渐减少；化学品行业增加值占比则先增加再减少。

表 5-4 巴林制造业分行业增加值占比情况

行业增加值占比/%								
行业	2006 年	2007 年	2008 年	2009 年	2010 年	2011 年	2012 年	2013 年
食品、饮料和烟草	8.12	6.32	5.86	10.27	9.96	9.34	10.54	13.25
纺织品与服装	2.65	2.69	2.25	4.44	4.68	4.18	4.26	5.05
机械和运输设备	7.26	6.62	6.10	6.40	6.05	3.23	3.34	3.62
化学品	14.14	12.26	17.02	15.22	14.06	15.96	14.24	14.46
其他	67.84	72.11	68.77	63.66	65.24	67.29	67.62	63.63

（2）食品、饮料与烟草行业增加值占比 2006—2008 年从 8.12%减少至 5.86%，然后缓慢增加，2013 年增加至 13.25%；纺织品与服装行业增加值占比 2006—2013 年从 2.65%增加至 5.05%；机械和运输设备行业增加值占比 2006—2013 年从 7.26%减少至 3.62%；化学品行业增加值占比 2006—2008 年从 14.14%增加至 17.02%，然后逐渐减少，2013 年减少至 14.46%。

三、服务业规模变化分析

巴林服务业规模变化情况如图 5-14 所示。

（1）从整体来看，服务业增加值占比不断增加；服务业增加值年增长率则先增加再减少。

（2）巴林服务业增加值占比 2011—2015 年从 49.34%增加至 58.45%；服务业增加值年增长率 2011—2012 年从 2.72%增加至 7.80%，然后逐渐减速，到 2015 年为 3.18%。

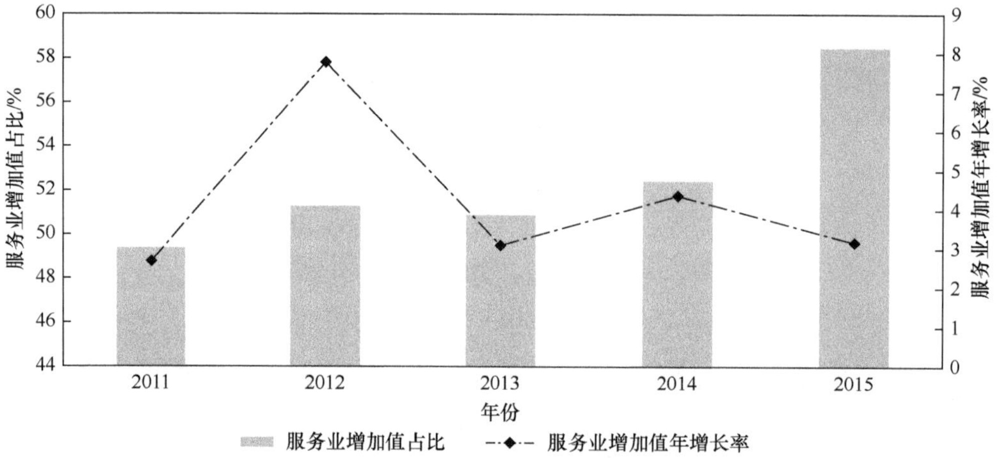

图 5-14 巴林服务业规模变化情况

四、资源情况分析

巴林能源情况如表 5-5 所示（2011 年的数据缺失）。

（1）总体来说，在统计期内，巴林主要能源消费量、能源生产量、电量和二氧化碳排放量不断增加，能源出口量则先减少再增加。

（2）2007—2013 年（2011 年除外），主要能源消费量从 102 太瓦·时增加至 160 太瓦·时，能源生产量从 198 太瓦·时增加至 256 太瓦·时，电量从 10.75 太瓦·时增加至 24.58 太瓦·时，二氧化碳排放量从 21.26 百万油当量增加至 28.3 百万油当量。能源出口量 2007—2009 年从 94 太瓦·时减少至 65 太瓦·时，然后逐渐增加，2013 年增加至 92 太瓦·时。

表 5-5 巴林能源情况

年份	主要能源消费量/（太瓦·时）	能源生产量/（太瓦·时）	能源出口量/（太瓦·时）	电量/（太瓦·时）	二氧化碳排放量/百万油当量
2007	102	198	94	10.75	21.26
2008	107	203	79	10.19	22.3
2009	110	204	65	10.78	22.82
2010	114	206	79	12.38	23.62
2012	147	230	77	23.2	28.81
2013	160	256	92	24.58	28.3

第四节 产业政策分析

从 20 世纪 70 年代开始，由于石油收入开始相对减少，为减少对能源出口的依赖，巴林政府开始实施经济结构多元化政策，鼓励在其他行业的投资，希望改变巴林经济结构。2000—2012 年，石油产业规模在巴林经济中的占比从 44%降到了 19%。巴林炼铝业、服务业、石油化工业、修造船业和旅游业获得了相当的成功。巴林逐渐建立了自己的金融市场。现在，巴林的金融业在海湾和中东地区已小有名气，在银行、融资和阿拉伯银行业方面尤其突出。石油、天然气产业为巴林最大产业，金融业为巴林第二大产业，工业为巴林第三大产业。农渔业规模在巴林经济中的占比很小。巴林 90%的食品是进口的。

在投资方面，为鼓励外商投资，巴林整体税收负担较少，对一般企业和个人基本实施零税收政策，无所得税、增值税、消费税和中间环节的各种税收，并且制定了一系列投资优惠政策。为促进经济多元化及可持续发展，鼓励外资投向金融、商业服务、教育及地产等行业，但是从国家安全等角度考虑，巴林禁止外商投资博彩、毒品加工、烟草加工、放射性废物处理等行业。

巴林的经济发展目标是在 2030 年建立具有先进生产力水平和全球竞争力、可持续发展的国民经济体，家庭实际可支配收入在现有基础上翻两番，大力发展私有经济，私营经济部门每年为巴林籍人提供 1 110 个就业岗位，员工月工资在 500 巴林第纳尔（约 1 330 美元）以上，为外籍人提供约 2 700 个就业岗位。为实现这个远景，巴林制定了具体的产业部门规划，如保障房领域规划、炼油厂扩建规划、金融合作规划、旅游地产项目规划等，积极推进经济多元化战略。

近年来，巴林的产业结构调整基本上处于一个不断合理化的过程，但同时巴林产业结构演变也存在着明显的非均衡性，严重制约着巴林经济的发展。巴林农业、工业、服务业规模比例严重失调，第一产业基础薄弱等一系列问题仍然存在。巴林的服务业收入在国民生产总值的占比虽然相对较高（将近 60%）。巴林三大产业结构比例与发达国家基本一致，但是三大产业的就业人数占比存在显著的差异，其中农业就业人数占比低。农业是人类衣食之源，生存之本，农业稳定才能发展第二、第三产业，才能带来经济社会的稳定。巴林在发展第三产业的同时也要兼顾农业发展。

第五节 产业结构与产业政策分析基本结论

通过从巴林的基本情况、经济发展情况、产业结构情况、产业政策几个方面对其进行分析，初步得出以下结论。

总体来说，巴林这些年来三次产业规模比例变动虽然不大，但是依旧存在优化迹象，并且位于世界前列水平，但是巴林的产业内劳动力占比存在严重的不均衡问题，且差距还在拉大，这在一定程度上制约了巴林的经济发展。在经济转型的过程中，巴林虽努力地在打造数字经济，发展金融科技经济，但是在经济发展的同时，研发投入占GDP的百分比仍然相对较低，专利申请数量在历年来虽有所增加，但是仍位于世界后位。科技投入的不足，一定程度上限制了巴林的产业发展。巴林应该加大研发投入，鼓励技术创新。巴林地理位置优越，占据了海湾地区的中心战略位置，国际贸易规模在GDP的占比非常高，并成为诸多国际品牌大规模入驻市场，国际交流频繁。巴林的零税收政策及投资优惠政策，为巴林吸引了一大批外商投资，促进了巴林的经济发展及就业，但是也会对巴林的现有产业造成冲击。巴林应该不断优化产业结构，提升产业竞争力。巴林除石油资源以外，其他资源比较匮乏，所需的生产资料与生活资料多数靠进口获得，使得巴林对外来商品依赖度较高。巴林应该不断优化资源结构，提高资源的利用效率。

第六章　保加利亚产业结构与产业政策分析

第一节　基本情况

保加利亚共和国，简称保加利亚，是一个发展中的资本主义国家，2004 年 3 月 29 日加入北约，2007 年 1 月 1 日加入欧盟。保加利亚位于欧洲巴尔干半岛东南部，北面与罗马尼亚接壤（以多瑙河为边界），东南面与土耳其接壤，西南面与希腊接壤，西北面邻接塞尔维亚，西南面邻接北马其顿，东部濒临黑海。

2019 年，保加利亚总人口为 695 万人。其中，保加利亚族占 84%、土耳其族占 9%、罗姆族（吉普赛人）占 5%，其他族（马其顿族、亚美尼亚族等）占 2%。保加利亚语为保加利亚官方和通用语言，土耳其语为主要少数民族语言。多数保加利亚人信奉东正教，少数保加利亚人信奉伊斯兰教。国土面积为 11.1 万平方千米，海岸线长为 378 千米。多瑙河是保加利亚与罗马尼亚的界河。巴尔干山将保加利亚分为北部的多瑙河平原和南部的色雷斯低地。

在地理环境方面，保加利亚自然条件优越，拥有山地、丘陵、平原等多种地形，湖泊、河流纵横。保加利亚境内低地、丘陵、山地各约占 1/3，平均海拔为 470 米。保加利亚和巴尔干半岛的最高点穆萨拉峰高为 2 925 米。保加利亚西南部是罗多彼山脉，巴尔干山脉横贯中部，以北为广阔的多瑙河平原，以南为罗多彼山地和马里查河谷低地，主要山脉还有里拉山脉。

在气候方面，保加利亚属温带大陆性气候，东部受黑海的影响，南部受地中海的影响而有地中海式气候。保加利亚平均气温在 1 月为−2～2℃（山地达到−10℃），在 7 月为 19～25℃（山地约为 10℃）之间。保加利亚年平均降雨量为 450～600 毫米（山地达到 1 300 毫米）。保加利亚北部属大陆性气候，南部属地中海式气候，冬季较暖。

在自然资源方面，保加利亚自然资源贫乏，主要矿藏有煤、铅、锌、铜、铁、铀、锰、铬、矿盐和少量石油。保加利亚在历史上是一个农业国，可耕地面积约占全国总面积的 40%；森林面积为 38 800 平方千米，约占全国总面积的 35%。保加利亚农产品主要有小麦、烟草、玉米、向日葵等，盛产蔬菜、水果。加工的农产品尤以酸奶、葡萄酒著名。雪茄烟的输出量、玫瑰油的产量和输出量均居世界首位。保加利亚主要工业有冶金、机械制造、化工、电机和电子、食品和轻纺等。

在外贸方面，保加利亚主要进口产品有能源、化工、电子等产品，主要出口产品有轻工产品、化工、食品、机械、有色金属等。外贸在保加利亚经济中占有重要地位。

在外交方面，保加利亚对外政策的基本原则是现实主义和实用主义。保加利亚外交的目标是维护民族利益、国家的安全和领土完整。保加利亚外交的重点是优先发展同欧美等西方发达国家的关系，重返欧洲，加入欧盟和北约。保加利亚重视发展同巴尔干国家的睦邻关系，以及与保加利亚有传统合作的国家的关系，特别是经贸关系。

第二节　经济发展情况分析

一、经济规模情况分析

保加利亚 GDP 变化情况如图 6-1 所示。保加利亚 GDP 增长率变化情况如图 6-2 所示。保加利亚 GDP 增长率 1995 年较高，为 2.86%。保加利亚 1996 年经济衰败，GDP 增长率为 0.70%，保加利亚经受着极其严重的经济和财政危机，国债（内外债）为国内总产值的 120%左右，已接近临界水平。保加利亚预算中规定用于偿还国债的为其支出的 60%左右。直至 1998 年，保加利亚经济又恢复较快增长，GDP 增长率为 3.46%。1999 年，保加利亚 GDP 增长率又开始下跌，为−6.01%。2000 年开始保加利亚经济一直呈现中速增长，2008 年之后受金融危机影响，经济增速开始下行，2009 年 GDP 增长率降至−3.59%，2010 年之后经济保持低速增长。

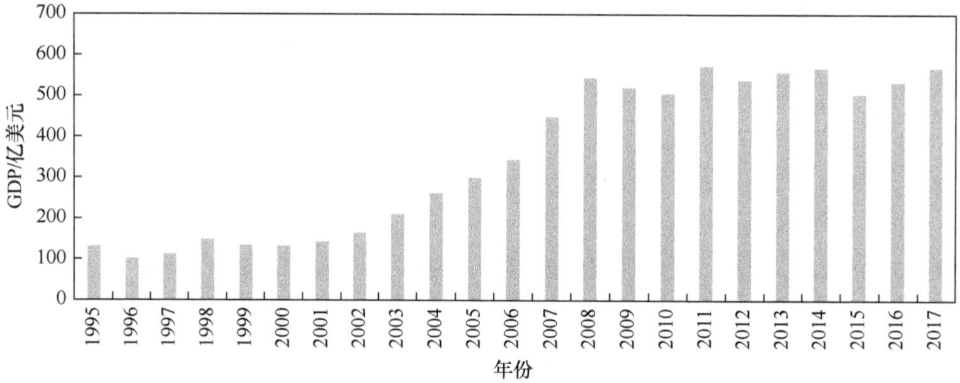

图 6-1　保加利亚 GDP 变化情况

图 6-2　保加利亚 GDP 增长率变化情况

保加利亚人均 GDP 变化情况如图 6-3 所示。保加利亚人均 GDP 增长率变化情况如图 6-4 所示。受金融危机影响，2010 年保加利亚人均 GDP 增长率较低，为 0.72%，2011 年经济升温，

GDP 增长率有所提高，为 2.24%。2012 年，保加利亚人均 GDP 增长率又出现较大幅下滑，为 0.82%。2013 年之后，保加利亚人均 GDP 增长率不断增加。

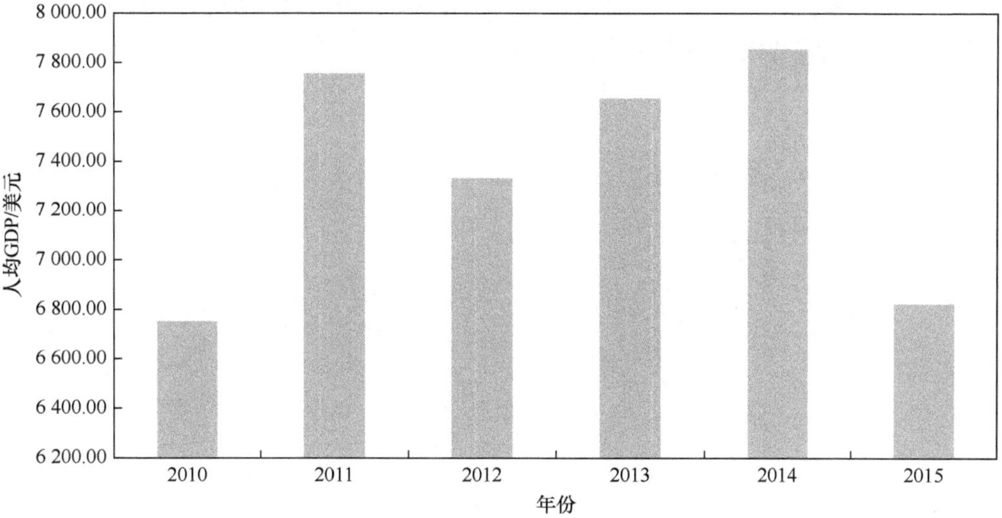

图 6-3　保加利亚人均 GDP 变化情况

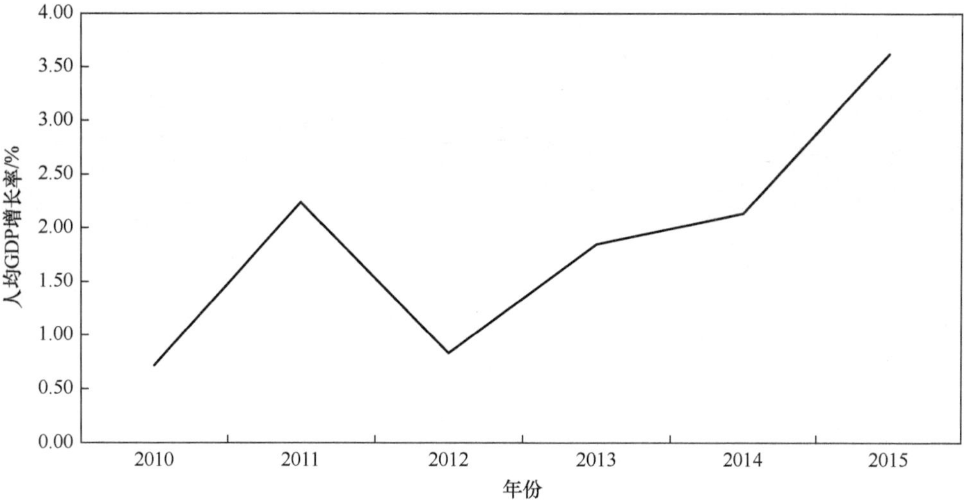

图 6-4　保加利亚人均 GDP 增长率变化情况

保加利亚 GDP 情况如表 6-1 所示。

表 6-1　保加利亚 GDP 情况

年份	GDP/亿美元	GDP 增长率/%	人均 GDP/美元	人均 GDP 增长率/%
2010	506.100 311 4	1.32	6 752.55	0.72
2011	574.183 910 4	1.91	7 750.04	2.24
2012	539.030 282 5	0.03	7 333.36	0.82
2013	557.587 445 7	0.86	7 656.64	1.85
2014	567.320 065 1	1.33	7 851.27	2.13
2015	501.991 175 5	3.62	6 819.87	3.63

数据来源：世界银行数据库。

二、人力资本基础情况分析

从图 6-5 和图 6-6 可以看出，保加利亚总人口规模一直呈现下降趋势，且总人口增长率一直都是负值。2017 年，保加利亚总人口为 708 万人。

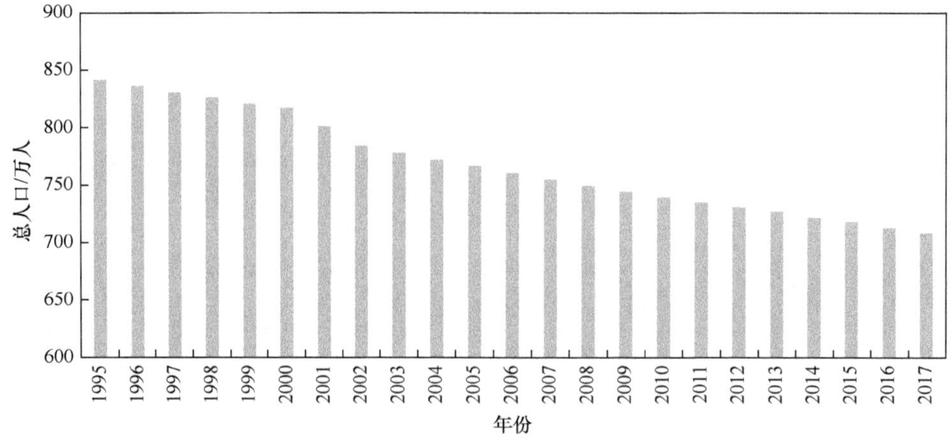

图 6-5 保加利亚总人口变化情况

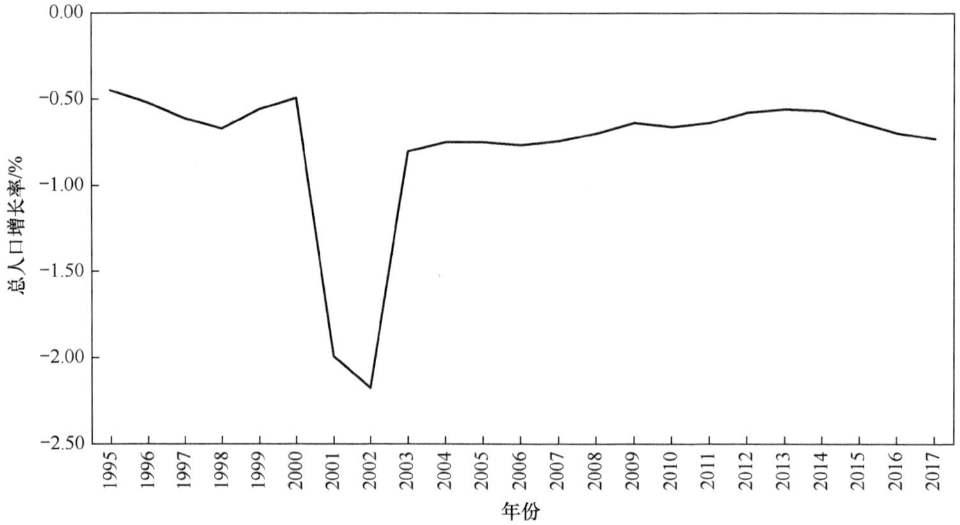

图 6-6 保加利亚总人口增长率变化情况

保加利亚城镇和农村人口变化情况如图 6-7 所示。样本期间内，城镇人口占比以较小幅度不断增加，由 2010 年的 72.30%增加为 2015 年的 73.95%。农村人口占比也在逐渐减少，由 2010 年的 27.70%减少至 2015 年的 26.05%。

如表 6-2 所示，保加利亚劳动力总量和劳动力占比均呈现波动状态，劳动力总量 2010 年为 342.60 万人，2011 年减少到 334.39 万人，2012 年又开始增加，到 2013 年为 337.87 万人，2014 年又开始减少，2015 年为 334.43 万人。劳动力占比 2010 年为 46.30%，2011 年减少到 45.50%，2012 年开始增加，2014 年增加为 46.69%，2015 年又减少到 46.58%。虽然 2014 年劳动力总量增加了，但是劳动力占比却是减少的。劳动参与率（占 15 岁以上总人口的百分比）呈现先减少后持续增加的趋势，2010 年为 53.41%，2011 年减少到 52.53%，2012 年开始持续增加，2015 年为 54.18%。

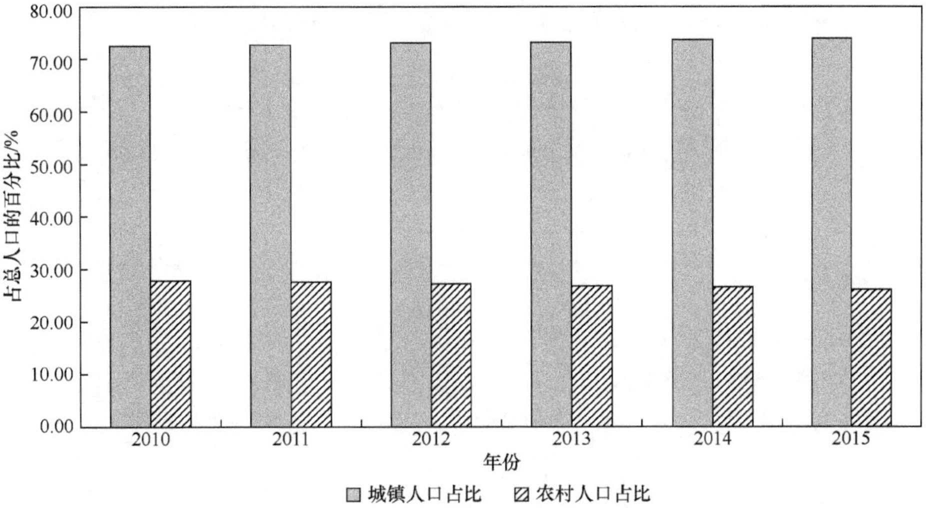

图 6-7　保加利亚城镇和农村人口变化情况

表 6-2　保加利亚劳动力情况

年份	劳动力总量/万人	劳动力占比/%	劳动参与率（占 15 岁以上总人口的百分比）/%
2010	342.60	46.30	53.41
2011	334.39	45.50	52.53
2012	335.37	45.88	53.07
2013	337.87	46.47	53.86
2014	337.10	46.69	54.15
2015	334.43	46.58	54.18

数据来源：世界银行数据库、“中国一带一路网”数据。

三、交通情况分析

图 6-8 反映了保加利亚交通服务占国际收支统计口径的进口服务的百分比（简称交通服务占比）变化情况。从图 6-8 中可以看出，保加利亚交通服务占比整体呈现波动状态，2010—2012 年呈增加态势，2013 年减少为 32.53%，2014 年增加为 36.61%，2015 年又减少到 28.15%，2016 年又增加为 33.30%。

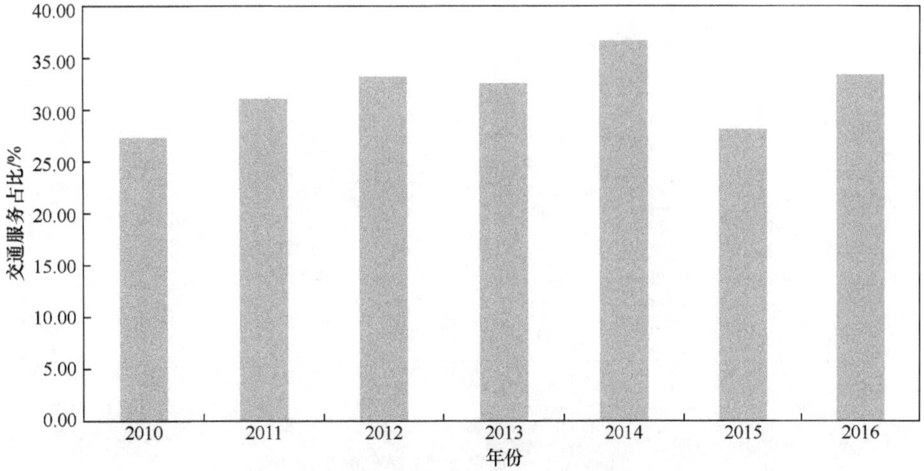

图 6-8　保加利亚交通服务占比变化情况

从表 6-3 可以看出，保加利亚铁路运输系统相对于航空运输系统更庞大。

表 6-3 保加利亚铁路和航空运输情况

年份	2010	2011	2012	2013	2014	2015	2016
铁路旅客周转量/（万乘客 · 千米）	210 000	206 800	187 600	182 592	170 225	155 219	145 800
铁路货物周转量/（万吨 · 千米）	306 100	329 100	285 000	259 070	257 230	263 300	236 437
航空旅客周转量/（万乘客 · 千米）	80	93	97	101	106	106	109
航空货物周转量/（万吨 · 千米）	214	230	193	173	172	153	177

数据来源：世界银行数据库。

图 6-9 反映了保加利亚铁路运输情况。其中，铁路旅客周转量不断减少；铁路货物周转量呈波动态势，2010 年为 306 100 万吨 · 千米，2011 年开始减少，2014 年减少为 257 230 万吨 · 千米，2015 年又增加到 263 300 万吨 · 千米，2016 年又减少到 236 437 万吨 · 千米。

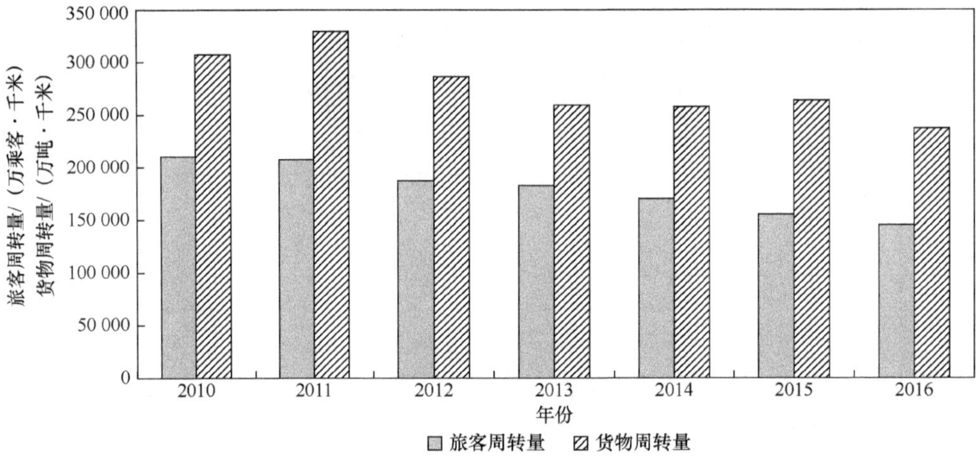

图 6-9 保加利亚铁路运输情况

图 6-10 反映了保加利亚航空运输情况。其中航空客运量不断增加；航空货运量呈波动态势，2010 年为 214 万吨 · 千米，2011 年增加到 230 万吨 · 千米，2012 年开始减少，2015 年减少到 153 万吨 · 千米，2016 年又增加到 177 万吨 · 千米。

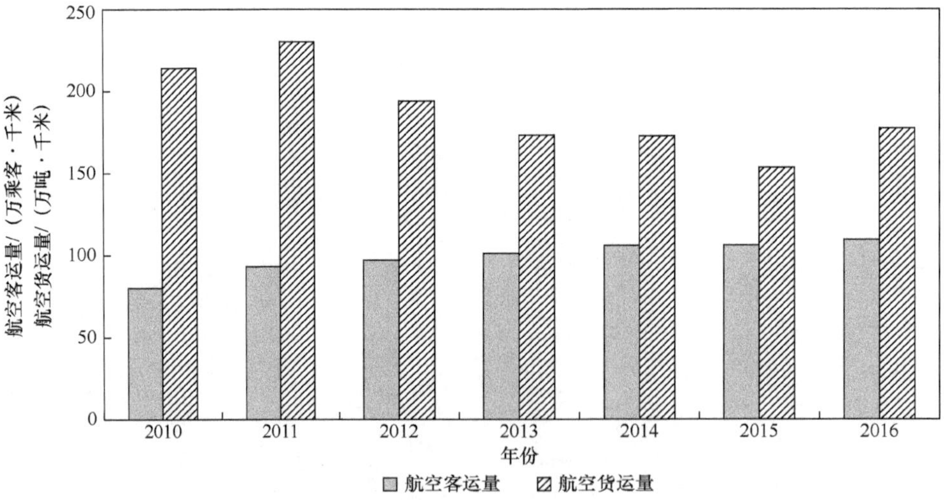

图 6-10 保加利亚航空运输情况

数据来源：世界银行数据库。

四、信息化情况分析

保加利亚信息化情况如图 6-11 所示。总体而言，保加利亚近几年互联网覆盖率和固定宽带覆盖率都普遍增加，而电话线路覆盖率呈减少趋势。其中，互联网覆盖率增长较快，2010 年为 46.23%，2014 年上升到了 55.49%。

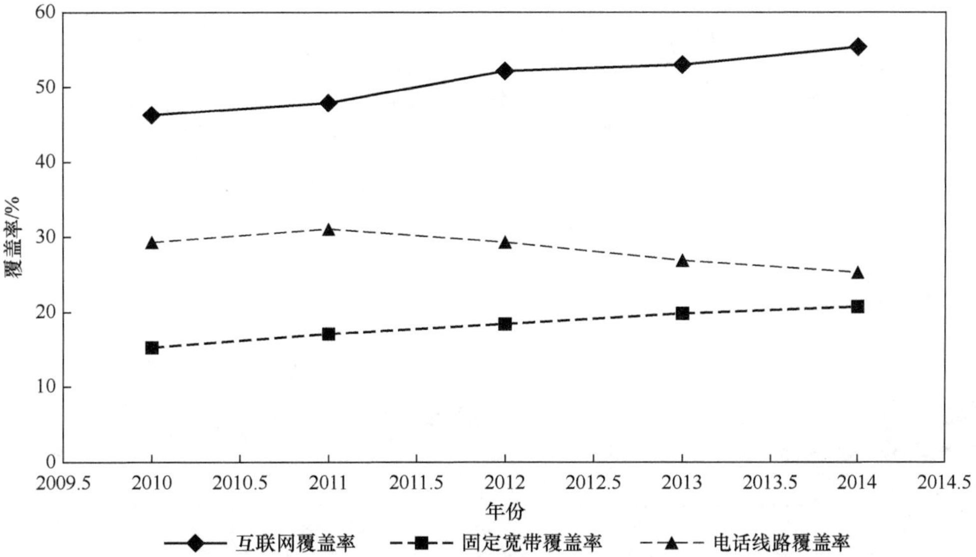

图 6-11　保加利亚信息化情况

五、研发投入与产出情况分析

图 6-12 反映了保加利亚研发投入情况，总体上，保加利亚研发投入占 GDP 的百分比呈增加态势，2008 年之前较为稳定，2008 年开始不断增加，2011 年有所减少（为 0.50%），2012 年又不断且增加幅度高于之前，2015 年增加到 0.96%。

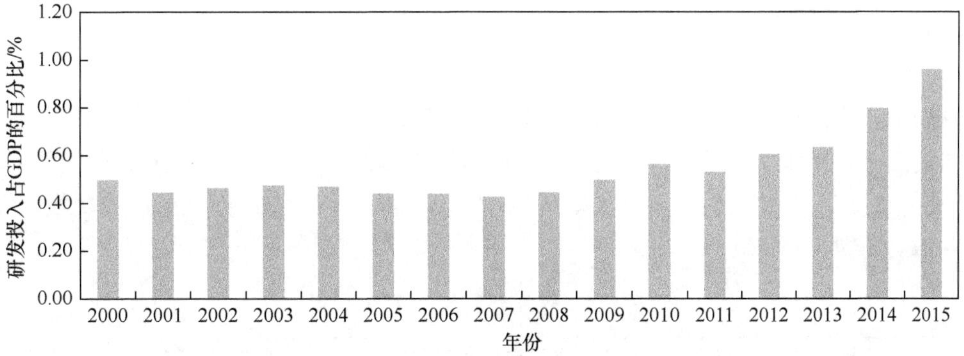

图 6-12　保加利亚研发投入情况

图 6-13 反映了保加利亚专利申请数量情况。保加利亚居民专利申请数量呈波动状态，维持在 200～300 个，相差不大。保加利亚非居民专利申请数量相对变动较大，2000—2003 年，非居民专利申请数量维持在 700 个左右（较高），而 2004 年开始大幅减少，2003 年为 680 个，而 2004 年减少到 133 个，2005 年又减少到 52 个，2016 年减少到 11 个（减少幅度较大）。

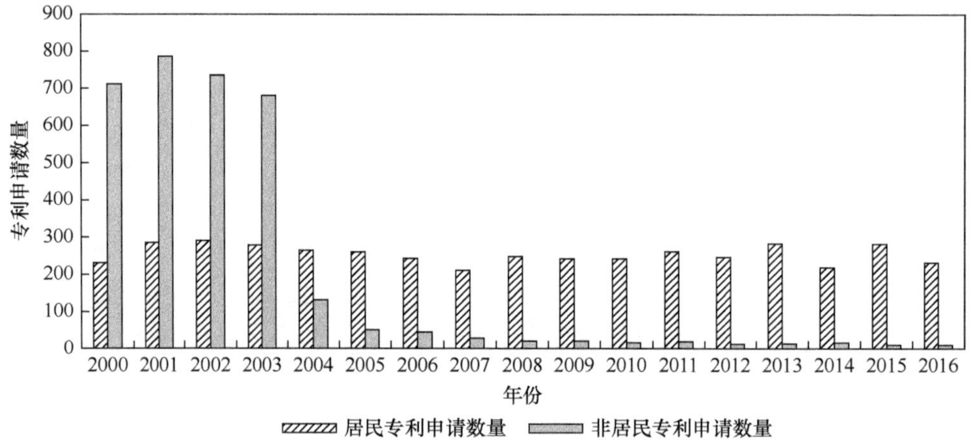

图 6-13 保加利亚专利申请数量情况

六、制度环境情况分析

从图 6-14 可以看出，保加利亚的法律制度、腐败监管、政治稳定、民主自由权利和政府效能指数 5 个方面的表现均优于“一带一路”沿线国家及中等收入国家平均水平，但较高等收入国家来说仍然存在相当大的差距。

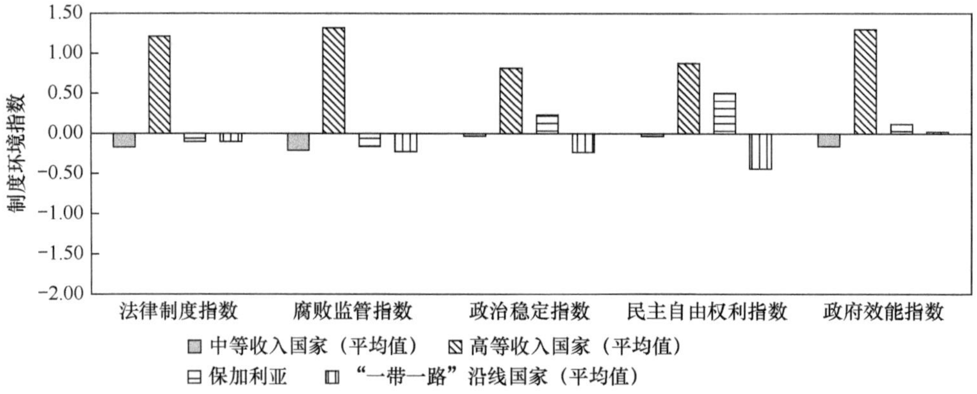

图 6-14 不同国家制度环境对比

通过表 6-4，进一步分析 2002—2016 年保加利亚制度环境发展情况。从表 6-4 中可以看出，保加利亚在政治稳定方面有明显退步，政治稳定指数从 2002 年的 0.47 减少到 2016 年的 0.03；在其他 4 个方面暂无明显变化；截至 2016 年，保加利亚这 5 个方面的指数分别为−0.04、−0.16、0.03、0.44 和 0.29。

表 6-4 保加利亚制度环境评估

年份	法律制度指数	腐败监管指数	政治稳定指数	民主自由权利指数	政府效能指数
2002	−0.03	−0.15	0.47	0.53	0.25
2003	−0.14	−0.03	0.17	0.55	0.11
2004	−0.11	0.11	0.00	0.57	0.15
2005	−0.10	0.06	0.15	0.59	0.18
2006	−0.09	−0.07	0.40	0.58	−0.06

（续表）

年份	法律制度指数	腐败监管指数	政治稳定指数	民主自由权利指数	政府效能指数
2007	−0.05	−0.18	0.36	0.69	−0.01
2008	−0.11	−0.25	0.37	0.58	−0.05
2009	−0.04	−0.21	0.35	0.56	0.17
2010	−0.07	−0.19	0.36	0.53	0.11
2011	−0.11	−0.22	0.30	0.45	0.11
2012	−0.09	−0.23	0.38	0.40	0.14
2013	−0.10	−0.27	0.17	0.34	0.16
2014	−0.05	−0.25	0.08	0.37	0.08
2015	−0.10	−0.26	0.02	0.43	0.21
2016	−0.04	−0.16	0.03	0.44	0.29
2002—2016（平均值）	−0.08	−0.15	0.24	0.51	0.12

数据来源：世界银行数据库。

七、税收负担情况分析

从图 6-15 中可以看出，保加利亚 2000—2016 年所得税、利润税和资本收益税税收占总税收的百分比变化幅度较大，2002 年大幅度减少，2003 年较大幅度增加，2004 年较大幅度减少（为 19.70%），2006 年又开始增加，2007 年增加为近几年的最高点（为 24.20%），2008 年又开始减少，2011 年减少到 19.39%，2013—2015 年趋于稳定，维持在 20%左右。

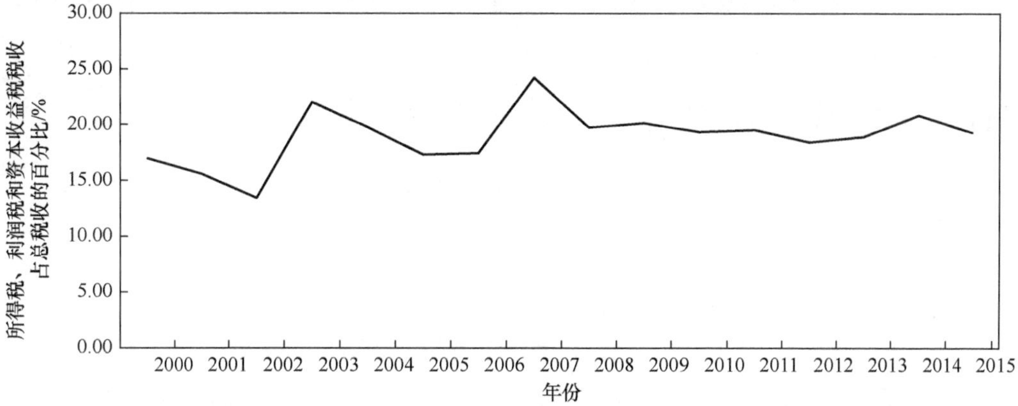

图 6-15　保加利亚所得税、利润税和资本收益税税收占总税收的百分比变化情况

从图 6-16 中可以看出，保加利亚 2000—2016 年总税收占 GDP 的百分比变化也较大，与所得税、利润税和资本收益税税收占总税收的百分比变化趋势大致相同，2002 年减少到 15.34%，2003 年较大幅度增加，2004 年增加到 21.11%，2005 年较小幅度减少，2006 年又开始增加，2007 年增加到最高点（为 22.70%），2008 年又开始减少，2011 年减少到 17.74%，2012—2016 年趋于稳定，维持在 20%左右。

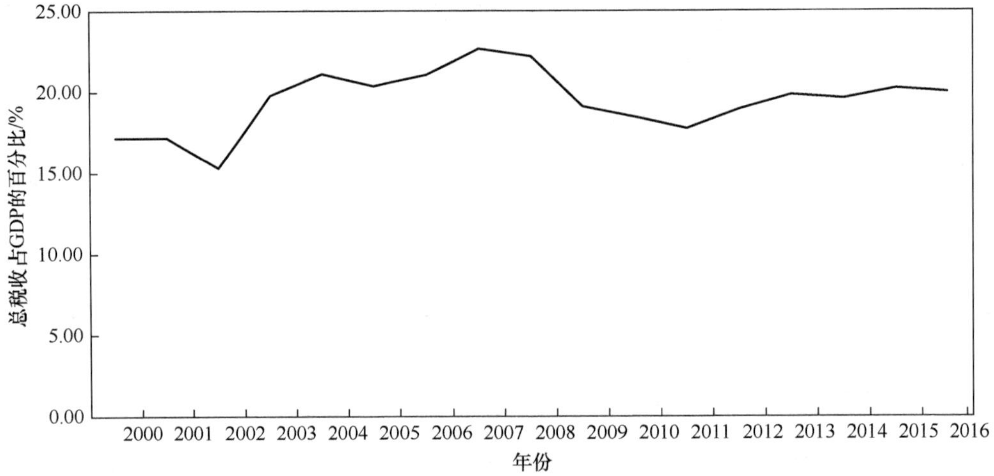

图 6-16　保加利亚总税收占 GDP 的百分比变化情况

八、国际贸易情况分析

图 6-17 反映了保加利亚国际贸易情况。近十几年来，保加利亚对外贸易额占 GDP 的百分比、货物和服务进口贸易额占 GDP 的百分比均呈现先增加后减少再增加再减少的过程，而货物和服务贸易差额占 GDP 的百分比呈现先减少后增加再减少再增加的过程。对外贸易额占 GDP 的百分比 2002 年最低（为 75.47%），2014 年增加到最高点（为 130.97%），其中第二次减少幅度小于第一次减少幅度。货物和服务进口贸易额占 GPD 的百分比 2002 年最低（为 41.73%），2008 年增加到最高点（为 72.30%），其中第二次减少幅度小于第一次减少幅度。货物和服务贸易差额 2000—2016 年维持在−20%～5%，2008 年减少至最低点（为−19.76%），2016 年增加到最高点（为 4.31%），2015 年之前均处于负值状态，从 2015 年开始才转为正值，长期的入超不利于保加利亚的对外贸易和国民经济发展。

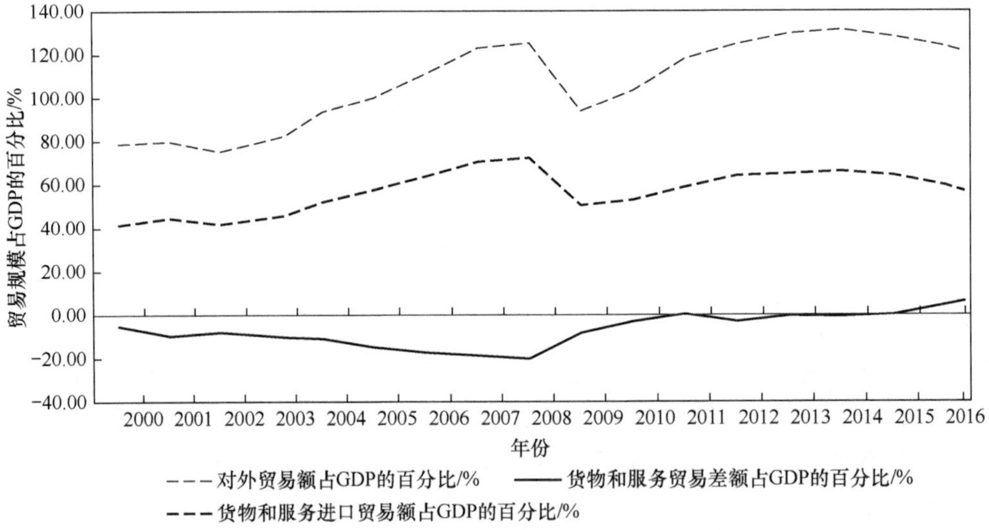

图 6-17　保加利亚国际贸易情况

九、外国直接投资情况分析

从表 6-5 中可以看出，2017 年保加利亚接受的外国直接投资总额达到了 24 475 195.8 千欧元。其中，汽车、摩托车批发零售及维修，房地产业，以及电力、燃气、蒸汽和空调供应领域的投资排在前三位。

表 6-5　2017 年保加利亚外国直接投资情况

经济活动领域	投资额/千欧元
合计	244 751 958
农业、林业和渔业	67 990.1
采矿业	814 316.6
食品、饮料和烟草制品制造业	1 131 406.2
纺织、服装、皮革及相关产品制造业	255 854.1
木制品、纸制品制造业和印刷业	347 662.4
焦炭及石油炼制业	—
化学制品及化学制品制造业	648 475.5
药物、化学药品和植物性药材制造业	—
橡胶、塑料制品及其他非金属矿产品制造业	1 207 883.7
基本金属及金属制品（机械除外）制造业	953 291.2
计算机、电子、光学产品制造业	194 942.8
电气设备制造业	404 238.4
机械和其他设备制造业	436 329.3
运输设备制造业	340 147.2
家具制造业、其他制造业、机械设备修理及安装	129 009.4
电力、燃气、蒸汽和空调供应	2 477 034.2
供水、污水处理、废物管理和修复	184 879.4
建筑业	626 336.8
汽车、摩托车批发零售及维修	4 588 868.9
运输及储存	479 828
住宿及餐饮服务活动	645 368.7
出版、音像和广播活动	139 000.5
电子通信业	1 169 448.9
IT 和其他信息服务	378 456.2
房地产业	3 152 463.5
法律、会计、管理、建筑和工程及相关活动	1 047 544.2
科学研究与开发	43 112.7
其他专业性、科学性及技术性活动	753 997.8
行政和支持服务活动	480 054.8
教育业	17 429.6
人类健康服务业	11 024.6
住宿、护理及社会工作活动	1 273.3
艺术、娱乐及休闲	137 208.2
其他	12 866.1

数据来源：保加利亚国家统计局。

十、经济活力情况分析

从图 6-18 和图 6-19 中可以看出，保加利亚新企业注册数量和新注册企业密度（15～64

岁每 1 000 人中的新注册企业数量）变化趋势大致相同，都呈现波动状态，2008—2010 年呈现减少趋势，2011—2012 年呈现增加趋势，2014—2016 年呈现增加趋势。其中，2010 年新注册企业数量最低，为 33 292；2016 年新注册企业数量最高，为 50 753；2010 年新注册企业密度也是最低，为 6.47；2016 年新注册企业密度也是最高，为 10.89。

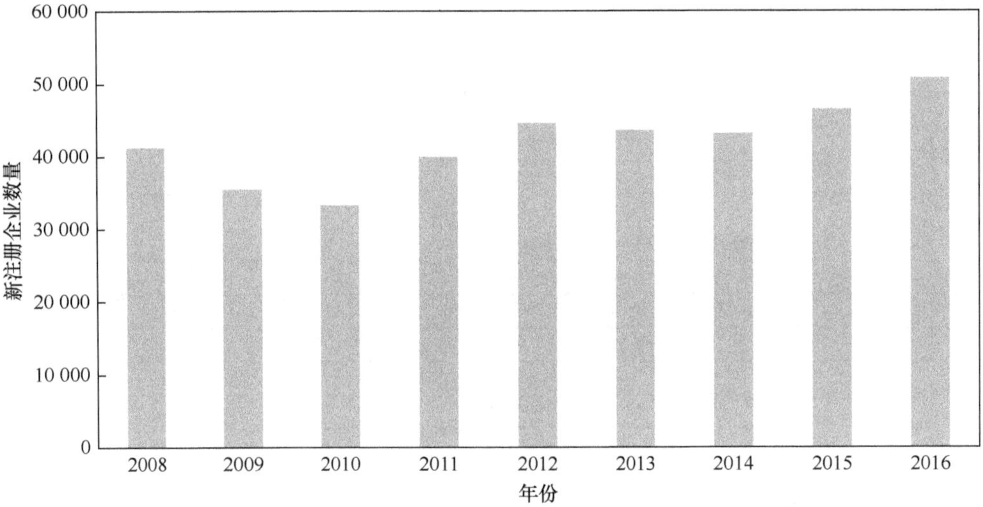

图 6-18 保加利亚新注册企业数量变化情况

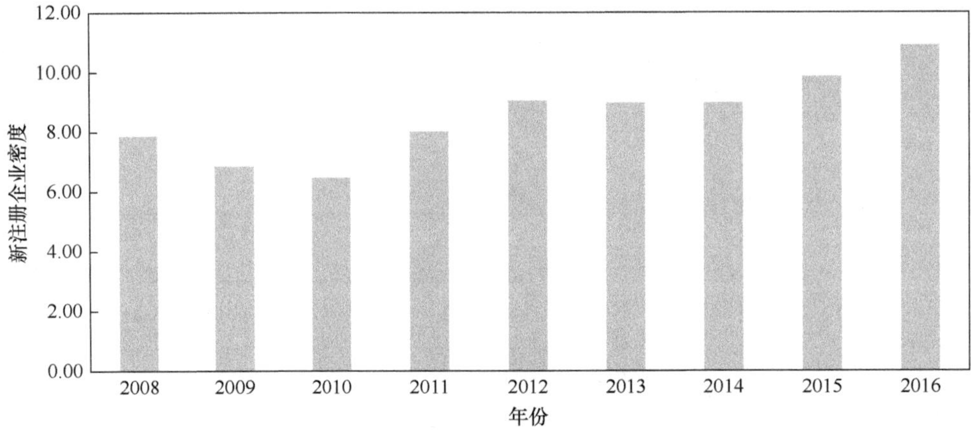

图 6-19 保加利亚新注册企业密度变化情况

第三节 产业结构情况分析

一、三次产业结构分析

从图 6-20 中可以看出，保加利亚近年来服务业增加值占比一直较高，工业增加值占比其次，农业增加值占比最少。第一产业（农业）增加值占比非常少，2015 年仅为 7.8%，呈现波动变化状态，且变化缓慢，2010—2011 年小幅度减少，2012—2013 年又小幅度增加，2014—2015 又小幅度增加。第二产业（工业）增加值占比相对较高，2015 年为 27.61%，呈现波动变化状态，且变化缓慢，2010—2011 年增加，2012—2014 年减少，2015 年才有小幅度增加。第三产业（服务业）增加值占比最高，2015 年达 67.25%，持续保持在高水平，呈现波动变化状态，变化缓慢，2010—2015 年呈现减少、增加交替变化的趋势。经统计，2015 年，美国第三产业增加值占比约为 75%，英国、法国、德国、日本第三产业值增加值占比都在 60%～70% 范围内。因此，保加利亚的经济发展趋势与这些发达国家类似，以第三产业为主发展经济。

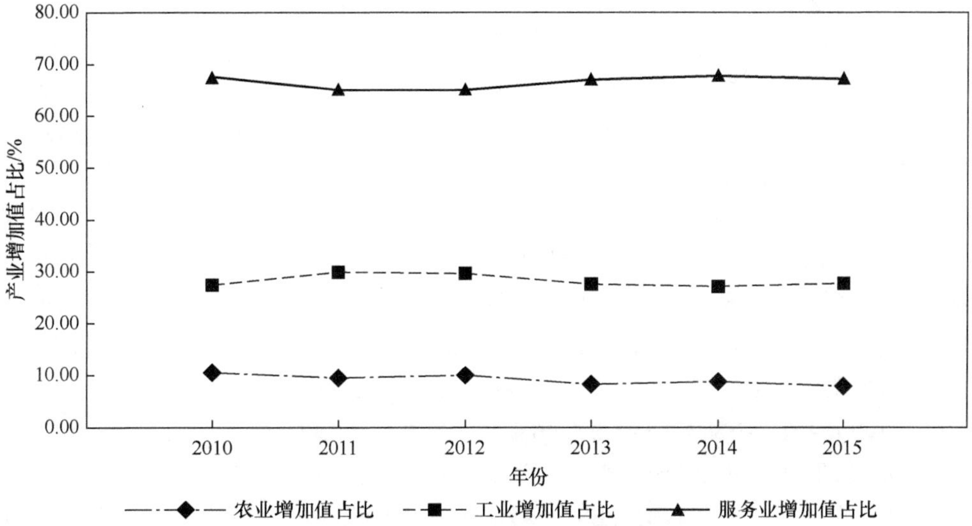

图 6-20 保加利亚产业结构变化情况

从图 6-21 中可以看出，三大产业增加值占比相同，第三产业（服务业）就业人数占比最高，整体呈现增加的趋势，2015 年高达 63.25%，但变化缓慢。第二产业（工业）就业人数占比排在其次，整体呈现不断减少的趋势，变化缓慢，2015 年减少到 29.90%。第一产业（农业）就业人数占比最低，变化缓慢，呈现波动状态，2015 年为 6.86%。从整体来看，第二产业就业人数不断减少，第三产业就业人数不断增加。保加利亚对于第三产业的发展更加注重。

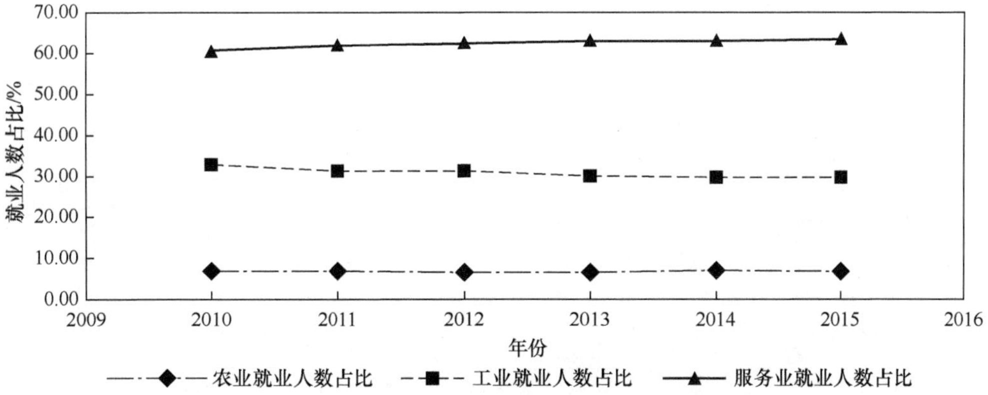

图 6-21 保加利亚劳动力就业结构变化情况

以上分析表明，保加利亚基本形成以第三产业为主，不断巩固和发展第三产业的产业结构，使得保加利亚的产业结构更加合理化。

二、工业、制造业规模变化分析

图 6-22 和图 6-23 反映了保加利亚 2010—2016 年工业、制造业规模变化情况。总体上，工业增加值要比制造业增加值高一点。2016 年工业增加值为 130 亿美元，制造业增加值为 76.44 亿美元。2010 年工业、制造业增加值年增长率均为负值。2011 年，工业、制造业增加值年增长率均出现较大幅度的增加，其中工业增加值年增长率增加到 4.09%，制造业增加值年增长率增加到 9.09%。制造业增加值年增长率 2012—2013 年大幅度减少，2013 年减少为−2.8%。工业增加值年增长率 2012 年呈现减少趋势，而 2013 年却又小幅度增加，并增加到 1.99%，2014—2016 年，工业增加值年增长率呈现增加、减少再增加的趋势，而制造业增加值年增长率呈现增加、减少再增加的相反趋势。

通过表 6-6 探讨保加利亚制造业内部结构变化情况。从表 6-6 中可以看出，保加利亚轻工业（食品、饮料和烟草行业，纺织品与服装行业）占比约为 30%，重工业（化学品行业、机械和运输设备行业）增加值占比约为 25%，其他制造业增加值占比约为 45%。保加利亚轻、重工业增加值占比相差不大。2008—2014 年，保加利亚轻工业增加值占比逐渐减少，重工业增加值占比逐渐增加。其中，2008 年，保加利亚轻工业增加值占比为 33.81%，重工业增加值占比为 22.51%；2014 年，保加利亚轻工业增加值占比为 30.35%，重工业增加值占比为 24.43%。这表明保加利亚政府相对更加侧重重工业的发展，以避免造成经济结构单一的情况出现。保加利亚其他制造业增加值占比一直维持在 45%左右，一定程度上使得保加利亚的经济结构呈现多元化的发展情况。需要指出的是，在保加利亚轻工业中，食品、饮料和烟草行业增加值占比相对高于纺织品与服装行业增加值占比，且都呈现波动变化；而在重工业中，政府更加注重机械和运输设备的制造。2008 年，化学品行业增加值占比为 4.62%，而机械和运输设备行业增加值占比为 17.89%；2014 年，化学品行业增加值占比为 8.08%，机械和运输设备行业增加值占比为 16.35%。化学品行业、机械和运输设备行业差异化情况有所好转。

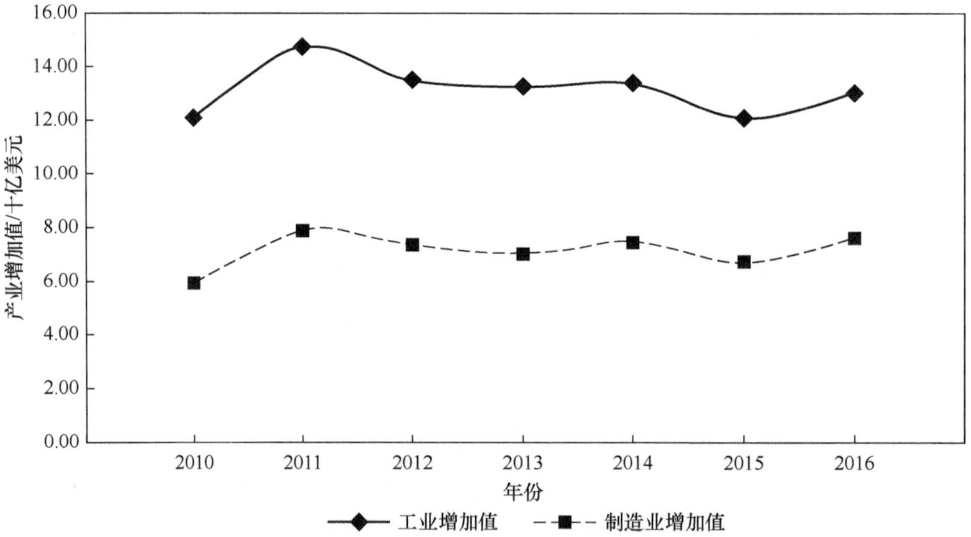

图 6-22 保加利亚工业、制造业规模变化情况（一）

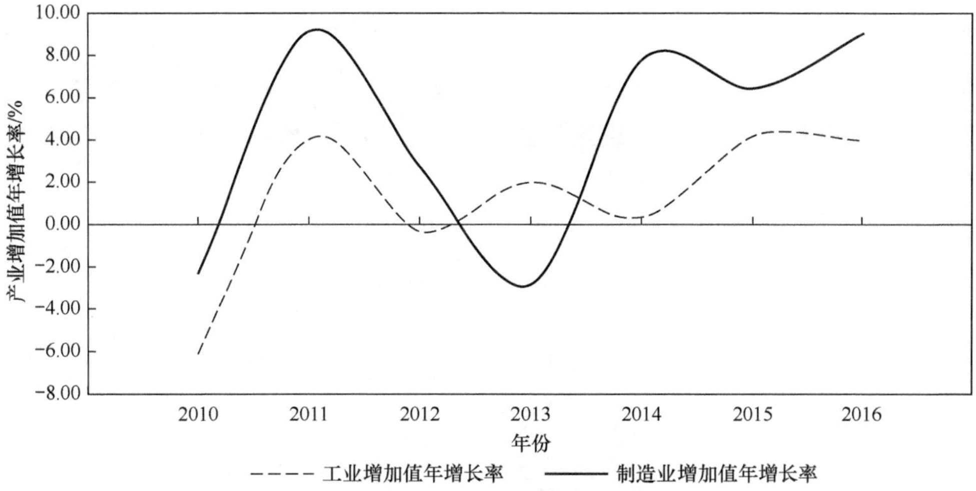

图 6-23　保加利亚工业、制造业规模变化情况（二）

表 6-6　保加利亚制造业分行业增加值占比情况

行业	行业增加值占比/%						
	2008 年	2009 年	2010 年	2011 年	2012 年	2013 年	2014 年
食品、饮料和烟草	20.16	21.21	22.41	19.18	20.28	19.60	18.03
纺织品与服装	13.65	13.06	12.46	12.76	12.78	13.40	12.32
化学品	4.62	6.52	4.38	4.67	7.84	8.79	8.08
机械和运输设备	17.89	14.80	15.75	16.13	16.59	17.77	16.35
其他	43.68	44.42	45.01	47.27	42.52	40.44	45.22

数据来源：世界银行数据库。

三、服务业规模变化分析

总体而言，服务业增加值占比除了 2011—2012 年较低，维持在 65%左右，其余各年均都维持在 67.5%左右。从以上数据可以看出，保加利亚服务业的发展可以有效拉动保加利亚经济的发展。

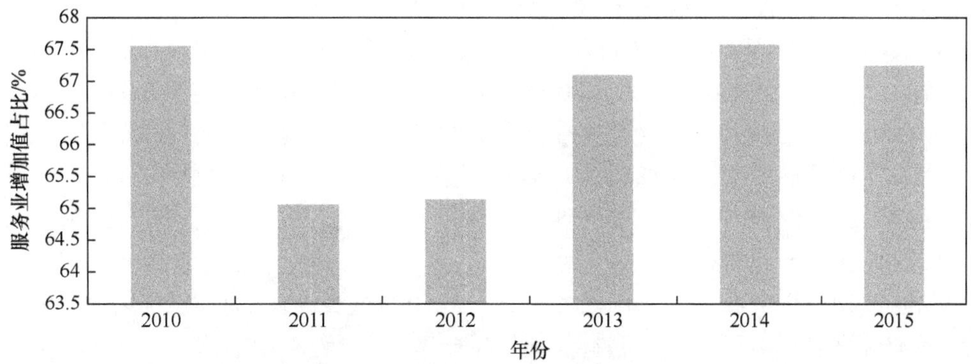

图 6-24　保加利亚服务业规模变化情况

四、资源情况分析

保加利亚自然资源贫乏，主要矿藏有煤、铅、锌、铜、铁、铀、锰、铬、矿盐和少量石油。

从表 6-7 中可以看出，保加利亚的能源生产较为发达，固体燃料的生产量 2016 年为 3 243.8 万吨，2017 年出现上涨；石油和石油产品、电力的生产量在 2017 年都有一定幅度增长，而天然气作为一种重要能源，其生产量却在 2017 年出现了较大幅度的下降。

表 6-7 保加利亚燃料和能源情况

年份		2016	2017
生产量	固体燃料/万吨	3 243.8	3 441.2
	石油和石油产品/万吨	698.2	723.3
	天然气/立方米	3 675	2 894
	电能/亿瓦·时	402 810	407 230
进口量	固体燃料/万吨	82.6	8.9
	石油和石油产品/万吨	19.2	26.7
	天然气/亿瓦·时	123 716	130 183
	电能/亿瓦·时	45 660	37 060
出口量	固体燃料/万吨	1.7	0.3
	石油和石油产品/万吨	42.2	46.5
	天然气/立方米	110	1279
	电能/亿瓦·时	109 390	91 870
库存量	固体燃料/万吨	7.1	2.7
	石油和石油产品/万吨	−9.2	4.1
	天然气/立方米	−930	−70

数据来源：保加利亚国家统计局。

从进口方面来看，保加利亚主要进口的能源是天然气；其次进口的能源是电能。天然气、石油和石油产品的进口量 2017 年增加的趋势，而固体燃料和电能的进口量 2017 年呈减少的趋势。

从出口方面来看，保加利亚主要出口的能源是电力；其次出口的能源是天然气，石油和石油产品、天然气出口量 2017 年增加，其中天然气出口量增加幅度较大，1 年增加了 1 169 立方米，而电能和固体燃料出口量 2017 年有所减少。

从库存变化来看，固体燃料库存 2016 年为 7.1 万吨，2017 年为 2.7 万吨，有所减少；石油和石油产品库存 2016 年为−9.2 万吨，2017 年为 4.1 万吨，出现了由负值到正值的变化情况；天然气库存量 2016 年为−930 立方米，2017 年为−70 立方米，出现一定幅度的增加。

总体来看，保加利亚的固体燃料主要靠国内生产获得；石油和石油产品主要靠国内生产获得，只是其生产规模没有固体燃料大；天然气主要靠进口获得；电能靠国内生产获得，其生产规模相对于固体燃料较大。保加利亚应该注重天然气的国内生产，控制天然气的进出口量，有效地改善能源产业的状况。

保加利亚计划逐步增加对能源部门和可再生能源的投资。保加利亚的能源约有 35%来自核能，约有 45%来自热电厂（化石燃料和褐煤发电），另外约有 20%来自核电和可再生能源。保加利亚能源出口量占比达 1/3。土耳其、希腊、马其顿和塞尔维亚等国从保加利亚进口大量能源。保加利亚为该地区的能源安全做出重要贡献。

五、产品的相关成本

数据显示，保加利亚平均时薪在欧盟内最低，为 4.4 欧元。保加利亚国家统计局数据显示，2016 年保加利亚第四季度，每小时劳动力成本较上一年增加了 8%。其中，工业领域每小时劳动力成本增长 8.1%；服务业领域每小时劳动力成本增长 9.4%；建筑业领域每小时劳动力成本增长 2.2%。每小时劳动力成本增长最快的领域是文化、体育和娱乐领域，每小时劳动力成本增长 25.5%；贸易、汽车及摩托车维修领域每小时劳动力成本增长 14.3%；信息创新流通和艺术产品、通信领域每小时劳动力成本增长 10.7%。

据欧盟统计局数据，保加利亚是欧盟内物价最低的国家。保加利亚物价仅为欧盟平均水平的 50%。保加利亚是该地区电力出口大国，它的工业用电价格是欧盟平均水平的 71%，工业用天然气成本是欧盟平均水平的 84%。保加利亚工业用地租金在欧盟内最低。

由表 6-8 可见，保加利亚营商成本相对较低，而产品的生产和销售成本也就相对较低。总体来看，保加利亚营商成本一定程度上代表着欧盟内低水平国家，政府需要改善这一方面的状况。

表 6-8 保加利亚营商成本情况

项目	内容
税率	企业所得税：10%，个人所得税：10%
	增值税：20%
水、电、油、气价格	公司用户水价：1.41～1.70 美元/立方米；生活用户水价：1.19 美元/立方米
	工业用户电价：0.083 2～0.153 7 美元/（千瓦·时）；生活用户电价：0.125 7～0.127 8 美元/（千瓦·时）
	A95H 汽油零售均价：1.66 美元/升；柴油零售均价：1.69 美元/升
	工业用户天然气价格：426.31 美元/立方千米；生活用户天然气价格：426.31 美元/立方千米
土地、房屋价格	租金：2013 年一季度，索菲亚市 A 级写字楼租金为 9～13 欧元/立方米；同期租用工业用地均价为 3.5 欧元/立方米
	房价：2013 年一季度，保加利亚全国住宅销售均价为 443 欧元/立方米；房价最高的城市为索菲亚市，均价达 727 欧元/立方米
劳动力薪酬	2012 年保加利亚平均每小时劳动力成本为 3.7 欧元；2012 年四季度保加利亚月平均工资约为 403 欧元；社会保险费用由雇主与雇员共同承担，其中雇主承担的部分约占工资总额的 18%

第四节 产业政策分析

保加利亚经济属外向型经济，经济规模小，对外资依赖度高，经济发展主要依托经济发达的欧盟大国。纺织服装工业在保加利亚经济中占重要地位。欧洲是保加利亚纺织服装出口的主要市场。化工工业是保加利亚的传统优势行业，在国民经济中占有重要地位。保加利亚因有“玫瑰之国”的美誉，其玫瑰油产量全球第二。玫瑰油有“液体黄金”之称，每千克价格已超过 6 000 欧元，用于香水、化妆品、制药和食品工业领域。“玫瑰谷”是保加利亚玫瑰的主要产地，集中了全国玫瑰油 3/4 以上的产量。酿酒业是保加利亚经济的重要传统产业，20 世纪 70、80 年代，保加利亚是全球第二大瓶装葡萄酒出口国。保加利亚是酸奶的发源地，乳制品历史长、品种全。保加利亚拥有美丽多姿的地形地貌、宜人的气候条件、丰富的旅游资源和相对的价格优势，被誉为“上帝的后花园”。

近年来，保加利亚的产业结构处于一个较为完善的状态，但同时保加利亚产业结构演变也存在着明显的非均衡性，严重制约着保加利亚经济的发展。保加利亚农业、轻工业、重工业比例不协调，第一产业（农业）基础薄弱等一系列问题仍然存在。

首先，持续、快速的经济增长是以产业结构的不断优化为基础的，这可以从资源的高效率配置和形成协调的产业关系两方面得到解释。保加利亚的产业结构基本上趋向于发达国家的产业结构，以第三产业为主导，辅以工业和农业的发展，但农业占比过低，这势必会影响保加利亚的经济发展。保加利亚在资源的高效率配置这方面的成效并不明显，一定程度上限制了保加利亚经济的发展。

其次，在现有产业结构下，保加利亚各产业间的良性循环并没有建立起来。虽然保加利亚的轻工业一定程度上推动了重工业的发展，但占比较小的农业不能为重工业的进一步发展拓展空间。重工业在失去农业的支持时，也难以推动农业和轻工业的发展，从而难以形成一个良性循环体系。

最后，从区域经济长期发展来看，保加利亚三次产业发展缺乏整体协调，导致资源长期侧重于服务业与能源产业，引起资源供应、交通等诸多问题。保加利亚虽然注重轻工业发展使得人民生活水平有所提高，但重工业产品难以有效合理地配置，一定程度上限制了保加利亚经济的发展。

第五节　产业结构与产业政策分析基本结论

通过对保加利亚的基本情况、经济发展情况、产业结构情况、产业政策几个方面的分析，初步得出以下结论。

（1）总体而言，保加利亚近年来三次产业间比例、产业劳动力占比不断优化，逐渐与西方发达国家的趋势一致，以第三产业为主导，产业结构逐步走向合理化。同时，保加利亚产业结构演变也存在着明显的非均衡性，农业占比过低，一定程度上限制了保加利亚经济的发展。

（2）保加利亚拥有发展农业的优势，拥有丘陵、平原等多种地势，气候适宜，水系分布广泛，但没有更好地加以利用，在三大产业中占比过低。保加利亚应该更加注重农业的开发利用。保加利亚的农业目标是保证国家的粮食安全和国家的贸易平衡（在农产品贸易方面），提高农产品的竞争力。

（3）保加利亚工业基础相对较好，虽然轻工业占比相对于重工业要稍微大一些，但保加利亚政府正在逐渐改善这种状况，逐渐增大重工业占比，其他制造业在制造业中占比较大，一定程度上保证了保加利亚经济结构的多元化。此外，虽然保加利亚为该地区的能源做出了重要贡献，但本国的天然气严重短缺，需要依赖国外天然气供应，因此优化调整保加利亚的工业结构，对保加利亚的经济合理、高效、可持续发展有着重要的作用。

（4）保加利亚服务业发展较快，三大产业中服务业增加值占比也是最大的，趋向西方发达国家的产业趋势，但保加利亚劳动力成本较低，服务业劳动就业人数也就较多。保加利亚应加大研发投入，鼓励技术创新，调整服务业结构，积极推动服务业向现代服务业发展。

（5）最后，从区域经济的长期发展来看，保加利亚产业结构符合发达国家的趋势要求，但农业占比较小、重工业不发达、劳动力低廉、部分能源供应不足等问题都不利于实现经济的可持续增长。保加利亚应以转变经济增长方式和推动技术创新和管理创新为核心，增强高新技术产业的辐射和带动能力，提高经济效益和产业竞争力。

第七章　波兰产业结构与产业政策分析

第一节　基本情况

波兰共和国，简称波兰，是由 16 个省组成的民主共和制国家。波兰位于欧洲大陆中部，中欧东北部。波兰东部和东北部分别与立陶宛、白俄罗斯、乌克兰和俄罗斯的“飞地”加里宁格勒地区接壤，南部与捷克和斯洛伐克毗邻，西部与德国相连，北濒波罗的海并与瑞典和丹麦遥遥相对。波兰南北长为 649 千米，东西相距 689 千米，边界线总长为 3 538 千米，其中海岸线长为 528 千米。喀尔巴阡山脉构成了波兰与捷克、斯洛伐克和乌克兰的国界。波兰波罗的海沿岸地区除格但斯克外，缺乏天然良港。位于波兰西北部的什切青是波兰重要的港口。波兰首都华沙是全国第一大城市，是工业、贸易和科学文化中心及全国最大的交通运输枢纽，位于波兰中部平原上，坐落在维斯瓦河中游西岸，面积为 450 平方千米，是中欧诸国贸易的通商要道，自古以来就是非常繁华的地方。

波兰总人口为 3 797.7 万人（2017 年统计），其中城市人口为 2 282.5 万人，占总人口的 60.1%，农村人口为 1 515.1 万人，占总人口的 39.9%。在总人口中，信仰天主教的占 95%，信仰东正教、基督教新教和其他教派的占 5%。在总人口中，波兰族约占 98%。此外，波兰还有德意志、白俄罗斯、乌克兰、俄罗斯、立陶宛、犹太等少数民族，其中德意志人占总人口的 1.3%，乌克兰人占总人口的 0.6%，白俄罗斯人占总人口的 0.6%。

在工业及自然资源方面，波兰工业发达，2009 年的人均 GDP 达到 11 288 美元，煤炭储量居欧洲前列。波兰主要矿产有煤、硫黄、铜、锌、铅、铝、银等。2000 年，波兰硬煤储量为 453.62 亿吨，褐煤储量为 139.84 亿吨，硫黄储量为 5.04 亿吨，铜储量为 24.85 亿吨。波兰琥珀储量丰富，价值近千亿美元，是世界琥珀生产大国，有几百年开采琥珀的历史。

在外交方面，波兰是一个中等发达的资本主义国家，近年来无论在欧盟，还是国际舞台的地位都与日俱增。波兰自 1918 年 11 月 11 日恢复独立以来，经过多年的高速发展，特别是在 21 世纪初的几年里，已经成为西方阵营不可或缺的一分子。

第二节　经济发展情况分析

一、经济规模情况分析

1989 年东欧剧变后，“休克疗法”导致波兰经济一度下滑。波兰 1992 年起经济止跌回升，并逐步成为中东欧地区发展最快的国家之一。波兰加入欧盟后，经济更是突飞猛进，同时公共财政赤字持续增加、劳动人口大量流失、失业率较高等问题也较突出。2009 年，受国际金融危机影响，波兰经济明显下滑，但仍好于欧盟多数国家，为欧盟内唯一实现经济正增长的国家。2010 年，波兰经济继续增长，GDP 增长率为 3.61%，居欧盟国家前列，吸引外资 142

亿美元。世界银行和国际金融公司联合发布的《2013 年营商环境年度报告》指出，波兰是自 2005 年来营商环境改善最快的欧盟经济体。2015 年，波兰 GDP 增长率为 3.84%，经济总量居欧盟国家第 8 位。2016 年，波兰 GDP 增长率为 3.06%，经济总量居欧盟国家第 10 位。2017 年，波兰 GDP 增长率为 4.81%，经济总量居欧盟国家第 8 位。从图 7-1 及图 7-2 中可以看出，1996—2016 年波兰人均 GDP 与 GDP 的波动情况大致相同。其中，波兰人均 GDP 与 GDP 1996—2008 年保持稳定增长，2009 年出现较大幅度减少，2010—2016 年较为波动。

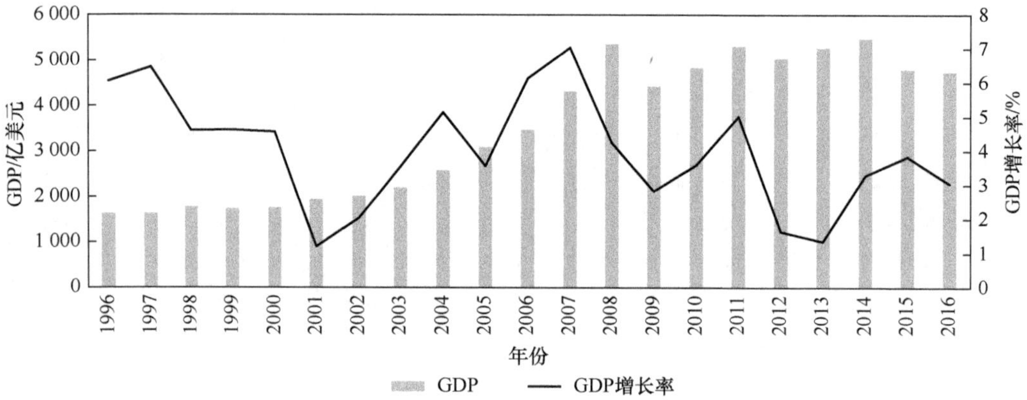

图 7-1 波兰 GDP 及其增长率变化情况

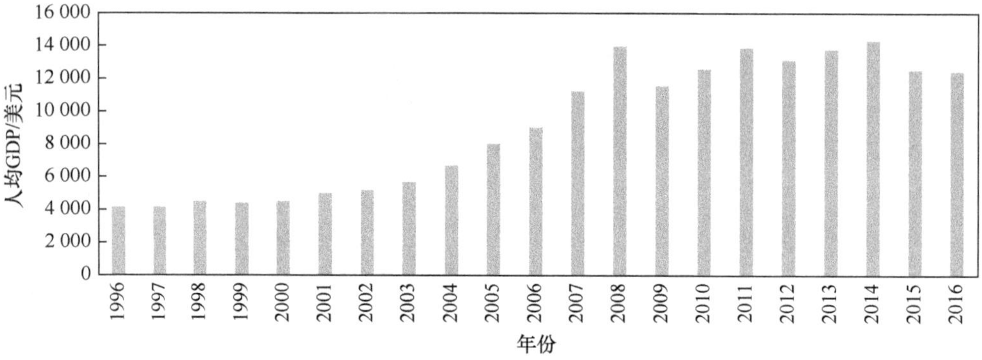

图 7-2 波兰人均 GDP 变化情况

波兰 GDP 情况如表 7-1 所示。

表 7-1 波兰 GDP 情况

年份	GDP/亿美元	GDP 增长率/%	人均 GDP/美元	人均 GDP 增长率/%
2010	4 792.58	3.61	12 597.86	3.90
2011	5 287.25	5.02	13 890.70	4.96
2012	5 002.84	1.61	13 143.52	1.61
2013	5 242.01	1.39	13 780.19	1.45
2014	5 452.85	3.32	14 345.19	3.40
2015	4 769.71	3.84	12 556.36	3.91
2016	4 719.92	3.06	12 430.63	3.11
2017	5 264.66	4.81	13 863.18	4.79
2010—2017（平均值）	5 066.48	3.33	13 325.95	3.39

数据来源：世界银行数据库。

二、人力资本基础情况分析

从图 7-3 中可以看出，波兰总人口在经历减少阶段后逐渐趋于稳定。1996—2000 年，波兰总人口增长率不断减少，总人口缓慢增长。2000 年之后，波兰总人口增长率为负值，总人口急剧减少。2002 年之后，波兰总人口减少趋势缓慢。2017 年，波兰总人口为 37 975 841 人。

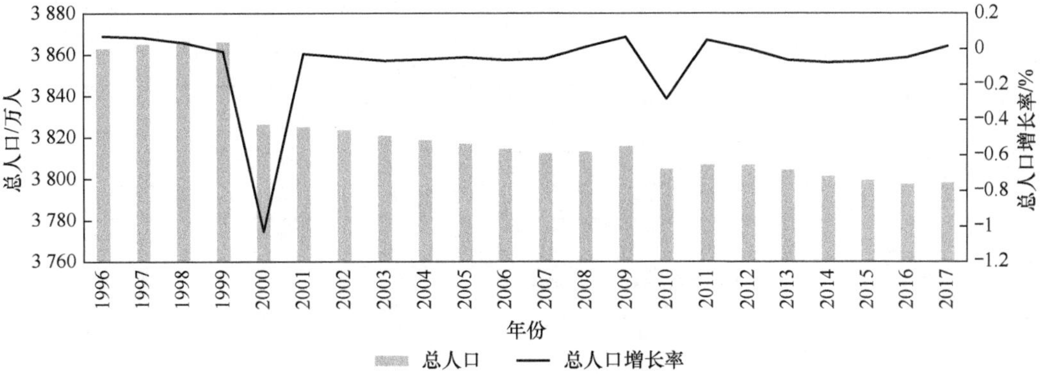

图 7-3　波兰总人口变化情况

波兰城镇和农村人口变化情况如图 7-4 所示。统计期间内，城镇人口占比变化平稳，缓慢减少，由 1996 年的 61%增加为 2017 年的 60%；农村人口占比先减少后增加，2017 年为 39.90%。

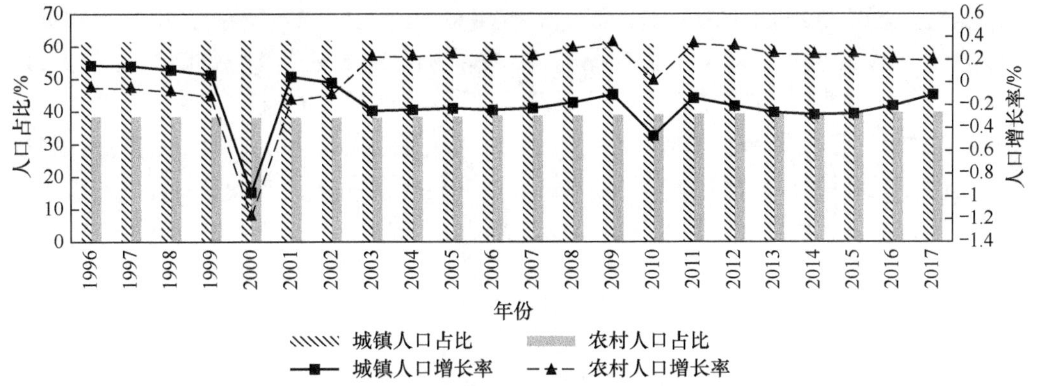

图 7-4　波兰城镇和农村人口变化情况

从表 7-2 中可以看出，波兰劳动力总量先减少再增加，劳动力占比较平稳，由 1996 年的 44.87%增长为 2017 年的 48.20%。其中，2017 年，15～64 岁劳动参与率达 56.58%，15～24 岁劳动参与率达 34.49%。

表 7-2　波兰劳动力情况

年份	劳动力总量/万人	劳动力占比/%	15～64 岁劳动参与率/%	15～24 岁劳动参与率/%
1996	1 732.96	44.87	57.88	37.73
1997	1 719.54	44.49	56.89	34.23
1998	1 723.08	44.57	56.43	33.40
1999	1 716.60	44.40	55.68	31.84

（续表）

年份	劳动力总量/万人	劳动力占比/%	15～64 岁劳动参与率/%	15～24 岁劳动参与率/%
2000	1 731.90	45.27	56.27	35.80
2001	1 757.54	45.95	56.61	39.70
2002	1 737.90	45.46	55.57	38.30
2003	1 729.99	45.28	54.97	36.79
2004	1 726.53	45.22	54.54	35.58
2005	1 752.94	45.93	55.08	36.00
2006	1 732.50	45.42	54.20	34.60
2007	1 732.86	45.46	54.03	33.46
2008	1 756.60	46.07	54.59	33.67
2009	1 783.40	46.75	55.25	34.36
2010	1 803.60	47.41	55.92	34.62
2011	1 810.39	47.56	56.07	33.49
2012	1 822.96	47.89	56.40	33.54
2013	1 826.81	48.02	56.47	33.38
2014	1 838.97	48.38	56.84	34.08
2015	1 832.64	48.24	56.68	33.15
2016	1 839.36	48.44	56.86	34.85
2017	1 830.36	48.20	56.58	34.49

数据来源：世界银行数据库。

三、交通情况分析

波兰交通运输情况如图 7-5 所示。波兰的铁路总长为 19 132 千米，其中标准轨铁路长为 19 132 千米（包括 11 874 千米电气化铁路），铁路客运量 2.92 亿人次，铁路货运量 2.23 亿吨。铁路运输是波兰最主要的货运方式。波兰开设的定期航班航线的飞机有 59 架，同 37 个国家、61 个城市有定期航班，国际航线有 107 条，航空客运量达 562.6 万人次，航空货运量达 4.1 万吨。波兰主要国际机场是华沙肖邦国际机场。航空货运量在总货运量的占比较小。石油及其产品输送主干管道总长为 2 483 千米，管道输送量达 5 405.8 万吨，在总货运量中占比较大。

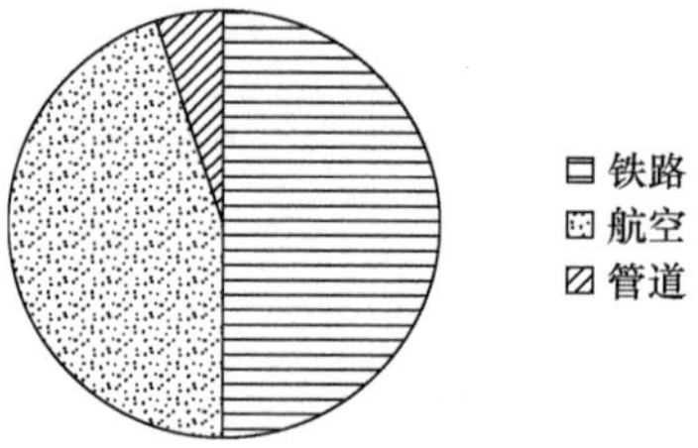

图 7-5　波兰交通运输情况

四、信息化情况分析

波兰信息化情况如图 7-6 所示。总体而言，波兰近几年互联网、固定宽带覆盖率都有所增加。其中，互联网覆盖率增加速度最快，2010 年为 62%，2014 年则增加为 66%。固定宽带覆盖率同样不断增加但增加幅度小于互联网覆盖率，2010 年为 15%，2014 年则增加为 18%，这说明近几年波兰整体信息化水平不断提升，并主要表现为互联网覆盖率的大幅度增加。但是电话线路覆盖率自 2011 年之后开始减少，2010 年为 20%，2014 年则减少为 12%。

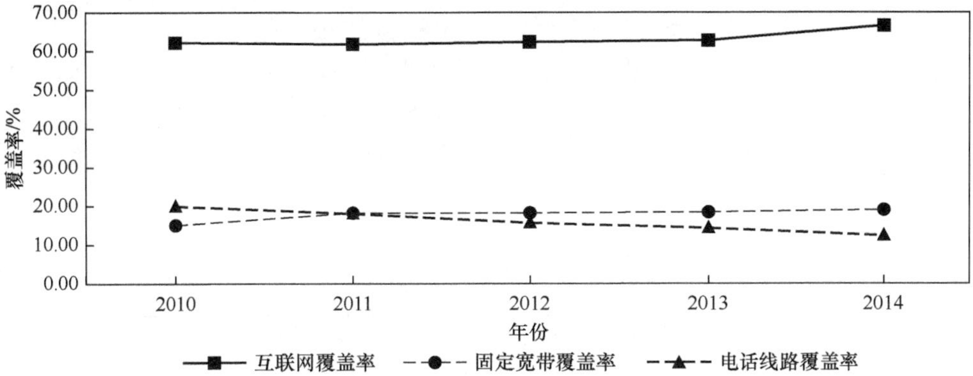

图 7-6　波兰信息化情况分析

五、研发投入与产出情况分析

图 7-7 反映了波兰研发投入与产出情况。总体而言，波兰研发投入占 GDP 的百分比逐年增加。研发投入占 GDP 的百分比 2003 年为 0.54%，2015 年为 1.00%。居民专利申请数量也表现稳定，总体上逐年增加。非居民专利申请数量在 2000—2005 年较多，且多于居民专利申请数量。2006 年，非居民专利申请数量剧减，与居民专利申请数量的差距拉大。

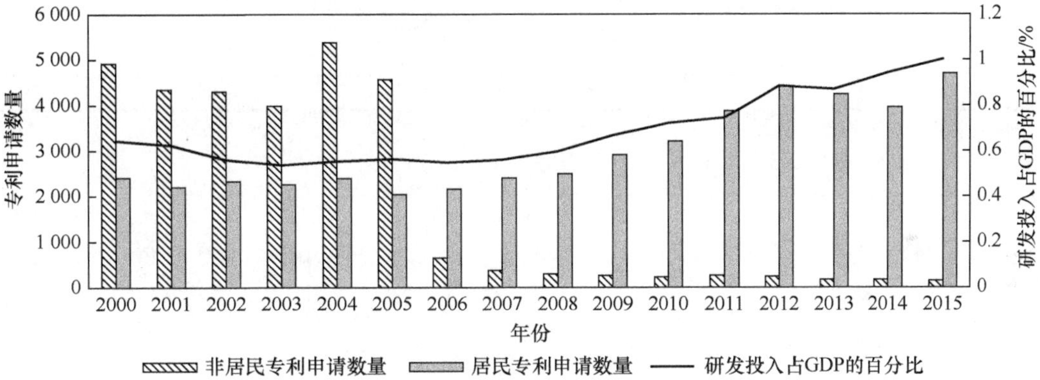

图 7-7　波兰研发投入与产出情况

六、制度环境情况分析

通过表 7-3，从法律制度指数、腐败监管指数、政治稳定指数、民主自由权利指数、政府效能指数这 5 个指标对波兰的制度环境进行分析。总体而言，波兰的制度环境在经历一段时间内的低谷之后呈现出逐渐改善的趋势。其中，2016 年法律制度指数、腐败监管指数、政府效能指数分别为 0.68、0.75 和 0.69，高于相应的 2002—2016 年平均值 0.64、0.47 和 0.58，这说明波兰在法律制度、腐败监管、政府效能方面有所改善。但 2016 年政治稳定指数、民主自由权利指数分别为 0.51、0.84，均低于相应的 2002—2016 年平均值 0.74、0.99，这说明波兰在政治稳定性及民主自由权利方面有所退步。

在图 7-8 中，对波兰与中等收入国家等制度环境对比。从图 7-8 中可以看出，高等收入国家的法律制度指数、腐败监管指数、政治稳定指数、民主自由权利指数、政府效能指数的平均值均远远高于其他国家。波兰制度环境与中等收入国家相比，仅政治稳定指数高于中等收入国家的平均值，法律制度、腐败监管、民主自由权利、政府效能 4 个方面均落后于中等收入国家的水平。其中，民主自由权利方面落后最严重，法律制度和政府效能方面与中等收入国家的水平也相差较大。总体而言，波兰制度环境在中等收入国家中与其他国家仍存在较大差距。

表 7-3 波兰环境评估

年份	法律制度指数	腐败监管指数	政治稳定指数	民主自由权利指数	政府效能指数
2002	0.71	0.40	0.74	1.09	0.51
2003	0.56	0.42	0.58	1.01	0.55
2004	0.42	0.14	0.15	1.02	0.47
2005	0.48	0.27	0.36	0.94	0.48
2006	0.40	0.27	0.35	0.80	0.37
2007	0.43	0.30	0.68	0.88	0.39
2008	0.55	0.46	0.91	0.95	0.47
2009	0.63	0.45	0.94	1.03	0.53
2010	0.68	0.50	1.02	1.04	0.64
2011	0.77	0.56	1.07	1.03	0.62
2012	0.78	0.66	1.05	1.06	0.68
2013	0.82	0.60	0.97	1.00	0.72
2014	0.84	0.64	0.84	1.11	0.83
2015	0.80	0.67	0.87	1.04	0.80
2016	0.68	0.75	0.51	0.84	0.69
2002—2016（平均值）	0.64	0.47	0.74	0.99	0.58

数据来源：世界银行数据库。

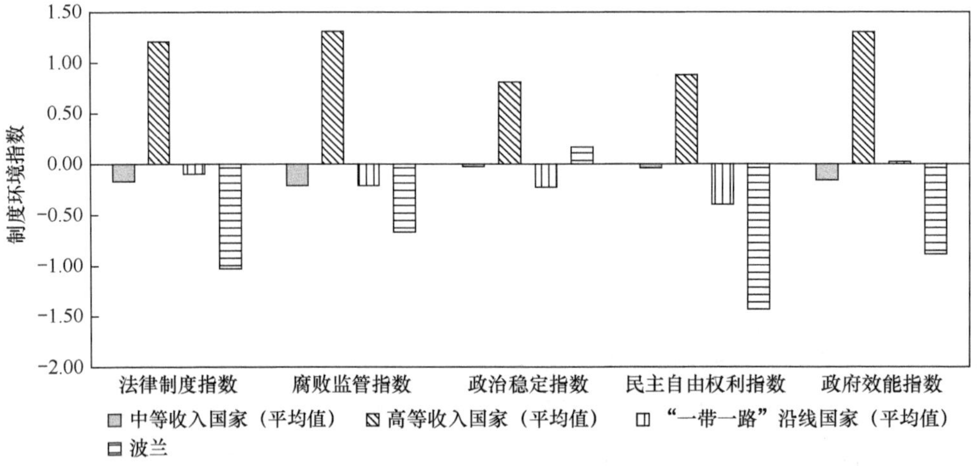

图 7-8 不同国家制度环境对比

七、税收负担情况分析

从图 7-9 中可以看出，波兰总税收占 GDP 的百分比经历了较大波折。波兰总税收占 GDP 的百分比 2008 年之前不断增加，2008 年之后有大幅度减少，2009 年后缓慢增加，2011 年后又有所减少。2008 年达到最高达（为 18.16%），总体呈减少趋势。

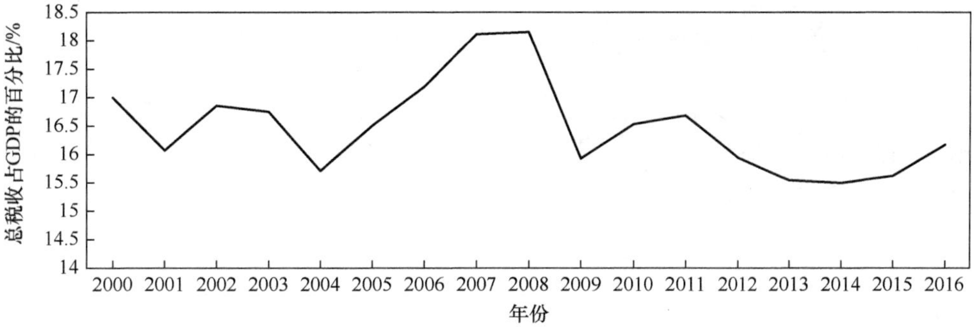

图 7-9　波兰总税收占 GDP 的百分比变化情况

从图 7-10 中可以看出，总体上波兰总税收占比在波动中呈现减少的趋势。2008 年，总税收占比、利润税税收占比均为最高，分别为 45.1%和 17%。2015 年，总税收占比、利润税税收占比最低，分别为 40%和 14%。

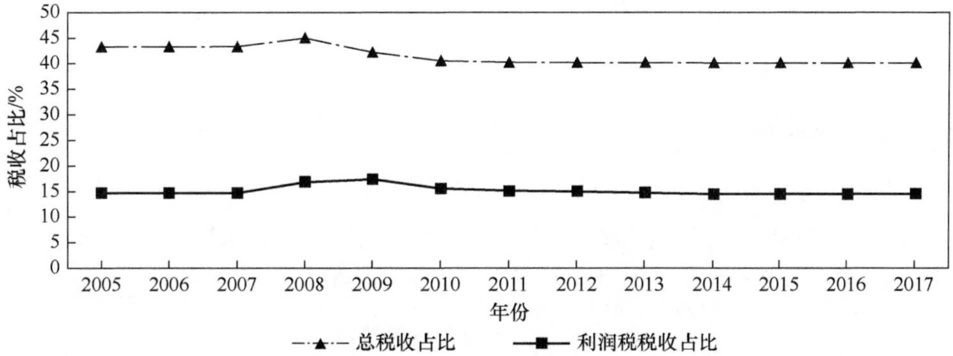

图 7-10　波兰税收占比情况

八、国际贸易情况分析

如图 7-11 所示，波兰对外贸易额占 GDP 的百分比总体呈增加趋势，偶有减少，且减少幅度较小。对外贸易额占 GDP 的百分比 2006—2007 年有所增加，2008—2009 年又有所减少，而从 2010 年又开始出现增加的趋势。其中，2016 年对外贸易额占 GDP 的百分比达到最高，为 88%。

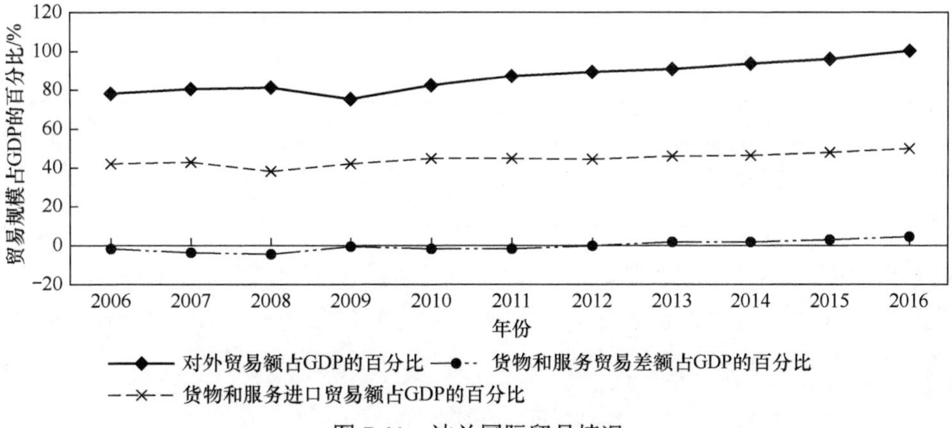

图 7-11　波兰国际贸易情况

九、外国直接投资情况分析

图 7-12 反映了 1996—2014 年波兰外国直接投资占 GDP 的百分比变动情况。从图 7-12 中可以看出，2000 年以前外国直接投资占 GDP 的百分比保持平稳态势；2000—2014 年外国直接投资占 GDP 的百分比波动较大。

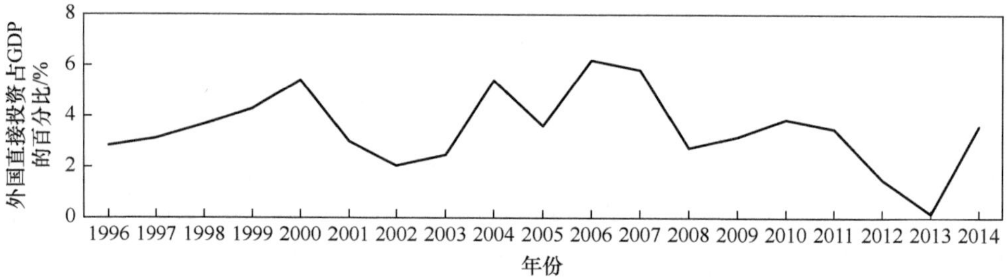

图 7-12　波兰外国直接投资占 GDP 的百分比变化情况

十、经济活力情况分析

表 7-4 反映了波兰固定资产投资情况。总体而言，波兰的固定资产投资额在减少。其中，固定资本形成总额 2006—2008 年持续增加，而后在波动中减少；固定资本形成总额年增长率在 2009 年、2010 年、2012 年、2013 年和 2016 年均为负值。

表 7-4　波兰固定资产投资情况

年份	固定资本形成总额占 GDP 的百分比/%	固定资本形成总额年增长率/%	固定资本形成总额/亿美元
2006	20.39	15.37	703.19
2007	22.46	19.04	963.82
2008	23.09	8.80	1 232.94
2009	21.44	−2.66	942.95
2010	20.28	−0.04	972.13
2011	20.68	8.76	1 093.59
2012	19.78	−1.77	990.02
2013	18.81	−1.06	986.12
2014	19.72	10.03	1 075.68
2015	20.10	6.13	958.83
2016	18.00	−8.16	849.61
2017	17.71	3.91	932.62

从图 7-13 中可以看出，波兰新注册企业数量在波动中不断增加。2006—2016 年，新注册企业数量迅速上涨。2016 年，新注册企业数量达 43 523，新注册企业密度为 1.66。

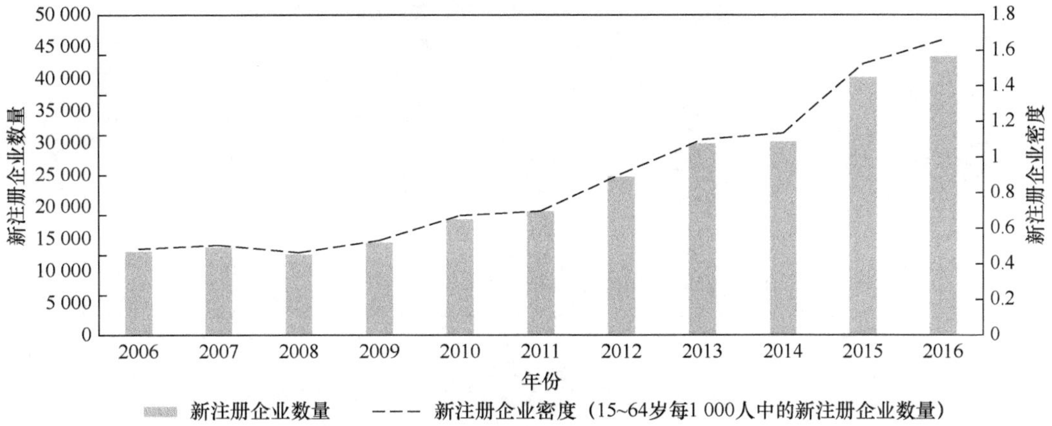

图 7-13　波兰新注册企业数量及密度变化情况

第三节　产业结构情况分析

一、三次产业结构分析

近年来，波兰服务业发展较快，服务业增加值占比不断提高，三次产业结构不断优化。从图 7-14 中可以看出，波兰第一产业增加值占比很低，变化缓慢，第二产业与第三产业增加值占比较高。2010—2013 年工业增加值占比有所增加，之后稍有减少，总体呈增加趋势。2011 年，工业增加值占比最高，达到 34%。服务业增加值占比在 2010—2015 年始终很高。经统计，美国第三产业增加值占比约为 75%，英国、法国、德国、日本第三产业增加值占比都在 60%~70%。因此，波兰的经济从第二产业转移到第三产业的发展趋势与发达国家经济发展历程类似，并且在产业结构上与西方国家更为接近。

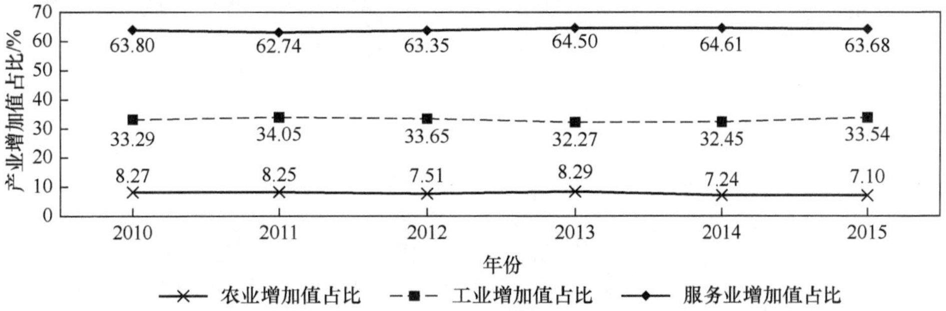

图 7-14　波兰产业结构变化情况

波兰劳动力就业结构变化情况如图 7-15 所示。第一产业（农业）就业人数占比逐年减少，并保持在 10%以内；第二产业（工业）就业人数占比较低，且在 2012—2015 年总体呈减少的趋势，相对于第一产业（农业）就业人数占比变化幅度较小；第三产业（服务业）就业人数占比较高，并呈现出逐年增加的趋势，2015 年，第三产业（服务业）就业人数占比达 58.11%。

以上分析表明，产业增加值占比、产业就业人数占比，都呈现了第二产业向第三产业转移的趋势，这说明波兰产业结构逐步走向合理化。

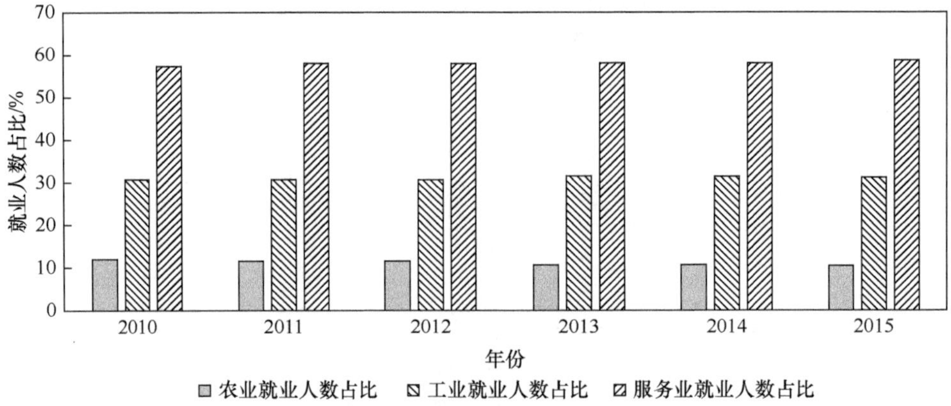

图 7-15 波兰劳动力就业结构变化情况

二、工业、制造业规模变化分析

图 7-16 反映了波兰工业、制造业规模变化情况。总体而言，2006—2008 年波兰工业、制造业发展较快。2009 年，由于金融危机，波兰工业、制造业增加值出现大幅下滑。2011—2015 年，工业、制造业增加值逐步恢复，但其增长速度相对减缓。2014 年，工业增加值达到最大，为 1 604.80 万美元。

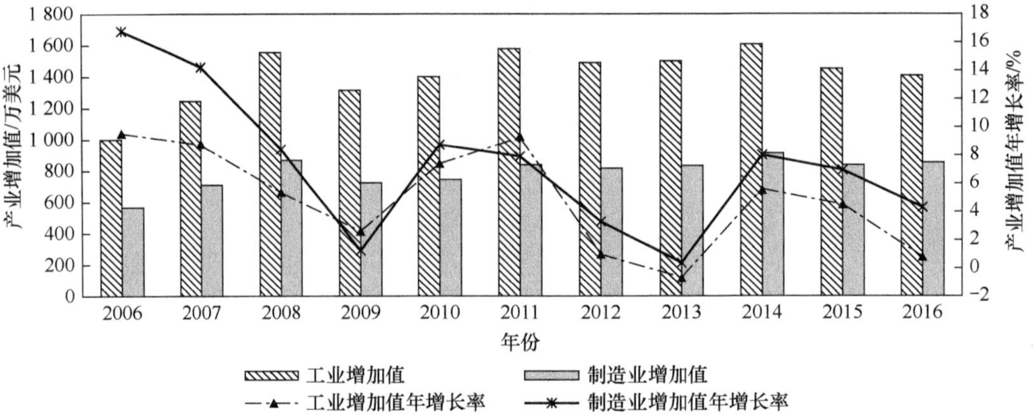

图 7-16 波兰工业、制造业规模变化情况

波兰制造业内部结构稍显单一，化学品行业增加值占比在 10%以内（见表 7-5）。2003 年后，食品、饮料和烟草行业增加值占比逐年减少，2013 年为 17.41%，与此同时，机械和运输设备行业增加值占比逐年增加，2013 年为 24.03%。

表 7-5 波兰制造业分行业增加值占比情况

行业	行业增加值占比/%							
	2006 年	2007 年	2008 年	2009 年	2010 年	2011 年	2012 年	2013 年
纺织品与服装	4.19	3.97	3.58	3.50	3.21	2.95	3.10	6.92
其他	50.96	52.50	50.64	44.90	45.30	46.13	48.23	47.57
机械和运输设备	19.74	18.92	20.95	24.19	24.31	24.23	23.48	24.03
食品、饮料和烟草	17.03	16.52	16.50	20.00	18.58	18.12	17.80	17.41
化学品	8.09	7.87	7.95	7.32	8.32	8.31	7.53	7.89

三、农业规模变化分析

图 7-17 反映了波兰农业规模变化情况。农业是波兰经济的重要组成部分，农用地面积达 18.4 万平方千米，占波兰国土面积的 58.8%。其中，个体农户所有的农用地占 84.5%；每户平均拥有农业用地 0.071 平方千米。波兰农业就业人数有 270 万人，占全国就业人数的 19%。

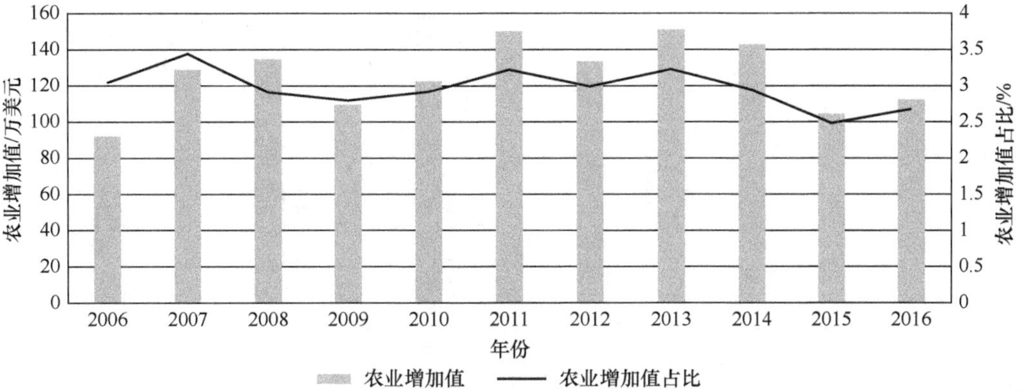

图 7-17 波兰农业规模变化情况

波兰是一个传统农业国家。与其他东欧国家不同的是，波兰在第二次世界大战后一直保留着土地私有化，并未完全实行集体化的农业合作社，个体经济在波兰的农业中始终占有相当的比例。20 世纪 80 年代末、90 年代初农业合作社大量解体，形成了今天波兰农业以私人和家庭农场为主要形式的格局。这种分散、小规模的农场生产效率低下，不利于推广新技术，也不利于采用大规模机械耕种。波兰农业的生产效率只有欧盟平均水平的 13%。长期以来，波兰农业依靠国家各种形式的补贴来支持，给国家造成了较大的财政负担。

据波兰与欧盟达成的协议，波兰部分农产品，如牛奶、粮食、油料、糖、烟草、淀粉及畜牧等生产受年度配额限制，波兰农民将从欧盟获得直接补贴，其金额在 2004—2006 年分别达到同期现有欧盟国家农民获得补贴额的 50%、55%和 60%，其中 40%左右由欧盟资助，剩余部分由波兰政府根据其财政预算情况自行解决。除农业直接补贴外，波兰还将从欧盟获得农村落后地区发展基金。2004—2006 年该基金总额将达 18 亿欧元。波兰 2002 年出口的主要农产品有鲜冻肉、禽肉、奶及奶油、冻水果、巧克力。波兰其他出口的农产品有可可食品、苹果汁、冷冻蔬菜、奶酪和干酪、草莓、鱼片和鱼加工产品、糖、油菜等。波兰主要进口的农产品有咖啡、香蕉、冷冻鱼和冷冻鱼片、葡萄、豆油、烟草、小麦、橙汁等。

四、资源情况分析

波兰电力工业较发达，电力供过于求。2001 年，波兰电力系统的总装机容量为 34 642 兆瓦。2002 年，波兰发电量为 141 322 吉瓦·时。2002 年，波兰电力出口值达 2.43 亿美元。波兰有 17 座大型电厂及 33 个配电公司，电力工业就业人数为 10.6 万人，占工业就业人数的 5.3%。2001 年，波兰电网拥有 45 270 千米高压线、278 901 千米中压线、391 437 千米低压线。目前，波兰正在建设 4 条新的高压线。波兰为提高电力行业竞争力并达到欧盟环保标准，近年来加大对电网建设的投入，主要是对现有电网进行现代化改造和建设通信系统。波兰电厂的技术改造包括增加发电量、降低能耗、改造锅炉（以适应不同燃料）、建设污水处理厂、采用脱硫除尘和减少氧化氮散发等。波兰电力工业企业正在推行 ISO 9000 标准和 ISO 1440 环保标准。根据波兰《能源法》，自 1999 年起，输变电企业开始实行新的价目表，电价格逐步放开，允许价格差异，促进竞争。

波兰发电量情况如表 7-6 所示。

表 7-6 波兰发电量情况

年份	石油发电量占总发电量的百分比	水力发电量占总发电量的百分比	天然气和煤炭能源的发电量占总发电量的百分比
1992	1.11%	1.15%	97.73%
1993	1.19%	1.13%	97.68%
1994	1.26%	1.30%	97.43%
1995	1.11%	1.38%	97.51%
1996	1.26%	1.37%	97.38%
1997	1.35%	1.39%	97.26%
1998	1.35%	1.64%	97.01%
1999	1.35%	1.54%	97.11%
2000	1.34%	1.47%	97.19%
2001	1.67%	1.62%	96.71%
2002	1.67%	1.60%	96.73%
2003	1.64%	1.11%	97.25%
2004	1.91%	1.36%	96.73%
2005	1.77%	1.42%	96.81%
2006	1.81%	1.27%	96.92%
2007	1.76%	1.48%	96.76%
2008	1.76%	1.39%	96.85%
2009	1.80%	1.57%	96.63%
2010	1.84%	1.86%	96.30%
2011	1.50%	1.43%	97.07%
2012	1.26%	1.26%	97.48%
2013	1.09%	1.49%	97.43%
2014	1.01%	1.38%	97.62%
2015	1.29%	1.11%	97.60%

第四节 产业政策分析

2018 年波兰财政预算草案显示，2018 年波兰 GDP 将保持 3.8%的增长率。因此，波兰政府把更多的资源集中于有竞争力、可能取得全球领导地位的优势产业，如汽车零部件、造船、化工、采矿、家具、食品加工等。

1. 家具制造业

波通社报道，波兰家具生产商商会主席 Jan Szynaka 称，2016 年波兰家具产业产值约为 100 亿欧元。目前，波兰是全球第六大家具生产国和第四大家具出口国，也是欧盟第三大家具生产和出口国。波兰家具企业正努力扩展全球市场，希望在未来的几年，波兰能成为欧盟家具生产和出口第一大国。

2. 家电制造业

波通社报道，波兰副总理在介绍“波兰智能产业革命”报告时表示，目前波兰是欧盟第三大家用电器生产国，并已成为电视机显示器、液晶显示屏及多数品牌家电的重要生产地。

3. 食品加工业

波通社报道，波兰农业与农村发展部部长表示，目前波兰食品已能够出口到全球 70 个国家和地区，2017 年全年食品出口额超过 250 亿欧元，同比增长 3.7%。凭借具有竞争力的价格和良好的品质，未来波兰食品对欧盟国家的出口将保持平稳增长。

4. 基础建设业

波通社报道，在波兰访问的欧盟交通专员宣布，欧盟委员会已决定在欧洲设施联通项目（Connecting Europe Facility，CEF）下拨款 8 亿欧元用于波兰的 10 个新交通项目建设，包括铁路现代化改造、格丁尼亚至华沙高速公路建设 12 个电动汽车充电站等。

5. 汽车制造业

波兰是欧洲第八大汽车生产国和全球第三大公共汽车制造国。通过大规模吸引外资、私有化和全面结构调整，波兰汽车工业产量、技术水平和出口规模都明显提高，并逐渐成为欧洲主要的汽车制造业中心。未来，波兰汽车工业对各类车辆零部件的需求将进一步提升。

6. 天然气与石油业

波兰天然气与石油业包括天然气与石油的开采、运输、储存和贸易。2001 年，波兰国内开采天然气约为 48.6 亿立方米，开采石油约为 49 万吨。目前，波兰的天然气自给率为 36%左右。波兰计划将国内天然气产量提高到 55 亿～60 亿立方米，并在今后 15 年内维持这一水平。

7. 采矿机械业

波兰采矿机械业基础较好，在国际市场上有一定竞争力。波兰主要采矿机械品种是矿山工作面综合采煤设备、采煤机、工作面和下顺槽输送机、带式输送机、吊挂列车、选煤设备、液压和控制设备、钻探设备和备件、矿山救护专用设备、褐煤矿专用大型机械、排土机、轮斗挖掘机、自行式输送机、采矿机械配件等。

8. 银行业

波兰转轨以来，对银行业进行了一系列的改革，银行业私有化已基本完成，外国资本在银行资本中已占有绝对优势。1989 年，波兰颁布了《国家银行法》和《银行法》，国家银行不再经营商业银行业务，只承担发行货币、管理国家外汇储备、制定金融政策、监督商业银行运作、发放银行经营许可证等中央银行的职责。

2002 年，波兰有银行 672 家，其中商业银行有 64 家，合作银行有 608 家；波兰银行总资产为 4 768.61 亿兹罗提，比 1993 年增长 4.7 倍；波兰银行注册资本为 104.65 亿兹罗提。波兰商业银行资产为 4 543.51 亿兹罗提，占波兰银行总资产的 95.3%；注册资本为 100.04 亿兹罗提，占波兰银行注册资本的 95.6%。波兰合作银行资产为 224.1 亿兹罗提，占波兰银行总资产的 4.7%；注册资本为 4.61 亿兹罗提，占波兰银行注册资本的 4.4%。

第五节　产业结构与产业政策分析基本结论

2017年，波兰GDP增长率为3.2%。近年来，波兰公共财政赤字达3%。经济学者称，波兰宏观经济形势在最近几个月有所改善，预测也较为乐观，特别是零售部门消费数据提高、工资水平提高、失业率下降，这都是重要的经济驱动力。波兰经济虽属中上水平，但产业结构较落后。波兰是世界第四大产煤国，与煤有关的冶金、电力、化工、矿冶机械等产业具有突出的地位。这些产业均为大型国有托拉斯，集中程度高，转轨困难，再加上市场有限、污染严重、高新技术含量低，属于“夕阳产业”。因此，波兰除面临体制转轨外，还面临着严重的技术改造与产业重组等结构性问题。

总体上，波兰的经济发展速度和水平很不错，是一个自由且充满竞争力的经济体。自从波兰2004年加入欧盟开始，其经济年均增长率达到了4%，是欧洲经济增速最快的国家之一。现如今，波兰的人均GDP超过了1万美元。波兰发展的重要方式之一就是通过降低负税和创造自由化市场环境来驱动经济发展。

波兰一直对税收有着严格的管控。波兰企业税是19%，在欧洲各国中是较低的。波兰个人所得税被限制在了32%，也是欧盟国家中相对比较低的。波兰政府没有通过借贷来维持自己的经济运转。波兰的宪法规定，国家债务在GDP的占比不能超过60%。一系列的利好政策和严格的管理保证了波兰经济的平稳有序发展。波兰的百姓也普遍非常节俭，不会铺张浪费。波兰家庭总债务只有GDP的37%，而同为欧盟国家的英国却达130%以上。所以，波兰举国上下节约、内敛的消费观也促成了其经济秩序良好、平稳发展的局面。

波兰政府通过创造自由化市场环境来振兴经济。波兰政府把工业从公有制改为了私有制，整个市场呈现出自由且充满竞争力的景象，一举打破了改革前的企业雇员“铁饭碗”的格局，激活每个企业的竞争意识，让企业的发展充满了活力。

2013年2月，欧委会制定欧盟2014—2020年预算，波兰从中分得1 140亿欧元，较欧盟2007—2013年预算增加40亿欧元，其中包括融合基金820亿欧元、共同农业基金318亿欧元，另有2亿欧元用于解决年轻人失业问题。2014年，波兰政府通过与之配套的《2014—2020年农村发展计划》。2014年4月，波兰政府批准了《2020年能源安全和环境战略》，旨在创造条件发展先进的能源产业、确保高水平的生活质量并合理使用自然资源。2014年8月，波兰政府通过劳动与社会政策部提交的《2014—2020年国家社会经济发展计划》和《2014—2020年减少贫困与社会排斥计划》。根据《2014—2020年国家社会经济发展计划》，波兰将耗资300亿兹罗提促进社会发展。2020年，波兰新增35 000个工作岗位和2万个公民组织，支持1 000个地方项目，并资助12个省的青年人。《2014—2020年减少贫困与社会排斥计划》是波兰在该领域首个战略性计划。根据该计划，2020年，波兰社会边缘人群指数从2011年的27.3%降至22%，残疾人就业率从20.3%提高至27%，5岁以下儿童母亲就业率从57.75%提高到63%。2016年2月，波兰政府出台《负责任的发展计划》，检讨过去10年经济和社会发展的弊端，归纳出制约发展的五大陷阱，相应提出促进发展五大支柱和2020年发展目标。

波兰促进社会发展的措施如下。

（1）促进人口增长。波兰是欧盟内婴儿出生率比较低的国家。波兰政府采取政策以提高出生率、增加就业人口。

（2）根据就业市场需求提供职业培训。

（3）推动地区发展。波兰提高地区政策的维度和有效性；使国民有获得公共服务的均等机会；加强地区合作，解决其面临的共同问题；激活本地资源，如鼓励创新、产业成长和私人投资；关注小城镇、农村地区、家族农场的发展。

（4）促进农业多元化并增加效益，有效管理自然资源和文化遗产。波兰开发本地市场，如农产品本地加工和直销；促进农村地区创业和工作流动；利用农村基础设施建设增加就业岗位；发展多层面的家族农场；使用可再生能源；复兴小城镇，加强其经济、社会、文化功能；培育地方市场（如农产品加工和直销）；确保农业企业食品生产安全；帮助家庭农场生产有利润、高品质的食品，特别是传统工艺、非转基因产品，如比亚韦沃维扎原始森林的蜂蜜。

（5）实现东波兰地区现代化。波兰建立基本的基础设施，特别是比亚维斯托克—卢布林—热舒夫 S19 快速路，适时建设维尔诺—比亚维斯托克—卢布林—热舒夫铁路。其中，主要地区的产业发展方向如下。

① 比亚维斯托克：进一步发展东部建筑集群，建设成先进的商业服务中心，以具有较大城市的竞争力。

② 卢布林：建设有机食品谷，发展清洁煤炭技术。

③ 热舒夫：进一步发展航空谷，吸引小型创新企业并建立合作社；发展航空 IT 业，使之成为航空软件中心，特别是服务于无人机。

第八章　不丹产业结构与产业政策分析

第一节　基本情况

不丹王国，简称不丹，位于中国和印度之间喜马拉雅山脉东段南坡，是一个内陆国家，西北部、北部与中国西藏接壤，西部、南部和东部分别与印度锡金邦、西孟加拉邦、中国山南交界，总面积为 38 394 平方千米，总人口为 754 394 人（2018 年 12 月统计），首都为其最大城市廷布。不丹族是不丹的主体民族，西部不丹语（又称宗卡语）和英语为不丹官方用语。不丹是世界上最后一个开放电视与网络的国家。不丹经济落后，为不发达国家。虽然不丹是一个不发达的资本主义国家，但不丹是世界上幸福指数很高的国家。在 2006 年发布的“全球快乐国度排行榜”中，不丹名列全球第 8 位、亚洲第 1 位。

在地理环境方面，不丹的地势高低悬殊，北高南低，从北至南，逐渐下降，分为北部高山区、中部河谷区和南部丘陵平原区，全国除南部小范围的杜瓦尔平原外，山地面积占不丹总面积的 95%以上。不丹最低点为位于东南地区的马纳斯河（海拔为 97 米），最高点位于库拉康日山（海拔达到 7 554 米），不丹北部的喜马拉雅山脉的高峰海拔也在 6000～7000 米及以上。不丹冰川主要位于不丹北部的高山地区，其面积占不丹总面积的 10%。这些冰川是不丹河流重要的可再生水资源的源头，每年都可以给不丹的人民带去大量清洁的水资源。

在自然资源方面，不丹的矿产资源主要有白云石、石灰石、大理石、石墨、石膏、煤、铅、铜、锌等。不丹森林覆盖率约为 72%。1995 年，不丹国民议会规定，不丹森林覆盖率至少应保留到 60%。

在外交方面，不丹的主要外贸对象和国防援助国是印度。水力发电是不丹经济重要组成部分。不丹约有 72%的水力所产电力售于印度。1974 年，不丹对外开放，旅游业成为不丹的一个重要经济支柱。

第二节　经济发展情况分析

一、经济规模情况分析

不丹 GDP 及其增长率变化情况如图 8-1 所示。从图 8-1 中可以看出，1980—2016 年，不丹的 GDP 增长率几乎都大于 0，不丹的 GDP 基本持续稳步增长。2007 年，不丹 GDP 增长率达到峰值 33.49%。2010—2016 年，不丹 GDP 增长率比较平稳，在 5%左右，呈现中速增长。

从表 8-1 中可以看出，不丹人均 GDP 与 GDP 的变化趋势大体一致。21 世纪以来，不丹的人均 GDP 有明显的上升，人民的生活水平有着显著的提高，但仍然处在较低的水平。不丹的贫困并不影响人民的幸福指数，这样一个贫穷的国家却是世界上幸福指数很高的国家。不丹用“国民幸福指数”来替代“国民生产总值”的地位。不丹人民拥有免费医疗、免费教育。

不丹关注民生，注重环境保护，为不丹人民营造了舒适的生活环境。

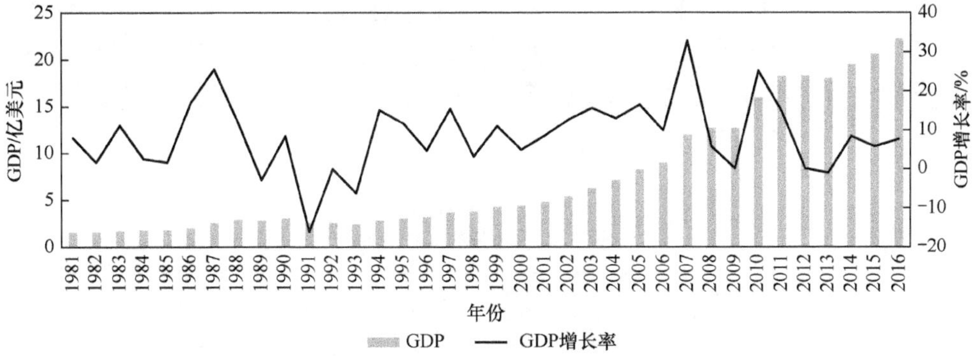

图 8-1　1980—2016 年不丹 GDP 及其增长率变化情况

表 8-1　不丹 GDP 情况

年份	GDP/亿美元	GDP 增长率/%	人均 GDP/美元	人均 GDP 增长率/%
2009	12.65	6.657	1 770.234	−1.39
2010	15.85	11.731	2 178.921	23.07
2011	18.2	7.891	2 458.046	12.81
2012	18.24	5.072	2 422.008	−1.47
2013	17.98	2.142	2 350.883	−2.94
2014	19.45	5.745	2 504.717	6.54
2015	20.59	6.597	2 615.31	4.42
2016	22.13	7.991	2 773.547	6.05
2009—2016（平均值）	18.136 25	6.728 25	2 384.208 25	5.886 25

数据来源：世界银行数据库。

二、人力资本基础情况分析

从图 8-2 中可以看出，不丹总人口从 1996 年起逐渐增加。1996—2017 年，不丹总人口增长率都处于 1%～3%。1997—1999 年不丹总人口增长率呈增加趋势。2000—2002 年不丹总人口增长率处于较平稳的状态（稳定在 2.75%左右）。2003—2017 年不丹总人口增长率一直处于减少状态。其中，2003—2008 年不丹总人口增长率减少得很快；2009—2017 年不丹总人口增长率减少速度逐渐变缓。

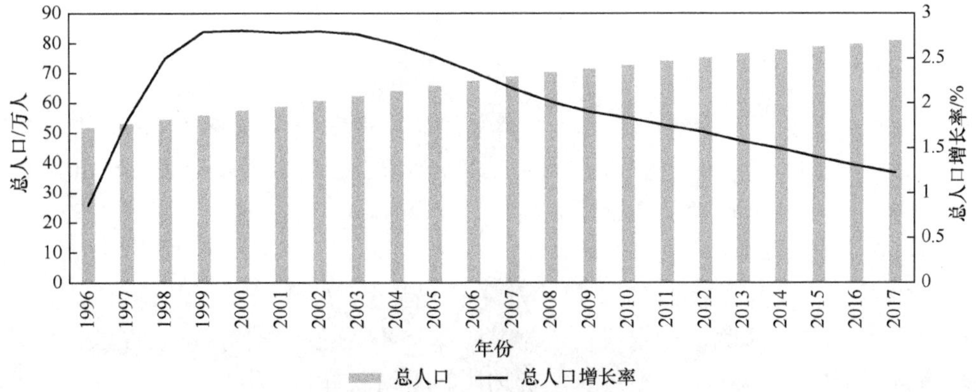

图 8-2　不丹总人口变化情况

不丹劳动力情况如表 8-2 所示。从表 8-2 中可以看出，不丹劳动力占比至今还没有达到半数，这说明不丹的老人和儿童比较多，国家养老和抚幼的任务还比较重，劳动力较缺乏，能创造出的财富也就会比较少。不丹劳动力占比整体上处于增加的趋势，1996 年为 35%左右，2017 年则将近 50%。不丹劳动参与率在经历一段时期增加后又处于减少状态，近些年来逐渐趋于稳定，且稳定在 66%左右。其中，1996—2009 年不丹劳动参与率都处于逐渐增加阶段，2009 年达到 71.7%；2010—2017 年不丹劳动参与率开始稍有减少，并逐渐稳定在 66%左右。

表 8-2 不丹劳动力情况

年份	劳动力总量/万人	劳动力占比/%	劳动参与率/%
1996	18.390 2	0.354 146 687	63.217 998 5
1997	19.005 6	0.359 441 252	63.543 998 72
1998	19.812	0.365 430 55	63.951 000 21
1999	20.788 4	0.372 857 34	64.483 001 71
2000	21.910 5	0.382 104 79	65.158 996 58
2001	23.426 9	0.397 335 482	66.361 999 51
2002	25.098 9	0.413 900 749	67.626 998 9
2003	26.848 7	0.430 658 257	68.842 002 87
2004	28.578 6	0.446 343 955	69.899 002 08
2005	30.219 5	0.460 214 821	70.733 001 71
2006	31.603 4	0.470 129 182	71.181 999 21
2007	32.878 6	0.478 611 502	71.478 996 28
2008	34.049 8	0.485 766 46	71.639 999 39
2009	35.155 6	0.492 059 715	71.704 002 38
2010	35.275 2	0.484 788 515	69.825 996 4
2011	35.270 9	0.476 305 519	67.974 998 47
2012	34.924 7	0.463 827 764	65.559 997 56
2013	36.112 8	0.472 086 812	66.097 999 57
2014	36.014 1	0.463 831 448	64.385 002 14
2015	38.065 5	0.483 441 412	66.606 002 81
2016	38.778 7	0.486 091 769	66.529 998 78
2017	39.604 7	0.490 393 878	66.787 002 56

数据来源：世界银行数据库。

三、交通情况分析

从表 8-3 中可以看出，1990—1998 年不丹公路总长度都处于缓慢增加的状态；2003 年到达一个高点，为 8 050.0 千米；随后，2003—2006 年不丹公路总长度又逐渐开始减少；然后，2006—2011 年不丹公路总长度又开始逐渐增加，至 2011 年达到最高点，为 8 366.2 千米（近几年的不丹公路总长度缺失）。

从表 8-4 中可以看出，截至 2001 年不丹还没有航空货物周转量；从 2002 年开始，不丹拥有 20 万吨 · 千米航空货物周转量；在近十几年里，不丹航空货物周转量在波动中整体呈增加趋势。值得一提的是，2009 年不丹航空货物周转量增长率达到将近 70%，这是一个很高的增长率了。由于不丹的规模限制，它的航空货物周转量仍然处于一个较低的水平。

表 8-3　不丹公路总长度

年份	公路总长度/千米
1990	2 336.0
1991	2 419.0
1992	2 462.0
1993	2 568.0
1994	3 037.0
1995	3 108.0
1996	3 285.0
1997	3 375.0
1998	3 375.7
2003	8 050.0
2006	4 544.7
2007	4 946.7
2008	5 362.6
2009	5 982.3
2010	6 920.2
2011	8 366.2

表 8-4　不丹航空货物周转量情况

年份	航空货物周转量/（万吨 · 千米）	航空货物周转量增长率/%
2000	0	
2001	0	
2002	20	
2003	21	5
2004	24.6	17.142 857 14
2005	25.3	2.845 528 455
2006	26.3	3.952 569 17
2007	27.9	6.083 650 19
2008	26.4	−5.376 344 086
2009	44.8	69.696 969 7
2010	42.193 773 2	−5.817 470 536
2011	48.370 582 2	14.639 148 22
2012	47.1	−2.626 766 399
2013	63.529 2	34.881 528 66
2014	92.288 4	45.269 262 01
2015	53.804 137 2	−41.7
2016	65.910 068	22.499 999 87

四、信息化情况分析

从表 8-5 中可以看出，自 2010 年以来，不丹的移动电话覆盖率是在波动中增加的。不丹移动电话覆盖率除了 2012—2013 年有一个短时间的减少，2012 年之前和 2013 年之后都是以较高速度增加的，直至 2017 年已经达到了 90%。

从 2011 年开始，不丹的固定电话覆盖率在逐渐减少。更多的人放弃了使用老套的固定电话，而选择了更为方便快捷的移动电话。

此外，2010—2017 年互联网服务器覆盖率一直处于波动增加的状态。其中，2010—2016 年互联网服务器覆盖率平稳增加；2017 年互联网服务器覆盖率急速增加，从 33%增加至 108%。

表 8-5　不丹信息化情况

年份	移动电话覆盖率/%	固定电话覆盖率/%	互联网服务器覆盖率/%
2010	54.191	3.613	1.374
2011	65.386	3.712	2.701
2012	74.491	3.586	10.625
2013	71.159	3.462	9.151
2014	80.435	3.068	16.743
2015	85.822	2.77	17.78
2016	87.541	2.643	33.845
2017	90.467	2.645	108.963

数据来源：不丹统计局网站。

五、研发投入与产出情况分析

不丹专利申请数量如表 8-6 所示。由于数据严重缺失，在表 8-6 中只能看到 2012 年和 2013

年居民和非居民专利申请数量。研发投入占GDP的百分比、研发人员数量及专利申请数量的数据，在世界银行数据库中都相当缺乏。由此可以看出，不丹在科技方面处于相当落后的状态。研发投入占GDP的百分比较少，创新产出减少，不利于服务业的长期健康发展。不丹应加大研发投入，鼓励技术创新，调整服务业结构，积极推进传统服务业的转向和现代服务业的发展。

表8-6 不丹专利申请数量

年份	居民专利申请数量	非居民专利申请数量
2012	3	1
2013	3	4

数据来源：世界银行数据库。

六、制度环境情况分析

通过表8-7，可以从法律制度指数、腐败监管指数、政治稳定指数、民主自由权利指数、政府效能指数5个方面对不丹的制度环境进行分析。总体而言，不丹的制度环境一直处于一个较稳定的状态。其中，2014年法律制度指数、腐败监管指数、政治稳定指数、民主自由权利指数分别为0.35、1.27、1.00和−0.14，高于相应的1996—2014年的平均值(0.21、0.7、0.77和−0.77)，这说明不丹在法律制度、腐败监管、政治稳定、民主自由权利方面有所改善。2014年政府效能指数0.27低于历年的平均值（0.45），这说明不丹在政府效能方面有所退步。

表8-7 不丹制度环境评估

年份	法律制度指数	腐败监管指数	政治稳定指数	民主自由权利指数	政府效能指数
1996	0.05	0.44	0.62	−0.81	0.65
1997	0.13	0.58	0.53	−0.90	0.60
1998	0.20	0.72	0.44	−0.99	0.56
1999	0.19	0.55	0.43	−0.98	0.67
2000	0.18	0.38	0.41	−0.98	0.78
2001	0.13	0.48	0.51	−1.11	0.76
2002	0.09	0.58	0.60	−1.23	0.73
2003	0.23	0.75	0.91	−1.19	0.38
2004	0.36	0.62	1.17	−0.92	−0.14
2005	0.36	0.75	1.30	−1.03	0.28
2006	0.26	0.66	1.31	−1.01	0.18
2007	0.37	0.74	0.62	−0.84	0.19
2008	0.37	0.77	0.75	−0.56	0.22
2009	0.18	0.81	0.82	−0.51	0.48
2010	0.12	0.82	0.77	−0.46	0.57
2011	0.14	0.74	0.86	−0.44	0.62
2012	0.19	0.82	0.81	−0.31	0.48
2013	0.24	0.82	0.80	−0.18	0.36
2014	0.35	1.27	1.00	−0.14	0.27
1996—2014（平均值）	0.22	0.70	0.77	−0.77	0.45

数据来源：世界银行数据库。

在图 8-3 中，对不丹、其他国家的制度环境进行了对比。从图 8-3 中可以看出，不丹法律制度指数、腐败监管指数、政治稳定指数、政府效能指数均高于“一带一路”沿线国家的平均值；不丹民主自由权利指数较低。总体而言，不丹的制度环境与其他国家相比较好。

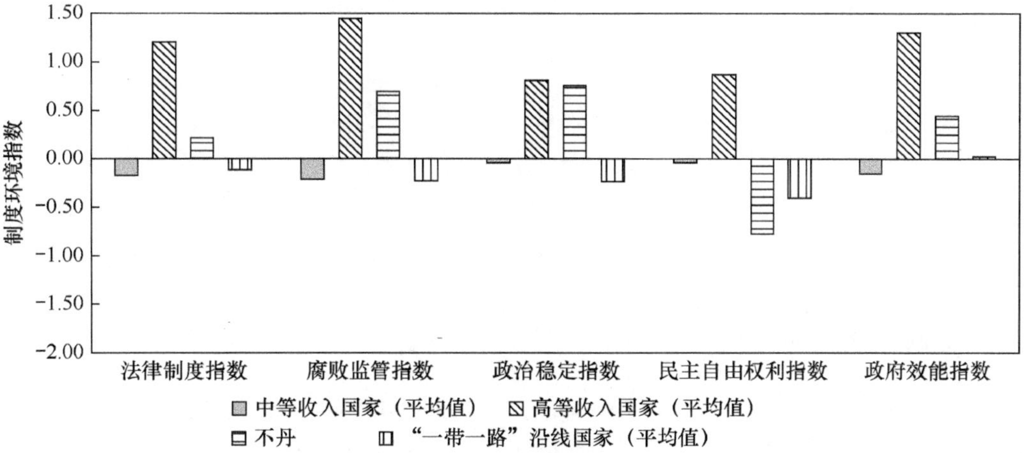

图 8-3　不同国家制度环境对比

七、税收负担情况分析

从图 8-4 中可以看出，不丹总税收占 GDP 的百分比一直处于波动中，且 2000—2009 年一直在 8%～10%范围内波动，2009—2010 年有一个明显的增加，之后就一直稳定在 14%左右。

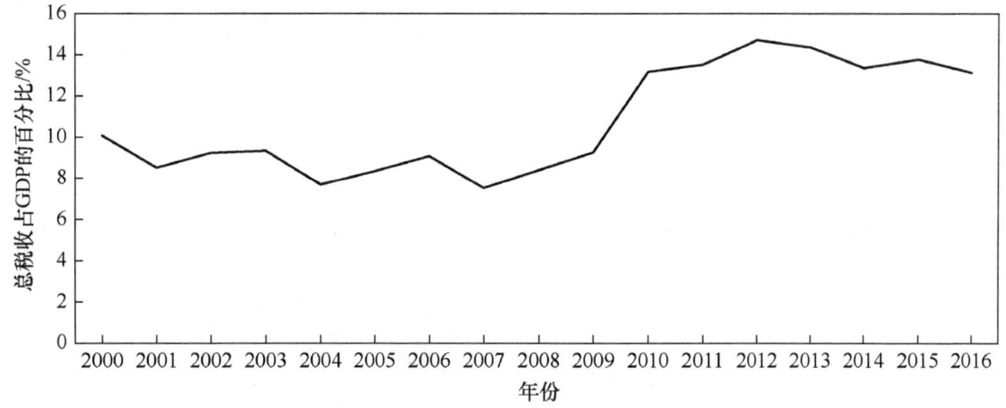

图 8-4　不丹总税收占 GDP 的百分比变化情况

从图 8-5 中可以看出，不丹所得税、利润税和资本收益税税收占总税收的百分比 2000—2016 年一直在 50%～60%范围内波动，没有太大的起伏。

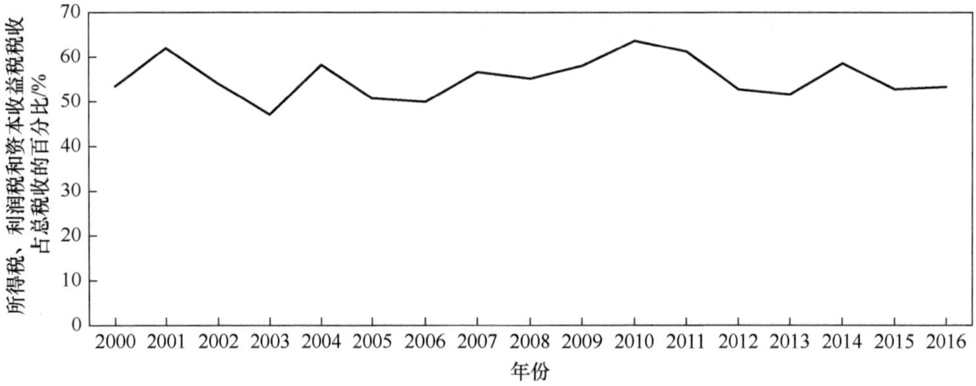

图 8-5　不丹所得税、利润税和资本收益税税收占总税收的百分比变化情况

八、国际贸易情况分析

21 世纪以来，不丹对外贸易额占 GDP 的百分比在 100%左右波动。如图 8-6 所示，对外贸易额占 GDP 的百分比 2000—2003 年有所减少，之后迅速增加，2006—2010 年处于稳定状态，而 2010 年初又开始出现减少的趋势。其中，2006 年，对外贸易额占 GDP 的百分比达到最高点，为 113.6%。货物和服务进口贸易额占 GDP 的百分比也较为平稳，维持在 60%左右的水平，且最高点和最低点分别为 2010 年的 70.73%及 2000 年的 48.28%。2007—2011 年，货物和服务贸易差额占 GDP 的百分比不断减少，之后有所增加，近几年则相对稳定，且最高点和最低点分别为 2007 年的−2.32%及 2004 年的−31.13%。

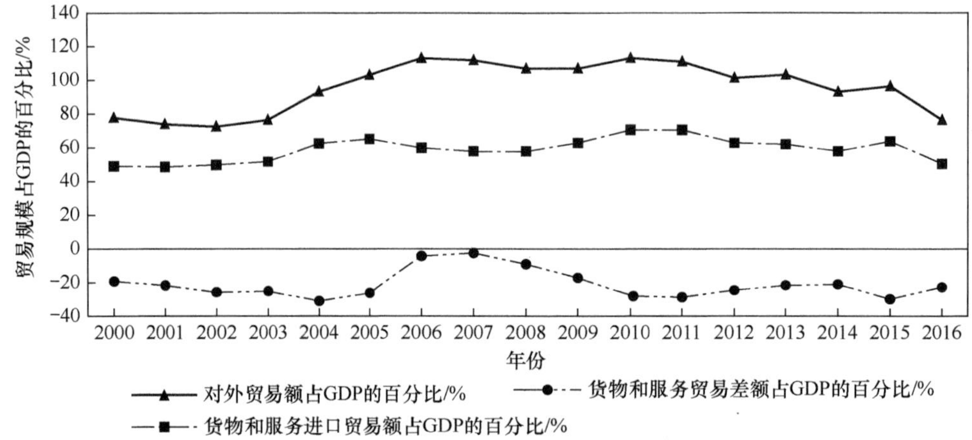

图 8-6　不丹国际贸易情况

九、外商直接投资情况分析

图 8-7 反映了外国直接投资占 GDP 百分比变化情况。总体而言，不丹外国直接投资占 GDP 的百分比呈现较大的不规则波动趋势。不丹外国直接投资占 GDP 的百分比 2006 年之前波动较小，在 1%左右；2006—2007 年急速增加，且 2007 年达到最高点，为 6.17%；2007—2008 年急速减少，且 2008 年达到最低点，为 0.25%；2008—2010 年又再次急速增加，且 2010

年达到最高点，为 4.75%，之后又再次急速减少，至 2013 年再次小幅度增加后又陡然减少。不丹的外国直接投资占 GDP 的百分比整体遵循增加—减少的循环规律，且幅度越来越小，可以预测今后会趋于一个较为稳定的水平。在统计期间，不丹外国直接投资占 GDP 的百分比为 1.74%，中等收入国家外国直接投资占 GDP 的百分比为 4.82%，中国外国直接投资占 GDP 的百分比为 3.65%，不丹外国直接投资占 GDP 的百分比相比于中等收入国家仍有一段差距。

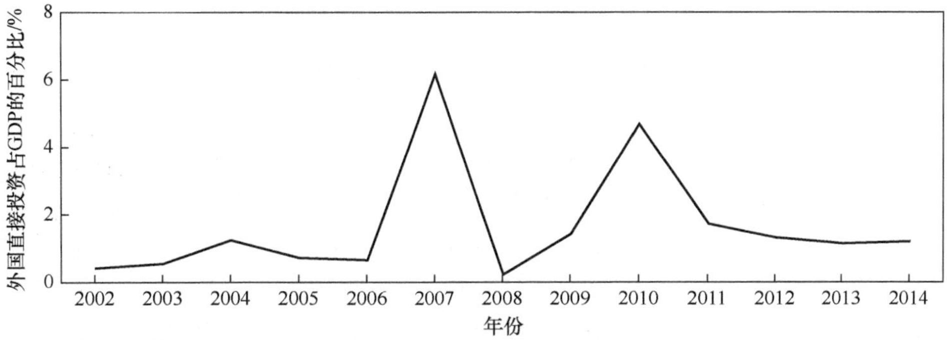

图 8-7　不丹外国直接投资占 GDP 的百分比变化情况

十、经济活力情况分析

图 8-8 反映了不丹固定资产投资额变化情况。不丹固定资产投资额 2011 年之前呈现逐年增加的现象，2012 年呈现断崖式减少，2013 年减少到极低点，为 8.36 亿美元，随后便开始稳步增加，直至 2016 年、2017 年逐渐趋于稳定，且稳定在 12%左右。

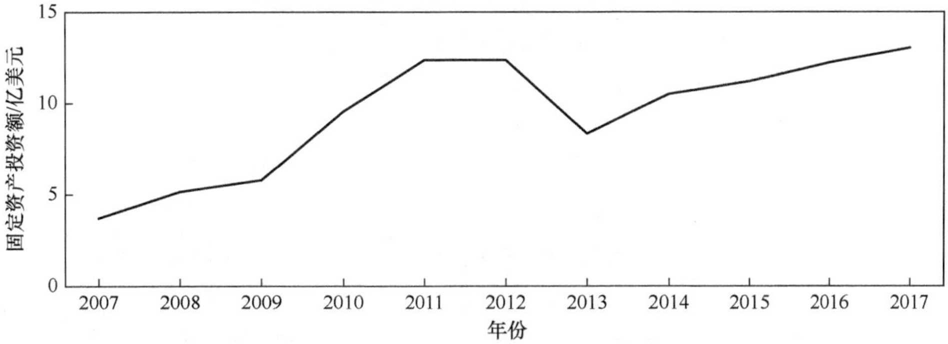

图 8-8　不丹固定资产投资额变化情况

从图 8-9 中可以看出，不丹新注册企业数量在波动中不断增加。其中，2011—2012 年新注册企业数量迅速上涨；2012 年，新注册企业数量为 82，新注册企业密度为 0.1655；2012 年之后，经历了一年新注册企业数量陡然减少的时期后，新注册企业数量逐渐出现增加的趋势，直至 2015 年、2016 年逐渐趋于平稳，新注册企业数量稳定在 47 左右，新注册企业密度稳定在 0.08 左右。

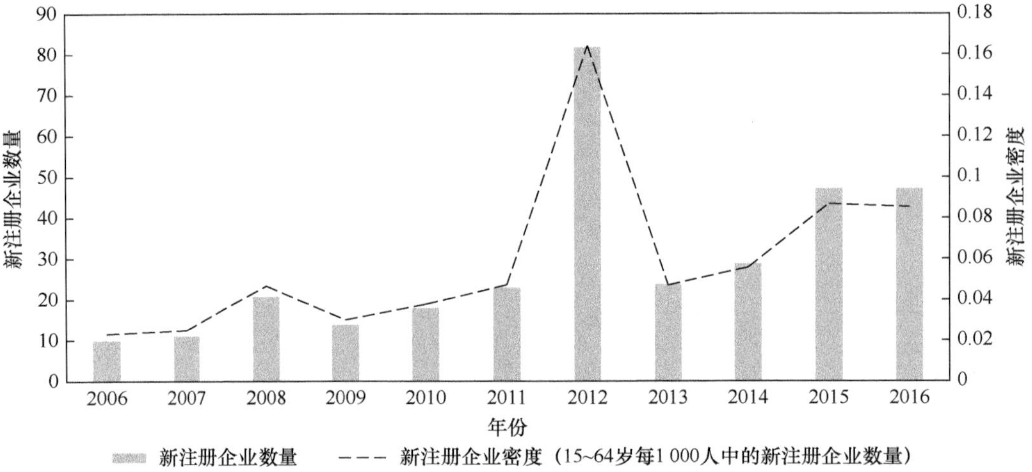

图 8-9 不丹新注册企业数量及密度变化情况

第三节 产业结构情况分析

一、三次产业结构分析

近年来，不丹服务业发展较快，服务业增加值占比不断增加，三次产业结构不断优化。从图 8-10 中可以看出，不丹第一产业（农业）增加值占比较低，变化缓慢，第二产业（工业）与第三产业（服务业）增加值占比较高。2009—2010 年，工业增加值占比有所增加，之后不断减少。2010 年工业增加值占比达到最高点，为 44.5%。服务业增加值占比 2008—2011 年不断增加。经统计，美国第三产业增加值占比约为 80%，英国、法国、德国、日本第三产业增加值占比都在 60%～70%。因此，不丹的经济从第二产业转移到第三产业的发展趋势与发达国家经济发展历程类似，并且第三产业增加值占比与发达国家的更为接近。

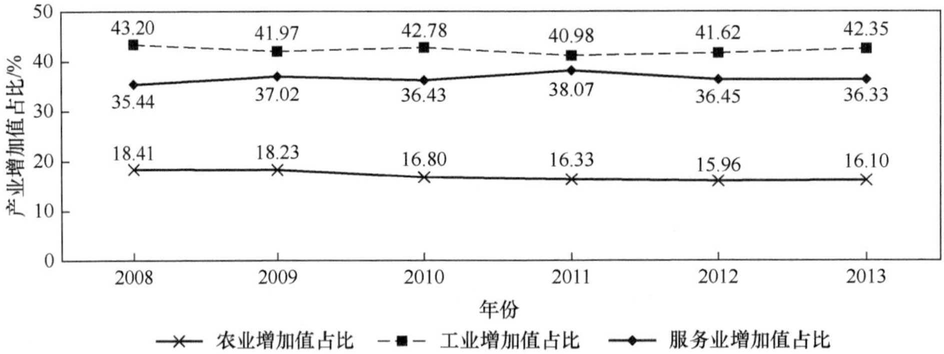

图 8-10 不丹产业结构变化情况

不丹劳动力就业结构变化情况如图 8-11 所示。第一产业（农业）就业人数占比低，且变化幅度不大，始终保持在 10%左右；第二产业（工业）就业人数占比较第三产业（服务业）来说较低，2010—2017 年趋于平稳，且稳定在 35%左右；第三产业（服务业）就业人数占比 2010—2012 年呈现出逐年增加的趋势，2012 年后稍有减少，之后便趋于平稳，至 2017 年，第三产业（服务业）就业人数占比达 56.78%。

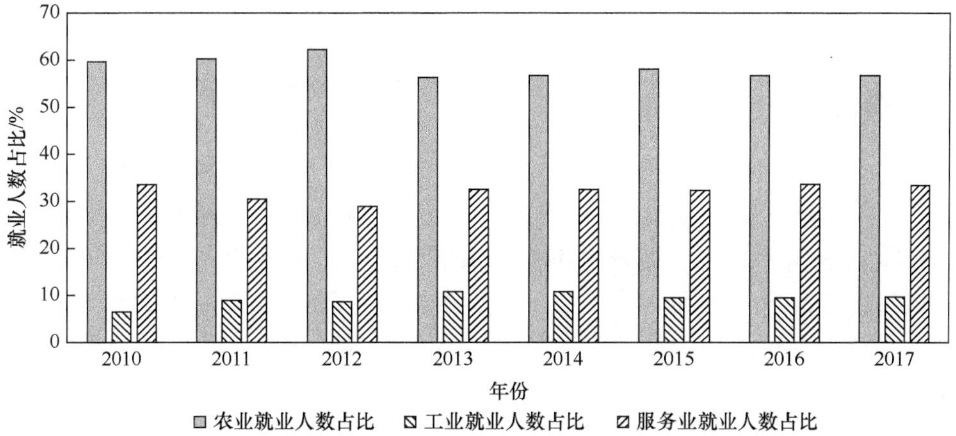

图 8-11　不丹劳动力就业结构变化情况

以上分析表明，不丹产业增加值占比、产业就业人数占比都呈现了第二产业向第三产业转移的趋势，这说明不丹产业结构逐步走向合理化。

按实际计算，不丹第三产业增加值增长高达 15.67%，而第一产业和第二产业增加值分别温和增长 4.00%和 3.23%，这表明不丹的经济结构在逐步转向或改变，即从单一农业转向多元化制造业和服务业。

二、工业、制造业规模变化分析

图 8-12 反映了不丹工业、制造业规模变化情况。总体而言，2006—2007 年，不丹工业、制造业发展较快，工业增加值年增长率超过 40%，制造业增加值年增长率超过 20%。2008 年，由于金融危机，工业、制造业增加值出现大幅下滑。2009—2016 年，工业、制造业增加值逐渐恢复，但增长速度相对放缓，且围绕 10%的增长率上下波动，但仍然存在净增长。工业增加值 2006—2016 年一直持续不断增加，至 2016 年达到最高点，为 9.38 亿美元，且近些年来的增加势头依然很猛。制造业增加值除了 2013 年稍有减少，其他年份也是不断增加的，且近些年来逐渐稳定在 1.75 亿美元。

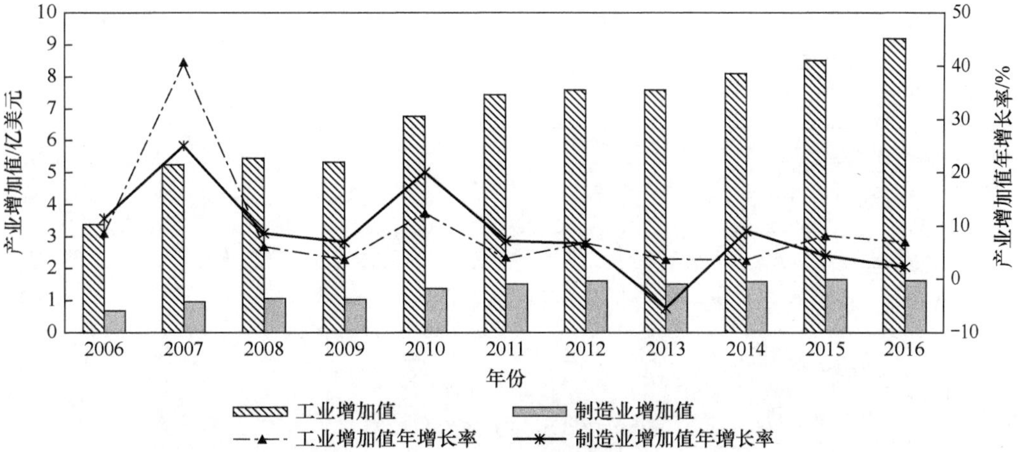

图 8-12　不丹工业、制造业规模变化情况

与农业相比，过去不丹工业相当落后。1960 年以前，不丹还无一家工厂。但是，独立后的不丹工业开始起步。20 世纪 60 年代起，不丹开始建立各类工业：一是大型工业；二是中型工业；三是小型工业；四是乡村工业。

三、资源情况分析

不丹有白云石、石灰石、大理石、石墨、石膏、煤、铅、铜、锌等矿藏。到 1986 年，不丹开采的大理石约有 16.2 万吨，石灰石约有 14.4 万吨，煤炭约有 3.3 万吨，石膏约有 1.2 万吨，石板约有 5 万平方米。此外，不丹还积极发展传统铸造业，生产佛像、佛灯等与佛教有关的物品；建立手工艺品制作中心，生产木雕、石雕、藤编、竹器等传统工艺品；鼓励家庭手纺工业，生产土布、地毯、毛毯等产品。这些产品不仅满足国内需要，而且还有部分出口。

不丹拥有丰富的自然资源。不丹不仅有水利资源，还有大量森林。不丹水电资源蕴藏量约为 2 万兆瓦，仅约 2%得到开发利用。不丹森林覆盖率约占其国土面积的 72%，木材蓄积量为 6.7 亿立方米，且树种繁多，其中还有印度黄檀等珍贵树木。丰富的森林资源促进了不丹林业的发展。1995 年，不丹木材产量达 40 万立方米。不丹木材除用于建筑及公共工程外，大部分用于商业出口，从而使木材在不丹外贸出口中占有极为重要的地位。1995 年，不丹国民议会规定，不丹森林覆盖率至少应保留到 60%。生物资源中蓝绵羊、兰花、野罂粟和罕见的雪豹就在不丹森林的环境中生长。南亚虎通常出没于低海拔的森林地带，但在不丹，它的踪迹却可能出现在海拔三四千米的雪山之上。

从图 8-13 中可以看出，不丹的矿产生产量 2009 年还是很不乐观的，仅有 361 000 吨，但从 2009 年起便急速增加，至 2011 年达到一个高点，为 469 000 吨，之后又经历了一个低谷期——2011—2013 年，这是一个先减少后增加的阶段，也算是一个小波动。经历了这个波动期后，2012—2014 年，不丹的矿产生产量飞速增加，且其增长率也是递增的，直至 2014 年达到最高点，为 560 000 吨。2014 年后，不丹的矿产生产量再次减少，经历了两年减少为 455 000 吨，仍高于之前的低谷时期。不丹的矿产生产业刚起步不久，还处于不稳定阶段，波动较为明显，但是总体上来说，还是在波动中增加，说明该行业潜力很大，很有发展前景，日后定能成为带动该国经济发展的产业。

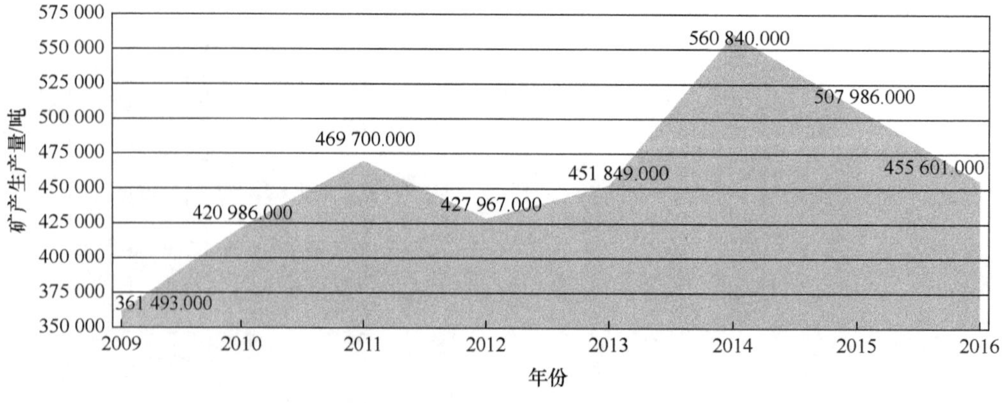

图 8-13　不丹矿产生产情况

第四节　产业政策分析

农业是不丹的支柱产业。20 世纪 50 年代，不丹实行土地改革后，98%以上的农民拥有自己的土地、住房，平均每户拥有土地 1 公顷以上，粮食基本自给。2015 年，不丹农业和林业劳动力占比为 58%。2016 年，农业增加值占比约为 16.52%。近年来第二、三产业发展较快。2016 年，第二产业、第三产业增加值占比分别为 41.46%和 42.03%。不丹水电资源丰富并向印度出口。水电及相关建筑业已成为拉动不丹经济增长的主要因素。

2004—2009 年，不丹 GDP 年均增长 8.8%。其中，第三产业发展最快，其次分别为制造业、电力和建筑业。不丹通货膨胀率控制在 6%左右。2002 年开始，不丹制造业和服务业率先对外资开放，企业的外资控股最高可达 70%。

2013—2016 年，不丹 GDP 增长分别为 2.14%、5.75%、6.49%、7.99%。其中，第三产业发展最快，其次分别为制造业、电力和建筑业。2013—2016 年，不丹通货膨胀率分别为 8.77%、8.27%、4.58%、3.22%。

1961 年起，不丹开始实行经济发展的“五年计划”，并从印度、瑞士、联合国开发计划署等国家和国际组织获得经济援助。2013—2018 年（不丹第 11 个五年计划时期），不丹获得的总投资为 2 132.91 亿不丹努尔特鲁姆，较上一个五年计划增长 45.8%。不丹主要目标是实现社会经济自给自足、包容、绿色发展。

不丹为不发达国家。2016 年，在联合国发展署发表的全球人类发展报告中，不丹排名第 132 位。

不丹每年 7 月 1 日至次年 6 月 30 日为一个财政年度（简称“财年”）。2009 财年，不丹国家财政收入为 156.384 3 亿不丹努尔特鲁姆，比 2008 年增长 4.4%。2009 年，不丹外汇储备为 395.75 亿不丹努尔特鲁姆（约 8.2 亿美元）。2009 年，不丹外债为 574.25 亿不丹努尔特鲁姆，比 2008 年增长 18.6%。不丹主要金融机构有皇家货币局、不丹银行等。皇家货币局成立于 1982 年，是不丹的中央银行，负责制定和执行政府的货币政策，代表政府办理外币存款业务。不丹银行成立于 1968 年，属国家商业银行，一度与印度国家银行合办。2002 年，印度国家银行将不丹银行管理权移交给不丹，持股份额也由 40%降至 20%。1996 年，不丹政府允许金融部门公开发行股票，并与亚洲开发银行和花旗银行签署协定，允许它们购买不丹国家银行不超过 40%的股份，这也是不丹私有化进程的里程碑。

不丹对外贸易主要在南盟成员间进行。印度是不丹最大的贸易伙伴，与不丹签有自由贸易协定。2010 年，不丹进口贸易额为 390.84 亿不丹努尔特鲁姆，出口贸易额为 293.24 亿不丹努尔特鲁姆。不丹对印度进、出口贸易额分别占不丹对外贸易额的 75%和 89%。不丹其他主要贸易伙伴有韩国、泰国、新加坡、日本、中国等。其中，不丹与孟加拉国之间签有优惠贸易协定。不丹主要出口产品有电力、化学制品、木材、加工食品、矿产品等。不丹主要进口产品有燃料、谷物、汽车、机械、金属、塑料等。

在不丹政府 1999 年正式宣布网络和有线电视合法化后，电视很快便进入了不丹普通百姓的生活。不丹百姓过去每月需要花费至少 800 不丹努尔特鲁姆租借录像带，现在只需花上 300 不丹努尔特鲁姆就可以收看 50 个有线电视频道，其中包括中国的电视频道。不丹移动通信业的发展不过短短几年，但是进度却不慢。1999 年 1 月成立的不丹电信公司是该国唯一一家国有电信运营商。2003 年 3 月，不丹电信公司启动移动电话一期工程。2003 年 11 月，移动电话业务就覆盖了不丹近 2/3 地区。2008 年，不丹电信公司还推出了 3G 业务。最新的统计结果显示，不丹拥有近 20 万手机用户，手机的普及率近 30%。不丹于 1999 年建成全国计算机互联网。受网络硬件设施影响，不丹只有 3 万互联网用户，普及率仅为 5%，且集中在廷布和彭措林等地区。大多数不丹家庭仍无法拥有一台计算机。2010 年初，不丹电信公司已将其国际互联网带宽从 110Mbit/s 扩大至 330Mbit/s。不丹百姓的上网方式也日趋多元化，包括宽带服务、通用分组无线系统（GPRS）和 3G 移动网络服务。经统计，不丹的移动网络服务注册用户数量约为 1.2 万，宽带服务注册用户数量近 5 000。

第五节　产业结构与产业政策分析基本结论

通过对不丹的基本情况、经济发展情况、产业结构情况、产业政策几个方面的分析，初步得出以下结论。

（1）近年来，不丹服务业发展较快，服务业增加值占比不断增加，三次产业结构不断优化。无论是产业增加值占比，还是产业劳动力占比，都呈现了不丹经济从第二产业向第三产业转移的趋势，这说明不丹产业结构逐步走向合理化。不丹第三产业增加值的增长高达 15.67%，而第一产业和第二产业增加值分别温和增长 4.00%和 3.23%，这表明不丹的经济结构在逐步转向或改变，即从单一农业转向多元化制造业和服务业。

（2）不丹可耕地面积占不丹国土面积的 16%。不丹主要农作物有玉米、稻子、小麦、大麦、荞麦、马铃薯和小豆蔻。不丹畜牧养殖较普遍。不丹主要树种有婆罗双树、橡树、松树、冷杉、云杉、桦树等。不丹以丰富的名木花草闻名遐迩，盛产水果。不丹的苹果、柑橘等大量向印度和孟加拉国出口。不丹第一产业并未得到合理开发，相对薄弱。不丹应加快第一产业的发展，巩固农业的基础地位。

（3）不丹林业资源丰富，全国 72%的土地面积被森林覆盖。由于政府严格的森林保护政策，不丹在保持高速经济增长的同时，并没有出现其他国家森林资源被滥用的现象，反而长期保持了森林的高覆盖率。

（4）2016 年，不丹工业（包括电力、建筑业和制造业）总产值为 551.82 亿不丹努尔特鲁姆，增长 10.1%，占 GDP 的 37.12%。不丹建筑业产值为 242.04 亿不丹努尔特鲁姆，占 GDP 的 16.28%。不丹制造业产值为 110.85 亿不丹努尔特鲁姆，占 GDP 的 7.46%。近年来，对印度电力出口带动不丹水电站建设，电力行业逐渐成为不丹经济支柱之一。2016 年，不丹水电产值为 198.56 亿不丹努尔特鲁姆，占 GDP 的 13.36%。2016 年，不丹全国发电量为 79.53 亿千瓦·时，出口 57.21 亿千瓦·时。

（5）不丹研发投入占 GDP 的百分比较少，导致创新产出减少，不利于服务业的长期健康发展。不丹应加大研发投入，鼓励技术创新，调整服务业结构，积极推进传统服务业的转向和现代服务业的发展。

（6）旅游业是不丹外汇的重要来源之一。不丹喜马拉雅山的风光、长期与世隔绝的神秘及古老的文化，使不丹成为世界各地游客向往的地方，促使旅游成为不丹重要的经济部门和外汇收入的重要来源。为了防止旅游对传统文化的冲击，不丹对旅游业一向持审慎的态度。1974 年开始，不丹对外开放旅游业，但控制较严，一般只接受团体旅游。不丹出于环保考虑，对境外游客每人每天收取 165～200 美元的最低消费费用。1987 年 7 月起，不丹寺院、宗教圣地不对外开放。每年 3—6 月、9—12 月是不丹旅游旺季，游客主要来自泰国、中国、日本、美国和欧洲等地。2016 年，不丹入境游客为 54 600 人次，创收达 7 374 万美元。不丹应该继续利用旅游资源的优势，加大旅游业开发力度，优化旅游业内部结构，实现旅游业又好又快发展的同时继续保护好自己的传统文化。

（7）不丹三次产业发展缺乏整体协调，导致资源投向长期侧重于工业、制造业与能源工业等，产业结构变动所引起的经济增长具有短期和低效的特点，不利于实现经济的长期增长。不丹应以转变经济增长方式、推动技术创新和管理创新为核心，增强高新技术产业的辐射和带动能力，提高经济效益和产业竞争力。

（8）不丹经济建设严重依赖外国和国际组织援助。2015—2016 财年，不丹接受外援达 148.89 亿不丹努尔特鲁姆，占 GDP 的 10.4%，较上一财年增长 49.6%。其中，印度是最大援助方。此外，不丹还接受来自日本、丹麦、联合国开发计划署、奥地利、荷兰、瑞士、亚洲开发银行、世界银行等方面的援助。不丹应该加快自身经济建设，加快转变经济发展方式，努力做好经济、政治、文化兼并的工作，早日摆脱外国和国际组织的援助，从而实现独立自主、自力更生。

（9）不丹过度依靠政府投资，私营企业环境差、发展慢。不丹应该鼓励私人资本、外资的投入，营造良好的投资环境，激活市场动力，优化市场资源配置，使私营企业能够焕发出活力与生机。

大部分国家使用 GDP 作为衡量经济的指标，但是不丹采用 GNH（国民幸福指数）标准主要考察 4 个方面：可持续发展、环境保护、文化保护及政府的有效管理。1961 年起，不丹开始实行经济发展的“五年计划”，主要目标是进一步贯彻“国民幸福总值”理念，保持 9%左右的经济增长率，到 2013 年使贫困率由 2007 年的 23.3%降至 15%，实现经济和环境、社会、文化均衡可持续发展。

第九章　东帝汶产业结构与产业政策分析

第一节　基本情况

东帝汶民主共和国，简称东帝汶，是位于东南亚努沙登加拉群岛东端的岛国，包括帝汶岛东部和西部北海岸的欧库西地区以及附近的阿陶罗岛和东端的雅库岛。东帝汶西与印度尼西亚西帝汶相接，南隔帝汶海与澳大利亚相望。东帝汶国土面积为 14 874 平方千米，海岸线全长为 735 千米。2002 年 5 月 20 日，东帝汶民主共和国正式成立，成为 21 世纪第一个新生国家，首都帝力。东帝汶有 13 个地区、65 个县、443 个乡、2 236 个村。东帝汶总人口为 131.86 万人（2017 年统计），其中，土著人占 78%；印尼人占 20%；华人占 2%。东帝汶首都帝力是第一大城市，面积达 48.3 平方千米，人口大约为 16 万人，位于帝汶岛东北海岸。帝力港是一个深水港。帝力是全国政治、经济和文化中心，东帝汶 80%以上的经济活动在此进行。东帝汶第二大城市包考，位于帝汶岛东北部，地处沿海山谷中。

在气候方面，东帝汶大部地区属热带雨林气候，平原、谷地属热带草原气候，高温多雨，无寒暑季节变化，年平均气温为 26℃，年平均湿度为 70%～80%，年降水量为 1 200～15 00 毫米。东帝汶各地区气候差异较大：北部沿海地区每年 5—11 月为旱季，12 月至翌年 5 月为雨季，年降水量为 500～1 500 毫米；南部沿海地区 6—12 月为旱季，12 月至翌年 2 月及 5—6 月为雨季，年降水量为 1 500～2 000 毫米；中部山区年降水量为 2 500～3 000 毫米。

在自然资源方面，东帝汶是世界上非常贫穷的国家，大部分物资都要靠外国援助，农业还大量采用刀耕火种方式，导致森林砍伐和水土流失，破坏当地生态环境。东帝汶近海的石油和天然气开发极大地补充了政府的收入。东帝汶天然气通过管道输送到澳大利亚。东帝汶主要矿藏有金、锰、铬、锡、铜等。帝汶海有储量丰富的石油和天然气资源，截至 2014 年石油探明储量为 1.87 亿吨，天然气探明储量为 7 000 亿立方米。

第二节　经济发展情况分析

一、经济规模情况分析

东帝汶被联合国开发计划署列为亚洲贫困国家和全球 20 个非常落后的国家之一，经济处于重建阶段，人民生活水平较低。从图 9-1 中可以看出，2001—2017 年东帝汶 GDP 处于较低水平，低于 80 亿美元。东帝汶 GDP 2012 年之前保持 40%左右的高速增长，2013—2016 年持续减少，2017 年有增加趋势。从图 9-2 中可以看出，东帝汶人均 GDP 与 GDP 呈相同变动态势。如表 9-1 所示，2017 年东帝汶 GDP 和人均 GDP 分别为 29.55 亿美元和 2 279.25 美元。

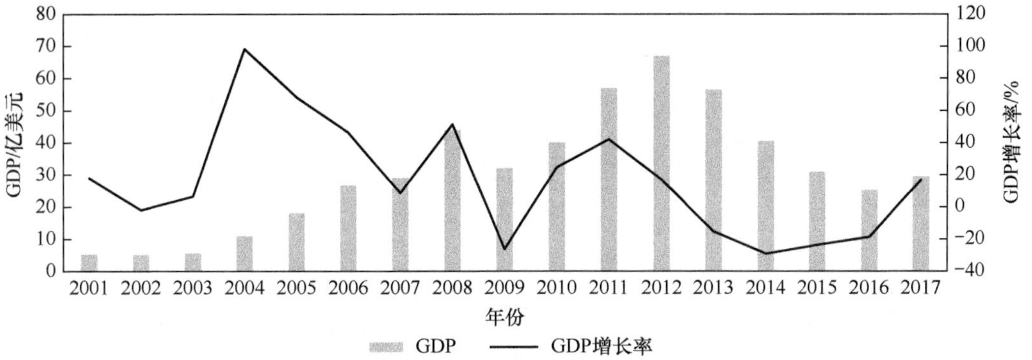

图 9-1 东帝汶 GDP 及其增长率变化情况

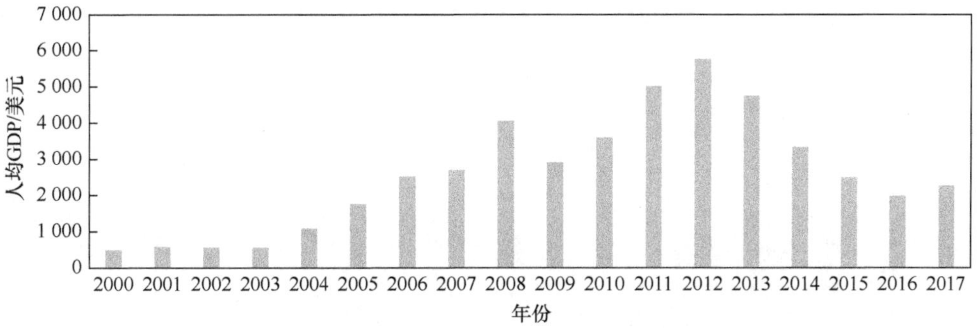

图 9-2 东帝汶人均 GDP 变化情况

表 9-1 东帝汶 GDP 情况

年份	GDP/亿美元	GDP 增长率/%	人均 GDP/美元	人均 GDP 增长率/%
2009	32.00	−27.14	292 9.98	−28.07
2010	39.99	24.98	360 3.94	23.00
2011	56.82	42.09	502 1.46	39.33
2012	66.71	17.41	576 6.97	14.85
2013	56.50	−15.31	477 0.32	−17.28
2014	40.45	−28.40	333 5.55	−30.08
2015	31.04	−23.26	250 1.58	−25.00
2016	25.21	−18.79	198 7.12	−20.57
2017	29.55	17.20	227 9.25	14.70
2009—2017（平均值）	42.03	−1.25	357 7.35	−3.23

数据来源：世界银行数据库。

二、人力资本基础情况分析

东帝汶总人口增长近年来保持稳定增长态势。如图 9-3 所示，1996—2017 年东帝汶总人口总体来说匀速增加，平均增长率约为 1.81%。近年来，东帝汶城镇人口增长率保持在 1.5% 的水平，截至 2017 年约为 30.21%，说明东帝汶城市化水平仍然较低（见图 9-4）。

从对经济发展有重要影响的劳动力情况来看，观察表 9-2 可知，统计期间，东帝汶劳动力占比不断减少，2017 年仅为 21.87%，说明东帝汶人力资本存量严重不足，经济增长缺乏动能；15～24 岁劳动参与率急剧减少，从 1996 年的 54.09%减少到 2017 年的 13.05%，反映出东帝汶年轻人口劳动参与积极性过低。

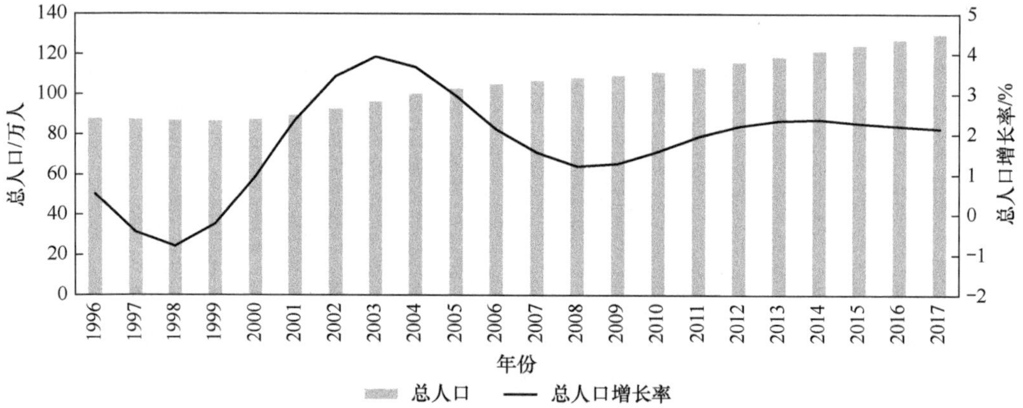

图 9-3　东帝汶总人口变化情况

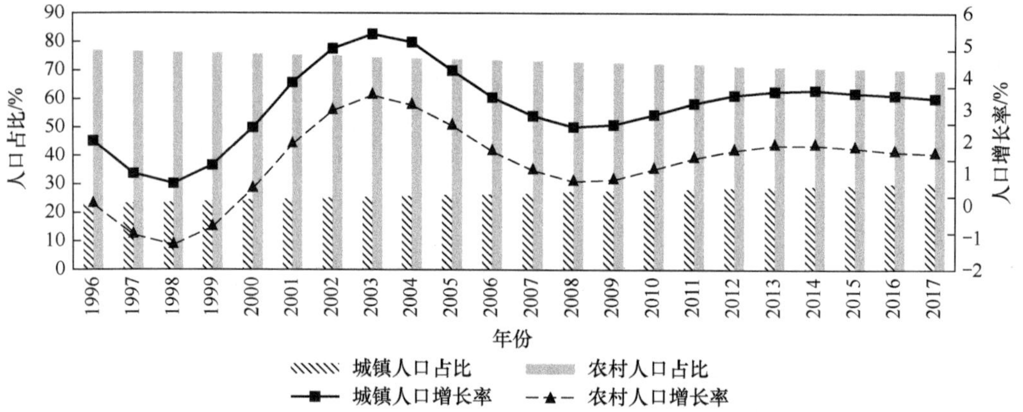

图 9-4　东帝汶城镇和农村人口变化情况

表 9-2　东帝汶劳动力情况

年份	劳动力总量/万人	劳动力占比/%	15～64 岁劳动参与率/%	15～24 岁劳动参与率/%
1996	30.41	34.72	63.50	54.09
1997	29.10	33.37	62.94	52.38
1998	27.92	32.27	62.65	51.46
1999	26.69	30.92	61.76	49.56
2000	25.44	29.19	60.00	46.31
2001	25.57	28.65	58.84	44.24
2002	25.57	27.68	56.65	40.13
2003	25.73	26.78	54.51	36.44
2004	25.80	25.89	52.35	32.87
2005	25.66	24.99	50.14	29.25
2006	25.80	24.61	48.32	25.77
2007	25.66	24.09	46.64	22.43
2008	25.38	23.54	45.12	19.35
2009	25.15	23.03	43.73	16.60
2010	25.04	22.56	42.42	14.17
2011	25.24	22.30	41.90	13.68
2012	25.64	22.17	41.37	13.30
2013	26.21	22.13	40.92	13.12

（续表）

年份	劳动力总量/万人	劳动力占比/%	15～64 岁劳动参与率/%	15～24 岁劳动参与率/%
2014	26.73	22.04	40.42	12.91
2015	27.26	21.96	40.06	12.90
2016	27.85	21.95	39.86	12.99
2017	28.35	21.87	39.61	13.05

数据来源：世界银行数据库。

三、信息化情况分析

如表 9-3 所示，东帝汶移动电话覆盖率较高且不断增加，从 2013 年的 54.88%增加到 2017 年的 119.31%；东帝汉固定电话覆盖率相对较低，2017 年仅为 0.18%，说明人们更倾向于灵活便捷的通信方式；东帝汶固定宽带覆盖率较低，2017 年仅为 0.26%，反映出东帝汶通信方式较为单一，人们获取信息的途径较少，信息化水平总体较低。

表 9-3　东帝汶信息化情况

年份	固定宽带覆盖率/%	固定电话覆盖率/%	移动电话覆盖率/%
2013	0.06	0.25	54.88
2014	0.08	0.29	113.43
2015	0.08	0.22	110.93
2016	0.08	0.21	117.61
2017	0.26	0.18	119.31

数据来源：东帝汶统计局网站。

四、制度环境情况分析

衡量一个国家制度环境的主要指标有法律制度指数、腐败监管指数、政治稳定指数、民主自由权利指数和政府效能指数。下面主要从这 5 个指数来考察东帝汶的制度环境情况。

首先，从横向看东帝汶与世界其他国家或组织的对比情况，如图 9-5 所示。从图 9-5 中可以看出，东帝汶的法律制度指数、腐败监管指数、政治稳定指数及政府效能指数均为负值且远低于“一带一路”沿线国家水平，说明东帝汶制度环境建设存在较大不足，亟待加强。

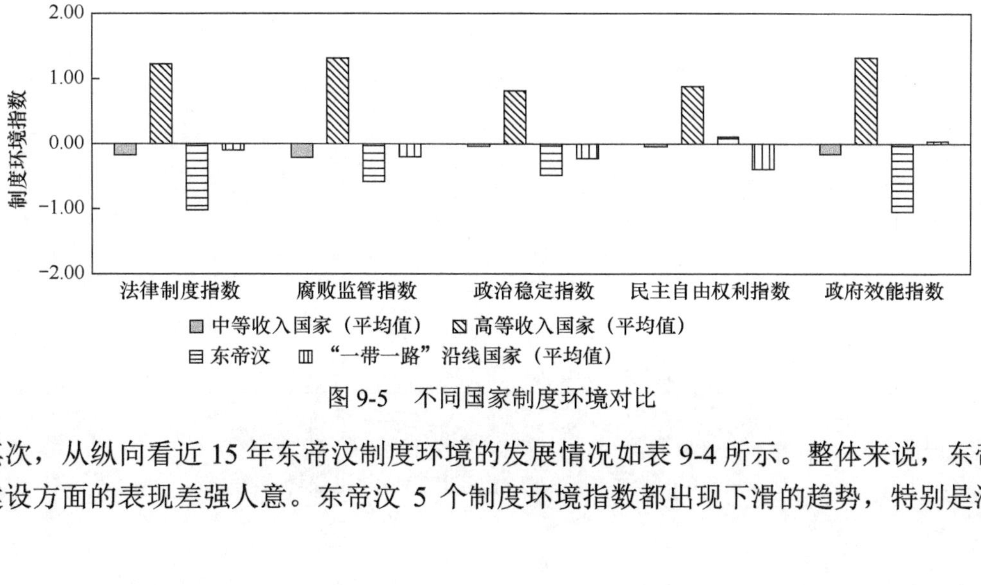

图 9-5　不同国家制度环境对比

其次，从纵向看近 15 年东帝汶制度环境的发展情况如表 9-4 所示。整体来说，东帝汶在制度建设方面的表现差强人意。东帝汶 5 个制度环境指数都出现下滑的趋势，特别是法律制度指数和政府效能指数均低于−1.00，说明东帝汶法治建设的滞后以及行政效率过低，这会严重阻碍经济的良好发展。

表 9-4 东帝汶制度环境评估

年份	法律制度指数	腐败监管指数	政治稳定指数	民主自由权利指数	政府效能指数
2002	−0.83	−0.21	−0.49	0.27	−0.73
2003	−0.53	−0.22	−0.29	0.17	−0.93
2004	−0.69	−0.30	−0.16	−0.09	−0.68
2005	−0.50	−0.56	−0.71	−0.21	−0.99
2006	−1.09	−0.60	−1.16	0.06	−1.20
2007	−1.19	−0.65	−1.10	0.15	−1.13
2008	−1.05	−0.65	−0.80	0.22	−1.05
2009	−1.19	−0.80	−0.57	0.10	−1.17
2010	−1.17	−0.76	−0.47	0.06	−1.22
2011	−1.18	−0.81	−0.46	0.13	−1.15
2012	−1.14	−0.74	−0.28	0.10	−1.18
2013	−1.21	−0.68	−0.38	0.09	−1.23
2014	−1.12	−0.53	−0.18	0.15	−1.18
2015	−1.12	−0.52	−0.27	0.19	−1.05
2016	−1.20	−0.51	−0.08	0.24	−1.03
2002—2016（平均值）	−1.01	−0.57	−0.49	0.11	−1.06

数据来源：世界银行数据库。

五、税收负担情况分析

总体来看，统计期间东帝汶总税收占 GDP 的百分比较低且不断减少，税收负担较少，有利于降低生产成本。如图 9-6 所示，2013—2016 年东帝汶总税收不断减少，从 2013 年的 23.19% 减少到 2016 年的 9.82%。如图 9-7 所示，东帝汉总税收占比以及利润税税收占比均有明显减少的趋势；2008—2009 年总税收占比呈现“断崖式”下跌，从 2007 年的 48.90%减少到 2009 年的 11.20%；2009 年之后基本稳定在这一水平，人民税收负担急剧减少。

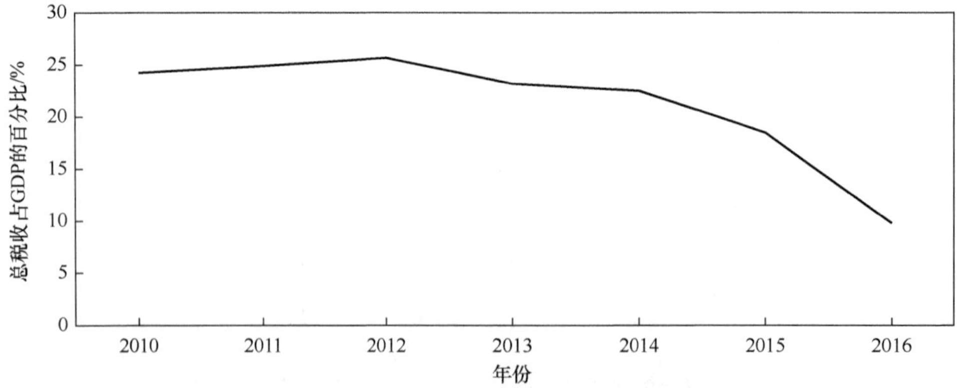

图 9-6 东帝汶总税收占 GDP 的百分比变化情况

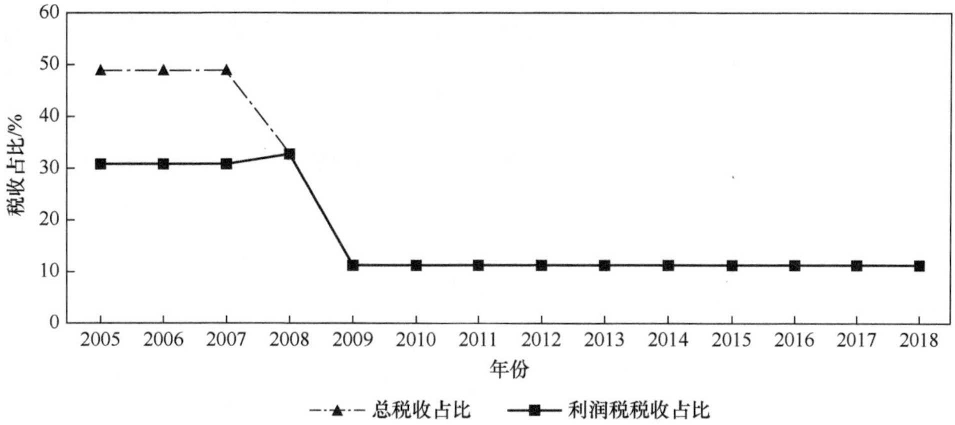

图 9-7　东帝汶税收占比变化情况

六、国际贸易情况分析

近些年，东帝汶对外贸易额稳中有变。如图 9-8 所示，东帝汶对外贸易额占 GDP 的百分比总体保持稳定但有小幅波动。东帝汶对外贸易额占 GDP 的百分比 2003 年经历了较大幅度的减少，从之前的 175%左右减少到 125%左右，2003 年之后基本围绕这一水平上下波动。东帝汶货物和服务进口贸易额占 GDP 的百分比的变化趋势与对外贸易额相似，2003—2005 年急剧减少，从之前的 150%左右减少到 25%左右，2006 年之后在波动中增加，2016 年达到 50%左右。东帝汶货物和服务贸易差额占 GDP 的百分比变动起伏较大，2004 年之前均为负值，2004—2012 年在波动中有所增加，2012 年为 61.96%，2013 年之后呈现不断减少的趋势，截至 2016 年为−2.39%。

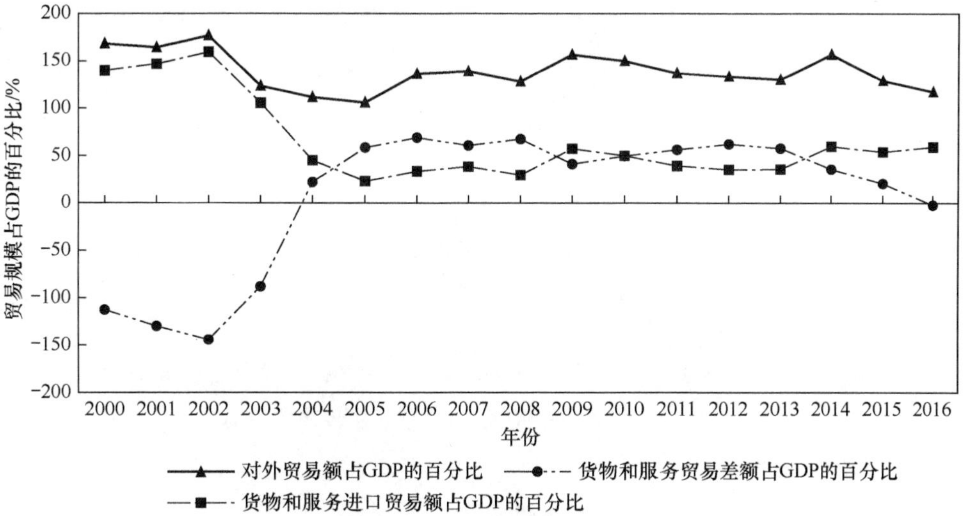

图 9-8　东帝汶国际贸易情况

七、外国直接投资情况分析

外国直接投资情况反映了一个国家吸引外资的能力。外国直接投资能够促进一个国家或地区经济的发展。从图 9-9 中可以看出，东帝汶外国直接投资占 GDP 的百分比变化幅度较大，2003 年、2009 年和 2015 年有三次较大幅度的增加，增幅分别为 350.86%、65.79%和 65.25%，但在 2004 年、2010 年和 2016 年经历了三次大幅度的减少，降幅分别为 100%、49.39%和 84.31%。截至 2017 年，东帝汶外国直接投资占 GDP 的百分比约为 22.73%。

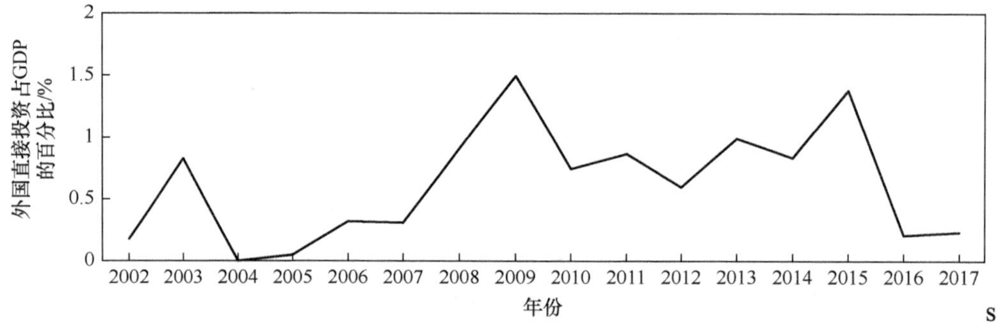

图 9-9 东帝汶外国直接投资占 GDP 的百分比变化情况

八、经济活力情况分析

总体来说，东帝汶新注册企业数量及密度在波动中有所增加。如图 9-10 所示，东帝汶新注册企业数量 2008—2010 年大幅增加，从 2008 年的 409 增加至 2010 年的 4 445，2011—2012 年出现短暂减少，2012 年为 2 212，2013 年有短暂增加，而在 2014 年又有减少趋势，截至 2014 年为 2 889，这反映出民间资本后劲不足，经济发展欠缺活力。

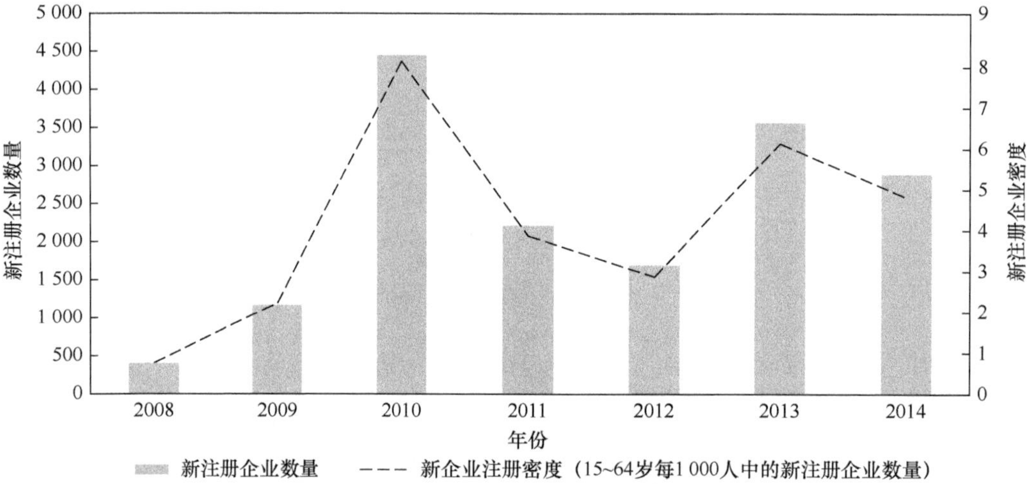

图 9-10 东帝汶新注册企业数量及密度变化情况

第三节 产业结构情况分析

一、三次产业结构分析

可以从以下两个方面来分析东帝汶三次产业结构状况。

（1）东帝汶产业结构变化情况。如图 9-11 所示，总体来看，工业增加值占比最高，其次是服务业增加值占比，农业增加值占比最低。2010—2012 年，工业增加值占比明显高于农业和服务业增加值占比，且不断增加。2012 年，工业增加值占比、农业增加值占比和服务业增加值占比分别为 84.23%、4.46%和 12.04%。2013—2016 年，工业增加值占比急剧减少，从 2013 年的 79.76%减少至 2016 年的 44.82%。与此同时，服务业增加值占比增长明显，从 2013 年的 15.21%增加至 2016 年的 43.31%。农业增加值占比在统计期间无明显波动，2016 年为 11.35%。

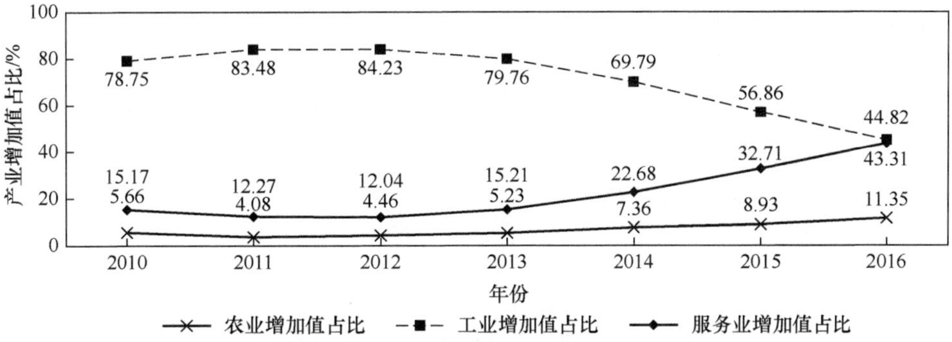

图 9-11　东帝汶产业结构变化情况

（2）东帝汶劳动力就业结构变化情况。总体来看，近些年东帝汶服务业就业人数占比最高，其次是农业就业人数占比，工业就业人数占比最低。如图 9-12 所示，2010—2015 年，东帝汶服务业就业人数占比不断增加，而农业就业人数占比不断减少。2016 年，服务业就业人数占比急剧增长，增幅高达 27.87%。2016—2018 年，东帝汶服务业就业人数占比保持在 60.00%左右，农业就业人数占比稳定在 25%左右。统计期间，东帝汶工业就业人数占比缓慢增长，截至 2018 年约为 15.38%。农业是东帝汶的经济支柱，许多地区的居民基本上还处于自然经济状态中。

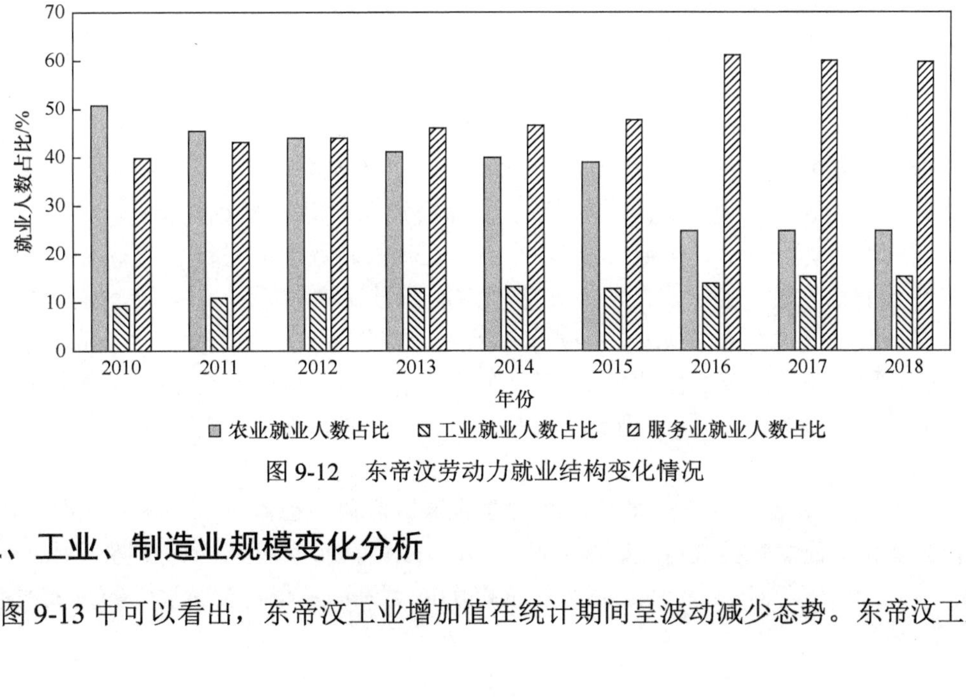

图 9-12　东帝汶劳动力就业结构变化情况

二、工业、制造业规模变化分析

从图 9-13 中可以看出，东帝汶工业增加值在统计期间呈波动减少态势。东帝汶工业增加值2006—2008年不断增长，2008年达到37.62亿美元，2009年经历短暂减少之后很快回升，2010—2012年高速增长，2012年为56.19亿美元，2012年之后又迅速减少，2016年减少幅度最大，为35.99%。东帝汶制造业增加值相对较低且变化幅度较小，2016年仅为0.18亿美元。东帝汶工业基础薄弱，仅帝力及附近有小型的加工业。东帝汶主要出口咖啡、椰子、紫檀木、橡胶，其中咖啡、橡胶、紫檀木有“帝汶三宝”之称。东帝汶主要进口食品、纺织品、车辆及其他工业品。2009年，东帝汶工业产值为5 800万美元，占GDP的12.8%。东帝汶工业以印刷业、肥皂业、手帕业、纺织业为主。

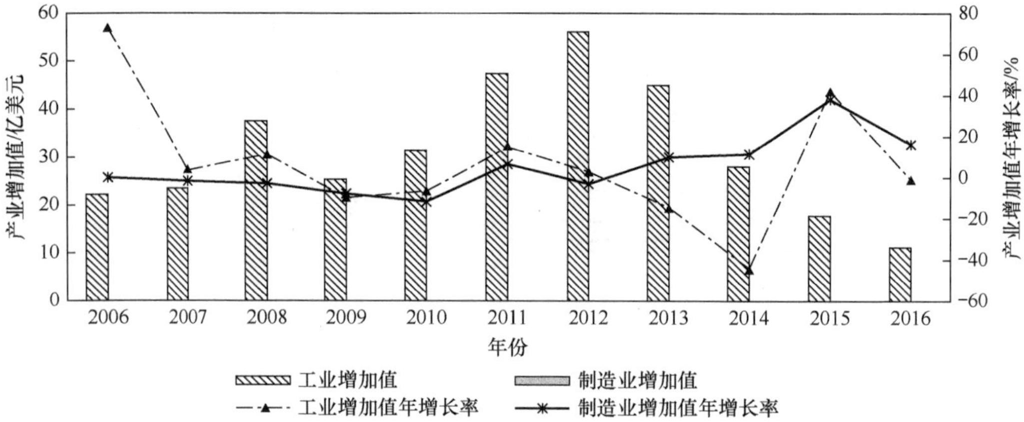

图9-13　东帝汶工业、制造业规模变化情况

第四节　产业政策分析

2002年5月20日，东帝汶民主共和国成立。同日，中国与东帝汶建交。建交以来，中国、东帝汶双方在贸易、投资、经济技术合作等方面开展了富有成效的合作，经贸关系发展顺利。目前，东帝汶在石油产业的推动下，国民经济稳步发展，国家建设初具蓝图。东帝汶政府希望通过上马一系列的基础设施项目，如机场、港口、道路、桥梁等，尽快改变东帝汶基础设施落后的局面，为外来投资创造更有利的环境。

目前，东帝汶政局稳定，正在吸引着越来越多的外来投资者。同时，东帝汶政府发展经济的决心很大，急切希望引进外资，制定了鼓励国内外投资的法律，如《国家投资法》和《外国投资法》等，并成立了专门机构——东帝汶贸易投资局以促进贸易和投资。

为了鼓励吸引外来投资，东帝汶政府2008年在税收政策方面进行了改革，致力于将东帝汶打造成世界上税收最低的国家之一。东帝汶政府通过减税和简化税收手续的方法，刺激国内经济发展，促进国内和外来投资、鼓励私有经济领域发展，并减轻低收入者的负担。

（1）劳务税（在中国属于营业税范畴）。东帝汶缴纳劳务税的指定领域有酒店服务、酒吧和餐馆服务及电信服务等，新税率为5%。若提供以上服务的经营单位每月的发票总额低于500美元，则免税。

（2）消费税。东帝汶规定一些商品进口要缴纳消费税，税额分别为：啤酒每升缴纳1.9美元；葡萄酒和其他发酵类饮料（如苹果酒）等每升缴纳2.5美元；烟草及烟草制品每千克缴纳19美元；汽油、柴油等石油制成品每升缴纳0.06美元；单车价值超过7万美元的小轿车，超过部分征收35%的税；私人游艇和私人飞机缴纳应税额的20%。

（3）营业税。东帝汶缴纳营业税的范围：进口到东帝汶的应税商品（税率为2.5%）；在东帝汶销售的应税商品以及在东帝汶境内提供的应税服务（税率为0）。

关于投资方式，东帝汶政府鼓励外资与当地人合资，但不是必需的。因此，大部分外国人在东帝汶投资都采用独资方式。

第五节　产业结构与产业政策分析基本结论

通过对东帝汶基本情况、经济发展情况、产业结构情况和产业政策相关内容的分析，初步得出以下结论。

（1）东帝汶作为世界上年轻的国家，经济发展尚处于重建阶段，GDP近年有增长趋势但仍然处于较低水平，人民生活水平较低，城市化水平较低且进展缓慢。东帝汶应加快城市化进程，加强相关基础设施建设，为发展工业和服务业创造条件。东帝汶通信方式以移动电话为主，固定宽带覆盖率低，人们获取信息的渠道单一且效率较低，不利于信息的传播以及经济的良好发展。东帝汶应加强制度环境建设，着力提高行政效率以及加强法治国家的建设。为了促进经济的发展，东帝汶政府减少相关税收，减轻人民税收负担，在经济重建期对于经济发展以及吸引外资具有重要促进作用，但外国直接投资以及东帝汶国内资本投资总量仍然较低，经济发展缺乏活力。东帝汶政府应该出台更具吸引力的措施刺激投资，拉动经济增长。

（2）东帝汶的主要矿藏有金、锰、铬、锡、铜等，还有储量丰富的石油和天然气资源。石油和天然气收入为东帝汶主要经济支柱。东帝汶以农业人口为主，粮食不能自给，主要农产品有玉米、稻谷、薯类等，经济作物有咖啡、橡胶、椰子等，饲养马、牛、羊等牲畜，其中帝汶种小马颇有名气。东帝汶产业结构较为单一，产业结构不够合理，有较大改进空间。东帝汶应着重发展轻、重工业，推动国民经济健康发展，同时可以发展旅游等相关服务行业，促进产业结构、就业结构的多元化。

（3）东帝汶产业政策的重点在于通过出台各项优惠政策吸引外资、加强多边合作，通过引进别国先进的生产和管理经验，带动国内产业发展。这些优惠措施确实能在一定程度上缩短经济发展周期，促进国民经济快速发展。与此同时，东帝汶应注重发展本国的优势产业，如旅游业、能源产业、加工产业等，通过培养主导产业进而推动其他产业的协同发展。此外，东帝汶应努力提高自主创新能力，注重培养创新型人才，加大研发投入力度，为经济长远健康发展培养后备军。

第十章　菲律宾产业结构与产业政策分析

第一节　基本情况

菲律宾共和国，简称菲律宾，位于西太平洋，是东南亚一个多民族群岛国家，总面约积 29.97 万平方千米，海岸线长约为 18 533 千米，北隔巴士海峡与中国台湾遥遥相对，南和西南隔苏拉威西海、巴拉巴克海峡与印度尼西亚、马来西亚相望，西濒南海，东临太平洋，共有大小岛屿 7 100 多个，其中吕宋岛、棉兰老岛、萨马岛等 11 个主要岛屿占全国总面积的 96%。

菲律宾总人口为 1.049 亿人（2017 年统计）。马来族人占菲律宾总人口的 85%以上。菲律宾有 70 多种语言，其中以他加禄语为基础的菲律宾语为国语，英语为官方语言。

菲律宾划分了吕宋、米沙鄢和棉兰老三大部分，设有首都地区、科迪勒拉行政区和棉兰老穆斯林自治区，以及伊罗戈区、卡加延谷区、中吕宋区、南塔加罗格区、比克尔区、西维萨亚区、中维萨亚区、东维萨亚区、西棉兰老区、北棉兰老区、南棉兰老区、中棉兰老区和卡拉加区等 13 个地区，下设 73 个省，2 个分省和 60 个市。

在地理及气候方面，菲律宾属季风型热带雨林气候，高温多雨，湿度大，台风多，年均气温为 27℃，年降水量为 2 000～3 000mm。菲律宾群岛地形多以山地为主，山地面积占全国总面积的 3/4 以上，并有 200 多座火山，其中活火山有 21 座。菲律宾除少数岛屿有较宽广的内陆平原外，大多数岛屿仅沿海有零星分布的狭窄平原。

在自然资源方面，菲律宾矿藏主要有铜、金、银、铁、铬、镍等 20 余种。其中，铜蕴藏量约为 48 亿吨、镍蕴藏量约为 10.9 亿吨、金蕴藏量约为 1.36 亿吨。菲律宾地热资源丰富，预计有 20.9 亿桶标准油的地热能源。巴拉望岛西北部海域初步探测的石油储量约为 3.5 亿桶。

在经济建设方面，20 世纪 50—70 年代，菲律宾经济处于比较辉煌的时期，当时实施进口替代发展战略，华商大力投资，加上利用朝鲜战争、越南战争扩大输出，成为东南亚经济发展快、工业化程度高的国家。1950—1961 年，菲律宾 GDP 年均增长率达 6.6%，1962—1972 年为 5.1%，1973—1980 年为 6.6%。菲律宾一度是亚洲第二大经济体，仅次于日本。马尼拉更是被称为“亚洲的纽约”，其基础设施、城市建设远比当时的上海、北京、广州要发达。菲律宾经济在 20 世纪 70—80 年代开始走向衰落，这是因为菲律宾连年的政局动荡、社会矛盾激化使其经济社会发展受到很大制约。20 世纪 90 年代初，拉莫斯政府采取一系列振兴经济的措施，菲律宾经济开始全面复苏，并保持较高的增长速度。1997 年爆发的亚洲金融危机对菲律宾冲击不大，但其经济增速再度放缓。阿基诺总统执政后，菲律宾增收节支，加大对农业和基础设施建设的投入，扩大内需和出口，国际收支得到改善，经济保持较快增长。

第二节　经济发展情况分析

一、经济规模情况分析

图 10-1 反映了菲律宾 GDP 及其增长率变化情况。菲律宾 GDP 整体呈增长趋势，且增长幅度不小，但 GDP 增长率存在着很大波动（平均值为 4.87%）。菲律宾 GDP 主要从 2006 年开始显著增长，尤其是 2012—2017 年，GDP 增长率都超过了 5%，甚至在 2017 年超过了中国的 GDP 增长率。2009 年，菲律宾经受国际金融危机和热带风暴双重打击，但因政府经济刺激计划的有效实施和海外侨汇的不断增长在一定程度上避免了菲律宾经济陷入衰退。

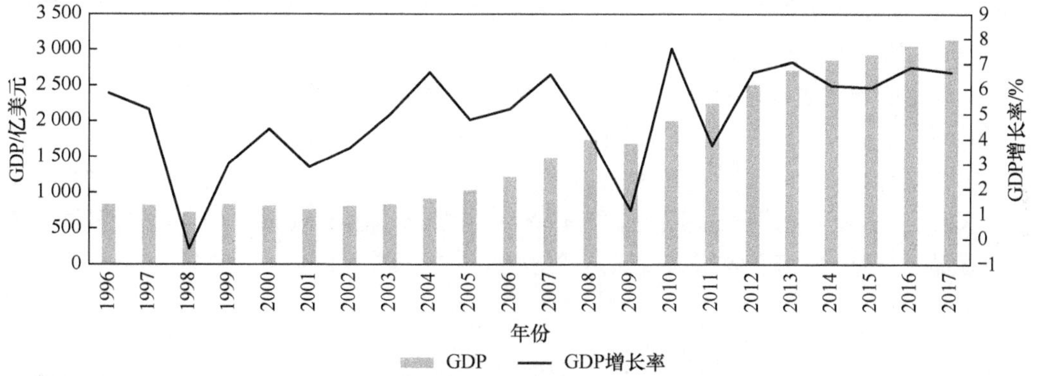

图 10-1　菲律宾 GDP 及其增长率变化情况

图 10-2 反映了菲律宾人均 GDP 变化情况。从 2013 年开始，菲律宾人均 GDP 基本没有太大提升。菲律宾 2018 年人均 GDP 为 3 300.87 美元，在世界排名第 123 位，属于中低等收入国家。相比较而言，中国 2018 年人均 GDP 为 9 376.97 美元，在世界排名第 72 位，属于中高等收入国家。

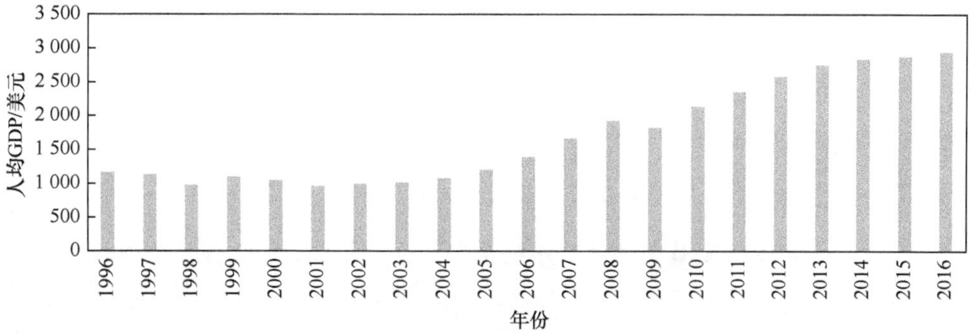

图 10-2　菲律宾人均 GDP 变化情况

菲律宾 GDP 情况如表 10-1 所示。

表 10-1　菲律宾 GDP 情况

年份	GDP/亿美元	GDP 增长率/%	人均 GDP/美元	人均 GDP 增长率/%
2010	2 000	7.63	2 145.24	6.02
2011	2 240	3.66	2 371.85	2.06

（续表）

年份	GDP/亿美元	GDP 增长率/%	人均 GDP/美元	人均 GDP 增长率/%
2012	2 500	6.68	2 604.66	5.00
2013	2 720	7.06	2 786.95	5.35
2014	2 850	6.13	2 872.51	4.45
2015	2 920	5.81	2 899.38	4.17

数据来源：“中国一带一路网”数据。

二、人力资本基础情况分析

如图 10-3 所示，2015 年菲律宾跻身 1 亿人口大国俱乐部，成为世界上第 12 个总人口过亿的国家。尽管菲律宾的总人口增长率整体而言在不断减少，近几年控制在 1.6%左右，但菲律宾仍是亚洲人口增长率最高的国家，每分钟有 3 名婴儿诞生，每年约有 158 万名婴儿出生。菲律宾人有 8 成以上是天主教徒。在教会的“支持生命”立场下，生育卫生法在菲律宾国会悬置了 15 年迟迟未能过关。菲律宾多数民众相信子女是上天的礼物，顺其自然，不使用人工避孕用品。为了避免发生冲突，菲律宾政府近年来一直没有采取人口控制政策。此外，近年来国际援助减少，菲律宾政府没有制定额外避孕预算，许多人不愿自己掏钱采取避孕措施，也是人口增长的重要原因之一。联合国人口基金会指出，由于缺乏健康生育方面的知识和服务，菲律宾贫困育龄妇女平均每人生育 6 个子女，比她们希望的数目多 2 个。

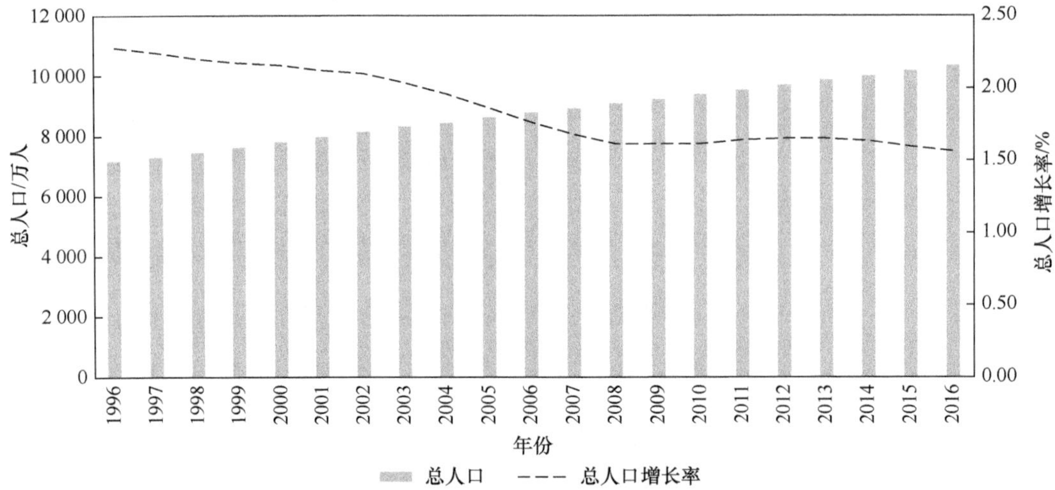

图 10-3 菲律宾总人口变化情况

一般来说，经济发展伴随着城镇化水平的提高，但是如图 10-4 所示，2010—2015 年菲律宾的城镇人口占比在不断减少，但减少幅度并不大。菲律宾呈现逆城镇化趋势。其主要原因是菲律宾有大片的未被开荒的原始森林，而农民会向这些地方开垦，这样就有了更多的资源养活他们的子女。农村人口增长率大于城市人口增长率。农村家庭普遍育有 4～5 个子女，而城市家庭只有 2～3 个子女。尽管有农村人口向城镇迁移，但前几年菲律宾的城镇化率虽然提高很快，但城镇里有很多贫民窟，城镇人口贫富差距很大，许多穷人在城镇无法生存下去则选择回到农村，再加上生育的农村人口比城镇人口多，导致这几年菲律宾城镇人口占比不断减少。

如表 10-2 所示，菲律宾劳动力总量不断增加，从 1996 年的约 2 700 万增加到 2016 年的约 4 375 万，年平均增长率约为 3.10%，超过人口增长率，劳动参与率一直维持在 62%～63%。

从菲律宾 2010 年最后一次人口普查结果看，菲律宾人口年龄结构呈金字塔形。在菲律宾总人口中，65 岁以上老人仅占 4.3%，约 400 万人；劳动适龄人口（指 15～65 岁）占 62.3%。菲律宾人口年龄中位数仅为 23 岁，是一个非常年轻的国家，人口红利远远没有被发掘。

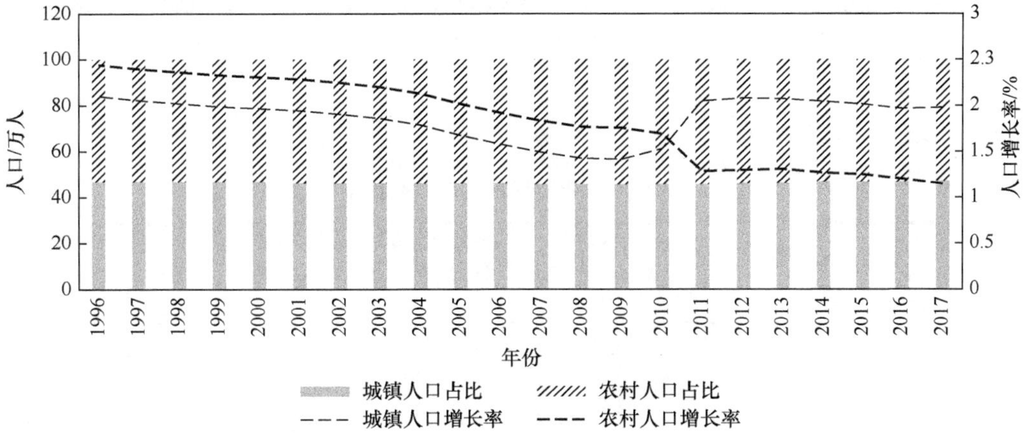

图 10-4　菲律宾城镇和农村人口变化情况

表 10-2　菲律宾劳动力情况

年份	劳动力总量/人	劳动参与率/%
1996	26 996 221	62.457 000 73
1997	27 686 251	62.386 001 59
1998	28 506 333	62.587 001 8
1999	29 219 813	62.508 998 87
2000	29 953 311	62.430 999 76
2001	30 755 300	62.501 998 9
2002	31 501 594	62.424 999 24
2003	32 216 119	62.276 000 98
2004	32 801 108	61.887 001 04
2005	33 691 711	62.061 000 82
2006	34 630 153	62.159 999 85
2007	35 510 753	62.118 999 48
2008	36 414 550	62.041 999 82
2009	37 641 192	62.423 000 34
2010	38 629 516	62.354 000 09
2011	39 917 372	63.039 001 46
2012	40 509 613	62.580 001 83
2013	41 207 282	62.294 998 17
2014	42 512 009	62.935 001 37
2015	42 982 424	62.353 000 64
2016	43 753 750	62.243 999 48

数据来源：世界银行数据库。

三、交通情况分析

在菲律宾岛屿间往来的主要交通工具通常是船只，如螃蟹船、快艇、渡轮等。吉普尼车、三轮车是城市主要公共交通工具。马尼拉等大城市有带计价器的出租车。马车常见于一些旅游胜地，是带有文化体验和娱乐性质的交通工具，费用比较高。菲律宾一共有 7 个机场，其中 4 个是国际机场。这 4 个国际机场是位于马尼拉的尼诺•阿奎诺国际机场、位于克拉克的克拉克国际机场、位于宿雾拉普拉普市的麦克坦—宿雾国际机场，以及位于大堡市的弗朗西斯科•班戈伊国际机场。各国际机场均配有齐全的游客服务设施。菲律宾铁路与航空情况如表 10-3 所示。菲律宾多岛屿，不适合发展铁路，所以从 1996 年以来，菲律宾的铁路旅客周转量和货物周转量没有多大增长，甚至在减少，而航空旅客周转量和货物周转量进入 2000 年尤其是 2009—2011 年是飞速增长的。

表 10-3 菲律宾铁路与航空情况

年份	铁路总长度/千米	铁路旅客周转量/（亿万乘客 · 千米）	铁路货物周转量/（亿万吨 · 千米）	航空旅客周转量/（亿万吨 · 千米）	航空货物周转量/（亿万吨 · 千米）
1996	456	1.205	0.01	72 631.00	3.845
1997	468	2.146	0.01	74 746.00	4.716
1998	491	2.47	0.01	67 316.00	1.849
1999	491	2.42	—	50 240.00	2.409
2000	491	1.71	—	57 562.88	2.899 46
2001	491	1.77	—	64 163.83	2.749 79
2002	491	1.48	—	64 490.22	2.750 53
2003	491	1.37	0.006 95	64 575.29	2.783 68
2004	491	1.44	0.007 64	73 879.65	3.006 37
2005	—	—	—	80 568.29	3.227 06
2006	—	0.83	—	83 046.34	3.188 5
2007	—	—	—	88 181.50	2.855 77
2008	—	—	—	95 083.89	2.773 62
2009	—	—	—	104 808.98	2.274 54
2010	—	—	—	225 753.56	4.601 941
2011	—	—	—	263 266.21	4.700 034
2012	—	—	—	285 407.27	5.332 836
2013	—	—	—	255 408.80	3.256 824
2014	—	—	—	348 974.04	5.774 749
2015	—	—	—	370 234.24	6.045 088
2016	—	—	—	400 512.84	6.459 966

数据来源：菲律宾国家统计局网站。

四、信息化情况分析

2011 年菲律宾信息化指数为 3.19，在世界排名第 94 位。如图 10-5 所示，2010—2014 年菲律宾互联网及固定宽带覆盖率大大提升，电话线路覆盖率略有下降。菲律宾的移动电话电信从业公司主要有三家，分别是 Globe、Smart 及 Sum，无论是打电话、短信或是网络上的使用方式，都能够根据顾客不同的需求提供有弹性的套餐服务。尽管菲律宾有 4G 以及 Wi-Fi 网络，但网速很差，据媒体报道，其网速平均为 2.5Mbit/s，仅高于印度，让人联想到中国的拨号时代。

菲律宾有 1.1 亿人口，但已经拥有超过 1 亿部手机数量。如图 10-6 所示，菲律宾每百人互联网用户数量从 2009 年开始迎来了爆发式增长。菲律宾网民平均每天上网 6 小时。在 18～24 岁人口中，菲律宾的移动互联网用户占 36%，这比东南亚的平均数值高出 8%。在移动互联网用户中，英语用户占 40%。

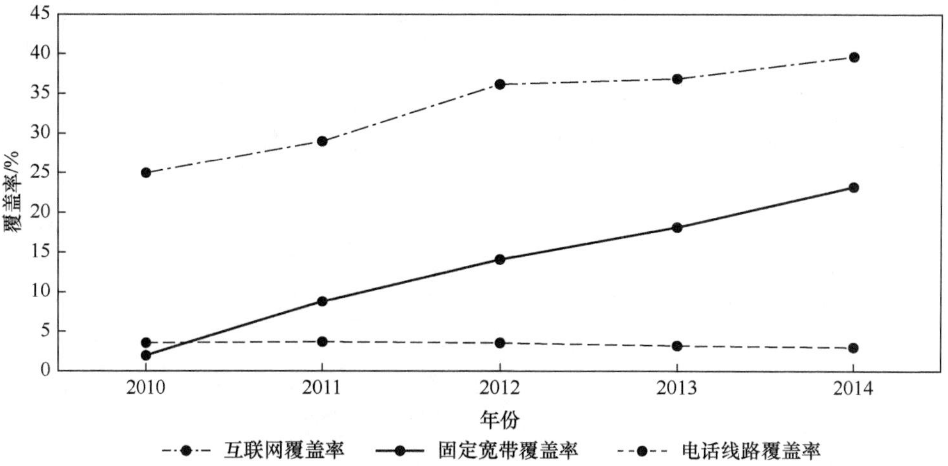

图 10-5　菲律宾信息化情况

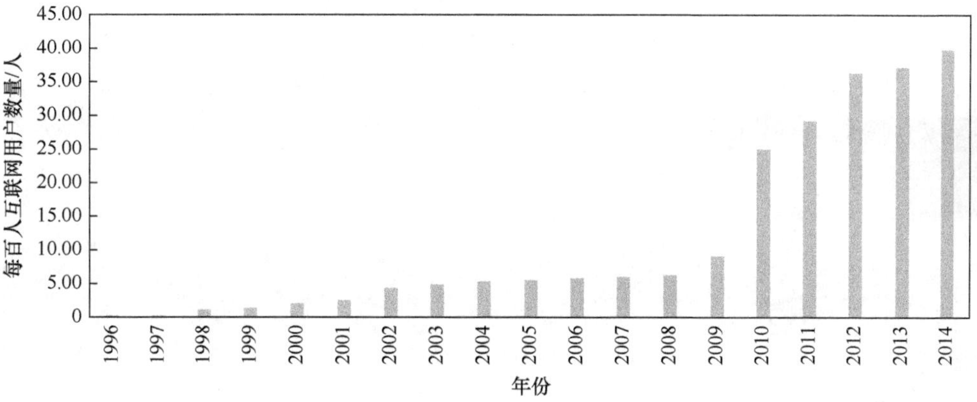

图 10-6　菲律宾每百人互联网用户数量

根据 2014 年的相关数据，菲律宾移动游戏市场规模为数千万美元，在东南亚国家中排名第 5 位；菲律宾移动游戏的下载量在东南亚国家中排名第 1 位；菲律宾移动广告市场规模达到 4 100 万美元，到 2015 年同比增长了 51.2%，达到 6 200 万美元。

菲律宾是全球花费在社交网络上时间最长的国家，每天 4.3 小时，高于全球平均水平 2.4 小时，这与手机普及，同时用户闲散时间多有密切关系。菲律宾移动社交网络覆盖率 32%。菲律宾最大的电商网站 Lazada 是东南亚最大的网上购物平台，覆盖印度尼西亚、菲律宾、新加坡、马来西亚、泰国等。

五、研发投入与产出情况分析

菲律宾研发投入占 GDP 的百分比，2002 年为 13.738%，2003 年为 12.989%，2011 年为 11.724%，2013 年为 13.839%，总体而言，稳定在 11%～14%。如图 10-7 所示，居民专利申请数量从 2014 年开始得到了很快增长。在技术方面，菲律宾并不缺乏 IT 人才。事实上，很多来自澳大利亚、美国和中国香港的公司都把他们的技术外包给菲律宾的开发商。2013—2018 年菲律宾政府和企业在科技产品和服务上的支出以 10 亿美元计，这很大原因在于政府和企业对科技的重视度很高，以及他们与跨国科技企业已合作多年。

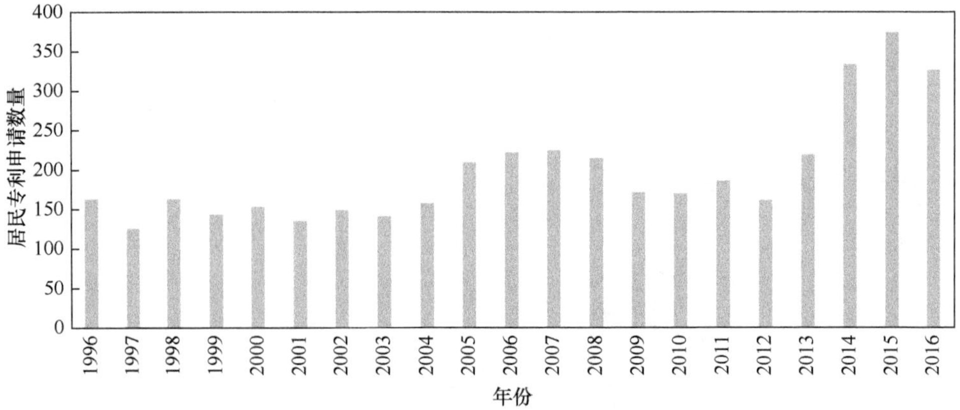

图 10-7 菲律宾居民专利申请数量

六、制度环境情况分析

下面从法律制度指数、腐败监管指数、政治稳定指数、民主自由权利指数、政府效能指数 5 个方面对菲律宾的制度环境进行分析。与其他国家制度环境进行对比可以发现，菲律宾在法律制度、腐败监管和政治稳定方面都低于“一带一路”沿线国家平均水平，尤其是法律制度指数仅为−0.79（见图 10-8）。

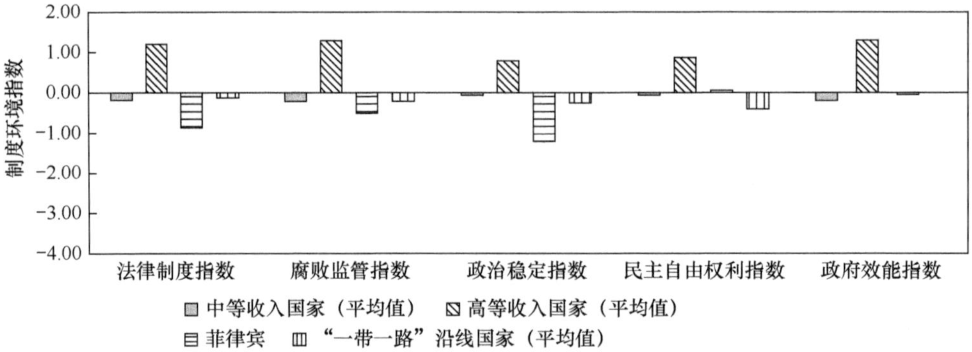

图 10-8 不同国家制度环境对比

从表 10-4 可以看出，菲律宾制度环境 1996—1998 年有所改善，此后到 2012 年整体上处于恶化阶段，从 2013 年开始有转好的趋势，主要原因是近几年菲律宾政局趋于稳定。在菲律宾政坛，家族政治十分盛行。依赖家族优势从政在很多国家不同程度地存在，包括美国，但像菲律宾这样普遍的可能不多。其后果就是把政治变成少数精英家族的舞台，老百姓们尽管也掌握着选票，但他们只是在舞台下面喝彩或喝倒彩的观众而已，这与现代的大众民主趋势是背道而驰的。

表 10-4 菲律宾制度环境评估

年份	法律制度指数	腐败监管指数	政治稳定指数	民主自由权利指数	政府效能指数
1996	−0.01	−0.18	−0.48	0.20	−0.18
1997	0.00	−0.16	−0.39	0.29	−0.07
1998	0.01	−0.15	−0.30	0.38	0.03
1999	−0.22	−0.30	−0.85	0.28	−0.05

（续表）

年份	法律制度指数	腐败监管指数	政治稳定指数	民主自由权利指数	政府效能指数
2000	−0.44	−0.45	−1.41	0.17	−0.14
2001	−0.43	−0.45	−1.16	0.16	−0.12
2002	−0.43	−0.45	−0.91	0.14	−0.09
2003	−0.53	−0.53	−1.58	0.16	−0.04
2004	−0.57	−0.60	−1.68	0.03	−0.20
2005	−0.36	−0.59	−1.22	−0.04	−0.06
2006	−0.41	−0.81	−1.65	−0.09	−0.06
2007	−0.47	−0.70	−1.63	−0.11	0.08
2008	−0.57	−0.75	−1.77	−0.14	0.03
2009	−0.60	−0.77	−1.71	−0.03	−0.03
2010	−0.58	−0.80	−1.63	−0.06	−0.02
2011	−0.54	−0.70	−1.38	−0.04	0.08
2012	−0.55	−0.59	−1.16	−0.05	0.08
2013	−0.43	−0.40	−1.06	−0.01	0.06
2014	−0.33	−0.44	−0.70	0.13	0.19
2015	−0.39	−0.52	−1.19	0.07	−0.03
1996—2015（平均值）	−0.79	−0.52	−1.19	0.07	−0.03

数据来源：世界银行数据库。

家族政治是菲律宾腐败的最主要原因。这个国家普遍存在的腐败，主要根源就在于家族势力与地方势力、政府与财团之间的相互勾连，从而导致腐败泛滥成灾。腐败吞噬了菲律宾的大量财富。世界银行估计，贪污行为每年至少吞掉菲律宾 1/5 的国家预算。腐败还削弱了菲律宾经济、社会发展的活力，扭曲了菲律宾现代化进程和市场竞争制度，导致菲律宾经济发展缓慢，政府债台高筑。每年菲律宾不得不采取举新债还旧债的政策，并不断压缩用于基础设施建设、福利和减贫的资金，导致菲律宾贫富悬殊越拉越大。在菲律宾 9 000 万贫困人口中，有 1/3 的贫困人员每天生活费用不到 1 美元，而富有阶层（势力巨大的政治家族）只占全国人口的 10%，却控制了 80%以上的社会财富，其中最富有的前 20 人掌握的财富相当于 5 000 多万普通菲律宾人年收入的总和。

2013 年亚洲政经风险顾问公司对亚洲地区的 12 个主要国家展开了调查，并将其评估结果按 10 分制打分，10 分为最差（意味着行政机构、官僚主义盛行，办事效率最差），1 分为最好（意味着行政机构管理效率最高）。菲律宾为 8.37 分，排在第 10 位，中国为 7.93 分，排在第 8 位。

总而言之，菲律宾存在着较为严重的腐败问题，政府办事效率也较低，政治被少数家族垄断。尽管想效仿美国建立民主制度，但由于国内的种种原因，在权力缺乏约束，以及政治资源被垄断的情况下，这些拿着选票的民众，很容易沦落为投票工具。在菲律宾，由于民众并不相信司法的公正，转而变成对暴力的迷恋，相信只有暴力才能够解决问题，导致了很多暴力事件等。

七、税收负担情况分析

如图 10-9 所示，1996—2004 年菲律宾总税收占 GDP 的百分比不断下降，2005—2008 先升后降，2009 年开始又不断提升。基于世界银行统计数据，菲律宾总税收占比为 44.5%，对于企业有一定的税收负担。但对于出口企业来说，在菲律宾投资仍有极大的优势：美国与欧盟对菲律宾出口产品分别给予相应优惠关税待遇。特别是自 2015 年起，欧盟给予菲律宾普惠制（GSP+）待遇，使菲律宾 6 000 多种产品可以“零关税”出口欧盟。如图 10-10 所示，近 10 年菲律宾总税收占比和利润税税收占比变化不大，总税收占比略微下降。

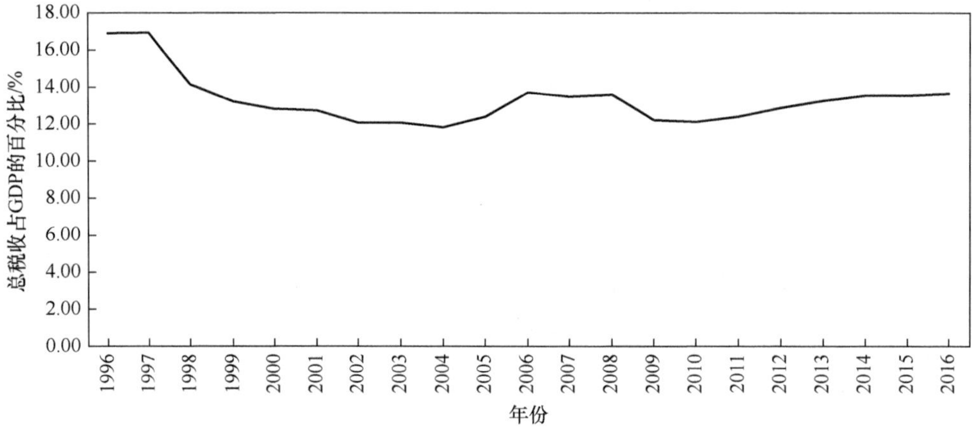

图 10-9　菲律宾总税收占 GDP 的百分比变化情况

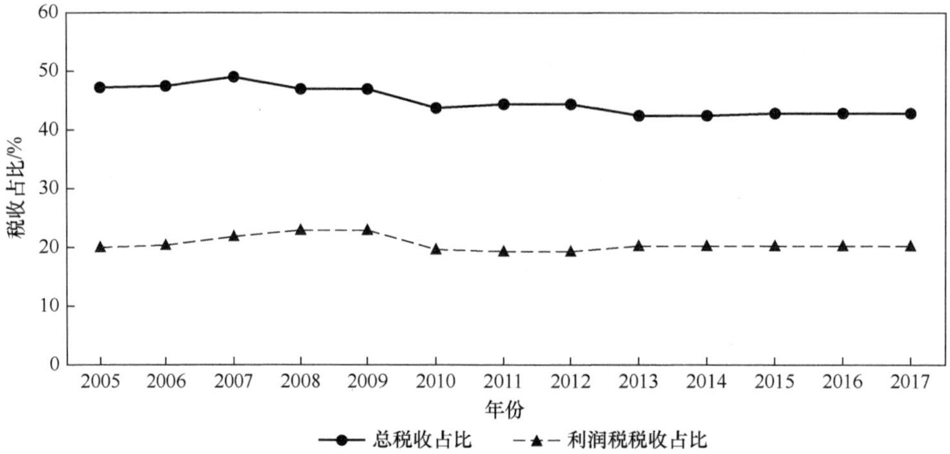

图 10-10　菲律宾税收占比变化情况

八、国际贸易情况分析

如图 10-11 所示，菲律宾对外贸易额占 GDP 的百分比不断下降，但菲律宾作为一个出口导向型国家，对外贸易额在 GDP 中仍然占很大比例。菲律宾的服务出口贸易额大于货物出口贸易额。在服务贸易方面，菲律宾的海外劳工受到各国的欢迎，拥有熟练的英语能力，工作勤劳，成为菲律宾的“世界名片”。美国、加拿大、沙特阿拉伯、英国、日本、阿拉伯联合酋长国、新加坡、意大利、德国和挪威 10 国是菲律宾全球海外劳工的主要雇主。其中，菲律宾的海外家政服务工作者是其海外劳工的主要成分，而在亚洲，中国是其最大的市场。2008—2012 年，菲律宾的家政服务工作者数量在其海外劳工数量中的占比最高。2008 年，菲律宾的家政服务工作者（50 082 人）在其当年海外劳工数量（376 973 人）中的占比为

13.29%；2012 年，菲律宾的家政服务工作者（155 831 人）在其当年海外劳工数量（458 575 人）中的占比为 33.98%。在亚洲，2010 年中国共雇用菲律宾海外家政服务工作者 102 548 人，仅次于韩国雇用的 11 697 人。经过多年的海外劳工输出，菲律宾在中国拥有固定资产 194 349 处，此数量在亚洲国家排名第 3 位，仅次于马来西亚的 243 877 处和日本的 210 617 处。由此可见，菲律宾的服务贸易对中国庞大的市场需求十分依赖。另外，在服务外包方面，菲律宾拥有强大的优势。2012 年，菲律宾的服务外包业占全球市场份额的 15%，其主要的市场为美国与欧洲。

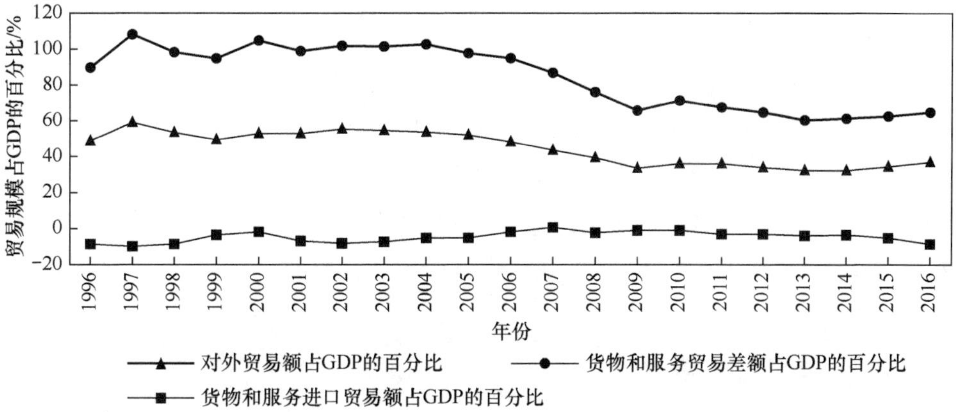

图 10-11　菲律宾国际贸易变化情况

在货物贸易方面，菲律宾以出口具有特色优势的农产品为主，如椰子油、香蕉、鱼虾、糖及糖制品、椰丝、菠萝、未加工烟草、天然橡胶、椰子粉、椰子粕和海藻。

菲律宾的货物和服务进口贸易额占 GDP 的百分比变动很大，低的时候为−15%，主要受国内政局以及国际经济变动影响。目前，中国已经成为菲律宾最大的对外贸易进口国和出口国。菲律宾国家统计局的数据显示，近 10 年里，菲律宾对中国主要出口电子产品、矿产、化学制品等，而菲律宾从中国进口的主要是电子产品、钢铁、工业机械及设备等。

九、外国直接投资情况分析

杜特尔特上台后，菲律宾的政局、治安逐渐稳定，与中国关系也开始改善。如图 10-12 所示，从 2010 年开始，菲律宾固定资产投资规模及外国直接投资规模得到了很大提升。菲律宾有着充足且廉价的劳动力，便宜的土地，优惠的政策，充足的海洋、农产品及旅游资源等优势。美国媒体组织《美国新闻与世界报道》报道，菲律宾作为外资热土，在 2018 年最有吸引力的外国投资国际标的中名列前茅。菲律宾在《美国新闻》的“最佳投资国家”排行榜上名列第 1。该排行榜被定义为“商业投资者发掘的最有吸引力的国家”。该排行榜是根据一个国家是否腐败、充满活力、经济稳定、有不断增加的外资流入、有创业精神、有创新、有良好的税收环境、有熟练的劳动力等几个方面进行排名的。其中，有不断增加的外资流入是衡量排名的主要原因。

事实上，根据世界银行的数据，过去几年流入菲律宾外国直接投资净额一直在增加，从 2010 年的 10.7 亿美元增加到 2016 年的 78 亿美元，几乎增长了 8 倍，而大多数其他东南亚国家外国直接投资净额近年来则出现了不同程度的减少或波动。

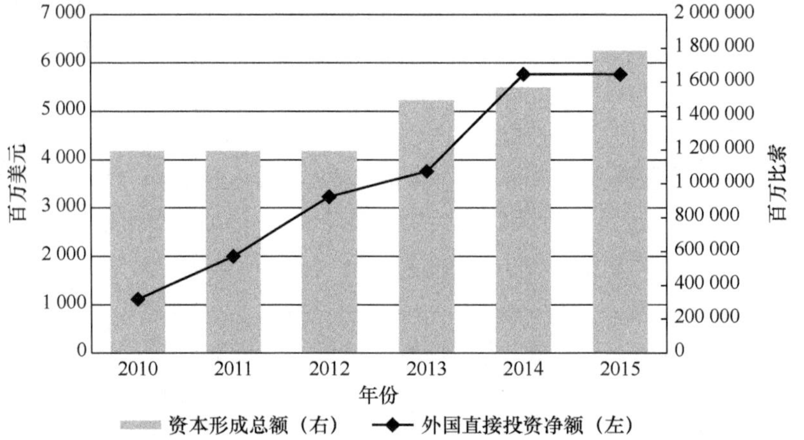

图 10-12 菲律宾资本形成及外国直接投资

菲律宾与几个东南亚邻国一起进入"最佳投资国家"排行榜前 5 名，印度尼西亚排名第 2，马来西亚排名第 4，新加坡排名第 5。"最佳投资国家"排行榜上还有泰国（第 8 名）和越南（第 23 名）。

十、经济活力情况分析

如图 10-13 所示，在 2006—2009 年政局不稳定、国际金融危机的影响下，菲律宾新注册企业数量有所减少，但从 2010 年开始新注册企业数量增长很快，这与杜特尔特上台后一系列的政策有关，其中鼓励外国投资、重视基础设施建设、改善与中国关系、改善治安等促进了国内经济活力的提升。

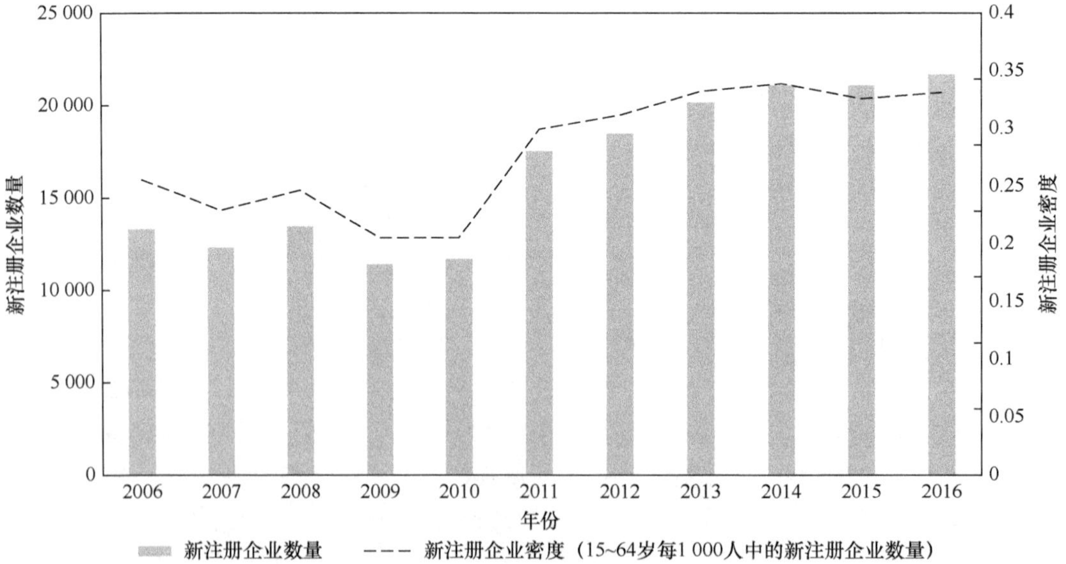

图 10-13 菲律宾新注册企业数量及密度变化情况

除传统因素之外，随着东南亚整个大环境的电商发展，很多新兴物流公司的涌入很大程度上改善了包括菲律宾在内的整个东南亚的物流，比如物流价格下来了，物流效率提升了，为菲律宾的电商提供了很好的一个基础支持。同时，菲律宾国内的网络也在改善，比如 4G 网络建设取得很大的进展，计算机网速平均为 4 196kbit/s，手机网速平均为 13 881kbit/s。菲律宾最大的电信公司 PLDT 宣布，将投入 110 亿比索（折合人民币约 14 亿元），提高菲律宾的整体网络体验。网络基础设施的改善、网络覆盖率的提高、众多的网络用户、"懒"的民族特性、旺盛的消费需求、优异的投资条件等都非常有利于菲律宾互联网经济的发展。中国的例子也体现出互联网经济的发展能改造传统行业，给国民经济注入强心剂，推动整体经济的发展。总而言之，在一系列的改革之后，菲律宾现在拥有十分优异的投资条件及发展潜力。总供给和总需求都在快速增加的菲律宾，有着很强的经济活力。但是，是否能把这个活力变成经济发展的动力，高速增长的同时是否会带来很多问题，仍需要菲律宾政府仔细考虑。

第三节　产业结构情况分析

一、三次产业结构分析

菲律宾是个农业国，农业人口占总人口的 2/3 以上，有 40%的劳动力靠农业为生。农业产值约占 GDP 的 18.9%，是菲律宾经济的重要组成，主要出产大米、椰子、玉米、甘蔗、香蕉、菠萝、杧果、猪肉、鸡蛋和牛肉等农产品。椰子、甘蔗、马尼拉麻和烟草是菲律宾的四大经济作物。菲律宾盛产椰子、香蕉、杧果、凤梨，其中椰子产量和出口量均占全世界总产量和出口量的六成以上。菲律宾水产资源丰富，鱼类品种达 2 400 多种，金枪鱼资源居世界前列。20 世纪 60 年代以来，菲律宾政府开始重视发展渔业，使菲律宾一度成为东南亚第二大渔业国。菲律宾现已开发的海水、淡水渔场面积为 2 080 平方千米。菲律宾是世界上少数几个海藻产量稳定的国家之一。近几十年来，随着海藻养殖和加工技术的进步及菲律宾政府扶持政策的实施，菲律宾海藻产业从无到有，逐步发展成对出口创汇、增加就业和减少贫困有重大贡献的主要产业。菲律宾 2003 年全年海藻产量达 12.77 万吨，比 1988 年的 5.97 万吨翻了一倍多，成为全球第五大海藻供应国和菲律宾水产品出口中的第二大产品。

菲律宾的工业以农、林产品的加工为主，另有一些纺织、水泥、汽车装配等工业。工矿业总产值占 GDP 的 35%。从业人口占总劳力总量的 15.6%。制造业产值约占工矿业总产值的 78.5%，建筑业产值约占工矿业总产值的 17.5%，矿产业产值约占工矿业总产值的 3%。矿产资源主要有铜、金、银、铁、铬、镍等 20 余种。铜蕴藏量为 37.16 亿吨，金蕴藏量为 1.36 亿吨，镍蕴藏量为 1.27 亿吨。菲律宾有丰富的地热资源，预计有 20.9 亿桶原油标准能源。1976 年以来，在巴拉望岛西北部海域发现石油，储藏量为 3.5 亿桶。

服务业在国民经济中占有主要地位，其产值占 GDP 的 52%左右。近几年，服务业产值逐年增长。旅游业是菲律宾外汇收入的重要来源之一，主要旅游点有百胜滩、蓝色港湾、碧瑶市、马荣火山、伊富高省原始梯田等。

如图 10-14 和图 10-15 所示，1996—2016 年，菲律宾工业增加值占比没有发生太大变化，略微有所下降，维持在 30%～35%，而工业就业人数占比略有上升，在 15%～20%之间；农业增加值占比降低显著，从略超 20%降低到不足 10%，而农业就业人数占比也从超过 40%降低到 25%左右；服务业增加值占比从不足 50%上升到 60%，而服务业就业人数占比从超过 40%上升到将近 60%。总而言之，服务业在菲律宾很早就成为支柱产业，且在国民经济中的地位越来越高。

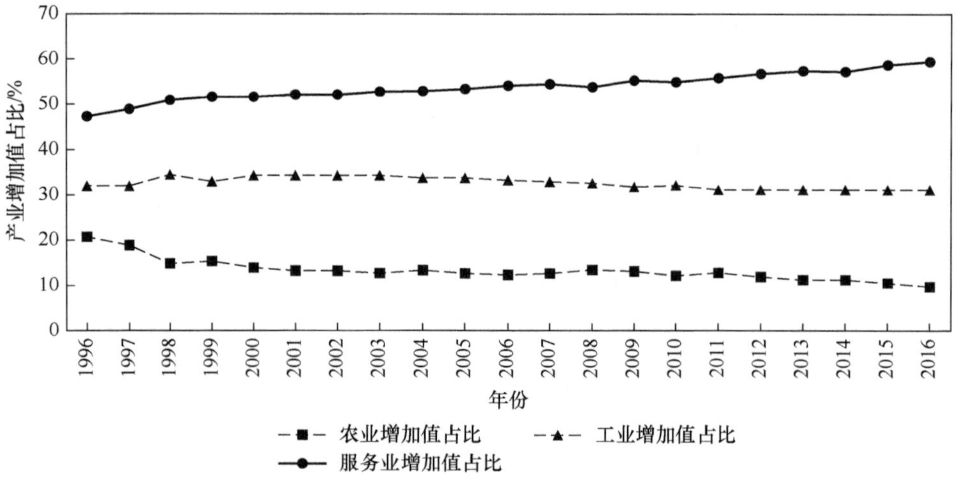

图 10-14 菲律宾产业结构变化情况

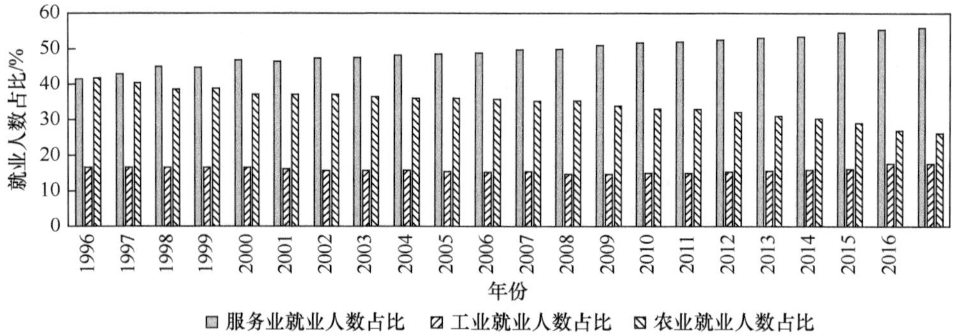

图 10-15 菲律宾就业结构变化情况

二、工业、制造业规模变化分析

目前，菲律宾制造业主要有传统加工制造业和新兴加工制造业。传统加工制造业主要包括食品加工、家具制作、竹藤编织、手工造纸、首饰加工等行业。新兴加工制造业主要包括电子电气、纺织、运输器材、机械、化工等行业。如图 10-16 所示，菲律宾的工业增加值和制造业增加值都在波动中上升，尤其 2007 年之后上升幅度较大。

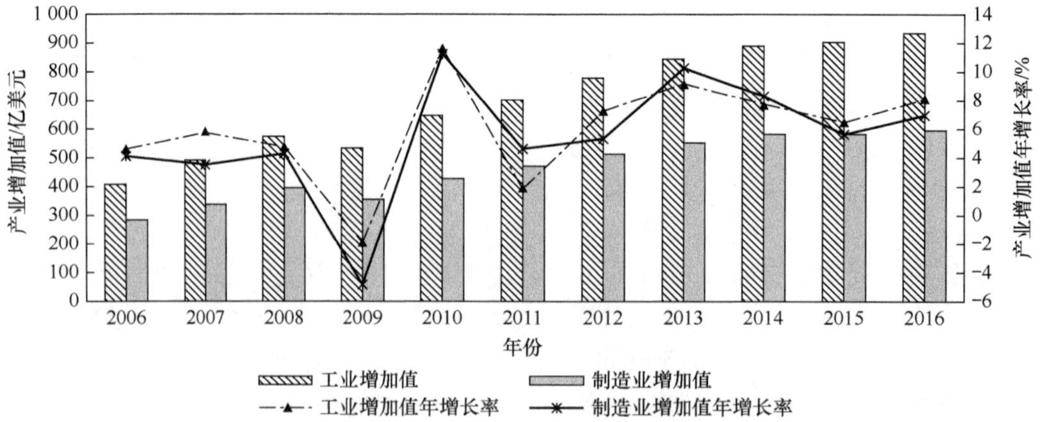

图 10-16 菲律宾工业、制造业规模变化情况

如表 10-5 所示，菲律宾制造业中机械和运输设备行业增加值占比 1991—2012 年不断上升，2012 年已经达到 48.19%，其余行业增加值占比都呈现下降的趋势。

表 10-5 菲律宾制造业分行业增加值占比情况

年份	纺织品与服装行业增加值占比/%	机械和运输设备行业增加值占比/%	食品、饮料和烟草行业增加值占比/%	化学品行业增加值占比/%	其他行业增加值占比/%
1991	10.948 018 59	3.538 54	32.758 56	14.097 43	38.657 46
1992	9.919 695 579	4.895 931	31.328 01	15.066 09	38.790 27
1993	10.185 807 94	5.199 34	34.704 11	14.002 42	35.908 33
1994	9.854 013 027	4.703 679	32.258 88	13.033 65	40.149 77
1995	8.330 797 505	6.014 975	32.014 45	11.710 2	41.929 58
1996	6.695 383 702	16.343 1	28.879 42	10.616 57	37.465 52
1997	6.886 603 991	18.155 59	28.910 76	10.450 52	35.596 53
1998	6.787 018 399	20.660 65	34.801 38	9.720 962	28.029 99
1999	6.832 932 563	22.786 06	27.962 12	9.926 266	32.492 63
2001	7.473 265 604	27.074 16	28.520 06	9.377 68	27.554 84
2003	6.526 332 543	26.484 01	23.678 18	8.675 539	34.635 94
2005	6.175 913 136	24.764 98	23.546 59	7.868 43	37.644 09
2006	4.917 146 037	33.434 04	22.341 82	6.462 327	32.844 68
2008	3.144 757 568	24.938 97	25.112 81	5.723 328	41.080 13
2009	2.624 641 926	33.950 65	22.807 7	5.024 767	35.592 23
2010	2.524 041 46	30.528 49	20.941 04	7.352 59	38.653 84
2012	2.740 058 037	48.190 85	27.169 77	5.059 628	16.839 69

数据来源：菲律宾国家统计局网站。

菲律宾制造业正逐渐成为推动菲律宾经济增长的主要引擎，并有望成为该国主要的收入来源。菲律宾制造业的发展速度比服务业的要快。2013—2016 年，菲律宾制造业第三季度的平均增长率为 7.3%。菲律宾制成品主要是电子、食品等轻工产品，其产值约占制造业产值的 60%。

信息通信技术产业正在成为菲律宾的首要收入来源。信息技术产业的快速增长可能归功于国内众多城镇中心出现的几百个新公司。信息技术产业主要的驱动力为商务流程外包、软件开发、互联网服务、通信和教育等业务。

三、服务业规模变化分析

菲律宾服务业主要可分为外包服务业、旅游业和家政服务业。菲律宾自 2001 年开展外包服务业以来，依靠高素质的英语人才和先进的信息技术通信设施，使外包服务业迅速发展。外包服务业成为菲律宾近年来发展最快的行业之一。如图 10-17 所示，2009—2012 年，菲律宾外包服务业收入从 70 亿美元增长到 130 亿美元，增长将近 1 倍。到 2009 年，菲律宾已占有全球外包服务业市场份额的 20%，仅次于印度。2010 年菲律宾外包服务业收入年增长约 27%，总额达 89 亿美元。其中，呼叫中心业务收入年增长 21%，其收入额达 61 亿美元。菲律宾已超过印度成为呼叫中心行业的领头羊。2010 年，菲律宾共有 52.5 万人从事外包服务工作，而该行业提供的就业人数年增长 24%。

投资菲律宾外包服务业的国家主要是美国、日本、韩国和欧洲国家。美国在菲律宾外包服务业市场占有 60%～70%的份额。目前，在菲律宾的主要美国企业有宝洁、戴尔、美国国际集团、花旗集团等公司。

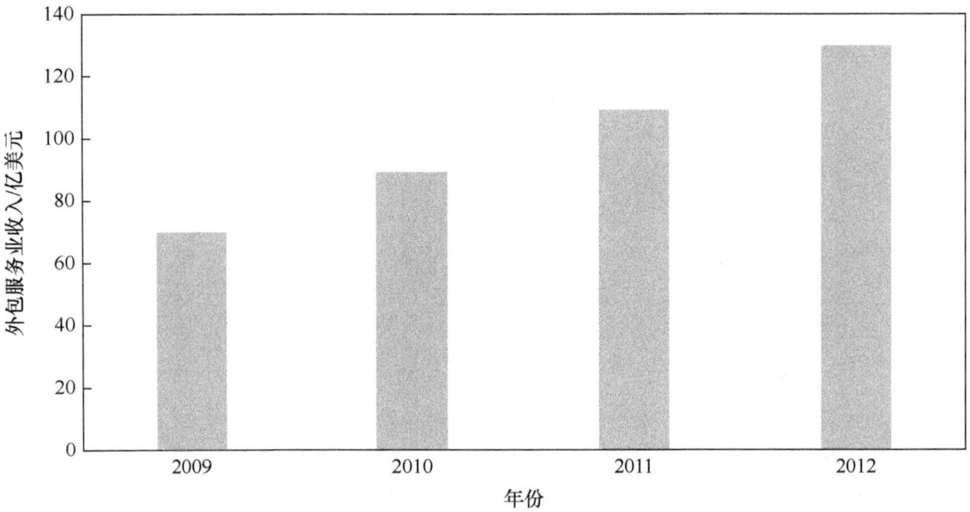

图 10-17 菲律宾外包服务业收入变化情况

菲律宾优越的自然风光和热情好客的传统吸引了大量国际游客。如图 10-18 所示，来菲律宾旅游的外国游客几乎呈直线上升。如果菲律宾的交通堵塞、脏乱、旅游服务设施缺乏等问题能得到有效解决，再加上如今中菲关系的改善，菲律宾旅游业还能有更大的发展空间。2018 年第一季度赴菲律宾旅游的外国游客超过 200 万人次，其中中国仍然是“增长最快的市场”。中国在 2017 年就已经跃升为菲律宾第二大游客来源地，赴菲律宾旅游人数近 100 万人次，同比增长 43.33%。

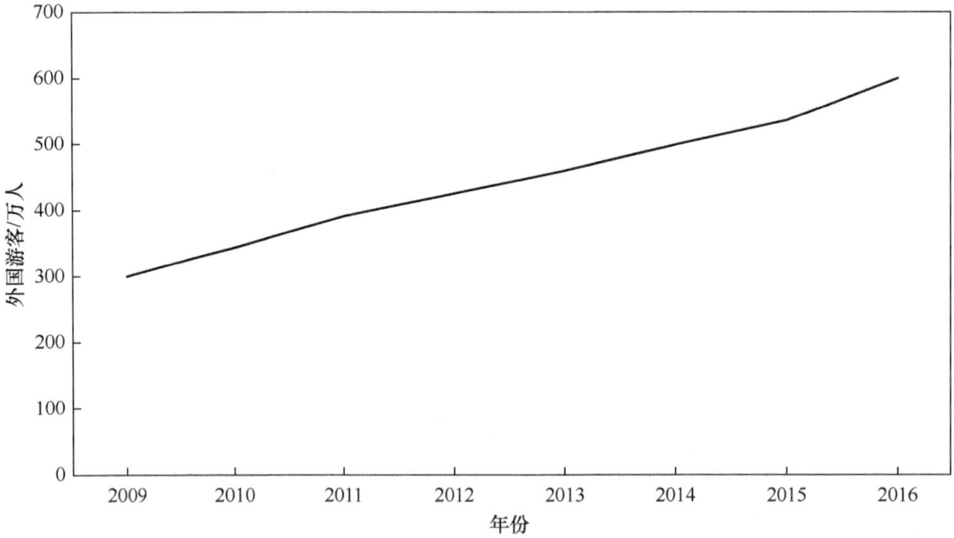

图 10-18 菲律宾外国游客统计数

如图 10-19 所示，菲律宾家政服务出口收入在经历 1997 年东南亚金融危机短暂下降之后，在 21 世纪迎来了爆发式发展，2001—2017 年增长了 7 倍多，为菲律宾带来了大量的外汇。“菲佣”甚至得到了“世界上最专业的保姆”这一美誉。

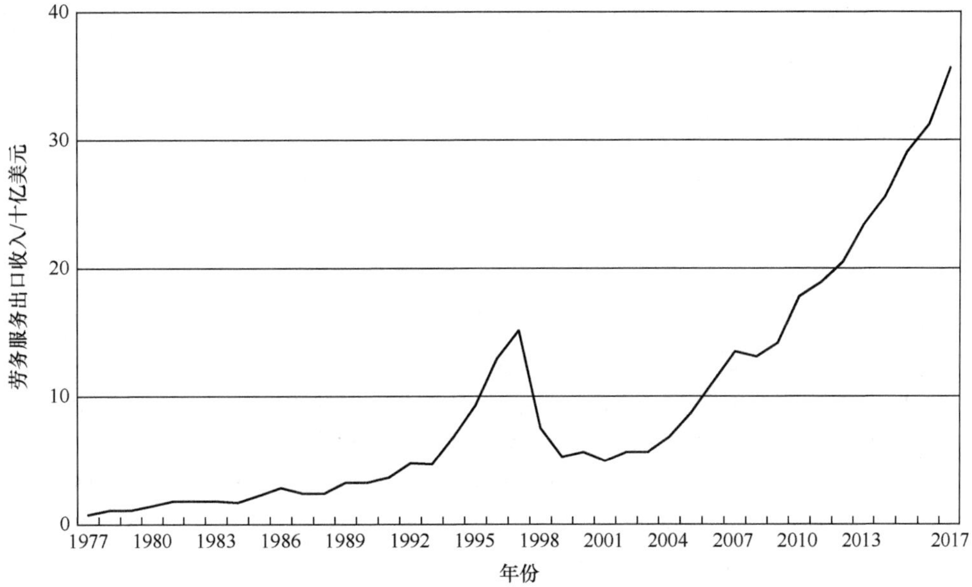

图 10-19　菲律宾劳务服务出口收入变化情况

四、业务流程外包业情况分析

菲律宾具有以服务业带动经济发展，工业为主，农业为辅的经济结构。菲律宾的这种经济结构很多年都没有改变过。其中，核心支柱产业是业务流程外包业。业务流程外包业是菲律宾服务业皇冠上的一颗明珠，对经济增长起到举足轻重的作用。2015 年，菲律宾上千家业务流程外包企业创造了 220 亿美元的产值，吸纳 120 万就业人口，成为菲律宾最大的私营就业来源。在过去 10 年中，菲律宾业务流程外包业收入年增长率约为 10%。根据 JobStreet 招聘网站的数据报告，2016 年菲律宾业务流程外包业的职位空缺数量最多，总体增长率为 14%。根据菲律宾社会经济规划部门的数据，2017 年菲律宾业务流程外包业收入从 2016 年起增长了 12.3%。截至 2017 年 11 月，菲律宾业务流程外包业已雇用约 115 万人。在未来几年，菲律宾业务流程外包业将提供总计 130 万～150 万个新工作岗位。

业务流程外包业在菲律宾得到飞速发展的主要原因有以下几个。

（1）高英文识字率。根据 EF EPI，菲律宾人在亚洲的英语水平排名第 3 位。菲律宾人英文识字率很高，达到 96.9%。菲律宾将学习英文与学校课程相结合。菲律宾儿童早在学前阶段就学习英文。此外，美国的娱乐和媒体对菲律宾也产生了深刻的影响。这在菲律宾人的说话方式中很明显，即使在普通人的日常会话中也可能充满了英语单词。A.T.科尔尼指数还指出，菲律宾工人，特别是业务流程外包业的工人，有中性口音，可以与美国客户联系更紧密。

（2）与西方文化兼容。西方殖民主义一直是菲律宾人的一个有争议的主题。它与西方的价值观和文化有着深刻的联系。这种联系使菲律宾人更倾向于具有努力、坚持不懈、热情好客和谦逊的品格。

（3）菲律宾业务流程外包工作人员也可以提供价格低廉且高质量的服务。虽然外包特定任务（如数字营销或语音服务）可能需要花费很多成本，但菲律宾的业务流程外包公司能以较低的费用提供这些服务。

多年来，业务流程外包业获得菲律宾政府的无形支持后，在加强国家经济发展和提高 GDP 增长方面发挥了至关重要的作用。

五、业务流程外包业的相关成本

（1）固定资产成本。发展业务流程外包业的门槛比较高，其先决条件是需要具备恰当的联网基础设施和介入条件，因此对发展业务流程外包业地区的信息基础设施条件有较高的要求。对于初进入业务流程外包业的服务商而言，初期要投入大量的资金在基础设施上。

（2）人力资源成本。一方面，完成业务流程外包业需要复合型人才——既要掌握相关技术，又要了解外包的运作流程，拥有业务流程外包管理的知识。另一方面，业务流程外包业提供的质量取决于员工的业务水平和积极性，相对来讲，硬件设备与资本处于次要位置。以技术含量较低的呼叫中心为例，硬件设施主要为基本的通信设备，而服务质量则取决于员工的外语水平和态度。因此，业务流程外包服务商一般都要对员工培训有较大的投入，而对员工积极性的调动也要求企业具有人文关怀的激励。菲律宾有着充足廉价的有一定技术且懂英语的劳动力。在这方面，菲律宾具有很大的优势。

（3）信息成本（隐性成本）。从事业务流程外包业还要找到合适的业务流程外包发包商，而获得业务流程外包发包商资料及信息需要成本（信息成本）。

（4）谈判成本。任何企业都希望以最少的投入获得最高的利润，无论是业务流程外包发包商还是服务商都是如此。他们首先要减少和控制业务成本，然后提供更加专业的服务、致力于核心业务、灵活地的增加和降低运营风险等。利益分配问题是合同谈判之中最困难的问题。价格结构影响到业务流程外包发包商的交易成本，也决定了业务流程外包服务商的积极性。另外，还有具体的技术及相关法律等问题需要与业务流程外包发包商不断地磋商与谈判。这些都要付出谈判成本。

（5）项目管理成本。一个业务流程外包项目的成功与否，关键看业务流程外包服务商的项目管理成熟与否。近年来，出现了专门用来考察该情况的标准——CMM 系列认证，用来证明接包企业的接包能力。企业建立项目管理过程，实施规范化管理，保障业务流程外包项目的承诺，进行需求管理，建立客户与软件项目之间的共同理解，使项目真正反映客户的要求，这都要付出项目管理成本。

第四节　产业政策分析

菲律宾的经济以服务业为主，工业和农业为辅。菲律宾服务业以家政服务、旅游、外包服务三大产业为主。政府鼓励这三大产业的发展，甚至专业的“菲佣”成了菲律宾的国家名片。菲律宾尽管矿产丰富，但过去的工业以轻工业，如食品加工业、纺织业为主，近些年才开始大力发展机器、交通运输、电子加工等新兴产业，从而使产业结构更加均衡。菲律宾农业偏重于发展外向型的水果生产，而不是供给国内市场，这就增加了菲律宾对进口水果和蔬菜的依赖。菲律宾是世界主要的水果生产国之一，盛产香蕉、菠萝、杧果、木瓜和椰子。2000 年菲律宾水果出口达到 3.5 亿美元，主要进入日本、韩国、中国市场。但是同时，菲律宾要从美国、澳大利亚、加拿大及中国等国家进口超过 1.2 亿美元的水果和蔬菜，甚至在一段时间内要从国外进口水稻。菲律宾的农业产业链短，附加值低，受国际市场影响较大。菲律宾的农业政策需要向国内需求及产业链的延伸方面倾斜。

杜特尔特上台后，制定了一系列的经济政策，重点发展基础设施建设。在杜特尔特的总统任期内，菲律宾政府将投入 8.6 万亿比索（约合 1 730 亿美元），用于公路、桥梁、铁路、机场和海港等 64 个重点项目的建设。菲律宾基础设施完善后，加上优惠的政策，有更多的外资进入菲律宾。菲律宾得天独厚的自然条件，以及与中国关系的改善，使得菲律宾旅游业得到了很大的发展，成为全世界值得投资的地方之一。

第五节　产业结构与产业政策分析基本结论

通过对菲律宾的基本情况、经济发展情况、产业结构情况、产业政策几个方面的分析，初步得出以下结论。

（1）菲律宾服务业内部产业收入占比变化很明显，尤其现在业务流程外包业收入增长很快。

（2）菲律宾有着充足、廉价而且大部分会讲英语的劳动力。菲律宾劳动力尽管成本与周围别的东南亚国家（如泰国）相比略高，但受教育程度及技能水平都有着很大优势。菲律宾在未来较长一段时间内都有着人口红利，对发展劳动密集型产业及有一定技术含量的加工产业（如电子产品组装）很有利。

（3）菲律宾要继续完善交通、电信、水利等基础设施建设，以吸引优质外资进入。

（4）菲律宾在发展工业、服务业的同时要兼顾农业的发展，兴修水利，改进农民的生产技术，逐步改善“靠天吃饭”的情况；延长农产品的产业链，比如不单纯出口香蕉，对香蕉进行一定的加工，或者制成香蕉片等再出口，从而使其附加值更高。

（5）菲律宾有着发展互联网经济的许多优势，应给予新兴的互联网企业一定的税收等方面的优惠政策，鼓励其发展。

第十一章　格鲁吉亚产业结构与产业政策分析

第一节　基本情况

格鲁吉亚位于连接欧亚大陆的外高加索中西部，包括外高加索整个黑海沿岸、库拉河中游和库拉河支流阿拉扎尼河谷地，西临黑海，西南与土耳其接壤，北与俄罗斯接壤，东南和阿塞拜疆及亚美尼亚共和国毗邻。格鲁吉亚国土面积为 6.97 万平方千米，主要民族为格鲁吉亚族，官方语言为格鲁吉亚语，多数居民通晓俄语、信仰东正教，少数居民信仰伊斯兰教。

在地理环境方面，格鲁吉亚约 2/3 地区为山地和山前地带，大多海拔在 1 000 米以上，属高加索山区。格鲁吉亚北部是大高加索山脉，南部是小高加索山脉，中间为山间低地、平原和高原。格鲁吉亚西部沿海一带为平原，其间为库拉河谷及里奥尼河谷平原。大高加索山脉有许多海拔 4 000 米以上的山峰。格鲁吉亚境内最高峰什哈拉峰海拔为 5 068 米。格鲁吉亚各地气候垂直变化显著。其中，海拔为 490～610 米地带是亚热带气候，较高处气候偏寒；海拔为 2 000 米以上地带是高山气候，无夏季；海拔为 3 500 米以上地带终年积雪，并有冰川。

在自然资源方面，格鲁吉亚属于发展中国家，是一个工业、农业国，主要矿产有煤、铜、多金属矿石、重金石等。格鲁吉亚锰矿石储量丰富，水力资源也十分丰富。目前，格鲁吉亚农业产值约占格鲁吉亚 GDP 的 8.4%，劳动生产率较低，但农场的平均面积达 15 500 平方米。格鲁吉亚在出口的农产品出口中，以葡萄酒、矿泉水、坚果和水果为主。格鲁吉亚目前农业生产水平不高，肉、奶制品、蔬菜、水果都要大量进口。因此，格鲁吉亚农业领域进口替代型的投资前景良好。

在运输方面，格鲁吉亚地理位置重要，扼守高加索和中亚通往欧洲的门户。因此，格鲁吉亚是重要的转口贸易国家。目前，格鲁吉亚 80%的港口和 60%的铁路运输的是转口货物。格鲁吉亚在西部黑海拥有良好的深水港。巴库—第比利斯—卡尔斯跨国铁路连通阿塞拜疆和土耳其，将高加索铁路网与欧洲铁路网相连。

在经济建设方面，格鲁吉亚致力于建立自由市场经济，接受国际货币基金组织、世界银行和欧美国家指导和援助，大力推进经济改革，进一步降低各种税率及关税，加快结构调整和私有化步伐，改善基础设施和投资环境。2011 年，格鲁吉亚经济保持良好发展态势，格鲁吉亚政府继续以发展经济为首任，紧缩公共财政预算，通过提高部分税种税率及加快私有化等方式增加财政收入，增加退休金补贴，调低基准利率鼓励中小企业发展；大力吸引外资，推进与欧盟 FTA 和美国超普惠制待遇的谈判，利用国际援款和贷款加快基础设施建设，以拉动经济发展、打造欧亚运输走廊。2012 年前三季度，格鲁吉亚 GDP 增长 7.4%。

在 2008 年格俄战争和国际金融危机影响下，2009 年格鲁吉亚经济环境恶化，对外贸易额明显减少，外国直接投资大幅减少。2010 年以来，格鲁吉亚经济形势好转。2013 年，格鲁吉亚 GDP 为 161.3 亿美元，同比增长 3.1%。2014 年，格鲁吉亚 GDP 为 169 亿美元，同比增长 4.7%。

第二节　经济发展情况分析

一、经济规模情况分析

格鲁吉亚 GDP 及其增长率变化情况如图 11-1 所示。格鲁吉亚人均 GDP 变化情况如图 11-2 所示。格鲁吉亚 GDP 情况如表 11-1 所示。

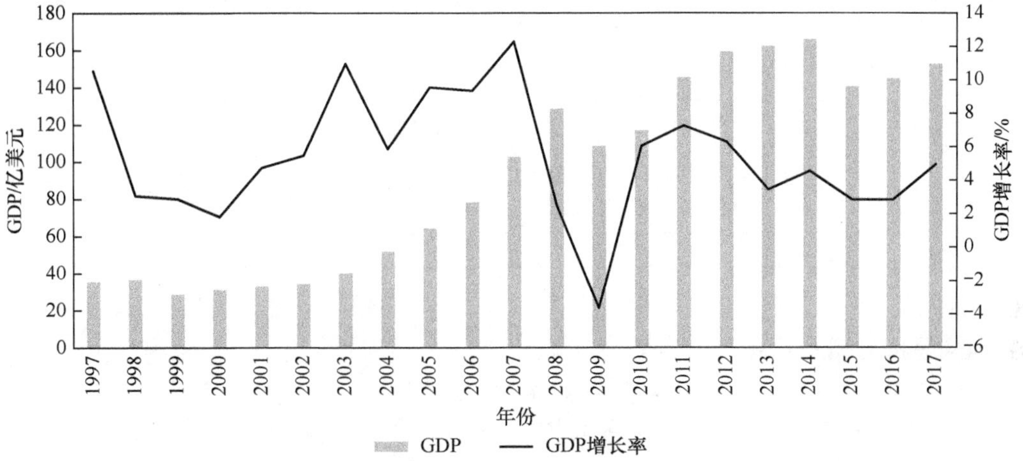

图 11-1　格鲁吉亚 GDP 及其增长率变化情况

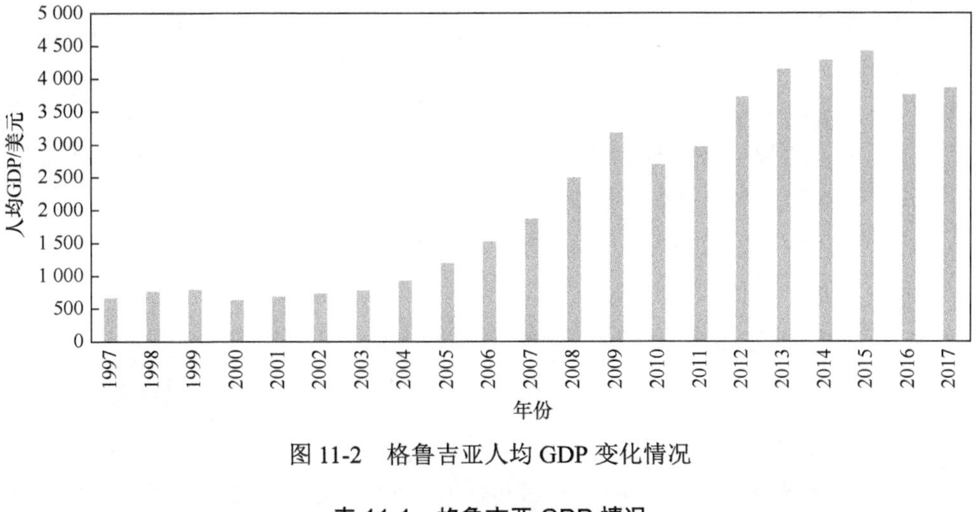

图 11-2　格鲁吉亚人均 GDP 变化情况

表 11-1　格鲁吉亚 GDP 情况

年份	GDP/亿美元	GDP 增长率/%	人均 GDP/美元	人均 GDP 增长率/%
1997	35.11	10.52	774.68	12.58
1998	36.14	3.10	805.27	4.12
1999	28.00	2.87	628.87	3.67
2000	30.57	1.84	692.00	2.63
2001	32.19	4.81	733.97	5.57
2002	33.96	5.47	779.38	6.19

（续表）

年份	GDP/亿美元	GDP 增长率/%	人均 GDP/美元	人均 GDP 增长率/%
2003	39.91	11.06	927.99	12.50
2004	51.25	5.86	1 207.39	7.25
2005	64.11	9.60	1 530.04	11.04
2006	77.45	9.38	1 872.68	10.81
2007	101.73	12.34	2 492.13	13.83
2008	127.95	2.31	3 174.95	3.63
2009	107.67	−3.65	2 706.59	−2.39
2010	116.38	6.25	2 964.48	7.66
2011	144.35	7.22	3 725.06	8.63
2012	158.46	6.35	4 142.87	7.74
2013	161.40	3.39	4 274.38	4.73
2014	165.09	4.62	4 429.65	6.00
2015	139.94	2.88	3 764.64	3.15
2016	143.78	2.85	3 865.79	2.79
2017	151.59	4.99	4 078.25	5.05

（1）整体而言，在统计期内，格鲁吉亚 GDP 及其增长率先增加再减少，人均 GDP 及其增长率同样呈现先增加再减少的走势。

（2）格鲁吉亚 GDP1997—2014 年从 35.11 亿美元增加至 165.09 亿美元，然后减少，2017 年为 151.59 亿美元；人均 GDP 1997—2014 年则从 774.68 美元增加至 4 429.65 美元，然后 2017 年减少至 4 078.25 美元；格鲁吉亚 GDP 增长率 1998—2007 年从 3.10%增加至 12.34%，之后逐渐减少，2017 年为 4.99%；人均 GDP 增长率 1998—2007 年从 4.12%增加至 13.83%，之后 2017 年减少至 5.05%。

（3）在 1998 年和 2008 年经济危机的冲击下，格鲁吉亚 GDP 增长率分别从 1997 年的 10.52%减少为 1998 年的 3.10%、2007 年的 12.34%减少为 2008 年的 2.31%；人均 GDP 增长率分别从 1997 年的 12.58%减少为 1998 年的 4.12%、2007 年的 13.83%减少为 2008 年的 3.63%；GDP 和人均 GDP 则从 1998 年的 36.14 亿美元和 805.27 美元减少至 1999 年的 28.00 亿美元和 628.87 美元、2008 年的 127.95 亿美元和 3 174.95 美元减少至 2009 年的 107.67 亿美元和 2 706.59 美元。

二、人力资本基础情况分析

格鲁吉亚总人口变化情况如图 11-3 所示。格鲁吉亚城镇和农村人口变化情况如图 11-4 所示。格鲁吉亚劳动力情况如表 11-2 所示。

（1）整体而言，格鲁吉亚总人口逐年减少；总人口增长率先增加再减少，然后基本保持水平，之后再次增加；城镇人口占比先减少再增加；城镇人口增长率逐渐增加；农村人口增长率先增加再减少，然后基本保持水平，之后逐渐增加；劳动力总量逐渐减少；劳动力占比则先保持水平再增加；15～64 岁劳动参与率和 15～24 岁劳动参与率均呈现先减少再增加的趋势。

（2）从细节来看，格鲁吉亚总人口 1997—2017 年从 4 531 600 人减少至 3 717 100 人；总人口增长率 1997—2002 年从−1.85%增加至−0.67%，2003 年又迅速减少至−1.30%，然后 2003—2014 年基本维持在−1.25%～1.30%，之后逐渐增加，2017 年为−0.06%；城镇人口占比 1997—2001 年从 53.36%减少至 52.398%，之后逐渐增加，2017 年为 58.231%；农村人口占比 1997—2001 年则呈现与城镇人口占比反向变化趋势；城镇人口增长率 1997—2017 年从−2.30%增加至 0.62%；农村人口增长率 1997—2001 年从−1.33%增加至−0.22%，之后减少，2003 年为−2.11%，2003—2014 年基本在−2.10%～2.20%范围内波动，之后逐年增加，2017 年为−1.00%；劳动力总量 1996—2017 年从 234.13 万人减少为 203.19 万人；劳动力占比 1996—2004 年基本维持在 49%～51%，之后逐渐增加，2017 年为 54.66%；15～64 岁劳动参与率 1996—2000 年从 69.67%减少至 66.20%，2017 年又增加至 72.91%；15～24 岁劳动参与率 1996—2002 年从 36.59%减少至 32.12%，2017 年又增加至 39.75%。

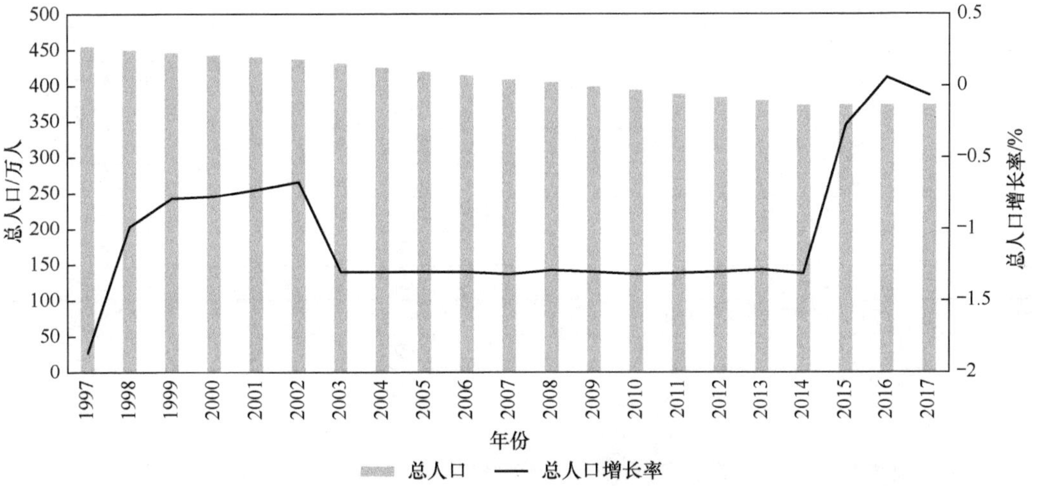

图 11-3　格鲁吉亚总人口变化情况

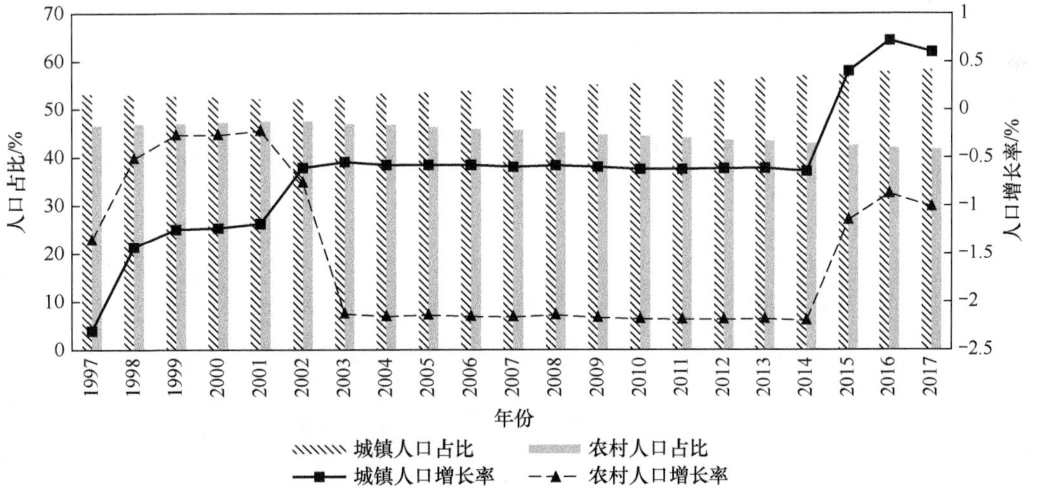

图 11-4　格鲁吉亚城镇和农村人口变化情况

表 11-2　格鲁吉亚劳动力情况

年份	劳动力总量/万人	劳动力占比/%	15～64 岁劳动参与率/%	15～24 岁劳动参与率/%
1996	234.13	50.72	69.67	36.59
1997	228.65	50.46	69.40	36.76
1998	226.55	50.49	69.26	36.70

（续表）

年份	劳动力总量/万人	劳动力占比/%	15～64 岁劳动参与率/%	15～24 岁劳动参与率/%
1999	225.11	50.56	69.11	36.62
2000	217.16	49.15	66.20	35.77
2001	225.26	51.35	68.79	35.28
2002	218.15	50.07	66.81	32.12
2003	221.44	51.49	68.36	36.43
2004	215.83	50.84	66.94	30.64
2005	213.87	51.04	66.88	32.37
2006	212.25	51.32	67.20	33.15
2007	210.68	51.61	67.56	34.08
2008	209.15	51.90	67.95	35.11
2009	207.43	52.14	68.37	36.19
2010	208.72	53.16	70.03	38.99
2011	209.36	54.03	71.66	41.69
2012	210.32	54.99	72.60	41.70
2013	205.58	54.44	71.94	39.59
2014	203.89	54.71	72.36	40.10
2015	205.82	55.37	73.60	41.05
2016	203.48	54.71	72.54	39.50
2017	203.19	54.66	72.91	39.75

数据来源：世界银行数据库。

三、研发投入与产出情况分析

图 11-5 反映的是格鲁吉亚研发投入与产出情况。

（1）整体而言，格鲁吉亚居民专利申请数量在波动中先减少再增加，而研发投入占 GDP 的百分比先减少再基本保持水平波动。

（2）1996—2003 年，格鲁吉亚居民专利申请数量从 288 逐渐减少至 194，然后 2005 年增加至 225。1996—2000 年，格鲁吉亚研发投入占 GDP 的百分比从 0.33%减少至 0.22%，之后基本维持在 0.15%～0.25%。

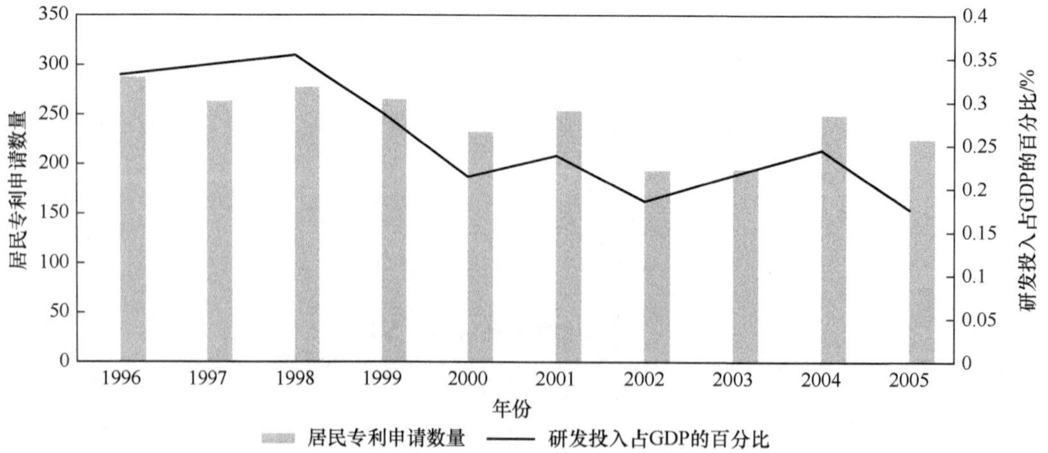

图 11-5 格鲁吉亚研发投入与产出情况

四、制度环境情况分析

格鲁吉亚制度环境评估如表 11-3 所示。不同国家制度环境对比如图 11-6 所示。

表 11-3 格鲁吉亚制度环境评估

年份	法律制度指数	腐败监管指数	政治稳定指数	民主自由权利指数	政府效能指数
2002	−1.06	−1.23	−1.19	−0.50	−0.79
2003	−0.90	−0.70	−1.30	−0.17	−0.3
2004	−0.66	−0.47	−0.87	−0.07	−0.53
2005	−0.71	−0.22	−0.75	−0.09	−0.43
2006	−0.46	0.04	−0.96	−0.09	−0.24
2007	−0.35	−0.13	−0.64	−0.23	0.11
2008	−0.27	−0.11	−0.92	−0.25	0.29
2009	−0.20	−0.12	−0.96	−0.18	0.29
2010	−0.21	0.01	−0.71	−0.16	0.31
2011	−0.12	0.12	−0.65	−0.17	0.55
2012	−0.02	0.40	−0.68	0.02	0.60
2013	−0.01	0.47	−0.44	0.13	0.58
2014	0.19	0.79	−0.32	0.28	0.48
2015	0.27	0.68	−0.46	0.27	0.40
2016	0.38	0.69	−0.31	0.29	0.50
2017	0.33	0.74	−0.37	0.26	0.57

数据来源：世界银行数据库。

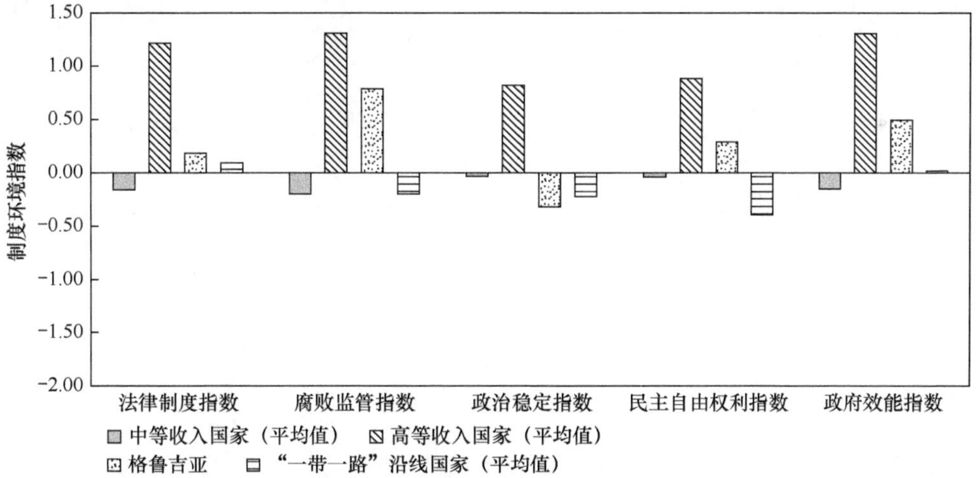

图 11-6 不同国家制度环境对比

（1）整体而言，高等收入国家在法律制度指数、腐败监管指数、政治稳定指数、民主自由权利指数、政府效能指数均远远高于其他国家。格鲁吉亚与高等收入国家的制度环境相比仍然存在较大差距，但是在法律制度、腐败监管、政府效能和民主自由权利方面明显好于中等收入国家。在法律制度、腐败监管、民主自由权利和政府效能方面，格鲁吉亚均优于“一带一路”沿线国家平均水平。

（2）在统计期内，格鲁吉亚法律制度指数、腐败监管指数、政治稳定指数、民主自由权利指数和政府效能指数逐渐提高，制度环境评估水平逐步改善。

（3）2002—2017 年，法律制度指数从−1.06 增加至 0.33；腐败监管指数从−1.23 增加至 0.74；民主自由权利指数从−0.50 增加至 0.26；政治稳定指数则从−1.19 增加至−0.37；政府效能指数从−0.79 增加至 0.57。

五、税收负担情况分析

图 11-7、图 11-8 分别反映的是格鲁吉亚总税收占 GDP 的百分比变化情况和税收占比变化情况。

（1）整体而言，格鲁吉亚总税收占 GDP 的百分比先减少再增加，然后保持水平波动；利润税税收占比逐渐增加；总税收占比则先减少再增加。

（2）格鲁吉亚总税收占 GDP 的百分比 1997—2003 年从 8.33%减少至 7.03%，之后增加，2008 年为 23.81%，2008—2016 年基本维持在 22%～24%；总税收占比 2005—2009 年从 57%减少至 15.3%，之后数年略有回升，2017 年为 16.4%；利润税税收占比 2005—2017 年从 9.8%增加至 14.3%。

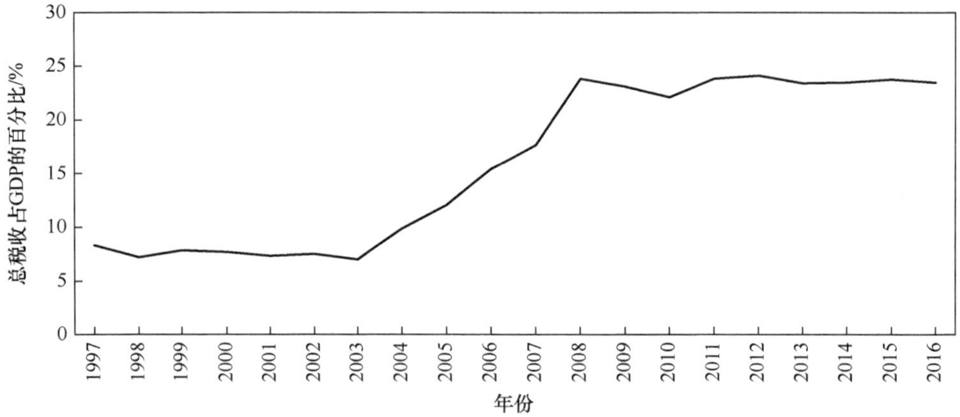

图 11-7 格鲁吉亚总税收占 GDP 的百分比变化情况

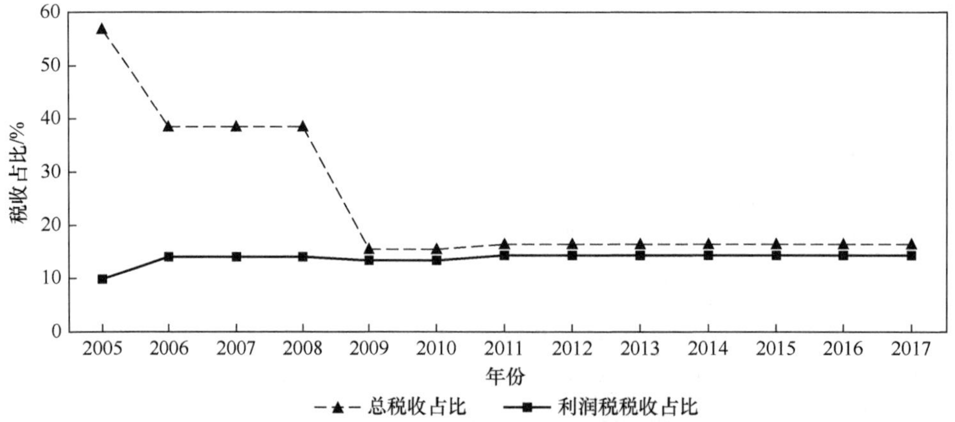

图 11-8 格鲁吉亚税收占比变化情况

六、国际贸易情况分析

图 11-9 反映的是格鲁吉亚国际贸易情况。

（1）整体而言，格鲁吉亚对外贸易额占 GDP 的百分比呈现逐渐增加的趋势，货物和服务贸易差额占 GDP 的百分比呈现先减少再增加的趋势，货物和服务进口贸易额占 GDP 的百分比逐渐增加的趋势。

（2）格鲁吉亚 2000—2017 年对外贸易额从 62.66%增加至 112.58%，同期货物和服务进口贸易额从 39.67%增加至 62.17%，而 2000—2008 年货物和服务贸易差额从−16.67%下降至−29.78%，之后又在 2017 年增加至−11.76%。

（3）在 2008 年经济危机的冲击下，格鲁吉亚对外贸易额占 GDP 的百分比、货物和服务进口贸易额占 GDP 的百分比分别从 2008 年的 87.02%和 58.40%减少至 78.67%和 48.93%。

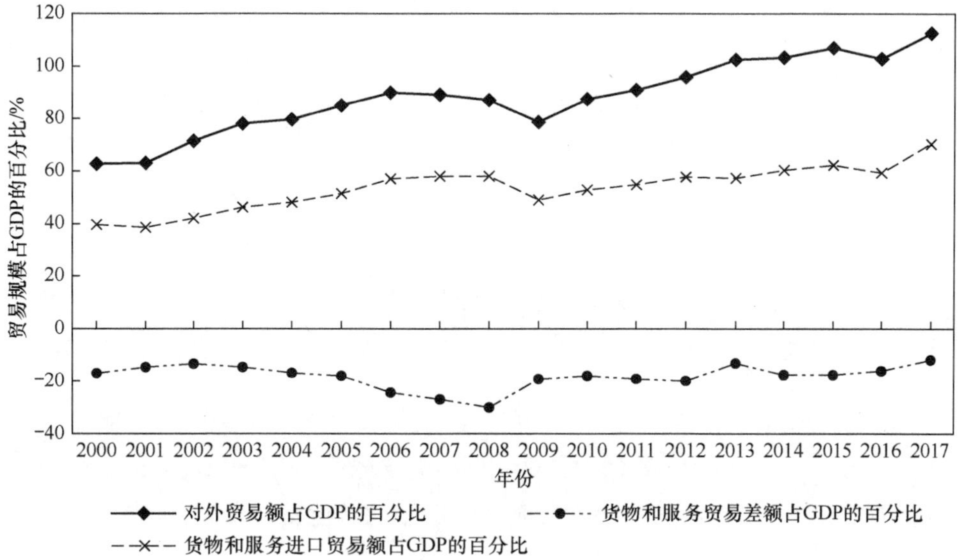

图 11-9　格鲁吉亚国际贸易情况

七、外国直接投资情况分析

图 11-10 反映的是格鲁吉亚外国直接投资占 GDP 的百分比变化情况。

图 11-10　格鲁吉亚外国直接投资占 GDP 的百分比变化情况

（1）就整体而言，格鲁吉亚外国直接投资占 GDP 的百分比先增加再减少，然后逐年增加。

（2）外国直接投资占 GDP 的百分比 1997—2007 年从 6.91%增加至 18.48%，之后 2009 年减少至 6.11%，然后又增加，2017 年为 11.96%。

（3）在 1998 年和 2008 年两次经济危机的不利影响下，格鲁吉亚外国直接投资占 GDP 的百分比分别从 7.34%和 12.48%减少至 2.94%和 6.11%。

八、经济活力情况分析

图 11-11 反映的是格鲁吉亚新注册企业数量及密度变化情况。

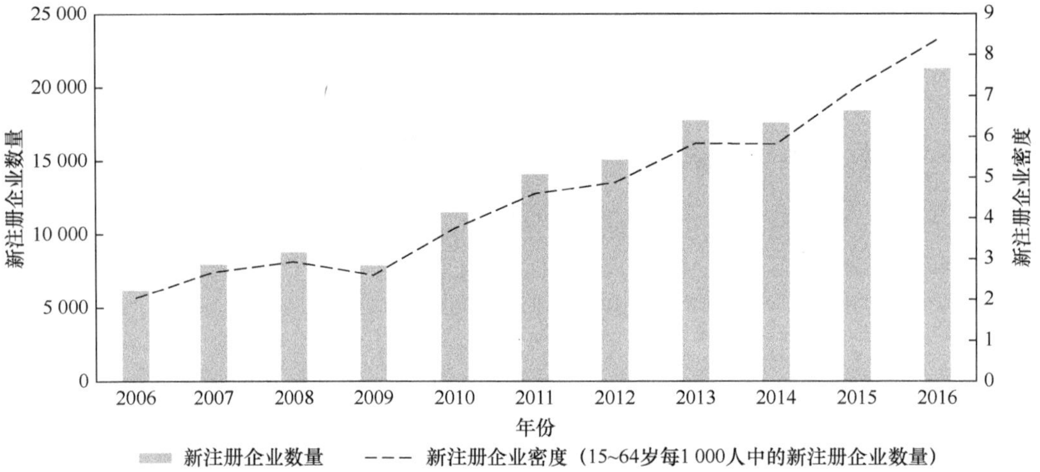

图 11-11 格鲁吉亚新注册企业数量及密度变化情况

（1）整体而言，在统计期内，格鲁吉亚新注册企业数量呈逐渐增加的趋势，新注册企业密度也是逐渐增加的趋势。

（2）2006—2016 年，格鲁吉亚新注册企业数量从 6 140 增加至 21 262，新注册企业密度则从 2.07 增加至 8.37。

（3）在 2008 年经济危机的影响下，格鲁吉亚新注册企业数量及密度分别从 8 787 和 2.94 骤减至 7 835 和 2.60。

第三节 产业结构情况分析

一、三次产业结构分析

图 11-12、图 11-13 分别反映的是格鲁吉亚产业结构及劳动力就业结构变化情况。

（1）总的来说，在统计期内，格鲁吉亚农业增加值占比逐渐减少，工业增加值占比先减少再增加，之后再次减少后再次增加；服务业增加值占比先增加再减少，之后增加后再次减少。格鲁吉亚农业就业人数占比先增加再减少；工业就业人数占比和服务业就业人数占比均呈现先减少再增加的走势。

（2）格鲁吉亚农业增加值占比 1996—2017 年从 33.15%减少为 7.02%；工业增加值占比 1996—2001 年从 23.04%减少至 20.54%，之后增加，2004 年为 24.18%，然后 2009 年减少为 18.93%，之后增加，2017 年为 22.06%；服务业增加值占比 1996—2000 年从 40.92%增加至

52.33%，然后逐渐减少，2005 年为 49.97%，2010 年逐渐增加至 60.25%，之后减少，2017 年降至 56.58%。格鲁吉亚农业就业人数占比 2000—2006 年从 52.17%增加至 55.31%，之后 2017 年增加至 40.91%；工业就业人数占比 2000—2002 年从 9.81%减少至 8.22%，然后逐渐增加，2017 年为 12.50%；服务业就业人数占比 2000—2006 年从 38.02%减少至 35.64%，之后 2017 年逐渐增加至 46.60%。

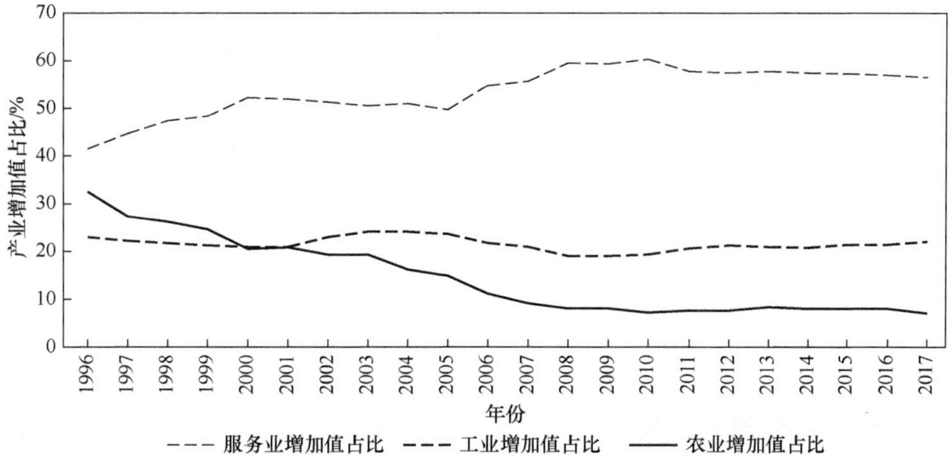

图 11-12　格鲁吉亚产业结构变化情况

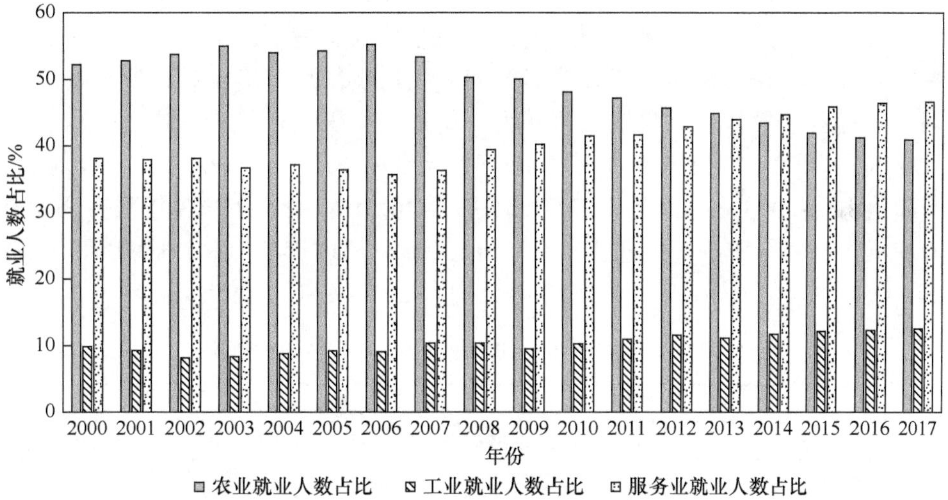

图 11-13　格鲁吉亚劳动力就业结构变化情况

二、工业、制造业规模变化分析

图 11-14 反映的是格鲁吉亚工业、制造业规模变化情况。

（1）整体而言，在统计期内，格鲁吉亚工业增加值、制造业增加值、工业增加值年增长率及制造业增加值年增长率均呈现为先减少再增加，然后减少再缓慢增加的走势。

（2）格鲁吉亚 2008—2013 年工业增加值从 24.24 亿美元增加至 33.70 亿美元，之后逐渐减少，2015 年为 29.85 亿美元，然后 2017 年又增加至 33.44 亿美元；制造业增加值 2008—2014 年从 13.36 亿美元增加至 18.85 亿美元，之后逐渐减少，2017 年为 16.01 亿美元；工业增加值年增长率 2008—2012 年从 6.13%增加至 9.65%，之后 2017 年减少为 5.67%；制造业增加值年增长率 2008—2010 年从−2.36%增加至 12.12%，之后开始减少，2017 年为 3.32%。

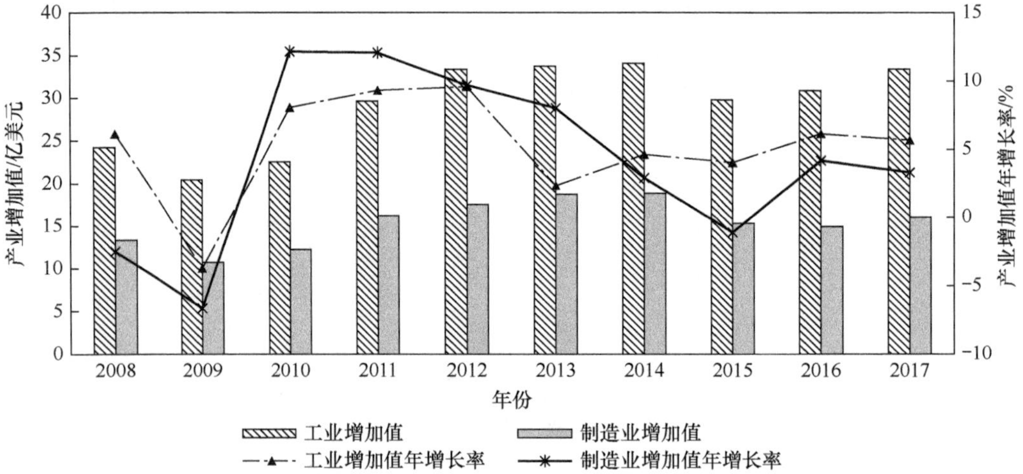

图 11-14 格鲁吉亚工业、制造业规模变化情况

（3）2008 年经济危机使得格鲁吉亚工业、制造业增加值遭受挫折；工业增加值和制造业增加值分别从 2008 年的 24.24 亿美元和 13.36 亿美元缩水至 20.38 亿美元和 10.69 亿美元；工业增加值年增长率和制造业年增长率也从 6.13%和−2.36%骤减至−3.78%和−6.72%。

表 11-4 反映的是格鲁吉亚制造业分行业增加值占比情况。总的来说，纺织品与服装行业增加值占比以及食品、饮料和烟草行业增加值占比稳步增加，机械和运输设备、化学品以及中、高端技术行业增加值占比先增加再减少。纺织品与服装行业增加值占比以及食品、饮料和烟草行业占比 2008—2013 年分别从 1.39%和 24.80%增加至 2.62%和 44.08%。机械和运输设备行业增加值占比 2008—2009 年从 7.52%增加至 14.54%，之后 2013 年减少至 6.48%。化学品行业增加值占比以及中、高端技术行业占比 2008—2011 年分别从 6.87%和 15.39%增加至 14.23%和 21.77%，然后逐年减少，2013 年分别为 10.75%和 17.79%。

表 11-4 格鲁吉亚制造业分行业增加值占比情况

行业	行业增加值占比/%					
	2008 年	2009 年	2010 年	2011 年	2012 年	2013 年
纺织品与服装	1.39	2.48	2.84	2.45	2.63	2.62
中、高端技术	15.39	16.61	17.16	21.77	15.99	17.79
其他	59.41	42.22	47.83	43.39	47.58	36.06
机械和运输设备	7.52	14.54	5.57	6.84	4.16	6.48
食品、饮料和烟草	24.80	34.41	33.29	33.08	34.58	44.08
化学品	6.87	6.35	10.46	14.23	11.05	10.75

三、服务业规模变化分析

图 11-15 反映的是格鲁吉亚服务业规模变化情况。总的来说，在统计期内除少数年份外，格鲁吉亚服务业增加值占比及其年增长率逐渐减少。服务业增加值占比 2008—2016 年从 59.54%减少至 56.58%；服务业增加值年增长率则从 2010 年的 7.61%减少至 2016 年的 2.12%。

受 2008 年金融危机的冲击，格鲁吉亚服务业增加值占比及其年增长率分别从 59.54%和 2.31%减少至 59.41%和−4.14%。

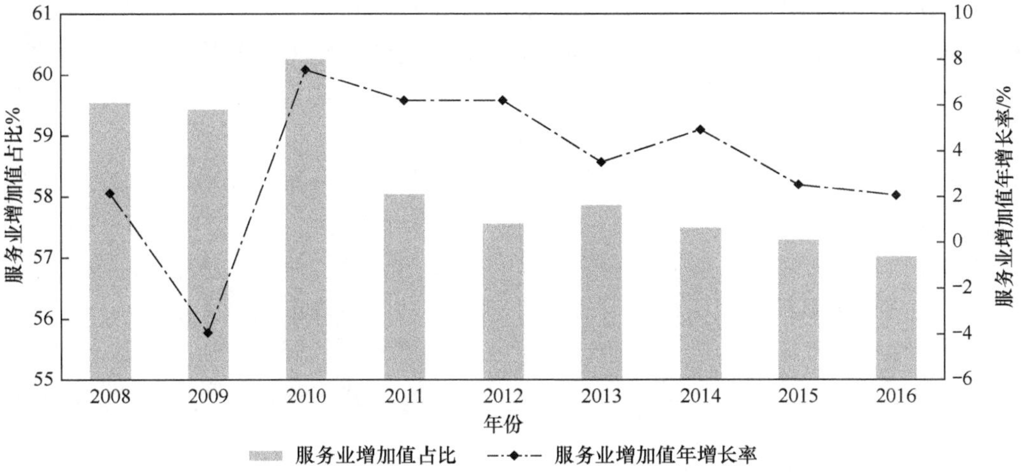

图 11-15　格鲁吉亚服务业规模变化情况

第四节　产业政策分析

格鲁吉亚拥有较为稳定的宏观经济环境。国际评级机构对格鲁吉亚的主权信用长期维持着“稳定”的评级展望，标准普尔评级和惠誉评级均为 BB−，穆迪评级为 Ba3。格鲁吉亚政府也锐意进行改革，相对高效和清廉，重视发展商业和经济。在营商环境和经济自由度方面，格鲁吉亚也取得了很大的进步。其中，营商环境世界排名从 2005 年的第 112 位上升到 2014 年第 8 位；经济自由度世界排名从 99 位上升到 2013 年 21 位。

格鲁吉亚实行自由贸易政策，海关管理简单而高效，几乎 90%以上的商品免征进口关税，且没有数量限制。格鲁吉亚是世贸组织成员国，并与俄罗斯、乌克兰、白俄罗斯、阿塞拜疆、亚美尼亚、摩尔多瓦、哈萨克斯坦、吉尔吉斯斯坦、塔吉克斯坦、乌兹别克斯坦、土库曼斯坦签署了自由贸易协定，与土耳其也签署了自由贸易协定。格鲁吉亚商品进入美国、挪威、瑞典、加拿大和日本享受 GSP 待遇，进入欧盟享受 GSP+待遇，近 7 200 种商品免税或享受低税率。格鲁吉亚与欧盟签署的联系成员国协定中的主要内容是全面深入的自由贸易协定，这将使格鲁吉亚迈出融入欧盟的重要一步，也大大增加了对外来投资的吸引力。

目前，格鲁吉亚没有工资税或者社会保险税，没有资本所得税、财富税和遗产税，对个人境外所得免税，加速资产折旧，企业亏损可在企业所得税前扣除，货币自由兑换，企业资本和利润可自由进出，并与包括中国在内的 40 多个国家签署了《避免双重征税协定》。在美国《福布斯》杂志评选的全球税负指数中，格鲁吉亚排第 4 位，仅次于卡塔尔、阿拉伯联合酋长国。

第五节　产业结构与产业政策分析基本结论

通过对格鲁吉亚的基本情况、经济发展情况、产业结构情况和产业政策相关内容的分析，初步得出以下结论。

总体来说，格鲁吉亚近年来三次产业结构、产业内劳动力占比不断优化，逐步向合理化迈进，但也存在一些问题，使得格鲁吉亚经济发展后劲不足。

虽然能源生产对格鲁吉亚经济发展的作用很大，但作为一个能源资源匮乏而消费量巨大的国家，能源很大程度上依赖于进口，且使用效率极低。能源对于产业的正常运转至关重要，能源以及燃料的不足势必会使格鲁吉亚经济的发展面临窘境。因此，格鲁吉亚要转变经济发展方式，优化资源结构，提高资源使用效率，同时寻找更多可循环利用的清洁能源，保障国家能源安全。

格鲁吉亚产业政策的着力点在于以各种优惠政策努力吸引外资。从格鲁吉亚引进外资的情况来看，这些优惠政策在促进经济发展，推动就业等方面确实起到了很大的作用。从长远来看，格鲁吉亚中、高端技术产业较少，并没有掌握研发技术等一些核心技术，使得格鲁吉亚经济的发展不能得到很好的突破。所以，格鲁吉亚除了要关注如何吸引外资，还要关注吸引怎样的外资来优化产业结构。

第十二章　哈萨克斯坦产业结构与产业政策分析

第一节　基本情况

哈萨克斯坦位于亚洲中部，北邻俄罗斯，南与乌兹别克斯坦、土库曼斯坦、吉尔吉斯斯坦接壤，西濒里海，东接中国。哈萨克斯坦首都为阿斯塔纳，全国设 14 个州、2 个直辖市。

在地理环境方面，哈萨克斯坦地形复杂，境内多为平原和低地，并呈现东南高、西北低的地形特点，其中西部和西南部地势最低，且河网稀少。哈萨克斯坦属于温带大陆性气候，平原地区年降水量为 100～300 毫米，山区可达 800～1 500 毫米。

在人口方面，截至 2019 年 1 月，哈萨克斯坦总人口约为 1 839.57 万人。其中，女性人口占 51.6%，男性人口占 48.4%；城市人口约为 1 034.21 万人，农村人口约为 769.56 万人。哈萨克斯坦共有 125 个民族。其中，哈萨克族占 64.6%，俄罗斯族占 22.3%。哈萨克斯坦约占 69%的居民信奉伊斯兰教（逊尼派）。

在自然资源方面，哈萨克斯坦有丰富的铜、铅、锌、铬的储量，还有煤、铁、石油、天然气、铝土矿、磷灰石等资源。

在工业方面，哈萨克斯坦工业基础极为薄弱，发展缓慢，以石油、采矿、煤炭和农牧业为主，加工工业和轻工业相对落后。哈萨克斯坦大部分日用消费品依靠进口。哈萨克斯坦独立后实施经济改革，分阶段推行市场经济和私有化。

在交通运输方面，哈萨克斯坦最主要的交通运输方式是公路。目前，哈萨克斯坦公路总长为 9.74 万千米。其中，国道有 2.35 万千米；州（区）道有 7.39 万千米。哈萨克斯坦铁路干线总长为 1.51 万千米，密度为 5.53 米/平方千米。哈萨克斯坦现有大型机场 21 个，其中 12 个提供国际空运服务。哈萨克斯坦最主要的机场是阿拉木图机场和阿斯塔纳机场。哈萨克斯坦作为一个内陆国，相比其他运输方式，水运并不发达。哈萨克斯坦在里海海上运输主要依靠 3 个港口：阿克套国际贸易港、包季诺港和库雷克港。

在外交方面，哈萨克斯坦实行以巩固独立主权为中心的务实、平衡的外交政策。中国和哈萨克斯坦关系良好，高层互访频繁。目前，中国在哈萨克斯坦设立了 4 所孔子学院，成为当地民众学习汉语、了解中国文化的有益平台。双方还经常互派文艺团组、轮流举办科技日、产品展览会等活动。

第二节　经济发展情况分析

一、经济规模情况分析

哈萨克斯坦经济规模在经历高速增长阶段后开始趋于下降。哈萨克斯坦 GDP 情况如表 12-1 所示。图 12-1 反映了哈萨克斯坦 GDP 及其增长率变化情况。总体而言，哈萨克斯坦 GDP 2013

年之前处在一个较高的增长态势。具体而言，2000 年以前，哈萨克斯坦 GDP 1998 年经历了大幅度的下滑，此时 GDP 增长率小于 0，之后又以较高的速度增长。2001—2016 年，哈萨克斯坦经历了两次较大的经济下滑。作为中亚最大的新兴市场经济体，哈萨克斯坦近年来经济和社会发展速度受到了全世界的瞩目。2008 年，美国次贷危机从金融层面传导到实体经济层面，而哈萨克斯坦则是遭受全球金融危机影响较严重的国家之一。哈萨克斯坦的国家财政收入主要依赖于能源出口，以石油为例，2007 年石油价格曾达到每桶 147.2 美元，但在 2008 年 11 月石油价格跌至每桶 54 美元，之后又再创历史新低。此次金融危机还影响了哈萨克斯坦吸引国外能源投资的能力，进一步影响了哈萨克斯坦经济的发展。2013—2014 年，世界经济复苏缓慢，乌克兰危机的外溢效应使哈萨克斯坦经济发展不可避免受到了冲击。当时俄罗斯的经济发展因与欧美国家的相互制裁而遭到重创，全球石油需求疲软，国际石油价格一跌再跌。2014 年，哈萨克斯坦经济增长率仅为 4.2%，远低于此前政府制定的 6%的目标。哈萨克斯坦经济 2015 年下行压力依然存在，之后才逐渐恢复。

表 12-1 哈萨克斯坦 GDP 情况

年份	GDP/亿美元	GDP 增长率/%	人均 GDP/美元	人均 GDP 增长率/%
2009	1 153.09	1.20	7 165.22	−1.43
2010	1 480.47	7.30	9 070.49	5.79
2011	1 926.27	7.40	11 634.00	5.87
2012	2 079.99	4.80	12 386.70	3.33
2013	2 366.35	6.00	13 890.63	4.49
2014	2 214.16	4.20	12 807.26	2.68
2015	1 843.88	1.20	10 510.77	−0.27
2016	1 372.78	1.10	7 714.84	−0.33
2009—2016（平均值）	1 785.09	4.14	10 467.81	2.54

数据来源：世界银行数据库。

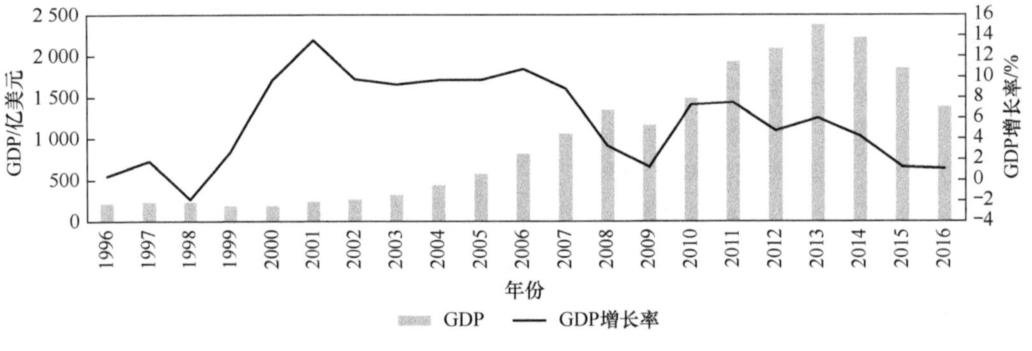

图 12-1 哈萨克斯坦 GDP 及其增长率变化情况

图 12-2 反映的是哈萨克斯坦人均 GDP 变化情况。2008 年之前，哈萨克斯坦经济的高速增长带来了人均 GDP 的增长；2009 年，金融危机后人均 GDP 出现了较大幅度的下滑；之后随着经济的复苏，人均 GDP 逐渐提高，但增速放缓；人均 GDP2013 年达到 13 890.63 美元，但 2014 年以后又出现下滑。

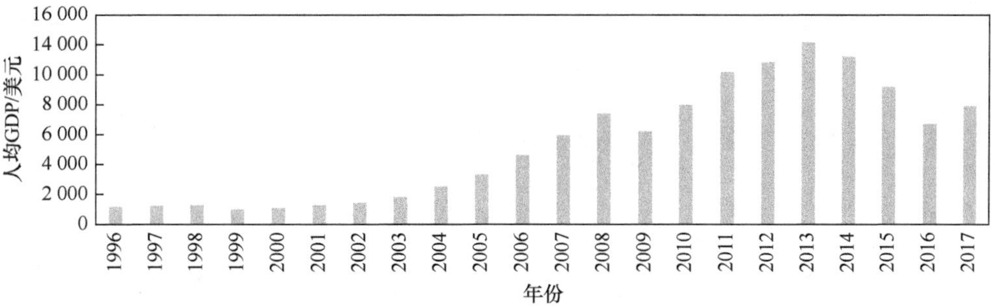

图 12-2　哈萨克斯坦人均 GDP 变化情况

二、人力资本基础情况分析

从图 12-3 中可以看出，哈萨克斯坦总人口总体上呈增加的趋势，但其增长率波动比较大。1996—2001 年，哈萨克斯坦总人口增长率为负，总人口在不断减少。2001 年以后，哈萨克斯坦总人口负增长现象趋于好转，并在 2009 年经历了一次总人口增长最高峰，此时总人口为 16 092 822 人。之后，哈萨克斯坦总人口逐渐增加，且总人口及其增长率都逐渐趋于稳定。

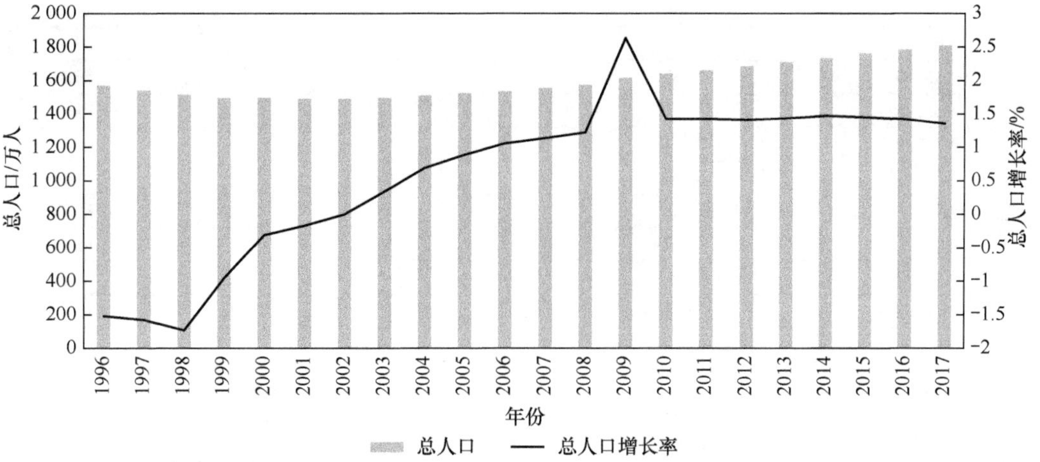

图 12-3　哈萨克斯坦总人口变化情况

哈萨克斯坦城镇和农村人口变化情况如图 12-4 所示。在统计期内，城镇人口占比不断增加，1996—2017 年由 55.943%增加到 57.336%；城镇人口增长率 2009 年经历了一次大增长，之后便逐渐趋于稳定；农村人口占比则不断减少，由 1996 年的 44.057%减少到 2017 年的 42.664%；农村人口增长率 2003—2017 年一直为正值，最高达 2.468 348%。

哈萨克斯坦劳动力情况如表 12-2 所示。哈萨克斯坦劳动力总量 1996—2000 年经历了小幅度缩减之后便逐年增加，2017 年为 9 230 422 人。哈萨克斯坦的劳动参与率一直处在一个较高的水平上。从劳动参与率的男女比率来看，男性劳动参与率远高于女性劳动参与率。

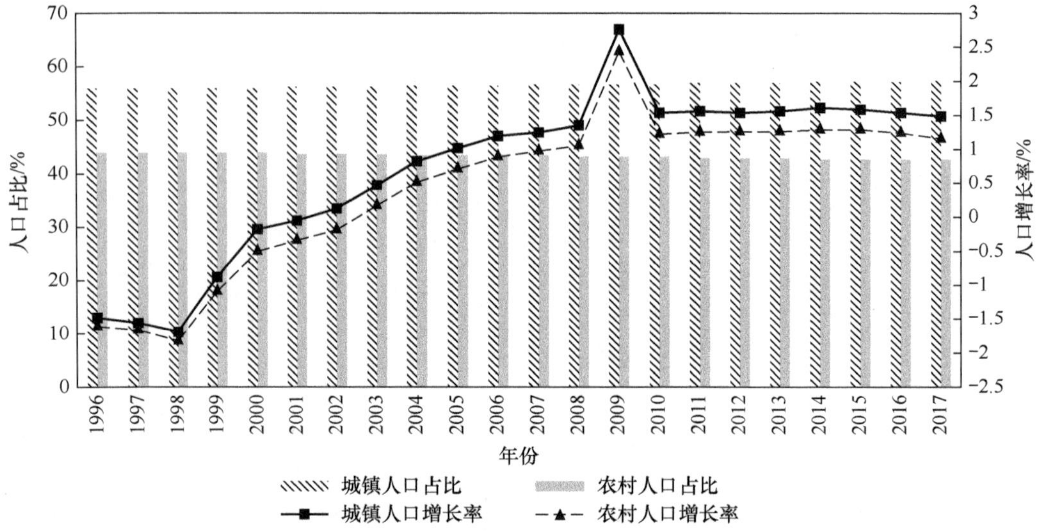

图 12-4 哈萨克斯坦城镇和农村人口变化情况

表 12-2 哈萨克斯坦劳动力情况

年份	劳动力总量/人	劳动参与率（占15岁以上总人口的百分比）/%	劳动参与率（占15～64岁总人口的百分比）/%	劳动参与率的男女比率/%
1996	7 879 257	71.48	77.59	83.82
1997	7 789 420	71.36	77.37	84.15
1998	7 699 508	71.36	77.19	84.50
1999	7 660 662	71.28	76.99	84.81
2000	7 655 067	71.01	76.74	85.10
2001	7 673 622	70.57	76.52	85.39
2002	7 710 534	70.23	76.43	85.65
2003	7 758 737	69.82	76.44	85.54
2004	7 802 568	69.23	76.08	85.08
2005	7 947 812	69.50	76.34	85.53
2006	8 080 705	69.70	76.51	86.01
2007	8 226 662	69.98	76.67	86.47
2008	8 382 549	70.31	76.84	86.92
2009	8 573 022	70.01	76.39	86.32
2010	8 719 779	70.33	76.66	86.17
2011	8 806 519	70.36	76.80	86.09
2012	8 887 384	70.47	77.02	85.98
2013	8 961 806	70.61	77.27	85.82
2014	9 050 189	70.89	77.57	85.37
2015	9 109 811	70.92	77.62	84.90
2016	9 172 172	71.00	77.87	84.70
2017	9 230 422	71.00	78.13	84.60

数据来源：世界银行数据库。

三、交通情况分析

从旅客周转量来看，航空旅客周转量和公路旅客周转量远大于铁路旅客周转量。从货物周转量来看，铁路货物周转量居于首位，公路货物周转量和航空货物周转量跟在其后。从运输类型上来看，哈萨克斯坦的交通以铁路运输和公路运输为主，航空运输较少。从总长度来看，哈萨克斯坦的公路最长，铁路次之。哈萨克斯坦公路总长度高达 97 155 千米。哈萨克斯坦货物周转量情况如表 12-3 所示。

表 12-3 哈萨克斯坦货物周转量情况

年份	铁路货物周转量/（亿吨·千米）	公路货物周转量/（亿吨·千米）	航空货物周转量/（亿吨·千米）
2003	1 476.72	401.58	0.208
2004	1 634.20	439.10	0.125 6
2005	1 718.55	471.23	0.158 3
2006	1 911.89	538.16	0.163 8
2007	1 911.89	614.44	0.172 1
2008	2 149.07	634.81	0.164 9
2009	1 973.02	662.537	0.145 8
2010	2 131.74	802.606	0.423 8
2011	2 235.84	1 210.741	0.509 8

数据来源：世界银行数据库。

四、信息化情况分析

图 12-5 反映的是哈萨克斯坦信息化情况。从图 12-5 中可以出看出，哈萨克斯坦的互联网覆盖率、固定宽带覆盖率以及电话线路覆盖率均呈现逐年增加的趋势。其中，互联网覆盖率 2011 年增长最快；固定宽带覆盖率增长稳定；电话线路覆盖率增长最为缓慢，甚至 2013 年和 2014 年出现了负增长。可见，哈萨克斯坦的整体信息化水平在不断提高。

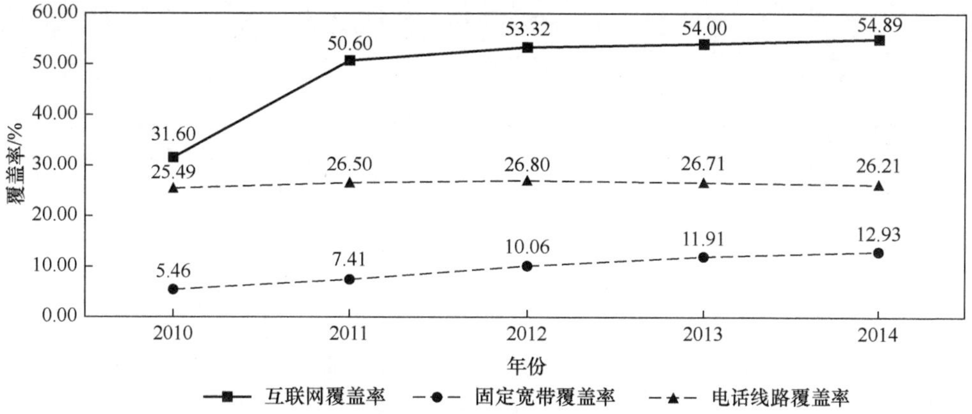

图 12-5 哈萨克斯坦信息化情况

五、研发投入与产出情况分析

图 12-6 反映了哈萨克斯坦研发投入与产出的情况。从图 12-6 中可以看出，哈萨克斯坦研发投入占 GDP 的百分比 2001—2009 年基本都维持在 0.23%上下，之后便在波动中减少，到 2015 年仅为 0.17%；居民专利申请数量 2000—2004 年总体上呈增加趋势，2005—2013 年波动较大，2013 年达到 1 824 个，之后便逐年减少，2016 年仅为 993 个，同比减少 21.87%，其中减少幅度最大是在 2011 年，同比减少 27.03%；非居民专利申请数量 2009 年之前逐年增加，2013 年之后逐渐减少。

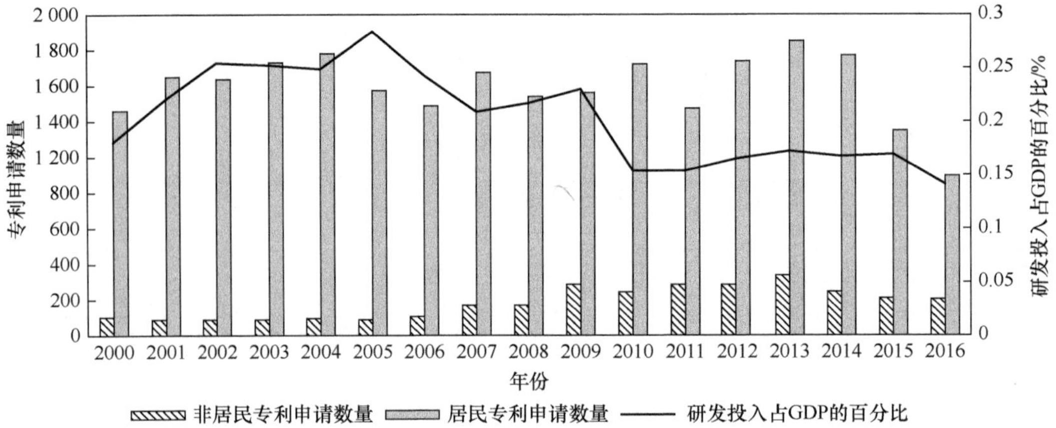

图 12-6 哈萨克斯坦研发投入与产出情况

六、制度环境情况分析

哈萨克斯坦制度环境评估如表 12-4 所示。总体而言，哈萨克斯坦的制度环境在经历一段时间内的低谷之后呈现出逐渐改善的趋势。其中，法律制度指数、腐败监管指数、政府效能指数 2016 年分别为-0.42、−0.80 和−0.06，高于 2002—2016 年的平均值-0.77、−0.96 和−0.45；政治稳定指数、民主自由权利指数 2016 年分别为 0.04、−1.29，均低于 2002—2016 年的平均值 0.18、−1.14。可见，哈萨克斯坦在政治稳定及民主自由权利方面的制度环境有所退步。

表 12-4 哈萨克斯坦制度环境评估

年份	法律制度指数	腐败监管指数	政治稳定指数	民主自由权利指数	政府效能指数
2002	−1.14	−1.11	0.36	−1.07	−0.93
2003	−1.03	−1.03	0.36	−1.09	−0.63
2004	−1.01	−1.10	0.07	−1.13	−0.65
2005	−0.87	−1.01	0.19	−1.03	−0.62
2006	−1.02	−0.99	0.21	−1.19	−0.43
2007	−0.95	−0.99	0.65	−1.16	−0.58
2008	−0.82	−0.98	0.62	−1.09	−0.46
2009	−0.65	−0.93	0.78	−1.08	−0.39
2010	−0.62	−1.00	0.52	−1.13	−0.44
2011	−0.57	−0.99	−0.34	−1.12	−0.41
2012	−0.68	−0.92	−0.41	−1.18	−0.44
2013	−0.69	−0.93	−0.40	−1.24	−0.53
2014	−0.60	−0.83	0.04	−1.18	−0.04
2015	−0.44	−0.85	−0.04	−1.16	−0.07
2016	−0.42	−0.80	0.04	−1.29	−0.06
2002—2016（平均值）	−0.77	−0.96	0.18	−1.14	−0.45

数据来源：世界银行数据库。

不同国家制度环境对比如图 12-7 所示。从图 12-7 中可以看出，高等收入国家在法律制度指数、腐败监管指数、政治稳定指数、民主自由权利指数、政府效能指数均远远高于其他国家。哈萨克斯坦的制度环境与中等收入国家和“一带一路”沿线国家的制度环境相比，仅政治稳定指数高于中等收入国家和“一带一路”沿线国家的平均值水平，法律制度、腐败监管、民主自由权利、政府效能 4 个方面指数均落后于中等收入国家和“一带一路”沿线国家的平均值。其中，民主自由权利方面落后最严重，法律制度和政府效能方面指数与中等收入国家的平均值也相差较大。总体而言，在中等收入国家和“一带一路”沿线国家中，哈萨克斯坦与其他国家的制度环境仍存在较大差距。

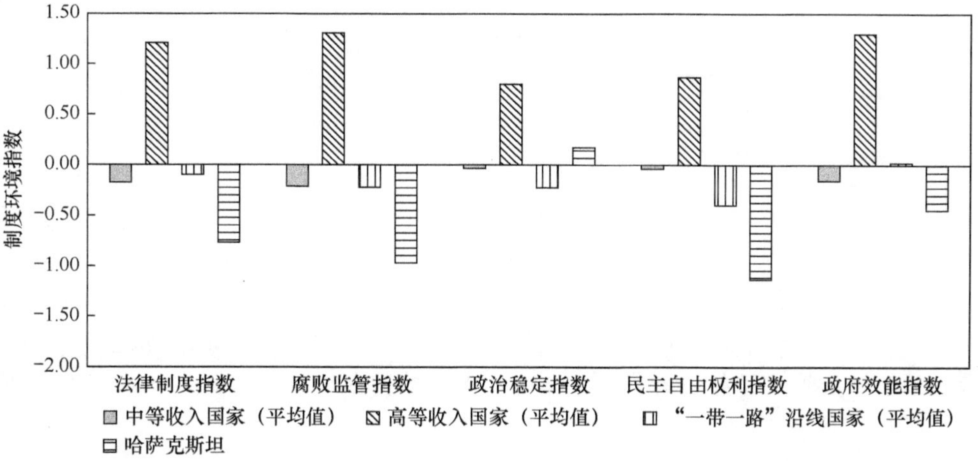

图 12-7　不同国家制度环境对比

七、税收负担情况分析

由图 12-8 可知，哈萨克斯坦总税收占 GDP 的百分比波动幅度较大，1997—2011 年总体呈上升趋势（2005—2009 年的数据缺失），2011 年高达 18.257 83%，之后又开始逐渐下降，中间又经历了一次小幅度增长，之后下降到 9.835 712%。

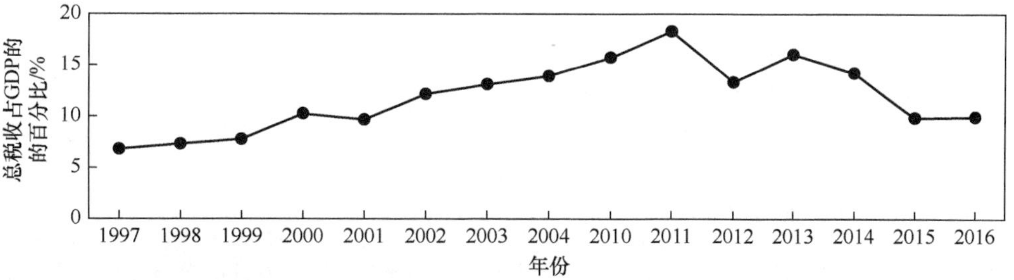

图 12-8　哈萨克斯坦总税收占 GDP 的百分比变化情况

图 12-9 反映的是哈萨克斯坦税收占比变化情况。由图 12-9 可以看出，总税收占比和利润税税收占比整体上在经历小幅度波动之后呈下降趋势，之后便逐渐趋于稳定；2005 年的利润税税收占比和总税收占比均为最高，分别为 24.7%和 45%；2017 年利润税税收占比最低，为 16.2%；2014 年的总税收占比最低，为 28.9%。

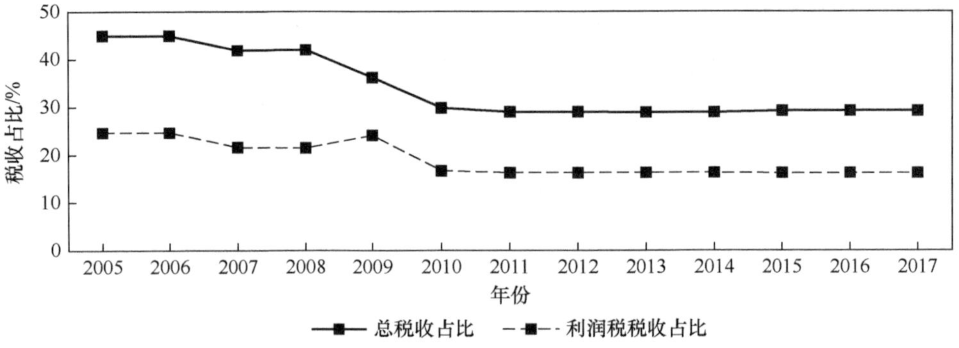

图 12-9 哈萨克斯坦税收占比变化情况

八、国际贸易情况分析

2006—2016 年，哈萨克斯坦的对外贸易额占 GDP 的百分比、货物和服务进口贸易额占 GDP 的百分比均呈下降趋势。对外贸易额占 GDP 的百分比最大值和最小值分别是 2008 年的 92.29%和 2015 年的 53.05%。货物和服务进口贸易额占 GDP 的百分比在 2007 年达到了最大值，为 42.85%，之后呈下降趋势，波动幅度不算太大，相对平稳，基本都维持在 38%左右。2006—2016 年，货物和服务贸易差额占 GDP 的百分比波动较大，最大值和最小值则出现在 2011 年的 19.82%和 2016 年的 3.38%。

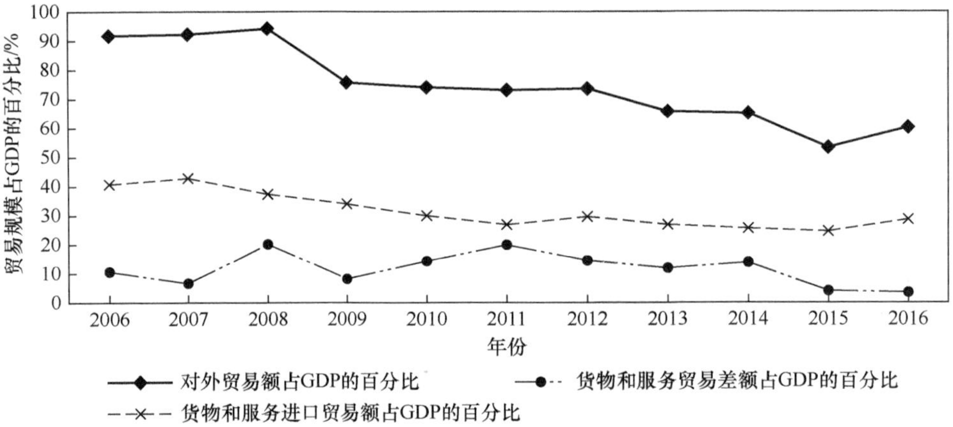

图 12-10 哈萨克斯坦国际贸易情况

九、经济活力情况分析

图 12-11 反映的是哈萨克斯坦外国直接投资净流出量占 GDP 的百分比。外国直接投资对国民经济的发展起着至关重要的作用。从图 12-11 中可以看出，哈萨克斯坦外国直接投资净流出量占 GDP 的百分比波动十分剧烈。其最大值出现在 2004 年（13.01%），而其最小值出现在 2014 年（3.26%），二者相差了 9.75%。

图 12-12 反映的是哈萨克斯坦新注册企业数量及密度变化情况。由图 12-12 可以看出，哈萨克斯坦新注册企业数量在波动中不断增加。2007—2010 年，新注册企业数量大幅度缩减。之后，随着经济的回升，新注册企业数量开始逐渐增加，2014 年达到最大值。此时，新注册企业数量为 26 322，新注册企业密度为 2.26，之后新注册企业数量的增长便逐渐趋于稳定。

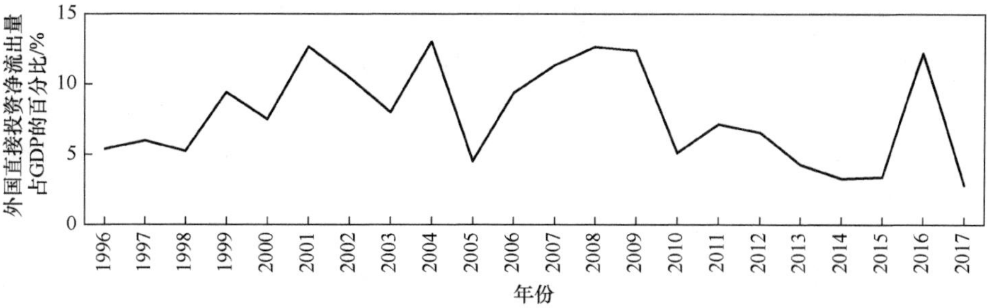

图 12-11　哈萨克斯坦外国直接投资净流出量占 GDP 的百分比变化情况

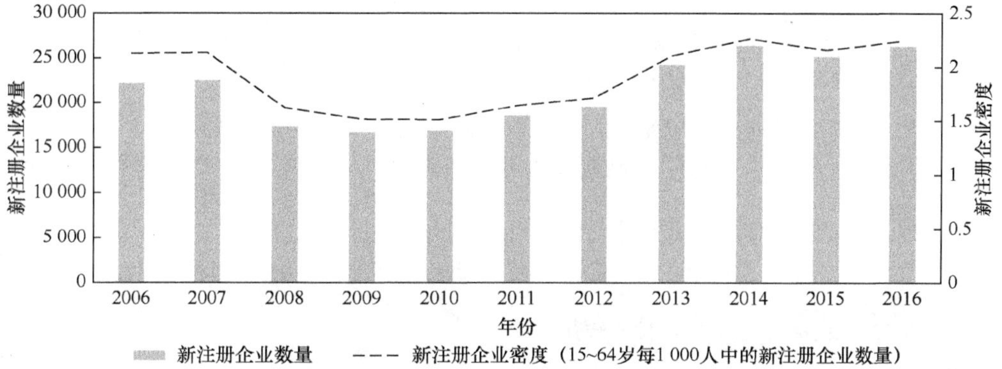

图 12-12　哈萨克斯坦新注册企业数量及密度变化情况

第三节　产业结构情况分析

一、三次产业结构分析

由图 12-13 可知，哈萨克斯坦服务业（第三产业）发展较快，总体上服务业增加值占比不断提高，三大产业结构在不断优化。哈萨克斯坦的农业（第一产业）增加值占比 2010—2013 年不断上升，之后便不断下降，且趋于稳定，变化十分缓慢。哈萨克斯坦工业（第二产业）增加值占比下降趋势明显，从 2010 年的 42.90%下降为 2015 年的 33.23%。总体上看，哈萨克斯坦工业增加值占比和服务业增加值占比呈相反的方向变化。

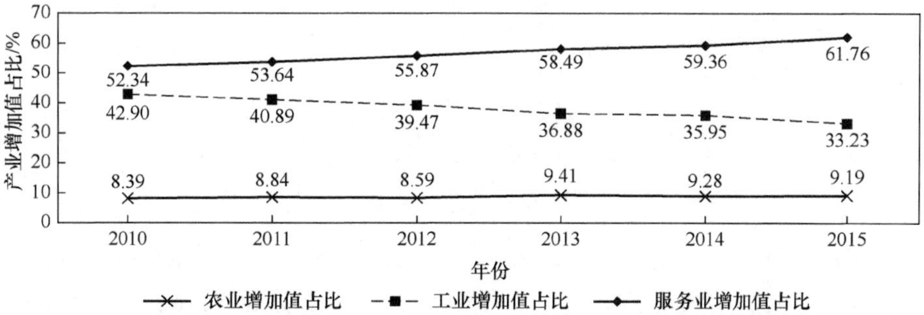

图 12-13　哈萨克斯坦产业结构变化情况

图 12-14 反映的是哈萨克斯坦劳动力就业结构。总体而言，哈萨克斯坦服务就业人数占比最大，且在不但上升，2015—2017 年保持在 60%以上的水平，2015 年则高达 61.43%。哈

萨克斯坦工业就业人数占比也在不断上升，但该占比较少，2014—2017 年才逐渐超过农业就业人数占比。哈萨克斯坦农业就业人数占比则在不断下降。

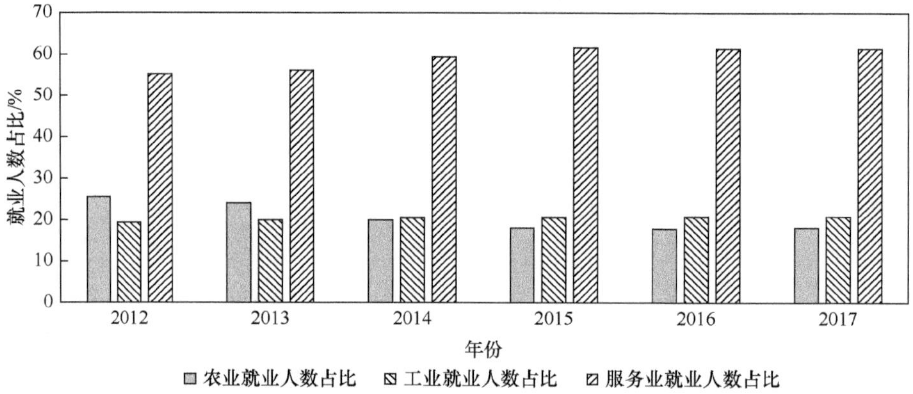

图 12-14 哈萨克斯坦劳动力就业结构变化情况

以上分析表明，哈萨克斯坦三次产业增加值占比、就业人数占比，都呈现了第一产业、第二产业向第三产业转移的趋势，这说明哈萨克斯坦产业结构逐步走向合理化。

二、工业、制造业规模变化分析

图 12-15 反映了哈萨克斯坦工业、制造业规模变化情况。总体而言，哈萨克斯坦 2006—2008 年工业和制造业发展较快；后来工业、制造业规模受经济危机的影响，在 2009 年出现了不同程度的下滑，此时制造业增加值处于负增长状态；2009—2013 年，工业、制造业发展逐渐恢复，其增加值 2013 年都达到最大，其中工业增加值为 79 743 041 441.09 美元，制造业增加值为 25 166 022 696.50 美元；制造业增加值的增长率总体上大于工业增加值的增长率；2013 年之后，工业增加值和制造业增加值逐渐下降，但变化缓慢，增长率基本持平。

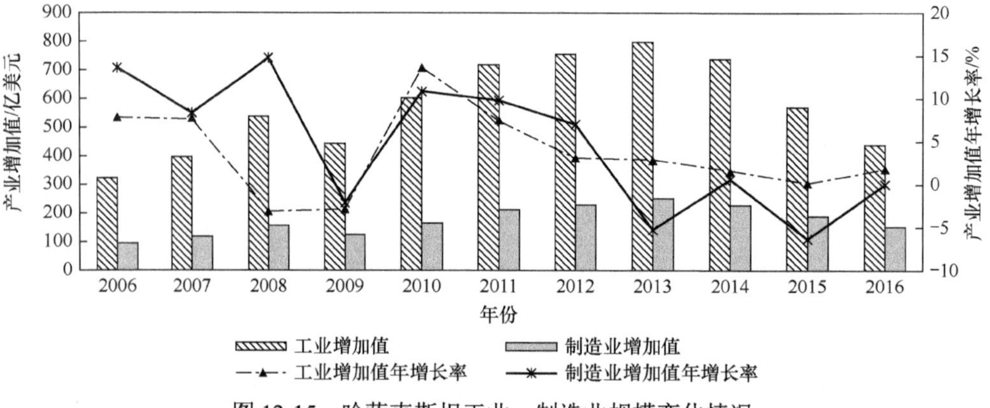

图 12-15 哈萨克斯坦工业、制造业规模变化情况

哈萨克斯坦制造业分行业增加值占比情况如表 12-5 所示。哈萨克斯坦的工业发展以重工业为主，轻工业基础薄弱，尤其是纺织工业。从表 12-5 中可以看出，食品、饮料和烟草行业增加值占比一直居于主导地位，始终在 20%左右波动；纺织品与服装行业增加值占比较低，基本维持在 1%左右，存在小幅度的下滑；机械和运输设备行业增加值占比总体上呈上升趋势，2013 年达到 9.00%；化学品行业增加值占比则有较快幅度的增长，2009—2013 年从 2.76%增长到 6.33%。

表 12-5　哈萨克斯坦制造业分行业增加值占比情况

行业	行业增加值占比/%				
	2009 年	2010 年	2011 年	2012 年	2013 年
纺织品与服装	1.24	1.10	0.90	1.01	0.92
其他	65.94	66.32	67.57	65.99	60.38
机械和运输设备	7.96	7.45	7.54	8.39	9.00
食品、饮料和烟草	22.10	21.19	19.67	20.09	23.37
化学品	2.76	3.93	4.32	4.52	6.33

三、服务业规模变化分析

图 12-16 反映了哈萨克斯坦服务业规模变化情况。总体而言，哈萨克斯坦服务业增加值占比 2000—2014 年呈波动式上升的趋势。哈萨克斯坦服务业增加值占比 2000—2004 年不断上升，2004 年达到了 54.8%，占哈萨克斯坦 GDP 的一半以上，2004—2006 年出现下滑，2007 年有所回升，2008 年在经济危机的影响下，进一步降低。此时，哈萨克斯坦服务业增加值年增长率急剧下跌，2009 年接近于 0。2009 年之后，哈萨克斯坦服务业发展逐渐步入正轨，服务业增加值占比虽然在 2010 年经历了一次小幅度的下滑，但总体上仍在不断上升，2014 年甚至达到了 59.34%。从这些数据可以看出，哈萨克斯坦的第三产业正在不断崛起，且产业结构呈现更合理化的发展趋势。

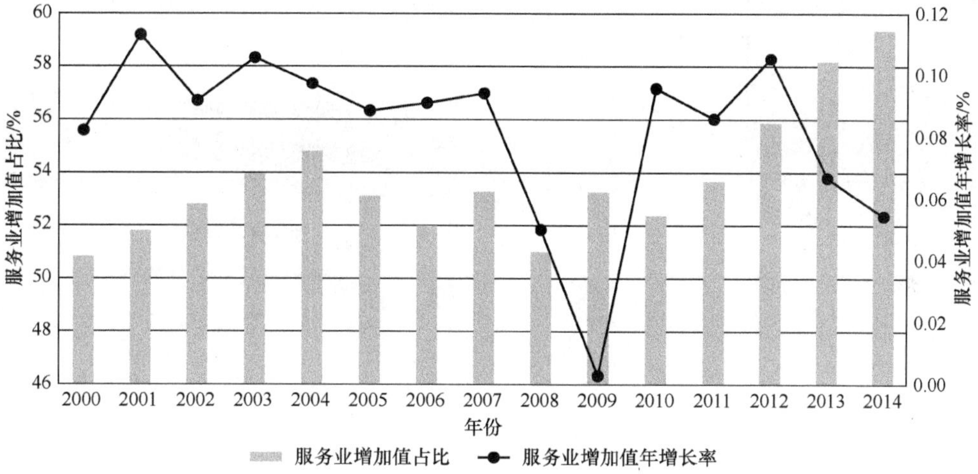

图 12-16　哈萨克斯坦服务业规模变化情况

四、资源情况分析

哈萨克斯坦是一个自然资源十分丰富的国家，截至 2014 年探明的矿藏有 90 多种。其中，煤、铁、铜、铅、锌产量丰富，因此哈萨克斯坦被称为“铀库”。此外，里海地区的油气资源也十分丰富。1984 年，哈萨克斯坦的煤产量为 12 570 万吨，商品铁矿石产量为 2 400 万吨。哈萨克斯坦钨的储量占世界第 1 位，铬和磷矿石的储量占世界第 2 位，铜、铅、锌、钼和磷的储量占亚洲第 1 位。此外，哈萨克斯坦铁、煤、石油、天然气的储量也较丰富。哈萨克斯坦探明的石油储量达 100 亿吨，煤储量为 39.4 亿吨，天然气储量为 11 700 万亿立方米。

表 12-6 反映的是哈萨克斯坦能源生产情况。哈萨克斯坦的能源生产量十分巨大。哈萨克斯坦能源生产总量（标准油）1996—2011 年一直在不断增加，2011 年则达到了 160 147.6 千吨。哈萨克斯坦除了是能源的生产国外，其能源消耗也十分巨大。如表 12-7 所示，哈萨克斯

表 12-6　哈萨克斯坦能源生产情况

年份	1996	1997	1998	1999	2000	2001	2002	2003	2004	2005	2006	2007	2008	2009	2010	2011
能源生产总量/千吨油当量	63 709.56	65 552.5	64 809.06	66 121.93	78 575.22	83 954.46	91 204.48	101 918.4	114 622.9	118 570.4	127 793.4	132 119.8	144 369.2	147 948.5	156 750.3	160 147.6
一次能源生产量（实物量）/千万亿英热	2.36	2.44	2.4	2.59	3.34	3.64	3.94	4.08	4.58	4.78	5.04	5.22	5.48	5.5	6.15	6.27
原煤生产量/千短吨①	85 956	80 080	78 071	65 912	85 367	87 167	81 567	93 820	95 912	96 118	106 555	107 837	122 436	111 172	122 278	128 364
二次煤生产量/千短吨	1 931	2 967	3 048	3 915	2 695	2 714	2 719	2 727	2 931	2 747	2 897	3 224	2 963	2 813	2 786	2 935
天然气生产量/亿立方英尺②	149.74	215.42	194.23	162.45	314.3	355.98	426.43	586.12	780.53	784.35	874.75	980.7	1 089.82	1 189.41	1 238.85	1 308.42
放空燃烧的天然气生产量/亿立方英尺	0	0	0	0	0	0	0	0	0	88.29	109.48	109.48	88.29	88.29	67.1	88.29
回注天然气生产量/亿立方英尺	0	0	0	0	0	0	0	332	463.79	196.58	211.89	229.55	268.39	370.81	416.72	406.12
销售天然气生产量/亿立方英尺	157	215	201	170	323	358	464	258	320	428	412	406	472	494	441	542
干气生产量/亿立方英尺	149.74	215.42	194.23	162.45	314.3	355.98	462.63	254.13	316.74	427.66	428.76	581.64	658.98	624.37	620.84	672.75
石油及其他液体产品生产量/（千桶/天）	459	522	527	605	725.63	835.97	967.51	1 061.97	1 245.87	1 337.17	1 387.87	1 445.65	1 430.94	1 541.57	1 608.71	1 637.33
原油、NGPL及其他液体生产量/（千桶/天）	457	521	526	604	725	834.86	964.19	1 058.71	1 241.25	1 333.28	1 383.33	1 440.39	1 425.42	1 535.65	1 605.3	1 634.96

（续表）

年份	1996	1997	1998	1999	2000	2001	2002	2003	2004	2005	2006	2007	2008	2009	2010	2011
原油包括凝析油生产量/（千桶/天）	457	521	526	604	718	814.86	939.19	1 026.71	1 203.25	1 288.28	1 313.33	1 360.42	1 345.42	1 455.15	1 525.2	1 552.94
天然气凝析液（NGPL）生产量/（千桶/天）	0	0	0	0	7	20	25	32	38	45	70	79.92	80	80	80	82.01
其他液体石油产品生产量/（千桶/天）	0	0	0	0	0	0	0	0	0	0	0	0.05	0	0.5	0.1	0.01
成品油生产量/（千桶/天）	258	215	192	147	180	223	224	209	250	264.7	276.7	269.4	301.7	301	288	297
车用汽油生产量/（千桶/天）	54	52	45	30	38	37	40	37	45	52	55	62	59	61	68	65
煤油生产量/（千桶/天）	9.1	7.8	4.8	3.6	1.5	4.9	0.3	0.3	0.4	2.7	1.1	2.5	1.6	3.6	4.7	3.7
喷气燃料生产量/（千桶/天）	6.8	4.3	4.3	5	4.9	7.2	5.1	5.1	6.4	7	5.6	8.5	7.1	4.4	5.8	4.6
馏分燃料油生产量/（千桶/天）	76	65	51	37	56	64	47	46	59	72	91	90	89	90	94	98
残渣燃料油生产量/（千桶/天）	73	64	58	41	57	61	54	50	52	63	64	57	58	63	73	82
石油液化气生产量/（千桶/天）	21	2.2	2.2	1.2	1.3	7.9	34	31	42	36	44	40	43	55	27	26
炼油厂炼制过程产物生产量/（千桶/天）	2	1	0.9	1.3	0.63	1.11	3.32	3.26	4.62	3.89	4.53	5.26	5.52	5.92	3.42	2.37
冶金焦生产量/千短吨	1 931.25	2 967.42	3 047.89	3 915.41	2 695.15	2 713.89	2 719.4	2 727.11	2 931.04	2 746.96	2 896.87	3 224.26	2 963.01	2 813.1	2 785.54	2 935.45

① 1 短吨≈0.907 吨。

② 1 立方英尺=0.028 316 8 立方米。

表 12-7 哈萨克斯坦能源消费情况

年份	1996	1997	1998	1999	2000	2001	2002	2003	2004	2005	2006	2007	2008	2009	2010	2011
能源消费量/千吨油当量	45 352.61	39 494.57	39 337.28	35 921.51	35 679.06	34 493.19	39 679.19	43 040.74	50 717.07	50 804.97	61 503.57	66 230.5	69 982.66	63 416.92	74 443.04	78 101.19
原煤消费量（实物量）/千短吨	63 943	53 573	53 664	50 248	45 851	51 899	51 900	54 570	68 504	70 291	75 657	80 190	79 463	75 254	81 149	91 272
二级煤消费量/千短吨	2 708	3 621	3 728	4 657	3 474	3 685	3 656	3 796	3 623	3 802	3 838	4 176	3 606	3 606	3 587	4 050
干气消费量/亿立方英尺	509.95	494.41	473.22	480.28	490.88	505	526.19	321.23	482.72	393.06	376.81	717.95	798.17	470.04	411.07	459.1
成品油消费量/（千桶/天）	245.8	216.4	196.7	146.7	188.6	224.48	217.7	208.3	221.3	229.6	234.6	235.6	246.9	209.8	234.4	271.4
车用汽油消费量/（千桶/天）	51	46	45	31	46	45	48	44	56	63	64	73	70	78	81	85
煤油消费量/(千桶/天）	8.7	8.5	5.7	3.6	1.5	0.08	0.3	0.3	0.4	1.4	1.4	3.7	2	4.1	3.2	3.4
喷气燃料消费量/（千桶/天）	8.1	7.8	5.2	6.9	7.5	3.4	7.4	4	7.9	6.2	7.2	8.9	9.2	5.7	8.2	7

（续表）

年份	1996	1997	1998	1999	2000	2001	2002	2003	2004	2005	2006	2007	2008	2009	2010	2011
馏分燃料油消费量/（千桶/天）	78	68	50	40	58	66	50	48	51	55	68	65	65	59	60	85
残渣燃料油消费量/（千桶/天）	67	58	46	38	46	44	37	38	40	50	51	48	38	23	27	30
石油液化气消费量/（千桶/天）	20	7.1	3.8	1.2	2.6	17	21	25	14	17	19	11	9.7	11	10	14
冶金焦消费量/千短吨	2 708.38	3 621.09	3 728.01	4 657.26	3 474.48	3 685.02	3 656.36	3 796.36	3 623.29	3 801.87	3 828.24	4 175.55	3 605.66	3 605.66	3 586.92	4 049.89
电力消费量/（十亿千瓦·时）	52.1	44.95	41.96	39.82	44.47	49.18	49.82	52.79	54.32	57.09	61.32	65.3	69.05	67.19	72.61	76.21
再生燃料和可燃废料消费/千吨油当量	74.03	74.03	73.29	73.29	73.29	19.2	22.71	26.41	21.01	11.46	20.44	25.67	69.85	66.53	50.39	78.57
电力消费量/（百万千瓦·时）	56 651	48 666	44 442	42 372	47 174	52 183	52 873	56 189	57 938	60 771	65 231	69 482	78 498	71 570	77 170	81 010

坦能源消费量除了 1996—2001 年有小幅度波动，2001 年以后一直在不断增长，2011 年甚至达到 78 101.19 千吨油当量，远远超于其生产的总量。

表 12-8 和表 12-9 反映的是哈萨克斯坦部分能源进/出口情况。从已有的数据来看，在统计期内，二级煤和冶金焦进口量远高于其出口量；总体上，干气进口量在不断减少，其出口量在不断增加；原煤出口量则远远高于其进口量。总体而言，哈萨克斯坦作为一个自然资源丰富的国家，其能源对外有一定的依赖，但作为世界石油输出国之一，哈萨克斯坦应该积极调整自己的产业政策，合理地利用并配置资源，使丰富的自然资源成为经济发展的有力武器之一。

表 12-8　哈萨克斯坦部分能源进口情况

年份	原煤进口量/千短吨	二级煤进口量/千短吨	干气进口量/亿立方英尺	冶金焦进口量/千短吨	电力进口量/十亿千瓦·时	能源净进口量占能源消费量的百分比/%
1996	1215	790	444.97	790.36	6.85	−40.48
1997	1140	723	356.68	723.12	3.5	−65.98
1998	1390	697	360.21	715.69	4	−64.75
1999	1203	747	388.47	738.78	3.07	−84.07
2000	657	771	296.65	761.87	3.1	−120.23
2001	226	942	293.11	893.89	3.44	−143.2
2002	1548	940	289.58	916.57	2.39	−129.67
2003	1596	1074	307.24	1057.06	3.51	−136.6
2004	535	1112	413.19	1112.01	5.23	−125.82
2005	931	1087	141.26	1086	3.52	−133.19
2006	605	957	176.58	916.39	3.96	−108.15
2007	254	996	158.92	968.81	3.38	−100.04
2008	312	843	162.45	1063.13	2.77	−106.78
2009	309	739	180.11	761.97	1.71	−133.24
2010	282	874	200.94	874.13	2.91	−126.96
2011	171	865	183.64	1048.54	2.6	−107.23
2012	35	1012	138.79	998.82	4.25	−122.88
2013	335	912	186.46	1004.2	2.15	−107.34

表 12-9　哈萨克斯坦部分能源出口情况

指标单位	原煤出口量/千短吨	二级煤出口量/千短吨	干气出口量/十亿立方英尺	冶金焦出口量/千短吨	电力出口量/（十亿千瓦·时）
1996	23228	13	84.76	13.17	1.73
1997	27646	69	77.69	22.43	0
1998	25797	17	81.22	16.77	0.13
1999	18847	5.5	70.63	16.26	0.09
2000	37950	40	120.07	6.3	0.09
2001	34797	2.2	144.79	1.76	1.64
2002	29831	1.1	226.02	0.38	2
2003	36107	1.1	240.14	0.37	4.98
2004	27047	1.1	247.21	1.08	7.4
2005	27181	1.1	175.87	1.54	3.65
2006	31805	11	282.52	11.83	3.73
2007	28856	82	22.6	74.53	3.31

（续表）

指标单位	原煤出口量/千短吨	二级煤出口量/千短吨	干气出口量/十亿立方英尺	冶金焦出口量/千短吨	电力出口量/（十亿千瓦·时）
2008	36279	259	28.25	96.1	2.48
2009	31530	37	334.43	37.62	2.38
2010	34498	106	410.71	90.06	1.76
2011	33455	22	396.94	25.17	1.81
2012	36003	30	389.52	29.85	2.93
2013	36049	25	402.59	26.72	3

第四节　产业政策分析

哈萨克斯坦作为一个自然能源十分丰富的能源国，其工业以石油、采矿、煤炭和农牧业为主，而加工业、制造业和轻工业相对比较落后。哈萨克斯坦日用消费品大部分都依靠进口。目前，哈萨克斯坦实施了较为全面的、稳妥的经济改革，分阶段推行市场经济和私有化。

哈萨克斯坦的产业结构正处在一个不断合理化调整的状态，但仍然存在不少问题。从产业增加值占比的角度来看，哈萨克斯坦的产业结构以服务业为主。现如今，哈萨克斯坦的第二产业正在向第三产业不断转移，而第一产业则十分薄弱。哈萨克斯坦的高科技产业对哈萨克斯坦经济的发展贡献较少。哈萨克斯坦高新技术产业发展较为缓慢。

哈萨克斯坦是一个能源输出国，其经济增长大都依靠自身固有的自然资源。哈萨克斯坦经济对外依存度十分高，尤其是在轻工业上。在经济发展方面，哈萨克斯坦政府应该继续采取有效的产业措施，积极调整产业结构。

哈萨克斯坦吸引外国直接投资的能力也有待提高，且十分容易受到世界经济环境的影响。哈萨克斯坦外国直接投资对 GDP 的贡献并不稳定，波动幅度过大。从就业的角度来讲，哈萨克斯坦近几年的失业率得到了有效的控制，有利于社会稳定。

第五节　产业结构与产业政策分析基本结论

通过对哈萨克斯坦的基本情况、经济发展情况、产业结构情况、产业政策几个方面的分析，初步得出以下结论。

（1）哈萨克斯坦虽然自然资源丰富，但经济发展过度依靠自然资源。以石油为例，石油的价格极易受到世界经济形势和政治形势的影响，一旦发生较大幅度下跌，极其容易给哈萨克斯坦的经济带来毁灭性的打击。

（2）在服务业方面，哈萨克斯坦近些年服务业发展较快，产业增加值占比、产业就业人数占比都呈现了第二产业为主向第三产业转移的趋势，有助于产业结构的优化升级。在工业方面，哈萨克斯坦的工业基础相对而言较好，总体上呈现出第二产业不断向第三产业转移的趋势，但轻工业较为薄弱，尤其是制造业。在农业方面，哈萨克斯坦近些年农业发展较为缓慢，农业基础薄弱，经济效益比较低下，其突出表现是：粗放经营，广种薄收，各种农作物的单位面积产量都很低；哈萨克斯坦有相当大的土地资源并未得到合理的开发利用。所以，哈萨克斯坦政府必须制定相应的产业政策，依据市场的真实情况，合理利用现有的资源，帮助本国产业向合理化方向调整。

（3）哈萨克斯坦吸引外国直接投资的能力有待进一步提高。从外国直接投资分布的行业来看，外国直接投资基本都分布在地质勘探、勘测业和采掘业。近些年，外商对哈萨克斯坦采掘业的投资有明显的下降，而对第三产业的投资相当大，对农业的投资则较少。哈萨克斯坦政府应该充分发挥自身资源的重要作用，并制定相应的优惠政策，在外资引进的过程中提高自己的办事能力与效率，吸引外商进行投资，优化外国直接投资结构。

（4）从政府政策和制度的角度来看，哈萨克斯坦政府能否制定有效的政策并且使之行之有效，也是影响本国经济发展的重要因素之一。从全球治理指数中可得知，哈萨克斯坦政府在表达与问责、腐败控制这两个指标上排名较低，有待加强。哈萨克斯坦政府应该保证一定的公民政治参与度，及时听取公民的意见，这样才能尽可能地减少由于信息不对称而给产业政策的制定带来的影响。另外，哈萨克斯坦在腐败控制方面也亟须加强。例如，就自然资源而言，其贸易本身就存在着较大的经济利润，极易产生腐败，也极其容易影响到哈萨克斯坦的经济政治。所以，哈萨克斯坦为了促进经济的发展，维持社会稳定，应该加强政府监管，严于律己，为经济发展打造一个良好的发展环境。

第十三章　黑山产业结构与产业政策分析

第一节　基本情况

黑山国土面积有 1.38 万平方千米。黑山位于欧洲巴尔干半岛中西部，东南与阿尔巴尼亚为邻，东北部与塞尔维亚相连，西北与波黑和克罗地亚接壤，西南部地区濒临亚得里亚海，海岸线长达 293 千米。黑山西部和中部为丘陵平原地带，北部和东北部为高原和山地。黑山年平均降水量为 17 98 毫米，冬季寒冷多雨，夏季炎热干燥。黑山气候依地形自南向北分为地中海式气候、温带大陆性气候和山地气候。黑山总人口约为 63 万人。其中，黑山族人口占 43.16%；塞尔维亚族人口占 31.99%；波什尼亚克族人口占 7.77%；阿尔巴尼亚族人口占 5.03%。

在自然资源方面，黑山森林和水力资源丰富，其中森林覆盖面积约为 5 400 平方千米，约占黑山总面积的 39.43%。黑山铝、煤等资源储藏丰富，约有 3 600 万吨铝土矿石和 3.5 亿吨褐煤。

在教育方面，黑山教育体系完整，包括学前教育、初等教育、中等教育、高等教育、成人教育和特殊教育。黑山已普及八年制义务教育。黑山有黑山大学（为国立综合性高等学府），还有下戈里察大学和地中海大学两所民办大学。

在经济建设方面，黑山经济基础薄弱，曾受战乱、国际制裁影响，经济一路下滑。近年来，随着外部环境改善及各项经济改革推进，黑山经济逐步恢复，总体呈增长态势。黑山经济存在的主要问题是基础设施落后，能源匮乏，经济规模小，商品缺乏竞争力，贸易逆差严重。旅游业和制铝业是黑山的经济支柱。旅游业也是黑山国民经济的主要外汇收入来源。黑山主要风景区是亚得里亚海滨和国家公园等。2014 年到黑山的旅游者约有 152 万人次，同比增长 1.7%，并主要来自塞尔维亚、俄罗斯、波黑、阿尔巴尼亚等。

在外交方面，黑山将加入欧盟和北约作为首要战略目标，同时将欧盟、美国和中国视为主要合作伙伴，并奉行睦邻友好政策，致力于促进地区和平与稳定。2008 年年底，黑山正式申请加入欧盟。2009 年年底，欧盟免除黑山公民申根签证。2010 年 12 月，黑山获欧盟候选国地位。截至 2017 年 2 月，已有 180 个国家同黑山建立外交关系。

中国和黑山两国人民之间有着传统友谊。中国和黑山建交后，两国关系发展良好，政治互信不断加强。双方在经贸、文化、旅游等各领域交流与合作成效显著。

第二节　经济发展情况分析

一、经济规模情况分析

黑山经济规模在经历高速增长阶段之后趋于稳定。图 13-1 反映了黑山 GDP 及其增长率变化情况。可以看出，黑山 GDP 2008 年之前保持着较高的增长态势，2008 年之后有了一定的下滑，虽然在之后有所回升，但是2008年之前的高速增长的态势已经不复存在；GDP增长率2009年和2012年呈现负增长的态势，出现极大的下滑，2013年有所回升，但却一直以一个缓速或增或减，2015年再次出现下滑。

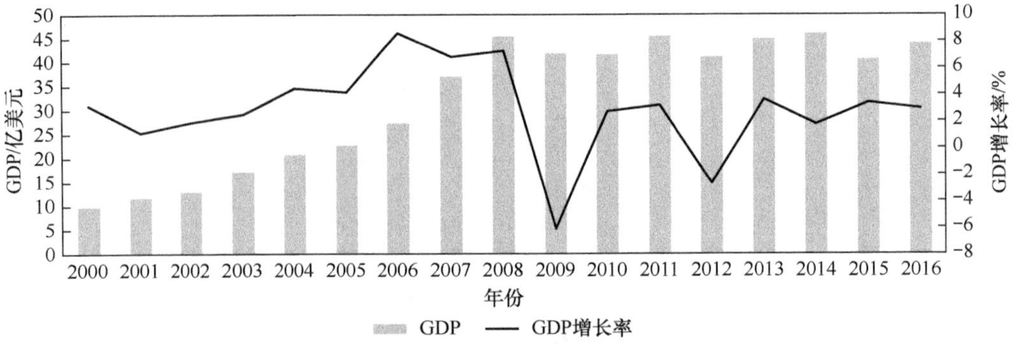

图 13-1 黑山 GDP 及其增长率变化情况

黑山人均GDP变化情况如图13-2所示。黑山人均GDP总体变化情况与GDP相似。2008年之前，黑山经济的高速增长带来了人均GDP的不断提高；2009年，金融危机后人均GDP出现大幅度下滑，人均GDP增长速度放缓；2014年，人均GDP达到最高点，但是2015年、2016年又有所下滑。

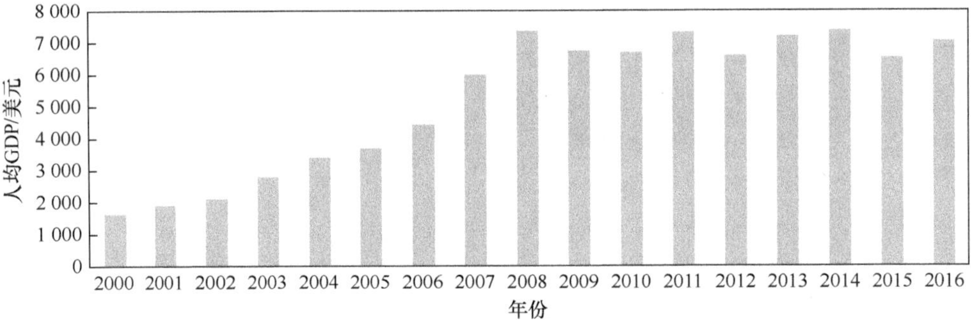

图 13-2 黑山人均 GDP 变化情况

表 13-1 黑山 GDP 情况

年份	GDP/美元	人均 GDP/美元
2009	4 159 330 370	6 727.107 767
2010	4 139 192 053	6 682.281 158
2011	4 538 198 499	7 318.742 449
2012	4 087 724 528	6 586.719 209
2013	4 464 261 816	7 186.431 924
2014	4 587 926 231	7 378.341 022
2015	4 052 913 386	6 514.272 695
2016	4 374 130 531	7 028.940 132
2017	4 774 086 094	7 669.571 906

二、人力资本基础情况分析

从图13-3中可以看出，黑山总人口2000年之前处于下降趋势，2000年之后逐渐回升并趋于稳定，2017 年为 62.25 万人；黑山总人口增长率 1996—1999 年处于下降趋势，1999—2001 年突然爆炸式增长，之后稍有下降并趋于稳定。

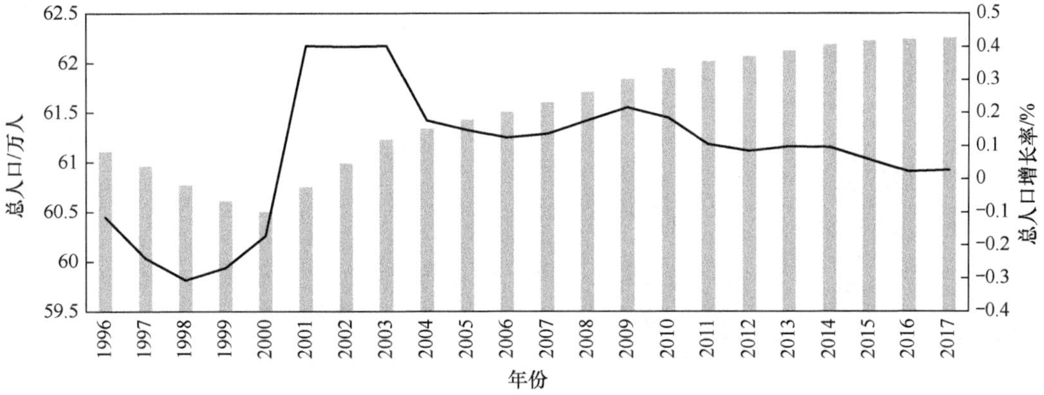

图 13-3　黑山总人口变化情况

黑山城镇和农村人口变化情况如图 13-4 所示。在统计期内，城镇人口占比不断上升；农村人口占比却不断下降；城镇人口增长率逐渐下降并趋于稳定；农村人口增长率逐渐上升并趋于稳定；总体来说，城镇人口增长率要高于农村人口增长率。

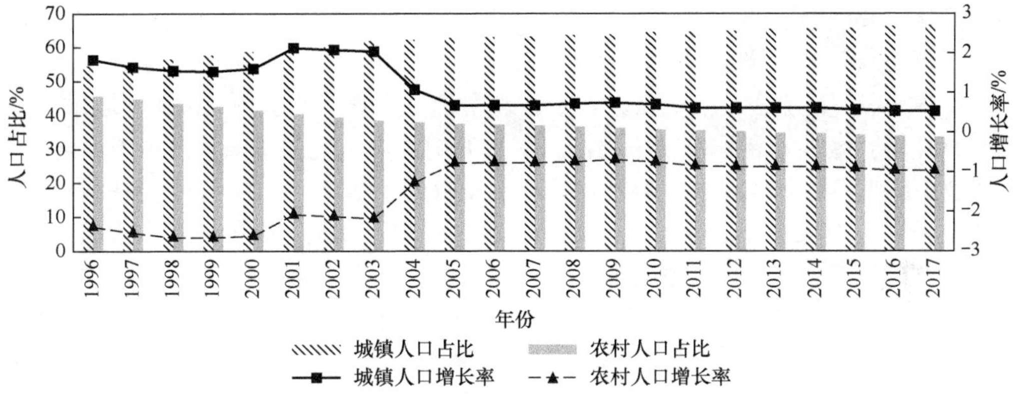

图 13-4　黑山城镇和农村人口变化情况

表 13-2 反映的是黑山劳动力情况。从表 13-2 中可以看出，黑山劳动力总量 1996—2017 年一直处于一个非常稳定的状态，既没有增长的趋势，也没有下降的趋势；劳动力占比 1996—2005 年一直处于波动状态并且较小，2005 年之后则有了一个大幅度的提高，并且趋于稳定；15～24 岁劳动参与率呈下降的趋势，从而反映出黑山青壮年劳动力不足的问题。

表 13-2　黑山劳动力情况

年份	劳动力总量/人	劳动力占比/%	15～64 岁劳动参与率/%	15～24 岁劳动参与率/%
1996	245 961	11.31	59.86	34.21
1997	245 615	14.28	59.88	33.85
1998	244 935	13.20	59.83	32.84
1999	244 889	14.25	59.86	33.82
2000	244 465	11.73	59.81	33.35
2001	245 338	13.91	59.82	33.44
2002	246 342	13.83	59.88	33.60

（续表）

年份	劳动力总量/人	劳动力占比/%	15～64 岁劳动参与率/%	15～24 岁劳动参与率/%
2003	247 420	13.80	59.97	33.78
2004	247 899	13.40	60.03	33.65
2005	248 285	13.35	60.01	33.41
2006	248 181	16.27	59.82	32.28
2007	248 005	18.68	59.52	30.66
2008	247 950	19.19	59.18	29.43
2009	247 740	18.52	58.78	30.18
2010	247 253	17.23	58.35	29.75
2011	246 081	18.77	57.97	29.31
2012	248 546	17.74	58.37	29.83
2013	248 569	17.21	58.32	29.40
2014	248 353	18.87	58.26	29.20
2015	247 983	17.91	58.26	28.73
2016	247 596	17.75	58.32	28.45
2017	246 871	19.28	58.38	28.28

数据来源：世界银行数据库。

三、交通情况分析

黑山公路总长度为 7 353 千米。黑山南部地区交通系统较发达，而北部地区交通系统相对较差。由于黑山秋、冬季降水较多，大部分路段比较潮湿，届时北部地区路段可能出现积雪冰冻，而某些路段可能会出现岩石滑落，给过往车辆带来安全威胁。黑山在旅游季节（6—10月）由于来往车辆太多，特别是在去往沿海城市方向常出现交通堵塞。由中国公司承建的黑山南北高速公路斯莫科瓦茨—马特塞沃段项目启动仪式于 2014 年 12 月 14 日在黑山首都波德戈里察隆重举行。该高速公路项目由中国贷款 6.87 亿欧元，是迄今为止利用中国政府设立的中国—中东欧国家合作专项优惠买方信贷中数额最大的一笔贷款，且贷款条件非常优惠，体现了中国人民对黑山人民的友好情谊以及帮助黑山发展的诚意。黑山南北高速公路斯莫科瓦茨—马特塞沃段全长 41 千米，是南北高速技术和施工难度最大的一段，桥隧比达到 60%，建设工期 4 年。它将成为继塞尔维亚泽蒙大桥项目后，中国—中东欧国家合作的又一成功典范。该高速公路改善了黑山行车条件和沿线人民的生活条件，实现互联互通，增强了巴尔港竞争力，拉动了黑山和周边国家的经济发展。

黑山的交通运输以铁路和公路为主。2016 年黑山交通运输情况如下。

铁路：总长度为 326km，共有 47 个车站；前三季度，客运量为 101.5 万人次，货运量为 84.1 万吨。

公路：总长度为 7 773km；前三季度，客运量为 576 万人次，货运量为 59 万吨。

航空：有 2 个机场，分别是波德戈里察机场和蒂瓦特机场；前三季度，客运量为 159.3 万人次，货运量为 685 吨。

水运：巴尔港为黑山主要港口，可停泊大型远洋轮船；前三季度，总吞吐量为 124.2 万吨。

四、信息化情况分析

黑山信息化情况如图 13-5 所示。总体而言，黑山互联网覆盖率先有所下降，再大幅度上升，然后趋于稳定；电话线路覆盖率则呈现出一个小幅度下降的趋势；固定宽带覆盖率则呈现出小幅度上升的趋势。黑山固定宽带覆盖率、电话线路覆盖率要小于互联网覆盖率。这在一定程度上说明了黑山整体的信息化水平不断提高，且主要表现为互联网覆盖率的大大提高。

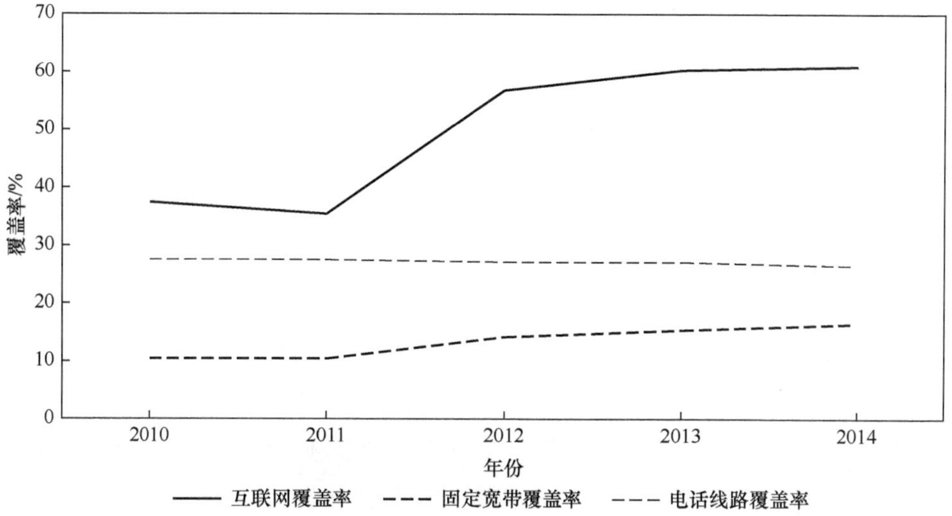

图 13-5　黑山信息化情况

五、研发投入与产出情况分析

图 13-6 反映了黑山研发投入与产出情况。从图 13-6 中可以看出，黑山居民专利申请数量一直很少；相比于居民专利申请数量，非居民专利申请数量要多得多，甚至 2008 年达到 914 个，但是此后非居民专利申请数量大幅度减少，并且一直处于减少的状况。黑山研发投入占 GDP 的百分比一直不高，近几年有提升的趋势。黑山也在着手向科研方向发展。

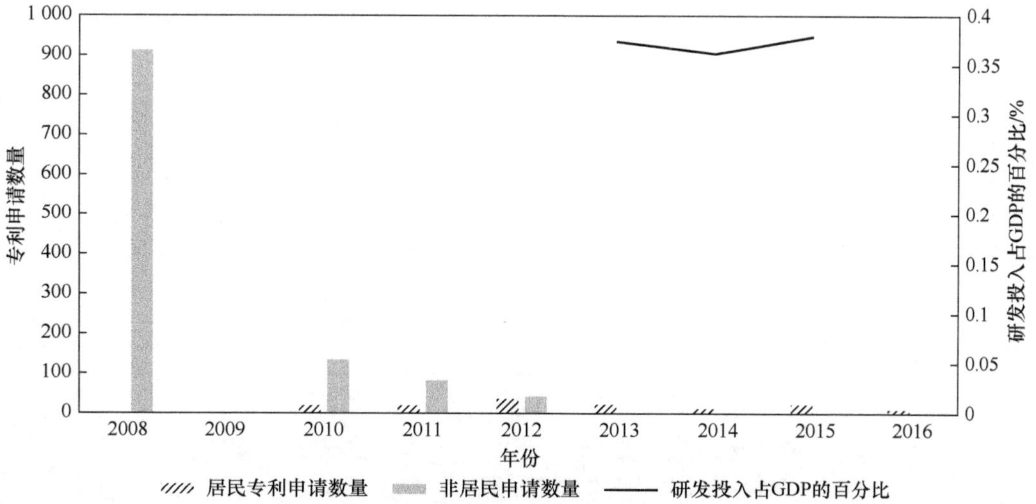

图 13-6　黑山研发投入与产出情况

六、税收负担情况分析

从图 13-7 可以看出，黑山总税收占比呈现出下降的趋势；利润税税收占比在波动中下降并趋于稳定；2006 年的总税收占比、利润税税收占比均为最高，分别为 33.2%和 9.6%；2017 年底，总税收占比、利润税税收占比分别为 23.1%和 8.2%。

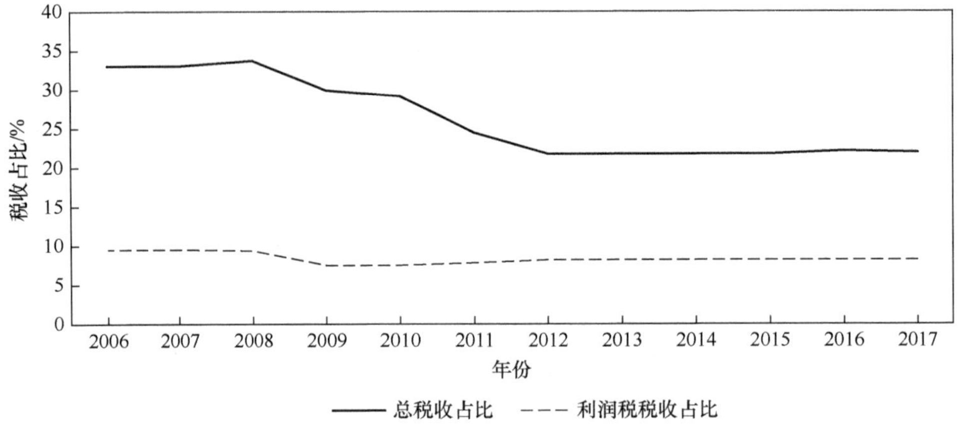

图 13-7 黑山税收占比变化情况

七、国际贸易情况分析

由图 13-8 可知，2006—2017 年，黑山对外贸易额占 GDP 的百分比在 100%～140%之间波动。2008—2009 年，对外贸易额占 GDP 的百分比有所下降，之后有一个小幅度的回升，接着又下降，并在此后趋于稳定。其中，对外贸易额占 GDP 的百分比于 2008 年达到最大值，为 132.34%。货物和服务进口贸易额与对外贸易额的变化趋势基本一致，并且稳定在 60%以上，由此说明，黑山是一个货物和服务进口量很大的国家。2006—2017 年，货物和服务贸易差额占 GDP 的百分比先有所下降，后又有所回升，之后趋于稳定，最大值与最小值分别出现在 2015 年与 2008 年。

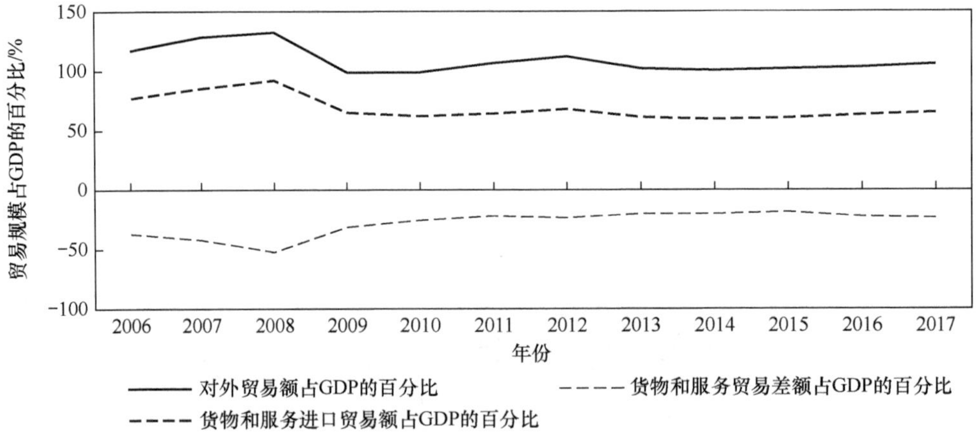

图 13-8 黑山国际贸易情况

八、外国直接投资情况分析

图 13-9 反映了黑山外国直接投资净流出量占 GDP 的百分比变化情况。总体而言，黑山外国直接投资净流出量占 GDP 的百分比呈现下降的趋势，2007—2009 年下降得比较多，2009—2015 年趋于稳定的状态，2015—2016 年又急转直下，呈现出一个负值的态势，并于 2016 年抵达一个最小值，为−4.22%，2016 年之后有所回升，2017 年回到了正值。黑山外国直接投资净流出量占 GDP 的百分比最大值出现在 2007 年，为 4.32%。

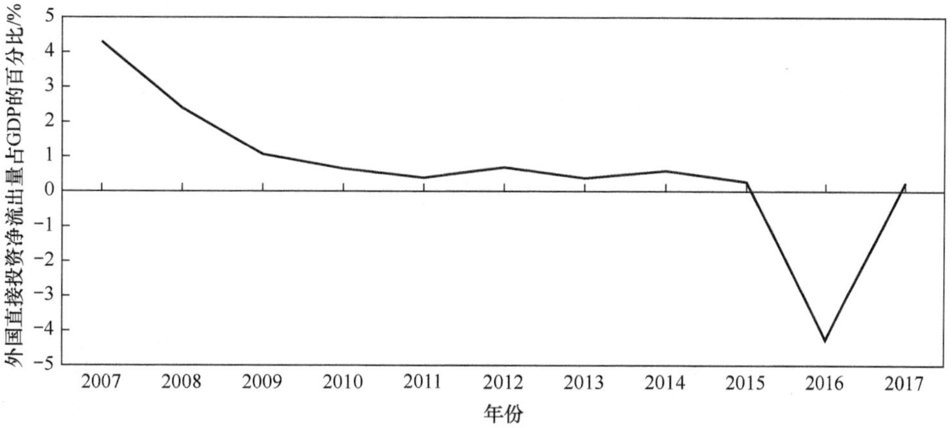

图 13-9　黑山外国直接投资净流出量占 GDP 的百分比变化情况

九、经济活力情况分析

图 13-10 反映了黑山新注册企业数量及密度变化情况。从图 13-10 中可以看出，黑山新注册企业数量总体上有所减少。2006—2007 年，新注册企业数量暴涨，2007 年到达最大值（为 4 276）；新注册企业密度达到 8.12。但在之后的 2 年内，新注册企业数量却一路减少，2009 年达到最小值（为 2 334），2009—2016 年趋于平稳。新注册企业密度与新注册企业数量的变化趋势如出一辙，2007 年达到最大值，经过暴跌之后，于 2009 年达到最小值（为 5.55）。

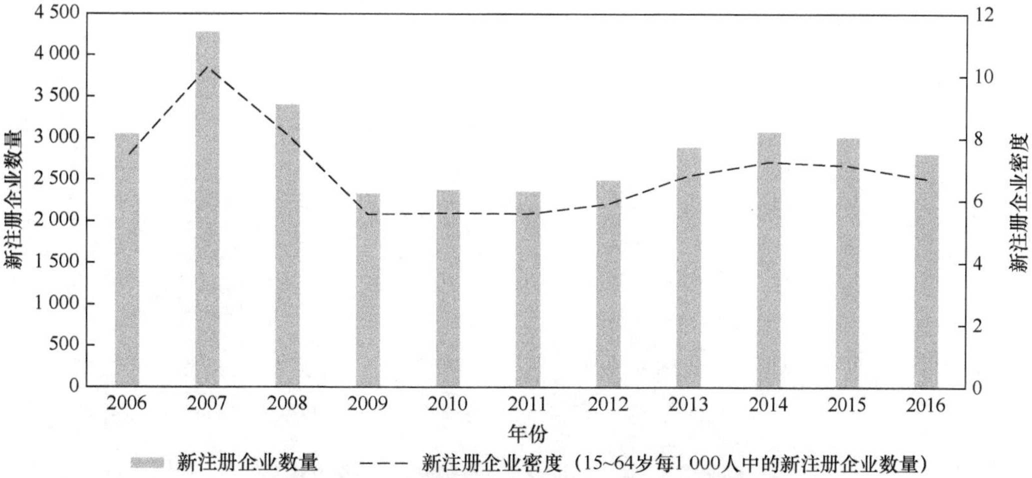

图 13-10　黑山新注册企业数量及密度变化情况

第三节 产业结构情况分析

一、三次产业结构分析

黑山产业结构变化情况如图 13-11 所示。总体来说，黑山的三次产业增加值占比都比较稳定。其中，工业增加值占比最大，其次是增加值占比农业、服务业增加值占比。2010—2012 年，黑山的工业增加值占比有所下降，但是下降的幅度并不大，而农业增加值占比、服务业增加值占比则有小幅度的上升。工业增加值占比 2012 年之后呈现一个小范围波动，2010 年达到一个最大值（20.54%）。农业增加值占比和服务业增加值占比除了 2011—2012 年有一个小幅度的提升，其他年份始终处于一个相对平稳的态势。相较于农业增加值占比、服务业增加值占比来说，工业增加值占比始终处于一个高水平的状态。

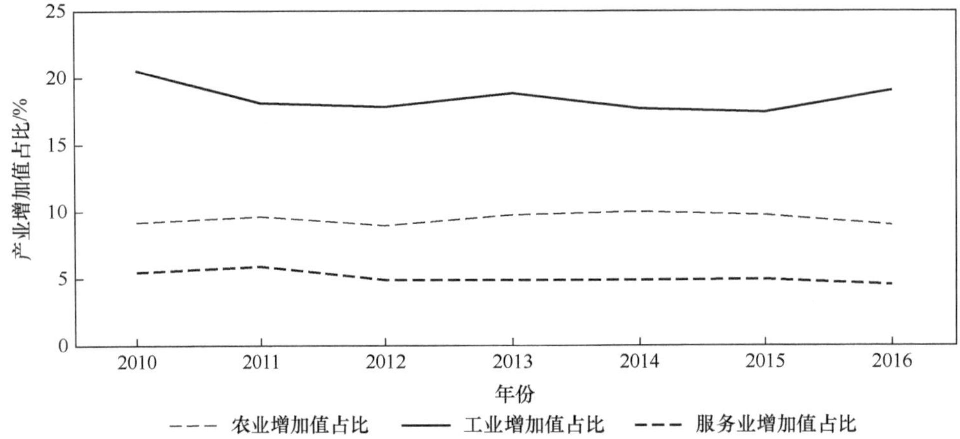

图 13-11 黑山产业结构变化情况

黑山劳动力就业结构变化情况如图 13-12 所示。农业就业人数占比低，且变化幅度不大，始终保持在 10%以内；工业就业人数占比较低，且 2010—2012 年呈下降趋势；服务业就业人数占比较高，并呈现出大致稳定的趋势，2012 年达 76.95%。

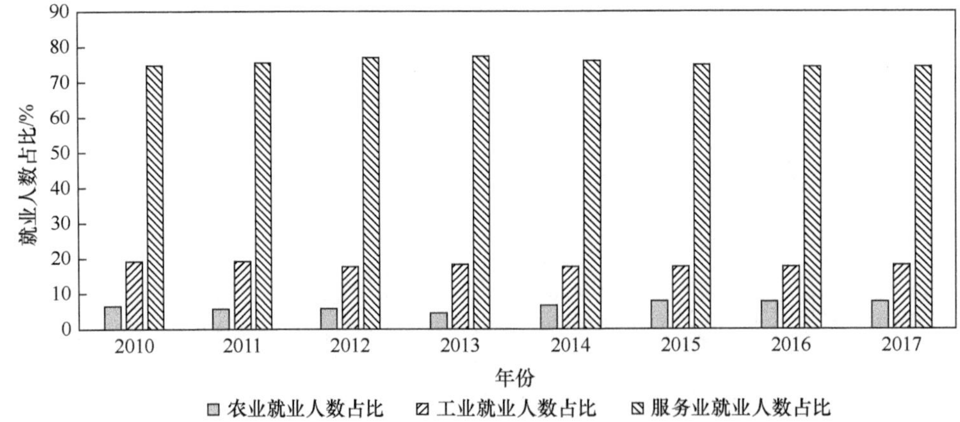

图 13-12 黑山劳动力就业结构变化情况

以上的数据分析表明，从产业增加值来看，工业增加值占比要领先于农业增加值占比与服务业增加值占比；从就业人数占比来看，呈现出了由第二产业向第三产业转移的趋势，这也说明了黑山的产业结构逐步走向合理化。

二、工业、制造业规模变化分析

图 13-13 反映了黑山工业、制造业规模变化情况。其中，2006—2007 年，黑山工业增加值迅速增加；2008—2009 年，黑山工业增加值迅速减少，并于后几年趋于一个低值。总体而言，黑山工业在迅猛发展之后趋于稳定，在一个均值上下波动，而制造业则一直处于一个稳态，且没有太大的发展和退化。具体而言，黑山工业增加值于 2017 年达到最大值（831 412 778.9 美元），其年增长率则在 2007 年达到最大值（69.45%）；制造业增加值在 2008 年达到最大值（233 289 878.4 美元），其年增长率在 2017 年达到最大值（20.29%）。黑山工业增加值年增长率与制造业增加值年增长率在 2009 年以前有较大的差别，工业增加值年增长率远大于制造业增加值年增长率，但在 2009—2015 年，工业增加值年增长率与制造业增加值年增长率则基本一致。

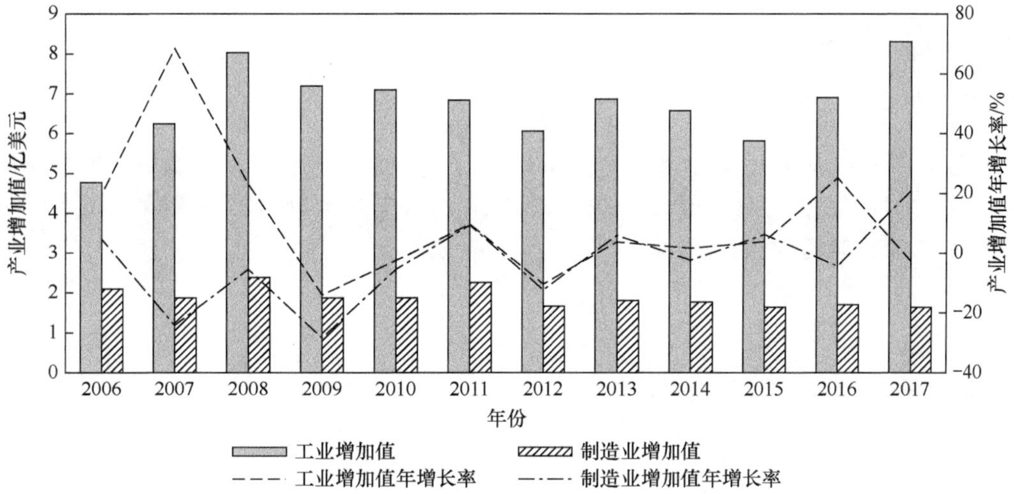

图 13-13　黑山工业、制造业规模变化情况

三、服务业规模变化分析

黑山第三产业整体的崛起说明黑山产业结构呈现合理的趋势。黑山服务业增加值占比 2010—2016 年处于上升态势。黑山服务业对拉动经济的作用越发显著。特别要指出的是，在黑山近些年经济不景气的时候，服务业增加值占比仍然很大。由此可见，黑山服务业发展迅猛，更加具有拉动经济的潜力。

四、产品情况分析

1. 能源业

黑山是典型的能源等资源缺乏的国家。相比于白俄罗斯等能源过境国，黑山拥有更少的能源（石油、天然气等）。图 13-14 反映了黑山能源净进口量占能源使用量的百分比变化情况。

从图 13-14 中可以看出，黑山能源净进口量占能源使用量的百分比相当高，最高达到 50%，最低也没低于 20%。这足够说明黑山是一个非常依赖能源进口的国家。能源对于黑山来说是非常宝贵的资源。针对这一国情，黑山应该更加注重能源的利用率问题，对于稀缺的能源产品，应该做到更大化的利用，充分发挥能源的价值。

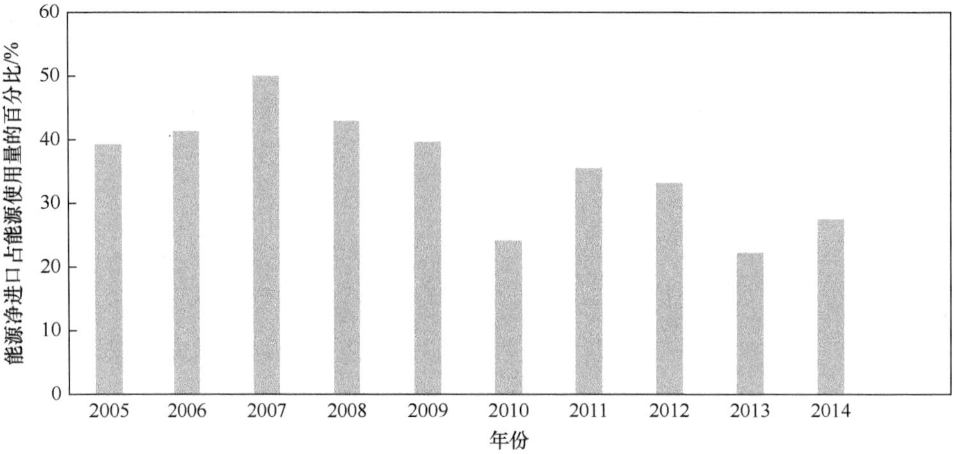

图 13-14 黑山能源净进口量占能源使用量的百分比变化情况

2. 旅游业

旅游业是黑山相对来说十分发达的产业。从图 13-15 中可以看出，旅游服务出口量占商业服务出口量的百分比，近些年虽有小幅度的波动，但一直处于66%以上，2009 年达到70.74%。黑山的经济很依赖旅游业进行拉动。

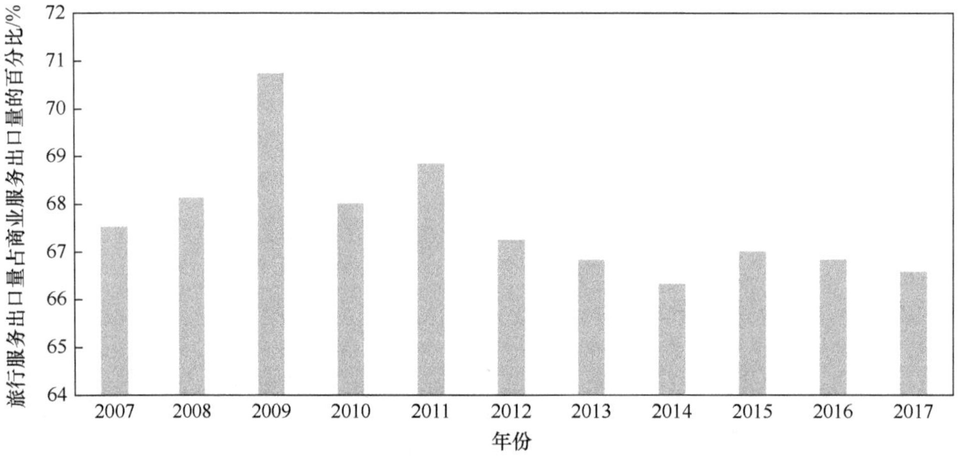

图 13-15 黑山旅游服务出口量占商业服务出口量的百分比变化情况

目前，黑山重点投资改善城市基础设施和酒店业，以吸引更多游客来黑山旅游。由调查问卷结果显示，90%的游客表示愿意再次回到黑山旅游，且更倾向于海滨度假与徒步游览。在 2010 年上海世博会上，黑山以单独展馆形式参加。目前，参观黑山国家馆的游客人数已经超过 130 万。在“2010 明日旅业”大奖评选中，黑山被世界旅游业理事会（WTTC）提名，与博茨瓦纳、中国黄山共同竞争“旅游目的地管理”奖项。对此，黑山旅游部长表示：“这是对我国可持续发展旅游业的肯定。”黑山20%以上的国土面积为国家或国际保护区，并实施一系列措施来进行目的地的生态管理。1991年，黑山进行宪法宣誓成为世界首个生态国家。此后，黑山政府颁布并实施了诸多关于发展可持续旅游业的法律法规、政策、教学规划，并成立了可持续发展部际办公室。在黑山，可持续发展理念不仅广泛应用在旅游业中，还成为黑山整体发展国策。旅游业是黑山经济繁荣的主要动力，其产值占GDP的21%。

在黑山，徒步或骑自行车旅行是十分受人们欢迎的度假项目。黑山拥有四季常青的森林、清澈的高山湖泊和险峻的大峡谷，为游客创造了丰富的旅游活动。黑山拥有29家四星级精品酒店。这些酒店分布在全国各地，提供“飞机+驾车游览项目”，带领游客探索美丽的大自然。此外，黑山也有私人旅馆，属于三四星级酒店范畴，为游客提供“床+自行车游览项目”。

黑山政府一如既往地增加基础设施项目的投资，支持旅游业发展，例如，投入巨资铺设公路，修建可再生能源与市政供水系统。经统计，在过去4年中，黑山政府已经拨款40多亿欧元进行各项设施建设。黑山旅游部长一再强调：“旅游业无疑是我国经济发展的重中之重。”根据世界旅游业理事会（WTTC）的一项调查显示，在黑山，1/5的就业者从事旅游相关工作。埃及Orascom集团计划在黑山开发酒店休闲度假区项目。该项目包括科托峡湾Lustica岛上的一个18洞高尔夫球场。如果这个项目得以成功实施，那么黑山旅游业就业人数还将进一步增加。该项目预计花费10年，分几个阶段进行，总投资高达11亿欧元，将创造1万个就业岗位。

旅游业是迅速发展起来的一个新型现代产业。第二次世界大战后，现代旅游业迅速崛起，20世纪60年代进入高速增长阶段，成为当今世界发展前景广阔、产业规模庞大的新型产业之一。旅游业具有很强的关联性，能为工业、农业、建筑业、保险业等提供巨大的市场，带动和促进交通运输业、邮电通信业、房地产业、对外贸易、餐饮业、文化娱乐业等各行各业的发展。因此，旅游业对经济的溢出效应要远远高于其他行业。

旅游业是黑山国民经济的重要组成部分和主要外汇收入来源。黑山主要风景区是亚得里亚海滨和国家公园等。2014年，黑山游客总数约有152万人次，同比增长1.7%。旅游者主要来自塞尔维亚、俄罗斯、波黑、阿尔巴尼亚等。

随着社会生产力的提高和社会经济的发展，旅游业在国民经济中日益占据重要地位。因为人们的消费水平是随社会经济发展而不断提高的。随着人们经济收入增多，用于精神需求、满足娱乐方面的开支就相对增加，从而促进旅游业的迅速发展，其规模也不断扩大。

黑山拥有得天独厚的自然条件发展旅游业。黑山的旅游业对经济的发展起到一个非常好的带动作用。从旅游业的运行状况看，旅游业是一种“无烟工业”，与发展“绿色产业”相适应，符合当今世界经济发展的总潮流。旅游业还是一种“朝阳产业”，正展现着良好的发展势头。从现代旅游经济发展的实证分析，当今世界上经济发达的国家，也是旅游经济发达的国家。从这个层面来讲，黑山也应该继续保持并更好地发展旅游业。

五、产品的相关成本

黑山产品的生产和销售成本表现出先增后减的变化特点，尤其是近两年有大幅度减少。自2010年以来，黑山产品的生产和销售成本逐年增加，2016年开始大幅度减少并保持相对较低水平。在统计期内，黑山的生产和销售成本2015年达到最大值，2016年达到最小值；材料成本、劳动力成本占生产和销售成本的百分比变化不大，较为平稳。

第四节 产业政策分析

黑山政府表示，正逐步改善商业环境，以利于外国直接投资的增加。根据世界银行 2013 年财报，黑山商业地位不断改善，在 183 个经济体中，排名由第 56 位提前到第 44 位。黑山于 2007 年加入中欧自由贸易协定（CEFTA），且于 2008 年 1 月起一直实施该贸易协定，并与欧盟 SAA 有稳定的结盟协议。2011 年 12 月 17 日，黑山加入了世界贸易组织（WTO），成为第 156 个成员国。黑山对投入资本没有限制，允许外国投资者在除军事工业外的任何行业投资，且所有在黑山的投资项目均由国际投资保险公司承保。

黑山的经济主要依靠服务业，并处于向市场经济转型的末期。黑山是唯一的一个在巴尔干半岛各国中国外直接投资增长的国家。其中，旅游业是黑山国民经济的重要组成部分和主要外汇收入来源。2007 年，到黑山的旅游者达到 100 万人次，并带来了 4.8 亿欧元的收入。旅游业被看成黑山未来经济发展的支柱。黑山政府出台政策加大基础设施建设以促进其旅游业的发展，并开始接受国外直接投资以发展其旅游业。

黑山制造业薄弱，大量的工业产品、农产品、能源及日用消费品依赖进口，贸易逆差严重。制铝业是黑山的经济支柱。

黑山深受经济危机影响。在经历长期收缩后，黑山金融部门条件改善，私人部门信贷额增加了 6%，不良贷款与贷款总额的比率持续下降（2017 年 6 月为 9.5%），低于早期峰值的一半。黑山银行对待风险持规避态度，且贷款标准很严格。

黑山目前虽然有着广泛的公路网，但公路均没有达到应有的公路标准。现阶段，黑山政府把新的高速公路建设放在首要位置，致使财政赤字严重。近年来，在一定程度上受到公路建设拖延的影响，黑山经济增长放缓。

第五节 产业结构与产业政策分析基本结论

通过对黑山的基本情况、经济发展情况、产业结构情况、产业政策几个方面的分析，初步得出以下结论。

（1）总体而言，黑山近年来三次产业结构、产业就业人数占比不断优化，并逐步向合理化迈进。同时，黑山产业结构演变存在着明显的非均衡性，从而在一定程度上制约了黑山经济的发展。

（2）具体而言，黑山拥有发展旅游业的较大优势，但是其旅游业并未得到合理开发，且第一产业相对薄弱。因此，黑山要加快第一产业的发展，巩固农业的基础地位。

（3）黑山工业基础相对较好，机械制造、冶金加工业等是黑山的优势。黑山政府相对重视重工业，这在一定程度上使得黑山经济结构稍显单一。黑山加工业在制造业中占比较大。此外，虽然能源生产对黑山经济贡献很大，但黑山能源短缺，严重依赖来自国外的能源供应。因此，优化调整黑山的工业，对黑山经济的可持续发展至关重要。

（4）黑山服务业发展相对较快，服务业增加值占比、服务业就业人数占比都呈现了黑山经济重心由第二产业向第三产业转移的趋势，从而使产业结构得到优化升级。近几年，黑山研发投入占 GDP 的百分比有所下降，创新产出减少，不利于服务业的长期健康发展。黑山应加大研发投入，鼓励技术创新，调整服务业结构，积极推进传统服务业的转向和现代服务业的发展。

（5）从区域经济长期发展来看，黑山三次产业发展缺乏整体协调，导致资源投向长期侧重于重工业、军事工业与能源工业等，而产业结构变动所引起的经济增长具有短期和低效的特点，不利于实现经济的长期增长。黑山应以转变经济增长方式、推动技术创新和管理创新为核心，增强高新技术产业的辐射和带动能力，提高经济效益和产业竞争力。

（6）从黑山产业政策来看，黑山政府积极推行外商投资，并且在世界上的经济体排名一直有所进步。这也说明了黑山政府意识到只有与世界其他的经济体充分接触，合作共赢，在保留自身特色的基础上，积极引进外商，才可以使得经济充分发展。黑山的旅游业是一个非常发达的产业，很好地带动了 GDP 的发展。黑山政府也很清晰地认识到这一点，对于旅游业采取了继续补强的措施，把国家的支柱产业做到很强，以此来带动其他产业的发展。黑山的制造业与金融业都不是很景气。对于这种劣势产业，黑山政府就应该加大力度扶持，推举出一系列优惠政策，让其加速发展，争取早日追上其他国家的水平。

第十四章　柬埔寨产业结构与产业政策分析

第一节　基本情况

柬埔寨王国，简称柬埔寨，位于中南半岛西南部，国土面积约为 181 035 平方千米，西部及西北部与泰国接壤，东北部与老挝交界，东部及东南部与越南毗邻，南部则面向暹罗湾。柬埔寨为碟状盆地，三面被丘陵与山脉环绕，中部为广阔而富庶的平原。柬埔寨境内有湄公河和东南亚最大的淡水湖——洞里萨湖（又称金边湖）。柬埔寨分为 20 个省和 4 个直辖市，首都金边。金边地处洞里萨湖与湄公河交汇处，是柬埔寨政治、经济、文化和宗教中心。柬埔寨是东南亚国家联盟成员国，经济以农业为主，工业基础薄弱。

在自然资源方面，柬埔寨矿藏主要有金、磷酸盐、宝石和石油，还有少量铁、煤。柬埔寨林业、渔业、果木资源丰富。柬埔寨盛产贵重的柚木、铁木、紫檀、黑檀、白卯等热带林木，并有多种竹类。柬埔寨森林覆盖率为 61.4%，主要分布在东、北和西部山区。柬埔寨木材储量约为 11 亿立方米。洞里萨湖是东南亚最大的天然淡水渔场，素有“鱼湖”之称。柬埔寨西南沿海也是重要渔场，多产鱼虾。柬埔寨生态环境失衡，且捕捞过度，致使水产资源减少。

在经济建设方面，柬埔寨作为传统农业国，国土的 20%为农业用地，而从事农业的人口约占总人口的 85%、劳动力总量的 70%，工业基础相对薄弱。柬埔寨有约 28%的总人口生活在贫困线以下。柬埔寨政府推行经济私有化和贸易自由化，把消除贫困和经济发展作为主要任务，优先发展农业、旅游业、加工业、基础设施建设以及人才培训。在世界经济增长最快的国家中，柬埔寨排名第 6 位。柬埔寨人均 GDP2004 年为 402 美元，2005 年为 471 美元，2006 年为 534 美元，到 2015 年增长到 1 225 美元。柬埔寨经济高度开放，发展速度很快，并于 2016 年进入低水平中等收入国家行列。亚洲开发银行将柬埔寨列为亚洲发展最快新兴经济体之一。

在外交方面，中国是柬埔寨第三大贸易伙伴。2013 年，中柬双边贸易额为 37.7 亿美元，同比增长 29%。其中，中国对柬埔寨出口贸易额为 34.1 亿美元，同比增长 26%；中国对柬埔寨进口贸易额为 3.6 亿美元，同比增长 68%。2013 年，我国企业新增对柬埔寨非金融类直接投资额为 4.9 亿美元，同比下降 32%。2013 年，柬埔寨对中国累计实际投资额为 2 251 万美元。2013 年，中国企业在柬埔寨新签订承包工程合同额为 11.1 亿美元，同比下降 62%。2019 年 1—11 月，中柬双边贸易额达 85.3 亿美元，同比增长 27.8%。截至 2019 年 11 月，中国累计对柬埔寨投资额近 90 亿美元。

第二节　经济发展情况分析

一、经济规模情况分析

如图 14-1 所示，柬埔寨 2017 年的 GDP 增长率下降至 6.8%，略低于 2016 年的 7.0%。随着外国投资的反弹，纺织品和服装业出口量出现反弹，而旅游业和农业继续复苏。柬埔寨 GDP 变化情况如图 14-2 所示。

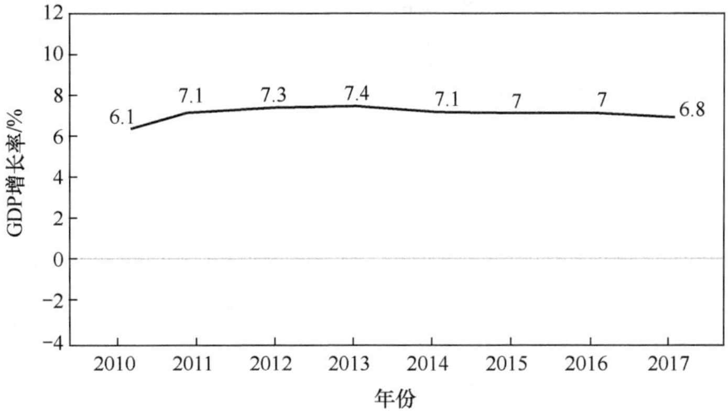

图 14-1　柬埔寨 GDP 增长率变化情况

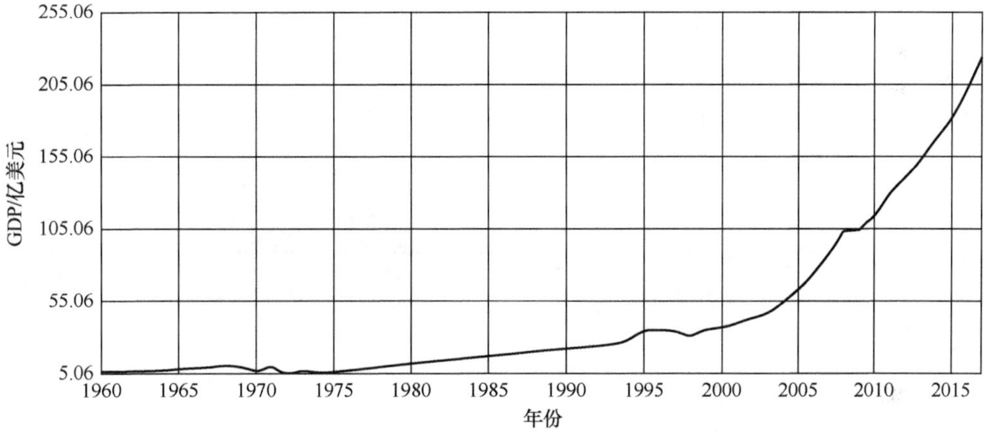

图 14-2　柬埔寨 GDP 变化情况

二、人力资本基础情况分析

1. 人才类型

柬埔寨的教育由国家通过柬埔寨教育部和省级教育部管理。《柬埔寨宪法》规定，国家保护和提高公民的各级优质教育权利，保证全体公民有平等的谋生机会（第 66 条）；国家实行按照现代教育学原理（包括技术和外语）的教育方案，以及国家控制公立和私立的学校和各级教师（第 67 条）。柬埔寨的教育制度包括学前教育、小学教育、普通中学教育、高等教育和非学历教育。美国国际开发署的数据显示，2011 年柬埔寨的小学净入学率达到 96%，初中净入学率为 34%，高中净入学率为 21%。

2. 人才层次结构

柬埔寨教育情况与国际劳工组织理想模式对比如图 14-3 所示。据估计，贫困发生率在全国约为 14%，而在人口占 68%的农村地区则更高。柬埔寨政府在教育方面的 GDP 仅为 152

亿美元，仅占国家财政支出的 2.6%。柬埔寨全国约有 310 万青少年（15～24 岁），其中 85% 未接受任何高等教育。接受技术和职业培训的 14～20 岁学生人数几乎不足总人口的 2%。这导致柬埔寨缺乏职业资格的劳动力数量非常多。绝大多数大学生来自城市富裕家庭，而大部分基层技术人员来自低收入家庭。从图 14-3 中可以看出，柬埔寨教育和劳动力市场严重失衡，尤其柬埔寨教育情况中 7%的初级和中级技师、1%的高级技师与国际劳工组织理想模式中 75%的初级和中级技师、20%的高级技师差距很大，说明柬埔寨职业教育人才培养的严重匮乏。

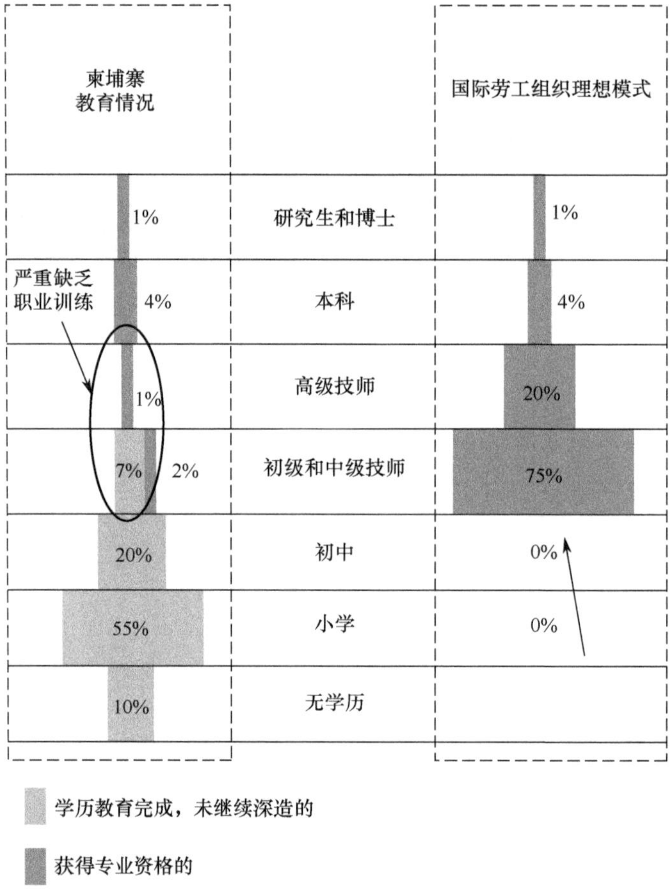

图 14-3 柬埔寨教育情况与国际劳工组织理想模式对比

三、交通情况分析

总体而言，柬埔寨国内的基础设施建设并不发达，铁路、高速公路等交通运输路线不及东南亚其他国家。基础设施建设的落后大大影响了柬埔寨各行业的发展。据统计，2017 年柬埔寨旅游业收入共计 36.3 亿美元，同比增长 13.3%，而外籍游客约有 560 万人次，同比增长 11.8%。

外国资本构成了柬埔寨基础设施领域投资的重要支撑。随着中国—东盟自由贸易区框架内澜沧江—湄公河次区域经济合作的进一步展开，中国一举成为柬埔寨最大的投资来源国。柬埔寨发展理事会的数据显示，截至 2018 年 4 月，中国在柬埔寨投资累积达到 170 亿美元。

同时，日本、泰国、韩国等国家的资本也相继渗入柬埔寨基建行业的各个领域，大大加速了柬埔寨基础设施建设进程。

由中方投资建设的柬埔寨第一条高速公路——金边—西哈努克省高速公路在 2019 年 3 月动工。该项目是中国路桥工程有限责任公司以政府框架项目推动的。2013 年，依照柬埔寨政府建议，该项目采用 BOT 模式，总投资达 20.19 亿美元（约 129 亿元人民币），建设期为 4 年，运营期为 50 年。

在基础设施投资方面，柬埔寨的发展规划赶上了东盟经济共同体成立的良好契机。作为一个脱贫进程飞速发展的欠发达国家，柬埔寨已成为东盟 10 国中最具有投资吸引力的目的地。2012—2016 年，柬埔寨平均每年获得 14 亿美元的外国优惠贷款，其中基础设施建设融资占据了相当大的百分比。

与其他中南半岛国家相比，柬埔寨的基建情况不容乐观。柬埔寨交通基础设施建设完全不能满足经济发展的需要，公路、港口、航空等基础设施均在过去几年中呈现恶化趋势。当下，柬埔寨的基建状况已成为当地经济发展的主要制约因素。落后的基础设施不仅阻碍着农业和旅游业的进一步发展，也使得柬埔寨在工业化的道路上举步维艰。

四、制度环境情况分析

下面从法律制度、腐败监管、政治稳定、民主自由权利和政府效能 5 个方面来分析柬埔寨制度环境情况。从图 14-4 中可以看出，柬埔寨这 5 个方面指数均低于“一带一路”沿线国家的平均水平。可见，柬埔寨制度环境建设有待加强。

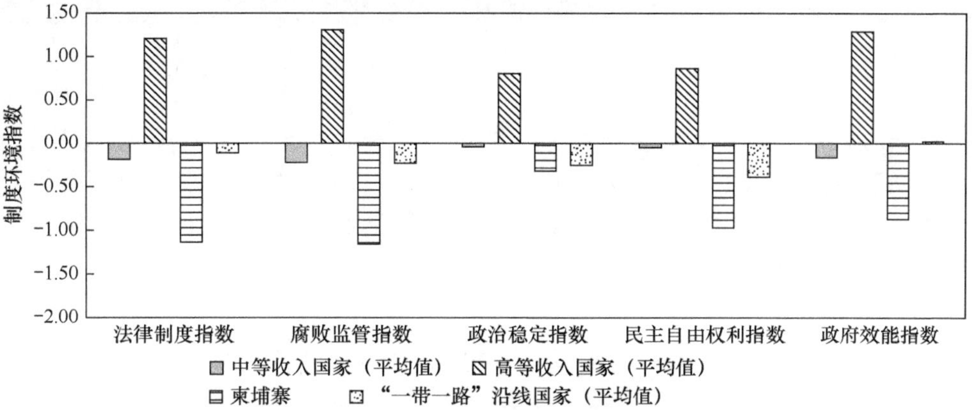

图 14-4　不同国家制度环境对比

从表 14-1 中可以看出，在统计期内，柬埔寨政治稳定指数及政府效能指数有所上升，分别从 2002 年的−0.73 和−0.81 上升至 2016 年的 0.18 和−0.69；民主自由权利指数从 2002 年的−0.74 降至 2016 年的−1.14；法律制度指数以及腐败监管指数变化较小。

表 14-1　柬埔寨制度环境评估

年份	法律制度指数	腐败监管指数	政治稳定指数	民主自由权利指数	政府效能指数
2002	−1.14	−1.01	−0.73	−0.74	−0.81
2003	−1.25	−0.99	−0.65	−0.90	−0.85
2004	−1.28	−1.06	−0.41	−0.87	−0.89

（续表）

年份	法律制度指数	腐败监管指数	政治稳定指数	民主自由权利指数	政府效能指数
2005	−1.23	−1.21	−0.40	−1.02	−1.00
2006	−1.23	−1.25	−0.35	−0.93	−0.97
2007	−1.14	−1.15	−0.36	−0.93	−0.90
2008	−1.17	−1.23	−0.30	−0.97	−0.99
2009	−1.15	−1.17	−0.56	−0.91	−0.95
2010	−1.12	−1.24	−0.50	−0.93	−0.94
2011	−1.05	−1.24	−0.30	−0.91	−0.86
2012	−0.98	−1.07	−0.10	−0.96	−0.82
2013	−1.00	−1.05	−0.14	−0.98	−0.91
2014	−0.96	−1.14	0.02	−1.11	−0.69
2015	−0.98	−1.12	0.06	−1.12	−0.70
2016	−1.10	−1.30	0.18	−1.14	−0.69
2002—2016（平均值）	−1.12	−1.15	−0.30	−0.96	−0.86

数据来源：世界银行数据库。

五、国际贸易情况分析

20世纪90年代初期，柬埔寨年对外贸易额很小，仅为4亿美元左右。自1993年柬埔寨新的王国政府成立以来，柬埔寨实行自由市场经济和对外开放政策，对外贸易额不断增长，1995年首次突破10亿美元，达到13.8亿美元。其中，出口贸易额为3.74亿美元，同比增长171.8%；进口贸易额为10.04亿美元，同比增长37.5%。同时，贸易逆差也达到创纪录的−6.3亿美元。

经过1996—1997年的停滞和下滑，1998年以来，柬埔寨对外贸易额又再度增长，并基本保持平稳增长。1999年，柬埔寨对外贸易额突破20亿美元，2002年突破30亿美元。在此期间，由于以纺织服装业为主体的出口加工业的迅速发展，柬埔寨出口贸易额不断增长，其增速也快于进口贸易额增速。2002年，柬埔寨出口贸易额为14.67亿美元，进口贸易额为16.15亿美元，贸易逆差从1998年的−3.32亿美元变为−1.47亿美元。

第三节　产业结构情况分析

一、产业发展情况

2015年，柬埔寨的GDP约为185亿美元，同比增长6.9%；人均GDP同比增长9.4%。近年来，柬埔寨实行自由市场经济和对外开放政策，GDP增长率保持在7%左右，但由于对外依赖性较强，所以经济发展受外部冲击较大。服务业（旅游业）在柬埔寨国家经济中占据主导地位，农业基础薄弱。2015年，农业增加值占比、工业增加值占比、服务业增加值占比为29%、30%和39%。柬埔寨产业结构变化情况如图14-5所示。

1. 第一产业概况

柬埔寨以农业作为国民经济的第一大支柱。柬埔寨历届政府都非常重视农业发展，把农业视为优先发展领域。尽管存在资金和人才匮乏、土地私有制、基础设施和技术落后等制约因素，但柬埔寨农业仍然具有资源丰富、自然条件优越、土地沃腴、劳动力充足、市场潜力较大、农业经济效益良好等天然和潜在发展优势。

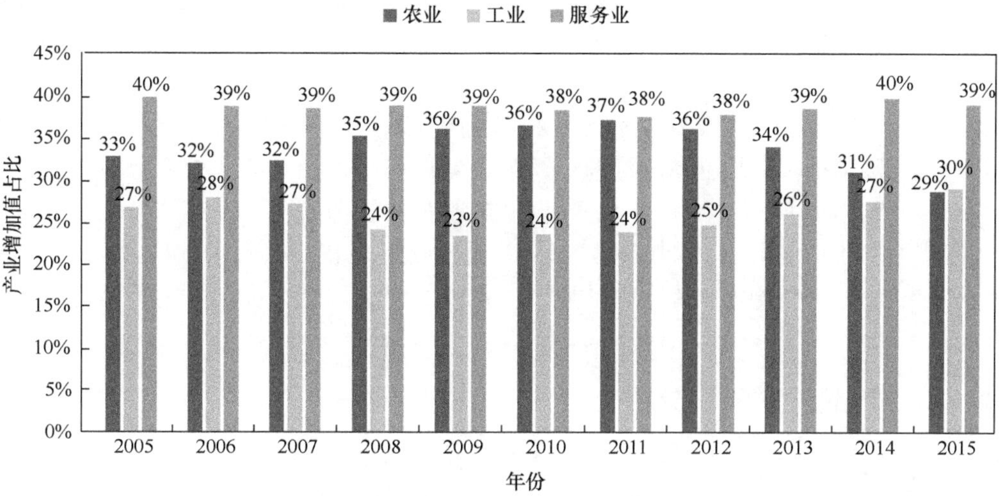

图 14-5　柬埔寨产业结构变化情况

2015 年，在农、林、渔、牧业总产值中，农业产值占比为 60%、林业产值占比为 7%、畜牧业产值占比为 11%、渔业产值占比为 22%。其中，柬埔寨农业稻谷种植面积约为 305 万公顷[①]（其中水稻种植面积约为 256 万公顷），全年稻谷产量约为 934 万吨。全年出口农产品约 416 万吨。除种植业外，畜牧业、橡胶业以及水产业等领域的产值在柬埔寨农业产值中均占有一定份额。

2. 第二产业概况

柬埔寨没有重工业，工业基础薄弱，结构单一，门类单调，并且对外国投资有较强的依赖性，主要以食品加工业、制鞋业、成衣制造业为主，急待工业转型。

2016 年，在柬埔寨工业总产值中，成衣、纺织、制鞋业产值占比约为 10%，建筑业产值占比约为 8.8%。这一年，柬埔寨企业总数上升到了 1 450 家，其中 160 家企业在工业与手工业部注册，共创造了就业岗位约为 86 万个，工业总产值约为 89 亿美元。2016 年上半年与 2015 年同期相比，柬埔寨就业率上升了 0.6%，从业人员共计 61 万人，月收入总额约为 1.16 亿美元，月平均工资达到 190 美元。服装和鞋类仍然是柬埔寨最主要的出口产品。欧盟和美国是柬埔寨的最大销售市场。销往这两个地区的产品占柬埔寨市场份额的 65%，而销往日本和加拿大的产品份额也不断增加。

3. 第三产业概况

柬埔寨拥有十分丰富的旅游资源，所以旅游业在柬埔寨国民经济中占举足轻重的地位。柬埔寨旅游业在促进经济发展和增加财政收入的同时，可以创造就业机会，提高人民生活水平。柬埔寨著名旅游景点包括西哈努克港、吴哥古迹和金边等。统计数据显示，2015 年全年，

① 1 公顷=10^4 平方米。

柬埔寨共接待外国游客约为478万人次，同比增长6%；旅游业收入近30亿美元，占GDP的16%，创造62万个就业岗位。越南、中国、老挝、泰国和韩国居柬埔寨前五大游客来源国。其中，中国游客约为70万人，同比增长24%，仅次于越南的99万人，后者的游客增长率是9%；老挝、韩国游客增长率分别下降为12%、7%，泰国游客增长率为25%。柬埔寨政府为了吸引更多游客赴柬埔寨旅游，出台了各种措施，如增加陆地边境口岸的开放、加强在世界知名旅游刊物上的宣传等。

职业教育作为经济发展的助推力，在东盟各国都承担着为经济发展提供人力和技术支持的任务。在东盟各国中，柬埔寨、越南、缅甸、老挝等国，由于职业教育相对落后，跟不上经济发展的步伐，所以职业教育为经济社会发展服务的能力低下。经统计，仅柬埔寨，每年就有23万毕业生不具备任何技能或技能低下。针对这种现状，中国高等职业院校要实施“引进来”和“走出去”的战略举措，通过开展一系列的交流和合作，提升中国高等职业教育的国际化水平和质量。

二、第一产业规模变化分析

农业对于柬埔寨的经济增长和就业仍然十分重要。随着天气条件改善，柬埔寨GDP已恢复了增长。湿季稻米产量2017年增长5.4%，略低于2016年的6.5%，达到805万吨。

三、第三产业规模变化分析

柬埔寨的第三产业以旅游业为主。柬埔寨入境游客总数2017年增长11.8%，高于2016年的5.0%。重要的是，由于柬埔寨当局努力扩大和深化区域连接航班，尤其是柬埔寨和中国之间的航班，乘飞机来柬埔寨的旅客人数大幅增加。柬埔寨正在进行陆上连通，以及清洁和绿色运动，以进一步扩大吴哥窟寺庙群之外的旅游目的地。

四、第二产业规模变化分析

1. 纺织行业

促进柬埔寨经济增长的主要行业为纺织行业。

2017年下半年，柬埔寨纺织品和服装市场出口份额在全球需求复苏的推动下出现反弹。2017年，柬埔寨对欧盟（EU）的纺织品和服装市场出口份额激增，从5月的−1.0%上升到12月的7.4%。在同一时期，柬埔寨对美国的纺织品和服装市场出口份额反弹，从−3.5%上升至3.7%。

2017年，柬埔寨纺织品和服装出口贸易额达到72亿美元，同比增长7.7%（略低于2016年的8.4%）。柬埔寨纺织行业已通过加入印刷、刺绣等方式增加产品价值，以适应日益激烈的竞争。虽然2017年柬埔寨纺织品和服装的价格不断攀升，但纺织品和服装出口贸易额的增长在很大程度上仍依赖于销量增长，这反映了纺织品和服装市场竞争很激烈。

2. 鞋类行业

鞋类产品出口情况如图14-6所示。柬埔寨鞋类产品已经成为仅次于纺织品和服装的第二大出口制品。2017年，柬埔寨鞋类产品出口贸易额近9亿美元，增长率为14.4%，略高于2016年的13.9%。与纺织品和服装不同，由于竞争加剧，鞋类产品每双出口平均价格2017年降至6.6美元，低于2016年的7美元。

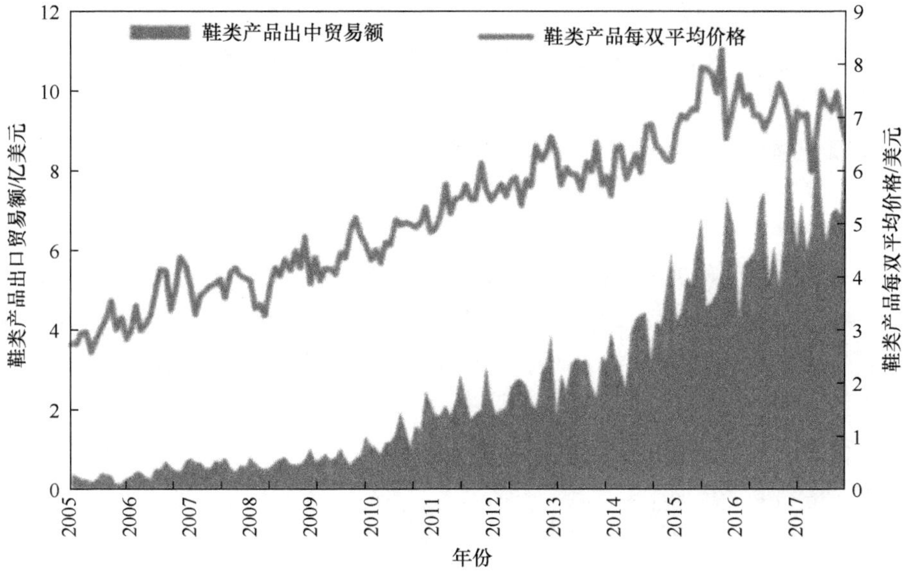

图 14-6 鞋类产品出口情况

第四节 产业政策分析

2000 年以来，柬埔寨实际 GDP 由 140 826 亿瑞尔增至 2015 年的 749 320 亿瑞尔，年均增长率达 11.8%。虽然 2008 年全球性金融危机对东盟国家造成了较大冲击，使得部分国家（如文莱）GDP 甚至出现了负增长，但柬埔寨当年实际 GDP 增长率仍达 6.69%。之后的 2009 年，柬埔寨 GDP 增长率有较大幅度的下降，但 2010 年以来，柬埔寨一直保持高速增长态势。与此同时，柬埔寨人均 GDP 也发生了较为显著的变化，2015 年达到 1 228 美元，是 2000 年的 4.1 倍，是 2005 年的 3.4 倍，是 2010 年的 1.6 倍。IMF 报告最新预测，得益于制衣制鞋业、旅游业、建筑业、农业以及外国直接投资的有效拉动，柬埔寨 GDP2016—2020 年分别增长了 7.0%、7.0%、6.9%、6.8%、6.5%。制衣制鞋业是柬埔寨支柱行业且占据出口创汇龙头地位。截至 2015 年年底，柬埔寨共有约 1 007 家制衣制鞋厂，创造约 75 万个就业岗位，出口贸易额达 71.7 亿美元，同比增长 18%。旅游业是柬埔寨第二大支柱产业，被政府誉为“绿金”。2015 年，柬埔寨共接待外国游客 477.5 万人次，同比增长 6.1%，旅游业收入达 30.1 亿美元，占 GDP 的 16.3%，并创造 62 万个就业岗位。

进入 21 世纪以来，受对外开放和对内改革等多重利好因素影响，柬埔寨要素禀赋的“活力”得到一定程度的“激活”。但是，由于发展阶段、历史遗留、社会制度和现实体制等因素的制约，与新加坡等东盟发达国家相比，柬埔寨现代意义上“高效、发达、有序”的要素市场并未形成。从劳动力市场来看，柬埔寨 15～64 岁劳动参与率从 2000 年的 55.38%增长至 2015 年的 64%，但仍显著低于多数东盟国家。从资本形成来看，2000—2015 年柬埔寨资本形成总额占比维持在 16%～20%，显著低于同时期经济相对发达的东盟国家。从技术进步来看，2000—2015 年柬埔寨高科技产品出口贸易额占制成品出口贸易额的百分比均为零，远低于新加坡、文莱、马来西亚等东盟国家。正是柬埔寨等国要素禀赋层面的相对劣势，使得“东盟”内部“强者越强、弱者越弱”的局面在短时间无法得到根本性的改变。

第五节　产业结构与产业政策分析基本结论

落后的基础设施现状使得柬埔寨对于参与“一带一路”建设有着格外的兴趣。近年来，中柬两国围绕基础设施领域展开了广泛合作，成就斐然。例如，两国合作开发的西哈努克港经济特区已经成功吸引 100 多家国际企业入驻并创造 1 万多个就业岗位；中国企业与柬埔寨政府签订了以 BOT 方式建设暹粒新机场、金边到西港高速公路的合同；中国银行等多家银行为西哈努克电厂、桑塞河下游水电站、柬埔寨石化公司炼油厂等新项目提供融资服务。可以预见，未来数年内中柬两国在农田水利、交通通信、能源运输等基础设施领域具有强烈的合作意向与广泛的合作空间。

解决柬埔寨经济结构问题的关键是积极承接产业转移，实现本国产业的转型升级。恰好中柬两国在产能合作领域高度互补，相得益彰。近年来，中国会同柬埔寨举办多场产能合作交流活动，中柬两国一批重点产能合作项目取得明显进展。2017 年，中柬两国在南宁和金边联合举办了中国—柬埔寨产能与投资合作论坛和澜沧江—湄公河国家经济技术展览会，并在塑造政府间机制、扩展合作领域、对接产业战略、深化经验分享上达成广泛共识。在实践层面，华新水泥厂收购卓雷丁水泥公司和西哈努克港经济特区建设均初见成效，中柬两国在产能合作中获益良多。

一、加快实现两国发展战略对接

共建“一带一路”是新时期我国深化对外开放的总方略，也是谋求与周边国家和平共处、平等互利和合作共赢的具体举措；“四角战略”“2014—2018 年国家发展战略计划”“2015—2025 年产业发展计划”是当前柬埔寨实现“增长、就业、平等、效率”目标，致力于提高农业生产力、恢复和重建基础设施、发展私人经济和增加就业、培训人才和发展人力资源，进而保障经济持续发展和社会稳定的重要战略。应该说，中柬两国战略内涵契合、诉求互补。新时期，推进中柬深入合作的首要任务就是要加快中柬两国战略之间的对接，尽快确定优先合作领域，以使其相互促进、共同发力。

二、不断创新经贸投资方式

我国在开展贸易投资过程中，必须要做到因省、因业、因企施策，灵活采取技术输出、无偿援助、有偿贷款等多种方式，不强求形成“统一化”的合作模式。例如，中柬金边合作特区和西哈努克港经济特区之间在地理优势、发展模式以及政府治理等方面就存在着显著不同，因此在中柬两国合作过程中，发展战略、合作理念以及问题解决措施必须要“一事一议”，切忌“一刀切”。与此同时，建议中柬两国海关、商务、外事等部门尽快出台在税收、标准、劳务、签证、投资者权益保障等方面的相关配套措施，为中柬两国经贸和投资合作提供全方位支持和综合保障。

第十五章　卡塔尔产业结构与产业政策分析

第一节　基本情况

卡塔尔国，简称卡塔尔，是亚洲西部的一个阿拉伯国家，位于波斯湾西南岸的卡塔尔半岛上，南面与阿联酋和沙特阿拉伯接壤，海岸线长达 550 千米。卡塔尔常住人口有 264 万人，其中卡塔尔公民约占 15%。卡塔尔外籍人主要来自印度、巴基斯坦和东南亚国家。卡塔尔官方语言为阿拉伯语，通用英语。卡塔尔多数居民信奉伊斯兰教，属逊尼派中的瓦哈比教派，而什叶派居民占总人口的 16%。

在地理与气候方面，卡塔尔地势平坦，大部分地区为覆盖沙土的荒漠，靠近西海岸地势略高。卡塔尔在由兹克瑞特向南区域存在大范围裸露石灰岩。卡塔尔的陆上石油也主要储藏在这个区域。卡塔尔属于热带沙漠气候，夏季炎热漫长，最高气温可达 50℃；冬季凉爽干燥，最低气温为 7℃。年平均降水量仅 75.2 毫米。

在自然资源方面，石油、天然气产业是卡塔尔的经济支柱。卡塔尔石油探明储量为 25 亿吨，居世界第 13 位。卡塔尔天然气探明储量为 24.7 万亿立方米，居世界第 3 位。近年来，卡塔尔政府大力投资开发天然气，将其作为经济发展的重中之重。卡塔尔是液化天然气生产和出口大国。在大力发展能源产业的同时，卡塔尔还推出了“2030 国家愿景”规划，其核心是通过大力发展经济多元化，到 2030 年将卡塔尔打造成一个可持续发展、具有较强国际竞争力、国民生活水平高的国家。卡塔尔全国可耕地面积为 280 平方千米，已耕地面积为 70 平方千米。卡塔尔农牧产品不能自给，粮食、蔬菜、水果、肉蛋奶等主要依赖进口，只有鱼、虾类海产品产量可基本满足本国需求。

在工业建设方面，卡塔尔工业主要为石油和天然气相关工业及能源密集型工业，其中包括炼油厂、石化工厂、化肥厂、钢铁厂和水泥厂，同时还建立了一些造纸厂、洗涤剂厂、颜料厂、食品厂和塑料厂等。目前，卡塔尔液化天然气年产能已达 7 900 万吨。

在外交方面，卡塔尔奉行中立、不结盟的外交政策；强调伊斯兰国家特别是阿拉伯国家间的团结与合作；加强与美国等西方国家的战略伙伴关系；积极参与地区和国际事务，扩大卡塔尔知名度。卡塔尔是联合国、伊斯兰会议组织、阿拉伯国家联盟和海湾阿拉伯国家合作委员会成员国，2006—2007 年度安理会非常任理事国，2004—2006 年度联合国人权委员会成员国。卡塔尔与 110 多个国家有外交关系。卡塔尔于 1995 年成为世界贸易组织成员。根据世界经济论坛（WEF）发布的《2011—2012 全球竞争力报告》，卡塔尔全球竞争力居阿拉伯国家及中东国家首位。2012 年美国《福布斯》杂志公布的全球最富国家和地区排行榜中，卡塔尔居第 1 位。

第二节　经济发展情况分析

一、经济规模情况分析

卡塔尔 GDP 及其增长率变化情况如图 15-1 所示。卡塔尔人均 GDP 变化情况如图 15-2 所示。卡塔尔 GDP 情况如表 15-1 所示。

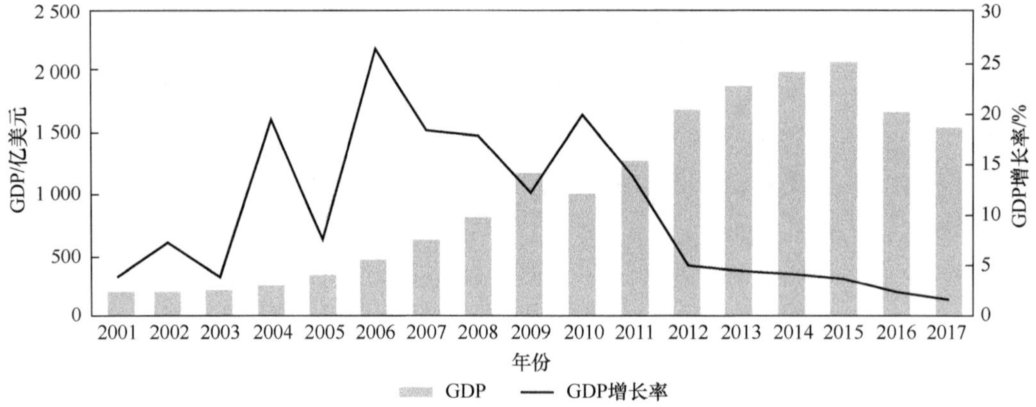

图 15-1　卡塔尔 GDP 及其增长率变化情况

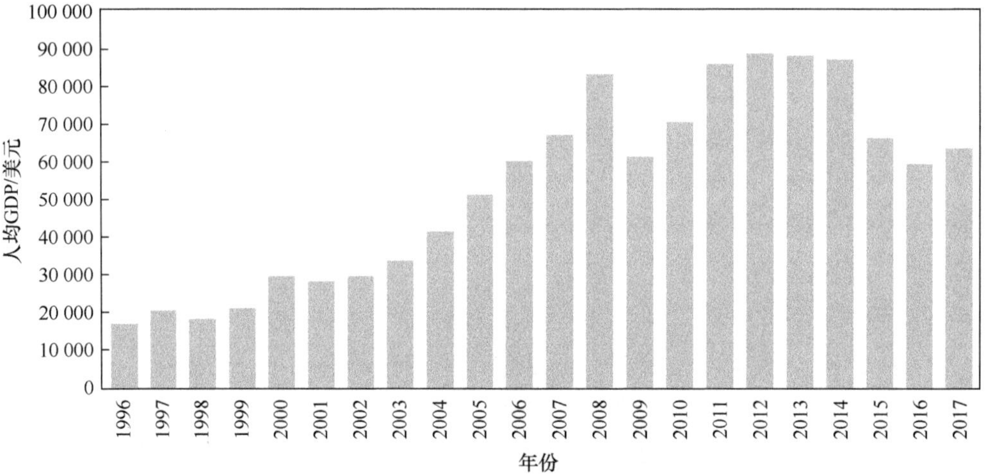

图 15-2　卡塔尔人均 GDP 变化情况

表 15-1　卡塔尔 GDP 情况

年份	GDP/亿美元	GDP 增长率/%	人均 GDP/美元	人均 GDP 增长率/%
2001	175.38	3.90	28430.64	−0.25
2002	193.64	7.18	29990.65	2.41
2003	235.34	3.72	34176.98	−2.75
2004	317.34	19.22	41818.35	8.18
2005	445.30	7.49	51488.50	−5.68

（续表）

年份	GDP/亿美元	GDP 增长率/%	人均 GDP/美元	人均 GDP 增长率/%
2006	608.82	26.17	60256.56	8.00
2007	797.12	17.99	67005.61	0.21
2008	1 152.70	17.66	82967.37	0.75
2009	977.98	11.96	61478.24	−2.22
2010	1 251.22	19.59	70306.23	6.90
2011	1 677.75	13.38	85948.07	3.36
2012	1 868.34	4.69	88564.82	−3.13
2013	1 987.28	4.41	88304.88	−2.13
2014	2 062.25	3.98	86852.71	−1.45
2015	1 646.41	3.55	66346.52	−0.92
2016	1 524.52	2.22	59324.34	−1.29
2017	1 676.05	1.60	63505.81	−1.08

（1）总体来说，在统计期内，卡塔尔 GDP 及人均 GDP 先增加再减少。GDP 增长率和人均 GDP 增长率则波动幅度较大，大体呈现先增加然后缓慢减少的趋势。

（2）卡塔尔 GDP 2001—2014 年从 175.38 亿美元增加至 2 062.25 亿美元，之后迅速减少，2017 年为 1 676.05 亿美元；卡塔尔 GDP 增长率 2001—2006 年从 3.90%增加至 26.17%，然后开始逐渐减少，2017 年为 1.60%；人均 GDP1996—2012 年从 17 344.96 美元增加至 88 564.82 美元，然后 2017 年减少至 63 505.81 美元；卡塔尔人均 GDP 增长率 2001—2006 年从−0.25%增加至 8.00%，之后数年则在较大的波动中逐渐减少，2017 年为−1.08%。

（3）在 2008 年金融危机的不利影响下，卡塔尔经济也遭受挫折。GDP 及人均 GDP 分别从 2008 年的 1 152.70 亿美元和 82 967.37 美元骤减至 2009 年的 977.98 亿美元和 61 478.24 美元。

二、人力资本基础情况分析

卡塔尔总人口变化情况如图 15-3 所示。卡塔尔城镇和农村人口变化情况如图 15-4 所示。

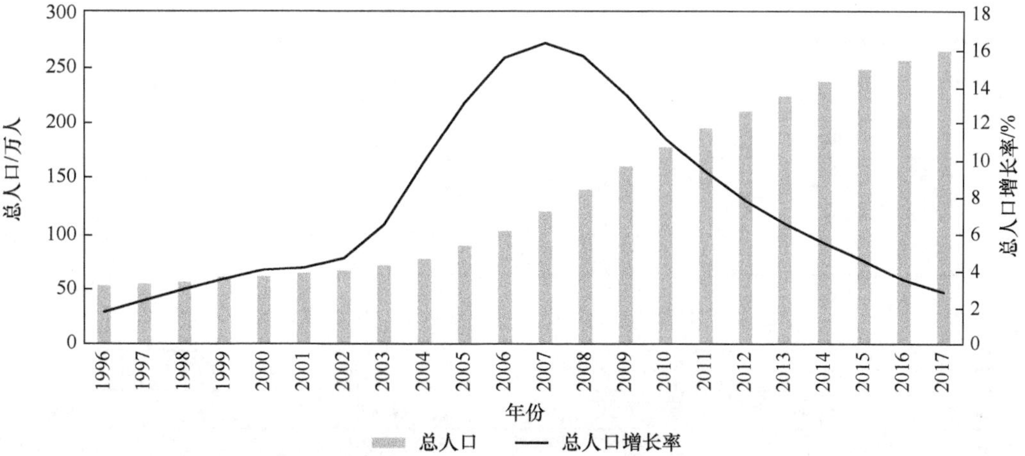

图 15-3　卡塔尔总人口变化情况

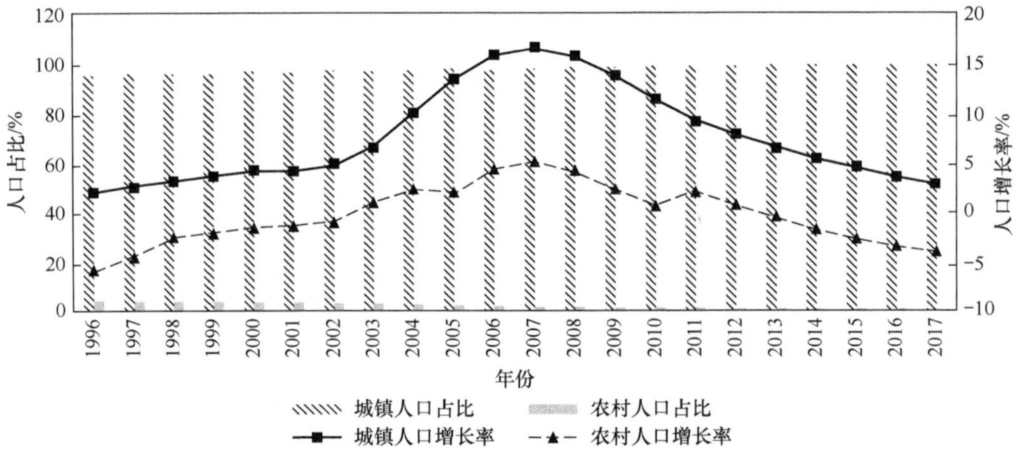

图 15-4　卡塔尔城镇和农村人口变化情况

（1）总的来说，在统计期内，卡塔尔总人口不断增加；总人口增长率则先增加再减少；城镇人口占比逐渐增加；农村人口占比则不断减少；城镇人口增长率和农村人口增长率则先增加再减少。

（2）卡塔尔总人口 1996—2017 年从 522 304 人增加至 2 639 211 人；总人口增长率 1996—2007 年则从 2.01%增加至 16.33%，然后逐渐减少，2017 年为 2.67%；城镇人口占比 1996—2017 年从 95.356%增加至 99.078%；城镇人口增长率 1996—2007 年从 2.08%增加至 16.58%，然后逐渐减少，2017 年为 2.73%；农村人口增长率 1996—2007 年从−5.72%增加至 5.17%，然后减少，2017 年为−3.94%。

卡塔尔劳动力情况如表 15-2 所示。整体而言，卡塔尔劳动力总量和劳动力占比逐渐增加；15～64 岁劳动参与率和 15～24 岁劳动参与率先减少再增加。卡塔尔劳动力总量 1996—2017 年从 30.05 万人增加至 197.52 万人；劳动力占比 1996—2017 年从 57.54%增加至 74.84%；15～64 岁劳动参与率 1996—2001 年从 79.40%减少至 77.76%，然后开始增加，2017 年增加至 87.48%；15～24 岁劳动参与率 1996—2000 年从 57.24%减少至 47.77%，之后增加，2017 年增加至 66.07%。

表 15-2　卡塔尔劳动力情况

年份	劳动力总量/万人	劳动力占比/%	15～64 岁劳动参与率/%	15～24 岁劳动参与率/%
1996	30.05	57.54	79.40	57.24
1997	30.63	57.28	78.78	53.03
1998	31.50	57.22	78.33	50.37
1999	32.59	57.24	78.03	48.87
2000	33.89	57.21	77.83	47.77
2001	35.86	58.13	77.76	50.20
2002	38.14	59.07	77.99	51.84
2003	41.41	60.14	78.60	53.40
2004	46.54	61.34	79.55	53.84
2005	54.31	62.79	80.86	54.98
2006	66.39	65.71	81.34	57.59

（续表）

年份	劳动力总量/万人	劳动力占比/%	15～64 岁劳动参与率/%	15～24 岁劳动参与率/%
2007	81.78	68.75	82.70	60.47
2008	99.04	71.28	84.17	63.11
2009	116.81	73.43	85.69	65.84
2010	134.06	75.33	87.26	67.93
2011	145.69	74.63	86.66	65.23
2012	157.01	74.43	86.45	64.43
2013	167.73	74.53	86.68	64.75
2014	177.85	74.90	87.29	66.00
2015	187.24	75.45	88.07	67.63
2016	192.85	75.04	87.68	66.78
2017	197.52	74.84	87.48	66.07

数据来源：世界银行数据库。

三、交通情况分析

表 15-3 反映的是卡塔尔交通运输情况。

（1）就整体而言，在统计期内，卡塔尔航空客运量和航空货物周转量及航空运输量（注册承运人全球出港量）逐年增加；除少数年份外，货柜码头吞吐量缓慢增加；班轮运输相关指数先减少再增加。

（2）卡塔尔班轮运输相关指数 2007—2009 年从 3.59 减少至 2.1，然后逐渐回升，2016 年为 5.2；货柜码头吞吐量 2007—2016 年从 3500 亿吨增加至 4959.52 亿吨；航空客运量 2007—2016 年从 8 879 109 人次增加至 31 209 097 人次。

表 15-3 卡塔尔交通运输情况

年份	货柜码头吞吐量/亿吨	班轮运输相关指数	航空客运量/人次	航空货物周转量/（亿吨 · 千米）	航空运输量（注册承运人全球出港量）
2007	3 500	3.59	8 879 109	12.9275	62 689
2008	4 000	3.21	9 702 479	16.3915	68 818
2009	4 100	2.1	10 211 229	22.7638	77 178
2010	3 460	7.67	12 391 268	29.4579	90 819
2011	3 657.22	3.6	14 568 106	36.3713	109 525
2012	3 803.51	6.53	17 187 171	43.0692	128 402
2013	4 242.10	3.35	18 737 348	49.6058	139 869
2014	4 618.63	3.86	21 425 066	59.9311	151 703
2015	5 300.42	5.2	25 263 224	75.6331	170 582
2016	4 959.52	5.2	31 209 097	92.0617	200 927

数据来源：世界银行数据库。

四、信息化情况分析

图 15-5 反映的是卡塔尔信息化情况。

（1）总的来说，卡塔尔互联网覆盖率和固定宽带覆盖率均不断增加，电话线路覆盖率则先增加再减少。

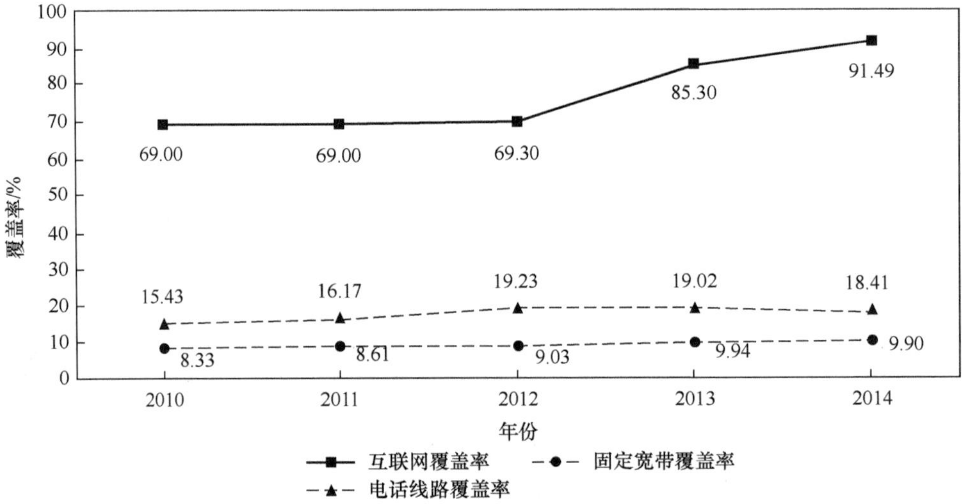

图 15-5 卡塔尔信息化情况

（2）卡塔尔互联网覆盖率和固定宽带覆盖率 2010—2014 年分别从 69%和 8.33%增加至 91.49%和 9.90%；电话线路覆盖率则从 2010 年的 15.43%增加至 2012 年的 19.23%，然后逐渐减少至 2014 年的 18.41%。

五、制度环境情况分析

卡塔尔制度环境评估如表 15-4 所示。不同国家制度环境对比如图 15-6 所示。

表 15-4 卡塔尔制度环境评估

年份	法律制度指数	腐败监管指数	政治稳定指数	民主自由权利指数	政府效能指数
1996	0.10	−0.09	0.20	−0.54	0.47
1997	0.20	0.27	0.59	−0.55	0.45
1998	0.31	0.63	0.98	−0.56	0.44
1999	0.45	0.65	1.02	−0.47	0.44
2000	0.59	0.67	1.06	−0.38	0.44
2001	0.61	0.69	0.90	−0.43	0.46
2002	0.63	0.71	0.74	−0.48	0.49
2003	0.51	0.60	1.14	−0.59	0.47
2004	0.42	0.58	1.08	−0.32	0.49
2005	0.70	0.82	0.99	−0.39	0.42
2006	0.72	1.09	0.91	−0.66	0.55
2007	0.63	0.81	0.94	−0.91	0.44
2008	0.79	1.11	1.10	−0.88	0.61
2009	1.01	1.72	1.21	−0.89	1.00
2010	0.95	1.57	1.12	−0.89	0.89
2011	0.84	1.08	1.17	−0.96	0.78
2012	1.03	1.19	1.21	−0.80	0.95
2013	1.04	1.24	1.19	−0.86	1.07
2014	0.99	1.09	1.00	−0.98	0.99
1996—2014（平均值）	0.66	0.86	0.98	−0.66	0.62

数据来源：世界银行数据库。

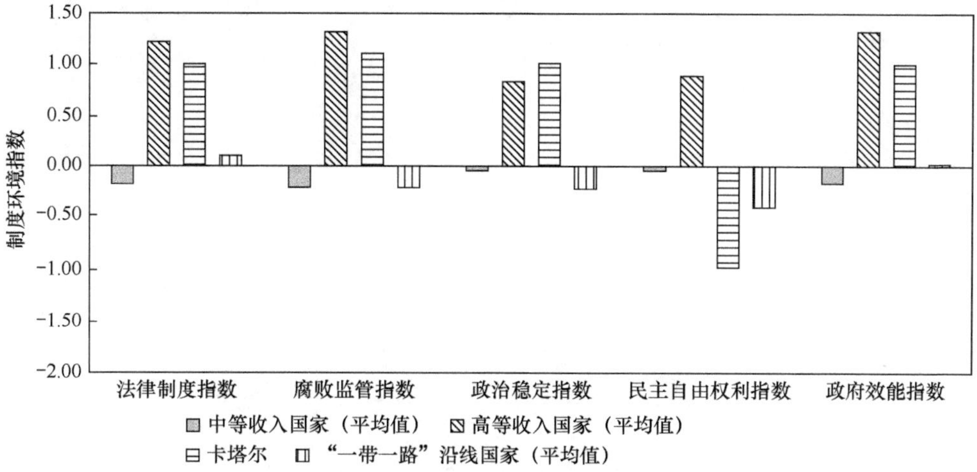

图 15-6　不同国家制度环境对比

（1）整体而言，高等收入国家的法律制度指数、腐败监管指数、政治稳定指数、民主自由权利指数、政府效能指数均远远高于其他国家。除了政治稳定指数，卡塔尔的制度环境与高等收入国家的制度环境相比仍然存在较大差距。但是，卡塔尔政府效能指数、政治稳定指数、法律制度指数和腐败监管指数明显高于中等收入国家。卡塔尔政治稳定指数、腐败监管指数、政府效能指数均高于“一带一路”沿线国家的平均水平。

（2）整体而言，在统计期内，卡塔尔法律制度指数缓慢增加；民主自由权利指数先增加再减少；政府效能指数先维持水平波动，然后再逐渐增加；政治稳定指数则先增加再减少；腐败监管指数逐渐增加。

（3）卡塔尔法律制度指数 1996—2014 年从 0.10 逐渐增加至 0.99；民主自由权利指数 1996—2004 年从−0.54 增加至−0.32，然后开始逐渐减少，2014 年为−0.98；政府效能指数 1996—2007 年基本维持在 0.40～0.55，之后逐渐增加，2014 年增加至 0.99；政治稳定指数 1996—2009 年从 0.20 增加至 1.21，然后 2014 年减少至 1.00。腐败监管指数 1996—2014 年逐渐从−0.09 增加至 1.09。

六、税收负担情况分析

图 15-7、图 15-8 分别反映的是卡塔尔总税收占 GDP 的百分比变化情况和税收占比变化情况。

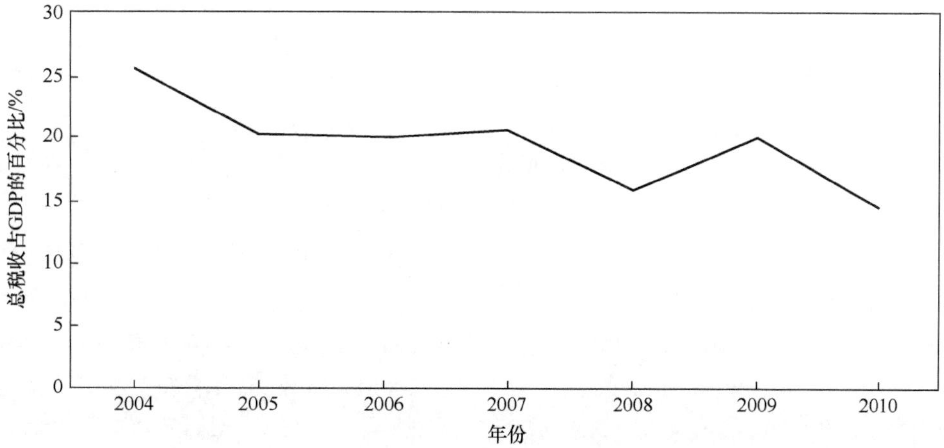

图 15-7　卡塔尔总税收占 GDP 的百分比变化情况

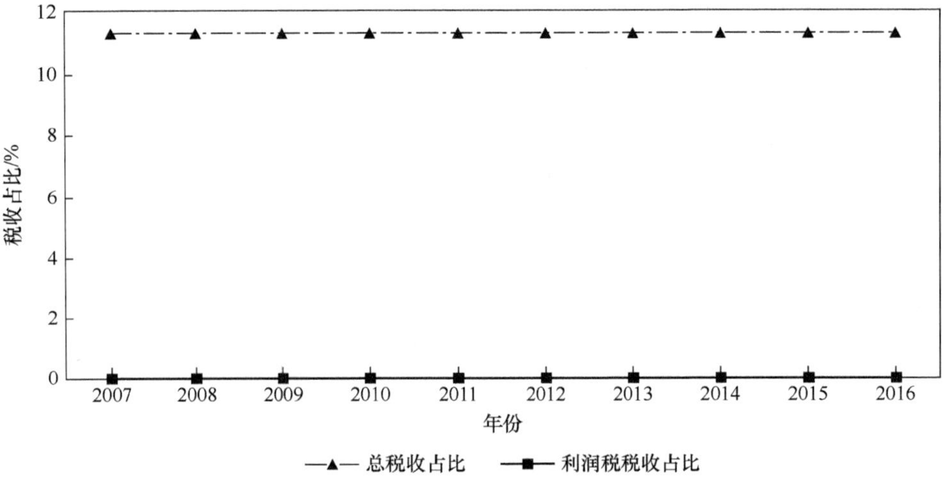

图 15-8 卡塔尔税收占比变化情况

（1）整体而言，在统计期内，卡塔尔总税收占 GDP 的百分比逐渐减少，而总税收占比和利润税税收占比基本维持水平。

（2）卡塔尔总税收占 GDP 的百分比 2004—2010 年从 25.51%缓慢减少至 14.65%。卡塔尔总税收占比 2007—2016 年一直维持 11.3%左右，而利润税税收占比则一直为 0。

七、国际贸易情况分析

图 15-9 反映的是卡塔尔国际贸易情况。

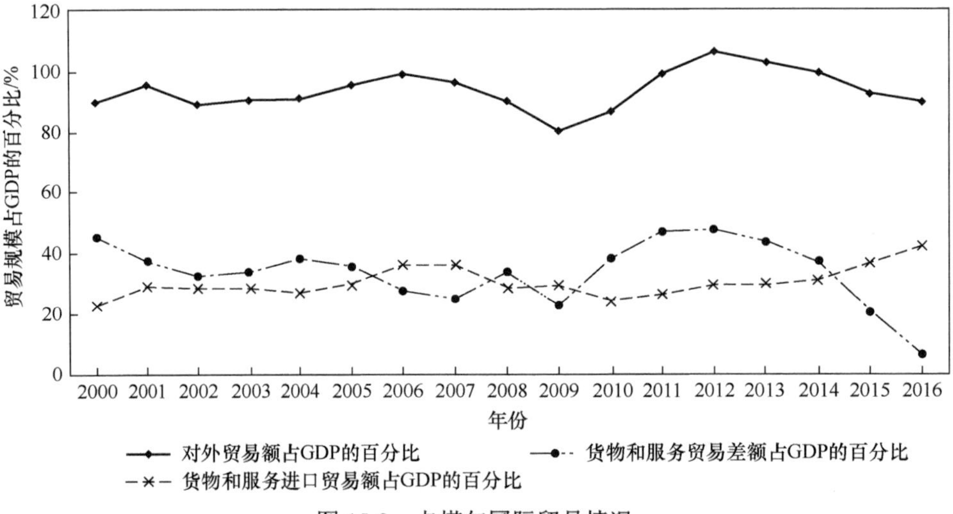

图 15-9 卡塔尔国际贸易情况

（1）就整体而言，2000—2016 年卡塔尔对外贸易额占 GDP 的百分比先增加再减少，然后有所增加后再次减少。货物和服务贸易差额占 GDP 的百分比先缓慢减少再增加，然后继续减少。货物和服务进口贸易额占 GDP 的百分比则先增加再减少，然后再次增加。

（2）卡塔尔对外贸易额占 GDP 的百分比 2000—2006 年从 89.61%增加至 98.57%，然后逐渐减少，2009 年为 80.14%，接着又有所增加，2012 年增加至 105.75%，然后数年内逐渐减少至 2016 年的 89.11%。卡塔尔货物和服务贸易差额占 GDP 的百分比 2000—2009 年从 44.95%减少至

22.13%，然后迅速增加，2012 年为 47.20%，接着迅速减少至 2016 年的 5.86%。货物和服务进口贸易额占 GDP 的百分比 2000—2007 年从 22.33%增加至 35.84%，然后开始减少，2010 年减少至 23.75%，接着逐渐增加，2016 年增加至 41.63%。

八、外国直接投资情况分析

图 15-10 反映的是卡塔尔外国直接投资占 GDP 的百分比变化情况。

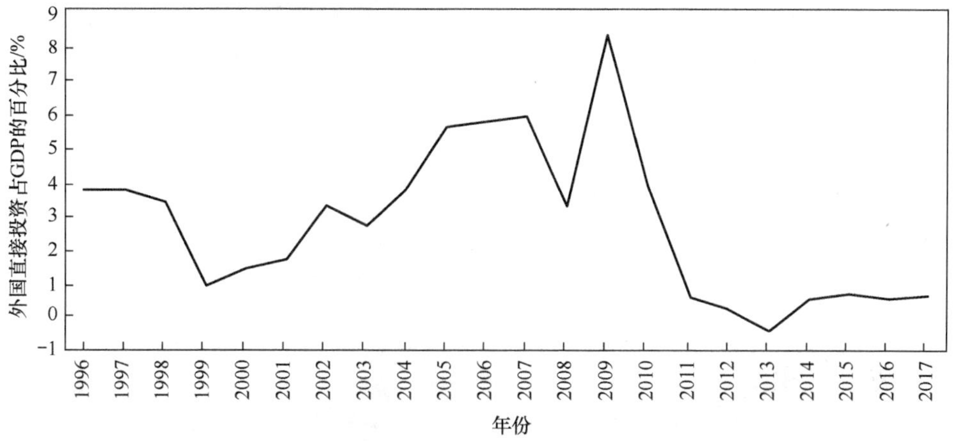

图 15-10　卡塔尔外国直接投资占 GDP 的百分比变化情况

（1）就整体而言，卡塔尔外国直接投资占 GDP 的百分比先减少再增加，然后迅速减少，接着稍有增加。

（2）卡塔尔外国直接投资占 GDP 的百分比 1996—1999 年从 3.74%减少至 0.91%，然后缓慢增加，2009 年增加至 8.31%，紧接着迅速减少，2013 年减少至−0.42%，之后则稍有增加，2017 年增加至 0.59%。

九、经济活力情况分析

图 15-11 反映的是卡塔尔新注册企业数量及密度变化情况。

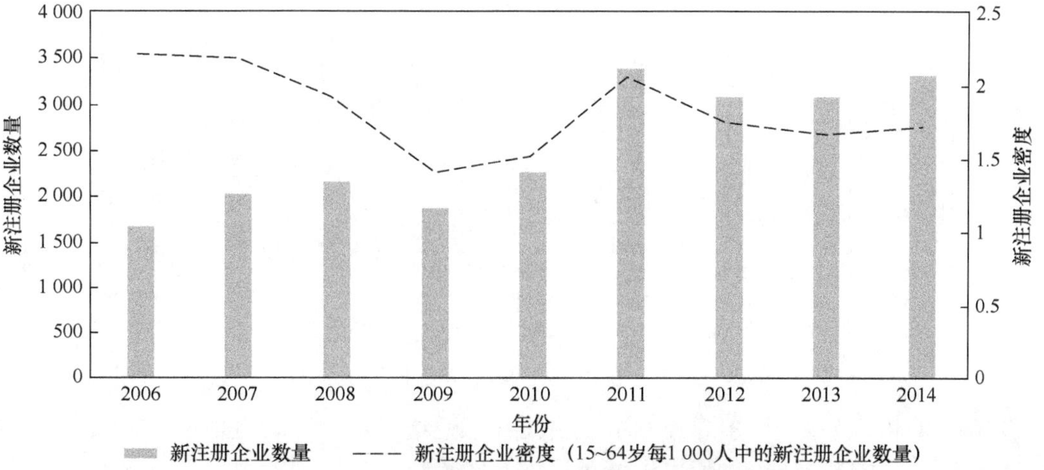

图 15-11　卡塔尔新注册企业数量及密度变化情况

（1）就整体而言，在统计期内，卡塔尔新注册企业数量先增加然后基本维持水平波动；新注册企业密度则先减少然后增加，接着再次减少。

（2）新注册企业数量2006—2011年从1 660增加至3 373，之后则一直在3000～3400之间波动；新注册企业密度2006—2009年从2.21减少至1.42，然后逐渐增加，2011年为2.06，之后有所减少，2014年为1.70。

第三节　产业结构情况分析

一、三次产业结构分析

图15-12、图15-13分别反映的是卡塔尔产业结构和劳动力就业结构变化情况。

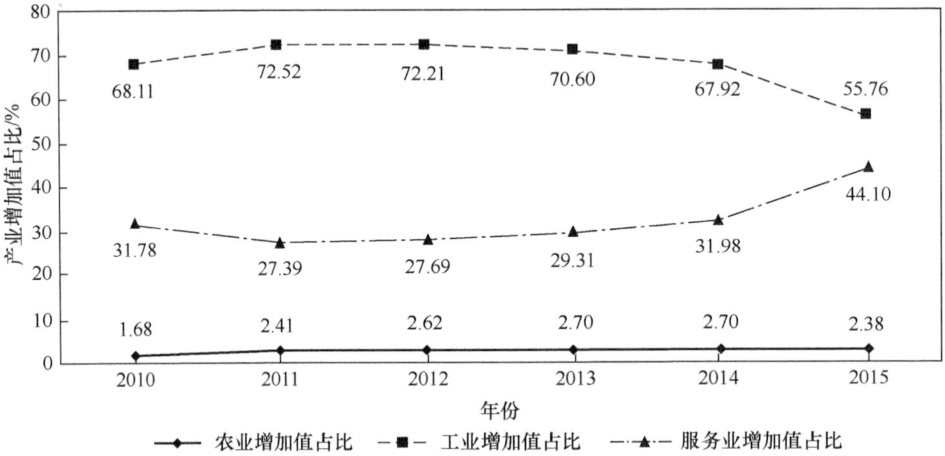

图15-12　卡塔尔产业结构变化情况

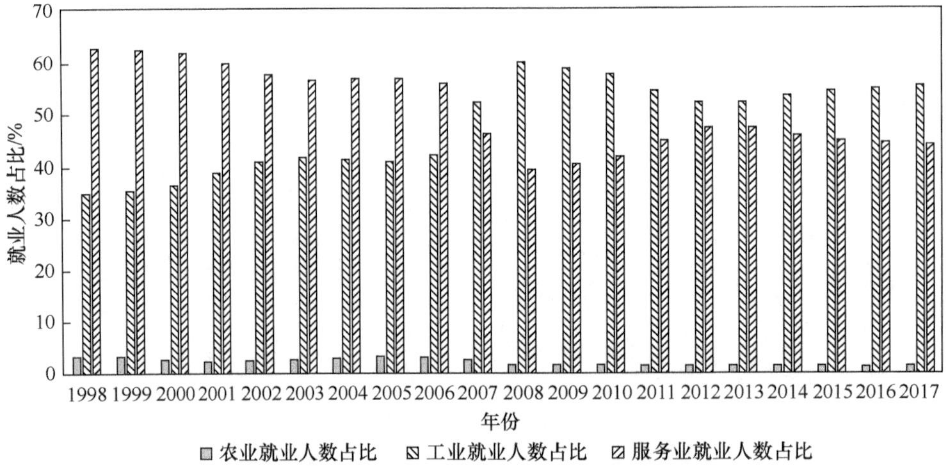

图15-13　卡塔尔劳动力就业结构变化情况

（1）就整体而言，卡塔尔农业增加值占比和工业增加值占比均呈现出先增加再减少的趋势，而服务业增加值占比则呈现出先减少再增加的趋势。在统计期内，卡塔尔农业就业人数占比和服务业就业人数占比呈现出先减少再增加，然后减少的趋势，而工业就业人员占比则呈现出先增加再减少，然后增加的趋势。

（2）卡塔尔农业增加值占比 2010—2014 年从 1.68%增加至 2.70%，然后有所减少，2015 年为 2.38%。卡塔尔工业增加值占比 2010—2011 年从 68.11%增加至 72.52%，然后逐年减少，2015 年减少为 55.76%。卡塔尔服务业增加值占比 2010—2011 年从 31.78%减少至 27.39%，之后逐年增加，2015 年为 44.10%。卡塔尔农业就业人数占比 1998—2001 年从 3.16%减少至 2.29%，然后逐渐增加，2005 年为 3.08%，接着开始缓慢减少，2017 年为 1.26%。卡塔尔工业就业人数占比 1998—2008 年从 34.61%增加至 59.58%，然后逐年减少，2013 年为 51.72%，接着增加，2017 年为 55.10%。卡塔尔服务业就业人数占比 1998—2008 年从 62.23%减少至 38.85%，然后逐渐增加，2013 年为 46.90%，接着有所减少，2017 年为 43.64%。

二、工业、制造业规模变化分析

图 15-14 反映的是卡塔尔工业、制造业规模变化情况。

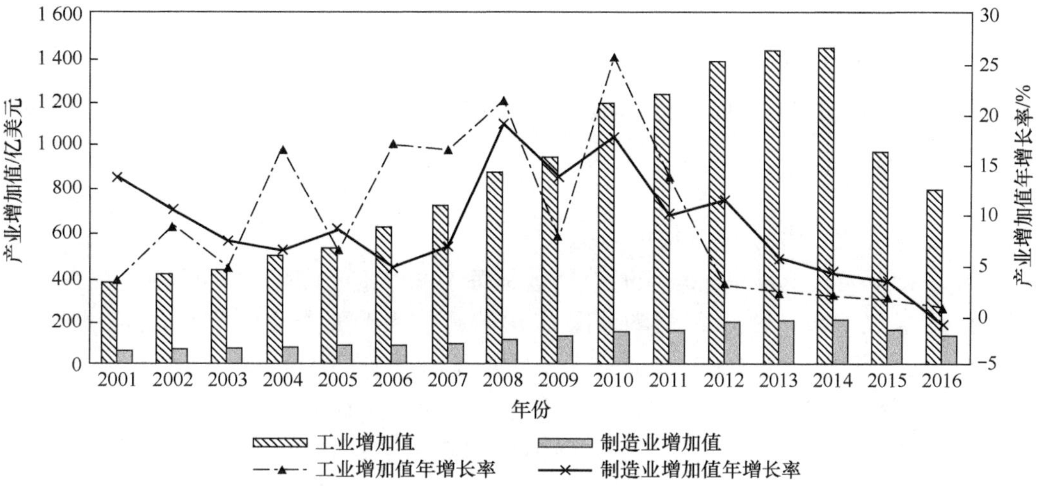

图 15-14　卡塔尔工业、制造业规模变化情况

（1）总的来说，在统计期内，卡塔尔工业增加值和制造业增加值均呈现出先增加再减少的趋势；制造业增加值年增长率先减少再增加然后缓慢减少，而工业增加值年增长率则先增加再减少。

（2）卡塔尔工业增加值 2001—2014 年从 374.78 亿美元增加至 1 438.58 亿美元，2016 年又减少至 791.15 亿美元；制造业增加值 2001—2014 年从 64.47 亿美元增加至 209.16 亿美元，然后逐渐减少，2016 年为 137.91 亿美元；制造业增加值年增长率 2001—2006 年从 13.64%减少至 4.74%，然后逐渐增加，2008 年为 18.87%，接着逐渐减少，2016 年为−0.97%；工业增加值年增长率 2001—2010 年从 3.33%增加至 25.49%，然后逐年减少，2016 年为 0.77%。

（3）在 2008 年金融危机的不利影响下，卡塔尔工业增加值年增长率和制造业增加值年增长率分别从 2008 年的 21.39%和 18.87%减少至 7.76%和 13.73%。

三、服务业规模变化分析

图 15-15 反映的是卡塔尔服务业规模变化情况。

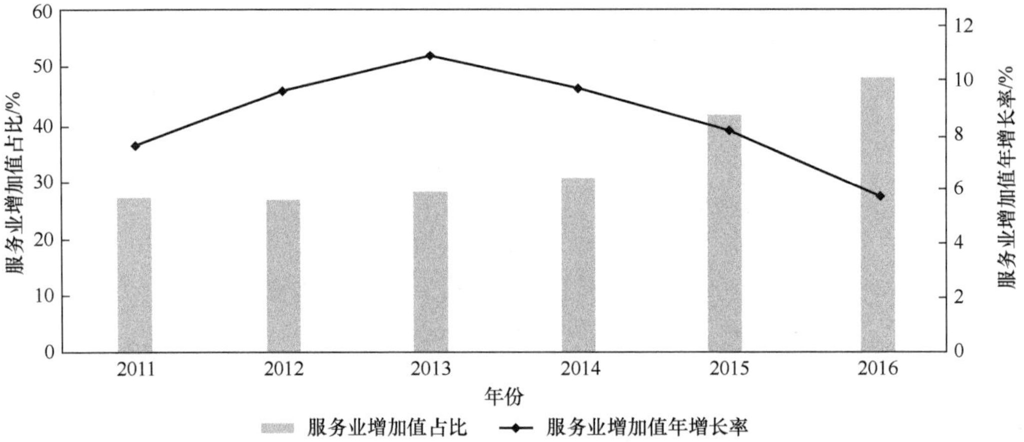

图 15-15 卡塔尔服务业规模变化情况

（1）在统计期内，卡塔尔服务业增加值占比逐渐增加，而服务业增加值年增长率先增加再减少。

（2）卡塔尔服务业增加值占比 2011—2016 年从 26.69%逐年增加至 47.92%，而服务业增加值年增长率 2011—2013 年从 7.25%增加至 10.36%，然后又逐渐减少至 2016 年的 5.46%。

四、资源情况分析

表 15-5 反映的是卡塔尔能源使用情况。

（1）在统计期内，卡塔尔人均能源使用量和每 1 000 美元 GDP 的能源使用量先增加再减少，然后逐渐增加；单位 GDP 能耗和单位 GDP 能源使用量则先减少再增加然后继续减少。

（2）卡塔尔能源使用量 2000—2004 年从 18 438.15 千克油当量增加至 21 959.44 千克油当量，然后逐渐减少，2009 年为 15 233.92 千克油当量，接着转而逐渐增加，2014 年增加至 18 562.67；每 1 000 美元 GDP 的能源使用量 2000—2003 年从 170.21 千克油当量增加至 190.71 千克油当量，然后缓慢减少至 2011 年的 123.93 千克油当量，接着转而增加，2014 年为 153.59 千克油当量；单位 GDP 能耗 2000—2002 年从 5.87 美元/千克油当量减少至 5.23 美元/千克油当量，然后逐渐增加，2011 年为 8.07 美元/千克油当量，接着继续减少，2014 年减少至 6.51 美元/千克油当量；单位 GDP 能源使用量 2000—2002 年从 4.66 美元/千克油当量减少至 4.31 美元/千克油当量，然后 2011 年增加至 8.07 美元/千克油当量，接着开始减少，2014 年为 6.86 美元/千克油当量。

表 15-5 卡塔尔能源使用情况

年份	人均能源使用量/千克油当量	每 1 000 美元 GDP 的能源使用量/千克油当量	单位 GDP 能耗/（美元/千克油当量）	单位 GDP 能源使用量/（美元/千克油当量）
2000	18 438.15	170.21	5.87	4.66
2001	19 562.26	181.04	5.52	4.48
2002	21 142.15	191.06	5.23	4.31
2003	20 523.32	190.71	5.24	4.40
2004	21 959.44	188.63	5.30	4.57
2005	19 268.69	175.49	5.70	5.07
2006	19 389.47	163.51	6.12	5.61

（续表）

年份	人均能源使用量/千克油当量	每 1 000 美元 GDP 的能源使用量/千克油当量	单位 GDP 能耗/（美元/千克油当量）	单位 GDP 能源使用量/（美元/千克油当量）
2007	18 607.43	156.59	6.39	6.02
2008	16 371.35	136.74	7.31	7.03
2009	15 233.92	130.13	7.68	7.44
2010	15 531.78	124.11	8.06	7.89
2011	16 030.61	123.93	8.07	8.07
2012	18 055.61	144.10	6.94	7.07
2013	17 926.72	146.18	6.84	7.08
2014	18 562.67	153.59	6.51	6.86

第四节　产业政策分析

虽然卡塔尔的人类发展指数非常高，国民极其富裕，但由于其工业不发达，因此仍然不能被认定为发达国家。在卡塔尔，油气收益占政府总收入的 50%以上，占出口贸易额的 90%。

卡塔尔的产业结构调整基本上处于一个不断合理化的过程。卡塔尔三次产业的关系不合理，农业、轻工业、重工业比例严重失调，第一产业基础薄弱等一系列问题仍然存在。

首先，在现有产业结构下，卡塔尔各产业间的良性循环并没有建立起来，薄弱的轻工业、农业不能为重工业的进一步发展拓展空间，而重工业也不能推动轻工业、农业的发展。

其次，持续、快速的经济增长是以产业结构的不断优化为基础的，这可以从资源的高效率配置和形成协调的产业关系两方面得到解释。卡塔尔目前经济增长很难从这两方面获得推动力。

最后，从经济长期发展来看，卡塔尔三次产业发展缺乏整体协调，导致资源投向长期侧重于能源工业，农业、轻工业产品贸易逆差严重。卡塔尔仍须积极扶持制造业等产业发展，尽快降低对石油、天然气产业的依赖度。

第五节　产业结构与产业政策分析基本结论

通过对卡塔尔的基本情况、经济发展情况、产业结构情况、产业政策几个方面的分析，初步得出以下结论。

总体而言，卡塔尔近年来三次产业结构、产业就业人数占比不断优化，并逐步向合理化迈进，但同时产业结构演变也存在着明显的非均衡性，在一定程度上制约了卡塔尔经济的发展。

首先，卡塔尔地处中东地区，国土面积小且水资源匮乏，从而决定了卡塔尔在发展第一产业方面具有一定劣势，也导致了农牧产品不能自给，粮食、蔬菜、水果、肉、蛋、奶等主要依赖进口。

其次，卡塔尔凭借其丰富的石油和天然气储量，拥有发展能源行业和重工业的优势。卡塔尔政府也主要侧重于能源行业等重工业发展，在一定程度上使得卡塔尔经济结构稍显单一。因此，优化调整卡塔尔的工业，对其经济的可持续发展至关重要。同时，卡塔尔凭借其巨大的能源储量取得经济上的飞速增长，但是这种增长主要是粗放型的增长，能源利用效率较低。

再次，卡塔尔服务业发展相对较快，服务业增加值占比、服务业就业人数占比都呈现了卡塔尔经济重心由第二产业为主向第三产业转移的趋势，从而使产业结构得到优化升级。卡塔尔研发投入占GDP的百分比很小，创新产出有限，不利于服务业的长期健康发展。卡塔尔应加大研发投入，鼓励技术创新，调整服务业结构，积极推进传统服务业的转向和现代服务业的发展。

最后，从区域经济长期发展来看，卡塔尔三次产业发展缺乏整体协调，导致资源投向长期侧重于能源工业，产业结构变动所引起的经济增长具有短期和低效的特点，不利于实现经济的长期增长。卡塔尔应以转变经济增长方式、推动技术创新和管理创新为核心，增强高新技术产业的辐射和带动能力，提高经济效益和产业竞争力。

第十六章　老挝产业结构与产业政策分析

第一节　基本情况

老挝人民民主共和国，简称老挝，是位于中南半岛北部的内陆国家，北邻中国，南接柬埔寨，东临越南，西北达缅甸，西南毗连泰国，与这些邻国的边界线长度分别为 508 千米、535 千米、2 067 千米、236 千米、1 835 千米。老挝国土面积的 23.68 万平方千米。在老挝境内，湄公河干流长度为 777.4 千米。湄公河流经首都万象，作为老挝与缅甸界河段长度为 234 千米，作为老挝与泰国界河段长度为 976.3 千米。

老挝总人口为 700 万人（2018 年），共有 17 个省，1 个直辖市，大致可以分为上寮、中寮和下寮三大区。首都万象的面积为 3 920 平方千米，位于湄公河中游北岸的河谷平原上，隔河与泰国相望，人口为 85 万人（2015 年），最高平均气温为 31.7℃，最低平均气温为 22.6℃。万象是一座历史古城，自 16 世纪中叶塞塔提腊国王从琅勃拉邦迁都于此后，这里一直是老挝政治、经济和文化中心。万象由于沿湄公河岸延伸发展，呈新月形，因此万象又有“月亮城”之称。老挝为多民族国家，共有 49 个民族，分属老泰语族系、孟-高棉语族系、苗-瑶语族系、汉-藏语族系，统称老挝民族，通用老挝语。截至 2013 年，65%的老挝人信奉佛教。1961 年，老挝将佛教定为国教。在老挝，华侨华人约有 3 万人。

在经济建设方面，老挝的经济以农业为主，工业基础薄弱。1986 年起，老挝推行革新开放，调整经济结构，即农林业、工业和服务业相结合，优先发展农林业；取消高度集中的经济管理体制，转入经营核算制，实行多种所有制形式并存的经济政策，逐步完善市场经济机制，努力把自然和半自然经济转为商品经济；对外实行开放，颁布外资法，改善投资环境；扩大对外经济关系，争取引进更多的资金、先进技术和管理方式。1991—1996 年，老挝国民经济年均增长 7%。1997 年后，老挝经济受亚洲金融危机严重冲击。老挝政府采取加强宏观调控、整顿金融秩序、扩大农业生产等措施，基本保持了社会安定和经济稳定。2015—2016 年，老挝经济增长率为 6.9%，GDP 达 135.8 亿美元，人均 GDP 达 2 026 美元。2016—2017 年，老挝经济增长 6.83%，GDP 达 168.1 亿美元，人均 GDP 达 2 472 美元。

在外交方面，老挝坚持奉行和平、独立、与各国友好的外交政策，主张在和平共处五项原则的基础上同世界各国发展友好关系，重视发展同周边邻国的关系，改善和发展同西方国家关系，为国内建设营造良好的外部环境。2016 年，老挝人民革命党“十大”重申继续坚持“少树敌、广交友”外交政策，保持同越南的特殊团结友好关系，加强与中国全面战略合作，加强与东盟国家睦邻友好的关系，积极争取国际经济和技术援助。老挝于 1997 年 7 月正式加入东盟，已同 140 个国家建交。中国与老挝于 1961 年 4 月 25 日建交。老挝政府奉行一个中国政策，支持中国和平统一大业。

第二节　经济发展情况分析

一、经济规模情况分析

老挝经济规模增速较高，在1997年整改后处于持续提升的状态。图16-1反映了老挝GDP变化情况。从图16-1中可以看出，1997年后，老挝经济受亚洲金融危机严重冲击。老挝政府采取加强宏观调控、整顿金融秩序、扩大农业生产等措施，基本保持了社会安定和经济稳定。在此以后，老挝GDP一直保持着持续增长的态势，且2008年金融危机对老挝经济的冲击较小。图16-2为老挝GDP增长率变化情况。从图16-2中可以看出，老挝GDP增长率除1997年以外的其他年份多在7%～9%范围内，2016年为6.9%。

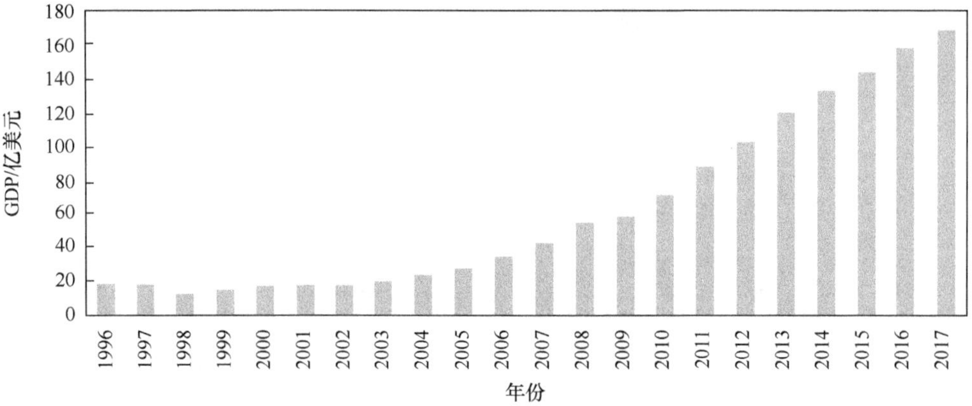

图16-1　老挝GDP变化情况

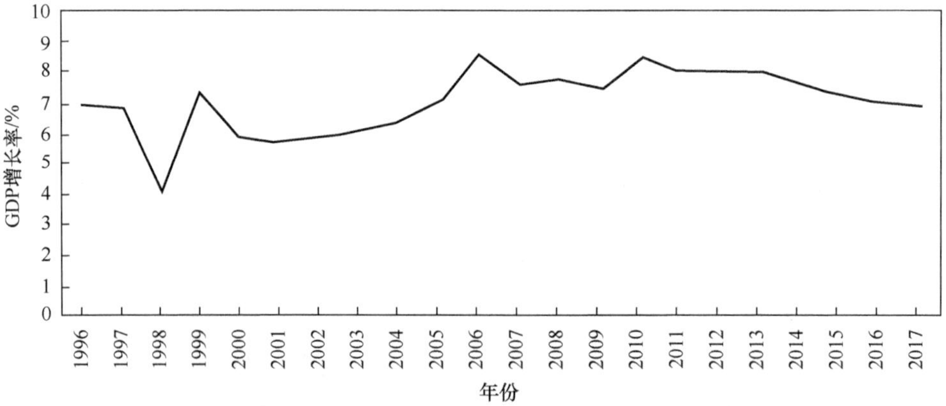

图16-2　老挝GDP增长率变化情况

图16-3、图16-4分别反映了老挝人均GDP和老挝人均GDP增长率变化情况。1997年之后，老挝经济增长陷入一段低谷期，随着老挝政府整改措施的推进，老挝经济逐步复苏，并稳健增长。老挝GDP增长率与人均GDP增长率的变化趋势基本一致。

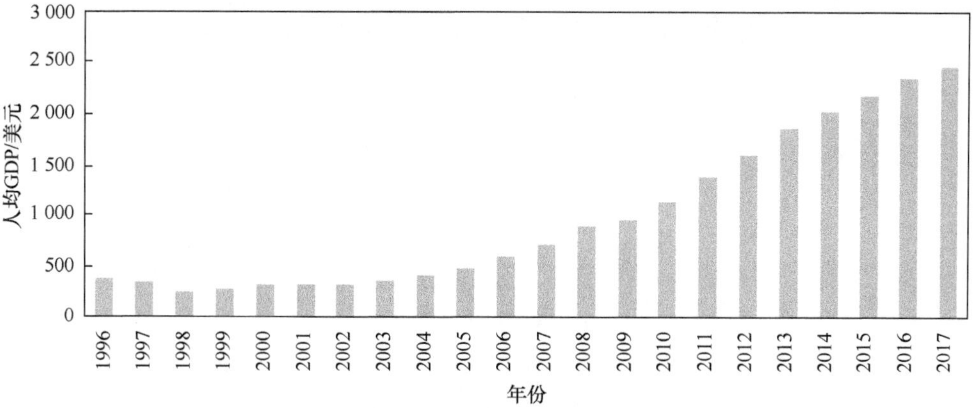

图 16-3　老挝人均 GDP 变化情况

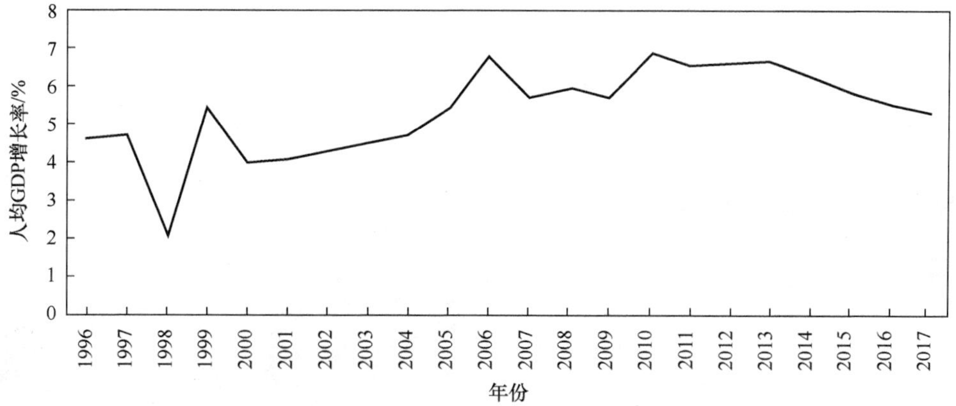

图 16-4　老挝人均 GDP 增长率变化情况

从表 16-1 中可以看出，老挝经济 2010—2017 年增速较快，GDP 增长率 2010—2017 年平均值为 7.68%，而人均 GDP 增长率 2010—2017 年平均值为 6.23%，态势良好。

表 16-1　老挝 GDP 情况

年份	GDP/亿美元	GDP 增长率/%	人均 GDP/美元	人均 GDP 增长率/%
2010	71.28	8.53	1 141.12	6.89
2011	87.49	8.04	1 381.43	6.55
2012	101.91	8.03	1 588.63	6.65
2013	119.42	8.03	1 838.81	6.71
2014	132.68	7.61	2 017.59	6.27
2015	143.90	7.27	2 159.43	5.86
2016	158.06	7.02	2 338.69	5.53
2017	168.53	6.89	2 457.38	5.34
2010—2017（平均值）	122.91	7.68	1 865.39	6.23

数据来源：世界银行数据库。

二、人力资本基础情况分析

从图 16-5 中可以看出，老挝总人口缓慢增长。可见，老挝较为安定，人口政策较好。从图 16-6 中可以看出，老挝城镇人口增长率远大于农村人口增长率；2004—2006 年，城镇人口增长率下滑，农村人口增长率提高；2006 年之后，城镇与农村人口增长率都处在较平稳缓慢的状态。

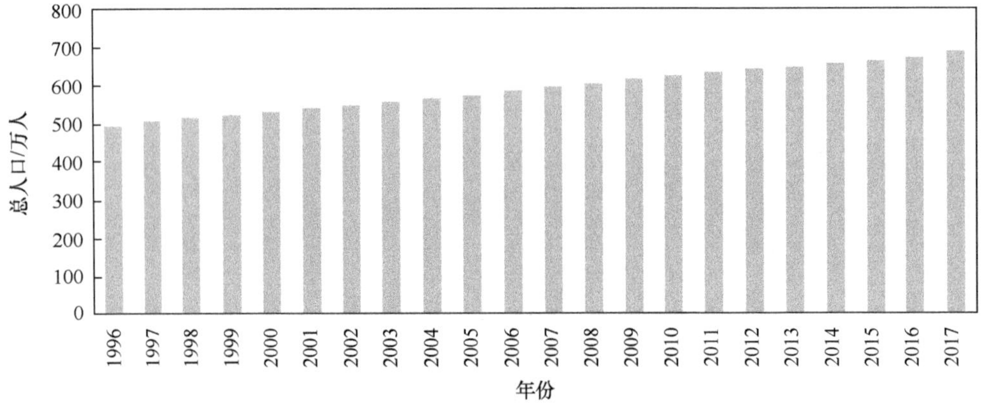

图 16-5 老挝总人口变化情况

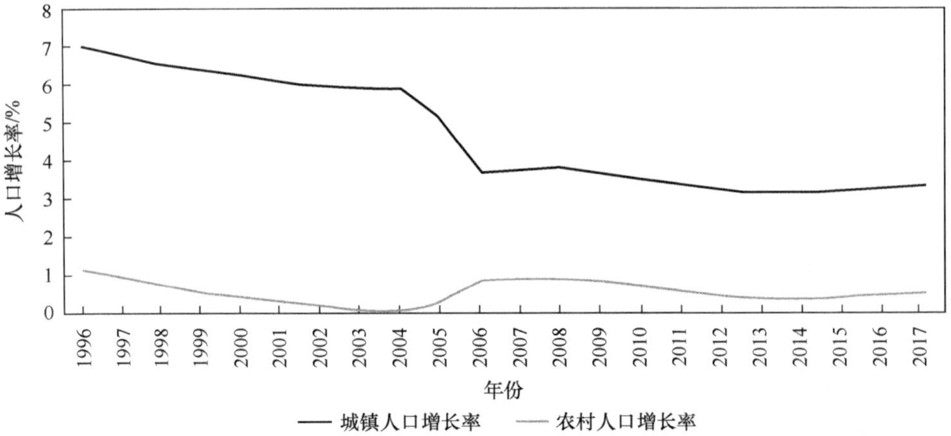

图 16-6 老挝城镇和农村人口变化情况

从表 16-2 中可以看出，老挝劳动力总量不断上升；劳动力占比不断上升，由 1996 年的 44.88%上升至 2017 年的 52.53%；男性、女性劳动参与率都在 80%以上，其中 2017 年，男性 15～64 岁劳动参与率为 82.09%，女性 15～64 岁劳动参与率为 80.78%，男性、女性劳动参与率相差不大。

表 16-2 老挝劳动力情况

年份	劳动力总量/万人	劳动力占比/%	男性 15～64 岁劳动参与率/%	女性 15～64 岁劳动参与率/%
1996	222.47	44.88	84.08	84.33
1997	227.01	44.90	83.945	84.15
1998	231.77	45.00	83.78	83.95
1999	236.64	45.15	83.58	83.72
2000	241.62	45.34	83.33	83.46
2001	247.21	45.66	83.15	83.21
2002	252.66	45.96	82.92	82.94
2003	258.24	46.28	82.66	82.64

（续表）

年份	劳动力总量/万人	劳动力占比/%	男性 15～64 岁劳动参与率/%	女性 15～64 岁劳动参与率/%
2004	264.26	46.65	82.36	82.32
2005	270.84	47.07	82.06	81.99
2006	278.48	47.60	81.90	81.72
2007	286.48	48.15	81.75	81.43
2008	294.67	48.69	81.63	81.15
2009	302.77	49.21	81.55	80.90
2010	310.62	49.73	81.54	80.69
2011	317.82	50.18	81.57	80.64
2012	324.91	50.65	81.63	80.63
2013	331.77	51.08	81.69	80.62
2014	338.59	51.49	81.78	80.63
2015	345.28	51.81	81.85	80.63
2016	352.43	52.15	81.88	80.62
2017	360.28	52.53	82.09	80.78

数据来源：世界银行数据库。

三、交通情况分析

从表 16-3 中可以看出，老挝的交通服务占比较小，且呈现逐年降低趋势，2001 年还有 23.70%，到 2015 年已降至 2.83%，但在 2016 年有所提升，为 6.68%；航空货物周转量也呈现降低的趋势，但 2013 年有所回升，达到 141 万吨 · 千米），之后有所下降，2016 年再次回升，达到 150 万吨 · 千米。

表 16-3　老挝交通服务占比与航空货运量情况

年份	交通服务占比/%	航空货物周转量/（万吨 · 千米）
2001	23.70	164
2002	23.78	183
2003	20.89	191
2004	20.98	226
2005	20.43	248
2006	22.13	255
2007	18.45	263
2008	17.51	258
2009	13.82	237
2010	8.39	12
2011	6.89	39
2012	6.53	97
2013	3.35	141
2014	4.34	137
2015	2.83	136
2016	6.68	150

数据来源：世界银行数据库。

四、研发投入与产出情况分析

图 16-7 反映了老挝专利申请数量情况。从图 16-7 中可以看出，老挝居民专利申请数量过

少，仅在1972年和1973年各有1个，而非居民申请专利数量相比较多，但最多也只有1974年的13个。总体而言，老挝专利申请数量较少，研发投入也较少。

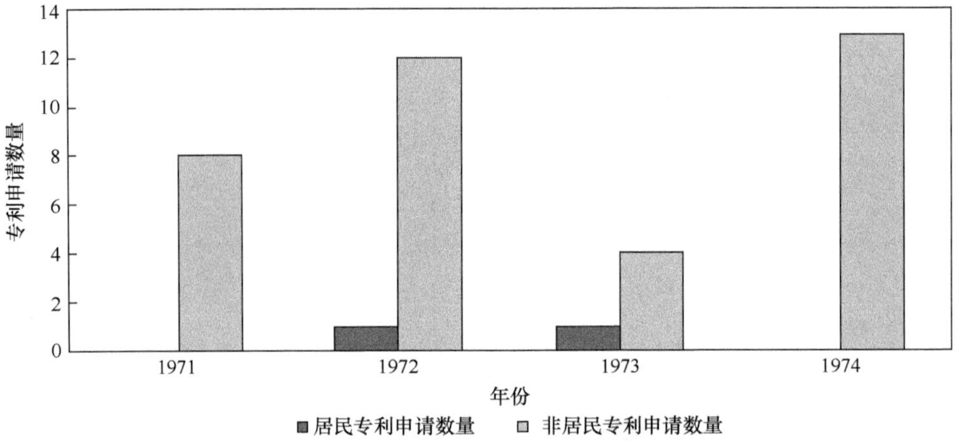

图 16-7 老挝专利申请数量情况

五、信息化情况分析

老挝信息化情况如图16-8所示。总体而言，老挝电话线路覆盖率、互联网覆盖率有所上升，固定宽带覆盖率几乎没有变化。其中，互联网覆盖率上升最快，2010年为7%，2014年则上升为14.26%；电话线路覆盖率2010—2011年略有下降，但2011年以后不断上升且上升幅度大于互联网覆盖率；固定宽带覆盖率基数极小且上升幅度几乎为零。可见，老挝整体的信息化水平不断提高，且主要表现为电话线路覆盖率及互联网覆盖率的大大提高。

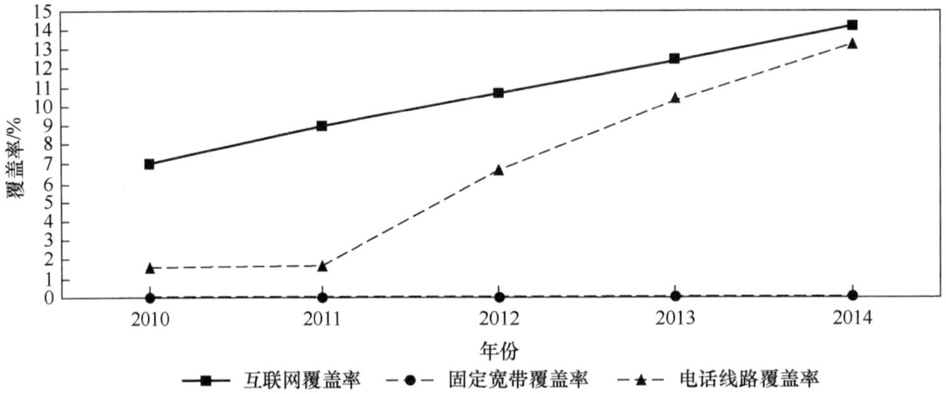

图 16-8 老挝信息化情况

六、制度环境情况分析

老挝制度环境评估如表16-4所示。总体而言，老挝的制度环境呈现出逐渐改善的趋势。从表16-4中可以看出，老挝2016年的法律制度指数、腐败监管指数、政治稳定指数和政府效能指数均大于 2002—2016 年的平均值，说明老挝的制度环境在这几个方面有所改善；老挝2016年的民主自由权利指数仅有−1.73，小于2002—2016年的平均值为−1.70，说明老挝在民主自由权利方面仍须加强。

表 16-4　老挝制度环境评估

年份	法律制度指数	腐败监管指数	政治稳定指数	民主自由权利指数	政府效能指数
2002	−1.15	−1.15	−0.10	−1.74	−0.91
2003	−1.27	−1.18	−1.23	−1.78	−1.00
2004	−1.12	−1.24	−0.61	−1.55	−1.00
2005	−1.18	−1.30	−0.49	−1.66	−1.21
2006	−1.02	−1.31	−0.09	−1.73	−0.98
2007	−0.96	−1.27	−0.18	−1.72	−0.90
2008	−0.87	−1.20	0.02	−1.71	−0.88
2009	−1.05	−1.24	−0.16	−1.70	−0.95
2010	−0.98	−1.19	−0.28	−1.68	−0.86
2011	−1.00	−1.18	−0.06	−1.68	−0.83
2012	−0.85	−1.02	0.03	−1.64	−0.84
2013	−0.80	−0.93	0.07	−1.65	−0.73
2014	−0.75	−0.85	0.50	−1.73	−0.42
2015	−0.80	−0.91	0.54	−1.75	−0.51
2016	−0.77	−0.93	0.50	−1.73	−0.39
2002—2016（平均值）	−0.97	−1.13	−0.10	−1.70	−0.83

数据来源：世界银行数据库。

不同国家制度环境对比如图 16-9 所示。从图 16-9 中可以看出，高等收入国家在法律制度、腐败监管、政治稳定、民主自由权利、政府效能方面的指数均远远高于其他国家。老挝的法律制度指数、腐败监管指数、政治稳定指数、民主自由权利指数和政府效能指数都要低于中等收入国家的平均水平。其中，民主自由权利指数最低，法律制度指数、腐败监管指数和政府效能指数与中等收入国家的平均水平相差较大。总体而言，老挝的制度环境在中等收入国家中与其他国家仍存在较大差距，老挝的政治制度在各方面仍须加强。

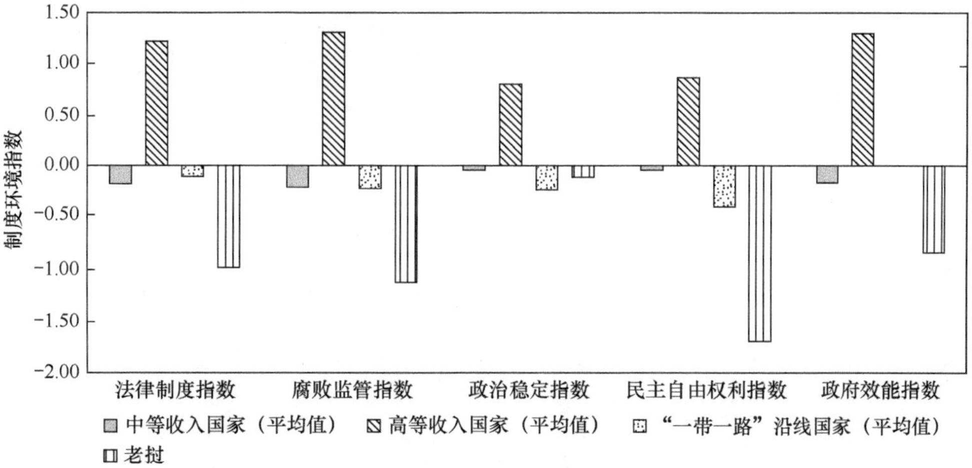

图 16-9　不同国家制度环境对比

七、税收负担情况分析

从图 16-10 可以看出，老挝总税收占 GDP 的百分比从 2006—2012 年缓慢上升，并维持在 13%左右，2012 年达到最高点，为 14.83%。

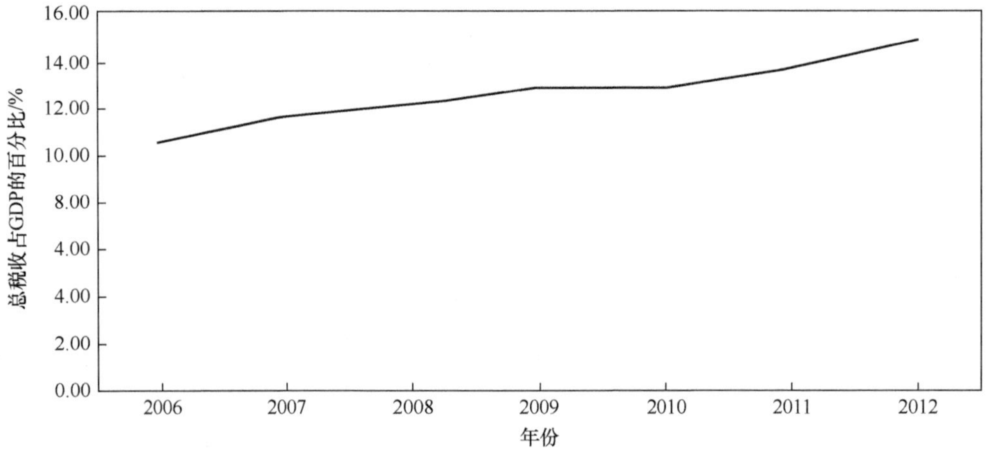

图 16-10　老挝总税收占 GDP 的百分比变化情况

八、国际贸易情况分析

从图 16-11 可知，2006—2016 年，老挝对外贸易额占 GDP 的百分比在 86%的水平上下波动，2008—2010 年有所下降，但在之后迅速提升，2014—2016 年又下降至最低点。其中，对外贸易额占 GDP 的百分比在 2014 年达到最高点，为 99.06%。老挝货物和服务进口贸易额占 GDP 的百分比的变化相对平稳，基本维持在 50%的水平。货物和服务进口贸易额占 GDP 的百分比 2006—2012 年缓慢上涨，2012 年达到最高点 60%以后就处于持续下降态势，2016 年达到最低点。老挝货物和服务进口贸易额占 GDP 的百分比与对外贸易额占 GDP 的百分比的整体趋势相似。老挝货物和服务贸易差额占 GDP 的百分比的变化略有波动，维持在−15%左右的水平，2006—2009 年有所下降，但之后有所回升，2011 年之后继续呈下降趋势，2013 年回升并波动性上涨。

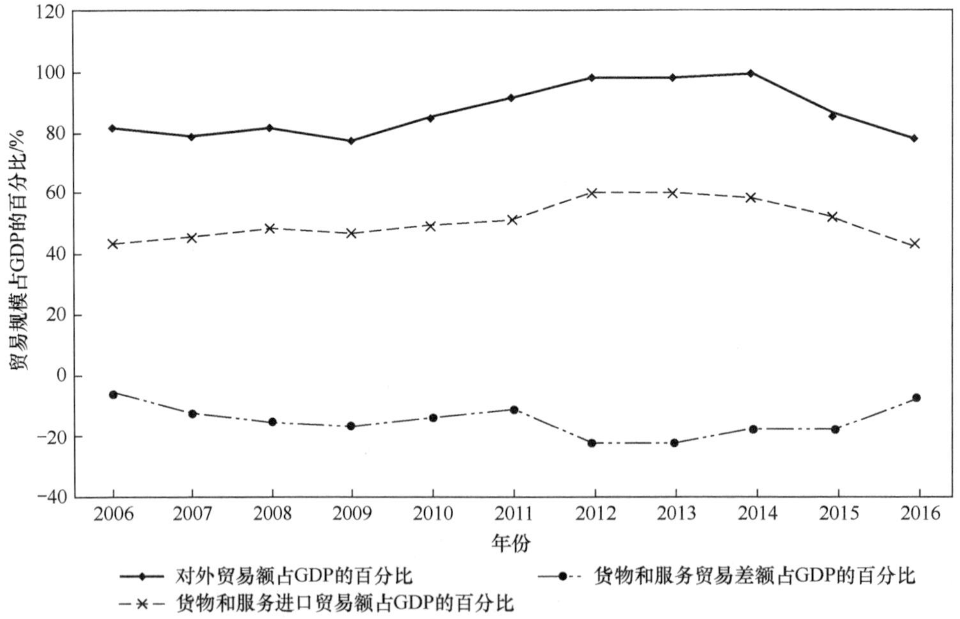

图 16-11　老挝国际贸易情况

九、外国直接投资情况分析

图 16-12 反映了老挝外国直接投资占 GDP 的百分比变化情况。

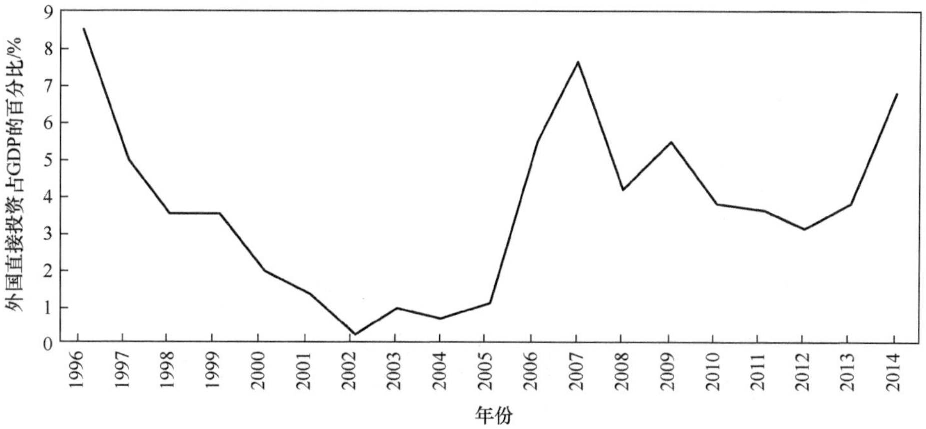

图 16-12 老挝外国直接投资占 GDP 的百分比变化情况

总体而言，老挝外国直接投资占 GDP 的百分比呈现出先下降后上升的趋势。老挝外国直接投资占 GDP 的百分比 1996—2002 年呈持续快速下降趋势，从 1996 年的 8.5%直降到 2002 年的 0.25%，2002 年为最低点，2002—2005 年出现波动式缓慢增长，2006—2007 年出现急剧增长，2007 年达到第二高点为 7.7%，超过高等收入国家外国直接投资占 GDP 的百分比平均水平 5.99%。但 2007—2013 年又出现下降趋势，并且 2013 年后再次呈现上升趋势。老挝外国直接投资占 GDP 的百分比相比于中等收入国家外国直接投资占 GDP 的百分比仍有一些差距，但差距不大。

十、经济活力情况分析

从图 16-13 和图 16-14 中可以看出，老挝新注册企业数量及密度在波动中不断增加。2008—2009 年，新注册企业数量迅速上涨。2009 年，新注册企业数量达 860；新注册企业密度约为 0.23。2009 年之后，经历了一年新注册企业数量减少的时期后，新注册企业数量逐渐出现增加的趋势。2011 年，新注册企业数量较 2010 年增加了 8.4%。2011 年，新注册企业数量和新注册企业密度都达到最大值（分别约为 1 172 和 0.3）。

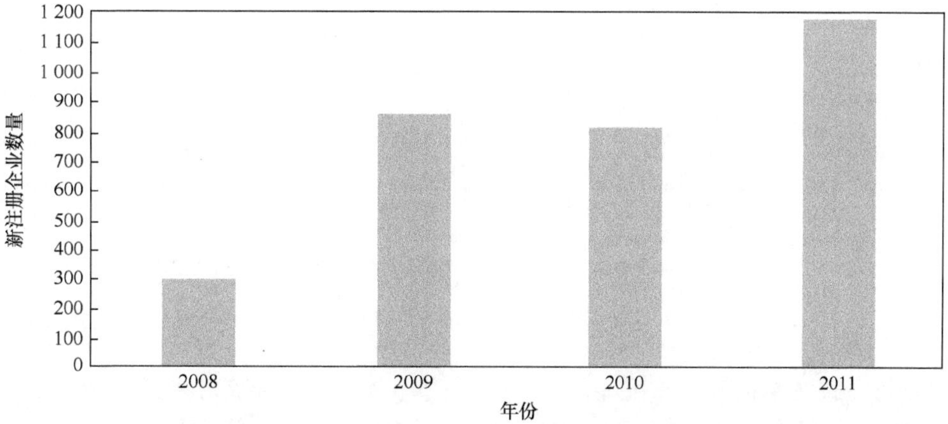

图 16-13 老挝新注册企业数量变化情况

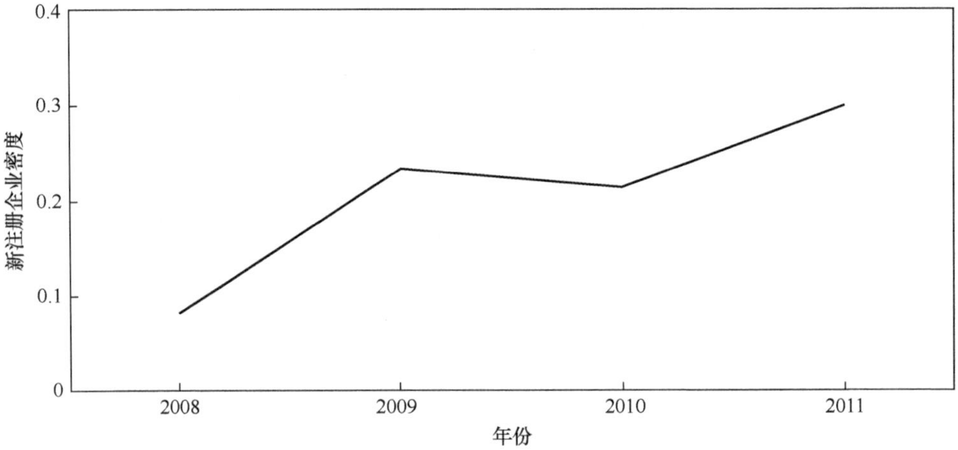

图 16-14　老挝新注册企业密度变化情况

第三节　产业结构情况分析

一、三次产业结构分析

从图 16-15 中可以看出，老挝工业增加值占比 2010—2012 年有所上升，之后不断下降，直至 2015—2016 年才有所上升，2012 年达到最高点（35.59%）；服务业增加值占比 2011—2012 年增加，之后相对平稳，2016 年制造业增加值回归为 8.78%。经统计，美国第三产业产值占 GDP 的百分比约为 80%，但老挝的经济从第二产业转移到第三产业的发展趋势与发达国家经济发展趋势不同，并且第三产业产值与西方国家的并不接近，因此老挝的第三产业还要继续发展。

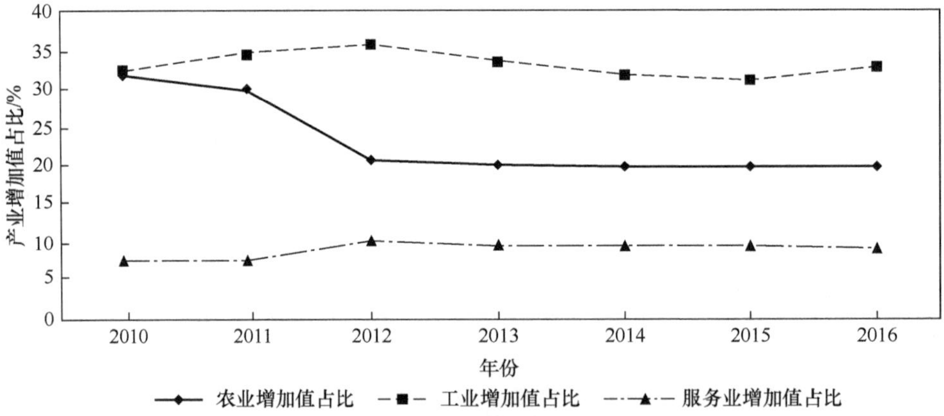

图 16-15　老挝产业结构变化情况

老挝劳动力就业结构变化情况如图 16-16 所示。其中，农业就业人数占比最高，且变化幅度不大，始终保持在 70%左右；工业就业人数占比较低，且 2010—2016 年呈平稳趋势；服务业就业人数占比较高，并呈现出逐年上升的趋势，2016 年达 28.46%。

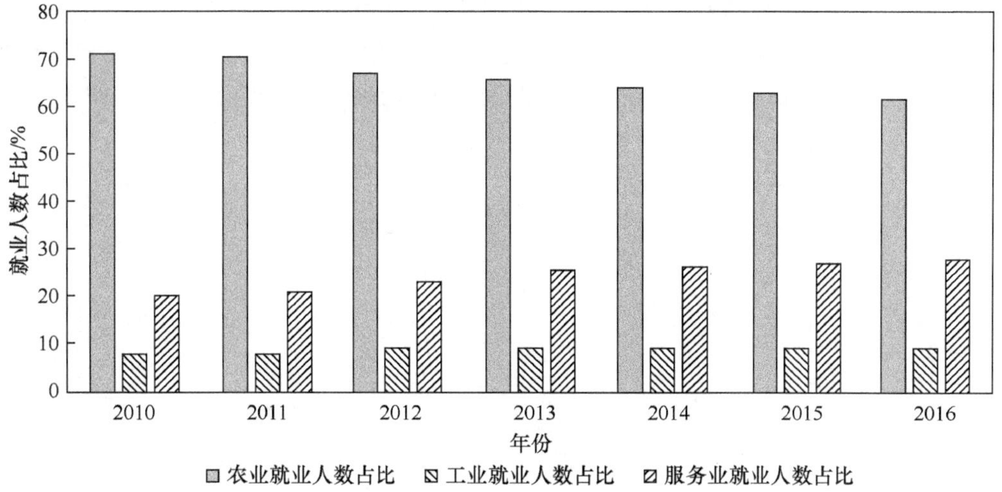

图 16-16　老挝劳动力就业结构变化情况

以上分析表明，老挝产业增加值占比、就业人数占比都呈现了第二产业向第三产业转移的趋势，说明老挝产业结构逐步走向合理化。

二、工业、制造业规模变化分析

图 16-17、图 16-18 反映了老挝工业、制造业规模变化情况。总体而言，2006—2008 年，老挝工业、制造业发展较快，工业、制造业增加值年均增长率均超过 10%。在 2008 年金融危机的影响下，老挝制造业增加值年增长率 2009 年出现大幅下滑。2009—2016 年，工业、制造业逐步恢复。2016 年，工业增加值、制造业增加值达到最高点，分别为 4 545 601 090 美元和 1 228 238 986 美元。

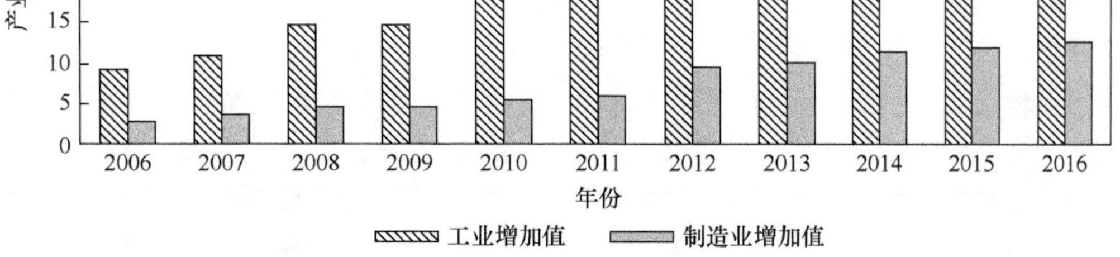

图 16-17　老挝工业、制造业规模变化情况（一）

老挝 1999 年制造业分行业增加值占比情况表 16-5 所示。虽然老挝曾经尝试加快轻工业发展，但由于轻工业的设备落后、产品款式陈旧等原因，轻工业并没有得到较大的发展。近些年，老挝相对侧重重工业的发展，造成老挝经济结构稍显单一，食品、饮料和烟草行业增加值占比较大。老挝工业基础相对较弱，只有机械和运输设备行业。1999 年，食品、饮料和烟草行业增加值占比为 45.68%；纺织品与服装行业增加值占比为 21.97%；化学品行业增加值占比为 2.72%；机械和运输设备行业增加值占比为 8.04%；其他行业增加值占比为 21.59%。由此可以看出，老挝制造业大半为对原材料的加工生产行业。

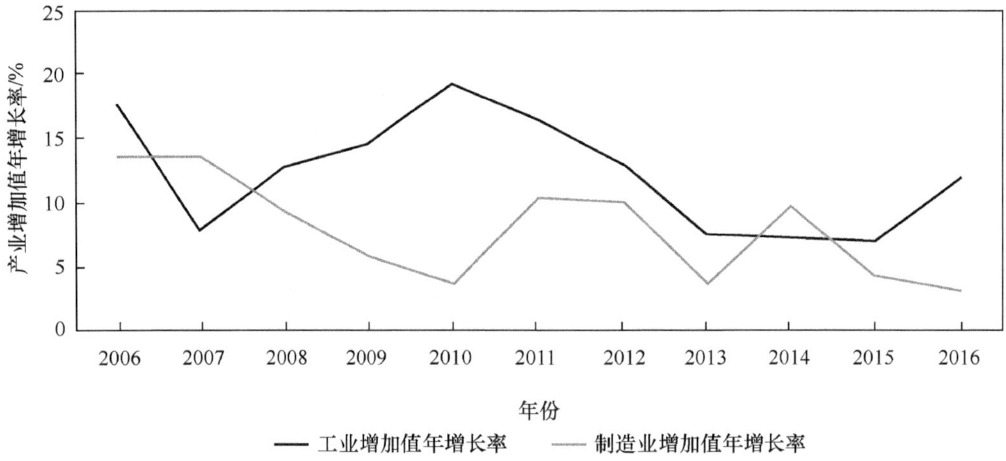

图 16-18 老挝工业、制造业规模变化情况（二）

表 16-5 老挝 1999 年制造业分行业增加值占比情况

行业	行业增加值占比/%
纺织品与服装	21.97
机械和运输设备	8.04
食品、饮料和烟草	45.68
化学品	2.72
其他	21.59

三、旅游业规模变化分析

老挝旅游业发展兴旺。老挝著名景点还有万象塔銮、玉佛寺、占巴塞的孔帕萍瀑布、琅勃拉邦的光西瀑布等。其中，琅勃拉邦、巴色县瓦普寺已被列入世界文化遗产名录。改革开放以来，旅游业成为老挝经济发展的新兴产业。近年来，老挝与超过 500 家国外旅游公司签署合作协议，开放 15 个国际旅游口岸，同时采取加大旅游基础设施投入、减少签证费、放宽边境旅游手续等措施，持续发展旅游业。2016—2017 年，老挝共接待游客 423.9 万人次，前三大游客来源国为泰国、越南和中国。2013 年 5 月，老挝被欧盟理事会评为“全球最佳旅游目的地”。

图 16-19、图 16-20 反映的是老挝旅游业规模变化情况。老挝国际旅游收入持续升高，2015 年达到最高点（7.25 亿美元），2016 年略有下滑，但整体发展较好。

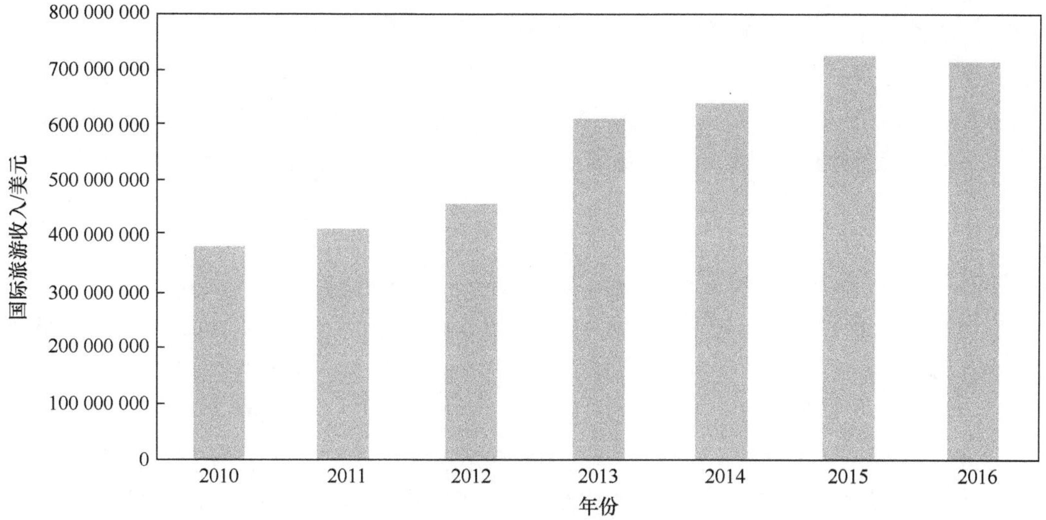

图 16-19　老挝旅游业规模变化情况（一）

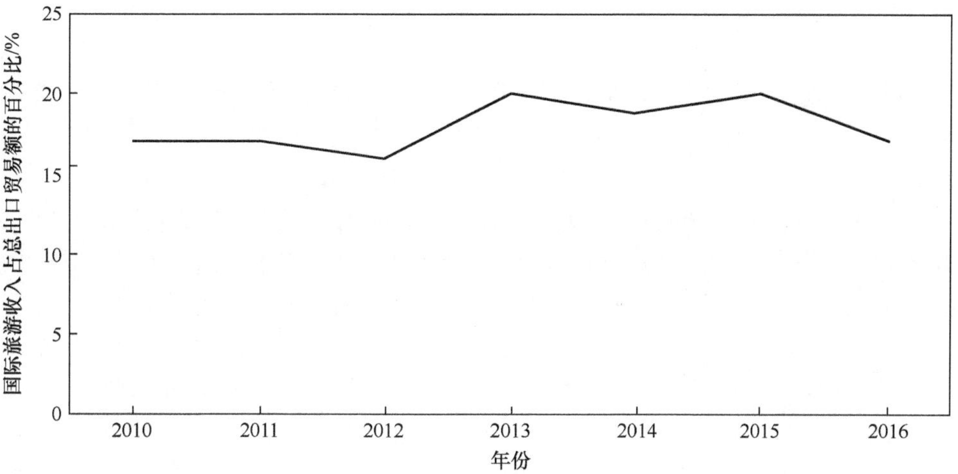

图 16-20　老挝旅游业规模变化情况（二）

四、资源情况分析

BMI 估计，到 2024 年，亚洲电力领域将继续保持快速发展态势。火力发电仍然是亚洲最主要的发电方式，其中燃煤发电量占比最大。同时，当前亚洲大多数国家鼓励以新能源发电取代传统火力发电。预计未来核电、可再生能源发电将发挥愈加重要的作用。到 2024 年，亚洲核能发电量将达到现在的两倍；可再生能源产能增速将超过 110%。其中，中国在可再生能源领域的表现将最为突出。在中短期内，水力发电量占总发电量的百分比基本保持在 15%左右，但在个别国家，如老挝和柬埔寨，水力发电则表现得更为突出。

老挝电力行业的优势：第一，老挝水资源极为丰富，水力发电潜力巨大。第二，老挝劳动力成本比较低；第三，老挝政局稳定，社会秩序好；第四，中国与老挝之间的关系长期友好，老挝政府对中国企业的投资持欢迎、鼓励政策。

老挝电力行业的劣势：第一，老挝银行系统欠发达；第二，老挝人口较少，劳动力不足，需要引入大量外籍劳工，同时老挝对外籍劳工进入有严格规定，需要申请指标；第三，老挝政府腐败现象严重；第四，缺乏促进公私伙伴关系模式发展的法律框架。

老挝电力行业发展机会：第一，老挝政府鼓励开发水力发电等可再生能源发电；第二，老挝邻近的东南亚各国的电力均面临紧缺，为老挝电力出口创造了机遇；第三，中国“一带一路”倡议带动老挝电力基建项目开发。

老挝电力行业发展威胁：第一，水力发电、燃煤发电项目开发对环境造成了威胁；第二，老挝资金不足，需要外国投资；第三，老挝当地电力消费能力有限，电力市场以外需为主，但出口市场不确定性大；第四，老挝财政收入有限，外债负担重。

水力发电情况：截至2016年年底，老挝水电装机容量达4 396兆瓦，占全国电力装机容量的69.5%，发电量达21.205太瓦·时。预计2017年老挝水电装机容量将有较大提升，为5 620兆瓦。

火力发电情况：截至2016年年底，老挝火电装机容量达1 928兆瓦，占全国电力装机容量的30.5%，发电量达32.949太瓦·时；2017年老挝暂无新增火电装机计划。

水力发电是老挝电力开发的重点。从地区分布来看，大型水电站集中在老挝的南部和中部地区，北部地区水电站装机规模较小。

老挝现有的发电能力能够满足本国的电力需求，但为了避免单一水力发电能源结构造成的季节性短缺，老挝已经建设完成本国第一座火电站，这将提高老挝本国电力供给的稳定性。在可再生能源方面，经统计，老挝具备一定的发展风电的资源基础。目前，丹麦风电公司Vestas成功签署EPC合同建设老挝境内大型风电项目——Moonson风电项目。此外，老挝光照辐射强度为3.6～5.5千瓦·时，年日照时数为1 800～2 000时，按照10%的转化率估算，可实现光伏发电量达146千瓦·时。截至目前，老挝尚无在建与已建核电站，但已有核电站建设计划。根据老挝国家电力公司的数据，从2007年开始，除2011年的老挝电力消费量增长率（7.7%）小于15%，其他年份老挝电力消费量的增长率一直保持在15%以上。根据IMF对老挝未来几年经济增长率的预测，基于电力工业超前发展规律，以及结合老挝近几年电力弹性系数的历史变化，到2018年老挝本土电力消费量将达到7 526吉瓦·时，到2020年达到9 906吉瓦·时。2020年，老挝局部地区以115千伏和230千伏电网作为地区主网，而国家级干网、跨区域电网连接以及外送越南和泰国的电力网络则通过500千伏输电线路传输。老挝政府将致力于发展能源产业，加快中小水电站建设。

第四节　产业政策分析

老挝地处印支半岛内陆，人口少，工业基础薄弱，没有重工业，农业生产较落后，大片耕地闲置，工农业生产满足不了国内需求，每年要从国外进口大量商品。近年来，老挝政府重视发展农业生产，大力发展水利设施，鼓励种植双季稻；工业方面积极推动生产进口替代产品、出口创汇的项目；大力发展旅游业。

1986年，老党四大提出了经济革新设想，取消中央集中管理的体制，建立国家宏观下的市场经济体制，强调把农林业、工业与第三产业结合起来，优先发展农林业，允许和鼓励多种经济成分的存在和发展，加快经济机制转换，工业企业实行出售、租赁和股份制。1986—1993年，除少数维系国计民生的大型国有企业外，90%以上的工厂和企业转变了经营机制。受1997年7月始于泰国的亚洲金融危机影响，老挝经济增长放缓，货币大幅贬值，国家财政拮据，外债增加。近年来，老挝为了摆脱国家落后的经济状况，也在逐步探索革新开放的政策。在这一过程中，老挝确立了发展国民经济的重点之一，即开发其较为丰富的水力资源，通过向周边国家（包括泰国、越南等）输送（出售）电力来增加其外汇收入。目前，老挝向泰国出售的电力收入已占其全部外汇收入的 1/4。水电业是继纺织业和林业之后老挝的第三大出口创汇产业。

水力资源是老挝的最大资源。老挝全境有 20 余条流程 200 千米以上的河流。其中，最长的湄公河在老挝境内全长 1 846.8 千米，约占湄公河全长的 44.4%，落差 484 米。湄公河 60% 以上的水力资源蕴藏在老挝。老挝全国有 60 多个水源较好的地方可以兴建水电站。经专家测算，老挝水能理论储量为 2 500～3 500 万千瓦，可开发装机容量为 2 000～3 000 万千瓦。经过多年发展，电力工业已发展成老挝具有优势的产业之一，是社会经济发展的重点。到 2000 年，老挝全国电站装机容量达 64.4 万千瓦，与 1975 年相比增长 19 倍，其中 62.7 万千瓦（约 98%）是水电。

2001 年 3 月，在老挝人民革命党第七次全国代表大会上，老党制定了今后 5 年、10 年、20 年的经济社会发展规划，提出了加快自然经济向商品经济过渡，逐步摆脱不发达状态的阶段性奋斗目标，即到 2005 年，争取半数贫困人口脱贫，基本解决毁林垦荒和种植鸦片的陋习，GDP 增长接近 6%，人均 GDP 达 500～550 美元；到 2010 年，彻底解决毁林垦荒，完成贫困人口脱贫，GDP 增长接近 7%，人均 GDP 达 700～750 美元；到 2020 年，推动社会经济健康发展，总人口增至 830 万人，GDP 增长达 7%，人均 GDP 达 1 200～1 500 美元。老挝政府提出了加快经济建设和进一步开放的执政措施。这意味着老挝已进入一个新的发展阶段。

2010—2014 年，老挝的进口贸易额持续上升，进口商品种类也日渐增多。老挝进口商品主要集中于汽车及相应的原配件、能源商品（天然气、燃油等）、建筑材料、工业元器件（包括电子类元件、工业中间产品等）等。老挝国外投资的增多，改善了国内资本的发展状况。老挝利用外资发展本国各产业和国民经济。基础能源商品的进口贸易则是老挝国内工业生产和经济发展的需要。2008 年之前，天然气及轻工业等是老挝主要的进口贸易商品；之后汽车的进口数量迅速增长，2012 年达 5.5 亿美元，为老挝进口商品中贸易额最高的商品种类。需要指出的是，在老挝进口商品中，一些基础商品如衣服、粮食食品、建筑材料等份额较大，对国外市场的依赖较大，国内的一些基础资源还没能进入市场流通，从而制约了老挝国家生产力的提高。

老挝的出口贸易额除了在 2009 年（经济危机时期）出现负增长之外，近些年都保持上升的总趋势。2012—2013 年，老挝出口贸易额为 18.98 亿美元，增长了为 8%。随着老挝加入世贸组织，以及国内一系列改革开放的经济措施，老挝出口贸易有了很快的发展，出口商品的种类和数量都大大提高。在老挝出口贸易商品中，矿产品占的份额最大。2012 年，老挝矿产品及其附加产品的出口贸易额将近 10 亿美元，为老挝总出口贸易额的 60%。但是，迫于国际的禁止矿石出口的条令，老挝矿产品及其附加产品的出口贸易额减幅较大。老挝轻工业品，如衣服制品出口贸易额增长较快，达到近 200 亿美元，既能满足本国居民的需求，还能拉动经济发展，也改善了出口贸易额贸易结构。尽管老挝的出口贸易规模有了较大的提高，但是出口商品中多为原材料，如矿产、木材、电能等，缺少附加值高的商品，出口商品的种类也有限。在出口贸易额上，老挝与一些发达国家相比（如欧美国家）还有不小的差距。

当今世界经济的竞争实质就是科学技术的竞争，因此很有必要对老挝对外贸易中的科技结构进行分析比较。在老挝对外贸易中，出口商品主要是一些矿产、初级产品、技术含量低的产品（如衣服制品）。以 2008 年为例，这些没有高技术含量的商品数量占到出口商品总数的 93.6%。从进口贸易的角度来看，燃油等能源商品进口贸易额较大，而中、高级技术商品占比很小。老挝进口的工业品多为技术普及的工业成品，映射出本国工业的落后，工业的模式还主要是粗放型的，缺乏科技竞争力，尤其是电子信息类产业较为薄弱。

第五节　产业结构与产业政策分析基本结论

通过对老挝的基本情况、经济发展情况、产业结构情况、产业政策几个方面的分析，初步得出以下结论。

首先，优化整合出口贸易结构，提高创汇水平。老挝是一个资源较为丰富的国家，尤其林业资源、耕地资源及矿产资源充足。在对外贸易中，老挝可以充分挖掘这些资源，利用资源优势，为国家带来较可观的外汇收入，比如，开采贵重矿产资源；制造附加值较高的产品；在未开垦的土地上，种植经济效益较好的经济作物，如水果、药材等，提高土地的利用率；发展一些木材制造企业，当然不只是直接对外输出原木材，而是对外输出加工后的木制品。这些在对外贸易中获得的外汇收入可以为老挝国内的经济发展提供资金保障。

其次，实施创新战略，提高科技竞争力。虽然老挝的对外贸易有了较大的提高，但与发达国家相比仍有不小的差距。从老挝对外贸易的科技结构来看，老挝的工业发展缓慢，多为基础工业，而且能耗大，缺乏高科技的因素。要改善这一局面，必须在老挝国内实施创新发展，例如，在资源出口的基础上，进行资源产品的深加工；积极引进国外先进的技术资本到国内投资，带动本国的技术发展，促进产业的转型升级。从长远来说，创新发展不是一朝一夕能完成的，还要老挝政府在教育事业上转变观念，尤其在高校中加大创新的力度，为国家科技发展提供人才资源。老挝只有真正提高科技生产力，才能使对外贸易发展有质的提高。

最后，建立合理的对外贸易制度。一方面由于老挝经济基础较薄弱，因此要加大外资的引进力度，为本国发展提供资金。另一方面，国外资本进入本国市场，对老挝来说，既是机遇也是一种挑战。因此，老挝要维护好本国的资本、技术利益。这就要求老挝政府建立相关的政策制度，让对外贸易合理有序地进行；在与外来资本产生经济或者技术产权纠纷时，能做到有法可依，确保老挝对外贸易能够长期健康发展。

第十七章　黎巴嫩产业结构与产业政策分析

第一节　基本情况

黎巴嫩共和国，简称黎巴嫩，位于亚洲西南部地中海东岸，东部和北部与叙利亚接壤，南部与以色列（边界未划定）为邻，西濒地中海，习惯上称为中东国家，总人口约为623万人（2017年），绝大多数为阿拉伯人。黎巴嫩的居民除阿拉伯人之外，还有亚美尼亚人、库尔德人、土耳其人和希腊人等。由于黎巴嫩民族、宗教问题的复杂性，以及多年内战，黎巴嫩是世界上鲜有的国外黎巴嫩裔人口多于国内人口的国家。世界各地的黎巴嫩裔人口约为1 500万人，主要分布在美洲、欧洲、非洲及海湾国家。在黎巴嫩的华人极少。

在气候环境方面，黎巴嫩属于热带地中海型气候。黎巴嫩沿海一带夏季气候炎热潮湿、冬季温暖；高山地区积雪可达4～6个月；大部分地区10月至次年4月为雨季。黎巴嫩沿海平原和贝卡谷地7月平均最高气温为32℃，而1月平均最低气温分别为7℃和2℃。黎巴嫩年平均降水量1 000毫米左右，而山区为1 200毫米以上。

在农业方面，黎巴嫩农业欠发达。2005年农业总产值占GDP的百分比约为13%。黎巴嫩全国可耕地面积2 479.39平方千米。其中，灌溉面积为1 040.09平方千米；牧场面积为3 600平方千米；林地面积为7 900平方千米。黎巴嫩农产品以水果和蔬菜为主。黎巴嫩水果产值占农业产值的51%。黎巴嫩果园面积约为600平方千米，主产柑橘、苹果、葡萄和香蕉，年出口水果约为26万吨。黎巴嫩粮食生产落后，主要靠进口。黎巴嫩国内粮食耕种面积约为800平方千米，其中大麦、小麦种植面积约为250平方千米。黎巴嫩其他农产品有玉米、马铃薯等。黎巴嫩经济作物有烟草、甜菜、橄榄等。21世纪初，黎巴嫩葡萄种植业发展很快，2001年生产葡萄酒500万瓶，其中40%出口。贝卡谷地为黎巴嫩主要农业种植区，占黎巴嫩全部种植面积的35%及谷物产量的30%。

在旅游业方面，黎巴嫩原为中东旅游胜地。内战前，黎巴嫩每年入境旅游者达200万人次，旅游业收入占GDP的20%以上。这些旅游者主要来自海湾地区产油国和欧美国家。内战期间，黎巴嫩旅游业一蹶不振。内战后，黎巴嫩政府将振兴旅游业作为重建计划重要组成部分，通过了发展旅游业的投资计划。黎巴嫩现有各类星级饭店398家，床位约1.1万张。黎巴嫩主要旅游点有腓尼基时代兴建的毕卜鲁斯城、古罗马时代兴建的巴尔贝克城和十字军时代兴建的赛达城堡。此外，黎巴嫩北部的雪山有很多滑雪场，吸引了大量旅游者。

在外交方面，黎巴嫩奉行中立不结盟政策，主张建立公正、合理、平等、均衡的国际政治、经济新秩序。黎巴嫩在执行联合国安理会有关决议及国际法准则问题上搞“双重标准”。对外强调其阿拉伯国家属性，调整与叙利亚关系，积极发展同埃及、沙特阿拉伯等大国的关系，重视同美国和法国等西方国家的关系。黎巴嫩为2010—2011年联合国安理会非常任理事国。

第二节 经济发展情况分析

一、经济规模情况分析

黎巴嫩 GDP 及其增长率变化情况如图 17-1 所示。黎巴嫩人均 GDP 变化情况如图 17-2 所示。黎巴嫩 GDP 情况如表 17-1 所示。

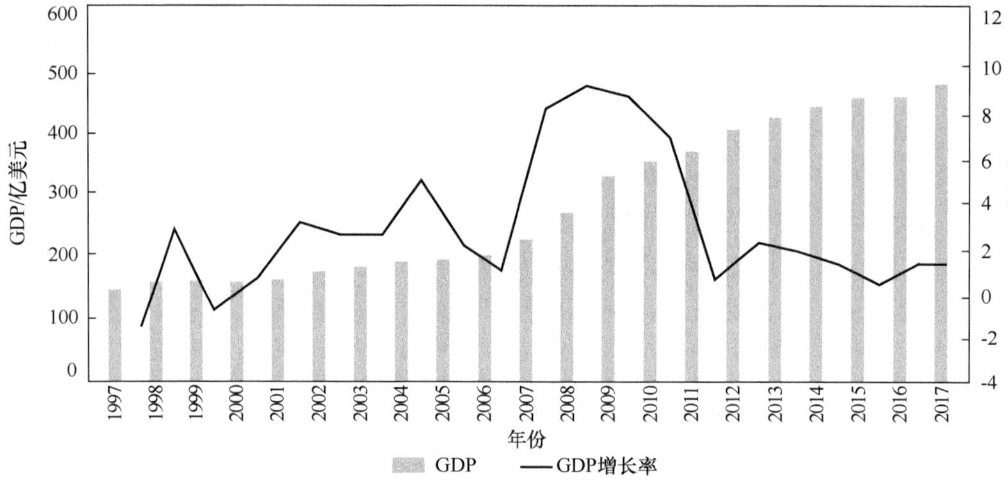

图 17-1 黎巴嫩 GDP 及其增长率变化情况

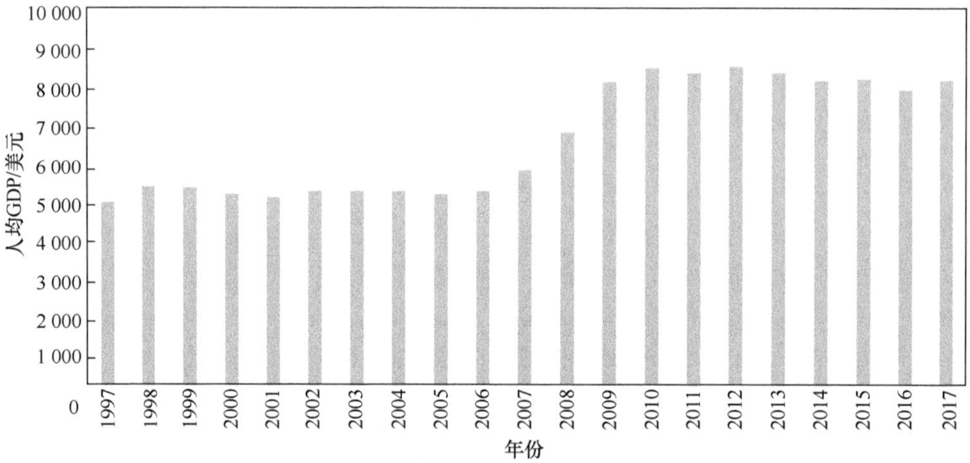

图 17-2 黎巴嫩人均 GDP 变化情况

（1）总体来说，在统计期内，黎巴嫩 GDP 逐渐增加；人均 GDP 则先增加再减少；GDP 增长率和人均 GDP 增长率走势类似，均先增加再减少，然后维持水平波动。

（2）黎巴嫩 GDP 1997—2017 年从 157.52 亿美元增加至 518.44 亿美元；人均 GDP 1997—2012 年从 5 093.29 美元增加至 8922.90 美元，然后逐渐减少，2017 年减少至 8 523.75 美元，2016 年还曾一度减少至 8 257.29 美元；GDP 增长率 1997—2008 年从−2.29%增加至 10.47%，然后逐渐减少，2011 年减少至 0.92%，2012—2017 年基本维持在 2.00%～2.80%范围内波动；

人均 GDP 增长率 1997—2008 年从-2.97%增加至 9.81%，然后开始减少，2011 年减少至-4.61%，2011—2015 年基本在-5.00%～-3.40%范围内维持水平波动，2017 年又增加至 0.75%。

表 17-1　黎巴嫩 GDP 情况

年份	GDP/亿美元	GDP 增长率/%	人均 GDP/美元	人均 GDP 增长率/%
1997	157.52	−2.29	5 093.29	−2.97
1998	172.47	3.59	5 538.68	2.88
1999	173.91	−0.45	5 509.35	−1.80
2000	172.60	1.34	5 334.90	−1.12
2001	176.50	3.87	5 253.12	0.02
2002	191.52	3.42	5 436.60	−1.37
2003	200.83	3.22	5 425.67	−1.76
2004	209.55	5.91	5 424.22	1.48
2005	212.88	2.73	5 339.44	−0.45
2006	217.96	1.56	5 372.07	−0.21
2007	245.77	9.35	6 014.27	8.57
2008	292.27	10.47	7 109.47	9.81
2009	354.77	10.05	8 480.95	8.16
2010	384.20	8.04	8 858.28	4.20
2011	400.76	0.92	8 734.19	−4.61
2012	438.69	2.80	8 922.90	−4.06
2013	460.14	2.64	8 721.25	−4.36
2014	478.33	2.00	8 536.68	−3.95
2015	494.59	0.82	8 452.44	−3.46
2016	495.99	2.00	8 257.29	−0.64
2017	518.44	2.02	8 523.75	0.75

数据来源：世界银行数据库。

二、人力资本基础情况分析

图 17-3 反映的是黎巴嫩总人口变化情况。图 17-4 反映的是黎巴嫩城镇和农村人口变化情况。表 17-2 反映的是黎巴嫩劳动力情况。

（1）总体来说，在统计期内，黎巴嫩总人口不断增加；城镇人口占比逐渐增加；总人口增长率、城镇人口增长率和农村人口增长率均呈现“M”形走势，即先增加再减少，然后再次增加再次减少；劳动力总量、劳动力占比和 15～64 岁劳动参与率逐渐增加，而 15～24 岁劳动参与率先减少再增加。

（2）黎巴嫩总人口 1998—2017 年从 311.40 万人增加至 608.24 万人；城镇人口占比 1998—2017 年从 85.77%增加至 88.43%；农村人口占比 1998—2017 年从 14.23%减少至 11.57%；总人口增长率 1998—2003 年从 1.09%增加至 4.95%，然后增速开始放缓，2008 年减少至 0.60%，接着增速逐渐加快，2013 年为 7.06%，之后增速再次减少，2017 年减少至 1.25%；城镇人口增长率 1998—2003 年从 1.05%增加至 5.09%，然后逐渐减少，2008 年减少至 0.76%，接着增速开始加快，2013 年增加至 7.24%，之后逐渐减少，2017 年减少至 1.44%；农村人口增长率 1998—2003 年从-1.48%增加至 4.03%，然后增速开始放缓，2008 年减少至-0.48%，接着开始增加，2013 年为 5.81%，之后增速再次放缓，2017 年减少至-0.15%；1998—2017 年，劳动力总量从 95.83 万人增加至 220.76 万人，劳动力占比从 30.77%增加至 36.29%，15～64 岁劳动参与率从46.92%增加至51.23%。15～24岁劳动参与率1998—2010年从30.16%减少至27.14%，然后逐渐增加，2017年增加至30.10%。

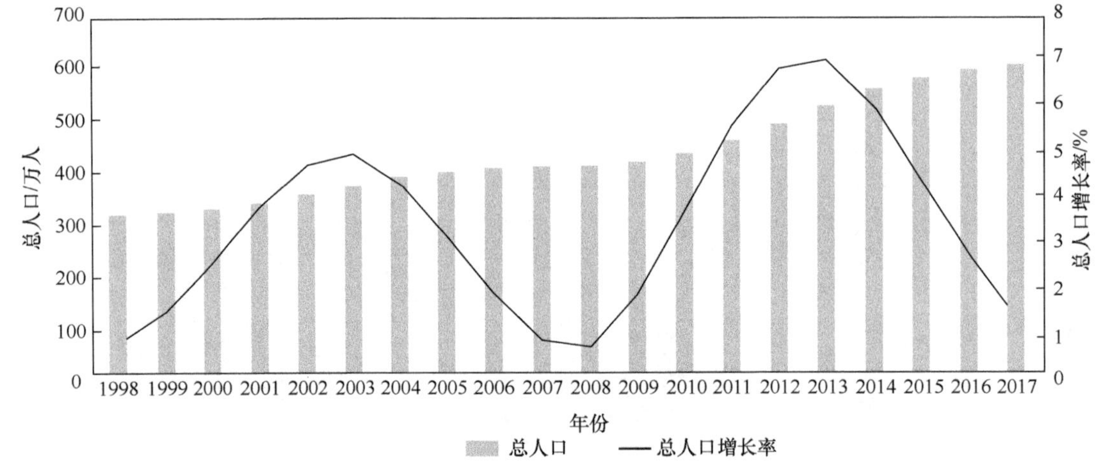

图17-3 黎巴嫩总人口变化情况

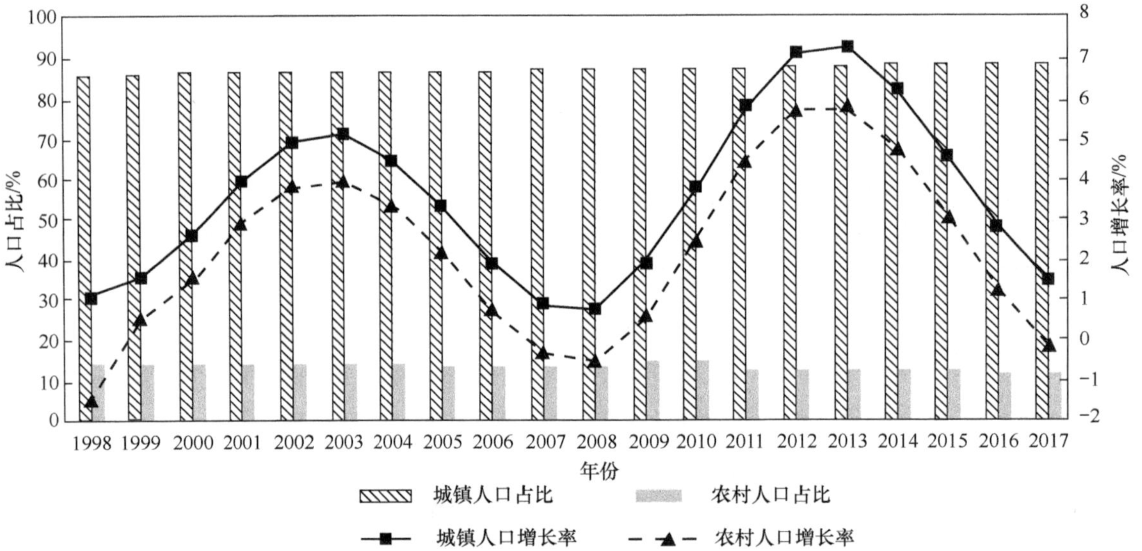

图17-4 黎巴嫩城镇和农村人口变化情况

表17-2 黎巴嫩劳动力情况分析

年份	劳动力总量/万人	劳动力占比/%	15～64岁劳动参与率/%	15～24岁劳动参与率/%
1998	95.83	30.77	46.92	30.16
1999	98.70	31.27	47.26	30.32
2000	102.67	31.73	47.62	30.44
2001	107.30	31.94	48.05	30.15
2002	113.61	32.25	48.54	30.05
2003	120.72	32.61	49.01	30.03
2004	127.05	32.89	49.29	29.75
2005	132.80	33.31	49.70	29.41
2006	137.08	33.79	50.06	29.23

（续表）

年份	劳动力总量/万人	劳动力占比/%	15～64 岁劳动参与率/%	15～24 岁劳动参与率/%
2007	140.28	34.33	50.38	29.02
2008	142.04	34.55	50.22	28.21
2009	145.21	34.71	50.04	27.47
2010	151.27	34.88	49.99	27.14
2011	160.93	35.07	50.09	27.60
2012	173.17	35.22	50.22	28.19
2013	186.64	35.37	50.43	28.92
2014	198.80	35.48	50.59	29.47
2015	208.66	35.66	50.76	29.86
2016	216.44	36.03	51.05	30.11
2017	220.76	36.29	51.23	30.10

三、税收负担情况分析

图 17-5、图 17-6 所示分别为黎巴嫩总税收占 GDP 百分比变化情况和税收占比变化情况。

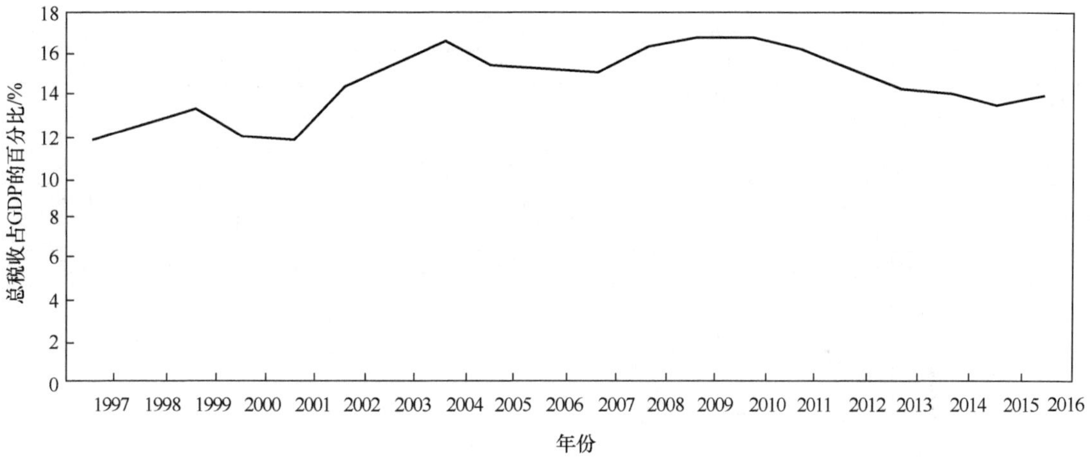

图 17-5　黎巴嫩总税收占 GDP 的百分比变化情况

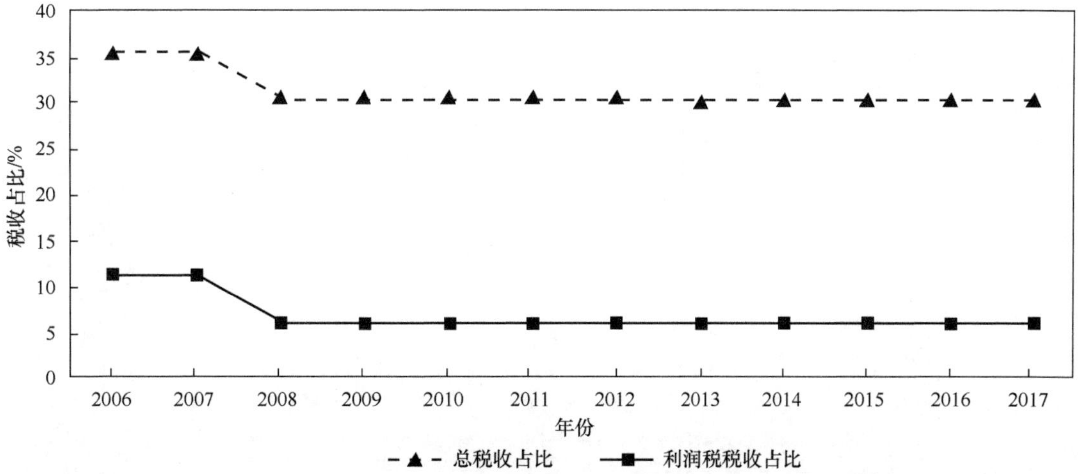

图 17-6　黎巴嫩总税收占比变化情况

（1）在统计期内，黎巴嫩总税收占 GDP 的百分比总体上先增加再减少，而总税收占比和利润税税收占比逐渐减少。

（2）黎巴嫩总税收占 GDP 的百分比 1997—2009 年从 11.93%增加至 16.82%，然后逐渐减少，2017 年减少至 13.95%；总税收占比 2006—2017 年从 35.4%减少至 30.3%；利润税税收占比 2006—2017 年从 11.4%下降至 6.1%。

四、制度环境情况分析

黎巴嫩制度环境评估如表 17-3 所示。不同国家制度环境对比如图 17-7 所示。

表 17-3　黎巴嫩制度环境评估

年份	法律制度指数	腐败监管指数	政治稳定指数	民主自由权利指数	政府效能指数
2002	−0.31	−0.48	−0.36	−0.66	−0.29
2003	−0.39	−0.67	−0.46	−0.49	−0.21
2004	−0.26	−0.66	−0.71	−0.41	−0.26
2005	−0.33	−0.53	−1.00	−0.28	−0.19
2006	−0.64	−0.94	−1.81	−0.39	−0.26
2007	−0.70	−0.89	−2.12	−0.47	−0.33
2008	−0.67	−0.82	−1.88	−0.42	−0.42
2009	−0.68	−0.83	−1.56	−0.36	−0.47
2010	−0.71	−0.88	−1.63	−0.33	−0.28
2011	−0.69	−0.90	−1.56	−0.39	−0.27
2012	−0.75	−0.87	−1.66	−0.39	−0.35
2013	−0.78	−0.92	−1.69	−0.40	−0.40
2014	−0.77	−1.04	−1.70	−0.42	−0.38
2015	−0.83	−0.88	−1.70	−0.46	−0.47
2016	−0.86	−0.97	−1.56	−0.52	−0.53

数据来源：世界银行数据库。

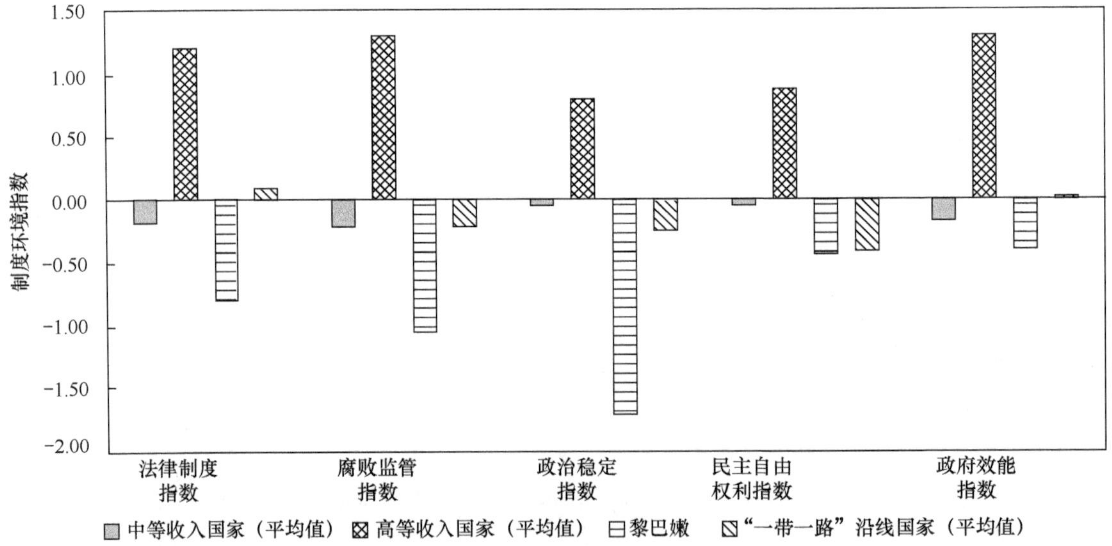

图 17-7　不同国家制度环境对比

（1）整体而言，高等收入国家在法律制度、腐败监管、政治稳定、民主自由权利、政府效能方面的指数均远远高于其他国家。黎巴嫩的制度环境水平与高等收入国家的制度环境水平仍然存在较大差距。黎巴嫩与中等收入国家相比，黎巴嫩的制度环境仍旧有很大的不足之处。黎巴嫩制度环境水平远低于“一带一路”沿线国家的平均水平。

（2）在统计期内，黎巴嫩法律制度指数和腐败监管指数逐渐减少；政治稳定指数先减少再增加；民主自由权利指数先增加再减少；政府效能指数则先增加再减少，然后再次增加再次减少。

（3）法律制度指数 2002—2016 年从−0.31 减少至−0.86；腐败监管指数 2002—2016 年从−0.48 减少至−0.97；政治稳定指数 2002—2007 年从−0.36 减少至−2.12，然后逐渐增加，2016 年增加至−1.56；民主自由权利指数 2002—2005 年从−0.66 增加至−0.28，然后逐渐减少，2016 年减少至−0.52；政府效能指数 2002—2005 年从−0.29 增加至−0.19，然后逐渐减少，2009 年减少至−0.47，接着逐渐增加，2011 年为−0.27，之后开始逐渐减少，2016 年减少至−0.53。

五、国际贸易情况分析

图 17-8 所示为黎巴嫩国际贸易情况。

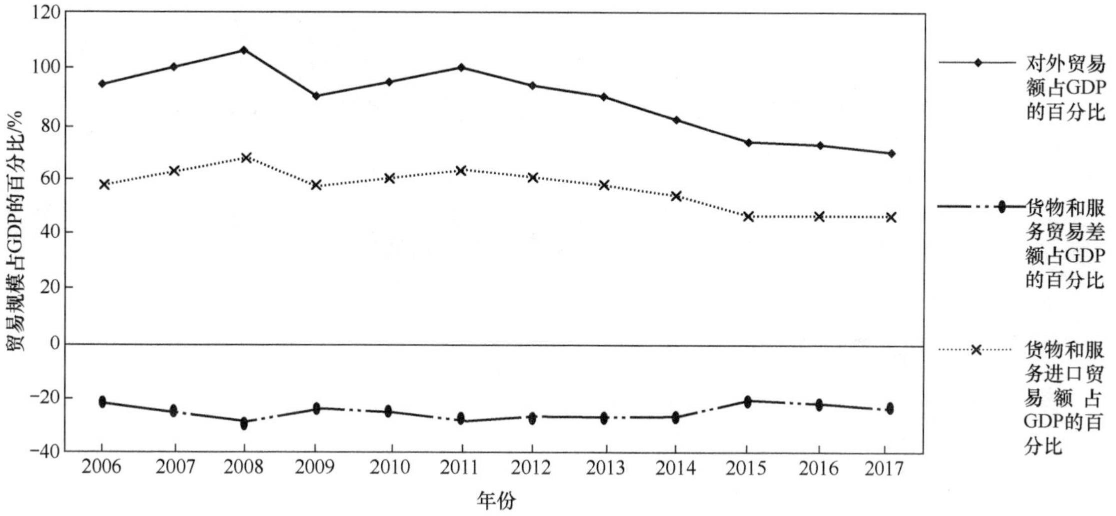

图 17-8 黎巴嫩国际贸易情况

（1）整体而言，在统计期内，黎巴嫩对外贸易额占 GDP 的百分比、货物和服务进口贸易额占 GDP 的百分比均呈现先增加再减少；黎巴嫩货物和服务贸易差额占 GDP 的百分比则呈现先减少再增加的趋势。

（2）黎巴嫩对外贸易额占 GDP 的百分比 2006—2008 年从 94.65%增加至 106.96%，然后逐渐减少，2017 年减少至 69.97%；黎巴嫩货物和服务贸易差额占 GDP 的百分比 2006—2008 年从−21.29%减少至−29.01%，然后逐渐增加，2017 年增加至−22.77%；黎巴嫩货物和服务进口贸易额占 GDP 的百分比 2006—2008 年从 57.97%增加至 67.98%，然后减少，2017 年减少至 46.37%。

（3）在经济危机的不利影响下，黎巴嫩贸易额占 GDP 的百分比、货物和服务进口贸易额占 GDP 的百分比 2008—2009 年分别从 106.96%、67.98%减少至 90.90%和 57.21%。

六、外国直接投资情况分析

图 17-9 所示为黎巴嫩外国直接投资占 GDP 的百分比变化情况。

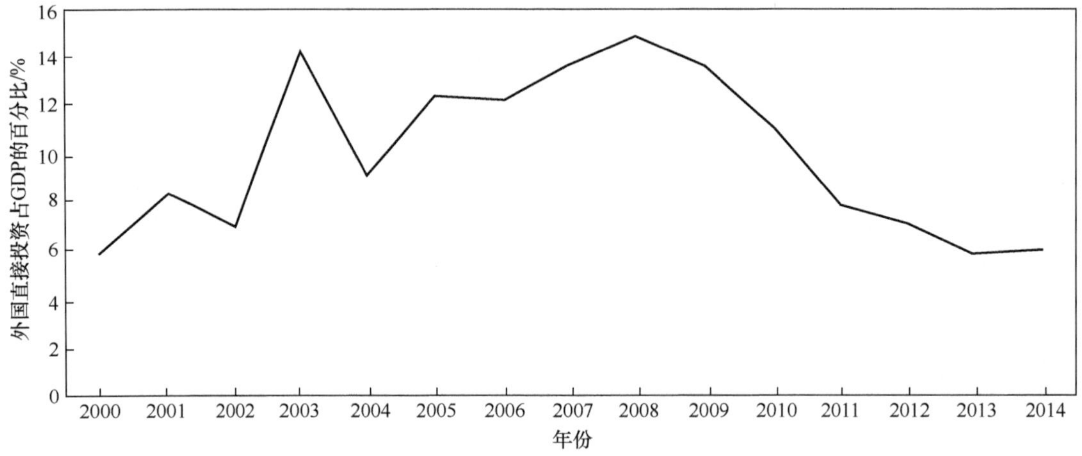

图 17-9 黎巴嫩外国直接投资占 GDP 的百分比变化情况

（1）总体来说，在统计期内黎巴嫩外国直接投资占 GDP 的百分比先增加再减少。

（2）黎巴嫩外国直接投资占 GDP 百分比 2000—2008 年从 5.76%增加至 14.83%，然后开始逐渐减少。

第三节 产业结构情况分析

一、三次产业结构分析

图 17-10、图 17-11 所示分别为黎巴嫩产业结构和劳动力就业结构变化情况。

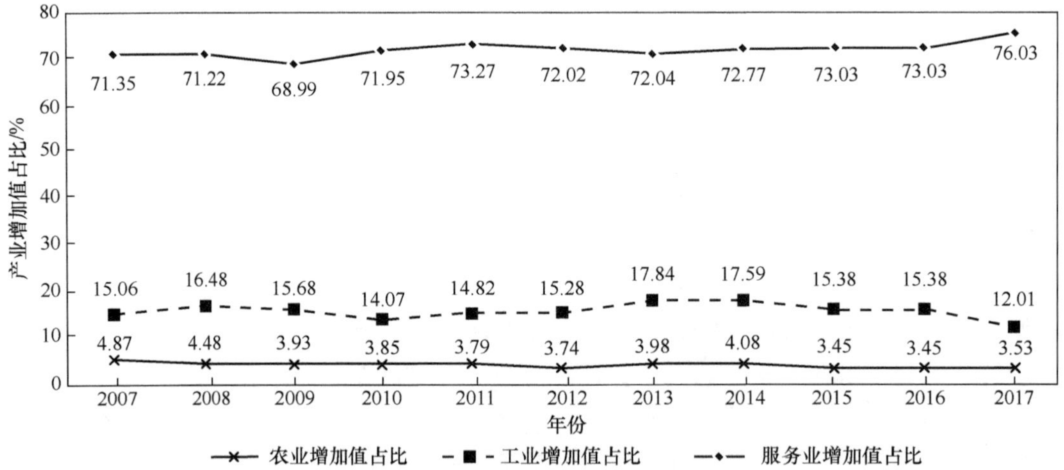

图 17-10 黎巴嫩产业结构变化情况

（1）总体来说，在统计期内，黎巴嫩农业增加值占比逐渐减少；工业增加值占比先增加再减少，接着再次增加后再次减少；服务业增加值占比先减少再增加。黎巴嫩农业就业人数占比和服务业就业人数占比总体上趋势类似，均呈现出先增加再减少，然后增加的趋势；工业就业人数占比则先减少再增加，然后再次减少。

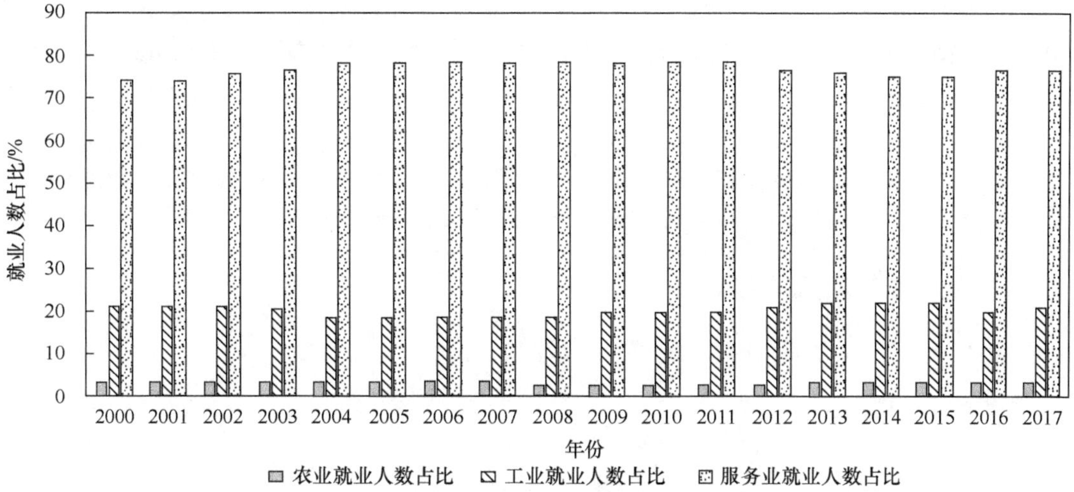

图 17-11　黎巴嫩劳动力就业结构变化情况

（2）黎巴嫩农业增加值占比 2007—2017 年从 4.87%减少至 3.53%；工业增加值占比 2007—2013 年从 15.06%增加至 17.84%，然后逐渐减少，2017 年减少至 12.01%；服务业增加值占比 2007—2008 年从 71.35%减少至 68.99%，然后开始逐渐增加，2017 年增加至 76.03%。黎巴嫩农业就业人数占比 2000—2003 年从 3.28%增加至 3.70%，然后逐渐减少，2010 年减少至 2.46%，接着增加，2017 年增加至 3.24%；工业就业人数占比 2000—2004 年从 20.80%减少至 18.58%，然后逐渐增加，2014 年增加至 22.05%，接着逐渐减少，2017 年为 20.27%；服务业就业人数占比 2000—2004 年从 75.93%增加至 78.02%，然后逐渐减少，2014 年减少至 75.80%，接着逐渐增加，2017 年增加至 76.49%。

二、工业、制造业规模变化分析

图 17-12 所示为黎巴嫩工业、制造业规模变化情况。

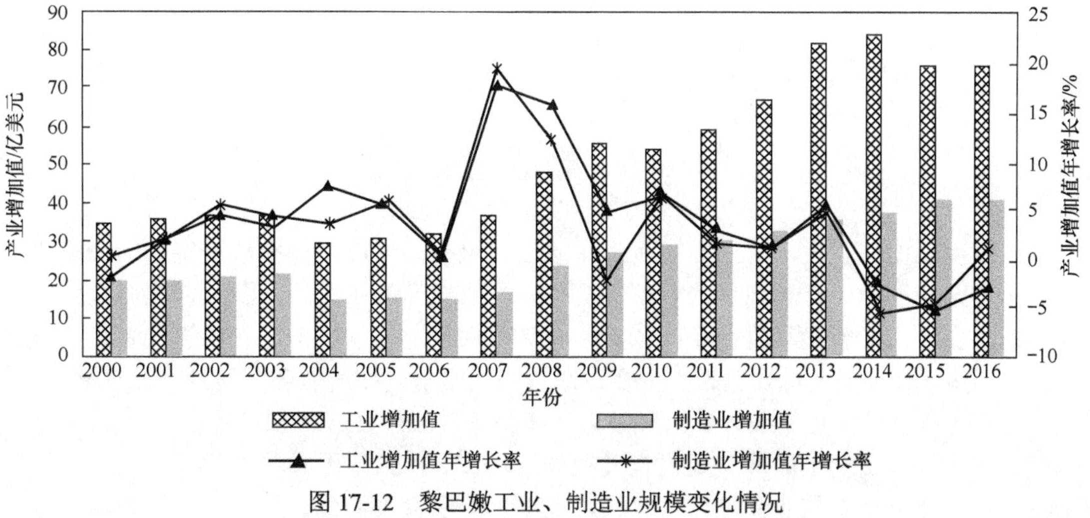

图 17-12　黎巴嫩工业、制造业规模变化情况

（1）总体来说，在统计期内，黎巴嫩工业增加值先增加再减少；制造业增加值逐渐增加；工业增加值年增长率和制造业增加值年增长率趋势类似，均体现为先增加再减少的趋势。

（2）黎巴嫩工业增加值 2000—2016 年从 34.46 亿美元增加至 72.25 亿美元；制造业增加值 2000—2016 年从 19.70 亿美元增加至 41.30 亿美元；工业增加值年增长率 2000—2007 年从−1.62%增加至 17.59%，然后逐渐减少，到 2016 年减少至−2.83%；制造业增加值年增长率 2000—2007 年从 0 增加至 19.57%，2016 年减少至 1.12%。

（3）在 2008 年经济危机的不利影响下，黎巴嫩工业增加值年增长率和制造业增加值年增长率分别从 2008 年的 15.78%和 12.16%减少至 4.81%和−2.35%。

三、服务业规模变化分析

图 17-13 所示为黎巴嫩服务业规模变化情况。

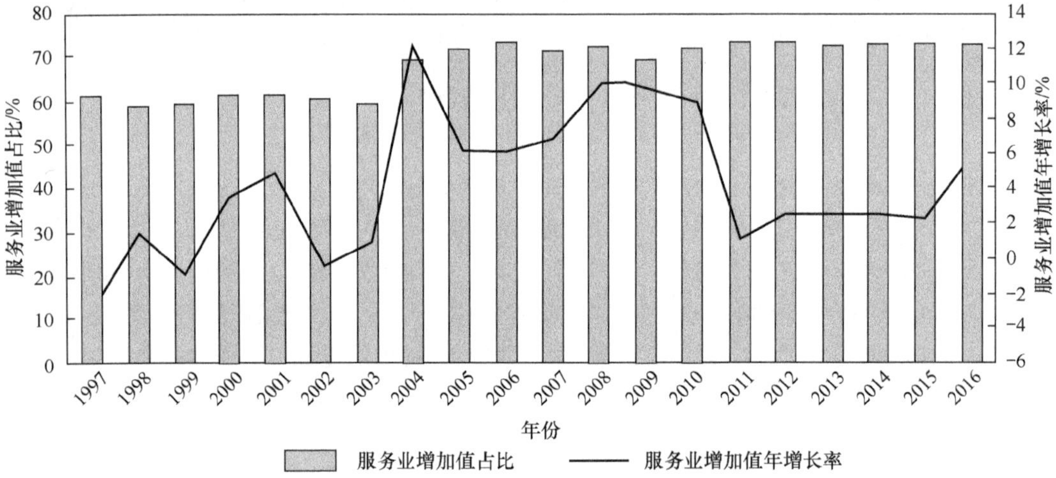

图 17-13 黎巴嫩服务业规模变化情况

（1）总体来说，在统计期内，黎巴嫩服务业增加值占比逐渐增加；服务业增加值年增长率先增加再减少，然后开始快速增加。

（2）黎巴嫩服务业增加值占比 1997—2016 年从 60.61%增加至 73.03%；服务业增加值年增长率 1997—2004 年从−3.42%增加至 11.70%，然后增速开始放缓，2011 年减少至 1.17%，接着逐渐增加，2016 年增加至 5.10%。

第四节 产业政策分析

黎巴嫩国土面积不大，资源相对匮乏，但位置重要。黎巴嫩拥有较为宽松的投资政策、开放稳定的金融环境、得天独厚的旅游资源、认可度较高的国民素质，从而具有吸引外国投资者的明显优势，即便在其政治和区域安全局势不太稳定的情况下，各国投资者也从未放缓对其投资的步伐。投资者对黎巴嫩的主要投资领域从原来的旅游服务和房地产业逐渐向能源、交通、电信、教育、医疗、媒体、高科技、环境、基础设施建设等领域转移。

黎巴嫩主管投资促进的部门是投资发展局（IDAL），由黎巴嫩总理领导。投资发展局有权对新的投资项目授予从业许可，并有权对大项目给予特别激励、免税及便利条件。投资发展局向国内外投资者提供投资咨询服务、宣传推介黎巴嫩投资环境和投资项目、审核投资项目的优惠政策等。凡与投资有关的事宜，投资发展局均可提供必要帮助。投资发展局对投资者的许可、注册等事项还提供“一站式”服务。投资发展局可批准适用“一揽子激励政策”的合资公司免除董事会多数成员必须为黎巴嫩人的限制。但是，受惠于“一揽子激励政策”的投资者，在申请外国人工作证方面，必须执行每个外国人相应雇佣两个黎巴嫩人的规定，并为被雇佣的黎巴嫩人进行黎巴嫩国家社会保障基金注册。

除《投资法》之外，黎巴嫩其他法律和法令，根据投资类型和投资地所在位置，可提供以下税收激励和免征政策。

（1）在农村地区的工业投资项目可以享受6年或10年的免税优惠，这要取决于具体的标准。

（2）在黎巴嫩南部、奈拜提耶、贝卡省的投资可以享受免税优惠。现处沿海地带的工厂若迁往农村或黎巴嫩南部、奈拜提耶、贝卡省，则可享受6年免征所得税的优惠。

第五节　产业结构与产业政策分析基本结论

通过对黎巴嫩的基本情况、经济发展情况、产业结构情况和产业政策相关内容的分析，初步得出以下结论。

黎巴嫩经济结构存在：农业欠发达，工业基础相对薄弱，旅游、房地产等优势行业易受政局不稳的冲击的缺陷，但作为支柱产业之一的金融业却长盛不衰，在重大历史变故中仍屹立不倒，成为掌握国家经济命脉的关键性行业，被称为黎巴嫩经济的“保护神”，为投资者在黎巴嫩开展业务提供了可靠保障。同时，黎巴嫩开放、稳定的金融业降低了投资者对黎巴嫩投资的经济风险指数。黎巴嫩基础设施建设刻不容缓。黎巴嫩受债务危机和财政赤字掣肘，经济建设步履维艰，一系列社会问题和弊端随之而来。黎巴嫩债务的居高不下，主要由于为基建向欧美国家借贷而产生高额欠款。可见，基建是黎巴嫩最根本的问题所在，也是目前最迫切的现实之需。

在农业方面，黎巴嫩农业机械化程度较差，农业进出口发展不平衡，粮食不能自给而需要大量进口。所以，黎巴嫩需要合理使用耕地，合理利用水资源，改善农业投资环境，积极加强同国际社会的合作，鼓励农产品出口的策略，突破现有的某些经济发展模式的束缚。

黎巴嫩作为一个高贸易逆差的进口国家，因缺乏工业基础和天然资源，政府贸易开放政策并不利于当地产业的发展。所以，我国应该针对黎巴嫩产业发展环境，提供具备竞争力的生产设备及相关原材料。

目前，对黎巴嫩投资面临的主要经济风险有：政府债台高筑，经济负担沉重，偿债依赖国际援助；对外贸易发展不均衡，常年贸易逆差，财政赤字居高不下；外国投资不振，吸引外资不力，经济疲软；粮食主要依赖进口，物价水平受外部因素影响较大，通货膨胀率易波动；经济结构面临调整，生产性行业发展欠缺，部分优势行业稳定性不足，经济增长缺乏驱动力。政局不稳导致黎巴嫩财政赤字连年、贸易发展受阻、国家建设滞后、人力资源流失等一系列消极结果。

因此，黎巴嫩与中国共建“一带一路”，机遇与挑战并存，在把握好两国国情和现实需求的基础上，充分了解投资风险和投资优势后，应因地制宜并与时俱进地不断调整投资政策及相应法律法规，切实促进中黎经贸发展并鼓励开发中黎合作潜力空间。

第十八章　立陶宛产业结构与产业政策分析

第一节　基本情况

立陶宛共和国，简称立陶宛，位于波罗的海东岸，与北方的拉脱维亚和爱沙尼亚并称为波罗的海三国，东南邻白俄罗斯，西南是俄罗斯的加里宁格勒州和波兰。立陶宛国土面积为6.53万平方千米，国境线总长为1644千米，海岸线长为90千米。立陶宛地形以平原为主，是欧洲湖泊最多的国家之一。

截至2017年，立陶宛总人口约为282.77万人，人口密度为45.5人/平方千米。在立陶宛总人口中，立陶宛族人口占85.4%，波兰族人口占6.6%，俄罗斯族人口占5.4%，白俄罗斯族人口占1.3%，乌克兰、犹太、拉脱维亚等民族人口占1.3%。立陶宛首都维尔纽斯，是人口最多的省份。立陶宛全国划分为10个县，即维尔纽斯县、考纳斯县、克莱佩达县、首莱县、潘涅维日县、马里亚姆波列县、陶拉格县、泰尔夏伊县、乌捷纳县、阿利图斯县，下分44个区、92个市、22个镇，主要城市有维尔纽斯、考纳斯、克莱佩达、希奥利艾等。立陶宛城市人口占全国总人口的百分比高达67.52%。立陶宛属于城市化程度较高的国家之一。立陶宛官方语言为立陶宛语。立陶宛多数居民懂俄语，主要信奉罗马天主教。

在工业方面，立陶宛是一个发达的资本主义国家，而工业是立陶宛的支柱产业，主要由矿业及采石业、加工制造业、能源工业组成。立陶宛工业门类比较齐全，以食品、木材加工、纺织、化工等为主，机械制造、化工、石油化工、电子工业、金属加工工业等发展迅速，生产的高精度机床、仪表、电子计算机等产品行销全世界80多个国家和地区。立陶宛首都维尔纽斯是全国工业中心，其工业产值占立陶宛工业总产值的2/3以上。

在农业方面，立陶宛以水平较高的畜牧业为主，其产值占农产品总产值的90%以上。立陶宛全国33%的人口居住在农村。

在服务业方面，服务业是立陶宛国民经济重要组成部分。2009年，立陶宛服务业就业人口有191.49万人，服务业就业人数占比为67.72%。立陶宛支柱产业不多，各地区经济发展不平衡，且政府对教育、文化、医疗等领域投入有限，失业率居高不下。

在交通运输方面，立陶宛交通体系完整，铁路网与欧洲的连成一体，并拥有发达的公路网。立陶宛国内交通运输以公路、铁路为主。克莱佩达港是立陶宛最大海港，与世界200多个港口通航。

在外交方面，立陶宛2004年3月29日加入北约，2004年5月1日加入欧盟，奉行积极的对外政策，重视睦邻友好合作，努力扩大在本地区的政治影响力。立陶宛积极参与国际事务，已先后加入60多个国家和地区组织。立陶宛积极发展与乌克兰、摩尔多瓦、外高加索和巴尔干地区国家的关系，支持其加入欧盟和北约。2007年1月1日，立陶宛正式成为申根协议成员国。1991年9月14日，中国与立陶宛建立大使级外交关系。中国视立陶宛是中国在波罗的海地区的可靠朋友和重要合作伙伴。

第二节　经济发展情况分析

一、经济规模情况分析

立陶宛经济规模在经历短时间的下滑阶段后开始持续增长，但是存在波动。图 18-1 反映了立陶宛 GDP 及其增长率变化情况。从图 18-1 中可以看出，立陶宛 GDP 1998—1999 年出现了短暂的下滑，但是下滑幅度不大，2000 年开始增长，2000—2008 年基本保持着较快增长的趋势。2008 年，立陶宛经济规模几乎达到了顶峰，但在金融危机的冲击下，立陶宛的经济开始衰败，其中最为明显的就是 2009 年和 2015 年的经济大滑坡，其 GDP 增长率分别为−21.75%和−14.72%，下滑幅度较大。

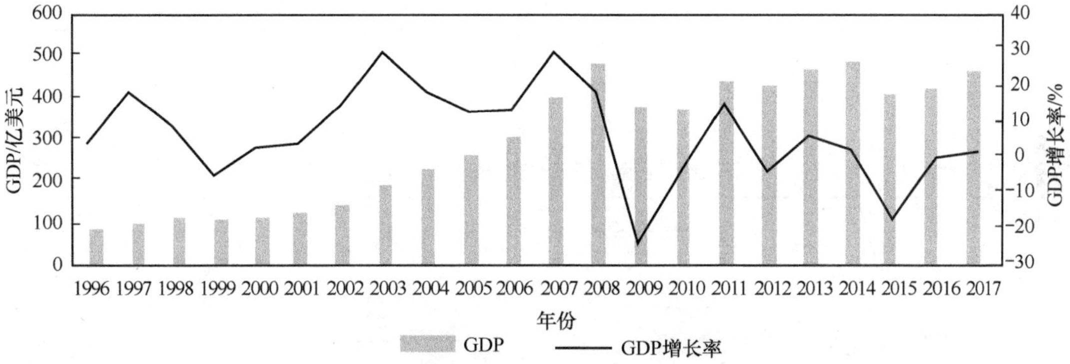

图 18-1　立陶宛 GDP 及其增长率变化情况

立陶宛人均 GDP 变化情况如图 18-2 所示。总体来看，立陶宛的人均 GDP 呈增长的趋势，并与 GDP 的变化趋势大致相同。其中，立陶宛的人均 GDP 从 1996 年的 2 328.15 美元增长到 2017 年 16 680.68 美元，实现了一个大的飞跃，并跃入发达国家行列。

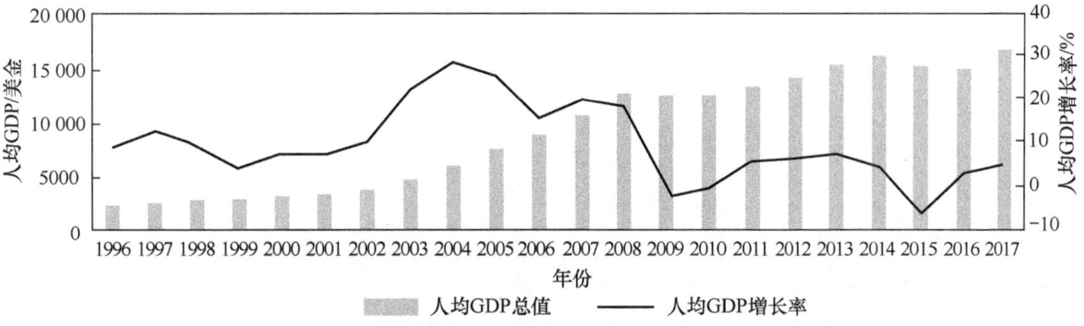

图 18-2　立陶宛人均 GDP 变化情况

立陶宛 GDP 情况如表 18-1 所示。

表 18-1　立陶宛 GDP 情况

年份	GDP/亿美元	GDP 增长率/%	人均 GDP/美元	人均 GDP 增长率/%
1996	83.85	6.53%	2 328.15	9.52%
1997	101.20	20.69%	2 600	13.04%

（续表）

年份	GDP/亿美元	GDP 增长率/%	人均 GDP/美元	人均 GDP 增长率/%
1998	112.40	11.07%	2 860	10.00%
1999	109.73	−2.38%	2 990	4.55%
2000	115.39	5.16%	3 220	7.69%
2001	122.52	6.18%	3 460	7.45%
2002	142.78	16.53%	3 820	10.40%
2003	188.03	31.69%	4 680	22.51%
2004	226.50	20.46%	6 040	29.06%
2005	261.26	15.35%	7 600	25.83%
2006	302.16	15.66%	8 820	16.05%
2007	397.38	31.51%	10 620	20.41%
2008	478.51	20.41%	12 660	19.21%
2009	374.41	−21.75%	12 430	−1.82%
2010	371.33	−0.82%	12 430	0.00%
2011	435.23	17.21%	13 220	6.36%
2012	428.70	−1.50%	14 110	6.73%
2013	464.65	8.39%	15 260	8.15%
2014	485.47	4.48%	16 030	5.05%
2015	414.00	−14.72%	15 080	−5.93%
2016	427.73	2.34%	14 912.69	3.65%
2017	471.68	3.83%	16 680.68	5.32%

数据来源：世界银行数据库。

二、人力资本基础情况分析

图 18-3 反映了立陶宛总人口变化情况。从图 18-3 中可以看出，立陶宛总人口 1996—2017 年一直缓慢下降并趋于稳定；总人口增长率 1996—2017 年一直为负值，2011 年达到最低，2011 之后有所增长，但是仍然为负值，2014 年之后再次下降。

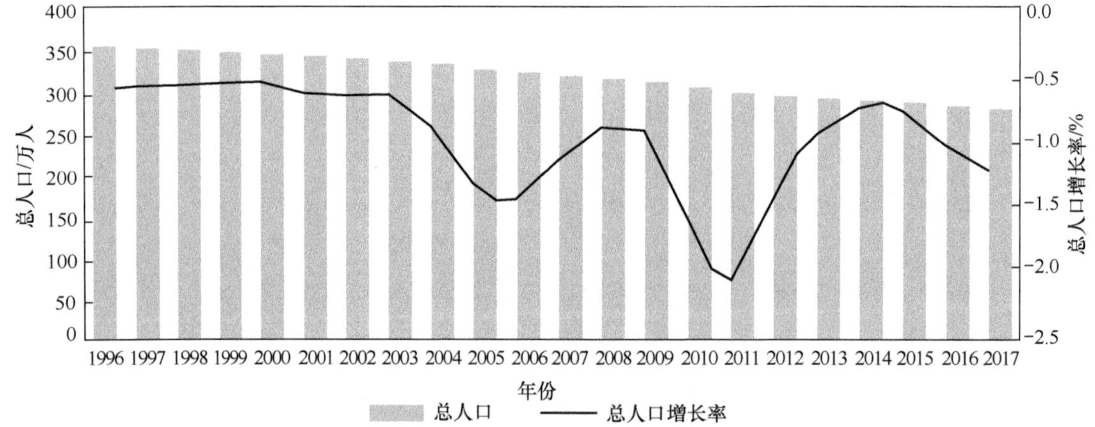

图 18-3 立陶宛总人口变化情况

图 18-4 反映了立陶宛城镇和农村人口变化情况。从图 18-4 中可以看出，立陶宛城镇人口占比 1996—2017 年基本维持在 70%左右；农村人口占比 1996—2017 年基本维持在 30%左右；农村人口增长率 2005 年之前始终高于城镇人口增长率；城镇人口增长率 2005 年之后逐渐高于农村人口增长率；农村人口增长率和城镇人口增长率 1996—2017 年均为负值。

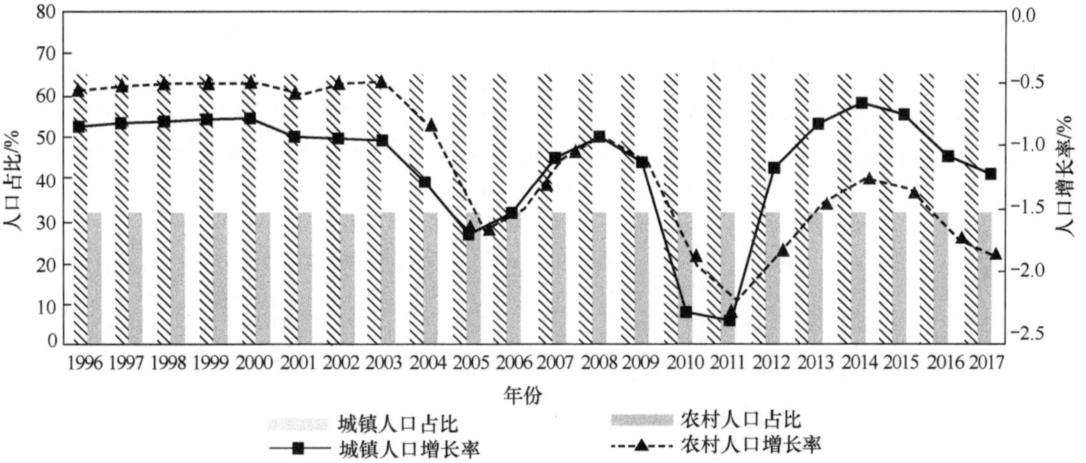

图 18-4　立陶宛城镇和农村人口变化情况

表 18-2 反映了立陶宛劳动力情况。从表 18-2 中可以看出，立陶宛劳动力总量总体上呈现下降的趋势，每年的变化差不多，但在 2014 年出现突然的上升，同时伴随着劳动参与率的变化。

表 18-2　立陶宛劳动力情况

年份	劳动力总量/万人	劳动力占比/%	15～64 岁劳动参与率/%	15～24 岁劳动参与率/%
1996	173.90	48.28	72.08	47.39
1997	172.40	48.22	72.07	45.66
1998	171.03	48.19	72.03	43.83
1999	171.27	48.60	72.41	42.92
2000	168.24	48.07	71.12	37.19
2001	164.39	47.36	70.10	33.05
2002	162.59	47.22	69.82	32.12
2003	168.39	49.30	72.38	32.94
2004	159.41	47.20	69.43	26.05
2005	155.35	46.76	68.61	25.32
2006	151.18	46.23	67.52	26.36
2007	151.13	46.77	67.93	27.05
2008	151.23	47.29	68.43	29.92
2009	152.24	48.13	69.63	29.33
2010	150.38	48.55	70.33	28.54
2011	149.53	49.38	71.51	28.29
2012	148.46	49.69	72.00	29.25
2013	147.35	49.82	72.55	31.18
2014	148.14	50.52	73.75	33.92
2015	147.03	50.61	74.09	33.95
2016	148.10	51.64	75.40	36.01
2017	145.83	51.57	75.64	35.76

数据来源：世界银行数据库。

三、交通情况分析

立陶宛货运量情况如表 18-3 所示。总体而言，立陶宛货物周转量在波动中呈现出下降的趋势。立陶宛的铁路货运是原来总货物周转量的主要部分，但是从 1990 年开始，铁路货物周转量在不断地下降，并且在 2001 年被公路货物周转量所超过，从那时开始，立陶宛的公路货物周转量开始成为总货物周转量的主要部分。立陶宛的航空货物周转量与铁路货物周转量、公路货物周转量相比，可以说是少之又少，甚至有不断下降的趋势，但是在 2009 年达到相对高峰值。虽然这个高峰值相对于铁路货物周转量和公路货物周转量来说不值一提，但是在这个高峰值之后，航空货物周转量在小幅恢复后又骤降。在这个阶段，立陶宛铁路货物周转量却开始复苏。

立陶宛交通体系完整，拥有发达的公路网，正筹建与欧洲交通网联网的跨波罗的海三国的“环波罗的海”铁路和公路。立陶宛国内交通运输以公路、铁路为主。克莱佩达港是立陶宛最大海港，与世界 200 多个港口通航。立陶宛拥有石油运输管线长达 500 千米，各类天然气管道总长为 8 300 千米。2008 年，立陶宛石油管线总输送量为 1 842.95 万吨，同比增长 57.3%。

表 18-3 立陶宛货运量情况

年份	铁路货物周转量/（亿吨·千米）	公路货物周转量/（亿吨·千米）	航空货物周转量/（亿吨·千米）
1990	192.58	70.19	280
1991	177.48	49.89	280
1992	113.37	69.06	430
1993	99.04	45.74	60
1994	79.96	51.60	110
1995	72.20	41.91	150
1996	81.03	86.22	180
1997	86.22	56.11	280
1998	82.65	—	260
1999	78.49	77.69	180
2000	89.18	82.736	159.4
2001	77.41	107.087 002	152.7
2002	97.67	114.622 002	151.4
2003	114.57	122.79	126.5
2004	116.37	159.08	120.5
2005	97.67	181.34	129.5
2006	128.96	202.78	129.6
2007	143.73	204.19	117.7
2008	147.48	177.57	128.9
2009	118.88	193.98	742.5
2010	134.31	215.12	264.02
2011	150.88	—	229.1
2012	141.72	—	305.6
2013	133.44	—	499.99
2014	143.07	—	47.13
2015	140.36	—	56.56

数据来源：世界银行数据库。

四、信息化情况分析

立陶宛信息化情况如图 18-5 所示。总体而言，立陶宛互联网覆盖率和固定宽带覆盖率都在不断上升。其中，互联网覆盖率上升最快；固定宽带覆盖率 2010—2013 年上升后，2014

年出现了下降的趋势。电话线路覆盖率在互联网和固定宽带出现后受到了巨大的影响。可见，立陶宛整体的信息化水平不断提高，且主要表现为互联网覆盖率的大大提高。

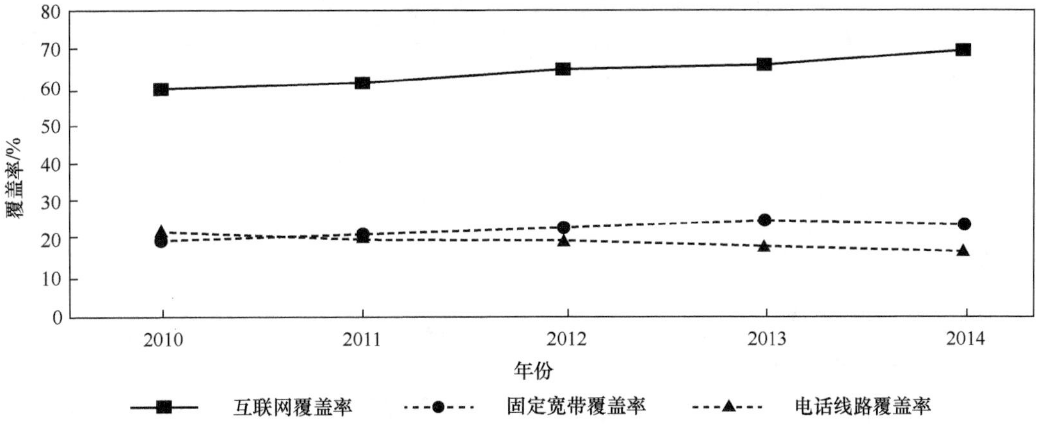

图 18-5　立陶宛信息化情况

五、研发投入与产出情况分析

图 18-6 反映了立陶宛研发投入与产出情况。总体而言，在统计期内立陶宛研发投入占 GDP 的百分比从 2000 年起呈现上升趋势，说明立陶宛政府对科研的高度重视，2015 年达到最高（1.04%）；居民专利申请数量则呈现波动中上升的趋势。

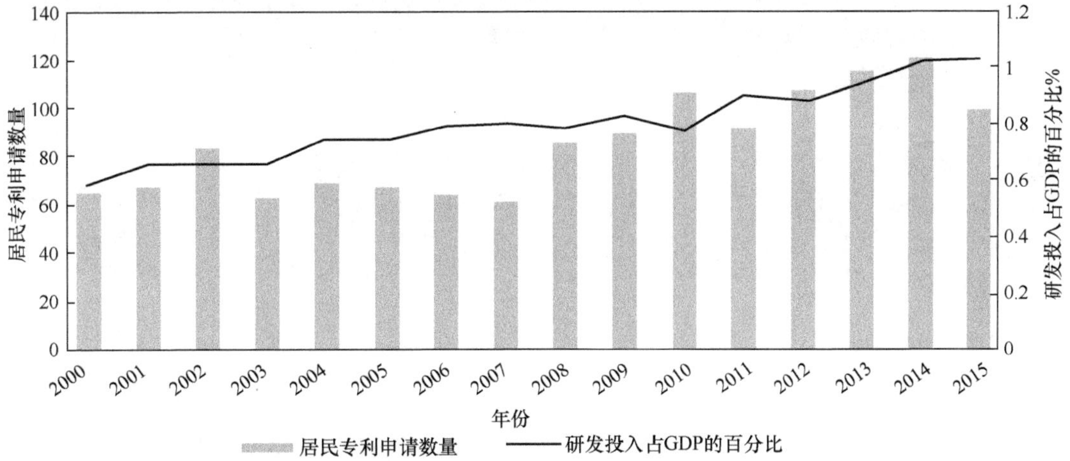

图 18-6　立陶宛研发投入与产出情况

六、制度环境情况分析

下面通过法律制度指数、腐败监管指数、政治稳定指数、民主自由权利指数、政府效能指数对立陶宛的制度环境进行分析。总体而言，立陶宛的制度环境呈现出逐渐改善的趋势。从表 18-4 中可以看出，2016 年立陶宛的法律制度指数、腐败监管指数、民主自由权利指数和政府效能指数分别为 1.02、0.67、0.99 和 1.09，均高于 2002—2016 年的平均值。可见立陶宛的各项指数增长到了一个很高的水平，立陶宛国内的相关制度和政策开始不断完善，且政治文明不断繁荣。

表 18-4　立陶宛制度环境评估

年份	法律制度指数	腐败监管指数	政治稳定指数	民主自由权利指数	政府效能指数
2002	0.45	0.20	0.89	0.90	0.56
2003	0.54	0.38	1.05	0.92	0.76
2004	0.61	0.43	0.77	0.88	0.71
2005	0.63	0.33	0.78	0.90	0.78
2006	0.72	0.16	0.87	0.86	0.73
2007	0.73	0.13	0.82	0.89	0.70
2008	0.72	0.14	0.75	0.85	0.62
2009	0.73	0.23	0.63	0.90	0.69
2010	0.78	0.38	0.72	0.92	0.74
2011	0.77	0.33	0.67	0.86	0.70
2012	0.85	0.39	0.79	0.93	0.83
2013	0.84	0.43	0.96	0.94	0.83
2014	0.94	0.56	0.74	0.96	0.98
2015	1.01	0.62	0.76	0.97	1.19
2016	1.02	0.67	0.80	0.99	1.09
2002—2016（平均值）	0.76	0.36	0.80	0.91	0.79

数据来源：世界银行数据库。

不同国家制度环境对比如图 18-7 所示。从图 18-7 中可以看出，立陶宛的民主自由权利指数高于高等收入国家的平均水平；立陶宛的各项指数均远远高于中等收入国家和“一带一路”沿线国家的平均水平。可见，立陶宛的制度环境在高等收入国家中与其他国家存在差距，但是远远领先于中等收入国家和“一带一路”沿线国家。

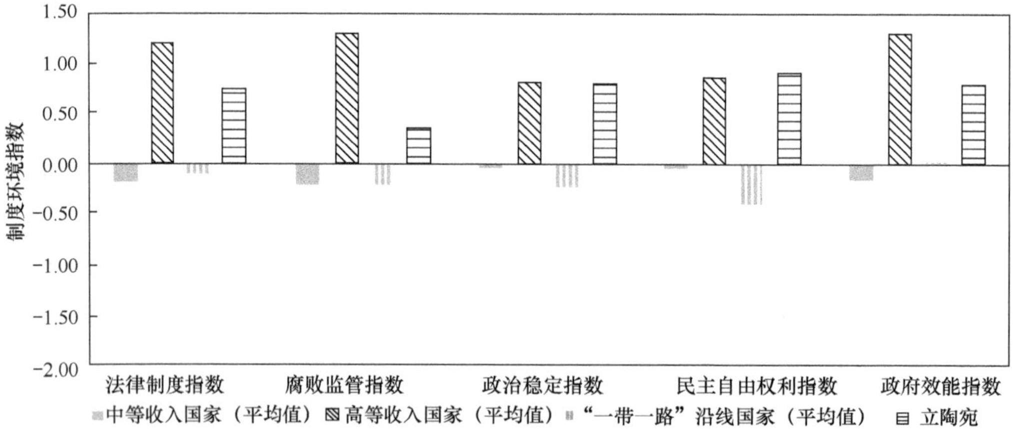

图 18-7　不同国家制度环境对比

七、税收负担情况分析

图 18-8 反映的是为立陶宛总税收占 GDP 的百分比变化情况。从图 18-8 中可以看出，立陶宛总税收占 GDP 的百分比 2008 年之前基本在 6%左右，2008 年之后有所下降，并逐渐维持相对稳定。

从图 18-9 所示的立陶宛税收占比变化情况来看，在统计期内，总税收占比始终高于利润税税收占比；总税收占比持续下降，下降幅度越来越小，并趋于稳定；利润税税收占比的变化趋势是先上升后下降，并趋于稳定，基本保持在 6%的水平。

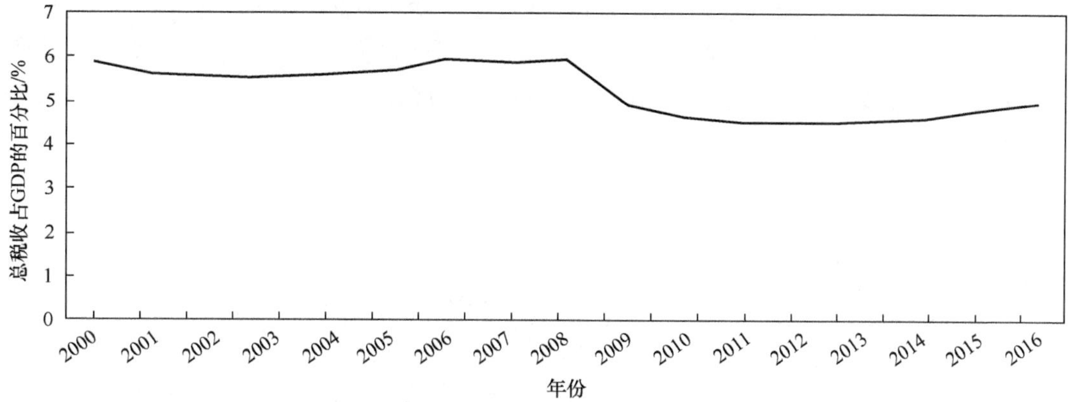

图 18-8　立陶宛总税收占 GDP 的百分比变化情况

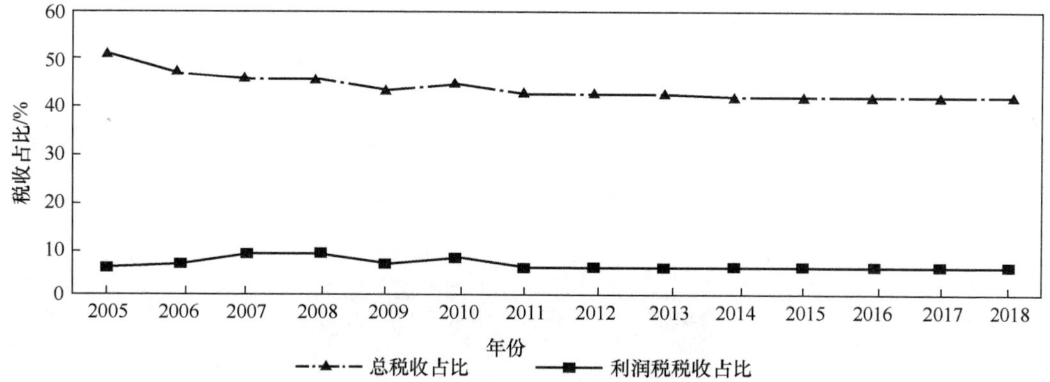

图 18-9　立陶宛税收占比变化情况

八、国际贸易情况分析

近 20 年，立陶宛对外贸易额占 GDP 的百分比在不断波动。图 18-10 反映的是立陶宛国际贸易情况。2000—2006 年，立陶宛对外贸易额占 GDP 的百分比不断上升，上涨到 120%左

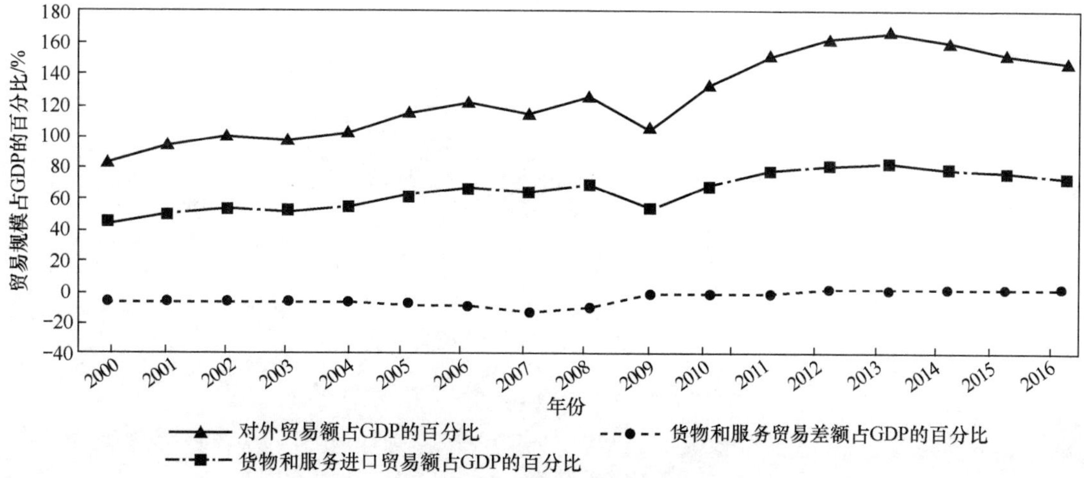

图 18-10　立陶宛国际贸易情况

右之后有所波动，然后继续上涨。2013 年，立陶宛对外贸易额占 GDP 的百分比达到最高点为 160%。2000—2016 年，立陶宛货物和服务进口贸易额占 GDP 的百分比变化相对平稳，在 2009 年有所波动之后，稳步上升到 75%的水平，最高点和最低点分别出现在 2013 年以及 2009 年。2001—2007 年，立陶宛货物和服务贸易差额占 GDP 的百分比不断下降，之后有所回升，基本维持在 0%上下波动。

九、外国直接投资情况分析

图 18-11 反映了立陶宛外国直接投资占 GDP 的百分比变化情况。总体而言，立陶宛外国直接投资占 GDP 的百分比呈现出较大的波动。立陶宛外国直接投资占 GDP 的百分比 2012 年之前波动较大，2012—2014 年则相对较为平缓，大致维持在 1%的水平；其中，包括 4 个峰值和两个低谷（峰值出现在 1998 年、2002 年、2006 年和 2011 年，低谷出现在 2003 年和 2009 年），最高点高达 8.2%，最低点低至 0.5%。近几年，立陶宛外国直接投资占 GDP 的百分比也在不断下降。

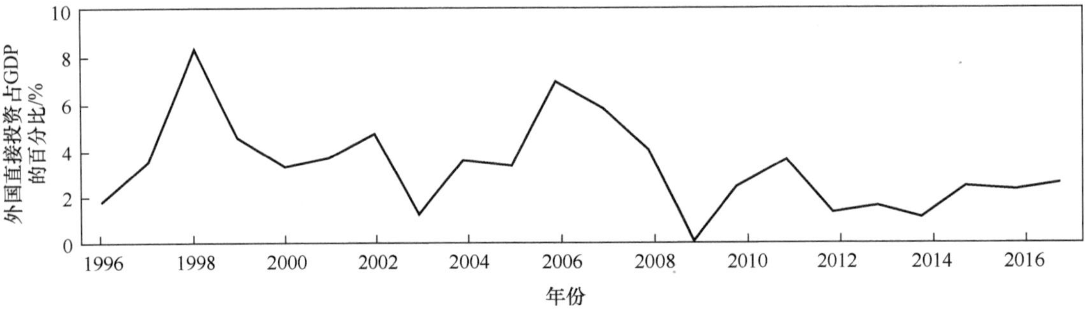

图 18-11　立陶宛外国直接投资占 GDP 的百分比变化情况

十、经济活力情况分析

图 18-12 所示为立陶宛新注册企业数量及密度变化情况。从图 18-12 中可以看出，立陶宛新注册企业数量 2009—2012 年迅速上涨，2012 年达 10 800；新注册企业密度 2012 年为 5.3。2012 年之后，立陶宛新注册企业数量及密度均经历着不断波动。

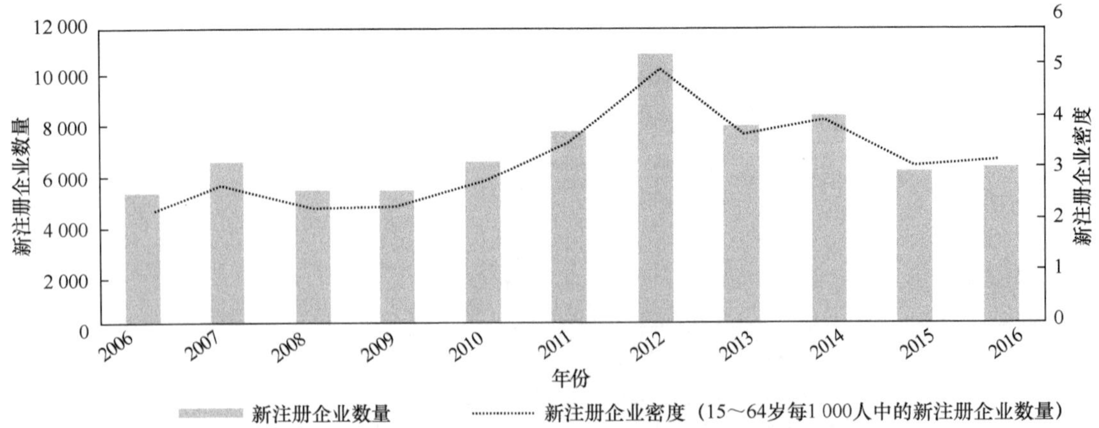

图 18-12　立陶宛新注册企业数量及密度变化情况

第三节 产业结构情况分析

一、三次产业结构分析

近年来，立陶宛服务业发展较快，三次产业增加值占比基本趋于稳定。从图 18-13 中可以看出，立陶宛农业增加值占比很小，变化缓慢，但是有增长的趋势；工业与服务业增加值占比较大。工业增加值占比 2010—2014 年有所上升，2011 年达到最高点（31.02%）；服务业增加值占比 2010—2014 年始终很高，并且近几年呈现出不断降低的趋势，2010—2014 年均超过 60%，最高达到 67.61%。经统计，美国第三产业增加值占比约为 80%，而英国、法国、德国、日本第三产业增加值占比在 60%～70%。立陶宛的经济从第二产业转移到第三产业的发展趋势与发达国家经济发展历程类似，并且第三产业增加值占比与发达国家的更为接近。

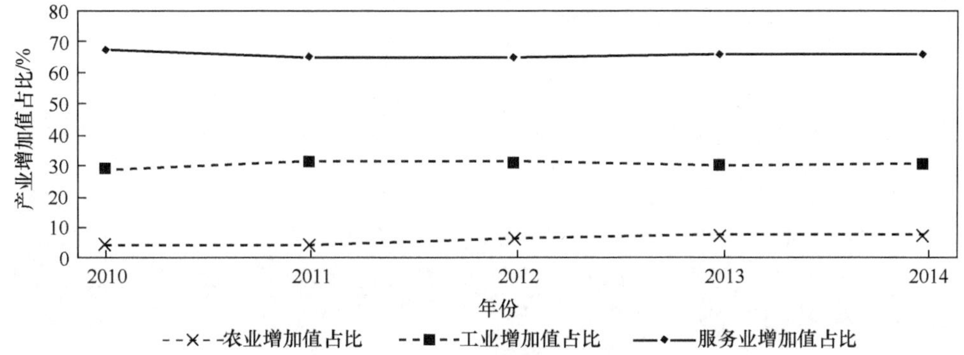

图 18-13 立陶宛产业结构变化情况

立陶宛劳动力就业结构变化情况如图 18-14 所示。其中，农业就业人数占比低，且变化幅度不大，始终保持在 10%以内；工业就业人数占比较低，且 2010—2016 年趋于稳定；服务业就业人数占比较高。

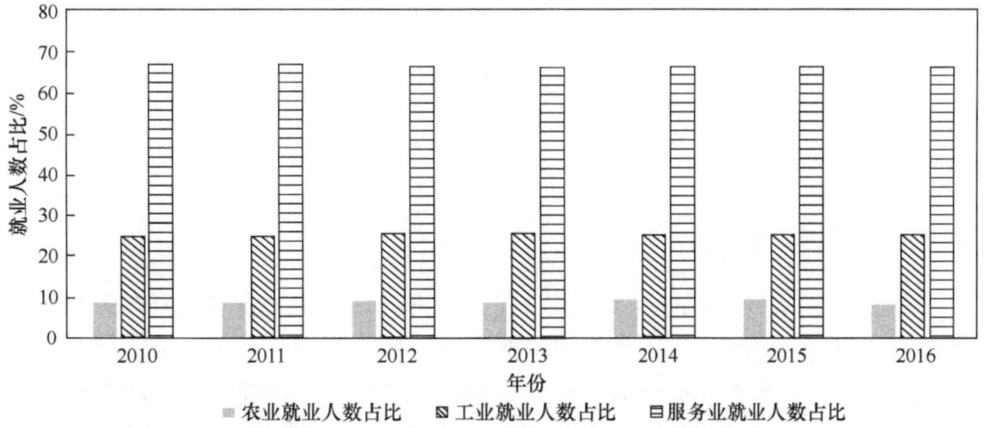

图 18-14 立陶宛劳动力就业结构变化情况

以上分析表明，立陶宛产业增加值占比、就业人数占比都呈现了第二产业向第三产业转移的趋势，这说明立陶宛产业结构逐步走向合理化。

二、工业、制造业规模变化分析

图 18-15 反映了立陶宛工业、制造业规模变化情况。从图 18-15 中可以看出，2006—2008 年，立陶宛工业、制造业发展较快；在金融危机的影响下，工业、制造业增加值 2009 年出现大幅下滑。2010—2016 年，工业、制造业逐步恢复，其增加值年增长率相对平稳。

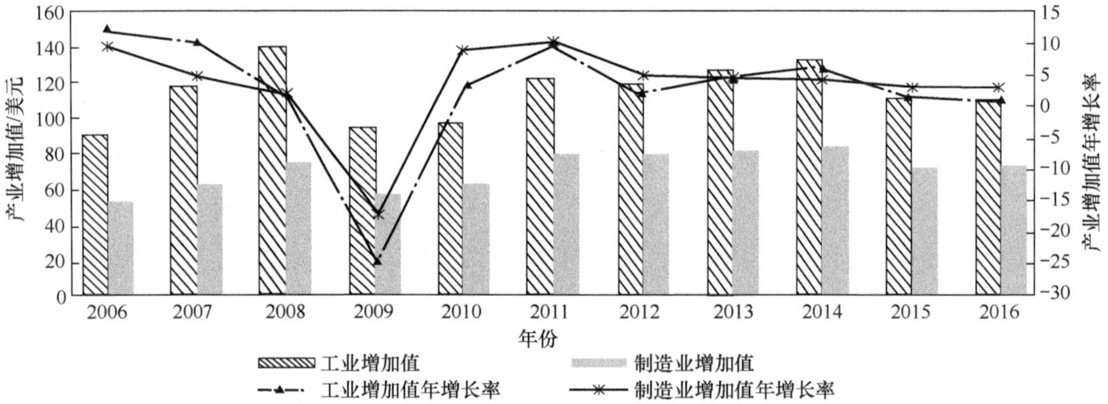

图 18-15　立陶宛工业、制造业规模变化情况

立陶宛制造业分行业增加值占比情况如表 18-5 所示。从表 18-5 中可以看出，除其他制造业其他行业之外，其他 4 类制造业行业增加值占比均处于下降的趋势。其中，化学品行业增加值占比下降最为明显；食品、饮料和烟草行业增加值占比最高，是立陶宛的主导行业；机械和运输设备行业增加值占比也较高。

表 18-5　立陶宛制造业分行业增加值占比情况

行业增加值占比/%							
行业	2008 年	2009 年	2010 年	2011 年	2012 年	2013 年	2014 年
纺织品与服装	9.10	8.84	8.21	8.45	8.69	9.21	7.40
其他	45.76	42.08	43.92	45.20	49.04	49.37	58.88
机械和运输设备	12.80	11.72	12.19	10.99	12.10	13.52	10.85
食品、饮料和烟草	21.84	30.25	23.13	22.27	22.49	23.34	19.20
化学品	10.49	7.11	12.55	13.10	7.68	4.57	3.67

数据来源：世界银行数据库。

三、服务业规模变化分析

服务业是立陶宛国民经济的重要组成部分。2009 年，立陶宛从业人口为 90.12 万人，占就业总人口的 63.6%。2009 年，立陶宛服务业收入共计 129.79 亿立特，同比下降 28.1%，占 GDP 的 14.1%。其中，各种商业性服务收入为 52.38 亿立特，同比增长 5.14%；医疗保健收入为 28.6 亿立特，同比下降 13.4%；房地产业收入为 20.23 亿立特，同比下降 52.6%；文体娱乐收入为 11.6 亿立特，同比下降 29.4%；计算机及相关服务收入为 10.8 亿立特，同比下降 12%；教育服务收入为 6.18 亿立特，同比下降 15.7%。从图 18-16 中可以看出，立陶宛服务业增加值占比呈下降趋势，而服务业增加值年增长率波动很大，甚至在 2012 年出现负值。

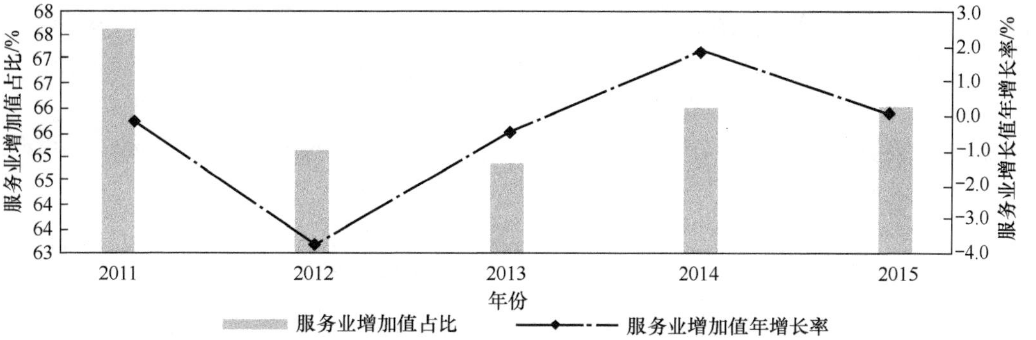

图 18-16　立陶宛服务业规模变化情况

四、资源情况分析

立陶宛燃料和能源情况如表 18-7 所示。立陶宛能源消费量如表 18-8 所示。石油、天然气和电力是立陶宛的基本能源。立陶宛石油资源贫乏，且集中在西部地区和波罗的海大陆架，探明储量仅为 420 多万吨。经过多年的开采，立陶宛油田产量逐年下降，由 2001 年的 48 万吨降至 2011 年 11.7 万吨。除上述少量自采原油之外，立陶宛所需原油基本依靠从俄罗斯进口。立陶宛现有输油管道由俄罗斯经拉脱维亚在立陶宛东北部入境，直通 MAZEIKIU NAFTA 炼油厂，其年输送能力为 1 620 万吨。MAZEIKIU NAFTA 炼油厂是波罗的海地区唯一的大型炼油厂，设计产能为 1 200 万吨/年。目前，波兰 PKN Orlen 公司控股该炼油厂并负责经营。立陶宛所需 80%的成品油由该厂供应。

表 18-7　立陶宛燃料和能源情况

年份	能源产量/千吨油当量	人均能源消费量/千克油当量	易燃的可再生能源及废弃物消费量占比/%	能源消费量/千吨	能源净进口量占比/%
1996	4 489.76	2 610.04	5.38	9 400.48	52.24
1997	4 061.38	2 490.35	5.81	8 903.42	54.38
1998	4 613.45	2 633.26	6.1	9 346.36	50.64
1999	3 658.4	2 259.66	7.42	7 963.69	54.06
2000	3 385.54	2 037.62	9.05	7 130.72	52.52
2001	4 317.64	2 384.74	8.48	8 277.01	47.84
2002	5 131.36	2 574.35	8.23	8 864.69	42.11
2003	5 460.89	2 709.25	8.25	9 252.79	40.98
2004	5 308.64	2 779.2	8.57	9 385.72	43.44
2005	4 046.08	2 662.8	9.48	8 847.55	54.27
2006	3 631.26	2 666.01	10.25	8 718.19	58.35
2007	3 955.98	2 927.24	9.69	9 459.67	58.18
2008	4 026.47	2 975.91	10.24	9 519.8	57.69
2009	4 391.62	2 770.83	11.38	8 765.52	49.89
2010	1 519.49	2 275.76	14.09	7 051.99	78.44
2011	1 534.11	2 412.48	13.28	7 287.05	79

立陶宛所需天然气全部从俄罗斯进口，而输气管道由俄罗斯经白俄罗斯从立陶宛南部入境，其年输送能力可达 60 亿立方米。立陶宛境内天然气管网比较发达，有 1 800 千米主干线，连接立陶宛五大城市，并有管道通往拉脱维亚和俄罗斯的加里宁格勒州。近年来，天然气在

立陶宛一次能源中的比例呈逐年上升趋势。2012 年，立陶宛从俄罗斯进口天然气 33.2 亿立方米。为摆脱对俄罗斯天然气的严重依赖，立陶宛正与波兰积极探讨将两国天然气管道相连。此外，立陶宛政府主导的克莱佩达港液化天然气接收站也于 2014 年投入使用。

根据加入欧盟时的承诺，立陶宛于 2009 年年底关闭了苏联时期建设的伊格纳利核电站。目前，立陶宛电力生产主要由火电、水电和风电组成。2012 年，立陶宛各电厂共发电 37.06 亿千瓦·时，基本与 2011 年持平。其中，火电发电量占 64.4%（24 亿千瓦·时），水电发电量占 22.6%（8.4 亿千瓦·时），风电发电量占 11.8%（4.4 亿千瓦·时）。

立陶宛现有能源基础设施均建成于苏联时期，存在着一些制约行业健康发展的因素，包括电网、天然气管网没有与西欧国家直接连通，无法与中欧、西欧能源网络实现一体化；尚未建立国家石油储备和天然气储备设施；许多电网设施、天然气管道设施已陈旧，能源利用效率不高，改造投资需求大等。

表 18-8 立陶宛能源消费量

能源产品	能源消费量/千吨油当量										
	2001 年	2002 年	2003 年	2004 年	2005 年	2006 年	2007 年	2008 年	2009 年	2010 年	2011 年
初级能源产品	4 217.2	5 010.1	5 324.2	5 158.0	3 879.8	3 443.9	3 758.7	3 811.1	4 346.3	1 522.6	1 537.5
原油	479.7	442.0	389.5	307.5	220.2	184.4	157.5	130.6	117.5	117.3	116.9
固体燃料	640.1	679.1	688.3	715.2	742.2	774.4	747.0	784.6	1 017.9	1 011.6	995.7
核能	2 961.0	3 685.5	4 035.0	3 935.5	2 694.0	2 254.5	2 562.4	2 578.3	2 828.2	—	—
水电	28.0	30.4	28.0	36.2	38.8	34.2	36.2	34.6	36.5	46.4	41.3
风能	—	—	—	0.1	0.2	1.2	9.1	11.3	13.5	19.3	40.9
地热能	—	9.5	3.0	2.9	2.9	1.7	1.5	0.6	5.1	4.5	3.2
化学制能	108.4	162.1	178.6	155.4	167.2	173.7	211.0	199.9	214.6	209.4	244.3
液态生物燃料和生物气（沼气）	—	1.5	1.8	5.2	14.3	19.9	34.0	71.2	113.0	114.1	95.2
回收产品	11.6	4.2	1.2	2.2	1.8	5.1	4.0	4.3	5.1	6.9	8.5
进口产品	9 310.3	9 020.1	10 149.9	11 940.0	12 424.2	12 155.3	10 005.3	13 151.2	11 806.8	13 634.0	14 301.8
天然气	2 145.3	2 168.7	2 355.4	2 343.0	2 492.9	2 480.3	2 975.7	2 499.9	2 189.4	2 484.7	2 725.9
原油及炼油厂其他投入物	6 732.4	6 374.8	7 252.9	8 920.5	9 163.9	8 671.4	5 920.4	9 643.6	8 862.7	9 494.8	9 578.5
成品油	312.5	290.8	313.0	445.4	425.3	521.4	715.6	540.1	474.5	762.9	827.1
电力	16.9	26.4	—	11.0	91.5	146.9	100.5	144.6	60.3	604.7	748.9
固体燃料	71.9	143.5	188.9	177.5	209.0	285.9	260.8	273.8	186.0	271.4	385.4
奥里油和页岩油	31.3	15.9	39.7	42.6	41.9	41.7	1.9	4.1	2.5	0.4	—
液态生物燃料	—	—	—	—	—	7.7	30.4	45.1	31.4	15.1	36.0
出口产品	5 428.6	5 308.5	6 080.3	7 545.0	7 358.3	6 700.5	4 243.2	7 693.2	7 503.8	7 914.7	8 432.1
原油	357.3	126.3	293.9	196.2	150.8	117.2	158.8	131.7	115.4	113.1	82.2
成品油	4 699.4	4 578.6	5 112.5	6 699.2	6 833.4	6 352.0	3 808.6	7 224.3	6 865.0	7 489.0	7 958.7
电力	357.9	584.3	647.6	629.8	346.6	183.7	218.5	226.9	312.4	89.6	169.4
固体燃料	14.0	19.3	26.3	18.8	18.2	43.8	51.5	60.2	125.6	146.5	149.0
液态生物燃料	—	—	—	1.0	9.3	3.8	5.8	48.3	84.5	76.1	72.8
奥里油和页岩油	—	—	—	—	—	—	—	1.8	0.9	0.4	—
国际海运燃油	98.3	108.8	108.2	112.0	141.7	136.0	118.0	88.9	126.2	138.1	140.5

资料来源：立陶宛能源署根据国家统计年鉴编撰，包括 2001—2005 年度能源构成表、2007 年能源构成表、2009—2011 年度能源构成表。

第四节 产业政策分析

立陶宛工农业比较发达。立陶宛独立后，通过企业私有化走向市场经济，经济形势基本平稳。立陶宛国内有3个自由经济区：考纳斯、克莱佩达和希奥利艾。这3个自由经济区有良好的投资环境、欧洲标准的公路网、4个国际机场、不冻港（东波罗的海岸）和第一个卫星通信系统。立陶宛农业以水平较高的畜牧业为主。立陶宛主要农作物有亚麻、马铃薯、甜菜和各种蔬菜，能达到自给有余的水平，但粮食产量较低，不能自给。

工业是立陶宛国民经济的主导部门，尤以电子工业和仪器仪表制造业最为突出。立陶宛生产的高精度机床、仪表、电子计算机等已销到85个国家和地区。立陶宛的化肥产量占波罗的海沿岸地区第一位，而化纤产量占波罗的海沿岸地区第二位。立陶宛资源匮乏，工业生产所需的能源和原材料包括石油、天然气、金属和棉花都要依靠进口。

立陶宛电子、纺织和食品加工业较发达，糖、奶、肉制品出口贸易有一定优势。立陶宛已完成市场经济转轨，非国有企业产值占GDP的73%。2002年，立陶宛宏观经济状况进一步好转，金融、税收改革取得成效，私有化进程不断深入，市场供求改善，外资流入增多，经济保持较快增长。立陶宛支柱产业不多，各地区经济发展不平衡，政府对教育、文化、医疗等领域投入有限，失业率居高不下。

第五节 产业结构与产业政策分析基本结论

通过对立陶宛的基本情况、经济发展情况、产业结构情况、产业政策几个方面的分析，初步得出以下结论。

（1）总体而言，立陶宛近年来三次产业结构、产业就业人数占比不断优化，并逐步向合理化迈进。同时，立陶宛产业结构演变存在着明显的非均衡性，在一定程度上制约了立陶宛经济的发展。具体而言，立陶宛拥有发展农业和畜牧业的优势，但是并未得到合理开发，第一产业相对薄弱。立陶宛应加快第一产业的发展，巩固农业的基础地位。

（2）立陶宛工业基础相对较好，机械制造、冶金加工业等技术是立陶宛的优势。立陶宛政府相对重视重工业，这在一定程度上使得立陶宛经济结构稍显单一。立陶宛加工产业在制造业中占比较大。因此，优化调整立陶宛的工业，对立陶宛经济的可持续发展至关重要。

（3）立陶宛服务业发展相对较快，服务业增加值占比、服务业就业人数占比都呈现了立陶宛经济重心由第二产业向第三产业转移的趋势，从而使产业结构得到优化升级。近几年，立陶宛研发投入占GDP的百分比不断上升，创新产出增加，这有利于服务业的长期健康发展。所以，立陶宛应该有限度地加大研发投入，鼓励技术创新，调整服务业结构，积极推进传统服务业的转向和现代服务业的发展。

（4）从区域经济长期发展来看，立陶宛三次产业发展缺乏整体协调，导致资源投向长期侧重于重工业等，产业结构变动所引起的经济增长具有短期和低效的特点，这样不利于实现经济的长期增长。立陶宛应以转变经济增长方式、推动技术创新和管理创新为核心，增强高新技术产业的辐射和带动能力，提高经济效益和产业竞争力，不断提高第三产业推动作用。

第十九章 马尔代夫产业结构与产业政策分析

第一节 基本情况

马尔代夫共和国，简称马尔代夫，位于南亚，毗邻印度和斯里兰卡，是印度洋上的一个群岛国家，也是世界上最大的珊瑚岛国。马尔代夫国土面积为 300 平方千米，南北长为 820 千米，东西宽为 130 千米，距离中国西南端有 3 500 多千米。马尔代夫岛屿平均面积为 1～2 平方千米，地势低平，平均海拔为 1.2 米。

马尔代夫位于赤道附近，是热带海洋珊瑚礁生态系统，属于热带海洋性气候，无四季之分，年平均气温为 28℃。马尔代夫风光秀丽，气候宜人，生态环境优美，拥有蔚蓝、翡翠般的、透明度极高的海水，银白色的细软沙滩，各种热带鱼类，以及以高大的椰子树为代表的绿色植被，这难以被复制的生态环境吸引了来自世界各地的游客。

马尔代夫总人口约为 43.63 万人（2017 年）。其中，城镇人口为 17.18 万人，城镇人口占比达 39.38%。马尔代夫的 26 组礁石群被分成 21 个行政区，包括 19 个行政环礁、马累和阿杜两个市。马尔代夫行政区按环礁划分，即由一个或几个环礁组成一个行政区。每个环礁和大的居民岛都有当地民众选举出的管理委员会。马尔代夫共有 20 个环礁委员会、66 个岛屿委员会和 2 个城市委员会。马尔代夫首都马累面积约为 1.5 平方千米，人口为 15.3 万人。马累的日最高温度为 31℃，最低温度为 26℃。马累为全国政治、经济中心，也是港口，除了渔业及水产品加工业发展快，旅游业发展也很快，建有国际机场。马尔代夫的民族比较单一，全国没有少数民族，全部为马尔代夫族。马尔代夫民族语言和官方语言为迪维希语，上层社会通用英语。目前，伊斯兰教是马尔代夫全国信奉的唯一宗教。马尔代夫的伊斯兰教徒属逊尼派。独立日（7 月 26 日）是马尔代夫重要节日。

马尔代夫经济结构单一，资源贫乏且严重依赖进口，经济基础较为薄弱。2011 年以前，曾被列为世界最不发达国家。马尔代夫现政府强调发展多元化、可持续的国民经济，重点推进民用住房和交通基础设施建设，大力推行私有化，积极引进外资，增强经济活力。马尔代夫 2015 年出台《经济特区法案》，把旅游业、船运业和渔业作为马尔代夫经济的三大支柱。马尔代夫强调发展国民经济，实行小规模开放型经济政策；坚持在保护环境的基础上，发挥自身资源优势，积极吸收国外资金与援助，加快经济发展。如今，旅游业已成为马尔代夫第一大经济支柱，旅游业收入对 GDP 的贡献率多年保持在 25%左右。2016 年，马尔代夫旅游业产值为 140.2 亿卢菲亚，占 GDP 的 25.4%。2016 年，外国赴马尔代夫的游客为 128.6 万人次，同比增长 4.2%。2017 年，外国赴马尔代夫的游客为 139 万人次，同比增长 8%。

马尔代夫奉行和平、独立和不结盟的外交政策，同所有尊重马尔代夫独立和主权的国家友好，重视发展与中国、印度、沙特阿拉伯、马来西亚、新加坡、斯里兰卡等国家的关系。马尔代夫大力争取国际组织和其他国家的援助。马尔代夫积极参与不结盟运动和南亚区域合作联盟活动。近些年，马尔代夫对外交往活跃。

第二节　经济发展情况分析

一、经济规模情况分析

数据显示，马尔代夫的经济规模虽然不大，但一直保持着较为平稳的增长态势。图 19-1 反映了马尔代夫 GDP 及其增长率变化情况。从图 19-1 中可以看出，马尔代夫 GDP 一直不断地增长，2017 年达到 45.97 亿美元；GDP 增长率则呈现波动的状态。

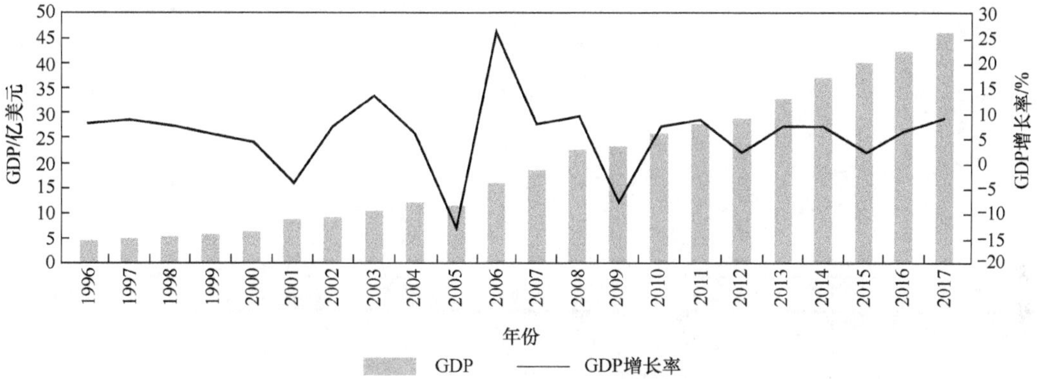

图 19-1　马尔代夫 GDP 及其增长率变化情况

马尔代夫人均 GDP 变化情况如图 19-2 所示。马尔代夫人均国民收入净额变化情况如图 19-3 所示。从图 19-2 和图 19-3 中可以看出，马尔代夫人均 GDP 相对较高，且人均 GDP

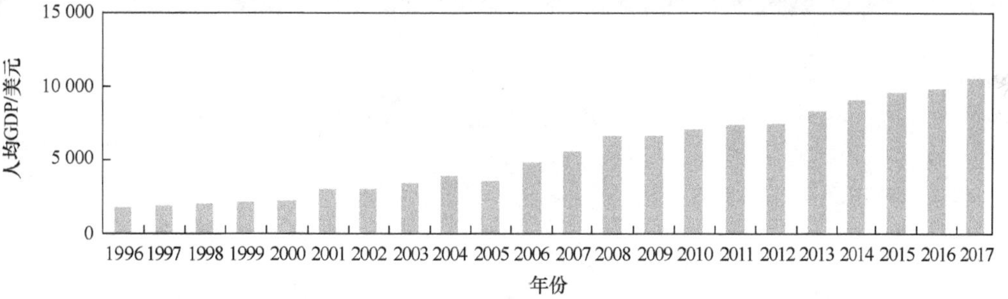

图 19-2　马尔代夫人均 GDP 变化情况

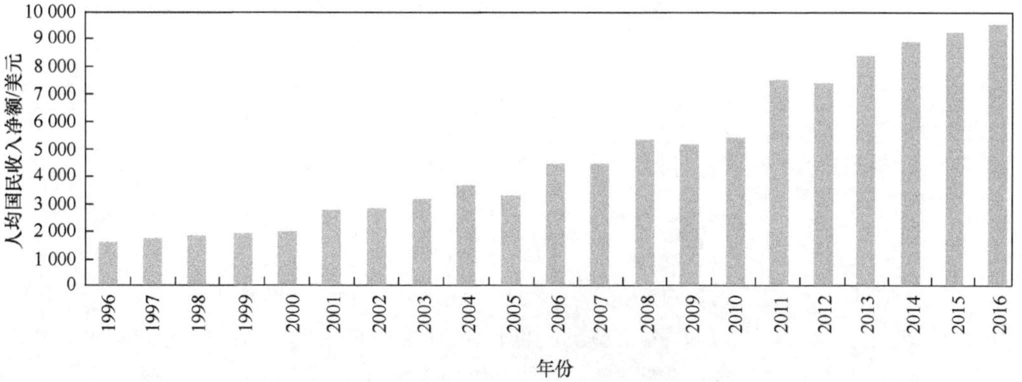

图 19-3　马尔代夫人均国民收入净额变化情况

和人均国民收入净额与 GDP 的变化趋势一样，均随着经济发展持续稳定地增长。这反映了马尔代夫的人民生活水平逐步提高，国民经济发展的规模和水平相对较高。

表 19-1 马尔代夫 GDP 情况

年份	GDP/亿美元	GDP 增长率/%	人均 GDP/美元	人均 GDP 增长率/%
2005	11.63	−13.13	3 648.78	−15.42
2006	15.75	26.11	4 811.67	22.82
2007	18.68	7.71	5 559.51	4.93
2008	22.72	9.49	6 583.45	6.63
2009	23.45	−7.23	6 615.76	−9.70
2010	25.88	7.27	7 100.41	4.32
2011	27.74	8.57	7 395.69	5.49
2012	28.86	2.52	7 473.20	−0.42
2013	32.95	7.28	8 291.49	4.26
2014	36.97	7.33	9 056.65	4.48
2015	40.07	2.25	9 575.77	−0.24
2016	42.23	6.16	9 871.91	3.84
2017	45.97	8.83	10 535.79	6.69
2005—2017（平均值）	28.69	5.63	7 424.62	2.90

数据来源：世界银行数据库。

二、人力资本基础情况分析

图 19-4 反映了马尔代夫总人口变化情况。从图 19-4 中可以看出，马尔代夫总人口不大，一直保持着相对稳定的增长速度，2017 年达到 43.6 万人；马尔代夫总人口增长率 2005 年以后有所下降，但降幅较小，2012 年达到最高点（2.9%），自此以后持续下降至 2017 年的 1.98%。

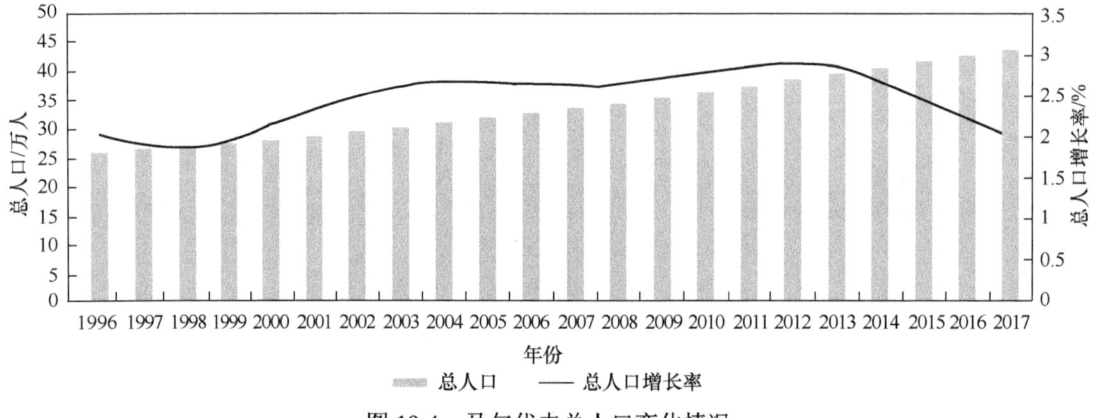

图 19-4 马尔代夫总人口变化情况

图 19-5 反映了马尔代夫城镇和农村人口变化情况。从图 19-5 中可以看出，马尔代夫城镇人口占比不断上升，由 1996 年的 26%上升为 2017 年的 39.38%；与之同比的是农村人口占比较大且不断下降，1996 年为 74%，2017 年下降至 60.62%。

表 19-2 反映了马尔代夫劳动力情况。从表 19-2 中可以看出马尔代夫劳动力总量不断上升；劳动力占比不断上升，由 1997 年的 52.12%上升为 2017 年的 65.83%；女性劳动参与率有较大幅度上升，由 1997 年的 31.78%上升至 2017 年的 42.88%。

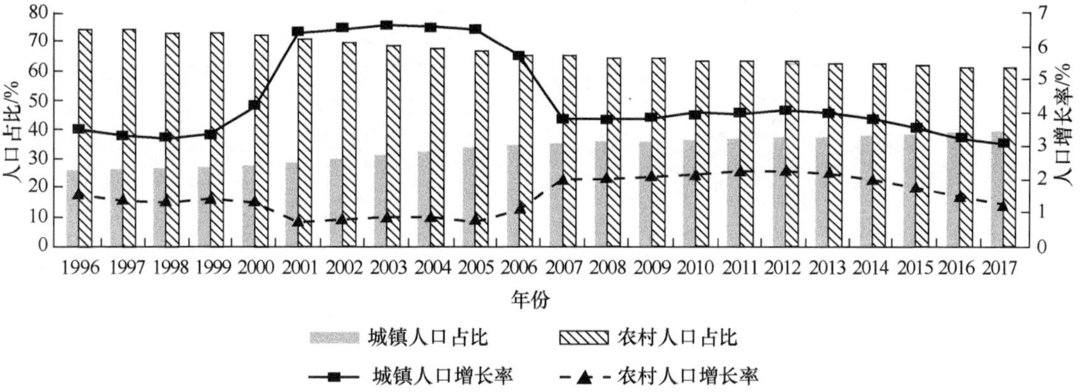

图 19-5　马尔代夫城镇和农村人口变化情况

表 19-2　马尔代夫劳动力情况

年份	劳动力总量/万人	劳动力占比/%	男性劳动参与率/%	女性劳动参与率/%
1996	7.26	51.49	73.01	29.97
1997	7.63	52.12	72.51	31.78
1998	8.04	52.76	71.96	33.61
1999	8.50	53.47	71.45	35.50
2000	9.02	54.29	71.02	37.46
2001	9.83	55.93	71.50	39.88
2002	10.73	57.75	72.26	42.41
2003	11.73	59.71	73.25	45.02
2004	12.81	61.77	74.40	47.69
2005	13.94	63.86	75.65	50.40
2006	15.04	65.71	76.51	53.09
2007	15.73	65.65	76.80	52.33
2008	16.45	65.70	77.27	51.60
2009	17.19	65.85	77.89	50.87
2010	17.95	66.07	78.62	50.12
2011	18.70	66.25	79.25	49.38
2012	19.45	66.50	80.00	48.62
2013	20.20	66.77	80.81	47.83
2014	20.90	67.03	81.64	47.00
2015	21.21	66.19	81.81	44.47
2016	21.39	65.31	81.68	42.38
2017	22.00	65.83	82.13	42.88

数据来源：世界银行数据库。

三、交通情况分析

由于马尔代夫独特的地理位置分布，马尔代夫的交通运输主要分为航空和轮渡。由表 19-3 可知，1996—2000 年，马尔代夫的货运和客运都以航空为主要运输方式，其中航空货物周转量 2000 年达到 13 170 吨 · 千米，而货柜码头吞吐量也逐渐上升；2000 年以后，航空客运量由 2000 年的 315 108.000 人次大幅下降至 2001 年的 56 216.000 人次，航空货物周转量也由 2000 年的 1 317 吨 · 千米大幅下降至 2001 年的 0.008 百万吨 · 千米，2015 年以后才有所回升。2014 年以后，马尔代夫航空客运量超过百万人次，并于 2017 年达到 1 485 752.000 人次。

表 19-3 马尔代夫交通运输情况

年份	航空客运量/人次	航空货物周转量/（吨·千米）	货柜码头吞吐量/TEU
1996	206 900.000	680	53 062.000
1997	188 900.000	660	54 820.000
1998	247 200.000	1 030	79 712.000
1999	261 100.000	1 190	83 777.000
2000	315 108.000	1 317	83 778.000
2001	56 216.000	8	81 744.000
2002	57 902.000	9	—
2003	60 218.000	9	—
2004	75 875.000	1.1	—
2005	81 945.000	1.3	—
2006	93 417.000	1.3	—
2007	92 483.000	1.3	47 703.000
2008	91 096.000	1.3	53 650.000
2009	85 448.000	1.3	56 000.000
2010	—	—	49 627.000
2011	—	—	53 062.000
2012	—	—	54 820.000
2013	—	—	79 712.000
2014	1 024 693.845	—	83 777.000
2015	1 313 533.000	587.9	83 778.000
2016	1 409 704.000	687.3	81 744.000
2017	1 485 752.000	774.6	82 761.000

数据来源：世界银行数据库。

四、信息化情况分析

马尔代夫信息化情况如图 19-6 所示。总体而言，马尔代夫互联网覆盖率有所上升，且 2011 年上升最为明显，2014 年则超过 50%；固定宽带覆盖率变化不明显；电话线路覆盖率呈下降的趋势。其中，固定宽带覆盖率占比最低。可见，作为一个旅游热点国家，马尔代夫的信息化水平仍相对较低，且信息服务严重依赖于进口，但这一情况在 2014 年有所好转。

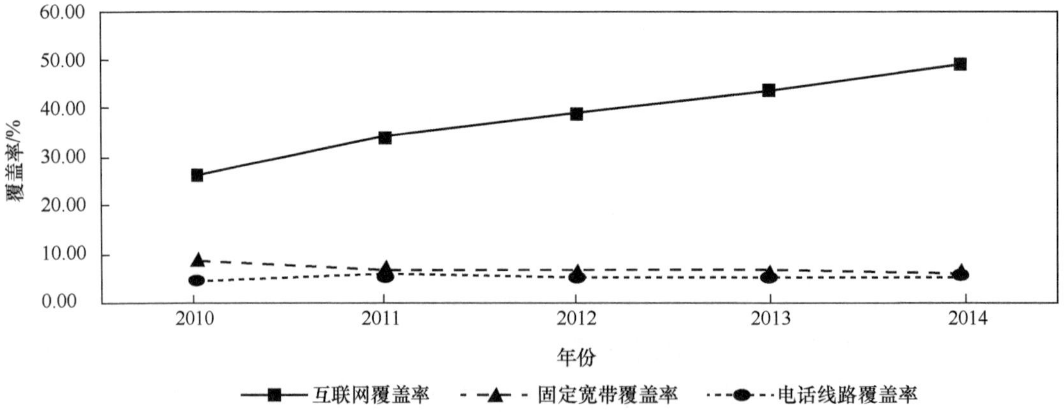

图 19-6 马尔代夫信息化情况

五、科研水平情况分析

从图 19-7 中可以看出，马尔代夫的科研水平显著较低，每年的科技期刊文章发表数量不到 90 篇。马尔代夫科技期刊文章数量于 2012 年和 2014 年均有较大幅度的增长，但自 2014 年以后呈明显的下降趋势。从表 19-4 中可以看出，与斯里兰卡相比，马尔代夫的科研水平严重较低。

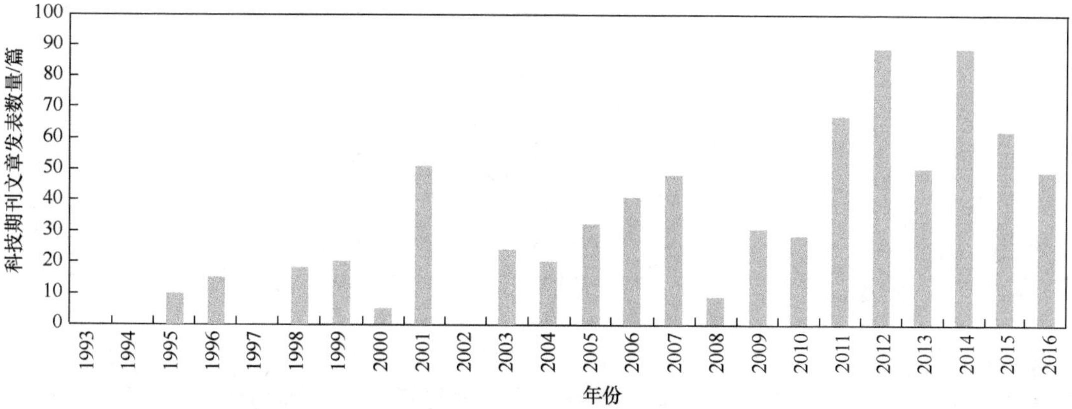

图 19-7　马尔代夫科研水平情况

表 19-4　马尔代夫与斯里兰卡科技期刊文章发表数量对比

年份	马尔代夫科技期刊文章发表数量/篇	斯里兰卡科技期刊文章发表数量/篇
2010	28	5 018
2011	67	5 784
2012	89	6 177
2013	50	7 436
2014	89	7 048
2015	62	7 567
2016	49	10 329

数据来源："一带一路"数据库。

六、制度环境情况分析

下面通过法律制度指数、腐败监管指数、政治稳定指数、民主自由权利指数、政府效能指数对马尔代夫的制度环境进行评估。从表 19-5 中可以看出，马尔代夫的制度环境在 2004 年逐渐恶化，中间虽有起伏，但各项指数均显著下降，到 2016 年才有所改善。其中，2016 年法律制度指数、腐败监管指数、民主自由权利指数和政府效能指数分别为−0.41、−0.67、−0.74 和−0.33，均低于 2002—2016 年的平均值−0.30、−0.54、−0.60 和−0.13，有所退步。马尔代夫 2014 年仅政治稳定指数 0.41 高于 2002—2016 年的平均值 0.32，说明马尔代夫在政治稳定指数方面的制度环境有所改善。

表 19-5　马尔代夫制度环境评估

年份	法律制度指数	腐败监管指数	政治稳定指数	民主自由权利指数	政府效能指数
2002	−0.14	−0.18	1.08	−0.84	0.40
2003	−0.02	−0.05	1.03	−1.00	0.11

（续表）

年份	法律制度指数	腐败监管指数	政治稳定指数	民主自由权利指数	政府效能指数
2004	−0.08	−0.35	0.50	−1.19	−0.01
2005	0.04	−0.44	0.81	−0.98	0.20
2006	−0.07	−0.60	0.76	−1.01	0.13
2007	−0.16	−0.86	0.08	−0.93	0.08
2008	−0.18	−0.82	−0.16	−0.30	−0.23
2009	−0.19	−0.67	−0.23	−0.05	−0.44
2010	−0.34	−0.55	−0.17	−0.06	−0.21
2011	−0.55	−0.55	−0.24	−0.16	−0.31
2012	−0.54	−0.70	−0.37	−0.47	−0.22
2013	−0.75	−0.75	0.13	−0.46	−0.32
2014	−0.53	−0.38	0.68	−0.37	−0.36
2015	−0.58	−0.48	0.42	−0.52	−0.38
2016	−0.41	−0.67	0.41	−0.74	−0.33
2002—2016（平均值）	−0.30	−0.54	0.32	−0.60	−0.13

数据来源：世界银行数据库。

不同国家制度环境对比如图 19-8 所示。从图 19-8 中可以看出，高等收入国家在法律制度、腐败监管、政治稳定、民主自由权利、政府效能方面的指数均远远高于其他国家。马尔代夫与中等收入国家相比，其政治稳定指数和政府效能指数高于中等收入国家的平均水平，而法律制度指数、腐败监管指数和民主自由权利指数则落后于中等收入国家的平均水平。与“一带一路”沿线国家相比，马尔代夫仅政治稳定指数高于“一带一路”沿线国家的平均水平，说明马尔代夫的制度环境与“一带一路”沿线国家的制度环境还存在一些差距。

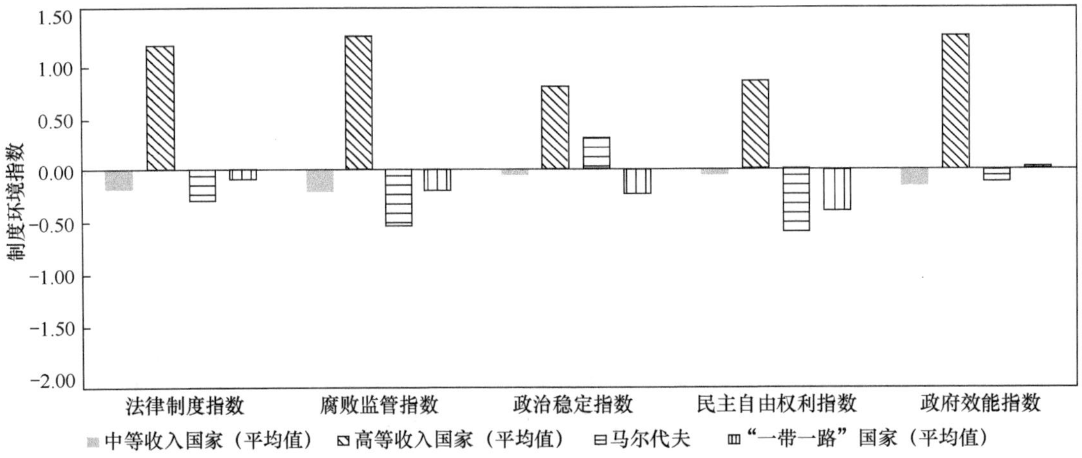

图 19-8　不同国家制度环境对比

七、税收负担情况分析

从图 19-9 中可以看出，马尔代夫总税收占 GDP 的百分比。2003 年之前不断下降，2003 年之后有所上升并逐渐维持相对稳定，2007 年之后又不断下降至 2010 年的历史最低点 8.85%，2010 年之后，税收占比有所回升。

从图 19-10 中可以看出，马尔代夫总税收占比 2005—2011 年一直维持在 9.3%的水平，

2011 年之后迅速升高；2013 年总税收占比、利润税税收占比 2013 年达到最高点，分别为 30.2% 和 13.1%；此后，总税收占比、利润税税收占比均趋于平缓。

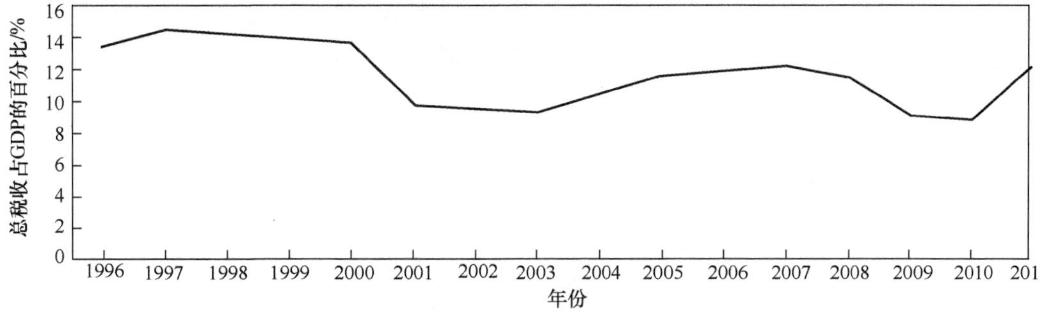

图 19-9　马尔代夫总税收占 GDP 的百分比变化情况

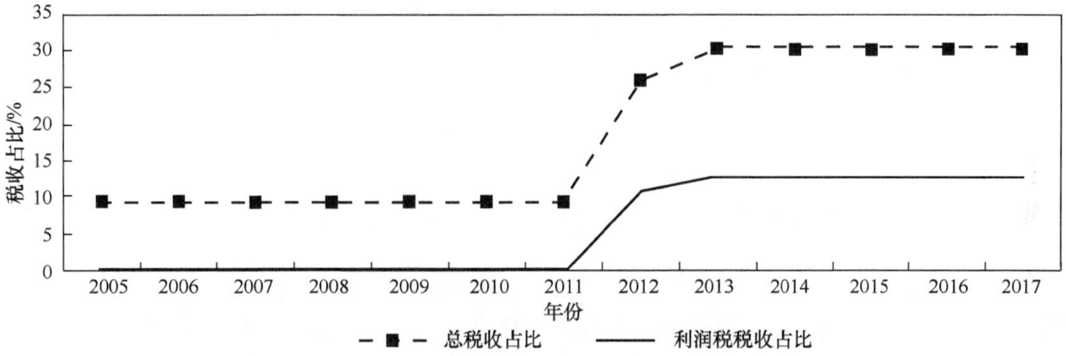

图 19-10　马尔代夫税收占比变化情况

八、国际贸易情况分析

2006—2017 年，马尔代夫对外贸易额占 GDP 的百分比在 155%水平上下波动。2007—2009 年，马尔代夫对外贸易额占 GDP 的百分比有所下降，之后迅速回升，2011 年又有所下降，而 2012 年又开始出现上升的趋势。2007 年，马尔代夫对外贸易额占 GDP 的百分比达到最高点为 184.09%。马尔代夫货物和服务进口贸易额占 GDP 的百分比变化波动较小，维持在 75.05%左右的水平，最高点和最低点分别为 2008 年的 87.55%以及 2009 年的 63.10%。2006—2010 年，马尔代夫货物和服务贸易差额占 GDP 的百分比在 2008 年以后不断下降，之后有所回升，并保持相对稳定，最高点和最低点分别为 2013 年的 15.45%以及 2006 年的−17.10%。

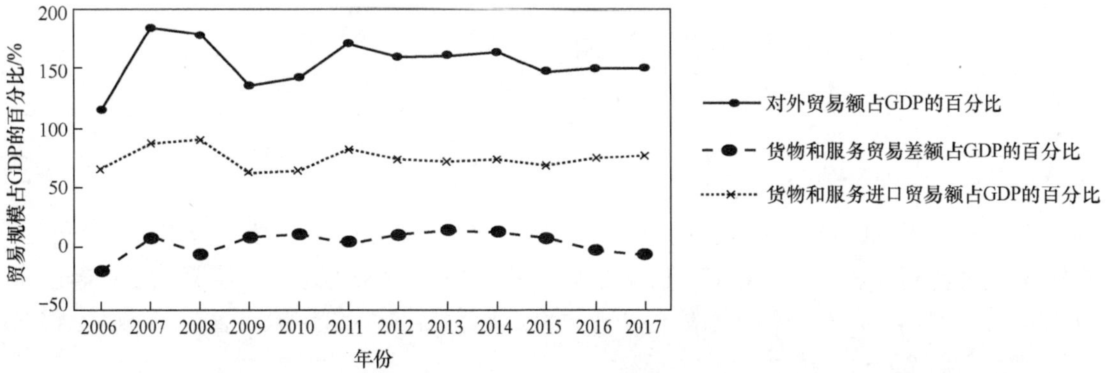

图 19-11　马尔代夫国际贸易情况

九、外国直接投资情况分析

图 19-12 反映了马尔代夫外国直接投资占 GDP 的百分比变化情况。总体而言，马尔代夫外国直接投资占 GDP 的百分比在波动中呈现出不断上升的趋势。马尔代夫外国直接投资占 GDP 的百分比 2010 年之前较平稳地上升，2010 年以后波动较为剧烈，2011 年达最高点为 17.29%，约为高等收入国家外国直接投资占 GDP 的百分比平均水平（5.99%）的 3 倍。马尔代夫外国直接投资占 GDP 的百分比相对较大，高于中等收入国家的平均水平。

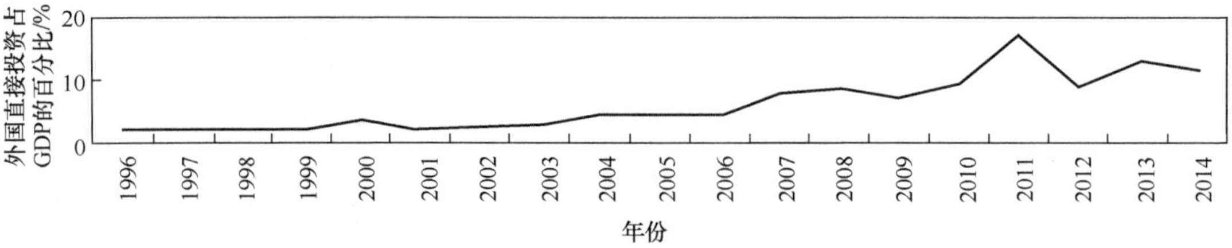

图 19-12 马尔代夫外国直接投资占 GDP 的百分比变化情况

十、经济活力情况分析

表 19-6 反映了马尔代夫 2005—2014 年投资情况。直接投资差额从 2005 年起便一直为负，于 2011 年达到历史最低，之后有所回升但回升幅度较小。证券投资差额、储备资产差额和金融账户差额波动均较为剧烈，表明马尔代夫的经济对外依存度较高，容易受世界经济环境和本国政治环境的影响。

表 19-6 马尔代夫 2005—2014 年投资情况 （单位：百万美元）

年份	直接投资差额	证券投资差额	储备资产差额	金融账户差额
2005	−52.99	—	−23.33	−239.85
2006	−63.83	—	44.97	−193.74
2007	−132.43	−3.26	76.71	−143.43
2008	−181.26	−11.38	−65.34	−249.02
2009	−157.96	12.04	15.38	−152.76
2010	−216.47	12.22	82.35	−64.21
2011	−423.53	−0.15	−15.15	−431.94
2012	−227.98	−53.07	−30.42	−218.1
2013	−360.82	53.32	69.23	1.18
2014	−363.27	1.95	—	−263.96

数据来源：“一带一路”数据库。

从图 19-13 中可以看出，2006—2009 年，马尔代夫新注册企业数量迅速上涨；2008 年，新注册企业数量达 1 092 家，而新注册企业密度为 5.46。2008 年之后，经历了 3 年新注册企业数量增加的时期后，马尔代夫新注册企业数量呈现逐渐减少的趋势。2009 年，马尔代夫新注册企业数量较 2008 年减少了约 17.22%。

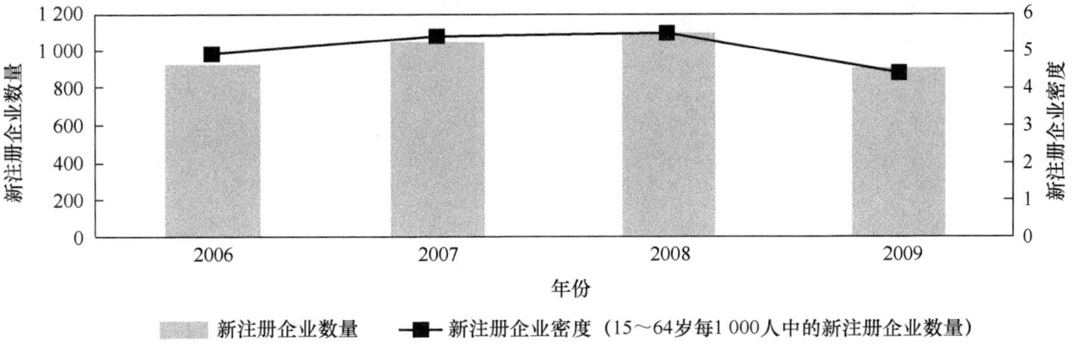

图 19-13　马尔代夫新注册企业数量及密度变化情况

第三节　产业结构情况分析

一、三次产业结构分析

近年来，马尔代夫服务业发展较快，服务业增加值占比不断提高，三次产业增加值占比不断优化。从图 19-14 中可以看出，马尔代夫农业和工业增加值占比很低，变化缓慢，而服务业占比较高。马尔代夫工业增加值占比 2007—2012 年有所上升，2012 年达到最高点（19.41%）；服务业增加值占比 1995—2014 年始终很高，并且保持在 78%的水平小幅波动，2007 年达到最高点（81.11%）。经统计，美国第三产业增加值占比约为 80%，而英国、法国、德国、日本第三产业增加值占比都在 60%～70%，因此马尔代夫以旅游业为代表的第三产业的发展已达到美国等发达国家的水平。马尔代夫农业增加值占比和工业增加值占比相对较低，在统计期内，农业增加值占比平均为 6.74%，而工业增加值占比平均为 15.27%。马尔代夫产业结构相对来说较不平衡。

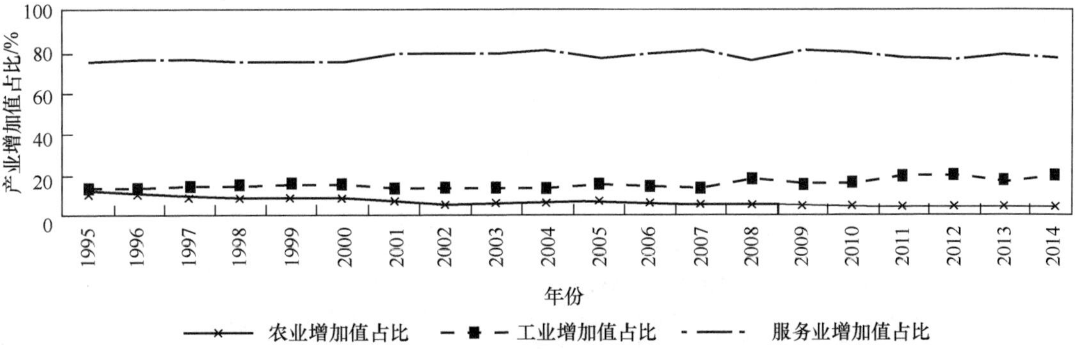

图 19-14　马尔代夫产业结构变化情况

马尔代夫劳动力就业结构变化情况如图 19-15 所示。其中，农业就业人数占比较低，且变化幅度不大，始终保持在 15%以内，2013—2017 年呈下降趋势；工业就业人数占比较小，呈现逐年上升的趋势；服务业就业人数占比一直较高，波动相对较小。

以上分析表明，马尔代夫服务业增加值占比和就业人数占比都相对较高，这与马尔代夫以旅游业闻名的国家定位有关。马尔代夫工业增加值占比从 1996 年起便一直呈现逐年上升的趋势，表明马尔代夫的产业结构正逐步优化。

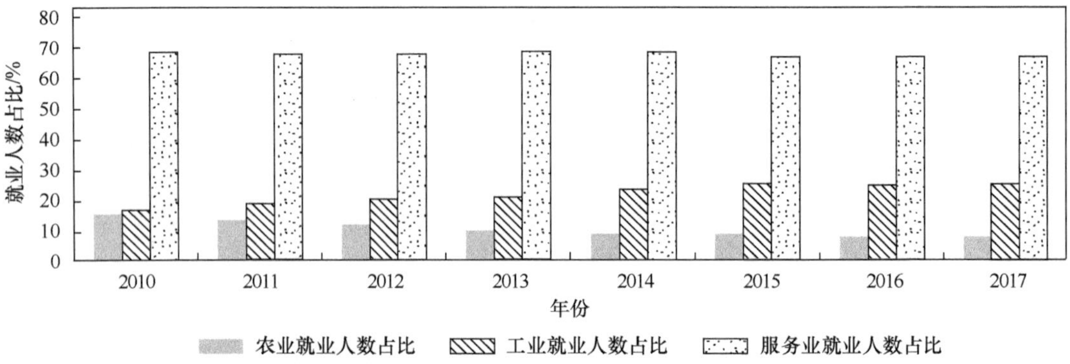

图 19-15　马尔代夫劳动力就业结构变化情况

二、工业、制造业规模变化分析

图 19-16 反映了马尔代夫工业、制造业规模变化情况。2000—2008 年，马尔代夫工业、制造业发展较快，其增加值年增长率波动较大。2009 年，在金融危机的影响下，工业、制造业增加值年增长率均出现大幅下滑，且均达到统计期内最低点，工业增加值年增长率为−25.223%，制造业增加值年增长率为−20.987%。2009—2011 年，工业、制造业增加值年增长率迅速回升，但其增加值的增长速度相对放缓。2011 年之后，工业、制造业增加值年增长率又呈现大幅下降，但总体保持着稳步上升的趋势。

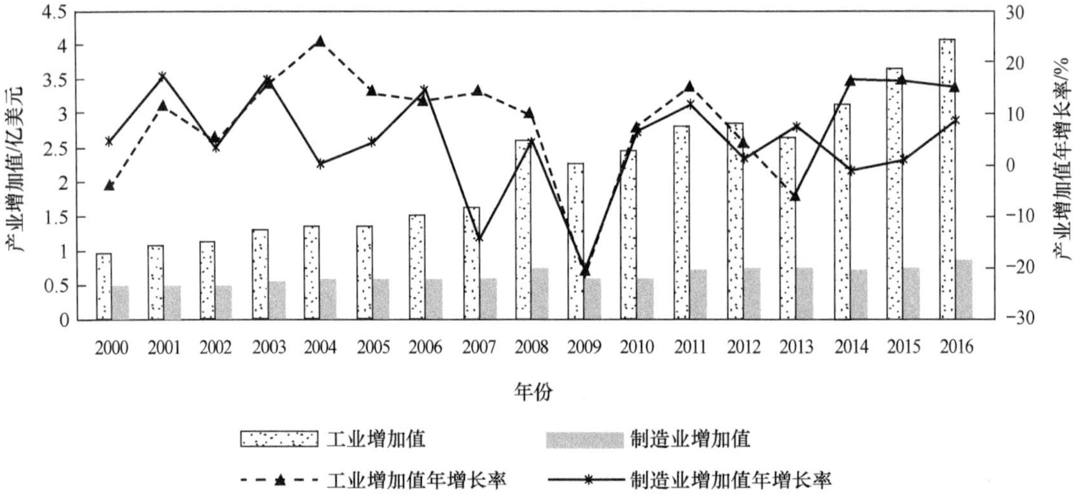

图 19-16　2000—2016 年马尔代夫工业、制造业规模变化情况

从图 19-17 中可以看出，马尔代夫制造业进口贸易额占比 1996—2016 年围绕 57.1%波动，2005 年后有所下降，但仍维持着较高的水平，2014—2016 年又逐渐升高，表明马尔代夫制造业对外依存度较高。表 19-7 反映了马尔代夫工业进口贸易额。马尔代夫办公和通信设备主要依赖于进口，其进口贸易额 2015 年高达 105 593 812 美元。钢铁、电信设备、汽车产品和纺织品进口贸易额也相对较多。这表明马尔代夫受地理和人口所限，工业只停留在食品等轻工业，科技发展水平不高，国内物资极度匮乏，主要的物资和原材料都依赖于进口。

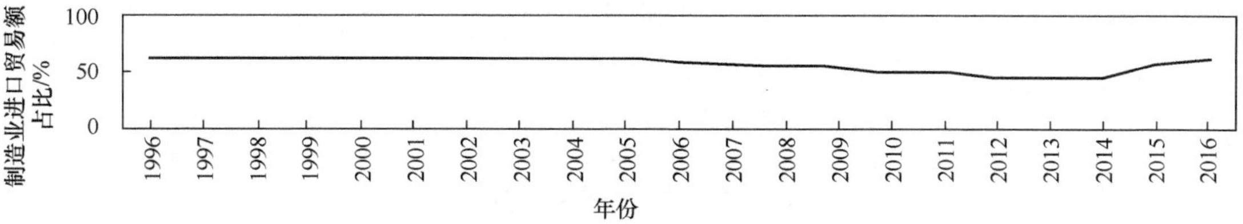

图 19-17　马尔代夫制造业进口情况

表 19-7　马尔代夫工业分行业进口额

行业	进口贸易额/美元						
	2010 年	2011 年	2012 年	2013 年	2014 年	2015 年	2016 年
食品	245	296	329	390	419	419	445
纺织品	16 175 854	1 887 145	20 950 215	23 990 303	26 848 782	26 355 015	31 337 039
服装	14 020 818	15 273 785	20 358 305	23 414 096	23 086 178	23 610 720	23 856 564
化学制品	66	78	89	90	119	128	156
医药品	9 790 742	10 089 067	11 687 366	12 077 715	16 863 717	20 276 411	20 260 479
钢铁	23 156 063	29 285 855	34 616 773	25 093 855	34 095 095	50 505 762	72 733 971
机械和运输设备	248	333	265	350	427	488	593
汽车产品	6 309 981	18 786 161	10 921 076	11 654 468	19 211 397	24 666 058	28 062 377
铁路、船舶、航空航天	66	107	71	116	139	185	192
办公和通信设备	71 338 621	82 493 061	68 618 764	92 993 635	92 742 671	105 593 812	103 854 173
电子数据处理和办公设备	22 073 266	24 496 353	28 128 037	30 111 731	30 922 947	34 791 936	32 869 255
电信设备	48 284 076	51 216 123	38 849 624	56 077 313	53 555 417	65 216 374	63 103 549
集成电路、微电子件	981 279	6 780 585	1 641 103	6 804 591	8 264 307	5 585 502	7 881 369
燃料	252	352	487	504	572	289	248
燃料和矿产品	277	380	519	535	615	354	324

数据来源："一带一路"数据库。

三、服务业规模变化分析

马尔代夫以旅游业为第一支柱产业，而与旅游业相关联的服务业的发展态势一直良好。图 19-18 所示为马尔代夫服务业规模变化情况。总体而言，服务业增加值占比除 2005 年较上一年有所下降之外，其余各年均呈现出不断上升的趋势。服务业增加值占比自 2001 年起一直高于 76%，并于 2007 年达到最高点（81.11%），服务业对拉动经济的作用愈发显著。近几年，马尔代夫服务业增加值依旧不断上升，但其占比有所下降。这表明马尔代夫的经济水平不断发展，服务业依旧对经济增长起主导作用。

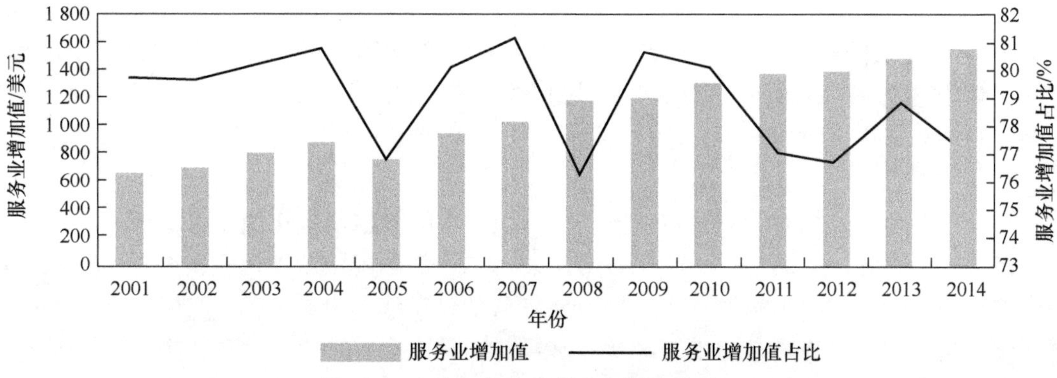

图 19-18　马尔代夫服务业规模变化情况

从表 19-8 中可以看出，近些年，马尔代夫的商业服务由旅行服务为主转为以计算机、通信和其他服务为主。这表明马尔代夫的旅行服务已经逐步摆脱对外的依赖，但在科技水平仍相对较低。

表 19-8 马尔代夫不同类型商业服务进口贸易额占比

年份	旅行服务进口贸易额占比/%	交通服务进口贸易额占比/%	计算机、通信和其他服务进口贸易额占比/%	保险与金融服务进口贸易额占比/%
1997	42.54	47.54	6.13	3.79
1998	43.19	47.24	5.87	3.70
1999	42.24	48.12	5.80	3.84
2000	42.80	49.64	3.89	3.67
2001	41.57	48.74	5.99	3.70
2002	41.69	47.29	7.38	3.64
2003	38.94	49.54	7.48	4.04
2004	35.78	51.61	8.39	4.22
2005	33.28	44.98	18.13	3.61
2006	34.60	51.00	10.22	4.17
2007	37.42	44.91	13.73	3.94
2008	39.78	42.48	14.07	3.67
2009	44.27	34.20	16.59	4.95
2010	45.95	34.02	15.54	4.50
2011	31.88	30.43	33.71	3.98
2012	28.98	28.20	37.75	5.07
2013	29.54	25.33	40.19	4.93
2014	26.34	26.46	42.27	4.93
2015	29.19	24.70	41.32	4.79
2016	26.01	21.74	47.66	4.59
2017	23.53	26.21	46.46	3.81

数据来源：“一带一路”数据库。

四、产品情况分析

1. 旅游业

旅游业对马尔代夫国民经济发展具有超乎寻常的意义和作用。20 世纪 70 年代初期，马尔代夫开始发展旅游业，经过 30 多年的快速发展，旅游业已超过渔业，成为马尔代夫第一大经济支柱产业。国际旅游收入对马尔代夫货物和服务出口贸易额的贡献率一直达到 70%以上。

在过去的几年里，旅游业对马尔代夫国家财政收入的贡献基本实现稳定增长，成为国家财政收入最主要的来源。从图 19-19 中可以看出，马尔代夫国际旅游项目收入由 2003 年的 4.02 亿美元增长至 2016 年的 28.64 亿美元，对经济增长的拉动作用十分显著。其中，旅游项目收入占据了国际旅游收入平均约 99%的百分比。从图 19-20 中可以看出，马尔代夫入境旅游人数持续增加，并保持大幅的增长态势。总体来说，马尔代夫的旅游项目依旧是其特色产品。

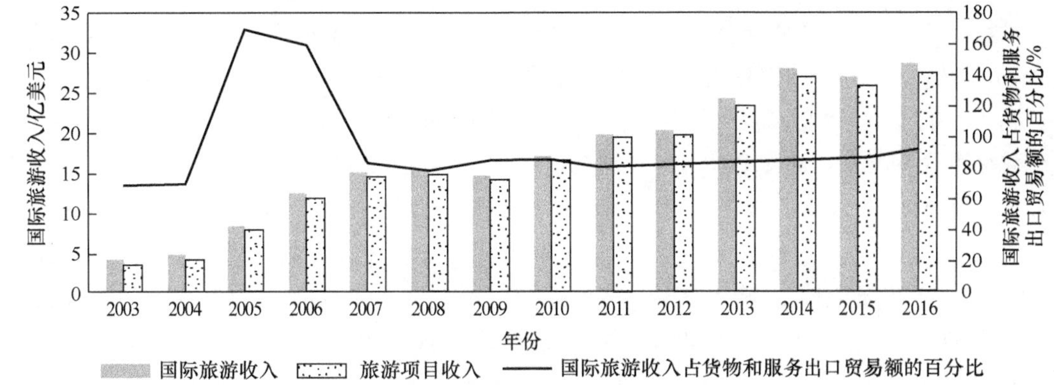

图 19-19 马尔代夫国际旅游收入情况

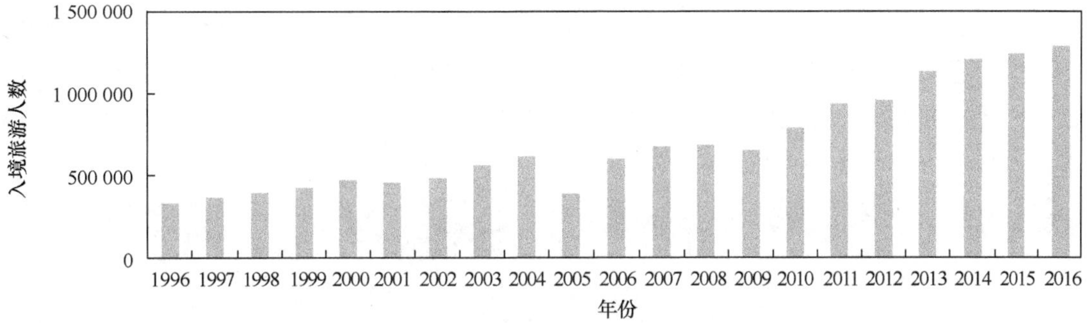

图 19-20 马尔代夫入境旅游人数变化情况

2. 农业

从图 19-21 中可以看出，马尔代夫食品进/出口贸易额占比相对平衡，且农业原材料进/出口贸易额占比都相对较少，说明马尔代夫的农业对外依存度相对工业而言较低，但依旧物资匮乏。

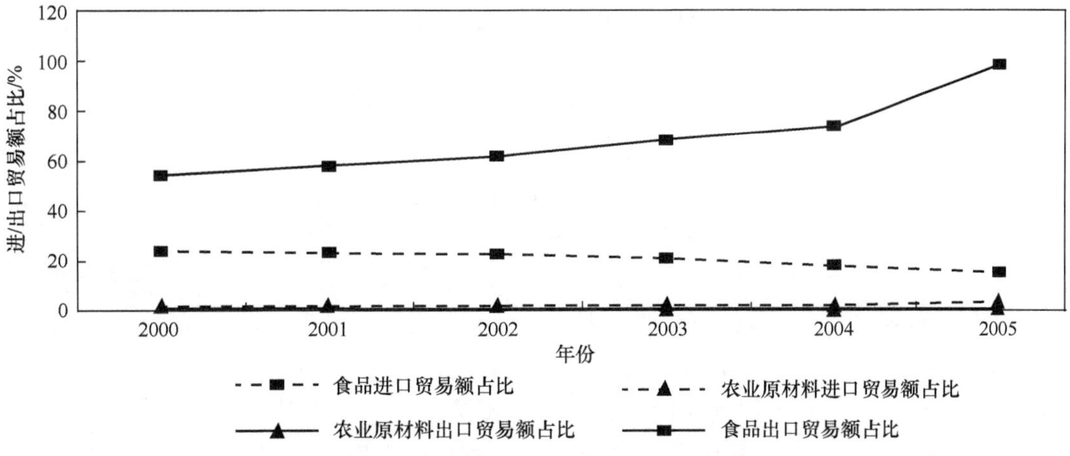

图 19-21 马尔代夫农业进/出口贸易额占比变化情况

五、产品的相关成本

马尔代夫的水价和电价均采取阶梯计价方式。其中，居民家庭日均用水 100 升以下部分价格为22卢菲亚/吨；居民家庭日均用水101～500升部分价格为70卢菲亚/吨；居民家庭日均用水500升以上部分价格为95卢菲亚/吨；机构用户用水价格为75.959 5卢菲亚/吨；商业用水价格为101.26卢菲亚/吨；另外，每月收取30卢菲亚固定用水费用。首都马累地区2012年12月居民用电每月100度以内部分价格为4.7卢菲亚/度，每月600度以上部分6.3卢菲亚/度；商业用电最低档价格为5.75卢菲亚/度，最高档价格为7.8卢菲亚/度。其他岛屿居民用电价格与首都相差不大，只有商业用电价格高于首都。马尔代夫土地租赁价格相对较高。在首都马累，每平方英尺土地价格约为600美元；两居室住宅每月租金约为1500～2000美元，三居室住宅每月租金约为2500～3000美元；办公楼租金视地段较住宅租金高出30%～50%。马尔代夫工业基础薄弱，少有工业厂房出租。

在马尔代夫居民生活支出中，食品、生活用品、服装、交通和医疗支出占绝大部分。除海洋资源之外，马尔代夫资源匮乏，土地贫瘠稀少，农产品种类有限，部分蔬菜水果和粮食需要进口。马尔代夫制造业落后，绝大多数工业产品和生活必需品依靠进口，所以物价高，占据生活开支的百分比也高。马尔代夫大部分当地居民以鱼、椰子和木薯为主食。综合来说，马尔代夫的物价、产品成本和费用都相对较高。

第四节　产业政策分析

马尔代夫地处印度洋中心地带，位于东西方贸易通道的中间位置。每年有大量货船在马尔代夫海域内通过。同时，马尔代夫是南亚区域合作联盟的成员国，与联盟成员之间的贸易享受关税优惠。马尔代夫政府借助这些优势，大力吸引外国投资，于2015年推出《经济特区法案》，建设经济特区，发展转运业和制造业，将马尔代夫打造成外部进入南盟区域的窗口和平台。2015年4月，马尔代夫政府在新加坡举办了首届“马尔代夫投资论坛”，推出5个重大项目，包括经济特区建设、国际机场扩建、胡鲁马累新城建造、新建马累港、石油勘探。2015年10月19日，马尔代夫中国投资论坛在北京隆重举行。马尔代夫政府及私营企业支持重大基础设施建设，旨在促进经济多样化，实现经济转型。

旅游业、船运业和渔业是马尔代夫经济的三大支柱。马尔代夫强调发展国民经济，实行小规模开放型经济政策；坚持在保护环境的基础上，发挥自身资源优势，积极吸收国外资金与援助，加快经济发展。马尔代夫有126个旅游岛，游客人均在马尔代夫停留时间为6.2天。马尔代夫另一个重要的传统产业——渔业，资源丰富，盛产金枪鱼、鲣鱼、鲛鱼、龙虾、海参、石斑鱼、鲨鱼、海龟和玳瑁等，并主要出口中国、日本、斯里兰卡、新加坡等国家。2015年，马尔代夫渔业产值为3.4亿卢菲亚，占GDP的1.4%。

马尔代夫十分重视电信业发展。近年来，马尔代夫电信业发展很快，主要居民岛和旅游岛一般均有网络覆盖。马尔代夫能源供应主要依靠进口，电力供应较为紧张。根据马尔代夫2013年能源情况报告，全国居民岛共有191家发电厂，主要由3家电力公司运营，总装机容量为141兆瓦，全年电力消费量为4.6亿度。其中，约50%的电力消费量在首都马累。目前，在世界银行、亚洲银行以及有关国家的资助下，马尔代夫政府正在积极发展太阳能等清洁能源。

第五节　产业结构与产业政策分析基本结论

通过对马尔代夫的基本情况、经济发展情况、产业结构情况、产业政策几个方面的分析，初步得出以下结论。

总体而言，马尔代夫仍主要依靠第三产业拉动经济增长，第一产业和第二产业占比相对较低。近年来，三次产业结构、产业就业人数占比不断优化，并逐步向合理化迈进。同时，马尔代夫产业结构演变存在着明显的非均衡性，这在一定程度上制约了马尔代夫经济的发展。具体而言，存在以下几个问题。

（1）由于其地理位置的制约，马尔代夫的经济规模相对较小。马尔代夫经济虽稳步增长但主要依靠以旅游业为主的第三产业拉动。1996 年至今，国际旅游业收入占总出口贸易额的百分比一直高于 70%。渔业是马尔代夫国民经济的重要组成部分。马尔代夫政府应利用其独特的环境优势和海洋资源，以旅游业和渔业为主导产业，带动其他关联产业的发展。

（2）马尔代夫的农业和工业规模都相对较小，企业的制造成本和工业发展成本较高，基础薄弱，办公和通信设备、主要的物资和原材料都主要依赖于进口。马尔代夫政府应加大对工业的资金扶持力度，出台相关的优惠政策推动工业发展。

（3）马尔代夫的服务业发展态势良好，服务业发展相对较快，服务业增加值占比、服务业就业人数占比都相对较高，这有助于产业结构的优化升级。马尔代夫的科技水平相对较低，所以在新时代背景下服务业发展后劲不足。马尔代夫应加大研发投入，鼓励技术创新，调整服务业结构，积极推动传统服务业向现代服务业转型升级。

（4）从区域经济长期发展来看，马尔代夫三次产业发展严重不协调，导致资源投向长期侧重于旅游业和渔业等。产业结构变动所引起的经济增长具有短期和低效的特点，从而不利于实现经济的长期增长。马尔代夫应以转变经济增长方式、实施技术创新和管理创新为核心的发展战略，增强高新技术产业的辐射和带动能力，提高经济效益和产业竞争力。马尔代夫应发挥外交优势和国际影响力，加大与其他国家的经济联系，利用国际资源实现自身的协调发展。

第二十章　马来西亚产业结构与产业政策分析

第一节　基本情况

马来西亚位于东南亚，其国土被南海分隔成东、西两部分（东马和西马）。东马位于加里曼丹岛北部，与印度尼西亚、菲律宾、文莱相邻。西马位于马来半岛南部，北与泰国接壤，南与新加坡隔柔佛海峡相望，东临南海，西濒马六甲海峡。马来西亚海岸线总长为 4 192 千米。马来西亚属于热带雨林气候。马来西亚内地山区年均气温为 22～28℃，沿海平原气温为 25～30℃。马来西亚国土面积约 33 万平方千米。

马来西亚总人口约为 3 200 万人。其中，马来人占 68.8%，华人占 23.2%，印度人占 7.0%，其他种族占 1.0%。在马来西亚，马来语为国语，通用英语，华语使用较广泛；伊斯兰教为国教，其他宗教有佛教、印度教和基督教等。马来西亚首都为吉隆坡，人口约为 180 万人。马来西亚全国分为 13 个州和 3 个联邦直辖区。

在自然资源方面，马来西亚自然资源丰富，橡胶、棕油和胡椒的产量和出口量居世界前列。马来西亚曾是世界产锡大国，近年来锡产量逐年减少。马来西亚石油储量丰富。马来西亚还有铁、金、钨、煤、铝土、锰等矿产，并且盛产热带硬木。马来西亚政府鼓励以本国原料为主的加工工业，重点发展电子、汽车、钢铁、石油化工和纺织品等。2017 年，马来西亚制造业领域产值为 2700 亿令吉。在矿业上，马来西亚以锡、石油和天然气开采为主。马来西亚耕地面积约为 48 500 平方千米。马来西亚农业以经济作物为主，主要有油棕、橡胶、热带水果等。马来西亚粮食自给率约为 70%。马来西亚渔业以近海捕捞为主，近年来深海捕捞和养殖业有所发展。2017 年，马来西亚农业产值为 963 亿令吉。

在服务业方面，马来西亚服务业范围广泛，包括水、电、交通、通信、批发、零售、饭店、餐馆、金融、保险、不动产及政府部门提供的服务等。20 世纪 70 年代以来，马来西亚政府不断调整产业结构，使服务业得到了迅速发展，成为国民经济发展的支柱性行业之一。服务业就业人数约有 535.36 万人，占全国就业人数的 50.76%。服务业是就业人数最多的产业。

马来西亚的旅游业成为国家第三大经济支柱，第二大外汇收入来源。

在外交方面，马来西亚奉行独立自主、中立、不结盟的外交政策，视东盟为外交政策基石，优先发展与东盟国家的关系，重视发展与大国的关系。马来西亚是英联邦成员，与其他成员国交往较多，已与 132 个国家建交，在 84 个国家设有 110 个使领馆。此外，马来西亚大力开展经济外交，积极推动南南合作，反对西方国家贸易保护主义。

第二节　经济发展情况分析

一、经济规模情况分析

马来西亚经济总体上呈增长的趋势。进入 21 世纪，马来西亚经济发展也进入了一个新的历史阶段。马来西亚 GDP 及其增长率变化情况如图 20-1 所示。从图 20-1 中可以看出，马来西亚 GDP 增长率 1998 年之前一直呈递减趋势，且 1998 年出现较大下滑，跌至−8%，之后逐渐回升，呈现增长的趋势。2000 年，马来西亚政府为刺激经济，实行扩大内需和宽松的货币政策，经济增长迅速，全年经济增长 8.9%。进入 2001 年以来，美国、日本等发达国家经济发展步伐明显减缓，对与发达国家有着高关联度的马来西亚经济产生了不利影响，特别是“9・11”事件更延缓了马来西亚的经济发展速度。2001 年，马来西亚的 GDP 增长率从原估计的 4%～5%调低为 0.2%～0.5%，实际只增长 0.3%。从 2002 年起，马来西亚经济经过了调整期，进入一个新的增长阶段，GDP 增长率从 2001 年的 0.3%回升到 4.4%。2003 年，马来西亚经济复苏趋势更加明显，GDP 增长率为 5.8%。2003—2005 年，马来西亚经济经受住了政府更迭、棕油价格低迷、石油价格上升、伊拉克战争、局部禽流感疫情、印度洋大海啸等国内外种种不利因素的考验，GDP 增长率都达到 5%以上，总体上呈现快速增长的良好态势，尤其是 2004 年 GDP 增长率高达 6.8%，是 2000 年以来 GDP 的最快增速。2005—2007 年马来西亚经济稳步发展。2008 年之后，马来西亚 GDP 大幅下滑仅增长 0.1%，主要是由于国际金融危机对马来西亚经济冲击较大，国际金融危机不断加深且蔓延至实体经济，国际需求减弱，对马来西亚出口造成严重影响，特别是对电子电器出口冲击较大，失业增加，从而影响 GDP 的增长。2009 年以后，马尔代夫经济发展仍保持增长的趋势。2009—2016 年，GDP 呈稳步增长的趋势。

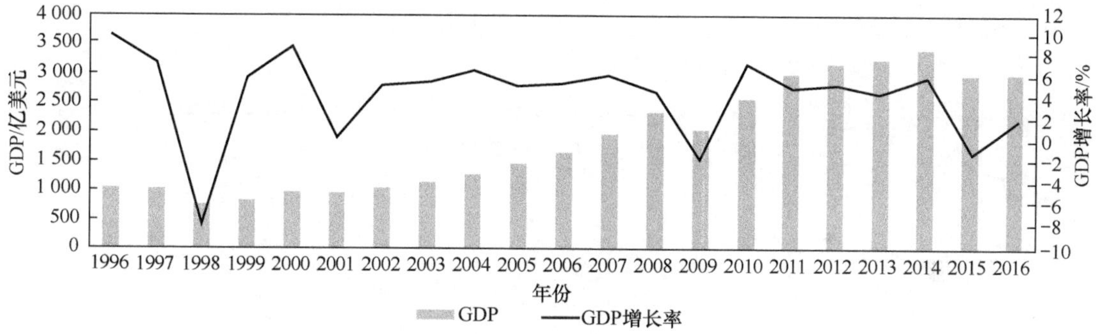

图 20-1　马来西亚 GDP 及其增长率变化情况

马来西亚人均 GDP 变化情况如图 20-2 所示。总体上，马来西亚经济的高速增长带来了人均收入水平的不断提高。从图 20-2 中可以看出，马来西亚人均 GDP 呈稳步增长态势，2009 年有所下滑，但很快得以回升，2014 年达到 11 317.06 美元，但 2015 年出现下滑。

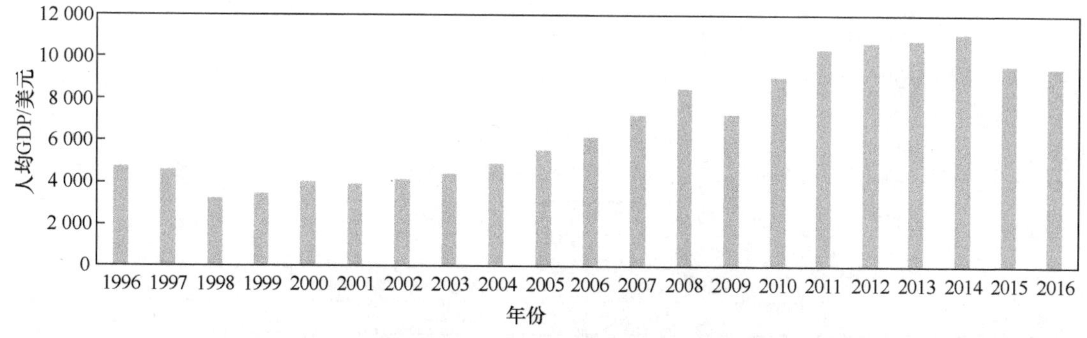

图 20-2　马来西亚人均 GDP 变化情况

二、人力资本基础情况分析

从图 20-3 中可以看出，马来西亚总人口持续稳定增长，而总人口增长率呈现稳定下降的趋势。2015 年，马来西亚总人口超 3 000 万人。

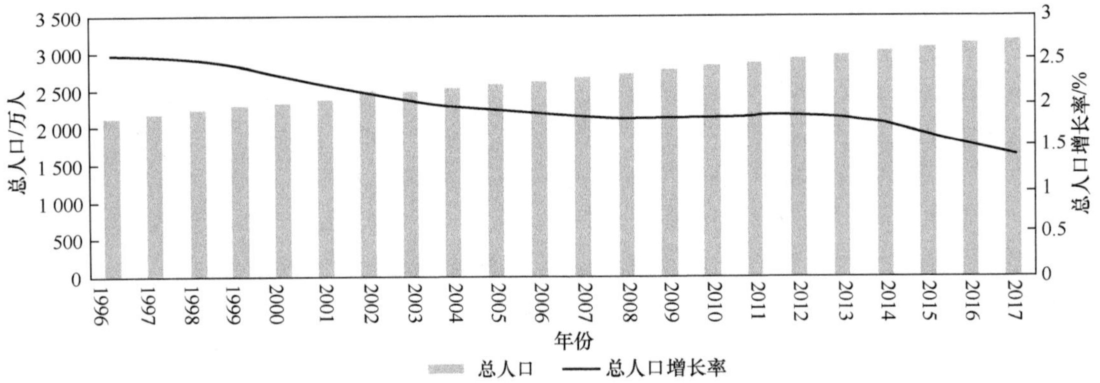

图 20-3 马来西亚总人口变化情况

从图 20-4 中可以看出，马来西亚城镇人口占比总体趋势是上升的，而农村人口占比不断下降。1999—2001 年，随着城市化水平的不断提高，马来西亚城镇人口快速增长，城市化水平达到一定程度，城镇人口占比一直稳定在较高水平。2012 年，马来西亚总人口骤降使得城镇和农村人口也出现了较大幅度的下降。

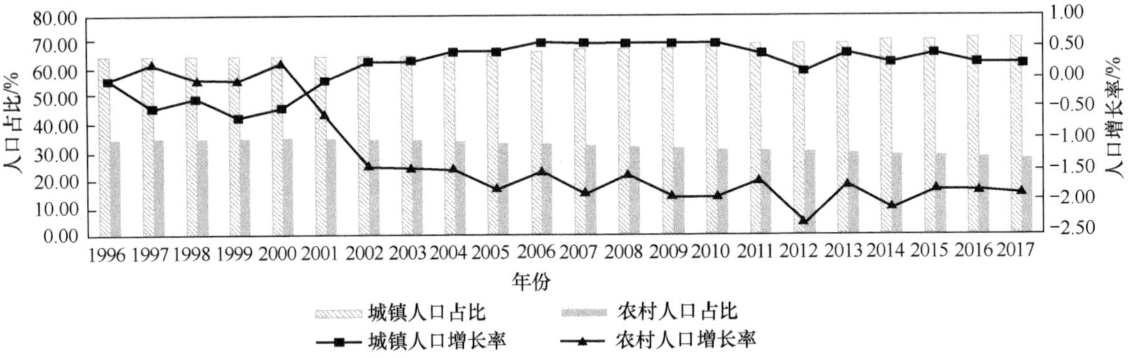

图 20-4 马来西亚城镇和农村人口变化情况

从表 20-1 中可以看出，马来西亚劳动力总量不断上升；劳动力占比也不断上升，由 1996 年的 39.57%上升为 2016 年的 47.77%；2016 年，15～64 岁劳动参与率达 69.95%，15～24 岁劳动参与率达 64.32%。

表 20-1 马来西亚劳动力情况

年份	劳动力总量/千人	劳动力占比/%	15～64 岁劳动参与率/%	15～24 岁劳动参与率/%
1996	840.17	39.57	57.90	61.67
1997	866.02	38.98	57.10	61.59
1998	898.29	39.59	58.01	61.90
1999	926.08	40.42	59.17	61.84
2000	953.37	40.75	59.47	61.71
2001	979.59	40.70	59.38	61.63

（续表）

年份	劳动力总量/千人	劳动力占比/%	15～64 岁劳动参与率/%	15～24 岁劳动参与率/%
2002	1 005.84	40.85	59.42	61.47
2003	1 033.42	41.67	60.43	61.32
2004	1 061.57	41.56	60.13	61.19
2005	1 090.98	42.35	61.18	61.14
2006	1 115.58	42.75	61.75	60.95
2007	1 139.51	42.62	61.52	60.72
2008	1 157.35	42.42	61.14	60.15
2009	1 192.27	42.46	61.16	60.40
2010	1 221.87	43.00	61.82	60.31
2011	1 278.89	43.29	62.29	61.38
2012	1 334.86	44.04	63.49	62.34
2013	1 402.12	44.50	64.33	63.78
2014	1 443.58	45.85	66.61	64.07
2015	1 482.75	46.91	68.37	64.32
2016	1 510.21	47.77	69.95	64.32

数据来源：世界银行数据库。

三、交通情况分析

马来西亚货物周转量及旅客周转量情况如表 20-2 所示。总体而言，马来西亚货物周转量和旅客周转量在波动中呈现出上升的趋势。马来西亚货运以铁路和航空为主，客运以航空为主。2012 年以前，马来西亚货物周转量保持逐年上升的趋势；航空旅客周转量一直远大于铁路旅客周转量，且呈现稳定上升的趋势。

表 20-2　马来西亚货物周转量及旅客周转量情况

年份	铁路旅客周转量/（亿乘客·千米）	铁路货物周转量/（亿吨·千米）	航空旅客周转量/（亿乘客·千米）	航空货物周转量/（亿吨·千米）
1996	13.70	15.74	151 176.00	14.145 999 76
1997	14.92	13.38	155 916.00	14.256 999 51
1998	13.97	—	136 544.00	13.755 999 76
1999	13.12	9.07	149 846.00	14.245 999 76
2000	13.12	9.07	165 607.93	18.638 41
2001	11.81	15.31	161 071.56	17.747 45
2002	11.23	—	162 812.75	19.236 55
2003	19.31	12.24	167 046.00	21.785 1
2004	19.31	12.24	192 265.64	25.991 65
2005	11.81	11.78	203 690.86	25.775 81
2006	20.75	15.72	178 333.64	25.974 04
2007	21.93	13.55	213 257.54	26.615 28
2008	22.68	13.50	224 208.70	24.444 62
2009	15.27	13.84	237 663.16	28.532 63
2010	15.27	13.84	342 390.141 7	25.646 582 24
2011	9.65	15.35	382 186.088 5	21.932 600 08
2012	32.93	30.71	391 651.952 2	19.439 588 83

（续表）

年份	铁路旅客周转量/（亿乘客·千米）	铁路货物周转量/（亿吨·千米）	航空旅客周转量/（亿乘客·千米）	航空货物周转量/（亿吨·千米）
2013	32.93	30.71	479 958.42	21.619 928 38
2014	32.93	30.71	496 738.84	21.933 006 34
2015	—	—	503 458.210 1	20.059 793 79
2016	—	—	538 173.527	11.498 769 58

数据来源：世界银行数据库。

马来西亚铁路 2002 年总长为 1 668 千米，主要贯穿马来半岛。马来西亚内河运输不发达，而海运 80%以上依赖远洋航行，共有各类船只 1 008 艘。其中，100 吨位以上的注册商船有 508 艘，注册总吨位为 175.5 万吨；远洋船只有 50 艘。马来西亚共有 19 个港口。近年来，马来西亚大力发展远洋运输和港口建设，主要海上航运公司为马来西亚国际船务公司，主要港口有巴生、槟城、关丹、新山、古晋和纳闽等。2000 年，马来西亚各港口的货物吞吐总量为 1.603 亿吨。马来西亚民航业务主要由马来西亚航空公司经营。该公司有飞机 100 余架，辟有 110 条航线，其中 68 条为国际航线。1996 年 11 月，马来西亚第二家航空公司——亚洲航空公司投入运营。马来西亚全国共有 37 个机场，其中有 5 个国际机场，即吉隆坡国际机场、槟城国际机场、浮罗交怡国际机场、哥打基纳巴卢国际机场和古晋国际机场。

四、信息化情况分析

总体而言，马来西亚互联网覆盖率、固定宽带覆盖率都有所上升；电话线路覆盖率则有所下降。从图 20-5 中可以看出，马来西亚互联网覆盖率上升最快，且远远高于固定宽带覆盖率和电话线路覆盖率；互联网覆盖率 2010 年为 56.30%，2014 年则上升为 67.50%；固定宽带覆盖率同样不断上升，但上升幅度小于互联网覆盖率。可见，马来西亚整体的信息化水平不断提高，且主要表现为互联网覆盖率的大大提高。

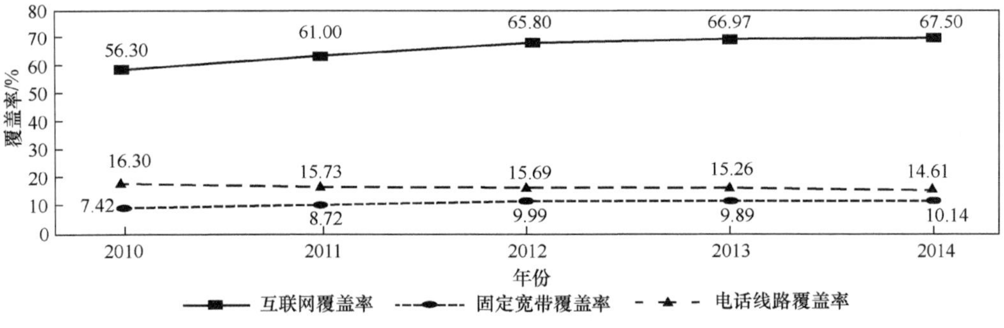

图 20-5 马来西亚信息化情况

五、研发投入与产出情况分析

图 20-6 反映了马来西亚研发投入与产出情况。从图 20-6 中可以看出，马来西亚研发投入占 GDP 的百分比总体上呈上升趋势，2004 年略有下降，但迅速回升，2009 年超过 1%，之后呈稳步上升的状态，2015 年达到最高点（1.29%）；居民专利申请数量则在波动中呈上升的状态，1996—2006 年大致稳定在 5 000～7 000 个，2007 年跌至历史最低点（不满 3 000 个），2009 年之后则不断上升，2015 年达到最高点，2016 年略有下降。

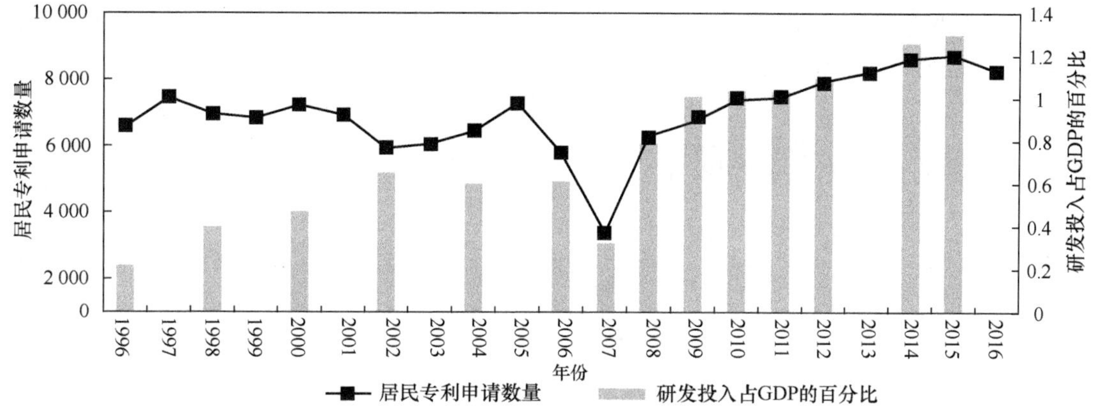

图 20-6 马来西亚研发投入与产出情况

六、制度环境情况分析

下面通过法律制度指数、腐败监管指数、政治稳定指数、民主自由权利指数、政府效能指数对马来西亚的制度环境进行分析。马来西亚制度环境评估如表 20-3 所示。马来西亚制度环境的总体水平位于高等收入国家和中等收入国家之间。

表 20-3 马来西亚制度环境评估

年份	法律制度指数	腐败监管指数	政治稳定指数	民主自由权利指数	政府效能指数
2002	0.45	0.27	0.54	−0.49	1.02
2003	0.52	0.34	0.49	−0.46	1.16
2004	0.52	0.34	0.35	−0.24	1.09
2005	0.50	0.20	0.56	−0.15	1.09
2006	0.47	0.23	0.29	−0.54	1.27
2007	0.44	0.19	0.19	−0.52	1.24
2008	0.34	−0.05	0.11	−0.56	1.11
2009	0.46	−0.06	−0.04	−0.50	0.98
2010	0.48	0.09	0.14	−0.50	1.12
2011	0.48	0.03	0.08	−0.47	1.02
2012	0.47	0.24	−0.01	−0.35	0.92
2013	0.44	0.35	0.05	−0.34	1.00
2014	0.59	0.41	0.27	−0.36	1.12
2015	0.50	0.24	0.26	−0.39	0.95
2016	0.54	0.11	0.10	−0.47	0.88
2002—2016（平均值）	0.48	0.20	0.23	−0.42	1.06

数据来源：世界银行数据库。

不同国家制度环境对比如图 20-7 所示。马来西亚与中等收入国家相比，仅民主自由权利指数低于中等收入国家的平均值，法律制度指数、腐败监管指数、民主自由权利指数、政府效能指数均高于中等收入国家的平均值。其中，政府效能指数远远领先于中等收入国家的平均值，并且逐年接近于高等收入国家的平均值；腐败监管指数和高等收入国家的平均值相去甚远，甚至有时落后于中等收入国家的平均值。总体而言，马来西亚的制度环境优越于中等收入国家的制度环境，但和高等收入国家的制度环境还有一定差距。与“一带一路”沿线国家相比，马来西亚的这 5 项指数均高于“一带一路”沿线国家的平均值，说明马来西亚的制度环境在“一带一路”沿线国家中处于领先水平。

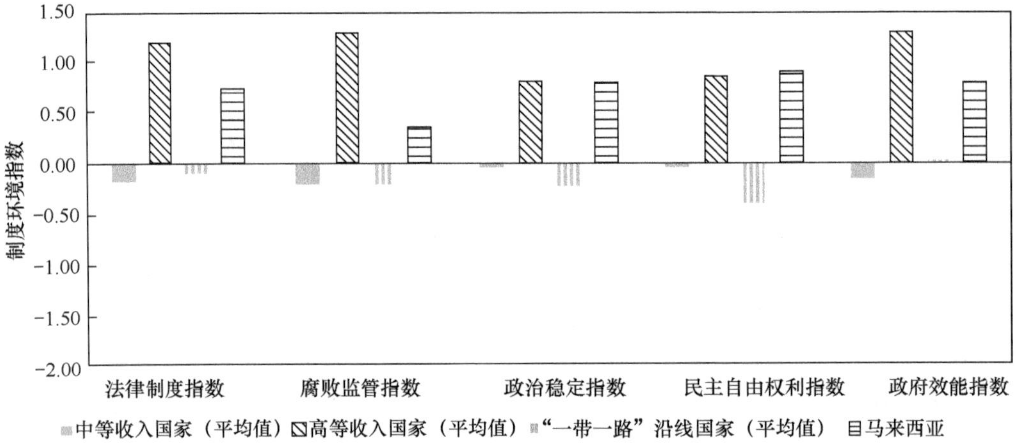

图 20-7　不同国家制度环境对比

七、税收负担情况分析

从图 20-8 中可以看出，马来西亚总税收占 GDP 的百分比 1997 年之前不断上升，接近 25%水平，1997 年之后不断下降，2000 年有小幅度回升，但 2001 年又开始呈下降趋势，并逐渐维持相对稳定，2009 年略有上升，总体稳定在 15%水平。

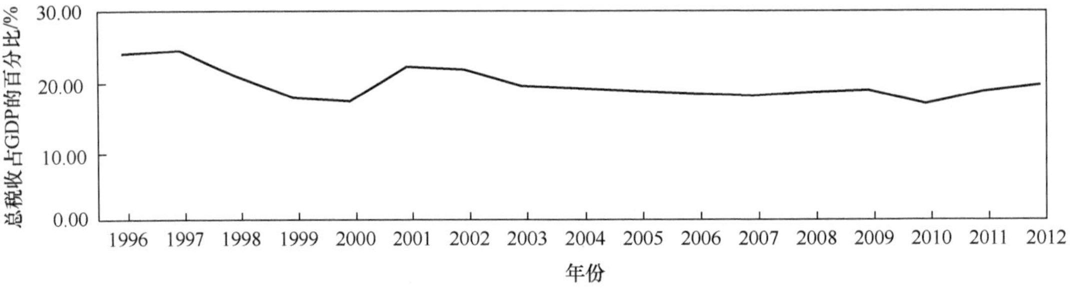

图 20-8　马来西亚总税收占 GDP 的百分比变化情况

从图 20-9 中可以看出，马来西亚总税收占比和利润税税收占比总体上稳步上升，2013 年均达到最高点，分别接近 38%和 21%，而后出现一次短暂的下降。

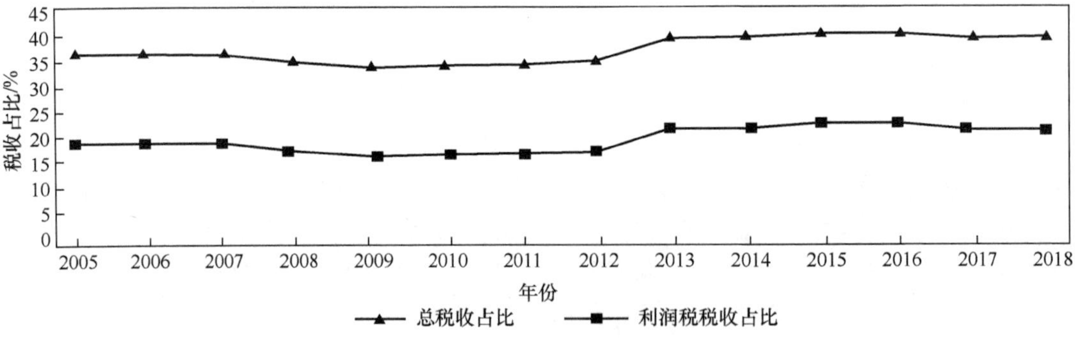

图 20-9　马来西亚税收占比变化情况

八、国际贸易情况分析

图 20-10 反映的是马来西亚国际贸易情况。其中，三项指标（对外贸易额、货物和服务贸易差额、货物和服务进口贸易额占 GDP 的百分比）都呈总体下降的趋势。

第一，马来西亚对外贸易额占 GDP 的百分比 2005 年之前在 200%的水平上下波动，2005 年之后不断下降，2016 年为 128%。

第二，马来西亚货物和服务进口贸易额占 GDP 的百分比与对外贸易额占 GDP 的百分比还有一段差距，但波动幅度相对较小。

第三，货物和服务贸易差额占 GDP 的百分比呈缓慢下降趋势。马来西亚货物和服务贸易差额占 GDP 的百分比 1996—1997 年在 0%左右，1997—1999 年有一个小幅度的上升，但是很快回落到 20%左右，之后小幅度下降，并保持相对稳定，最高点和最低点分别为 2000 年的 25%和 1997 年的 0%。

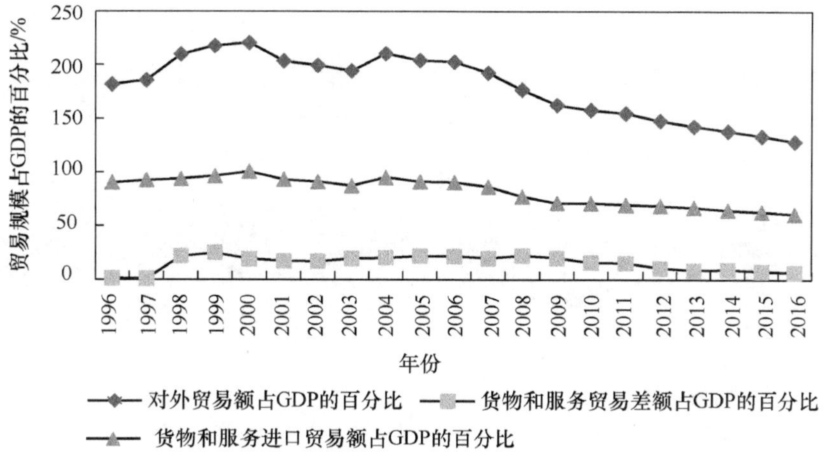

图 20-10　马来西亚国际贸易情况

九、外国直接投资情况分析

图 20-11 反映了马来西亚外国直接投资占 GDP 的百分比变化情况。总体而言，马来西亚外国直接投资占 GDP 的百分比波动较为剧烈。马来西亚外国直接投资占 GDP 的百分比 1996—1998 年持续下降，1998 年接近 3%，1998—1999 年有一个小幅度的上涨，1999—2001 年又剧烈下降，2001 年达到历史最低点，接近 0.5%，2001—2007 年在波动中呈现上升趋势，2007—2009 年又出现一个比较大的下降幅度，2009—2011 年呈现出急速上涨趋势，2011 年达到最高点为 5.74%，接近高等收入国家外国直接投资占 GDP 的百分比平均水平（5.99%）。马来西亚外国直接投资占 GDP 的百分比相比于中等收入国家外国直接投资占 GDP 的百分比仍有一段差距，和中国外国直接投资占 GDP 的百分比水平相近。

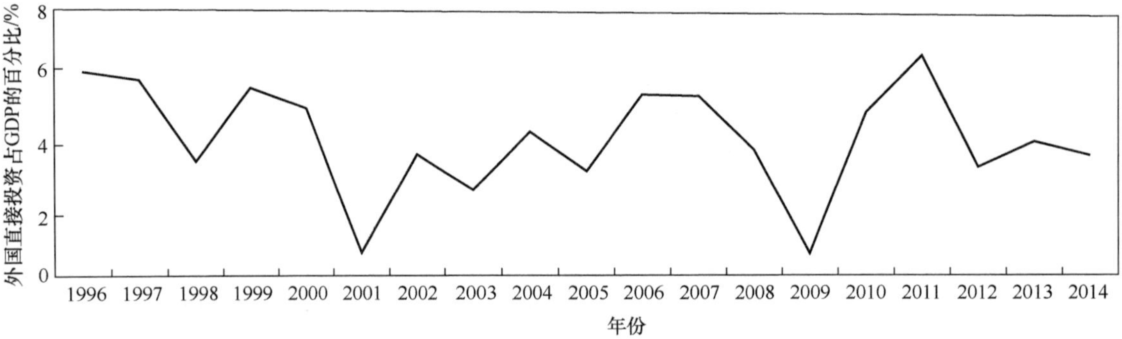

图 20-11 马来西亚外国直接投资占 GDP 的百分比变化情况

十、经济活力情况分析

从图 20-12 中可以看出，马来西亚新注册企业数量在波动中不断增加；2006—2015 年，马来西亚新注册企业数量稳步上涨；2015 年，马来西亚新注册企业数量达 49 510 家，而新注册企业密度为 2.33；马来西亚新注册企业密度波动较大，2006 年为最小值（2.2），2007 年达到最大值（2.45），2013—2014 年有小幅增长，2014 年以后有所减少，但幅度不是很大。

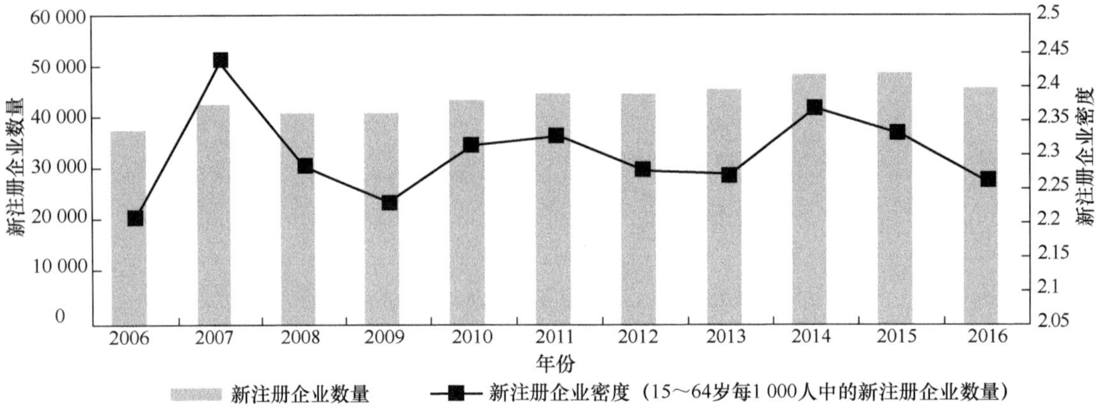

图 20-12 马来西亚新注册企业数量及密度变化情况

第三节 产业结构情况分析

一、三次产业结构分析

从图 20-13 中可以看出，马来西亚服务业增加值占比始终处于较高水平，2011 年接近 50%，2014 年之后有所下降，但仍然处在较高水平。马来西亚三次产业增加值占比不断优化。其中，马来西亚农业增加值占比很小，且变化缓慢，整体呈现下降趋势；工业与服务业增加值占比较大；工业增加值占比稳定在 40%水平，变化较小；服务业增加值占比 2010—2011 年有所下降，之后 2011—2014 年不断上升，2014 年达到最高点（51.17%），并且近几年呈现不断提高的趋势，但变化幅度较小。经统计，美国第三产业增加值占比约为 80%，而英国、法国、德国、日本第三产业增加值占比都在 60%～70%，因此马来西亚的经济从第二产业转移到第三产业的发展趋势与发达国家经济发展历程类似，并且第三产业增加值占比与发达国家的更为接近。

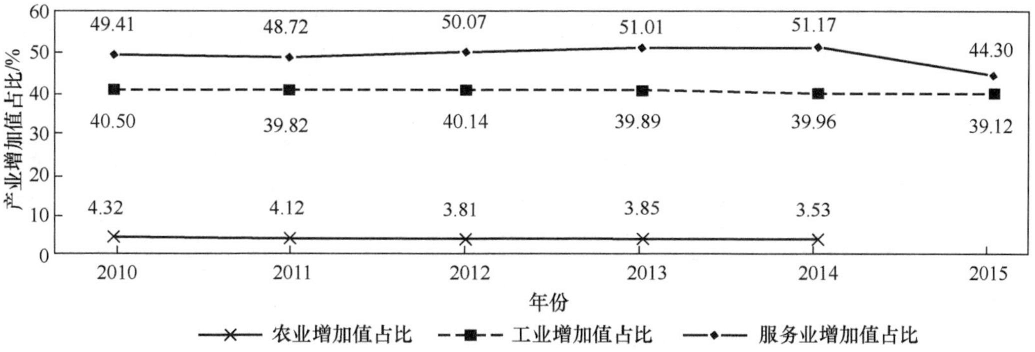

图 20-13　马来西亚产业结构变化情况

马来西亚劳动力就业结构变化情况如图 20-14 所示。其中，农业就业人数占比较低，且变化幅度不大，始终保持在 10%以内；工业就业人数占比大致稳定在 60%左右；服务业就业人数占比较高，并呈现出逐年上升的趋势，2015 年达 60%。

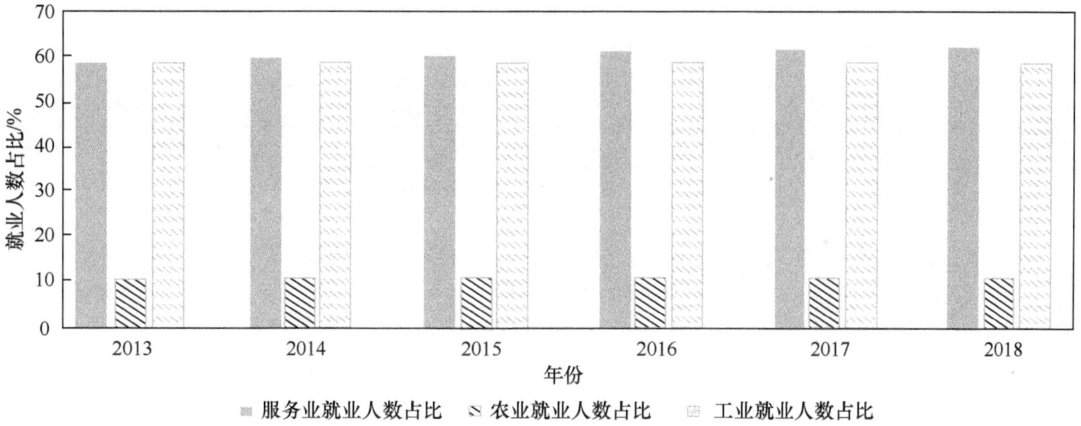

图 20-14　马来西亚劳动力就业结构变化情况

以上分析表明，马来西亚产业增加值占比、就业人数占比都呈现了第二产业向第三产业转移的趋势，说明马来西亚产业结构逐步走向合理化。

二、工业、制造业规模变化分析

图 20-15 反映了马来西亚工业、制造业规模变化情况。其中，2009 年在金融危机的影响下，工业增加值、制造业增加值出现大幅下滑；2009—2014 年，工业增加值、制造业增加值逐渐回升；2014 年之后，工业增加值、制造业增加值又呈现负增长的趋势；2015 年，工业增加值、制造业增加值相较于 2014 年分别下降 6.8%和 6.34%，为统计期内最大降幅；2014 年，工业增加值达到最高点。

马来西亚制造业分行业增加值占比情况如表 20-4 所示。

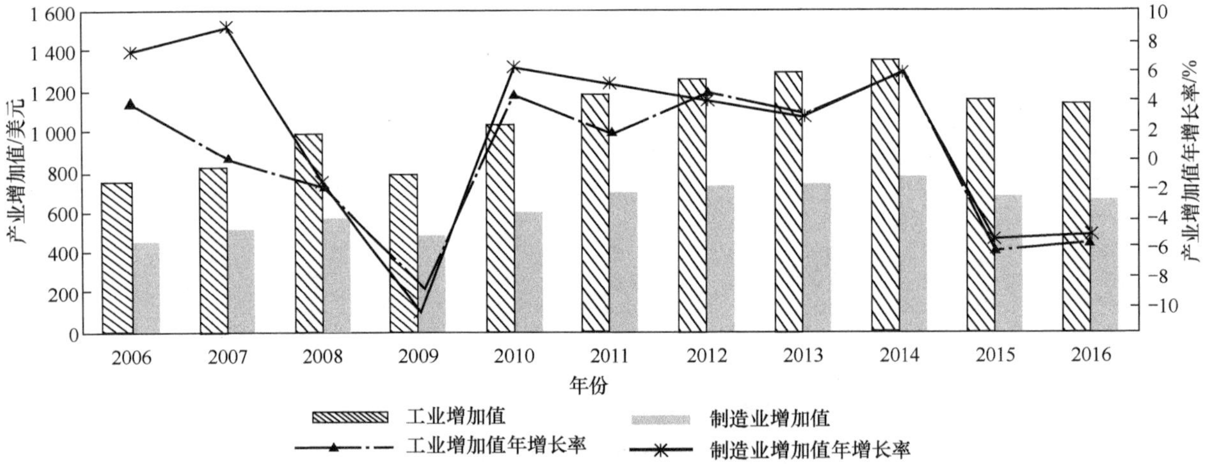

图 20-15 马来西亚工业、制造业规模变化情况

表 20-4 马来西亚制造业分行业增加值占比情况

年份	纺织品与服装行业增加值占比/%	中、高端技术行业增加值占比/%	其他行业增加值占比/%	机械和运输设备增加值占比/%	食品、饮料和烟草增加值占比/%	化学品增加值占比/%
1996	4.62	50.94	66.96	11.81	8.80	7.79
1997	4.89	51.38	66.37	11.77	8.36	8.58
1999	4.13	57.18	66.94	8.49	9.84	10.57
2000	4.05	51.15	42.23	37.78	7.99	7.93
2001	3.79	51.46	41.22	37.92	8.82	8.23
2002	3.32	50.18	43.20	35.57	8.68	9.21
2003	2.83	50.88	42.89	35.51	8.44	10.30
2004	2.82	50.61	43.07	34.30	7.84	11.94
2005	2.50	48.37	44.03	31.47	9.24	12.73
2006	2.34	50.16	43.61	30.40	8.97	14.65
2007	1.98	47.38	46.96	29.81	9.07	12.16
2008	1.90	43.08	47.92	26.72	11.21	12.22
2009	2.28	45.38	45.37	28.97	11.60	11.75
2010	1.94	42.61	46.68	27.84	11.96	11.55

三、服务业规模变化分析

马来西亚第三产业整体的崛起说明马来西亚产业结构呈现合理化的趋势。马来西亚服务业规模变化情况如图 20-16 所示。总体而言，服务业增加值占比 2011—2014 年呈现出不断上升的趋势。服务业增加值占比自 2010 的 43.47%上升为 2014 年的 48.52%，说明服务业对拉动经济的作用越发显著。特别要指出的是，2015 年，马来西亚经济衰退较为明显，GDP 首次出现负增长，服务业增加值较 2014 年有所下降，但依旧实现了 41.74%的 GDP，从而可以看出马来西亚通过发展服务业拉动经济的潜力。

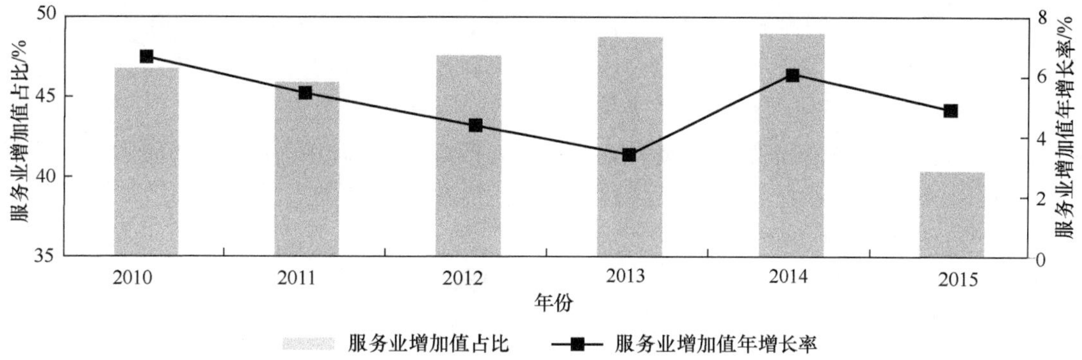

图 20-16　马来西亚服务业规模变化情况

四、资源情况分析

马来西亚是典型的能源（石油、天然气等）过境国，拥有发达的石油运输、石油产品输出和发电的基础设施。马来西亚是盗取南海石油时间最长、获利最多、产量最大的国家。马来西亚有众多油田。马来西亚主要的油气田有 Baram、Baronia、Tukau、Seligi、Guntong、Duland 和 Tapis 等。Tapis 油气田为马来西亚提供约一半以上的油气产量，油田面积约为 83 平方千米，石油可采储量约有 6 027 万吨，天然气可采储量约有 286 亿立方米。这一系列油田的发现，奠定了马来西亚能源生产国的重要地位。马来西亚的石油和天然气生产随着能源储量、社会需求的增加而逐渐增加，石油生产从 1974 年日产 8.1 万桶，增加到 1980 年的 27.6 万桶、1988 年的 52.2 万桶和 1999 年的 69.1 万桶；天然气 1974 年日产为 0.08 亿立方米，随着 1984 年杜荣气田引气成功，日产增为 0.31 亿立方米，1988 年再增加到 0.17 亿立方米；1997—2001 年，天然气生产年均增长率达 15%。21 世纪，在中东局势动荡、石油竞争激烈、油价攀升等因素的影响下，马来西亚石油生产持续增加，日产从 2000 年的 68 万桶增加到 2005 年的 79 万桶，而天然气日产则从 2000 年的 1.25 亿立方米增加到 2005 年的 1.78 亿立方米；到 2009 年，马来西亚石油、天然气产量呈现下降的趋势。

马来西亚生产的石油和天然气，除了满足本国消费，不少用于出口，且随着能源储量、国际市场需求的增加而逐渐增加。1970 年，马来西亚石油出口贸易额仅占出口总贸易额 4%，为 2.1 亿令吉，1980 年则跃升为最大的出口产品，占当年出口总贸易额（278.5 亿令吉）的 24%，为 66.8 亿令吉。此后，由于制造品出口贸易额的迅速增加，油、气的出口贸易额排名调后，但始终是十大出口产品之一。

马来西亚还是世界第三大天然气出口国，仅次于阿尔及利亚和印度尼西亚。2002 年马来西亚天然气出口量占全球天然气出口量的 13.6%左右。马来西亚原油主要出口澳大利亚、印度、泰国、新加坡和韩国。

马来西亚对中国的石油和天然气出口也逐年增加。经统计，2010—2009 年中国从马来西亚进口石油分别为 188.4 万吨、49.9 万吨、89.3 万吨、222.9 万吨。马来西亚位列中国石油输入国第 18 位。另外，中国还与马来西亚签订了 25 年期的 LNG 进口合同。马来西亚正面临石油产量逐年下降的困境。马来西亚国家石油公司 2010 年年度报告显示，马来西亚的石油产量连续第二年出现下降，从上一个财政年度的 166 万桶/天下降到了 163 万桶/天；同时马来西亚国内能源需求却出现增长。燃料动力资源总消耗量中进口的比例高达 85%。马来西亚本国采油量仅占国家原油需求量的 8%～10%，但马来西亚拥有较强的石化产品出口工业，其产品质量世界闻名。2010 年，马来西亚原油进口量为 1.470 万吨（89.6%），国内开采量为 170 万吨（10.4%），石油产品的净出口量达 962 万吨。上述事实决定了马来西亚在制定国家能源政策时所应采取的原则，即通过改变能源燃料动力系统的构架，合理地利用能源，确保国家的能源安全，从而最大限度地开发当地的能源燃料和可再生能源的种类，并且将高效能绿色技术引入国民经济的各个领域。

从表 20-5 中可以看出，马来西亚能源情况。马来西亚能源进口量一直不断增加，马来西亚动力燃料矿产资源包括石油、石油天然气、泥炭、褐煤和油页岩等。

表 20-5 马来西亚能源情况

年份		2005	2006	2007	2008	2009	2010	2011	2012	2013	2014	2015
能源产量/MJ	合计	455.1	452.5	449.3	456.2	490.3	496.9	493.2	492.1	480.4	464.1	473
	泥煤燃料	73.2	73.5	74.2	70.9	65.1	66.7	68.9	67.3	67.5	66.5	63.6
	原油及产品	59.4	56.9	50.4	52.1	50.5	45.6	40.5	43.1	36.9	35.1	36.3
	可再生能源	97.6	99.7	83.9	84	95.7	93.6	88.5	74	64.6	60.2	57.3
	核能	68.9	70.4	75.3	81.3	103.9	111.6	115.8	126.4	134.7	123	133.7
	水力	151.6	147.5	160.7	162.2	168.8	172.5	171.6	172.8	168.2	171.5	173.6
	风能	0.7	0.7	0.8	0.8	0.8	0.7	0.8	0.8	0.8	1.1	0.8
可再生材料/MJ		0	0.2	0.4	0.7	1.2	1.9	2.3	2.8	2.6	2.4	2.5
能源进口量/MJ		3.7	3.7	3.7	4.2	4.2	4.4	4.7	4.9	5.2	4.4	5.3
能源出口量/MJ		172	185.8	192.3	186	127.9	156.4	185.1	201.8	220.3	210.2	189.4
能源库存变化量/MJ		−7.9	−3	8.5	−31	−33.1	−9.9	55.2	30.2	25.8	−55	21.4
能源消费总量/MJ		1 185.6	1 175.3	1 150.8	1 136.5	1 079.3	1 119.8	1 095.8	1 041.3	1 007.3	1 005	1 062.2

第四节 产业政策分析

马来西亚是相对开放的以国家利益为导向的新兴工业化市场经济体。马来西亚通过宏观经济计划指引经济活动。为了使马来西亚经济多样化，减少对出口货物的依赖，马来西亚政府推动其旅游业的发展。因此，旅游业已成为马来西亚的第三大外汇收入来源。但马来西亚旅游业正受到成长中的工业经济所造成的空气、水源污染以及森林砍伐的威胁。马来西亚已发展成为伊斯兰银行的一处中心。马来西亚在伊斯兰银行拥有最多的女性劳工。马来西亚知识经济服务也正在扩张。

20 世纪 70 年代之前，马来西亚经济以农业为主，并依赖初级产品出口。20 世纪 70 年代以来，马来西亚不断调整产业结构，大力推行出口导向型经济，电子业、制造业、建筑业和服务业发展迅速。同时，马来西亚实施“新经济政策”，旨在实现消除贫困、重组社会。

自 1987 年起，马来西亚经济连续 10 年保持 8%以上的高速增长。1991 年，马来西亚提出“2020 宏愿”的跨世纪发展战略，旨在 2020 年将马来西亚建成发达国家。马来西亚重视发展高科技，启动了“多媒体超级走廊”“生物谷”等项目。1998 年，马来西亚受亚洲金融危机冲击，经济出现负增长。马来西亚通过稳定汇率、重组银行企业债务、扩大内需和出口等政策，使经济基本恢复并保持中速增长。2008 年下半年以来，马来西亚受国际金融危机影响，经济增长放缓，出口贸易额下降。马来西亚政府为应对国际金融危机相继推出 70 亿令吉和 600 亿令吉刺激经济措施。2009 年，马来西亚采取了多项刺激经济和内需增长的措施。如今，马来西亚经济逐步摆脱国际金融危机影响，回升势头明显。2010 年，马来西亚公布了以“经济繁荣与社会公平”为主题的第十个五年计划，并出台“新经济模式”，继续推进经济转型国际贸易。

马来西亚是一个农业与自然资源出口国，主要出口的是石油。马来西亚曾经是锡的最大生产国。制造业对马来西亚的经济影响很大。马来西亚是世界上最大的棕榈油生产商。吉隆坡稳定的宏观经济环境、维持在或低于 3%的通货膨胀率及失业率、充足的外汇储备及较小的外债使类似 1997 年亚洲经济危机的经济萧条再次发生在马来西亚的可能性变得非常小。马来西亚普腾汽车在国内外的销量也与日俱增。钢铁等重工业仍然是马来西亚的经济支柱之一。胶乳和橡胶工业都是马来西亚的经济强项。马来西亚政府支持以本国原料为主的加工工业，重点发展电子、汽车、钢铁、石油化工和纺织品等行业。马来西亚的工业主要是原料主导型的加工工业。近些年，马来西亚电子、汽车及钢铁行业发展非常迅猛。

马来西亚的产业结构调整基本上处于一个不断合理化的过程。同时，马来西亚产业结构演变存在着明显的非均衡性，这严重制约着马来西亚经济的发展。马来西亚三次产业的关系不合理，农业、轻工业、重工业比例严重失调，第一产业基础薄弱等一系列问题仍然存在。马来西亚政府为促进本国经济转型，积极进行产业结构调整与升级，促进经济模式从传统经济型向知识经济型转化，重视高新产业的发展，重视发展信息与通信产业。马来西亚创新体系借助跨国公司和出口导向战略，成功地利用马来西亚低成本竞争优势和稳定的政治经济环境进入多元化的国际生产和技术网络，为其技术深化赢得了机遇，但受限于创新体系内各种制度失效问题，马来西亚总体技术能力发展与其工业化发展速度并不同步。

第五节　产业结构与产业政策分析基本结论

通过对马来西亚的基本情况、经济发展情况、产业结构情况和产业政策相关内容的分析，初步得出以下结论。

（1）总体来说，马来西亚近年来三次产业结构、产业就业人数占比不断优化，并逐步向合理化迈进。马来西亚产业结构多元，能源业、汽车业、钢铁业、纺织业、制造业、电子业、航运业、旅游业、金融服务业、高科技产业均发展较好。马来西亚政府积极推动消费和投资，把私营经济作为国家经济增长的新支柱，鼓励发展旅游、教育事业，并且电子商业渗透率达到 50%，仅次于新加坡排名东南亚第二。

（2）马来西亚的三大产业支柱为服务业、制造业、旅游业。旅游业是国家第三大经济支柱，也是第二大外汇收入来源。

（3）在工业上，马来西亚政府鼓励以本国原料为主的加工工业，重点发展电子、汽车、钢铁、石油化工和纺织品等行业；在矿业上，以锡、石油和天然气开采为主。

（4）马来西亚虽然自然资源丰富，但需要转变经济发展方式，优化资源结构，提高资源使用效率，同时寻找更多可循环利用的清洁能源，保障国家能源安全。

（5）马来西亚近年来大力吸引外资。马来西亚吸引的外资 2003 年为 156 亿令吉，同比增长 35%；2004 年为 131 亿令吉，同比下降 16%；2005 年为 179 亿令吉，同比增长 37%；2006

年为 202 亿令吉，主要外资来源地为日本、荷兰、澳大利亚、美国和新加坡。近年来，为了加大吸引外资又开放了一个“马来西亚第二家园计划”，通过吸引外国人到马来西亚侨居和投资来带动当地的经济。马来西亚产业政策的着力点在于以各种优惠政策努力吸引外资。从马来西亚引进外资的情况来看，这些优惠政策在促进经济发展、推动就业等方面确实起到了很大的作用。但是，从长远来看，马来西亚中、高端技术产业较少，马来西亚并没有掌握研发技术等一些核心技术，使得马来西亚经济的发展不能得到很好的突破。所以，马来西亚除了关注如何吸引外资，还要关注吸引怎样的外资来优化产业结构。

第二十一章　蒙古产业结构与产业政策分析

第一节　基本情况

蒙古国，简称蒙古，位于我国和俄罗斯之间，是一个内陆国家。蒙古首都及全国最大城市为乌兰巴托，其人口占总人口的45%。蒙古国土面积为1 564 116平方千米，是世界上国土面积第19大的国家，也是仅次于哈萨克斯坦的世界第二大内陆国家。蒙古总人口约为300万人，是世界上人口密度最小的国家。蒙古可耕地较少，大部分国土被草原覆盖，北部和西部多山脉，南部为戈壁沙漠，约30%的人口从事游牧业。蒙古主要信仰藏传佛教，主体民族是蒙古族，也有哈萨克族、图瓦人等少数民族分布于西部。

在经济建设方面，蒙古主要产业包括矿业、农牧业、交通运输业、服务业等；国民经济对外依存度较高，曾长期实行计划经济。1991年，蒙古开始向市场经济过渡。1997年7月，蒙古政府通过“1997—2000年国有资产私有化方案”，目标是使私营经济成分在国家经济中占主导地位。蒙古国内金融市场规模较小。2017年全年，蒙古财政预算收入（含外来援助）总额为7.2万亿图格里克（约29.51亿美元），同比增长24.1%；财政支出（含偿债金额）总额为8.9万亿图格里克（约36.48亿美元），同比减少5.4%；财政赤字为1.7万亿图格里克（约6.97亿美元），同比减少为52.4%。

在外交方面，蒙古国家大呼拉尔（议会）1994年通过的《对外政策构想》规定，蒙古国奉行开放、不结盟的外交政策，强调“同俄罗斯和中国建立友好关系是蒙古对外政策的首要任务”，主张与中国、俄罗斯“均衡交往，发展广泛的睦邻合作”，同时重视发展与美国、日本、德国等西方发达国家、亚太国家、发展中国家以及国际组织的友好关系与合作。2011年，蒙古国家大呼拉尔通过新《对外政策构想》，将“开放、不结盟的外交政策”拓展为“爱好和平、开放、独立、多支点的外交政策”，强调对外政策的统一性和连续性，明确对外政策首要任务是发展与俄罗斯、中国两大邻国的友好关系，并将“第三邻国”政策列入构想，发展与美国、日本、欧盟、印度、韩国、土耳其等西方国家和联盟的关系。2004年，蒙古成为上海合作组织首个观察员国。2012年3月，蒙古与北约建立“全球伙伴关系”。2012年11月，蒙古加入欧安组织，成为该组织第57个成员国。

第二节　经济发展情况分析

一、经济规模情况分析

蒙古GDP情况如表21-1所示。

图21-1反映了蒙古GDP及其增长率变化情况。从图21-1中可以看出，蒙古GDP2008年

之前一直保持着较高的增长态势，2008 年出现较大下滑，2009 年之后增长明显，2012—2013 年 GDP 增速有所放缓。

表 21-1　蒙古 GDP 情况

年份	GDP/亿美元	GDP 增长率/%	人均 GDP/亿美元	人均 GDP 增长率/%
1999	1 088	−6.8	156.46	1.8
2000	1 137	4.5	156.16	−0.2
2001	1 268	11.5	158.83	1.7
2002	1 397	10.1	164.11	3.3
2003	1 595	14.2	173.53	5.7
2004	1 992	24.9	189.94	9.5
2005	2 523	26.7	201.38	6
2006	3 414	35.3	215.88	7.2
2007	4 325	24	234.63	8.7
2008	5 623	32.8	251.15	7
2009	4 584	−18.5	243.37	−3.1
2010	7 189	56.8	254.67	4.6
2011	10 410	44.8	293.32	15.2
2012	12 293	18.1	323.02	10.1
2013	12 582	2.4	352.95	9.3
2014	12 228	−2.8	372.43	5.5
2015	11 750	−3.9	373.58	0.3
2016	11 156	−5.1	370.69	−0.8
2017	11 135	−0.2	381.23	2.8

数据来源：世界银行数据库。

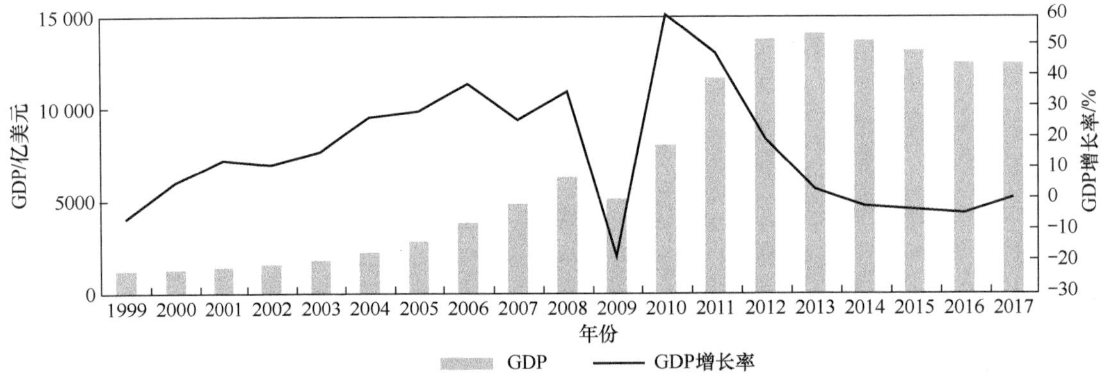

图 21-1　蒙古 GDP 及其增长率变化情况

图 21-2 反映了蒙古人均 GDP 变化情况。从图 21-2 中可以看出，蒙古人均 GDP 总体上呈上升趋势，2009 年有所下降，2014—2017 年保持在一个相对平稳的水平上。

二、人力资本基础情况分析

图 21-3 反映了蒙古总人口变化情况。从图 21-3 中可以看出，虽然蒙古总人口随时间不断

地上升，但其规模还是很小，这在一定程度上会制约蒙古的经济发展。

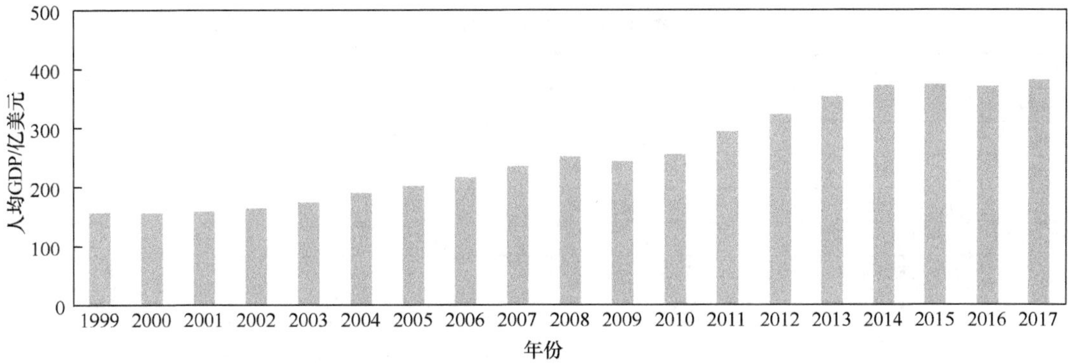

图 21-2　蒙古人均 GDP 变化情况

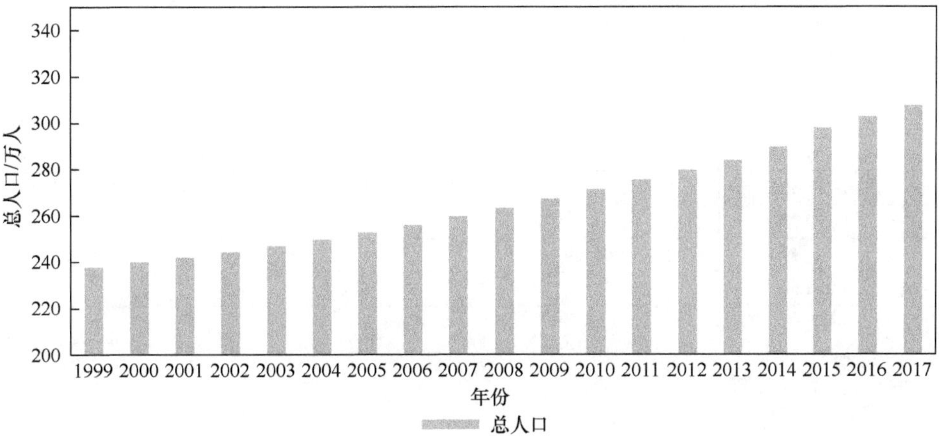

图 21-3　蒙古总人口变化情况

图 21-4 反映了蒙古城镇和农村人口变化情况。从图 21-4 中可以看出，蒙古城镇人口占比总体上呈逐渐上升趋势，而农村人口占比总体上呈下降趋势。蒙古城镇人口增长率 2001 年以前逐渐上升，2002—2010 年保持在 3%左右的水平，2011—2012 年逐渐下降，2013—2017 年保持平稳。蒙古农村人口增长率与城镇人口增长率变化趋势相反。

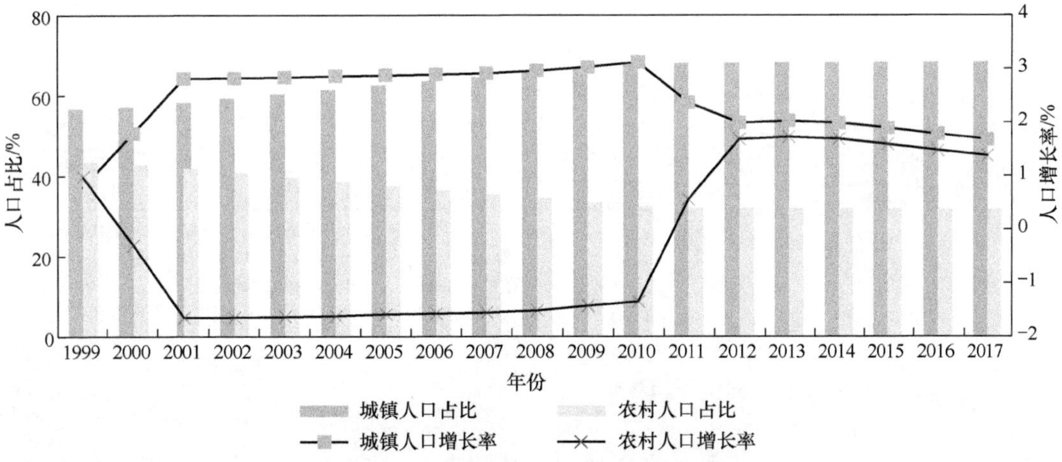

图 21-4　蒙古城镇和农村人口变化情况

表 21-2 反映了蒙古劳动力情况，主要指标为劳动力占比和劳动参与率。

表 21-2　蒙古劳动力情况

年份	劳动力总量/人	劳动力占比/%	15～64 岁劳动参与率/%	15～24 岁劳动参与率/%
1999	918 952	38.67	62.92	40.77
2000	943 677	39.36	63.04	40.60
2001	967 482	39.98	62.96	40.16
2002	992 198	40.61	62.71	39.44
2003	1 016 899	41.19	62.34	38.49
2004	1 039 167	41.63	61.86	37.31
2005	1 063 952	42.11	61.67	36.76
2006	1 086 986	42.47	61.53	36.28
2007	1 107 969	42.70	61.41	35.85
2008	1 129 526	42.90	61.43	35.67
2009	1 151 716	43.10	61.68	33.73
2010	1 169 399	43.11	61.59	33.35
2011	1 207 606	43.85	62.66	34.42
2012	1 212 141	43.35	62.11	33.88
2013	1 237 902	43.62	62.69	33.26
2014	1 262 326	43.60	63.09	32.64
2015	1 279 224	42.97	63.31	31.82
2016	1 268 790	41.91	62.20	30.63
2017	1 283 503	41.73	62.36	30.15

数据来源：世界银行数据库。

三、信息化情况分析

图 21-5 反映了蒙古信息化情况。从图 21-5 中可以看出，蒙古互联网覆盖率以较快的速度上升，到了 2014 年已经达到 27.00%；电话线路覆盖率从 2010 年的 7.12%下降到 2011 年的 6.8%，再逐渐下降到 2012 年的 6.32%，又下降到 2013 年的 6.19%，直到 2014 年才有所上升；固定宽带覆盖率虽然在不断上升，但整体还是处在较低的水平。可见，蒙古整体的信息化水平虽然在不断上升（从互联网覆盖率可以看出），但还处于一个较低的水平。

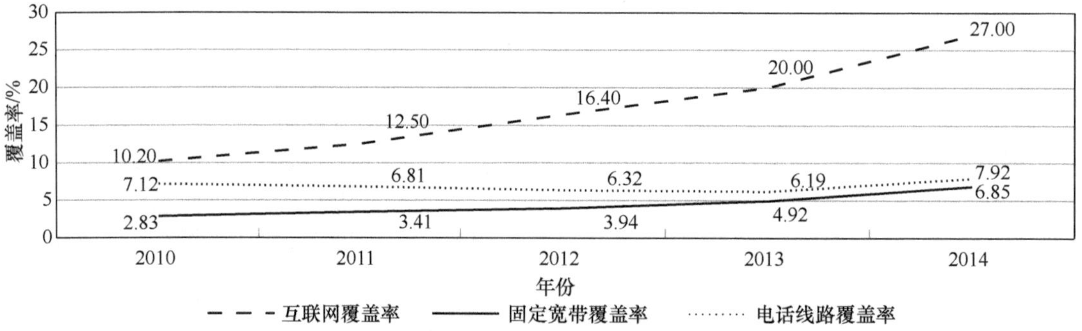

图 21-5　蒙古信息化情况

四、研发投入与产出情况分析

图 21-6 反映了蒙古研发投入与产出情况。从图 21-6 中可以看出，蒙古研发投入占 GDP

的百分比长期稳定在 0.25%左右，2008 年大幅上升，达到 34%左右，2009 年维持在 30%左右，之后有所下降，2015 年仅为 0.16%左右；2003 年居民专利申请数量最多（167 个）；2005 年之后，居民专利申请数量有所下降；2013—2016 年，居民和非居民专利申请数量均在 120 个左右，比较稳定。

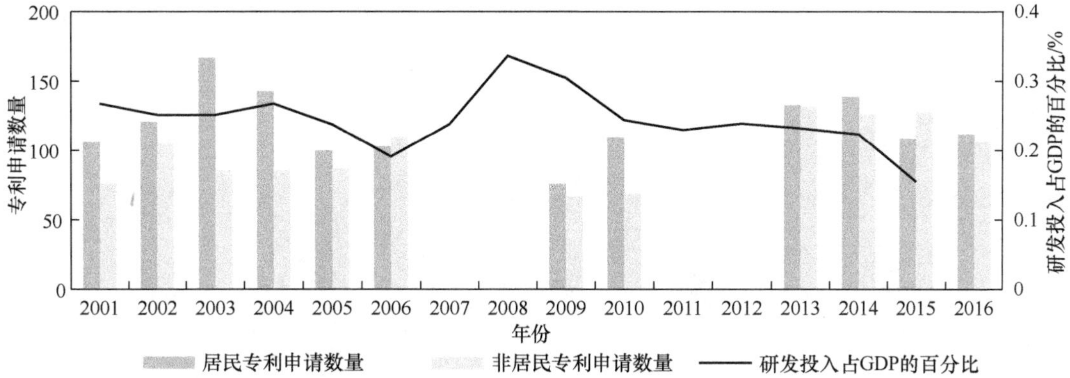

图 21-6　蒙古研发投入与产出情况

五、制度环境情况分析

下面通过法律制度指数、腐败监管指数、政治稳定指数、民主自由权利指数、政府效能指数对蒙古的制度环境进行分析。蒙古制度环境评估如表 21-3 所示。总体而言，蒙古的制度环境在经历一段时间内的低谷之后呈现出逐渐改善的趋势。其中，2016 年法律制度指数、腐败监管指数、政治稳定指数、民主自由权利指数和政府效能指数分别为−0.22、−0.50、0.82、0.45 和−0.11，均高于 2002—2016 年的平均值−0.23、−0.52、0.72、0.22 和−0.45。可见，蒙古的制度环境有所改善。

表 21-3　蒙古制度环境评估

年份	法律制度指数	腐败监管指数	政治稳定指数	民主自由权利指数	政府效能指数
2002	0.18	−0.01	1.17	0.38	−0.15
2003	0.21	−0.20	0.96	0.33	−0.23
2004	0.03	−0.40	0.77	0.27	−0.41
2005	−0.22	−0.61	0.88	0.07	−0.38
2006	−0.32	−0.58	0.65	0.25	−0.48
2007	−0.35	−0.61	0.67	0.31	−0.54
2008	−0.35	−0.66	0.54	0.27	−0.53
2009	−0.26	−0.76	0.61	0.13	−0.67
2010	−0.36	−0.74	0.60	0.09	−0.57
2011	−0.27	−0.69	0.61	0.05	−0.59
2012	−0.38	−0.54	0.47	0.07	−0.64
2013	−0.37	−0.48	0.49	0.11	−0.55
2014	−0.34	−0.47	0.79	0.24	−0.44
2015	−0.38	−0.49	0.72	0.27	−0.42
2016	−0.22	−0.50	0.82	0.45	−0.11
2002—2016（平均值）	−0.23	−0.52	0.72	0.22	−0.45

数据来源：世界银行数据库。

不同国家制度环境对比如图 21-7 所示。从图 21-7 中可以看出，高等收入国家在法律制度、腐败监管、政治稳定、民主自由权利、政府效能等方面均优越于其他国家。蒙古与中等收入国家、“一带一路”沿线国家相比，仅政治稳定指数和民主自由权利指数高于中等收入国家和“一带一路”沿线国家的平均值，法律制度指数、腐败监管指数和政府效能指数均低于中等收入国家和“一带一路”沿线国家的平均值。其中，政府效能指数落后最严重。总体而言，蒙古在制度环境方面与中等收入国家、“一带一路”沿线国家仍存在一定差距。

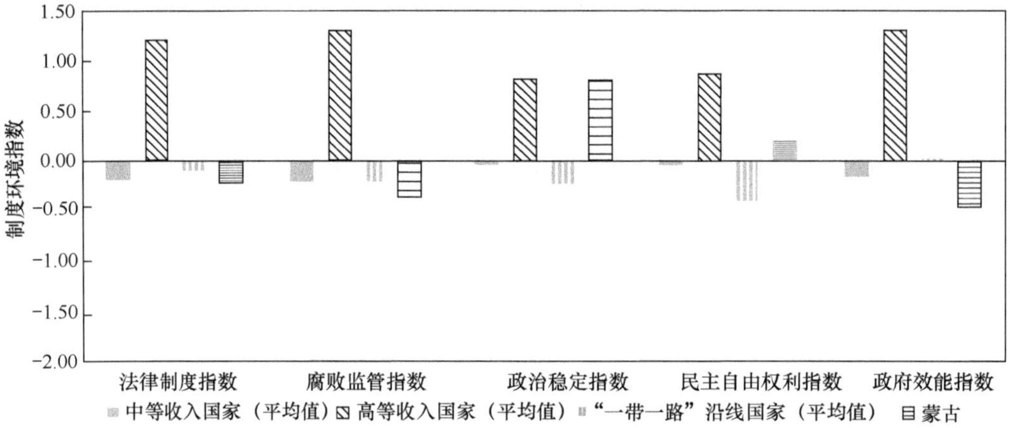

图 21-7　不同国家制度环境对比

六、税收负担情况分析

图 21-8 为蒙古总税收占 GDP 的百分比变化情况，其中 2004 年、2005 年数据缺失。从图 21-8 中可以看出，蒙古总税收占 GDP 的百分比 2006 年之前总体上呈上升趋势，2006 年达到最高点，约为 28.7%，2006 年以后总体上呈下降趋势。

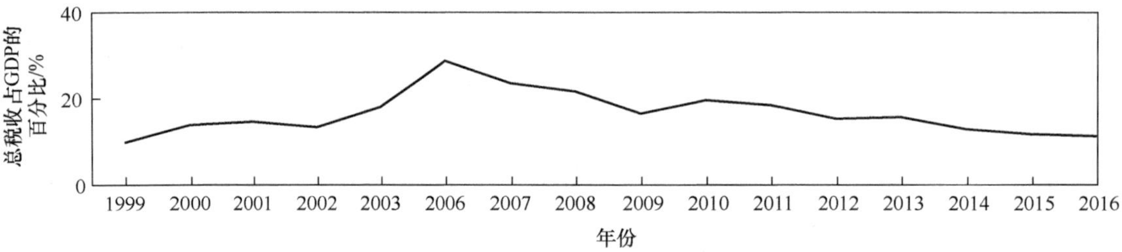

图 21-8　蒙古总税收占 GDP 的百分比变化情况

图 21-9 为蒙古税收占比变化情况。从图 21-9 中可以看出，总税收占比和利润税税收占比 2008 年均大幅度下降；2009 年，总税收占比继续下降，而利润税税收占比有所上升；2009 年以后，总税收占比和利润税税收占比几乎保持平稳，并分别保持在 25%和 10%左右。

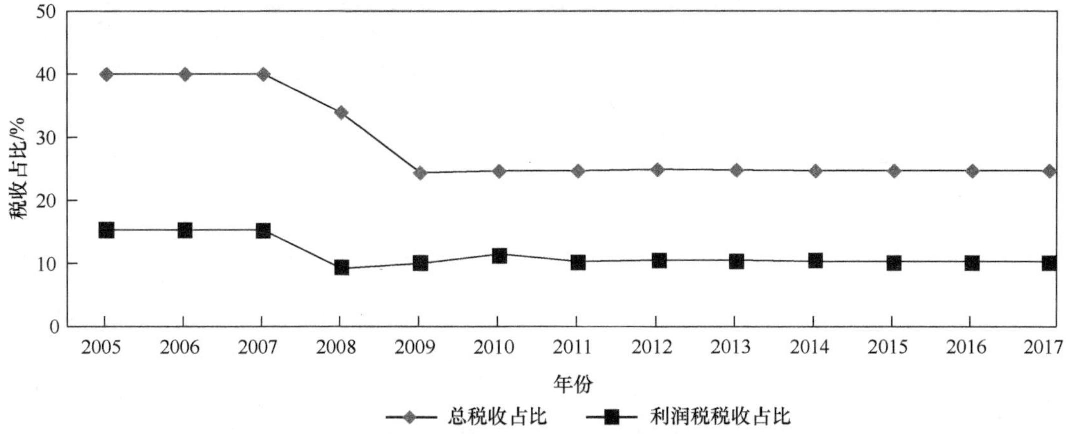

图 21-9　蒙古税收占比变化情况

七、国际贸易情况分析

图 21-10 反映的是蒙古国际贸易情况。从图 21-10 中可以看出，1996—2016 年，蒙古对外贸易额占 GDP 的百分比在 70%～110%波动，2010 年出现最高点达到 109.7%，2015 年出现最低点为 72%；蒙古货物和服务进口贸易额占 GDP 的百分比和对外贸易额占 GDP 的百分比变化趋势相同，1998—2002 年稳定在 65%左右，2003 年和 2004 年持续下降，2010 年达到最高点，之后持续下降，直到 2016 年才稍有回升；蒙古货物和服务贸易差额占 GDP 的百分比 1996—2001 年稳定在−15%左右，2002—2004 年持续上升，2004 年达到最高点（6%左右），2004—2010 年总体呈下降趋势，之后持续增长，2016 年达到了 5%左右。

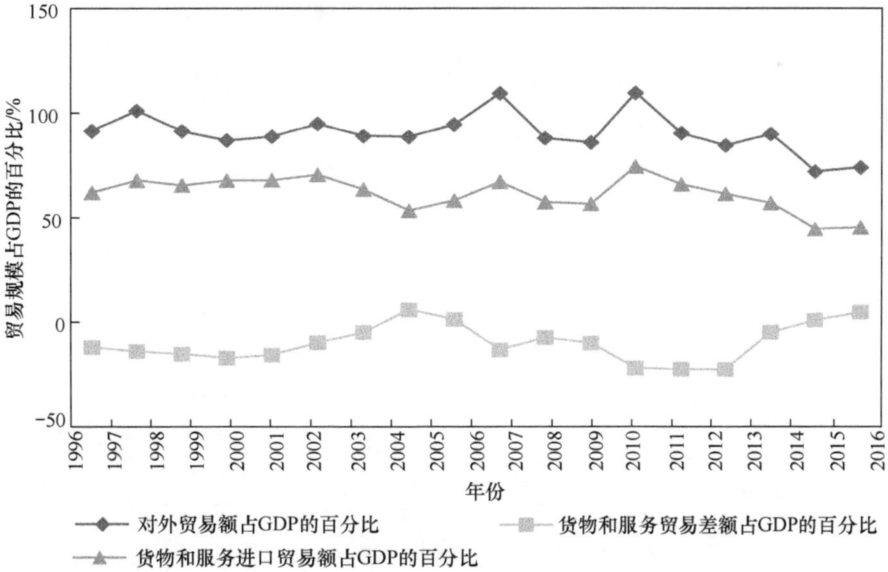

图 21-10　蒙古国际贸易情况

八、外国直接投资情况分析

图 21-11 为蒙古外国直接投资占 GDP 的百分比变化情况。蒙古外国直接投资占 GDP 的百

分比 2011 年之前总体呈波动上升的态势，1999—2005 年上升比较平稳，2006—2011 年上升幅度较大。2011 年达到最高点（45%左右），2011—2014 年急剧下降，2014 年甚至达到 3%。总体而言，蒙古外国直接投资占 GDP 的百分比变化较为剧烈。

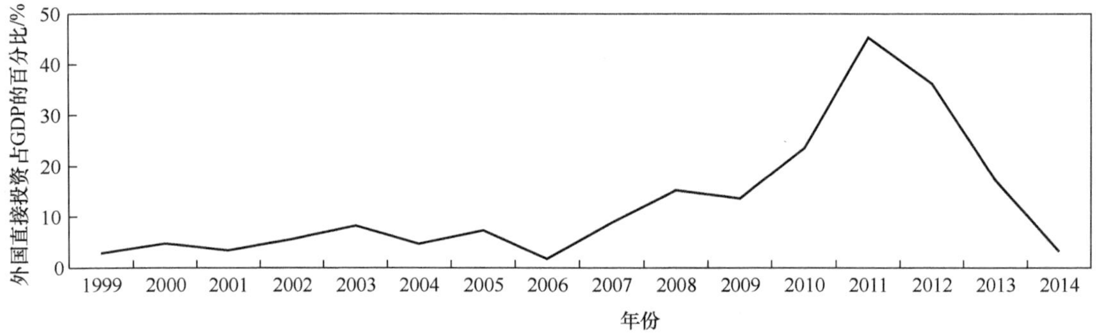

图 21-11 蒙古外国直接投资占 GDP 的百分比变化情况

九、经济活力情况分析

图 21-12 所示为蒙古新注册企业数量及密度变化情况。从图 21-12 中可以看出，蒙古新注册企业数量 2006—2009 年逐渐减少，2009 年仅为 7 164，随后，从 2010 年开始，新注册企业数量逐渐增加，2014 年达到最大值（12 492）；新注册企业密度和新注册企业数量变化趋势一致，也是 2009 年为最小值（3.877 752 289），2014 年为最大值（6.305 584 622）。

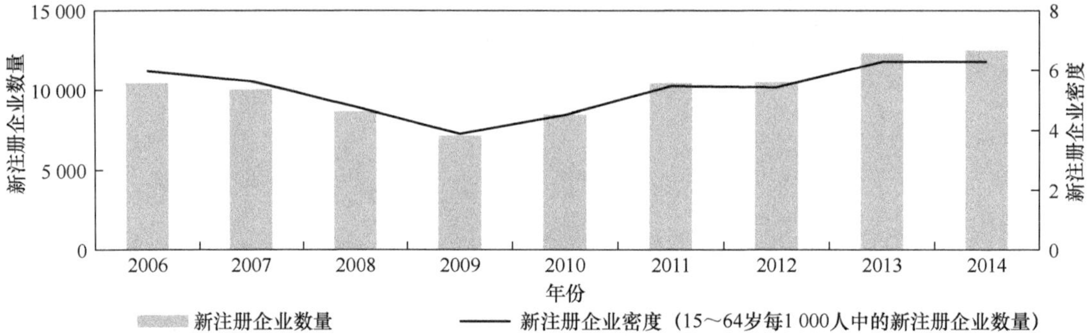

图 21-12 蒙古新注册企业数量及密度变化情况

第三节 产业结构情况分析

一、三次产业结构分析

蒙古产业结构变化情况如图 21-13 所示。从图 21-13 中可以看出，蒙古三大产业（农业、工业、服务业）增加值占比的变化都相对比较平稳，蒙古的农业增加值占比 2010—2012 年缓慢下降，从 2010 年的 11.7%下降到 2012 年的 10.5%，但 2013 年上涨到 11.5%的水平。蒙古工业增加值占比总体呈下降趋势，从 2010 年的 37%下降到 2015 年的 34%，其中 2014 年有所上涨。蒙古服务业增加值占比 2010—2012 年从 50%上升到 52.7%左右，但 2013—2014 年经历了两年的下降，2015 年又上升到 51%左右的水平。总体而言，蒙古服务业增加值占比、工业的增加值占比、农业增加值占比依次递减。可见，蒙古产业结构是比较合理的。

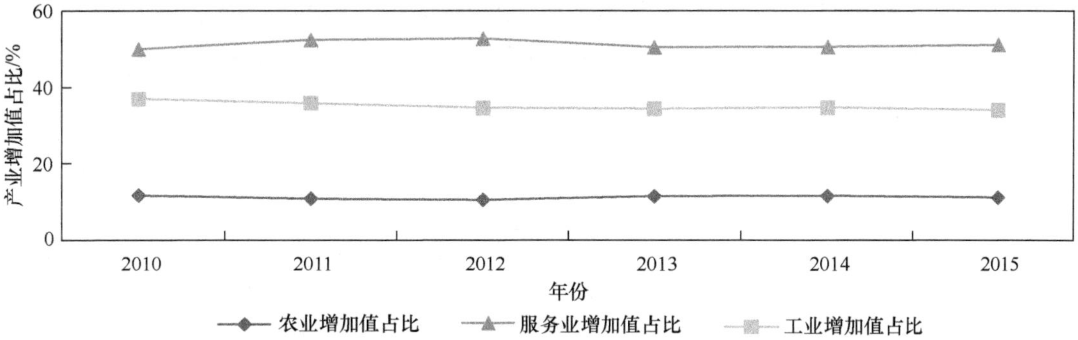

图 21-13　蒙古产业结构变化情况

蒙古劳动力就业结构变化情况如图 21-14 所示。从图 21-14 中可以看出，蒙古服务业就业人数整体呈上升趋势，1999—2010 年从 34.8%上升到 50.2%，2011—2012 年有所下降，分别为 49.6%和 46.8%，2013 年之后又有所上升。蒙古工业就业人数占比 1999—2006 年稳定在 11%～12%，2007 年之后波动上升，2014 年达到最高点（20.7%）。蒙古农业就业人数占比从 1999 年的 54%下降到 2011 年的 33%，2012 年有所上升，达到 35%，2013—2014 年又有所下降，2015—2017 年又有所上升。总体来看，蒙古劳动力就业从以从事农业生产为主转变到以服务业生产为主。可见，蒙古的产业结构逐步合理。

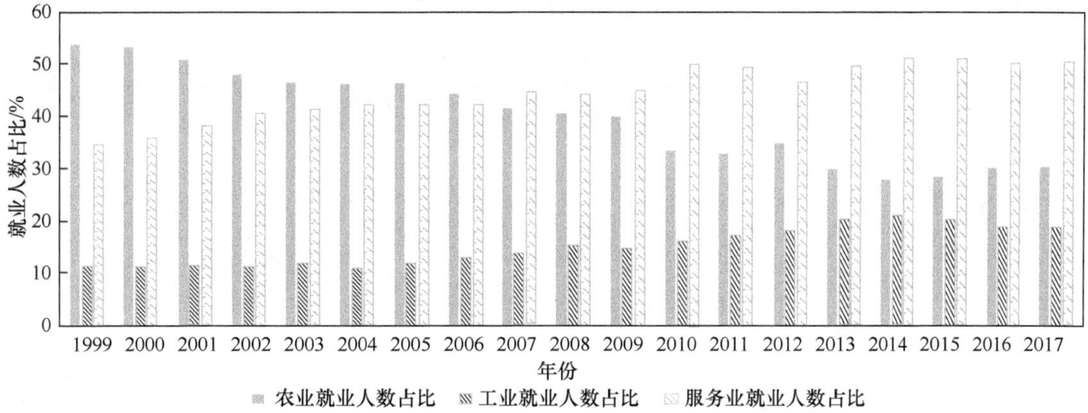

图 21-14　蒙古劳动力就业结构变化情况

以上分析表明，蒙古产业增加值占比、就业人数占比都呈现了从第一产业向二、三产业转移的规律。可见，蒙古产业结构逐步走向合理化。

二、工业、制造业规模变化分析

蒙古工业、制造业规模变化情况如图 21-15 所示。从图 21-15 中可以看出，工业增加值从 1999 年的 235 847 010 美元上升到 2008 年的 1 734 820 512 美元，2009 年下降到 1 377 747 669 美元，2010 年又开始逐年上升，超过了 2008 年的水平，2015 年又经历了一次小幅度的下降，到了 2016 年已经达到 3 765 877 013 美元。总体而言，蒙古工业增加值年增长率波动幅度不大，1999—2001 年从 0.8%上涨到 13%，2002 年下降到 3.5%，2003—2004 年又逐渐上涨，2005 年下降到 4.2%，2008—2009 年，出现负值，2010 年恢复正值，经历了两年的增长后又开始下降，到了 2016 年下降到-0.6%。蒙古制造业增加值整体呈波动上升，2013 年达到最高点（1 097 370 477 美元），1999 年出现最低点（74 300 983 美元）。蒙古制造业增加值年增长率变化幅度较大，2001 年出现最高点（36.7%），2005 年出现最低点（−19%）。

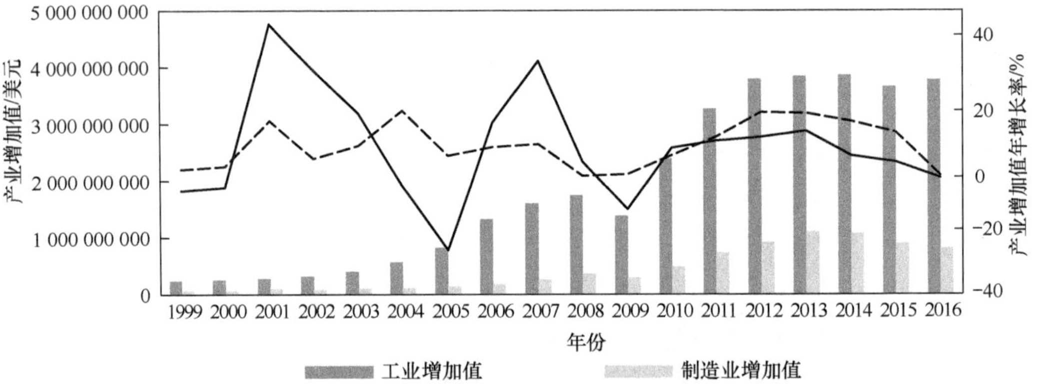

图 21-15 蒙古工业、制造业规模变化情况

蒙古采矿业产值占比变化情况如表 21-4 所示。从表 21-4 中可以看出，蒙古采矿业始终是蒙古工业重要的组成部分；采矿业产值占工业总产值的百分比为 55%～65%；采矿业产值占 GDP 的百分比为 15%～28%；采矿业产值占商品出口收入的百分比相当大，从 2007 年的 67% 上涨到 2011 年的 89%，2015—2016 年有所下降，不到 80%。

表 21-4 蒙古采矿业产值占比变化情况

年份	2007	2008	2009	2010	2011	2012	2013	2014	2015	2016
采矿业产值占工业总产值的百分比	64.7%	58.8%	63.8%	63.6%	64.8%	58.9%	58.4%	64.4%	55.1%	58.9%
采矿业产值占 GDP 的百分比	27.4%	20.6%	19.8%	22.4%	21.8%	17.8%	15.9%	17%	17.6%	20.5%
采矿业产值占商品出口收入的百分比	67%	60%	66%	81%	89%	89%	82%	83%	79%	71%

三、服务业规模变化分析

蒙古服务业规模变化情况如图 21-16 所示。从图 21-16 中可以看出，2010—2012 年，蒙古服务业增加值占比从 50%上升到 53%，2013—2015 年逐渐上升到 51%。可见，蒙古服务业增加值波动幅度并不大。蒙古服务业增加值年增长率和服务业增加值占比的变化趋势一致，从 2011 年的 5%下降到 2013 年的−4%，又上升到 2015 年的 1%。

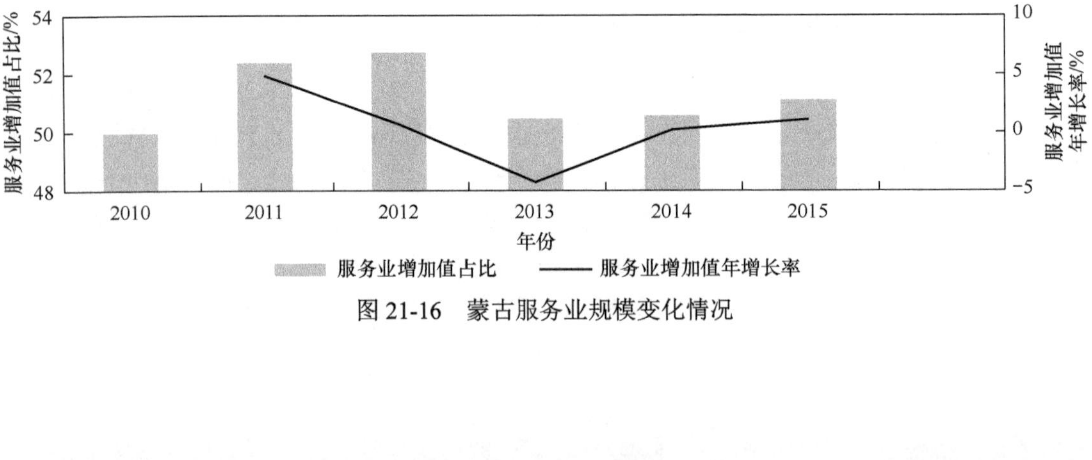

图 21-16 蒙古服务业规模变化情况

四、资源情况分析

矿业是蒙古的重要基础工业，在蒙古经济发展中占有举足轻重的地位。截至 2015 年年底，蒙古矿产资源探明储量排名已升至世界第七位，且提升空间仍然很大。蒙古有 80 多种已发现和确定的矿产，800 多个矿区和 8 000 多个采矿点，主要有煤、石油、铜、锰、钨、钼、铁、铝、铅、锌、汞、锡、金、萤石、稀土、磷、石棉、石墨、铀等矿产资源。

根据 2015 年年底蒙古矿产资源局公布的统计数据，蒙古铜矿储量约为 4 580 万吨，位居亚洲第一；黄金储量约为 59.8 万千克，位居世界前十；萤石金属储量约为 1 578 万吨，产量和出口量位居世界第三和第二；铀矿金属储量约为 125 万吨，位居世界前十；稀土矿金属储量约为 183 万吨，位居世界前列；磷矿探明储量约为 60 亿吨，位居亚洲第一、世界第五，主要分布在蒙古北部库苏古尔湖盆地；煤炭储量约为 258 亿吨；引人注目的塔本陶勒盖煤矿储量约为 65 亿吨，其中 20 亿吨为焦煤，其余为优质动力煤。此外，巴嘎淖尔褐煤矿、那林苏海特煤矿、锡伯敖包褐煤矿也是蒙古的重要煤矿。蒙古矿产出口量情况如表 21-5 所示。

表 21-5　蒙古矿产出口量情况

年份	煤炭出口量/万吨	铜精粉出口量/万吨	铁矿石出口量/万吨	原油出口量/万桶	锌精矿粉出口量/万吨	黄金出口量/吨
2013	1 836.8	133.42	679.3	515.45	10.4	7.2
2014	1 948.2	137.8	632.4	688.5	9.9	6.3
2015	1 447.3	147.8	506.5	813.5	8.4	11.3
2016	2 580.9	156.2	608.48	801.59	12.6	19.2
2017	3 340	144.72	625.78	751.42	11.82	—

煤炭是蒙古最主要的出口资源。蒙古煤炭资源矿产地有 375 个，包括 138 个烟煤产地、237 个褐煤产地。在这 375 个矿产地中，有煤炭矿床 75 个包括 33 个烟煤矿床、42 个褐煤矿床。其中，在已开采的 34 个矿床（区）中，有 20 个焦煤开采矿区、14 个褐煤开采矿区。

蒙古的煤炭资源比较丰富，依其北国界 102°、南国界 107° 连线可将产煤区分为东、西两部分。其中，西部区以产焦煤为主，东部区以产褐煤为主。这些煤炭产地分布在 15 个含煤盆地或盆地群中。蒙古的煤田分属石炭纪、二叠纪、侏罗纪和白垩纪。在已查明的煤炭资源量中，石炭纪煤炭占 8.9%，二叠纪煤炭占 38.8%，侏罗纪煤炭占 3.6%，白垩纪煤炭占 48.7%。

第四节　经济发展历程

20 世纪 90 年代以前，蒙古长期受“社会主义一体化纲要”的约束，形成了一种特殊的经济发展模式，即以外援为主、以生产资料公有制为基础的计划管理经济，经济发展以基础工业落后、产业结构畸形、对外贸易关系只面向苏联和经互会成员国的单向格局为特征。蒙古经济转型起初，苏联援助的终止及特殊经济发展模式导致蒙古产业结构单一、对外贸易关系单一，严重阻碍了蒙古经济发展。1990 年年初，蒙古各项宏观指标急剧恶化，陷入经济危机困境。一方面，蒙古国内生产、贸易严重收缩、失业率上升。另一方面，蒙古资金、生产资料及人民生活必需品严重短缺，收缩危机和短缺危机共存并相互影响，导致蒙古再生产能力萎缩、人民生活急剧下降并引起社会动荡。1991—1993 年，蒙古经济增长持续下滑。1993 年，蒙古人均 GDP 同比下降 28%，国内失业人口上升，对外贸易面临出口与进口的双重收缩，外贸逆差呈现，国际贸易收支严重失衡。1991—1993 年，蒙古资金短缺致使许多工厂停产或开工不足。进入 21 世纪后，蒙古经济稳步发展，2001—2004 年平均 GDP 增长率约为 6.2%，2004 年 GDP 增长率更是高达 10.7%。此后，这种高速增长趋势得以延续。在经历了十多年持续改革后，蒙古逐渐摆脱了经济转型带来的影响，经济发展进入新的阶段。

2008 年，全球金融危机给蒙古经济带来重创。2008 年第四季度开始，受金融危机影响，蒙古经济出现对外贸易急剧减少、通货膨胀率居高不下、外汇市场的动荡不安等问题，这对于资源出口导向型的蒙古经济形成了严重的冲击。蒙古统计局数据显示，2009 年蒙古 GDP 约为 42.08 亿美元，GDP 增长率为负数，人均 GDP 约为 1 537 美元。2008 年，蒙古通货膨胀率高达 22.1%；登记失业率为 3.1%。2009 年，蒙古实际失业人口高达 11.8 万人，同比增长 27.1%。2009 年后期，国际市场上铜、黄金、煤炭、锌等要素价格逐渐回升，蒙古矿产品出口贸易额开始显著增加，整体拉动了其经济增长。2010 年，蒙古 GDP 增长率恢复至 6.4%。

2010 年，随着全球金融危机影响的进一步减弱，国际市场上矿产品价格高位运行以及矿产品国际需求的增加，加上蒙古政府“矿业兴国”发展战略的进一步推进，蒙古矿业迎来“黄金时期”，蒙古经济进入高速发展阶段，GDP 达到 71.9 亿美元。2011 年，蒙古 GDP 增长率创造纪录，实现 17.3%，成为世界经济增长最快的国家之一。但是蒙古经济高度依赖矿产资源，导致国内产业发展严重失调，产业结构更加单一。由于矿产行业的巨大利润，蒙古政府大力开发采矿业，吸引外资，带动经济繁荣。随着大量资本涌入蒙古国内，蒙古基础设施建设进一步改善。但是，矿业大繁荣未能有效带动现代工业发展，基础工业依然薄弱。蒙古农牧业产值虽然在 GDP 中的份额逐渐减少，但是稳步增长。随着蒙古政府对外经济战略的调整，蒙古形成从只面向苏联及经互会成员国的比较单一的对外贸易转变为多元化的对外贸易格局。截至 2011 年，蒙古与全球 140 余国家建立伙伴关系，对外贸易额超过 100 亿美元，比 10 年前增加近 10 倍。蒙古经济出现了前所未有的迅猛发展势头。对于蒙古经济发展来说，2011 年是个转折点，之后经济增长进入下行通道。从 2012 年年底开始，因中国经济增长放缓以及大宗商品国际市场持续低迷，蒙古经济增长受到影响。不过，2013 年蒙古 GDP 增长率依然实现“两位数”。

2014 年以来，蒙古经济出现大幅下滑，并陷入严重危机。2014 年，蒙古 GDP 增长率只有 7.8%。虽然该增长率位居世界前列，但蒙古仍被世界银行归为中低收入国家。同时，蒙古面临债务危机，蒙古 200 多万人的生活也是毫无保障，失业率高达 9.1%。从表面上看，蒙古的经济问题是由全球经济增长放缓、国际矿产资源价格走低等外部因素引起的。其实，蒙古过小的经济体量、单一的经济结构不适应国际市场形势，以及蒙古政府近些年采取的错误政策导向才是蒙古再次陷入经济危机的根本原因。随着 IMF 一揽子紧急救援计划的实施、各国政府的援助、国际大宗商品价格的回升，在新一届政府致力于振兴经济、吸引外资的规划下，2017 年开始蒙古经济走出困境，GDP 增长率为 5.1%。

第五节　产业政策分析

1921—1990 年，蒙古效仿苏联，逐步建立了以公有制为基础的社会主义计划经济体制。20 世纪 80 年代末，蒙古借鉴中国等社会主义国家的改革开放经验，实行了家庭承包制、租赁合同制，经济的所有制结构逐渐多元化。

1989 年柏林墙倒塌后，苏联逐步撤回对蒙古的经济支持，而蒙古国内也发生了旨在建立资本主义制度的“和平革命”。1990 年 6 月，蒙古人民革命党承诺进行全民公开选举，并于 1992 年通过了新宪法。在美国经济学家萨克斯和国际货币基金组织的积极参与和指导下，蒙古效仿俄罗斯采用了“休克疗法”，全面向多党议会制的政体和以私有化为核心的资本主义市场经济体制转型。

矿业是蒙古的重要基础工业，在蒙古经济发展中占有举足轻重的地位。纵观蒙古采矿业发展历程可以发现，蒙古由最初的粗放开发、过度开放引发本国“资源民族主义”思潮，而政府采取强力干预手段，且存在明显的矫枉过正迹象。

自 1990 年经济转型以来，为吸引外国资本，蒙古先后颁布了涉及矿业的《蒙古外国投资法》和《蒙古矿产资源法》。其中，1997 年颁布的《蒙古矿产资源法》给予企业很大幅度的优惠政策，规定任何国籍的法人、自然人都可以申领矿产资源勘探许可证。在这一优惠政策的刺激下，大批蒙古国内外资本纷纷涌入矿业领域。这种粗放的管理模式极大地推进了蒙古矿业的发展，但同时催生出许多环境保护、政治腐败、恶性竞争等方面的问题。

为了解决上述问题，蒙古民主党于 2006 年修订的《蒙古矿产资源法》对于规范矿产资源开发、保护战略资源、提高技术门槛等发挥了一定的积极作用。随后，蒙古人民党在 2009 年 7 月颁布实施的《关于在河流发源地、水源地、森林保护区内禁止矿产勘探开发行为法》直接导致 260 余家企业允许勘探开发的部分或全部区域受到影响，其业务在国家补偿或替代优先发放其他矿权证条件下部分或全部被取缔。2010 年，由总统签发的《暂时停发矿产资源勘探许可证总统令》规定，申领矿产资源勘探许可证业务暂停至 2014 年 7 月新矿产法生效为止。2013 年 11 月颁布的《蒙古外国投资法》取消了外资引进的优惠政策。2014 年 7 月通过的《蒙古矿产资源法修正案》对 2006 年版本进行了相关调整，并对各参与方的责任和义务做了更明确的界定。但因同期国际大宗商品价格大幅下行，蒙古经济陷入困境，所以上述法律政策未能完全实施。

近年来，随着政策法规的调控加强，蒙古有效矿产资源勘探许可证数量持续减少。截至 2015 年年底，蒙古有效矿产许可证共计 3 329 份，比 2008 年年底减少 1 873 份。从矿产资源勘探许可证持证者的国别和地区分布情况来看，国内的占 78.4%，外资的占 15.1%，合资的占 6.5%。

蒙古的草原畜牧业虽然历史悠久，但生产力发展水平降低，经营管理方式、方法滞后，一直处于“靠天养畜，逐水草而居”流荡搬迁的生产状态，社会效益和经济效益均不理想。为了改变这种状况，蒙古十分关注草原畜牧业这一传统产业的发展，制定了发展草原畜牧业的远景规划，加大了投资力度，包括搭盖棚圈、保障牲畜饮水、开展兽医工作、重视农牧业机械化、培养和配备农牧业技术人员、增加饲料。

第六节　产业结构与产业政策分析基本结论

通过对蒙古的基本情况、经济发展情况、产业结构情况、产业政策几个方面的分析，初步得出以下结论。

（1）蒙古产业结构整体呈升级趋势，即第一产业产值占 GDP 的百分比逐渐下降，第二、第三产业产值占 GDP 的百分比曲折上升。2001 年，三次产业产值占 GDP 的百分比分别为 24.9%、22.0%和 53.0%；随后几年由于全球矿价持续走高，第二产业发展迅速，2007 年基本与第三产业相当，此时三次产业产值占 GDP 百分比的分别为 18.4%、40.7%和 40.9%；之后受经济危机影响，第三产业产值占 GDP 的百分比逐渐回升，2013 年三次产业产值占 GDP 的百分比调整为 14.5%、33.9%、51.6。此种产业结构演进方式并不典型，所以蒙古应加大优化产业结构力度。

（2）蒙古国民经济除畜牧业和采矿业这两大支柱产业之外，其他产业都较为落后。产业结构畸形必将抑制经济持续健康发展。产业结构单一的缺点有三：其一，区域综合发展难度较大，这会增加区域差距缩小的难度；其二，面临的不确定性复杂多变，过度依赖资源会在全球资源价格变动的过程中使经济面临巨大的风险；其三，部分行业如采矿业会牵制大量的人力、物力和财力，由此抑制其他产业的发展，这反过来又会加剧产业结构单一的程度，形成恶性循环。总之，蒙古调整产业结构使之趋向合理势在必行。

（3）蒙古畜牧业发展现状。首先，蒙古畜牧业生产快速增长，综合生产能力显著提高。近年来，蒙古畜牧业保持了较大幅度的恢复性增长态势。蒙古畜牧业的发展，在保障国内畜肉、奶食类产品需求的同时，提供了牲畜产品的加工和出口。其次，蒙古畜牧业经济发展中也存在一些问题，如草原面积缩小、草场退化。全球气候变化使一些牧区的最低气温已降至−45℃左右。如何使牲畜安全过冬是蒙古各级政府和牧民面临的严峻问题。蒙古因草原荒漠化引发了草场面积减少、牧场水源短缺以及畜种改良等问题。再次，蒙古存在畜产品加工能力偏低的问题。蒙古因国内羊绒加工设备与技术落后，难以实现高附加值产品的效益，大多以初级原料的价格销往国外。最后，蒙古畜产品的质量和卫生、安全问题制约了其畜产品进入国际市场。总而言之，作为蒙古基础产业的畜牧业，虽然在畜牧数量方面已经形成规模，但是其自然经济的经营状态仍未得到有效的改变。蒙古畜牧业的集约化发展，乃至在肉、奶、皮、毛、绒和其他副产品的现代化加工和生物技术的应用方面，都面临着繁重的任务。

（4）蒙古采矿业发展现状。自 1997 年《蒙古矿产资源法》颁布以来，蒙古矿产领域生产有了较大的发展。截至 2005 年，蒙古矿产石油管理局共审批发放矿产资源勘探许可证 5 200 份，其中发放给外国独资和合资公司的矿产资源勘探许可证占其发放总量的一半以上，批准勘探总面积达 626 300 平方千米，占国土面积的 40%左右。据《蒙古消息报》报道，1990—2016 年，共有 112 个国家的 13 000 余家外资企业对蒙古进行了直接投资，投资总额达 150 亿美元，外商投资总额的 72.5%用于矿业。矿业工人人口占蒙古劳动力人口的 10%。蒙古额尔登特、达尔汗、巴嘎诺尔等城镇居民人口的 90%以上均靠资源产业生活。目前，已开采并具有一定经济规模的矿产主要有铜、煤、铁等有色金属以及黄金、萤石等。其中，20 世纪 70 年代建立的额尔登特铜钼矿是蒙古的最大企业和经济支柱，位居世界十大铜矿之列，平均年产铜精粉、钼精粉分别约为 40 万吨和 4 000 吨。该矿产值约占 GDP 的 25%，其出口贸易额约占全国总出口贸易额的 40%。

第二十二章　缅甸产业结构与产业政策分析

第一节　基本情况

缅甸联邦共和国，简称缅甸，国土面积约为 676 581 平方千米，位于中南半岛西部，东北与中国毗邻，西北与印度、孟加拉国相接，东南与老挝、泰国交界，西南临孟加拉湾和安达曼海。缅甸海岸线长达 3 200 千米。缅甸属于热带季风气候，年平均气温为 27℃。缅甸首都是内比都。内比都人口约为 80 万人。

缅甸总人口约为 5 750 万人，共有 135 个民族，主要有缅族、克伦族、掸族、克钦族、钦族、克耶族、孟族和若开族等。缅族人口约占总人口的 65%。缅甸各少数民族均有自己的语言，其中克钦族、克伦族、掸族和孟族等有文字。华人华侨约 250 万人。缅甸全国 85%以上的人信奉佛教，而约 8%的人信奉伊斯兰教。

缅甸自然条件优越，资源丰富。多年来，缅甸经济发展缓慢。1987 年 12 月，缅甸被联合国列为世界上最不发达国家之一。缅军政府上台后，废除“社会主义计划经济”，实行以建立市场经济为目标的经济体制改革，鼓励发展私人企业，积极引进外资。1992—1995 年，缅甸 GDP 年均增长 7.5%。1996—2001 年，缅甸 GDP 年均增长 8.5%左右。2002—2006 年，缅甸 GDP 年均增长 12.8%，经济总量增加 1.83 倍。

第二节　经济发展情况分析

一、经济规模情况分析

缅甸经济规模在经历了小幅度下滑后进入稳步增长。图 22-1 反映了缅甸 GDP 及其增长率变化情况。从图 22-1 中可以看出，缅甸 GDP 从 2000 年以来基本保持增长，2007—2010 年出现大幅度增长，之后保持较为平稳的增长，2010 年以后增长放缓。

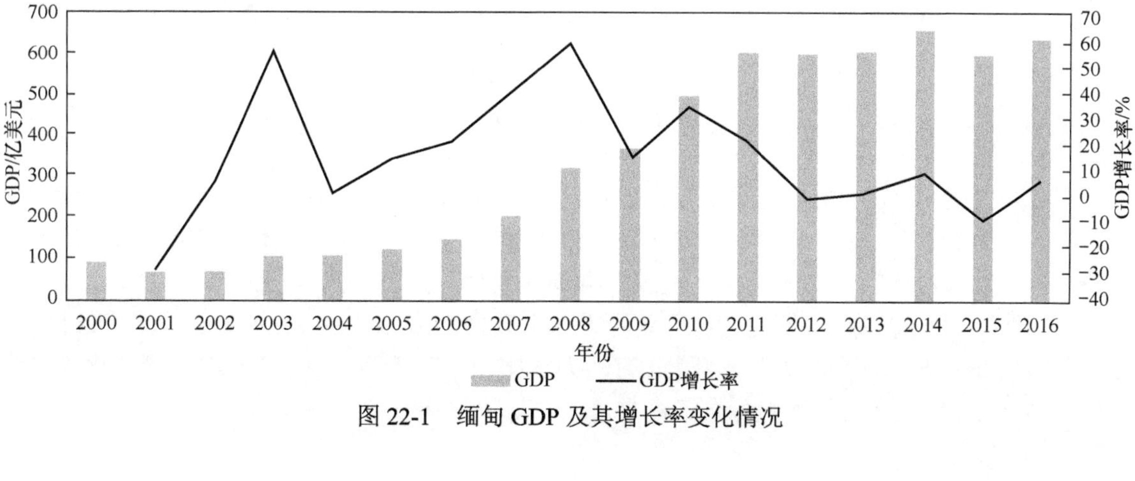

图 22-1　缅甸 GDP 及其增长率变化情况

图 22-2 反映了缅甸人均 GDP 变化情况。同样，缅甸人均 GDP 总体上保持增长，2007 年之前增长较为缓慢，2007—2010 年是飞跃式的增长。缅甸是一个落后的发展中国家，虽然 GDP 保持着增长，但是无论是 GDP 还是人均 GDP 都比较低，2016 年也只有 1 200 美元左右。

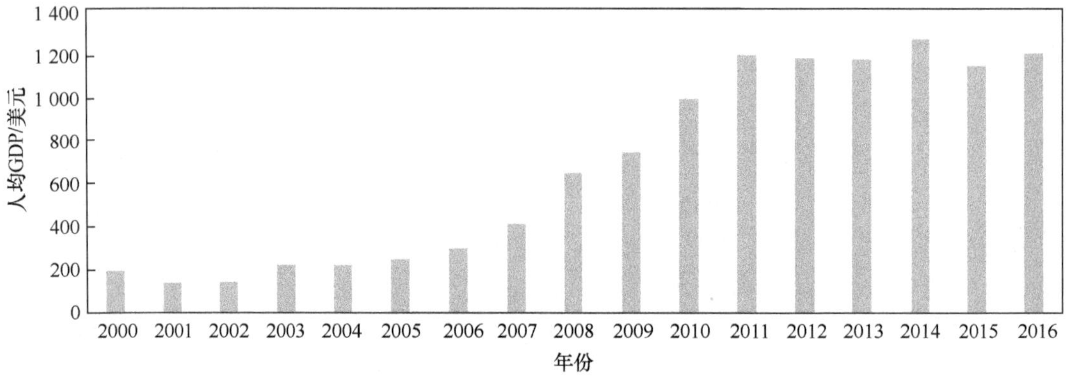

图 22-2　缅甸人均 GDP 变化情况

二、人力资本基础情况分析

从图 22-3 中可以看出，缅甸总人口一直处在上升阶段，从 2000 年的 4 600 万人上涨到 2016 年的 5 300 万人，平均每年总人口增长约 40 万人。缅甸总人口的稳步增长与其经济平稳增长有着密切的关系。

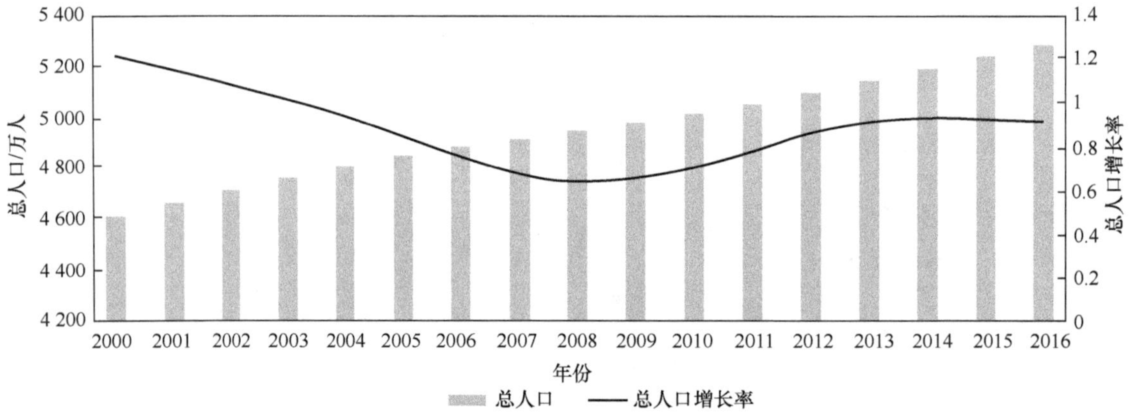

图 22-3　缅甸总人口变化情况

图 22-4 反映了缅甸城镇和农村人口变化情况。从图 22-4 中可以看出在统计期内，缅甸城镇人口占比不断上升，由 1996 年的 25.77%上升为 2017 年的 33.55%。虽然城镇人口占比不断上升，但城镇人口相对农村人口还是较少。缅甸的大部分人口还是农村人口。

从表 22-1 中可以看出，缅甸劳动力总量不断上升，由 2000 年的 2 238.92 万人上涨到 2017 年的 2 541.30 万人，上涨幅度不是很大；劳动力占比却不断下降，由 2000 年的 48.57%下降为 2017 年的 47.62%。缅甸劳动力总量远没有总人口增长得快。

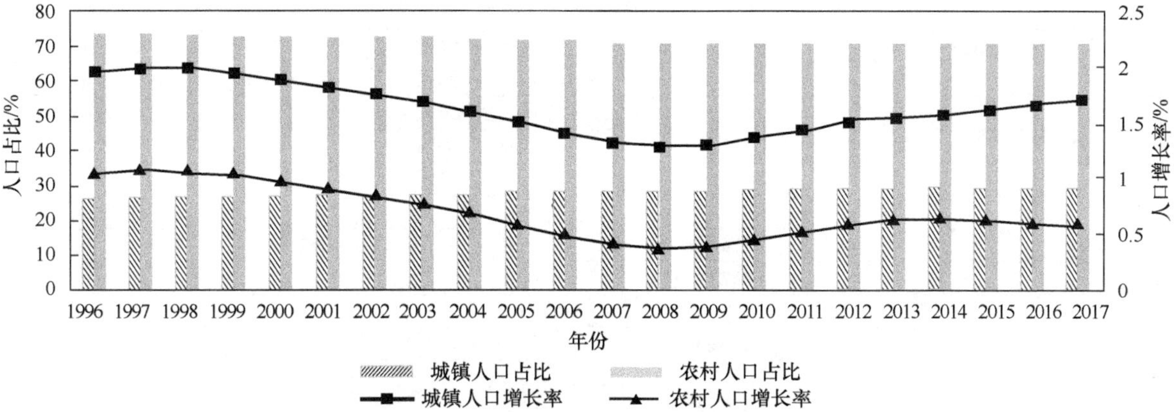

图 22-4　缅甸城镇和农村人口变化情况

表 22-1　缅甸劳动力情况

年份	劳动力总量/万人	劳动力占比/%	15～64 岁劳动参与率/%	15～24 岁劳动参与率/%
2000	2 238.92	48.57	75.87	75.57
2001	2 264.28	48.56	75.48	74.79
2002	2 286.29	48.50	75.06	73.94
2003	2 303.22	48.36	74.55	72.90
2004	2 317.42	48.21	74.04	71.81
2005	2 329.01	48.04	73.50	70.62
2006	2 334.45	47.79	72.99	69.38
2007	2 340.61	47.60	72.51	68.14
2008	2 348.63	47.47	72.07	66.99
2009	2 356.56	47.32	71.60	65.74
2010	2 366.28	47.18	71.15	64.57
2011	2 389.77	47.27	70.87	63.93
2012	2 411.30	47.29	70.53	63.11
2013	2 432.39	47.28	70.15	62.15
2014	2 455.59	47.29	69.79	61.24
2015	2 481.20	47.35	69.47	60.40
2016	2 508.54	47.43	69.23	59.68
2017	2 541.30	47.62	69.11	59.37

数据来源：世界银行数据库。

三、交通情况分析

从表 22-2 中可以看出，缅甸货物周转量在波动中呈现出上升的趋势。分阶段来看，2008 年之前，缅甸货物周转量保持逐年上升的趋势；2008 年之后，缅甸货物周转量增长率开始波动。2017 年，缅甸货物周转量较 2016 年增加 5.98%。缅甸货运以铁路、汽车道路运输为主，航空运输量占比很少。2017 年，缅甸内陆水域运输量、航空运输量分别仅占 0.02%和 0.06%，管道运输量占比较高，达到 43.28%。

表 22-2 缅甸货物周转量情况

年份	货运货物周转量/（亿吨·千米）	铁路货物周转量/（亿吨·千米）	汽车道路货物周转量/（亿吨·千米）	内陆水域货物周转量/（亿吨·千米）	航空货物周转量/（亿吨·千米）
2001	914.10	297.27	53.50	0.41	0.28
2002	979.63	341.69	66.58	0.59	0.37
2003	1 095.10	384.02	81.81	1.60	0.34
2004	1 187.38	403.31	88.67	1.82	0.49
2005	1 273.20	435.59	93.51	0.90	0.59
2006	1 284.94	457.23	89.39	1.09	0.92
2007	1 308.68	479.33	119.41	0.93	0.66
2008	1 307.96	489.94	137.42	1.32	0.57
2009	1 211.72	427.42	135.12	0.83	0.50
2010	1 281.44	462.24	160.23	1.10	0.44
2011	1 342.69	494.06	194.36	1.43	0.27
2012	1 316.84	483.51	220.31	1.34	0.34
2013	1 307.52	438.18	256.03	0.84	0.27
2014	1 314.02	449.97	265.87	0.49	0.65
2015	1 259.57	407.85	245.23	0.21	0.77
2016	1 258.20	411.07	252.39	0.21	1.08
2017	1 333.48	485.38	269.87	0.32	0.83

数据来源：缅甸国家统计局网站。

四、信息化情况分析

近些年，缅甸电话线路覆盖率、互联网覆盖率、固定宽带覆盖率都有所上升。从表 22-3 中的数据来看，2014 年每百人互联网用户量也只有 2.10 人，可以说是十分稀少了。可见，缅甸互联网覆盖率极低，这也是大部分东南亚国家的现状，信息化程度十分低。

表 22-3 缅甸互联网用户量情况

年份	每百人互联网用户量/人
2003	0.02
2004	0.02
2005	0.07
2006	0.18
2007	0.22
2008	0.22
2009	0.22
2010	0.25
2011	0.98
2012	1.07
2013	1.60
2014	2.10

五、制度环境情况分析

下面通过法律制度指数、腐败监管指数、政治稳定指数、民主自由权利指数、政府效能指数对缅甸的制度环境进行分析，缅甸制度环境评估如表 22-4 所示。总体而言，缅甸的制度环境一直比较恶劣。其中，2014 年法律制度指数、腐败监管指数、政治稳定指数、民主自由权利指数、政府效能指数均低于1996—2014年的平均值。可见，缅甸在法律制度、腐败监管、政治稳定、民主自由权利、政府效能5个方面的制度环境有所退步。

表22-4 缅甸制度环境评估

年份	法律制度指数	腐败监管指数	政治稳定指数	民主自由权利指数	政府效能指数
1996	−1.48	−1.41	−1.35	−1.92	−1.28
1997	−1.46	−1.29	−1.45	−1.93	−1.24
1998	−1.44	−1.17	−1.56	−1.94	−1.20
1999	−1.38	−1.24	−1.64	−2.00	−1.21
2000	−1.33	−1.31	−1.72	−2.06	−1.21
2001	−1.48	−1.26	−1.60	−2.04	−1.26
2002	−1.63	−1.21	−1.48	−2.02	−1.31
2003	−1.63	−1.46	−1.20	−2.13	−1.24
2004	−1.68	−1.67	−1.01	−2.16	−1.56
2005	−1.65	−1.56	−0.96	−2.22	−1.55
2006	−1.47	−1.73	−0.88	−2.22	−1.51
2007	−1.43	−1.57	−1.09	−2.16	−1.47
2008	−1.43	−1.56	−1.11	−2.16	−1.52
2009	−1.47	−1.67	−1.28	−2.15	−1.64
2010	−1.51	−1.68	−1.28	−2.08	−1.65
2011	−1.43	−1.68	−1.11	−1.88	−1.63
2012	−1.35	−1.12	−0.95	−1.65	−1.53
2013	−1.22	−1.07	−1.15	−1.50	−1.51
2014	−1.17	−0.92	−1.06	−1.39	−1.28
1996—2014（平均值）	−1.46	−1.40	−1.26	−1.98	−1.41

数据来源：世界银行数据库。

不同国家制度环境对比如图22-5所示。从图22-5中可以看出，高等收入国家在法律制度、腐败监管、政治稳定、民主自由权利、政府效能方面均远远优越于其他国家。缅甸这5个方面指数均为负值，远低于中等收入国家和“一带一路”沿线国家的平均值。总体而言，缅甸在制度环境方面与其他国家存在较大差距。

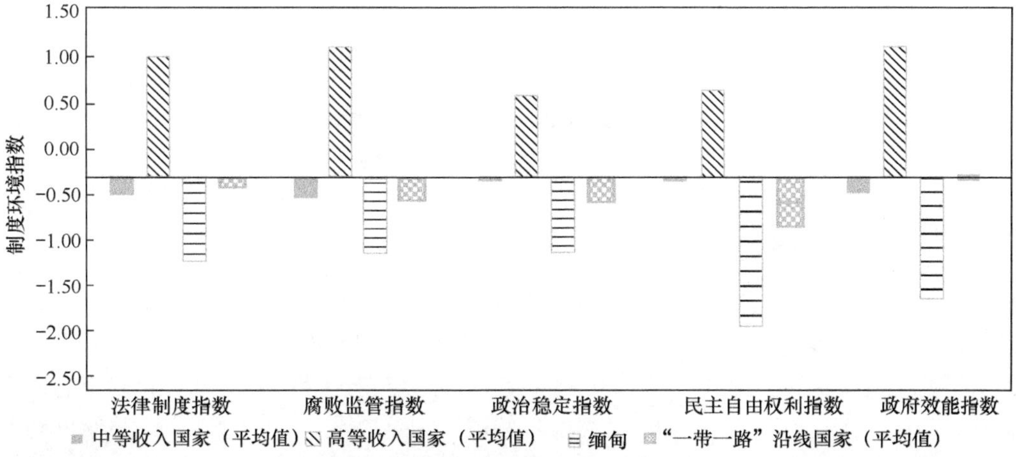

图22-5 不同国家制度环境对比

六、税收负担情况分析

从图 22-6 中可以看出，虽然存在部分数据缺失，但缅甸总税收占 GDP 的百分比总体上是不断上升的，说明缅甸的总税收负担是不断增加的。其中，缅甸总税收占 GDP 的百分比 2000—2002 年是不断下降的，从 3%左右下降到 2%左右，2003 年之后又不断上升，截至 2016 年为 6.50%。

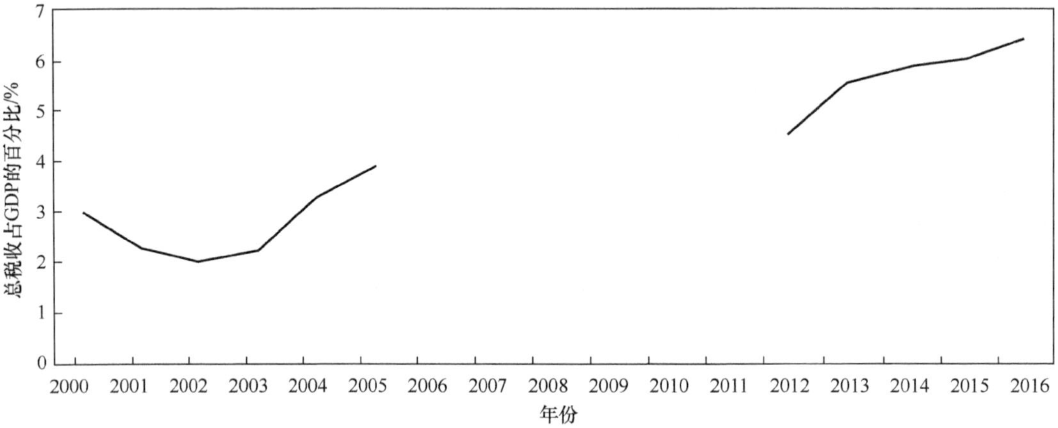

图 22-6 缅甸总税收占 GDP 的百分比变化情况

从图 22-7 中可以看出，缅甸总税收占比和利润税税收占比 2012—2018 年缓慢下降，说明缅甸企业税收负担是不断减少的。

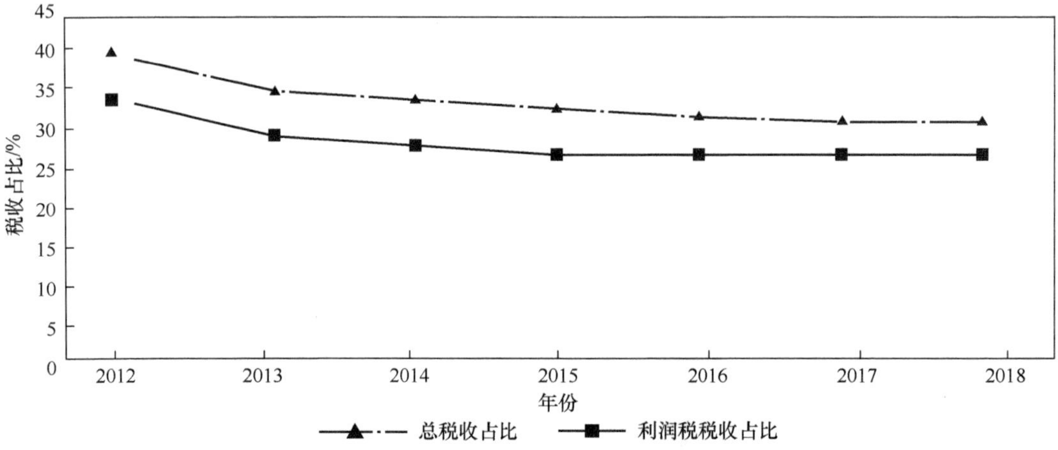

图 22-7 缅甸税收占比变化情况

七、国际贸易情况分析

缅甸对外贸易额占 GDP 的百分比近些年不断攀升，对外贸易规模逐渐扩大，对外开放程度不断提高。从图 22-8 中可以看出，缅甸对外贸易额占 GDP 的百分比 2000—2011 年几乎为零（对外开放程度较低），2011—2015 年不断上升，2015 年达到 47.36%，2016 年有所下降但很快回升，2017 年为 47.95%；缅甸货物和服务进口贸易额占 GDP 的百分比与对外贸易额占 GDP 的百分比变化情况类似，2017 年为 27.99%；缅甸货物与服务贸易差额占 GDP 的百分比呈下降趋势，2017 年为−8.02%。

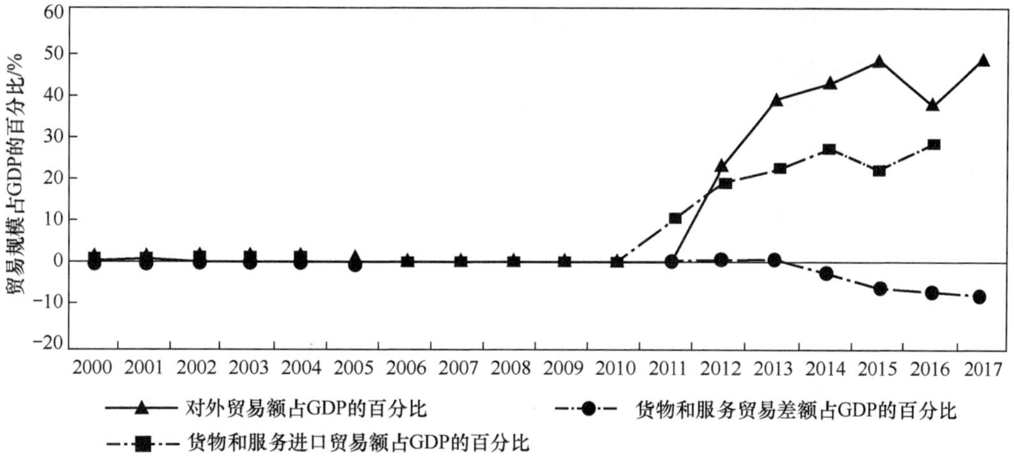

图 22-8　缅甸国际贸易情况

八、外国直接投资情况分析

图 22-9 反映了缅甸外国直接投资占 GDP 的百分比变化情况。总体而言，缅甸外国直接投资占 GDP 的百分比在波动中呈现出不断上升的趋势。缅甸外国直接投资占 GDP 的百分比 2010 年之前为 0%，也就是说，缅甸 2010 年以前并不能很好地吸引外资投入，可以说就没有外资投入。缅甸 2010 年之后开始吸引外资投入。其中，2011 年相比于 2010 年，2012 年相比于 2011 年，外国直接投资占 GDP 的百分比均出现较大的增长。缅甸外国直接投资占 GDP 的百分比 2012 年达到统计期内的最高点为 3.8%，但 2013 年又开始走下坡路。缅甸外国直接投资占 GDP 的百分比相比于中等收入国家外国直接投资占 GDP 的百分比仍有一段差距。

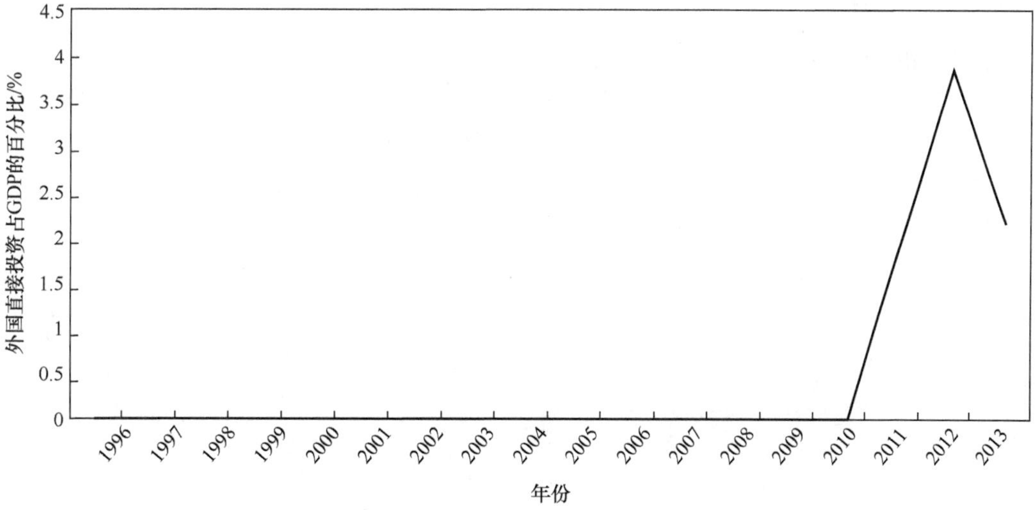

图 22-9　缅甸外国直接投资占 GDP 的百分比变化情况

九、经济活力情况分析

缅甸新注册企业数量在波动中不断增加，经济活力不断增强。如图 22-10 所示，2006—2011 年，缅甸新注册企业数量迅速上涨；2013 年，缅甸新注册企业数量达 6 010 家，而新注册企业密度为 0.16。2013 年之后，缅甸新注册企业数量逐渐趋于平稳；并有增加的趋势。2016 年，缅甸新注册企业数量较 2015 年增加了 271。

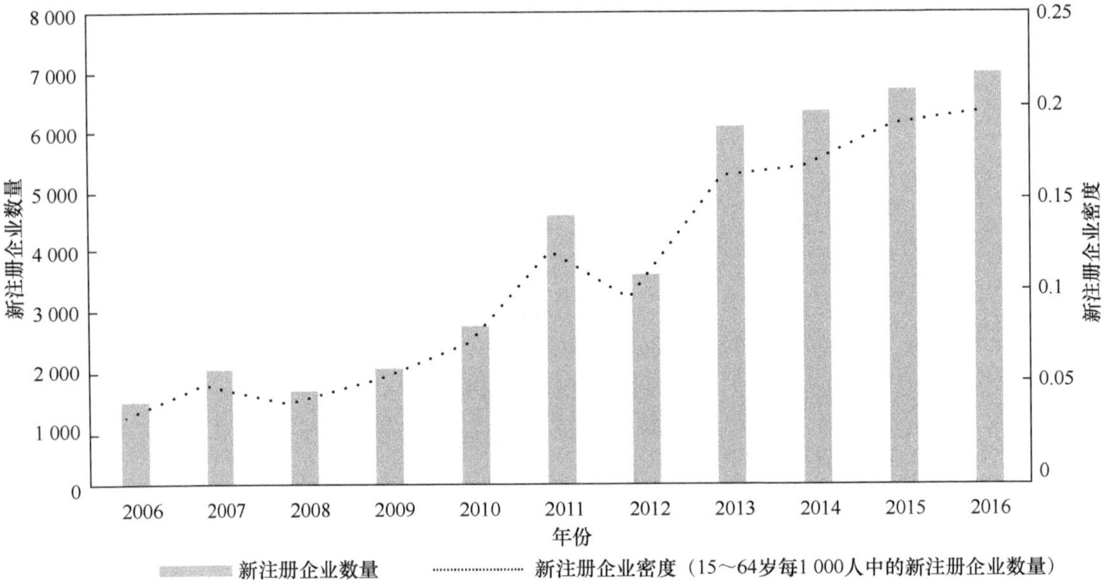

图 22-10　缅甸新注册企业数量及密度变化情况

第三节　产业结构情况分析

一、三次产业结构分析

近年来，缅甸服务业发展较快，服务业增加值占比不断提高，三次产业增加值占比不断优化。从图 22-11 中可以看出，缅甸农业增加值占比不断下降，工业与服务业增加值占比则不断上升。截至 2017 年，农业增加值占比、工业增加值占比和服务业增加值占比分别为 36.29%、23.33%和 40.37%。经统计，美国第三产业增加值占比约为 80%，而英国、法国、德国、日本第三产业增加值占比都在 60%～70%，因此缅甸的经济从第二产业转移到第三产业的发展趋势与发达国家经济发展历程类似，并且第三产业增加值占比与发达国家的更为接近。

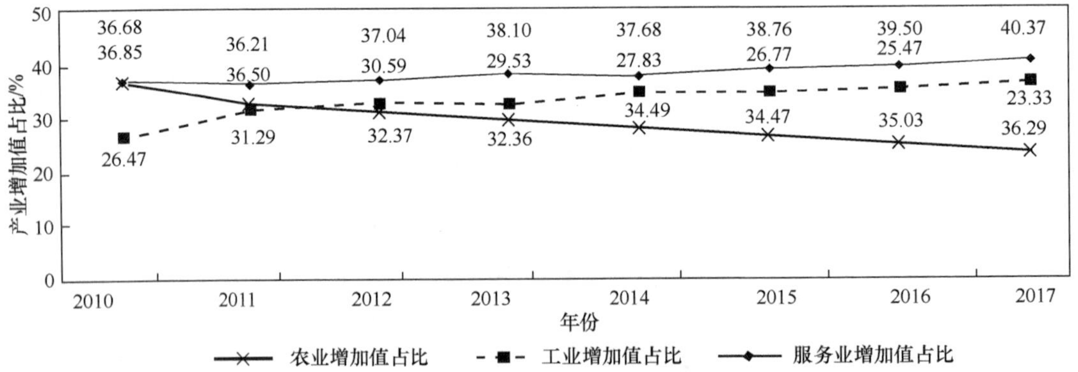

图 22-11　缅甸产业结构变化情况

缅甸三次产业从业人员占比从另一方面反映了缅甸的产业结构变化情况。如图 22-12 所示，缅甸绝大部分劳动力都从事农业相关工作；农业就业人数占比很高，且变化幅度较大，2000—2016 年降低了近 20%；工业就业人数占比很小，整体变化幅度较小，且在 2012—2015 年呈下降趋势；服务业就业人数占比较小，并呈现出逐年上升的趋势，2015 年达 32%。

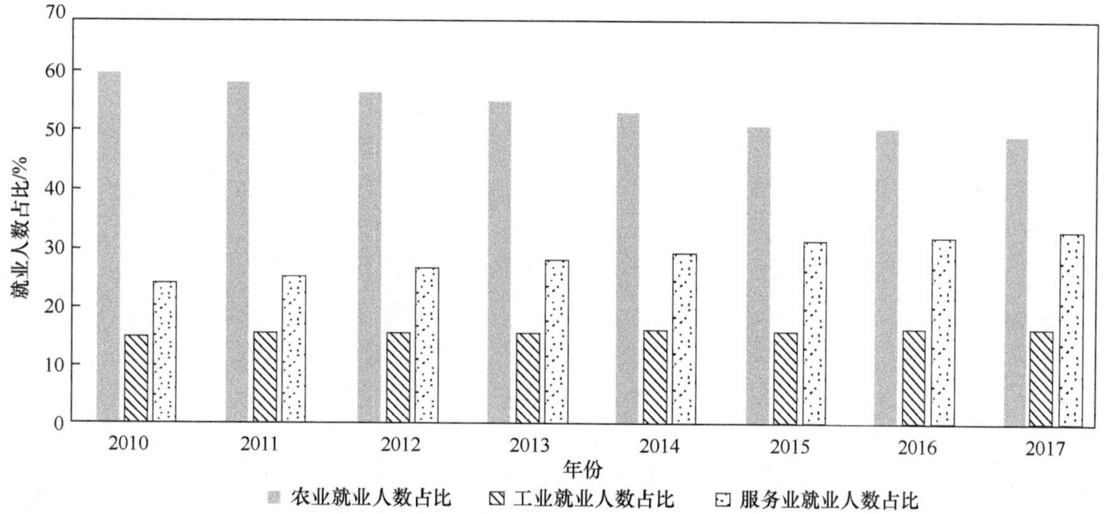

图 22-12 缅甸劳动力就业结构变化情况

以上分析表明，缅甸产业增加值占比、就业人数占比都呈现了第二产业向第三产业转移的趋势。可见，缅甸产业结构逐步走向合理化。

二、工业、制造业规模变化分析

图 22-13 反映了缅甸工业、制造业规模变化情况。总体来说，缅甸工业、制造业近些年都有所发展。工业增加值和制造业增加值 2006—2011 年增长较快，到 2011 年分别为 187.68 亿美元和 118.28 亿美元，2012—2017 年变化幅度相对较小，但也在不断增长，2017 年分别为 243.42 亿美元和 159.98 亿美元。

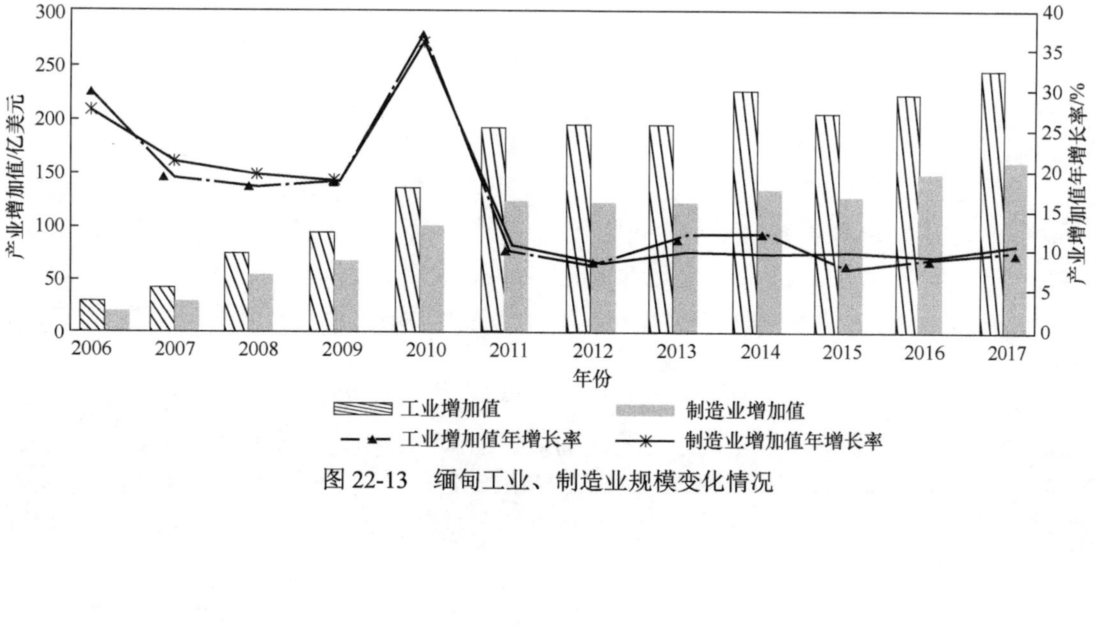

图 22-13 缅甸工业、制造业规模变化情况

缅甸现代工业基础薄弱，现有行业多属低阶的小型机械制造行业，多数集中在纺织、印染、碾米、木材加工、制糖、造纸、化肥和制药等行业。其中，食品及饮料行业占主导地位，多集中在稻米、食油、糖、盐等农产品加工制作，其产品主要供当地市场消费。

制衣业是缅甸制造业的代表，近几年发展快速，2015 年合计出口贸易额为 20 亿美元。自 2013 年起，欧盟陆续解除对缅甸的经济制裁。美国也在 2014 年对缅甸开放部分产业的贸易封锁。随着欧美对缅甸经济解禁，缅甸本地和部分外国制造业者纷纷计划扩大在缅甸的投资规模。

制造业者着眼于缅甸重新与国际接轨，存在较具规模的内需市场，以及具有竞争力的劳动工资等优势，对缅甸投资逐渐加温。根据缅甸政府 2014 年通过的特别经济区法，特别经济区内允许 100%外国企业独资经营制造加工产业，并就特定产业给予 5～7 年的免税优惠，对外国人开放使用特别经济区内土地且可持有 50 年（有需要还可延长 25 年）。

整体而言，缅甸当地发展仍然受限于水、电、通信和道路港口等基础设施建设不足，教育投资不足，普遍缺乏专业与国际化人才，现代化工业生产制造基础薄弱，以及近些年土地价格飙涨等因素。这些因素也使制造业者要进入缅甸顺利发展的门槛相对提高许多。

三、服务业规模变化分析

缅甸第三产业整体的崛起说明缅甸产业结构呈现合理化的趋势。总体而言，缅甸服务业增加值占比除 2014 年较 2013 年有所下降之外，其余各年均呈现出不断上升的趋势。缅甸服务业增加值占比自 2010 的 36.68%上升为 2017 年的 40.37%。可见，缅甸服务业对拉动经济的作用越发显著。

四、资源情况分析

缅甸的石油开采业作为世界上古老的石油和天然气工业之一，始于蒲甘时代早期。随着 1963 年缅甸石油工业的国有化，新组建的国有石油公司——缅甸石油和天然气企业（MOGE）承担了该行业的所有业务。

缅甸已探明的原油储量估计高达 1.39 亿桶。随着缅甸开放进行国际勘探，大型外国公司正在对该国进行大量投资，利用更新的技术发现新的矿藏。值得记住的是，近年来，缅甸石油和天然气行业作为一个对国家发展有巨大贡献的巨大潜力的行业，在提供可靠的能源供应方面迈出了一大步。

全国民主联盟主导的政府因发展缓慢的经济政策而受到批评，其中能源政策也不例外。电力和能源部（MOEE）在解决国家能源危机方面没有取得什么成就，尽管这是该部的主要责任。低油价时期恰逢缅甸海上油田的发展。在那里，勘探石油和天然气风险很大，而且价格昂贵——一口深水井的成本可能高达 5 000 万美元。此外，壳牌已经放弃了一些深水资产，并延长了其他项目的研究时间。缅甸尽管可能存在能源储备，但一直未能满足其日益增长的电力需求。

缅甸矿藏资源丰富，有石油、天然气、钨、锡、铅、银、镍、锑、金、铁、铬、玉石等。石油是缅甸重要的资源之一。石油曾经是缅甸最大的矿产。缅甸石油最高年产量约为 100 万吨。石油分布于伊洛瓦底江中下游的仁安羌、稍埠、新固、仁安佳、兰约、敏布、帕兰永、约达亚、丹岱、毕道彬、仁安马、英道、延别鸟（兰里岛）以及实兑南部诸岛。1960 年后，又陆续在阿亚多、棉昂、卑谬、瑞卑达、曼、力班多等地发现石油。20 世纪 80 年代末，缅甸实行开放政策，政府先后与韩国、荷兰、澳大利亚、加拿大、美国、日本、英国的 9 家石油公司签订合同，分别在莫塔马湾大陆架、毛淡棉、若开谷地以及钦敦江一带勘探石油及天然气。据亚洲开发银行能源评估报告，缅甸共有 104 个油气开采区块，包括 53 个内陆开采区块、51 个近海开采区块。根据测量结果，这些开采区块约有 1.6 亿桶石油和 5 694.5 亿立方米天然气。

缅甸的金、银、铜、铅、锌、锡、钨、锰等有色金属分布很广，从克钦邦北部一直到德林达依南部的麻力温都有分布。其中，金分布于克钦邦马科、夏都塞，实皆省班毛附近及掸邦孟密、葛鲁一带；银铅共生矿分布于克钦邦东南部和恩梅开江沿岸，掸邦波顿，曼德勒省勃力、皎栖，克伦邦高鲁都、迪恰亚，德林达依省的土瓦等地；锡钨混合矿分布于掸邦东枝，克耶邦莫契，克伦邦直通，毛淡棉及德林达依省的土瓦、墨吉一带；锌和锰分布于掸邦南部；锑分布于掸邦西北部、北部和东部，克耶邦、克伦邦一带。掸邦波顿（包得温）是一个多种金属矿区，有金、银、赤铜、铅、锌和锑。第二次世界大战前，该矿区有井下工人近 3 000 名；第二次世界大战时，该矿区矿井遭到破坏，1951 年才得以恢复。克耶邦的莫契矿主要产锡、钨，其规模虽不如波顿，但钨的产量位居全国之首。第二次世界大战前，该矿生产了 5 500 多吨锡和钨，占全国产量的一半，而另一半产于土瓦和墨吉。铁分布于恩梅开江上游、掸邦西北部、曼德勒东部。1961 年 6 月，缅甸石油和矿物勘探公司与德国柏兰格育公司在东枝附近的彬柏地区勘探发现了一座储量为 6 300 万吨的铁矿。该铁矿含铁量为 53%。缅甸煤的资源不太丰富，但在土瓦、英迪、瑞冒、掸邦南渡、葛鲁、克钦邦的一些地区、曼德勒以东地区、若开邦实兑以及德林达依的墨吉一带都有煤。1961 年 6 月，在加里瓦发现了储量为 1.28 亿吨的煤矿。

缅甸是世界上著名的宝石和玉石产地。其中，宝石的主要产地为抹谷，盛产红宝石、蓝宝石。1989 年，在掸邦南渡的丙弄村发现新的宝石产地，缅甸政府把丙弄周围地区划为国家专营的宝石产区。缅甸玉石矿分布在克钦邦北部地区，主要产地有孟拱、甘拜地、弄肯、帕甘。缅甸钻石主要产于孟密镇区的景朵村附近地区。

缅甸有丰富的天然气和石油资源，可是国内的开采技术和设备不到位，造成了开采的效率低下和原油的浪费。中缅原油管道设计年输送量为 2 200 万吨，其中每年输送给缅甸的原油为 200 万吨。2013 年，中缅天然气管道工程便已经正式投产向中国通气，并为缅甸分输。截至 2017 年 3 月 31 日，天然气管道安全平稳运行 1 356 天，共向中国输气 133.4 亿立方米，为缅甸分输 15.5 亿立方米。自 2012 年起，中国最大的水力发电企业——中国三峡集团开始开拓缅甸电力市场。目前，该集团正在推进位于萨尔温江上游的孟东水电项目，还有位于钦邦、若开邦、仰光省及伊洛瓦底省等地区的几个风电项目。其中，位于缅甸伊洛瓦底省勃生地区的羌达风电项目推进顺利，这是缅甸政府计划推进的第一个风电项目，也被中缅双方政府推荐作为中缅电力合作示范项目，总装机容量达 126 兆瓦，首期开发装机容量为 30 兆瓦，并于 2019 年投入商业运营。

第四节 产业政策分析

为了促进和支持重点产业的发展，优化产业结构，缅甸政府出台了一系列产业政策。

（1）缅甸总统签署颁布《缅甸经济特区法》。该法共有 18 章。其中规定，投资建设者在经济特区开始商业运营之日起第一个 8 年免除所得税，在第二个 5 年期间减免 50%所得税；土地使用年限为 50 年，期满后可准许延期 25 年等。

（2）缅甸起草橡胶行业法案并成立橡胶中心市场。橡胶中心市场将负责发布橡胶市场价格，控制价格波动，维持橡胶品质，并计划成为缅甸国内外企业通过竞标方式购买橡胶的唯一交易场所。成立橡胶中心市场可以控制市场价格，吸引更多的国外买家，也能鼓励橡胶农场主提升橡胶品质。橡胶中心市场需要对橡胶加工领军企业实施有效管理，避免市场垄断，维护橡胶行业健康发展。

缅甸 70%的橡胶运往中国，其余会运至新加坡、印度尼西亚、马来西亚和东南亚其他国家。缅甸孟邦、克伦邦、坦尼塔伊、仰光、勃固省是橡胶主产区。缅甸全国橡胶种植园面积超过 167 万英亩[①]，其中只有 70 万英亩生产天然胶乳。

（3）缅甸政府计划允许进口原木。缅甸国内木材产量每年都在减少，而在国际市场上，对于用多种木材组合生产的手工木材成品需求量不断增长。因此，缅甸政府计划允许进口原木。如果缅甸政府允许商人进口原木，能在一定程度上保护缅甸国内森林资源，而进口原木制作为成品再出口，还能创造外汇。新加坡、越南等国家都通过这样的方式来促进国内木材业的发展。

（4）缅甸出台法律规范行业。虽然缅甸电子商务增长潜力巨大，但相关立法并非易事。新法律将要求对消费者保护和隐私、交易安全、网络犯罪以及政府几乎没有经验的其他问题进行改革和规定。同时，由于只有仰光和曼德勒的居民在线购物，新法律应该包括提供安全性并提高在线交易信用的法规。此外，改革国家邮政地址系统将使企业更容易送货上门。

（5）缅甸投资委员会公布政府对 13 种产业的投资提供支持，包括土地、水、电、道路等基础设施，并邀请国内外的企业投资上述领域。这 13 种产业包括汽车和有关配件的生产业、拖拉机和农业机械的生产业、发电和有关设备的生产业、电话和通信器材的生产业、钢产业、化肥业、药品业、纸业、化妆品业等一系列的产业。

缅甸对这 13 种产业的投资提供支持是为了替代进口产品，避免外汇资金外流，同时解决了就业问题，吸引更多投资。缅甸 2018 年就开始实施东盟经济共同体计划，希望将本国的产品输出国外。除此之外，缅甸投资委员会还出台了一系列的吸引外资的政策，如对不发达地区的投资能有 7 年免税的优惠等。

第五节　产业结构与产业政策分析基本结论

通过对缅甸的基本情况、经济发展情况、产业结构情况、产业政策几个方面的分析，初步得出以下结论。

（1）总体来看，近年来缅甸经济规模不断扩大，各方面发展取得了一定进步，人民生活水平不断提高，具体表现为：城市化水平有所上升，城市化进程不断推进；劳动力规模不断扩大，为经济的长足发展积累了人力资本；交通运输方面也取得一定的发展，为国民经济的发展奠定了良好的基础；缅甸人民税收负担相对较轻，有利于企业降低成本，扩大生产经营

① 1 英亩=4 046.856 平方米。

规模；对外贸易规模也在不断扩大，对外开放程度进一步提高；外商投资也有所增加，缅甸吸引外资的能力不断增强；新注册企业数量不断上升，经济发展富有活力等。

与此同时，缅甸经济社会的发展也存在一些不容忽视的问题，具体包括：城市化水平仍然较低且进展缓慢，不利于生产的发展；信息化水平较低，人们获取信息的方式较为单一，影响了生产、生活效率的提高；制度环境存在诸多不足，对经济的发展产生消极的反作用，政府应加强自身行政能力建设、法治建设并加强腐败监管力度，努力构建民主社会。

（2）缅甸是一个较为落后的农业国，产业结构中第一产业占比较大，劳动力也大多从事农业相关工作。近年来，缅甸的第二、第三产业取得了一定发展，产业结构不断优化升级，经济发展取得一定成效。但是缅甸工业基础较为薄弱，现有厂商多属低阶的小型机械制造产业，多数集中在纺织、印染、碾米、木材加工、制糖、造纸、化肥和制药等行业。缅甸政府须采取有针对性的产业政策，重点扶持优势产业的发展来带动其他产业的发展，形成合理的产业结构。

（3）为了促进经济的发展，产业结构的优化升级，近些年缅甸政府也做了诸多努力，具体包括：设立经济特区，对外国投资提供一些优惠政策；成立橡胶中心市场，对橡胶加工领军企业实施有效管理，避免市场垄断，维护橡胶行业健康发展；允许进口原木，不仅能在一定程度上保护国内森林资源，进口原木制作为成品再出口，还能创造外汇；出台相关法律来规范线上、线下的经济活动等。

缅甸的产业政策主要集中在吸引外商投资以及自身的优势产业方面，如加工制造业、能源产业、木材产业等。为了经济的长足发展，在积累了一定的轻工业基础后，缅甸可着力于对于经济至关重要的重工业的发展以及高新技术产业的发展。

第二十三章　摩尔多瓦产业结构与产业政策分析

第一节　基本情况

摩尔多瓦共和国，简称摩尔多瓦，位于欧洲巴尔干半岛东北部多瑙河下游，东欧平原南部边缘地区，东、北部与乌克兰接壤，西隔普鲁特河与罗马尼亚毗邻，东南部遥望黑海。摩尔多瓦绝大部分国土介于普鲁特河和德涅斯特河之间，曾是苏联西部的一个加盟共和国。摩尔多瓦国土面积为33 800平方千米，南北长为350千米，东西宽为150千米。

摩尔多瓦总人口为355.76万人（2014年1月1日，不含“德左”和本德尔市人口）。其中，摩尔多瓦族人口占75.8%；乌克兰族人口占8.4%；俄罗斯族人口占5.9%；加告兹族人口占4.4%；罗马尼亚族人口占2.2%；保加利亚族人口占1.9%；其他民族人口占1.4%。摩尔多瓦官方语言为摩尔多瓦语。俄语为摩尔多瓦通用语。摩尔多瓦多数人信奉希腊正教。

农业、食品加工业和种植业是摩尔多瓦经济的支柱产业，人均约有5 000平方米黑土地，是欧洲第七大农业国，盛产葡萄酒（年产40万～50万吨葡萄酒，是世界葡萄酒第十大生产国和出口国）。摩尔多瓦的经济高度依赖侨汇收入（占GDP的23%～25%）和外国经济援助（占GDP的7%～8%）。

在农业方面，摩尔多瓦国土面积的80%是黑土高产田，适宜农作物生长，盛产葡萄、食糖、食油和烟草等，曾是苏联水果和浆果、玉米、向日葵和蔬菜等农作物的生产基地之一。摩尔多瓦全国播种面积约为18 500平方千米，其中，谷类播种面积占50%；经济作物播种面积占22%。种植业产值约占农业产值的70%。农作物产值在农业产值中约占65.7%。畜牧业产值在农业产值中约占34.3%。农业及与农业相关的行业是摩尔多瓦国民经济赖以发展的基础。农业和农产品加工业产值约占GDP的60%。摩尔多瓦全国有46%以上的劳动力从事农业生产。

在工业方面，摩尔多瓦的工业基础薄弱。苏联时期，摩尔多瓦工业的发展速度首次超过农业。到20世纪80年代，在GDP中，工业产值已比农业产值高出1.3倍。在工业产值中，食品加工业产值居第一位，重工业产值居第二位，轻工业产值居第三位。在工业经济中，电力业产值占比为23.5%；机器制造业和冶金加工业产值占比为13.7%；木材和木材加工业产值占比为3%；建材业产值占比为8.5%；轻工业产值占比为9.6%；食品工业产值占比为36.7%。摩尔多瓦工业的致命弱点是完全依赖于外部提供原料、能源和技术联系。摩尔多瓦的冶金工厂在21世纪初仍被认为是欧洲最好的企业。它生产的高质量产品被挑剔的顾客购买，但是本土原料只能满足该企业所需的15%～20%。

在外交方面，摩尔多瓦坚持积极开放的外交政策，将融入欧洲、加入欧盟作为外交优先目标，积极发展与美国、欧盟等国家的关系，重视发展与独联体国家的关系。摩尔多瓦已加入联合国、世界银行、国际货币基金组织、欧洲安全与合作组织、欧洲委员会、欧洲复兴开发银行、北约合作委员会等组织。1994年5月，摩尔多瓦与北约签署了“和平伙伴关系”计划。2001 年 5 月 8 日，摩尔多瓦加入世界贸易组织。2001 年 6 月 29 日，摩尔多瓦加入“东南欧稳定公约”。2003 年 6 月 16 日，摩尔多瓦加入国际移民组织（OIM）。2004 年 10 月，摩尔多瓦以观察员身份加入“东南欧合作进程”。

第二节 经济发展情况分析

一、经济规模情况分析

摩尔多瓦 GDP 及其增长率变化情况如图 23-1 所示。摩尔多瓦人均 GDP 变化情况如图 23-2 所示。摩尔多瓦 GDP 情况如表 23-1 所示。

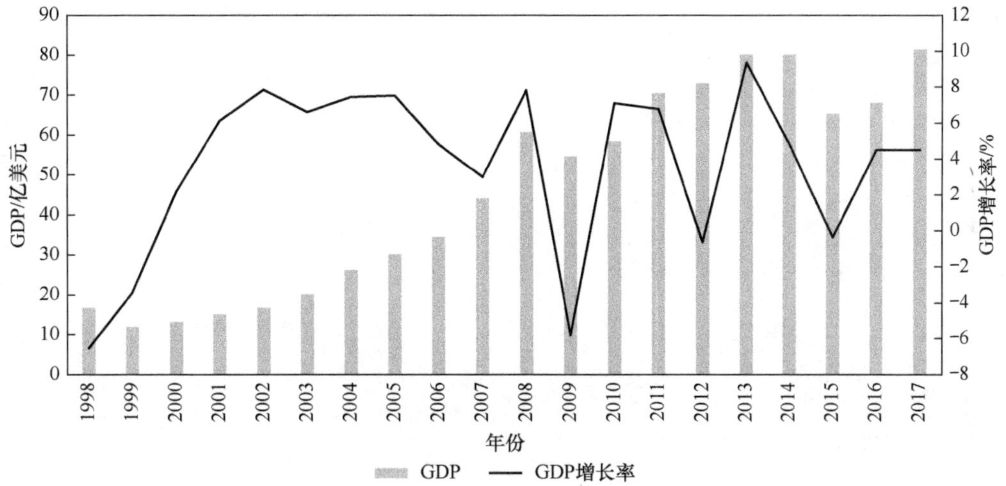

图 23-1 摩尔多瓦 GDP 及其增长率变化情况

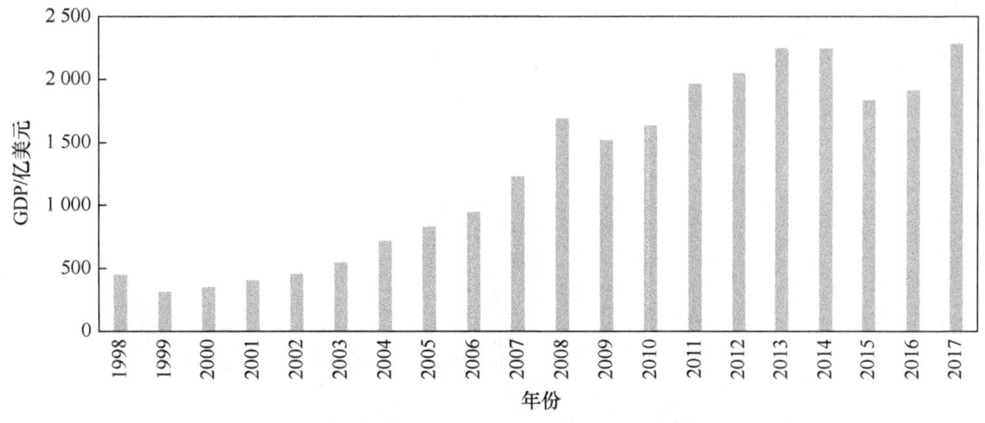

图 23-2 摩尔多瓦人均 GDP 变化情况

（1）整体而言，摩尔多瓦 GDP 呈增加的趋势；人均 GDP 也呈增加的趋势。

（2）GDP 1999—2008 年从 1 170 785 047 美元增加至 6 054 806 101 美元，之后基本保持水平波动，2017 年为 8 128 493 432 美元；GDP 增长率 1998—2005 年从−6.54%增加至 7.50%；人均 GDP 1999—2013 年从 321.03 美元增加至 2 243.98 美元，然后基本保持水平，2017 年为 2 289.87 美元。

表 23-1 摩尔多瓦 GDP 情况

年份	GDP/美元	GDP 增长率/%	人均 GDP/美元	人均 GDP 增长率/%
2008	6 054 806 101	7.80	1 695.97	8.01
2009	5 439 422 031	−6.00	1 525.52	−5.88
2010	5 811 604 052	7.10	1 631.53	7.21
2011	7 015 206 498	6.80	1 970.57	6.86
2012	7 284 686 576	−0.70	2 046.53	−0.69
2013	7 985 349 731	9.40	2 243.97	9.43
2014	7 983 271 111	4.80	2 244.76	4.86
2015	6 512 899 540	−0.40	1 832.49	−0.34
2016	6 795 741 776	4.50	1 913.24	4.56
2017	8 128 493 432	4.50	2 289.87	4.56

（3）在 2008 年经济危机的冲击下，摩尔多瓦 GDP 从 2008 年的 6 054 806 101 美元减少至 2009 年的 5 439 422 031 美元；GDP 增长率从 2008 年的 7.80%减少至 2009 年的−6.00%；人均 GDP 从 2008 年的 1 695.97 美元减少至 2009 年的 1 525.52 美元；人均 GDP 增长率从 2008 年的 8.01%减少至 2009 年的−5.88%。

二、人力资本基础情况分析

图 23-3、图 23-4 反映的分别是摩尔多瓦总人口变化情况与摩尔多瓦城镇和农村人口变化情况。表 23-2 反映了摩尔多瓦劳动力情况。

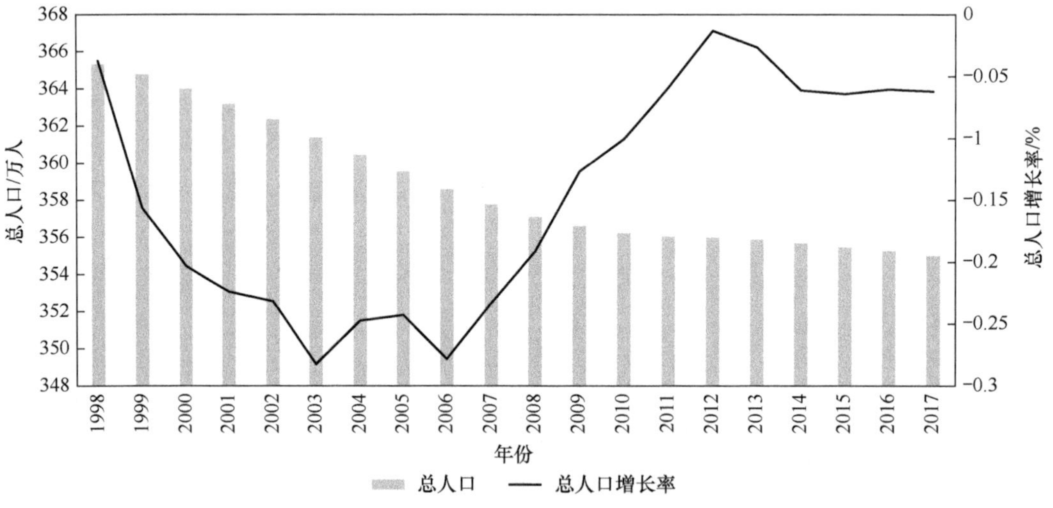

图 23-3 摩尔多瓦总人口变化情况

（1）整体而言，在统计期内，摩尔多瓦总人口不断减少；总人口增长率先减少再增加再减少；城镇人口占比逐渐减少；农村人口占比逐渐增加；城镇人口增长率先减少再增加；农村人口增长率先减少再缓慢增加，之后继续减少；劳动力总量先增加再减少，然后再次增加后减少；劳动力占比先增加再减少，然后再次增加后减少；15～64 岁劳动参与率在波动中先增加后减少；而 15～24 岁劳动参与率在波动中先减少再增加。

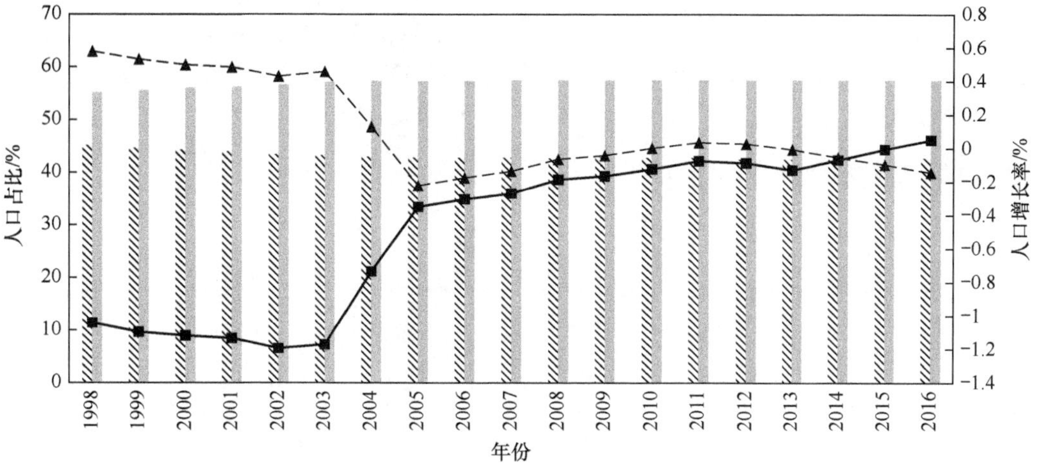

图 23-4 摩尔多瓦城镇和农村人口变化情况

表 23-2 摩尔多瓦劳动力情况

年份	劳动力总量/人	劳动力占比/%	15～64 岁劳动参与率/%	15～24 岁劳动参与率/%
1998	1 401 668	38.37	22.56	55.62
1999	1 411 517	38.70	22.42	55.50
2000	1 417 365	38.94	22.61	55.29
2001	1 422 109	39.16	23.00	55.07
2002	1 428 249	39.42	23.39	54.87
2003	1 437 348	39.78	23.70	54.75
2004	1 447 656	40.16	24.03	54.70
2005	1 420 404	39.50	23.53	53.31
2006	1 386 049	38.66	23.03	51.93
2007	1 350 396	37.75	22.64	50.53
2008	1 312 894	36.77	22.32	49.08
2009	1 273 751	35.72	21.99	47.58
2010	1 248 999	35.06	22.02	46.64
2011	1 261 601	35.43	22.44	47.09
2012	1 217 923	34.21	20.45	45.37
2013	1 241 366	34.88	20.79	46.10
2014	1 236 929	34.78	19.23	45.60
2015	1 320 953	37.16	21.62	48.56
2016	1 281 176	36.06	19.54	47.18
2017	1 269 659	35.76	19.26	47.13

（2）摩尔多瓦总人口 1998—2017 年从 3 654 208 人减少至 3 549 750 人；总人口增长率 1998—2003 年从−0.04%减少至−0.28%，之后到 2012 年增加至−0.01%，2012—2017 年不断减少，2017 年为−0.06%；城镇人口占比 1998—2016 年从 45.39%减少至 42.56%，1998—2003 年从−0.924%减少至−1.19%，之后 2016 年增加至 0.01%；农村人口增长率 1998—2006 年从 0.60%减少至−0.18%，之后增加至 2012 年的 0.04%，然后逐渐减少，2016 年为−0.10%；劳动力总量 1998—2004 年从 1 401 668 人增加至 1 447 656 人，之后 2012 年逐渐减少至 1 217 923 人，然后增加，2017 年为 1 269 659 人；劳动力占比 1998—2004 年从 38.37%增加至 40.16%，

之后在 2012 年减少至 34.21%，然后增加，2015 年为 37.16%，然后减少，2017 年为 35.76%；15～64 岁动参与率 1998—2004 年从 22.56%增加至 24.03%，然后 2017 年减少至 19.26%；15～24 岁劳动参与率 1998—2014 年从 55.62%减少至 45.60%，然后逐渐增加，2017 年为 47.13%。

三、研发投入与产出情况分析

图 23-5 反映的是摩尔多瓦研发投入与产出情况。

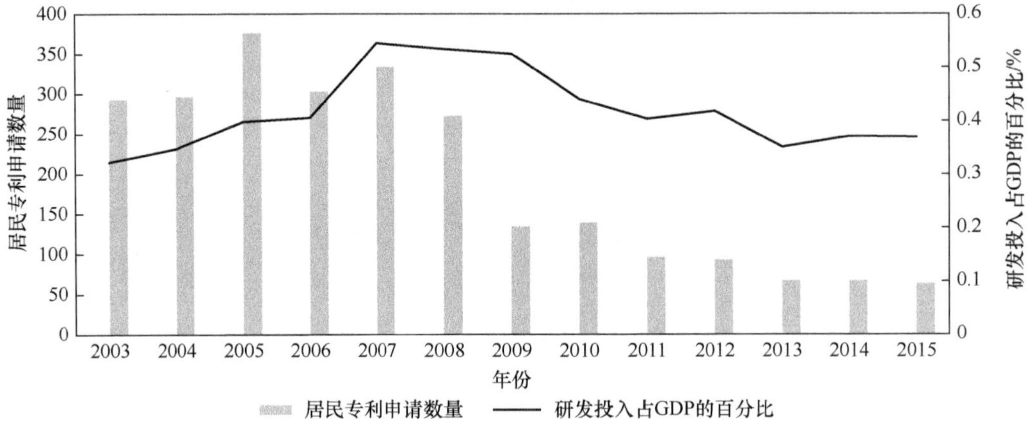

图 23-5 摩尔多瓦研发投入与产出情况

（1）就整体而言，在统计期内，摩尔多瓦居民专利申请数量、研发投入占 GDP 的百分比均先增加后减少。

（2）摩尔多瓦居民专利申请数量 2003—2005 年从 293 个持续增加至 2005 年的 377 个，之后逐渐减少，2015 年仅为 64 个；研发投入占 GDP 的百分比 2003—2007 年从 0.324 05%增加至 0.545 58%，之后逐渐减少，2015 年为 0.369 67%。

四、制度环境情况分析

不同国家制度环境对比如图 23-6 所示。摩尔多瓦制度环境评估如表 23-3 所示。

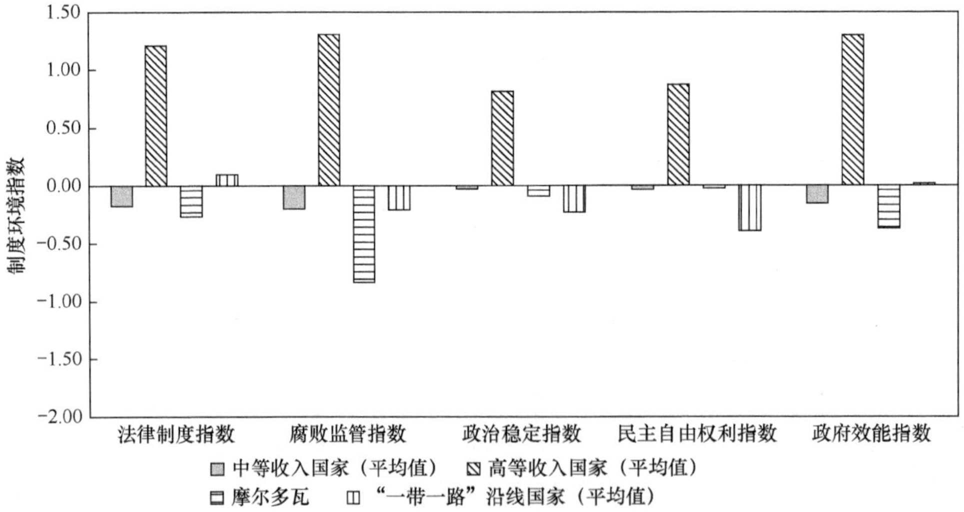

图 23-6 不同国家制度环境对比

表 23-3 摩尔多瓦制度环境评估

年份	法律制度指数	腐败监管指数	政治稳定指数	民主自由权利指数	政府效能指数
1996	−0.18	−0.20	−0.12	−0.08	−0.37
1997	−0.15	−0.24	0.04	−0.03	−0.41
1998	−0.12	−0.28	0.21	0.00	−0.45
1999	−0.34	−0.41	−0.17	−0.11	−0.51
2000	−0.56	−0.53	−0.56	−0.23	−0.58
2001	−0.60	−0.74	−0.41	−0.41	−0.59
2002	−0.64	−0.94	−0.26	−0.59	−0.60
2003	−0.59	−0.82	−0.18	−0.53	−0.71
2004	−0.36	−0.99	−0.26	−0.57	−0.88
2005	−0.40	−0.63	−0.44	−0.51	−0.72
2006	−0.53	−0.57	−0.39	−0.27	−0.78
2007	−0.52	−0.60	−0.05	−0.30	−0.80
2008	−0.43	−0.56	−0.27	−0.31	−0.76
2009	−0.47	−0.66	−0.59	−0.32	−0.57
2010	−0.39	−0.68	−0.38	−0.10	−0.64
2011	−0.37	−0.62	−0.07	0.00	−0.60
2012	−0.35	−0.59	0.02	−0.07	−0.55
2013	−0.41	−0.74	−0.01	−0.10	−0.39
2014	−0.27	−0.84	−0.10	−0.02	−0.38
1996—2014（平均值）	−0.40	−0.61	−0.21	−0.24	−0.59

数据来源：世界银行数据库。

（1）整体而言，高等收入国家在法律制度、腐败监管、政治稳定、民主自由权利、政府效能方面均远远优于其他国家。摩尔多瓦在制度环境方面与高等收入国家相比仍然存在较大差距。摩尔多瓦在法律制度、腐败监管、政治稳定和政府效能方面也明显劣于中等收入国家，仅在民主自由权利方面优于中等收入国家。摩尔多瓦除了在政治稳定和民主自由权利方面之外，在法律制度、腐败监管、政府效能方面均不如中国。

（2）在统计期内，摩尔多瓦民主自由权利指数和政府效能指数先增加再减少；腐败监管指数先减少再增加然后减少；法律制度指数先减少再增加再减少后逐渐增加；政治稳定指数先减少再增加，之后再次减少。摩尔多瓦法律制度指数 1996—2002 年从−0.18 减少至−0.64，之后逐渐增加，2004 年为−0.36，然后 2006 年减少至−0.53，2014 年又增加至−0.27。腐败监管指数 1996—2004 年从−0.20 减少至−0.99，之后 2008 年增加至−0.56，然后减少，2014 年为−0.84。政治稳定指数 1996—2009 年从−0.12 减少至−0.59，之后增加，2012 年为 0.02，2014 年为−0.10。民主自由权利指数 1996—2002 年从−0.08 减少至−0.59，之后增加，2014 年为−0.02。政府效能指数 1996—2004 年从−0.37 减少至−0.88，之后 2014 年增加至−0.38。

五、税收负担情况分析

图 23-7、图 23-8 反映的分别是摩尔多瓦总税收占 GDP 的百分比变化情况和摩尔多瓦税收占比变化情况。

（1）整体而言，在统计期内，摩尔多瓦总税收占 GDP 的百分比先减少再增加，之后继续减少然后增加；总税收占比先减少后增加；利润税税收占比先减少再增加。

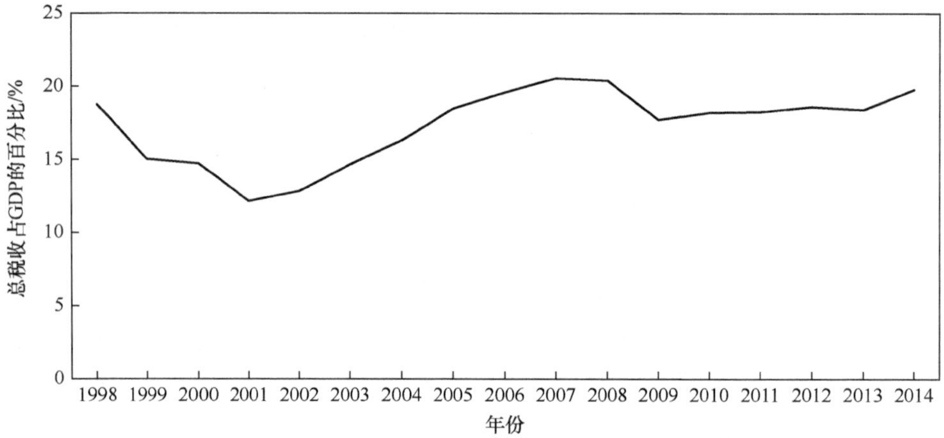

图 23-7　摩尔多瓦总税收占 GDP 的百分比变化情况

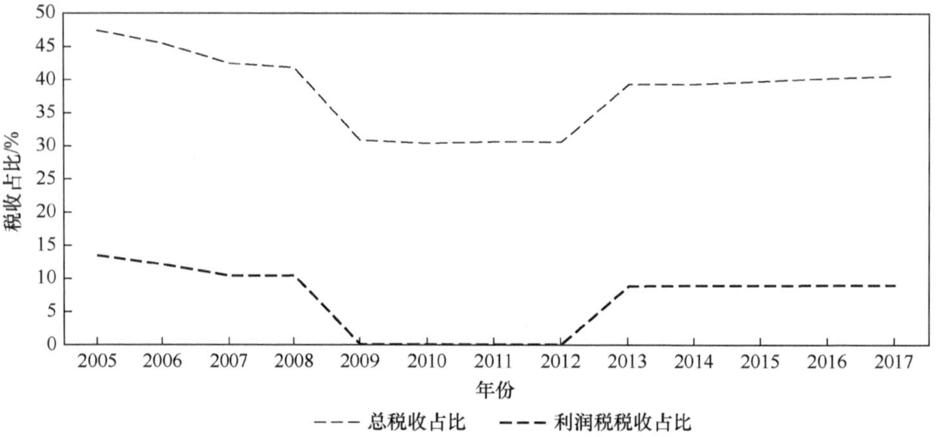

图 23-8　摩尔多瓦税收占比变化情况

（2）摩尔多瓦总税收占 GDP 的百分比 1998—2001 年从 18.73%减少至 12.17%，2007 年增加至 20.57%，然后逐渐减少，2009 年为 17.69%，2014 年又增加至 19.30%；总税收占比 2005—2010 年从 47.5%减少到 30.4%，之后 2017 年逐渐增加至 40.5%；利润税税收占比 2005—2009 年从 13.4%下降为 0%，直到 2012 年均为 0%，2012—2017 年为 8.9%左右。

六、国际贸易情况分析

图 23-9 反映的是摩尔多瓦国际贸易情况。

（1）整体来说，在统计期内，摩尔多瓦对外贸易额占 GDP 的百分比与货物和服务进口贸易额占 GDP 的百分比先增加后减少，而货物和服务贸易差额占 GDP 的百分比先减少再增加。

（2）摩尔多瓦对外贸易额占 GDP 的百分比 1998—2007 年从 123.57%增加至 144.59%，之后逐渐减少，2017 年为 113.20%；货物和服务进口贸易额占 GDP 的百分比 1998—2007 年从 75.04%增加至 97.14%，然后 2017 年减少为 70.66%；货物和服务贸易差额占 GDP 的百分比例 1998—2008 年从−26.51%减少至−52.78%，之后逐渐增加，2017 年为−28.13%。

（3）受经济危机的不利影响，摩尔多瓦对外贸易额占 GDP 的百分比与货物和服务进口贸易额占 GPD 的百分比遭受重挫，分别从 2008 年的 134.42%和 93.60%骤减至 2009 年的 110.36%和 73.49%。

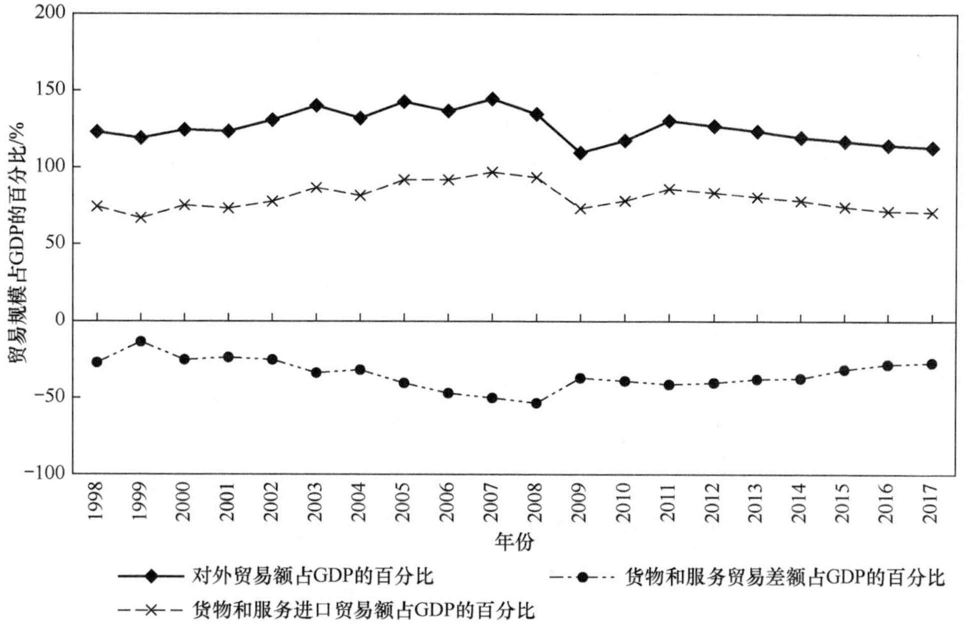

图 23-9　摩尔多瓦国际贸易情况

七、外国直接投资情况分析

图 23-10 反映的是摩尔多瓦外国直接投资占 GDP 的百分比变化情况。

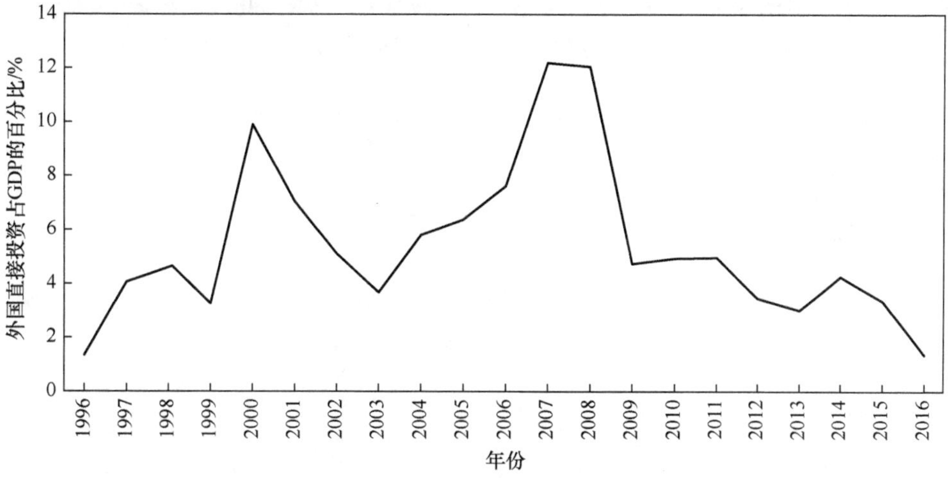

图 23-10　摩尔多瓦外国直接投资占 GDP 的百分比变化情况

（1）总体而言，摩尔多瓦外国直接投资占 GDP 的百分比波动较大，呈现出先增加再减少然后再次增加，再次下降。

（2）摩尔多瓦外国直接投资占 GDP 的百分比 1996—2000 年从 1.40%增加至 9.90%，之后减少，2003 年为 3.72%，2003—2007 年增加至 12.18%，2016 年减少至 1.34%。

（3）受到 1998 年和 2008 年两次经济危机的冲击，摩尔多瓦外国直接投资占 GDP 的百分比分别从 4.61%和 12.00%减少至 3.24%和 4.75%。

八、经济活力情况分析

图 23-11 反映的是摩尔多瓦新注册企业数量及密度变化情况。

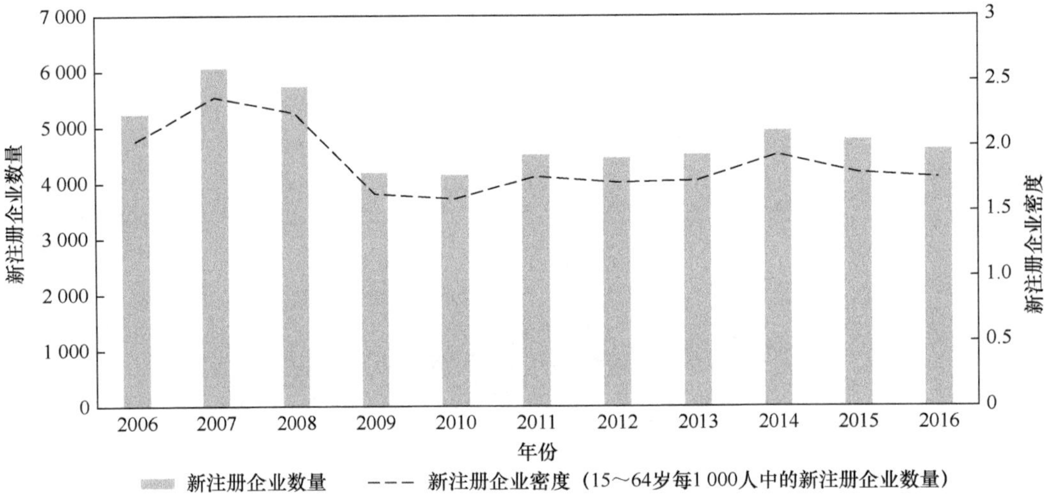

图 23-11 摩尔多瓦新注册企业数量及密度变化情况

（1）就整体而言，摩尔多瓦新注册企业数量和新注册企业密度先增加再减少，然后再次增加后继续减少。

（2）摩尔多瓦新注册企业数量 2007—2010 年从 6 056 减少至 4 129，之后 2014 年增加至 4 916，然后减少，2016 年为 4 608；摩尔多瓦新注册企业密度 2007—2010 年从 2.38 减少至 1.61，之后 2014 年增加至 1.92，然后减少，2016 年为 1.75。

第三节 产业结构情况分析

一、产业结构分析

图 23-12、图 23-13 反应的分别是摩尔多瓦产业结构和劳动力就业结构变化情况。

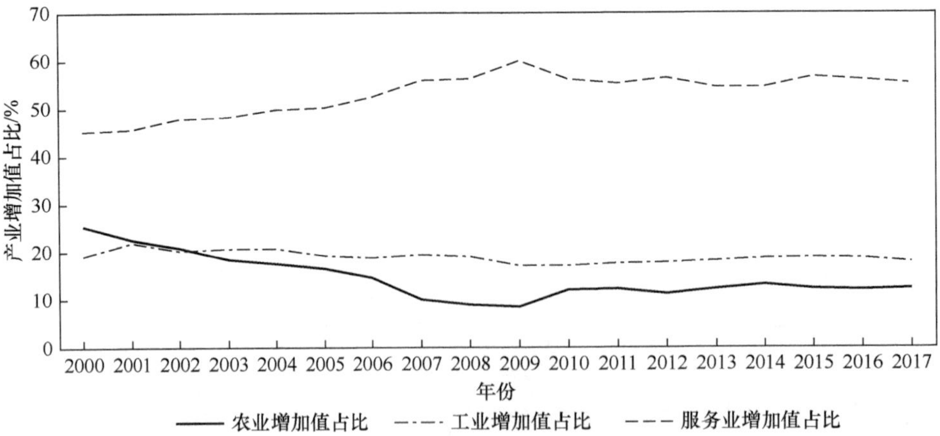

图 23-12 摩尔多瓦产业结构变化情况

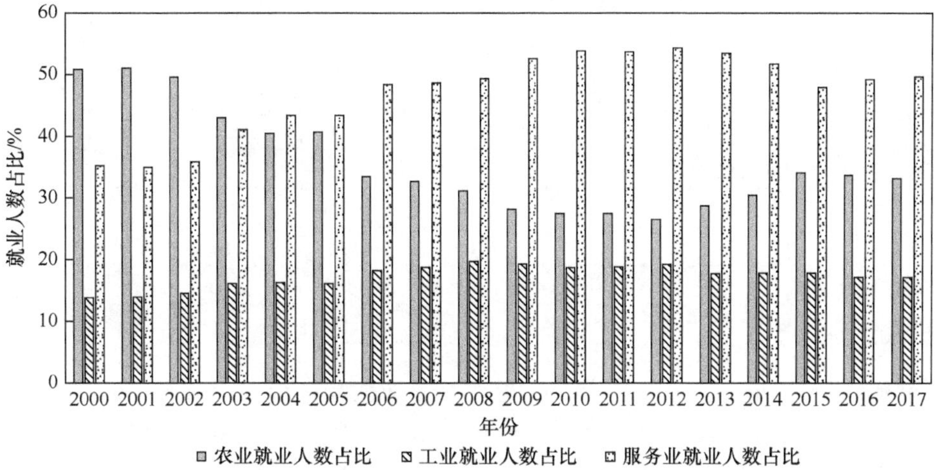

图 23-13　摩尔多瓦劳动力就业结构变化情况

（1）整体而言，在统计期内，摩尔多瓦农业增加值占比先减少再增加；工业增加值占比则不断减少；服务业增加值占比先增加再减少；农业就业人数占比先减少再增加，然后再次减少；工业就业人数占比先增加再减少；服务业就业人数占比先增加再减少，然后再次增加。

（2）具体而言，摩尔多瓦农业增加值占比 2000—2009 年从 25.41%减少至 8.50%，2017 年增加至 12.21%；工业增加值占比 2000—2017 年不断减少，从 19.97%减少到 17.88%；服务业增加值占比 2000—2009 年从 45.34%增加至 60.05%，2017 年减少至 55.36%；农业就业人数占比 2000—2012 年从 50.87%减少至 26.45%，之后增加，2015 年为 34.15%，然后 2017 年又减少到 33.26%；工业就业人数占比 2000—2008 年从 13.89%增加至 19.67%，之后减少，2017 年为 17.15%；服务业就业人数占比 2000—2012 年从 35.24%增加至 54.27%，然后 2017 年逐渐减少至 49.59%。

二、工业、制造业规模变化分析

图 23-14 反映的是摩尔多瓦工业、制造业规模变化情况。表 23-4 反映的是摩尔多瓦制造业分行业增加值占比情况。

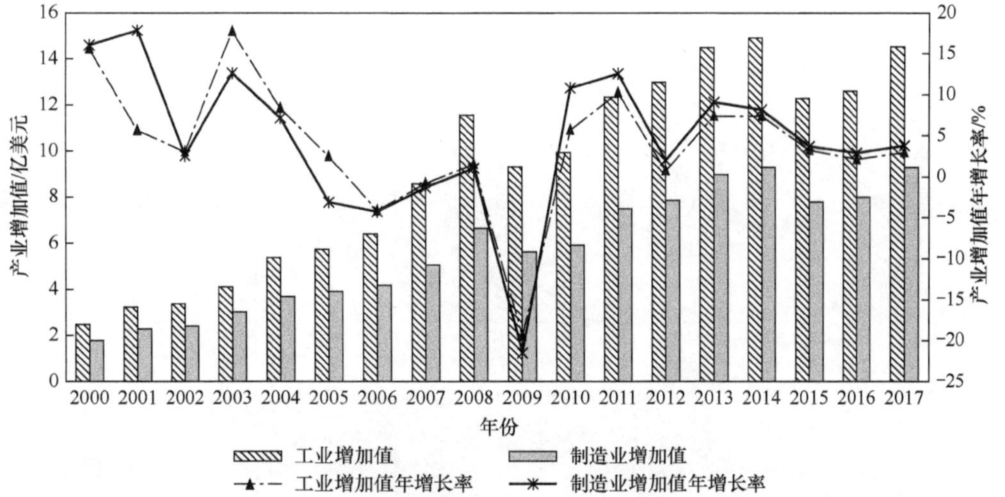

图 23-14　摩尔多瓦工业、制造业规模变化情况

表 23-4 摩尔多瓦制造业分行业增加值占比情况

行业	行业增加值占比/%						
	2006 年	2007 年	2008 年	2009 年	2010 年	2011 年	2012 年
纺织品与服装	16.90	15.29	14.47	15.51	15.04	15.98	14.81
中、高端技术	7.73	7.82	9.84	8.11	8.35	8.72	11.96
其他	36.90	41.80	40.74	39.74	38.79	39.20	40.35
机械和运输设备	3.98	3.87	4.68	3.68	3.66	3.55	3.59
食品、饮料和烟草	42.22	39.04	40.11	41.07	42.50	41.27	41.25

（1）整体而言，在统计期内，摩尔多瓦工业增加值和制造业增加值不断增加；工业增加值年增长率和制造业增加值年增长率变化趋势类似，均呈现出先减少再增加，然后继续减少的趋势；纺织品与服装行业增加值占比先减少后增加再减少；中、高端技术行业增加值占比逐渐增加；机械和运输设备行业增加值占比先增加后减少；食品、饮料和烟草行业增加值占比多年来变化不大，基本保持水平波动。

（2）具体而言，摩尔多瓦工业增加值 2000—2017 年从 246 704 200 美元增加至 1 453 083 950 美元；制造业增加值 2000—2017 年则从 179 775 926 美元增加至 935 710 038 美元。工业增加值年增长率 2000—2007 年从 15.15%减少至−1.14%，之后回升，2010 年为 5.82%，然后 2017 年减少至 3.00%；制造业增加值年增长率 2000—2007 年从 15.94%减少至−1.25%，然后 2010 年增加至 10.75%，之后减少，2017 年为 3.80%；纺织品与服装行业增加值占比 2006—2008 年从 16.90%减少至 14.47%，之后回升，2011 年为 15.98%；中、高端技术行业占比 2006—2012 年从 7.73%增加至 11.96%；机械和运输设备行业增加值占比 2006—2008 年从 3.98%增加至 4.68%，之后逐渐减少，2012 年为 3.59%；食品、饮料和烟草行业增加值占比基本在 39%～43%范围内水平波动。

三、服务业规模变化分析

摩尔多瓦服务业规模变化情况如图 23-15 所示。

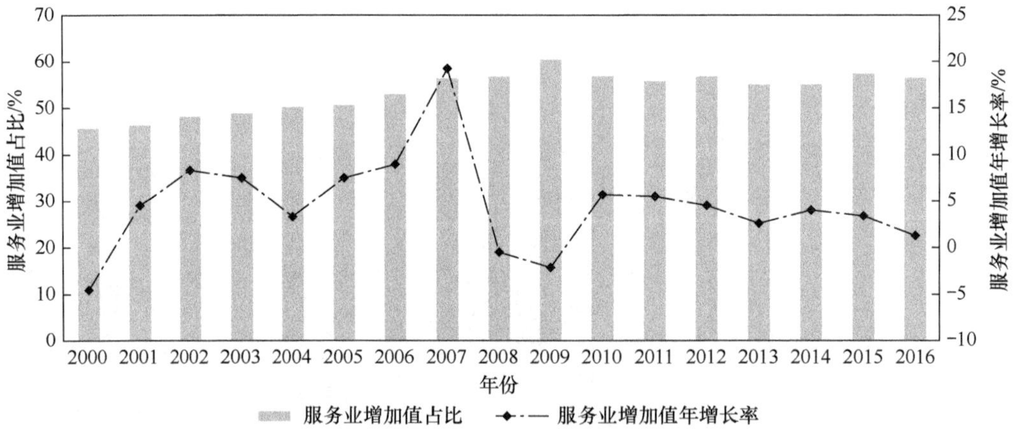

图 23-15 摩尔多瓦服务业规模变化情况

（1）整体而言，摩尔多瓦服务业增加值占比与服务业增加值年增长率先增加后减少。

（2）摩尔多瓦服务业增加值占比 2000—2009 年从 45.34%增加至 60.05%，然后逐渐减少，2016 年为 55.36%；服务业增加值年增长率 2000—2007 年从−4.58%上升至 19.05%，然后逐渐减少至 2016 年的 1.34%。

（3）在 2008 年经济危机的不利影响下，摩尔多瓦服务业增加值年增长率骤减，2008 年和 2009 年分别为−2.09%和−0.48%。

第四节　产业政策分析

摩尔多瓦为欧洲最贫穷的国家之一，贫富两极分化严重。据摩尔多瓦官方统计，摩尔多瓦最富有阶层约占总人口的 10%，其收入占总收入的 50%。

摩尔多瓦历史上一直是一个农业生产地区，只有少数的手工业作坊和小型农产品加工企业，生产的产品也主要用于本地居民消费，基本上没有工业，经济发展水平十分落后。产业结构调整是摩尔多瓦经济转轨过程中的重要任务之一。

苏联时期，摩尔多瓦产业结构专业化非常明显。换言之，摩尔多瓦产业结构比较单一，以农业为主，拥有丰富的农业资源。农业是摩尔多瓦整个国民经济的基础。但是，从 20 世纪 80 年代后期开始，摩尔多瓦农业开始逐渐走下坡路。例如，摩尔多瓦的酿酒业历史悠久，葡萄酒和白兰地在国际市场上一直享有盛名，但在戈尔巴乔夫当政初期推行的经济改革中遭受打击，从而影响了整个国民经济的增长速度。摩尔多瓦独立后，大力发展酿酒业，努力开拓西欧和北美销售市场，使该国的葡萄酒不仅出口到独联体国家，还远销到英国、荷兰、德国、美国和丹麦等欧美国家。另外，摩尔多瓦所出产的植物油、食糖、罐头果蔬产品、烟草产品等也在国际市场上打开了销路。

在工业领域，由于摩尔多瓦在苏联的分工体系中主要从事农业生产，因此工业占国民经济的比例很低。苏联的解体以及拥有大量工业企业的德涅斯特河地区的独立运动，给摩尔多瓦的工业部门带来了沉重的打击。摩尔多瓦独立之初，摩尔多瓦政府试图将军事企业转为民用企业的效果并不理想，这些“军转民”企业的开工率仅为 15%～20%。此外，由于摩尔多瓦能源严重缺乏，因此国家的经济发展和居民的生活受到一定程度的制约。于是，从 1996 年开始，摩尔多瓦政府开始着手对能源部门进行如下改革。

（1）针对能源部门债务沉重的特点，摩尔多瓦政府实施了重新安排债务的计划，督促有关企业向能源部门偿还欠款，并对能源部门内部企业之间的“三角债”进行相互豁免；

（2）鉴于能源部门长期面临资金匮乏和亏损严重的困境，摩尔多瓦政府分别于 1997 年 3 月和 6 月两次提高能源价格，使能源价格基本上等同于生产成本。

（3）重组电力部门企业，并通过私有化和减少垄断等手段来增强企业间的竞争。

（4）努力争取来自外部的资金援助和技术援助。

近年来，摩尔多瓦的产业结构调整基本上处于一个向合理化迈进的过程。同时，摩尔多瓦产业结构演变存在着明显的非均衡性，严重制约着摩尔多瓦经济的发展。摩尔多瓦三次产业的关系不合理，农业、轻工业、重工业比例严重失调，第二产业基础薄弱等一系列问题仍然存在。

第五节 产业结构与产业政策分析基本结论

通过对摩尔多瓦的基本情况、经济发展情况、产业结构情况、产业政策几个方面的分析，初步得出以下结论。

总体而言，摩尔多瓦还是一个以农业为主的落后国家，近年来三次产业结构、产业就业人数占比不断优化，产业结构逐步向合理化迈进，但是历史遗留问题、产业结构发展仍然不平衡在一定程度上制约了摩尔多瓦经济的发展。

（1）摩尔多瓦的自然优势适宜农作物生长，盛产葡萄、食糖、食油和烟草等。摩尔多瓦全国播种面积约 18 500 平方千米。农作物产值在农业产值中约占 65.7%，畜牧业产值在农业产值中约占 34.3%。农业及与农业相关的行业是摩尔多瓦国民经济赖以发展的基础。摩尔多瓦农业和农产品加工业产值约占 GDP 的 60%，全国有 46%以上的劳动力从事农业生产。摩尔多瓦农业直接关系到全国人民的物质生活，对国家的经济发展有很大影响。

（2）摩尔多瓦工业基础相对薄弱。摩尔多瓦主要发展食品工业和轻工业。近年来，摩尔多瓦工业增速放缓，部分产业出现产值减少的情况。摩尔多瓦能源匮乏，严重依赖进口。但是能源业对摩尔多瓦经济贡献很大。因此，优化调整摩尔多瓦的工业，对摩尔多瓦经济的可持续发展至关重要。

（3）摩尔多瓦服务业发展相对较快，服务业增加值占比、服务业就业人数占比都呈现了摩尔多瓦经济重心由第一、第二产业向第三产业转移的趋势，从而使产业结构得到优化升级。近几年，摩尔多瓦研发投入占 GDP 的百分比有所下降，创新产出减少，这样不利于服务业的长期健康发展。摩尔多瓦应加大研发投入，鼓励技术创新，调整服务业结构，积极推荐传统服务业的转向和现代服务业的发展。

（4）从经济长期发展来看，摩尔多瓦产业结构还有待进一步优化，应该以转变经济增长方式、推动技术创新和管理创新为核心，增强高新技术产业的辐射和带动能力，提高经济效益和产业竞争力。

第二十四章　尼泊尔产业结构与产业政策分析

第一节　基本情况

尼泊尔联邦民主共和国，简称尼泊尔，为南亚山区的内陆国，位于喜马拉雅山脉南麓，北与中国相接，其余三面与印度为邻。尼泊尔国境线长为2 400千米左右。尼泊尔是一个近长方形的国家，从东到西长约为885千米，从南到北长为145～241千米。尼泊尔国土面积约为14.7万平方千米。

尼泊尔总人口约为2 898万人（截至2016年）。其中，男性人口占48.5%；女性人口占51.5%。尼泊尔总人口的86.2%是印度教徒，其余为佛教徒、穆斯林等。尼泊尔是个多民族国家，截至2013年，尼泊尔境内有拉伊、林布、苏努瓦尔、达芒、马嘉尔、古隆、谢尔巴、尼瓦尔、塔鲁等30多个民族。卡斯族又称卡族，是尼泊尔最主要的民族，占总人口的1/3。

在农业方面，尼泊尔属于农业国，80%的国民从事农业生产，农业产值约占GDP的40%。从20世纪90年代起，尼泊尔开始实行以市场为导向的自由经济政策，但因政局多变和基础设施薄弱，收效不明显。尼泊尔经济严重依赖外援，预算支出的1/3来自外国捐赠和贷款。2012年，尼泊尔农业产值达31.2亿美元，同比增长4.9%。尼泊尔政府重视农业产业化发展，2013年3—12月，尼泊尔对农业投资达482.4亿卢比，投资涉及畜牧业、林业、渔业、茶叶种植及农业服务业等领域。其中，对畜牧业投入资金最多，达141.5亿卢比。

在工业方面，尼泊尔工业基础弱、规模小、机械化水平低、发展慢，主要有制糖、纺织、皮革制鞋、食品加工、香烟和火柴、黄麻加工、砖瓦生产和塑料制品等行业。尼泊尔工业产值占GDP的20%左右，截至2011年，尼泊尔境内有11个工业区，共占地约为2.8平方千米，吸纳企业420家。旅游业是尼泊尔的支柱产业。尼泊尔地处喜马拉雅山南麓，徒步旅游和登山业发达，产值约占GDP的29%。2014—2015年，尼泊尔外汇储备约为75.6亿美元；通胀率约为7.5%；GDP约为215.26亿美元；人均GDP约为762美元；GDP增长率约为3.4%。

在教育方面，尼泊尔有5所大学，分别为特里布文大学、马亨德拉梵文大学、加德满都大学、博卡拉大学、普尔阪查尔大学。其中，特里布文大学下设60所直属分院、5座研究中心和134所私立分院。截至2012年，尼泊尔共有3.3万所公立小学、1.3万所公立初中、8 000多所公立高中，在校学生有740多万人。尼泊尔全国有医院不到100所，医生约有2 000人。

在外交方面，尼泊尔奉行平等、互利、相互尊重和不结盟的外交政策，主张在和平共处五项原则基础上与世界各国发展友好关系；高度重视发展与中国、印度两大邻国的友好关系；重视加强与美国、英国等西方国家关系，争取经济援助和投资；积极推动南亚区域合作联盟发展。2004年，尼泊尔加入环孟加拉湾多领域经济技术合作倡议。2016年3月，尼泊尔成为上海合作组织对话伙伴国。截至2018年6月，尼泊尔已与160个国家建交。

第二节 经济发展情况分析

一、经济规模情况分析

尼泊尔 GDP 及其增长率变化情况如图 24-1 所示。尼泊尔人均 GDP 变化情况如图 24-2 所示。尼泊尔 GDP 情况如表 24-1 所示。

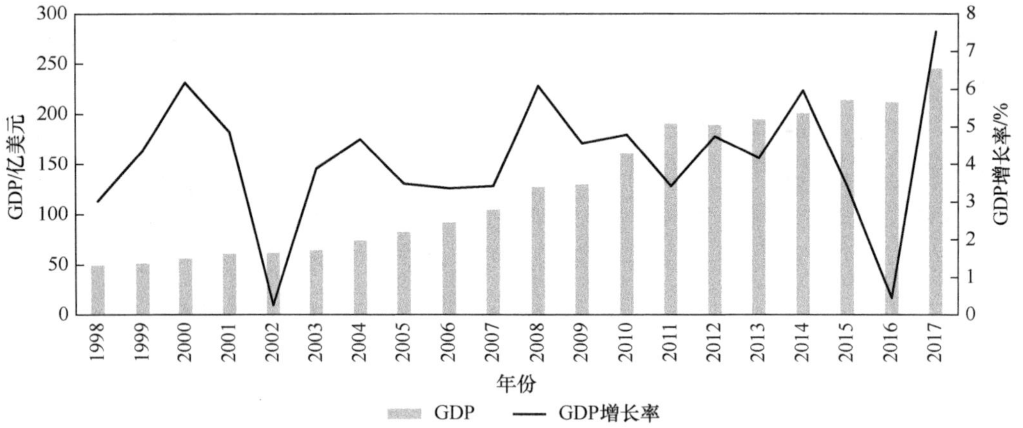

图 24-1 尼泊尔 GDP 及其增长率变化情况

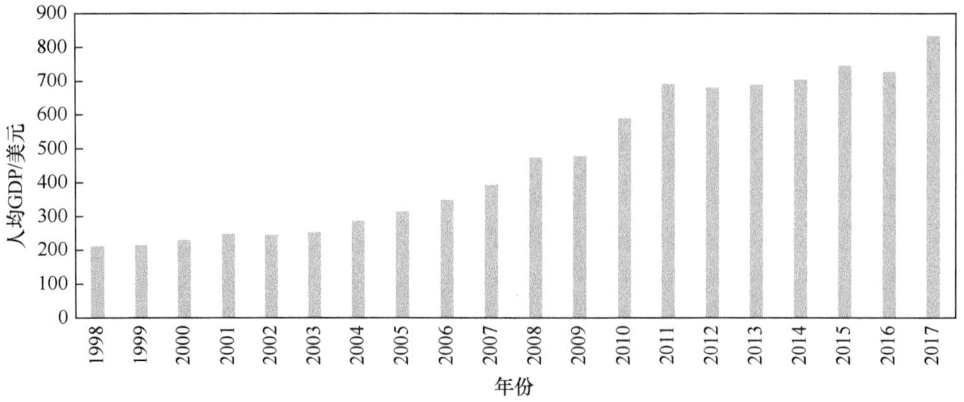

图 24-2 尼泊尔人均 GDP 变化情况

表 24-1 尼泊尔 GDP 情况

年份	GDP/亿美元	GDP 增长率/%	人均 GDP/美元	人均 GDP 增长率/%
1998	48.56	3.02	212.47	0.91
1999	50.34	4.41	215.98	2.40
2000	54.94	6.20	231.43	4.25
2001	60.07	4.80	248.62	2.97
2002	60.51	0.12	246.31	−1.53
2003	63.30	3.95	253.72	2.34
2004	72.74	4.68	287.40	3.20
2005	81.30	3.48	317.09	2.14
2006	90.44	3.36	348.63	2.17

（续表）

年份	GDP/亿美元	GDP 增长率/%	人均 GDP/美元	人均 GDP 增长率/%
2007	103.26	3.41	393.88	2.33
2008	125.45	4.53	473.84	5.06
2009	128.55	4.53	480.72	3.50
2010	160.03	4.82	592.18	3.72
2011	189.14	3.42	692.12	2.27
2012	188.52	4.78	681.79	3.56
2013	192.71	4.13	688.62	2.88
2014	200.03	5.99	706.24	4.72
2015	214.11	3.32	747.16	2.12
2016	211.32	0.41	729.12	−0.72
2017	244.72	7.50	835.08	6.32

数据来源：世界银行数据库。

（1）总体来说，在统计期内，尼泊尔 GDP 和人均 GDP 呈逐渐增加的趋势。

（2）尼泊尔 GDP 1998—2017 年从 48.56 亿美元逐渐增加至 244.72 亿美元；人均 GDP 1998—2017 年则从 212.47 美元增加至 835.08 美元；GDP 增长率 1998—2015 年基本维持在 3%～6%范围内，2002 年、2016 年分别为 0.12%和 0.41%；人均 GDP 增长率 1998—2015 年则基本维持在 2%～5%范围内，2002 年、2016 年分别为−1.53%和−0.72%；2017 年，GDP 增长率和人均 GDP 增长率分别为 7.50%和 6.32%，均达到峰值。

二、人力资本基础情况分析

图 23-3 反映的是尼泊尔总人口变化情况。图 24-4 反映的是尼泊尔城镇和农村人口变化情况。表 24-2 反映的是尼泊尔劳动力情况。

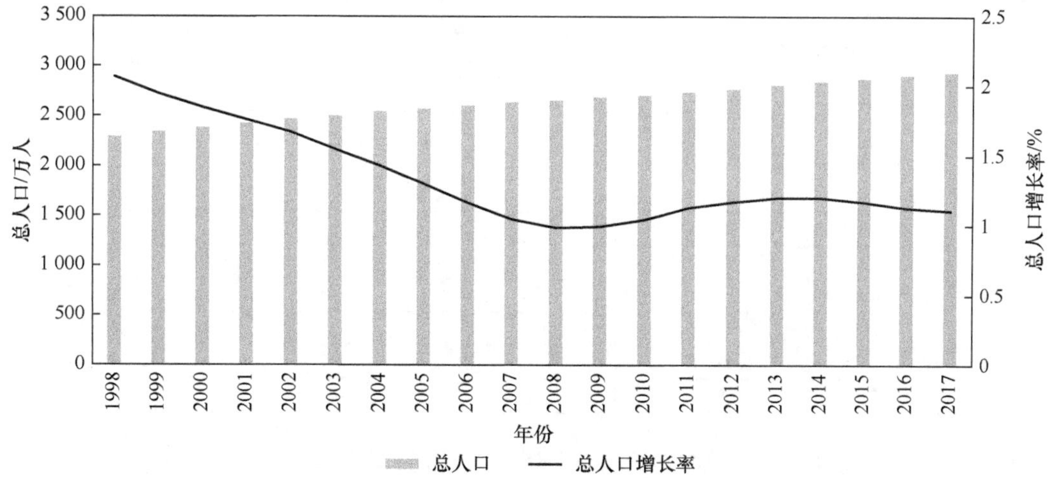

图 24-3　尼泊尔总人口变化情况

（1）总体来说，在统计期内，尼泊尔总人口逐渐增加；总人口增长率先减少再增加，然后继续减少；城镇人口占比逐年增加；农村人口占比则逐年减少；城镇人口增长率先减少，然后基本保持水平波动；农村人口增长率则先减少再增加，然后转而减少；劳动力总量及劳动力占比逐年增加；15～64 岁劳动参与率先减少再增加；15～24 岁劳动参与率先减少，然后维持水平波动。

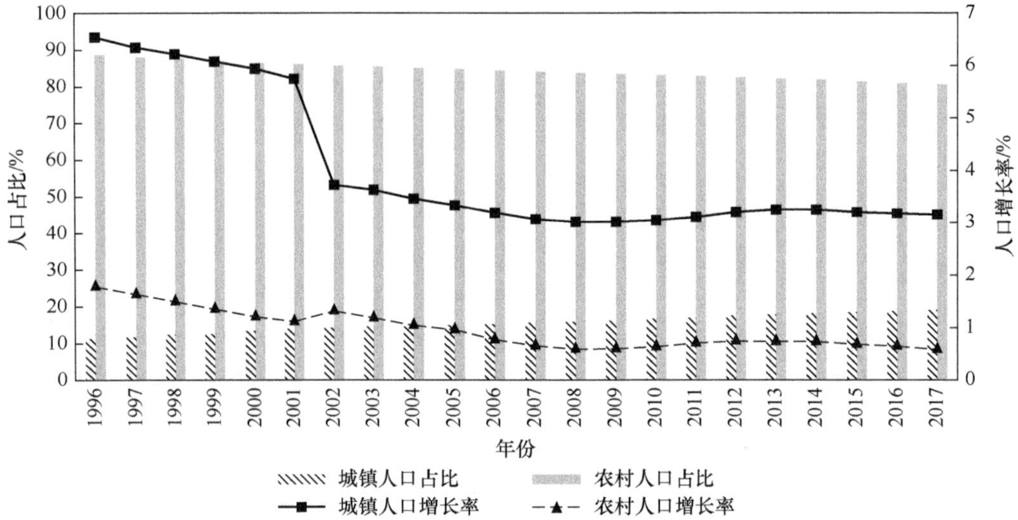

图 24-4　尼泊尔城镇和农村人口变化情况

表 24-2　尼泊尔劳动力情况

年份	劳动力总量/人	劳动力占比/%	15～64 岁劳动参与率/%	15～24 岁劳动参与率/%
2000	12 011 409	50.59	88.07	81.28
2001	12 231 635	50.62	87.80	80.69
2002	12 445 975	50.66	87.51	80.05
2003	12 652 191	50.71	87.19	79.37
2004	12 846 163	50.76	86.85	78.65
2005	13 027 892	50.81	86.47	77.91
2006	13 237 636	51.03	86.07	77.25
2007	13 426 530	51.22	85.65	76.57
2008	13 604 039	51.38	85.22	75.88
2009	13 865 431	51.85	85.25	75.72
2010	14 152 815	52.37	85.29	75.56
2011	14 545 682	53.23	85.55	75.86
2012	14 972 888	54.15	85.81	76.16
2013	15 417 273	55.09	86.04	76.36
2014	15 851 443	55.97	86.18	76.34
2015	16 260 015	56.74	86.24	76.07
2016	16 689 835	57.59	86.36	75.94
2017	17 053 278	58.19	86.29	75.77

（2）尼泊尔总人口 1998—2017 年从 2 285.63 万人增加至 2 930.50 万人；总人口增长率 1998—2008 年从 2.06%减少至 0.99%，之后加快增长，2013 年为 1.21%，然后减少，2017 年为 1.11%；城镇人口占比 1996—2017 年从 11.35%增加至 19.34%；城镇人口增长率 1996—2009 年从 6.54%减少至 3.09%，之后的 2009—2017 年城镇人口增长率基本维持在 3.00%～3.25%范围内波动；农村人口增长率 1996—2009 年从 1.82%减少至 0.60%，之后增加，2013 年为 0.77%，然后 2017 年减少至 0.62%；劳动力总量 2000—2017 年从 12 011 409 人增加至 17 053 278 人；

劳动力占比 2000—2017 年从 50.59%增加至 58.19%；15～64 岁劳动参与率 2000—2008 年从 88.07%减少至 85.22%，之后增加，2017 年为 86.29%；15～24 岁劳动参与率 2000—2007 年从 81.28%减少至 76.57%，2008—2017 年基本维持在 75%～77%范围内波动。

三、制度环境情况分析

不同国家制度环境对比如图 24-5 所示。尼泊尔制度环境评估如表 24-3 所示。

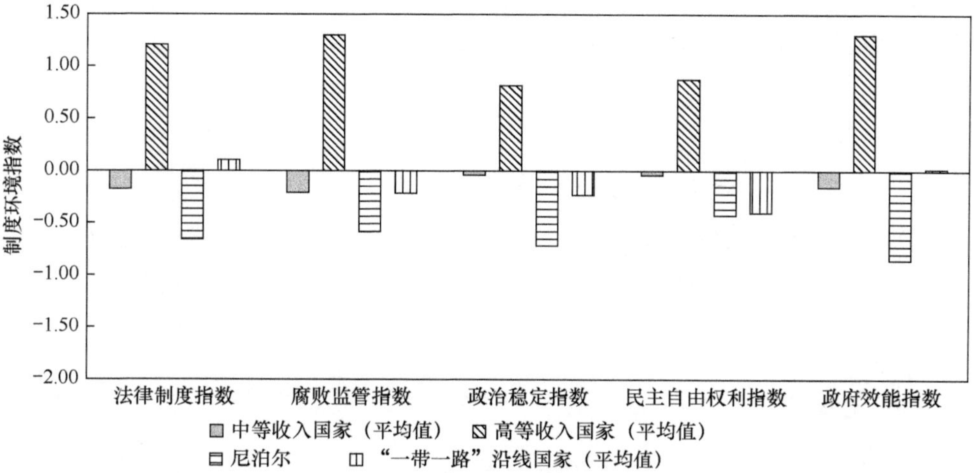

图 24-5　不同国家制度环境对比

表 24-3　尼泊尔制度环境评估

年份	法律制度指数	腐败监管指数	政治稳定指数	民主自由权利指数	政府效能指数
1996	−0.18	−0.01	−0.15	−0.12	−0.40
1997	−0.17	−0.26	−0.47	−0.19	−0.56
1998	−0.16	−0.51	−0.80	−0.27	−0.71
1999	−0.24	−0.52	−1.02	−0.28	−0.60
2000	−0.32	−0.53	−1.23	−0.29	−0.49
2001	−0.43	−0.42	−1.51	−0.57	−0.49
2002	−0.53	−0.31	−1.79	−0.84	−0.49
2003	−0.62	−0.33	−1.94	−0.91	−0.57
2004	−0.76	−0.80	−2.12	−1.14	−0.75
2005	−0.83	−0.63	−2.11	−1.19	−0.84
2006	−0.62	−0.62	−1.92	−0.90	−0.78
2007	−0.64	−0.71	−1.91	−0.59	−0.65
2008	−0.72	−0.72	−1.84	−0.53	−0.75
2009	−0.90	−0.65	−1.62	−0.47	−0.93
2010	−1.00	−0.64	−1.59	−0.48	−0.86
2011	−0.94	−0.74	−1.42	−0.48	−0.88
2012	−0.78	−0.82	−1.37	−0.68	−0.98
2013	−0.75	−0.67	−1.11	−0.56	−0.92
2014	−0.67	−0.54	−0.70	−0.44	−0.83
1996—2014（平均值）	−0.59	−0.55	−1.40	−0.58	−0.71

数据来源：世界银行数据库。

（1）整体而言，高等收入国家在法律制度、腐败监管、政治稳定、民主自由权利、政府效能方面均远远优于其他国家。尼泊尔在制度环境方面与高等收入国家相比仍然存在较大差距。尼泊尔的法律制度指数、腐败监管指数、政治稳定指数、政府效能指数和民主自由权利指数明显低于中等收入国家的平均值。尼泊尔的法律制度指数、腐败监管指数、政治稳定指数、民主自由权利指数和政府效能指数低于“一带一路”沿线国家的平均值。

（2）在统计期内，尼泊尔的法律制度指数、腐败监管指数、政治稳定指数、民主自由权利指数均呈现先减少再增加的趋势；政府效能指数则是先减少然后基本在一个范围内维持水平波动。

（3）法律制度指数 1996—2005 年从−0.18 减少至−0.83，之后有所增加，2014 年为−0.67；腐败监管指数 1996—2004 年从−0.01 减少至−0.80，之后在 2014 年增加至−0.54；政治稳定指数 1996—2005 年从−0.15 减少至−2.11，之后增加，2014 年为−0.70。政府效能指数 1996—2005 年从−0.40 减少至−0.84，之后基本维持在−0.70～−1.00 范围内水平波动；尼泊尔的民主自由权利指数 1996—2005 年从−0.12 减少至−1.19，之后稍有增加，2014 年增长至−0.44。

四、税收负担情况分析

图 24-6、图 24-7 反映的分别是尼泊尔税收占比变化情况和总税收占 GDP 的百分比变化情况。

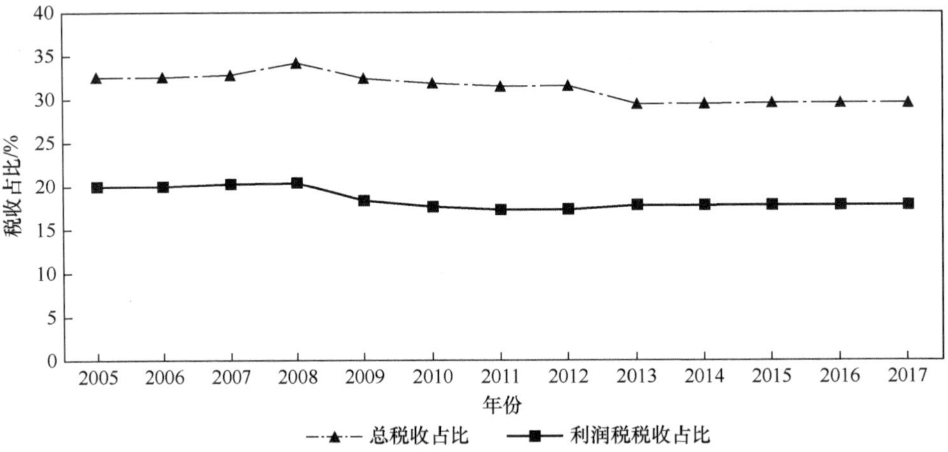

图 24-6　尼泊尔税收占比情况

（1）总体来说，尼泊尔总税收占 GDP 的百分比先保持水平波动，然后逐渐增加；总税收占比和利润税税收占比先增加再减少。

（2）尼泊尔总税收占 GDP 的百分比 1996—2005 年基本在 8.50%～9.00%范围内波动，之后逐年增加，2017 年为 21.30%；总税收占比和利润税税收占比 2005—2008 年分别从 32.5%和 19.9%增加至 34.10%和 20.3%，之后开始减少，2017 年分别为 29.6%和 17.7%。

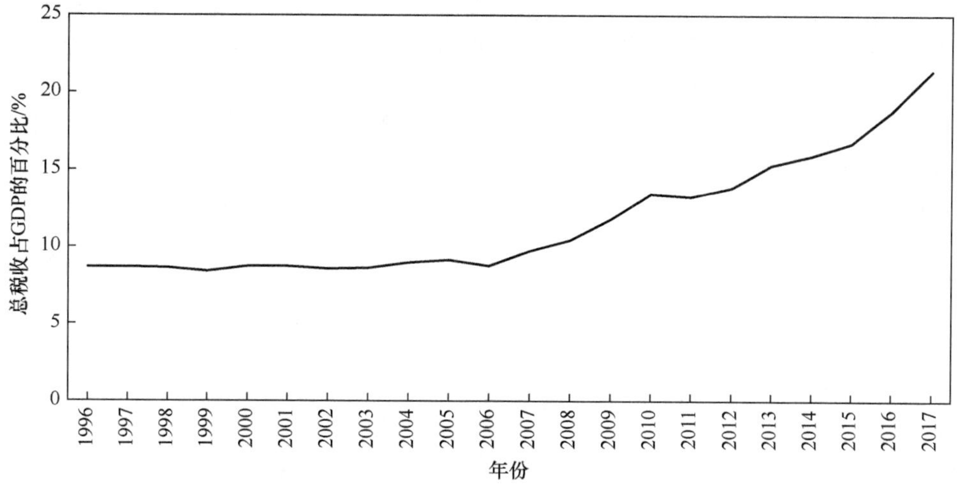

图 24-7 尼泊尔总税收占 GDP 的百分比变化情况

五、国际贸易情况分析

图 24-8 反映的是尼泊尔国际贸易情况。

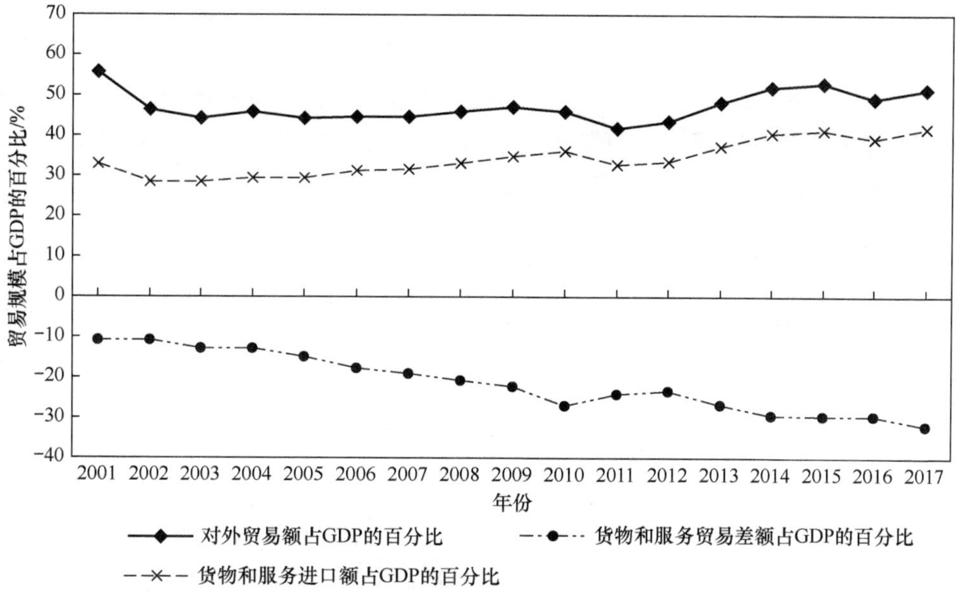

图 24-8 尼泊尔国际贸易情况

（1）总体来说，尼泊尔货物和服务贸易差额在统计期内除少数年份之外逐渐减少，对外贸易额占 GDP 的百分比呈缓慢减少再缓慢增加的趋势，货物和服务进口贸易额占 GDP 的百分比呈缓慢增加的趋势。

（2）尼泊尔对外贸易额占 GDP 的百分比 2001—2011 年从 55.80%逐渐减少至 41.83%，之后数年开始回升，2017 年为 51.77%。货物和服务贸易差额占 GDP 的百分比 2001—2017 年从−10.68%减少至−32.26%。货物和服务进口贸易额占 GDP 的百分比 2001—2002 年从 33.24%减少至 28.49%，之后开始增加，2017 年为 42.02%。

六、外国直接投资情况分析

图 24-9 反映的是尼泊尔外国直接投资占 GDP 的百分比变化情况。

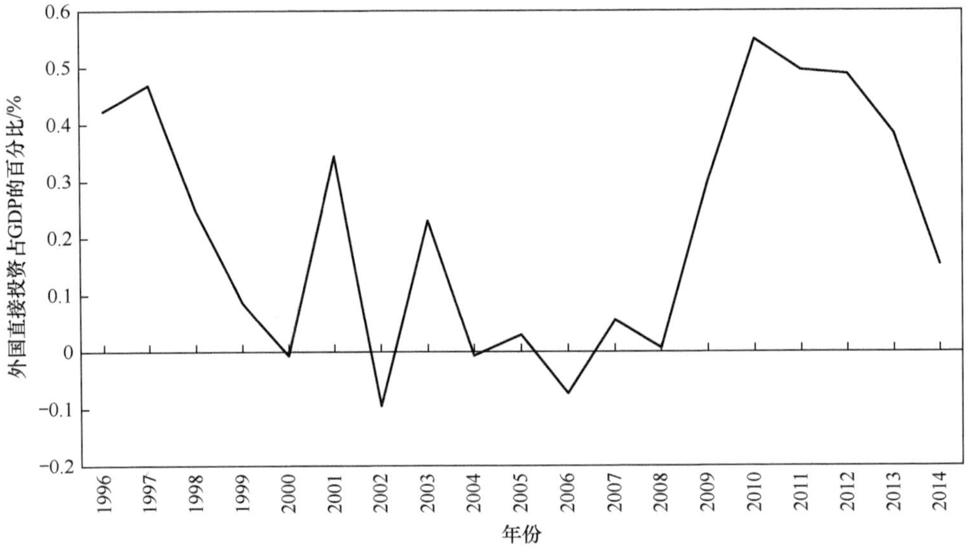

图 24-9　尼泊尔外国直接投资占 GDP 的百分比变化情况

（1）总体来说，尼泊尔外国直接投资占 GDP 的百分比先减少再增加，然后继续减少。

（2）尼泊尔外国直接投资占 GDP 的百分比 1996—2002 年从 0.42%减少至−0.01%，2000—2008 年波动较大，之后增加，2010 年为 0.55%，然后逐渐减少至 2014 年的 0.15%。

七、经济活力情况分析

图 24-10 反映的是尼泊尔新注册企业数量及密度变化情况。

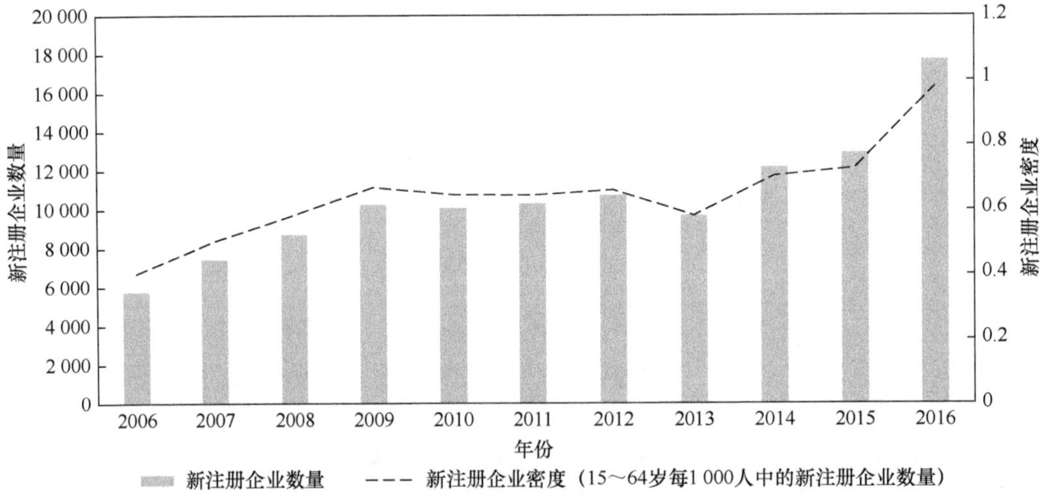

图 24-10　尼泊尔新注册企业数量及密度变化情况

（1）整体来说，尼泊尔新注册企业数量及密度在波动中逐渐增加。

（2）2006—2016 年，尼泊尔新注册企业数量从 5 774 增加至 17 735；在同一时期内，尼泊尔新注册企业密度则从 0.40 增加至 0.98。

第三节　产业结构情况分析

一、三次产业结构分析

图 24-11、图 24-12 反映的分别是尼泊尔产业结构和劳动力就业结构变化情况。

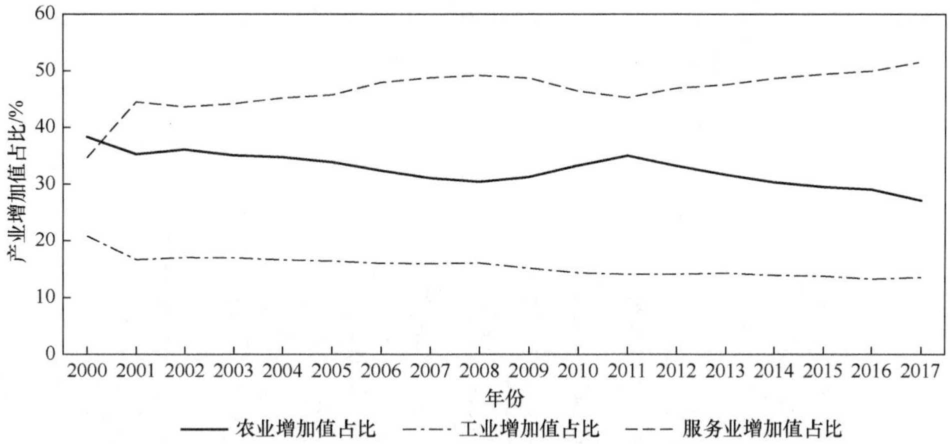

图 24-11　尼泊尔产业结构变化情况

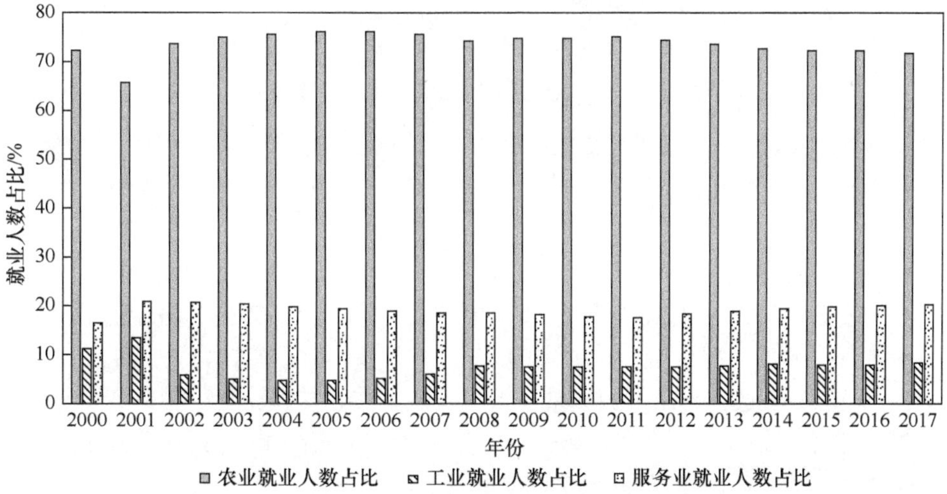

图 24-12　尼泊尔劳动力就业结构变化情况

（1）整体而言，尼泊尔农业增加值占比先减少再增加，然后继续减少；工业增加值占比则逐渐减少；服务业增加值占比则先增加再减少，然后继续增加。尼泊尔农业就业人数占比一直较大；工业就业人数占比则先增加再减少，然后继续增加；服务业就业人数占比先增加再减少，然后继续增加。

（2）尼泊尔农业增加值占比 2000—2008 年从 38.24%减少至 30.31%，之后增加，2011 年为 34.98%，2011—2017 年逐渐减少至 27.04%；工业增加值占比 2000—2017 年从 20.74%

减少至 13.48%；服务业增加值占比 2000—2008 年从 34.71%增加至 49.20%，然后开始减少，2011 年为 45.29%，然后 2017 年又增加至 51.54%。尼泊尔农业就业人数占比 2000—2005 年从 72.19%增加至 76.01%，2017 年减少至 71.74%；工业就业人数占比 2000—2001 年从 11.27%增加至 13.39%，然后开始减少，2004 年为 4.63%，2017 年增加至 8.11%；服务业就业人数占比 2000—2001 年从 16.54%增加至 20.75%，之后逐渐开始减少，2011 年为 17.46%，2017 年增加至 20.15%。

二、工业、制造业规模变化分析

图 24-13 反映的是尼泊尔工业、制造业规模变化情况。

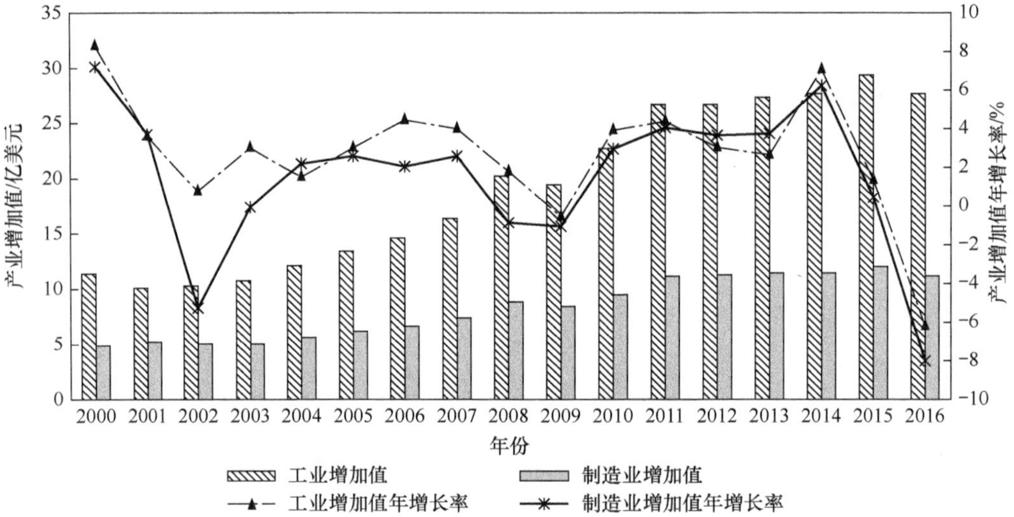

图 24-13 尼泊尔工业、制造业规模变化情况

（1）总体来说，尼泊尔工业增加值呈增加的趋势；制造业增加值先增加然后基本保持水平波动；工业增加值年增长率和制造业增加值年增长率均呈先减少再增加然后再次减少的趋势。

（2）尼泊尔工业增加值 2000—2001 年从 11.39 亿美元减少至 10.00 亿美元，然后 2015 年增加至 29.37 亿美元，之后 2016 年迅速减少至 27.59 亿美元；制造业增加值 2000—2011 年从 4.86 亿美元增加至 11.14 亿美元，然后 2012—2016 年基本维持在 11 亿～12 亿美元；工业增加值年增长率 2000—2002 年从 8.21%减少至 0.86%，2014 年增加至 7.05%，2016 年又骤减至−6.33%；制造业增加值年增长率 2000—2002 年从 7.20%减少至−5.32%，之后开始缓慢增加，2014 年为 6.28%，2016 年骤减至−8.00%。

（3）在 2008 年经济危机的不利影响下，尼泊尔工业增加值和制造业增加值分别从 2008 年的 20.14 亿美元和 8.80 亿美元减少至 2009 年的 19.37 亿美元和 8.51 亿美元。

三、服务业规模变化分析

图 24-14 反映的是尼泊尔服务业规模变化情况。

（1）整体而言，尼泊尔服务业增加值占比呈增加的趋势；服务业增加值年增长率则呈先减少再增加的波动趋势。

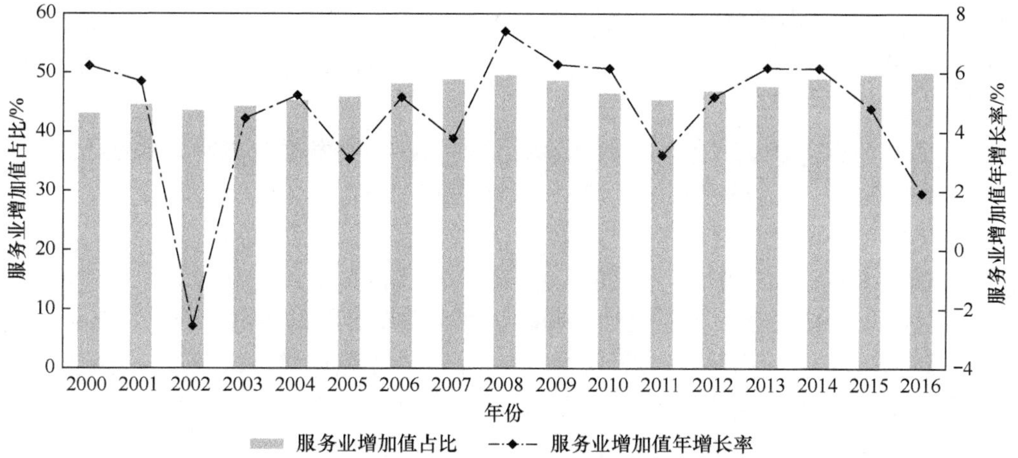

图 24-14　尼泊尔服务业规模变化情况

（2）服务业增加值占比 2000—2008 年从 44.71%增加至 49.20%，然后逐渐下降，到 2011 年年增长率为 45.29%，2016 年又增加至 49.97%；服务业增加值年增长率 2000—2002 年从 6.21%减少至−2.59%，然后开始缓慢增加，2008 年为 7.36%，2016 年又减少至 2.01%。

第四节　产业政策分析

旅游业是尼泊尔的支柱产业。在旅游高峰时期，尼泊尔的外国游客可达到 60 多万人次/年；在旅游低峰时期，尼泊尔的外国游客也能达到 20 多万人次/年。2012 年，尼泊尔接待航空游客 59.53 万人，比 2011 年增长 18.9%。赴尼泊尔旅游的主要为亚洲游客，其中以印度、中国游客居多，其次为西欧和北美游客。

尼泊尔全国划分为 7 个联邦省，总统为礼仪性国家元首和军队统帅，总理由议会多数党领袖担任，联邦议会实行两院制，由联邦院和众议院组成，选举划分等条款的基本原则由比例包容制变为人口比例第一、兼顾包容原则。尼泊尔是一个典型的农业国家，国家政策也较为支持农业的发展，工业发展速度较慢，目前仍以手工业和农副产品加工业为主，工业收入仅为国民总收入的 13.7%，所需的工业产品主要依赖于进口。其次凭借得天独厚的地理位置，尼泊尔的旅游业也较为发达。近年来，尼泊尔的产业结构调整基本上处于一个不断合理化的过程，但同时尼泊尔产业结构演变存在着明显的非均衡性，严重制约着尼泊尔经济的发展。尼泊尔产业的关系不合理、比例严重失调，农业占比太大等问题仍然存在。持续、快速的经济增长是以产业结构的不断优化为基础的，这可以从资源的高效率配置和形成协调的产业关系两方面得到解释。尼泊尔目前经济增长很难从这两方面获得推动力，而且与这种效应相比，尼泊尔产业结构变动所引起的经济增长具有短期和低效的特点，这势必对其长期经济的增长产生不利影响。

第五节　产业结构与产业政策分析基本结论

通过对尼泊尔的基本情况、经济发展情况、产业结构情况、产业政策几个方面的分析，初步得出以下结论。

（1）总体而言，尼泊尔近年来产业结构、产业就业人数占比不断优化，并逐步向合理化迈进。同时，尼泊尔产业结构演变存在着明显的非均衡性，这在一定程度上制约了尼泊尔经济的发展。

（2）尼泊尔拥有发展农业的优势，国家政策也支持农业发展，这就导致尼泊尔经济结构的单一，但国家不能一直只依赖农业，要尽可能优化产业结构，扶持工业、服务业发展。

（3）尼泊尔工业基础相对较差、规模小、机械化水平低、发展慢。然后，尼泊尔服务业发展相对较慢，服务业结构单一，从而不利于国家产业结构的优化升级。尼泊尔应加大研发投入，鼓励技术创新，调整服务业结构，积极推荐传统服务业的转向和现代服务业的发展。

（4）从区域经济长期发展来看，尼泊尔产业发展缺乏整体协调，导致资源投向长期侧重于农业发展。尼泊尔产业结构变动所引起的经济增长具有短期和低效的特点，从而不利于实现经济的长期增长。尼泊尔应以转变经济增长方式、推动技术创新和管理创新为核心，增强高新技术产业的辐射和带动能力，提高经济效益和产业竞争力。

第二十五章　塞尔维亚产业结构和产业政策分析

第一节　基本情况

塞尔维亚共和国，简称塞尔维亚，是位于欧洲东南部、巴尔干半岛中部的内陆国。塞尔维亚国土总面积为88 361平方千米（含科索沃），首都是贝尔格莱德。与黑山、波斯尼亚和黑塞哥维那、克罗地亚、匈牙利、罗马尼亚、保加利亚、北马其顿及阿尔巴尼亚接壤，边界总长约为2 457千米。欧洲第二大河多瑙河的1/5流经塞尔维亚境内。塞尔维亚总人口约为713万人（截至2014年），是一个多民族的国家。塞尔维亚总人口的83.3%（不计科索沃地区）是塞尔维亚族，其余的是匈牙利族、波斯尼亚克族、罗姆族及斯洛伐克族等。按行政区划分，塞尔维亚设有2个自治省（伏伊伏丁那自治省和科索沃自治省）、29个大行政区、贝尔格莱德直辖市。自治省和大行政区是塞尔维亚最高一级地方行政单位。首都贝尔格莱德市是全国的政治、经济、文化及科研中心，是前南斯拉夫最大的城市，也是仅次于伊斯坦布尔、雅典和布加勒斯特的东南欧第四大城市。塞尔维亚其他著名大城市包括诺维萨德、尼什、克拉古耶瓦茨等。

在地理方面，塞尔维亚大部分地区山丘起伏，中部和南部多丘陵和山区，而北部则是平原。塞尔维亚东部和西部分别为斯塔拉山脉和迪纳拉山脉的延续；北部的伏伊伏丁那平原为多瑙河中游平原的组成部分，河网稠密，土壤肥沃；南部多山脉、丘陵，由科索沃盆地和梅托西亚盆地组成。塞尔维亚最高点位于阿尔巴尼亚和科索沃边界的贾拉维察山，海拔约为2 656米。

在经济建设方面，塞尔维亚的经济主要基于服务业，其产值约占63%的GDP。塞尔维亚的经济基础相对不错，但由于联合国1992—1995年的经济制裁以及在战争中基础设施等的严重破坏，经济损失相当严重。进入21世纪，塞尔维亚经济开始好转，人均GDP从2000年的1 160美元增长到2008年的7 054美元。此外，塞尔维亚正准备加入欧盟，这使得塞尔维亚的经济将更加迅速的增长。塞尔维亚主要经济问题是高失业率（14%）和巨额贸易赤字（1亿美元）。作为唯一的与欧盟和俄罗斯同时签署自由贸易协定的欧洲国家，塞尔维亚希望在今后几年里能得到更多的经济刺激和较高的经济增长率。塞尔维亚的外国直接投资呈现越来越多的发展趋势，并来自许多蓝筹公司（美国钢铁公司、菲利普莫里斯国际公司、微软公司、菲亚特汽车公司、卢克石油公司、可口可乐公司、俄罗斯天然气工业股份公司、拉法基公司、西门子公司、嘉士伯公司等）。其中2000—2007年，大多数外国直接投资来自奥地利的公司，其次是来自希腊、挪威、德国的公司。在未来将会有更多的外国直接投资出现在塞尔维亚。

在外交方面，塞尔维亚政府将融入欧洲一体化进程作为外交的首要战略目标，重视同美国、西欧以及俄罗斯的关系，坚持睦邻修边，积极参与区域合作，注重开展经济外交。

第二节　经济发展情况分析

一、经济规模情况分析

塞尔维亚 GDP 及其增长率变化情况如图 25-1 所示。塞尔维亚人均 GDP 变化情况如图 25-2 所示。塞尔维亚 GDP 情况如表 25-1 所示。

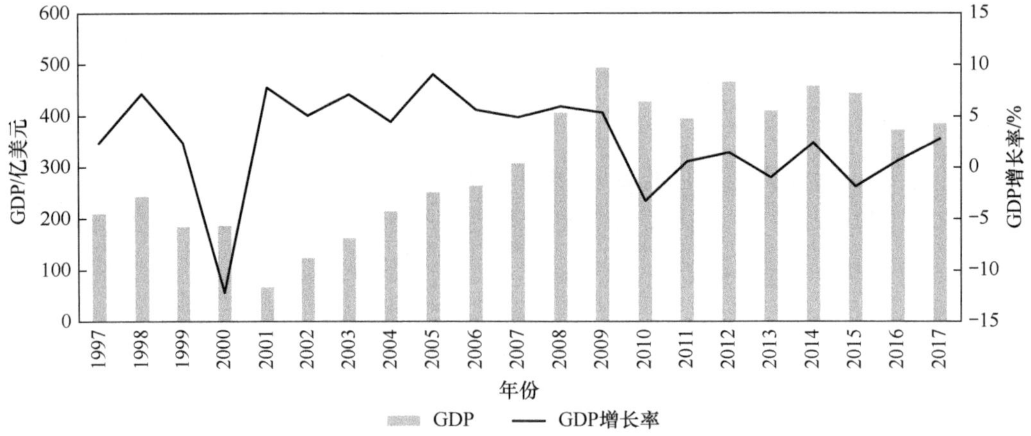

图 25-1　塞尔维亚 GDP 及其增长率变化情况

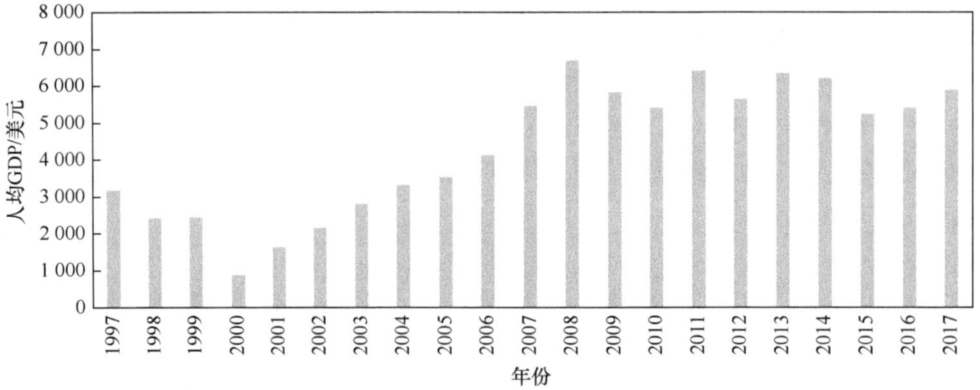

图 25-2　塞尔维亚人均 GDP 变化情况

（1）总体来说，在统计期内，塞尔维亚 GDP 和人均 GDP 均呈现先减少再增加，然后逐渐减少的趋势；GDP 增长率和人均 GDP 增长率均呈现先减少再增加，然后逐渐减少的趋势。

（2）塞尔维亚 GDP 1997—2000 年从 241.48 亿美元减少至 65.40 亿美元，然后逐渐增加，2008 年增加至 492.60 亿美元，之后开始减少，2017 年减少至 414.32 亿美元。2015 年还曾一度减少至 371.60 亿美元；人均 GDP 1997—2000 年从 3 178.83 美元减少到 870.14 美元，然后逐渐增加，2011 年增加到 6 423.29 美元，之后开始减少，2017 年减少至 5 900.04 美元；塞尔维亚 GDP 增长率 1997—1999 年从 7.18%减少至−12.15%，然后迅速增加，2004 年增加至 9.05%，然后 GDP 增长率缓慢减少，2017 年为 1.87%；人均 GDP 增长率 1997—1999 年从 7.49%减少至−11.83%，然后迅速增加，2004 年增加至 9.30%，之后增长率长期缓慢减少，2017 年减少至 2.39%。

表 25-1　塞尔维亚 GDP 情况

年份	GDP/亿美元	GDP 增长率/%	人均 GDP/美元	人均 GDP 增长率/%
1997	241.48	7.18	3 178.83	7.49
1998	182.84	2.43	2 416.07	2.82
1999	184.09	−12.15	2 441.43	−11.83
2000	65.40	7.76	8 70.14	8.10
2001	122.67	4.99	1 634.88	5.17
2002	161.17	7.12	2 149.91	7.21
2003	211.89	4.42	2 832.49	4.64
2004	248.61	9.05	3 331.23	9.30
2005	262.52	5.54	3 528.13	5.86
2006	306.08	4.90	4 129.76	5.32
2007	402.90	5.89	5 458.12	6.32
2008	492.60	5.37	6 701.77	5.82
2009	426.17	−3.12	5 821.31	−2.73
2010	394.60	0.58	5 411.88	0.99
2011	464.67	1.40	6 423.29	2.21
2012	407.42	−1.02	5 659.38	−0.53
2013	455.20	2.57	6 353.83	3.07
2014	442.11	−1.83	6 200.17	−1.37
2015	371.60	0.76	5 237.26	1.26
2016	383.00	2.80	5 426.20	3.34
2017	414.32	1.87	5 900.04	2.39

数据来源：世界银行数据库。

二、人力资本基础情况分析

图 25-3 反映的是塞尔维亚总人口变化情况。图 25-4 反映的是塞尔维亚城镇和农村人口变化情况。表 25-2 反映的是塞尔维亚劳动力情况。

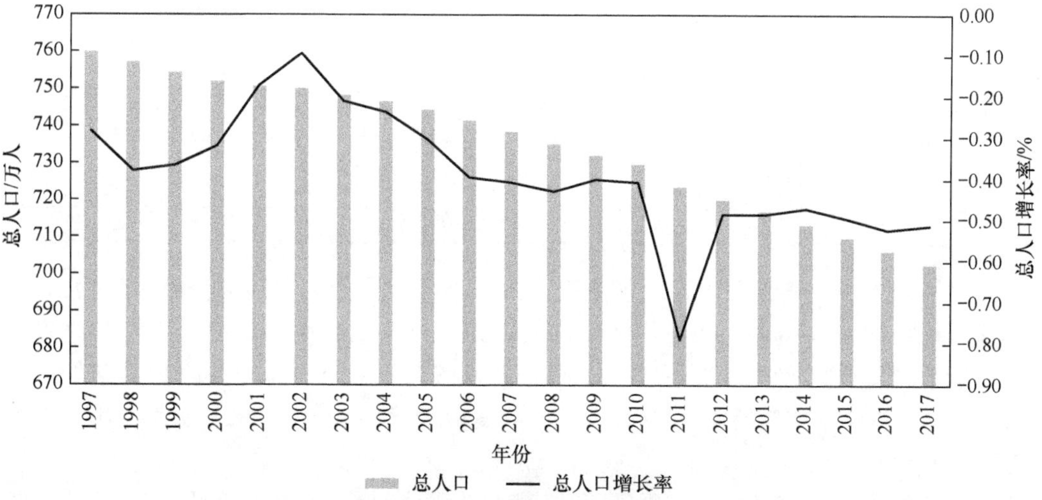

图 25-3　塞尔维亚总人口变化情况

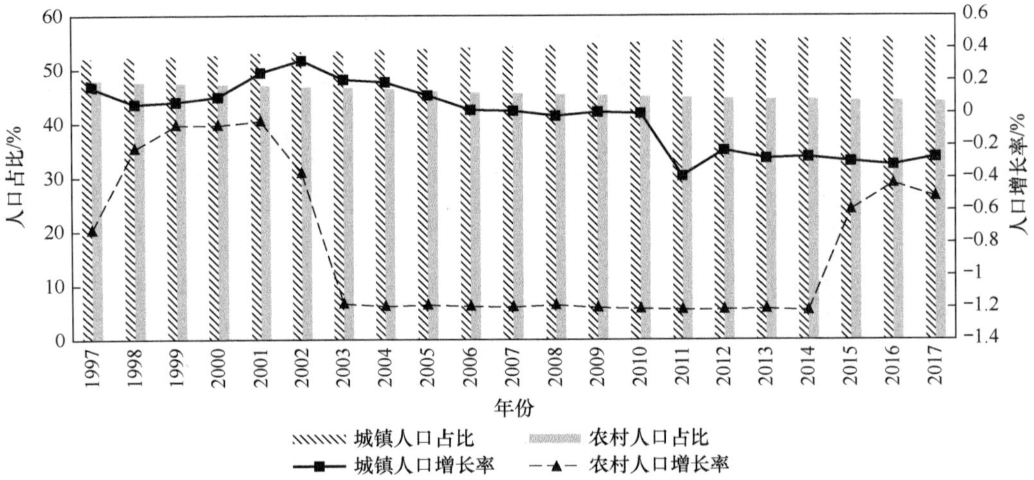

图 25-4 塞尔维亚城镇和农村人口变化情况

表 25-2 塞尔维亚劳动力情况

年份	劳动力总量/万人	劳动力占比/%	15～64 岁劳动参与率/%	15～24 岁劳动参与率/%
1997	338.15	45	64.28	42.14
1998	337.11	45	64.42	41.89
1999	338.67	45	64.80	43.81
2000	336.32	45	64.75	42.76
2001	335.25	45	64.65	41.97
2002	334.25	45	64.50	40.77
2003	333.36	45	64.34	39.88
2004	331.92	44	64.10	38.27
2005	330.77	44	63.86	37.26
2006	329.44	44	63.66	36.44
2007	329.18	45	63.63	32.64
2008	323.89	44	62.68	32.09
2009	314.55	43	60.97	28.42
2010	306.79	42	59.97	28.27
2011	304.98	42	60.64	28.21
2012	306.55	43	61.42	28.98
2013	310.45	43	62.33	28.45
2014	311.17	44	62.69	28.30
2015	307.52	43	62.72	28.53
2016	317.23	45	64.83	29.51
2017	313.90	45	64.92	28.91

（1）总体来说，在统计期内，塞尔维亚总人口不断减少；总人口增长率则先增加再减少，然后逐渐增加；城镇人口占比不断增加；农村人口占比不断减少；城镇人口增长率先增加再减少；农村人口增长率则先增加再减少，然后逐渐增加；劳动力总量先减少再增加，然后逐渐增加；劳动力占比基本维持水平波动；15～64 岁劳动参与率和 15～24 岁劳动参与率均先减少再增加，然后逐渐减少。

（2）塞尔维亚总人口 1997—2017 年从 759.65 万人减少至 702.22 万人；总人口增长率 1997—2002 年从-0.28%增加至-0.09%，然后开始减少，2011 年减少至-0.79%，之后有所增加，2017 年增加至−0.51%；城镇人口占比 1997—2017 年从 52.10%增加至 55.94%；城镇人口增长率 1997—2002 年从 0.15%增加至 0.33%，然后逐渐减少，2017 年减少至−0.28%，2011 年还曾减少至−0.39%；农村人口增长率 1997—2002 年从−0.74%增加至−0.41%，然后减少，2014 年减少至−1.28%，之后快速增加，2017 年增加至−0.53%；劳动力总量 1997—2011 年从 338.15 万人增加至 304.98 万人，然后逐渐增加，2017 年增加至 313.90 万人；劳动力占比 1997—2017 年基本在 42%～45%范围内波动；15～64 岁劳动参与率 1997—2010 年从 64.28%减少至 59.97%，然后逐渐增加，2017 年增加至 64.92%；15～24 岁劳动参与率 1997—2011 年从 42.14%减少至 28.21%，然后稍有增加，2017 年增加至 28.91%。

三、交通情况分析

塞尔维亚货物周转量情况如表 25-3 所示。

表 25-3　塞尔维亚货物周转量情况

年份	货物周转量 /（亿吨·千米）	货物周转量增长率/%	铁路货物周转量 /（亿吨·千米）	航空货物周转量 /（亿吨·千米）
2002	22.67	0.14	22.63	0.04
2003	25.95	0.14	25.91	0.04
2004	31.70	0.22	31.64	0.06
2005	36.19	0.14	36.14	0.05
2006	43.70	0.21	43.66	0.04
2007	44.21	0.01	44.17	0.04
2008	42.17	−0.05	42.14	0.03
2009	30.15	−0.29	30.13	0.02
2010	38.70	0.28	38.68	0.02
2011	37.99	−0.02	37.97	0.02
2012	29.56	−0.22	29.55	0.01
2013	26.47	−0.10	26.46	0.01
2014	25.92	−0.02	25.89	0.03
2015	29.45	0.14	29.42	0.03
2016	30.91	0.05	30.87	0.05

（1）总体来说，在统计期内，塞尔维亚货物周转量先增加再减少，然后继续增加；铁路货物周转量先增加再减少；航空货物周转量先减少再增加；货物周转量增长率先增加再减少，然后逐渐增加。

（2）塞尔维亚货物周转量 2002—2007 年从 22.67 亿吨·千米增加至 44.21 亿吨·千米，然后逐渐减少，2016 年减少至 30.91 亿吨·千米，2014 年还曾一度减少至 25.92 亿吨·千米；货物周转量 2002—2004 年增长率从 0.14%增加至 0.22%，然后逐渐减少，2009 年减少至−0.29%，接着逐渐增加，2016 年增加至 0.05%，2015 年还曾增加至 0.14%；铁路货物周转量 2002—2007 年从 22.63 亿吨·千米增加至 44.17 亿吨·千米，然后逐渐减少，2016 年减少至 30.87 亿吨·千米；航空货物周转量 2002—2012 年从 0.04 亿吨·千米减少至 0.01 亿吨·千米，然后开始逐渐增加，2016 年增加至 0.05 亿吨·千米。

四、研发投入与产出情况分析

图 25-5 反映的是塞尔维亚研发投入与产出情况。

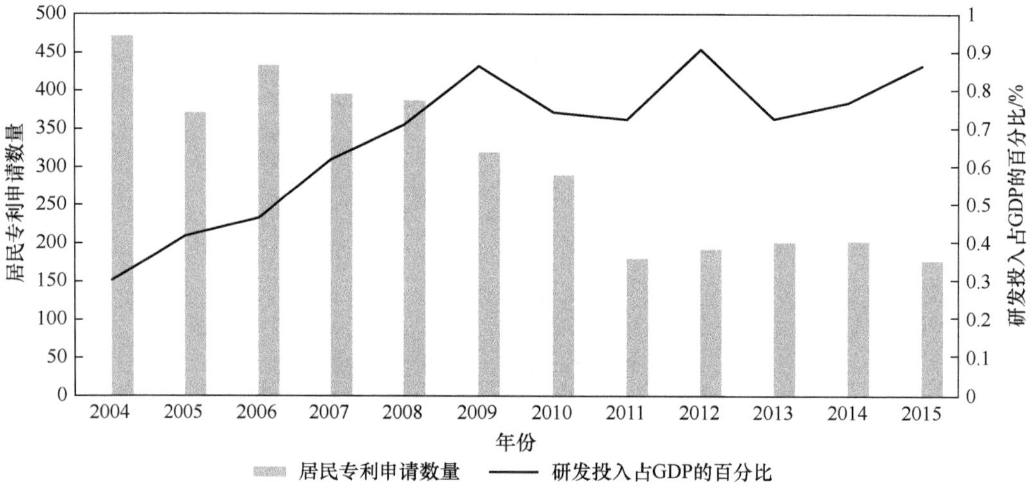

图 25-5 塞尔维亚研发投入与产出情况

（1）总体来说，在统计期内，塞尔维亚居民专利申请数量逐渐减少，而研发投入占 GDP 的百分比逐渐增加。

（2）2004—2015 年，塞尔维亚居民专利申请数量从 473 个减少至 178 个，而研发投入占 GDP 的百分比从 0.30%增加至 0.87%。

五、制度环境情况分析

不同国家制度环境对比如图 25-6 所示。塞尔维亚制度环境评估如表 25-4 所示。

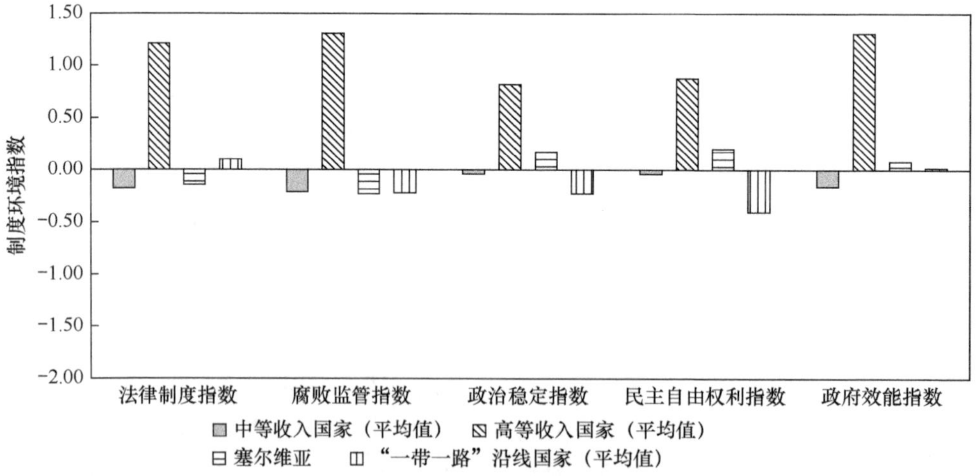

图 25-6 不同国家制度环境对比

（1）整体而言，高等收入国家在法律制度、腐败监管、政治稳定、民主自由权利、政府效能方面均远远优于其他国家。塞尔维亚在制度环境方面与高等收入国家相比，仍然存在较大差距。塞尔维亚在法律制度、民主自由权利、政治稳定和政府效能方面明显好于中等收入国家。塞尔维亚的法律制度指数、腐败监管指数低于“一带一路”沿线国家的平均值。

表 25-4　塞尔维亚制度环境评估

年份	法律制度指数	腐败监管指数	政治稳定指数	民主自由权利指数	政府效能指数
2002	−0.86	−0.87	−0.51	0	−0.51
2003	−0.85	−0.49	−0.58	−0.12	−0.62
2004	−0.72	−0.50	−0.51	−0.18	−0.21
2005	−0.91	−0.41	−0.77	−0.21	−0.33
2006	−0.53	−0.29	−0.54	0.21	−0.21
2007	−0.47	−0.35	−0.59	0.31	−0.23
2008	−0.50	−0.31	−0.54	0.28	−0.19
2009	−0.41	−0.31	−0.48	0.34	−0.04
2010	−0.37	−0.29	−0.42	0.29	−0.05
2011	−0.29	−0.27	−0.28	0.28	−0.09
2012	−0.36	−0.33	−0.22	0.20	−0.10
2013	−0.33	−0.30	−0.08	0.29	−0.09
2014	−0.15	−0.23	0.18	0.21	0.09
2015	−0.12	−0.27	0.24	0.23	0.11
2016	−0.12	−0.31	0.05	0.21	0.09

数据来源：世界银行数据库。

（2）在统计期内，塞尔维亚法律制度指数和政府效能指数不断增加；民主自由权利指数先增加再减少；政治稳定指数先减少再增加；腐败监管指数先增加然后基本保持水平。

（3）塞尔维亚法律制度指数 2002—2016 年从−0.86 增加至−0.12；政府效能指数 2002—2016 年从−0.51 增加至 0.09。腐败监管指数 2002—2006 年从−0.87 增加至−0.29，然后 2007—2016 年维持在−0.35～−0.27 范围内波动；民主自由权利指数 2002—2009 年从 0 增加至 0.34，然后开始逐渐减少，到 2016 年减少至 0.21；政治稳定指数 2002—2005 年从−0.51 减少至−0.77，然后开始增加，2016 年增加至 0.05。

六、税收负担情况分析

图 25-7、图 25-8 反映的分别为塞尔维亚总税收占 GDP 的百分比变化情况和税收占比变化情况。

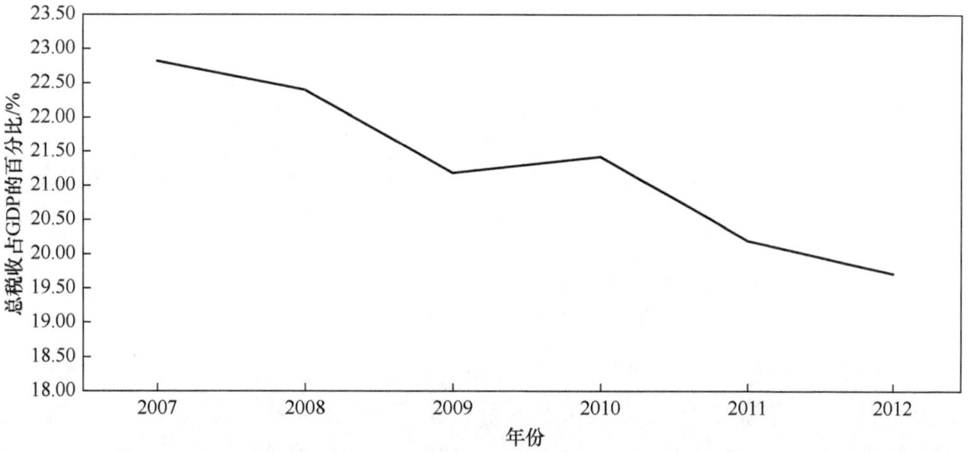

图 25-7　塞尔维亚总税收占 GDP 的百分比变化情况

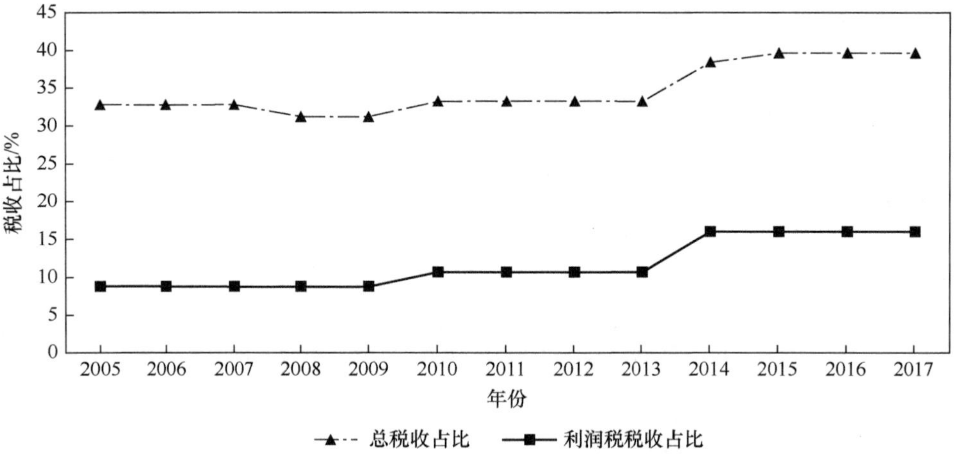

图 25-8 塞尔维亚税收占比变化情况

（1）总体来说，在统计期内，塞尔维亚总税收占 GDP 的百分比逐渐降低；总税收占比先减少再增加；利润税税收占比逐渐增加。

（2）塞尔维亚总税收占 GDP 的百分比 2007—2012 年从 22.83%减少至 19.72%；总税收占比 2005—2008 年从 32.9%减少至 31.2%，然后逐渐增加，2017 年增加至 39.7%；利润税税收占比 2005—2017 年从 8.8%增加至 16%。

七、国际贸易情况分析

图 25-9 反映的是塞尔维亚国际贸易情况。

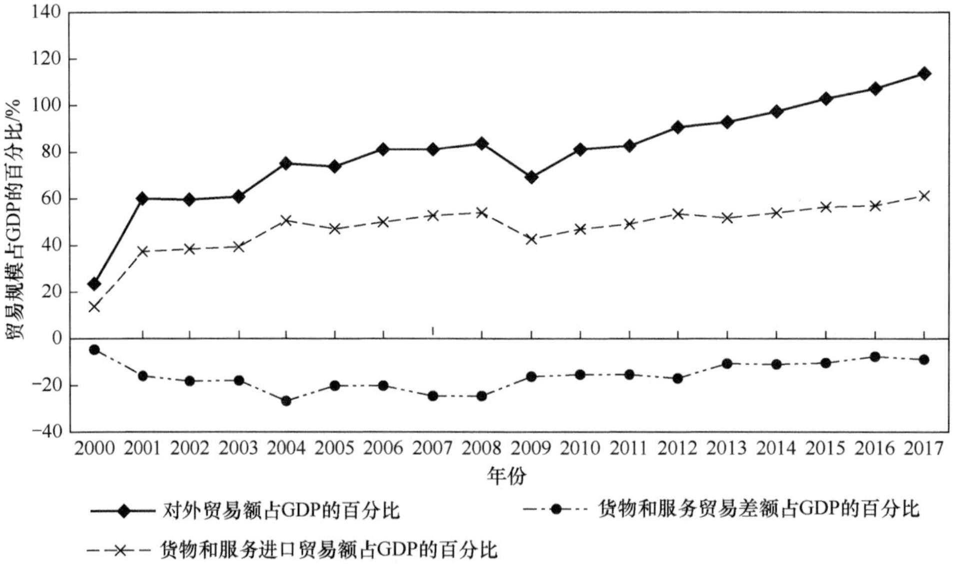

图 25-9 塞尔维亚国际贸易情况

（1）总体来说，在统计期内，塞尔维亚对外贸易额占 GDP 的百分比和货物和服务进口贸易额占 GDP 的百分比不断增加，货物和服务贸易差额占 GDP 的百分比先减少再增加。

（2）塞尔维亚对外贸易额占 GPD 的百分比 2000—2017 年从 24.17%增加至 113.71%；货物和服务进口贸易额占 GDP 的百分比 2000—2017 年从 14.32%增加至 60.26%；货物和服务贸

易差额占 GDP 的百分比 2000—2004 年从−4.46%减少至−26.41%，然后逐渐增加，2017 年增加至−8.81%。

（3）受经济危机的不利冲击，塞尔维亚对外贸易额占 GDP 的百分比、货物和服务进口贸易额占 GDP 的百分比分别从 2008 年的 83.26%和 54.14%减少至 2009 年的 69.59%和 42.74%。

八、外国直接投资情况分析

图 25-10 反映的是塞尔维亚外国直接投资占 GDP 的百分比变化情况。

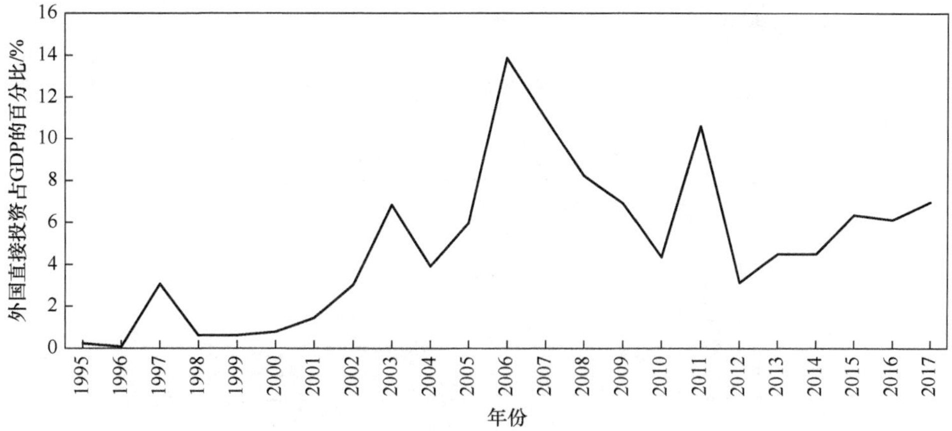

图 25-10　塞尔维亚外国直接投资占 GDP 的百分比变化情况

第一，总体来说，在统计期内，塞尔维亚外国直接投资占 GDP 的百分比先增加再减少，然后逐渐增加。

第二，塞尔维亚外国直接投资占 GDP 的百分比 1995—2006 年从 0.27%增加至 13.90%，然后逐渐减少，2012 年减少至 3.13%，接着逐渐增加，2017 年增加至 6.95%。

九、经济活力情况分析

图 25-11 反映的是塞尔维亚新注册企业数量及密度变化情况。

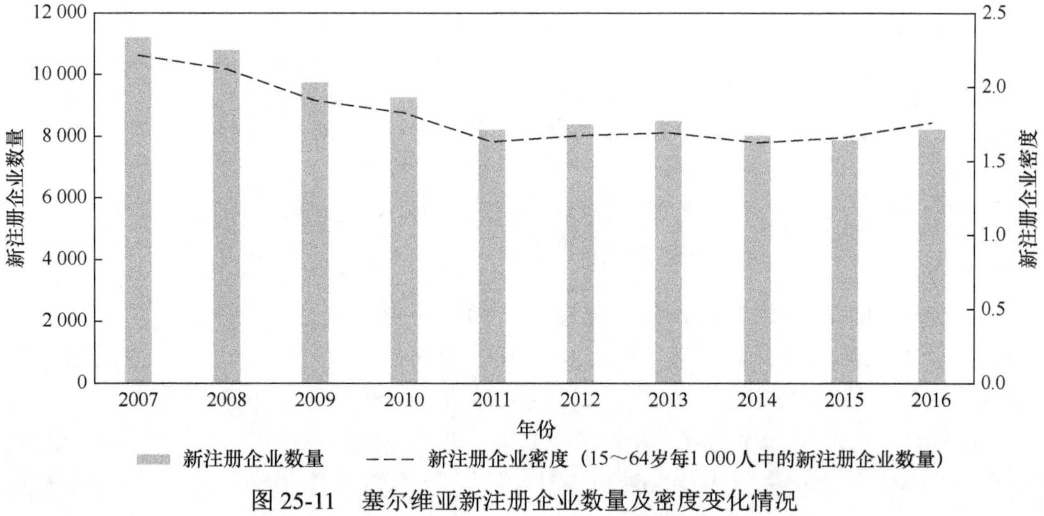

图 25-11　塞尔维亚新注册企业数量及密度变化情况

第一，总的来说，在统计期内，塞尔维亚新注册企业数量逐渐减少，而新注册企业密度先减少再增加。

第二，塞尔维亚新注册企业数量 2007—2016 年从 11 230 减少至 8 236；新注册企业密度 2007—2014 年从 2.22 减少至 1.62，然后逐渐增加，2016 年增加至 1.76。

第三节　产业结构情况分析

一、三次产业结构分析

图 25-12、图 25-13 所示分别为塞尔维亚产业结构和劳动力就业结构变化情况。

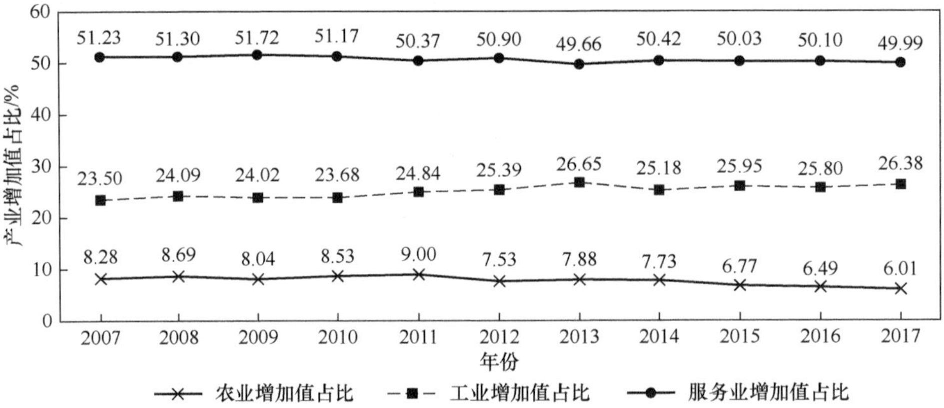

图 25-12　塞尔维亚产业结构变化情况

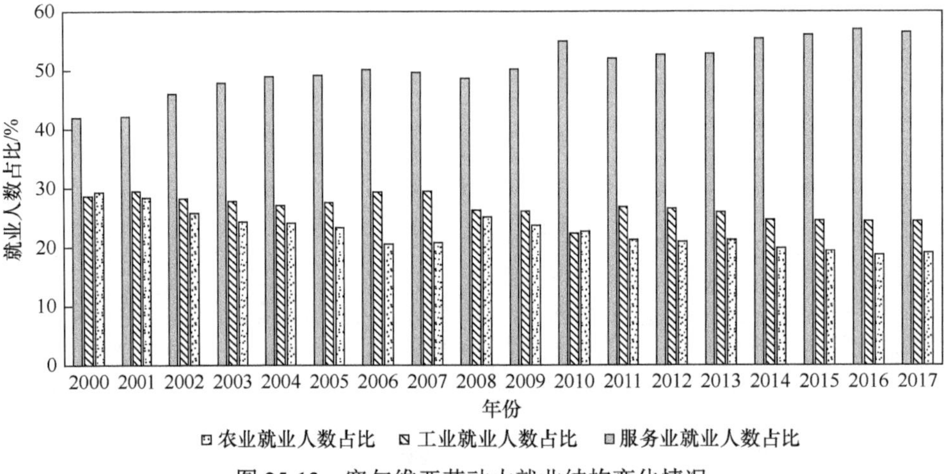

图 25-13　塞尔维亚劳动力就业结构变化情况

（1）总体来说，在统计期内，塞尔维亚农业增加值占比先增加再减少；工业增加值占比逐渐增加；服务业增加值占比缓慢下降；服务业就业人数占比不断增加，农业就业人数占比和工业就业人数占比走势类似，均表现为先减少再增加，然后逐渐下降的趋势。

（2）塞尔维亚农业增加值占比 2007—2011 年从 8.28%增加至 9.00%，然后逐渐减少，2017 年减少至 6.01%；工业增加值占比 2007—2017 年从 23.50%增加至 26.38%；服务业增加值占比从 51.23%减少至 49.99%；农业就业人数占比 2000—2006 年从 29.25%减少至 20.54%，然后开始增加，2008 年增加至 25.12%，之后继续减少，2017 年减少至 19.02%。工业就业人数占比 2000—2004 年从 28.72%减少至 26.95%，然后逐渐增加，2007 年增加至 29.45%，接着开始减少，2017 年减少至 24.40%；服务业就业人数占比 2000—2017 年从 42.03%增加至 56.59%。

二、工业、制造业规模变化分析

图 25-14 反映的是塞尔维亚工业、制造业规模变化情况。

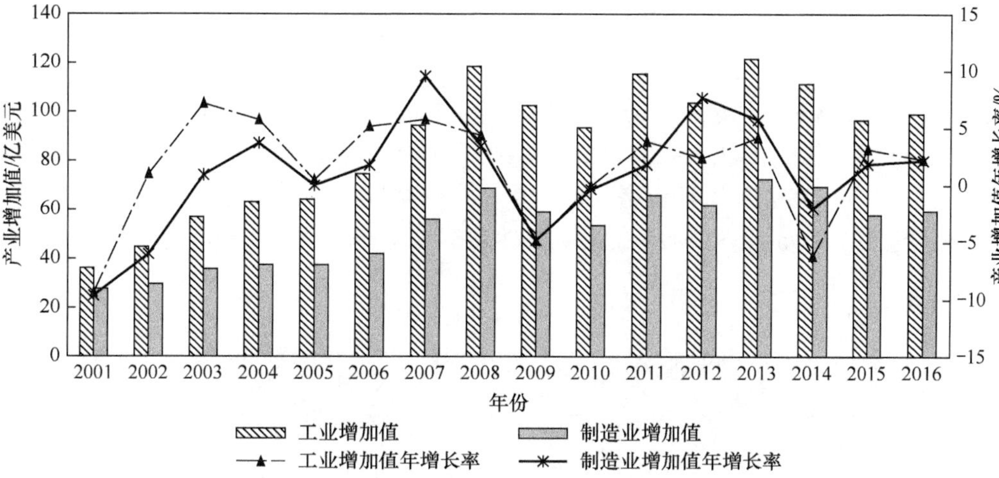

图 25-14 塞尔维亚工业、制造业规模变化情况

（1）总体来说，在统计期内，塞尔维亚工业增加值和制造业增加值走势类似，均呈现先增加再减少的走势；工业增加值年增长率和制造业增加值年增长率均先增加再减少，然后逐渐增加。

（2）塞尔维亚工业增加值 2001—2008 年从 36.03 亿美元增加至 118.67 亿美元，然后逐渐减少，2016 年减少至 98.81 亿美元；制造业增加值 2001—2008 年从 27.66 亿美元增加至 68.98 亿美元，然后逐渐减少，2016 年减少至 59.85 亿美元；制造业增加值年增长率 2001—2007 年从−9.65%增加至 9.47%，然后增速逐渐放缓，2014 年减少至−2.06%，接着增速逐渐加快，2016 年增加至 2.16%；工业增加值年增长率 2001—2003 年从−9.25%增加至 7.24%，然后开始减少，2014 年减少至−6.44%，接着开始增加，2016 年增加至 2.37%。

（3）在 2008 年经济危机的冲击下，塞尔维亚工业增加值和制造业增加值分别从 2008 年的 118.67 亿美元和 68.98 亿美元减少至 2009 年的 102.35 亿美元和 59.51 亿美元；工业增加值年增长率和制造业增加值年增长率分别从 2008 年的 4.41%和 3.33%减少至 2009 年的−5.27%和−4.52%。

塞尔维亚制造业分行业增加值占比情况如表 25-5 所示。

表 25-5 塞尔维亚制造业分行业增加值占比情况

行业	行业增加值占比/%				
	2010 年	2011 年	2012 年	2013 年	2014 年
食品、饮料和烟草	30.01	29.23	27.93	26.82	27.47
纺织品与服装	6.92	6.79	6.42	7.03	7.20
机械和运输设备	9.92	10.23	10.54	13.20	13.52

（续表）

行业	行业增加值占比/%				
	2010 年	2011 年	2012 年	2013 年	2014 年
化学品	5.72	6.37	6.85	6.11	6.25
中、高端技术	18.64	19.63	20.06	21.80	23.91
其他	28.79	27.75	28.20	25.04	21.65

首先，食品、饮料和烟草行业增加值占比呈减少的趋势，纺织品与服装行业、机械和运输设备行业以及中、高端技术行业增加值占比呈增加的趋势，化学品行业增加值占比呈先增加再减少的趋势。

其次，2010—2014 年，食品、饮料和烟草行业增加值占比从 30.01%减少至 27.47%，纺织品与服装行业增加值占比从 6.92%增加至 7.20%，机械和运输设备行业增加值占比从 9.92%增加至 13.52%，中、高端技术行业增加值占比从 18.64%增加至 23.91%。2010—2012 年，化学品行业增加值占比从 5.72%增加至 6.85%，然后逐渐减少，2014 年减少至 6.25%。

三、服务业规模变化分析

图 25-15 反映的是塞尔维亚服务业规模变化情况。

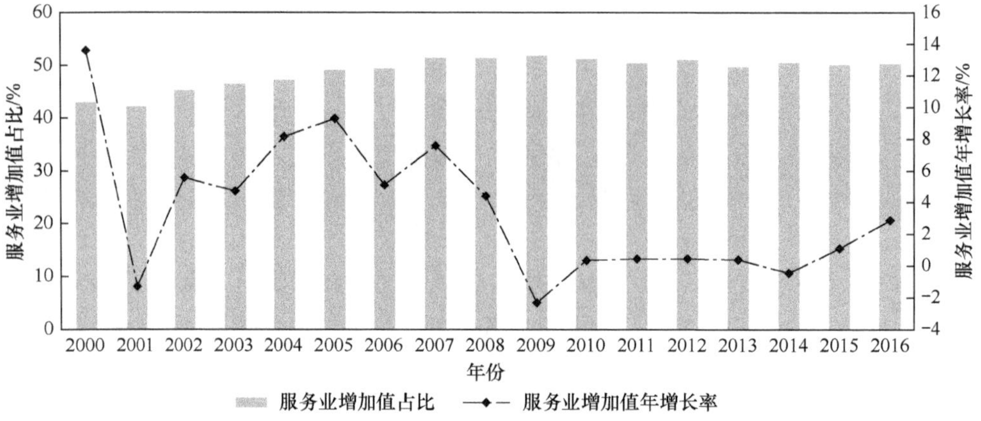

图 25-15 塞尔维亚服务业规模变化情况

（1）总体来说，在统计期内，塞尔维亚服务业增加值占比先增加，然后维持水平波动。服务业增加值年增长率先减少再增加，然后减少后继续增加。

（2）塞尔维亚服务业增加值占比 2000—2009 年从 42.87%增加至 51.72%，然后在 49.60%～51.20%内维持水平波动；服务业增加值年增长率 2000—2001 年从 13.61%骤减至 −1.57%，然后迅速增加，2005 年增加至 9.31%，然后开始减少，2009 年减少至−2.37%，接着增加，2016 年增加至 2.79%。

（3）在 2008 年经济危机的不利冲击下，塞尔维亚服务业增加值年增长率从 2008 年的 4.46%骤减至 2009 年的−2.37%。

第四节 产业政策分析

塞尔维亚正处于转型期，政治经济发展稳定，劳动力素质高且廉价，煤炭和锂矿资源储量丰富，矿床周边基础设施建设较完善。塞尔维亚规划大力发展矿产资源和电力基础设施产业。

自 2000 年经济转型以来，塞尔维亚经济快速发展。2000—2008 年，塞尔维亚 GDP 平均增长率高达 6%。塞尔维亚经济调节能力较强。2009 年的全球金融危机及 2015 年的洪灾均对塞尔维亚经济造成了严重的影响，但在随后较短的时间内，塞尔维亚经济得到恢复。塞尔维亚政治逐渐趋于稳定，社会治安较好，没有恐怖袭击发生，安全系数较高，矿业投资环境整体较好。

塞尔维亚矿业发展意愿强烈。塞尔维亚还不是欧盟成员国，矿业投资政策较为宽松，矿业投资门槛低。塞尔维亚政府出台了多项优惠政策吸引外商投资。这些优惠政策主要有：投资企业资产、资金、股份、利润和分红等可自由转移；对于项目中投资的金额和 10 年内制造工作岗位超过一定数值的企业给予投资额 10%～20%的奖励；大型投资项目可获得塞尔维亚国家信用机构和驻塞尔维亚国际信用机构的担保；外商投资企业享有避免双重税和双边投资保护待遇；除煤炭之外，外商可获得所有矿产资源矿权 100%的股份；在塞尔维亚投资的矿山机械设备免进口关税等。

塞尔维亚经济发展结构较为单一，矿业发展较落后。塞尔维亚政府有意加强落后产业发展，特别想加强矿业发展和电站建设，鼓励外商参与相关投资。塞尔维亚计划在未来 5 年内加大采矿业投资，其中煤炭产业投资为重点。为增加塞尔维亚国家电力产能，塞尔维亚政府对煤电站建设做出详细规划。由于塞尔维亚迫切希望加入欧盟组织，而绿色能源是入盟的必要条件之一，所以塞尔维亚政府将建设水电站作为未来电站发展的重点。

塞尔维亚近年来服务业发展较快，服务业产值占比不断提高，三次产业结构不断优化。塞尔维亚第一产业产值占比很小，变化缓慢，而第二产业产值与第三产业产值占比较大。从塞尔维亚三次产业就业人数演变情况来看，第一产业就业人数占比相对较低；第二产业与第一产业就业人数占比相差不大，并在 2010—2017 年处于逐渐下降的趋势；第三产业就业人数占比较高，已超过 50%，并且呈逐年上升的趋势。

第五节　产业结构与产业政策分析基本结论

通过对塞尔维亚的基本情况、经济发展情况、产业结构情况、产业政策几个方面的分析，初步得出以下结论。

总体而言，塞尔维亚近年来三次产业结构、产业就业人数占比不断优化，并逐步向合理化迈进。同时，塞尔维亚产业结构演变存在着明显的非均衡性，从而在一定程度上制约了塞尔维亚的经济发展。

塞尔维亚在现阶段产业发展中，服务业整体发展较好，第二产业发展相对薄弱。塞尔维亚产业增加值占比及产业就业人数占比都呈现了塞尔维亚经济重心由第二产业向第三产业转移的趋势。因此，塞尔维亚产业结构发展逐渐合理化。

塞尔维亚第二产业发展十分薄弱，经济结构整体较为单一，矿产业及电力行业发展相对落后。塞尔维亚的矿产资源十分丰富，但其资源利用行业的发展薄弱导致其资源开发处于初级阶段。塞尔维亚政府已经意识到这一发展欠缺之处，计划在 5 年内加大矿产业投资，并将煤炭产业作为投资重点。调整政府工作重心，大力发展第二产业以促进经济增长，是塞尔维亚未来经济发展的路径导向。

塞尔维亚第三产业整体的崛起，表现出第三产业内部结构呈现合理化的趋势。总体而言，塞尔维亚服务业增加值表现出了不断增长的趋势。塞尔维亚产业整体发展趋势是由第一、第二产业向第三产业发展。可见，塞尔维亚政府在经济发展中已把握好不同阶段的产业推进重心，从而使产业得到科学发展。第三产业的良好发展趋势即使在日后大力发展矿产资源开发利用产业的阶段也应继续保持。

塞尔维亚政府为谋求发展，制定了一系列优惠政策以吸引外资，如税收优惠政策、新增就业补贴政策、财政资助政策和其他便利优势等。目前，塞尔维亚希望在部分家电、建材、汽车等生产型项目中与中国企业开展投资合作，也希望中国企业积极参与塞尔维亚企业私有化项目。

第二十六章　沙特阿拉伯产业结构与产业政策分析

第一节　基本情况

沙特阿拉伯王国，通称沙特阿拉伯，简称沙特。位于亚洲西南部的阿拉伯半岛，东濒波斯湾，西临红海，同约旦、伊拉克、科威特、阿联酋、阿曼、也门、巴林、卡塔尔等国接壤。沙特阿拉伯首都是利雅得。截至 2016 年，沙特阿拉伯总人口的为 3 228 万人。沙特阿拉伯官方语言为阿拉伯语。沙特阿拉伯使用货币为沙特里亚尔。沙特阿拉伯地势西高东低，全境大部分为高原。沙特阿拉伯沙漠广布，其北部有大内夫得沙漠，南部有鲁卜哈利沙漠。沙特阿拉伯西部高原属于地中海气候，其他地区属于热带沙漠气候。沙特阿拉伯夏季炎热干燥，冬季气候温和。

在农业方面，沙特阿拉伯是世界上最大的大麦进口国，年均进口约 600 万吨。沙特阿拉伯水果自给率达到 60%。沙特阿拉伯畜牧业主要放养有绵羊、山羊、骆驼等。沙特阿拉伯主要农产品有小麦、玉米、椰枣、柑橘、葡萄、石榴等。

在自然资源方面，沙特阿拉伯是名副其实的“石油王国”，石油储量和产量均居世界首位，从而成为世界上最富裕的国家之一。沙特阿拉伯有金、银、铜、铁、铝土、磷等矿藏。沙特阿拉伯东部波斯湾沿岸陆上与近海的石油和天然气藏量极丰。2005 年，沙特阿拉伯石油产量为 5.26 亿吨，出口石油达 4.3 亿吨，剩余可采储量为 363 亿吨（占全世界储量的 26%），这三项指标均居世界首位。天然气年产量达 640 亿立方米，剩余可采储量为 6.9 万亿立方米（占全世界储量的 4%，居世界第 4 位）。沙特阿拉伯水资源以地下水为主。沙特阿拉伯地下水总储量为 36 万亿立方米。按用水量计算，沙特阿拉伯地表以下 20m 深的水源可使用 320 年左右。沙特阿拉伯是世界上最大的淡化海水生产国，其海水淡化量占全世界总量的 21%左右。沙特阿拉伯共有 30 个海水淡化厂，日产 300 万立方米淡化水，占全国饮用水的 46%。沙特阿拉伯共有 184 个蓄水池，蓄水能力为 6.4 亿立方米。

在外交方面，沙特阿拉伯奉行独立自主、温和务实、不结盟的外交政策，主张国与国之间相互尊重、和平共处、互不干涉内政，将发展与美国的关系放在外交首位；重视发展与阿拉伯、伊斯兰国家的关系，致力于阿拉伯团结和海湾合作委员会的一体化建设，积极参与地区热点问题；大力开展多元化外交，加强与中国、欧盟、俄罗斯和日本等大国的关系。沙特阿拉伯的能源和伊斯兰大国的地位为各方看重。

第二节　经济发展情况分析

一、经济规模情况分析

沙特阿拉伯 GDP 及其增长率变化情况如图 26-1 所示。沙特阿拉伯人均 GDP 变化情况如图 26-2 所示。

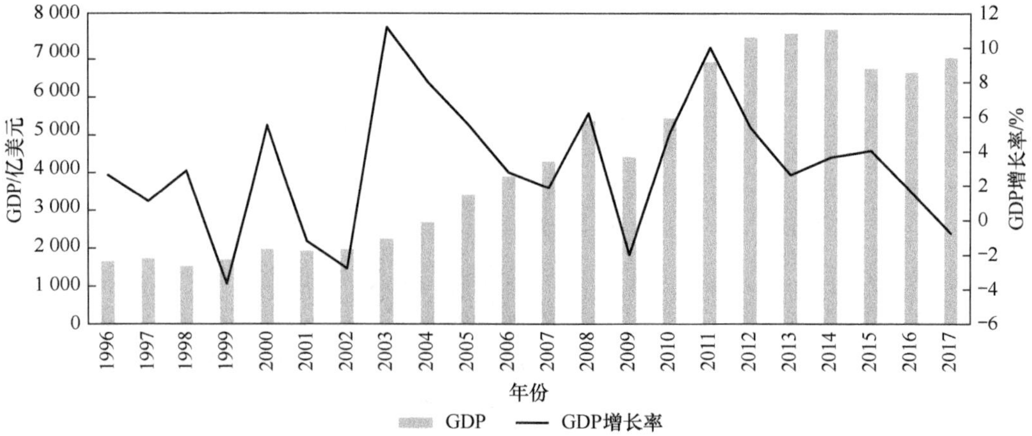

图 26-1 沙特阿拉伯 GDP 及其增长率变化情况

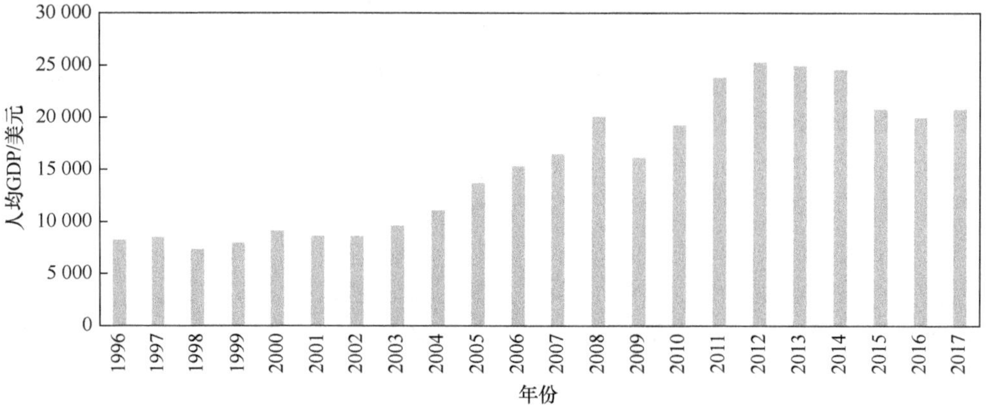

图 26-2 沙特阿拉伯人均 GDP 变化情况

（1）整体而言，在统计期内，沙特阿拉伯 GDP 和人均 GDP 均呈现先增加再减少的趋势；GDP 增长率波动较大，呈现先增加再减少，再增加又减少的趋势；人均 GDP 增长率则呈现先增加后减少的趋势。

（2）沙特阿拉伯 GDP 1996—2014 年从 1586 亿美元增加至 7 563 亿美元，之后逐渐减少，2017 年沙特阿拉伯 GDP 总量为 6 838 亿美元；人均 GDP 1996—2012 年从 8 293.22 美元增加至 25 303.09 美元，然后在 2017 年减少至 20 760.91 美元；GDP 增长率 1996—2003 年从 2.64%增加至 11.24%，2007 年又锐减至 1.85%，然后增加，2011 年为 10%，之后逐年减少，2017 年为−0.74%；人均 GDP 增长率 1996—2003 年从 0.51%增加至 8.04%，2017 年为−2.73%。

（3）在 1998 年、2008 年两次经济危机的冲击下，沙特阿拉伯 GDP 分别从 1997 年、2008 年的 1 659 亿美元和 5 197 亿美元骤减至 1998 年和 2009 年的 1 467 亿美元和 4 291 亿美元；人均 GDP 则从 1997 年的 8 508.52 美元减少至 1998 年的 7 382.16 美元，从 2008 年的 20 037 美元减少至 2009 年的 16 094 美元；GDP 增长率和人均 GDP 增长率也受此影响，2009 年分别锐减至−2.06%和−4.71%。

二、人力资本基础情况分析

图 26-3 反映了沙特阿拉伯总人口变化情况。图 26-4 反映了沙特阿拉伯城镇和农村人口变

化情况。表 26-2 反映了沙特阿拉伯劳动力情况。

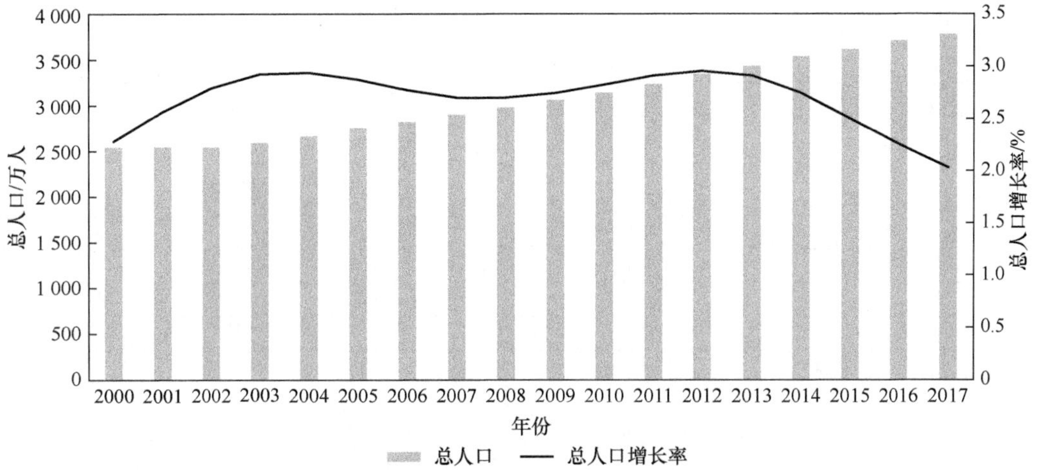

图 26-3　沙特阿拉伯总人口变化情况

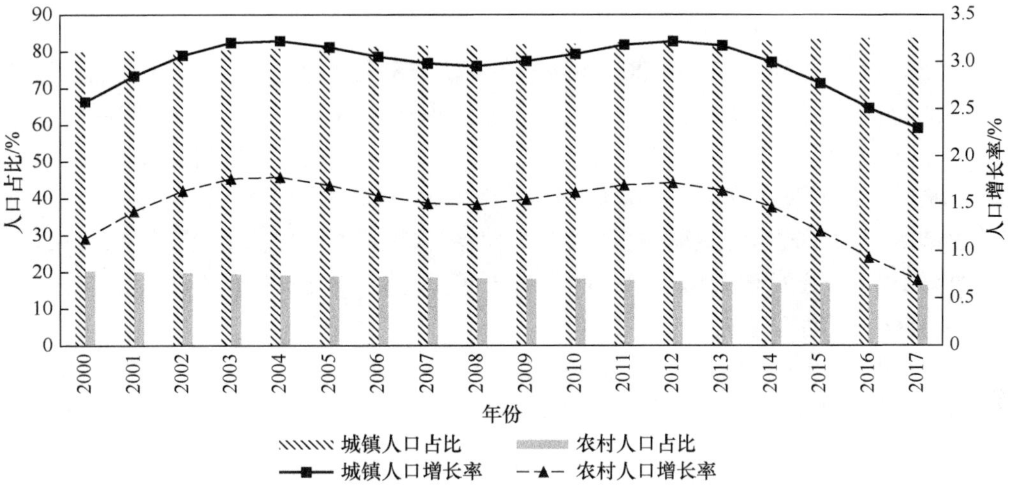

图 26-4　沙特阿拉伯城镇和农村人口变化情况

表 26-1　沙特阿拉伯劳动力情况

年份	劳动力总量/万人	劳动力占比/%	15～64 岁劳动参与率/%	15～24 岁劳动参与率/%
1996	571.46	29.87	52.25	21.50
1997	581.01	29.79	51.32	20.90
1998	592.39	29.79	50.67	20.26
1999	607.01	29.91	50.34	19.53
2000	640.35	30.84	51.27	19.70
2001	661.58	31.05	50.86	19.27
2002	689.09	31.46	50.89	19.32
2003	723.58	32.08	51.26	19.43
2004	760.27	32.73	51.68	19.40
2005	797.81	33.37	52.09	19.35
2006	831.32	33.82	52.15	19.52
2007	864.74	34.24	52.03	17.85

（续表）

年份	劳动力总量/万人	劳动力占比/%	15～64 岁劳动参与率/%	15～24 岁劳动参与率/%
2008	896.61	34.56	51.95	17.14
2009	928.98	34.84	51.76	15.80
2010	983.42	35.86	52.68	16.79
2011	1 048.77	37.14	53.75	18.16
2012	1 120.25	38.51	54.93	18.23
2013	1 184.57	39.56	55.89	18.67
2014	1 239.14	40.26	56.49	18.73
2015	1 299.16	41.17	57.33	17.38
2016	1 343.14	41.61	57.63	17.58
2017	1 383.42	42.00	57.95	17.58

数据来源：世界银行数据库。

（1）总体来说，在统计期内沙特阿拉伯总人口不断增加；城镇人口占比逐渐增加；农村人口占比则逐渐减少；总人口增长率、城镇人口增长率和农村人口增长率均为先增加再减少，再次增加然后继续减少；劳动力总量及劳动力占比不断增加；15～64 岁劳动参与率先减少再增加；15～24 岁劳动参与率则逐渐减少。

（2）沙特阿拉伯总人口 2000—2017 年从 25 131 578 人增加至 37 938 213 人；总人口增长率 2000—2004 年从 2.19%增加至 2.94%，之后逐渐减少，2009 年为 2.69%，然后 2012 年增加至 2.96%后逐渐减少，2017 年为 2.03%；城镇人口占比 2000—2017 年从 78.91%逐渐增加至 83.622%；城镇人口增长率 2000—2004 年从 2.39%增加至 3.22%，然后减少，2008 年 2.96%，然后 2012 年增加至 3.22%后逐渐减少，2017 年为 2.30%；农村人口增长率 2000—2004 年从 0.96%增加至 1.77%，之后逐渐减少，2008 年为 1.49%，然后 2012 年增加至 1.72%后开始减少，2017 年为 0.69%；劳动力总量 1996—2017 年从 571.46 万人增加至 1 383.42 万人；劳动力占比 1996—2017 年则从 29.87%增加至 42.00%；15～64 岁劳动参与率 1996—2003 年从 52.25%减少至 51.26%，之后增加，2017 年为 57.95%；15～24 岁劳动参与率 1996—2017 年从 21.50%减少至 17.58%。

三、交通情况分析

沙特阿拉伯货物周转量情况如表 26-3 所示。

表 26-2 沙特阿拉伯货物周转量情况

年份	铁路货物周转量/（亿吨·千米）	航空货物周转量/（亿吨·千米）	年份	铁路货物周转量/（亿吨·千米）	航空货物周转量/（亿吨·千米）
1998	9.60	9.34	2007	16.30	12.29
1999	9.00	10.00	2008	17.48	13.82
2000	8.22	9.99	2009	17.48	18.38
2001	7.46	7.99	2010	17.48	13.24
2002	7.72	8.62	2011	18.52	15.01
2003	8.80	8.52	2012	18.52	18.15
2004	11.73	9.56	2013	18.52	16.94
2005	11.92	10.21	2014	18.52	15.99
2006	12.70	10.66			

数据来源：世界银行数据库。

（1）在统计期内，沙特阿拉伯铁路货物周转量先减少再增加；航空货物周转量则是先减少再增加，然后减少。

（2）沙特阿拉伯铁路货物周转量 1998—2002 年从 9.60 亿吨 · 千米减少至 7.46 亿吨 · 千米，之后 2014 年逐渐增加至 18.52 亿吨 · 千米；航空货物周转量 1998—2001 年从 9.34 减少至 7.99 亿吨 · 千米，之后 2009 年增加至 18.38 亿吨 · 千米，之后减少，2014 年为 15.99 亿吨 · 千米。

四、制度环境情况分析

不同国家制度环境对比如图 26-5 所示。沙特阿拉伯制度环境评估如表 26-3 所示。

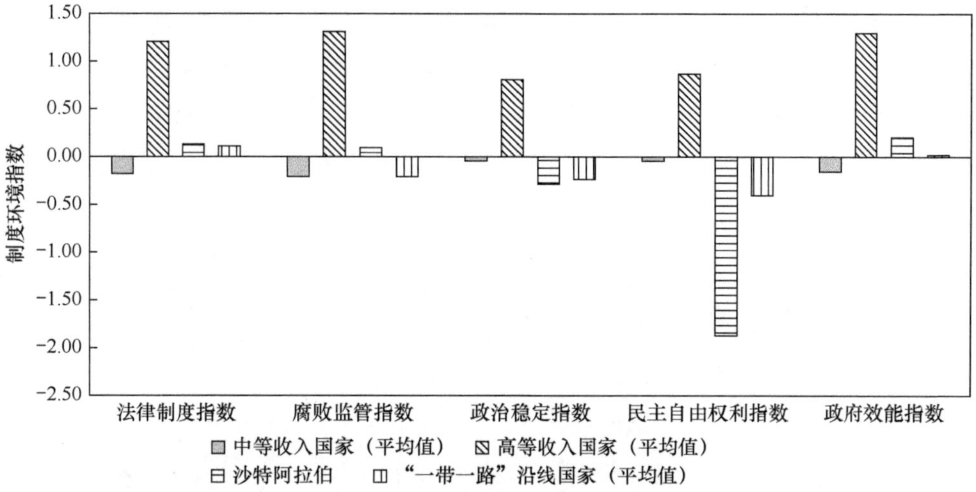

图 26-5　不同国家制度环境对比

表 26-3　沙特阿拉伯制度环境评估

年份	法律制度指数	腐败监管指数	政治稳定指数	民主自由权利指数	政府效能指数
1996	0.25	−0.64	−0.26	−1.41	−0.26
1997	0.23	−0.66	−0.12	−1.47	−0.24
1998	0.21	−0.69	0.02	−1.53	−0.22
1999	0.08	−0.55	0.07	−1.51	−0.23
2000	−0.04	−0.42	0.11	−1.48	−0.23
2001	0.04	−0.18	0.01	−1.57	−0.27
2002	0.11	0.06	−0.09	−1.66	−0.31
2003	0.24	−0.20	0.10	−1.67	−0.31
2004	0.13	−0.36	−0.68	−1.31	−0.37
2005	0.10	−0.10	−0.25	−1.52	−0.39
2006	0.11	−0.25	−0.54	−1.70	−0.23
2007	0.19	−0.18	−0.50	−1.62	−0.11
2008	0.19	−0.03	−0.37	−1.65	−0.07
2009	0.16	−0.01	−0.51	−1.78	−0.06
2010	0.26	0.06	−0.22	−1.74	0.03
2011	0.14	−0.37	−0.46	−1.86	−0.32
2012	0.24	−0.06	−0.45	−1.81	0.03
2013	0.26	−0.01	−0.41	−1.82	0.06
2014	0.27	0.10	−0.24	−1.78	0.23
1996—2014（平均值）	0.17	−0.24	−0.25	−1.63	−0.17

数据来源：世界银行数据库。

（1）整体而言，高等收入国家在法律制度、腐败监管、政治稳定、民主自由权利、政府效能方面均远远优于其他国家。沙特阿拉伯在制度环境方面与高等收入国家相比，仍然存在较大差距。沙特阿拉伯在法律制度、腐败监管、政治稳定和政府效能方面明显好于中等收入国家。沙特阿拉伯的法律制度指数、腐败监管指数和政府效能指数均高于“一带一路”沿线国家的平均值。

（2）在统计期内，沙特阿拉伯法律制度指数和政府效能指数先减少再增加；民主自由权利指数逐渐减少；腐败监管指数和政治稳定指数先增加再减少，然后逐渐增加。

（3）沙特阿拉伯法律制度指数 1996—2000 年从 0.25 减少为−0.04，之后 2014 年增加至 0.27；民主自由权利指数 1996—2014 年从−1.41 减少至−1.78；政府效能指数 1996—2005 年由−0.26 减少至−0.39，之后 2014 年增加至 0.23；腐败监管指数 1996—2002 年从−0.64 增加至 0.06，之后减少，2011 年为−0.37，2014 年又增加至 0.10；政治稳定指数 1996—2000 年从−0.26 增加至 0.11，之后逐渐减少，2004 年为−0.68，2014 年增加至−0.24。

五、税收负担情况分析

图 26-6 反映的是沙特阿拉伯税收占比变化情况。总体来说，在统计期内，沙特阿拉伯总税收占比逐渐增加，而利润税税收占比保持水平。其中，总税收占比从 14.6%缓慢增加至 15.7%，而利润税税收占比则一直保持在 2.0%左右。

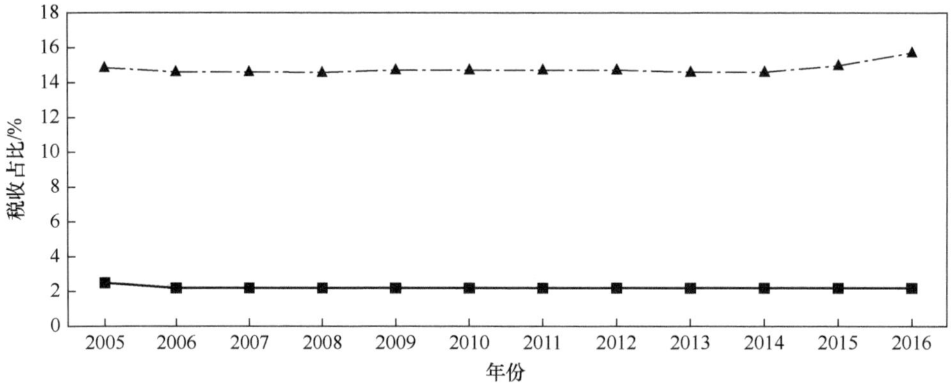

图 26-6 沙特阿拉伯税收占比变化情况

六、国际贸易情况分析

图 26-7 反映的是沙特阿拉伯国际贸易情况。

（1）整体而言，沙特阿拉伯对外贸易额占 GDP 的百分比先增加再减少；货物和服务对外贸易差额占 GDP 的百分比先增加再减少，然后增加；货物和服务进口贸易额占 GDP 的百分比先增加再减少，之后再次增加，然后减少。

（2）沙特阿拉伯对外贸易额占 GDP 的百分比 2000—2008 年从 68.17%增加至 96.10%，然后 2017 年减少至 61.68%；货物和服务进口贸易额占 GDP 的百分比 2000—2009 年从 24.76%增加至 37.77%，之后减少，2012 年为 29.24%，2015 年又增加至 38.75%，之后 2017 年再次减少至28.14%；货物和服务贸易差额占GDP的百分比2000—2005年从18.64%增加至32.15%，之后2015年减少至-5.43%，然后再次增加，2017年为5.40%。

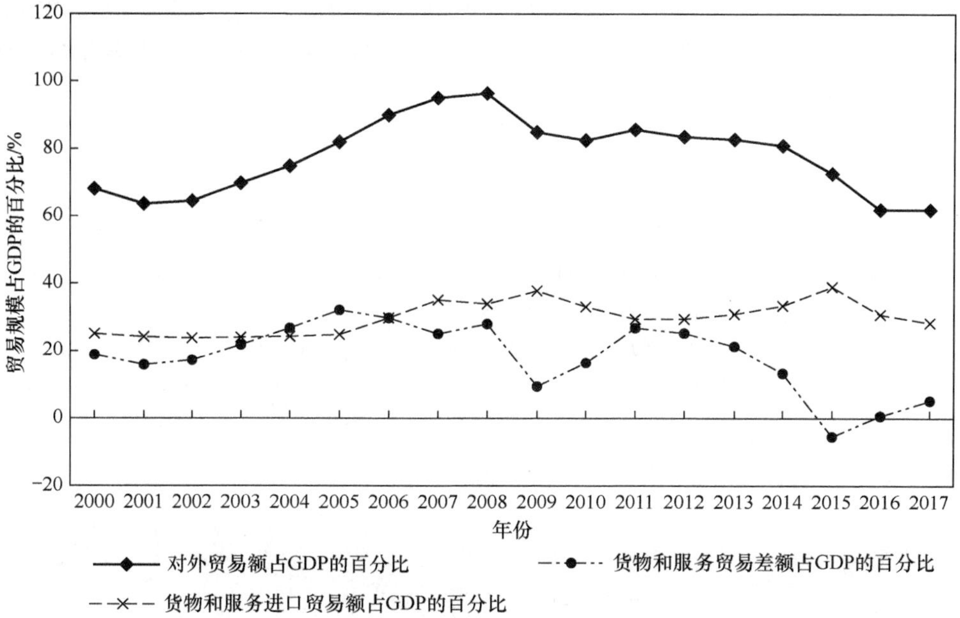

图 26-7 沙特阿拉伯国际贸易情况

（3）在经济危机的不利冲击下，沙特阿拉伯对外贸易额占GDP的百分比从2008年的96.10%锐减至2009年84.86%，而货物和服务贸易差额占GDP的百分比则是从2008年的28.12%锐减至2009年的9.32%。

七、外国直接投资情况分析

图26-8反映的是沙特阿拉伯外国直接投资占GDP的百分比变化情况。

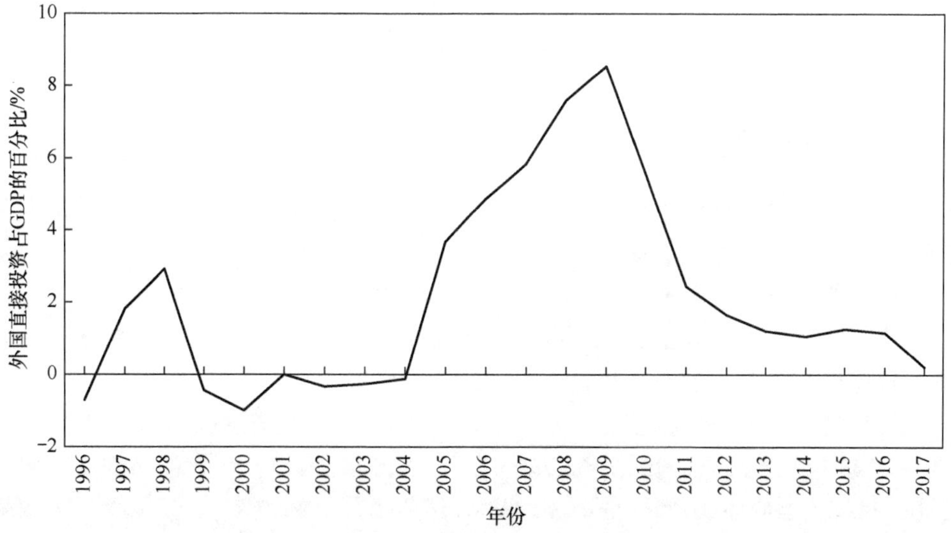

图 26-8 沙特阿拉伯外国直接投资占GDP的百分比变化情况

（1）整体而言，沙特阿拉伯外国直接投资先增加再减少，之后继续增加，然后再次减少。

（2）沙特阿拉伯外国直接投资占 GDP 的百分比 1996—1998 年从−0.71%增加至 2.92%，之后减少，2002 年为−0.32%，然后再次增加，2009—2017 年从 8.50%再次减少至 0.21%。

（3）在 1998 年东南亚经济危机的冲击下，沙特阿拉伯外国直接投资占 GDP 百分比从 2.92%减少至−0.32%。

八、经济活力情况分析

图 26-9 所示为沙特阿拉伯新注册企业数量及密度变化情况。

（1）整体而言，在统计期内，沙特阿拉伯新注册企业数量呈现先增加再减少的趋势，而新注册企业密度同样呈现先增加再减少的趋势。

（2）2006—2015 年，沙特阿拉伯新注册企业数量从 3 146 增加至 10 687，而新注册企业密度从 0.2 增加至 0.49，之后减少；2016 年，新注册企业数量及密度分别为 9 726 和 0.44。

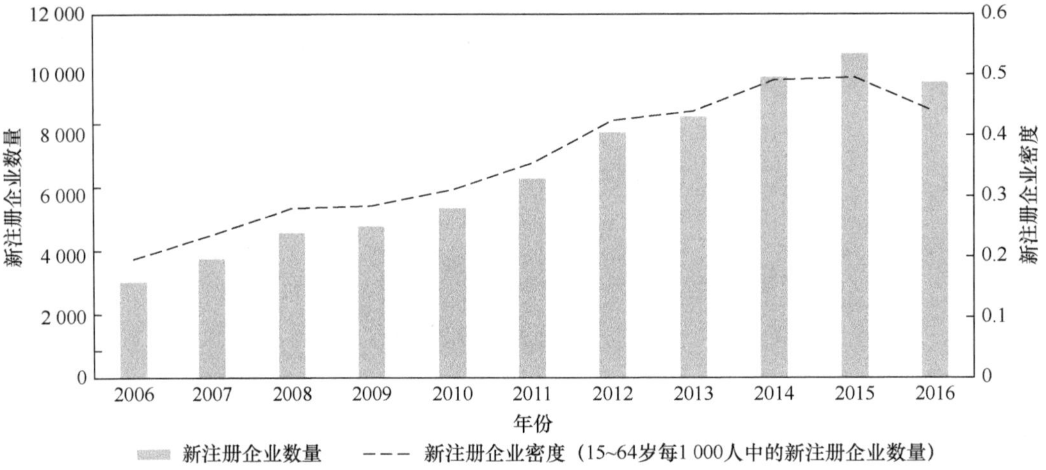

图 26-9 沙特阿拉伯新注册企业数量及密度变化情况

第三节 产业结构情况分析

一、三次产业结构分析

沙特阿拉伯产业结构变化情况如图 26-10 所示。沙特阿拉伯劳动力就业结构变化情况如图 26-11 所示。

（1）整体而言，沙特阿拉伯农业增加值占比逐渐减少；工业增加值占比先增加再减少；服务业增加值占比先减少再增加。农业就业人数占比先减少再增加；工业就业人数占比和服务业就业人数占比均为先增加再减少。

（2）沙特阿拉伯农业增加值占比 2000—2017 年从 4.92%逐渐减少至 2.54%；工业增加值占比 2000—2008 年从 54.17%增加至 66.76%，之后逐渐减少，2017 年为 44.99%；服务业增加值占比 2000—2008 年从 40.91%减少至 30.93%，然后增加，2017 年为 52.46%；农业就业人数占比 2000—2006 年从 6.12%减少至 3.98%，之后 2017 年增加至 6.26%；工业就业人数占比

2000—2008 年从 19.87%增加至 23.77%，2017 年减少至 22.55%；服务业就业人数占比 2000—2008 年从 74.01%增加至 75.94%，然后 2017 年减少至 71.20%。

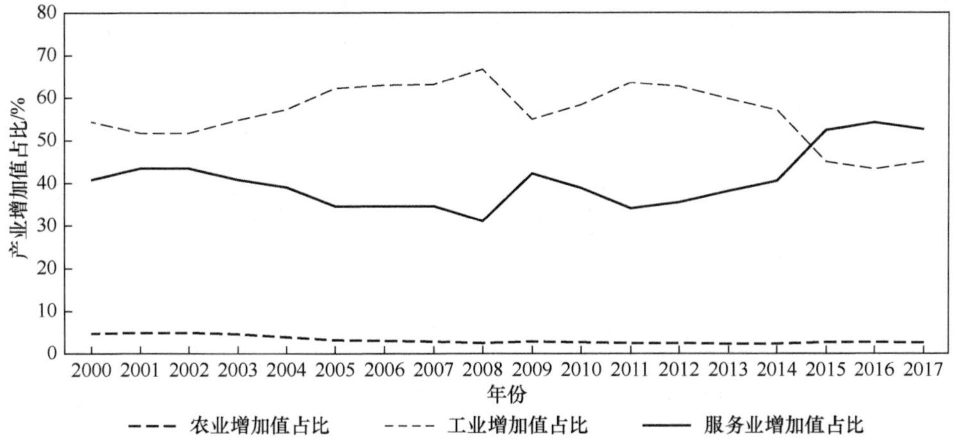

图 26-10　沙特阿拉伯产业结构变化情况

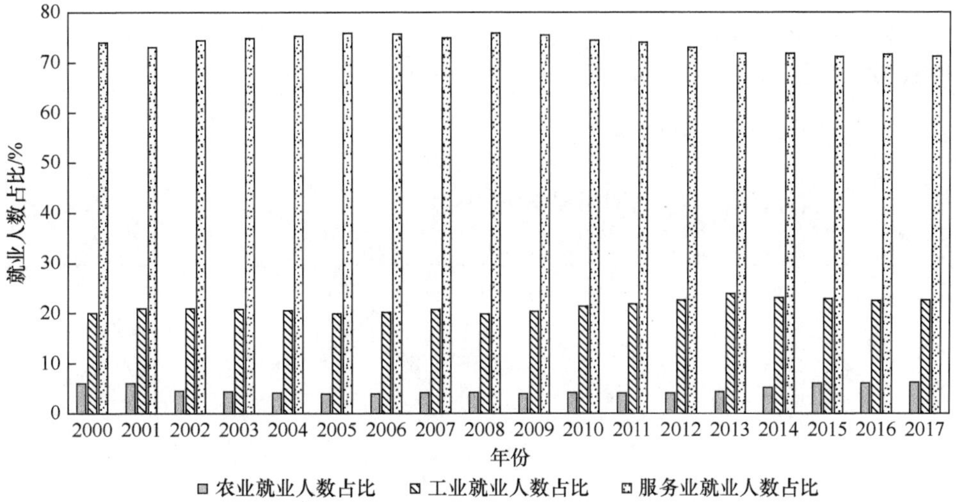

图 26-11　沙特阿拉伯劳动力就业结构变化情况

二、工业、制造业规模变化分析

图 26-12 反映的是沙特阿拉伯工业、制造业规模变化情况。

（1）整体而言，在统计期内，工业增加值呈先增加再减少的趋势；制造业增加值呈逐渐增加的趋势；工业增加值年增长率呈先减少再增加，然后逐渐减少的趋势；制造业增加值年增长率呈先增加再减少的趋势。

（2）沙特阿拉伯工业增加值 2000—2012 年从 1 026.54 亿美元增加至 4 613.91 亿美元，之后 2017 年减少至 3 016.97 亿美元；制造业增加值 2000—2017 年从 182.17 亿美元增加至 875.59 亿美元；工业增加值年增长率 2000—2007 年从 7.01%减少至-1.21%，之后 2011 年增加至 11.96%，2017 年又减少为 0；制造业增加值年增长率 2000—2004 年从 4.43%增加至 12.30%，然后 2017 年减少至 1.30%。

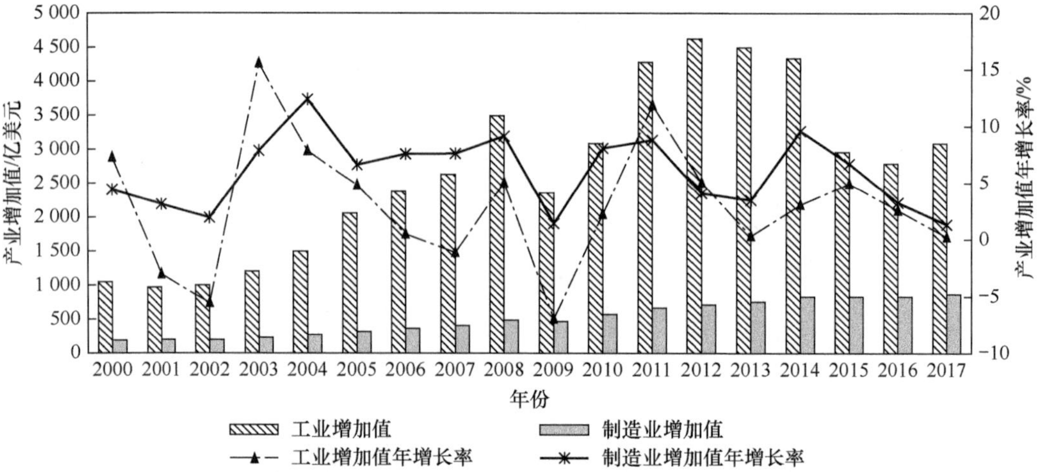

图 26-12 沙特阿拉伯工业、制造业规模变化情况

（3）在 2008 年金融危机的影响下，沙特阿拉伯工业增加值和制造业增加值分别从 2008 年的 3 469.99 亿美元和 466.93 亿美元减少至 2009 年的 2360.90 亿美元和 465.60 亿美元；工业增加值年增长率和制造业年增长率分别从 2008 年的 5.21%和 9.13%减少至 2009 年的 −6.96%和 1.49%。

三、服务业规模变化分析

图 26-13 反映的是沙特阿拉伯服务业规模变化情况。

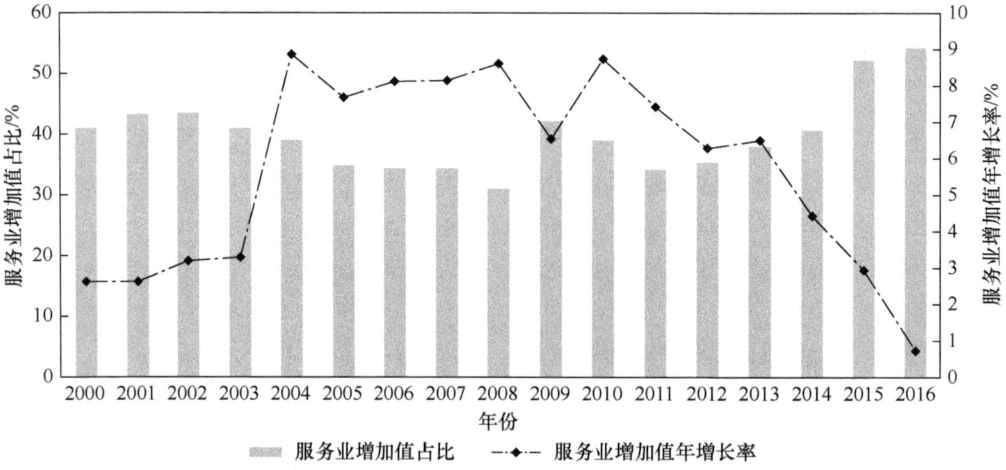

图 26-13 沙特阿拉伯服务业规模变化情况

（1）整体而言，沙特阿拉伯服务业增加值占比呈先减少再增加的趋势；服务业增加值年增长率呈先增加再减少的趋势。

（2）沙特阿拉伯服务业增加值占比 2000—2008 年从 40.91%减少为 30.93%，然后 2016 年增加至 54.16%；服务业增加值年增长率 2000—2004 年从 2.66%增加至 8.86%，2016 年减少为 0.77%。

第四节　产业政策分析

沙特阿拉伯是世界上最大的石油出口国，近年来经济发展很快，备受瞩目。沙特阿拉伯实行“国民收入多样化，经济主体私有化，国民就业沙特化”的主体战略。沙特阿拉伯的发展战略包括扩大石油、天然气的生产能力，巩固石油在国民经济中的基础地位；鼓励非石油经济的发展，扩大非石油产品出口；促进私有经济发展，放宽对私有经济的限制；加大开放力度，积极吸引外资；加速基础设施建设，夯实经济发展的基础。沙特阿拉伯确立的经济发展目标是成为世界上前 10 位经济最具活力的国家，石化工业生产能力达到世界前 10 名。

近年来，沙特阿拉伯的产业结构调整基本上处于一个不断合理化的过程。但是，沙特阿拉伯的民主自由权利指数非常低，政府效能指数也不太理想。同时，沙特阿拉伯产业结构演变存在着明显的非均衡性，从而严重制约着沙特阿拉伯经济的发展。三大产业关系的不合理，农业、轻工业、重工业比例严重失调，第一产业基础薄弱、第二产业需要转型等一系列问题仍然存在。

首先，持续、快速的经济增长是以产业结构的不断优化为基础的，这可以从资源的高效率配置和形成协调的产业关系两方面得到解释。但是，沙特阿拉伯目前的经济增长很难从这两方面获得推动力。

沙特阿拉伯没有建立完善的工业化系统，现有的工业也主要以石油为主，国家经济发展大部分靠直接出售原油。沙特阿拉伯政治因素可以说主导了这一现象，而西方国家的阻挠可以算作出现这一现象原因的一部分。沙特阿拉伯、阿联酋等国家的统治者为了保护自己的世袭专制统治地位，采取了一些非常不恰当的措施，严重地阻碍了国家经济向工业化转型发展的道路。发展工业化不是一朝一夕就可以发展成功的，是一个资本和技术长期发展的过程。沙特阿拉伯、阿联酋等中东国家就像一夜暴富的暴发户，并没有深厚的内在积累，从而不具备工业化的条件。沙特阿拉伯舒舒服服躺着卖原油挣钱的思想已经深入人心，难以改变。

其次，沙特阿拉伯利用雄厚的财力在海外地区进行大规模的发展，并且在国家内部发展金融业和旅游业等其他产业。这也算是沙特阿拉伯对产业多样化的初级摸索，毕竟有着迪拜这个城市的前车之鉴。

第五节　产业结构与产业政策分析基本结论

通过对沙特阿拉伯的基本情况、经济发展情况、产业结构情况、产业政策几个方面的分析，可以得出以下结论。

（1）总体而言，沙特阿拉伯近年来三次产业结构、产业就业人数占比在不断改善和优化，并向着合理化逐渐迈进。同时，沙特阿拉伯产业结构演变存在着明显的非均衡性，从而在一定程度上制约了沙特阿拉伯经济的发展。

（2）沙特阿拉伯拥有发展水果、蔬菜农业的优势。这也是沙特阿拉伯政府可以抓住利用的一个较大优势，但是并未得到合理开发。沙特阿拉伯第一产业由于自然环境限制仍然非常薄弱。沙特阿拉伯应加快第一产业的发展，巩固其农业的基础地位。

（3）沙特阿拉伯国民经济的支柱产业是以石油为主的能源工业。沙特阿拉伯工业基础相对较好，但不够系统，海水淡化、石油加工等技术是沙特阿拉伯的优势。但是这在一定程度上使得沙特阿拉伯经济结构稍显单一。沙特阿拉伯石油工业发展受到世界各地政治压力的影响，石油进口在一定程度上占比较大，加工产业在制造业中占有较大的比例。此外，虽然能源出口对沙特阿拉伯经济贡献很大，但沙特阿拉伯化工业体系的不完善使得沙特阿拉伯不能充分地利用丰富的石油资源，而只是依赖出口原油等较为低级的贸易方式。因此，调整完善沙特阿拉伯的工业体系，对整个沙特阿拉伯经济的可持续发展至关重要。

（4）沙特阿拉伯服务业发展相对较快，服务业增加值占比、产业就业人数占比都呈现了沙特阿拉伯经济重心由第二产业向第三产业转移的趋势，从而使产业结构得到优化升级。近几年，沙特阿拉伯研发投入占 GDP 的百分比有明显增加，创新产出增加，这有利于服务业的长期健康发展。参照邻国迪拜出色的现代旅游服务业，沙特阿拉伯应进一步加大研发投入，鼓励技术创新，调整服务业结构，积极推荐传统服务业的转向和现代服务业的发展。

（5）从区域经济长期发展来看，沙特阿拉伯三大产业发展缺乏整体协调，导致资源投向长期侧重于重工业与能源工业等，产业结构变动所引起的经济增长具有短期和低效的特点，从而不利于实现经济的长期增长。沙特阿拉伯应以转变经济增长的方式、推动技术创新与管理创新为核心，增强高新技术产业的辐射和带动能力，提高经济效益和产业竞争力。

第二十七章　斯里兰卡产业结构与产业政策分析

第一节　基本情况

斯里兰卡民主社会主义共和国，简称斯里兰卡，是个热带岛国，位于印度洋上，英联邦成员国之一。斯里兰卡人口增长率为年均 0.7%。斯里兰卡西部省人口占总人口的 28.8%，北部地区人口仅占总人口的 5.2%。在各大行政区中，科伦坡大区人口最多，达 2 323 824 人；北部穆莱蒂武大区人口最少，仅有 92 527 人。2017 年，斯里兰卡总人口为 2 144 万人。其中，僧伽罗族人口占 74.9%；泰米尔族人口占 15.4%；摩尔族人口占 9.2%；其他民族人口占 0.5%。僧伽罗语、泰米尔语同为斯里兰卡官方语言和全国语言。斯里兰卡上层社会通用英语。斯里兰卡 70.2%的居民信奉佛教；12.6%的居民信奉印度教；9.7%的居民信奉伊斯兰教；7.4%的居民信奉天主教和基督教。

在地理环境方面，斯里兰卡岛大致呈梨形。斯里兰卡中南部是高原，其中的皮杜鲁塔拉格勒山海拔为 2 524 米，为全国最高点。斯里兰卡北部和沿海地区为平原，其中北部沿海平原宽阔，南部和西部沿海平原相对狭窄，海拔均在 150 米。斯里兰卡属于热带季风气候。斯里兰卡终年如夏，年平均气温为 28℃，各地年平均降水量为 1 283～3 321 毫米不等。斯里兰卡沿海地区平均最高气温为 31.3℃，而平均最低气温为 23.8℃；山区平均最高气温为 26.1℃，而平均最低气温为 16.5℃。斯里兰卡无四季之分，只有雨季和旱季的差别，雨季为每年 5—8 月、11 月至次年 2 月，即西南季风和东北季风经过斯里兰卡时。斯里兰卡西南部全年降雨量为 2 540～5 080 毫米，西北部和东南部全年降雨量则少于 1 250 毫米。

在经济建设方面，斯里兰卡以种植园经济为主，主要作物有茶叶、橡胶、椰子和稻米。工业基础薄弱，以农产品和服装加工业为主。斯里兰卡在南亚国家中率先实行经济自由化政策。1978 年，斯里兰卡开始实行经济开放政策，大力吸引外资，推进私有化，逐步形成市场经济格局。斯里兰卡经济保持中速增长。2005—2008 年，斯里兰卡 GDP 增长率连续 4 年达到或超过 6%，自 2008 年以来，受国际金融危机影响，斯里兰卡外汇储备大量减少，茶叶、橡胶等主要出口商品收入和外国短期投资下降。斯里兰卡国内军事冲突结束后，斯里兰卡政府采取了一系列积极应对措施。国际货币基金组织向斯里兰卡提供 26 亿美元临时信贷安排。当前斯里兰卡宏观经济逐步回暖，呈现出良好发展势头，2011 年 GDP 增长率为 8%，2012 年 GDP 增长率为 6.4%。

在外交方面，斯里兰卡奉行独立和不结盟的外交政策，支持和平共处五项原则，反对各种形式的帝国主义、殖民主义、种族主义和大国霸权主义，维护斯里兰卡独立、主权和领土完整，不允许外国对斯里兰卡内政和外交事务进行干涉；关心国际和地区安全，主张全面彻底裁军，包括全球核裁军以及建立国际政治、经济新秩序。坚决反对国际恐怖主义，1998 年 1 月签署了《联合国反恐怖爆炸公约》，成为该公约的第一个签字国；积极推动南亚区域合作。外交重点是在解决国内民族问题上寻求国际社会的理解和支持；在联合国和南盟等组织内呼吁加强国际反恐合作，已同 130 多个国家建立了外交关系。

第二节 经济发展情况分析

一、经济规模情况分析

斯里兰卡GDP及其增长率变化情况如图27-1所示。斯里兰卡人均GDP变化情况如图27-2所示。斯里兰卡GDP情况如表27-1所示。

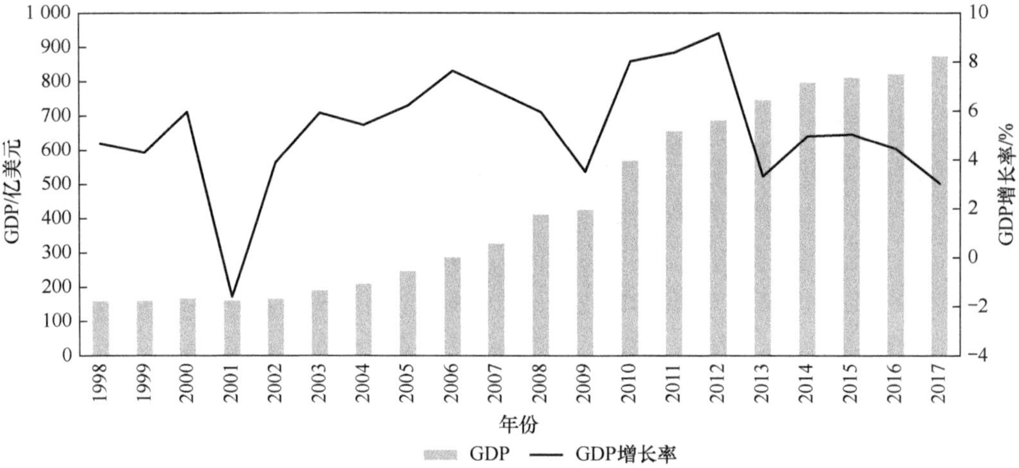

图27-1 斯里兰卡GDP及其增长率变化情况

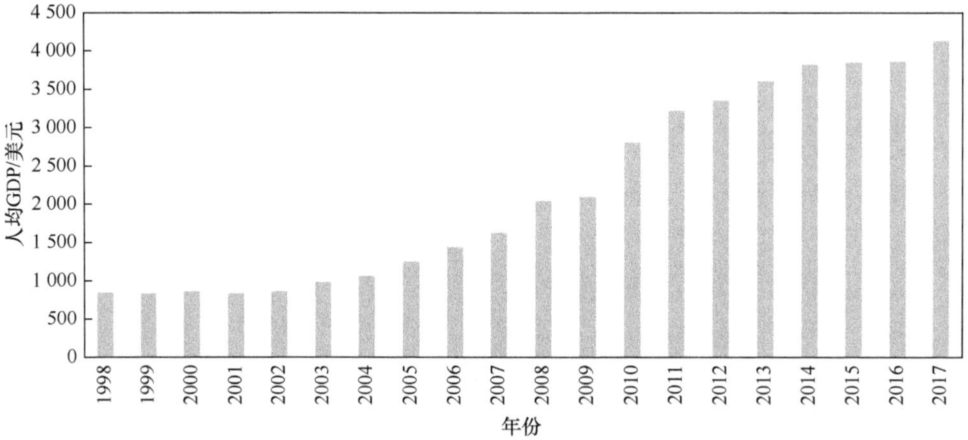

图27-2 斯里兰卡人均GDP变化情况

（1）总体来说，在统计期内，斯里兰卡GDP不断增加；人均GDP不断增加；GDP增长率和人均GDP增长率均呈现先减少再增加，然后再次减少的趋势。

（2）斯里兰卡GDP 1998—2017年从157.95亿美元增加至871.75亿美元；人均GDP 1998—2017年则从850.53美元增加至4 065.22美元；GDP增长率1998—2001年从4.70%减少至−1.55%，然后逐渐增加，2012年增加至9.14%，之后逐渐减少，2017年减少至3.11%；人均GDP增长率1998—2001年从4.17%减少至−2.23%，然后逐渐增加，2012年增加至8.56%，之后增速逐渐放缓，2017年仅为1.95%。

表 27-1 斯里兰卡 GDP 情况

年份	GDP/亿美元	GDP 增长率/%	人均 GDP/美元	人均 GDP 增长率/%
1998	157.95	4.70	850.53	4.17
1999	156.56	4.30	838.62	3.75
2000	163.31	6.00	869.50	5.36
2001	157.50	−1.55	832.75	−2.23
2002	165.37	3.96	867.64	3.17
2003	188.82	5.94	982.64	5.08
2004	206.63	5.45	1 066.59	4.59
2005	244.06	6.24	1 250.00	5.41
2006	282.67	7.67	1 437.07	6.87
2007	323.51	6.80	1 633.01	6.04
2008	407.15	5.95	2 041.29	5.23
2009	420.68	3.54	2 095.53	2.87
2010	567.28	8.02	2 808.55	7.36
2011	652.90	8.40	3 213.87	7.78
2012	684.36	9.14	3 350.61	8.56
2013	742.94	3.40	3 609.14	2.59
2014	793.59	4.96	3 820.68	4.02
2015	805.55	5.01	3 842.16	4.03
2016	817.88	4.47	3 857.40	3.30
2017	871.75	3.11	4 065.22	1.95

数据来源：世界银行数据库。

（3）在 2008 年经济危机的不利影响下，斯里兰卡 GDP 增长率和人均 GDP 增长率明显减少，分别从 2008 年的 5.95%和 5.23%减少至 2009 年的 3.54%和 2.87%。

二、人力资本基础情况分析

图 27-3 反映的是斯里兰卡总人口变化情况。图 27-4 反映的是斯里兰卡城镇和农村人口变化情况。表 27-2 反映的是斯里兰卡劳动力情况。

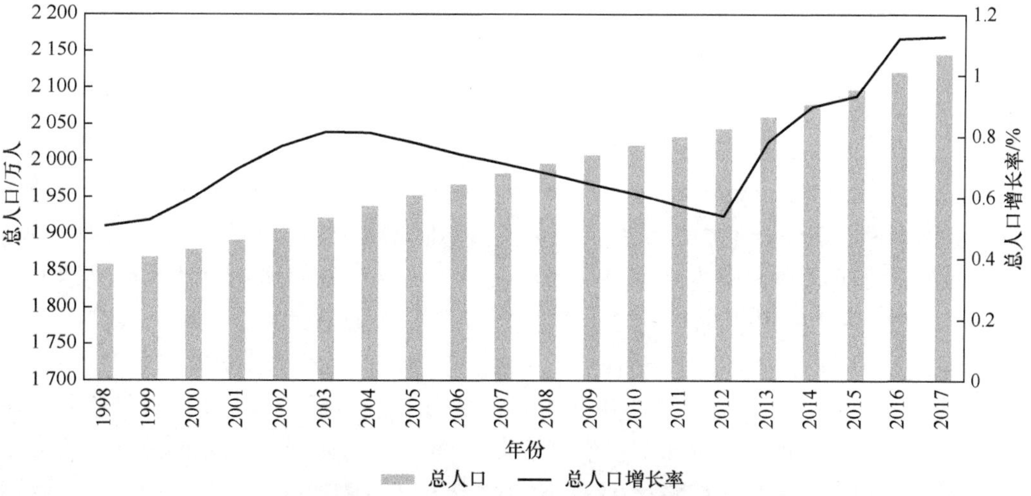

图 27-3 斯里兰卡总人口变化情况

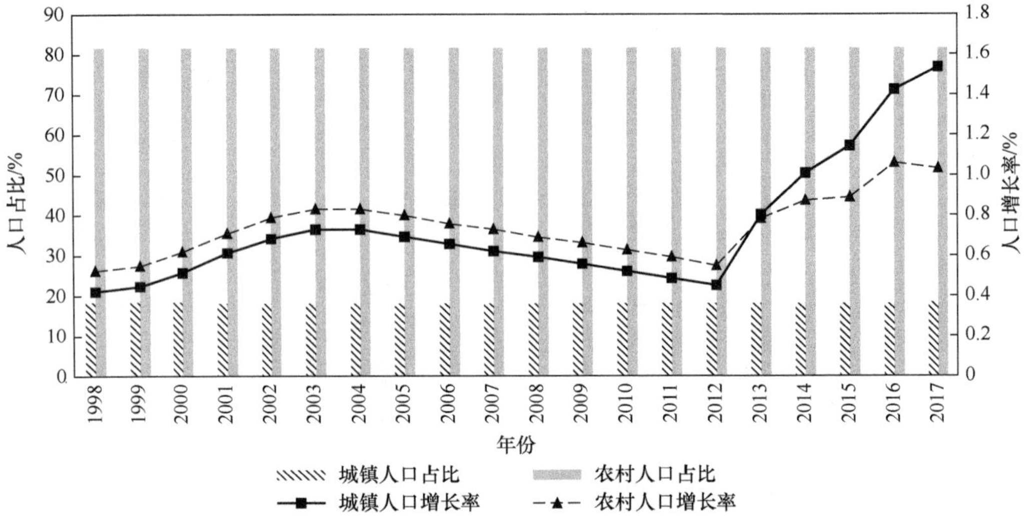

图 27-4 斯里兰卡城镇和农村人口变化情况

表 27-2 斯里兰卡劳动力情况

年份	劳动力总量/万人	劳动力占比/%	15～64 岁劳动参与率/%	15～24 岁劳动参与率/%
1998	797.83	42.96	63.41	58.46
1999	786.41	42.12	61.55	60.17
2000	783.07	41.69	60.60	57.01
2001	790.80	41.81	60.49	56.52
2002	798.41	41.89	60.42	56.08
2003	805.65	41.93	60.36	55.61
2004	812.33	41.93	60.28	55.07
2005	818.30	41.91	60.18	54.41
2006	823.13	41.85	60.11	53.67
2007	827.39	41.76	59.99	52.74
2008	831.06	41.67	59.83	51.69
2009	834.14	41.55	59.66	50.61
2010	824.24	40.81	58.56	48.26
2011	825.09	40.61	58.33	47.61
2012	817.25	40.01	57.42	46.41
2013	849.90	41.29	59.28	46.98
2014	844.92	40.68	58.59	44.86
2015	851.96	40.64	58.24	41.99
2016	863.01	40.70	57.95	39.12
2017	872.45	40.69	57.85	38.75

（1）总体来说，在统计期内，斯里兰卡总人口不断增加；总人口增长率则先增加再减少，然后继续增加；城镇人口占比先减少再增加；农村人口占比则先增加再减少；城镇人口增长率和农村人口增长率均为先增加再减少，然后继续增加；劳动力总量先增加再减少，然后增加；劳动力占比先减少再增加；15～64 岁劳动参与率和 15～24 岁劳动参与率不断减少。

（2）斯里兰卡总人口 1998—2017 年从 1 857.07 万人增加至 2 144.40 万人；总人口增长率 1998—2003 年从 0.51%增加至 0.82%，然后逐渐减少，2012 年减少至 0.54%，之后又逐渐增加，2017 年为 1.13%；城镇人口占比 1998—2012 年从 18.411%减少至 18.196%，然后逐渐增加，2017 年为 18.384%；城镇人口增长率 1998—2003 年从 0.42%增加至 0.73%，然后开始减少，2012 年减少至 0.46%，之后再次增加，2017 年为 1.53%；农村人口增长率 1998—2003 年从 0.53%增加至 0.83%，然后开始减少，2012 年减少至 0.56%，之后开始增加，2017 年增加至 1.04%；劳动力总量 1998—2009 年从 797.83 万人增加至 834.14 万人，之后不断减少，2012 年减少至 817.25 万人，然后不断增加，2017 年增加至 872.45 万人；劳动力占比 1998—2012 年从 42.96%减少至 40.01%，然后有所增加，2017 年增加至 40.69%；15～64 岁劳动参与率 1998—2017 年从 63.41%减少至 57.85%；15～24 岁劳动参与率 1998—2017 年从 58.46%减少至 38.75%。

三、交通情况分析

斯里兰卡货物周转量情况如表 27-3 所示。总体来说，在统计期内，斯里兰卡铁路货物周转量、航空货物周转量和货柜码头吞吐量逐年增加。2000—2006 年，铁路货物周转量从 0.882 亿吨 · 千米增加至 1.380 亿吨 · 千米，航空货物周转量从 2.557 亿吨 · 千米增加至 3.254 亿吨 · 千米，货柜码头吞吐量从 1 732 855 TEU 增加至 3 079 132 TEU。

表 27-3　斯里兰卡货物周转量情况

年份	铁路货物周转量/（亿吨 · 千米）	航空货物周转量/（亿吨 · 千米）	货柜码头吞吐量/TEU
2000	0.882	2.557	1732855
2001	1.086	2.176	1726605
2002	1.240	2.031	1764720
2003	1.265	2.380	1959354
2004	1.369	3.126	2220525
2005	1.380	3.104	2455297
2006	1.380	3.254	3079132

数据来源：世界银行数据库。

四、研发投入与产出情况分析

图 27-5 反映的是斯里兰卡居民专利申请数量变化情况。从图 27-5 中可以看出，在统计期内，斯里兰卡居民专利申请数量在波动中逐渐增加，1996—2011 年从 50 个增加至 194 个，2010 年一度达到最大值（225 个）。

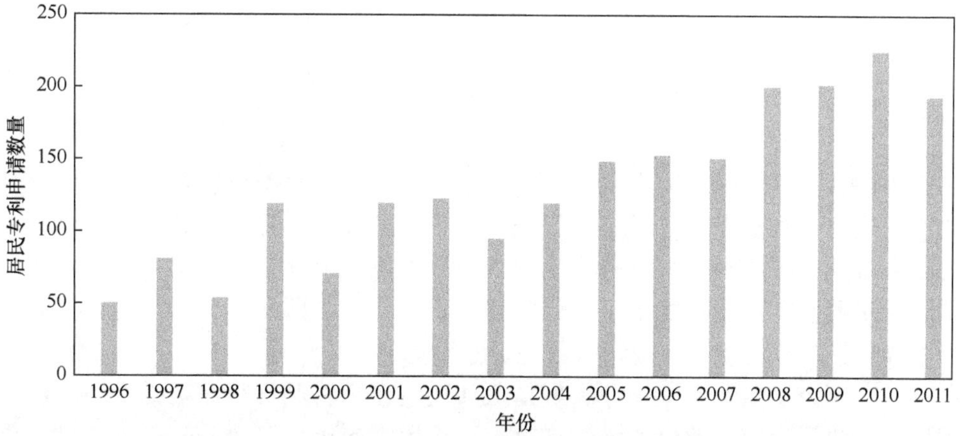

图 27-5　斯里兰卡居民专利申请数量变化情况

五、制度环境情况分析

不同国家制度环境对比如图 27-6 所示。斯里兰卡制度环境评估如表 27-4 所示。

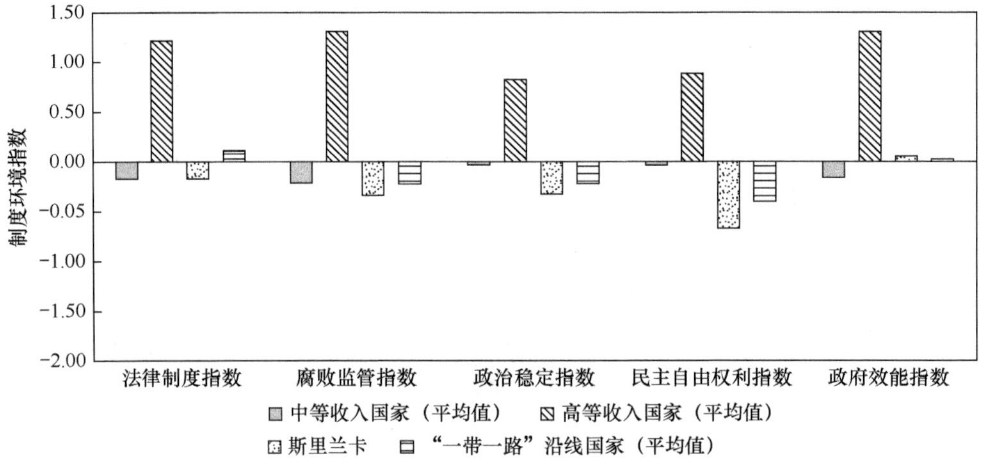

图 27-6　不同国家制度环境对比

表 27-4　斯里兰卡制度环境评估

年份	法律制度指数	腐败监管指数	政治稳定指数	民主自由权利指数	政府效能指数
2002	0.32	−0.24	−0.85	−0.15	−0.06
2003	0.24	−0.26	−0.88	−0.12	−0.20
2004	0.20	−0.14	−1.06	−0.19	−0.40
2005	0.15	−0.37	−1.19	−0.21	−0.29
2006	0.19	−0.18	−1.43	−0.30	−0.18
2007	0.14	−0.10	−0.43	−0.43	−0.09
2008	0.00	−0.19	−0.46	−0.46	−0.12
2009	−0.07	−0.37	−0.49	−0.49	−0.12
2010	−0.08	−0.40	−0.52	−0.52	−0.18
2011	−0.07	−0.37	−0.55	−0.55	−0.10
2012	−0.11	−0.24	−0.59	−0.59	−0.24
2013	−0.27	−0.23	−0.62	−0.62	−0.23
2014	−0.15	−0.34	−0.72	−0.72	0.09
2002—2014（平均值）	0.08	−0.24	−0.37	−0.37	−0.22

数据来源：世界银行数据库。

（1）整体而言，高等收入国家在法律制度、腐败监管、政治稳定、民主自由权利、政府效能方面均远远优于其他国家。斯里兰卡在制度环境方面与高等收入国家相比仍然存在较大差距，而与中等收入国家相比又具有明显的优势。斯里兰卡除了在民主自由权利方面之外，在法律制度、腐败监管、政治稳定、政府效能方面均优于中国。斯里兰卡的法律制度指数、腐败监管指数、民主自由权利指数和政治稳定指数均低于“一带一路”沿线国家的平均值。

（2）在统计期内，斯里兰卡法律制度指数和民主自由权利指数逐渐减少；政府效能指数先减少再增加；政治稳定指数先减少再增加；然后继续减少；腐败监管指数先减少再增加，然后在小范围内波动。

（3）斯里兰卡法律制度指数 2002—2014 年从 0.32 减少至−0.15，2013 年还曾减少至−0.27，也是统计期内的最小值；腐败监管指数 2002—2005 年从−0.24 减少至−0.37，然后逐渐增加，2007 年增加至−0.10，之后转而减少，2009—2014 年基本维持在−0.40～−0.23 范围内波动；政治稳定指数 2002—2006 年从−0.85 减少至−1.43，然后逐渐增加，2007 年增加至−0.43，接着转而减少，2014 年减少至−0.72；民主自由权利指数 2002—2014 年从−0.15 减少至−0.72；政府效能指数 2002—2004 年从−0.06 减少至−0.40，然后逐渐增加，2014 年增加至 0.09。

六、税收负担情况分析

图 27-7、图 27-8 反映的分别是斯里兰卡总税收占 GDP 的百分比变化情况和税收占比变化情况。

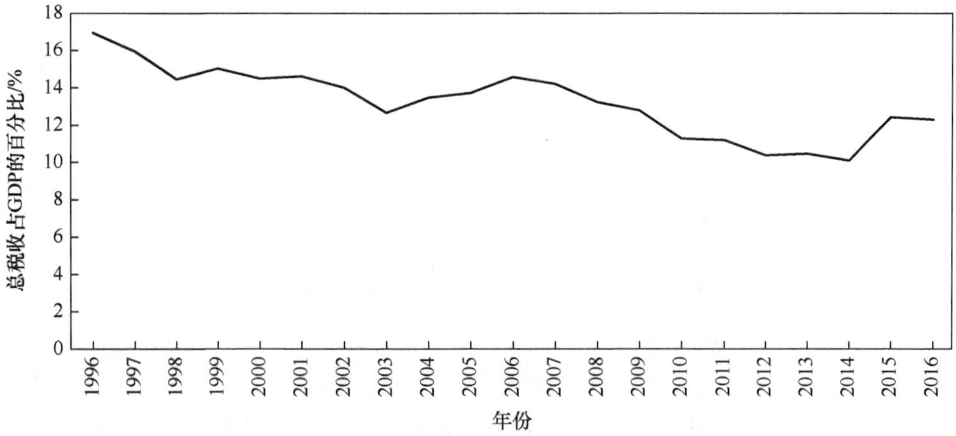

图 27-7　斯里兰卡总税收占 GDP 的百分比变化情况

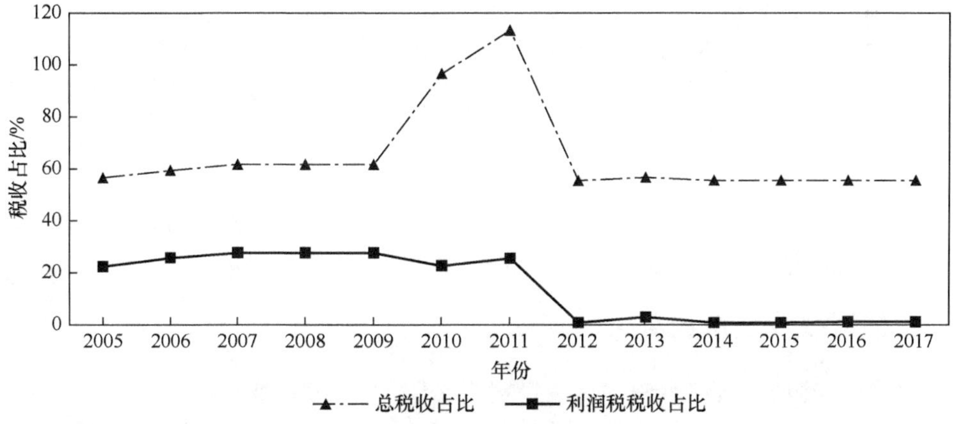

图 27-8　斯里兰卡税收占比变化情况

（1）总体来说，在统计期内，斯里兰卡总税收占 GDP 的百分比先减少再增加，然后继续减少后有所增加；总税收占比和利润税税收占比先增加后减少，然后维持水平波动。

（2）斯里兰卡总税收占 GDP 的百分比 1996—2003 年从 16.95%减少至 12.71%，然后逐渐增加，2006 年增加至 14.58%，之后逐渐减少，2014 年减少至 10.14%，接着有所增加，2016 年增加至 12.29%；总税收占比 2005—2011 年从 56.7%增加至 112.9%，然后逐渐减少，2012

年减少至 55.3%，接着 2012—2017 年基本维持在 55%～57%内波动；利润税税收占比 2005—2008 年从 22.5%增加至 27.5%，然后逐渐减少，2012 年减少至 1%，2012—2017 年基本在 1%～3%内波动。

七、国际贸易情况分析

图 27-9 反映的是斯里兰卡国际贸易情况。

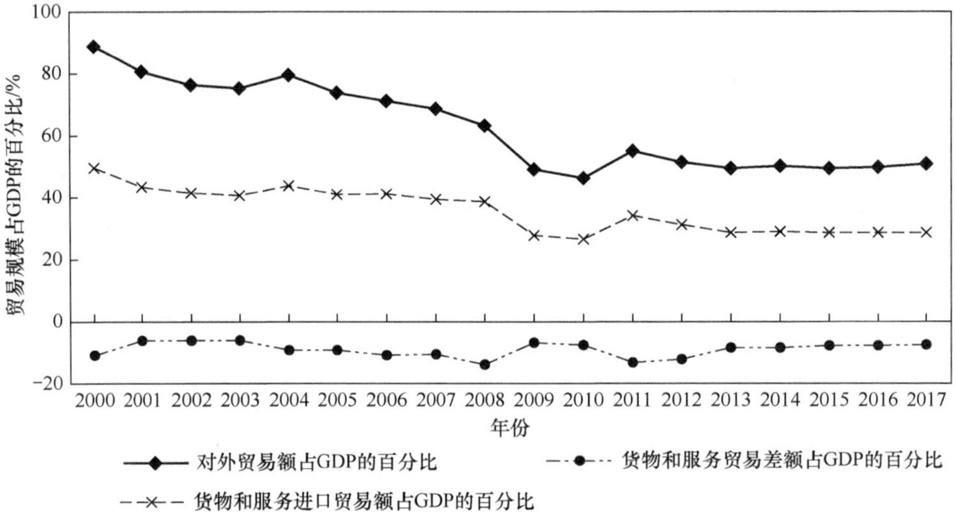

图 27-9　斯里兰卡国际贸易情况

（1）总体来说，在统计期内，斯里兰卡对外贸易额占 GDP 的百分比与货物和服务进口贸易额占 GDP 的百分比逐渐减少，而货物和服务贸易差额占 GDP 的百分比先增加再减少，然后逐渐增加。

（2）斯里兰卡对外贸易额占 GDP 的百分比 2000—2017 年从 88.64%减少至 51.07%；货物和服务进口贸易额占 GDP 的百分比 2000—2017 年从 49.62%减少至 29.14%；货物和服务贸易差额占 GDP 的百分比 2000—2003 年从−10.61%增加至−6.03%，然后减少，2008 年减少至−13.69%，之后逐渐增加，2017 年增加至−7.21%。

（3）在经济危机的不利影响下，斯里兰卡对外贸易额占 GDP 的百分比与货物和服务进口贸易额占 GDP 的百分比分别从 2008 年的 63.37%和 38%减少至 2009 年的 49.15%和 27.83%。

八、外国直接投资情况分析

图 27-10 反映的是斯里兰卡外国直接投资占 GDP 的百分比变化情况。

（1）总体来说，在统计期内，斯里兰卡外国直接投资占 GDP 的百分比先减少再增加，然后继续减少之后有所增加。

（2）斯里兰卡外国直接投资占 GDP 的百分比 1998—2000 年从 1.22%减少至 1.06%，然后逐渐增加，2007 年增加至 1.86%，之后逐渐减少，2015 年减少至 0.84%，接着迅速增加，2017 年增加至 1.58%。

（3）受 2008 年经济危机的冲击，斯里兰卡外国直接投资占 GDP 的百分比从 1.85%骤降至 0.96%。

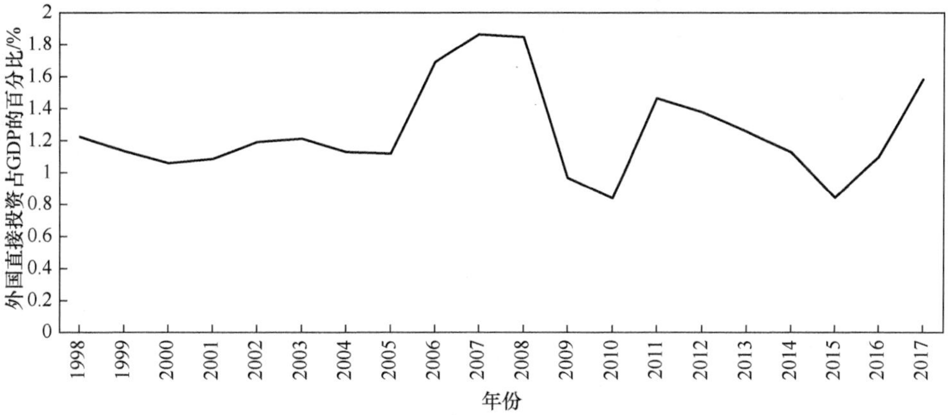

图 27-10　斯里兰卡外国直接投资占 GDP 的百分比变化情况

九、经济活力情况分析

图 27-11 反映的是斯里兰卡新注册企业数量及密度变化情况。总体来说，在统计期内，斯里兰卡新注册企业数量及密度逐渐增加。斯里兰卡新注册企业数量 2007—2012 年从 2 873 增加至 6 975，2011 年还曾一度增加至 7 662，这也是统计期内最大值。斯里兰卡新注册企业密度 2007—2012 年从 0.21 增加至 0.51，2011 年出现最大值（0.55）。

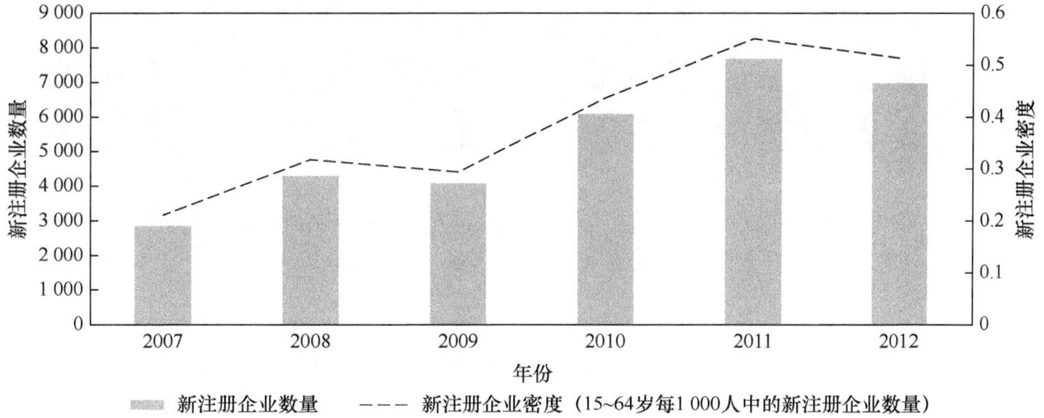

图 27-11　斯里兰卡新注册企业数量及密度变化情况

第三节　产业结构情况分析

一、三次产业结构分析

图 27-12、图 27-13 反映的分别是斯里兰卡产业结构和劳动力就业结构变化情况。

（1）总体来说，在统计期内，斯里兰卡农业增加值占比先减少再增加，然后减少；工业增加值占比先增加再减少，然后再次增加再次减少；服务业增加值占比先增加再减少；农业就业人数占比逐渐减少；工业就业人数占比先增加然后基本保持水平；服务业就业人数占比逐渐增加。

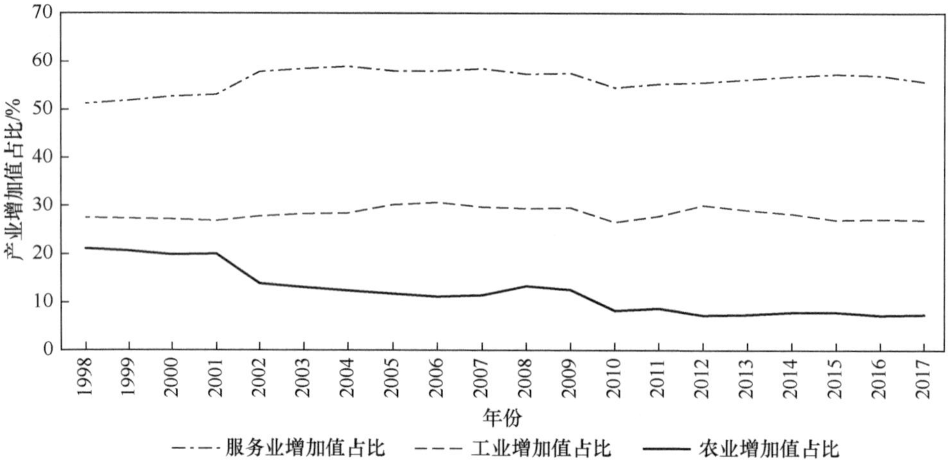

图 27-12 斯里兰卡产业结构变化情况

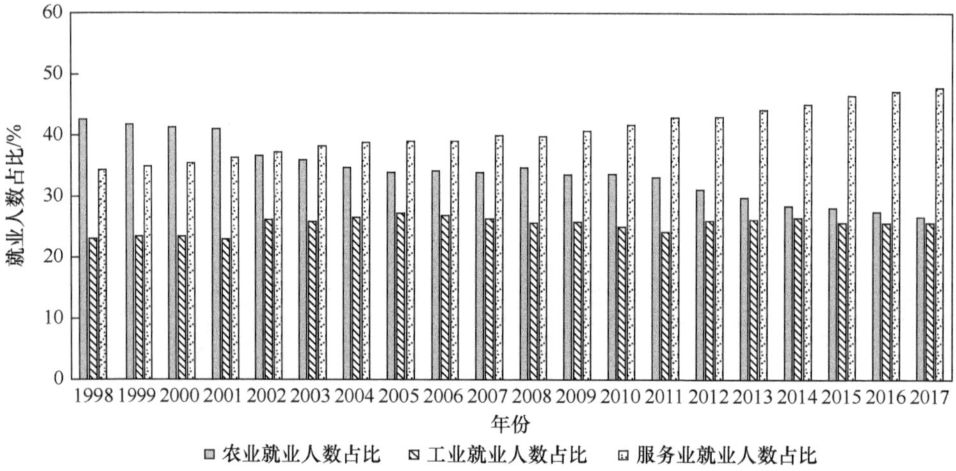

图 27-13 斯里兰卡劳动力就业结构变化情况

（2）斯里兰卡农业增加值占比 1998—2006 年从 21.16%减少至 11.34%，然后逐渐增加，2008 年增加至 13.38%，然后继续减少，2017 年为 7.71%；工业增加值占比 1998—2006 年从 27.62%增加至 30.64%，然后 2010 年逐渐减少至 26.64%，之后开始增加，2012 年增加至 30.13%，接着开始减少，2017 年减少至 27.20%；服务业增加值占比 1998—2007 年从 51.22%增加至 58.40%，然后开始减少，2017 年减少为 55.77%；农业就业人数占比 1998—2017 年从 42.66%减少至 26.67%；服务业就业人数占比 1998—2017 年从 34.26%增加至 47.67%。工业就业人数占比 1998—2005 年从 23.08%增加至 27.29%，之后 2006—2017 年在 24%～27%内波动。

二、工业、制造业规模变化分析

图 27-14 所示为斯里兰卡工业、制造业规模变化情况。

（1）总体来说，在统计期内，斯里兰卡工业增加值和制造业增加值呈增加的趋势；工业增加值年增长率和制造业增加值年增长率变化趋势类似，均呈先减少再增加，然后再次减少的趋势。

（2）斯里兰卡工业增加值 1998—2017 年从 43.62 亿美元增加至 237.13 亿美元；制造业增

加值 1998—2017 年从 23.43 亿美元增加至 161.43 亿美元；工业增加值年增长率 1998—2001 年从 5.69%减少至-2.25%，然后逐渐增加，2011 年增加至 9.25%，之后年再次减少，2017 年减少至 3.88%；制造业增加值年增长率 1998—2001 年从 6.32%减少至-4.16%，然后 2010 年又增加至 18.91%，之后逐渐减少，2017 年为 4.20%。

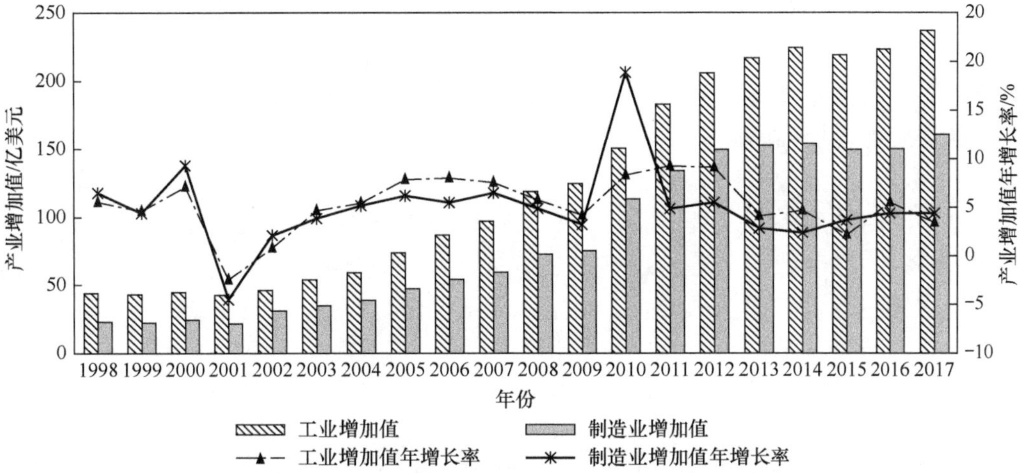

图 27-14　斯里兰卡工业、制造业规模变化情况

三、服务业规模变化分析

图 27-15 反映的是斯里兰卡服务业规模变化情况。

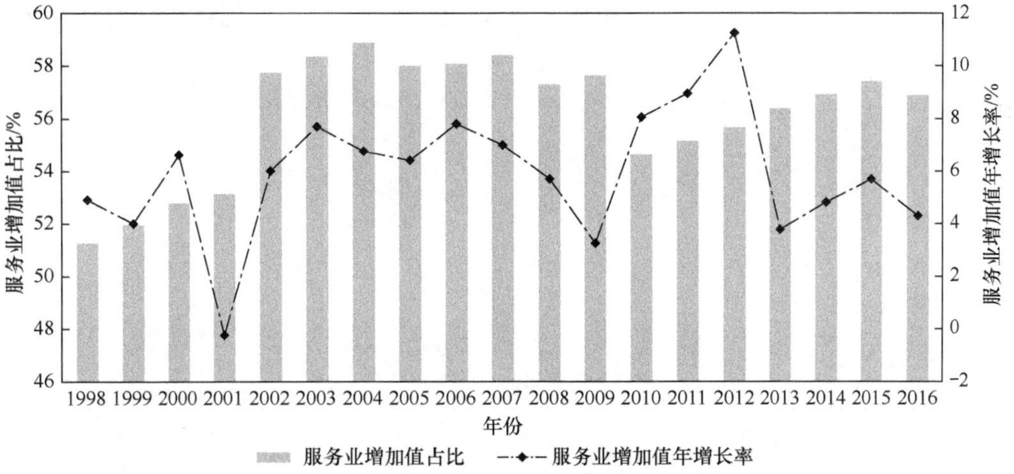

图 27-15　斯里兰卡服务业规模变化情况

（1）总体来说，在统计期内，斯里兰卡制造业增加值占比呈先增加再减少，然后稍有增加的趋势；制造业增加值年增长率呈先减少再增加，然后再次减少的趋势。

（2）斯里兰卡服务业增加值占比 1998—2004 年从 51.22%增加至 58.84%，然后逐渐减少，2010 年减少至 54.64%，之后再次增加，2016 年增加至 56.86%；服务业增加值年增长率 1998—2001 年从 4.92%减少至-0.66%，然后逐渐增加，2012 年增加至 11.22%，然后逐渐减少，2016 年减少至 4.18%。

第四节 产业政策分析

近年来，斯里兰卡在实施经济自由化的进程中，经济持续保持快速增长的势头。2006 年，斯里兰卡 GDP 增长率高达 7.7%，是斯里兰卡过去近 30 年中 GDP 增长最快的一年。2007 年，斯里兰卡经济继续保持平稳、良好的运行态势。2008 年，在充分考虑国内安全形势及国际金融危机等因素的前提下，斯里兰卡政府采取合理的宏观调控措施，平抑物价、油价等，使斯里兰卡的经济表现出极强的回弹力。

经过 10 多年的经济改革，斯里兰卡国有化经济管理模式已打破，市场经济格局基本形成。斯里兰卡除石油由政府控制之外，其他商品均可自由进出口。斯里兰卡主要出口商品有纺织品、服装、茶叶、橡胶、椰子等。近年来，斯里兰卡出口贸易结构发生了根本变化，由过去的农产品为主转变为以工业产品为主。斯里兰卡主要出口对象是美国、英国、印度、德国、比利时、日本等国家，而主要进口对象是印度、中国、新加坡、伊朗等国家。

斯里兰卡政府实行保护和吸引外资的政策。斯里兰卡全国已建立 4 个自由贸易区。2012 年，斯里兰卡外国直接投资约为 13.4 亿美元，主要投资于基础设施建设项目、服务业和制造业。斯里兰卡外资主要来自中国、日本、澳大利亚、德国、挪威、瑞典。2013 年，中国已成为在斯里兰卡最大的投资国。中国在斯里兰卡的直接投资占该国外国直接投资额的 24%。外援在斯里兰卡经济生活中作用突出。斯里兰卡几乎所有大型项目均依靠外援兴建。向斯里兰卡提供援助的国家和国际组织有 30 多个，主要有中国、印度、日本、美国、亚洲开发银行等。2012 年，斯里兰卡外援总额为 18.3 亿美元。

近年来，斯里兰卡产业结构的调整基本上处于一个不断合理化的过程。同时，斯里兰卡产业结构演变存在着明显的非均衡性，从而严重制约着斯里兰卡经济的发展。三次产业的关系不合理，农业、工业、服务业比例严重失调，第一产业基础薄弱等一系列问题仍然存在。

第五节 产业结构与产业政策分析基本结论

通过对斯里兰卡的基本情况、经济发展情况、产业结构情况、产业政策几个方面的分析，初步得出以下结论。

（1）斯里兰卡优势产业主要包括旅游业、信息产业、海洋产业、教育产业、文化产业。斯里兰卡是一个以种植园经济为主的农业国家，渔业、林业和水力资源丰富。

（2）斯里兰卡农业生产成本高、生产率低、损耗大等因素，加之非农业产值不断上升，导致其农业产值在 GDP 中的占比一直呈下降趋势。农产品出口是斯里兰卡出口创汇的重要组成部分，其创汇额约占斯里兰卡外汇收入的 25%。其中，茶叶、橡胶和椰子是斯里兰卡农业出口的三大支柱产品。

（3）斯里兰卡工业基础相对薄弱。由于资源缺乏，大量工业原材料仍要从国外进口。斯里兰卡资金技术密集型工业尚未形成，几乎无重工业。纺织服装业是斯里兰卡国民经济的支柱产业和最重要的工业行业，也是斯里兰卡第一大出口创汇行业。

（4）斯里兰卡服务业主要包括批发零售、酒店、餐饮、交通运输、仓储、信息及通信、旅游、金融服务、房地产及商用服务、公共管理及其他社会与个人服务等行业。近年来，服务业已发展为斯里兰卡国民经济的主导产业，并已成为斯里兰卡经济增长的主要驱动力，特别是信息、通信业异军突起，发展势头迅猛。

（5）茶业和旅游业是斯里兰卡外汇、财政收入等的重要来源。斯里兰卡旅游资源丰富，景观独特。近年来，斯里兰卡旅游业发展势头强劲。目前，斯里兰卡旅游业收入在斯里兰卡外汇收入中居第 3 位。茶叶是斯里兰卡仅次于水稻的重要农作物。1948 年斯里兰卡独立时，茶叶和橡胶、可可的出口贸易额占总出口贸易额的 92%。虽然近年来斯里兰卡茶叶在国际市场上的竞争力有所减弱，但其仍然在斯里兰卡经济发展中占重要地位。斯里兰卡是世界最主要茶叶生产国和出口国之一，产量居世界第 4 位，出口量居世界第 3 位。

（6）从区域经济长期发展来看，斯里兰卡三次产业结构发展不平衡，产业结构变动所引起的经济增长具有短期和低效等特点，从而不利于实现经济的长期增长。斯里兰卡应以转变经济增长方式、推动技术创新和管理创新为核心，增强高新技术产业的辐射和带动能力，提高经济效益和产业竞争力。

第二十八章　斯洛伐克产业结构与产业政策分析

第一节　基本情况

斯洛伐克共和国，简称斯洛伐克，是中欧的一个内陆国家。斯洛伐克国土面积约为 49 035 平方千米。斯洛伐克西北临捷克，北临波兰，东临乌克兰，南临匈牙利，西南临奥地利。自 1993 年 1 月 1 日起，斯洛伐克成为独立主权国家。斯洛伐克总人口约为 537.9 万人（2001 年）。斯洛伐克主要民族为斯洛伐克族，占总人口的 81.5%，此外有匈牙利族、茨冈族、捷克族、乌克兰族、波兰族、日耳曼族和俄罗斯族。斯洛伐克官方语言为斯洛伐克语。斯洛伐克 68.9% 的居民信奉罗马天主教，6.9%的居民信奉斯洛伐克福音教，少数居民信奉东正教。

斯洛伐克首都布拉迪斯拉发位于多瑙河畔小喀尔巴阡山麓，现有人口为 40 多万，是斯洛伐克最大的内河港口和政治、经济、文化及石化工业中心，市内建有斯洛伐克科学院和大学城等文化机构。布拉迪斯拉发由新、老两个城区组成。布拉迪斯拉发旧城区名胜古迹众多，其中最古老和最具有代表性的建筑当属布拉迪斯拉发城堡。该城堡原是古罗马人建造的要塞，现在已成为一个拥有大型综合设施的文化娱乐中心。在布拉迪斯拉发新城区，横跨多瑙河的铁索大桥飞架南北。蓝色的多瑙河宛如系在布拉迪斯拉发腰间的玉带。

在地理环境方面，斯洛伐克北部是西喀尔巴阡山脉较高的地带，大部分海拔为 1 000～1 500 米。山地占据了斯洛伐克的大部分地区。斯洛伐克地势北高南低，风景优美，气候宜人，历史文物景点多，旅游资源丰富。斯洛伐克全国共有大小湖泊 160 多个。美丽的湖泊既是斯洛伐克旅游观光景点，又是斯洛伐克发展淡水养鱼业和农业的重要基地。此外，斯洛伐克是世界上城堡数量最多的国家之一，从古城堡遗迹到保存完好的博物馆收集品一应俱有。

在交通运输方面，斯洛伐克虽然是内陆国家，但其交通运输便利。斯洛伐克全国拥有 3 600 多千米的铁路。多瑙河在斯洛伐克境内长达 172 千米，可行驶 1 500～2 000 吨的驳船。在多瑙河上，驾船逆流而上可抵德国的雷根斯堡，顺流而下可经罗马尼亚进入黑海。

在经济建设方面，斯洛伐克早年为农业区，基本无工业。捷克斯洛伐克共产党执政期间在斯洛伐克逐步建立了钢铁、石化、机械、食品加工及军事工业，缩小了同捷克在经济上的差距。1989 年后，斯洛伐克根据联邦政府提出的“休克疗法”开始进行经济改革，导致经济大衰退。1993 年 1 月斯洛伐克独立后，推行市场经济，加强宏观调控，调整产业结构。近年来，斯洛伐克政府不断加强法制建设，改善企业经营环境，大力吸引外资，逐渐形成以汽车、电子产业为支柱，出口为导向的外向型市场经济。2009 年，受国际金融危机影响斯洛伐克经济下滑。斯洛伐克经济 2010 年、2011 年实现恢复性增长，2012 年增速有所放缓。2013 年，斯洛伐克 GDP 为 721.3 亿欧元，同比增长 0.9%。2014 年，斯洛伐克 GDP 为 746.55 亿欧元，同比增长 2.6%。2015 年，斯洛伐克 GDP 为 781 亿欧元，同比增长 3.6%；对外贸易额为 1 446

亿欧元，贸易顺差为 189 亿欧元；人均 GDP 为 14 400 欧元；财政赤字和公共债务分别占 GDP 的 2.97%和 52.91%。截至 2016 年第一季度，斯洛伐克 GDP 同比增长 3.4%，通胀率为−0.8%，失业率为 10.4%，人均工资为 867 欧元。

在外交方面，斯洛伐克奉行独立自主的全方位外交政策，在重点谋求同西方全面合作、争取加入北约、欧盟的同时，保持和加强同俄罗斯、乌克兰等国家的传统关系，寻求同欧洲以外地区特别是亚太地区国家的合作。1993 年 1 月 19 日，斯洛伐克成为联合国会员国。原捷克斯洛伐克是最早承认并与中国建交的国家之一。1993 年 1 月 1 日，斯洛伐克共和国独立，中国政府予以承认并与之建立了大使级外交关系。10 多年来，中国和斯洛伐克两国在政治、经济、军事、文化等领域的交流与合作不断加强。2003 年 1 月，斯洛伐克总统舒斯特对中国进行了国事访问，与江泽民主席共同签署了《中华人民共和国与斯洛伐克共和国联合声明》，确立了新世纪两国关系的基本发展方向。近年来，中国和斯洛伐克两国经贸合作获得了较大发展，对外贸易额持续增长，而 2004 年双边贸易额为 2.88 亿美元。

第二节　经济发展情况分析

一、经济规模情况分析

斯洛伐克经济规模呈波动式增长趋势，在经历高速增长后往往会经历经济下行。图 28-1 反映了斯洛伐克 GDP 及其增长率变化情况。从图 28-1 中可以看出，斯洛伐克 GDP 1995 年及 2003 年增速最快，GDP 增长率分别为 28.16%和 33.20%，并且在这两次峰值点后均出现大幅度下滑；2008 年之后，GDP 出现大幅度下滑，且高速增长态势不复存在，保持低速增长或负增长。

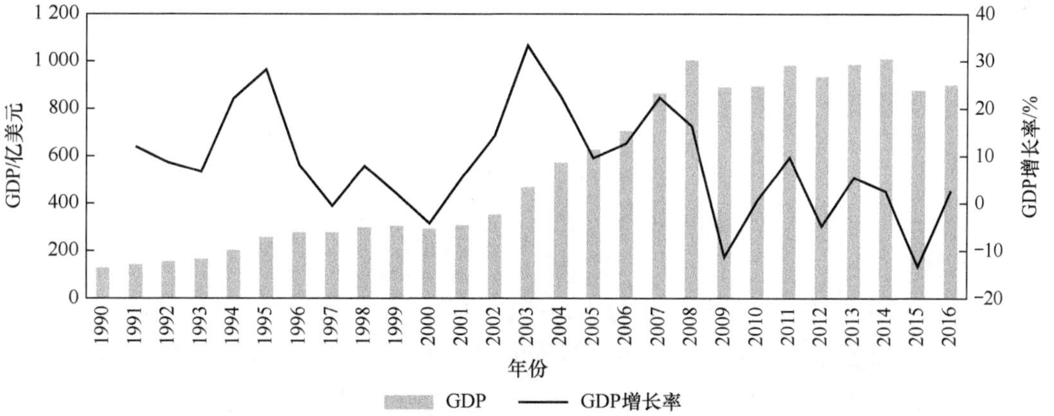

图 28-1　斯洛伐克 GDP 及其增长率变化情况

图 28-2 反映了斯洛伐克人均 GDP 变化情况。斯洛伐克人均 GDP 与 GDP 的变化趋势基本一致。斯洛伐克人均 GDP 1990—1999 年有微小波动，总体上呈缓慢上升趋势，2000—2008 年呈快速上升趋势，2009—2014 年基本保持稳定。

斯洛伐克 GDP 情况如表 28-1 所示。

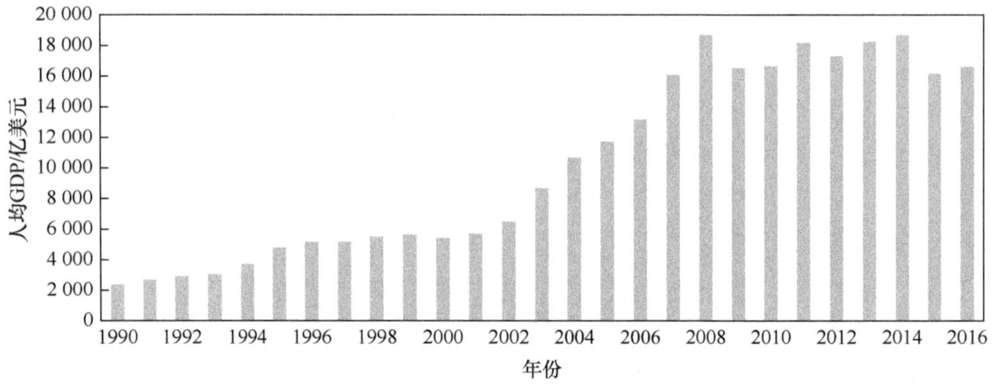

图 28-2 斯洛伐克人均 GDP 变化情况

表 28-1 斯洛伐克 GDP 情况

年份	GDP/亿美元	GDP 增长率/%	人均 GDP/美元	人均 GDP 增长率/%
2009	889.46	−11.34	16 512.98	−11.46
2010	895.01	0.62	16 600.61	0.53
2011	981.81	9.70	18 187.16	9.56
2012	934.14	−4.86	17 274.64	−5.02
2013	984.78	5.42	18 191.61	5.31
2014	1 009.48	2.51	18 629.78	2.41
2015	875.01	−13.32	16 132.86	−13.40
2016	897.69	2.59	16 529.54	2.46
2009—2016（平均值）	933.42	−1.08	17 257.40	−1.20

数据来源：世界银行数据库。

二、人力资本基础情况分析

图 28-3 反映了斯洛伐克总人口变化情况。从图 28-3 中可以看出，斯洛伐克总人口在经历上升后逐渐下降，然后缓慢上升；总人口增长率 1991—1999 年为正值，2000—2004 年负值，2004 年以后又转为正值。

图 28-4 反映了斯洛伐克城镇和农村人口变化情况。从图 28-4 中可以看出，在统计期内，斯洛伐克城镇人口占比基本稳定，但有缓慢下降的趋势，由 1991 年的 56.78%下降为 2017 年的 53.75%；农村人口占比缓慢上升，由 1991 年的 43.22%上升至 2017 年的 46.25%。

表 28-2 反映了斯洛伐克劳动力情况。从表 28-2 中可以看出，在统计期内，斯洛伐克劳动力总量相对稳定；劳动力占比较高且波动上升，由 1996 年的 88.66%上升为 2017 年的 91.87%；15 岁以上劳动参与率 2017 年达 59.79%；15～24 岁劳动参与率下降幅度较大，由 1991 年的 58.59%下降至 2017 年的 33.18%。

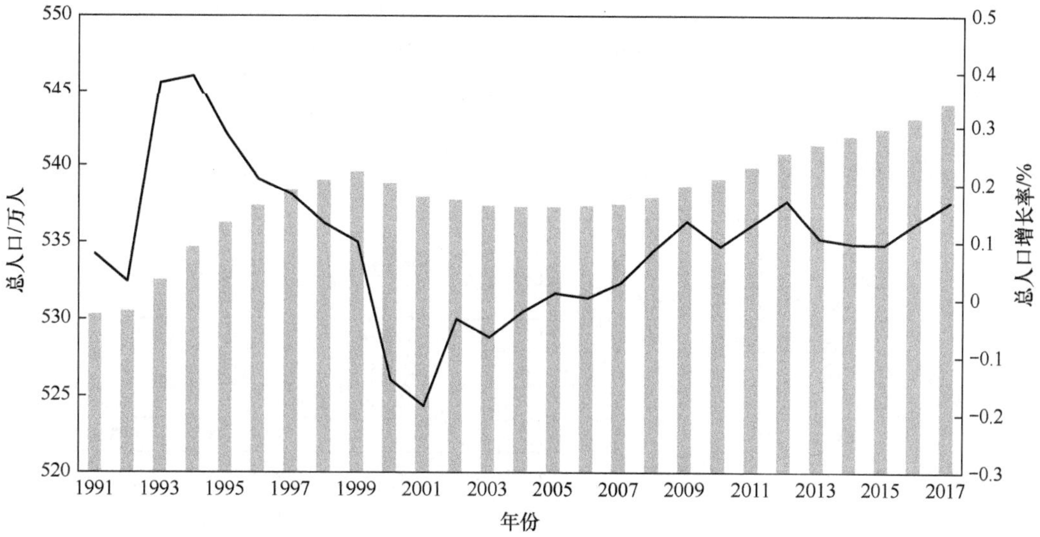

图 28-3　斯洛伐克总人口变化情况

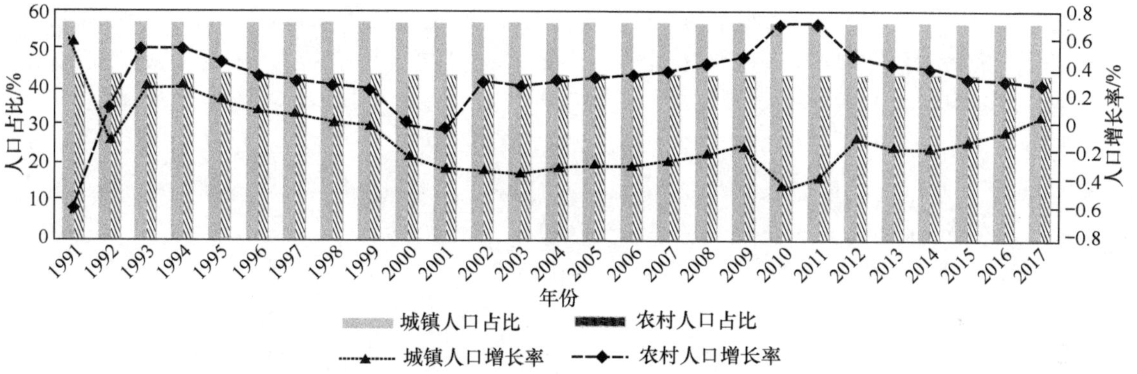

图 28-4　斯洛伐克城镇和农村人口变化情况

表 28-2　斯洛伐克劳动力情况

年份	劳动力总量/万人	劳动力占比/%	15 岁以上劳动参与率/%	15～24 岁劳动参与率/%
1991	2 630.37	87.80	66.15	58.59
1992	2 573.25	87.40	64.28	—
1993	2 520.11	87.80	62.25	52.09
1994	2 457.11	86.35	59.99	47.36
1995	2 481.11	86.89	59.93	46.28
1996	2 516.12	88.66	60.19	46.62
1997	2 517.39	88.11	59.64	47.02
1998	2 525.22	87.81	59.27	45.40
1999	2 551.62	84.05	59.36	45.75
2000	2 584.99	80.94	59.75	44.76
2001	2 632.89	80.62	60.46	45.29
2002	2 623.61	81.28	59.81	42.77
2003	2 658.44	82.88	60.23	40.65
2004	2 674.16	81.40	60.21	39.12
2005	2 661.99	83.74	59.57	36.65

（续表）

年份	劳动力总量/万人	劳动力占比/%	15 岁以上劳动参与率/%	15～24 岁劳动参与率/%
2006	2 653.70	86.63	59.10	35.35
2007	2 650.24	88.86	58.76	34.63
2008	2 681.95	90.49	59.19	32.40
2009	2 672.32	87.97	58.72	31.40
2010	2 683.37	85.62	58.79	31.07
2011	2 686.08	86.38	58.72	30.07
2012	2 710.52	86.04	59.12	30.49
2013	2 717.68	85.78	59.20	30.78
2014	2 723.20	86.82	59.28	30.98
2015	2 738.58	88.52	59.60	31.72
2016	2 762.41	90.33	60.05	32.41
2017	2 752.82	91.87	59.79	33.18

数据来源：世界银行数据库。

三、交通情况分析

近年来，斯洛伐克以公路和铁路运输为主，航空运输有所发展。2014 年，公路总长为 17 949 千米，其中高速公路长为 420 千米；客运量总计 2.64 亿人次；货运量总计 1.29 亿吨。截至 2014 年年底，斯洛伐克共有汽车 272.6 万辆，其中私人汽车有 1 949 万辆；铁路总长为 3 627 千米，其中复线长为 1 017 千米，电气化铁路长为 1 586 千米，客运量总计 4 927 万人次，货运量总计 5 100 万吨。水运内河航道长为 172 千米，客运量总计 15.4 万人次，货运量总计 183.8 万吨；航空客运量总计 58 万人次，货运量总计 0.9 万吨。

斯洛伐克铁路旅客周转量与货物周转量变化情况如图 28-5 所示。斯洛伐克铁路货物周转量逐年减少，1993—2015 年缩减了超过一半，2011 年之后趋于稳定；铁路客周转量先减少后增，最大值为 1993 年的 45.69 亿乘客 · 千米，最小值为 2007 年的 21.48 亿乘客 · 千米，之后逐渐增加至 2016 年的 31.937 2 亿乘客 · 千米。总体来看，斯洛伐克航空运输的发展状况不如铁路的发展状况。

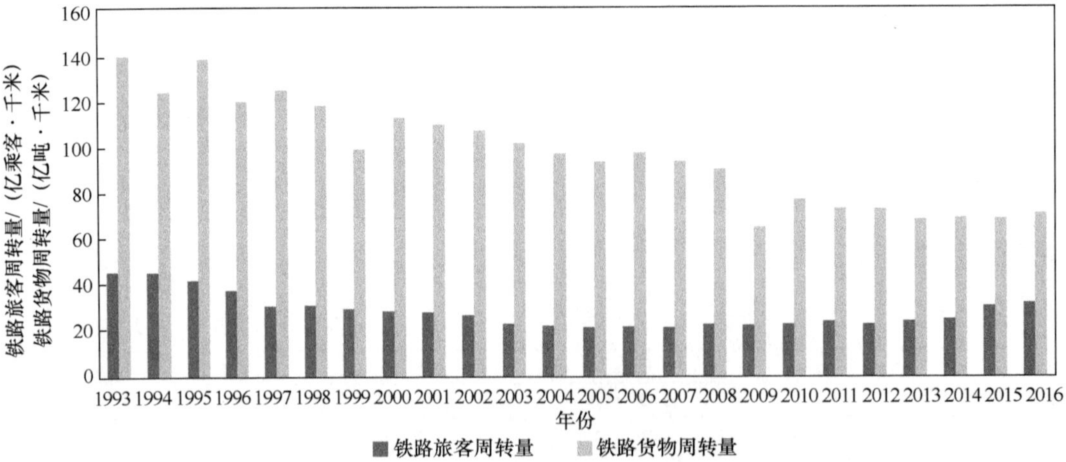

图 28-5 斯洛伐克铁路旅客周转量与货物周转量变化情况

斯洛伐克铁路、航空旅客周转量与货物周转量情况如表 28-3 所示。航空旅客周转量随时间波动较大，最大值为 2009 年的 34 408.16 亿乘客·千米，最小值为 2015 年的 110.98 亿乘客·千米，二者相差 300 多倍。航空货物周转量缺失值较多，但也可看出航空货物周转量波动较大，尤其是 2006 年为 0.003 02 亿吨·千米，而在 2007 年突增为 0.454 85 亿吨·千米。

表 28-3　斯洛伐克铁路、航空旅客周转量与货物周转量情况

年份	铁路旅客周转量/（亿乘客·千米）	铁路货物周转量/（亿吨·千米）	航空旅客周转量/（亿乘客·千米）	航空货物周转量（亿吨·千米）
1993	45.69	139.16	183.00	—
1994	45.48	123.34	225.00	—
1995	4202	137.63	411.00	0.001
1996	37.69	119.33	626.00	0.002
1997	30.95	124.25	807.00	0.002
1998	31.16	117.53	1 073.00	0.002
1999	29.68	98.62	1 106.00	0.002
2000	28.70	112.34	5 790.5	0.001 5
2001	28.05	109.29	431.13	0.002 03
2002	26.82	106.79	828.21	0.005 93
2003	23.16	101.17	1 901.82	0.006 01
2004	22.27	96.75	6 362.76	0.005 04
2005	21.66	93.26	7 119.39	0.003 17
2006	21.94	97.03	7 797.59	0.003 02
2007	21.48	93.31	26 792.27	0.454 85
2008	22.79	90.04	26 904.28	0.459 1
2009	22.47	64.65	34 408.16	0.022 5
2010	22.91	76.69	748.56	0
2011	24.13	72.90	348.59	0
2012	—	72.62	451.11	0
2013	24.219 5	68.10	640.08	0
2014	25.031 3	68.88	290.316	—
2015	30.812 5	68.39	110.98	—
2016	31.937 2	70.72	129.28	—

数据来源：斯洛伐克统计局网站。

四、信息化情况分析

图 28-6 反映了斯洛伐克每百人互联网用户量变化情况。从图 28-6 中可以看出，斯洛伐克每百人互联网用户量呈现明显的递增趋势，1996 年为 0.78 人，2014 年为 79.98 人。斯洛伐克每百人互联网用户量的迅猛增加，说明斯洛伐克的互联网迅速普及，且处于较高的互联网水平。

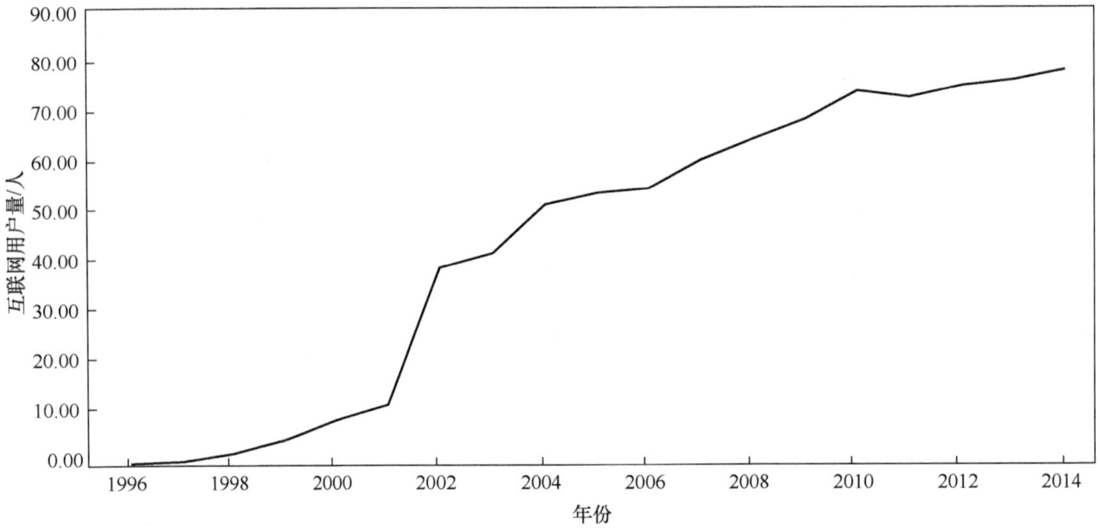

图 28-6 斯洛伐克每百人的互联网用户量变化情况

五、研发投入与产出情况分析

图 28-7 反映了斯洛伐克研发投入与产出情况。从图 28-7 中可以看出，斯洛伐克研发投入占 GDP 的百分比总体上呈现出先下降后上升的趋势，其中 1997—2008 年保持下降的趋势，2009 年以后以较快的速度上升，2007 年达到最低点（0.448%），2015 年达到最高点（1.178%）；居民专利申请数量则总体上呈现出在波动中平稳降低的趋势，其中 1996 年高达 182 个，2015 年为 220 个，2008 年达到最低点（168 个）；每 100 万人中研发技术人员数量在统计期内下降幅度较大，1997—2015 年由 802.8 人下降为 389.9 人，降幅超过 50%。

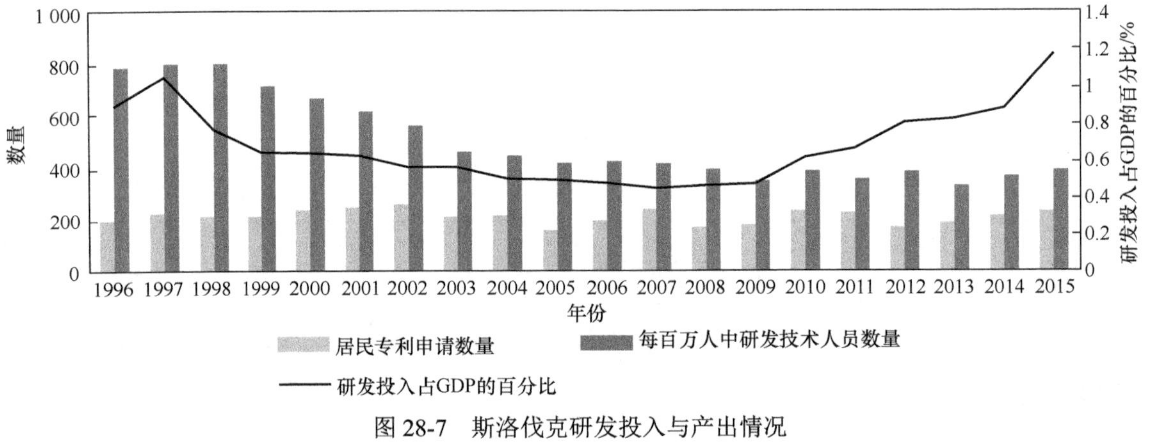

图 28-7 斯洛伐克研发投入与产出情况

六、制度环境情况分析

下面通过法律制度、腐败监管指数、政治稳定指数、民主自由权利指数、政府效能指数对斯洛伐克的制度环境进行分析。斯洛伐克制度环境评估如表 28-4 所示。总体而言，斯洛伐克的制度环境呈现出逐渐改善的趋势。其中，2014 年法律制度指数、政治稳定指数、民主自由权利指数、政府效能指数分别为 0.47、1.02、0.98 和 0.87，均高于 1996—2014 年的平均值

0.39、0.89、0.87 和 0.74，但 2014 年腐败监管指数为 0.12，低于 1996—2014 年的平均值 0.23。可见斯洛伐克在法律制度、政治稳定、民主自由权利和政府效能方面均有所进步，而在腐败监管方面有所退步。

表 28-4 斯洛伐克制度环境评估

年份	法律制度指数	腐败监管指数	政治稳定指数	民主自由权利指数	政府效能指数
1996	0.15	0.36	0.81	0.63	0.57
1997	0.17	0.30	0.94	0.65	0.56
1998	0.18	0.25	1.08	0.68	0.54
1999	0.23	0.20	0.83	0.74	0.55
2000	0.29	0.15	0.57	0.81	0.57
2001	0.26	0.02	0.71	0.89	0.57
2002	0.24	−0.10	0.85	0.97	0.57
2003	0.33	0.31	0.91	0.92	0.68
2004	0.50	0.39	0.54	0.96	0.91
2005	0.52	0.49	0.85	0.92	0.94
2006	0.52	0.40	0.76	0.92	0.92
2007	0.45	0.30	1.01	0.93	0.74
2008	0.57	0.30	1.07	0.91	0.87
2009	0.50	0.23	0.88	0.86	0.86
2010	0.53	0.24	1.02	0.89	0.83
2011	0.57	0.24	0.96	0.95	0.83
2012	0.46	0.07	1.07	0.95	0.83
2013	0.45	0.06	1.10	0.94	0.78
2014	0.47	0.12	1.02	0.98	0.87
1996—2014（平均值）	0.39	0.23	0.89	0.87	0.74

数据来源：世界银行数据库。

不同国家制度环境对比如图 28-8 所示。从图 28-8 中可以看出，斯洛伐克的法律制度指数、腐败监管指数、政治稳定指数、民主自由权利指数、政府效能指数均高于中国，说明斯洛伐克的制度环境优于中国。斯洛伐克的法律制度指数、腐败监管指数、民主自由权利指数及政府效能指数均低于高等收入国家的平均值，说明斯洛伐克在法律、腐败监管、民主自由权利

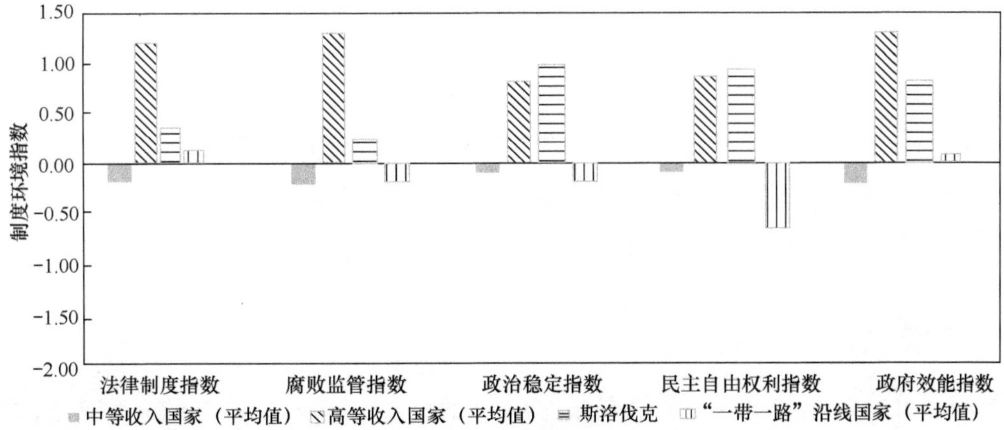

图 28-8 不同国家制度环境对比

与政府效能 4 个方面与高等收入国家仍有一定的差距，而在政治稳定方面优于高等收入国家。此外，斯洛伐克的腐败监管指数、政治稳定指数、民主自由权利指数和政府效能指数，均低于“一带一路”沿线国家的平均值，说明斯洛伐克的制度环境建设仍存在较大改进空间。

七、税收负担情况分析

从图 28-9 中可以看出，在统计期内斯洛伐克总税收占 GDP 的百分比总体上呈现先下降后上升的趋势。斯洛伐克总税收占 GDP 的百分比 2012 年以前总体表现为下降，2012 年以后先上升后逐渐维持相对稳定。其中，总税收占 GDP 百分比最低点为 2012 年 14.97%。

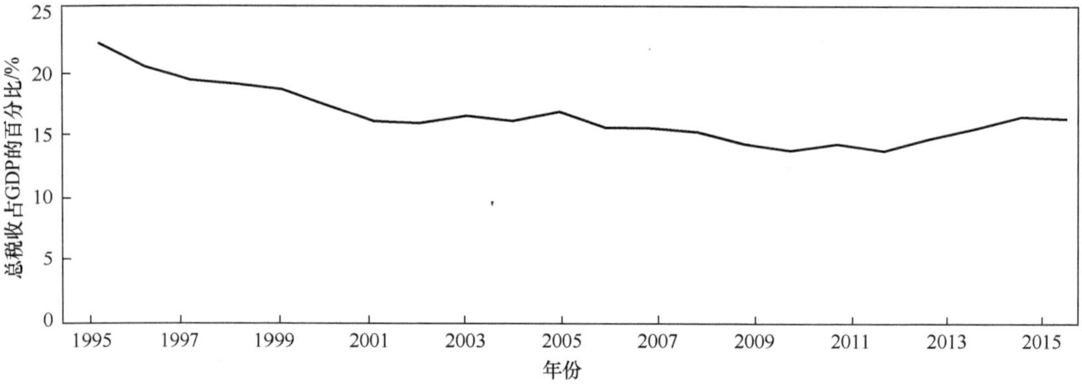

图 28-9 斯洛伐克总税收占 GDP 的百分比变化情况

从图 28-10 中可以看出，斯洛伐克总税收占比和利润税税收占比总体上均呈现出波动中上升的趋势。总税收占比、利润税税收占比 2014 年均为最高点，分别为 51.8%和 10.7%；总税收占比最低点为 2008 年的 48.5%，利润税税收占比最低点为 2005 年的 8%。

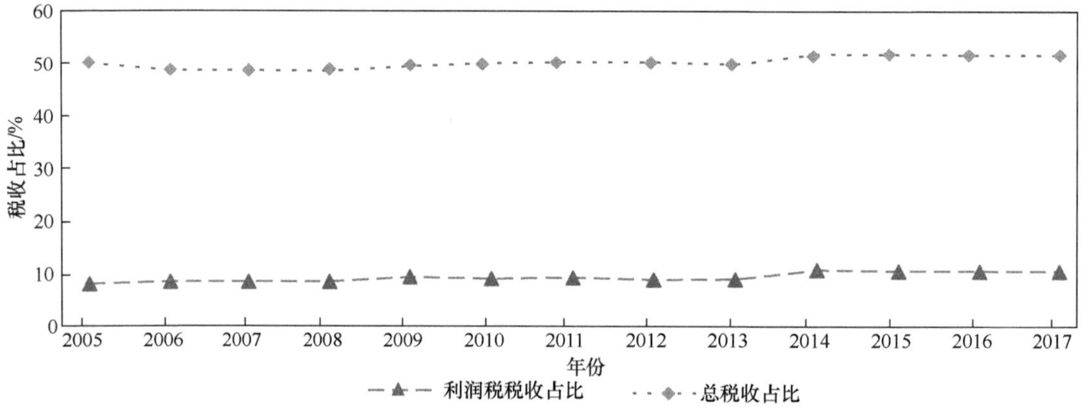

图 28-10 斯洛伐克税收占比变化情况

八、国际贸易情况分析

1990—2017 年，斯洛伐克对外贸易额占 GDP 的百分比呈波动性上升趋势。其中，斯洛伐克对外贸易额占 GDP 的百分比 2008—2009 年迅速下降，由 137.67%下降为 132.92%，2011—2017 年保持在 160%～190%，比较平稳，2017 年达到最高点 189.18%。此外，斯洛伐克货物和服务进口贸易额占 GDP 的百分比 1990—2017 年呈现出与对外贸易额占 GDP 的百分比相似的波动性上升趋势，2017 年达到最高点 92.88%。货物和服务贸易差额占 GDP 的百分比逐渐上升，由 1990 年的−8.28%上升至 2017 年的 3.43%，最低点和最高点分别出现在 1996 年的−10.65%和 2013 年的 4.23%。

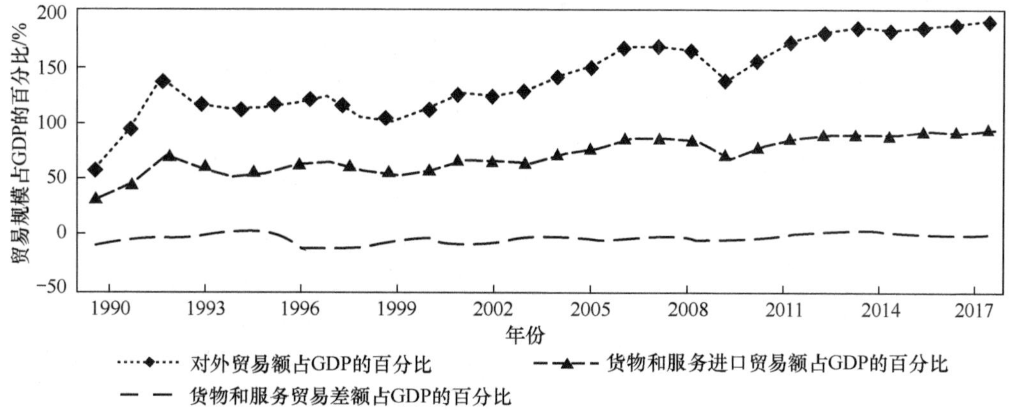

图 28-11　斯洛伐克国际贸易情况

九、外国直接投资情况分析

图 28-12 反映了斯洛伐克外国直接投资占 GDP 的百分比变化情况，2001 年的数据缺失。总体而言，斯洛伐克外国直接投资占 GDP 的百分比占波动中呈现出先上升后下降的趋势。1999—2003 年，斯洛伐克外国直接投资占 GDP 的百分比 1999—2003 年波动较大，2004—2014 年则相对较为平缓，且呈现出明显的下降趋势，2004—2014 年下降幅度较大，2006 年达到最高点为 5.78%，2014 年达到最低点 0.85%，2011—2014 年不断下降。斯洛伐克外国直接投资状况前景不明朗。

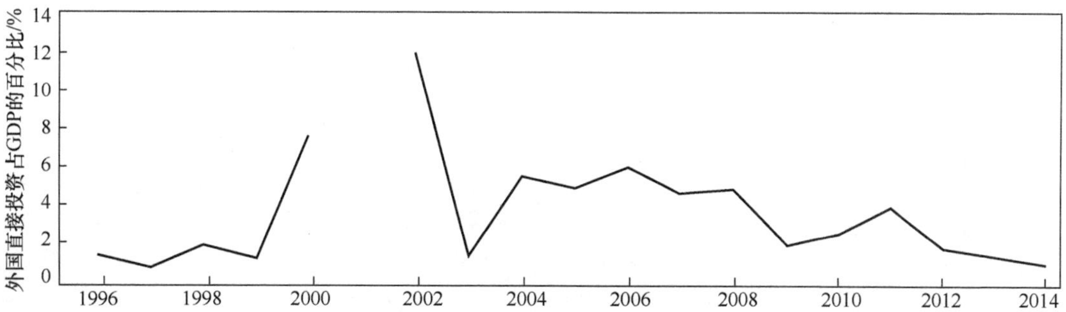

图 28-12　斯洛伐克外国直接投资占 GDP 的百分比变化情况

十、经济活力情况分析

表 28-5 反映了斯洛伐克固定资产投资情况。1990—2017 年，斯洛伐克固定资本形成总额呈波浪式上涨趋势，最大值出现在 2015 年，最小值出现在 1994 年。固定资本形成总额占 GDP

的百分比整体呈下降趋势，1998 年达到最大值（37.09%），2013 年和 2014 年达到最小值（20.73%）。资本形成总额整体呈现上涨趋势。资本形成总额占 GDP 的百分比随时间波动较大，但整体仍呈下降趋势，1990—2017 年由 32.81%降为 22.40%。

表 28-5 斯洛伐克固定资产投资情况

年份	固定资本形成总额占 GDP 的百分比/%	固定资本形成总额/亿欧元	资本形成总额占 GDP 的百分比/%	资本形成总额/亿欧元
1990	31.67	—	32.81	—
1991	28.62	—	30.86	—
1992	33.38	1.27	28.53	0.32
1993	31.99	0.97	26.22	0.85
1994	28.37	0.75	22.30	1.04
1995	26.69	0.80	26.41	1.00
1996	33.46	1.12	35.92	1.25
1997	35.44	1.27	36.00	1.35
1998	37.09	1.38	35.10	1.36
1999	30.86	1.17	29.30	1.14
2000	27.27	1.06	27.60	1.11
2001	30.16	1.20	31.36	1.29
2002	28.89	1.20	30.72	1.30
2003	25.81	1.16	25.78	1.18
2004	24.98	1.22	27.38	1.36
2005	27.35	1.42	29.71	1.57
2006	27.26	1.55	28.84	1.67
2007	26.80	1.68	28.48	1.82
2008	25.55	1.71	28.66	1.93
2009	21.75	1.39	21.12	1.37
2010	22.06	1.49	24.01	1.62
2011	23.99	1.68	24.97	1.75
2012	21.25	1.53	20.94	1.51
2013	20.73	1.52	20.98	1.53
2014	20.73	1.56	21.99	1.65
2015	23.94	1.87	24.20	1.89
2016	21.19	1.72	22.57	1.82
2017	21.20	1.77	22.40	1.87

数据来源：斯洛伐克国家统计局网站。

从图 28-13 中可以看出，斯洛伐克新注册企业数量在波动中不断增加。2006—2013 年，斯洛伐克新注册企业数量迅速上涨。2013 年，斯洛伐克新注册企业数量达 21 797，而新注册企业密度为 5.59。2013 年之后，经历了两年新注册企业数量减少的时期后，斯洛伐克新注册企业数量逐渐出现增加的趋势。2016 年，斯洛伐克新注册企业数量较 2015 年增加了 72.6%。

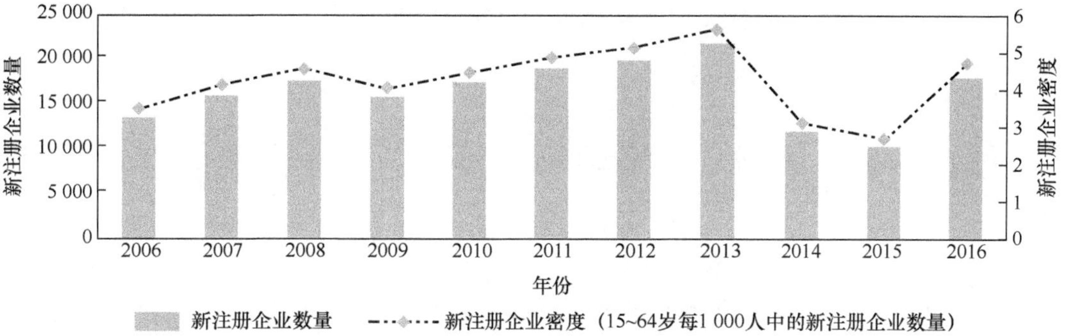

图 28-13 斯洛伐克新注册企业数量及密度变化情况

第三节 产业结构情况分析

一、三次产业结构分析

近年来，斯洛伐克服务业发展较快，服务业增加值占比超过 60%，目前处于稳定发展状态。从图 28-14 中可以看出，斯洛伐克农业增加值占比很小且变化缓慢，整体上处于下降状态，而工业与服务业增加值占比较大；工业增加值占比 2010—2015 年处于波动之中，整体上略有下降。2011 年达到最高点（35.58%）；服务业增加值占比 2010—2015 年处于很高的水平，2013 年达到最高点（63.08%），2013 年以后缓慢下降，但始终高于 60%。经统计，美国第三产业增加值占比约为 80%，而英国、法国、德国、日本增加值占比都为 60%～70%。因此，斯洛伐克的经济从第二产业转移到第三产业的发展趋势与发达国家经济发展历程类似，并且第三产业增加值占比与发达国家的更为接近。

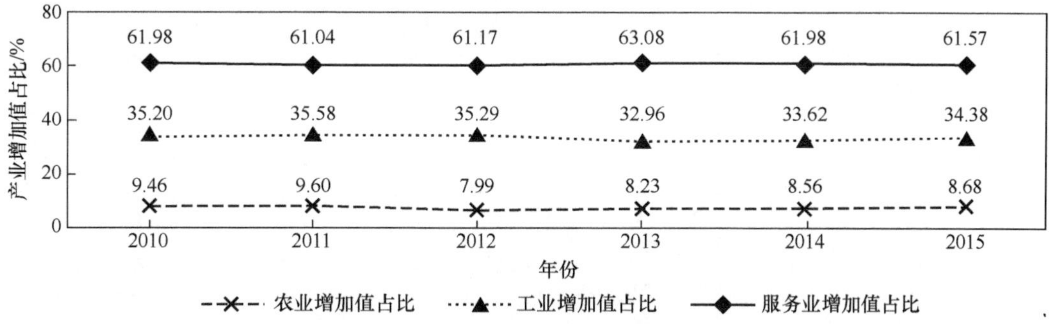

图 28-14 斯洛伐克产业结构变化情况

斯洛伐克劳动力就业结构变化情况如图 28-15 所示。其中，农业就业人数占比很低且变化幅度不大，始终保持在 4%以内；工业就业人数占比较低，保持在 35%～40%，整体上呈下降的趋势；服务业就业人数占比较高，并呈现出逐年上升的趋势，2014 年达 61.06%。

以上分析表明，斯洛伐克产业结构目前处于稳定状态，产业结构合理程度高，已处于产业结构由第二产业向第三产业转移的后期。

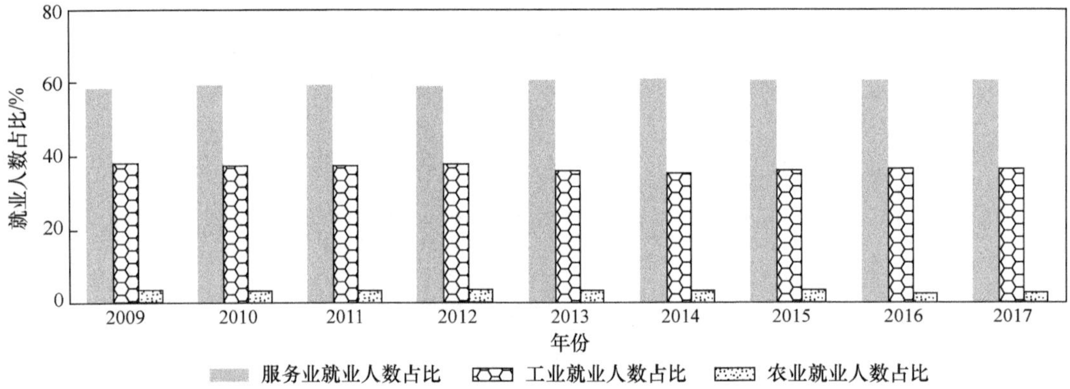

图 28-15 斯洛伐克劳动力就业结构变化情况

二、农业规模变化分析

图 28-16 反映了斯洛伐克农业规模变化情况。总体而言，斯洛伐克农业增加值占比变化幅度不大，斯洛伐克农业发展缓慢。农业增加值占比经历了两次先增加后减少的变化过程，总体上略有减少，其中两次峰值分别出现在 2008 年（3.70%）和 2014 年（4.04%），而最小值出现在 2010 年（2.55%）。农业增加值年增长率变化幅度较大（−15%～20%），最小值出现在 2010 年（−14.78%），最大值出现在 2014 年（19.67%）。

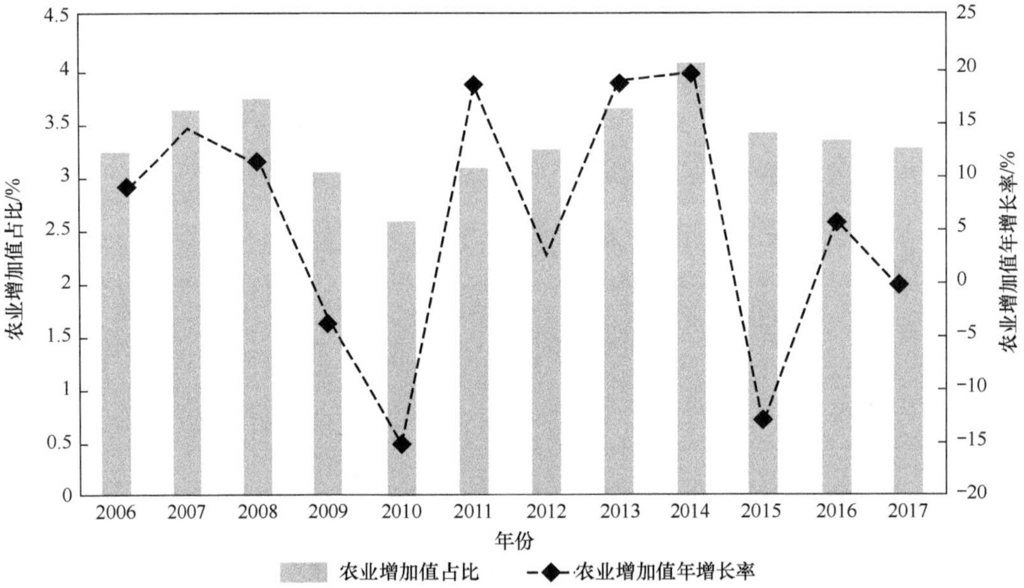

图 28-16 斯洛伐克农业规模变化情况

图 28-17 反映了斯洛伐克农业用地面积变化情况。总体而言，斯洛伐克农业用地面积呈先增加再减少的趋势。斯洛伐克农业用地面积占比（农业用地面积占全国土地面积的百分比）的最大值出现在 2010 年（40.44%）。2010 年以后，斯洛伐克农业用地面积占比持续减少，2015 年已减少至 39.97%。

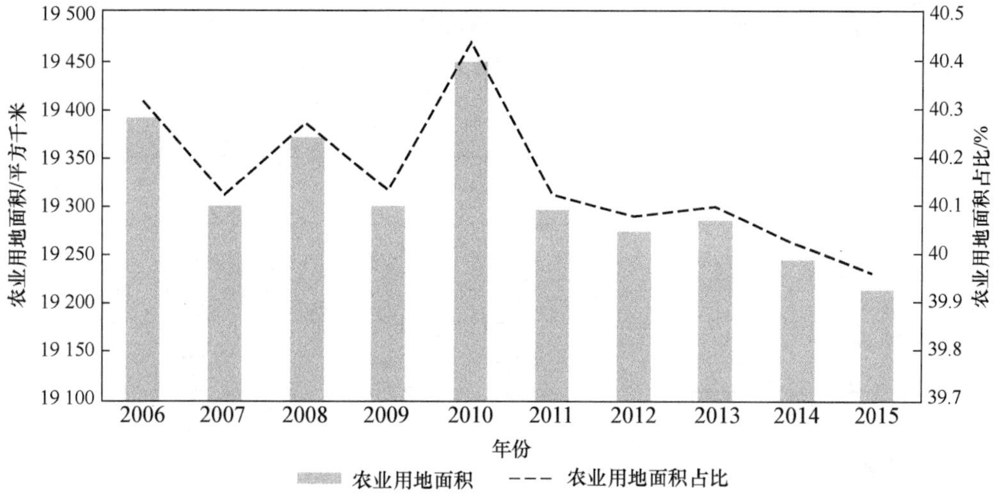

图 28-17　斯洛伐克农业用地面积变化情况

三、工业、制造业规模变化分析

图 28-18 反映了斯洛伐克工业、制造业规模变化情况。总体而言，2006—2007 年，斯洛伐克工业、制造业发展较快，其增加值年增长率均超过 10%。在金融危机的影响下，2009 年工业、制造业增加值出现大幅减少。2010 年，工业、制造业增加值迅速增加，而制造业增加值年增长率高达 26.77%。2011—2013 年，工业、制造业增加值增长缓慢，甚至出现负增长。2014—2016 年，工业、制造业增加值逐步恢复，但增长速度相对放缓。总体而言，2016 年与 2006 年相比，工业、制造业增加值年增长率均有所减少，但工业、制造业增加值均有所增加。

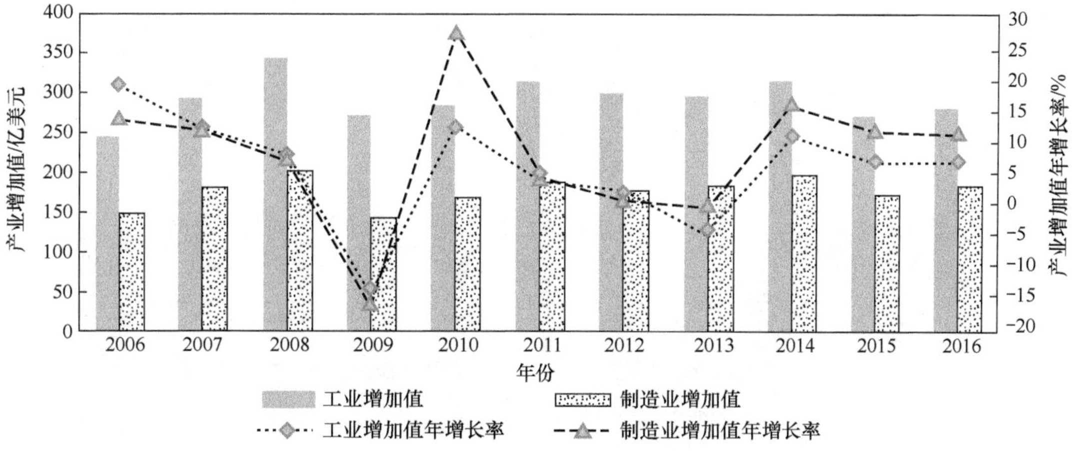

图 28-18　斯洛伐克工业、制造业规模变化情况

斯洛伐克制造业分行业增加值占比情况如表 28-6 所示。在统计期内，斯洛伐克化学品行业增加值占比经历了先减少后增加再减少的过程，总体上化学品行业增加值占比是减少的；食品、饮料和烟草行业增加值占比呈先增加后减少的趋势，2007 年为最小值（6.98%），2009 年达到最大值（10.41%）。机械和运输设备行业增加值占比波动式增加，2013 年比 2007 年高

出超过 10 个百分点。纺织品和服装行业增加值占比始终保持在 2%～5%，变化较小，2008 年出现最小值（2.49%），2009 年迅速增加至 4.58%。

表 28-6 斯洛伐克制造业分行业增加值占比情况

行业	行业增加值占比/%						
	2007 年	2008 年	2009 年	2010 年	2011 年	2012 年	2013 年
化学品	3.50	3.24	2.48	3.45	4.49	3.45	2.95
食品、饮料和烟草	6.98	7.82	10.41	7.80	8.60	7.77	7.03
机械和运输设备	30.40	28.46	35.93	37.61	34.95	39.69	40.97
纺织品和服装	3.05	2.49	4.58	3.76	4.10	3.68	3.67
其他	56.06	57.99	46.60	47.38	47.86	45.41	45.39

四、服务业规模变化分析

斯洛伐克第三产业的发展较为平稳。斯洛伐克服务业规模变化情况如图 28-19 所示。其中，2007—2008 年，服务业增加值年增长率分别约为 10%和 5%，但服务业增加值占比却为统计期内较小值（52.37%和 52.56%）；在国际金融危机的影响下，2009 年服务业增加值年增长率跌为负值，但服务业增加值占比却增加至 56.81%；2011—2017 年，服务业增加值占比基本维持在 55%～56%（除 2013 年的 57.31%之外），相对稳定。2011—2013 年，服务业增加值年增长率保持增长，但在 2014 年骤跌至最小值（−3.21%），2015 年以后恢复增长，且 2017 年增长至 3.71%，为 2009 年以来的最大值。

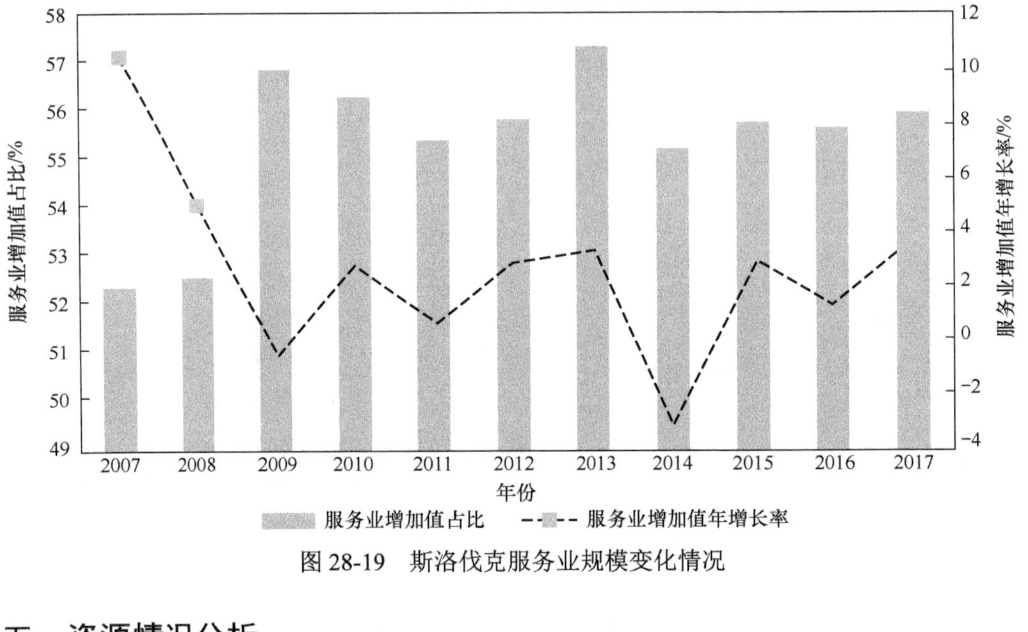

图 28-19 斯洛伐克服务业规模变化情况

五、资源情况分析

斯洛伐克主要工业有钢铁、食品、烟草加工、石化、机械、汽车等行业。2013 年，水泥产量为 312.1 万吨，汽车产量为 98.7 万辆，火力发电达 64.9 亿度[①]，水力发电达 50.9 亿度。

① 1 度=1 千瓦·时。

斯洛伐克工业的发展对能源的需求量巨大。斯洛伐克有褐煤、硬煤及菱镁矿等能源，但重要能源（如石油、天然气等）却相当匮乏，每年要大量从国外进口石油、天然气等以满足国内经济和社会发展的需求。

斯洛伐克能源情况如表 28-7 所示。斯洛伐克对能源进口依赖性较大。2008—2015 年，斯洛伐克能源净进口量占能源使用总量的百分比始终高于 60%，表明斯洛伐克过半的能源依赖进口。斯洛伐克消耗的能源主要是化石燃料。2008—2015 年，斯洛伐克化石燃料消费量占能源消费总量的百分比虽然有一定的减少，但最小值仍高于 63%。其中，2008 年化石燃料消费量占能源消费总量的百分比高达 70.34%。可见，斯洛伐克能源消费结为非环境友好型。斯洛伐克可再生能源消费量占能源消费总量的百分比较小，但 2008—2015 年不断增加，由 2008 年的 7.63%增加至 2015 年的 13.41%。可见，使用能源的清洁性逐渐提升。可替代能源和核能使用量占能源使用总量的百分比呈增加趋势。可替代能源和核能使用量占能源使用总量的百分比的增加有利于减少斯洛伐克对石油、天然气等重要资源的进口量，降低对能源进口的依赖度，同时有利于维护其国家安全。斯洛伐克的人均耗电量保持相对稳定。斯洛伐克人均能源使用量不断减少，2008—2015 年由 3 405.96 减少为 3 003.66，其中最小值为 2014 年的 2 943.19。由于斯洛伐克能源依赖进口，所以个人对能源的需求水平及能源的世界价格水平便对该国的经济发展（包括产业结构调整等）具有重要意义。人均能源需求的减少对于降低本国的能源消费支出具有重要的积极影响。斯洛伐克单位 GDP 能耗不断增加，且增速较快。斯洛伐克单位 GDP2008 年能耗为 6.96 美元/千克油当量，2014 年已增加至 9.83 美元/千克油当量，上涨幅度大。单位 GDP 能耗的增加加重了斯洛伐克能源进口负担，不利于国家的经济发展，同时会增加该国各产业的成本，减少产品的价格优势。

表 28-7　斯洛伐克能源情况

年份	2008	2009	2010	2011	2012	2013	2014	2015
能源净进口量占能源使用总量的百分比/%	64.96	64.53	65.18	63.02	61.29	60.68	58.83	60.65
化石燃料能源消费量（占能源消费总量的百分比/%	70.34	70.03	70.24	68.51	66.83	66.42	63.95	64.64
可再生能源消费量占能源消费总量的百分比/%	7.63	10.00	10.28	10.36	10.47	10.68	12.24	13.41
可替代能源和核能使用量占能源使用总量的百分比/%	25.97	24.55	24.25	25.59	26.95	27.31	28.27	27.13
人均耗电量/（千瓦·时）	5 294.44	4 954.14	5 201.40	5 347.53	5 137.79	5 202.47	5 137.07	—
人均能源使用量/千克油当量	3 405.69	3 106.69	3 306.81	3 213.95	3 080.73	3 130.93	2 943.19	3 003.66
单位 GDP 能耗/（美元/千克油当量）	6.96	7.42	7.56	8.04	8.65	8.91	9.83	9.83

第四节　产业政策分析

斯洛伐克是一个小型开放型经济体。国际贸易在斯洛伐克经济恢复和进一步发展中扮演着十分重要的角色。斯洛伐克的贸易依存度高，尤其体现在对重要能源的进口上。近年来，斯洛伐克出台了一系列政策引进外资，但效果并不理想。斯洛伐克国民受教育程度高，人力资源水平高且相对价格低廉，这有利于斯洛伐克国民收入的提高与经济的发展。

近年来，斯洛伐克产业结构的调整基本上处于一个不断合理化的过程。斯洛伐克三次产业结构已经经历了第一产业转向第二产业以及第一、第二产业向第三产业转移的两个阶段，形成了以第三产业为主、第二产业为辅、第一产业为基础的比较合理的产业结构。这种产业结构对于促进经济增长与促进就业都是有利的。同时，斯洛伐克产业结构演变存在着一定的非均衡性，从而制约着斯洛伐克经济的发展。

（1）持续、快速的经济增长是以产业结构的不断优化为基础的，这可以从资源的高效率配置和形成协调的产业关系两方面得到解释。但是，斯洛伐克目前经济增长很难从这两方面获得推动力。斯洛伐克产业结构虽然与美国等部分发达国家的产业结构仍有一定差距，但已趋于合理化，且近些年来斯洛伐克产业结构变化较小，对经济增长的促进作用不明显。斯洛伐克目前处于经济增长、产业结构转变的稳定阶段，很难从资源配置和产业关系两方面促进经济增长。

（2）在现有产业结构下，斯洛伐克各产业间的良性循环并没有建立起来；各产业的发展对其余产业发展的促进作用不明显；第一产业没有为第二、第三产业的发展拓宽空间；第二、第三产业的发展也很少反过来促进第一产业的发展。

第五节　产业结构与产业政策分析基本结论

通过对斯洛伐克的基本情况、经济发展情况、产业结构情况、产业政策几个方面的分析，初步得出以下结论。

（1）总体而言，斯洛伐克近年来三次产业结构、产业就业人数占比不断优化，并逐步向合理化迈进。斯洛伐克产业结构已经经历了第一产业转向第二产业以及第一二产业转向第三产业的两个阶段，形成了以第三产业为主、第二产业为辅、第一产业为基础的，比较合理的产业结构。同时，斯洛伐克产业结构演变存在着一定的非均衡性，从而制约着斯洛伐克经济的发展。

（2）具体而言，斯洛伐克拥有发展第一产业的优势。斯洛伐克众多的湖泊是发展淡水养鱼业和农业的重要基地。斯洛伐克农业主要作物包括谷物、饲料和经济作物。斯洛伐克非常重视第一产业的发展，以便巩固农业的基础地位，发挥农业的地理优势。

（3）斯洛伐克工业基础良好，形成了以汽车、电子业为主的支柱产业，成为推动斯洛伐克经济和出口贸易额快速增长的主要动力之一。斯洛伐克在冶金和机械制造业方面历史悠久。

（4）斯洛伐克服务业发展较快，服务业增加值占比、服务业就业人数占比均超过了50%。斯洛伐克风景优美，气候宜人，历史文物景点多，旅游资源丰富，国际旅游业发展迅速。斯洛伐克研发投入占GDP的百分比不高，虽然近几年不断增加，但由于前些年下降幅度太大，总体水平仍较低，这样不利于服务业以及其他产业的长期健康发展。斯洛伐克应加大研发投入，提高本国创新水平，以便提高本国经济的整体发展速度与质量。

（5）斯洛伐克重要能源稀缺，主要依赖进口。能源不足会限制一国经济的发展。虽然斯洛伐克能够通过大量进口解决短期能源不足问题，但对能源进口的过度依赖不利于维护本国经济的稳定发展。因此，斯洛伐克应寻求更适合本国国情的经济发展方式，优化资源结构，提高资源使用效率，加大研发投入，寻找更多可循环利用的清洁能源或其他可代替能源，以减少对石油、天然气等重要能源的依赖，保障国家能源安全。

第二十九章　塔吉克斯坦产业结构与产业政策分析

第一节　基本情况

塔吉克斯坦共和国，简称塔吉克斯坦，是位于中亚东南部的内陆国家。塔吉克斯坦国土面积为14.31万平方千米，总人口约为910万人，境内有86个民族。其中，塔吉克族人口占总人口的80%；乌孜别克族人口占总人口的15.3%；塔吉克斯坦族人口占总人口的1%；鞑靼、吉尔吉斯、乌克兰、日耳曼、哈萨克、白塔吉克斯坦、亚美尼亚等民族人口占总人口的3.7%。塔吉克斯坦大多数居民信奉伊斯兰教。塔吉克斯坦穆斯林人口占总人口的86%。其中，多数属逊尼派（占塔吉克斯坦穆斯林人口的85%以上）；帕米尔一带居民多属什叶派伊斯玛仪支派（占塔吉克斯坦穆斯林人口的5%以上）；其余信奉基督教、犹太教、巴哈伊教、东正教等。

在自然资源方面，塔吉克斯坦主要有有色金属、稀有金属、煤、岩盐，还有石油、天然气、丰富的铀矿和多种建筑材料。塔吉克斯坦铀储量居独联体国家首位，铅、锌储量居中亚国家第1位。塔吉克斯坦水力资源丰富，截至2014年居世界第8位，人均拥有量居世界第1位，占整个中亚的一半左右，但开发量不足10%。

在工业建设方面，塔吉克斯坦工业产值通常占社会总产值的一半以上。塔吉克斯坦工业主要有采矿、轻工、食品、有色冶金、化工、机器制造和电子等行业。

在经济建设方面，塔吉克斯坦经济基础薄弱，结构单一。苏联解体后的政治经济危机以及多年内战使塔吉克斯坦国民经济遭受严重破坏，经济损失总计超过70亿美元。1995年，塔吉克斯坦开始实施《深化经济改革和加快向市场关系过渡的紧急措施》和《1995—2000年经济改革纲要》，确立了以市场经济为导向的国家经济政策，并推行私有化改制。1997年，塔吉克斯坦国民经济开始步出低谷，呈现恢复性增长的趋势。2000年，塔吉克斯坦成功发行国家新币索莫尼，初步建立国家财政和金融系统，开始逐步完善税收、海关政策。2005年，塔吉克斯坦新一届议会选举之后，经济继续保持着平稳的发展态势，连续多年的通货紧缩局面得到改善，人均收入开始有所增加，各项经济指标均有所回升。2008年，全球金融危机对塔吉克斯坦经济造成一定冲击，塔吉克斯坦政府采取一系列应对措施，随后塔吉克斯坦经济逐渐增长。因塔吉克斯坦经济规模相对较小，其发展对国际社会依赖甚重，所以塔吉克斯坦全面恢复并发展经济任重而道远。

在外交方面，塔吉克斯坦奉行“门户开放”和“大国平衡”的外交政策，积极发展与中亚国家、美国、欧盟、伊朗、沙特阿拉伯等国家的关系。同时，塔吉克斯坦与世界其他国家发展友好合作关系，积极争取外援，维护塔吉克斯坦独立、主权、安全和发展。塔吉克斯坦已加入联合国、欧安组织、独联体、上海合作组织、经济合作组织、欧亚经济共同体、伊斯兰会议组织等30多个国际和地区性组织。2002年2月20日，塔吉克斯坦正式加入北约“和平伙伴关系”计划。塔吉克斯坦积极参与国际反恐、禁毒工作，倡导在联合国框架内举办“生命之水”国际行动十年有关会议，得到140多个国家支持。截至2011年年底，塔吉克斯坦与

124 个国家建立了外交关系，开设驻外使领馆、常驻代表机构 26 个。

第二节　经济发展情况分析

一、经济规模情况分析

塔吉克斯坦 GDP 及其增长率变化情况如图 29-1 所示。塔吉克斯坦人均 GDP 变化情况如图 29-2 所示。塔吉克斯坦 GDP 情况如表 29-1 所示。

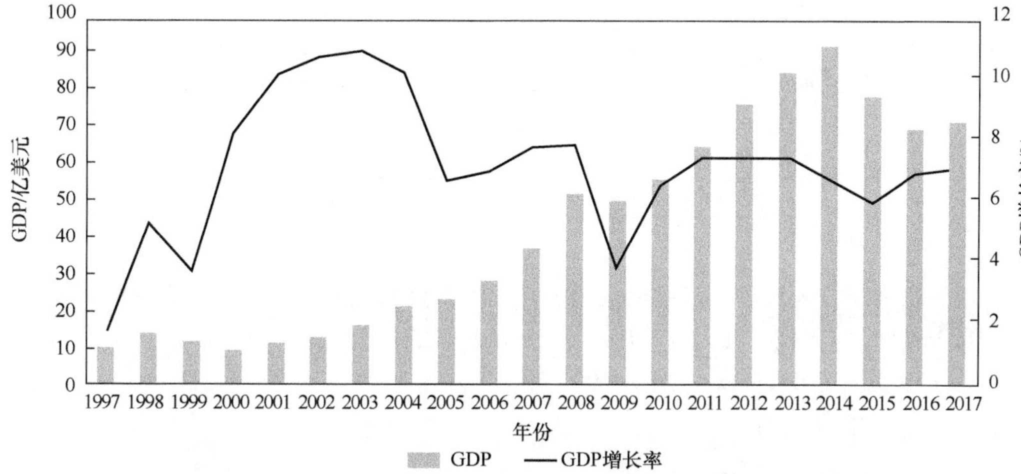

图 29-1　塔吉克斯坦 GDP 及其增长率变化情况

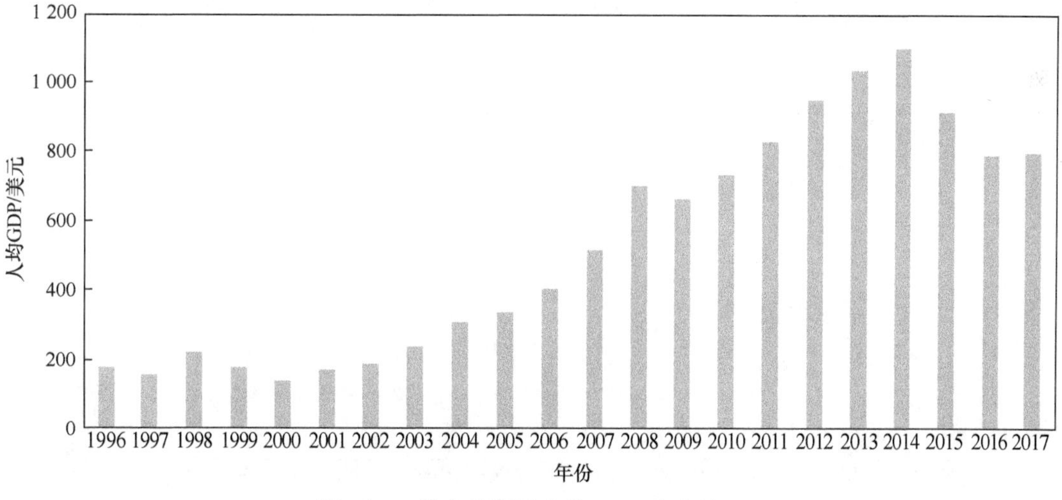

图 29-2　塔吉克斯坦人均 GDP 变化情况

（1）从整体上看，在统计期内，塔吉克斯坦 GDP 呈现先上升再下降的趋势；GDP 增长率呈现先上升再下降，然后保持在一个高水平的状态；人均 GDP 呈现先上升再下降的趋势；人均 GDP 增长率呈现先上升再下降，然后又上升的趋势。

（2）塔吉克斯坦 GDP 1997—2014 年从 921 843 144.2 美元上升至 9 236 309 138 美元，之后下降至 2017 年的 7 145 701 019 美元；GDP 增长率 1997—2003 年从 1.70%上升至 11%，之后

除少数年份之外，保持在 7%左右；人均 GDP 1996—2014 年从 178.45 美元上升至 1 104.46 美元，之后下降至 2017 年的 800.97 美元；人均 GDP 增长率从 2009 年的 1.53%上升至 2012 年的 5.09%，之后下降至 2015 年的 3.69%，然后继续上升，2017 年为 4.86%。

表 29-1 塔吉克斯坦 GDP 情况

年份	GDP/美元	GDP 增长率/%	人均 GDP/美元	人均 GDP 增长率/%
2009	4 979 481 980	3.80	666.34	1.53
2010	5 642 178 580	6.50	738.34	4.14
2011	6 522 732 203	7.39	834.54	5.00
2012	7 633 049 792	7.49	954.72	5.09
2013	8 506 674 783	7.40	1 040.21	4.99
2014	9 236 309 138	6.69	1 104.45	4.33
2015	7 853 450 374	6.00	918.67	3.69
2016	6 951 657 159	6.90	795.84	4.62
2017	7 145 701 019	7.10	800.96	4.86

数据来源：世界银行数据库。

（3）在 1998 年和 2008 年经济危机的冲击下，塔吉克斯坦 GDP 从 1998 年的 1 320 126 706 美元下降至 1999 年的 1 086 567 378 美元，从 2008 年的 5 161 336 170 美元下降至 2009 年的 4 979 481 980 美元；GDP 增长率则从 1998 年的 5.30%跌至 1999 年的 3.70%，从 2008 年的 7.90%跌至 2009 年的 3.80%。

二、人力资本基础情况分析

图 29-3 反映了塔吉克斯坦总人口变化情况。图 29-4 反映了塔吉克斯坦城镇和农村人口变化情况。

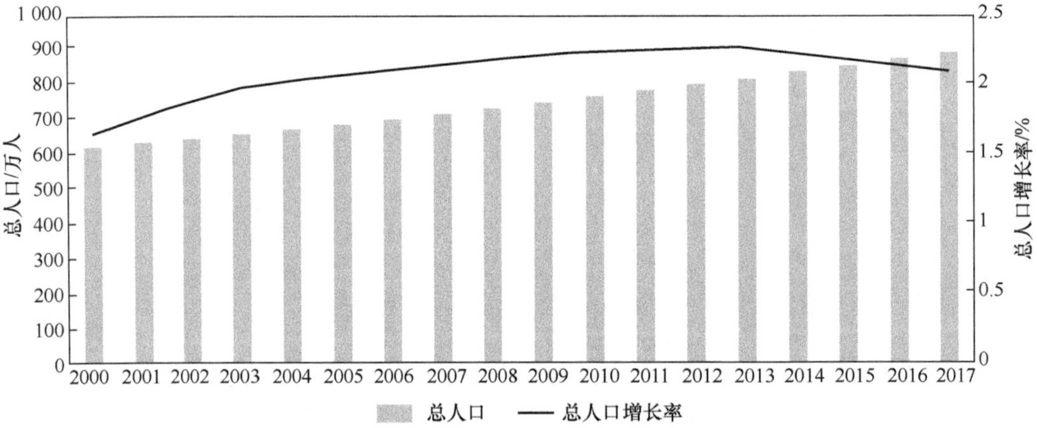

图 29-3 塔吉克斯坦总人口变化情况

从整体上看，在统计期内，塔吉克斯坦总人口不断上升；总人口增长率先上升再缓慢下降；城镇人口占比及其增长率缓慢上升；农村人口占比缓慢下降；农村人口增长率先上升再下降后回升。

塔吉克斯坦总人口 2000—2017 年从 6 216 205 人上升至 8 921 343 人；总人口增长率

2000—2012 年从 1.64%上升至 2.27%，之后下降至 2017 年的 2.11%；城镇人口占比 2000—2017 年从 26.50%缓慢上升至 26.98%；城镇人口增长率从 0.67%上升至 2.60%；农村人口占比相应缓慢地下降；农村人口增长率 2001—2011 年从 1.77%上升至 2.25%，之后逐渐下降至 2017 年的 1.93%。

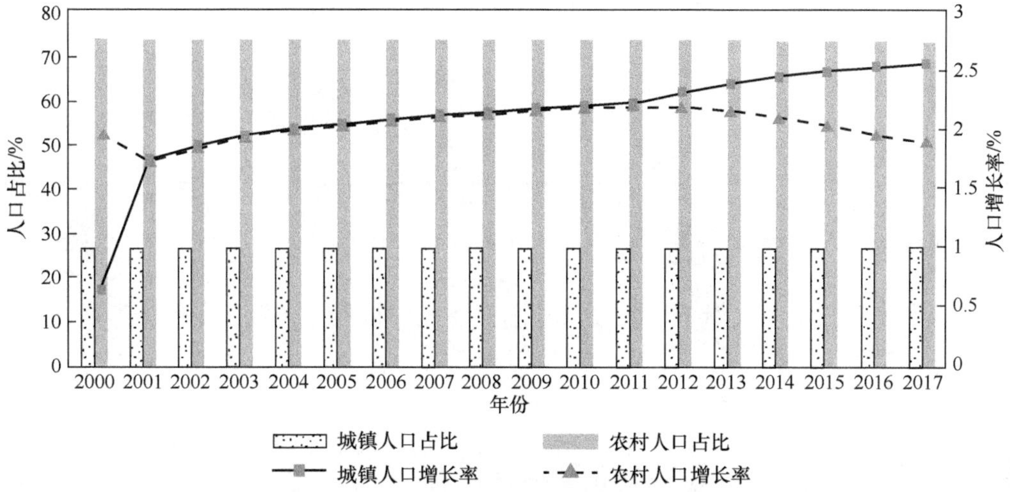

图 29-4　塔吉克斯坦城镇和农村人口变化情况

表 29-2 反映了塔吉克斯坦劳动力情况。从整体来看，在统计期内，塔吉克斯坦劳动力总量、劳动力占比和 15～64 岁劳动参与率逐渐上升；15～24 岁劳动参与率先下降后上升。

塔吉克斯坦劳动力总量从 1996 年的 1 895 197 人上升至 2017 年的 3 423 230 人；劳动力占比从 1996 年的 32.39%上升至 38.37%；15～64 岁劳动参与率从 1996 年的 61.09%缓慢上升至 2017 年的 62.07%；15～24 岁劳动参与率 1996—2004 年从 41.94%下降至 41.23%，之后上升，2017 年上升至 46.71%。

表 29-2　塔吉克斯坦劳动力情况

年份	劳动力总量/人	劳动力占比/%	15～64 岁劳动参与率/%	15～24 岁劳动参与率/%
1996	1 895 197	32.39	61.09	41.94
1997	1 934 380	32.59	61.14	41.80
1998	1 976 235	32.81	61.16	41.63
1999	2 024 243	33.10	61.15	41.46
2000	2 080 372	33.46	61.11	41.34
2001	2 146 222	33.92	61.14	41.32
2002	2 221 837	34.45	61.15	41.32
2003	2 304 741	35.04	61.15	41.36
2004	2 390 289	35.60	61.16	41.23
2005	2 475 421	36.11	61.24	41.82
2006	2 563 835	36.62	61.33	42.46
2007	2 648 180	37.02	61.43	43.22
2008	2 730 312	37.35	61.54	44.00
2009	2 815 264	37.67	61.64	44.44

（续表）

年份	劳动力总量/人	劳动力占比/%	15～64 岁劳动参与率/%	15～24 岁劳动参与率/%
2010	2 901 298	37.96	61.71	44.95
2011	2 976 939	38.08	61.76	45.40
2012	3 055 553	38.21	61.78	45.70
2013	3 134 289	38.32	61.77	45.88
2014	3 210 329	38.38	61.78	46.01
2015	3 282 832	38.40	61.83	46.17
2016	3 351 954	38.37	61.91	46.40
2017	3 423 230	38.37	62.07	46.71

三、研发投入与产出情况分析

图 29-5 反映的是塔吉克斯坦研发投入与产出情况。从整体来看，在统计期内，塔吉克斯坦居民专利申请数量逐渐降低；研发投入占 GDP 的百分比先下降再上升，然后再次下降后缓慢回升。其中，研发投入占 GDP 的百分比 2001—2004 年从 0.089 53 下降至 0.066 97，之后回升至 2006 年的 0.107 32，再下降至 2007 年的 0.067 78，之后逐渐上升至 2013 年的 0.117 7；居民专利申请数量持续下降，从 2001 年的 83 个骤减至 2013 年的 2 个。

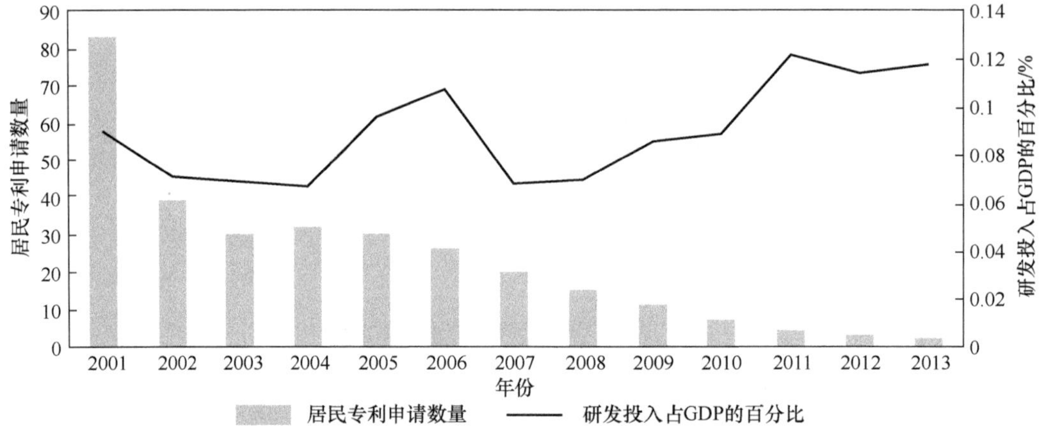

图 29-5 塔吉克斯坦研发投入与产出情况

四、国际贸易情况分析

图 29-6 反映的是塔吉克斯坦国际贸易情况。整体而言，2000—2017 年，塔吉克斯坦贸易额占 GDP 的百分比逐渐下降，货物和服务贸易差额占 GDP 的百分比先下降再回升，货物和服务进口贸易额占 GDP 的百分比先下降再增加然后下降。其中，塔吉克斯坦对外贸易额占 GDP 的百分比 2000—2017 年从 199.68%下降至 56.60%；货物和服务进口贸易额占 GDP 的百分比从 99.91%下降至 52.80%，之后 2008 年上升至 71.75%，然后逐渐缓慢下降，2017 年为 40.89%；货物和服务贸易差额占 GDP 的百分比 2000—2008 年从−2.15%下降至−44.99%，之后逐渐上升，2017 年上升至−25.18%。

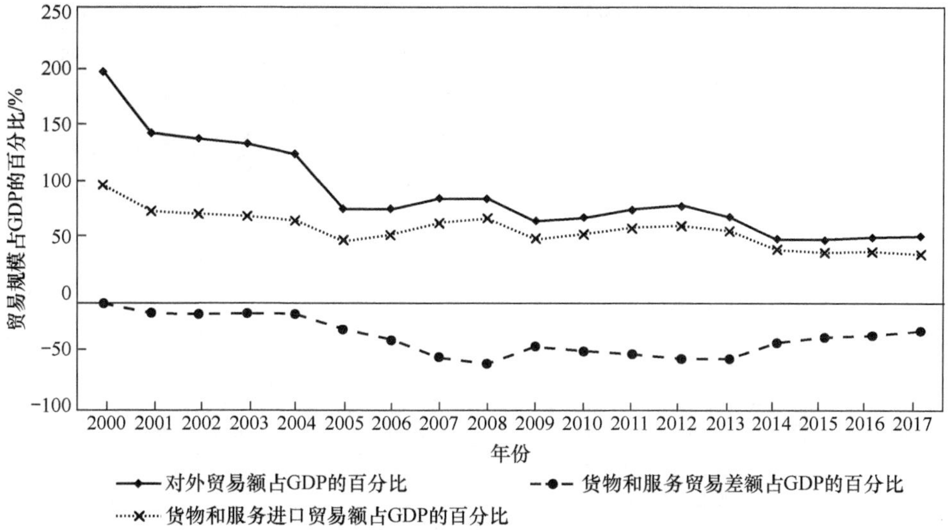

图 29-6　塔吉克斯坦国际贸易情况

五、制度环境情况分析

塔吉克斯坦制度环境评估如表 29-3 所示。不同国家制度环境对比如图 29-7 所示。

表 29-3　塔吉克斯坦制度环境评估

年份	法律制度指数	腐败监管指数	政治稳定指数	民主自由权利指数	政府效能指数
2002	−1.11	−1.17	−0.98	−1.11	−1.23
2003	−1.15	−1.14	−1.10	−1.15	−1.11
2004	−1.22	−1.29	−1.31	−1.22	−0.97
2005	−1.27	−1.17	−1.39	−1.27	−1.15
2006	−1.35	−1.03	−1.39	−1.35	−1.06
2007	−1.29	−1.04	−0.75	−1.29	−1.11
2008	−1.36	−1.18	−0.83	−1.36	−1.07
2009	−1.33	−1.21	−1.03	−1.33	−1.11
2010	−1.43	−1.29	−1.03	−1.43	−0.92
2011	−1.38	−1.22	−1.02	−1.38	−0.95
2012	−1.42	−1.28	−1.24	−1.42	−0.93
2013	−1.50	−1.28	−1.18	−1.50	−1.06
2014	−1.50	−1.13	−0.69	−1.50	−0.78
2015	−1.57	−1.13	−0.88	−1.57	−0.85
2016	−1.67	−1.07	−0.79	−1.67	−1.02

数据来源：世界银行数据库。

（1）整体而言，高等收入国家在法律制度、腐败监管、政治稳定、民主自由权利、政府效能等方面均远远优于其他国家。塔吉克斯坦在制度环境方面与中等收入国家相比，仍存在较大差距。塔吉克斯坦的法律制度指数和民主自由指数与中等收入国家的平均值相差最大。2014 年塔吉克斯坦的法律制度指数和民主自由权利指数均为−1.50，而中等收入国家的平均值分别是−0.17 和−0.04。

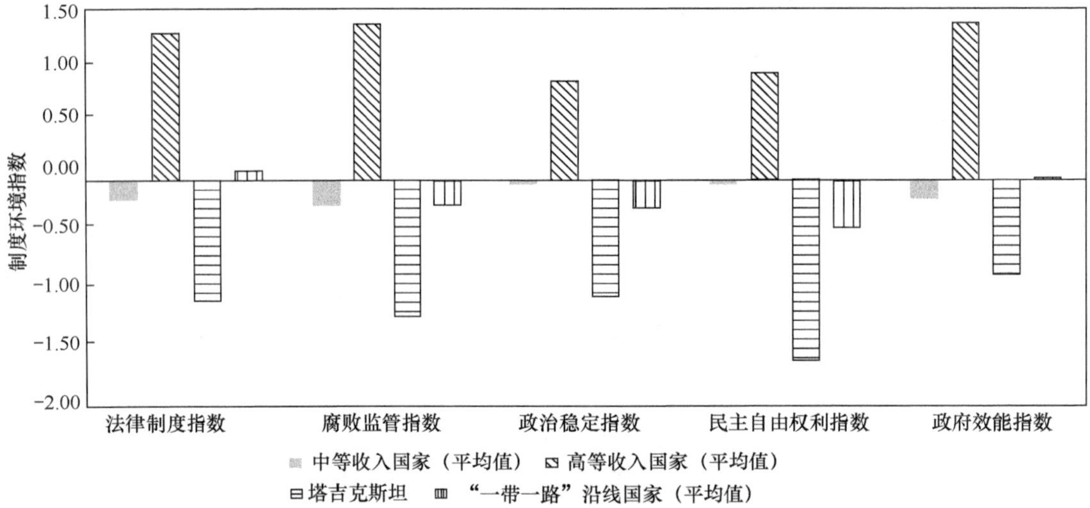

图 29-7 不同国家制度环境对比

（2）在统计期内，塔吉克斯坦法律制度指数不断下降；腐败监管指数先上升后下降，之后继续下降，然后回升；政治稳定指数先下降后上升；民主自由权利指数先下降后上升；政府效能指数先上升后下降。

（3）法律制度指数 2002—2016 年由−1.11 下降至−1.67；腐败监管指数 2002—2006 年从−1.17 上升至−1.03，2006—2012 年下降，2013 年为−1.28，之后 2016 年回升至−1.07；民主自由权利指数 2002—2010 年不断下降，从−1.11 下降至−1.43，之后回升，2016 年为−1.67；政府效能指数 2002—2012 年从−1.23 上升至−0.93，然后在 2016 年下降为−1.02；政治稳定指数 2003—2005 年从−0.98 下降至−1.39，2007—2016 年在波动中上升，2016 年为−0.79。

六、税收负担情况分析

图 29-8 反映的是塔吉克斯坦税收占比变化情况。整体而言，塔吉克斯坦总税收占比先上升再下降；利润税税收占比除少数年份之外一直保持稳定。其中，总税收占比 2005—2012 年从 79.9%逐渐上升至 84.5%，之后下降，2017 年为 65.2%；利润税税收占比 2011—2013 年为 0，其他年份为 17.7%。

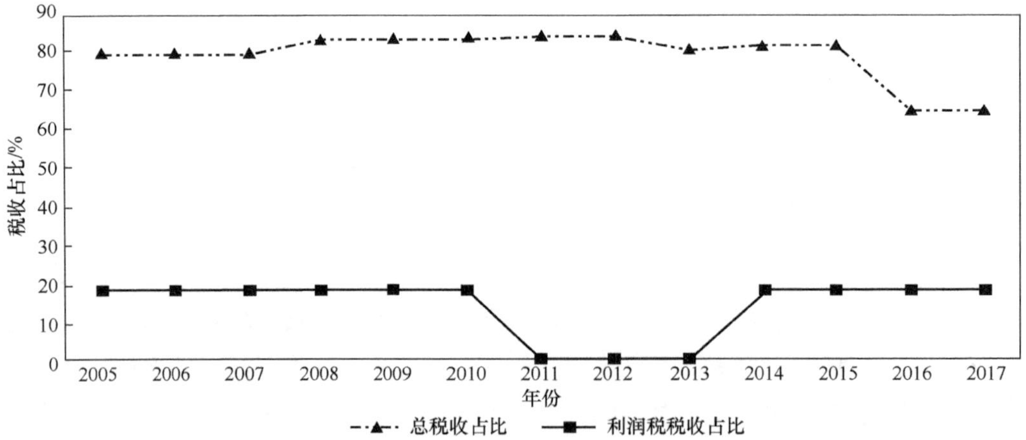

图 29-8 塔吉克斯坦税收占比变化情况

第三节　产业结构情况分析

一、三次产业结构分析

图 29-9、图 29-10 所示分别为塔吉克斯坦产业结构和劳动力就业结构变化情况。

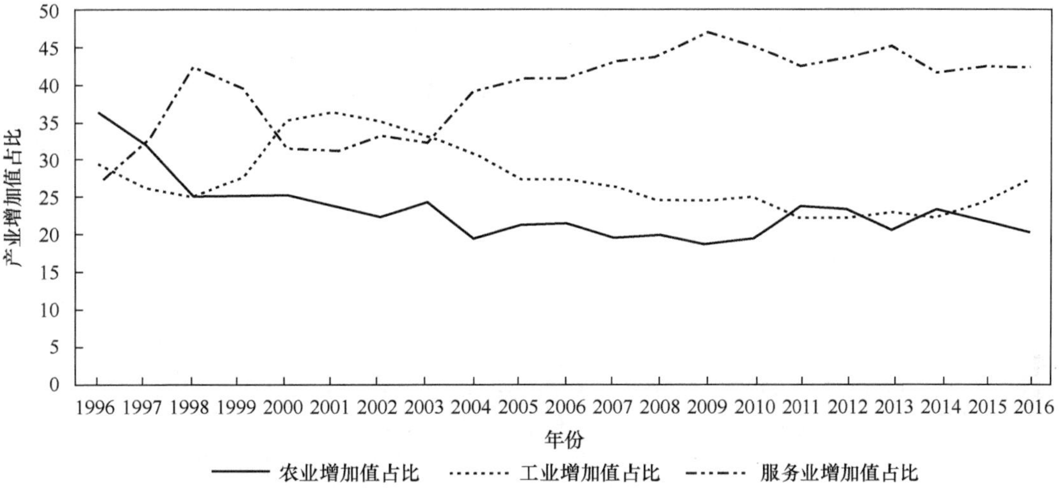

图 29-9　塔吉克斯坦产业结构变化情况

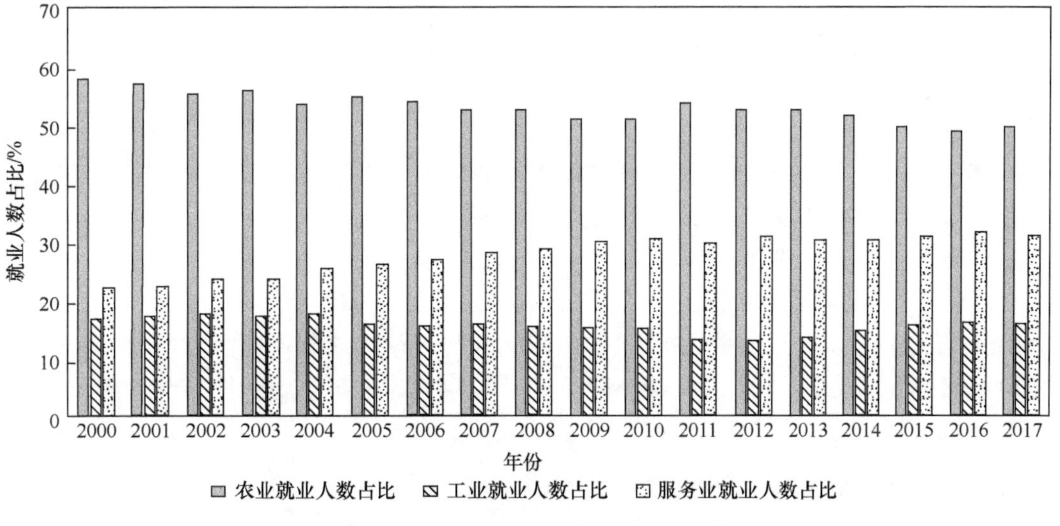

图 29-10　塔吉克斯坦劳动力就业结构变化情况

（1）整体而言，塔吉克斯坦农业增加值占比逐渐下降之后保持稳定；工业增加值占比先下降再上升，然后缓慢下降；服务业增加值占比先升后降之后有所回升；农业就业人数占比先下降后上升再下降；工业就业人数占比先升再降后回升；服务业就业人数占比持续增加。

（2）塔吉克斯坦农业增加值占比 1996—2009 年从 36.03%下降至 18.55%，之后一直保持水平波动，2016 年为 20.37%；工业增加值占比 1996—2001 年从 29.17 增加至 36.18%，2012

年又下降至22.04%，然后回升，2016年为27.24%；服务业增加值占比1996—1998年从27.22%上升至42.35%，2001年下降到31.17%，然后回升，2016年为42.25%。服务业就业人数占比2000—2017年（除少数年份之外）从20.87%不断上升至31.99%；农业就业人数占比2000—2010年从55.19%下降至53.16%，2013年上升至54.06%，2017年下降至51.62%；工业就业人数占比2000—2002年从17.94%上升至18.13%，之后下降为2011年的13.31%，然后又上升，2016年为16.38%。

二、工业、制造业规模变化分析

图29-11反映的是塔吉克斯坦工业、制造业规模变化情况。

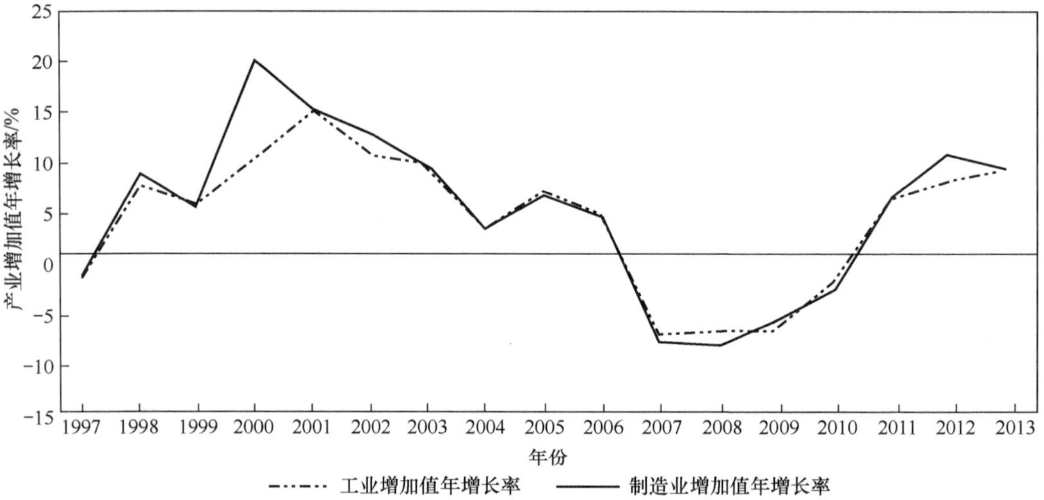

图29-11 塔吉克斯坦工业、制造业规模变化情况

（1）整体而言，在统计期内，塔吉克斯坦工业增加值年增长率和制造业增加值年增长率波动情况类似，均呈现为先上升减少再回升的趋势。

（2）塔吉克斯坦工业增加值年增长率1997—2001年从−1.85%上升至14.69%，2001—2007年持续下降至−8.57%，然后回升，2013年为8.82%；制造业增加值年增长率1997—2000年从−2.00%上升至19.61%，之后下降，2007年为−7.67%，2007—2013年不断上升，2013年为8.92%。

（3）在1998年经济危机的不利影响下，塔吉克斯坦工业、制造业增加值年增长率分别从1998年的7.27%和8.20%下降至1999年的5.40%和5.00%。

三、服务业规模变化分析

图29-12反映的是塔吉克斯坦服务业规模变化情况。

（1）整体而言，塔吉克斯坦服务业增加值占比先上升后下降再上升；服务业增加值年增长率先上升再下降。

（2）塔吉克斯坦服务业增加值占比1996—1998年从27.22%上升至42.35%，之后下降，2001年为31.17%，2012年又上升至43.52%；服务业增加值年增长率1996—2007年从−15.90%上升至23.58%，之后下降，2012年为5.83%。

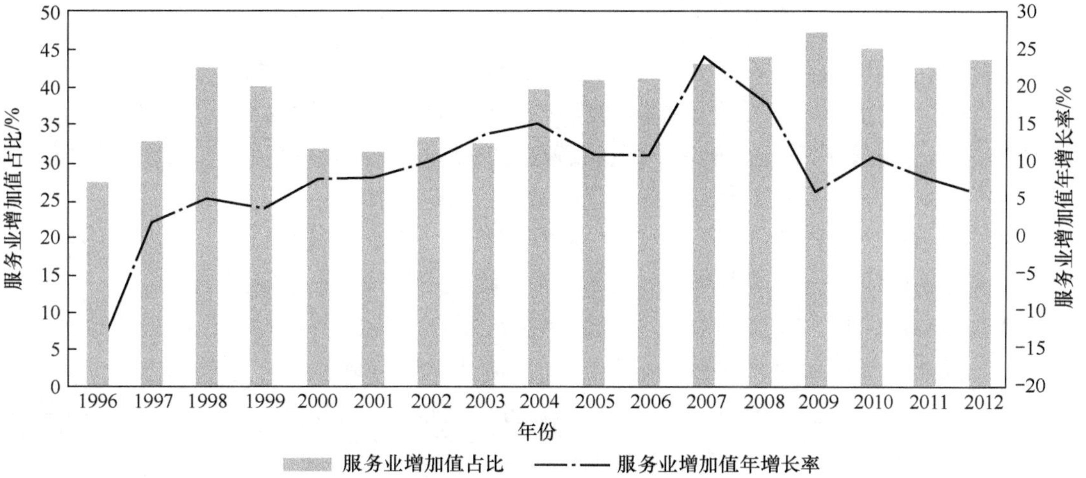

图 29-12　塔吉克斯坦服务业规模变化情况

第四节　产业政策分析

近年来，塔吉克斯坦政治局势相对稳定，经济社会领域各项建设逐步展开，民众富裕程度不断提高，消费市场日渐繁荣，为拓展经济合作空间创造了有利条件。塔吉克斯坦 2006 年议会选举后，拉赫蒙总统领导的人民民主党占据议会的绝大多数议席；各项政治议题能够经过议会顺利通过；国家法律制度获得进一步完善；政治形势从总体上继续保持较为稳定的态势。2013 年 11 月 6 日，塔吉克斯坦举行七年一次的总统大选，现任总统拉赫蒙获选连任。政治局势平稳状态保证了塔吉克斯坦对外经济合作的稳定性和连续性。塔吉克斯坦的现状有利于中国公司参与其经济建设。在苏联时期，塔吉克斯坦社会经济发展就相对落后。苏联解体后，塔吉克斯坦走上独立发展道路，但国民经济遭内战严重破坏，社会经济状况出现严重倒退。近年来，塔吉克斯坦政府在国际社会帮助下，致力于恢复和发展落后的经济状况。2014 年，塔吉克斯坦人均 GDP 仅为 1 100 美元左右，按照联合国制定的标准，仍有 35.6%的人口处于贫困线以下，月平均工资只有 164 美元左右。为发展经济，塔吉克斯坦奉行开放的对外经济政策，积极寻求国际社会援助，开展对外经济合作，努力改善投资环境。塔吉克斯坦社会经济发展现状为中资企业进入塔吉克斯坦市场参与其经济建设提供了条件。在对外贸易方面，2013 年 3 月 2 日塔吉克斯坦正式成为世界贸易组织（WTO）成员国。目前，塔吉克斯坦正在寻求加入“俄—白—哈关税同盟”。

第五节　产业结构与产业政策分析基本结论

通过对塔吉克斯坦的基本情况、经济发展情况、产业结构情况、产业政策几个方面的分析，初步得出以下结论。

（1）整体而言，塔吉克斯坦经济发展水平低，对外依存度高，而劳务经济是其经济增长的主要支撑。2012 年塔吉克斯坦劳务外汇收入占 GDP 的 48%。同时，塔吉克斯坦工业发展滞后，工业产值占 GDP 的百分比低；城市化水平低，农业就业人口占比高。与国际比较，塔吉克斯坦尚处于工业化起步阶段。

（2）塔吉克斯坦石油及天然气资源、土地资源对经济增长的支撑能力弱，而水资源、环境、矿产物质资源对经济增长的支撑能力相对较强。从地理位置来看，塔吉克斯坦是个山地国家，93%的领土被高山环绕，且约50%的领土平均海拔在3 000米以上。塔吉克斯坦地理构造使各行政区形成相对独立的经济板块，从而很大程度上阻碍各行政区域相互之间经济联系往来，使国内市场成碎片化状态；加之本国贫困率高，居民消费水平低，国内市场狭小，工业生产领域无法形成规模化经营。另外，塔吉克斯坦是一个离最近出海港3 000千米的内陆国家，距离世界市场较远。塔吉克斯坦出境商品往往要过境他国，导致其商品运输成本过高。另外，塔吉克斯坦本国经营环境欠佳。塔吉克斯坦基础设施薄弱，特别是电力始终得不到有效供给，以致私人投资和外来投资占GDP的百分比（仅为5%左右）较低，并且绝大部分外来投资流入能源矿产领域。塔吉克斯坦服务业发展基本上停留在传统阶段，现代服务业，如金融保险业、现代物流业、电子商务业等还没有发展起来。以金融业为例，塔吉克斯坦金融体系发展滞后，不能有力地促进经济增长。塔吉克斯坦保险业发展相当落后，其规模非常小，其资产仅占GDP的0.43%，基本上对经济发展作用不大。

（3）塔吉克斯坦经济发展处于弱可持续性状态。经济、资源环境协调（发展）度测算结果显示，塔吉克斯坦经济发展与资源环境的协调度较高，表明目前其经济发展对资源环境的影响、损耗程度还较低，处于经济与资源环境低水平协调发展的状态，对资源环境的利用效率也低。

鉴于以上分析，塔吉克斯坦应推动工业结构调整升级，积极发展现代农业与服务业、民营经济、边境走廊，加快人力资本积累，积极参加“一带一路”建设，从而实现塔吉克斯坦经济可持续发展。同时，为了摆脱或缓解资源环境对经济发展的约束，塔吉克斯坦应注重发展循环经济，不仅可以保障可持续发展对策的实施，还可以提高经济发展对资源环境的利用率，减少对自然资源的开发。

第三十章　泰国产业结构与产业政策分析

第一节　基本情况

泰王国，简称泰国，是一个位于东南亚的君主立宪制国家。泰国位于亚洲中南半岛中南部，与柬埔寨、老挝、缅甸、马来西亚接壤，东南临泰国湾（太平洋），西南濒安达曼海（印度洋），西和西北与缅甸接壤，东北与老挝交界，东南与柬埔寨为邻，疆域沿克拉地峡向南延伸至马来半岛，与马来西亚相接，其狭窄部分居印度洋与太平洋之间。

泰国国土面积约为 51.3 万平方千米，总人口约为 6 880 万人。泰国首都是曼谷，人口约为 800 万人。泰国共有 30 多个民族。其中，泰族为主要民族，泰族人口占总人口的 40%；其余为佬族、华族、马来族、高棉族，以及苗、瑶、桂、汶、克伦、掸、塞芒、沙盖等山地民族。泰语为泰国国语。泰国 90%以上的居民信仰佛教，马来族信奉伊斯兰教，还有少数居民信仰基督教、天主教、印度教和锡克教。

2017 年，泰国 GDP 为 4 553.03 亿美元；GDP 增长率为 3.91%；泰国货币为泰铢；通货膨胀率为 0.66%；失业率为 1.3%。泰国是一个新兴经济体，被认为是一个新兴工业化国家。泰国是东南亚第二大经济体，仅次于印度尼西亚，但其 2012 年人均 GDP 只有 5 859.89 美元，在东南亚国家中居中游位置，排在新加坡、文莱和马来西亚之后。截至 2013 年 3 月 29 日，泰国国际储备总值为 1 712 亿美元，在东南亚国家中居第 2 位，仅次于新加坡。泰国对外贸易量也在东南亚国家中居第 2 位，仅次于新加坡。工业和服务业是泰国的两个主要行业。工业产值占 GDP 的 39.2%，农业产值占 GDP 的 8.4%，贸易业产值占 GDP 的 13.4%，物流科技及通信业产值占 GDP 的 9.8%，建筑及采矿业产值占 GDP 的 4.3%，其他服务业包括金融、教育、酒店及餐厅等行业产值占 GDP 的 24.9%。泰国电信和新型服务贸易业是工业扩张和经济竞争力的焦点。泰国实行自由经济政策，属外向型经济，较依赖美国、日本、欧洲等外部市场。20 世纪 80 年代，泰国制造业尤其是电子工业发展迅速，经济持续高速增长。1996 年，泰国被列为中等收入国家。泰国经济 1997 年亚洲金融危机后陷入衰退，1999 年开始复苏。2003 年 7 月，泰国提前两年还清金融危机期间国际货币基金组织提供的 172 亿美元贷款。

在自然资源方面，泰国矿产分为 3 类：燃料、金属和非金属。泰国燃料矿产有天然气、石油、煤炭和油页岩。其中，天然气的最大储量约为 5 465 亿立方米；石油（包括天然气冷凝液）的最大储量约为 1.64 亿吨；煤炭主要是褐煤和烟煤，总储量为 15 亿吨左右，而被证实的储量约为 8.6 亿吨。泰国金属矿产有锡、钨、锑、铅、锰、铁、锌、铜、钼、镍、铬、铀、钍等，其中锡是泰国最重要的矿产，储量约为 150 万吨，居世界之首。泰国非金属矿产有萤石、重晶石、石膏、岩盐、杂盐（光卤石）、磷酸盐、高岑土、石墨、石棉、石灰岩和大理石等。泰国是世界萤石的重要产地。泰国萤石储量约为 1 150 万吨；重晶石储量约为 3 553 万吨。泰国森林总面积为 144 000 平方千米，覆盖率为 25%。

在外交方面，泰国对外关系奉行独立、自主的外交政策。泰国重视周边外交，积极发展睦邻友好关系，维持大国平衡。泰国重视区域合作，2012—2015 年担任中国—东盟关系协调国，积极推进东盟一体化和中国—东盟自贸区建设，支持东盟与中国、日本、韩国合作。泰国重视经济外交，推动贸易自由化，积极参与大湄公河次区域经济合作。泰国发起并推动亚洲合作对话机制，2016 年主办亚洲合作对话第二次领导人会议。泰国 2018 年 6 月主办“伊洛瓦底江—湄南河—湄公河三河流域经济合作战略”（ACMECS）第八届峰会。泰国积极参加亚太经济合作组织、亚欧会议、世界贸易组织、东盟地区论坛和博鳌亚洲论坛等国际组织活动。泰国积极发展与伊斯兰国家的关系。泰国谋求在国际维和、气候变化、粮食安全、能源安全及禁毒合作等地区和国际事务中发挥积极作用。

第二节　经济发展情况分析

一、经济规模情况分析

泰国经济规模一直处于增长状态。泰国 GDP 情况如表 30-1 所示。图 30-1 则反映了泰国 GDP 及其增长率变化情况。从图 30-1 中可以看出，泰国 GDP 1996—1998 年出现较大幅度下滑，1998 年开始逐渐回升，2016 年保持较高速度的增长。1997 年泰铢贬值引发的金融危机沉重地打击了泰国的经济发展。1997 年亚洲金融危机使泰国 GDP 处于负增长状态，GDP 增长率 1998 年跌至−7.634%。

表 30-1　泰国 GDP 情况

年份	GDP/亿美元	GDP 增长率/%	人均 GDP/美元	人均 GDP 增长率/%
2009	2 817.10	−0.69	4 212.05	−1.19
2010	3 411.05	7.51	5 075.30	6.99
2011	3 708.19	0.84	5 491.16	0.36
2012	3 975.58	7.24	5 859.89	6.75
2013	4 203.33	2.69	6 168.39	2.24
2014	4 073.39	0.98	5 953.79	0.58
2015	4 013.99	3.02	5 846.39	2.66
2016	4 117.55	3.28	5 979.29	2.97
2017	4 553.03	3.91	6 595.00	3.65
2009—2017（平均值）	3 874.80	3.20	5 686.81	2.78

数据来源：世界银行数据库。

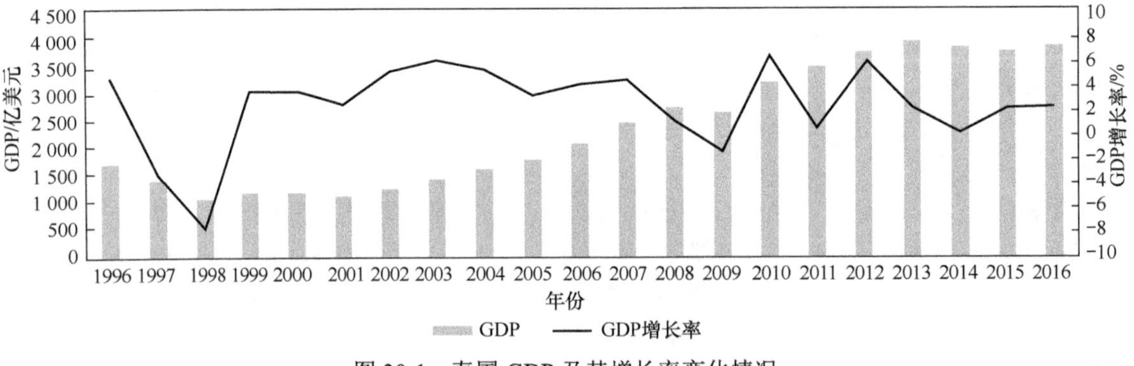

图 30-1　泰国 GDP 及其增长率变化情况

图 30-2 反映了泰国人均 GDP 变化情况。从图 30-2 中可以看出，泰国人均 GDP 在 1997—1998 年金融危机后出现大幅度下滑，1998 年之后开始回升，2013 年处于高速增长阶段，之后又缓慢下滑，但总体水平较高。

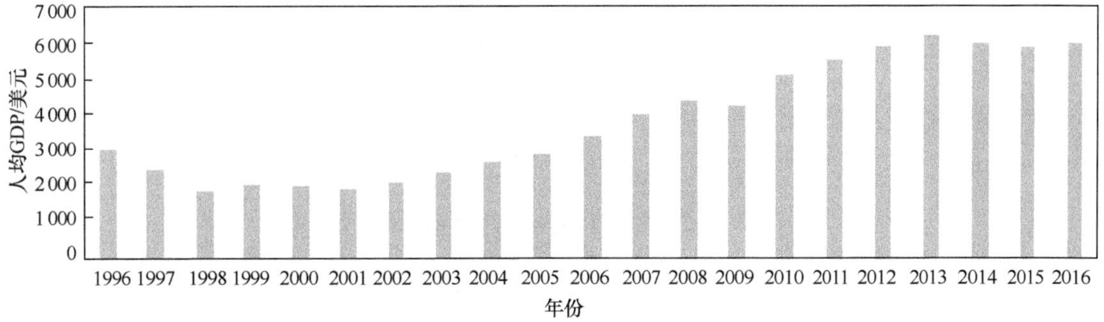

图 30-2　泰国人均 GDP 变化情况

二、人力资本基础情况分析

从图 30-3 中可以看出，泰国总人口在经历缓慢增长阶段后逐渐趋于稳定；总人口增长率一直趋于下降。2017 年，泰国总人口为 69 037 513 人，总人口增长率趋于 0.2%。

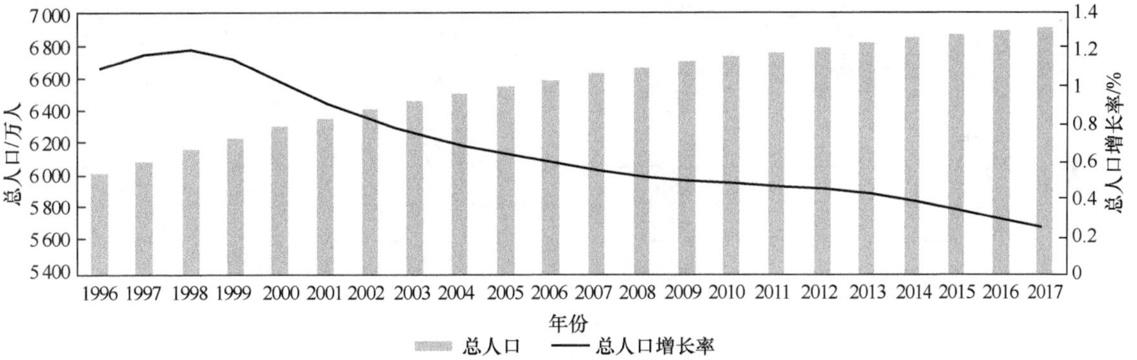

图 30-3　泰国总人口变化情况

从图 30-4 中可以看出，泰国城镇人口占比不断上升，从 1996 年的 30.45%一直上升到 2017 年的 49.2%；农村人口占比不断下降，从 1996 年的 69.55%一直下降到 2017 年的 50.8%；城镇人口增长率从 2001 年开始逐渐下降，2017 年为 1.8%；农村人口增长率从 2001 年开始变为负值，之后在−1.5%左右波动。

从表 30-2 中可以看出，泰国劳动力总量 1996—2012 年不断上升，2012 年达到最高点（4 009.99 万人），之后开始缓慢下降，2017 年为 3 913.64 万人；15～64 岁劳动参与率 1996—2017 年比较稳定，在 75%～80%范围内逐渐下降；15～24 岁劳动参与率 1996—2017 年逐渐下降。

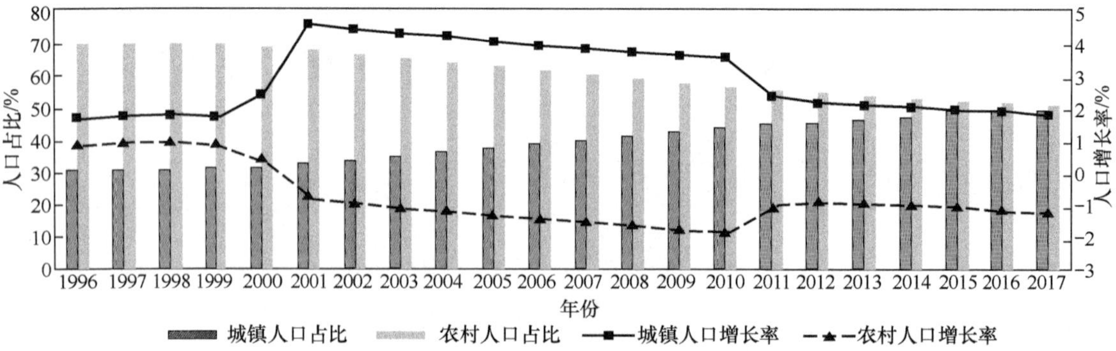

图 30-4 泰国城镇和农村人口变化情况

表 30-2 泰国劳动力情况

年份	劳动力总量/万人	劳动力占比/%	15～64 岁劳动参与率/%	15～24 岁劳动参与率/%
1996	3 316.38	55.13	78.76	60.71
1997	3 386.13	55.63	78.90	59.22
1998	3 420.09	55.52	78.17	56.64
1999	3 440.24	55.21	77.20	53.13
2000	3 514.22	55.82	77.60	52.97
2001	3 585.76	56.43	77.98	53.79
2002	3 631.65	56.68	77.89	52.42
2003	3 674.62	56.92	77.84	51.14
2004	3 728.39	57.36	78.08	52.03
2005	3 778.15	57.75	78.25	51.76
2006	3 795.07	57.65	77.77	48.99
2007	3 854.17	58.22	78.25	49.60
2008	3 893.54	58.51	78.35	49.00
2009	3 918.81	58.59	78.19	48.63
2010	3 930.35	58.48	77.92	47.37
2011	4 005.70	59.32	79.06	47.35
2012	4 009.99	59.11	78.66	46.67
2013	3 955.02	58.04	77.25	44.62
2014	3 948.37	57.71	76.78	43.20
2015	3 888.92	56.64	75.53	41.55
2016	3 899.63	56.63	75.43	41.51
2017	3 913.64	56.69	75.47	41.61

数据来源：世界银行数据库。

三、交通情况分析

表 30-3 反映了泰国交通运输情况。泰国铁路货物周转量 2005 年之前逐年上升，2008 年之后开始出现下降的趋势；航空货物周转量一直呈缓慢增长的趋势，并在 2011 年开始超过铁路货物周转量；货柜码头吞吐量逐年增加。

表 30-3 泰国交通运输情况

年份	航空货物周转量/（亿吨·千米）	货柜码头吞吐量/TEU	铁路货物周转量/（亿吨·千米）
2000	17.129	3 178 779.0	33.840
2001	16.692	3 387 071.0	37.240
2002	18.236	3 799 090.0	39.077
2003	17.641	4 232 685.0	39.874
2004	18.686	4 847 000.0	40.850
2005	20.024	5 115 213.0	40.370
2006	21.069	5 574 490.0	—
2007	24.546	6 339 261.0	—
2008	22.890	6 726 237.0	31.610
2009	21.326	5 897 935.0	31.610
2010	29.387	7 553 154.0	31.610
2011	28.708	8 302 063.0	24.550
2012	27.584	8 413 800.0	24.550
2013	26.404	8 890 500.0	24.550
2014	25.246	9 420 450.0	24.550
2015	21.367	9 522 320.0	—
2016	21.601	9 940 320.0	—
2017	23.933	10 732 000.0	—

数据来源：世界银行数据库。

四、信息化情况分析

从图 30-5 中可以看出，泰国互联网覆盖率处于上升的趋势，2014 年达到 34.5%，说明泰国整体的信息化水平不断提高；固定宽带覆盖率从 2010 年的 4.9%上升到 2014 年的 8.5%，上升幅度不大，且整体趋于稳定；电话线路覆盖率在 7%左右波动，变化不大，但有下降的趋势，从 2010 年的 10.3%下降到 2014 年的 6.8%。

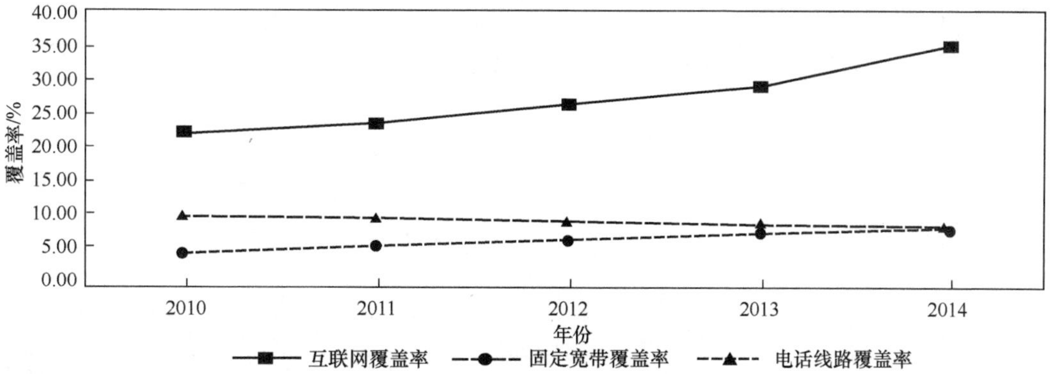

图 30-5 泰国信息化情况

五、研发投入与产出情况

从图 30-6 中可以看出，泰国居民专利申请数量 2013 年之前在波动中逐渐上升，2013 年达到最高点（1 572 个），2013 年之后下降到 1 000 个左右；研发投入占 GDP 的百分比，2000—2009 年没有很大改变，维持在 0.25%左右，之后开始大幅上升，2015 年维持在 0.63%左右。

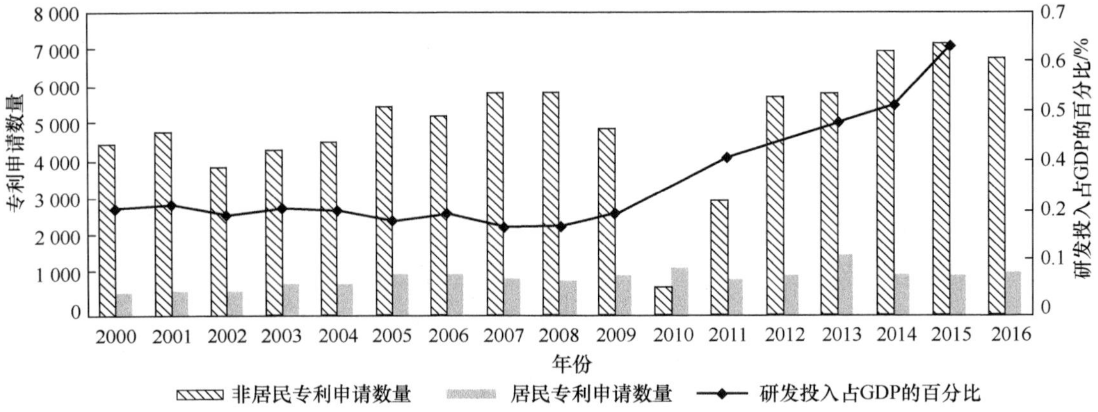

图 30-6 泰国研发投入与产出情况

六、制度环境情况分析

下面通过法律制度指数、腐败监管指数、政治稳定指数、民主自由权利指数、政府效能指数对泰国的制度环境进行分析。泰国制度环境评估如表 30-4 所示。从表 30-4 可以看出，2005—2006 年，泰国的法律制度指数、腐败监管指数、政治稳定指数、民主自由权利指数、政府效能指数均明显下降；之后，政府效能指数在波动中上升，其余指数在波动中均下降。可见，泰国在法律制度、政治稳定、腐败监管及民主自由权利方面有所退步。

表 30-4 泰国制度环境评估

年份	法律制度指数	腐败监管指数	政治稳定指数	民主自由权利指数	政府效能指数
2002	0.38	−0.31	0.51	0.32	0.31
2003	0.16	−0.17	−0.14	0.22	0.37
2004	0.11	−0.23	−0.72	0.13	0.32
2005	0.05	−0.19	−0.87	−0.10	0.40
2006	−0.06	−0.38	−1.13	−0.74	0.45
2007	−0.12	−0.37	−1.11	−0.56	0.36
2008	−0.14	−0.41	−1.27	−0.53	0.22
2009	−0.23	−0.31	−1.42	−0.46	0.27
2010	−0.20	−0.33	−1.44	−0.50	0.19
2011	−0.20	−0.32	−1.13	−0.41	0.21
2012	−0.15	−0.37	−1.22	−0.32	0.22
2013	−0.12	−0.34	−1.31	−0.43	0.25
2014	−0.19	−0.45	−0.91	−0.87	0.34
2015	−0.15	−0.49	−0.99	−0.97	0.35
2016	0.01	−0.40	−0.93	−1.10	0.34
2002—2016（平均值）	−0.06	−0.34	−0.94	−0.42	0.31

数据来源：世界银行数据库。

从图 30-7 中可以看出，高等收入国家在法律制度、腐败监管、政治稳定、民主自由权利、政府效能方面均远远优于其他国家。泰国在制度环境方面与高等收入国家仍存在较大差距。与“一带一路”沿线国家相比，泰国仅在法律制度和政府效能两个方面优于“一带一路”沿线国家，而在腐败监管、政治稳定和民主自由权利方面落后于“一带一路”沿线国家。其中，政治稳定指数与“一带一路”国家的平均值差距最大。可见，泰国的制度环境在“一带一路”沿线国家中居于上游水平。

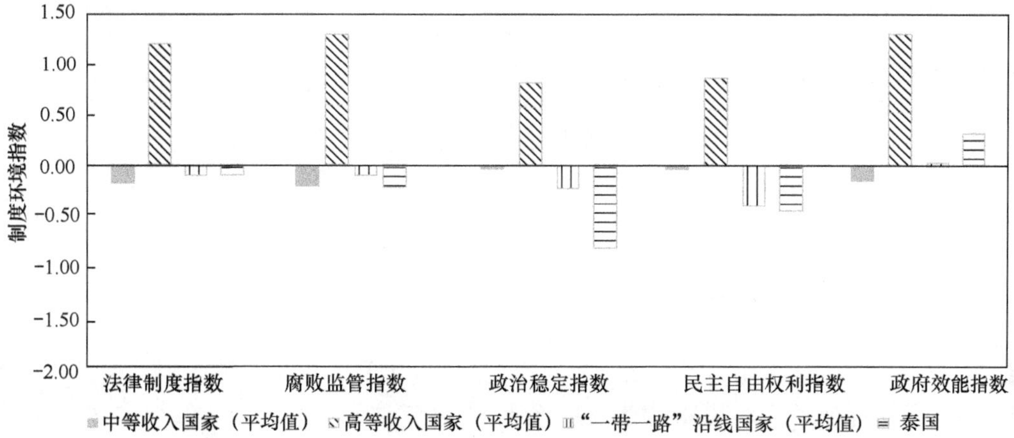

图 30-7 不同国家制度环境对比

七、税收负担情况分析

从图 30-8 可以看出，泰国总税收占 GDP 的百分比大致维持在 15%的水平，2000—2005 年缓慢上升到 16.1%，之后在 15%左右波动，2013 年达到最高点为 16.9%，2016 年为 15.5%。

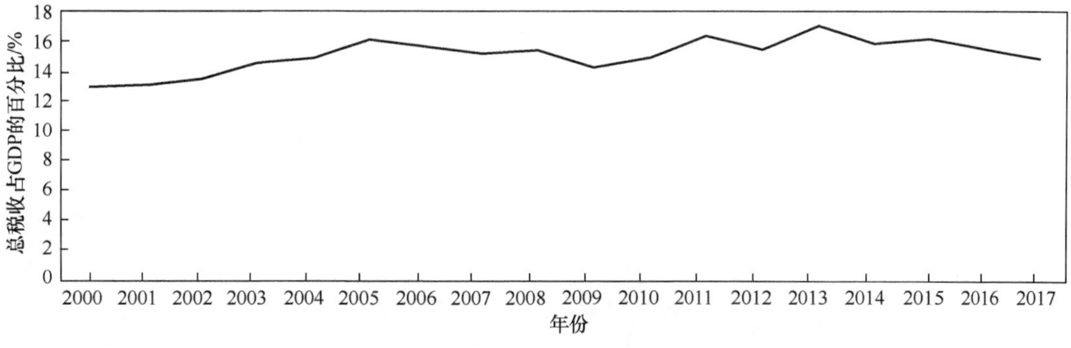

图 30-8 泰国总税收占 GDP 的百分比变化情况

从图 30-9 可以看出，泰国利润税（占商业利润的百分比）2012 年之前基本维持在 29%左右的水平，2012—2015 年呈现下降的趋势，2015 年达到最低点为 19.6%，之后缓慢上升，2016 年后趋于平稳，2017 年为 22.6%。

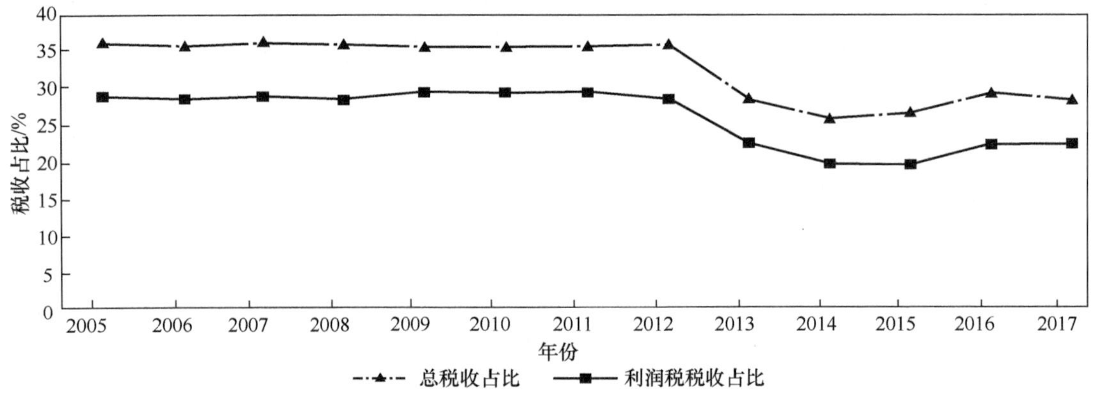

图 30-9　泰国税收占比变化情况

八、国际贸易情况分析

泰国对外贸易额占GDP的百分比2006年之前逐渐上升，2006—2012年在140%上下波动，2012 年之后开始逐渐下降，2016 年为 121.7%，2008 年达到最高点为 140.4%；货物和服务进口贸易额占 GDP 的百分比 2006—2016 年变化相对平稳，维持在 60%左右的水平，最高点和最低点分别为2008年的69%以及2016年的53.5%；货物和服务贸易差额占GDP的百分比2006年之前逐渐下降到-1.0%，2006—2009 年处于上下波动的状态，2009 年之后开始下降，2012 达到 1.1%，之后开始缓慢上升，2016 为 14.6%。

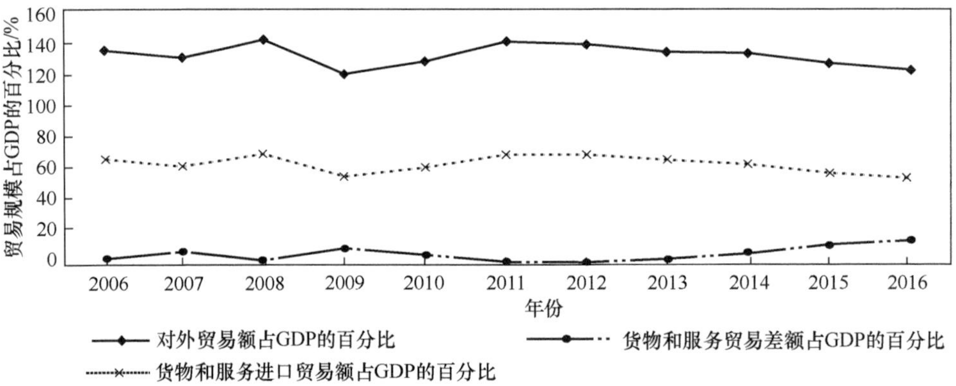

图 30-10　泰国国际贸易情况

九、外国直接投资情况分析

图 30-11 反映了泰国外国直接投资占 GDP 的百分比变化情况。泰国外国直接投资占 GDP 的百分比 1998—2000 年从 6.43%迅速下降至 2.67%。2000 年之后开始在 3.5%上下波动，2005 年开始持续下降到 2009 的 2.28%，之后在波动中下降，1998 年达到最高点为 6.43%，2011—2012 年出现最低点为 0.7%。

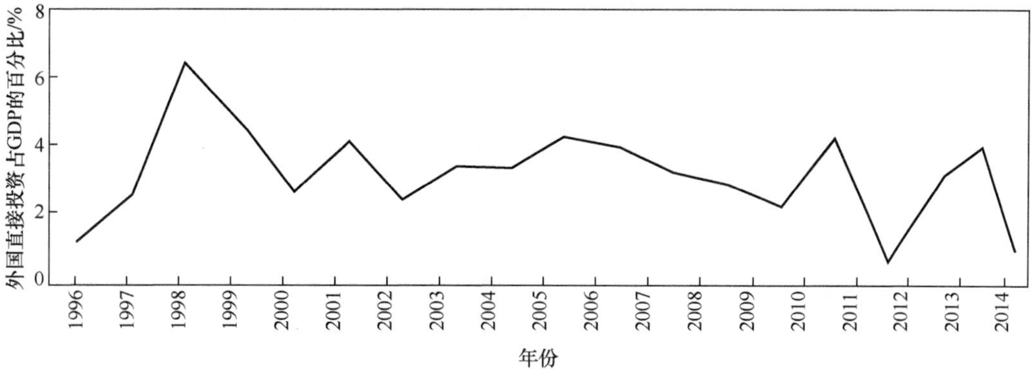

图 30-11　泰国外国直接投资占 GDP 的百分比变化情况

十、经济活力情况分析

从图 30-12 中可以看出，泰国新注册企业数量在波动中不断增加。泰国新注册企业数量 2009—2013 年迅速上涨，之后经历一个短暂的下降趋势后，又开始缓慢上升，2016 年为 48 907。泰国新注册企业密度也在波动中缓慢上升，2016 年为 1。

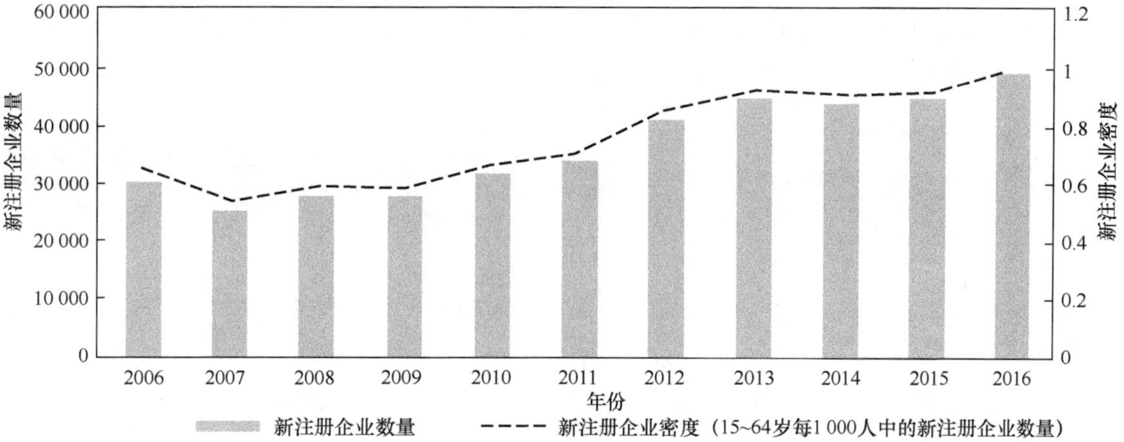

图 30-12　泰国新注册企业数量及密度注册变化情况

第三节　产业结构情况分析

一、三次产业结构分析

近年来，泰国服务业发展较快，服务业增加值占比不断提高，三次产业增加值占比不断优化。从图 30-13 中可以看出，泰国农业增加值占比较低，变化缓慢，2010—2013 年逐渐上升，2013 年达到最高点（27.41%），之后不断下降，2016 年下降到 8.5%，2017 年回升至 8.66%；工业增加值占比较高且不断下降，2017 年下降到 35.03%；服务业增加值占比始终最高且呈现不断上升的趋势，2011 年达到 50.30%。经统计，美国第三产业增加值占比约为 80%，而英国、法国、德国、日本增加值占比都在 60%～70%。因此，泰国的经济从第二产业转移到第三产业的发展趋势与发达国家经济发展历程类似，并且第三产业增加值占比与发达国家的更为接近。

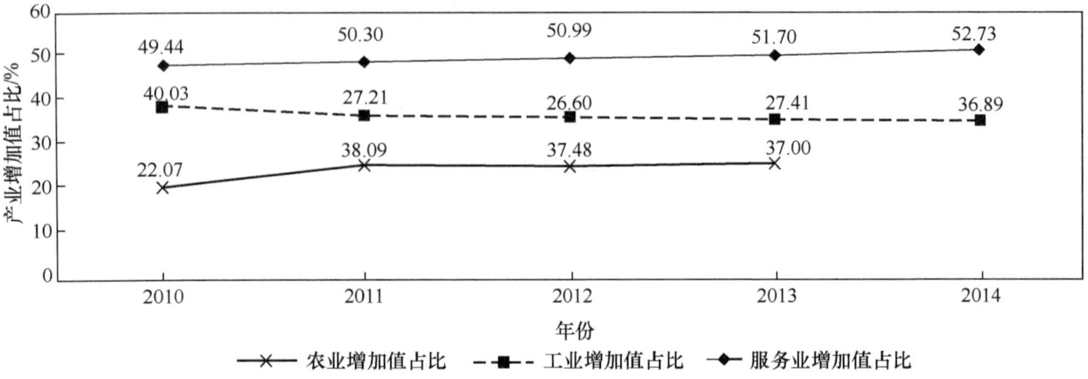

图 30-13 泰国产业结构变化情况

泰国劳动力就业结构变化情况如图 30-14 所示。其中，农业就业人数占比较高，2013 年在 40%左右波动，2014 年下降到 33.44%，之后一直在 33%左右波动；工业就业人数占比较低，2013 年维持在 20%左右，之后开始缓慢上升到 2015 年的 23.68%，2015 年后又呈下降的趋势；服务业就业人数占比较高，2010—2012 年逐渐下降，之后不断上升，2017 年达到 44.65%。

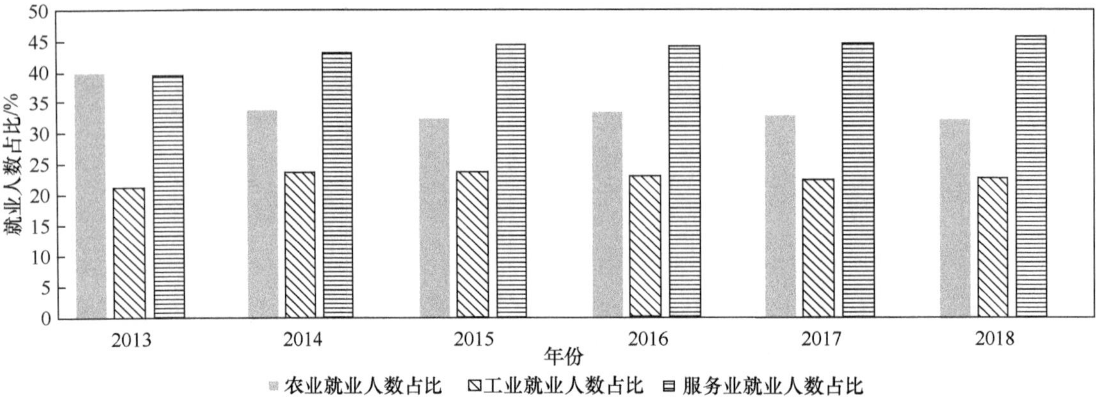

图 30-14 泰国劳动力就业结构变化情况

以上分析表明，泰国产业增加值占比、就业人数占比都呈现出第二产业向第三产业转移的趋势，这说明泰国产业结构逐步走向合理化。

二、工业、制造业规模变化分析

图 30-15 反映了泰国工业、制造业规模变化情况。总体而言，2006—2008 年，泰国工业、制造业发展较快。在金融危机的影响下，工业、制造业增加值 2009 年出现大幅下滑，并呈现负增长状态。2009—2013 年，工业、制造业增加值逐渐增长，但增长速度相对放缓；工业、制造业增加值年增长率大幅波动。2014 年，工业、制造业增加值趋于稳定。

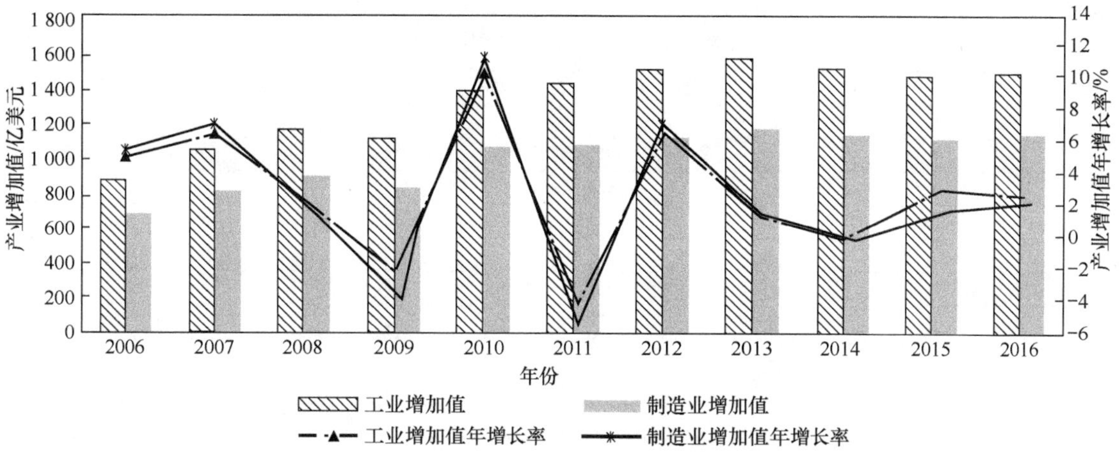

图 30-15　泰国工业、制造业规模变化情况

三、服务业规模变化分析

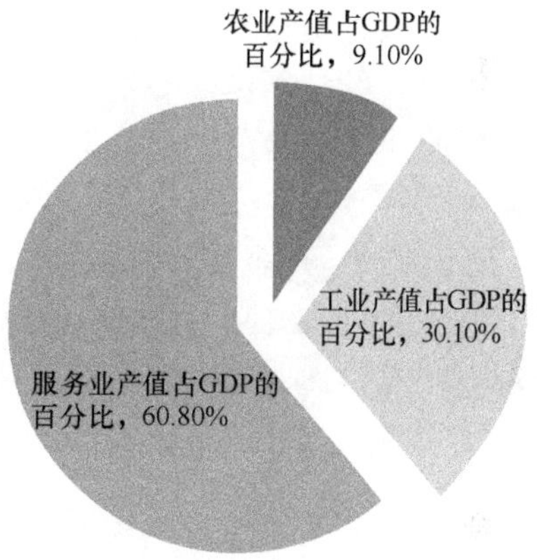

图 30-16　泰国 GDP 的构成

泰国第三产业整体的崛起，说明泰国产业结构呈现合理化的趋势。泰国 GDP 的构成如图 30-16 所示。其中，农业产值占 GDP 的百分比为 9.10%、工业产值占 GDP 的百分比为 30.10%、服务业产值占 GDP 的百分比为 60.80%。可见，服务业对拉动经济的作用越发显著。

2016 年泰国旅游业情况如图 30-17 所示。其中，泰国旅游业收入占 GDP 的百分比为 17.7%。全球旅游业收入占 GDP 的百分比为 9%。可见，旅游业对泰国经济发展有显著影响。

从表 30-5 中可以看出，2016—2018 年，泰国餐饮营业额、批发和零售额在不断上升。可见，泰国服务业产值占 GDP 的百分比越来越高。

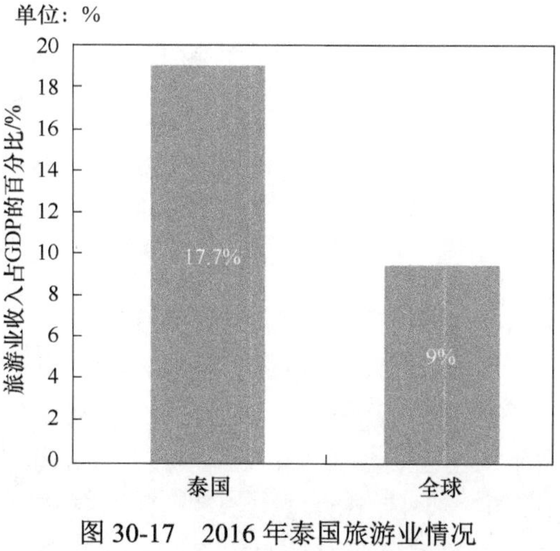

图 30-17　2016 年泰国旅游业情况

表 30-5 泰国服务业产值内部变化情况

时间	批发和零售额/百万泰铢	餐饮营业额/百万泰铢
2016 年 1 月	557 266	151 797
2016 年 4 月	559 917	170 640
2016 年 7 月	525 148	175 276
2016 年 10 月	531 221	182 212
2017 年 1 月	620 947	173 727
2017 年 4 月	612 686	185 869
2017 年 7 月	572 607	193 483
2017 年 10 月	583 814	210 454
2018 年 1 月	681 495	209 368
2018 年 4 月	667 572	217 632

四、产品情况分析

1. 能源业

泰国虽然是石油和天然气生产国，但为满足日益增长的消费需求，泰国能源消费仍大量依赖进口。受制于本国石油存储量及供给能力，泰国石油消费对外依存度较大。泰国拥有大量已探明天然气储量。近些年，泰国天然气产量也随之大幅增长。但过去 20 年，泰国能源需求较大，从而成为天然气净进口国。

在泰国能源消费量构成中，汽油和相关液体燃料消费量占比最高，紧接着是天然气消费量（占比约为 33%）。生物质和固体废物消费量占比约为 16%，煤炭消费量占比约为 13%，包括水电在内的其他可再生能源消费量占比约为 2%。

2. 旅游业

泰国地理位置优越，旅游资源丰富，自然环境宜人，具有独特的历史、文化和持续相传的风俗习惯。泰国是东南亚地区的陆路和航空交通枢纽，具有良好的基础设施及齐全的配套设施，加上泰国人民真诚好客、服务质量高，使泰国成为备受欢迎的旅游地区。在政府的支持和推广下，泰国旅游业获得了很大的成功，外国游客数量不断增加。

泰国旅游业虽然发展时间不长，但发展速度非常快，现已成为泰国的重要经济支柱产业。泰国旅游业收入约占总体经济的 18%，其旅游创汇能力在东南亚国家中位居第一，在亚太地区中也位居前列。旅游业的发展除了给泰国带来大量外汇收入，还带动了与旅游业相关的食、住、行、购等行业的发展。

3. 汽车业

泰国汽车产量变化情况如图 30-18 所示。

汽车业和旅游业是泰国的两大支柱产业。泰国汽车业的发展始于 20 世纪 60 年代，经过多年的发展，泰国已成为东南亚汽车制造中心和东盟最大的汽车市场。2015 年，泰国乘用汽车产量为 191 万辆，商用车产量为 76 万辆，全球排名第 12 位（在中国、美国、日本、德国、韩国、印度、墨西哥、西班牙、巴西、加拿大、法国之后），是东盟国家中汽车生产能力最强的国家，比马来西亚、越南、菲律宾三国的总和还多，而且常年位居东盟国家之首。

长期以来，泰国汽车业一直是泰国经济支柱产业之一，对推动经济发展起着重要作用。

泰国汽车业不但云集了全球各大汽车企业的生产基地，而且早已形成上、中、下游完整的产业链，包括了零配件生产、整车组装乃至销售。各届泰国政府均不遗余力地促进对汽车业的投资，尤其是通过泰国投资促进委员会予以各种优惠权益，持续吸引外资投入。2013 年，泰国汽车产量就达到 245.7 万辆，成为全球第十大汽车生产国。泰国的汽车国内和国外市场销量分别达 133 万辆和 110 万辆。泰国的汽车及零配件主要出口市场依次为澳大利亚、印度尼西亚、日本、马来西亚和美国。随着全球各大汽车制造商纷纷在泰国建厂，泰国已经成为“亚洲底特律”，成为跨国企业在东盟最大的出口产品制造基地。铃木、丰田等各大厂商也纷纷在泰国建立生产工厂。

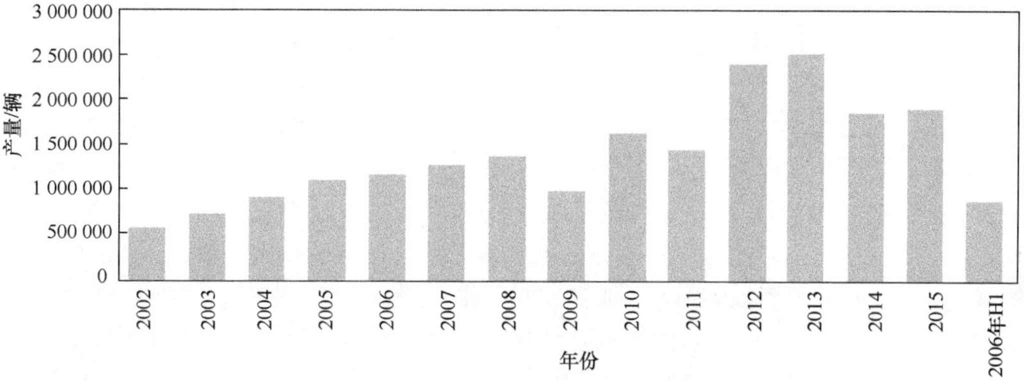

图 30-18　泰国汽车产量变化情况

泰国的汽车已经出口至全球 200 多个国家。泰国的汽车出口量位居世界第一，每年其出口总值高达 9 000 亿泰铢，约合人民币 1 800 亿元。作为东盟的第二大经济体，泰国有着最强大的汽车组装能力以及相对较低的关税，这些优势促使泰国的汽车出口量激增。

五、产品的相关成本

从图 30-19 中可以看出泰国产品的生产和销售成本整体呈先增加后减少的趋势。其中，2010—2015 年，生产和销售成本逐年增加，2016 年开始大幅度减少并保持相对较低的水平；材料成本、劳动力成本占生产和销售成本的百分比变化不大，较为平稳。

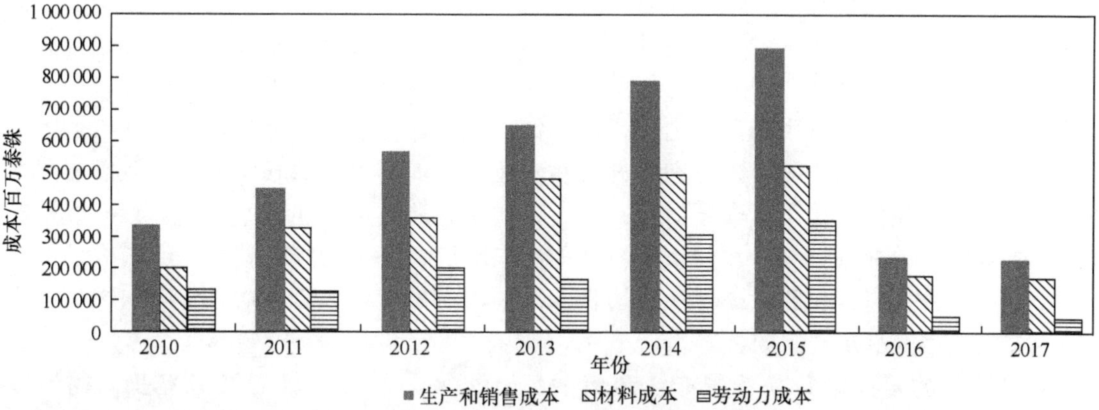

图 30-19　泰国产品成本变化情况

第四节 产业政策分析

第二次世界大战结束时，泰国是一个经济非常落后的农业国，而如今已经是中等收入国家。泰国经济的高速增长、结构的持续演进与其推行了一整套有力的产业政策密切相关。泰国产业政策的主要作用是使国民经济演变更加富有弹性，即使经济发展方向和结构演变目标能随着国际环境变化和国内经济的不断发展得到适时、有效的调整。泰国产业政策的主要内容是提供战略性的结构方案，明确经济发展的方向。泰国产业政策是以泰国政府高层领导和计划、财政、金融、外贸等重要部门为主，并与学术界和民间机构相互配合，共同完成和推动的，而一些国际组织，特别是世界银行也从中发挥了重要作用。

泰国战略性产业政策的制定和实施主要体现在国家计划之中。在第 1 个五年计划到第 4 个五年计划期间，泰国的产业政策主要侧重于工业化，经济发展比较快，GDP 的年平均增长率达 7%左右，经济结构也发生了重大变化。泰国前 4 个五年计划过多地偏重于发展工业，造成了其经济社会发展的不平衡，工农间、城乡间和区域间的经济发展和人民收入差别不断扩大。因此，泰国在第 5 个五年计划中更多地侧重于经济结构的调整，强调提高经济效益和劳动生产率，把发展和繁荣地方经济、加强农村经济建设、改善人民生活等列为国民经济发展的重要目标。在第 5 个五年计划比较成功地实现了结构调整的目标的情况下，泰国第 6 个五年计划在农村发展方面的指导思想是“稳定生产、促进流通、缩小差别、均衡发展”；在工业方面的主导思想是力争将国民经济从“面向出口型”转变为“出口导向型”。

泰国的财政、金融政策对本国产业发展确实起到了很重要和有效的调控和引导作用。泰国政府的财政收入几乎全部来源于税收，来自国有企业等方面的收入的占比小。其税收政策作为产业政策的一个重要组成部分，对进出口结构和规模的调整、对吸引私人和国外投资者在国家急需的项目上投资、吸收国外先进技术以及缩小国内经济发展不平衡等方面都发挥了重要作用。泰国是一个开放型国家，对外贸易和吸引外资等政策在其国民经济发展中起着重要的作用，也构成了其产业政策的主要内容之一。长期以来，泰国的对外贸易一直发展很快，在中等收入国家中，泰国的对外贸易额多年名列前茅。此外，由于国际环境的变化，特别是由于泰国政府多年来采取了吸引外资以弥补国内发展资金不足和获取先进技术的政策，泰国的外资流入额近年来也有较大幅度的增长。外资源源不断地流入泰国，进一步推动了其出口产业的发展。近年来，泰国大力吸引外资向国内的两个产业投资：高技术产业、充分利用本国资源的劳动密集型产业。同时，对这两个产业的国内外投资采取积极鼓励的政策，如减免用于出口产品的原料进口税和商品出口税等政策，从而加强了这两个产业在国际市场的竞争能力。实践表明，泰国的吸引外资和对外贸易政策为实现其“出口导向型”产业发展战略起到了有力的促进和催化作用；泰国对外开放政策的制定和实施对促进本国人力和自然资源的开发也具有明显的效果。与许多同水平发展中国家相比，泰国的产业政策是比较成功的。当然，泰国在其外资流入额和对外贸易额增长的同时，对外债务和贸易逆差也越来越大，成为长期以来未能很好解决的问题。

第三产业的发展政策是泰国产业政策的独特之处。与许多已实现了工业化的国家不同，泰国的产业结构变化没有重复“配第一克拉克定律”所描述的发展途径，即随着人均国民收入水平的提高，劳动力首先由第一产业向第二产业转移，当人均国民收入水平进一步提高时，劳动力便向第三产业转移，而是走出了“一、三、二”的产业发展顺序。在一定意义上说，正是由于采取了这样的发展方式，泰国才能够较快地从一个低收入国家发展成为中等收入国家。

第五节　产业结构与产业政策分析基本结论

通过对泰国的基本情况、经济发展情况、产业结构情况、产业政策几个方面的分析，初步得出以下结论。

（1）总体而言，泰国实行自由经济政策，在20世纪90年代经济发展较快，跻身成为“亚洲四小虎”之一，但在1997年经济危机中受重大挫折，之后陷入衰退和停滞。泰国是世界新兴工业国家和世界新兴市场经济体之一。泰国制造业、农业和旅游业是国民经济的主要来源。泰国是亚洲唯一的粮食净出口国，也是世界五大农产品出口国之一。泰国电子工业等制造业发展迅速，产业结构变化明显。泰国汽车业是泰国的支柱产业。泰国已成为东南亚汽车制造中心和东盟最大的汽车市场。泰国近年来三次产业结构、产业就业人数占比不断优化，并逐步向合理化迈进。同时，泰国产业结构演变存在着明显的非均衡性，这在一定程度上制约了泰国经济的发展。

（2）具体而言，农业在泰国国民经济中仍然占有重要的地位，是世界上稻谷和天然橡胶最大出口国。农业是泰国传统经济产业，全国可耕地面积约占国土面积的41%。农产品是泰国外汇收入的主要来源之一。

（3）泰国工业在东盟国家中起步较晚。20世纪50年代以前，泰国工业仅有一些简单的初级产品加工业。20世纪70年代以后，泰国轻纺工业和食品加工业已能自给有余，工业发展战略目标向“出口导向型”转变。20世纪80年代中后期到90年代中期，泰国工业经过适当的调整和改造，加快了发展步伐，其产值年均增长15%，工业门类增多，结构日趋合理和多样化，出现了一些资本密集和技术密集型产业。泰国工业主要有纺织服装、汽车摩托车装配、电子电器、食品、水泥建材、鞋类、珠宝、皮革制品等行业。1997年受金融危机的影响，泰国工业产值增长率仅为4%。其中，汽车业是泰国第一大支柱工业。

（4）泰国服务业发展相对较快，服务业增加值占比、服务业就业人数占比，都呈现了泰国经济重心由第二产业向第三产业转移的趋势，从而使产业结构得到优化升级。近几年，泰国研发投入占GDP的百分比较高，有利于服务业的长期健康发展。旅游业是泰国主要行业。泰国旅游资源丰富。据世界旅游组织统计，泰国旅游及其相关产业产值占GDP的近1/5。

（5）从区域经济长期发展来看，泰国三次产业发展缺乏整体协调，导致资源投向长期侧重于汽车业、旅游业等，而产业结构变动所引起的经济增长具有短期和低效的特点，不利于实现经济的长期增长。泰国应以转变经济增长方式、推动技术创新和管理创新为核心，增强高新技术产业的辐射和带动能力，提高经济效益和产业竞争力。

第三十一章 文莱产业结构与产业政策分析

第一节 基本情况

文莱达鲁萨兰国，简称文莱，是一个君主专制国家。文莱位于亚洲东南部，加里曼丹岛北部，北濒南海，东、南、西三面与马来西亚的沙捞越州接壤，并被沙捞越州的林梦分隔为不相连的东、西两部分。文莱海岸线长约为 162 千米。文莱有 33 个岛屿。文莱国土面积约为 5 765 平方千米。文莱属热带雨林气候。文莱是一个以原油和天然气为主要经济支柱的国家。文莱原油和天然气产值占 GDP 的 50%以上。在东南亚，文莱石油储量仅次于印度尼西亚。文莱是亚洲非常富有的国家之一，2016 年人均 GDP 约为 26 939 美元，居世界第 26 位。

文莱全国分为 4 个区：文莱–摩拉区、都东区、马来奕区和淡布隆区。文莱首都是位于文莱河畔的斯里巴加湾市，是全国政治、经济、文化中心，也是文莱人口最密集、最繁华的地区。文莱总人口约为 31.4 万人（1998 年）。其中，马来人人口占 68%；华人人口占 17%；其他民族人口占 6%；外国旅居者人口占 9%。马来语为文莱国语。文莱通用英语和华语。文莱是个传统的伊斯兰国家。伊斯兰教为文莱国教。文莱还有佛教、基督教、拜物教等。文莱禁止饮酒、跳舞和赌博等行为。

在自然资源方面，文莱的矿产资源主要是石油和天然气，其蕴藏量丰富。1995 年，文莱已探明的石油蕴藏量为 14 亿桶，可开采 25 年以上；天然气探明含量为 3 200 亿立方米。此外，文莱还有金、汞、锑、铅、矾土、硅。文莱是东南亚主要产油国和世界主要液化天然气生产国。石油产量在东南亚居第 3 位，天然气产量在世界居第 4 位。文莱的森林资源丰富，有 11 个森林保护区，面积为 2 277 平方千米，且 86%的森林保护区为原始森林。文莱全国 72%的国土被森林所覆盖。文莱盛产橡胶、椰子和胡椒等热带作物，而在内河和领海盛产鱼虾等水产品。近年来，文莱政府力求改变过于依赖石油和天然气的单一经济模式，在向渔业、农业、运输业、旅游业和金融服务业等多元化经济模式转变中取得了一定效果。根据文莱政府制定的 2012—2016 年旅游业发展蓝图，文莱旅游业收入 2016 年突破 3.5 亿文莱元（约 17.8 亿元人民币）。旅游业将成为文莱除石油和天然气之外新的经济增长点。按照这个五年规划，2016 年文莱将吸引游客 41.7 万人次，比 2011 年增加近 72%；旅游业收入也将在 2011 年 1.55 亿文莱元（约 7.9 亿元人民币）的基础上增加 126%。文莱旅游业的发展将主打自然环境、民俗文化和宗教传承 3 张牌。根据规划，文莱发展旅游业将为社会创造 2 000 个工作机会。

在外交方面，文莱奉行不结盟和同各国友好的外交政策，主张国家无论大小、强弱，都应相互尊重。1984 年 1 月 7 日，文莱成为东盟第 6 个成员国。文莱与东盟各国关系密切，视东盟为外交基石。文莱重视与中国、美国、日本等大国的关系，积极发展与伊斯兰国家的关系，是伊斯兰会议组织成员国。此外，文莱还是英联邦和不结盟运动等国际组织成员国。

第二节　经济发展情况分析

一、经济规模情况分析

文莱 GDP 及其增长率变化情况如图 31-1 所示。文莱人均 GDP 变化情况如图 31-2 所示。文莱 GDP 情况如表 31-1 所示。

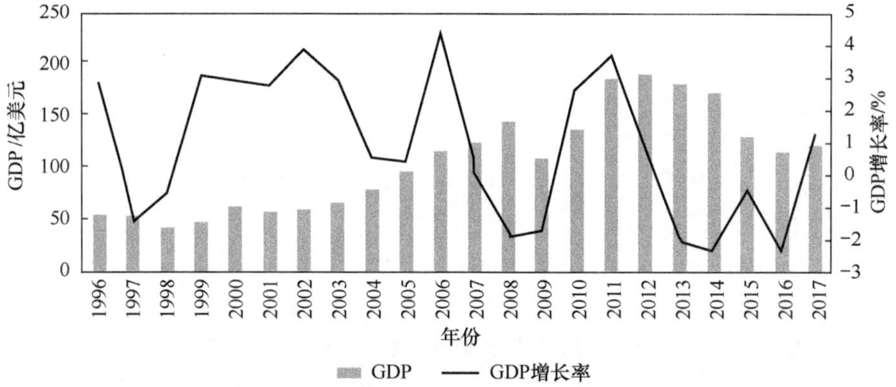

图 31-1　文莱 GDP 及其增长率变化情况

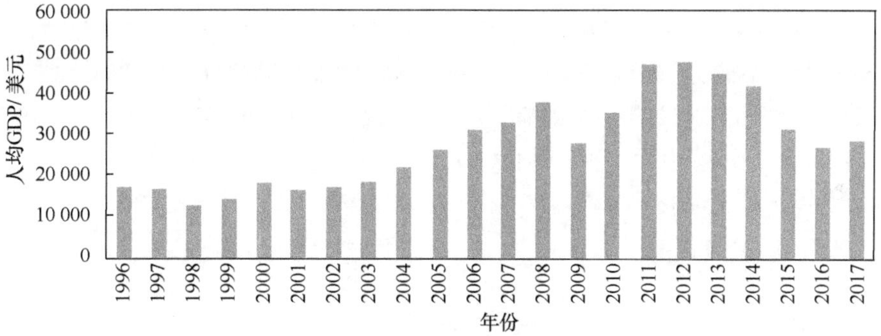

图 31-2　文莱人均 GDP 变化情况

表 31-1　文莱 GDP 情况

年份	GDP/亿美元	GDP 增长率/%	人均 GDP/美元	人均 GDP 增长率/%
1996	51.16	2.88	16 789.04	0.34
1997	51.97	−1.47	16 656.09	−3.79
1998	40.51	−0.56	12 690.69	−2.80
1999	46.00	3.05	14 097.93	0.82
2000	60.01	2.85	18 008.45	0.70
2001	56.01	2.74	16 468.13	0.67
2002	58.43	3.87	16 846.02	1.85
2003	65.57	2.90	18 555.57	1.00
2004	78.72	0.50	21 896.61	−1.21
2005	95.31	0.39	26 102.13	−1.16
2006	114.71	4.40	30 980.97	2.96
2007	122.48	0.15	32 672.37	−1.08

（续表）

年份	GDP/亿美元	GDP 增长率/%	人均 GDP/美元	人均 GDP 增长率/%
2008	143.93	−1.94	37 951.28	−3.07
2009	107.32	−1.76	27 965.48	−2.92
2010	137.07	2.60	35 268.10	1.31
2011	185.25	3.75	47 017.03	2.34
2012	190.48	0.91	47 651.26	−0.53
2013	180.94	−2.13	44 597.28	−3.57
2014	170.98	−2.35	41 530.67	−3.77
2015	129.30	−0.57	30 967.89	−1.96
2016	114.01	−2.47	26 939.42	−3.77
2017	121.28	1.33	28 290.59	0.03

数据来源：世界银行数据库。

（1）整体而言，在统计期内，文莱 GDP 和人均 GDP 先增加再减少；GDP 增长率和人均 GDP 增长率的变化趋势类似，均在波动中先减少再增加，然后再次减少再次增加。

（2）文莱 GDP 1996—2012 年从 51.16 亿美元增加至 190.48 亿美元，然后逐渐减少，2017 年减少至 121.28 亿美元，2016 年还曾减少至 114.01 亿美元；人均 GDP 1996—2012 年从 16 789.04 美元增加至 47 651.26 美元，然后逐渐减少，2017 年减少至 28 290.59 美元，2016 年还曾减少至 26 939.42 美元；GDP 增长率 1996—1997 年从 2.88%减少至−1.47%，然后逐渐增加，2002 年增加至 3.87%，之后逐渐减少，2016 年减少至−2.47%，2017 年为 1.33%，较 2016 年有所增加；人均 GDP 增长率 1996—1997 年从 0.34%减少至−3.79%，然后逐渐增加，2006 年增加至 2.96%，之后迅速减少，2016 年为−3.77%，2017 年增加至 0.03%。

（3）在 2008 年经济危机的不利影响下，文莱 GDP 和人均 GDP 分别从 2008 年的 143.93 亿美元和 37 951.28 美元减少至 2009 年的 107.32 亿美元和 27 965.48 美元；2008 年、2009 年，GDP 增长率分别为−1.94%和−1.76%，人均 GDP 增长率分别为−3.07%和−2.92%。

二、人力资本基础情况分析

文莱总人口变化情况如图 31-3 所示。文莱城镇和农村人口变化情况如图 31-4 所示。

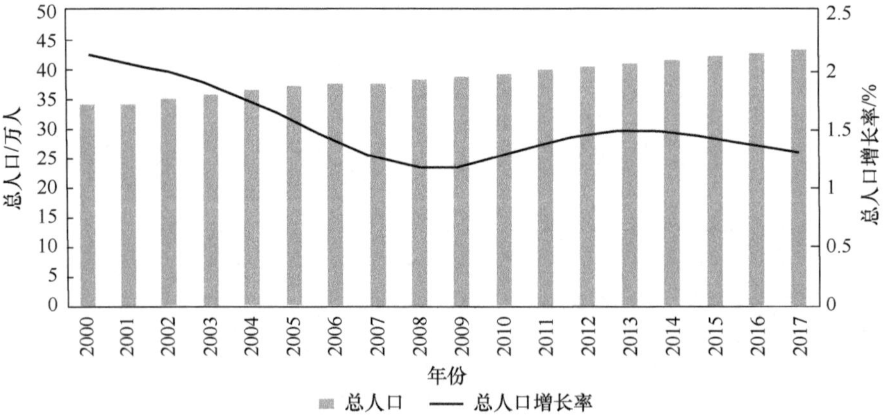

图 31-3 文莱总人口变化情况

（1）整体而言，在统计期内，文莱总人口不断增加；总人口增长率则先减少再增加，然后继续减少；城镇人口占比逐渐增加；农村人口占比则逐渐减少；城镇人口增长率先减少再增加，然后减少；农村人口增长率则先减少再增加，然后减少，接着增加，最后逐渐减少。

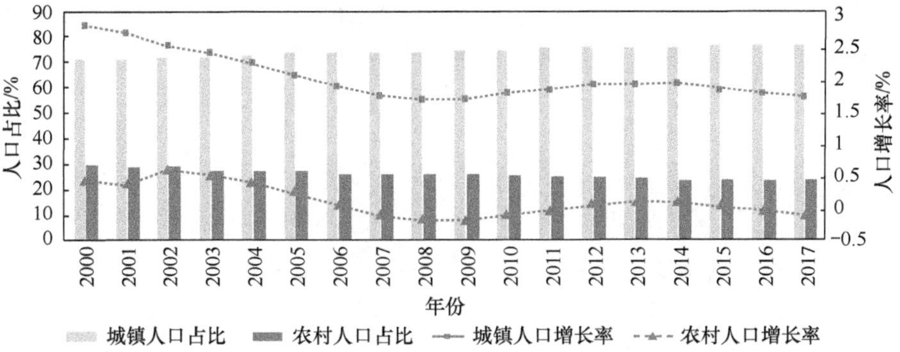

图 31-4　文莱城镇和农村人口变化情况

（2）文莱总人口 2000—2017 年从 33.32 万人不断增加至 42.87 万人；人口增长率 2000—2008 年从 2.11%减少至 1.16%，然后逐渐增加，2013 年增加至 1.48%，接着又逐渐减少，2017 年减少至 1.29%；城镇人口占比 2000—2017 年从 71.164%增加至 77.312%；城镇人口增长率 2000—2008 年从 2.81%减少至 1.65%，然后逐渐增加，2013 年增加至 1.93%，接着再次减少，2017 年减少至 1.71%；农村人口增长率 2000—2001 年从 0.41%骤减至 0.34%，2002 年又增加至 0.57%，然后逐渐减少，2008 年减少至−0.22%，之后逐渐增加，2013 年增加至 0.07%，2017 年再次减少至−0.12%。

表 31-2 反映的是文莱劳动力情况。

表 31-2　文莱劳动力情况

年份	劳动力总量/万人	劳动力占比/%	15～64 岁劳动参与率/%	15～24 岁劳动参与率/%
1996	13.61	44.66	68.67	47.21
1997	14.08	45.13	68.91	47.55
1998	14.59	45.72	69.25	47.98
1999	15.14	46.40	69.67	48.40
2000	15.71	47.14	70.10	48.71
2001	16.10	47.34	69.98	48.40
2002	16.50	47.56	69.78	47.34
2003	16.92	47.89	69.74	46.67
2004	17.36	48.29	69.86	46.29
2005	17.80	48.75	70.07	45.96
2006	18.09	48.85	69.96	44.72
2007	18.38	49.03	69.90	43.62
2008	18.70	49.30	69.93	42.81
2009	19.05	49.64	70.06	42.26
2010	19.44	50.02	70.25	41.79
2011	19.90	50.51	70.46	40.79
2012	20.35	50.91	70.60	39.62
2013	20.79	51.24	70.72	38.37
2014	21.23	51.57	70.85	37.19
2015	21.54	51.58	70.57	35.74
2016	21.78	51.48	70.27	34.29
2017	22.14	51.64	70.33	34.19

整体而言，在统计期内，文莱劳动力总量及劳动力占比不断增加；15～64 岁劳动参与率基本稳定，15～24 岁劳动参与率先增加再减少。

文莱劳动力总量 1996—2017 年从 13.61 万人增加至 22.14 万人；劳动力占比 1996—2017 年则从 44.66%增加至 51.64%。15～64 岁劳动参与率 1996—2017 年基本在 68.60%～70.90%范围内波动；15～24 岁劳动参与率 1996—2000 年从 47.21%增加至 48.71%，然后逐渐减少，到 2017 年减少至 34.19%。

三、制度环境情况分析

不同国家制度环境对比如图 31-5 所示。文莱制度环境评估如表 31-3 所示。

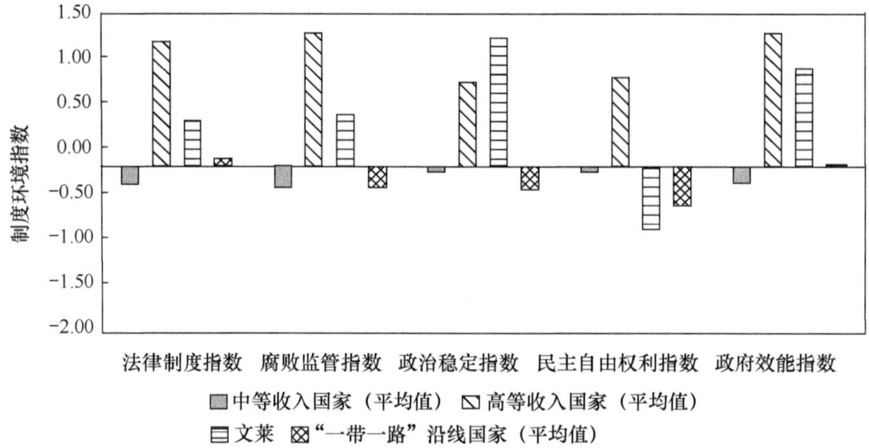

图 31-5 不同国家制度环境对比

表 31-3 文莱制度环境评估

年份	法律制度指数	腐败监管指数	政治稳定指数	民主自由权利指数	政府效能指数
2002	0.50	0.31	1.16	−0.83	0.89
2003	0.59	0.32	1.15	−0.78	0.75
2004	0.38	0.41	1.37	−0.80	0.24
2005	0.24	0.25	1.21	−0.78	0.60
2006	0.12	0.21	1.12	−1.10	0.87
2007	0.41	0.21	1.11	−1.06	0.92
2008	0.47	0.49	1.13	−1.02	0.89
2009	0.79	0.99	1.39	−0.73	0.92
2010	0.78	0.86	1.28	−0.65	0.90
2011	0.85	0.86	1.09	−0.61	0.90
2012	0.79	0.55	0.91	−0.51	0.84
2013	0.59	0.65	1.07	−0.51	0.87
2014	0.47	0.53	1.26	−0.63	1.09
2015	0.41	0.57	1.24	−0.75	1.06
2016	0.62	0.66	1.26	−0.95	1.07

数据来源的：世界银行数据库。

（1）除了在政治稳定方面之外，文莱在法律制度、腐败监管、民主自由权利、政府效能方面与高等收入国家相比，仍然存在较大差距。文莱在政府效能、法律制度、政治稳定和腐败监管方面明显好于中等收入国家。文莱在法律制度、政治稳定、腐败监管和政府效能方面好于“一带一路”沿线国家。

（2）在统计期内，文莱法律制度指数先减少再增加，然后减少，再次增加；腐败监管指数和民主自由权利指数的走势类似，均呈现出先减少再增加，然后继续减少；政治稳定指数先增加再减少，然后又有所增加；政府效能指数则先减少再增加。

（3）文莱法律制度指数 2002—2006 年从 0.50 减少至 0.12，然后逐渐增加，2011 年增加至 0.85，2015 年又减少至 0.41，2016 年增加至 0.62；腐败监管指数 2002—2007 年从 0.31 减少至 0.21，然后逐渐增加，2009 年增加至 0.99，2016 年减少至 0.66，2014 年还曾一度减少至 0.53；政治稳定指数 2000—2009 年从 1.16 增加至 1.39，然后迅速减少，2012 年减少至 0.91，然后再次增加，2016 年增加至 1.26。政府效能指数 2002—2004 年从 0.89 减少至 0.24，然后开始增加，2016 年增加至 1.07；民主自由权利指数 2002—2006 年从−0.83 减少至−1.06，然后开始逐渐增加，2013 年增加至−0.51，之后减少，2016 年减少至−0.95。

四、税收负担情况分析

图 31-6 反映的是文莱税收占比变化情况。

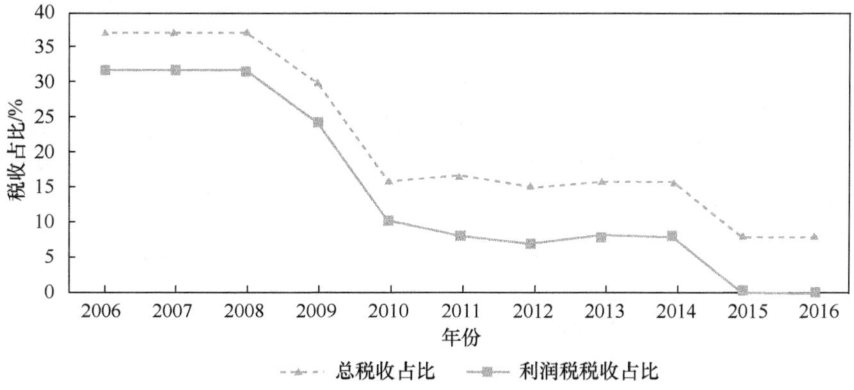

图 31-6 文莱税收占比变化情况

（1）在统计期内，文莱总税收占比和利润税税收占比总体呈阶梯状不断减少。

（2）文莱总税收占比和利润税税收占比分别 2006—2008 年在 37.4%和 31.7%左右波动，然后迅速减少，2010 年分别减少至 15.7%和 10.1%。2010—2014 年分别在 15.8%和 7.9%左右波动，2015 年迅速减少，分别为 8%和 0.1%。2016—2017 年基本保持不变。

五、外国直接投资现状分析

图 31-7 所示为文莱外国直接投资占 GDP 的百分比变化情况。

（1）总体来说，文莱外国直接投资占 GDP 的百分比先增加，再迅速减少，接着在缓慢增加后迅速减少，然后增加。

（2）文莱外国直接投资占 GDP 的百分比 2001—2002 年从 1.08%增加至 3.93%，然后开始减少，2006 年减少至 0.77%，然后逐渐增加，在 2012 年增加到 4.54%，接着迅速减少，2016 年则锐减至−1.32%，2017 年又增加至 3.86%。

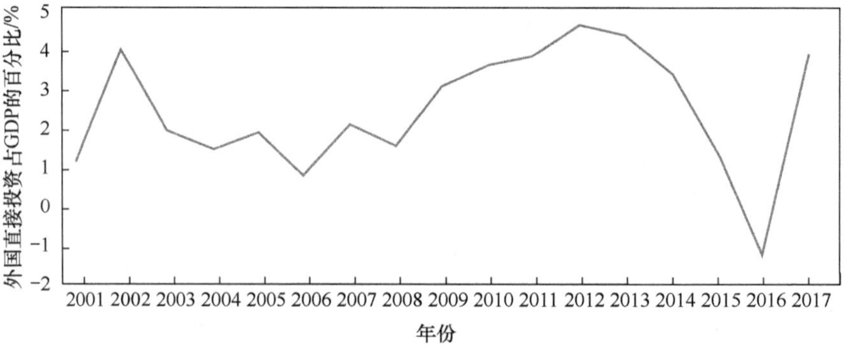

图 31-7 文莱外国直接投资占 GDP 的百分比变化情况

六、国际贸易情况分析

图 31-8 反映的是文莱国际贸易情况。

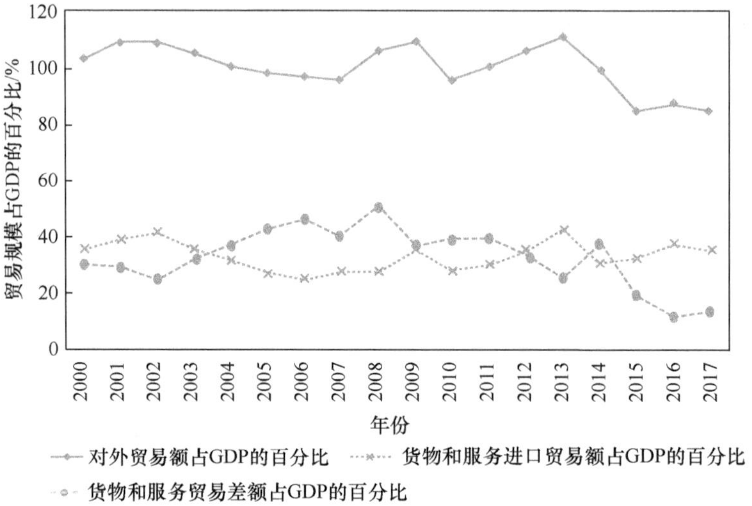

图 31-8 文莱国际贸易情况

（1）整体而言，在统计期内，文莱对外贸易额占 GDP 的百分比呈现先减少再增加，然后减少的趋势；货物和服务贸易差额占 GDP 的百分比则呈现先增加再减少；货物和服务进口贸易额占 GDP 的百分比则呈现先增加再减少，然后增加后再次减少的趋势。

（2）文莱对外贸易额占 GDP 的百分比从 2000 年的 103.17%增加至 2002 年的 108.74%后长期处在减少趋势，到 2010 年减少至 95.37%，然后迅速增加，2013 年为 110.94%，之后再次减少，2017 年减少至 85.18%。货物和服务贸易差额占 GDP 的百分比 2000—2008 年从 31.54%增加至 50.68%，然后开始缓慢减少，2017 年减少至 13.97%；货物和服务进口贸易额占 GDP 的百分比 2000—2002 年从 35.82%增加至 41.63%，然后逐渐减少，2006 年减少至 25.22%，然后有所回升，2013 年增加至 42.90%，2017 年又减少至 35.60%。

七、经济活力情况分析

图 31-9 反映的是文莱新注册企业数量及密度变化情况。

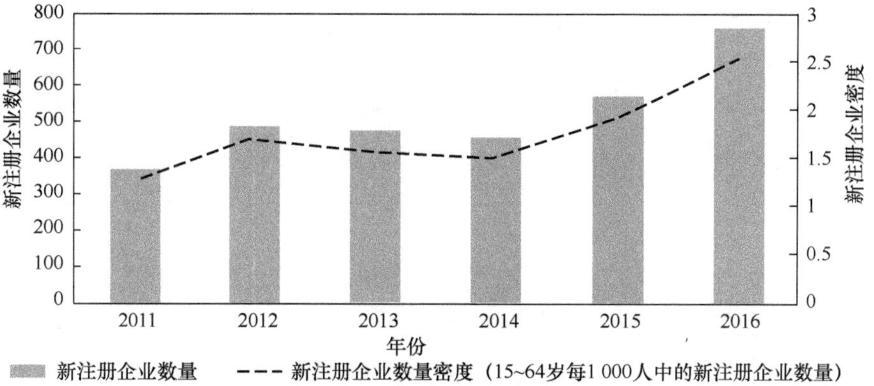

图 31-9　文莱新注册企业数量及密度变化情况

（1）整体而言，在统计期内，文莱新注册企业数量及密度不断增加。

（2）2011—2016 年，文莱新注册企业数量从 368 家增加至 760 家，而新注册企业密度则从 1.29 增加至 2.48。

第三节　产业结构情况分析

一、三次产业结构分析

图 31-10、图 31-11 所示分别为文莱产业结构和劳动力就业结构变化情况。

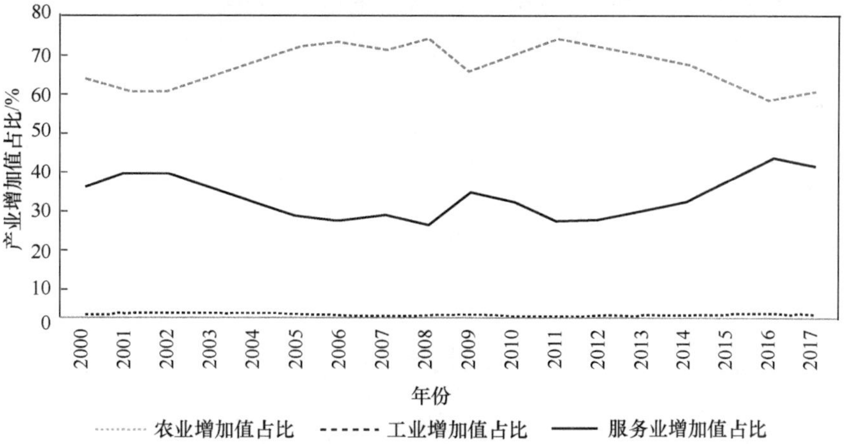

图 31-10　文莱产业结构变化情况

（1）整体而言，文莱农业增加值占比先增加再减少，然后增加；工业增加值占比则先减少再增加，然后继续减少；服务业增加值占比先增加再减少，然后增加；农业就业人数占比和工业就业人数占比不断减少；服务业就业人数占比先增加再减少，然后继续增加。

（2）农业增加值占比 2000—2003 年从 1.02%增加至 1.22%，然后逐渐减少，2011 年减少至 0.58%，之后逐渐增加，2017 年增加至 1.09%；工业增加值占比 2000—2001 年从 63.67%减少至 60.04%，然后逐渐增加，2008 年增加至 74.11%，之后开始逐渐减少，2017 年为 59.72%；服务业增加值占比 2000—2001 年从 35.31%增加至 38.82%，然后逐渐减少，2008 年为 25.25%，接着逐渐增加，2017 年增加至 42.98%；农业就业人数占比 2000—2017 年从 1.43%减少至 0.52%；工业就业人数占比 2000—2017 年从 21.05%减少至 17.67%；服务业就业人数占比 2000—2007 年从 77.52%增加至 80.86%，然后逐渐减少，2013 年减少至 79.57%，然后开始增加，2017 年增加至 81.81%。

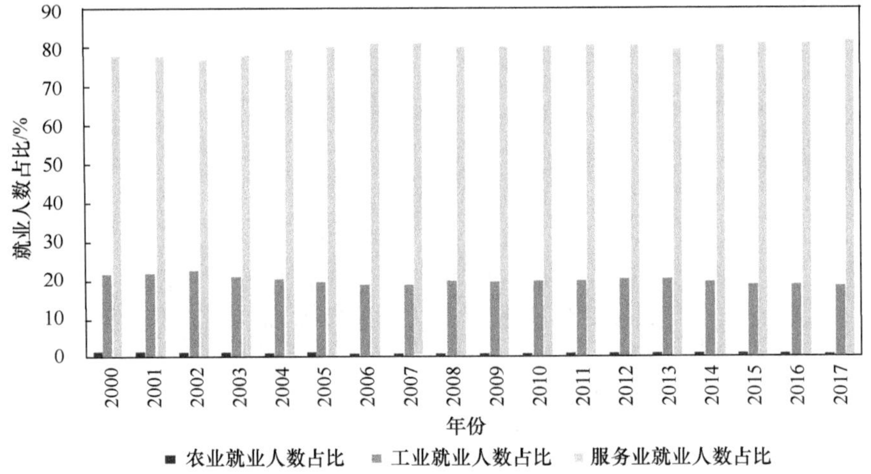

图 31-11　文莱劳动力就业结构变化情况

二、工业、制造业规模变化分析

图 31-12 反映的是文莱工业、制造业规模变化情况。

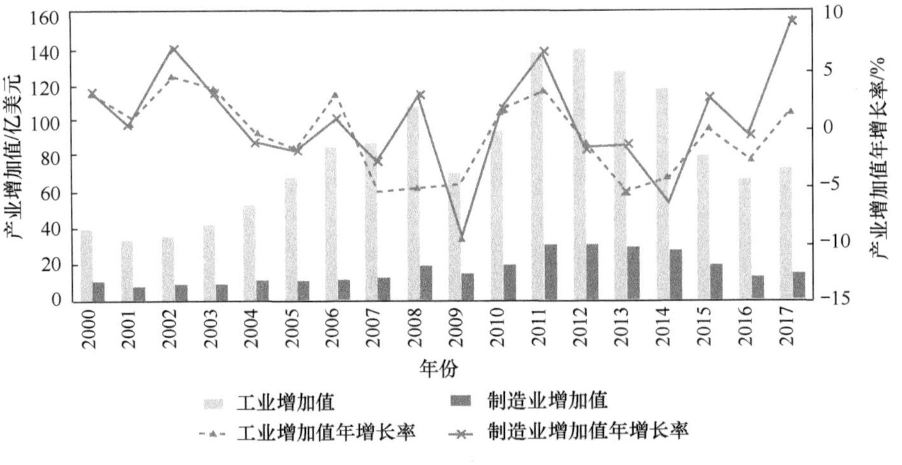

图 31-12　文莱工业、制造业规模变化情况

（1）整体而言，文莱工业增加值和制造业增加值呈先增加再减少的走势；工业增加值年增长率和制造业增加值年增长率走势类似，均呈现先减少再增加，再次减少后增加的走势。

（2）文莱制造业增加值 2000—2013 年从 9.22 亿美元增加至 31.67 亿美元，然后逐渐减少，2017 年减少至 15.35 亿美元；工业增加值 2000—2013 年从 38.21 亿美元增加至 138.40 亿美元，然后开始减少，2017 年减少至 72.43 亿美元；工业增加值年增长率 2000—2007 年从 2.98%减少至−5.57%，然后逐渐增加，2011 年增加至 3.24%，然后开始减少，2013 年减少至−5.63%，然后增加，2017 年为 1.51%；制造业增加值年增长率 2000—2009 年从 3.11%减少至−9.79%，然后逐渐增加，2011 年为 6.50%，然后迅速减少，2014 年为−6.81%，之后逐渐增加，2017 年为 9.04%。

三、服务业规模变化分析

图 31-13 反映的是文莱服务业规模变化情况。

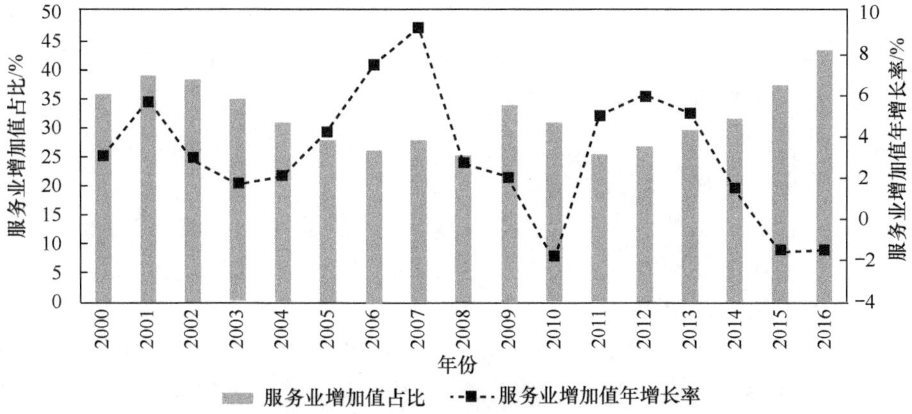

图 31-13 文莱服务业规模变化情况

（1）在统计期内，服务业增加值占比呈先增加再减少，然后继续增加的趋势；服务业增加值年增长率呈波动式先增加再减少的趋势。

（2）文莱服务业增加值占比 2000—2001 年从 35.31%增加至 38.82%，然后逐渐减少，2008 年减少至 25.25%，接着逐渐增加，2016 年增加至 42.98%；服务业增加值年增长率 2000—2001 年从 2.51%增加至 6.10%，然后逐渐减少，2003 年减少至 1.65%，接着开始增加，2007 年为 9.24%，然后 2010 年又减少至−2.23%，之后开始增加，2012 年增加至 5.84%，然后再次减少，2016 年减少至−1.59%。

第四节 产业政策分析

文莱是东南亚第三大石油生产国、世界第四大液化天然气生产国。文莱国内政治、经济安定。文莱政府计划把文莱建成东盟东部增长区服务、贸易和旅游中心。文莱政府规定对营业者的个人所得和资本盈利均不征收所得税，对利润汇款不加限制也不课税。

文莱政府实行优惠政策，鼓励在先进工业方面的投资，例如，先进工业公司在进口建厂的材料、机械以及生产原料（只要文莱没有的）上，可豁免缴税。

文莱以下 10 大项工业及其所生产的产品可得到税务优惠。它们是飞机上的各类食品，水泥，各种药品制造及装配用的各种钢铁、钢条等主要提供石油及其他工业用的化学产品（如防锈剂、杀菌剂、净化剂及各种清洁剂等），船的修理及保养，薄纸、餐巾，各种服装，各种罐头，瓶装或包装食品饮料等。

文莱农业发展的重点：家禽业，蔬菜、水果，药用植物，稻米，花卉，牲畜业（牛羊为主），咖啡种植，动物饲料；渔业方面包括深海捕鱼、水产养殖、渔产加工业；林业方面包括植林，植藤，三夹板、木片、家具等加工业。

文莱的农业（包括林业和渔业）就业人数占比约为5%。文莱种有小面积的水稻，还有橡胶、胡椒、椰子等热带农作物，80%食品依赖进口，大米自给率为25%，蔬菜、牛肉、蛋类、家禽等已实现自给或近于自给。

文莱的工业就业人数占比约为 33%。文莱工业以石油、天然气开采和提炼为主。建筑业是文莱新兴的第二大产业。文莱工业还有食品加工、家具制造、陶瓷、水泥、纺织等产业。文莱政府制订了系列计划发展工业，从高技术的半导体生产到劳动密集型的食品加工、纺织、家具、建材等，但付诸实施的不多。文莱工业发展受到劳动力严重缺乏的制约，包括熟练工人和一般工人。文莱主要进口机器和运输设备、工业品、食品、药品等。

文莱的服务业就业人数占比约为 60%，相对不发达，主要是当地的销售业。近年来，文莱政府鼓励发展服务业，使其取得了较大的发展。

文莱被称为浮在石油上的国家。文莱石油和天然气产值占国民收入的 96%。文莱液化天然气的出口量居世界第 2。1990 年，文莱人均收入约为 15 200 美元，人均 GDP 约为 1.9 万美元。文莱国民也不必缴税，甚至连医疗及教育也免费。

近年来，文莱的产业结构调整基本上处于一个不断合理化的过程，但文莱产业结构演变也存在着明显的非均衡性，从而严重制约着文莱经济的发展。文莱三次产业的关系不合理，农业、轻工业、重工业比例严重失调，第一产业基础薄弱等一系列问题仍然存在。

首先，持续、快速的经济增长是以产业结构的不断优化为基础的，这可以从资源的高效率配置和形成协调的产业关系两方面得到解释。文莱目前经济增长很难从这两方面获得推动力。与这种效应相比，文莱产业结构变动所引起的经济增长具有短期和低效的特点，这势必对其长期经济增长产生不利影响。

其次，在现有产业结构下，文莱各产业间的良性循环并没有建立起来，文莱薄弱的轻工业、农业不能为重工业的进一步发展拓展空间，而重工业在失去轻工业、农业的支持的同时，不能推动轻工业、农业的发展。

再次，由于文莱大多数劳动力都涌向了服务业，这就会使得农村大量土地因无人耕作而荒芜。土地的荒芜意味着资源没有得到有效的利用。不管工业的生产，还是服务业的经营，都对选址有很高的要求，最重要的一点就是对交通便利程度的关注。文莱农村种植土地相对偏远且交通不便利，使得很多工业和农业的经营者都不会选择在此经营。另外，工业的繁荣发展，能够提高一国的 GDP，而服务业吸纳的劳动力过多，就会使得工业没有充足的劳动力来发展。

最后，从文莱女性在第一产业、第二产业以及第三产业所占有的劳动力份额来看，一方面，女性的地位日益提高，女性较之前也要独立许多，不再像过去一样作为男人的附属品，只能在家相夫教子；另一方面，女性越来越多地流入劳动力市场，也会使得许多年轻家庭面临更多的挑战。对于文莱女性来说，她们将会面临家庭和职业的权衡取舍。

第五节　产业结构和产业政策分析基本结论

通过对文莱的基本情况、经济发展情况、产业结构情况、产业政策几个方面的分析，初步得出以下结论。

总体而言，文莱近年来三次产业结构、产业就业人数占比不断优化，并逐步向合理化迈进。文莱产业结构演变也存在着明显的非均衡性，这在一定程度上制约了文莱经济的发展。

大米生产作为文莱民生产业显然是不足的。长期以来，文莱对农产品的进口实施零关税，也没有非关税壁垒，只是对某些食品实行较严格的穆斯林检疫。在文莱，不用交个人所得税、增值税、销售税，而公司税为30%，但有3～5年的免税期。文莱农产值2000年约为1.40亿文莱元，2001年约为1.46亿文莱元，同比增加2.9%。文莱农产值连续10年约占GDP的2%。大米是文莱人民的主食。农业项目开发是文莱经济多元化所鼓励的重点领域。1999年，大米种植面积约为3.813 25平方千米，大米产量约为306.4吨；2000年，大米种植面积约为4.634 8平方千米，大米产量约为459吨；2001年，大米种植面积约为4.914 2平方千米，大米产量约为538吨。大米每年需要约3万吨大米，其中98%以上需要进口，且主要从泰国进口。

文莱的农业比较落后，土壤贫瘠。20世纪70年代以后，随着石油、天然气的生产和公共服务业的发展，文莱很多人弃农转业，使传统的农业受到冲击，而现代化农业又远未发展起来。目前，文莱仅种植少量水稻、橡胶、胡椒，以及椰子、木瓜等热带水果，且生产力水平较低，一般是家庭式的生产。近年来，文莱政府鼓励经济多元化，重视发展现代化农业，加强排水和灌溉工程，增加土壤的肥沃度，积极创造更多机会让本国公民从事农业活动，扩大粮食和果菜的种植面积，增加牛、羊、鸡、鱼、虾的养殖量，扩大蛋、奶的生产，增加食品的自给率，鼓励外国企业家对农业进行投资，强调要实现食物自给并让国民享用安全食品。2001—2005年，文莱政府拨款9 050万文莱元（占文莱政府拨款总额的1.24%）支持农业发展。

文莱自然资源丰富，特别是燃料资源丰富。文莱利用这一天然的优势，大力出口燃料。多年来，文莱燃料始终保持极高的贸易顺差。燃料是不可再生资源。当代人利用这一资源大大地提高生活水平，但是子孙后代的生活质量将会堪忧。在这一点上，文莱对燃料的大力出口，不符合我国的可持续发展策略。

文莱服务业发展相对较快，服务业增加值占比、服务业就业人数占比都呈现了文莱经济重心由第二产业向第三产业转移的趋势，从而使产业结构得到优化升级。近几年，文莱研发投入占GDP的百分比有所下降，创新产出减少，不利于服务业的长期健康发展。一个国家只有大力发展创新产业，才能更长久的发展。文莱应加大研发投入，鼓励技术创新，调整服务业结构，积极推荐传统服务业的转向和现代服务业的发展。

第三十二章　乌克兰产业结构与产业政策分析

第一节　基本情况

乌克兰位于欧洲东部，南濒黑海，东连俄罗斯，北与白俄罗斯毗邻，西与波兰、斯洛伐克、匈牙利、罗马尼亚和摩尔多瓦诸国相连。乌克兰国土面积约为60.37万平方千米，是欧洲国土面积第二大的国家，仅次于俄罗斯。乌克兰总人口约为4 285.41万人（不包括被俄罗斯吞并的克里米亚和塞瓦斯托波尔地区的人口，2015年）。其中，乌克兰人人口约占77%；俄罗斯人人口约占20%；白俄罗斯人、犹太人、鞑靼人、摩尔多瓦人、波兰人、罗马尼亚人、希腊人、德意志人、保加利亚人等约占3%。乌克兰共有130多个民族。乌克兰官方语言为乌克兰语，乌克兰通用乌克兰语和俄语。乌克兰主要宗教为东正教和天主教。

在地理环境方面，乌克兰大部分地区属东欧平原，最高峰为西部喀尔巴阡山脉的戈维尔拉山（海拔为2 061米），最长的河流是第聂伯河。乌克兰大部分地区属温带大陆性气候，而克里米亚半岛南岸为亚热带气候。乌克兰地理位置重要，是欧洲联盟与独联体，特别是与俄罗斯地缘政治的交叉点。

在自然资源方面，乌克兰自然资源丰富。乌克兰国土面积的2/3为黑土地，其黑土占世界黑土总量的1/4。乌克兰森林资源较为丰富，森林覆盖率为43%，并跨越3个植被带——森林沼泽带、森林草原带和草原带。乌克兰已探明有80多种可供开采的富矿，主要包括煤、铁、锰、镍、钛、汞、石墨、耐火土、石材、一定量的天然气和石油等。这些矿产分布在乌克兰7 000多个地区，其中4 000多个地区已开发。克里沃罗格的铁矿储量约为260亿吨。乌克兰铁矿石储量约有275亿吨；锰矿石储量超过21亿吨，位居世界前列；煤、燃料矿石、陶土、地蜡和石墨的储量也比较丰富。乌克兰石油和天然气资源相对匮乏，其80%蕴藏在第聂伯罗彼得罗夫斯克州和黑海沿岸。乌克兰国内所需石油90%依赖进口。顿巴斯为乌克兰最大的煤矿，探明煤炭储量约为1 090亿吨。

在工业方面，乌克兰是工农业较为发达的国家。重工业在乌克兰工业中占据主要地位。煤炭、冶金、机械制造和化学工业构成了乌克兰现代化经济的骨架。乌克兰土壤肥沃，农产品以粮食、甜菜、向日葵、葡萄、长纤维亚麻为主。乌克兰是世界上第三大粮食出口国，有着“欧洲粮仓”的美誉，其农业产值占GDP的20%。

在经济方面，乌克兰克服了东南部地区军事冲突造成的严重经济危机。2014—2015年，乌克兰国家货币贬值200%，使乌克兰的商品和服务更便宜、更具竞争力。2016年，乌克兰经济增长超过2%。根据世界银行的声明，2017年的增长为2%和2018年的3.5%。

在外交方面，乌克兰于2008年5月16日正式加入世界贸易组织。

第二节　经济发展情况分析

一、经济规模情况分析

图 32-1 反映了乌克兰 GDP 及其增长率变化情况。从图 32-1 中可以看出，乌克兰 GDP 总体上呈上升趋势。1999 年以前，乌克兰经济处于长期低迷状态，GDP 受苏联分裂影响颇为严重，2002 年才开始进入高速增长阶段，2008 年高达 1 800 亿美元。在全球金融危机的影响下，乌克兰 GDP 2009 年出现大幅度下滑，其增长度降至最低点，约为−14.8%，之后 GDP 开始回升但一直起伏不定。

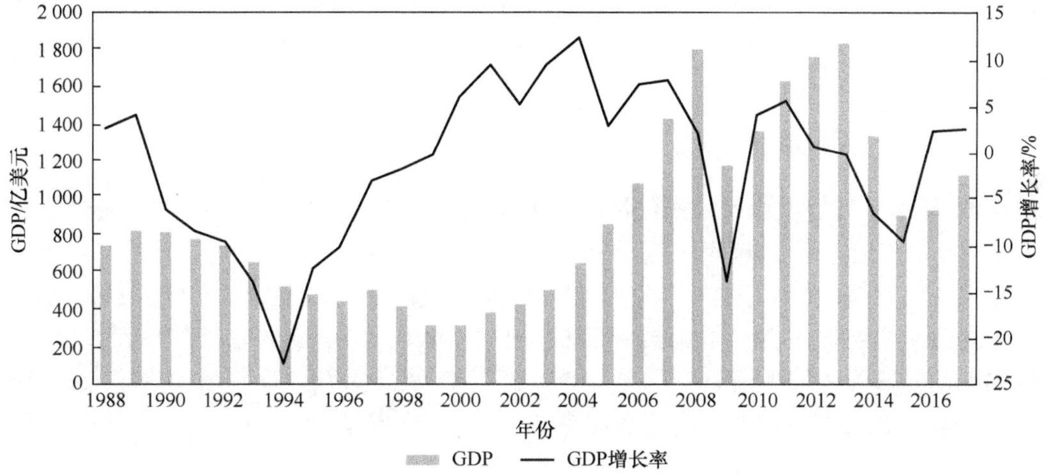

图 32-1　乌克兰 GDP 及其增长率变化情况

图 32-2 反映了乌克兰人均 GDP 变化情况。2008 年以前，随着乌克兰经济的高速发展，人均 GDP 不断提高，但 2009 年出现了大幅度下滑，之后基本维持在一个较高的水平且不太平稳。

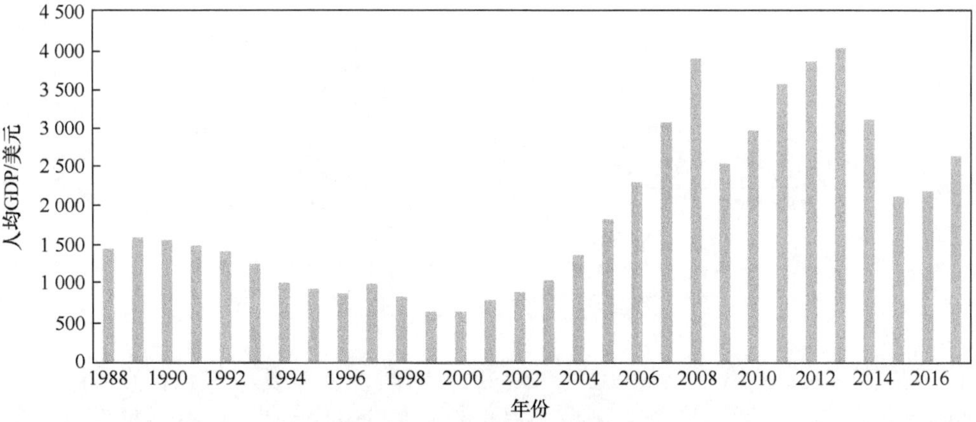

图 32-2　乌克兰人均 GDP 变化情况

数据显示2015年，乌克兰工业生产量大幅度下降。这主要由于开采业采掘数量下降、交通不畅、运输困难使生产原材料短缺。此时，乌克兰军事冲突地区的顿涅茨克州和卢甘斯克州有93个煤矿失去了乌克兰政府控制，使得原煤和褐煤的供应量减少了32.1%；焦炭及石油产品的生产加工量下降19.1%，钢铁生产量下降16.1%。一些大型钢厂的停产军事冲突地区铁路交通受阻、原材料运输困难，以及国际钢材市场价格进一步下降，使得钢铁生产受到影响，一些大型钢厂甚至停产；机械制造业生产量下降14.1%，主要由于与俄罗斯的贸易关系的恶化失去了核心订单；建筑业生产量下降12.3%，主要由于开发商投资活动减少，以及消费者住房需求和购买力下降；农业生产量下降4.8%，主要由于种植成本上升和国际市场农产品价格下降；食品工业生产量下降10.7%，主要由于肉类和奶制品原材料保障不足；商品批发业成交量缩减12.2%，而零售业成交量缩减20.7%，主要由于消费者工资下降。

近些年，乌克兰国内经济不断受到各种冲击，使经济参数不断恶化：商品缺乏国际市场竞争优势，使出口量减少；居民收入水平下降，使内需萎缩；经济活力不足，使劳动力市场消极趋势加剧。

二、人力资本基础情况分析

图32-3反映了乌克兰总人口变化情况。由图32-3可知，乌克兰近20年总人口是在不断减少的，而总人口增长率常年为负值。近些年，乌克兰总人口减少速度趋于稳定。乌克兰自1991年脱离苏联开始，死亡人数一直大于出生人数，并一直延续至今。1990—1995年，乌克兰人口平均寿命急剧地从70.7岁缩短到了66.9岁。1991—2013年，乌克兰总人口由1992年最大值的5 205.66万人减少到2013年的4 555.3万人，在十几年时间里就减少了650万左右。2014年，乌克兰死亡和难民外逃人数有明显增多。联合国人权事务高级专员办事处2016年3月3日报告称，截至2016年3月1日，乌克兰东部军事冲突已有9 187人死亡，2.1万人受伤。

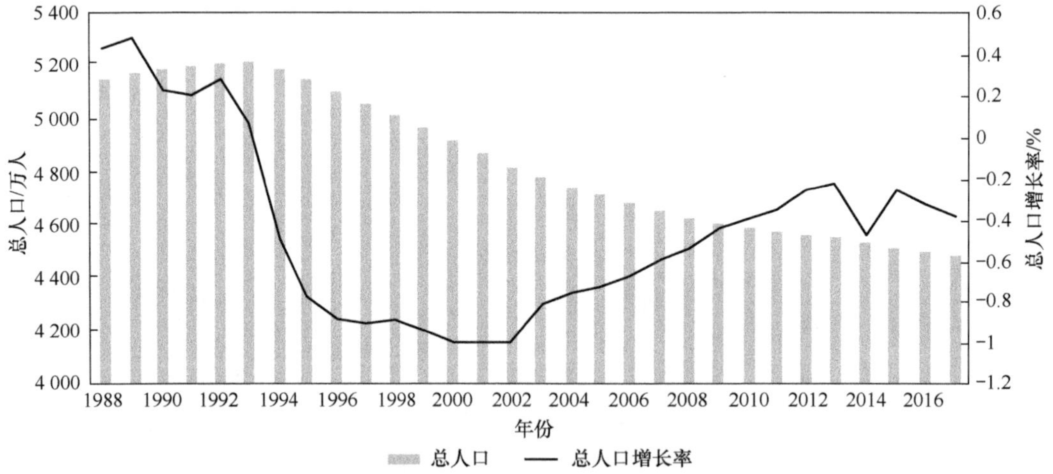

图32-3 乌克兰总人口变化情况

尽管乌克兰的人口生育率从2001年低谷后有过阶段性恢复，但也仅在2012年达到过1.14%的高峰值。按照人口统计学标准，人口生育率低于1.5%时，将很难再有显著回升。可见，乌克兰总人口减少颓势已无法改变。长远地看，新生人口不足必然造成劳动人口短缺，从而加重就业劳动人口负担。

图 32-4 反映了乌克兰劳动力失业率变化情况。2000—2015 年，乌克兰的劳动力市场总体上呈一个积极向好的变化趋势。在 2008 年全球经济危机的影响下，劳动力失业率 2009 年出现过一个显著的上升，由 2008 年的 6.4%上升到了 2009 年的 8.8%。

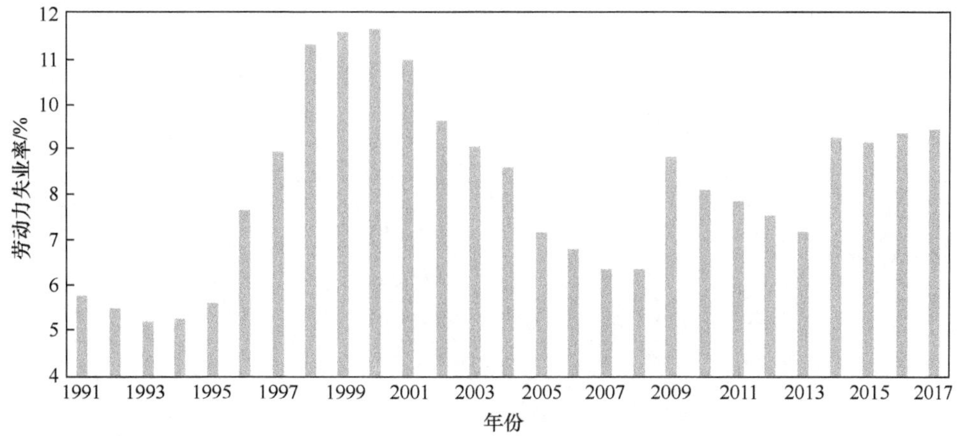

图 32-4　乌克兰劳动力失业率变化情况

自 2014 年起，乌克兰经济环境不好，企业生产量下降，导致劳动力需求减少，劳动力失业率又开始上升，并且 2014 年劳动力失业率由 2013 年的 7.2%上升到了 9.3%。劳动力需求在所有的行业中均有减少，尤其是在农业、建筑、工业、卫生、金融保险及水上运输等行业中减少最多。这些行业用工量占到国民经济生产用工量的 43%以上。

图 32-5 反映了乌克兰城镇和农村人口变化情况。从图 32-5 中可以看出，城镇人口占比是增加的，而农村人口占比是不断减少的，但是城镇和农村人口占比的变化幅度不大。

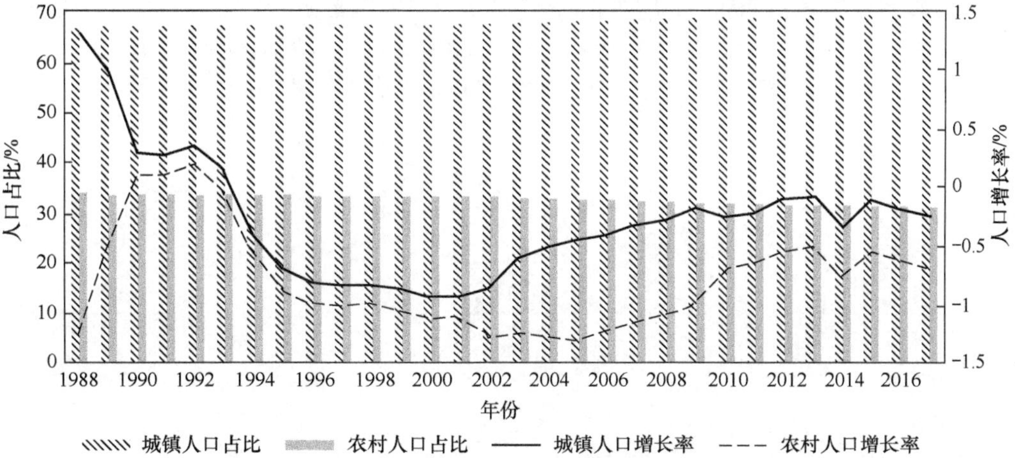

图 32-5　乌克兰城镇和农村人口变化情况

三、研发投入与产出情况分析

图 32-6 反映了乌克兰研发投入与产出情况。从图 32-6 中可以看出，乌克兰研发投入占

GDP 的百分比大体上呈减少的趋势；居民专利申请数量 2002 年之前缓慢增加，而 2002 年出现断崖式减少，且减少接近 5 000 个，这种现象某种程度上和研发投入的不足是分不开的。自 2002 年之后，乌克兰再也没有办法在研发上投入足够的精力与资金，所以居民专利申请数量自然缓慢减少并趋于稳定。

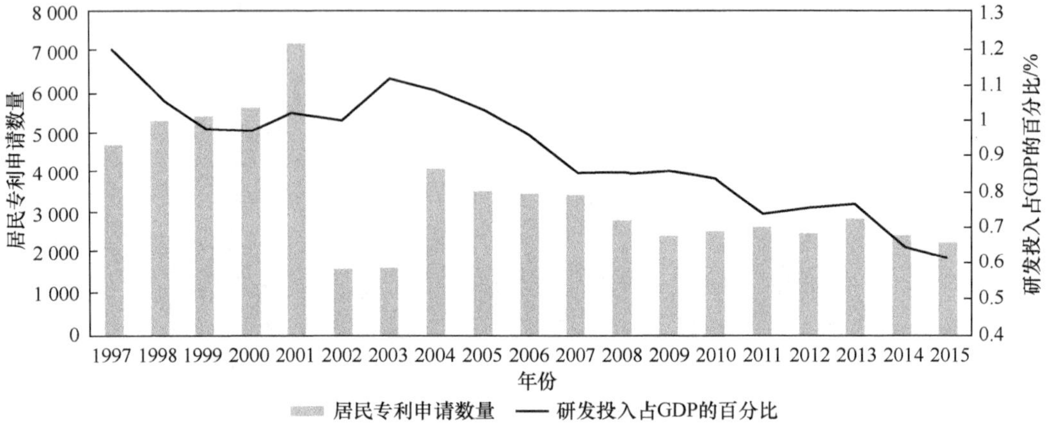

图 32-6　乌克兰研发投入与产出情况

四、制度环境情况分析

下面从法律制度、腐败监管、政治稳定、民主自由权利和政府效能 5 个方面来分析乌克兰制度环境的情况。从图 32-7 中可以看出，乌克兰的法律制度指数、腐败监管指数、政治稳定指数、民主自由权利指数、政府效能指数都低于中等收入国家和“一带一路”沿线国家的平均值。可见，乌克兰制度建设存在欠缺，制度环境较差。

乌克兰制度环境评估如表 32-1 所示。从表 32-1 中可以看出，5 项指标数据乌克兰的法律制度指数、腐败监管指数、政治稳定指数、民主权利指数、政府效能指数处于波动的状态且尚无优化趋势。其中，政治稳定指数在波动中呈减少的趋势，从 2002 年的−0.30 减少至 2016 年的−1.89。

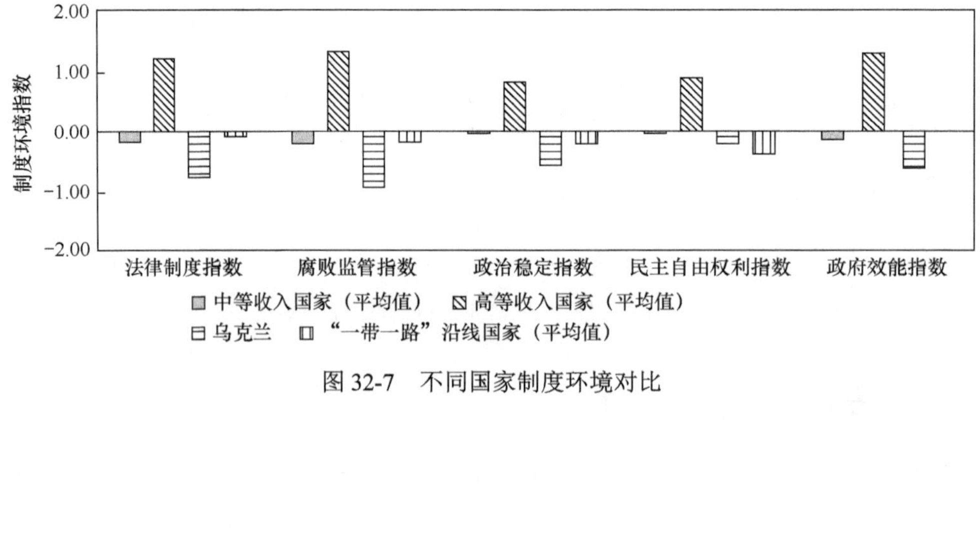

图 32-7　不同国家制度环境对比

表 32-1　乌克兰制度环境评估

年份	法律制度指数	腐败监管指数	政治稳定指数	民主自由权利指数	政府效能指数
2002	−0.81	−1.05	−0.30	−0.52	−0.62
2003	−0.78	−0.93	−0.36	−0.59	−0.58
2004	−0.76	−0.93	−0.47	−0.67	−0.60
2005	−0.78	−0.72	−0.29	−0.29	−0.64
2006	−0.80	−0.75	−0.04	0.05	−0.49
2007	−0.73	−0.80	0.17	0.06	−0.67
2008	−0.68	−0.84	0.04	0.09	−0.72
2009	−0.76	−1.04	−0.30	0.06	−0.83
2010	−0.81	−1.03	0.01	−0.08	−0.78
2011	−0.82	−1.05	−0.07	−0.13	−0.82
2012	−0.78	−1.08	−0.09	−0.28	−0.58
2013	−0.80	−1.13	−0.78	−0.32	−0.65
2014	−0.79	−0.99	−2.02	−0.14	−0.41
2015	−0.81	−0.98	−1.96	−0.09	−0.52
2016	−0.77	−0.84	−1.89	0.02	−0.58
2002—2016（平均值）	−0.78	−0.94	−0.56	−0.19	−0.63

数据来源：世界银行数据库。

五、税收负担情况分析

从图 32-8 中可以看出，乌克兰总税收占 GDP 的百分比总体上稳步上升。从图 32-9 中可以看出，乌克兰总税收占比呈现缓慢下降的态势，但仍处于一个较高的水平；利润税税收占比一直保持稳定，2010 年有小幅回落之后又逐渐上升。

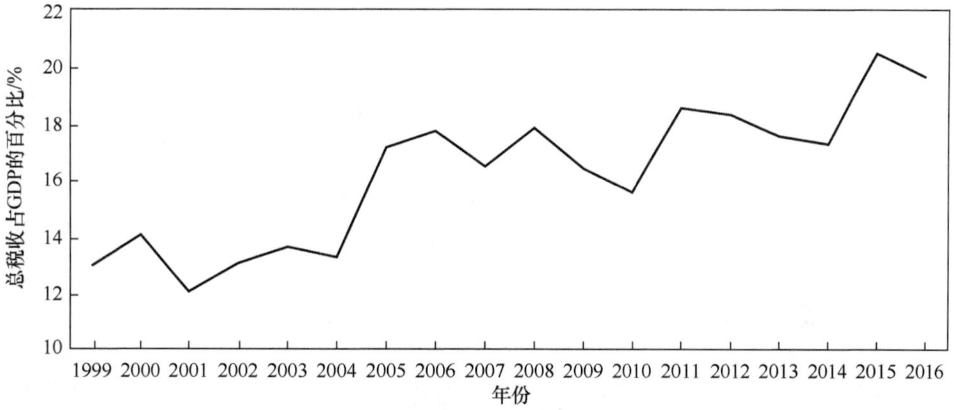

图 32-8　乌克兰总税收占 GDP 的百分比变化情况

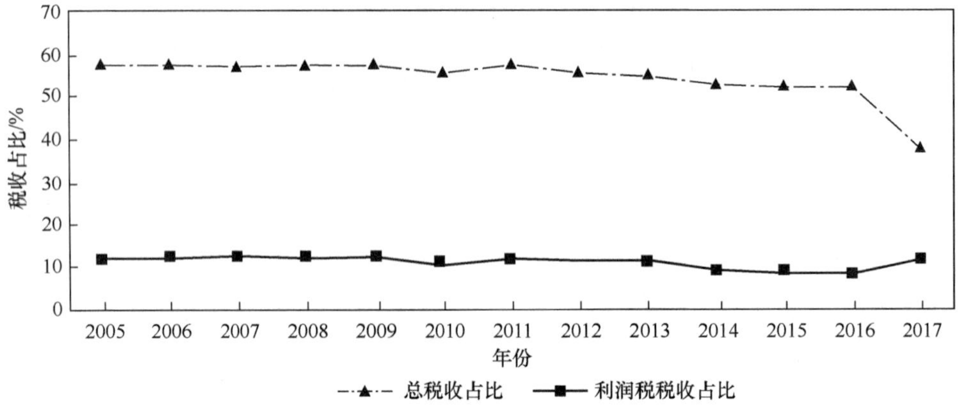

图 32-9　乌克兰税收占比变化情况

六、国际贸易情况分析

图 32-10 反映的是乌克兰国际贸易情况。三项指标（乌克兰对外贸易额、货物和服务贸易差额、货物和服务进口贸易额占 GDP 的百分比）都基本保持稳定。乌克兰对外贸易额占 GDP 的百分比 1993 年开始大幅提升之后趋于平稳态势；货物和服务进口贸易额占 GDP 的百分比与对外贸易额占 GDP 的百分比的变化类似，但增速和减速相对较小；货物和服务贸易差额占 GDP 的百分比增速和减速更小。

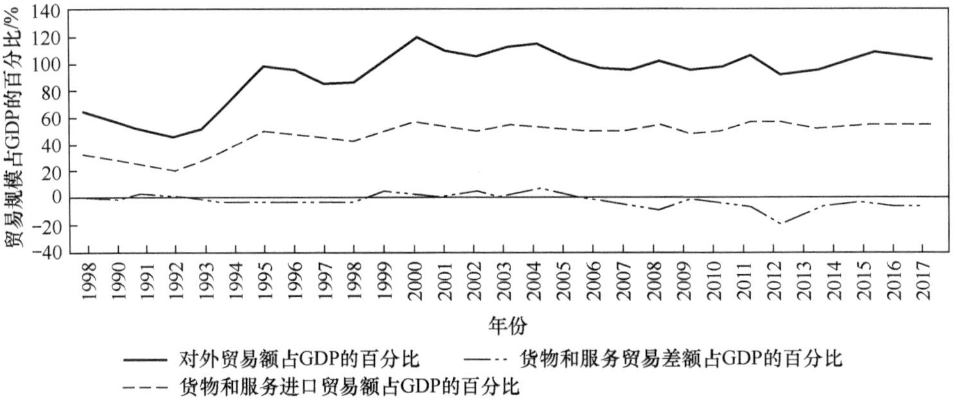

图 32-10　乌克兰国际贸易情况

七、外国直接投资情况分析

图 32-11 反映了乌克兰外国直接投资占 GDP 的百分比变化情况。从图 32-11 中可以看出，乌克兰外国直接投资占 GDP 的百分比 2004 年之前保持平稳态势，基本在 3%以下，2005—2017 年波动较大，2005 年出现了大幅上升，而 2012—2014 年出现剧降。

图 32-11　乌克兰外国直接投资占 GDP 的百分比变化情况

八、经济活力情况分析

乌克兰新注册企业数量及密度变化情况如图 32-12 所示。从图 32-12 中可以看出，乌克兰新注册企业数量在波动中不断增加。乌克兰新注册企业数量从 2009 年开始呈现逐年上涨的趋势，2016 年达到 48 138，并且有继续上升的可能。

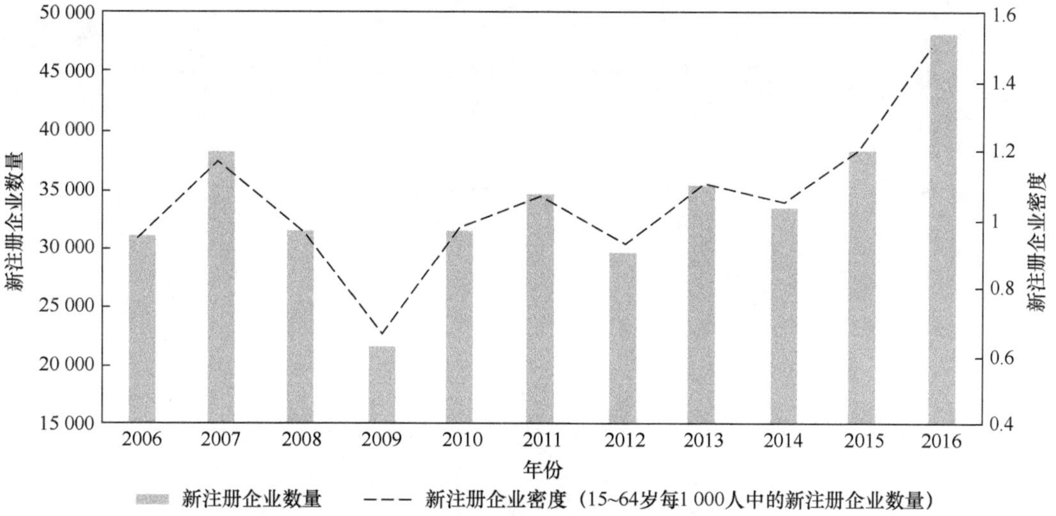

图 32-12　乌克兰新注册企业数量及密度变化情况

第三节　产业结构情况分析

一、三次产业结构分析

由图 32-13 可知，乌克兰服务业发展较快，服务业增加值占比不断提高，三次产业增加值占比不断优化。乌克兰在苏联时期就是苏联军事工业的重要基地，所以国内工业本身较为强势。但是自苏联解体之后的第 2 年，乌克兰的工业增加值大大下降，取而代之的则是服务业的崛起，并延续到了现在。在农业方面，乌克兰在大力发展日用消费品工业的同时控制农业的产业规模。由图 32-14 可知，在统计期内，乌克兰服务业就业人数占比很高且呈上升趋势；工业就业人数占比较高且有所下降；农业就业人数占比在 20%上下波动。

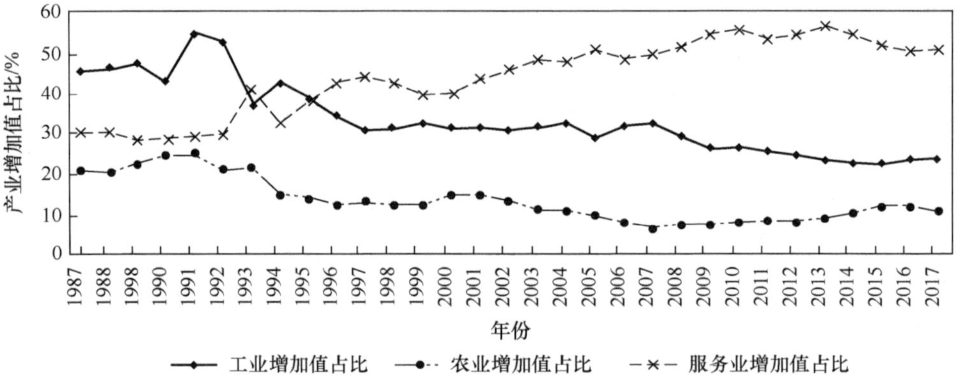

图 32-13 乌克兰产业结构变化情况

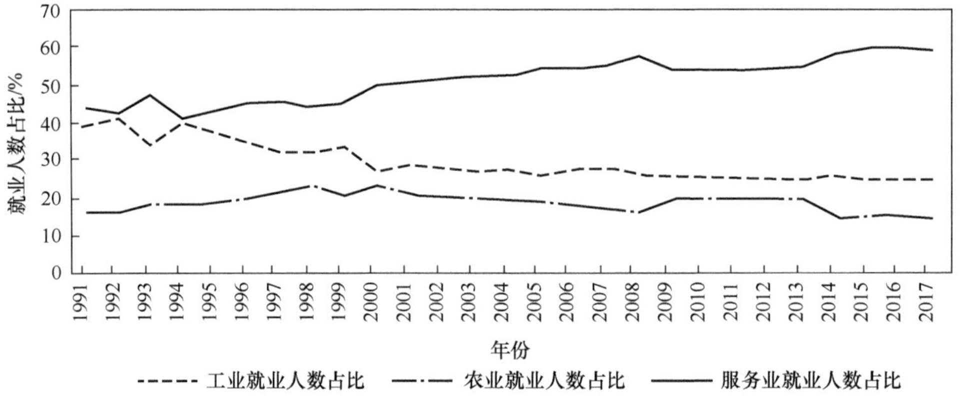

图 32-14 乌克兰劳动力就业结构变化情况

以上分析表明，乌克兰产业增加值占比、就业人数占比都呈现出第二产业向第三产业转移的趋势，这说明乌克兰产业结构逐步走向合理化。

二、工业、制造业规模变化分析

图 32-15 反映了乌克兰工业、制造业规模变化情况。乌克兰工业增加值 2006—2008 年快速增长，2009 年出现大幅下降后又开始回升，但高速增长的态势不复存在，2009—2016 年则在波动中保持相对稳定，基本在 300 亿～400 亿美元之间内变动。从表 32-2 中可以看出，中、高端技术行业增加值占比稳步上升且居于绝对优势地位。

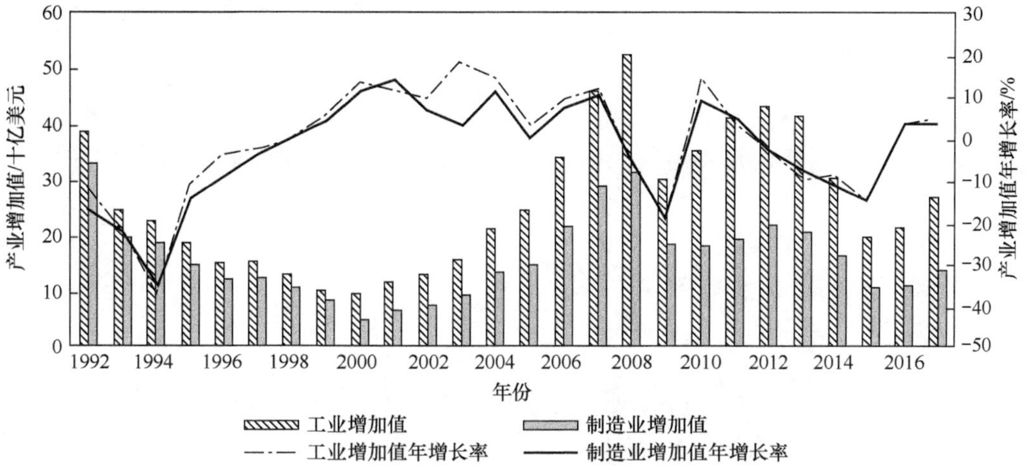

图 32-15　乌克兰工业、制造业规模变化情况

表 32-2　乌克兰制造业分行业增加值占比情况

行业	行业增加值占比/%		
	2012 年	2013 年	2014 年
食品、饮料、烟草	31	22.4	14.3
纺织品与服装	2	2.3	1.2
化学品	5.9	9.6	4.9
机械和运输设备	23.9	26	13.3
中、高端技术	37.2	39.6	66.4

三、服务业规模变化分析

乌克兰服务业规模变化情况如图 32-16 所示。总体而言，乌克兰服务业增加值占比自 1991 年开始呈现不断上升的趋势。乌克兰服务业增加值占比自 1991 的 28.88%上升为 2016 年的 50.16%。可见，服务业对拉动经济的作用越发显著。特别要指出的是，2009 年、2014 年及 2015 年，乌克兰国内 GDP 出现负增长，服务业增加值较上一年有所下降，但服务业增加值占比仍然很高，从而可以看出乌克兰通过发展服务业拉动经济的潜力。

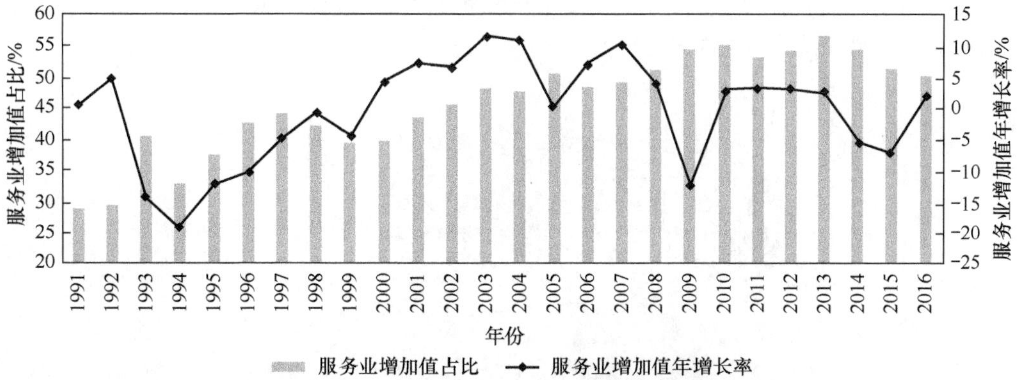

图 32-16　乌克兰服务业规模变化情况

四、产品情况分析

乌克兰是全球第六大钢材出口国，向全球 160 个国家和地区出口钢材。从图 32-17 中可以看出，2011 年乌克兰钢材产量达 3 530 万吨，较 2009 年增长 18%；2016 年钢材产量达 2 420 万吨，较 2011 年减少 31%；2017 年一季度钢材产量达 560 万吨，同比减少 8%。2011—2016 年，乌克兰钢材表观消费量整体呈减少的趋势。近些年，乌克兰钢材出口量占钢材产量的百分比约为 76%。

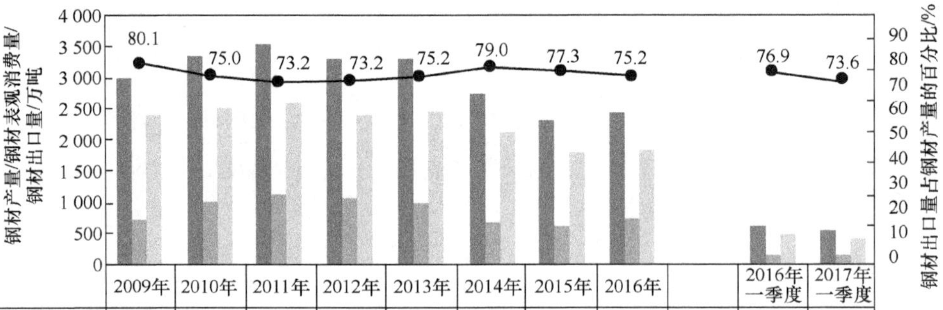

	2009年	2010年	2011年	2012年	2013年	2014年	2015年	2016年	2016年一季度	2017年一季度
钢材产量	2 990	3 340	3 530	3 300	3280	2 720	2 300	2 420	610	560
钢材表观消费量	690	1010	1 140	1 070	990	690	600	710	170	170
钢材出口量	2 390	2 510	2 590	2 410	2460	2 450	1 780	1 820	470	401
钢材出口量占钢材产量的百分比	80.1	75.0	73.2	73.2	75.2	79.0	77.3	75.2	76.9	73.6

图 32-17 乌克兰钢材出口情况

如图 32-17 所示，乌克兰钢材出口量 2011 年达 2 590 万吨，此后持续下滑，2016 年达 1 820 万吨，同比略增 3%；2011—2016 年，乌克兰钢材出口量降幅达 30%；2017 年一季度，乌克兰钢材出口量为 410 万吨，同比减少 12.8%，且同期乌克兰钢材出口贸易额为 18 亿美元，同比增长 37%。

如图 32-18 所示，2017 年一季度，乌克兰对排名前 10 的钢材出口对象国的钢材出口量为 260 万吨，约占乌克兰钢材出口总量的 63.4%。其中，乌克兰对意大利钢材出口量为 50 万吨，约占乌克兰钢材出口总量的 12.2%；乌克兰对土耳其钢材出口量为 46 万吨，约占乌克兰钢材出口总量的 11.2%；乌克兰对俄罗斯钢材出口量为 40 万吨，约占乌克兰钢材出口总量的 9.8%；乌克兰对埃及钢材出口量为 35 万吨，约占乌克兰钢材出口总量的 8.5%；乌克兰对波兰钢材出口量为 20 万吨，约占乌克兰钢材出口总量的 4.9%。

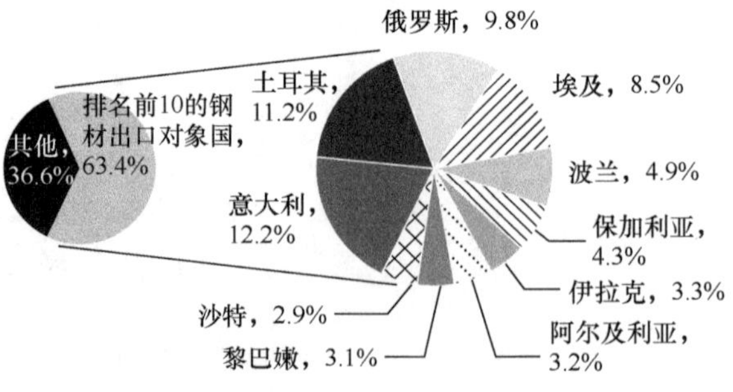

图 32-18 乌克兰对钢材出口对象国的钢材出口量情况

乌克兰坐拥丰富的冶金原燃料资源，但其中低品位铁矿石和高硫焦煤居多。乌克兰国内高炉普遍采用本国的低品质原燃料投料，导致出渣率非常高，也增大了焦炭消耗量。乌克兰大部分钢铁企业只能生产半成品和长材产品，不能生产高附加值的板材产品。乌克兰生产设备折旧率高，需要进行更新换代和升级改造。特别是在乌克兰政治危机和军事冲突爆发后，长期受俄乌关系紧张、装备技术落后、能源供应短缺、国内需求不旺等不利因素的影响，乌克兰钢铁工业一直在艰难中"匍匐前行"。为了突破困局，乌克兰迫切需要制定经济、技术和环保的综合发展战略，积极引进先进的装备技术，带动钢铁工业的转型发展。

第四节　产业政策分析

乌克兰独立后，历届政府都很重视产业结构改革，并将其作为摆脱经济危机的一个主要途径。乌克兰政府认识到，在向市场经济过渡时必须对原有的产业结构进行重大调整，使轻工业和重工业协调，使采掘工业和加工业协调，使军事工业尽快转向民用生产，以满足市场需要。因此，乌克兰的产业结构改革具有以下特点。

一、优先发展高科技产业和日用消费品工业

乌克兰产业结构调整的重点之一是进行工业内部结构的调整，优先发展能耗少、科技含量高的产业和大力发展日用消费品工业。乌克兰政府在这方面的政策如下。

（1）优先发展那些能在近期内有助于增加GDP、经济效益高的具有一定科技潜力的部门。

（2）有选择地进行生产改造，以增加在成本和质量上都具有竞争力的产品的产量。

（3）通过专项纲要补贴、提供贷款、税收优惠、吸引外资等方式，有计划地发展能耗少的新一代产品、新工艺和设备；对某些工业部门的产品进行国内外市场需求中期前景预测，确定产品进口贸易额和进口结构，以确保贸易顺差。

（4）重视环境保护，最大限度地减少工业部门对自然资源的消耗量，更多地在电力工业、化学工业和冶金工业中采用生态安全设备，发展无污染产品的生产。

（5）大力发展日用消费品工业，增加消费结构中复杂家用电器的产量。

（6）通过深化市场改革，逐步将能源部门实行私有化，解决能源欠款和能源易货交易中的问题，取消某些能源资源享受的税收优惠，扩大石油和天然气的勘探和生产规模，并力求使能源进口多元化。

二、扩大第三产业

乌克兰独立后，随着小私有化的开展，乌克兰的第三产业发展较快。例如，专业化商店网络（如直销店、仓储商店、自选市场、寄售商店和快餐业）初步建立；日常生活设备维修、干洗业、私人交通工具出租和技术维修服务业也发展很快。乌克兰第三产业产值在国民经济中的占比不断增加。总体而言，乌克兰商业和居民生活服务业的发展水平不仅落后于其他发达国家，也落后于本国的工业及其他经济部门。1998年，商业和服务业产值约占GDP的10%。

乌克兰尽管独立以来经济持续下降，但旅游业发展却一枝独秀。乌克兰位于东欧西南部，南濒黑海和亚速海，境内山水秀丽、风光迷人，名胜古迹遍布全国各地。因此，乌克兰旅游业开发潜力很大。乌克兰政府在保护原有旅游资源的同时积极开发新的旅游线路和景点。目

前，乌克兰共有 3 000 多家旅游公司、3 000 多个疗养所和度假地、1 400 多家旅馆饭店。

2001 年，乌克兰旅游业收入约占 GDP 的 10%。乌克兰旅游业的发展不仅对缓解国家经济困难发挥了重要作用，还解决了日趋严重的失业问题、促进与旅游业相关部门（如轻工业、农业、交通业和建筑业等部门）的经济发展。一些专家认为，乌克兰旅游业的发展前景广阔。乌克兰有望成为世界旅游者向往的旅游胜地。旅游业将成为乌克兰重要的产业部门之一。

通信业是乌克兰经济中发展较快、外资最感兴趣的部门之一。近 10 年来，乌克兰的电话装机量已经翻了一番，达 1 020 万部，每百人平均拥有的电话机数量为 20.5 部。乌克兰国内各主要地区均建有数控长途电话站。乌克兰已与一些外国电话公司进行合作，从而使移动电话业务在乌克兰发展很快。随着通信市场的不断开放，乌克兰的商业和个人通信中已大量引进国外先进技术。但是，乌克兰政府一再强调要开发本国的通信技术，启动民族通信发展计划。

三、转产国防工业和机器制造业的军工生产部门

军事工业曾是乌克兰国民经济的主要组成部分。冷战结束后，乌克兰政府认识到，继续保留庞大的军事工业将拖累经济转轨。此外，由于军工订货下降、军费开支削减、轻工产品和民用品缺乏，乌克兰政府决定将大部分军工企业改造为民用企业（简称“军转民”）。

乌克兰“军转民”始于 1988 年。乌克兰独立后，随着经济转轨的不断深入，许多企业都能灵活地应对市场变化，利用雄厚的科技和生产潜力转产市场需求量大的日用品。一些军工转产企业很重视宇宙通信、电视机、无线电定位系统、无污染的燃气轮机装置、汽车、电力交通工具、电子技术等高科技产品的研制开发。此外，彩电、录像机、冷冻设备、吸尘器、洗衣机、缝纫机、医疗设备、农机等产品也是军工转产企业的重要产品。

目前，乌克兰的主要军工领域正在加速“军转民”过程。例如，南方机器厂进行了大规模“军转民”，生产了诸如拖拉机、吸尘器、厨房器械、食品加工设备等民用品。乌克兰造船工业和航空工业也在努力扩大商船和运输机生产。能够建造航空母舰的百年老厂黑海造船厂通过企业的结构改组降低造船成本。由于该厂技术力量雄厚，可以建造各种类型的船只，因此近年来其产品在希腊、挪威等国家很有市场。

由于资金匮乏等因素，乌克兰部分企业的“军转民”收效并不尽如人意。为了解决资金不足的难题和推动“军转民”改造，乌克兰政府努力寻求国际合作，并鼓励外商参加乌克兰的“军转民”。乌克兰独立以来，已与美国等国家在“军转民”方面进行了合作。乌克兰一些企业与外国公司建立了直接联系。为了更多地吸引资金，对于产品没有销路而又因资金和技术问题无力转产的那些军工企业，乌克兰政府鼓励对其实行私有化。外商可以通过赎买、租赁、合资的方式参与这些企业的私有化。乌克兰对处于停产状态而又不允许私有化的那些军工企业则予以关闭。

在“军转民”的过程中，乌克兰还继续保留和发展处于科技领先地位的军工部门，鼓励军工企业挖掘出口潜力，开拓国际军火市场。在苏联重点发展的“优先技术”中，许多技术与乌克兰的军工企业密切相关。这些技术包括火箭制造技术、飞机制造技术、船舶制造技术等。乌克兰航空制造业居世界领先地位。乌克兰许多航空制造业产品的科技水平目前在世界上也只有少数几个国家才能达到。乌克兰造船工业的科技潜力也很雄厚。苏联 6 个建造大型水面舰船的造船厂中的 3 个位于乌克兰黑海沿岸。其中，黑海造船厂是苏联唯一能制造航空

母舰的造船厂。

凭借雄厚的军事科技基础，乌克兰及时制定和调整了发展高科技武器出口政策，以求在竞争激烈的世界武器市场上站稳脚跟，并希冀以此来推动国内军事工业的发展。为此，乌克兰改造和完善了部分武器独立生产机制，积极发展与国外的军事技术合作，努力寻求多元化的高科技武器市场的合作伙伴。至 2000 年，乌克兰已与世界上 70 多个国家建立了军事技术合作关系，并与其中的 40 多个国家签订了军火出口贸易协议。乌克兰生产的高科技武器不仅在中东、非洲、拉美和亚洲一些国家很有市场，而且正在逐渐进入欧洲市场。

第五节　产业结构与产业政策分析基本结论

经过多年的努力，乌克兰在产业结构调整方面取得了一定成效，第三产业有了不同程度的发展。但从总体上说，乌克兰原产业结构中的一些缺陷尚未得到根本改变。

一、低能耗部门没有得到长足发展

乌克兰机器制造业和金属加工业产值在工业总产值中的占比 1990 年为 30.7%，而 1999 年仅为 14.1%。1998 年，电子工业产值仅占 GDP 的 0.13%。采矿业、冶金业等耗能多的部门产值在工业总产值的占比仍在不断增加。1990—1997 年，动力工业、燃料工业和黑色冶金业产值在工业总产值中的占比增加了 1.4 倍，而机器制造业产值在工业总产值中的占比减少了 44.4%。此外，作为乌克兰经济中战略性环节的轻工业和食品工业也没有得到应有的发展。轻工业产值在工业总产值中的占比 1990 年为 10.8%，而 1999 年仅为 1.6%。1990 年以前，乌克兰居民购买的轻工产品有 80%是乌克兰本国生产的，而现在国产轻工产品在国内市场的占比不到 30%，进口产品在国内市场的占比却达到 67%。目前，乌克兰轻工企业普遍存在资金不足的问题，加之大部分轻工企业原料紧缺、设备老化和工艺过时，因此，轻工企业难以生产具有竞争力的产品。乌克兰食品工业形势同样非常严峻。乌克兰食品工业产值 1998 年比 1995 年下降 50%～85%。

乌克兰独立后，乌克兰财政始终赤字累累，投资得不到增加，基本建设投资曾连年减少。乌克兰经济形势持续恶化对吸引外资也产生了消极影响。据乌克兰经济部统计，乌克兰需要外资 400 亿美元。其中，冶金业需要外资 70 亿美元；机器制造业需要外资 51 亿美元；化学和石化工业需要外资 33 亿美元；交通运输业需要外资 37 亿美元。由于国内投资环境长期得不到改善，乌克兰吸引的外资非常有限，而且外资流入的部门结构也与乌克兰产业结构调整的计划不太相符。

二、民族工业受挫影响内部调整

乌克兰经济改革中一个很大的失误就是没有处理好对外开放与保护民族工业的关系。为获得西方的财政援助，乌克兰政府不得不全盘接受外部条件。结果是，乌克兰本国生产的产品不仅在国外市场，而且在国内市场都失去了竞争力。据报道，目前乌克兰国内市场上进口消费品超过 2/3，如此高的比例大大打击了民族工业。尽管乌克兰经济界和政界已有人意识到摆脱乌克兰经济危机的根本出路在于能否把本国生产搞上去，但乌克兰对如何把握对外开放与发展本国生产的关系至今尚无良策。乌克兰政府的复兴经济计划也未对工业部门给予足够重视。乌克兰对国内企业课税过重，加之国内经济危机给国内企业带来了冲击，导致饱受重创的民族工业很难按乌克兰政府计划的部门内结构合理发展。

三、科技实力的下降致使工业结构难以向现代高科技领域转换

乌克兰从苏联继承的是一份实力雄厚的科技遗产，其科技力量约占苏联科技实力的1/4。在苏联时期，乌克兰培养的工程技术及其他方面的专家几乎比欧洲任何一个国家都多。乌克兰在导弹、航空、飞机、造船等战略领域的科研和设计水平较高。乌克兰独立之初，国民曾为乌克兰的科技实力而骄傲，并将其视为振兴民族、发展经济的杠杆之一。

乌克兰独立后，由于国民经济长期处于危机之中，国家对科技的投入大幅度减少，科技潜力因此而急剧萎缩。改革初期，乌克兰对美国优先发展的所有 20 个知识密集型领域都有研究，而 10 年后仅剩下 7 个领域。1991 年，乌克兰研发投入占 GDP 的百分比为 3.1%，10 年后已降至 0.34%。这一指标大大落后于世界发达国家的水平。像乌克兰这样一个处于转型期的国家，科研经费只有占到 GDP 的 1.7%以上，科学研究才能成为经济发展的增长点。目前，乌克兰对科研的投入已远远不能满足对科技发展的最低需求，甚至不能保证科研人员的工资及日常办公开支。据统计，乌克兰科研人员的人均费用仅占欧洲其他国家科研人员的 1/40。由于科研人员的待遇普遍降低，科研工作环境持续恶化，大量高水平科技人才严重流失。如今，在乌克兰的许多领域，每 1 万人口中从事科研工作的专家不足 10 人，已明显具有欠发达国家的特征。乌克兰失业率（包括隐性失业）在科技界约达 90%，而在整个国民经济中则为 40%。1991—1997 年，乌克兰共有 6 000 多名科学家出国，其中国家科学院出国的专家达 1 000 多人。乌克兰因此而被视为对美国、加拿大、西欧国家、俄罗斯等国的智力投资者。乌克兰独立之初，乌克兰人均科技发明情况与美国不相上下，而现在乌克兰却很少有人申请专利。在乌克兰企业中，仅 4%的企业利用本国科技成果。90%的乌克兰产品因缺乏科学保障而在国内市场丧失了竞争力。科技实力的下降无疑已成为乌克兰工业结构落后的主要原因之一。

四、农业部门在产业结构调整中仍然没有得到长足发展

20 世纪 80 年代前期，乌克兰农业生产的年均增长率为 2%，此后开始下跌。20 世纪 90 年代初期，乌克兰农业产量大幅度下降。尤其在乌克兰独立后，作为乌克兰国民经济重要支柱的农业部门始终未能发挥其应有的作用。由于苏联区域内贸易体系的崩溃及乌克兰国内经济危机给农业带来的冲击，乌克兰农业生产规模大幅度萎缩，农业产量持续下降。素有“粮仓”之称的乌克兰曾一度食品紧张。乌克兰本国生产的农产品缺乏竞争力，大量进口食品充斥国内市场。乌克兰农业发展的滞后已严重影响了人民的生活水平，并成了经济发展的制约因素。自 2000 年起，乌克兰农业终于摆脱了持续衰退的局面，但畜牧业形势依然十分严峻，牲畜存栏数继续减少，其亏损面仍然很大。

乌克兰产业结构调整成效不大的原因是多方面的。第一，根深蒂固的传统计划经济体制难以在短时间内彻底改变。第二，内部资金积累不足，加之外资流入量有限，因此产业结构调整始终面临着资金匮乏的局面。第三，产业结构调整是在国家遭遇长期经济危机的条件下进行的，因而缺乏必要的外部环境。第四，政府的许多经济政策基本是以宏观经济稳定为基础的，因此产业结构调整只能被动地从属于这样一种目的。第五，与产业结构调整有关的其他一些问题，如下岗工人的安排和再就业、技术人员的待遇、工人的劳动积极性等都没有得到很好的解决。

第三十三章　乌兹别克斯坦产业结构与产业政策分析

第一节　基本情况

乌兹别克斯坦共和国，简称乌兹别克斯坦，是一个位于中亚的内陆国家，是世上两个双重内陆国之一。乌兹别克斯坦全境地势东高西低。乌兹别克斯坦平原低地占国土面积的80%，大部分位于西北部的克孜勒库姆沙漠。乌兹别克斯坦东部和南部属天山山系和吉萨尔–阿赖山系的西缘，内有著名的费尔干纳盆地和泽拉夫尚盆地。乌兹别克斯坦境内有自然资源极其丰富的肥沃谷地。乌兹别克斯坦主要河流有阿姆河、锡尔河和泽拉夫尚河，均为内流河。

乌兹别克斯坦是著名的“丝绸之路”古国，历史上与中国通过“丝绸之路”有着悠久的联系。乌兹别克斯坦1991年8月31日宣告独立，同年12月21日加入独立国家联合体。乌兹别克斯坦有1个自治共和国（卡拉卡尔帕克斯坦自治共和国）、1个直辖市（塔什干）和12个州（安集延州、布哈拉州、吉扎克州、卡什卡达里亚州、纳沃伊州、纳曼干州、撒马尔罕州、苏尔汉河州、锡尔河州、塔什干州、费尔干纳州、花拉子模州）。

在人口方面，乌兹别克斯坦总人口约为3265万人（2018年）。2012年，乌兹别克斯坦全年出生率为21‰，比2011年的21.2‰下降为0.2‰；死亡率为4.9‰，与2011年持平。2012年，有16.9万人移民乌兹别克斯坦，有20.9万乌兹别克斯坦公民移民他国，移民逆差4万人（2011年逆差为4.8万人）。乌兹别克斯坦是一个由130个民族组成的多民族国家。其中，乌兹别克族人口占总人口的80%；俄罗斯族人口占总人口的5.5%；塔吉克族人口占总人口的4%；哈萨克族人口占总人口的3%；卡拉卡尔帕克族人口占总人口的2.5%；鞑靼族人口占总人口的1.5%；吉尔吉斯族人口占总人口的1%；朝鲜族人口占总人口的0.7%。此外，还有土库曼族、乌克兰族、维吾尔族、亚美尼亚族、土耳其族、白俄罗斯族等。

在气候方面，乌兹别克斯坦属于严重干旱的大陆性气候。乌兹别克斯坦夏季漫长、炎热，7月平均气温为26～32℃，南部白天气温经常高达40℃；冬季短促、寒冷，1月平均气温为−6～−3℃，北部绝对最低气温为−38℃。乌兹别克斯坦平原低地年均降水量为80～200毫米，山区年均降水量为1 000毫米，大部分集中在冬、春两季。

在自然资源方面，乌兹别克斯坦资源丰富，矿产资源储量总价值约为3.5万亿美元。截至2014年，探明有近100种矿产。其中，黄金探明储量为3 350吨（居世界第4位）；石油探明储量为5.84亿吨；凝析油探明储量为1.9亿吨；天然气探明储量为2.055万亿立方米；煤储量为18.3亿吨；铀储量为18.58万吨（居世界第7位）；铜、钨等矿藏也较为丰富。截至2014年，乌兹别克斯坦天然气开采量居世界第11位；黄金开采量居世界第9位；铀开采量居世界第5位。非金属矿产有钾盐、岩盐、硫酸盐、矿物颜料、硫、萤石、滑石、高岭土、明矾石、磷钙土及建筑用石料等。乌兹别克斯坦有97种哺乳动物、379种鸟类、58种爬行类动物和69种鱼。乌兹别克斯坦有3 700种野生植物。乌兹别克斯坦森林总面积为86 000平方千米以上，森林覆盖率为12%。

在经济建设方面，乌兹别克斯坦经济在转型的头几年里有所下滑，1995 年后开始复苏，这得益于政策改革的累积效应。现在，乌兹别克斯坦是世界第六大棉花生产国和第二大棉花出口国，世界第七大黄金生产国，同时也是区域内重要的天然气、煤、铜、石油、银和铀生产国。乌兹别克斯坦也是计划经济向市场经济平稳转型的独特范例。

第二节　经济发展情况分析

一、经济规模情况分析

乌兹别克斯坦 GDP 及其增长率变化情况如图 33-1 所示。乌兹别克斯坦人均 GDP 变化情况如图 33-2 所示。总体来看，乌兹别克斯坦 GDP 是波动上升的，经济规模不断扩大，人民生活水平不断提高。1996—1999 年，乌兹别克斯坦 GDP 不断上升但整体水平较低。2000—2002 年，乌兹别克斯坦经历了短暂的经济下行。2003 年之后，乌兹别克斯坦经济形势转好，GDP 稳步上升。2016 年，乌兹别克斯坦 GDP 超过 650 亿美元，人均 GDP 超过 2 000 美元。

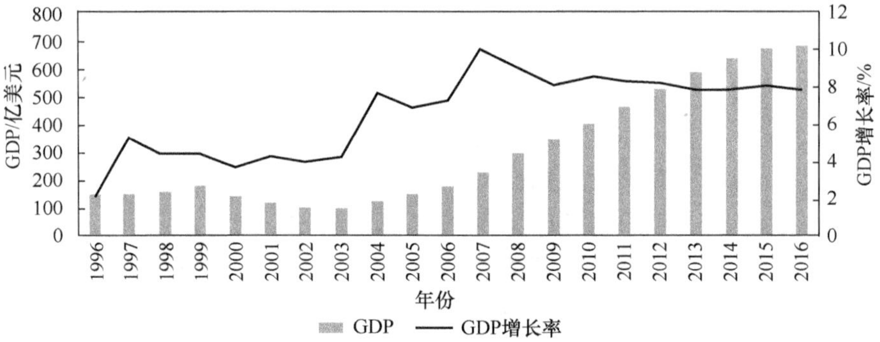

图 33-1　乌兹别克斯坦 GDP 及其增长率变化情况

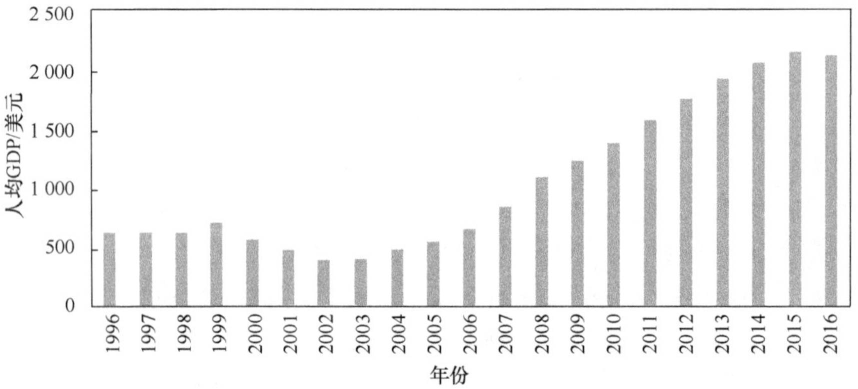

图 33-2　乌兹别克斯坦人均 GDP 变化情况

二、人力资本基础情况分析

从图 33-3 中可以看出，在统计期内，乌兹别克斯坦总人口是逐渐上升的；乌兹别克斯坦总人口增长率始终为正值，2010 年达到历年最大值，接近 3%。

从图 33-4 中可以看出，城镇人口占比不断增加，而农村人口占比不断降低；2009 年，城镇人口占比开始超过农村人口占比；截至 2017 年，城镇人口占比达到 50.55%。这表明乌兹别克斯坦城市化进程不断加快。

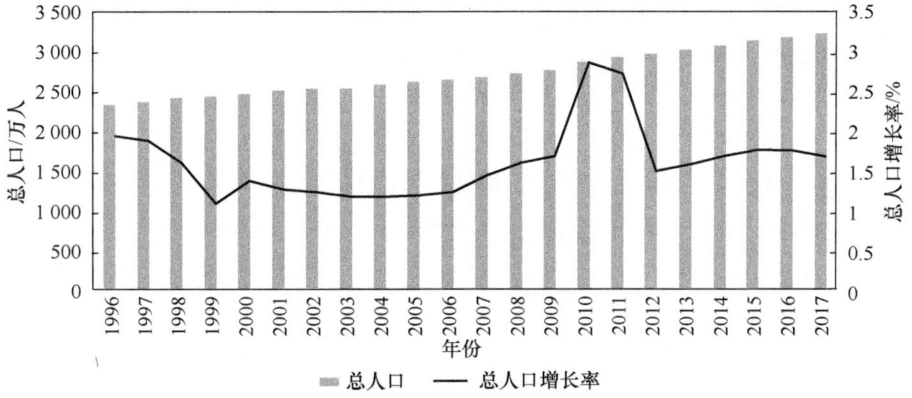

图 33-3 乌兹别克斯坦总人口变化情况

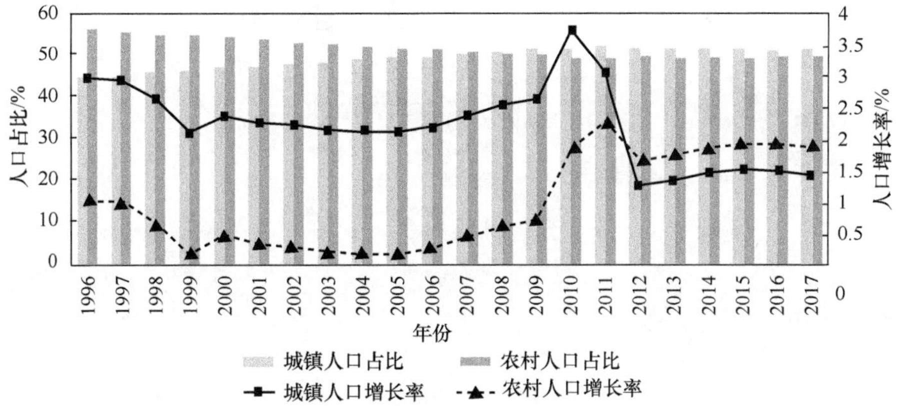

图 33-4 乌兹别克斯坦城镇和农村人口变化情况

三、信息化情况分析

乌兹别克斯坦信息化发展水平较低，通信方式较为单一，获取信息的渠道少且效率低。从图 33-5 中可以看出，乌兹别克斯坦通信工具以固定电话为主，移动电话覆盖率和固定宽带覆盖率很低。可见，乌兹别克斯坦信息化发展水平亟待提高。

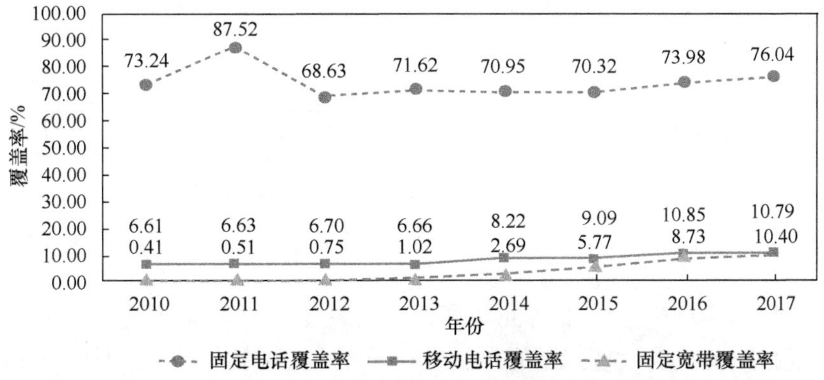

图 33-5 乌兹别克斯坦信息化情况

四、创新活动情况分析

图 33-6 为乌兹别克斯坦创新产品、工程和服务的投入和产出情况。从图 33-6 中可以看出，乌兹别克斯坦在创新产品、工程和服务上的投入额和产出额都是不断增加的，显示出乌兹别克斯坦对于创新研发的重视及创新能力的提高。乌兹别克斯坦投入产出比 2008—2016 年波动变化较大，2012 年达到最大值为 1 165.73%（创新投入效率较高），而 2013 年大幅下降（为 99.58%），近年有所回升，但远低于 2012 年的水平，2016 年为 415.66%。

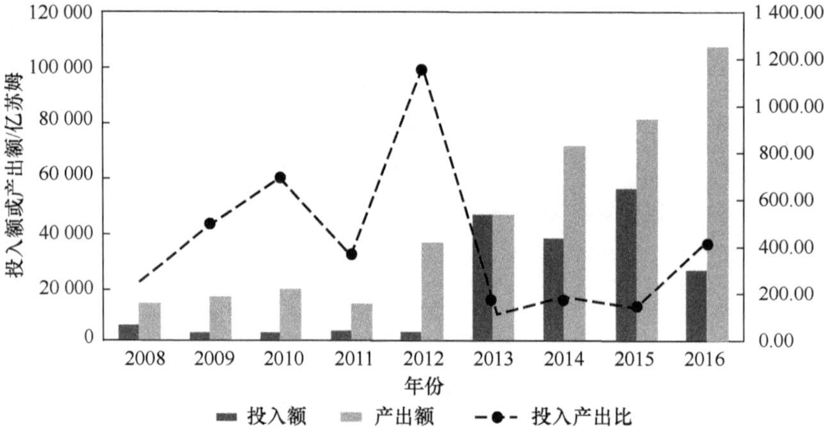

图 33-6　创新产品、工程和服务的投入和产出情况

五、制度环境情况分析

下面从法律制度、腐败监管、政治稳定、民主自由权利和政府效能 5 个方面分析乌兹别克斯坦制度环境的情况。不同国家制度环境对比如图 33-7 所示。乌兹别克斯坦在法律制度、腐败监管、政治稳定、民主自由权利、政府效能方面远远落后于“一带一路”沿线国家，迫切需要加强制度环境建设。

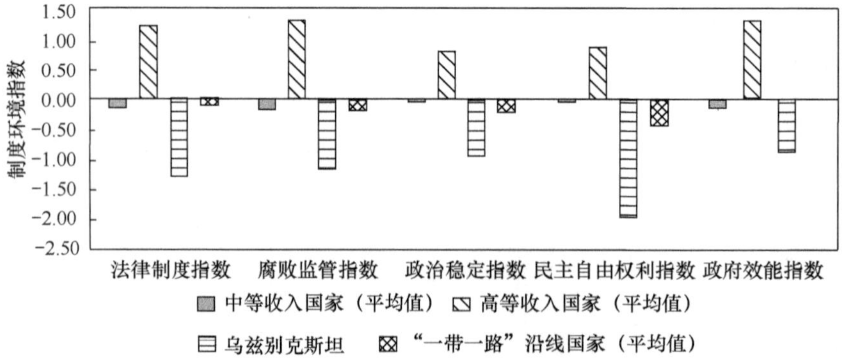

图 33-7　不同国家制度环境对比

乌兹别克斯坦制度环境评估如表 33-1 所示。从表 33-1 中可以看出，在统计期内，乌兹别克斯坦政治稳定指数和政府效能指数有所上升，分别从 2002 年的−1.06 和−1.19 上升至 2016 年的−0.34 和−0.60；法律制度指数、腐败监管指数及民主自由权利指数尚无明显变化。

表 33-1　乌兹别克斯坦制度环境评估

年份	法律制度指数	腐败监管指数	政治稳定指数	民主自由权利指数	政府效能指数
2002	−1.48	−1.03	−1.06	−1.81	−1.19
2003	−1.31	−1.09	−1.30	−1.76	−1.10
2004	−1.32	−1.13	−1.46	−1.78	−1.03
2005	−1.46	−1.23	−1.96	−1.93	−1.21
2006	−1.45	−1.00	−1.78	−2.07	−1.16
2007	−1.22	−1.03	−1.36	−2.12	−1.11
2008	−1.17	−1.06	−1.21	−2.10	−0.87
2009	−1.32	−1.27	−0.95	−2.10	−0.63
2010	−1.42	−1.30	−0.72	−2.09	−0.71
2011	−1.45	−1.37	−0.60	−2.12	−0.69
2012	−1.29	−1.30	−0.52	−2.03	−0.91
2013	−1.23	−1.26	−0.54	−1.97	−0.91
2014	−1.13	−1.19	−0.27	−1.91	−0.63
2015	−1.11	−1.26	−0.37	−1.96	−0.67
2016	−1.13	−1.20	−0.34	−1.89	−0.60
2002—2016（平均值）	−1.30	−1.18	−0.96	−1.98	−0.89

数据来源：世界银行数据库。

六、税收负担情况分析

总体来说，乌兹别克斯坦总税收占 GDP 的百分比是波动上升的。如图 33-8 所示，乌兹别克斯坦总税收占 GDP 的百分比 2011—2013 年从 16.21%上升至 17.51%，2014—2016 年波动较为稳定，并出现下降趋势，2016 年为 17.16%。与世界其他发展水平较高的国家相比，乌兹别克斯坦总税收占 GDP 的百分比依然较高。从图 33-9 可以看出，乌兹别克斯坦总税收占比和利润税税收占比相当高，这对于上升期的经济发展来说是不利的。

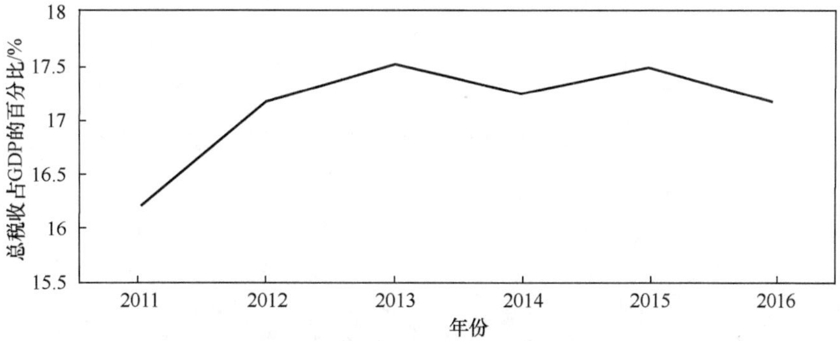

图 33-8　乌兹别克斯坦总税收占 GDP 的百分比变化情况

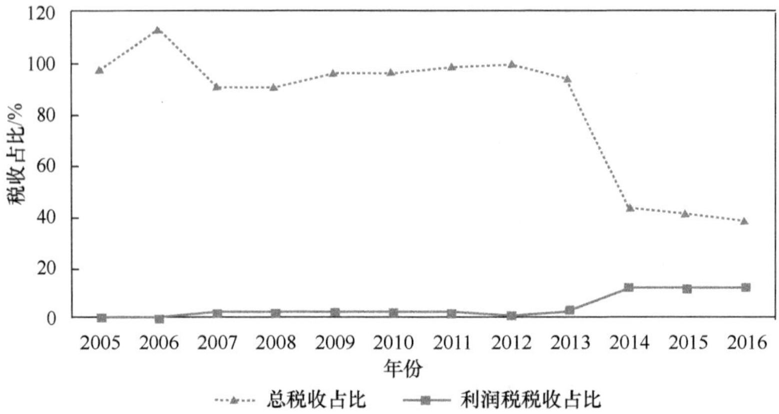

图 33-9　乌兹别克斯坦税收占比变化情况

七、国际贸易情况分析

整体来看，乌兹别克斯坦对外贸易额占 GDP 的百分比变化不大，国际贸易发展较为稳定。从图 33-10 可以看出，乌兹别克斯坦对外贸易额占 GDP 的百分比 2000—2010 年变化较为明显，2010 年以后趋于平稳，2016 年为 51.15%；货物和服务贸易差额占 GDP 的百分比逐渐下降，2012 年以后均为负值，2016 年下降至−13.68%；货物和服务进口贸易额占 GDP 的百分比 2000—2016 年无明显变化，2016 年为 32.42%。

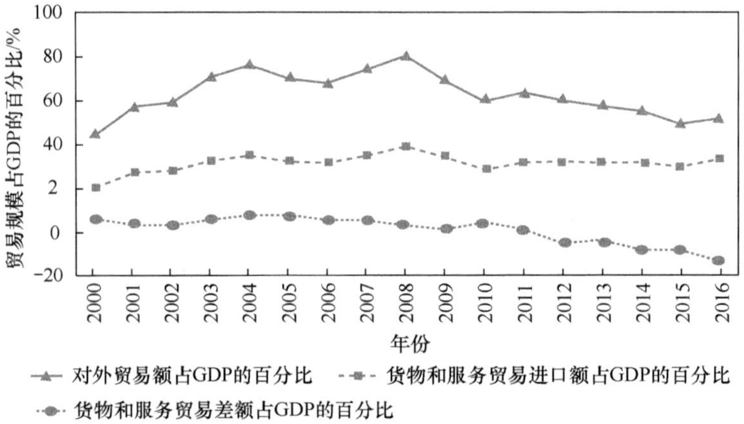

图 33-10　乌兹别克斯坦国际贸易情况

八、外国直接投资情况分析

整体来看，乌兹别克斯坦外国直接投资占 GDP 的百分比波动较大，且呈现下降趋势。如图 33-11 所示，乌兹别克斯坦外国直接投资占 GDP 的百分比 2007 年和 2010 年达到两个峰值（分别为 3.16%和 4.16%），而 2011—2017 年不断下降，2017 年下降为 0.19%。

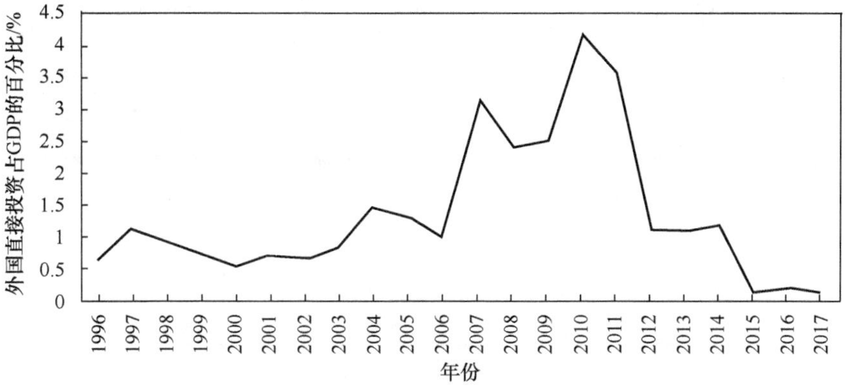

图 33-11 乌兹别克斯坦外国直接投资占 GDP 的百分比变化情况

九、经济活力情况分析

乌兹别克斯坦新注册企业数量及密度变化情况如图 33-12 所示。从图 33-12 中可以看出，乌兹别克斯坦新注册企业数量及密度整体上呈上涨趋势，表明乌兹别克斯坦投资状况良好。2016 年，乌兹别克斯坦新注册企业数量为 21 395，新注册企业密度达到 1.01。

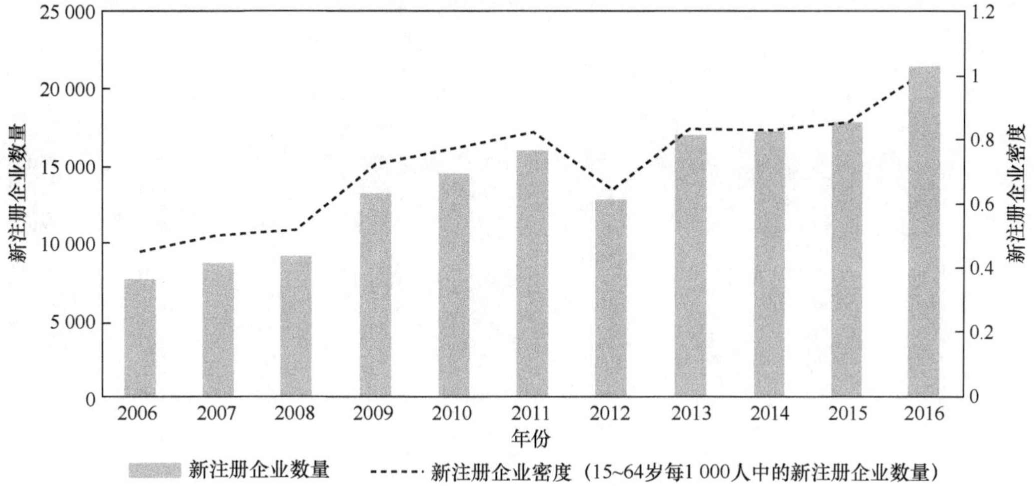

图 33-12 乌兹别克斯坦新注册企业数量及密度变化情况

第三节 产业结构情况分析

一、三次产业结构分析

首先从三次产业增加值占比来分析乌兹别克斯坦产业结构状况。从图 33-13 中可以看出，服务业对乌兹别克斯坦经济发展贡献最大。乌兹别克斯坦服务业增加值占比波动较小，2017 年出现下降趋势；农业增加值占比 2017 年出现上升势头；工业增加值占比保持稳定，无明显变化。乌兹别克斯坦农业、工业和服务业增加值占比 2017 年分别为 16.99%、29.47%和 39.85%。

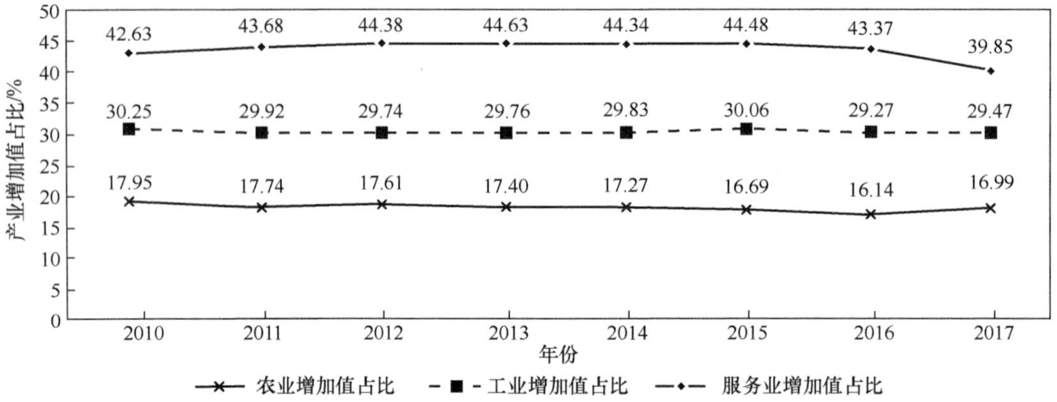

图 33-13 乌兹别克斯坦产业结构变化情况

三次产业就业人数占比情况从一定程度上反映了乌兹别克斯坦产业结构状况。从图 33-14 中可以看出，乌兹别克斯坦服务业就业人数占比不断上升，并且 2012 年开始超过工业就业人数占比，而农业就业人数占比不断降低。乌兹别克斯坦农业、工业和服务业就业人数占比 2018 年分别为 21.37%、37.69%和 40.94%。乌兹别克斯坦产业结构逐渐转型升级，趋于合理化。

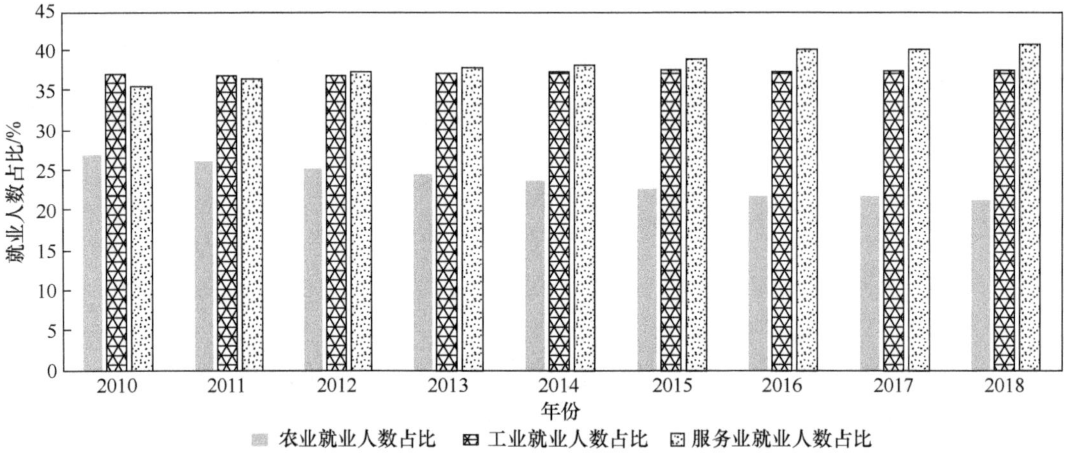

图 33-14 乌兹别克斯坦劳动力就业结构变化情况

二、服务业规模变化分析

不同类型服务部门就业人数占比变化情况如图 33-15 所示。其中，乌兹别克斯坦服务业中教育、人类健康和社会活动、公共管理和防御、交通和仓储以及其他服务部门的就业人数较多。通过对 2016 年与 2010 年不同服务部门的就业人数占比进行比较可以发现，交通和仓储、餐饮和住宿以及其他服务部门的就业人数占比有所上升，而其他服务部门的就业人数占比则趋于下降或相对稳定。

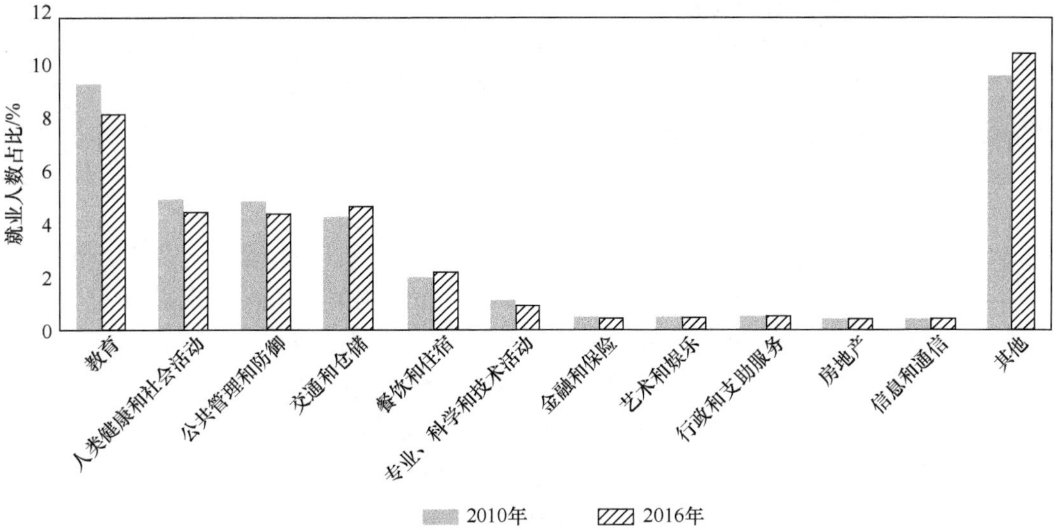

图 33-15　不同类型服务部门就业人数占比变化情况

第四节　产业政策分析

一、大力发展汽车产业

乌兹别克斯坦汽车工业公司总裁萨利莫夫表示，乌兹别克斯坦将大力发展汽车产业，力争到 2025 年实现每 1 000 人拥有 237 辆汽车。当前，俄罗斯每 1 000 人拥有 334 辆汽车；哈萨克斯坦每 1 000 人拥有 250 辆；乌克兰每 1 000 人拥有 204 辆；乌兹别克斯坦每 1 000 人拥有 83 辆。乌兹别克斯坦计划到 2030 年将汽车年产量提升至 39 万辆，而 2017 年乌兹别克斯坦汽车年产量仅为 14 万辆。为了规范本国汽车工业的发展，2004 年 8 月，乌兹别克斯坦政府下令将原乌兹别克汽车制造企业协会改组为乌兹别克汽车工业公司。乌兹别克汽车工业公司属国有控股公司，旗下共有 20 多家汽车制造和销售企业。在该公司股份中，51%的股份属国有；49%的股份为其他企业成员拥有。该公司的主要任务是制定汽车制造业的发展战略规划，组织各类现代化新型汽车的生产等。乌兹别克斯坦政府称将全方位支持该公司的经营活动，推动乌兹别克斯坦汽车产业步入世界先进行列。

二、吸引外资优惠政策

乌兹别克斯坦政府给予在塔什干市和塔什干州以外地区的外国直接投资企业各种税收优惠政策，如免缴法人利润税、法人财产税、公共设施及社会基础设施发展税、统一税、道路基金强制缴费。企业享受这些优惠政策的前提是企业外资注册资本占比超过 30%，投入企业的是可自由兑换货币或新型技术工艺设备，或者 50%以上优惠收入用于再投资等，且没有政府担保。享受优惠的行业包括无线电电子、计算机配件、丝绸制品、建材、禽类及蛋类生产、食品、肉乳、渔产品加工、化学、石化、医疗、兽医检疫、制药、包装材料、可再生能源利用、煤炭、五金制品、机械制造、金属加工、机床制造、玻璃陶瓷、微生物、玩具制造等。

同时，乌兹别克斯坦对外资注册资本占比不低于 33%的企业入境资产、签订劳务合同的外国公民的入境财产、投资额超过 5 000 万美元的法人入境产品及乌兹别克斯坦法律批准入境的工艺设备和配件等免除关税。从事出口导向型和进口替代型产品生产的外资企业可同时享受乌兹别克斯坦本国法人享有的所有优惠政策。

外商投资额为 30 万～300 万美元的外资企业可享受优惠政策的期限为 3 年；外商投资额为 300 万～1000 万美元的外资企业可享受优惠政策的期限为 5 年；外商投资额为 1 000 万美元以上的外资企业可享受优惠政策的期限为 7 年。乌兹别克斯坦 2012 年出台的吸引外资新举措规定，新建外资企业，如果外商现金投资额不低于 500 万美元，在税收法律发生变化情况下，有权在 10 年内沿用其完成国家注册时实行的法人利润税、增值税（商品、工程、服务流通环节）、财产税、社会基础设施税、统一税、道路基金强制缴费、教育及医疗机构改造强制缴费、大修和装备基金强制缴费缴纳标准和规定；如果投资项目总金额超过 5 000 万美元且外商投资占比不低于 50%，生产场地外部必需的工程和通信网络由乌兹别克斯坦财政预算资金和其他内部融资渠道出资建设。乌兹别克斯坦给予在偏远地区投资设厂的外资企业 3 年、5 年和 8 年不等的税收优惠待遇。

三、大力发展纺织服装业

根据乌兹别克斯坦政府的长远规划，该国低产、高原地区大的棉田将逐渐改种蔬菜、水果和谷物类产品，从而使乌兹别克斯坦籽棉产量逐渐下降到 300 万吨左右。

近些年，中亚各国先后开始发展国内制造业，促进经济发展转型，而纺织服装业作为其重要的支柱产业正获得越来越多的关注。随着“一带一路”倡议的实施，中亚各国与乌兹别克斯坦的贸易将更加深入和全面，中亚纺织品出口正面临新的重大历史发展机遇，包括棉纱在内的纺织品出口必将迈上一个新台阶。值得一提的是，已有知名贸易企业在乌兹别克斯坦建厂，用乌兹别克斯坦棉生产棉纱后做出口贸易。

四、医药进口利好政策

根据乌兹别克斯坦政府的“为加速乌兹别克斯坦医药产业发展创造有利条件的措施”决议草案，在 2021 年 1 月 1 日之前，企业在进口非乌兹别克斯坦生产并且用于制造医药、医疗用品的原料和附加产品时，免予缴纳关税、VAT 税和特许权税；从 2017 年 4 月 1 日起，允许小企业在无须税收资格变更的条件下将雇员增至 200 人。乌兹别克斯坦政府正计划委托财政部取消以下产品的购买协议登记：医疗机构进口的药物类似物、乌兹别克斯坦生产和社会进口医疗产品用品列表中的产品。

第五节　产业结构与产业政策分析基本结论

通过对乌兹别克斯坦的基本情况、经济发展情况、产业结构情况和产业政策相关内容的分析，初步得出以下结论。

（1）乌兹别克斯坦总体经济发展形势较好，GDP 逐渐趋于稳定并处于较高水平。从人力资本角度来看，乌兹别克斯坦城市化水平不断提高，城镇人口已经超过总人口的 50%，人口不断从农村迁入城市，为经济发展注入活力。此外，乌兹别克斯坦创新活动发展状况良好，投入产出比趋于上升。

与此同时，乌兹别克斯坦经济发展的过程中也存在一些不容忽视的问题。从科研现状来看，乌兹别克斯坦应该提高自主创新能力，高投入与高效率并重。在制度环境方面，乌兹别克斯坦 5 项制度环境指数均较低，所以应该加强制度环境建设，努力使制度建设与经济发展相匹配，更好地服务于国民经济。总体来说，乌兹别克斯坦企业税收负担过重，增加了企业的运营成本，不利于企业的健康发展，所以应该从提高资源配置效率出发适当减轻企业的税收负担。新注册企业数量呈不断减少的趋势，经济发展后劲不足，所以乌兹别克斯坦政府应出台优惠政策，以扶持中、小企业，鼓励民间创业，增强经济活力。

（2）乌兹别克斯坦的服务业无论是增加值还是就业人数都独占鳌头，可以说服务业的发展“牵一发而动全身”，三次产业结构、产业就业人数占比不断优化，并逐步向合理化迈进。乌兹别克斯坦服务业也存在内部发展不协调的问题，服务业中教育、健康和社会活动、公共管理、交通和仓储以及其他未列出的服务部门的从业人数较多，而从事其他行业的人数较少。

（3）乌兹别克斯坦产业政策的着力点在于以自身的优惠条件吸引外资，比如廉价劳动力和税收优惠政策，希望借助外国先进的经营管理方法和生产技术推动本国经济的发展。但是从乌兹别克斯坦产业政策的实践来看，乌兹别克斯坦自己并不掌握核心技术，不利于激发经济发展的潜力。相比扩大引进外资的规模，乌兹别克斯坦应更加注重引进外资的结构。

第三十四章　新加坡产业结构与产业政策分析

第一节　基本情况

新加坡共和国，简称新加坡，旧称新嘉坡、星洲或星岛，别称狮城，是东南亚的一个岛国。新加坡政治体制实行议会制共和制。新加坡北隔柔佛海峡与马来西亚为邻，南隔新加坡海峡与印度尼西亚相望，毗邻马六甲海峡南口。新加坡除新加坡岛（占国土面积的 88.5%），还包括其周围 63 个小岛。

1965 年，新加坡正式独立。新加坡是一个城邦国家，无省市之分，以符合都市规划的方式将全国划分为 5 个社区（行政区）。它们分别为中区社区、东北社区、西北社区、东南社区、西南社区，并由相应的社区发展理事会（简称社理会）管理。这 5 个社理会在 2015 年被重新分割为 89 个选区，当中包括 13 个单选区和 16 个集选区。

新加坡公民主要以四大族群来区分。其中，华人人口占总人口的 74.2%；马来族人口占总人口的 13.3%；印度裔人口占总人口的 9.1%；欧亚裔/混血人口占总人口的 3.4%。大多数新加坡华人的祖先源自中国南方，尤其是福建、广东和海南省，其中四成是闽南人，其次为潮汕人、广府人、莆仙人（莆田人）、海南人、福州人、客家人，还有峇峇娘惹等。新加坡人口密度 7 697 人/平方千米，人类发展指数为 0.901。截至 2015 年 11 月，新加坡常住总人口为 553.5 万人。其中，337.5 万人为新加坡公民；52.7 万人为永久居民；居住在狮城的外籍人士数目相当多，约有 163 万人。新加坡人主要是由近一百多年来从欧亚地区迁移而来的移民及其后裔组成的。其移民社会的特性加上殖民统治的历史和地理位置的影响，使得新加坡呈现出多元文化的社会特色。促进种族和谐是新加坡政府治国的核心政策。新加坡以稳定的政局、廉洁高效的政府而著称，是非常国际化的国家。

新加坡是一个较为发达的资本主义国家，被誉为“亚洲四小龙”之一，其经济模式被称作“国家资本主义”。根据 2018 年的全球金融中心指数（GFCI）排名报告，新加坡是继纽约、伦敦、中国香港之后的第四大国际金融中心。新加坡也是亚洲重要的服务和航运中心之一，被 GaWC 评为世界一线城市第 5 位。新加坡是东南亚国家联盟（ASEAN）成员国之一，也是世界贸易组织（WTO）、英联邦及亚洲太平洋经济合作组织（APEC）成员经济体之一。

第二节　经济发展情况分析

一、经济规模情况分析

近 20 年来，新加坡 GDP 呈波动上升态势，人民生活水平不断提高。新加坡 GDP 及其增长率变化情况如图 34-1 所示。新加坡人均 GDP 变化情况如图 34-2 所示。新加坡 GDP 情况如表 34-1 所示。1996—2003 年，新加坡 GDP 波动幅度较小，基本在 1 000 亿美元上下波动，其中 1998 年及 2001 年出现小幅下降，其增长率分别为−3.49%和−1.59%。2004—2010 年，新加坡国民经济呈现高速增长态势，平均 GDP 增长率约为 7.35%。2011—2017 年，新加坡 GDP 稳定在较高水平，增速放缓。2017 年，新加坡 GDP 增长率约为 3.62%。1996—2017 年，新加坡人均 GDP 与 GDP 呈相同变化趋势。2017 年，新加坡人均 GDP 为 57 714.30 美元。

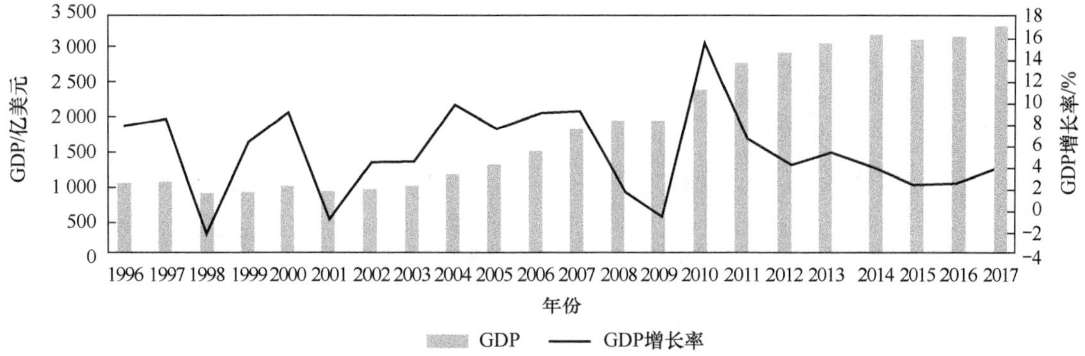

图 34-1　新加坡 GDP 及其增长率变化情况

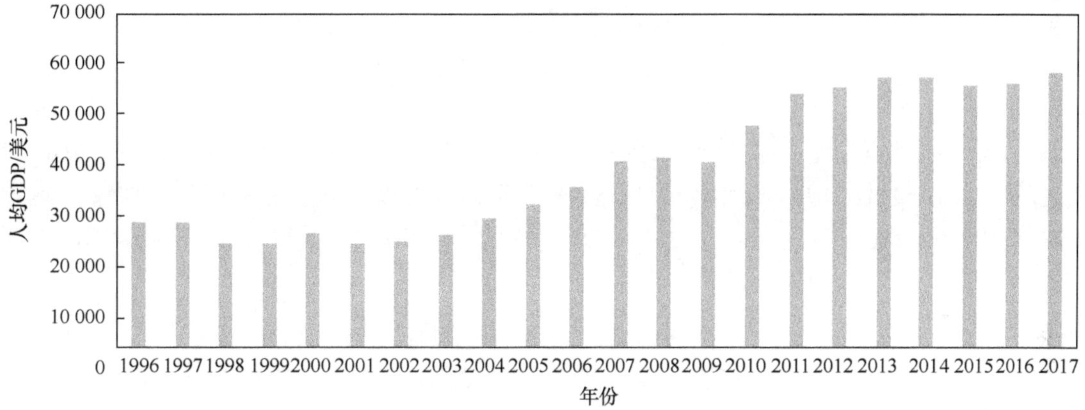

图 34-2　新加坡人均 GDP 变化情况

表 34-1　新加坡 GDP 情况

年份	GDP/亿美元	GDP 增长率/%	人均 GDP/美元	人均 GDP 增长率/%
2009	1 924.08	−0.60	38 577.56	−3.56
2010	2 364.22	15.24	46 569.68	13.22
2011	2 759.67	6.35	53 237.56	4.16
2012	2 906.74	4.08	54 715.69	1.56
2013	3 044.54	5.11	56 389.18	3.42
2014	3 115.39	3.88	56 957.08	2.54
2015	3 040.98	2.24	54 940.86	1.04
2016	3 097.64	2.40	55 243.13	1.08
2017	3 239.07	3.62	57 714.30	3.53

数据来源：世界银行数据库。

二、人力资本基础情况分析

图 34-3 反映了新加坡总人口变化情况。从图 34-3 中可以看出，新加坡总人口除 2003 年出现负增长以外，基本保持正向增长态势，2017 年为 561.23 万人；总人口增长率 1996—2017 年平均约为 2.11%，其中 2008 年约为 5.32%，

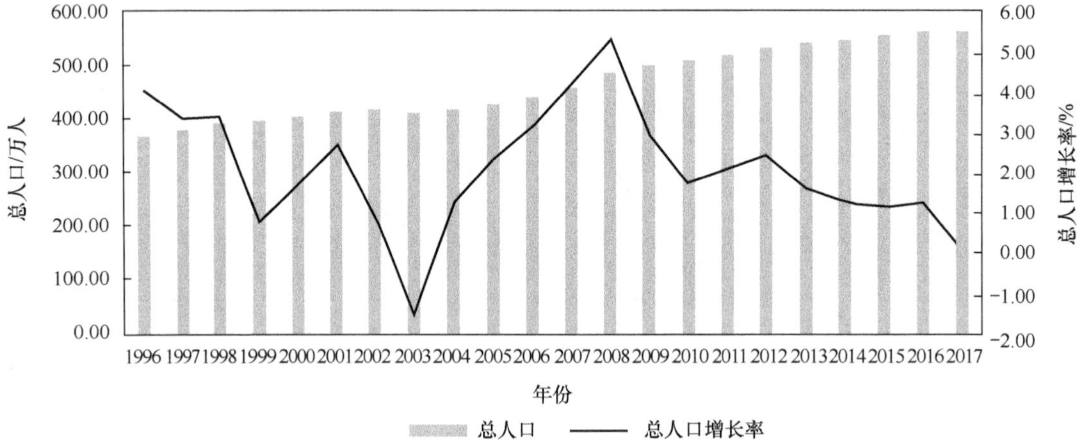

图 34-3 新加坡总人口变化情况

新加坡劳动力规模不断扩大，并开始出现年轻化趋势。如表 34-2 所示，1996—2017 年，新加坡劳动力总量及劳动力占比不断上升；2017 年，新加坡劳动力总量达到 326.67 万人，而劳动力占比约为 58%；15～24 岁劳动参与率在经历一段时间的下降后开始回升，2017 年为 41.33%。

表 34-2 新加坡劳动力情况

年份	劳动力总量/万人	劳动力占比/%	15～64 岁劳动参与率/%	15～24 岁劳动参与率/%
1996	185.17	50	69.95	47.24
1997	191.81	51	70.14	46.34
1998	198.26	50	69.93	46.11
1999	200.37	51	69.93	44.08
2000	204.68	51	70.10	42.96
2001	211.78	51	70.21	42.42
2002	212.13	51	69.38	38.57
2003	210.15	51	69.48	39.21
2004	213.73	51	69.62	39.19
2005	221.41	52	70.12	39.08
2006	231.41	53	70.77	39.33
2007	244.46	53	71.40	39.54
2008	262.93	54	72.46	39.36
2009	272.60	55	72.33	37.03
2010	280.84	55	72.90	39.73
2011	288.67	56	73.03	36.82
2012	299.50	56	73.70	37.58

（续表）

年份	劳动力总量/万人	劳动力占比/%	15～64 岁劳动参与率/%	15～24 岁劳动参与率/%
2013	305.51	57	73.75	36.73
2014	314.00	57	74.76	39.06
2015	322.24	58	75.79	41.37
2016	326.36	58	75.87	41.41
2017	326.67	58	76.00	41.33

数据来源：世界银行数据库。

三、信息化情况分析

总体来看，新加坡信息化水平不断提高。如图 34-4 所示，新加坡固定宽带覆盖率及移动手机覆盖率均不断上升；固定电话覆盖率则逐渐降低。其中，移动手机覆盖率在 2000 年以前一直低于固定电话覆盖率，经历了十几年的飞速发展后在 2017 年达到 148.24%，为固定电话覆盖率的 4 倍以上，体现了时代的进步及新加坡通信方式不断向高效化发展。新加坡固定宽带覆盖率也呈现出逐渐上升的良好态势，但远低于移动手机覆盖率，近些年稳定在 20%左右，略低于固定电话覆盖率。

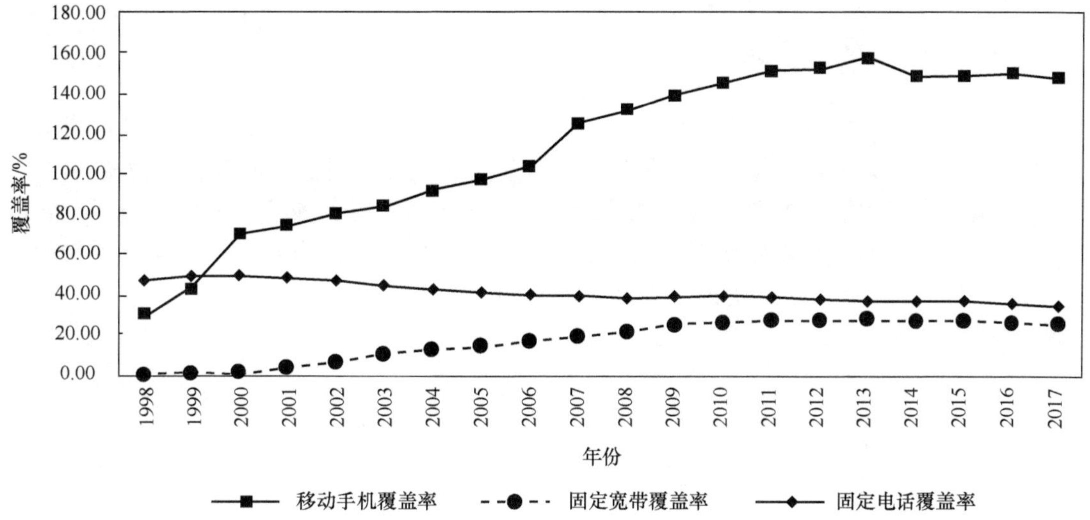

图 34-4　新加坡信息化情况

四、研发投入与产出情况分析

科研及自主创新能力是一个国家综合竞争力的重要构成部分。研发投入产出比是衡量一个国家科研能力的重要指标之一。

首先，从研发投入来看，新加坡研发组织数量在波动中上升，而研发投入占 GDP 的百分比基本保持在较高水平。从图 34-5 中可以看出，新加坡研发组织数量 2000—2007 年增长较快，2007 年达到 1 049 个，2008—2012 年出现小幅下降，但之后有所回升，2014 年为 950 个。

其次，从研发产出来看，新加坡居民专利申请数量总体上呈上升的趋势，说明科研资源利用效率较高。如图 34-5 所示，新加坡居民专利申请数量 2000—2009 年基本在 550～650 个范围内波动，2010—2014 年不断上升，2014 年达到 1 303 个。

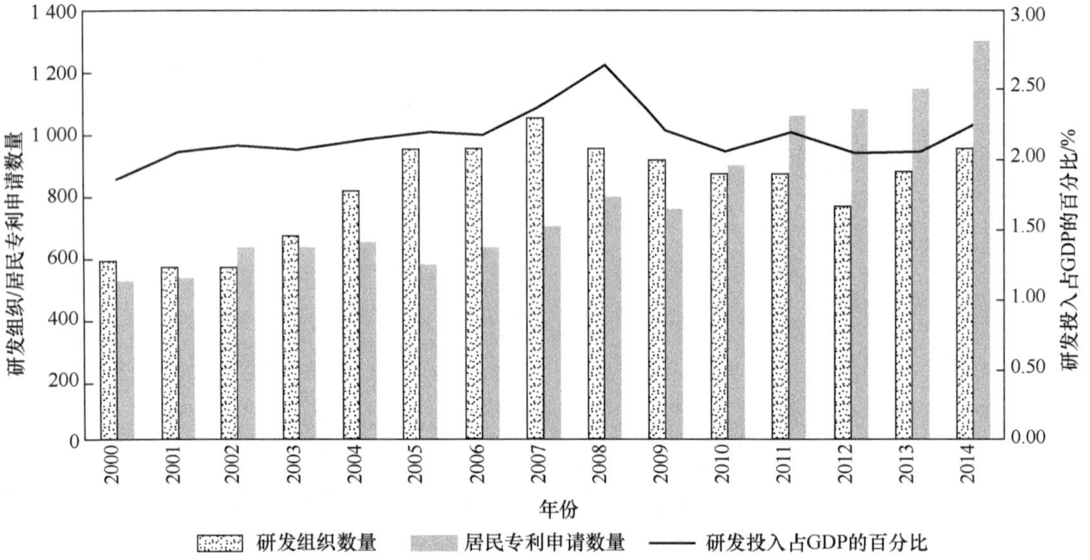

图 34-5 新加坡研发投入与产出情况

五、制度环境情况分析

衡量一个国家制度环境的主要指数有法律制度指数、腐败监管指数、政治稳定指数、民主自由权利指数和政府效能指数。下面就通过这 5 个指数分析新加坡的制度环境情况。

从图 34-6 中可以看出，新加坡在法律制度、腐败监管、政治稳定和政府效能 4 个方面，明显优于“一带一路”国家及高等收入国家；新加坡在民主自由权利方面与高等收入国家相比存在较大差距。因此，新加坡的民主政治建设还须加强。

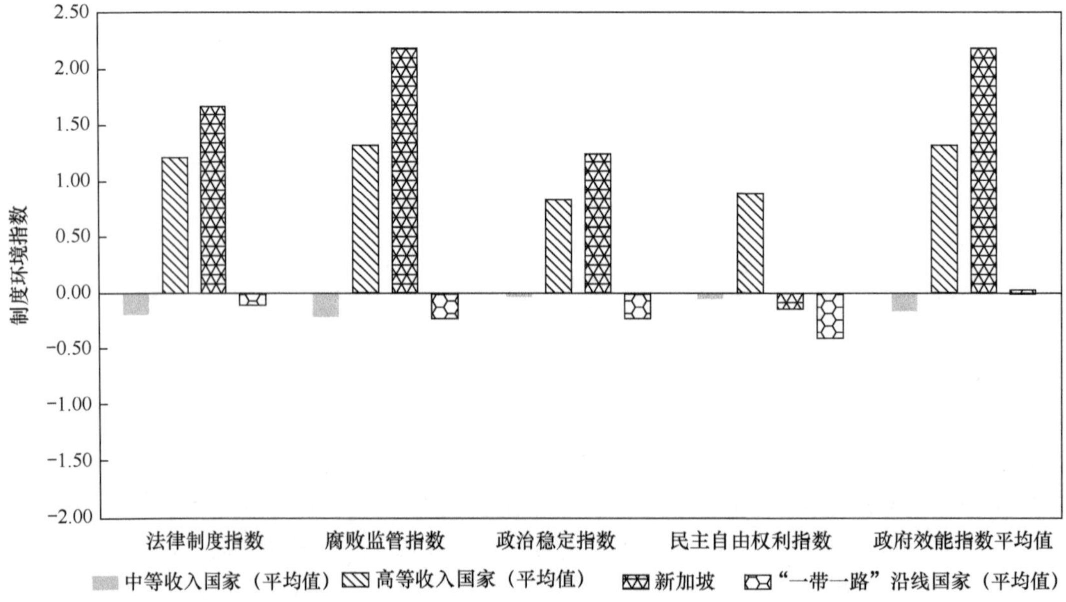

图 34-6 不同国家制度环境对比

总体来说，新加坡的制度环境有不断优化的趋势，但民主政治的建设尚有不足。从表 34-3 中可以看出，法律制度指数及政府效能指数 2002—2016 年基本呈增长态势，2016 年分别为 1.83 和 2.21；民主自由权利指数 2012—2016 年不断下降，从 2012 年的 0.05 下降到 2016 年的 −0.28。

表 34-3 新加坡制度环境评估

年份	法律制度指数	腐败监管指数	政治稳定指数	民主自由权利指数	政府效能指数
2002	1.41	2.32	1.26	0.06	1.85
2003	1.57	2.23	0.88	−0.02	1.95
2004	1.66	2.33	1.09	0.08	1.99
2005	1.71	2.17	1.16	0.13	1.96
2006	1.59	2.19	1.25	−0.39	2.21
2007	1.61	2.24	1.17	−0.36	2.38
2008	1.61	2.25	1.35	−0.33	2.44
2009	1.57	2.22	1.18	−0.23	2.27
2010	1.63	2.18	1.17	−0.21	2.24
2011	1.67	2.11	1.19	−0.10	2.15
2012	1.73	2.12	1.37	0.05	2.17
2013	1.71	2.08	1.38	0.04	2.09
2014	1.82	2.07	1.19	−0.10	2.18
2015	1.81	2.09	1.31	−0.16	2.24
2016	1.83	2.07	1.53	−0.28	2.21
2002—2016（平均值）	1.66	2.18	1.23	−0.12	2.16

数据来源：世界银行数据库。

六、税收负担情况分析

下面通过总税收占 GDP 的百分比、总税收占比、利润税税收占比 3 个指标分析新加坡税收负担情况。

首先，新加坡总税收占 GDP 的百分比变化较为稳定。从图 34-7 中可以看出，2000—2016 年新加坡总税收占 GDP 的百分比 2000—2016 年基本保持在 13%左右，2001—2005 年有小幅下降但很快回升到平均水平。

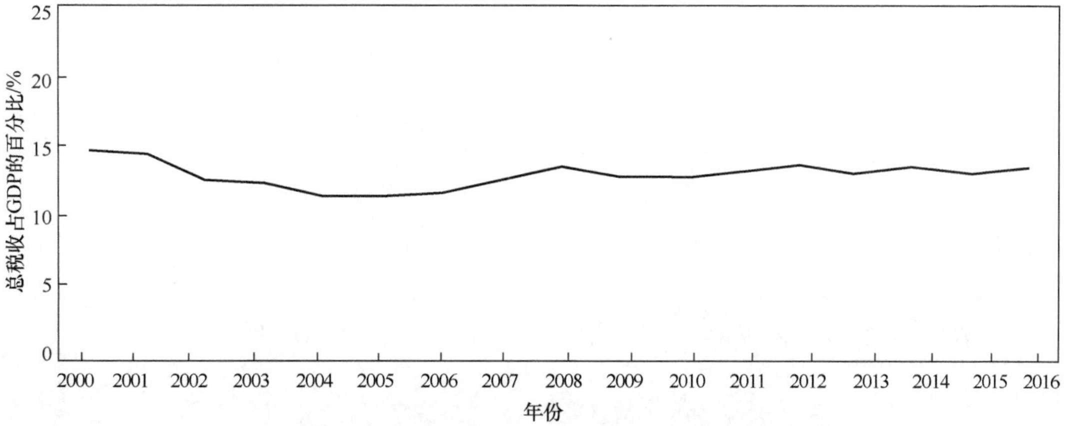

图 34-7 新加坡总税收占 GDP 的百分比变化情况

其次，新加坡总税收占比和利润税税收占比总体呈下降趋势。从图 34-8 中可以看出，新加坡总税收占比 2005—2007 年大幅下降，2007 年为 21.8%，2008—2011 年不断上升，2011 年为 23.8%，2012 年开始回落，并逐渐趋于稳定，2012—2016 年基本保持在 18%左右；利润税税收占比变化情况在统计期内与总税收占比变化情况基本相同。

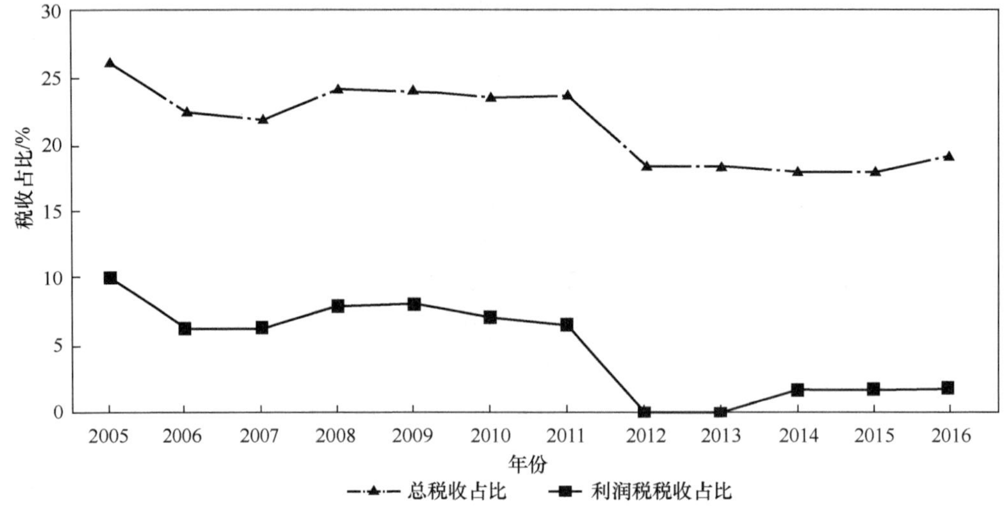

图 34-8 新加坡税收占比变化情况

七、外国直接投资情况分析

整体来看，新加坡外国直接投资占 GDP 的百分比是波动上升的。如图 34-9 所示，在统计期内，新加坡外国直接投资占 GDP 的百分比波动较大，分别在 1998 年、2002 年、2005 年和 2008 年出现 4 次大幅下降，降幅分别为 38%、65%、34%和 76%，又在 1999、2003、2006 和 2010 年经历了几次大幅增长，增幅分别为 125%、162%、76%和 88%。新加坡外国直接投资占 GDP 的百分比 2011—2016 年匀速上升，到 2016 年约为 23.97%，相比 1996 年增长了近 15 个百分点，说明新加坡外国直接投资规模在扩大。

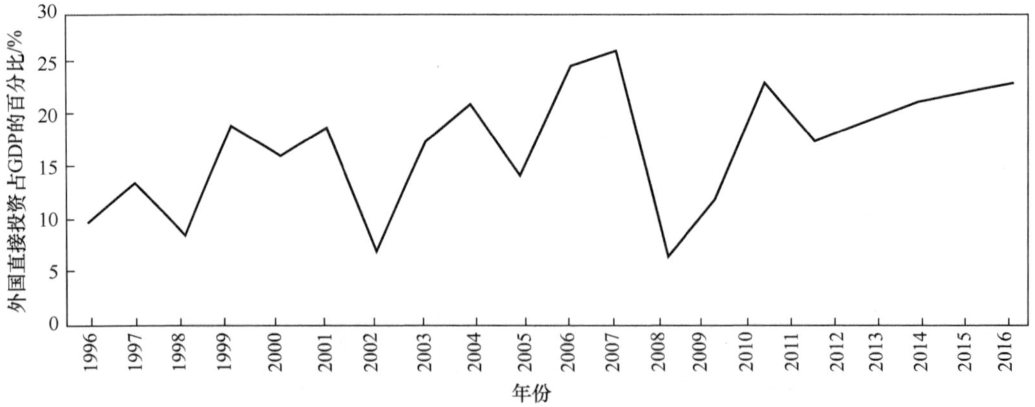

图 34-9 新加坡外国直接投资占 GDP 的百分比变化情况

八、经济活力情况分析

投资是拉动国民经济增长的“三大马车”之一，是经济活力的重要体现。下面从固定资产投资情况、新注册企业数量及密度变化情况两方面分析新加坡经济活力状况。

首先，在统计期内，新加坡固定资产投资总额是不断增加的。从表 34-4 中可以看出，新加坡固定资产投资总额 2017 年为 2006 年的 2 倍以上；私人部门投资构成了固定资产投资总额的绝大部分；私人部门投资占固定资产投资的百分比趋于下降但仍在 80%以上。

表 34-4　新加坡固定资产投资情况

年份	固定资产投资/新加坡元			占固定资产投资的百分比/%	
	总额	公共部门投资	私人部门投资	公共部门投资	私人部门投资
2006	54 154.4	8 025.0	46 129.4	14.8	85.2
2007	66 405.7	8 079.0	58 326.7	12.2	87.8
2008	77 072.7	10 742.7	66 330.0	13.9	86.1
2009	81 917.2	13 498.2	68 419.0	16.5	83.5
2010	84 224.8	14 013.0	70 211.8	16.6	83.4
2011	88 492.5	15 087.4	73 405.1	17.0	83.0
2012	97 012.8	16 338.2	80 674.6	16.8	83.2
2013	106 137.4	16 577.3	89 560.1	15.6	84.4
2014	111 924.0	19 079.4	92 844.6	17.0	83.0
2015	116 345.1	20 811.3	95 533.8	17.9	82.1
2016	113 639.8	22 333.7	91 306.1	19.7	80.3
2017	110 971.6	20 764.0	90 207.6	18.7	81.3

数据来源：国家统计局网站。

其次，新加坡新注册企业数量及密度总体上呈上涨趋势。从图 34-10 中可以看出，新加坡新注册企业数量 2006—2014 年持续增加，从 19 575 增加到 38 306，2015 年出现小幅减少但很快增加，2016 年为 35 021。新加坡新注册企业密度保持与新注册企业数量基本相同的变化趋势。

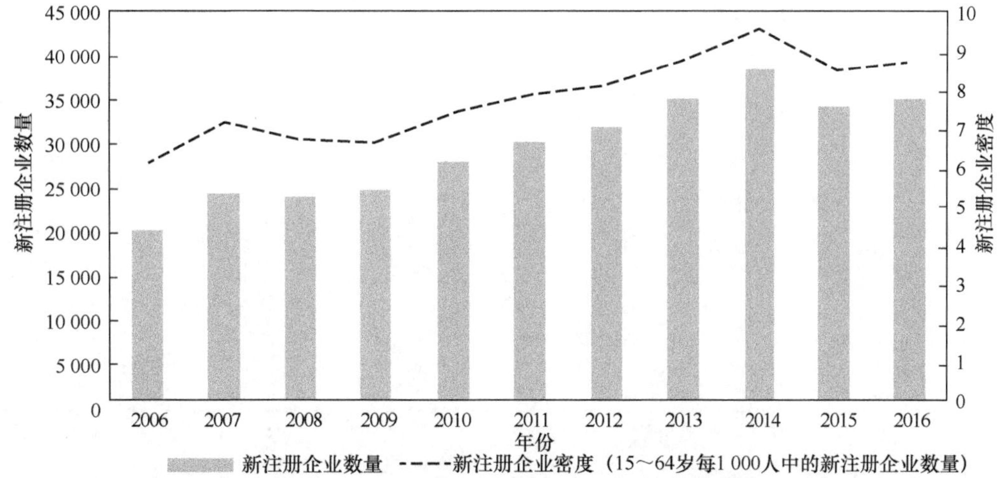

图 34-10　新加坡新注册企业数量及密度变化情况

第三节 产业结构情况分析

一、三次产业结构分析

近年来，新加坡服务业发展水平较高，对国民经济的贡献最大，同时三次产业增加值占比不断优化。如图 34-11 所示，新加坡服务业增加值占比远远超出一些高收入国家；工业增加值占比稳定在 30%左右；农业增加值占比保持在 0.04%的水平。从图 34-11 中可以看出，新加坡三次产业结构的发展基本成熟，而服务业在整个国民经济中举足轻重，是国民经济的命脉。

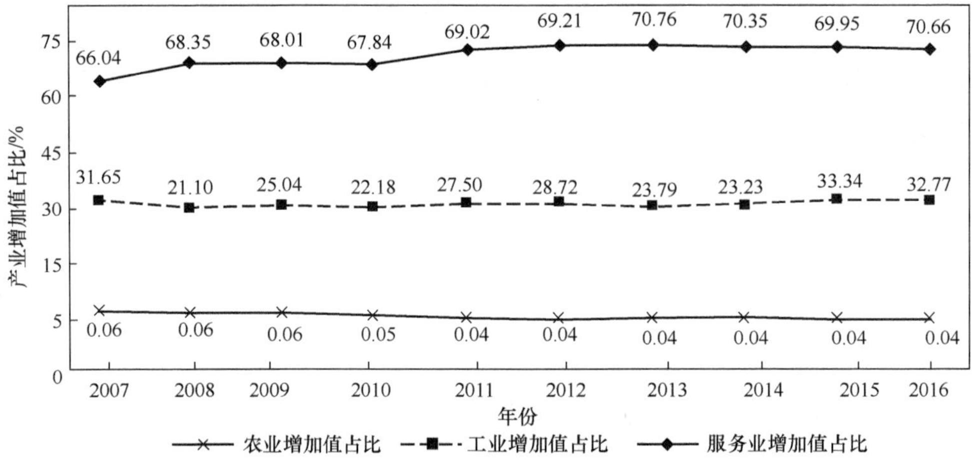

图 34-11 新加坡产业结构变化情况

新加坡劳动力就业结构变化情况如图 34-12 所示，服务业就业人数占比不断上升且逐渐稳定在 85%；工业就业人数占比总体趋于下降且稳定在 15%左右。三次产业就业人数占比情况从侧面反映出新加坡绝大多数劳动力都在从事服务业相关的工作，新加坡服务业发展水平较高。

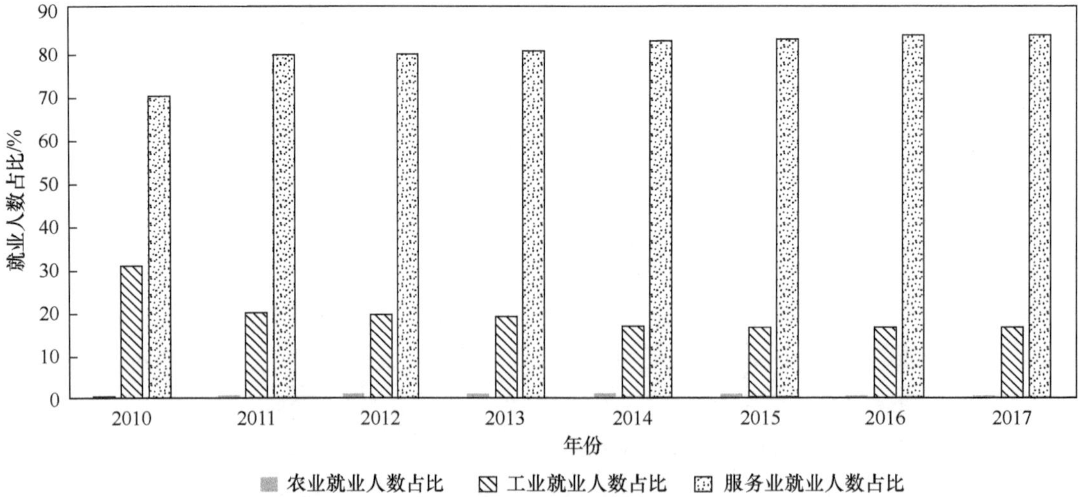

图 34-12 新加坡劳动力就业结构变化情况

二、工业、制造业规模变化分析

从整体来看，近年来，新加坡工业、制造业增加值保持稳定增长趋势，发展态势良好。从图 34-13 中可以看出，2008 年，新加坡工业、制造业增加值出现大幅下降，其中制造业增加值年增长率约为−15%；2008 年之后，新加坡工业制造业增加值开始逐渐回升，其中制造业增加值年增长率 2010 年达到最大（18%）；2011—2016 年，新加坡工业、制造业增加值年增长率基本稳定在 5%左右。

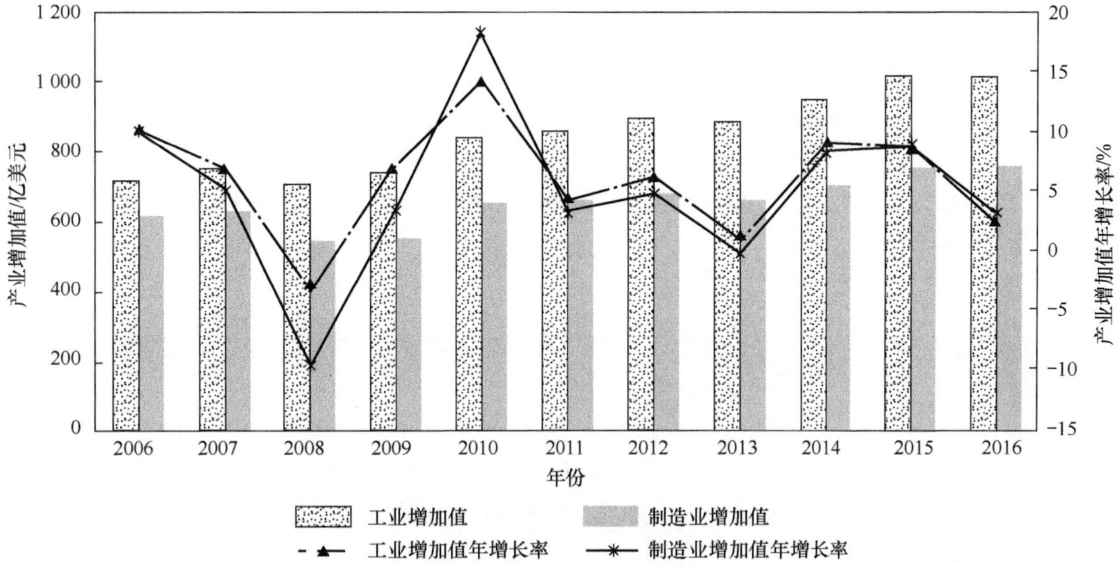

图 34-13　新加坡工业、制造业规模变化情况

新加坡制造业分行业增加值占比情况如表 34-5 所示。从表 34-5 中可以看出，计算机、电子及光学设备行业增加值占比最大，约为 30%；化学产品行业的发展势头良好，其增加值占比 2017 年达到 16.2%；橡胶、塑料及其他非金属品行业与冶金生产行业增加值占比呈现逐渐下降的态势，分别从 2010 年的 2.1%和 4.4%下降到 2017 年的 1.3%和 3.4%；其他行业增加值占比较为稳定。

表 34-5　新加坡制造业分行业增加值占比情况

行业	行业增加值占比/%							
	2010 年	2011 年	2012 年	2013 年	2014 年	2015 年	2016 年	2017 年
食品、饮料、烟草	3.9	4.4	4.7	4.8	5.4	5.5	5.4	5.8
纺织品、服装、皮革制品	0.3	0.3	0.3	0.3	0.3	0.3	0.2	0.2
木材、纸制品、印刷媒体	2.8	2.7	2.5	2.6	2.5	2.2	1.9	1.6
焦炭、精炼石油产品	2.1	0.5	1.2	0.1	0.1	3.5	2.9	2.7
化学产品	7.9	8.2	5.3	8.7	8.8	11.6	17.7	16.2
基础医药产品、药品	14.0	19.2	22.9	15.0	14.9	15.1	15.8	13.6
橡胶、塑料及其他非金属品	2.1	2.1	2.0	2.1	1.8	1.6	1.5	1.3
碱性金属	0.3	0.3	0.3	0.3	0.2	0.2	0.3	0.3
冶金生产	4.4	4.5	4.4	4.7	4.4	3.9	3.7	3.4
计算机、电子及光学设备	37.4	31.6	30.4	32.3	31.4	30.8	25.5	32.9
电气设备	1.1	1.0	1.2	1.4	1.3	1.2	1.2	1.1

（续表）

行业	行业增加值占比/%							
	2010 年	2011 年	2012 年	2013 年	2014 年	2015 年	2016 年	2017 年
其他机械和设备的制造	10.1	11.6	10.8	12.2	13.5	10.5	9.4	6.7
机动车辆、拖架及半拖架	0.3	0.4	0.3	0.6	0.6	0.5	0.6	0.6
其他交通设备	9.8	9.5	9.5	10.4	10.0	8.5	8.0	7.6
家具制造	0.6	0.6	0.6	0.8	0.5	0.5	0.5	0.4
其他	3.0	3.1	3.4	3.8	4.4	4.3	5.4	5.7

数据来源：国家统计局网站。

三、服务业规模变化分析

服务业是新加坡国民经济的命脉。新加坡服务业的发展与整个国家的经济发展水平以及人民生活质量密切相关。

近年来，新加坡服务行业增加值呈下降态势。如图 34-14 所示，新加坡服务业增加值保持正向增长趋势，但是其年增长率不断降低。2016 年，新加坡服务业增加值年增长率约为 3%，较 2010 年下降了 12 个百分点。

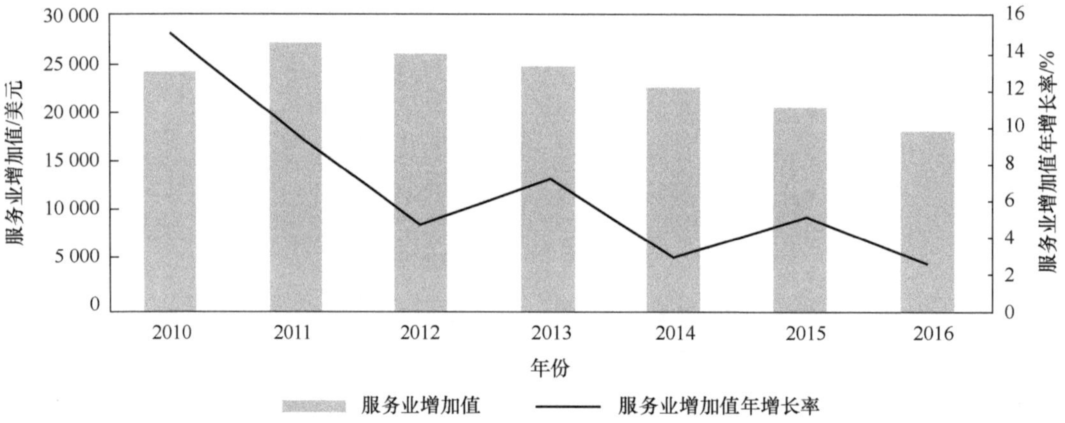

图 34-14 新加坡服务业规模变化情况

新加坡服务业各行业营业收入总体均呈增长态势，发展势头较好。如表 34-6 所示，信息和通信行业营业收入增长最快，在统计期内平均增速为 10%，2016 年达到 6 384 000 万美元；住宿和餐饮行业、商业服务行业以及娱乐、社区和个人服务行业营业收入也保持着 7%左右的高速增长，2016 年其营业收入分别为 1 565 300 万美元、14 722 800 万美元以及 3 965 000 万美元；运输和仓储行业发展相对缓慢，其营业收入平均增长率为 3%，2016 年达到 10 477 300 万美元。

表 34-6 新加坡服务业分行业营业收入变化情况

行业	行业营业收入/百万美元						
	2010 年	2011 年	2012 年	2013 年	2014 年	2015 年	2016 年
住宿和餐饮	10 744	12 694	13 782	14 615	15 317	15 406	15 653
零售贸易	37 518	40 816	43 032	43 704	44 488	46 114	47 677
批发贸易	1 520 630	1 981 370	2 161 721	2 412 470	2 496 665	2 274 366	2 045 350

（续表）

行业	行业营业收入/百万美元						
	2010 年	2011 年	2012 年	2013 年	2014 年	2015 年	2016 年
运输和仓储	89 200	91 857	97 400	103 978	108 762	113 072	104 773
信息和通信	36 546	39 748	44 360	47 931	53 568	58 783	63 840
商业服务	94 185	104 164	117 151	129 254	132 920	139 734	147 228
娱乐、社区和个人服务	25 898	29 284	31 219	33 279	35 697	37 599	39 650

此外，新加坡服务业各行业营业收入占比（各行业营业收入占服务业总营业收入的百分比）存在较大差异。如图 34-15 所示，批发贸易行业对于新加坡服务业总营业收入贡献最大，其营业收入占比约为 83%；商业服务行业以及运输和仓储行业营业收入占比分别为 6%和 4%；住宿和餐饮行业营业收入占比最小，约为 1%。

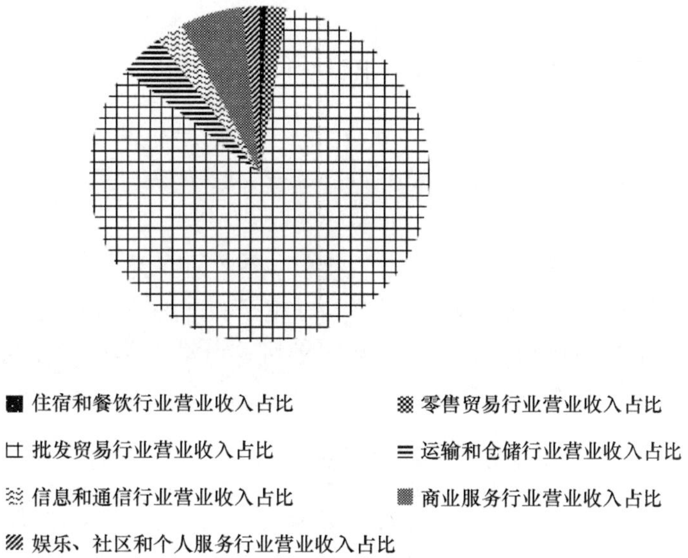

图 34-15　2016 年新加坡服务业各行业营业收入占比

第四节　产业政策分析

自新加坡自治以来，其产业发展战略经历了由“进口替代型”向“出口导向型”转变，产业结构也由单一转口贸易向多元化变革，形成了特色鲜明的主导产业，其国际竞争力也不断得以加强。为推动“出口导向型”产业的发展，新加坡政府采取了一系列产业政策，其特点表现在以下几方面。

一、积极鼓励出口，推动出口导向产业的发展

为鼓励出口工业，以及资金和技术密集型产业的发展，新加坡政府 1967 年颁布的“经济扩展法案”进一步界定了“新兴工业”的范围，对获得“新兴工业”地位的企业实施税收优惠及建立出口信贷保险机构等宏观政策保障。

二、吸引跨国公司促进经济发展

新加坡先进的基础设施、为外国资本投资服务的银行金融机构和其他贸易机构，以及对外国资本具有吸引力的外资政策，为外国资本创造了优越的投资环境，吸引了大量跨国公司的入驻。新加坡除了为国际市场上的研制需要提供服务，也非常重视对科研成果的鉴定与保护，并协助开发者或机构为科研成果获得专利权。新加坡对知识产权的有效保护，促进跨国企业及科研机构入驻新加坡科发中心。跨国公司对新加坡的经济发展与社会进步产生了重要影响。跨国公司在新加坡的大规模投资活动是新加坡经济成长的基本源泉，而且跨国资本有力地配合并支持了新加坡外向型经济发展战略的顺利实施。同时，跨国公司的先进技术和管理理念，推动了新加坡的管理革命和生产效率的提高，促进了产业结构的调整与升级。新加坡政府根据各个时期经济发展的需要，制定不同行业、不同领域具体的投资鼓励政策，引导和调控跨国公司的投资方向。

三、建立配合不同产业发展的聚集区与工业园

（1）新加坡科学园为本地企业与跨国公司的研发中心与生产聚集区，不仅包括新加坡国立大学及新加坡理工学院在内的国际科学中心，还有一些国际著名的科研机构。

（2）农业生物园是农业与生物科技企业的聚集区。

（3）大士村制药区是制药、保健产品、生物科技等产业的聚集区。

（4）裕廊岛为包括冶金、造船、化学、炼油、电子和一些轻工业在内的综合工业区。

另外，还有以造船修船业为主的加冷公园工业区、劳动密集型产业为主的加冷盘地工业区、木材和木料加工业为主的格蓝芝工业区等。

四、有效地进行出口贸易的管理和服务

新加坡经济发展局（Economic Development Board，EDB）成立于1983年，为半官方的机构，其高层管理人员均由贸易和工业部委任，负责对新加坡商品和服务的出口进行管理和综合服务，签发和管理货物进出新加坡所需的有关文件，代表政府同外国进行有关国际贸易问题的谈判。新加坡通过设立海外贸易办事处开拓海外市场，在国外举办商品展览会，为厂商提供有关海外市场的资料，促进产品的出口。

此外，为推动主导产业的发展，充分发挥优势产业对于国民经济的促进作用，新加坡采取了一些有针对性的产业政策。

1. 物流业

新加坡政府通过改变港口经营机制、拓展经营范围、提高港口营运质量和效率，促使新加坡港口由区域性大港向全球性大港进行实质性转变，向以资源配置为中心的新型国际航运中心发展。物流业提供准时送达和暂时储存服务，可使跨国公司集中全力于生产和研发工作。例如，生产电子产品的Sony Singapore公司，委托专门从事流通业的Mitsui—Soko公司管理其后勤和送货营运中心，从而集中全力经营产品制造和市场行销，企业竞争力明显增强。

2. 高新技术产业

新加坡 2010 年长期发展计划书中强调高新技术产业是 21 世纪经济发展的主导产业，其涵盖的范围包括电子、化工、生命科学、工程、教育、医疗、运输与资讯科技等产业。新加坡优化和发展这些高新技术产业，促使新加坡成为区域服务中心，并促进及培养本国的优秀企业成为跨国企业。新加坡经济发展局（EDB）计划将新加坡发展为世界级的电子和精密工程中心，谋求制造业在全球市场中的位置并占据高附加值的环节。20 世纪 70 年代末，新加坡政府制定了“80 年代新加坡发展计划”，着重发展以信息产业为代表的 12 项高科技产业。20 世纪 80 年代中期，新加坡政府又提出在 5 年内全面实现电子计算机化，使新加坡尽快成为东南亚和亚太地区的信息咨询服务中心。1996 年，新加坡政府设立 2 亿美元的“信息技术组合发展基金”，支持信息科技项目的试验活动。

3. 金融业

为发展国际金融业，新加坡政府实行自由港政策，鼓励外资银行在新加坡设立分行开办业务，汇率自由浮动，金融市场高度开放。1968 年，新加坡设立了亚洲美元市场，标志着新加坡金融市场迈向国际化。目前在新加坡注册的外资银行有 129 家。这些外资银行存款额占新加坡全部银行存款额的 80%。这些外资银行拥有新加坡全部银行净收益的 75%。另外，新加坡拥有金融公司 22 家、证券公司 81 家、期货经纪商 11 家。国家拥有的 500 亿美元外汇储备在一定程度上保证了新加坡金融秩序的稳定。

新加坡目前是继纽约、伦敦和东京之后国际上第四大外汇市场交易中心。新加坡金融管理局通过颁发不同许可证限制外资银行经营新元业务的同时，也通过分离新元和亚洲货币单位账户来监管新元及金融衍生工具的使用。这些措施一方面使新加坡的资金、外汇、证券和期货市场迅速发展成国际性金融市场，各类金融工具不断创新并得到广泛使用，从而使新加坡迅速成为区域性乃至国际性金融中心；另一方面使新加坡政府从货币、外汇、期货及股票市场各方面堵塞了新元可能受国际游资攻击的渠道，为严格管制新元和发展证券市场奠定了坚实的基础。

第五节　产业结构与产业政策分析基本结论

通过对新加坡的基本情况、经济发展情况、产业结构情况和产业政策相关内容的分析，初步得出以下结论。

（1）总体来说，新加坡经济发展形势较好，GDP 逐渐趋于稳定并处于较高水平，人民生活水平显著提高。在人力资本方面，新加坡劳动力占比不断提高且趋于年轻化，15～24 岁劳动参与率逐渐上升。在信息通信方面，新加坡通信手段趋于高效化，信息化水平不断提升。科技投入及产出是衡量一个国家科研能力以及经济发展潜力的重要指标。新加坡居民专利申请数量逐年增加，自主创新能力较强。上层建筑对于经济基础具有重要的反作用。新加坡法律制度较为健全、腐败监管实施有效、政府办事效率较高，为国民经济的平稳较快发展提供了良好的制度环境。投资对于经济增长的重要性不言而喻。新加坡国内固定资产投资额不断上升，外商投资规模总体来说也在不断扩大。

与此同时，新加坡的经济发展过程中也存在一些不容忽视的问题。首先，新加坡宽带覆盖率较低，信息化程度有待提升。其次，新加坡科技投入力度较小，自主创新后劲不足。科技软实力是一个国家综合竞争力的重要构成部分。新加坡应加大科研支持力度，扩大经费投入规模，努力发展科教文卫事业。此外，新加坡税收负担相对较重，生产成本较高，在一定程度上抑制了社会生产的扩大。新加坡政府应在合理权衡利弊的基础上调整税率，降低企业税收负担。最后，新加坡近年来外商投资规模波动较大，对于刺激国内经济增长的作用不够显著。新加坡政府应出台相关优惠政策，吸引外资，为经济发展注入活力。

（2）新加坡的产业结构中服务业独占鳌头，可以说服务业的发展“牵一发而动全身”，制造业增加值也保持平稳较快增长，产业结构逐步向合理化迈进。新加坡产业存在着内部发展不协调的问题。制造业内部计算机、电子、化学产品以及制药部门发展速度较快，其他行业则发展相对缓慢。服务业内部信息通信、住宿餐饮以及娱乐部门发展迅猛，而运输和仓储业发展动能不足。新加坡政府应制定有针对性的产业政策，合理规划，促进产业间协调发展，激发经济发展潜力。

（3）新加坡的产业政策着力点在于努力发展“出口导向型”经济，同时大力支持主导产业的发展，培养经济增长新引擎。新加坡也应注重产业间的相互作用，只有各产业协同并进、克服短板，才能保证经济的持续健康发展。同时，新加坡要把提高国家自主创新能力摆在重要的战略位置，大力发展高新技术产业，提高产品质量，增强综合竞争力。

第三十五章　匈牙利产业结构与产业政策分析

第一节　基本情况

匈牙利是一个位于欧洲中部的内陆国家，与奥地利、斯洛伐克、乌克兰、罗马尼亚、塞尔维亚、克罗地亚和斯洛文尼亚接壤。匈牙利位于多瑙河冲积平原，依山傍水，西部是阿尔卑斯山脉，东北部是喀尔巴阡山。著名的多瑙河从斯洛伐克南部流入匈牙利，恰恰把匈牙利截成东、西两部分。匈牙利资源贫乏，但山河秀美，建筑壮丽，一年四季受地中海式气候与大西洋暖流的影响，冬暖夏凉。截至 2014 年 1 月，匈牙利总人口约为 987.9 万人，首都为布达佩斯。匈牙利官方语言为匈牙利语，这是欧洲最广泛使用的非印欧语系语言。

匈牙利劳动力素质较高，其劳动力人口约为 410 万人，大都受过高等教育且具有特定的技能和专长。匈牙利受教育人口比例超过了总人口的 98%。匈牙利大约 2/3 的劳动力已经完成了一种专长或多种形式的技术培训和职业教育。匈牙利许多年轻人掌握英语、德语和法语等外语。2001 年，匈牙利失业率为 5.4%，大大低于欧盟的平均水平。匈牙利各地区就业状况存在较大差别：西北地区技术工人，特别是金融和市场营销人才短缺，而多瑙河的东部失业率则高于全国的平均水平。匈牙利的工资水平大大低于西欧地区，与中东欧的平均水平相差无几。匈牙利东部地区的劳动力成本比西部低，但劳动者的技术水平与西部不相上下。

匈牙利已进入发达国家行列，工业基础较好。匈牙利根据本国国情，研发和生产一些有自己特长的和知识密集型产品，如计算机、通信器材、仪器、化工和医药等产品。匈牙利采取各种措施优化投资环境，是中东欧地区人均吸引外资最多的国家之一。匈牙利农业基础较好，在国民经济中占重要地位，不仅为国内市场提供丰富的食品，而且为国家挣取大量外汇。匈牙利主要农产品有小麦、玉米、甜菜、马铃薯等。匈牙利旅游业比较发达。2012 年，匈牙利人均 GDP 按国际汇率计算超过 1.28 万美元，已经达到中等发达国家水平；按照购买力平价计算，匈牙利人均 GDP 已经达到 2 万美元。

第二节　经济发展情况分析

一、经济规模情况分析

匈牙利 GDP 情况如表 35-1 所示。匈牙利 GDP 及其增长率变化情况如图 35-1 所示。匈牙利人均 GDP 变化情况如图 35-2 所示。匈牙利 GDP 总体上不断上升并逐渐达到较高水平。2000 年以前，匈牙利 GDP 处于较低水平。2001 年，匈牙利 GDP 开始进入高速增长阶段。2008 年，匈牙利 GDP 达到 1 579.98 亿美元。2008 年以后，匈牙利 GDP 有小幅下降，但是基本保持在 1 200 亿～1 400 亿美元。1991—2017 年，匈牙利人均 GDP 与 GDP 呈相同变化趋势。2008 年，匈牙利人均 GDP 达到统计期内最大值，为 15 739.74 美元。

表 35-1 匈牙利 GDP 情况

年份	GDP/亿美元	GDP 增长率/%	人均 GDP/美元	人均 GDP 增长率/%
1991	347.49	—	3349.77	—
1992	387.25	−3.06	3734.56	−3.03
1993	401.19	−0.58	3873.42	−0.46
1994	431.60	2.95	4172.76	3.09
1995	464.19	1.49	4494.05	1.63
1996	466.60	0.01	4525.14	0.19
1997	472.90	3.34	4595.52	3.55
1998	487.70	4.24	4750.41	4.48
1999	491.70	3.19	4 802.95	3.48
2000	473.11	4.21	4 633.31	4.48
2001	538.21	3.84	5 283.03	4.08
2002	677.17	4.53	6 665.96	4.83
2003	853.25	3.85	8 423.35	4.15
2004	1 040.67	5.00	10 296.34	5.24
2005	1 130.35	4.39	11 205.97	4.60
2006	1 152.95	3.85	11 447.82	4.01
2007	1 398.51	0.43	13 907.50	0.59
2008	1 579.98	0.86	15 739.74	1.03
2009	1 305.94	−6.60	13 029.88	−6.46
2010	1 309.23	0.68	13 092.23	0.91
2011	1 407.82	1.66	14 118.12	1.95
2012	1 278.57	−1.64	12 888.30	−1.13
2013	1 352.16	2.10	13 667.70	2.38
2014	1 401.18	4.23	14 201.45	4.51
2015	1 228.79	3.37	12 483.87	3.61
2016	1 258.17	2.21	12 820.09	2.51
2017	1 391.35	3.99	14 224.85	4.34

数据来源：世界银行数据库。

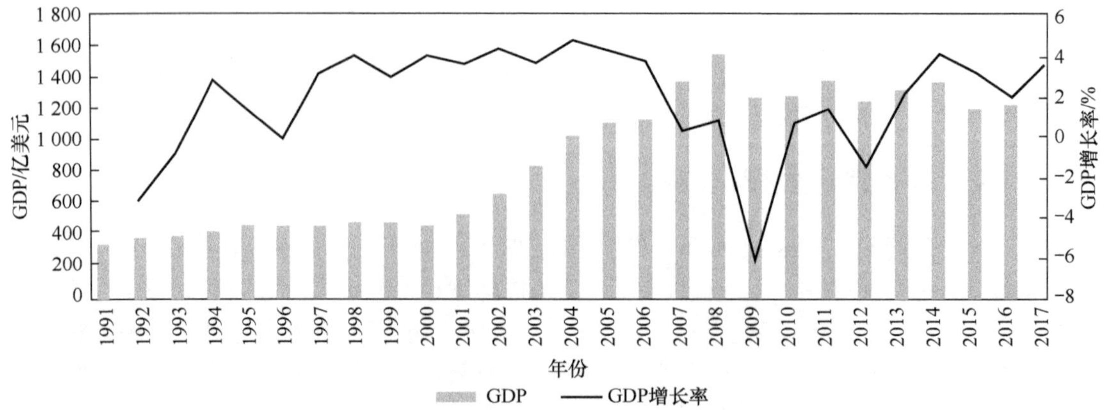

图 35-1 匈牙利 GDP 及其增长率变化情况

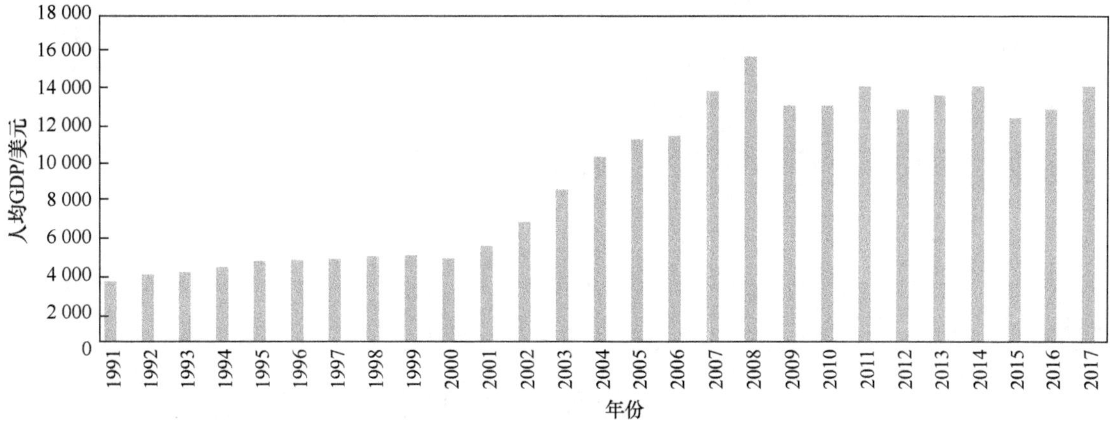

图 35-2 匈牙利人均 GDP 变化情况

二、人力资本基础情况分析

匈牙利总人口总体上呈下降的态势，而劳动力占比不断上升，且劳动力开始出现年轻化趋势。从图 35-3 中可以看出，匈牙利总人口 1996—2017 年负增长，而总人口增长率 2012 年达到−0.49%，为近 20 年最低值。从表 35-2 中可以看出，劳动力占比及劳动力总量是不断上升的；劳动力占比由 1996 年的 39.57%上升到 2017 年的 47.61%；15～24 岁劳动参与率经历较长时间的下降后出现了上升态势，2017 年达到 31.89%。

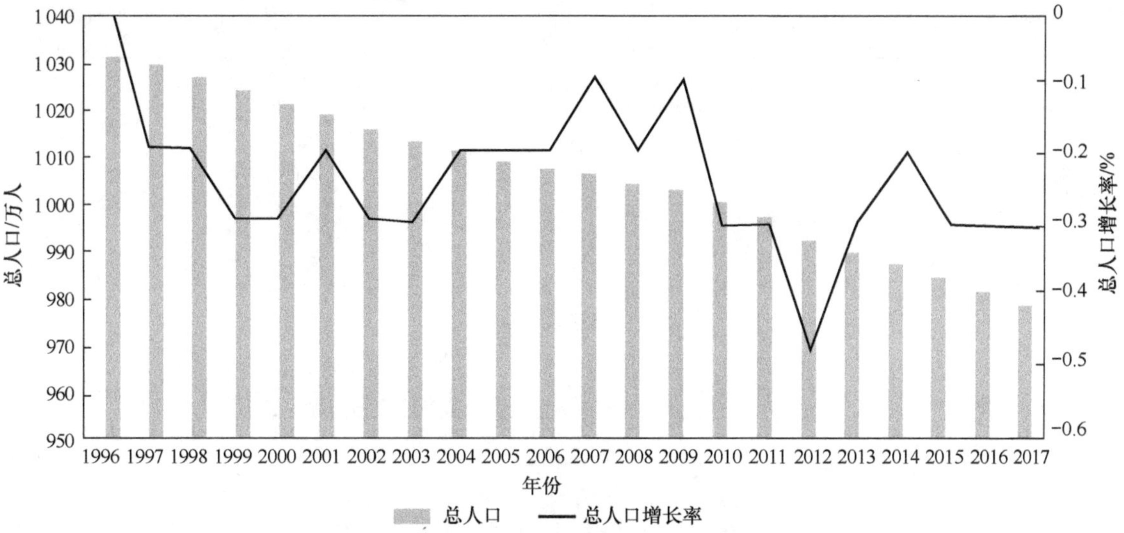

图 35-3 匈牙利总人口变化情况

表 35-2 匈牙利劳动力情况

年份	劳动力总量/万人	劳动力占比/%	15～64 岁劳动参与率/%	15～24 岁劳动参与率/%
1996	407.98	39.57	57.90	34.98
1997	401.13	38.98	57.10	34.63
1998	406.60	39.59	58.01	39.19
1999	413.93	40.42	59.17	39.21
2000	416.06	40.75	59.47	36.98

（续表）

年份	劳动力总量/万人	劳动力占比/%	15～64岁劳动参与率/%	15～24岁劳动参与率/%
2001	414.73	40.70	59.38	35.00
2002	415.02	40.85	59.42	33.15
2003	422.14	41.67	60.43	31.11
2004	420.21	41.56	60.13	27.50
2005	427.33	42.35	61.18	27.09
2006	430.46	42.75	61.75	26.47
2007	428.73	42.62	61.52	25.23
2008	425.89	42.42	61.14	24.44
2009	425.86	42.46	61.16	23.81
2010	429.96	43.00	61.82	23.90
2011	431.60	43.29	62.29	23.69
2012	436.88	44.04	63.49	25.29
2013	440.11	44.50	64.33	27.27
2014	452.56	45.85	66.61	29.64
2015	461.61	46.91	68.37	31.25
2016	468.61	47.77	69.95	32.64
2017	465.66	47.61	70.26	31.89

数据来源：世界银行数据库。

匈牙利城镇人口占比不断提高，城市化水平稳步上升。如图35-4所示，城镇人口占比和农村人口占比呈反向变化；城镇人口增长率逐渐保持在0.5%左右，而农村人口增长率逐渐保持在−2%左右。

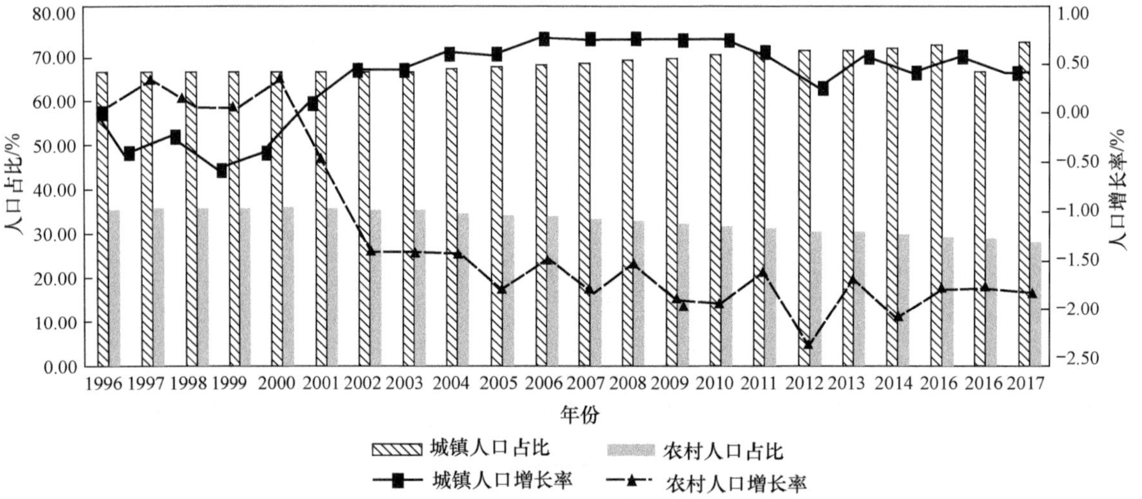

图35-4 匈牙利城镇和农村人口变化情况

三、研发投入与产出情况分析

科研及自主创新能力是一个国家综合竞争力的重要构成部分。研发投入产出比是衡量一个国家科研能力的重要指标之一。

从研发投入来看，匈牙利研发组织数量大致保持稳定上升的趋势。如图35-5所示，匈牙利研发组织数量2013年之后开始下降，2016年为22 328个；研发投入占GDP的百分比呈波动上升的趋势，从 2000 年的 0.79%上升到 2016 年的 1.22%，说明国家对于科研的重视程度及支持力度不断增强。

从研发产出来看，匈牙利的研发成果相比研发投入来说不尽如人意。从图 35-5 中可以看出，匈牙利居民专利申请数量 2003 年之前稳定上升，2002 年达到 5 906 个，但从 2003 年开始出现断崖式下滑，2006 年以后基本在 1 000 个以下。

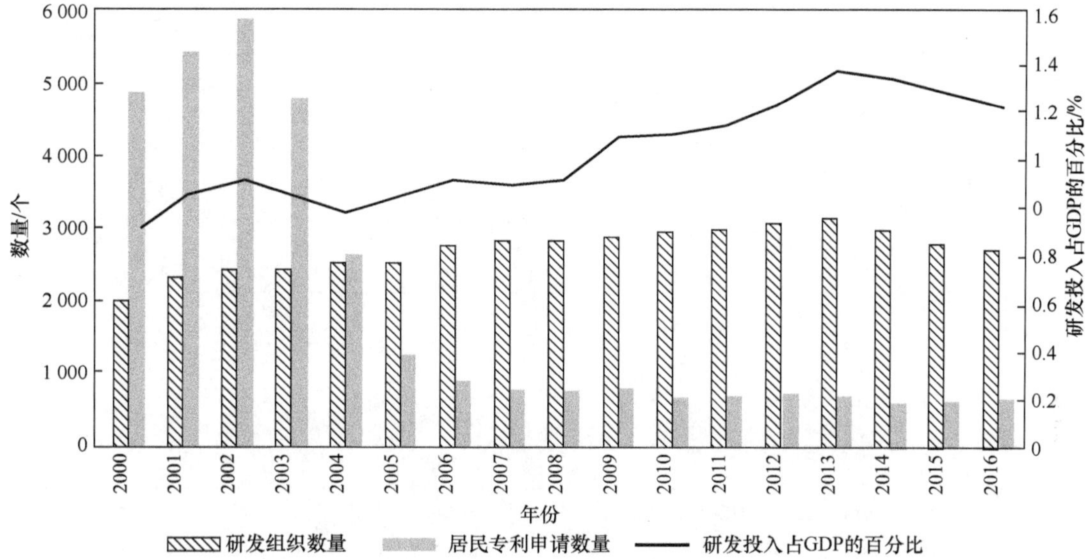

图 35-5 匈牙利研发投入与产出情况

四、制度环境情况分析

下面通过法律制度指数、腐败监管指数、政治稳定指数、民主自由权利指数和政府效能指数分析匈牙利的制度环境情况。匈牙利制度环境评估如表 35-3 所示。不同国家制度环境对比如图 35-6 所示。

（1）从图 35-6 中可以看出，匈牙利的政治稳定指数和民主自由权利指数均高于高等收入国家的平均值，但在法律制度指数、腐败监管指数和政府效能指数远低于高等收入国家的平均值。这说明匈牙利作为一个高等收入国家，依法治国和行政效率的提高与经济发展不相匹配，亟待加强建设。

（2）从表 35-3 中可以看出，截至 2014 年，匈牙利法律制度指数、腐败监管指数、政治稳定指数、民主自由权利指数、政府效能指数已经降到 2002 年的一半左右甚至更低。匈牙利不断恶化的制度环境势必会成为经济高速发展的阻碍，亟待加强建设。

表 35-3 匈牙利制度环境评估

年份	法律制度指数	腐败监管指数	政治稳定指数	民主自由权利指数	政府效能指数
2002	0.98	0.58	1.26	1.16	1.05
2003	0.93	0.68	1.13	1.17	0.96
2004	0.91	0.69	0.83	1.15	0.86
2005	0.86	0.65	1.00	1.18	0.77
2006	1.00	0.66	0.99	1.02	0.87
2007	0.96	0.62	0.75	1.04	0.71

（续表）

年份	法律制度指数	腐败监管指数	政治稳定指数	民主自由权利指数	政府效能指数
2008	0.93	0.47	0.75	0.97	0.71
2009	0.80	0.43	0.54	0.91	0.67
2010	0.78	0.37	0.69	0.89	0.67
2011	0.76	0.40	0.74	0.84	0.67
2012	0.62	0.36	0.68	0.75	0.63
2013	0.58	0.32	0.80	0.74	0.65
2014	0.50	0.16	0.67	0.55	0.53

数据来源：世界银行数据库。

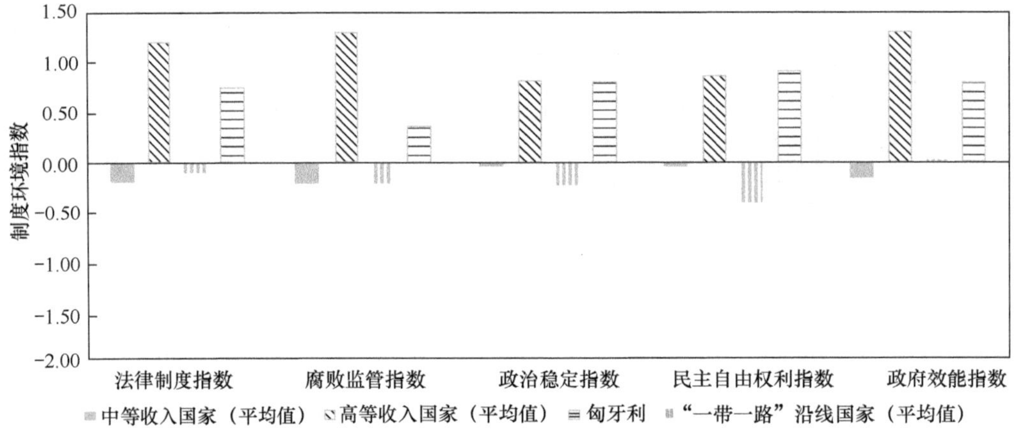

图 35-6　不同国家制度环境对比

五、税收负担情况分析

下面通过总税收占 GDP 的百分比、总税收占比、利润税税收占比 3 个指标分析匈牙利税收负担情况。

（1）匈牙利总税收占 GDP 的百分比是波动上升的。从图 35-7 中可以看出，匈牙利总税收占 GDP 的百分比在统计期内有较大的波动，特别是 2000—2006 年以及 2009—2011 年经历了两次较大幅度的下降，税收负担相对减轻，而 2006—2008 年与 2011—2012 年又快速上升，税收负担不断加重。2012 年为 22.89%，2012 年以后逐渐趋于稳定，基本在 23.2%左右。

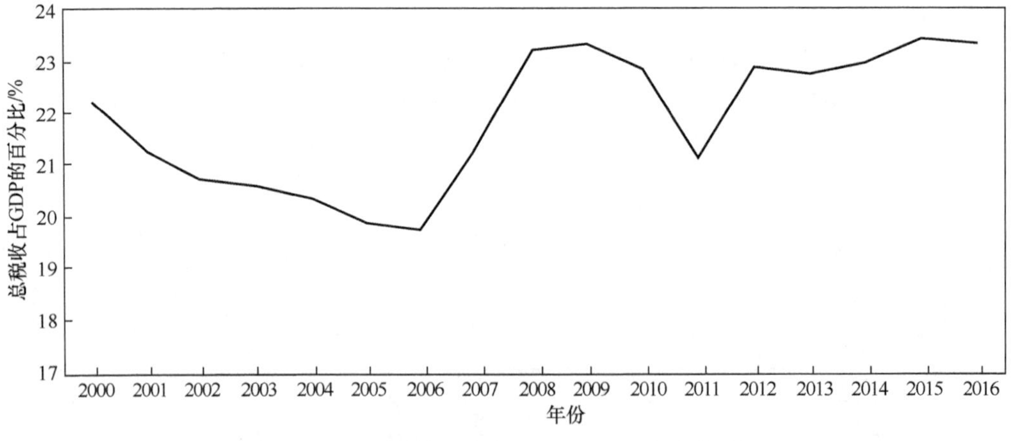

图 35-7　匈牙利总税收占 GDP 的百分比变化情况

（2）在统计期内，匈牙利总税收占比一直处于较高水平，2009 年开始出现下滑趋势，而利润税税收占比基本持平，没有太大波动。如图 35-8 所示，匈牙利总税收占比较高，基本在 50%～60%内波动，企业税收负担较重，经营成本较高，2010 年出现降低迹象，虽然降幅较小，但是税收负担一直在稳定减轻，2016 年为 53.35%。通过对统计期内数据的观察来看，这一趋势还有望延续。

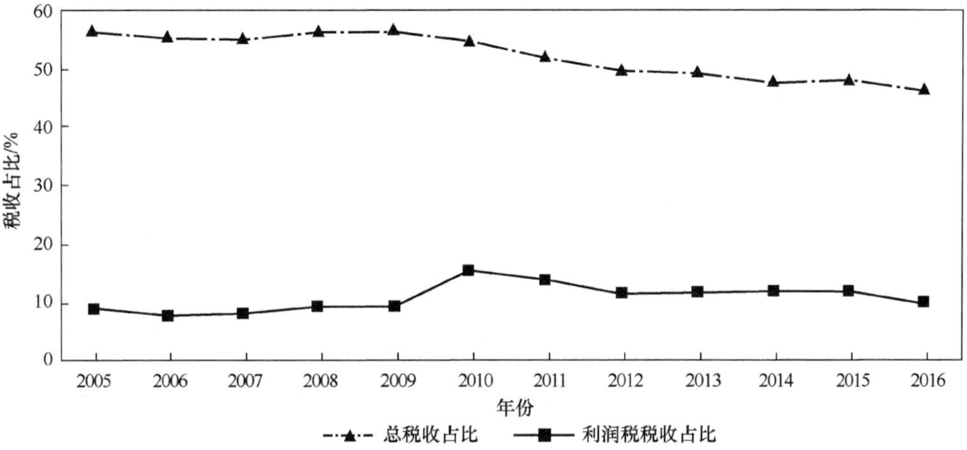

图 35-8　匈牙利税收占比变化情况

六、国际贸易情况分析

下面通过对外贸易额、货物和服务贸易差额、货物和服务进口贸易额占 GDP 的百分比 3 个指标分析匈牙利国际贸易情况。随着匈牙利对外贸易的不断扩大，匈牙利对外贸易额占 GDP 的百分比不断上升，逐渐成为拉动经济增长的强大动力。从图 35-9 可以看出，匈牙利货物和服务贸易差额占 GDP 的百分比虽然绝对值较小，但明显已由负值转正值并保持上升态势；货物和服务进口贸易额占 GDP 的百分比也呈稳中有升的态势，且总体明显高于货物和服务贸易差额占 GDP 的百分比，说明匈牙利本土对于外国商品和服务的需求较大；相应地，对外贸易额占 GDP 的百分比也在不断上升。

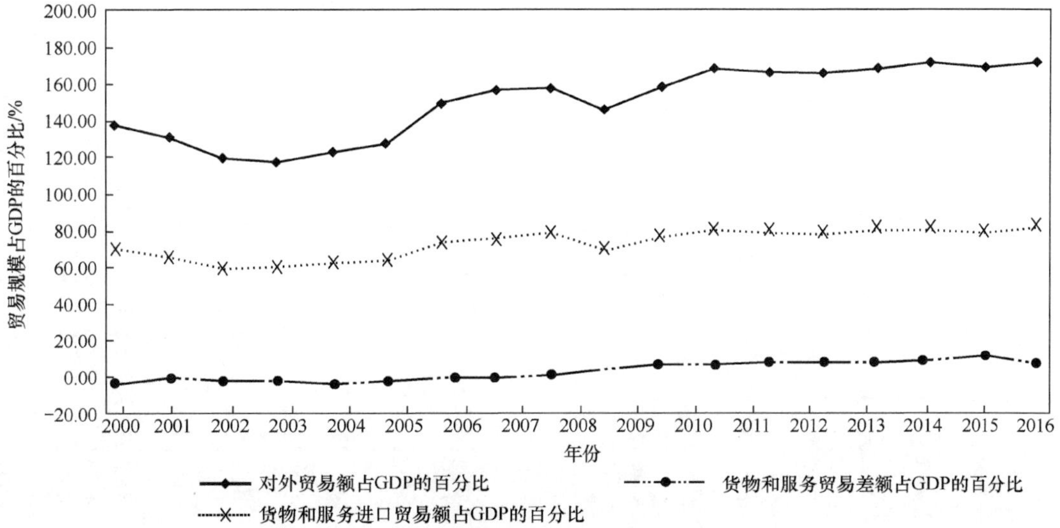

图 35-9　匈牙利国际贸易情况

七、外国直接投资情况分析

近几年，匈牙利外国直接投资占 GDP 的百分比波动较大。如图 35-10 所示，外国直接投资占 GDP 的百分比 2005 年之前保持平稳态势，基本在 7%左右，2005—2016 年波动较大，尤其 2007 年和 2015 年经历了大幅上升，分别为 50.5%和 50.49%，2010 年和 2016 年出现剧降，分别为−15.99%和−10.66%，并有可能继续保持下滑态势。

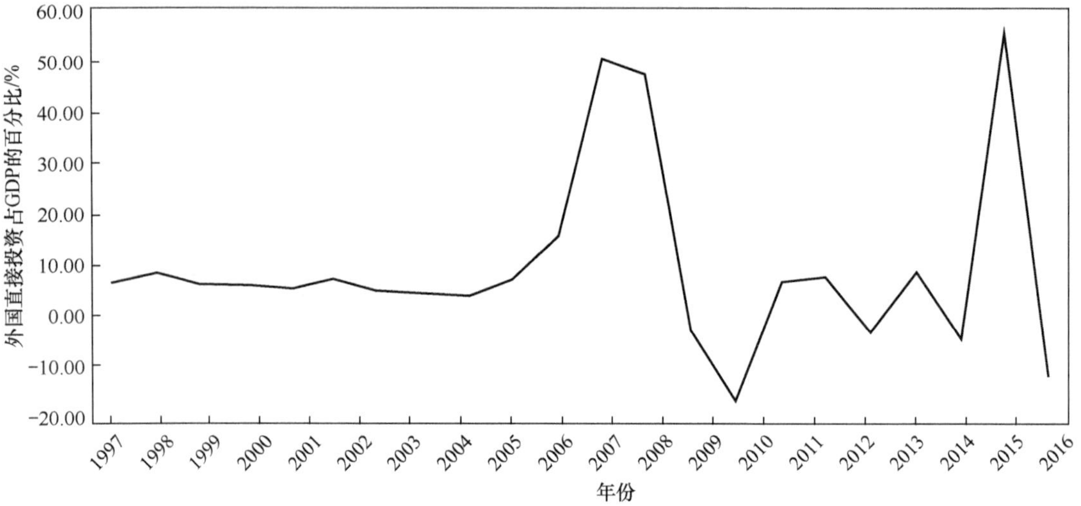

图 35-10 匈牙利外国直接投资占 GDP 的百分比变化情况

八、经济活力情况分析

通过对匈牙利总投资额、新注册企业数量及密度两方面的考察，可以得出以下结论。

一方面，匈牙利总投资额（包括政府投资额和民间投资额）总体上是增加的，经济富有活力。如图 35-11 所示，匈牙利总投资额虽然在 2009—2012 年出现小幅下降，但很快回升并以更高的速度增长。

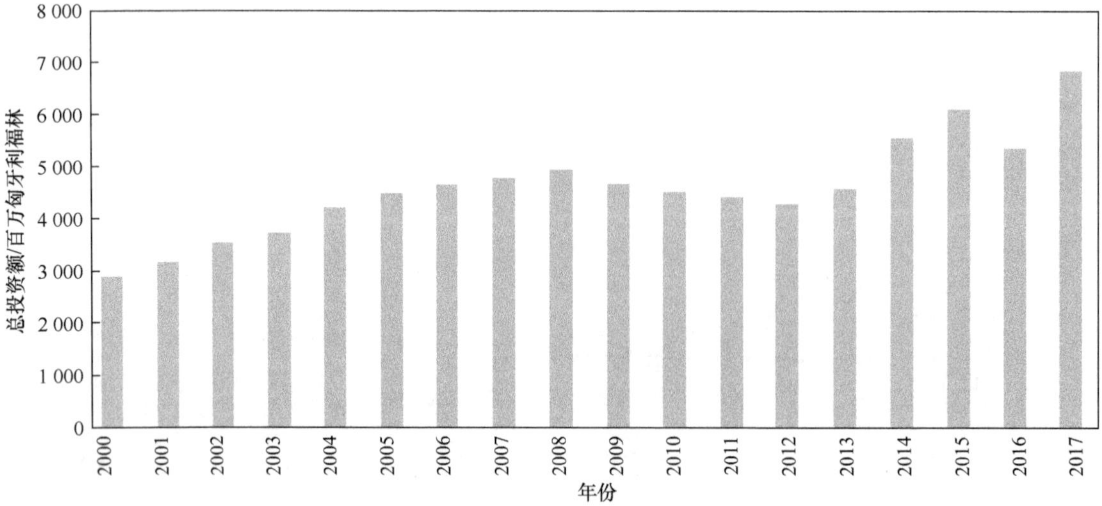

图 35-11 匈牙利总投资额变化情况

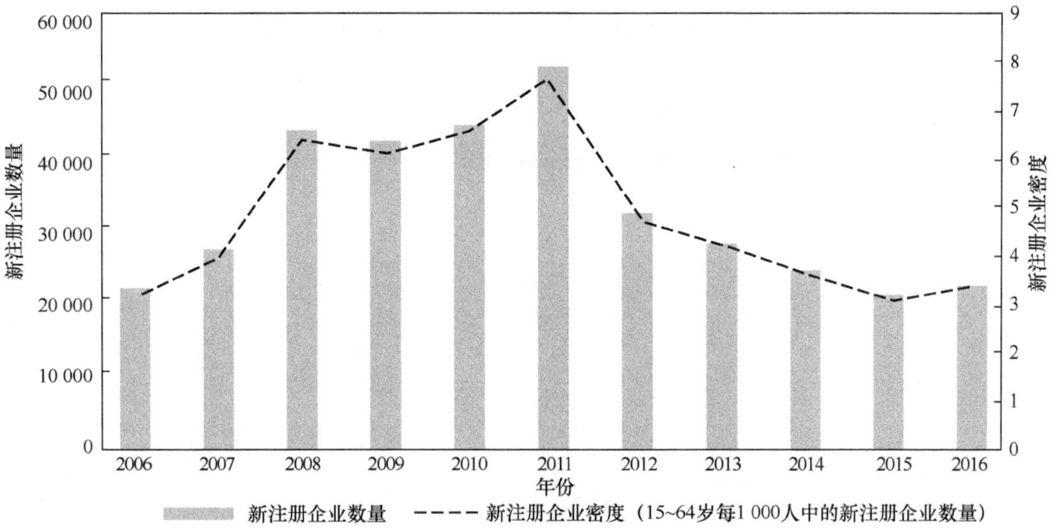

图 35-12　匈牙利新注册企业数量及密度变化情况

另一方面。从图 35-12 中可以看出，匈牙利新注册企业数量的高速增长态势在 2011 年以后不复存在，而是逐年下降，回归到 10 年前的水平。匈牙利新注册企业数量 2006 年为 22 008，2016 年为 22 328。匈牙利新注册企业密度变化情况与新注册企业数量变化情况基本相同。

第三节　产业结构情况分析

一、三次产业结构分析

总的来说，匈牙利服务业增加值占比最大，农业增加值占比最小，服务业的发展牵动着国民经济的命脉。从图 35-13 中可以看出，服务业增加值占比约为工业增加值占比的 3 倍、农业增加值占比的数十倍；工业增加值占比和农业增加值占比 2010—2015 年基本持平，没有太大变化；服务业增加值占比 2010—2015 年则有下滑趋势，2013 年以前保持在 81%左右，2013 年以后逐年下降，2015 年为 75.17%。

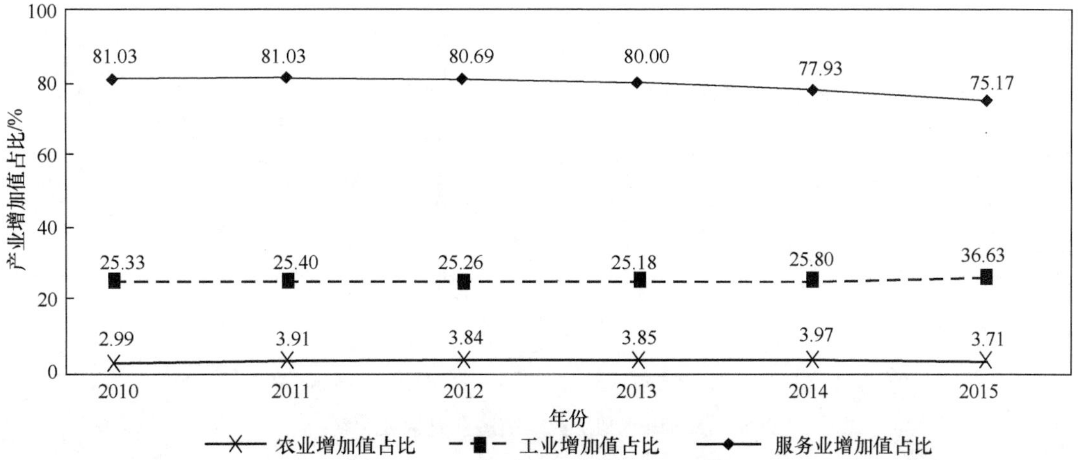

图 35-13　匈牙利产业结构变化情况

如图 35-14 所示，匈牙利三次产业就业人数占比相对稳定，约占劳动力总数的 65%，其中农业就业人数占比稳定在 3%左右；工业就业人数占比稳定在 31%左右；服务业就业人数占比稳定在 66%左右。匈牙利三次产业就业人数占比情况从侧面反映出匈牙利绝大多数劳动力都在从事服务业相关的工作，匈牙利服务业在国民经济中举足轻重。

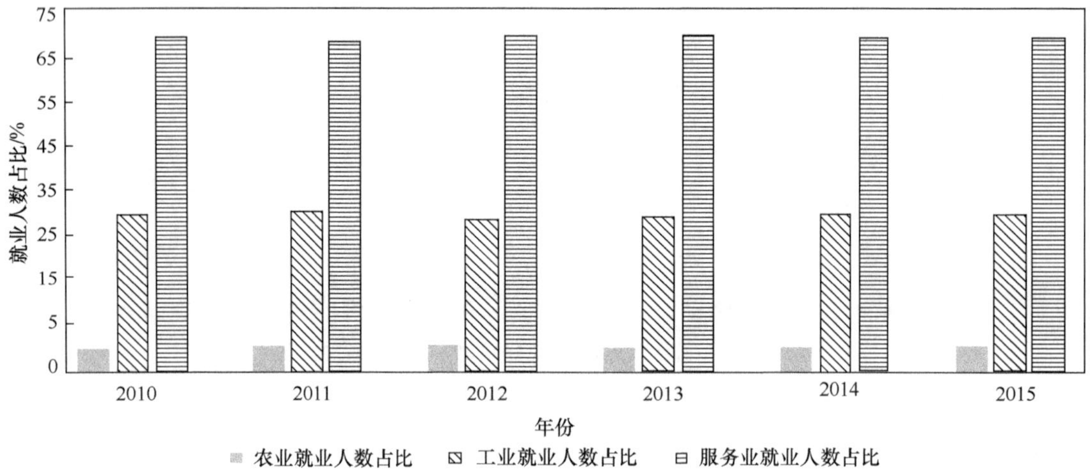

图 35-14 匈牙利劳动力就业结构变化情况

二、工业、制造业规模变化分析

匈牙利工业、制造业规模变化情况如图 35-15 所示。其中，2006—2016 年，工业、制造业增加值有增有减，呈上下波动态势；工业增加值在 300 亿～400 亿美元之间变动，制造业增加值基本保持在 200 亿～300 亿美元；2007—2009 年和 2011—2013 年，工业、制造业增加值出现大幅下滑，2009 年制造业增加值年增长率甚至低于−15%。

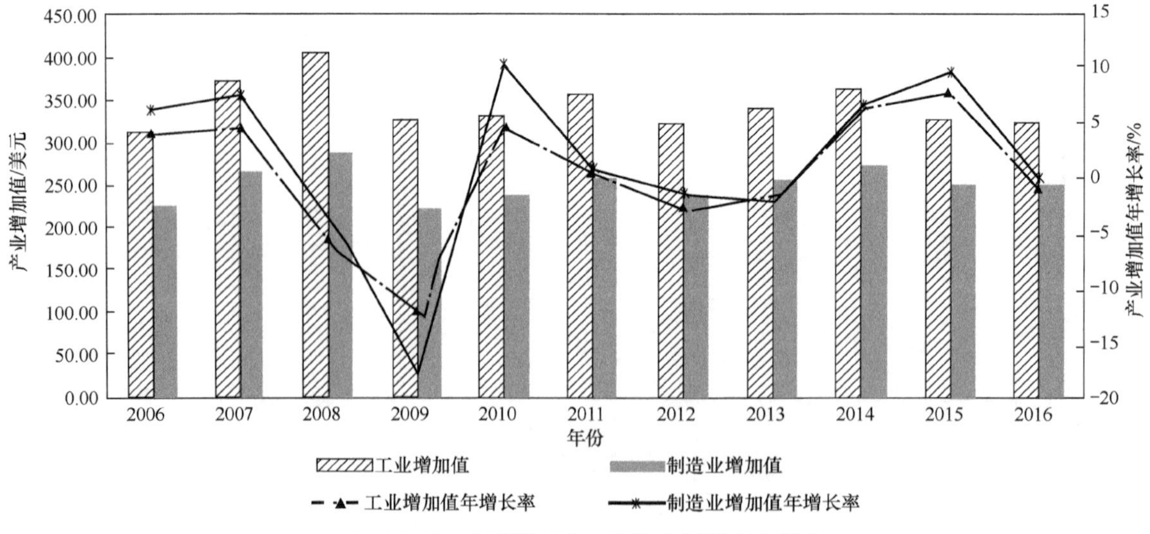

图 35-15 匈牙利工业、制造业规模变化情况

从表 35-4 中可以看出，中、高端技术行业在制造业中有举足轻重的地位，并且对于制造业增加值的贡献越来越突出；机械和运输设备行业也有较快发展；中、高端技术行业增加值占比接近 60%；机械和运输设备行业增加值占比也保持增长的态势，2013 年达到 42.81%。

表 35-4 匈牙利制造业分行业增加值占比情况

行业	行业增加值占比/%					
	2008 年	2009 年	2010 年	2011 年	2012 年	2013 年
纺织品与服装	2.51	2.35	2.26	2.32	2.36	2.31
中、高端技术	51.99	54.34	56.13	57.75	57.03	57.90
其他	47.16	36.04	36.16	34.93	35.75	34.78
机械和运输设备	31.31	39.73	40.77	42.76	41.17	42.81
食品、饮料和烟草	10.32	12.70	10.79	9.96	9.88	10.11
化学品	8.69	9.19	10.02	10.03	10.83	9.98

数据来源：国家统计局网站。

三、服务业规模变化分析

匈牙利服务业无论是增加值还是就业人数都在三次产业中占比很大，匈牙利不同类型服务部门就业人数情况如表 35-5 所示。从事教育、社会保障以及人类健康和社会工作活动的人数较多并且保持规模不断扩大的趋势；从事研发活动的人数较少且增速不明显；从事研发活动的人数约为从事教育的人数的 1/6。

表 35-5 匈牙利不同类型服务部门就业人数情况

服务部门	就业人数/千人									
	2008 年	2009 年	2010 年	2011 年	2012 年	2013 年	2014 年	2015 年	2016 年	2017 年
住宿和餐饮	157.7	151.3	149.1	157.5	161.8	158	168.1	183.3	192.8	189.4
信息和通信	95.5	89.7	94.4	89.8	102	111	102.8	102.6	119.6	109.9
金融及保险活动	93.5	95.8	90.6	90.7	91.6	96.1	95.2	87.4	95	93.6
房地产	20.3	20.2	20.8	21.8	23.1	20.6	20.2	18.8	21.7	26
研发活动	50.3	52.5	54.0	55.4	56.5	58.2	57.2	56.2	54.6	—
教育	309.4	315.7	318.5	317.7	315.6	309.5	323.4	318.3	321.8	324.7
艺术、娱乐和休闲	64.1	57.7	58.1	59.9	63.1	56.1	63.2	80.1	78.9	70.2
行政和支持服务活动	104.2	114.4	107.8	110.5	131.2	136.9	146.2	153.5	160.5	153.7
社会保障	286.3	305.6	319.4	308.1	322.4	365.8	402.5	446.4	471.8	460.5
人类健康和社会活动	243.2	238.6	247.7	251.1	263.9	261.6	267	269.5	277.2	285.2

数据来源：国家统计局网站。

四、资源情况分析

匈牙利是一个能源贫乏的国家，但能源消费却很旺盛，主要能源——煤炭远没有得到充分的开发和利用，能源使用效率极低，而依赖进口能源已使得经济备受影响。自 1980 年以来，匈牙利的能源产量一直比较稳定，起伏不大，略有增长。虽然煤炭产量连年减少，但由于核电站各机组的投入运行，仍使电力生产逐年增加。石油和天然气的产量历年来基本相同。能源生产的企业普遍存在亏损现象，特别是煤炭工业，完全依赖于政府补贴。20 世纪 70 年代，匈牙利煤炭工业逐渐衰退。1980 年，匈牙利能源进口量在总能源消费量中所占的比例已达到 52.2%。至此，匈牙利经济已经很依赖进口能源了。

上述事实决定了匈牙利在制定国家能源政策时所应采取的原则，即通过提高能源使用效率，合理地利用能源，确保国家的能源安全，最大限度地开发当地的能源燃料和可再生能源的种类，并且将高效能绿色技术引入国民经济的各个领域。

表 35-6 反映了匈牙利能源情况。可见，匈牙利消费的能源主要依靠自己生产。其中，水力发电量在能源生产总量中占比最大；核能产量高速增长。匈牙利对泥煤燃料、原油及产品和可燃可再生能源的依赖程度不断降低，说明匈牙利的能源使用结构在不断优化。

表 35-6 匈牙利能源情况

年份	2005	2006	2007	2008	2009	2010	2011	2012	2013	2014	2015
泥煤燃料能源产量/MJ	73.2	73.5	74.2	70.9	65.1	66.7	68.9	67.3	67.5	66.5	63.6
原油及产品能源产量/MJ	59.4	56.9	50.4	52.1	50.5	45.6	40.5	43.1	36.9	35.1	36.3
可燃可再生能源产量/MJ	97.6	99.7	83.9	84	95.7	93.6	88.5	74	64.6	60.2	57.3
核能产量/MJ	68.9	70.4	75.3	81.3	103.9	111.6	115.8	126.4	134.7	123	133.7
水力发电量/MJ	151.6	147.5	160.7	162.2	168.8	172.5	171.6	172.8	168.2	171.5	173.6
风能发电量/MJ	0.7	0.7	0.8	0.8	0.8	0.7	0.8	0.8	0.8	1.1	0.8
其他可再生材料能源产量/MJ	0	0.2	0.4	0.7	1.2	1.9	2.3	2.8	2.6	2.4	2.5
能源进口量/MJ	3.7	3.7	3.7	4.2	4.2	4.4	4.7	4.9	5.2	4.4	5.3
能源出口量/MJ	172	185.8	192.3	186	127.9	156.4	185.1	201.8	220.3	210.2	189.4
能源库存变化量/MJ	−7.9	−3	8.5	−31	−33.1	−9.9	55.2	30.2	25.8	−55	21.4
能源消费总量/MJ	1 185.6	1 175.3	1 150.8	1 136.5	1 079.3	1 119.8	1 095.8	1 041.3	1 007.3	1 005	1 062.2

第四节 产业政策分析

匈牙利的经济结构谈不上以技术创新来调整产业结构的问题。匈牙利第一产业就业人数占比约为 3%，第二产业就业人数占比约为 31%，第三产业就业人数占比约为 66%。匈牙利产业结构的特点可以用其汽车制造业为例来说明。在该国的汽车制造业中，整车厂不是通用公司的，就是铃公司的，匈牙利自己只有一些配套的中、小企业，而且配套率从 10%到 60%不等。从技术上看，无论是整车的组装技术，还是发动机、变速器的研发技术，匈牙利自己都不掌握。由此可以看出，该国的产业结构如何变动并不取决于自身，而取决于能吸引来哪些产业的外资。

目前，匈牙利政府的长期目标是吸引更多的外资，以增加就业，提高消费水平。匈牙利政府的短期目标是寄希望于外资，特别是希望中国和俄罗斯提供担保，使之可以在金融市场上融资，以应付金融危机和债务危机，但由于等不及，只好转而求助世界银行。在这种条件制约下，匈牙利的产业政策有以下 3 个着力点。

（1）利用欧盟资金及本国的配套资金，全面支持重点领域产业的发展。匈牙利每年财政预算投入 10 亿欧元用于“振兴计划”。据统计和估计，2007—2013 年，欧盟可提供给匈牙利 392 亿美元的资金，其中约 91 亿美元已用于 14 个经济发展项目。“新塞切尼计划”的实施使匈牙利 2011—2014 年每年的投资增加 5%，2014 年投资占 GDP 的 25%，GDP 增长率超过 4%，新创造工作岗位 30 万个。

（2）以健全的基础设施、相对便宜的劳动力及税收优惠吸引跨国公司前来投资。目前，已有诺基亚、通用、飞利浦、丰田等 50 多家跨国公司在匈牙利设立了生产基地，还有很多跨国公司，将其“地区服务中心”“会计中心”“研发中心”迁往匈牙利。据匈牙利国家发展部介绍，匈牙利已与中国企业合作，生产太阳能板及污水处理设备等。为应对经济危机和金融危机，匈牙利政府希望能继续引进外资。

（3）对那些给跨国公司提供配套服务的中、小企业，匈牙利政府提供贴息、起步贷款、低息贷款及欧盟贷款等，以支持其发展。

第五节　产业结构与产业政策分析基本结论

通过对匈牙利的基本情况、经济发展情况、产业结构情况和产业政策相关内容的分析，初步得出以下结论。

（1）匈牙利总体经济发展形势较好，GDP 逐渐趋于稳定并处于较高水平。从人力资本角度来看，匈牙利城市化水平不断提高，城镇人口已经超过总人口的 70%，人口不断从农村迁入城市，为经济发展注入活力；匈牙利对外贸易不断扩大，对外贸易额不断增加，成为拉动经济增长的强大动力。

与此同时，匈牙利在经济发展的过程中也存在一些不容忽视的问题。从科研现状来看，匈牙利研发产出严重滞后于投入，所以匈牙利应该提高自主创新能力，高投入与高效率并重。在制度环境方面，匈牙利 5 项制度环境指数都在下降，所以匈牙利应该加强制度环境建设，努力使制度建设与经济发展相匹配，更好地服务于国民经济。总体来说，匈牙利企业税收负担过重，增加了企业的运营成本，不利于企业的健康发展，所以匈牙利应该从提高资源配置效率出发适当减轻企业的税收负担。匈牙利新注册企业数量呈不断减少的趋势，经济发展后劲不足，所以匈牙利政府应出台优惠政策，以扶持中、小企业，鼓励民间创业，增强经济活力。

（2）匈牙利的产业结构中服务业无论是增加值还是就业人数都独占鳌头，可以说服务业的发展“牵一发而动全身”。匈牙利三次产业结构、产业就业人数占比不断优化，并逐步向合理化迈进。匈牙利产业也存在内部发展不协调的问题，研发活动从业人数仅为教育行业的 1/6，这与匈牙利研发产出较低不无关系。缺乏智力支撑必然会降低研发资源的利用效率。匈牙利应该重视高端人才的培养，加大精英教育的投入和支持力度。

（3）匈牙利产业政策的着力点在于以自身的优惠条件吸引外资，比如廉价劳动力和税收优惠政策，希望借助外国先进的经营管理方法和生产技术推动本国经济的发展。但是，从匈牙利产业政策的实践来看，匈牙利自己并不掌握核心技术，不利于激发经济发展的潜力。相比扩大引进外资的规模，匈牙利应更加注重引进外资的结构。

第三十六章　叙利亚产业结构与产业政策分析

第一节　基本情况

阿拉伯叙利亚共和国，简称叙利亚，位于亚洲西部，地中海东岸。叙利亚国土面积约为185 180平方千米（包括戈兰高地约1 200平方千米）。叙利亚北与土耳其接壤，东同伊拉克交界，南与约旦毗连，西南与黎巴嫩、以色列为邻，西与塞浦路斯隔地中海相望。

截至2012年，叙利亚总人口约为2 240万人，以阿拉伯人居多（占80%以上），还有库尔德人、亚美尼亚人、土库曼人和切尔克斯人等。叙利亚85%的居民信奉伊斯兰教，14%的居民信奉基督教。在信奉伊斯兰教居民中，逊尼派占80%（约占总人口的68%），什叶派占20%。在什叶派中阿拉维派占75%（约占总人口的11.5%）。

截至2014年，叙利亚全国共划分为14个一级行政区，即13省和大马士革市。这13省分别是大马士革省、阿勒颇省、霍姆斯省、代尔祖尔省、哈马省、德拉省、拉塔基亚省、哈塞克省、库奈特拉省、苏韦达省、拉卡省、伊德利卜省、塔尔图斯省。叙利亚首都大马士革市，已有4 500多年的历史，人口2009年超过471万人，被誉为“天国里的城市”。

在经济建设方面，叙利亚是阿拉伯世界的5个粮食出口国之一，农业耕种面积约为47 360平方千米，农业人口约为440万人。叙利亚耕地大都凭借灌溉，并出产小麦、大麦、棉花、葡萄、油橄榄、无花果、梨、李等水果，出口棉花与小麦、大麦。叙利亚工业基础薄弱，国有经济占主导地位，现代工业只有几十年的历史。叙利亚现有工业分为采掘业、加工业和水电业。叙利亚采掘业开采石油、天然气、磷酸盐、大理石等。叙利亚加工业主要有纺织、食品、皮革、化工、水泥、烟草等行业。叙利亚又是伊拉克基尔库克油田出海油管的过境地。叙利亚拥有较好的旅游发展基础和潜力。叙利亚政府对旅游业发展也十分重视。尤其是21世纪初，在叙利亚经济改革进程中优先发展旅游业得到了叙利亚政府的认同和支持，并使旅游业获得迅速的发展。2011年叙利亚局势动荡前，叙利亚经济逐步向社会市场经济转轨。叙利亚政府力图通过实施经济建设和社会发展的“十一五”计划（2011—2015年），优化经济结构，推动经济发展。受多重因素影响，叙利亚经济改革进程较为缓慢。叙利亚局势动荡后，面临石油出口中断、外汇收入锐减、货币贬值、物价上涨、失业率高等多重压力，经济形势更趋严峻。截至2017年2月，叙利亚已有46.5万人因局势动荡而丧生，3/4的叙利亚人（约1 350万人）需要人道主义援助，500万叙利亚人出逃沦为难民，进而引发了欧洲难民危机。

在外交方面，叙利亚对外奉行不结盟、反帝国主义、反殖民主义、反对种族主义政策，实行多方位外交政策，主张阿拉伯国家联合自强，以大、小国家一律平等为基础建立国际新秩序，积极支持和参加不结盟运动。叙利亚局势动荡以来，主要西方国家和部分阿拉伯国家称巴沙尔已失去执政合法性，不断加大对叙利亚制裁、施压力度，力推以巴沙尔下台为核心的政治过渡。叙利亚与美国为敌对关系，关系紧张；与俄罗斯为盟友关系；与阿拉伯国家关系良好。

第二节 经济发展情况分析

一、经济规模情况分析

叙利亚 GDP 及其增长率变化情况如图 36-1 所示。叙利亚人均 GDP 变化情况如图 36-2 所示。叙利亚 GDP 情况如表 36-1 所示。

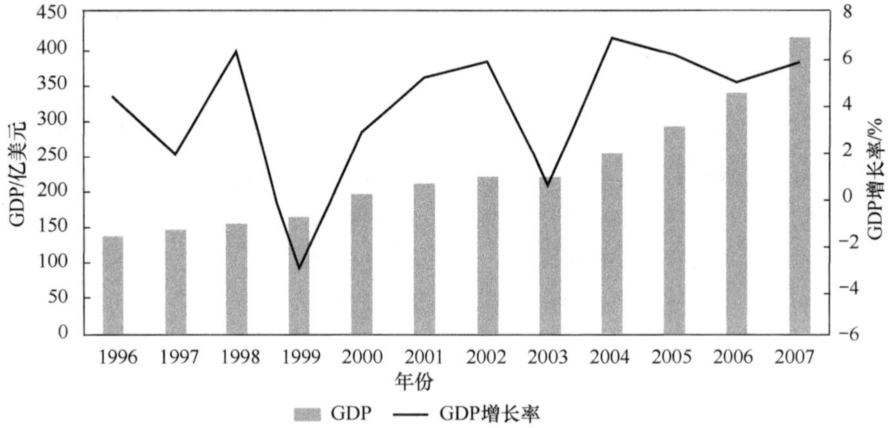

图 36-1 叙利亚 GDP 及其增长率变化情况

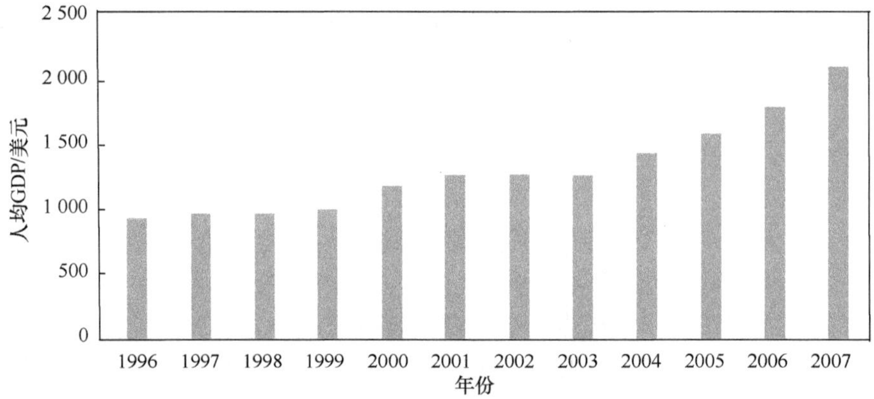

图 36-2 叙利亚人均 GDP 变化情况

表 36-1 叙利亚 GDP 情况

年份	GDP/亿美元	GDP 增长率/%	人均 GDP/美元	人均 GDP 增长率/%
1996	137.90	4.40	934.55	1.50
1997	145.05	1.80	955.71	−1.03
1998	152.01	6.34	974.28	3.44
1999	158.74	−3.55	991.12	−6.05
2000	193.26	2.74	1 177.63	0.27
2001	211.00	5.20	1 258.42	2.97
2002	215.82	5.90	1 263.01	3.91

（续表）

年份	GDP/亿美元	GDP 增长率/%	人均 GDP/美元	人均 GDP 增长率/%
2003	218.28	0.60	1 253.39	−1.29
2004	250.87	6.90	1 408.85	4.55
2005	288.59	6.20	1 577.46	3.37
2006	333.33	5.00	1 762.25	1.56
2007	404.05	5.70	2 058.04	1.84

数据来源：世界银行数据库。

（1）总的来说，在统计期内，叙利亚 GDP 和人均 GDP 逐渐增加；GDP 增长率在波动中先减少再增加；人均 GDP 增长率在波动中先减少再增加，最后逐渐减少。

（2）叙利亚 GDP 1996—2007 年从 137.90 亿美元增加到 404.05 亿美元；人均 GDP 从 934.55 美元增加至 2 058.04 美元；GDP 增长率 1996—1999 年从 4.40%减少至−3.55%，然后迅速增加，2002 年增加至 5.90%，2003 年骤减至 0.60%，2004 年增加至 6.90%后逐渐减少，2007 年减少至 5.70%；叙利亚人均 GDP 增长率 1996—1999 年从 1.50%减少至−6.05%，然后逐渐增加，2004 年增加至 4.55%，接着逐渐减少，2007 年减少至 1.84%。

（3）在 1998 年金融危机的不利影响下，叙利亚 GDP 增长率和人均 GDP 增长率分别从 1998 年的 6.34%和 3.44%减少至 1999 年的−3.55%和−6.05%。

二、人力资本基础情况分析

叙利亚总人口变化情况如图 36-3 所示。叙利亚城镇和农村人口变化情况如图 36-4 所示。叙利亚劳动力情况如表 36-2 所示。

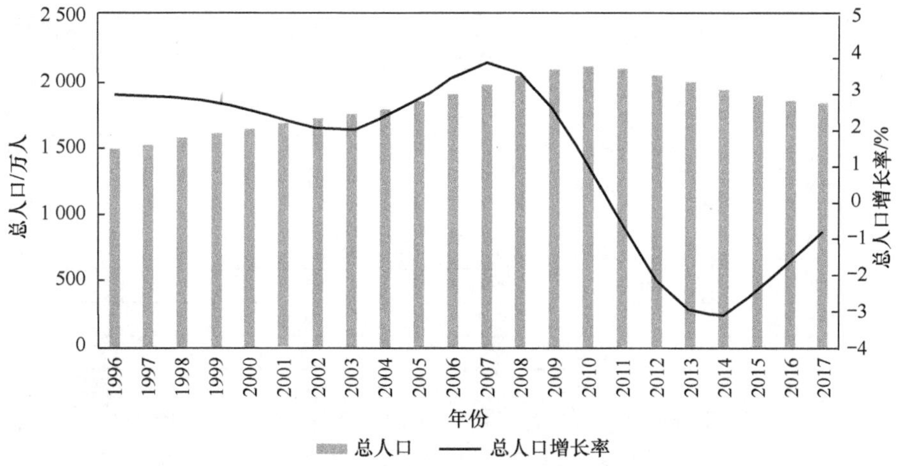

图 36-3　叙利亚总人口变化情况

（1）总的来说，在统计期内，叙利亚总人口先增加再逐渐减少；总人口增长率则先减少再增加，然后继续减少后再次增加；城镇人口占比先增加再减少，然后继续增加；农村人口占比则与城镇人口占比呈相反的变化关系；城镇人口增长率则先减少再增加，然后再次减少后增加；农村人口增长率则先减少再增加，然后继续减少后增加；劳动力总量先增加再减少；

劳动力占比则长期处在减少的趋势；15～64岁劳动参与率和15～24岁劳动参与率逐渐减少。

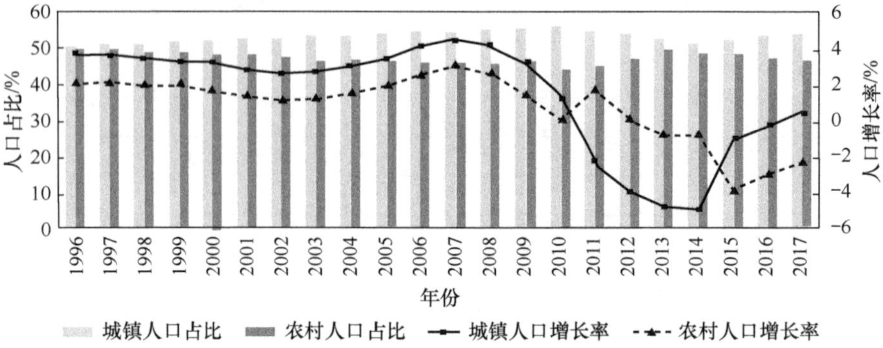

图36-4 叙利亚城镇和农村人口变化情况

表36-2 叙利亚劳动力情况

年份	劳动力总量/万人	劳动力占比/%	15～64岁劳动参与率/%	15～24岁劳动参与率/%
1996	434.07	29.42	53.60	46.50
1997	443.17	29.20	52.69	45.14
1998	452.18	28.98	51.85	43.92
1999	469.71	29.33	52.01	43.03
2000	486.49	29.64	52.07	42.12
2001	496.57	29.62	51.78	41.67
2002	505.87	29.60	51.39	41.26
2003	513.80	29.50	50.80	40.89
2004	515.82	28.97	49.55	38.51
2005	519.61	28.40	48.36	36.27
2006	531.00	28.07	47.33	34.18
2007	542.85	27.65	46.30	33.28
2008	566.88	27.89	46.47	32.77
2009	563.65	27.07	44.82	30.08
2010	575.89	27.40	44.92	29.84
2011	566.33	27.14	44.92	29.78
2012	548.10	26.84	44.78	29.54
2013	525.52	26.53	44.55	29.27
2014	502.55	26.17	44.21	29.02
2015	482.34	25.75	43.77	28.86
2016	478.62	25.97	43.69	28.81
2017	475.87	26.05	43.35	28.60

（2）叙利亚总人口1996—2010年从1 475.53万人增加至2 101.88万人，然后逐渐减少，2017年萎缩至1 826.99万人；总人口增长率1996—2002年从2.82%减少至1.90%，然后开始增加，2007年增加至3.72%，之后迅速减少，2014年为−3.11%，然后增加，2017年为−0.88%；城镇人口占比1996—2010年从50.473%增加至55.60%，然后逐渐减少，2014年减少至51.50%，然后有所增加，2017年增加至53.5%；城镇人口增长率1996—2003年从3.55%减少至2.59%，然后开始增加，2007年为4.40%，之后迅速减少，2014年为−5.09%，2017年又增加到0.38%；农村人口增长率1996—2003年从2.07%减少至1.12%，然后逐渐增加，2007年增加至2.93%，

2015 年又减少至−3.85%，然后有所增加，2017 年增加至−2.30%；劳动力总量 1996—2010 年从 434.07 万人增加至 575.89 万人，然后逐渐减少，2017 年减少至 475.87 万人；劳动力占比 1996—2017 年从 29.42%减少至 26.05%；15～64 岁劳动参与率 1996—2017 年从 53.60%减少至 43.35%；15～24 岁劳动参与率 1996—2017 年从 46.50%减少至 28.60%。

三、交通情况分析

表 36-3 反映的是叙利亚交通运输情况。

表 36-3　叙利亚交通运输情况

年份	铁路货物周转量/（万吨 · 千米）	航空货物周转量/（万吨 · 千米）	班轮运输相关指数（2004 年的最大值=100）
2002	181 200	1 318	—
2003	188 400	1 605	—
2004	192 400	1 975	8.54
2005	225 800	2 212	11.84
2006	207 400	1 639	11.29
2007	255 200	1 753	14.20
2008	237 000	1 429	12.72
2009	237 000	1 143	11.03
2010	237 000	467	15.17
2011	220 600	646	16.77
2012	200 600	466	15.64
2013	220 600	152	16.53
2014	220 600	152	17.46
2015	—	3	17.43
2016	—	3	13.37
2017	—	3	—

数据来源：世界银行数据库。

（1）整体而言，在统计期内，叙利亚铁路货物周转量和航空货物周转量均呈现先增加再减少的趋势；班轮运输相关指数则缓慢增加。

（2）叙利亚铁路货物周转量 2002—2007 年从 181 200 万吨 · 千米增加至 255 200 万吨 · 千米，然后逐渐减少，2014 年减少至 220 600 万吨 · 千米；航空货物周转量 2002—2007 年从 1 318 万吨 · 千米增加至 1 753 万吨 · 千米，然后逐渐减少，2017 年减少至 3 万吨 · 千米；班轮运输相关指数 2004—2016 年从 8.54 增加至 13.37，2014 年还曾一度增加至 17.46。

四、研发投入与产出情况分析

图 36-5 反映的是叙利亚研发投入与产出情况。

（1）就整体而言，叙利亚居民专利申请数量先增加再减少，而 2000 年骤增后又再次减少。

（2）叙利亚居民专利申请数量 1992—1995 年从 53 个增加至 129 个，然后逐渐减少，1998 年减少至 54 个，2000 年骤增至 247 个，之后呈现减少的趋势，2006 年减少至 124 个。

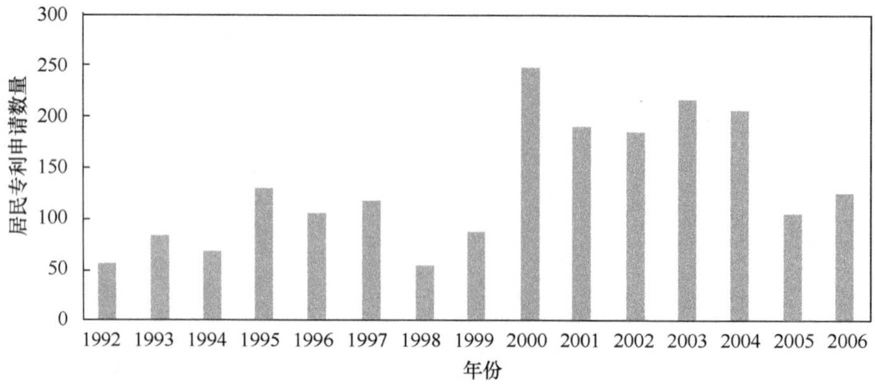

图 36-5　叙利亚研发投入与产出情况

五、制度环境情况分析

叙利亚制度环境评估如表 36-4 所示。不同国家制度环境对比如图 36-6 所示。

表 36-4　叙利亚制度环境评估

年份	法律制度指数	腐败监管指数	政治稳定指数	民主自由权利指数	政府效能指数
1996	−0.38	−0.78	−0.41	−1.33	−0.64
1997	−0.37	−0.82	−0.27	−1.41	−0.86
1998	−0.35	−0.86	−0.12	−1.48	−1.08
1999	−0.36	−0.88	−0.19	−1.51	−1.04
2000	−0.37	−0.90	−0.25	−1.55	−0.99
2001	−0.40	−0.57	−0.02	−1.57	−0.93
2002	−0.42	−0.24	0.21	−1.59	−0.88
2003	−0.37	−0.69	0.04	−1.66	−1.10
2004	−0.37	−0.71	−0.31	−1.52	−1.05
2005	−0.47	−0.71	−0.48	−1.54	−1.16
2006	−0.86	−0.99	−0.28	−1.70	−0.93
2007	−0.69	−1.01	−0.30	−1.72	−0.76
2008	−0.60	−1.08	−0.30	−1.67	−0.62
2009	−0.49	−1.07	−0.49	−1.64	−0.59
2010	−0.50	−1.08	−0.81	−1.64	−0.60
2011	−0.69	−1.05	−2.01	−1.75	−0.50
2012	−1.10	−1.17	−2.69	−1.80	−1.22
2013	−1.48	−1.24	−2.68	−1.77	−1.34
2014	−1.34	−1.55	−2.76	−1.80	−1.44
1996—2014（平均值）	−0.61	−0.92	−0.74	−1.61	−0.93

数据来源：世界银行数据库。

（1）整体而言，高等收入国家在法律制度、腐败监管、政治稳定、民主自由权利、政府效能方面均远远优于其他国家。叙利亚在制度环境方面与高等收入国家相比仍然存在很大差距，而与中等收入国家及中国相比也有较大差距。叙利亚的法律制度指数、腐败监管指数、民主自由权利指数、政治稳定指数和政府效能指数远低于“一带一路”沿线国家的平均值。

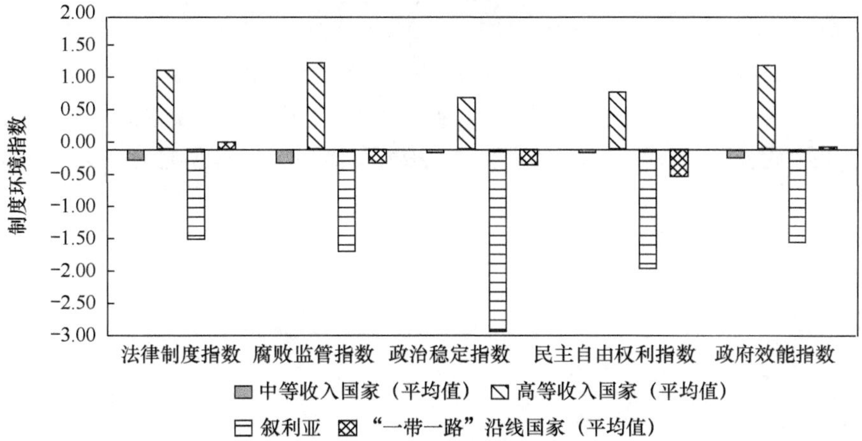

图 36-6　不同国家制度环境对比

（2）在统计期内，叙利亚的政府效能指数、民主自由权利指数、法律制度指数先减少再逐渐增加；腐败监管指数、政治稳定指数先增加再减少。

（3）叙利亚政府效能指数 1996—2005 年从−0.64 减少至−1.16，然后逐渐增加，2011 年增加至−0.50，之后转而减少，2014 年减少至−1.44；民主自由权利指数 1996—2007 年从−1.33 减少至−1.72，然后逐渐增加，2010 年增加至−1.64，然后继续减少，2014 年减少至−1.80；法律制度指数 1996—2006 年从−0.38 减少至−0.86，然后开始增加，2009 年增加至−0.49，然后继续减少，2014 年减少至−1.34；腐败监管指数 1996—2002 年从−0.78 增加至−0.24，然后开始减少，2014 年减少至−1.55；政治稳定指数 1996—2002 年从−0.41 增加至 0.21，然后开始减少，2014 年减少至−2.76。

六、税收负担情况分析

图 36-7、图 36-8 分别反映的是叙利亚总税收占 GDP 的百分比变化情况和税收占比变化情况。

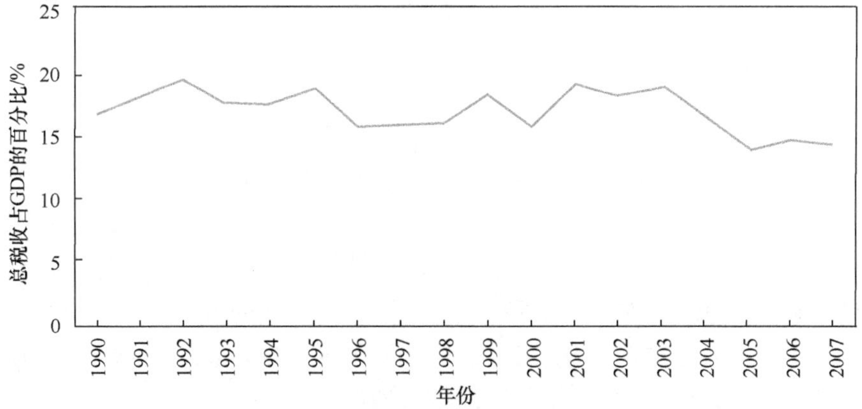

图 36-7　叙利亚总税收占 GDP 的百分比变化情况

（1）就整体而言，在统计期内叙利亚总税收占 GDP 的百分比先增加再减少，然后逐渐增加，最后继续减少；总税收占比和利润税税收占比先减少再增加，然后再次增加。

（2）叙利亚总税收占 GDP 的百分比 1990—1992 年从 16.71%增加至 19.40%，然后逐渐减少，1996 年减少至 15.64%，接着开始增加，2003 年增加至 18.82%，最后逐渐减少，2007 年减少至 14.19%；总税收占比 2005—2007 年保持 43.5%不变，然后减少，2009—2012 年均为 39.9%，然后开始增加，2014—2017 年均为 42.7%；利润税税收占比 2005—2007 年均为 23.6%，然后开始减少，2009—2013 年则维持 20%不变，然后有所增加，2014—2017 年增加至 24%。

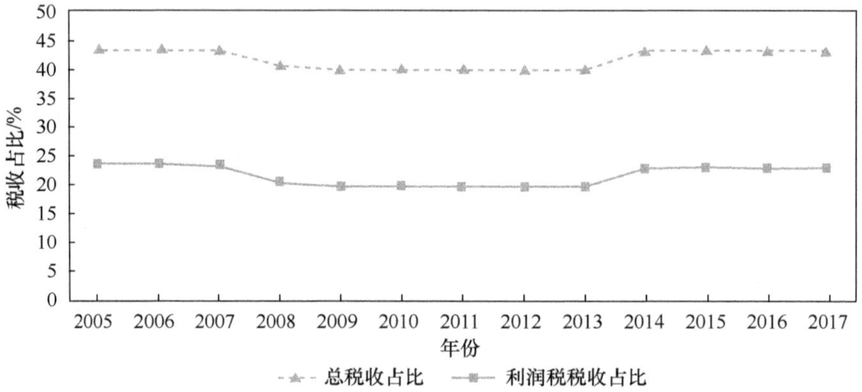

图 36-8 叙利亚税收占比变化情况

七、国际贸易情况分析

图 36-9 反映的是叙利亚国际贸易情况。

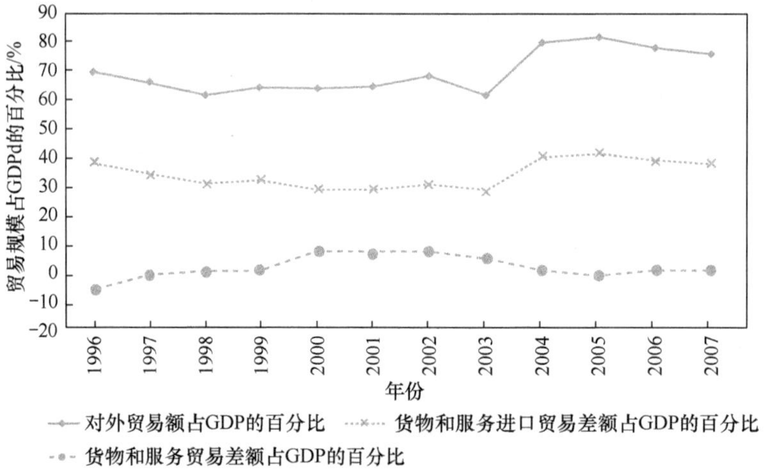

图 36-9 叙利亚国际贸易情况

（1）总的来说，在统计期内，叙利亚对外贸易额占 GDP 的百分比先减少再增加，然后逐渐减少；货物和服务贸易差额占 GDP 的百分比先增加再减少，然后逐渐增加；货物和服务进口贸易额占 GDP 的百分比先减少再增加，然后有所减少。

（2）叙利亚对外贸易额占 GDP 的百分比 1996—1998 年从 69.91%减少至 61.42%，然后逐渐减少，2005 年增加至 82.01%，2007 年又减少至 76.48%；货物和服务贸易差额占 GDP 的百分比 1996—2002 年从−6.26%增加至 7.53%，然后减少，2005 年减少至−1.24%，之后有所回升，2007 年则增加至 0.81%；货物和服务进口额占 GDP 的百分比 1996—2003 年从 38.09%减少至 28.57%，然后迅速增加，2005 年增加至 41.62%，之后则稍有减少，2007 年减少至 37.83%。

八、外国直接投资情况分析

图 36-10 反映的是叙利亚外国直接投资占 GDP 的百分比变化情况。

（1）叙利亚外国直接投资占 GDP 的百分比先增加再减少，然后再次增加后继续减少，之后逐渐增加。

（2）叙利亚外国直接投资占 GDP 的百分比 1990—1994 年从 0.32%增加至 2.48%，然后减少，1998 年减少至 0.54%，1999 年骤增至 1.66%，然后又迅速减少，2001 年减少至 0.52%，之后数年逐年增加，2007 年增加至 3.07%。

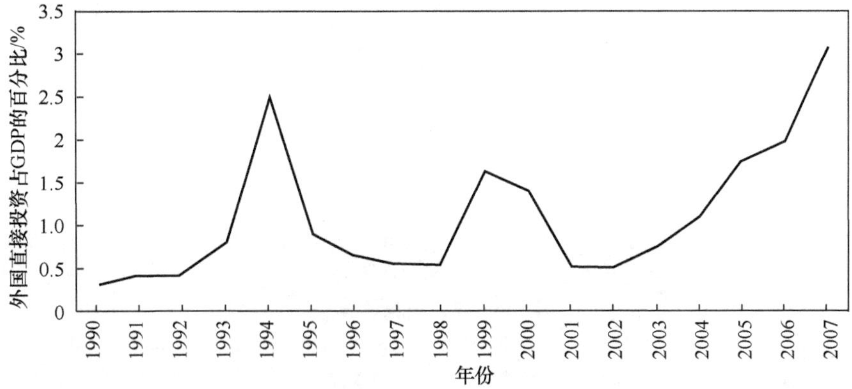

图 36-10　叙利亚外国直接投资占 GDP 的百分比变化情况

九、经济活力情况分析

图 36-11 反映的是叙利亚新注册企业数量及密度变化情况。

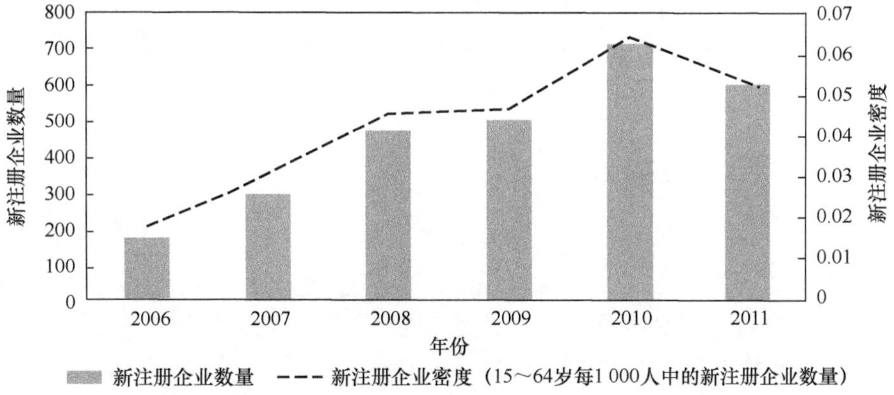

图 36-11　叙利亚新注册企业数量及密度变化情况

（1）总的来说，在统计期内，叙利亚新注册企业数量及密度变化趋势类似，均呈现先增加再减少的趋势。

（2）叙利亚新注册企业数量及密度 2006—2010 年从 171 和 0.019 增加至 713 和 0.065，2011 年则减少至 598 和 0.053。

第三节 产业结构情况分析

一、三次产业结构分析

图 36-12、图 36-13 分别表示的是叙利亚产业结构和劳动力就业结构变化情况。

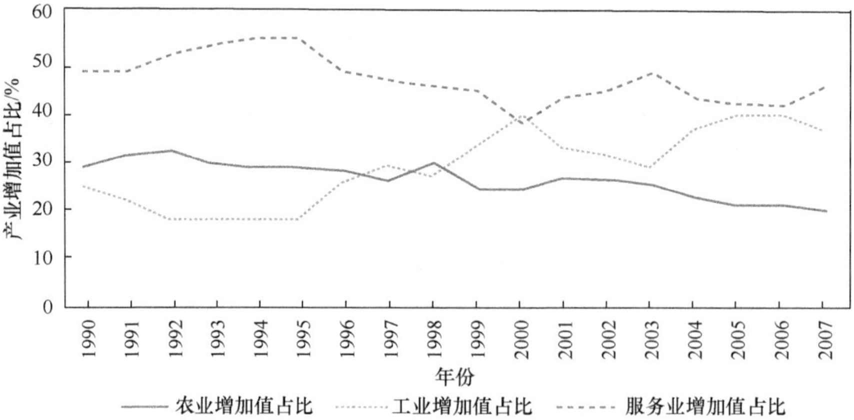

图 36-12 叙利亚产业结构变化情况

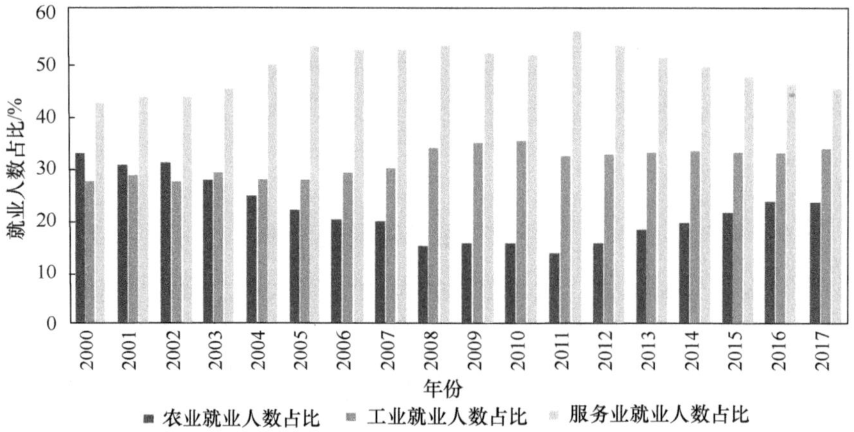

图 36-13 叙利亚劳动力就业结构变化情况

（1）总的来说，在统计期内，叙利亚农业增加值占比先增加再减少；工业增加值占比先减少再增加；服务业增加值占比先增加再减少，然后逐渐增加；农业就业人数占比先减少再增加；工业就业人数占比和服务业就业人数占比走势类似，均先增加再减少。

（2）叙利亚农业增加值占比 1990—1992 年从 28.29%增加至 31.71%，然后开始减少，2007 年减少至 19.54%；工业增加值占比 1990—1992 年从 24.15%减少至 17.35%，然后开始增加，2007 年增加至 35.91%。服务业增加值占比 1990—1995 年从 47.56%增加至 53.69%，然后逐渐减少，2000 年减少至 37.29%，之后逐渐增加，2007 年增加至 44.55%；农业就业人数占比 2000—2011 年从 31.91%减少至 13.23%，然后逐渐增加，2017 年增加至 22.86%；工业就业人数占比 2000—2010 年从 26.60%增加至 34.28%，然后稍有减少，2017 年减少至 32.76%；服务业就业人数占比 2000—2011 年从 41.49%增加至 55.33%，然后迅速减少，2017 年减少至 44.38%。

二、服务业规模变化分析

叙利亚服务业规模变化情况如图 36-14 所示。

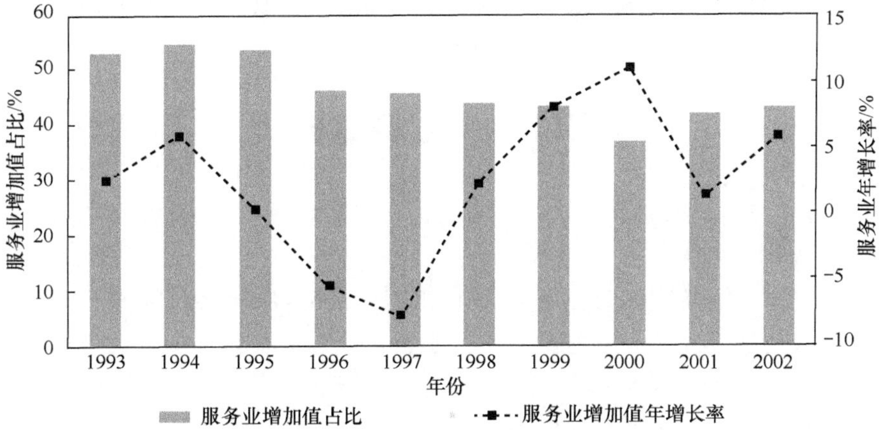

图 36-14　叙利亚服务业规模变化情况

（1）总的来说，在统计期内，叙利亚服务业增加值占比逐渐减少，之后有所增加；服务业增加值年增长率先减少再增加，然后再次减少。

（2）叙利亚服务业增加值占比 1993—2000 年从 52.89%减少至 37.29%，然后增加，2002 年增加至 43.46%；服务业年增长率 1993—1997 年从 2.74%减少至−7.91%，然后开始增加，2000 年增加至 11.12%，之后骤减，2002 年为 6.08%。

三、资源情况分析

图 36-15 反映的是叙利亚石油、天然气、水力发电量占总发电量的百分比（简称占比）变化情况。

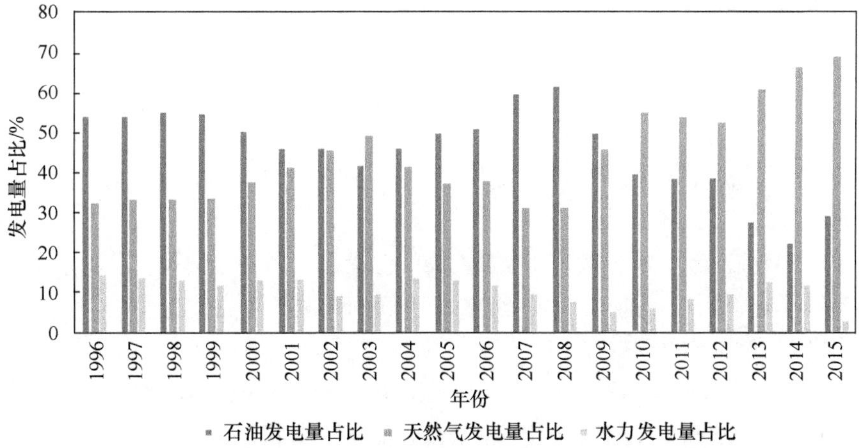

图 36-15　叙利亚石油、天然气、水力发电量占比变化情况

（1）总的来说，在统计期内，水力发电量占比和石油发电量占比先减少再增加，然后继续减少；天然气发电量占比先增加再减少，然后持续增加。

（2）叙利亚石油发电量占比1996—2003年从53.91%减少至41.78%，然后逐渐增加，2008年增加至61.68%，接着继续减少，2015年减少至29.06%；水力发电量占比1996—2009年从13.90%减少至4.31%，然后逐渐增加，2013年增加至12.03%，接着开始减少，2015年减少至2.31%；天然气发电量占比1996—2003年从32.18%增加至48.88%，然后减少，2008年减少至31.32%，之后开始增加，2015年增加至68.63%。

第四节 产业政策分析

在2011年叙利亚内战爆发之前，叙利亚国内在以阿萨德家族为核心的复兴党领导下，形成了以军政合一为特点的权威政治体制，确立以“计划经济”和“社会市场经济”为代表的社会经济方针。叙利亚的经济体系经历了从计划经济到混合制经济的转变。2005年，巴沙尔•阿萨德在第十届叙利亚阿拉伯复兴社会党大会上提出要建立德国式的社会市场经济。

近年来，叙利亚的产业结构调整基本上处于一个不断合理化且鲜有成效的阶段，而叙利亚的战火尚未完全平息，战争严重制约着叙利亚经济的发展。叙利亚三次产业的关系不合理，农业、轻工业、重工业比例严重失调，第三产业发展薄弱等一系列问题仍然存在。

首先，持续、快速的经济增长是以产业结构的不断优化为基础的，这可以从资源的高效率配置和形成协调的产业关系两方面得到解释。叙利亚目前经济增长很难从这两方面获得推动力。与其他国家相比，叙利亚第一、二产业产值占比过高，而第三产业产值占比过低，这势必对其长期经济增长产生不利影响。

其次，从区域经济长期发展来看，叙利亚三次产业发展缺乏整体协调，导致资源投向长期侧重于石油、天然气能源工业，引起资源供应、交通、物流等诸多问题，而第三产业由于战争的影响又迟迟得不到发展，人民生活水平得不到提高。

目前，叙利亚政府的长期目标是吸引更多的外资，以增加就业岗位，提高消费水平。叙利亚政府短期目标是寄希望于外资，特别是希望中国和俄罗斯提供担保，使之可以在金融市场上融资，以应付金融危机、债务危机及战争的消耗。

第五节 产业结构与产业政策分析基本结论

通过对叙利亚的基本情况、经济发展情况、产业结构情况、产业政策几个方面的分析，初步得出以下结论。

总体而言，叙利亚近年来三次产业结构、产业就业人数占比不仅没有得到优化，甚至有衰退的趋势，而且第一、二产业产值占比过高，第三产业产值占比过低，再加上战争的影响，叙利亚经济的发展受到了严重的制约。叙利亚拥有发展农业和工业制造业的优势。农业和石油是叙利亚经济的两大支柱，其产值合计约占GDP的一半。叙利亚国内的石油产量早已经开始下降，尤其是叙利亚国内石油资源事实上已经接近枯竭状态，生产前景不佳。叙利亚可通过大量勘探和开发天然气，使电站和重工业所需燃料用天然气逐步取代石油，成为燃料主要来源，以确保石油出口，获取更多外汇。另外，叙利亚应加快第一产业的发展，巩固农业的基础地位。

叙利亚的产业政策有以下3个着力点。

（1）重视发展农业，努力实现食品自给，致力农村全面发展，继续耕种已改造的土地并继续实施土地改良工程，保护水产资源，加强对水产资源的管理和使用。

（2）促进工业生产，调整工业制度，对一些主要领域的规章制度进行改革，如行业标准、进出口规章、竞争政策、吸引外来投资政策、研究与发展方针、消费者保障制度、行业特许制度及劳动保障制度等，从而改进工业政策框架，改善投资环境。同时，加强和支持行业协会及相关机构的职能，并通过建立工业区和提供技术支持增强私营企业的竞争力。通过改造工业企业及配套服务业提高工业增长率，增强竞争力。

（3）极力吸引外国投资，维护好同中国及俄罗斯的友好关系，利用中国的投资及本国的配套资金，全面支持重点领域产业的发展。

第三十七章　以色列产业结构与产业政策分析

第一节　基本情况

以色列国，简称以色列，位于西亚巴勒斯坦地区，地中海的东南方向，亚洲西部，亚、非、欧三大洲接合处。以色列沿海为狭长平原，东部有山地和高原。以色列北靠黎巴嫩、东接叙利亚和约旦、西南边则是埃及。以色列西边有着与地中海相连的海岸线，在南边则有埃拉特的海湾（又称亚喀巴湾）。以色列国土面积约为 2.5 万平方千米，其中内盖夫地区占一半以上面积，达 1.2 万平方千米以上。以色列与埃及边界长达 220 千米，与哈马斯控制的加沙地区有 51 千米的边界。

依据以色列人口统计处资料，直至 2018 年 4 月，以色列有 884.2 万人口。其中，74.8%为犹太人（多数是德系犹太人），20%为阿拉伯人，5%为其他人种。有 68%犹太人在以色列出生，通常是第二代或第三代的以色列人。其他在外国出生的 32%犹太人里则有 22%犹太人来自欧洲，10%犹太人来自亚洲和非洲（包括阿拉伯国家在内）。直到 2014 年，有超过 35 万以色列公民住在西岸地区的各种定居点，有的已经形成了城市规模，其中有 3 个人口在 3 万人以上，已经获得了城市地位，像阿里艾勒市。

以色列是一个发达的资本主义国家，也是中东地区唯一一个自由民主制国家，对于科技的发展贡献相当大。自 1948 年以来，以色列一直致力于科学和工程学的研究，以色列的科学家在遗传学、计算机科学、光学、工程学和其他技术产业上的贡献都相当杰出。以色列研发产业中最知名的是军事科技产业，在农业、物理学和医学上的研发也十分知名。

第二节　经济发展情况分析

一、经济规模情况分析

21 世纪，以色列经济规模波动较为明显。图 37-1 反映了以色列 GDP 及其增长率变化情况。从图 37-1 中可以看出，以色列 GDP 增长率 2000 年达到统计期内峰值（8.17%），2001 年出现大幅度下降，2001—2003 年一直保持较低水平（可能是受战争因素和地区形势混乱的影响）。2004 年，以色列经济得到一定程度的恢复，但在 2008 年国际金融危机、外汇油价暴跌的波及之后，GDP 增长率再次降至 1.38%。2010 年之后，随着以色列经济回暖，GDP 增长率 2010—2016 年除小幅度波动之外，基本保持在 4%左右的水平。

图 37-2 为以色列人均 GDP 及其增长率变化情况。2001 年之前，以色列经济的高速增长带来了人均收入水平的不断提高。2001 年之后，以色列在地域环境影响下，人均 GDP 开始出现大幅度下降，2001—2003 年连续 3 年保持负增长。2004 年，以色列经济回暖。但在金融危

机的影响下，以色列人均 GDP 增长率 2009 年再次出现大幅度下滑，跌至−1.01%。2010 年，随着以色列经济复苏，人均 GDP 一直保持着较高水平。

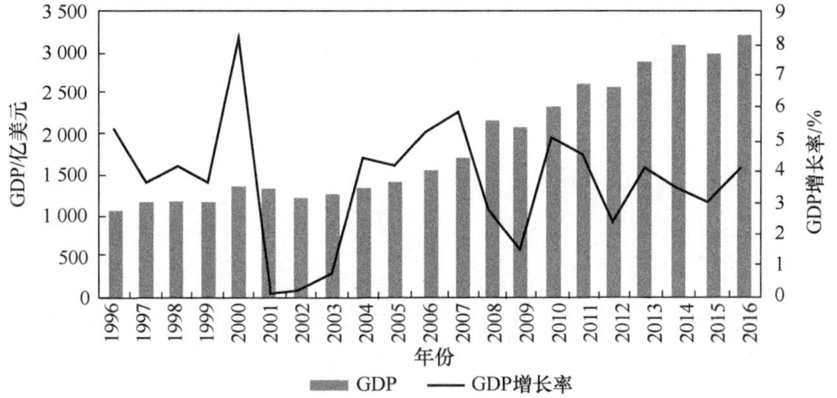

图 37-1　以色列 GDP 及其增长率变化情况

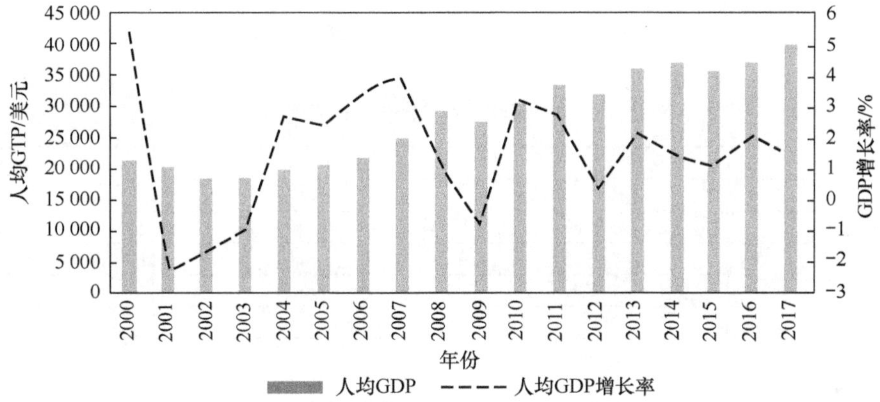

图 37-2　以色列人均 GDP 及其增长率变化情况

二、人力资本基础情况分析

从图 37-3 中可以看出，在统计期内，城镇人口占比呈稳步上升趋势；农村人口增长率始终为正值；2017 年，农村人口占比仅为 7.12%，说明以色列的城镇化水平极高。

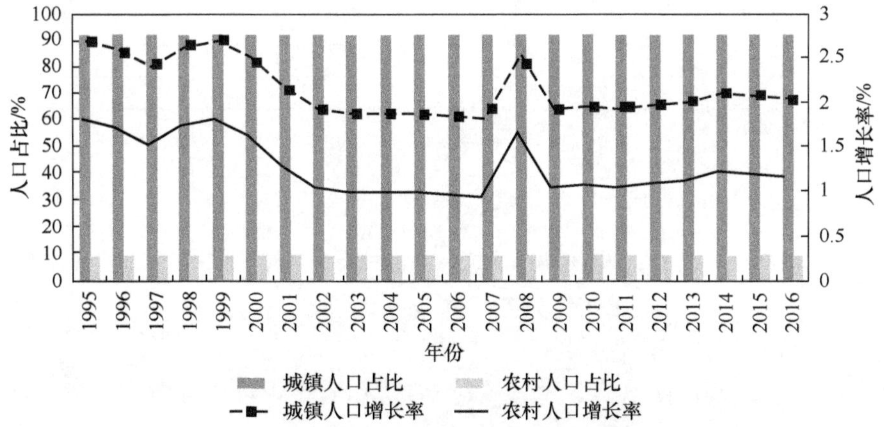

图 37-3　以色列城镇和农村人口变化情况

此外以色列劳动力数量不断上升，如图 37-4 及表 37-1 所示，劳动参与率（总数）不断上升，由 2000 年的 69.59%上升至 2017 年的 72.50%；男性、女性劳动参与率差距逐年缩小；2017 年，男性劳动参与率达到 75.96%，而女性劳动参与率达到 69.04%。

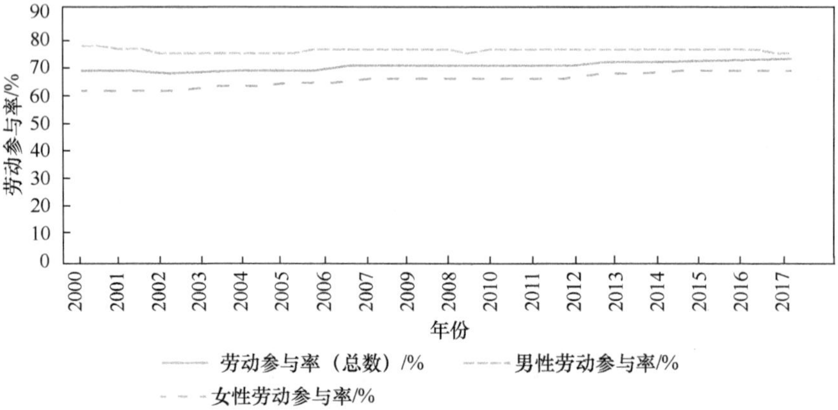

图 37-4 以色列劳动参与率变化情况

表 37-1 以色列男性、女性劳动参与率对比

年份	劳动参与率（总数）/%	男性劳动参与率/%	女性劳动参与率/%
2000	69.59	77.19	62.17
2001	69.43	76.73	62.29
2002	68.55	75.41	61.83
2003	68.93	75.08	62.90
2004	69.71	75.68	63.41
2005	69.85	75.84	63.97
2006	70.40	76.35	64.55
2007	71.08	77.09	65.17
2008	71.04	77.00	65.18
2009	71.00	75.96	66.11
2010	71.34	76.35	66.39
2011	71.07	76.09	66.12
2012	71.65	76.17	67.19
2013	71.80	76.27	67.39
2014	72.38	76.28	68.51
2015	72.43	76.46	68.43
2016	72.40	75.96	68.86
2017	72.50	75.96	69.04

数据来源：世界银行数据库。

三、交通情况分析

从图 37-5 中可以看出，以色列铁路总长 2016 年达 1 340.11 千米，较 2001 年的 676 千米增长幅度超过 100%；铁路旅客周转量大致保持稳定的增长态势，2013—2015 年增长较快；铁路货物周转量 2000 年以来基本保持不变。

以色列航空主要承担的是客运。从图 37-6 中可以看出，以色列航空客运量从 2005 年的 4 442 976 人次增长至 2017 年的 7 065 040 人次。

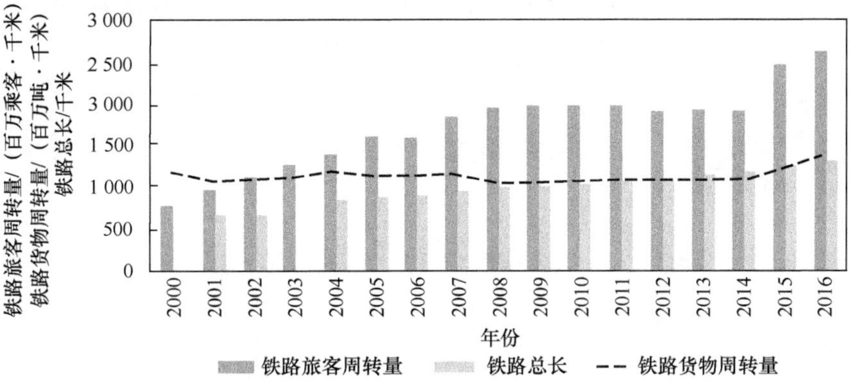

图 37-5　以色列铁路运输量变化情况

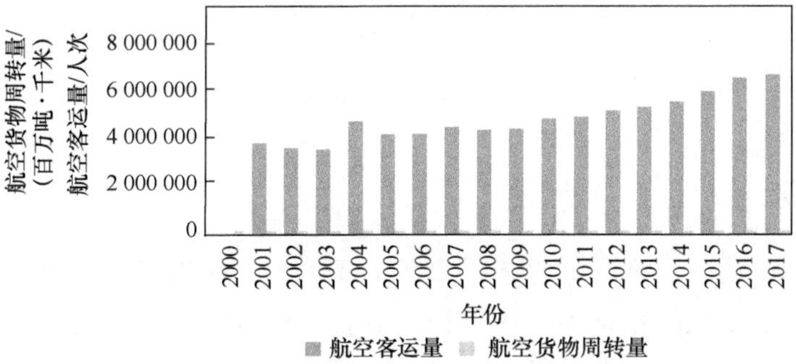

图 37-6　以色列航空运输量变化情况

此外，从服务出口角度来说，以色列交通服务占比呈现出波动式下降的趋势。如图 37-7 所示，以色列交通服务占比由 2000 年的 16%下降至 2017 年的 8%。图 37-7 不能一定反映出以色列交通服务发展的趋势。近几年，随着以色列高新技术产业的发展，以色列的出口结构得到了进一步优化，出口总量进一步扩大。与此同时，赴以色列旅游的人数和出差办公的人数大体上保持不变，导致以色列交通服务占比呈现出下降的趋势。

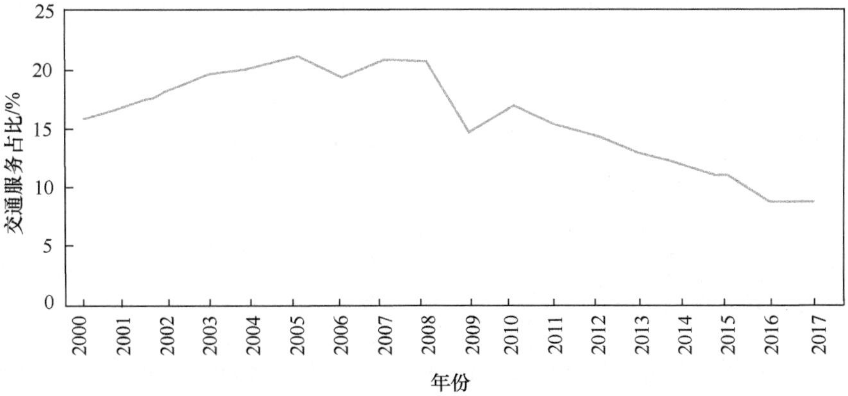

图 37-7　以色列交通服务占比变化情况

四、信息化情况分析

如图 37-8 所示，2010—2017 年，每 100 万人拥有的安全互联网服务器数量由 444.4095

台增至 6 968.344 台。随着全球互联网技术的革新，以色列互联网信息技术也迎来飞跃式发展，以色列每 100 万人拥有的安全互联网服务器数量增长了 300%以上。

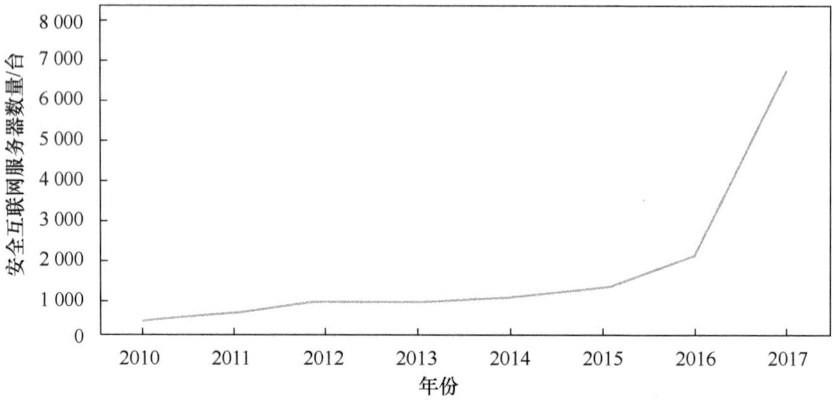

图 37-8 以色列每 100 万人拥有的安全互联网服务器数量

五、研发投入与产出情况分析

从图 37-9 中可以看出，在统计期内，以色列高科技产品出口贸易额占制成品出口贸易额的百分比（简称高科技产品出口贸易额占比）虽有波动，但大致保持稳定，2000 年为 19.3%，2016 年为 18.3%，2007 年、2008 年受全球金融危机的影响而大幅度下降。与此同时，高科技产品出口贸易额呈波动式上升的趋势，可能是由于高科技产品逐渐走向科技含量更高、差异化程度越深的战略，以及受到国际通货膨胀的影响。

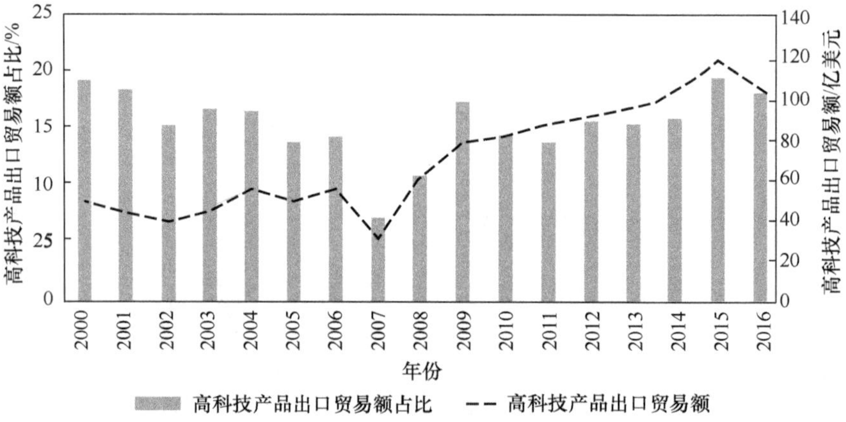

图 37-9 高科技产品出口情况

从图 37-10 中可以看出，以色列非居民专利申请数量占比约为居民专利申请数量占比的 4 倍；2000—2017 年，居民专利申请数量占比呈现波动式下降的趋势，而非居民专利申请数量占比大致保持不变。可见，居民的研发热情有待进一步加强。

与此同时，以色列科技期刊文章发表量也呈现波动式上升的趋势，并从 2014 年开始保持在 11 500 篇以上，如图 37-11 所示。

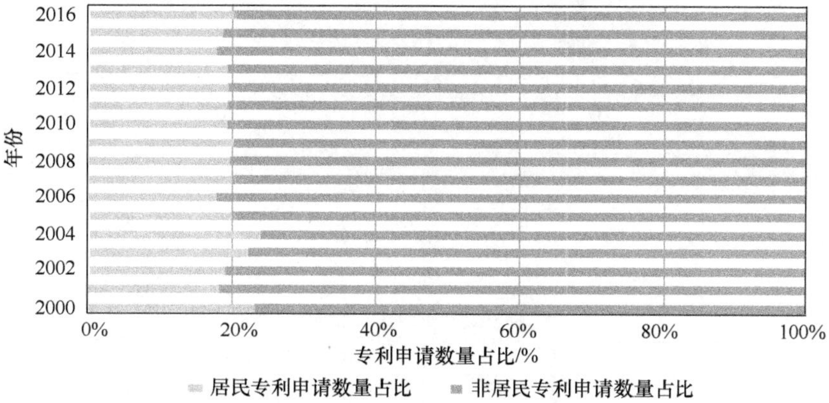

图 37-10　以色列专利申请数量占比情况

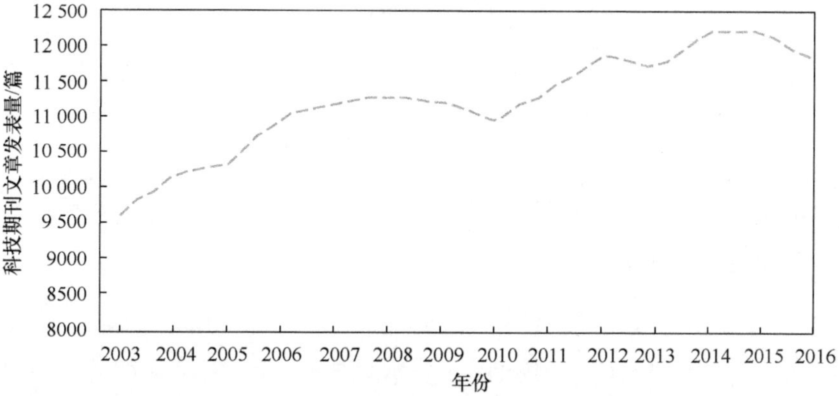

图 37-11　以色列科技期刊文章发表量情况

六、制度环境现状分析

下面从法律制度、腐败监管、政治稳定、民主自由权利、政府效能 5 个方面分析以色列的制度环境情况。从图 37-12 中可以看出，以色列的法律制度指数、腐败监管指数、政治稳定指数、民主自由权利指数、政府效能指数远低于“一带一路”沿线国家的平均值及中等收入国家的平均值。可见，以色列的制度环境较差，不利于国民经济的发展。

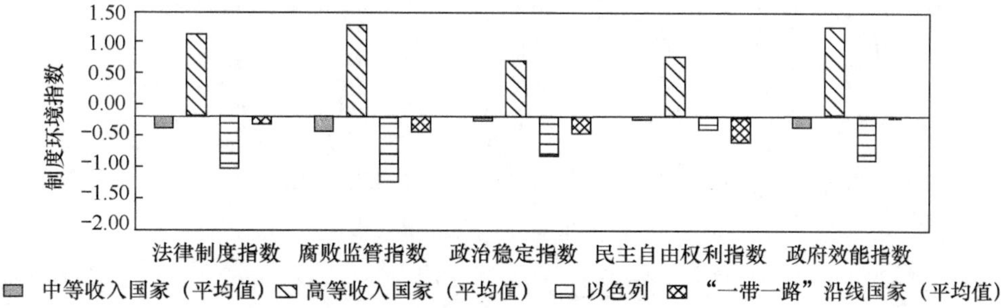

图 37-12　不同国家制度环境对比

从表 37-2 中可以看出，以色列在政治稳定、民主自由权利及政府效能方面有所改善，分别从 2002 年的−1.46、0.59 和 1.08 增至 2016 年的−0.83、0.77 和 1.35，但在法律制度、腐败监管方面无明显改善，2016 年分别为 1.02、1.06。

表 37-2 以色列制度环境评估

年份	法律制度指数	腐败监管指数	政治稳定指数	民主自由权利指数	政府效能指数
2002	1.10	1.23	−1.46	0.59	1.08
2003	0.94	1.12	−1.52	0.64	1.20
2004	0.86	0.93	−1.32	0.66	1.26
2005	0.82	0.83	−1.25	0.65	1.04
2006	0.90	1.01	−1.26	0.77	1.25
2007	0.83	0.85	−1.25	0.74	1.24
2008	0.85	0.90	−1.32	0.72	1.33
2009	0.84	0.81	−1.63	0.57	1.28
2010	0.92	0.76	−1.34	0.58	1.39
2011	1.01	0.80	−1.20	0.65	1.34
2012	0.93	0.91	−1.08	0.64	1.28
2013	0.98	0.91	−1.10	0.65	1.25
2014	1.11	0.87	−1.04	0.73	1.21
2015	1.16	0.94	−1.09	0.74	1.39
2016	1.02	1.06	−0.83	0.77	1.35
2002—2016（平均值）	0.95	0.93	−1.25	0.68	1.26

数据来源：世界银行数据库。

七、税收负担情况分析

由图 37-13 可以看出，以色列全国的纳税项 2005—2006 年均为 34 项，从 2007 年开始下降为 33 项，整体变动幅度不大；但与此同时，总税收占比却由 2005 年的 35%波动下降至 2017 年的 26%。可以说，以色列的税收负担得到了较大的减轻。

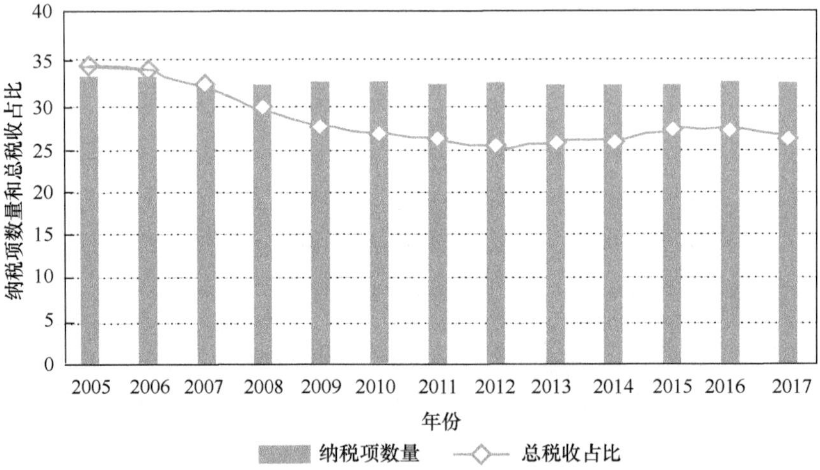

图 37-13 以色列纳税项数量和总税收占比变化情况

由图 37-14 可以看出，尽管以色列总税收占 GDP 的百分比呈现出波动下降趋势，但总税收却呈现不断增加的趋势。由此可以反映出两个方面：一是以色列国内的税收结构不断优化，税种质量不断提高；二是随着经济的进一步发展，经济发展结构得到优化，以色列国内的 GDP 拉动依赖总税收的程度越来越低，而更多地依靠高科技产品和商业服务的出口贸易来良性拉动 GDP 的增长。

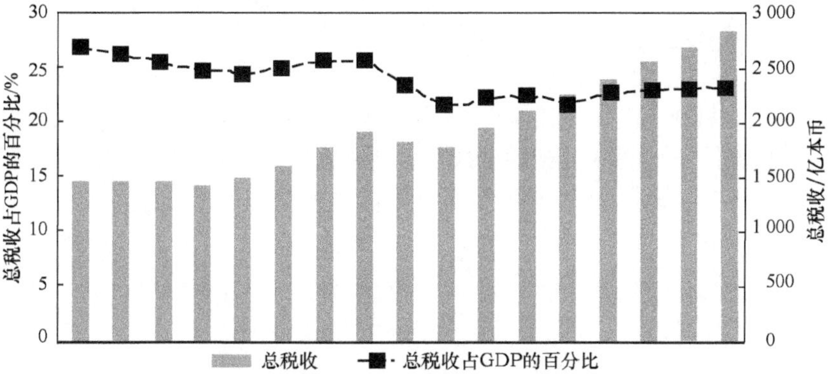

图 37-14　以色列总税收及其占 GDP 的百分比变化情况

八、国际贸易情况分析

以色列是一个出口导向型国家，所以 GDP 主要依靠出口贸易来拉动。由图 37-15 可以看出，2000—2016 年，以色列对外贸易额占 GDP 的百分比一直保持在 58%以上，最高点为 2006 年的 82%。近几年，随着中东情势进一步恶化，以色列对外贸易额受到了一定程度的影响，2016 年降至 17 年以来的最低点 58%，但随着出口产品结构的优化，仍存在较大发展空间。

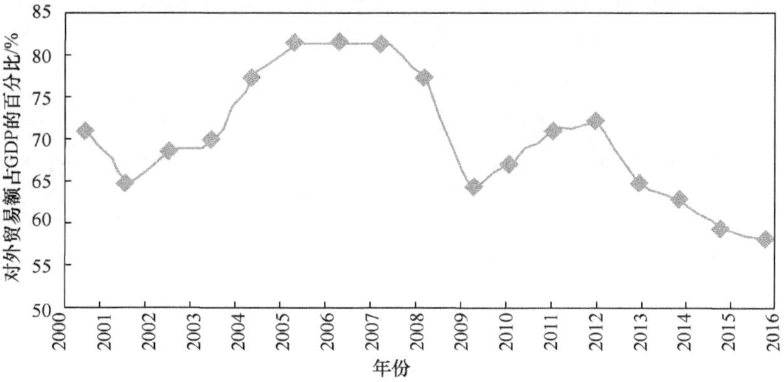

图 37-15　对外贸易额占 GDP 的百分比变化情况

图 37-16 反映的是以色列货物和服务贸易差额及其占 GDP 的百分比变化情况。其中，货物和服务贸易差额占 GDP 的百分比 2000—2002 年不断下降，受国际金融危机的影响 2007 年几乎降到 0 点，之后随着经济的回暖又不断上升。

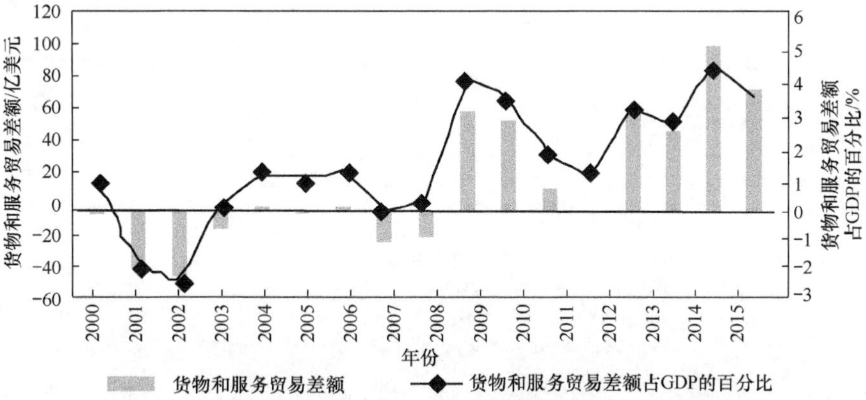

图 37-16　货物和服务贸易差额及其占 GDP 的百分比变化情况

九、外国直接投资情况分析

图 37-17 反映了以色列外国直接投资情况。从图 37-17 中可以看出，以色列外国直接投资净流入量 2000—2017 年一直保持正值，2017 年达到最高点，表明以色列保持着吸引外资的较高水平。虽然以色列受到地区紧张形势影响，但国内投资环境较为良好。与此同时，外国直接投资净流入量占 GDP 的百分比保持较为稳定的增长水平。

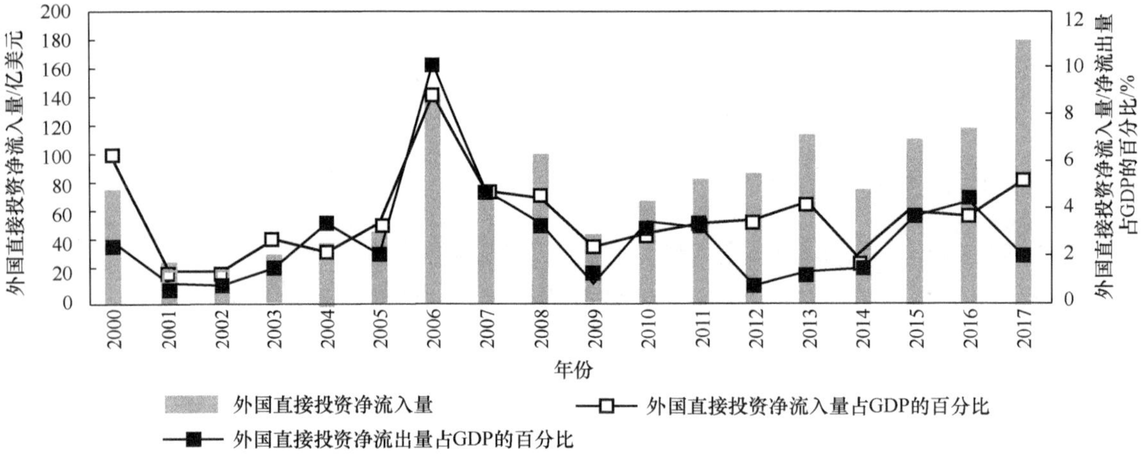

图 37-17 外国直接投资情况

十、经济活力情况分析

图 37-18 反映了以色列固定资本形成总额及其占 GDP 的百分比变化情况。从图 37-18 中可以看出，以色列固定资本形成总额 2008 年之前呈现出逐年递增的趋势，2009 年出现小幅度减少，减少至 350 亿美元；固定资本形成总额占 GDP 的百分比 2012—2015 年一直呈现减少趋势，2016 年逐渐增加。

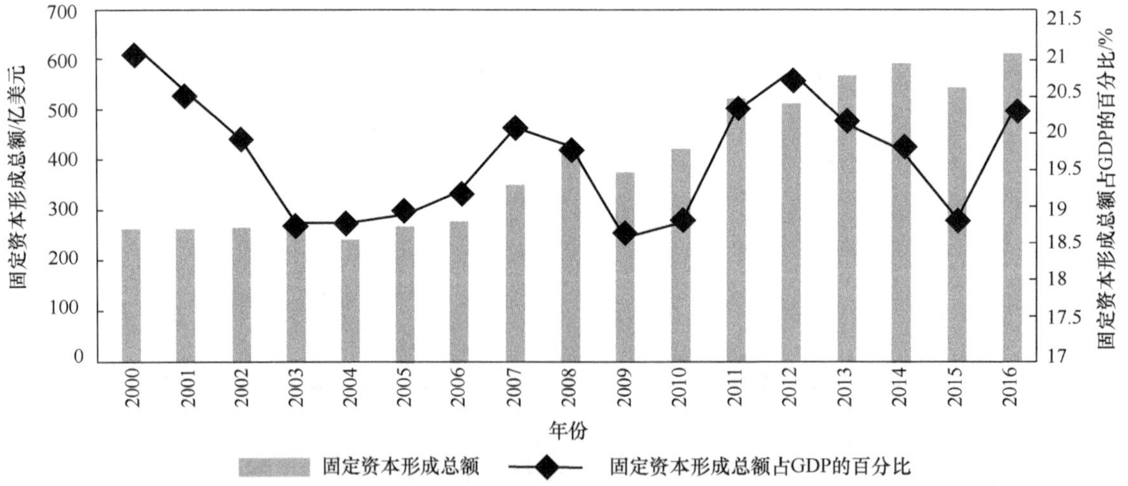

图 37-18 以色列固定资本形成总额及其占 GDP 的百分比变化情况

从图 37-19 中可以看出，以色列新注册企业数量及密度在波动中不断增加。2006—2010

年，以色列新注册企业数量迅速上涨。2010 年，以色列新注册企业数量达 16 000，新注册企业密度为 3.5。2011 年之后，新注册企业数量经历了两年减少后，逐渐出现增加趋势，且 2016 年较 2015 年增加了 12.56%。

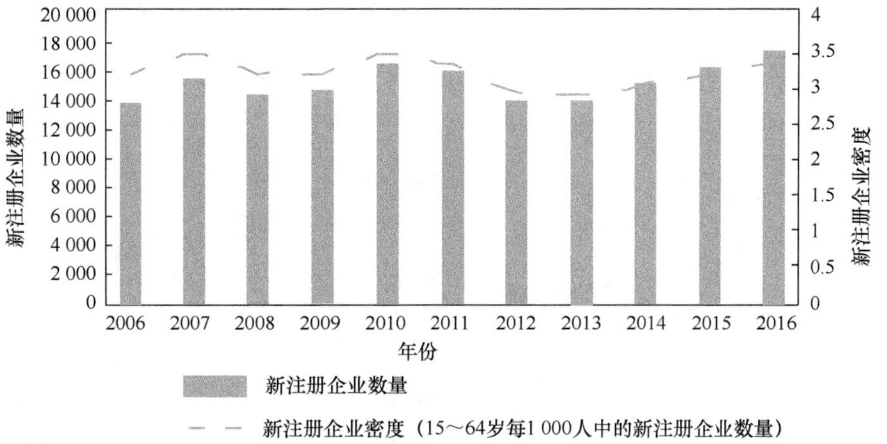

图 37-19　新注册企业数量及密度变化情况

第三节　产业结构情况分析

一、三次产业结构分析

近年来，以色列第二产业发展速度放缓，第二产业增加值占比保持稳定，三次产业增加值占比不断优化。从图 37-20 中可以看出，以色列农业增加值占比很小，变化缓慢；工业增加值占比较大且 2007—2016 年一直呈现缓慢下降趋势。

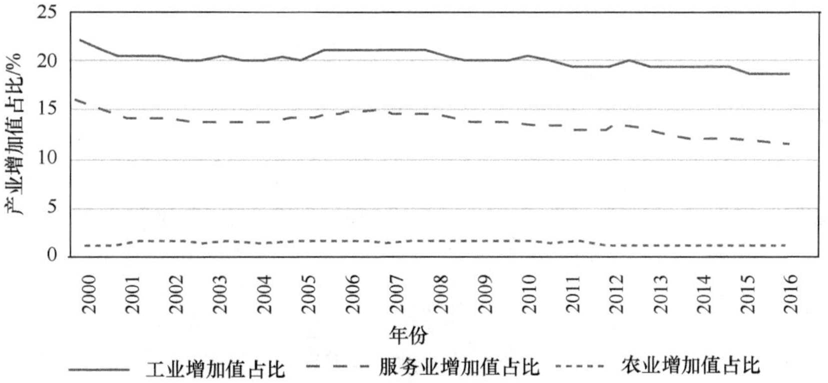

图 37-20　以色列产业结构变化情况

以色列劳动力就业结构变化情况如图 37-21 所示。其中，农业就业人数占比很低且变化幅度不大，始终保持在 3%以内；工业就业人数占比较小且 2000—2017 年呈下降趋势；服务业就业人数占比较高且基本保持不变，2013 年达 80%。以上分析表明，以色列产业增加值占比、就业人数占比都呈现出第二产业向第三产业转移的趋势，这说明以色列产业结构逐步走向合理化。

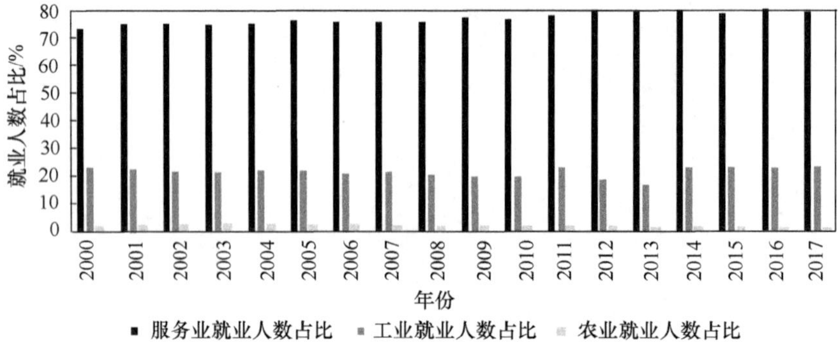

图 37-21 以色列劳动力就业结构变化情况

二、工业、制造业规模变化分析

图 37-22 反映了以色列工业、制造业规模变化情况。总体而言，2004—2006 年，以色列工业、制造业发展较快，其增加值年增长率均保持正值。2009 年，在金融危机的影响下，工业、制造业增加值并没有下降太多。2010 年，工业、制造业增加值年增长率开始下降。2013 年之后，工业、制造业增加值年增长率均保持相对稳定。

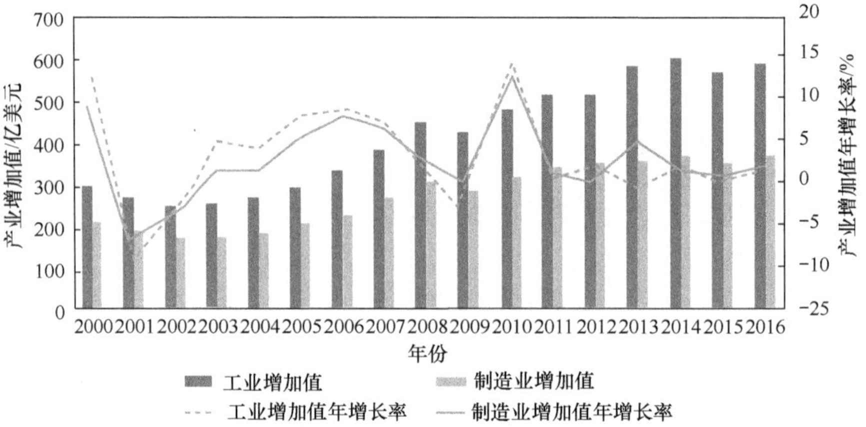

图 37-22 工业、制造业规模变化情况

制造业分行业增加值占比情况如表 37-3 所示。近些年，以色列政府相对侧重高新技术产业的发展，高科技化工业发展迅速。此外，由于以色列出色的农业种植与灌溉技术，以色列农业发展也呈现出良性态势。以色列尽管是一个小国，但工业基础相对较好，机械制造、冶金加工和电子激光等技术是以色列的优势所在。

表 37-3 制造业分行业增加值占比情况

行业	行业增加值占比/%							
	2000 年	2005 年	2010 年	2011 年	2012 年	2013 年	2014 年	平均值
初级产品	0.783	0.712	0.464	0.445	0.399	0.412	0.565	0.540
食品和活动物	0.199	0.196	0.205	0.191	0.190	0.188	0.188	0.194
蔬菜与水果	0.671	0.607	0.684	0.663	0.684	0.671	0.664	0.663
饮料及烟草	0.024	0.024	0.028	0.026	0.027	0.030	0.035	0.028
非食用原料（燃料除外）	0.291	0.184	0.180	0.151	0.149	0.137	0.155	0.178

（续表）

行业	行业增加值占比/%							
	2000 年	2005 年	2010 年	2011 年	2012 年	2013 年	2014 年	平均值
天然肥料与矿物	1.317	0.475	0.661	0.696	0.635	0.611	0.681	0.723
原油动植物材料	1.255	0.910	1.079	0.754	0.593	0.622	0.641	0.836
矿物燃料、润滑油及相关材料	0.001	0.002	0.024	0.024	0.038	0.037	0.045	0.024
动植物油、脂和蜡	0.009	0.011	0.032	0.026	0.033	0.036	0.040	0.027
工业制成品	0.365	0.272	0.369	0.385	0.368	0.372	0.393	0.363
化学品和相关产品	0.614	0.597	0.977	0.997	0.919	0.953	1.011	0.867
有机化学品	0.741	0.465	0.446	0.471	0.522	0.460	0.475	0.512
无机化学品	1.383	0.988	1.069	0.982	1.178	1.258	1.337	1.171
医用和药用产品	0.401	0.759	1.426	1.452	1.358	1.191	1.174	1.109
香精油、香料及清洁制剂	0.435	0.357	0.429	0.403	0.438	0.464	0.430	0.422
肥料（天然肥料除外）	3.402	3.270	3.478	2.979	2.556	2.849	3.259	3.113
非原始形态塑料	1.161	0.803	0.715	0.739	0.692	0.672	0.729	0.787
化学材料和产品	0.280	0.503	1.840	2.071	1.558	2.336	2.485	1.582
主要按原料分类的制成品	1.345	1.329	1.408	1.073	0.982	1.027	1.174	1.140
非金属矿制品	8.039	8.347	6.230	6.496	6.188	6.130	7.027	6.922
金属制品	0.582	0.491	0.466	0.451	0.402	0.351	0.383	0.447
机械及运输设备	0.330	0.205	0.294	0.268	0.275	0.276	0.295	0.277
电信和录音及音响设备和仪器	1.160	0.511	0.558	0.475	0.444	0.371	0.400	0.560
电动机械、设备、装置	0.322	0.212	0.465	0.451	0.479	0.503	0.533	0.424
其他运输设备	0.634	0.497	0.536	0.541	0.484	0.578	0.658	0.561
杂类制成品	0.381	0.272	0.295	0.301	0.269	0.273	0.278	0.296
专业、科学及控制用仪器设备	0.654	0.508	0.738	0.787	0.743	0.797	0.807	0.719

数据来源：联合国世界贸易数据库。

第四节　产业政策分析

依据世界银行资料，以色列有着广泛的炼油、钻石开采、半导体制造产业，还有着中东地区管理最良善、对财产权利保护最佳的经济体制。

以色列是中东地区唯一的发达国家。以色列高新技术产业举世闻名，并在军事、电子、通信、计算机软件、医疗器械、生物技术工程、农业、航空等领域具有先进的水平。以色列电子监控系统和无人飞机十分先进，在世界范围内拥有很高的口碑。

20 多年来，土地贫瘠、资源短缺的以色列坚持走科技强国之路，重视教育和人才的培养，使经济得以较快发展。

结合以色列自身国情来看，以色列的产业结构一直以来保持着良好的水平。近年来，以色列的产业结构调整也处于一个不断优化的过程。同时，以色列产业结构演变也存在着明显的非均衡性，严重制约着以色列经济的发展。

持续、快速的经济增长是以产业结构不断优化为基础的。以色列的产业结构处在不断优化的阶段，一直处于产业价值链的顶端，三个产业之间良性循环、紧密联系，经济发展态势整体较好。

从经济长期发展来看，以色列三次产业发展整体协调性较好，资源分配较为合理，社会基础设施较为完善，人民生活水平不断提高。

第五节　产业结构与产业政策分析基本结论

一、具有复合型背景的研究委员会以确保创新决策的科学性

符合条件的以色列企业均可向首席科学家办公室申请以色列《产业研发促进法》设立的基金，可以获得研发预算成本 20%～50%的政府资助经费。该项基金每年预算额约 15 亿新谢克尔（约 3.8 亿美元）。以色列《产业研发促进法》将政府科研资金的统筹管理集中授权给首席科学家办公室这一专职机构，并明确规定了研究委员会的构成。除了作为研究委员会主席的首席科学家和由主席任命的副主席，研究委员会还包括工业贸易部 2 名代表、财政部 2 名代表、产业界 2 名代表（其中 1 名应具备自然科学与技术领域知识）、1 个公众代表（具备至少 10 年的商业或工管理经验）。具备复合型知识背景的研究委员会可提高科研项目创新决策水平。以色列对研究委员会的设定值得借鉴。

二、以色列政府资助项目条件的特殊设定推动应用产业化

通常在以色列政府资助项目框架下，企业均要提交项目申报书，以对项目的研究内容、可行性和新颖性进行阐述。以色列政府则特别规定了企业申报时必须提交关于产品生产安排和附加值占比的声明，由此约束以色列政府资助项目框架下产品生产地点和流程，并对进口成本与产品的出厂价比率进行考量。由此达到促进以色列就业，并开展出口为导向的产品研发，促进科技研发和应用产业化的结合。我国可根据项目研发类别和目标制定更加具有针对性的量化申报条件。

三、科研经费资助的返还制度提升使用效率

以色列研发项目产业化成功后，一般要以专利权费的形式按所定比例、按年度偿还政府的资助金。受以色列政府科研经费资助的企业应在前三年每年应偿还给政府销售收入的 3%，此后偿还给政府销售收入的 3.5%，偿还金额不超过政府科研经费资助本金及相应利息之和。

我国政府科研经费的资助多为无偿和前资助，对科研经费的返还并没有规定。我国科研经费管理和使用过程中还存在诸多问题，应进一步探索科研经费的管理机制，有效提升我国科研经费管理效率和促进创新的效果。

第三十八章　印度尼西亚产业结构与产业政策分析

第一节　基本情况

印度尼西亚共和国，简称印度尼西亚，位于亚洲东南部，与巴布亚新几内亚、东帝汶、马来西亚接壤，与泰国、新加坡、菲律宾、澳大利亚等国隔海相望。印度尼西亚地跨赤道（12°S～7°N），其 70%以上领土位于南半球，因此是亚洲南半球最大的国家（东帝汶也是南半球国家）。印度尼西亚经度跨越 96°E 到 140°E，东西长度在 5 500 千米以上，是除中国之外领土最广泛的亚洲国家。印度尼西亚是世界上最大的群岛国家，由太平洋和印度洋之间约 17 508 个大小岛屿组成。印度尼西亚陆地面积约为 190.4 万平方千米，海洋面积约为 316.6 万平方千米（不包括专属经济区）。印度尼西亚北部的加里曼丹岛与马来西亚隔海相望，新几内亚岛与巴布亚新几内亚相连。印度尼西亚东北部面临菲律宾，东南部是印度洋，西南与澳大利亚相望。印度尼西亚海岸线总长为 54 716 千米。

在自然资源方面，印度尼西亚是世界上生物资源最丰富的国家之一。据不完全统计，印度尼西亚有 40 000 多种植物，其中药用植物最为丰富。印度尼西亚全国的森林面积约为 120 万平方千米，其中永久林区面积约为 112 万平方千米，可转换林区面积约为 8.1 万平方千米。印度尼西亚的森林覆盖率为 67.8%。印度尼西亚盛产各种热带名贵的树种，如铁木、檀木、乌木等均驰名世界。印度尼西亚海域广阔，且有一个适合各种鱼类生长的热带气候。印度尼西亚的渔资源极为丰富，苏门答腊岛东岸的巴干西亚比亚是世界著名的大渔场。根据印度尼西亚能源矿产部的统计（2013 年），印度尼西亚煤炭资源储量约为 580 亿吨，探明储量约为 193 亿吨，其中 54 亿吨为商业可开采储量。由于还有很多地区尚未探明储量，印度尼西亚政府估计煤炭资源总储量将达 900 亿吨以上。印度尼西亚拥有巨大的天然气储量，约有 123 589 兆亿立方米（相当于 206 亿桶石油），其中探明储量为 24 230 兆亿立方米，主产于苏门答腊的阿伦和东加里曼丹的巴达克等地。印度尼西亚镍储量为 560 多万吨，居世界前列；金刚石储量约为 150 万克拉，居亚洲前列；铀、镍、铜、锡、铝矾土等储量也很丰富。

亚洲地区是印度尼西亚煤炭出口的主要目的地，其次为欧洲和美洲。印度尼西亚在亚洲地区煤炭的主要出口对象是印度、日本、中国等。印度尼西亚煤炭对中国的出口 2010 年达到 4 290 万吨，已经成为中国南方部分地区的主要煤炭来源地。

在外交方面，印度尼西亚奉行独立自主的积极外交政策，在国际事务中坚持不干涉内政、平等协商、和平解决争端等原则。印度尼西亚是万隆会议十项原则的重要发起国之一，是 G20、亚非新型伙伴关系、七十七国集团、伊斯兰会议组织等国际/地区组织的倡导者和重要成员。印度尼西亚坚持以东盟为“贯彻对外关系的基石之一”的原则，在东盟一体化建设和东亚合作中发挥重要作用。同时，印度尼西亚坚持大国平衡原则，与美国、中国、日本、澳大利亚及欧盟等世界主要力量保持友好关系。印度尼西亚主张多边主义，注重维护发展中国家利益，积极参与千年发展目标、联合国改革、气候变化、粮食能源安全、世贸组织谈判等。印度尼西亚借助"民主温和穆斯林"的国家形象，积极沟通伊斯兰国家与西方世界，在一些地区和国际问题上发挥独特作用。

第二节　经济发展情况分析

一、经济规模情况分析

印度尼西亚 GDP 及其增长率变化情况如图 38-1 所示。印度尼西亚人均 GDP 变化情况如图 38-2 所示。印度尼西亚 GDP 情况如表 38-1 所示。

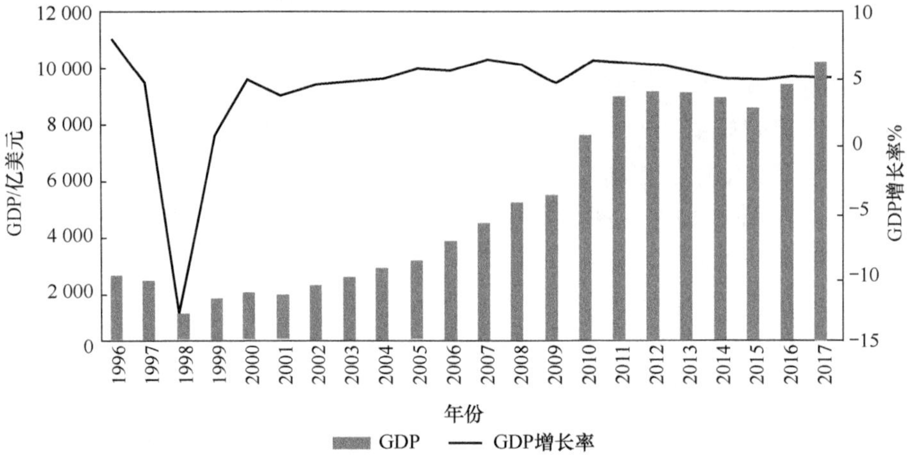

图 38-1　印度尼西亚 GDP 及其增长率变化情况

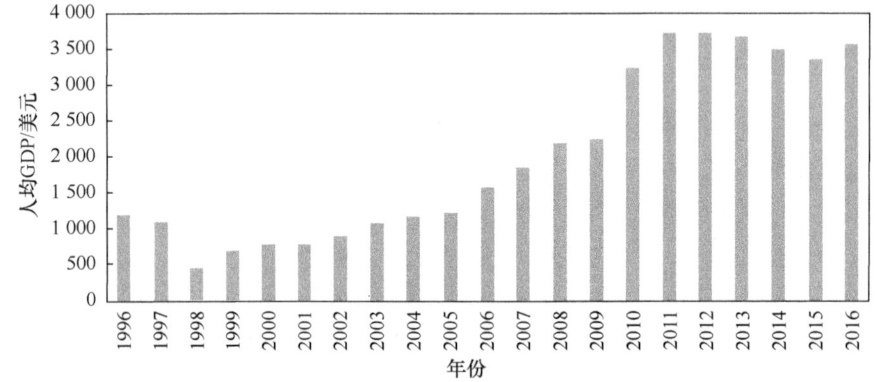

图 38-2　印度尼西亚人均 GDP 变化情况

（1）整体而言，在统计期内，印度尼西亚 GDP 先增加后减少，然后继续增加；除个别年份外 GDP 增长率变化不大，基本保持水平波动；印度尼西亚人均 GDP 稳步增加；人均 GDP 增长率先增加再减少。

（2）印度尼西亚 GDP 1998—2012 年从 95 445 547 873 美元增加至 917 869 910 105 美元，之后减少，2015 年为 860 854 235 065 美元，然后 2017 年逐渐增加至 1 015 539 017 536 美元；GDP 增长率 1996—2017 年除个别年份外基本在 5%～6%范围内波动；人均 GDP 1998—2017 年从 463.97 美元逐渐增加至 3 846.86 美元；人均 GDP 增长率 2009—2011 年从 3.24%增加至 4.79%，

之后逐渐减少，2017 年为 3.92%。

（3）在 1998 年金融危机的冲击下，印度尼西亚 GDP 从 1997 年的 210 574 899 809 美元锐减至 95 445 547 873 美元；GDP 增长率则从 1997 年的 4.70%减少为−13.13%；人均 GDP 则从 1997 年的 1 063.71 美元减少至 1998 年的 463.97 美元；人均 GDP 增长率从 1997 年的 3.20%缩减为 1998 年的−14.35%。

表 38-1　印度尼西亚 GDP 情况

年份	GDP/美元	GDP 增长率/%	人均 GDP/美元	人均 GDP 增长率/%
2009	539 580 085 612	4.63	2 254.45	3.24
2010	755 094 160 363	6.22	3 113.48	4.83
2011	892 969 107 923	6.17	3 634.28	4.79
2012	917 869 910 105	6.03	3 687.95	4.68
2013	912 524 136 718	5.56	3 620.66	4.24
2014	890 814 755 233	5.01	3 491.60	3.73
2015	860 854 235 065	4.88	3 334.55	3.65
2016	932 256 495 234	5.03	3 570.28	3.85
2017	1 015 539 017 536	5.07	3 846.86	3.92

数据来源：世界银行数据库。

二、人力资本基础情况分析

图 38-3 反映了印度尼西亚总人口变化情况。图 38-4 反映了印度尼西亚城镇和农村人口变化情况。

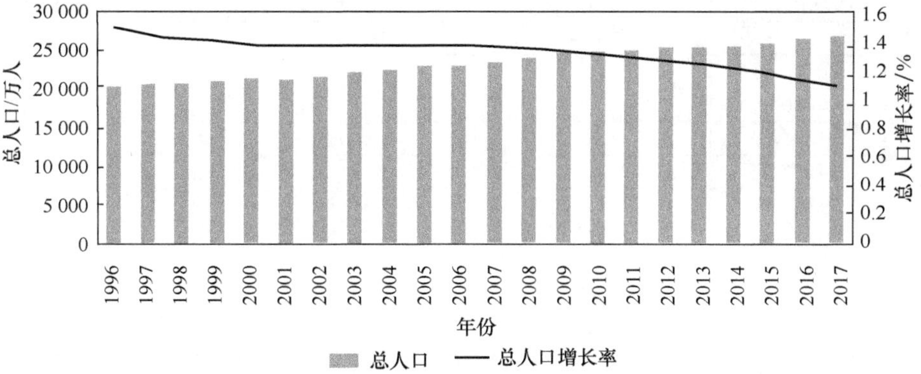

图 38-3　印度尼西亚总人口变化情况

（1）就整体而言，在统计期内，印度尼西亚总人口不断增加，而总人口增长率则在逐渐减少；城镇人口占比不断增加，而农村人口占比与城镇人口占比呈反向变化关系；城镇人口增长率逐渐减少，而除少数年份外农村人口增长率不断减少。

（2）印度尼西亚总人口 1996—2017 年从 199 914 831 人逐渐增加至 263 991 379 人；总人口增长率 1996—2017 年从 1.49%减少至 1.10%。城镇人口占比 1996—2017 年从 37.235%增加至 54.659%；城镇人口增长率 1996—2017 年则从 4.65%减少至 2.33%；农村人口增长率 1996—2000 年从−0.34%减少至−0.67%，2001—2017 年则从−0.04%逐渐减少至−0.37%。

表 38-2 反映了印度尼西亚劳动力变化情况。从整体来看，印度尼西亚劳动力总量及劳动力占比不断增加；15～64 岁劳动参与率和 15～24 岁劳动参与率均呈现先增加再减少的走势。

1996—2017 年，印度尼西亚劳动力总量从 87 940 878 人增加至 127 110 965 人，而劳动力占比则从 43.99%增加至 48.15%。1996—2010 年，15～64 岁劳动参与率从 67.51%增加至 69.94%，之后缓慢减少，2017 年该参与率为 68.42%。1996—1999 年，15～24 岁劳动参与率从 51.96%增加至 55.44%，2017 年该参与率为 47.53%。

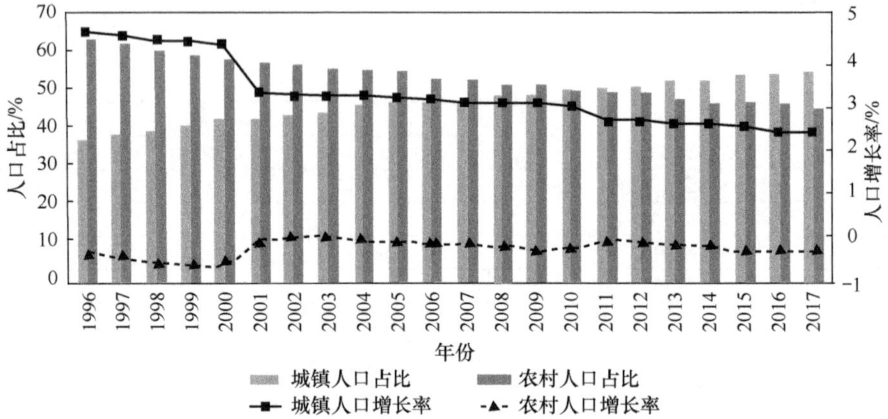

图 38-4　印度尼西亚城镇和农村人口变化情况

表 38-2　印度尼西亚劳动力情况

年份	劳动力总量/人	劳动力占比/%	15～64 岁劳动参与率/%	15～24 岁劳动参与率/%
1996	87 940 878	43.99	67.51	51.96
1997	90 265 238	44.50	67.72	52.15
1998	93 615 736	45.51	68.67	53.94
1999	96 880 468	46.44	69.53	55.44
2000	990 18 448	46.81	69.58	55.31
2001	100 806 703	46.99	69.66	55.21
2002	102 495 611	47.12	69.71	55.06
2003	104 087 207	47.20	69.72	54.80
2004	105 609 290	47.23	69.68	54.45
2005	107 099 831	47.24	69.61	54.05
2006	109 060 869	47.45	69.62	53.38
2007	110 974 767	47.63	69.63	52.73
2008	112 784 214	47.76	69.60	52.06
2009	114 924 975	48.02	69.76	51.84
2010	116 988 944	48.24	69.94	50.92
2011	118 672 947	48.30	69.84	50.79
2012	120 202 270	48.30	69.73	50.67
2013	121 651 092	48.27	69.60	50.56
2014	123 063 758	48.24	69.34	48.72
2015	122 582 281	47.48	67.94	46.76
2016	125 383 553	48.02	68.47	47.88
2017	127 110 965	48.15	68.42	47.53

三、研发投入与产出情况分析

图 38-5 反映了印度尼西亚居民专利申请数量情况。从图 38-5 中可以看出，在统计期内，

除少数年份外印度尼西亚居民专利申请数量稳步增加，从 1996 年的 40 个逐渐增加至 2011 年的 533 个，其中仅有 2003 年、2007 年相较于前一年居民专利申请数量略有减少。

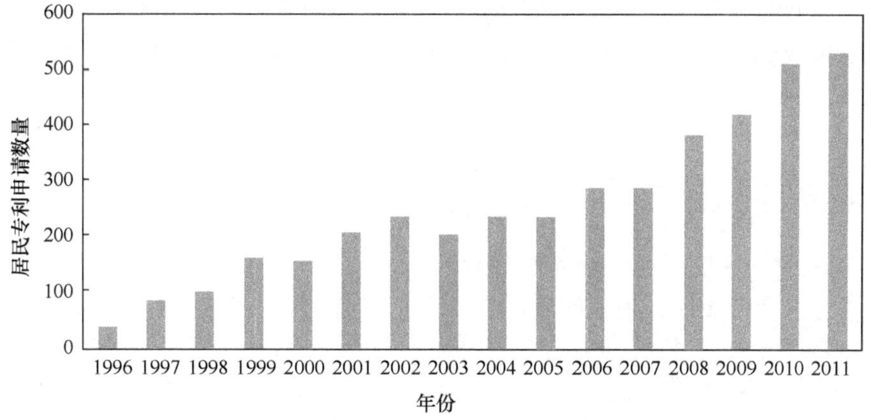

图 38-5　印度尼西亚居民专利申请数量情况

四、税收负担情况分析

图 38-6 和图 38-7 反映的是印度尼西亚总税收占 GDP 的百分比变化情况和税收占比变化情况。

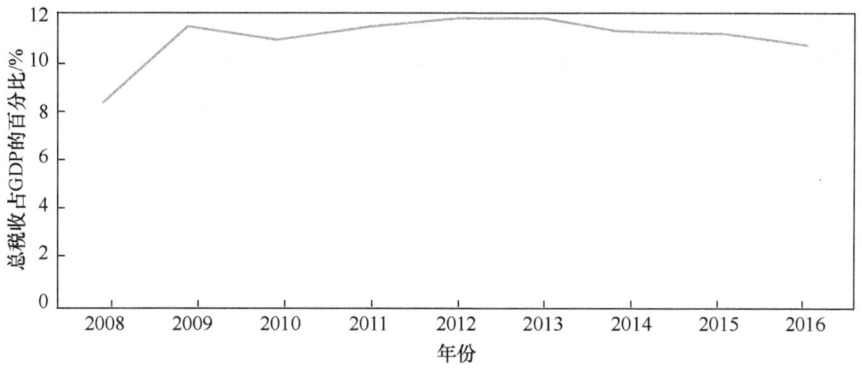

图 38-6　印度尼西亚总税收占 GDP 百分比的变化情况

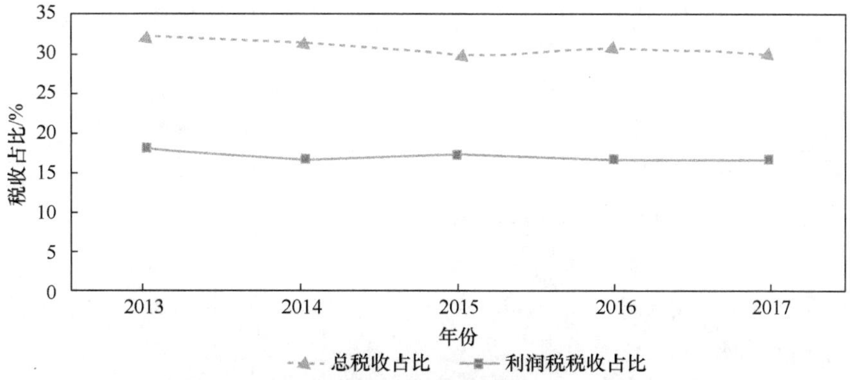

图 38-7　印度尼西亚税收占比变化情况

（1）整体而言，印度尼西亚总税收占 GDP 的百分比先波动上升，之后下降；总税收占比先下降再上升；利润税税收占比逐渐下降。

（2）印度尼西亚总税收占 GDP 的百分比 2008—2010 年从 8.31%上升至 10.53%，之后继续上升，2012 年为 11.38%，2012—2016 年下降至 10.33%；总税税收占比 2013—2015 年从 32.2%下降至 29.7%，之后上升，2017 年为 30%；利润税税收占比 2013—2017 年从 18.1%下降至 16.6%。

五、国际贸易情况分析

图 38-8 反映的是印度尼西亚国际贸易情况。

（1）整体而言，在统计期内，印度尼西亚对外贸易额占 GDP 的百分比、货物和服务贸易差额占 GDP 的百分比、货物和服务进口贸易额占 GDP 的百分比呈下降的趋势。

（2）印度尼西亚贸易额占 GDP 的百分比 2000—2017 年从 71.44%下降至 39.54%；货物和服务贸易差额占 GDP 的百分比 2000—2013 年从 10.52%下降至−0.79%，之后在 2017 年上升至 1.21%；货物和服务进口贸易额占 GDP 的百分比 2000—2009 年从 30.46%下降至 21.35%，之后逐渐上升，2012 年为 24.98%，2012—2017 年下降至 19.17%。

（3）在金融危机的不利影响下，印度尼西亚货物和服务进口贸易额占 GDP 的百分比和贸易额占 GDP 的百分比分别从 2008 年的 28.75%和 58.56%下降至 2009 年的 21.35%和 45.51%。

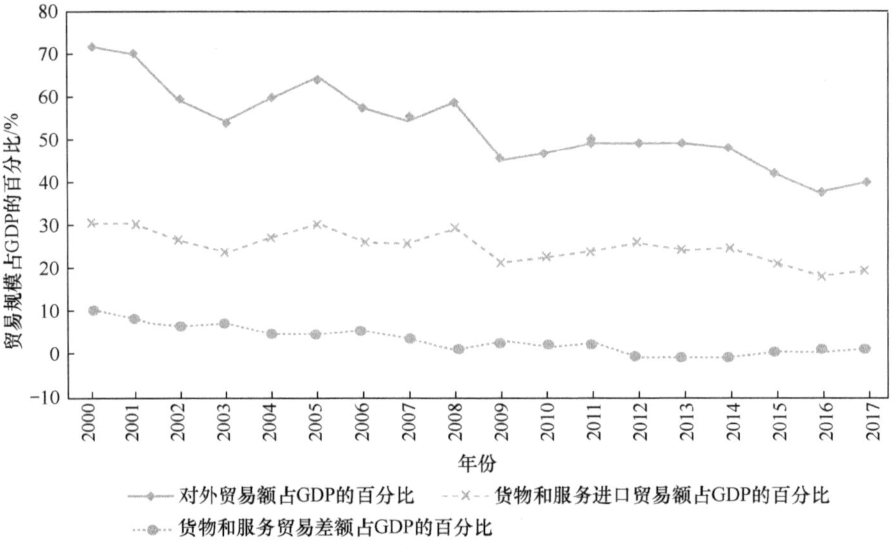

图 38-8　印度尼西亚国际贸易情况

六、外国直接投资情况分析

图 38-9 反映的是印度尼西亚外国直接投资占 GDP 的百分比变化情况。

（1）总体而言，印度尼西亚外国直接投资占 GDP 的百分比先下降再上升，之后继续下降。

（2）印度尼西亚外国直接投资占 GDP 的百分比 1996—2000 年从 2.72%下降至−2.76%，然后 2014 年上升至 2.82%，之后下降，2016 年为 0.49%。

（3）在 2008 年金融危机的不利影响下，印度尼西亚外国直接投资占 GDP 的百分比从 1.83%下降至 0.90%。

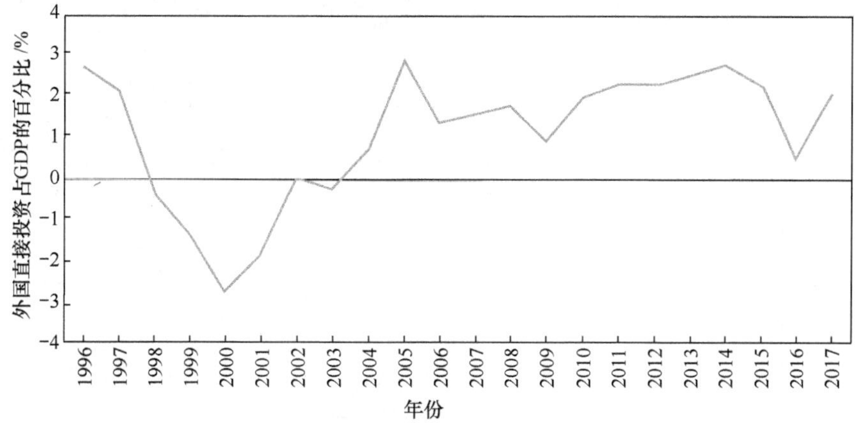

图 38-9　印度尼西亚外国直接投资占 GDP 的百分比变化情况

七、经济活力情况分析

图 38-10 反映了印度尼西亚新注册企业数量及密度变化情况。

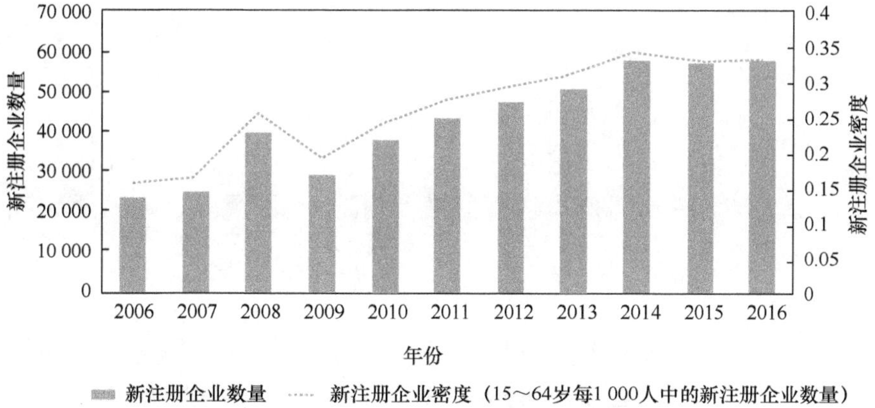

图 38-10　印度尼西亚新注册企业数量及密度变化情况

（1）整体而言，印度尼西亚新注册企业数量及密度逐渐增加。

（2）2006—2016 年，印度尼西亚新注册企业数量从 23 535 增加至 58 426，而新注册企业密度从 0.16 增加至 0.33。

（3）在 2008 年金融危机的冲击下，印度尼西亚新注册企业数量及密度分别从 39 302 和 0.26 减少至 29 604 和 0.19。

八、制度环境情况分析

印度尼西亚制度环境评估如表 38-3 所示。不同国家制度环境对比如图 38-11 所示。

表 38-3　印度尼西亚制度环境评估

年份	法律制度指数	腐败监管指数	政治稳定指数	民主自由权利指数	政府效能指数
1996	−0.37	−0.56	−1.18	−0.81	−0.42
1997	−0.54	−0.82	−1.47	−0.92	−0.51
1998	−0.72	−1.08	−1.77	−1.04	−0.6

（续表）

年份	法律制度指数	腐败监管指数	政治稳定指数	民主自由权利指数	政府效能指数
1999	−0.74	−0.99	−1.9	−0.74	−0.43
2000	−0.75	−0.89	−2.04	−0.44	−0.27
2001	−0.86	−1.01	−1.83	−0.42	−0.35
2002	−0.97	−1.13	−1.62	−0.39	−0.43
2003	−0.89	−0.96	−2.12	−0.38	−0.45
2004	−0.77	−0.89	−1.87	−0.29	−0.38
2005	−0.82	−0.86	−1.48	−0.16	−0.44
2006	−0.73	−0.81	−1.4	−0.14	−0.34
2007	−0.68	−0.58	−1.2	−0.07	−0.28
2008	−0.66	−0.56	−1.09	−0.06	−0.24
2009	−0.6	−0.82	−0.76	−0.03	−0.28
2010	−0.64	−0.75	−0.85	−0.07	−0.2
2011	−0.61	−0.68	−0.77	−0.04	−0.25
2012	−0.6	−0.66	−0.58	0.04	−0.29
2013	−0.55	−0.62	−0.5	0	−0.24
2014	−0.35	−0.58	−0.37	0.13	−0.01

数据来源：世界银行数据库。

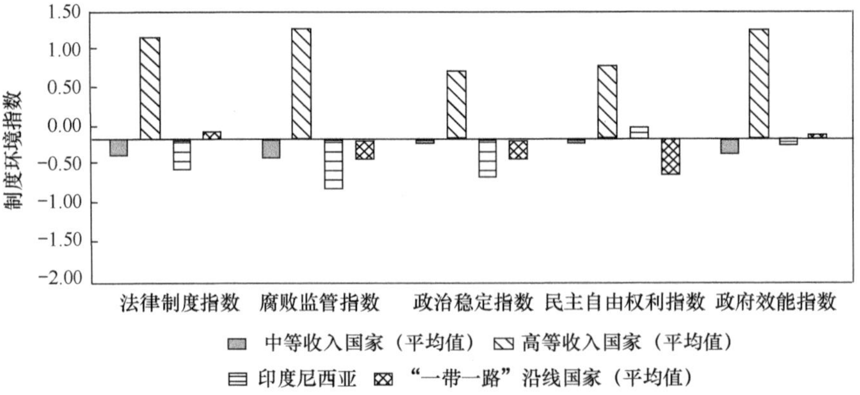

图 38-11 不同国家制度环境对比

（1）整体而言，高等收入国家在法律制度、腐败监管、政治稳定、民主自由权利、政府效能方面均远远优于其他国家。印度尼西亚在制度环境方面与高等收入国家相比仍然存在较大差距。印度尼西亚的法律制度指数、腐败监管指数、政治稳定指数明显低于中等收入国家的平均值。印度尼西亚的法律制度指数、腐败监管指数、政治稳定指数和政府效能指数均低于“一带一路”沿线国家的平均值。

（2）在统计期内，印度尼西亚法律制度指数、腐败监管指数和政治稳定指数先减少再增加；政府效能指数先增加再减少，之后再增加；民主自由权利指数则稳步增加。

（3）法律制度指数 1996—2002 年从−0.37 减少至−0.97，之后 2014 年增加至−0.35；腐败监管指数 1996—2002 年从−0.56 减少至−1.13，然后增加，2014 年为−0.58；政治稳定指数 1996—2003 年从−1.18 减少至−2.12，之后 2014 年增加至−0.37；民主自由权利指数 1996—2014 年从−0.81 增加至 0.13；政府效能指数 1996—2000 年从−0.42 增加至−0.27，然后减少，2005 年为−0.44，而 2014 年又增加至−0.01。

第三节　产业结构情况分析

一、三次产业结构分析

图 38-12 和图 38-13 分别是印度尼西亚产业结构和劳动力就业结构变化情况。

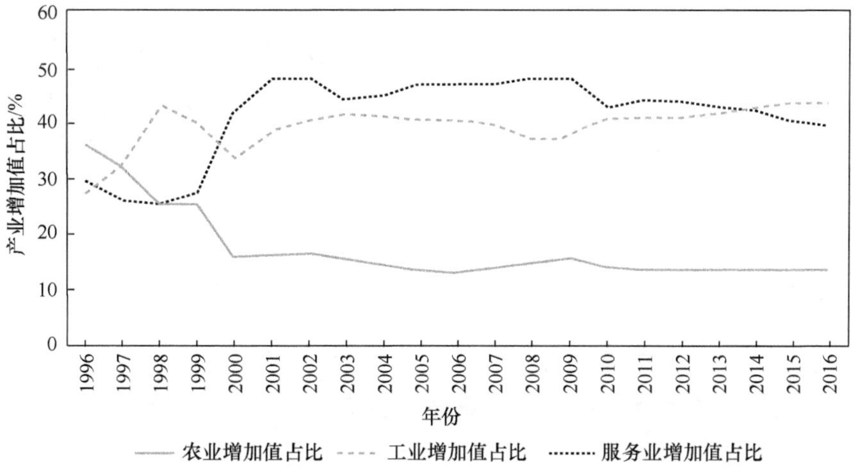

图 38-12　印度尼西亚产业结构变化情况

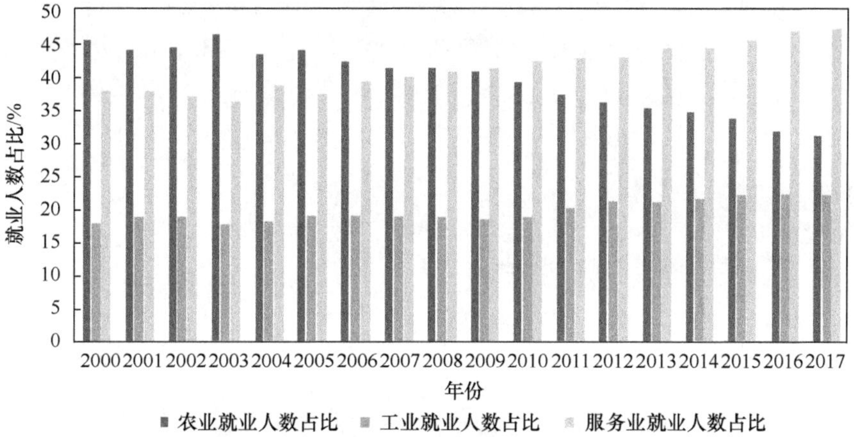

图 38-13　印度尼西亚劳动力就业结构变化情况

（1）整体而言，印度尼西亚农业增加值占比逐渐下降；工业增加值占比先上升再下降，之后回升；服务业增加值占比先下降再回升；农业就业人数占比逐渐下降；工业就业人数占比缓慢上升；服务业就业人数占比逐渐上升。

（2）印度尼西亚农业增加值占比 1996—2016 年从 36.67%下降至 13.47%；工业增加值占比 1996—1998 年从 26.46%上升至 42.74%，然后 2000 年下降至 33.63%，之后回升，2016 年为 44.06%；服务业增加值占比 1996—1998 年从 29.87%下降至 25.37%，之后逐渐回升至 2016 年的 37.66%；农业就业人数占比 2000—2017 年从 45.31%下降至 31.17%；工业就业人数占比 2000—2015 年从 17.44%上升至 22.04%，之后逐渐下降，2017 年为 21.72；服务业就业人数占比 2000—2017 年从 37.25%上升至 47.11%。

二、工业、制造业规模变化分析

图 38-14 反映的是印度尼西亚工业、制造业规模变化情况。

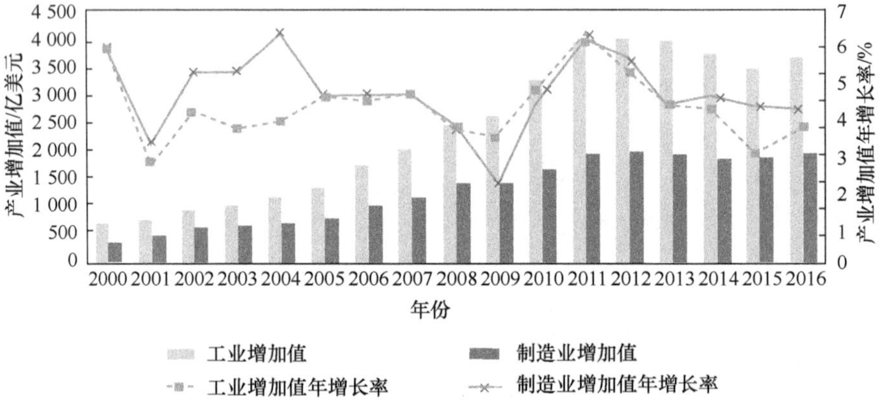

图 38-14　印度尼西亚工业、制造业规模变化情况

（1）整体而言，在统计期内，印度尼西亚工业增加值和制造业增加值先上升再下降，之后略有回升；工业增加值年增长率和制造业增加值年增长率波动基本相同，均呈现先下降再上升然后下降的趋势。

（2）印度尼西亚工业增加值和制造业增加值 2000—2011 年分别从 692.58 亿美元和 373.93 亿美元上升至 4 001.34 亿美元和 1 968.92 亿美元，之后 2015 年又分别下降为 3 447.54 亿美元和 1 806.57 亿美元，之后回升，2016 年分别为 3 898.31 亿美元和 1 947.26 亿美元；工业增加值年增长率和制造业增加值年增长率 2000—2009 年分别从 5.89%和 5.98%下降至 3.59%和 2.21%，然后 2011 年回升至 6.26%和 6.35%，之后均有所下降，2016 年分别为 4.26%和 4.83%。

三、服务业规模变化分析

图 38-15 反映的是印度尼西亚服务业规模变化情况。

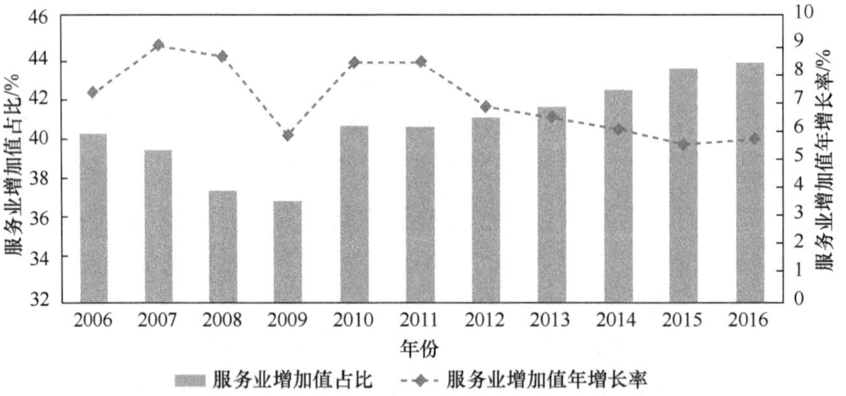

图 38-15　印度尼西亚服务业规模变化情况

（1）整体而言，在统计期内，印度尼西亚服务业增加值占比先下降再上升；服务业增加值年增长率逐渐下降。

（2）印度尼西亚服务业增加值占比 2006—2009 年从 40.08%下降至 37.06%，之后 2016 年逐渐回升至 43.66%；服务业增加值年增长率 2007—2016 年从 9.00%逐渐下降至 5.60%。

（3）在金融危机的冲击下，印度尼西亚服务业增加值占比及其年增长率分别从 2008 年的 37.46%和 8.66%下降至 2009 年的 37.06%和 5.83%。

第四节　产业政策分析

苏西洛执政期间提出，印度尼西亚 2025 年将成为工业强国，其中制造业成为经济发展中的支撑产业计划。从三大产业增加值占比来看，第一产业增加值占比在 13%～15%之间，第二产业增加值占比在 43%～45%之间，第三产业增加值占比在 41%～44%之间。

近年来，印度尼西亚的产业结构调整基本处于一个不断合理化的过程，第二产业、第三产业成为印度尼西亚的支柱产业。同时，印度尼西亚产业结构演变速度明显放缓，严重制约着印度尼西亚经济的发展。

首先，印度尼西亚前些年的高速发展主要依赖于廉价的劳动力和国家丰富的资源。近几年，世界经济疲软，全球需求下降，加之印度尼西亚的高素质人才不足、生产水平落后的问题，印度尼西亚三次产业未能转型升级，经济发展缓慢，对经济的长期发展不利。

其次，从现有产业来看，印度尼西亚各产业间的发展缺少协调和联系，资源不能得到更有效的配置。印度尼西亚的资源更多地倾向于工业。其中，开采业等资源丰富，劳动力工资相对较高；制造业尽管被政府所扶持，但由于基础工业落后、政府效率低下等，其发展仍然不尽如人意。印度尼西亚工业的发展不足，农业和服务业又缺少足够的资源，根基薄弱，生产效率低下，使得三次产业相互制约，形成恶性循环，其发展都趋于停滞。

最后，从印度尼西亚的长期经济发展来看，由于印度尼西亚缺少自主研发创新的能力，农业生产效率低下，工业只能承接发展国家的低端产业链，服务业则停留在传统的阶段，人民的生活水平长期停留在温饱水平，经济长期发展没有充足的动力，在国际市场上缺少核心竞争力。

第五节　产业结构与产业政策分析基本结论

通过对印度尼西亚的基本情况、经济发展情况、产业结构情况、产业政策几个方面的分析，初步得出以下结论。

（1）总体而言，印度尼西亚工业的发展自 1945 年起步并借鉴东亚工业发展模式，形成了现在以第二产业和第三产业为主导的产业结构和以制造业为支柱产业的发展方向。近年来，印度尼西亚的产业调整向合理化迈进，三次产业结构、产业就业人数占比不断优化。但是，印度尼西亚制造业升级缓慢、人力资本储备不足等问题日益突出。印度尼西亚的劳动力素质不高，限制了印度尼西亚的技术水平发展和创新型转变，制约了三次产业的持续优化。印度尼西亚应提高劳动力素质，转变经济发展方式。

（2）印度尼西亚的农业基础相对较好，拥有得天独厚的自然资源，如长时间的日照和肥沃的土壤。但是，印度尼西亚的农业生产效率较为低下且农业发展缓慢，2016 年，农业就业人数占比为 31.17%，但农业增加值占比仅为 13.95%。迄今为止印度尼西亚的农业仍然无法自给自足。提高农业生产效率，大幅改进耕作方式，对农村土地进行改革，对印度尼西亚的农业发展至关重要。

（3）印度尼西亚的工业发展较快，已经成为印度尼西亚的支柱产业。但是，印度尼西亚的工业化水平不高且技术含量较低，主要承接由资本主义国家转移的高排放和高污染产品，且近几年印度尼西亚的劳动力人口红利逐渐减少，劳动力素质不高的问题显现，降低了印度尼西亚经济的发展速度。物流成本高，通信条件普遍较差，电力供应难以满足基本需求，基础工业落后，产业链上、下游配套不完备，影响部分制造业企业扩大再投资。印度尼西亚应加大研发投入，增强自主研发能力，并引入高质量的外资，实现印度尼西亚整体的工业现代化。

（4）印度尼西亚的服务业发展平稳，进步缓慢。这与印度尼西亚的农业与工业的发展滞后有关。印度尼西亚农业的基础薄弱，尚未自给自足，而工业仍然属于粗放型生产，技术创新困难。印度尼西亚基础设施严重滞后是服务业发展的最大瓶颈。印度尼西亚产业结构在尚未发展到一定阶段后就已经停滞不前，不利于经济的长期健康发展。印度尼西亚应加大产业转型升级的力度，积极推进传统服务业向现代服务业的发展。

（5）从区域经济长期发展来看，印度尼西亚经济的增长主要依靠廉价劳动力和自有资源，经济增长具有短期和低效的特点，产业的升级力度不大，从而不利于实现经济的长期增长。印度尼西亚应以转变经济增长方式、推动技术创新和管理创新为核心，增强高新技术产业的辐射和带动能力，提高经济效益和产业竞争力。

第三十九章　约旦产业结构与产业政策分析

第一节　基本情况

约旦哈希姆王国，简称约旦，位于亚洲西部，阿拉伯半岛西北，西与巴勒斯坦、以色列为邻，北与叙利亚接壤，东北与伊拉克交界，东南和南部与沙特阿拉伯相连，西南一角濒临红海的亚喀巴湾，是唯一出海口。约旦西部高地属亚热带地中海型气候，气候温和，平均气温 1 月为 7～14℃，7 月为 26～33℃。约旦东部和东南部为沙漠，占国土面积的 78%。约旦国土面积约为 8.9 万平方千米。其中，陆地面积约为 88 802 平方千米，海洋面积约为 540 平方千米。

约旦总人口约为 1 001 万人（含巴勒斯坦、叙利亚、伊拉克难民）。约旦首都为安曼。约旦全国共分 12 个省：首都省、伊尔比德省、马安省、扎尔卡省、拜勒加省、马夫拉克省、卡拉克省、塔菲拉省、马德巴省、杰拉什省、亚喀巴省、阿吉隆省。约旦首都人口约为 400 万人，约占总人口的 40%。约旦 98%的总人口为阿拉伯人，还有少量切尔克斯人、土库曼人和亚美尼亚人。约旦国教为伊斯兰教。约旦 92%的居民属于逊尼派，2%的居民属于什叶派和德鲁兹派，而 6%的居民信奉基督教（主要属希腊东正教派）。约旦官方语言为阿拉伯语。约旦通用英语。

约旦系发展中国家，经济基础薄弱，资源较贫乏，可耕地少，依赖进口。约旦货币为约旦第纳尔。约旦国民经济主要来源侨汇、旅游业和外援。阿卜杜拉二世国王执政后，大力推行经济改革，改善投资环境，积极寻求外援，扭转了约旦经济长期负增长或零增长的局面。1999 年，约旦加入世界贸易组织。约旦 2004—2008 年经济增长率超过 8%。2009 年以来，受国际金融危机的影响及西亚北非地区局势动荡冲击，约旦经济增长速度下滑，约旦政府加大经济调控力度，并在金融、基建、招商引资、争取外援等方面采取相应措施，取得一定成效。2017 年约旦主要经济数据如下：GDP 约为 401 亿美元；人均 GDP 约为 3 887 美元；GDP 增长率约为 2.0%。

约旦公民文化素质较高。约旦重视教育事业。约旦公民从小学到高中享受免费教育。约旦高等教育前分为基础教育和高中教育。约旦高中教育为非义务性专业学习，学制两年。约旦全国共有 10 所公立大学和 19 所私立大学，主要有约旦大学、雅尔穆克大学、约旦科技大学、哈希姆大学、穆塔大学、艾勒·贝塔大学、侯赛因大学、拜勒加应用大学等。约旦学龄儿童入学率约为 95%，而文盲率约为 7%。

约旦外交活跃，强化与美国特殊盟友关系，重视发展与各大国关系，推行睦邻友好政策，在中东问题等地区事务中发挥着独特作用。目前，约旦已同 131 个国家建立外交关系，并同美国关系密切。约旦与美国的关系曾因海湾危机中约旦支持伊拉克而一度降温。当时，美国冻结对约旦军事、经济援助。海湾战争后，约旦积极参与美国发起的中东和平进程。约旦积极发展同欧盟，特别是英、法、德等国的关系，希望欧盟在中东地区事务中发挥积极作用，并寻求其经济援助。约旦重视苏联大国地位，苏联解体后又继续发展同俄罗斯的关系，希望俄罗斯在中东问题上发挥更大的作用。20 世纪 90 年代以来，约旦与俄罗斯的关系续有发展。海湾战争后，约旦与周围阿拉伯国家关系趋冷。近年来，约旦主动改善与周围阿拉伯国家的关系，且其关系逐步恢复并持续发展。约旦对世界上战乱国家密切关注，积极呼吁解决叙利亚问题，倡导和平。中国与约旦两国于 1977 年 4 月 7 日建交。中国与约旦建交以来，两国在政治、经济、军事、文化等各方面的关系稳步发展，友好往来不断增加。

第二节　经济发展情况分析

一、经济规模情况分析

约旦经济规模稳定增长。约旦 GDP 情况如表 39-1 所示。图 39-1 反映了约旦 GDP 及其增长率变化情况。从图 39-1 中可以看出，约旦 GDP 总体上保持着稳定的增长态势，而其增长率变化较大是因为 GDP 较小，从而对其变化较为敏感。总体而言，约旦 GDP 增长率呈现出先增加后减少的趋势，2004 年达到最大值（8.57%）。在 2008 年金融危机的影响下，约旦 GDP 的增长速度放缓。

表 39-1　约旦 GDP 情况

年份	GDP/亿美元	GDP 增长率/%	人均 GDP/美元	人均 GDP 增长率/%
2009	238.20	5.48	3 492.13	0.35
2010	264.25	2.31	3 679.19	−2.83
2011	288.40	2.59	3 807.32	−2.73
2012	309.37	2.65	3 870.75	−2.71
2013	335.94	2.83	3 992.87	−2.32
2014	358.27	3.10	4 066.94	−1.54
2015	375.17	2.39	4 096.10	−1.52
2016	386.55	2.00	4 087.94	−1.19
2017	400.68	1.97	3 886.66	−1.81
2009—2017（平均值）	328.54	2.81	3 886.66	−1.81

数据来源：世界银行数据库。

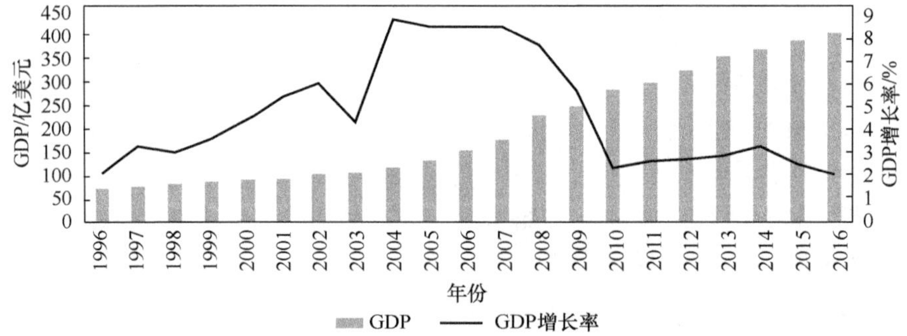

图 39-1　约旦 GDP 及其增长率变化情况

图 39-2 为约旦人均 GDP 变化情况。总体而言，约旦人均 GDP 逐年增加。其中人均 GDP 1996 年为最小值（1 469 美元），2015 年达到最大值（4 680 美元）；人均 GDP 增长率 2008 年达到最大值（14.1%）。

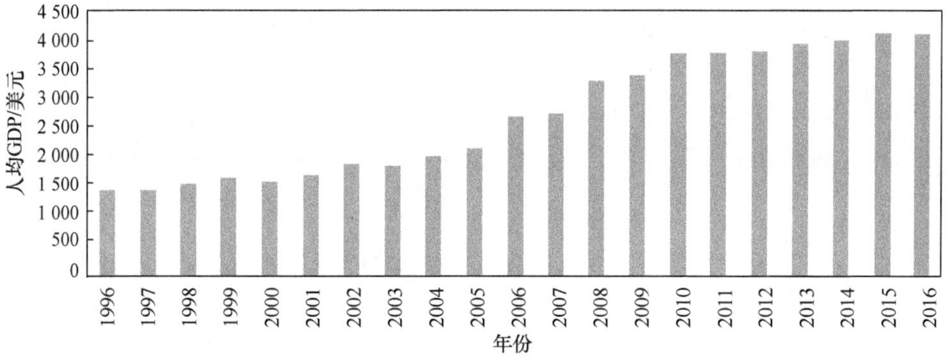

图 39-2　约旦人均 GDP 变化情况

二、人力资本基础情况分析

从图 39-3 中可以看出，约旦总人口逐年增加且趋于稳定，2017 年达到 970.2 万人；总人口增长率处于波动状态，但始终为正值，2000 年为最小值（1.744%），2012 年为最大值（5.37%），2012 年之后逐渐减少。

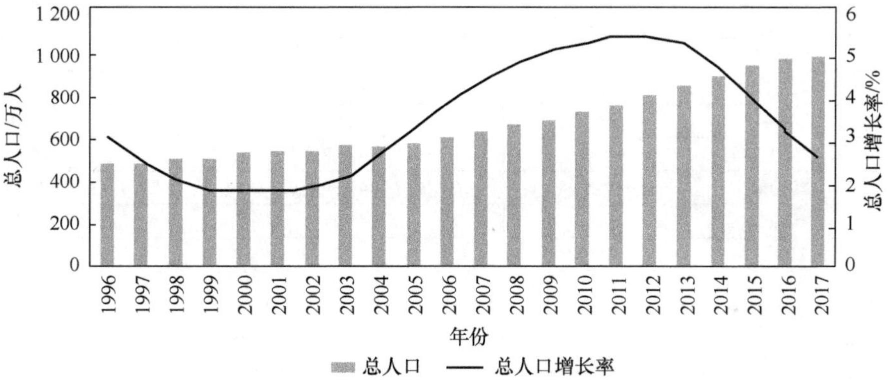

图 39-3　约旦总人口变化情况

图 39-4 反映了约旦城镇和农村人口变化情况。从图 39-4 中可以看出，在统计期内，城镇人口占比不断增加，由 1996 年的 78.72%增加为 2017 年的 90.7%，且城镇人口增长率一直为正值；农村人口占比不断减少，2017 年为 9.3%。可见，约旦城市化进程很快，城市化水平很高。

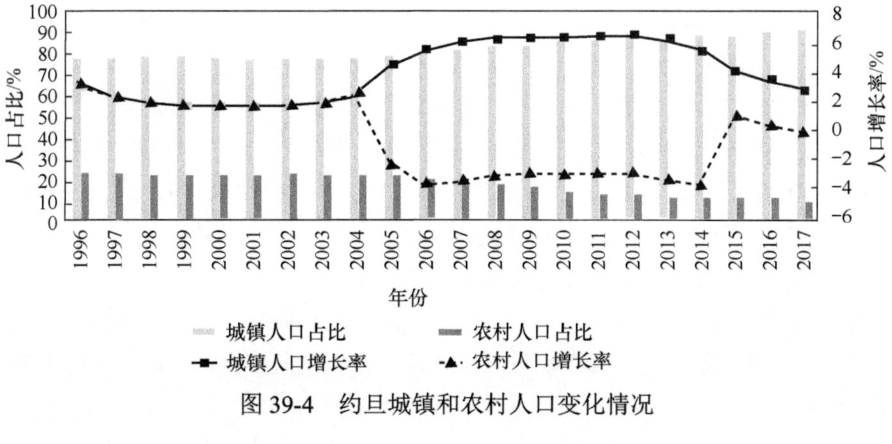

图 39-4　约旦城镇和农村人口变化情况

表 39-2 反映了约旦劳动力情况。约旦劳动力总量不断增加，而劳动力占比维持在 25%以上。约旦失业问题较为严重，与约旦接纳大量难民有一定的关系。难民涌入约旦后，无法适应当地生活，无法较快找到工作，造成约旦劳动力失业率较高。2017 年，15～64 岁劳动参与率达 41.4%，15～24 岁劳动参与率达 22.94%。15～24 岁劳动参与率低反映出约旦重视教育。

表 39-2 约旦劳动力情况

年份	劳动力总量/万人	劳动力占比/%	15～64 岁劳动参与率/%	15～24 岁劳动参与率/%
1996	119.51	25.34	44.35	29.38
1997	122.55	25.36	44.24	29.02
1998	125.09	25.38	44.09	28.64
1999	127.43	25.41	43.94	28.29
2000	129.83	25.44	43.81	28.02
2001	132.51	25.51	43.79	28.82
2002	134.42	25.42	43.33	27.81
2003	135.98	25.20	42.78	27.86
2004	140.34	25.35	42.81	27.99
2005	145.40	25.45	42.81	28.03
2006	150.70	25.40	42.65	27.64
2007	163.10	26.33	44.13	28.05
2008	170.16	26.22	43.92	27.66
2009	182.71	26.79	44.82	28.09
2010	189.41	26.37	44.07	26.48
2011	196.95	26.00	43.42	25.11
2012	203.88	25.51	42.50	24.04
2013	209.62	24.91	41.57	22.96
2014	219.83	24.95	41.49	22.92
2015	229.37	25.04	41.44	22.92
2016	237.82	25.15	41.47	23.02
2017	244.63	25.21	41.40	22.94

数据来源：世界银行数据库。

三、交通基础情况分析

约旦运输以铁路、航空、班轮为主，其中货运以铁路为主，客运以航空为主，这与约旦经济发展方式存在联系。约旦主要以第三产业为主，其中旅游业为约旦主要经济支柱之一，每年有大量外境人员入境旅游。约旦交通基础在逐渐完善。从表 39-3 中可以看出，约旦交通服务占比逐年增长，2000 年为 40.281%，2016 年为 55.517%，增长了 15.236%。约旦铁路旅客周转量维持在 5.03～5.04 亿乘客 · 千米，较为稳定；铁路货物周转量有较大的波动，最高为 2005 年的 10.24 亿吨 · 千米，最低为 2004 年的 1.98 亿吨 · 千米，2011 年之后趋于稳定，维持在 3.44 亿吨 · 千米；航空客运量呈增长的趋势，2000 年为 1 281 997 人次，2011 年增长到 3 267 109 人次，2012 年达到最高，超过 343 万人次；航空货物周转量存在波动，2007 年达到最高,为 2.766 56 亿吨 · 千米，2008 年达到最低，为 1.408 46 亿吨 · 千米，在 2008 年金融危机的影响下，2010 年后呈下降的趋势，2016 年为 1.442 11 亿吨 · 千米；班轮运输相关指数呈上升的趋势，2008—2010 年存在较大波动，由 2008 年的 16.37 增长到 2009 年的 23.71，接着 2010 年回落为 17.79。

表 39-3　约旦交通运输情况

	交通服务占比/%	铁路旅客周转量/（亿乘客·千米）	铁路货物周转量/（亿吨·千米）	航空客运量/人次	航空货物周转量/（亿吨·千米）	班轮运输相关指数
2000	40.281	—	5.75	1 281 997	2.040 22	—
2001	42.824	—	2.49	1 178 058	1.777 9	—
2002	40.966	—	5.22	1 299 699	1.973 17	—
2003	43.717	—	—	1 353 444	1.903 26	—
2004	51.570	—	1.98	1 660 235	2.538 45	11
2005	52.777	—	10.24	1 737 165	2.235 82	13.42
2006	51.704	—	5.17	2 046 457	2.585 57	12.98
2007	51.571	—	5.17	2 246 212	2.766 56	16.46
2008	54.282	—	7.89	2 355 285	1.408 46	16.37
2009	50.986	—	3.53	2 323 750	1.631 92	23.71
2010	48.098	—	3.53	3 077 036	2.019 85	17.79
2011	55.866	5.04	3.44	3 267 109	1.961 84	16.65
2012	57.198	5.04	3.44	3 438 356	1.880 64	22.75
2013	57.727	5.03	3.44	3 294 911	1.721 26	22.68
2014	57.768	5.03	3.44	3 211 795	1.719 70	22.63
2015	56.043	—	—	3 065 145	1.691 05	26.15
2016	55.517	—	—	3 181 283	1.442 11	29.27

四、信息化情况分析

图 39-5 反映的是约旦信息化情况。总体而言，约旦互联网覆盖率有所上升；电话线路覆盖率有所下降；固定宽带覆盖率变化不明显。其中，互联网覆盖率变化较大，2010 年为 32.20%，2014 年则上升为 44.00%；固定宽带覆盖率维持在 4.5%左右；电话线路覆盖率逐年下降，但下降幅度很小，2010 年为 7.52%，2014 年下降到 5.00%。可见，约旦使用互联网的规模越来越大，信息交流的方式逐渐由互联网取代。

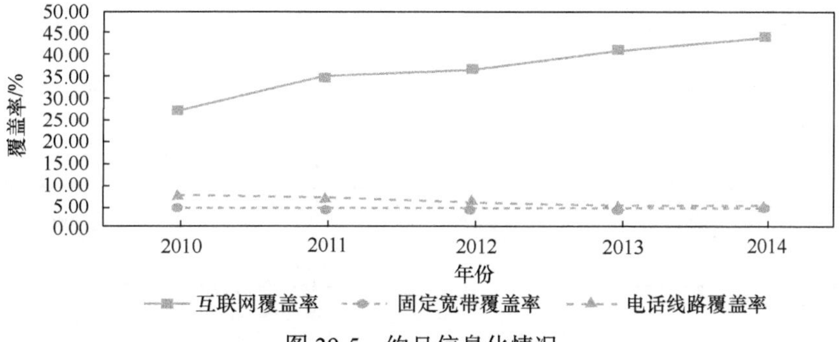

图 39-5　约旦信息化情况

五、研发投入与产出情况分析

图 39-6 反映了约旦研发投入与产出情况。从图 39-6 中可以看出，约旦研发投入占 GDP 的百分比 2002 年为 0.34%，2008 年为 0.44%，2016 年为 0.33%；居民专利申请数量平均值为 45.59 个，变化比较平缓；非居民专利申请数量自 2006 年有明显增加，2008 年达到最大值（535 个），随后逐年减少，2016 年为 256 个。可见，外来人员在约旦申请专利频繁。

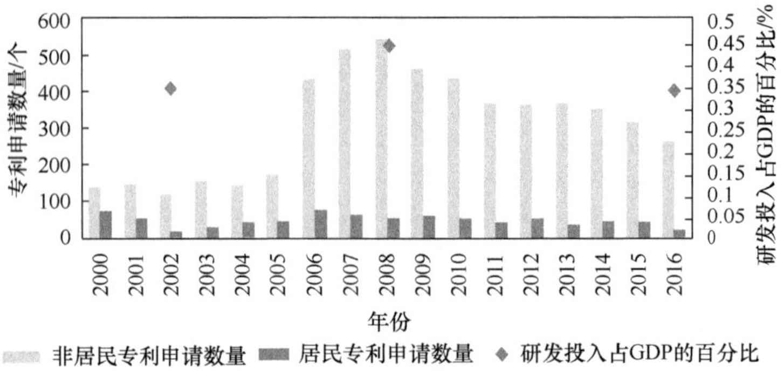

图 39-6 约旦研发投入与产出情况

六、制度环境情况分析

下面从法律制度、腐败监管、政治稳定、民主自由权利、政府效能 5 个方面对约旦的制度环境进行分析。从表 39-4 中可以看出，腐败监管指数和政府效能指数 2016 年分别为 0.27 和 0.14，高于 2002—2016 年的平均值 0.18 和 0.12，有所改善；法律制度指数、政治稳定指数和民主自由权利指数 2016 年分别为 0.31、−0.53、−0.76，均低于 2002—2016 年的平均值 0.33、−0.42、−0.72。可见，约旦在法律制度、政治稳定及民主自由权利方面有所退步。

表 39-4 约旦制度环境评估

年份	法律制度指数	腐败监管指数	政治稳定指数	民主自由权利指数	政府效能指数
2002	0.11	−0.05	−0.46	−0.80	0.11
2003	0.36	0.31	−0.07	−0.63	0.21
2004	0.32	0.26	−0.23	−0.55	0.06
2005	0.33	0.26	−0.13	−0.51	0.03
2006	0.33	0.26	−0.76	−0.72	0.20
2007	0.39	0.26	−0.30	−0.68	0.23
2008	0.41	0.36	−0.37	−0.74	0.23
2009	0.25	0.16	−0.35	−0.78	0.24
2010	0.19	0.04	−0.31	−0.80	0.10
2011	0.24	0.10	−0.51	−0.80	0.09
2012	0.37	0.07	−0.52	−0.73	−0.01
2013	0.39	0.07	−0.61	−0.81	−0.05
2014	0.46	0.14	−0.54	−0.75	0.12
2015	0.44	0.26	−0.61	−0.77	0.12
2016	0.31	0.27	−0.53	−0.76	0.14
2002—2016（平均值）	0.33	0.18	−0.42	−0.72	0.12

数据来源：世界银行数据库。

不同国家制度环境对比如图 39-7 所示。从图 39-7 中可以看出，高等收入国家在法律制度、腐败监管、政治稳定、民主自由权利、政府效能方面均远远优于其他国家。约旦的法律制度指数、腐败监管指数和政府效能指数均高于中等收入国家的平均值，而政治稳定指数和民主自由权利指数均低于中等收入国家的平均值。其中，民主自由权利指数落后最严重。与“一带一路”沿线国家对比，约旦仅政治稳定指数低于“一带一路”沿线国家的平均值，其他 4 个制度环境指数均高于“一带一路”沿线国家的平均值。总体而言，约旦的制度环境在“一带一路”沿线国家中居于领先地位。

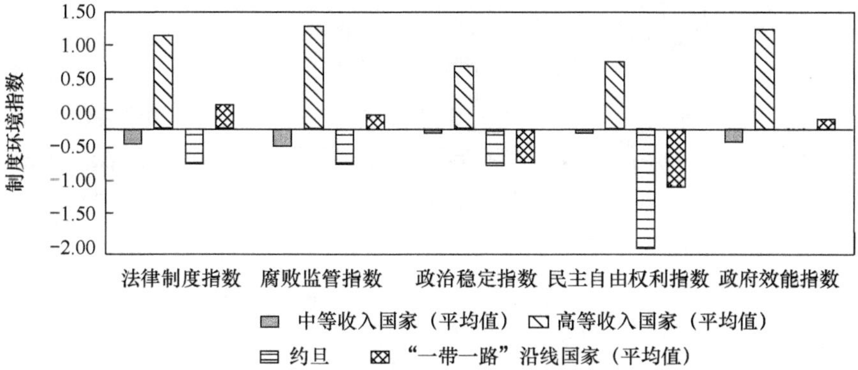

图 39-7　不同国家制度环境对比

七、税收负担情况分析

从图 39-8 中可以看出，约旦总税收占 GDP 的百分比 2011 年之前不断下降，2011 年之后有所回升，并逐渐维持相对稳定，2011 年达到最低点为 15.02%。

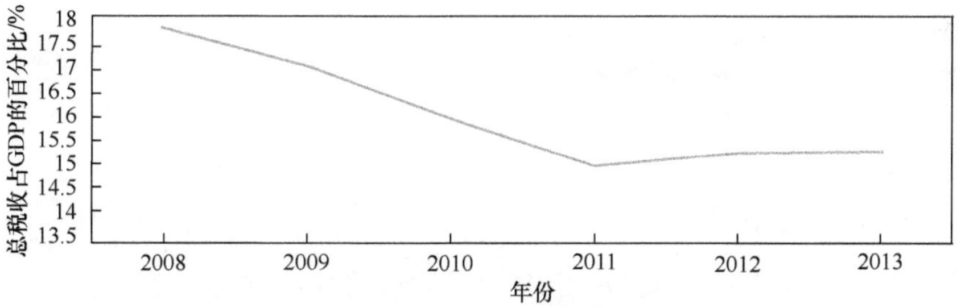

图 39-8　约旦总税收占 GDP 百分比的变化情况

从图 39-9 中可以看出，约旦总税收占比总体上呈阶梯式下降，2010—2011 年与 2015—2016 年下降明显，分别从 31.2%和 29.5%下降至 28.2%和 27.6%；利润税税收占比与总税收占比变化情况相似，在 2010—2011 年与 2015—2016 年下降明显，分别下降至 14.7%和 10.5%。

图 39-9　约旦税收占比变化情况

八、国际贸易情况分析

约旦与世界 100 多个国家和地区有贸易往来，主要进口原油、机械设备、电子电器、钢材、化学制品、粮食、成衣等产品，主要进口国为沙特阿拉伯、中国、美国、德国和埃及；主要出口服装、磷酸盐、钾盐、蔬菜、医药制品和化肥等产品，主要出口国为美国、伊拉克、印度、沙特阿拉伯、叙利亚和阿联酋。从图 39-10 可以看出，约旦对外贸易额占 GDP 的百分比 2006—2008 年有所上升，而后下降，2009 年下降幅度最大，最高点和最低点分别是 2008 年的 145.31%和 2016 年的 91.32%；货物和服务进口贸易额占 GDP 的百分比与对外贸易额占 GDP 的百分比变化相似，最高点和最低点分别为 2007 年的 91.76%以及 2016 年的 56.17%；货物和服务贸易差额占 GDP 的百分比相对稳定，在−32%上下波动，但是总体上呈现出上升的趋势。

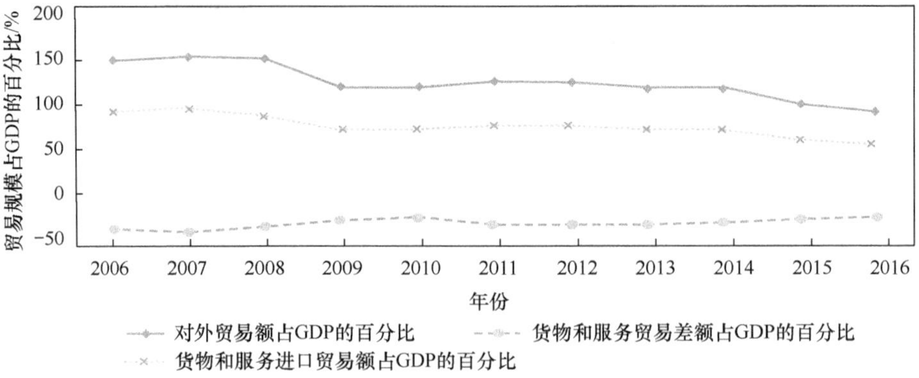

图 39-10 约旦国际贸易情况

九、外国直接投资情况分析

图 39-11 反映了约旦外国直接投资占 GDP 的百分比变化情况。总体而言，约旦外国直接投资占 GDP 的百分比变化比较大。约旦外国直接投资占 GDP 的百分比 2002 年之前波动较平缓，2002—2006 年大幅度上升，从 2.5%上升到 2006 年的最高点，为 23.5%。2006 年之后又大幅度下降，之后经过一年的上升，趋于平缓，稳定在 5%左右。初步判断，从 2002 年开始，约旦出现大的外商投资热潮，直至 2006 年到达顶峰，之后又有大量的外商撤资。

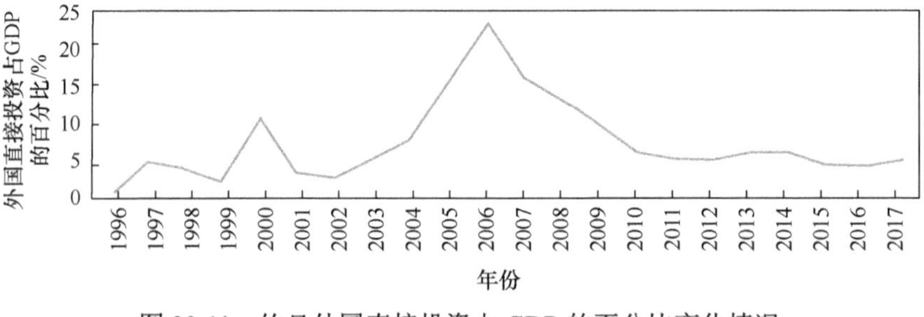

图 39-11 约旦外国直接投资占 GDP 的百分比变化情况

十、经济活力情况分析

从图 39-12 中可以看出，约旦新注册企业数量及密度在波动中逐渐增加。2006—2007 年和 2010—2011 年两个时间段，约旦新注册企业数量及密度都有所减少。2012 年，约旦新注册企业数量达 3 868，而新注册企业密度达到 0.98。2012 年，约旦新注册企业数量较 2011 年增加了 27.3%。

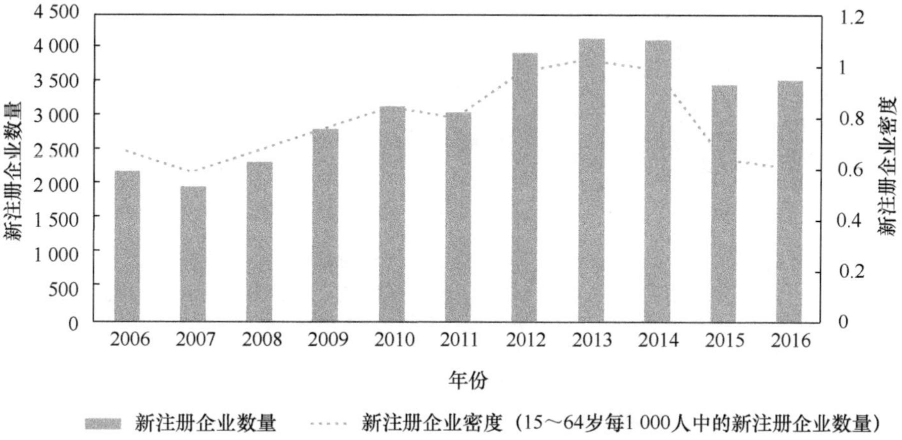

图 39-12　约旦新注册企业数量及密度变化情况

第三节　产业结构情况分析

一、三次产业结构分析

近年来，约旦服务业发展较快，三大产业增加值占比变化不大，升降幅度较小，处于相对稳定的状态。从图 39-13 中可以看出，约旦农业增加值占比很低，变化缓慢，而工业与服务业占比较高。工业增加值占比 2010—2011 年有所上升，之后不断下降，2011 年达到最高点（31.10%）；服务业增加值占比 2010—2015 年始终很高（维持在 66%左右）且缓慢提高。经统计，美国第三产业增加值占比约为 80%，而英国、法国、德国、日本第三产业增加值占比都在 60%～70%。约旦第三产业增加值占比与发达国家更为接近。约旦虽然为发展中国家，但是在产业结构上已经达到发达国家的水平。

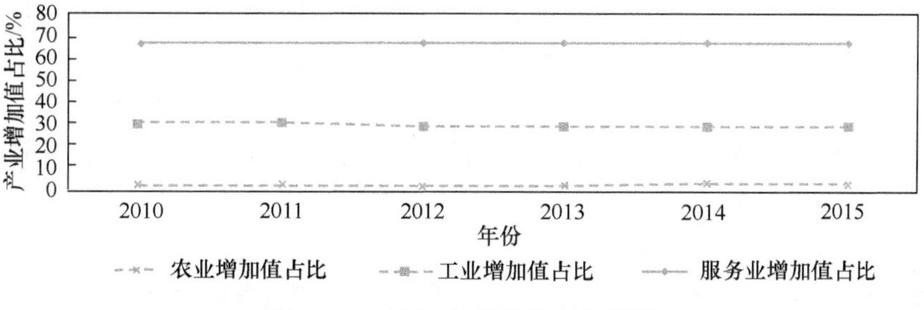

图 39-13　约旦产业结构变化情况

约旦劳动力就业结构变化情况如图 39-14 所示。从图 39-14 中可以看出，三大产业就业人数占比变化甚微，已处于稳定状态。其中，农业就业人数占比很低且变化幅度不大，在 3.5%左右浮动；工业就业人数占比较低，在 26.5%左右浮动；服务业就业人数占比较高，在 69%左右浮动，2015 年达到 69.5%。

以上分析表明，约旦产业增加值占比、就业人数占比都呈现出第二产业向第三产业转移的趋势，这说明约旦产业结构逐步走向合理化。

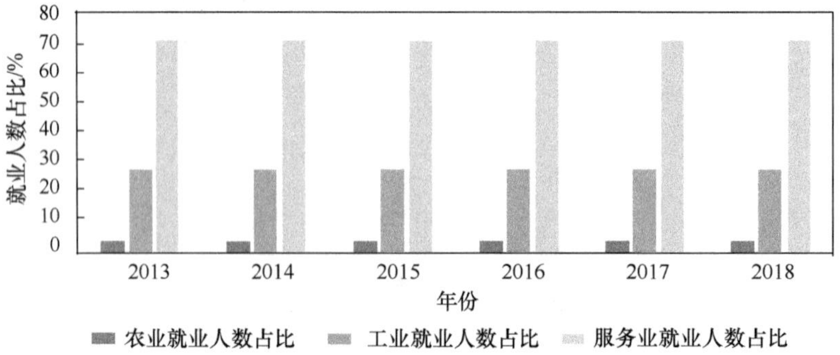

图 39-14 约旦劳动力就业结构变化情况

二、工业、制造业规模变化分析

约旦工业多为轻工业和小型加工工业，主要有采矿、炼油、食品加工、制药、玻璃、纺织、塑料制品、卷烟、皮革、制鞋、造纸等。图 39-15 反映了约旦工业、制造业规模变化情况。2006—2007 年，约旦工业、制造业发展较快；自 2012 年开始，工业、制造业增加值增长速度放缓，并趋于稳定。

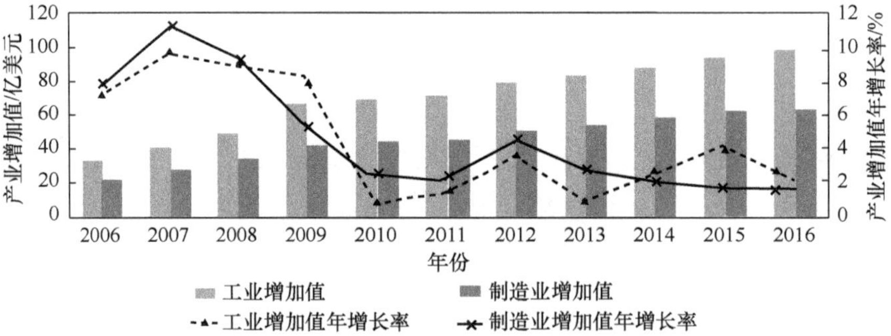

图 39-15 约旦工业、制造业规模变化情况

约旦制造业分行业增加值占比情况如表 39-5 所示。约旦经济基础薄弱，资源短缺，缺少必要的原材料，机械和运输设备行业增加值占比较少。2001—2009 年，约旦食品、饮料和烟草占比在下降，机械和运输设备行业增加值占比缓慢上升。可见，约旦发展重工业的效果不明显，因此 2010 年后重新大力发展轻工业，而且约旦旅游业作为主要经济来源之一，食品、饮料方面的消耗较大。2010—2013 年，约旦食品、饮料和烟草行业增加值占比和化学品行业增加值占比逐年上涨，纺织品与服装行业增加值占比逐渐下降，以 2013 年为例，食品、饮料和烟草行业增加值占比为 31.99%，纺织品与服装行业增加值占比为 5.57%，化学品行业增加值占比为 21.16%，机械和运输设备行业增加值占比为 3.53%。

表 39-5 约旦制造业分行业增加值占比情况

年份	纺织品与服装行业增加值占比/%	其他行业增加值占比/%	机械和运输设备行业增加值占比/%	食品、饮料和烟草行业增加值占比/%	化学品行业增加值占比/%
2001	7.88	44.50	2.98	27.72	16.90
2002	9.24	43.90	3.04	27.03	16.77
2003	10.69	44.27	2.96	26.12	15.94
2004	12.41	44.43	2.94	24.42	15.77

（续表）

年份	纺织品与服装行业增加值占比/%	其他行业增加值占比/%	机械和运输设备行业增加值占比/%	食品、饮料和烟草行业增加值占比/%	化学品行业增加值占比/%
2005	11.42	46.16	3.24	23.41	15.74
2006	11.01	47.35	3.11	23.66	14.86
2007	9.79	48.03	2.92	22.56	16.68
2008	9.67	47.21	4.10	20.92	18.07
2009	12.08	46.39	4.44	18.54	18.52
2010	11.52	37.41	3.89	28.61	18.55
2011	9.28	37.83	3.46	28.76	20.65
2012	8.32	38.09	3.40	30.00	20.17
2013	5.57	37.72	3.53	31.99	21.16

三、服务业规模变化分析

服务业作为约旦主要的经济支柱之一，服务业增加值占比很大。2013 年后，约旦政府优化产业结构，服务业增加值占比略有下降。从图 39-16 中可以看出，服务业增加值占比 2011 年最低，为 65.57%，较 2010 年下降 0.29%，2013 年达到最高，为 66.91%，较 2011 年增加了 1.34%。

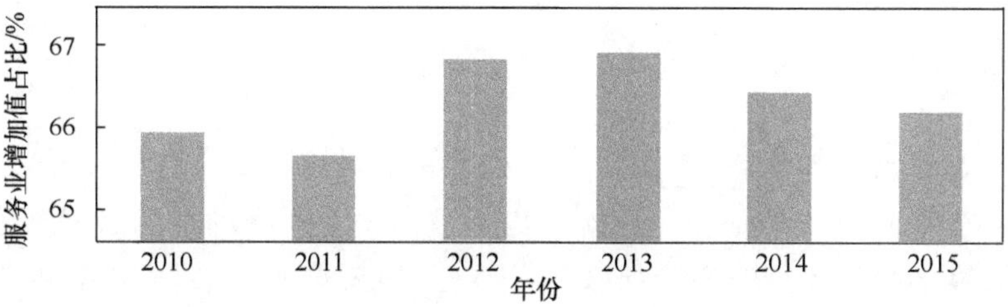

图 39-16　约旦服务业规模变化情况

旅游业对约旦经济发展有着很大的推动作用。如表 39-6 所示，约旦旅游业收入占比呈上升趋势，最高达 36.49%。约旦主要旅游景区有安曼、死海、杰拉什、佩特拉、阿杰隆古堡、亚喀巴、月亮谷等。约旦光旅游业平均每年创造 44.2 亿美元的收入。约旦每年入境旅游人数达 300 万人以上，而截至 2018 年约旦人口为 1 001 万人，约旦入境旅游人数约占约旦总人口的 30%。约旦旅游业吸引了大量的外商投资，进一步推动了国内的经济发展，解决了约旦劳动力的就业问题。大力发展旅游业对约旦经济起到了全方位的作用。

表 39-6　约旦旅游业情况

年份	旅游业收入占比/%	旅游业收入/亿美元	入境旅游人数/人
2007	29.33	27.54	3 431 000
2008	27.86	35.39	3 729 000
2009	31.38	34.72	3 789 000
2010	34.42	43.9	4 207 000
2011	31.65	43.51	3 960 000
2012	35.80	51.23	4 162 000
2013	36.16	51.45	3 945 000
2014	35.54	55.18	3 990 000
2015	35.22	49.68	3 761 000
2016	36.49	49.43	3 858 000

四、产品情况分析

1. 农业

约旦淡水资源很缺乏，农业发展落后，是一个粮食净进口国。长期以来，约旦 98%的消费品要从国外进口，包括小麦、大麦、糖、大米、奶粉、茶、咖啡、玉米、植物油（不包括橄榄油）、奶酪、鹰嘴豆、粉丝和扁豆等。约旦农业技术落后，水资源利用率不高，浪费资源现象严重。由于缺水，多年来农业产值一直在下降，只约占约旦 GDP 的 3%。农业部门雇用了约旦 15%的劳动力从事农业，其中，许多农业工人来自埃及和叙利亚两国。约旦的农业主要由园艺业、家禽业和小规模放牧业构成。由于约旦接纳难民，越来越多的叙利亚难民进入约旦。这在一定程度上使约旦劳动力有所增加，并对约旦农业发展起到一定的推动作用。由于约美外交的积极开展，美国对约旦出口大量的农产品。美国对约旦出口的主要农产品包括大米、加工食品、罐头食品、调味品、植物油、杏仁和家禽。根据自由贸易协定的条款，约旦和美国之间的进口关税和其他贸易壁垒已于 2010 年逐步取消。2017 年，美国玉米对约旦的出口贸易额为 2 630 万美元，同比增长 143%。

2. 能源产业

约旦能源进/出口情况如表 39-7 所示。约旦能源消耗情况如表 39-8 所示。约旦油页岩储量达 400 亿吨，但商业开采价值低，能源产出量较少。能源净进口量占能源消费量的百分比长期保持在 95%以上；每年能源产量保持在 280 千吨标准油；燃料出口量占货物出口量的百分比维持在 0.2%～1.1%；燃料进口量占货物进口量的百分比维持在 20%左右。但是每年能源需求量却达到 7 000 千吨，能源产出量完全满足不了能源需求量，可以说完全依赖进口。每年约旦在石油进口上花费超过 45 亿美元，但是可再生能源消费量占能源消费总量的百分比不到 0.1%。因此，大量的不可再生能源对环境造成一定的影响。2018 年，约旦开始大力发展可再生能源。约旦通过发展太阳能技术减少对进口化石燃料的依赖。2018 年初，Sheikh Yahya 清真寺顶部贴了 140 块面板，耗资 45 000 美元，产生近 44 千瓦的能量。该装置为 1 500 人的祈祷场所，50 个空调、35 个风扇、120 个灯、32 个摄像头和音响系统提供动力。2017 年，Zaatari 和 Azraq 的叙利亚难民营开设了太阳能发电厂，为成千上万的人提供免费和清洁的电力。从首都西部、南部延伸到沙特阿拉伯边境的 Maan 省，自 2012 年以来已启动了 11 个可再生能源项目，其中已并入国家电网的可再生能源（太阳能、风能）项目发电总量为 600 兆瓦，占全国总发电量的 7%。约旦“绿色走廊”项目耗资约为 1.72 亿美元，可将 800～1 000 兆瓦的可再生能源发电量从约旦南部输送至电力负荷中心。该项目通过建设输电线路、扩建卡特拉纳（Qatraneh）变电站及阿莉娅皇后机场变电站，提升输电效率。约旦能矿部已发出三轮可再生能源项目招标，最后一轮可再生能源项目包括 4 个太阳能发电项目和 2 个风能发电项目，装机总容量达 300 兆瓦，每个项目装机容量达 50 兆瓦。具备最后一轮可再生能源项目招标资质的公司为该部提供的报价较前两轮可再生能源项目招标显著降低，其中最低为 0.017 6 约第/千瓦·时，最高为 0.034 2 约第/千瓦·时。

表 39-7　约旦能源进/出口情况

年份	2006	2007	2008	2009	2010	2011
能源产量/千吨标准油	290.26	277.1	275.49	293.11	272.4	275.18
燃料出口量占货物出口量的百分比/%	1	0.8	0.2	0.6	1.1	0.2
燃料进口量占货物进口量的百分比/%	23.9	21.9	22	17.8	22.1	29

表 39-8　约旦能源消耗情况

年份	2006	2007	2008	2009	2010	2011
人均能源消费量/（千克标准油/人）	1 239.3	1 251.68	1 176.19	1 190.07	1 089.81	1 045.2
可再生能源消费量占能源消费总量的百分比/%	0.08	0.09	0.09	0.08	0.09	0.09
能源消费总量/千吨	6 853.01	7 209.46	7 068.54	7 457.75	7 105.13	7 064.28
能源净进口量占能源消费总量的百分比/%	95.77	96.16	96.1	96.07	96.16	96.11

五、外国援助情况分析

外国援助是约旦经济主要来源之一。海湾战争前，约旦外国援助主要来自美国等西方国家以及海湾地区阿拉伯国家。在海湾危机中，由于约旦采取同情伊拉克的立场，所以主要援助方中断了对约旦援助，从而使约旦经济形势恶化。后来，约旦逐渐调整对伊拉克政策，改善与美国及海湾地区阿拉伯国家的关系，从而使主要援助方恢复了对约旦援助，而且美国对约旦的援助大幅增加。2003 年由于伊拉克战争，国际社会向约旦提供了高达 19 亿美元的贷/赠款。2012 年，约旦获外国援助达 4.6 亿美元，而主要援助方为阿拉伯国家、美国、日本、欧盟及联合国各机构。2013 年 5 月，世界银行决定提供 1.5 亿美元帮助约旦接纳叙利亚难民。2014 年，世界银行将对约旦贷款年度上限从 3.5 亿美元上调至 5 亿美元，并同意向约旦发放 2 亿美元贷款。同年，约旦从欧盟获得 1.8 亿美元贷款。

从图 39-17 中可以看出，约旦官方发展援助占比（官方发展援助净额占资本形成总额的百分比的简称）2004—2013 年处于较低水平，维持在 10%～20%，2003 年达到最高，为 62.18%，且 2013 年后有上升的趋势。可见，约旦积极的外交政策效果显著，外国援助对约旦国内经济发展至关重要。

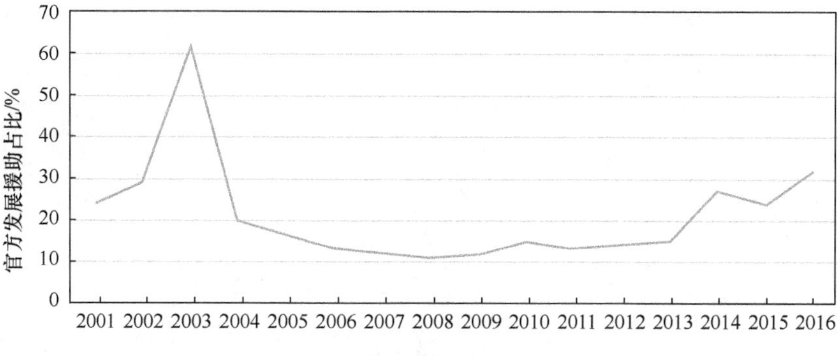

图 39-17　约旦官方发展援助占比变化情况

第四节　产业政策分析

约旦是二元制君主立宪制国家，设参众两院，权力掌握在以国王为首的哈希姆家族王室手中。约旦重视加强社会治安，适时调整内外政策，推进经济改革，改善投资环境，努力发展民族经济。2006 年，约旦继续实行改革，在地区形势持续动荡的大环境下，总体上保持了国内稳定。约旦作为一个发展中国家，国家周围情况复杂，战争不断，只有积极推行和平外交，寻求大国援助，才能保障国家经济的稳定发展及社会的安定。

近年来，约旦的产业结构调整基本上处于一个不断合理化的过程。约旦处于亚洲西部地区，为世界上十大严重缺水的国家之一。约旦东部沙漠地区气候恶劣，日夜温差大，干燥，风沙大，年降水量少于 50 毫米，淡水资源紧缺，农业发展落后。但是，约旦积极实施产业结构调整。约旦靠外援与旅游业来支撑经济发展，产业结构存在明显的非均衡性，从而严重限制了约旦的经济发展。约旦服务业产值占比过大，工、农业产值占比较小，三次产业结构失调，人民生活保障依赖进口，从而抵抗经济危机的能力欠缺。

资源的短缺使约旦不得不实行积极的外交政策。约旦推行亲美、睦邻、抓热点、重大国的外交政策。约旦通过与大国的外交，获得投资与援助来发展经济。约旦与较为接近的欧盟积极外交。约旦与欧盟的贸易额占约旦对外贸易总额的 35%。2006 年 10 月，约旦同欧盟签署了总值为 6 200 万欧元的合同，用于支持约旦政府财政和教育改革。截至 2006 年，日本是约旦最大的债权国，债务总额约为 18 亿美元。约旦是中东地区人均获日本援助最多的国家。过去 5 年中，日本对约旦援助已达 3.16 亿美元。2006 年，美国对约旦援助达 3.25 亿美元。1979 年 5 月，中国与约旦两国签订贸易协定。2010 年以来，中国与约旦双边贸易合作快速增长。中国已成为约旦第二大贸易伙伴和第二大商品进口来源国。2011 年，中国与约旦双边贸易额达 27.7 亿美元，同比增长 34.9%。其中，中国对约旦出口贸易额达 25.1 亿美元，同比增长 33.3%；进口贸易额达 2.6 亿美元，同比增长 55.9%。2012 年 1—9 月，中国与约旦的贸易额达 24.38 亿美元，同比增长 21.2%。中国主要向约旦出口机械设备、电器及电子产品、纺织服装，以满足约旦国内制造业的发展与人们的日常需求。

约旦能源短缺。约旦积极与伊拉克、阿拉伯各国签署外交协议，以求获得较为优惠的能源。2006 年，伊拉克总理、副总统、众议长、外交部长、内政部长、计划部长、财政部长等相继访问约旦；约旦首相率能源、内政大臣等访问伊拉克；双方签署备忘录；伊拉克将向约旦提供优惠价格的石油。海湾危机发生后，约旦采取与埃及、叙利亚、沙特阿拉伯及科威特等国相悖的立场，导致同这些国家的关系一度趋冷。海湾战争后，约旦主动改善同这些国家的关系。阿卜杜拉二世国王继位后，约旦与海湾国家关系基本恢复。2003 年，美国对伊拉克战争后，约旦还获得了半年的海湾优惠供油，并表示有意加入“海湾合作委员会”。

第五节　产业结构与产业政策分析基本结论

通过对约旦的基本情况、经济发展情况、产业结构情况、产业政策几个方面的分析，初步得出以下结论。

总体来说，约旦近年来三次产业结构、产业就业人数占比不断优化，并逐步向合理化迈进，但也存在一些问题，具体来说有以下几点。

（1）旅游业是约旦的优势产业，是主要经济来源之一。约旦日常生活用品消耗巨大，但是约旦由于自然因素，纺织服装还要依赖进口，无疑增加了旅游支出。约旦由于客流量的逐年增加，环境问题日益显现，基础设施损耗加快，增加了政府的财政支出，增大了政府压力。约旦对旅游业的依赖导致第一产业和第二产业的相对落后，引发潜在危险。约旦国家研发投入占比较低，居民专利申请数量远不及非居民专利申请数量，国家创新氛围不浓厚，技术发展缓慢，进入一个死循环。约旦对世界经济危机抵抗性较弱，应加大研发投入，加快技术创新。

（2）虽然能源生产对约旦经济发展的作用很大，但约旦能源短缺且消费量巨大，且很大程度上依赖进口。能源对于产业的正常运转至关重要。能源以及燃料的不足势必会限制约旦经济的发展。约旦周围国家局势动荡，很有可能会影响约旦国内安全及能源进口。因此，约旦要转变经济发展方式，优化资源结构，提高资源使用效率，同时寻找更多可循环利用的清洁能源，大力发展太阳能等清洁能源产业，保障国家能源安全。

（3）约旦产业政策的着力点在于积极外交，获取大国援助，完善基础设施建设，以各种优惠政策努力吸引外资。约旦通过与中国、美国、欧盟等的友好外交，引进了大量的外商投资，从而在促进经济发展、推动就业等方面起到了很大的作用。但是约旦国内不重视研发投入，高新技术产业较少，导致约旦掌握的生产技术较少，生产水平落后，工、农业的发展较为缓慢，产业结构失衡。约旦应积极引进工、农业较为发达的国家外商，推动国内工、农业的发展。

第四十章　越南产业结构与产业政策分析

第一节　基本情况

越南社会主义共和国，简称越南，是亚洲的一个社会主义国家，位于中南半岛东部，北与中国接壤，西与老挝、柬埔寨交界，东面和南面临南海。越南海岸线长为 3 260 多千米。越南南北长约为 1 600 千米，东西最窄处约为 50 千米。越南国土面积 329 556 平方千米。

在地理环境方面，越南地形狭长，地势西高东低，境内 3/4 为山地和高原，北部和西北部为高山和高原。黄连山主峰番西邦峰海拔约为 3 142 米，为越南最高峰。越南西部为长山山脉，长为 1 000 多千米，纵贯南北，西坡较缓，在嘉莱-昆嵩、多乐等省形成西原高原。越南中部长山山脉纵贯南北，有一些低平的山口。越南东部沿海为平原，地势低平，河网密布，海拔为 3 米左右。越南气候属于热带气候，整年雨量大、湿度高，而北部受中国陆地气候的影响，或多或少带有大陆性气候。热带季风性湿润气候对越南领土有不同影响，因此越南不同地区有不同气候特点。越南的气候随着季节、南北、东西的不同而变化。由于深受东北季风的影响，越南年均温度低于亚洲同纬度一带各国的年均温度。

在自然资源方面，越南矿产资源丰富、种类多样，主要有近海油气、煤、铁、铝、锰、铬、锡、钛、磷等。其中，煤、铁和铝储量较大。越南森林面积约 10 万平方千米。2005—2008 年，越南种植大量橡胶树林。

在经济建设方面，越南是传统农业国，农业人口约占总人口的 75%。2018 年 1 月，越南总人口约为 9 550 万人，就业人口达 5 401 万人，失业率达 2.2%，最低工资每月 1 000 千越南盾，最高工资每月 3 980 千越南盾，人均 GDP 约为 1 834.65 美元。

越南 1986 年开始实行改革开放。1996 年，越共八大提出要大力推进国家工业化、现代化。2001 年，越共九大确定建立社会主义定向的市场经济体制，并确定了三大经济战略重点，即以工业化和现代化为中心，发展多种经济成分，发挥国有经济主导地位，建立市场经济的配套管理体制。实行改革开放的 20 多年来，越南经济保持较快的增长速度。1990—2006 年，越南 GDP 年均增长 7.7%，经济总量不断扩大，三次产业结构趋向协调，对外开放水平不断提高，基本形成了以国有经济为主导、多种经济成分共同发展的格局。2006 年，越南正式加入 WTO，并成功举办 APEC 领导人非正式会议。

第二节　经济发展情况分析

一、经济规模情况分析

越南 GDP 及其增长率变化情况如图 40-1 所示。越南人均 GDP 变化情况如图 40-2 所示。越南 GDP 情况如表 40-1 所示。从图 40-1 中可以看出，越南 GDP 总体上呈上升的趋势；GDP

增长率 1999 年降到最低点（4.774%），此后一直上下波动，2008 年在金融危机的影响下大幅度下降，而 2005 年、2010 年、2015 年分别为 7.54%、6.42%、6.67%，之后 GDP 呈上升的趋势；越南人均 GDP 1997—2019 年总体上呈上升的趋势。虽然越南 2008 年受到金融危机的影响，但是越南的 GDP 仍是增长的趋势。这说明越南对这一危机有较好的控制和调节，使得在 2008 年后，越南的人民生活水平未受到较大的影响且仍然不断提高。

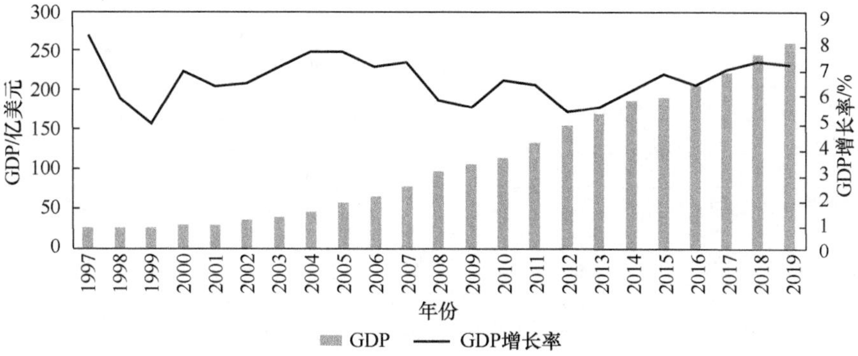

图 40-1　越南 GDP 及其增长率变化情况

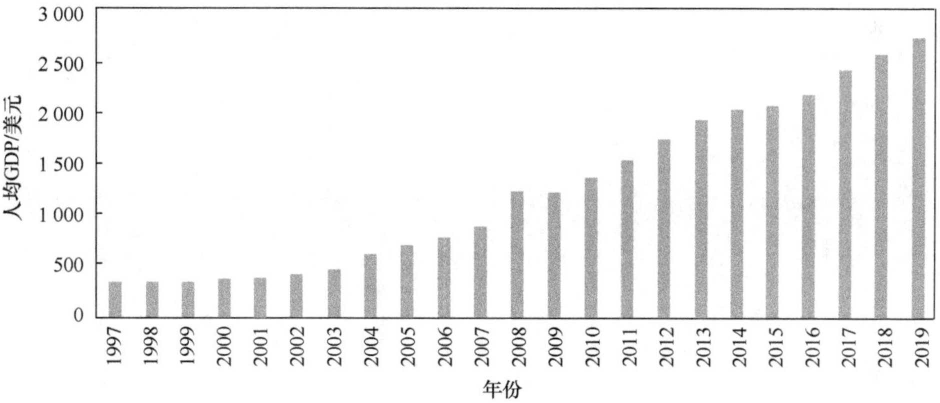

图 40-2　越南人均 GDP 变化情况

表 40-1　越南 GDP 情况

年份	GDP/亿美元	GDP 增长率/%	人均 GDP/美元	人均 GDP 增长率/%
1997	268.4	8.15	346.57	6.64
1998	272.1	5.76	346.827	4.41
1999	286.8	4.77	361.29	3.53
2000	311.7	6.78	388.27	5.59
2001	326.8	6.19	402.82	5.07
2002	350.6	6.32	427.83	5.26
2003	395.5	6.89	477.98	5.87
2004	454.2	7.53	543.86	6.53
2005	576.3	7.54	683.59	6.55
2006	663.7	6.97	779.97	5.99
2007	774.1	7.13	901.32	6.13
2008	991.3	5.66	1 143.26	4.66
2009	1 060.1	5.39	1 210.69	4.36

（续表）

年份	GDP/亿美元	GDP 增长率/%	人均 GDP/美元	人均 GDP 增长率/%
2010	1 159.3	6.42	1 310.37	5.33
2011	1 355.3	6.24	1 515.48	5.09
2012	1 558.2	5.24	1 722.68	4.06
2013	1 712.2	5.42	1 871.32	4.21
2014	1 862.0	5.98	2 012.04	4.78
2015	1 932.4	6.67	2 065.16	5.51
2016	2 052.7	6.21	2 170.64	5.09
2017	2 238.6	6.81	2 342.24	5.73
2018	2 452.1	7.07	2 566.59	6.02
2019	2 619.2	7.02	2 715.28	5.99

数据来源：世界银行数据库。

二、人力资本基础情况分析

图 40-3 反映了越南总人口变化情况。从图 40-3 中可以看出，在统计期内，越南总人口总体上呈现上升趋势，2010 年有所下降，但 2010 年后又有所上升。2015 年为 91 703 800 人；总人口增长率在经历一段时期的下降后趋于平稳，2008 年之前一直下降，而 2010 年之后趋于平稳。

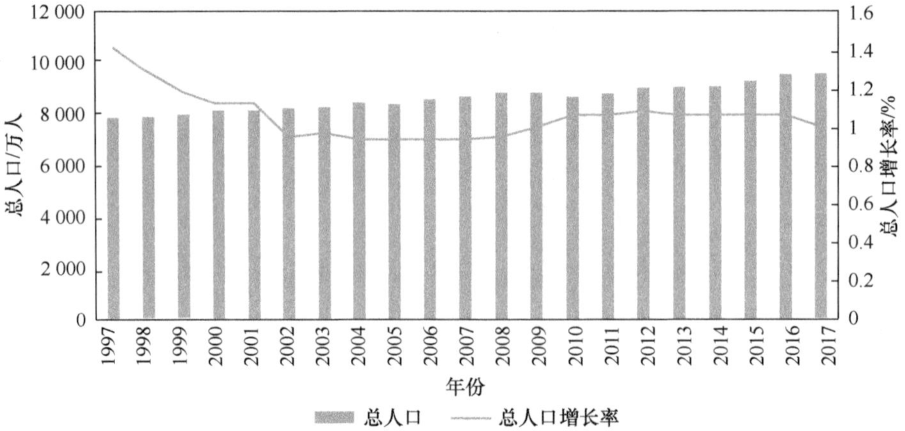

图 40-3 越南总人口变化情况

表 40-2 反映了越南劳动力情况。从表 40-2 中可以看出，越南劳动力总量不断上升；劳动力占比不断上升，由 1997 年的 50.75%上升为 2015 年的 61.6%；15～64 岁劳动参与率 2017 年达 78.21%。

表 40-2 越南劳动力情况

年份	劳动力总量/人	劳动力占比/%	15～64 岁劳动参与率/%
1997	39 310 769	50.75	77.22
1998	40 327 942	51.40	77.19
1999	41 354 041	52.08	77.18
2000	42 312 002	52.70	77.11
2001	43 407 469	53.46	77.07
2002	44 383 326	54.15	77.03

（续表）

年份	劳动力总量/人	劳动力占比/%	15～64 岁劳动参与率/%
2003	45 289 503	54.73	76.97
2004	46 205 807	55.31	76.89
2005	47 171 711	55.95	76.81
2006	48 034 823	56.44	76.73
2007	48 953 545	56.99	76.64
2008	49 925 424	57.57	76.60
2009	50 869 267	58.09	76.60
2010	51 939 895	59.74	76.92
2011	52 960 884	60.27	77.28
2012	53 977 063	60.77	77.70
2013	54 961 593	61.23	78.14
2014	55 902 420	61.61	78.56
2015	56 489 773	61.60	78.49
2016	56 888 431	60.16	78.20
2017	57 495 020	60.17	78.21

数据来源：世界银行数据库。

三、交通基础情况分析

表 40-3 反映了越南货物周转量情况。总体而言，越南货物周转量在波动中呈现出上升的趋势。分阶段来看，越南货物周转量 1997—1999 年呈现下降的趋势，2000 年上升，2001 年骤降至 13.536 亿吨 · 千米，2011 年又上升至 45.763 9 亿吨 · 千米，2016 年降低到 36.489 8 亿吨 · 千米。

表 40-3　越南货物周转量情况

年份	货物周转量/（亿吨 · 千米）	货物周转量增长率/%	铁路货物周转量/（亿吨 · 千米）	航空货物周转量/（亿吨·千米）
1997	16.306 0	−7.69	15.27	1.036 0
1998	14.186 0	−13.00	13.23	0.956 0
1999	14.965 0	5.49	13.98	0.985 0
2000	20.193 3	34.94	19.02	1.173 3
2001	13.536	−93.30	—	1.353 6
2002	21.519 1	1489.73	20.00	1.519 1
2003	30.394 6	41.24	28.75	1.644 6
2004	28.985 3	−4.64	26.82	2.165 3
2005	31.581 9	8.96	29.28	2.301 9
2006	36.630 1	15.98	34.47	2.160 1
2007	41.394 9	13.01	38.81	2.584 9
2008	42.057 6	1.60	39.10	2.957 6
2009	41.185 0	−2.07	38.07	3.115 0
2010	43.279 2	5.08	39.01	4.269 2
2011	45.763 9	5.74	41.01	4.753 9
2012	44.625 5	−2.49	39.59	5.035 5
2013	42.301 8	−5.21	37.33	4.971 8
2014	47.021 2	11.16	42.519	4.502 2
2015	45.098 7	−4.09	41.254	3.844 7
2016	36.489 8	−19.09	31.90	4.589 8
2017	645.332 4	—	589.413	55.919 4

数据来源：世界银行数据库。

图 40-4 反映了 2017 年越南不同类型货物周转量占比情况。按运输类型划分，越南以铁路、航空运输为主要的货运方式，但航空货物周转量占比很少。2017 年，越南航空货物周转量仅占 9%；铁路货物周转量占比较高，达到 91%。

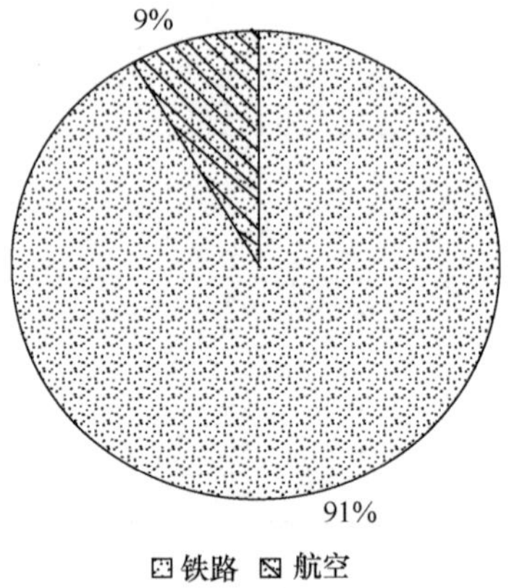

图 40-4 2017 年越南不同类型货物周转量占比情况

四、信息化情况分析

图 40-5 反映了越南信息化情况。总体而言，越南互联网覆盖率有所上升；固定宽带覆盖率也有所上升；电话线路覆盖率呈现下降的趋势。其中，互联网覆盖率上升速度最快，2014 年为 48.31%；固定宽带覆盖率缓慢上升，2014 年达 6.08%；电话线路覆盖率不断下降，2014 年下降为 6.01%。可见，越南整体的信息化水平不断提高，且主要表现为互联网覆盖率的大大提高。

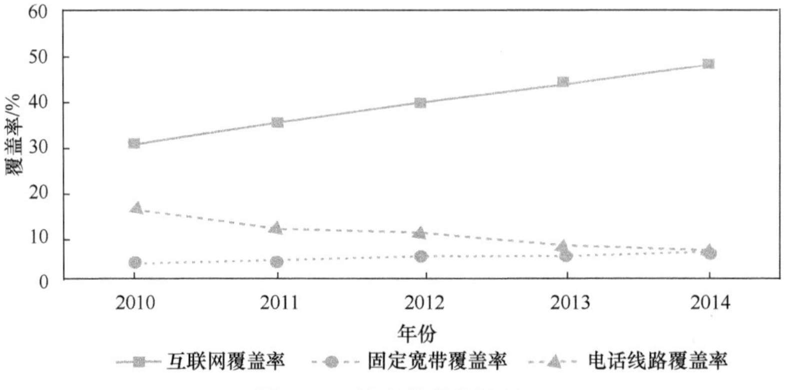

图 40-5 越南信息化情况

五、研发投入与产出情况分析

图 40-6 反映了越南研发投入与产出情况。从图 40-6 中可以看出，在统计期内，越南研发投入占 GDP 的百分比不断下降。其中，2007 年和 2010 年有所上升，分别为 0.369 4%和 0.308 4%；研发组织数量 2009 年前逐年上升，但 2009 年下降为 2 890 个，之后逐渐上升；居民专利申请数量则逐年上升，其中 2013 年达到最大值（582 个）。

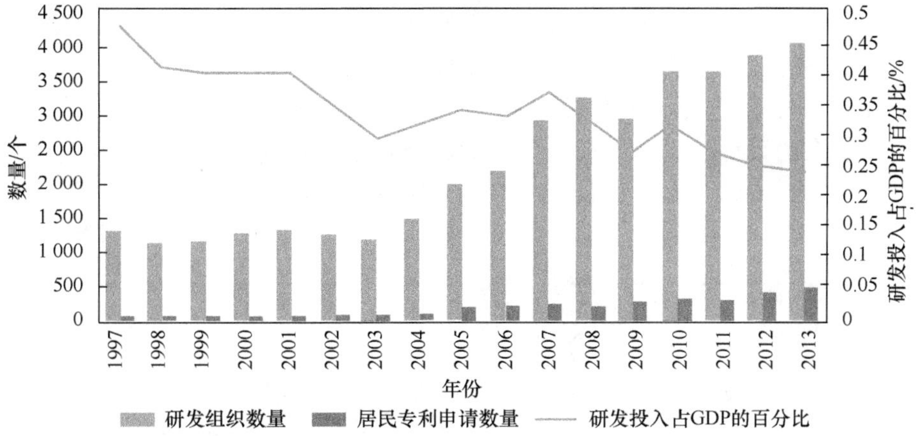

图 40-6　越南研发投入与产出情况

六、制度环境情况分析

下面从法律制度、腐败监管、政治稳定、民主自由权利、政府效能 5 个方面对越南的制度环境进行分析。越南制度环境评估如表 40-4 所示。总体而言，越南的这 5 个制度环境指数呈现出先上升后下降的趋势。其中，2014 年法律制度指数、腐败监管指数、政府效能指数分别为−0.85、−0.65 和−0.50，高于或等于 1997—2014 年的平均值−0.90、−0.65 和−0.86，有所改善；2014 年政治稳定指数、民主自由权利指数分别为 0.12、−1.34，高于 1997—2014 年的平均值 0.09、−1.37，即越南在政治稳定及民主自由权利方面有所进步。在 2015 年的世界各国腐败状况排名中，越南的清廉指数排在 168 个国家和地区的第 112 位。

表 40-4　越南制度环境评估

年份	法律制度指数	腐败监管指数	政治稳定指数	民主自由权利指数	政府效能指数
1997	−0.45	−0.55	0.05	−0.68	−0.55
1998	−0.56	−0.57	0.02	−0.67	−0.34
1999	−0.44	−0.61	0.04	−0.87	−0.34
2000	−0.65	−0.50	0.03	−1.03	−0.65
2001	−0.73	−0.64	0.14	−1.20	−0.80
2002	−1.02	−0.67	0.23	−1.34	−0.62
2003	−1.01	−0.70	0.44	−1.50	−1.00
2004	−1.11	−0.88	0.16	−1.45	−1.08
2005	−1.19	−0.87	−0.12	−1.67	−1.10
2006	−1.13	−0.56	0.13	−1.75	−1.09
2007	−1.14	−0.74	−0.22	−1.69	−1.13
2008	−0.93	−0.64	0.50	−1.57	−1.12
2009	−1.00	−0.69	0.42	−1.53	−1.12
2010	−1.15	−0.77	−0.13	−1.54	−1.04
2011	−1.19	−0.72	−0.12	−1.75	−1.10
2012	−0.78	−0.44	0.02	−1.55	−0.94
2013	−0.89	−0.57	−0.04	−1.54	−0.87
2014	−0.85	−0.65	0.12	−1.34	−0.50
1997—2014（平均值）	−0.90	−0.65	0.09	−1.37	−0.86

数据来源：世界银行数据库。

不同国家制度环境对比如图 40-7 所示。从图 40-7 中可以看出，高等收入国家在法律制度、腐败监管、政治稳定、民主自由权利、政府效能方面均远远优于其他国家。越南在制度环境方面与中等收入国家、“一带一路”沿线国家相比，仅政治稳定指数高于中等收入国家和“一带一路”沿线国家的平均值，而法律制度指数、腐败监管指数、民主自由权利指数、政府效能指数均低于中等收入国家和“一带一路”沿线国家的平均值。其中，民主自由权利指数落后最严重。总体而言，越南的制度环境在“一带一路”沿线国家中仍比较落后。

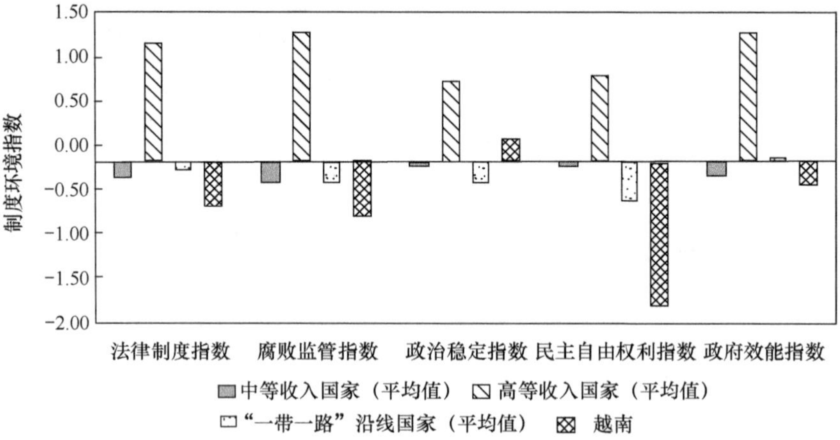

图 40-7 不同国家制度环境对比

七、税收负担情况分析

图 40-8 反映了越南总税收占 GDP 的百分比变化情况。从图 40-8 中可以看出，越南总税收占 GDP 的百分比大致维持在 20%的水平，2008 年之前波动上升，在全球性金融危机的影响下，2008 年之后有所下降，2012—2013 年逐渐维持相对稳定的趋势，2008 年达到最高点为 22.4%。

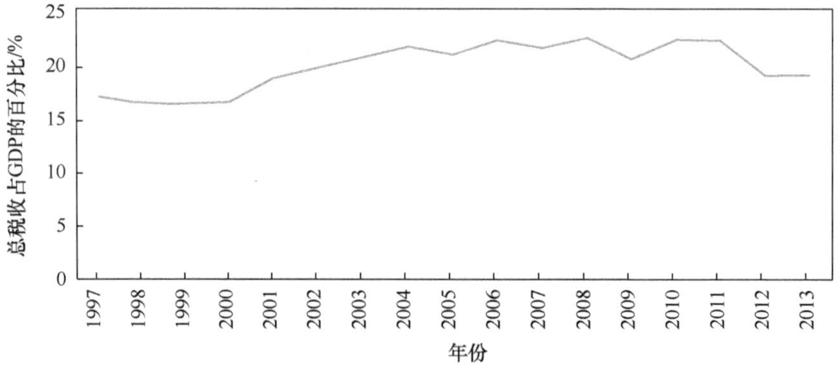

图 40-8 越南总税收占 GDP 的百分比变化情况

图 40-9 反映了越南税收占比变化情况，从图 40-9 中可以看出，越南总税收占比、利润税税收占比 2005—2009 年基本维持稳定的水平。2008 年金融危机的发生使得越南在这一年后的总税收占比和利润税税收占比较快下降。但越南面对金融危机时采取了有效的措施，使得越南的总税收占比和利润税税收占比在经历了 2009 年的低谷后较快恢复，并且呈现不断上升的

趋势。其中，总税收占比 2010 年达到最低点为 33.99%。

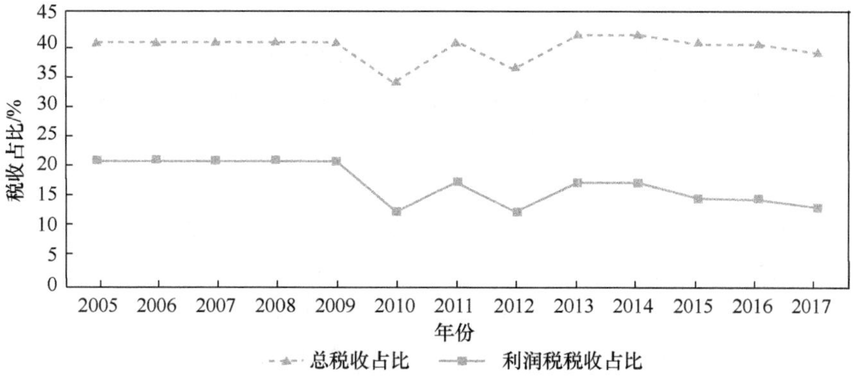

图 40-9　越南税收占比变化情况

八、国际贸易情况分析

图 40-10 反映的是越南国际贸易情况。下面通过对外贸易额占 GDP 的百分比、货物和服务贸易差额占 GDP 的百分比、货物和服务进口贸易额占 GDP 的百分比 3 个指标进行分析。

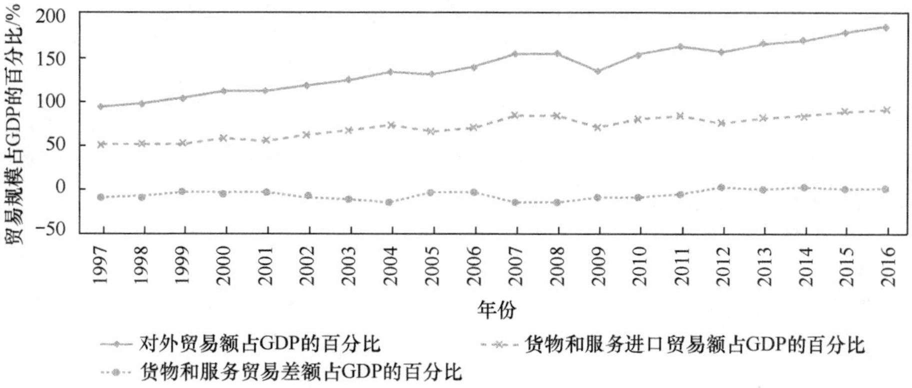

图 40-10　越南国际贸易情况

首先，越南对外贸易额占 GDP 的百分比 1997—2016 年波动上升。在全球性的经济危机影响下，越南对外贸易额占 GDP 的百分比 2008—2009 年有所下降，但之后迅速回升，2011 年之后又有所下降，之后又开始出现上升的趋势，2016 年达到最高点为 184.69%。其次，越南货物和服务进口贸易额占 GDP 的百分比也呈现上升趋势，最高点和最低点分别为 2016 年的 91.06%以及 1997 年的 51.24%。

最后，越南货物和服务贸易差额占 GDP 的百分比 1997—2016 年平稳变化，最高点和最低点分别为 2012 年的 3.50%以及 2008 年的−13.64%。

综合来看，越南在面对国际性的经济冲击时，可以有效地调整产业政策以及经济政策，具有较强的活力和发展力。近些年，越南对外贸易结构和质量大为改善，对外贸易额稳步增长，虽然面临着挑战，但是越南对外贸易基础是稳定的。世界经济形势的好转也为越南的对外贸易发展提供了机遇。在金融危机中，越南对外贸易虽然受到了冲击，但经过短时间的恢复，仍具有和东南亚其他国家竞争的机会和实力。

九、外国直接投资情况分析

图 40-11 反映了越南外国直接投资占 GDP 的百分比变化情况。自 1986 年改革开放开始，越南就逐步推出多项优惠政策，从各方面完善制度、改善投资环境，注重吸收和利用外国直接投资。通过长时间的积累和不断发展，外国直接投资已经成为越南重要的经济组成部分，对越南的经济、社会发展起到了重要的推动作用。总体而言，越南外国直接投资占 GDP 的百分比 2002 年和 2007 年波动较大，1998—2002 年呈现上升趋势，2007—2012 年呈现下降趋势。其中，2007 年相比于 2006 年，2002 年相比于 2001 年，外国直接投资占 GDP 的百分比均出现较大的上涨。在统计期内，越南外国直接投资占 GDP 的百分比 2002 年达到最高点，为 23.04%。

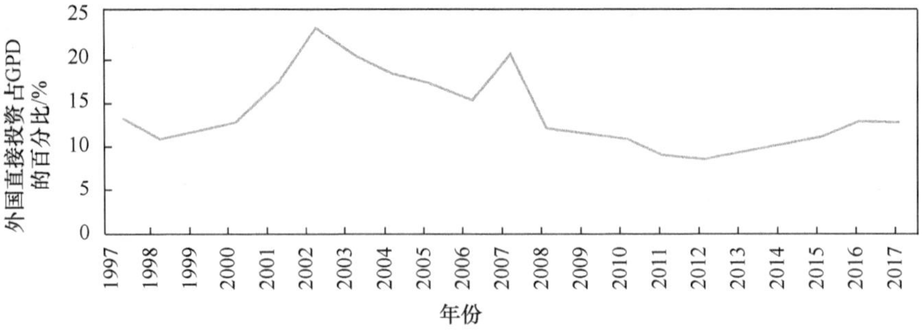

图 40-11 越南外国直接投资占 GDP 的百分比变化情况

十、经济活力情况分析

表 40-5 反映了越南 2006—2017 年固定资产投资情况。其中，固定资产投资包括政府投资、私人投资和国外投资。2015 年之前，越南固定资产投资总额逐年上涨，2016 年呈下降趋势。在越南各类固定资产投资中，政府投资占比先上升后下降，国外投资占比先下降后上升。2017 年私人投资占比达 42.19%。

表 40-5 越南 2006—2017 年固定资产投资情况

年份	固定资产投资/十亿越南盾				各类固定资产投资占比/%		
	总额	政府投资	私人投资	国外投资	政府投资占比	私人投资占比	国外投资占比
2006	15 603.10	9 056.90	5 725.30	820.90	58.05	36.69	5.26
2007	18 533.30	9 634.70	8 742.90	155.70	51.99	47.17	0.84
2008	27 202.30	15 075.10	12 038.10	89.10	55.42	44.25	0.33
2009	33 747.60	23 341.50	9 053.10	1 353.00	69.16	26.83	4.01
2010	45 210.80	26 391.90	18 245.20	573.70	58.38	40.36	1.27
2011	58 664.90	37 560.40	20 640.40	464.10	64.03	35.18	0.79
2012	74 442.40	47 093.20	26 791.10	558.10	63.26	35.99	0.75
2013	109 574.60	60 271.10	49 129.30	174.20	55.00	44.84	0.16
2014	205 639.70	65 399.80	122 735.90	17 504.00	31.80	59.68	8.51
2015	206 349.70	76 550.10	121 104.40	8 695.20	37.10	58.69	4.21
2016	58 710.00	25 732.90	28 732.40	4 244.70	43.83	48.94	7.23
2017	63 483.70	35 843.20	26 781.50	859.00	56.46	42.19	1.35

越南新注册企业数量及密度变化情况如图 40-12 所示。从图 40-12 中可以看出，越南新注册企业数量及密度总体上先增加再减少；2015 年，越南新注册企业数量及密度均为最大值。

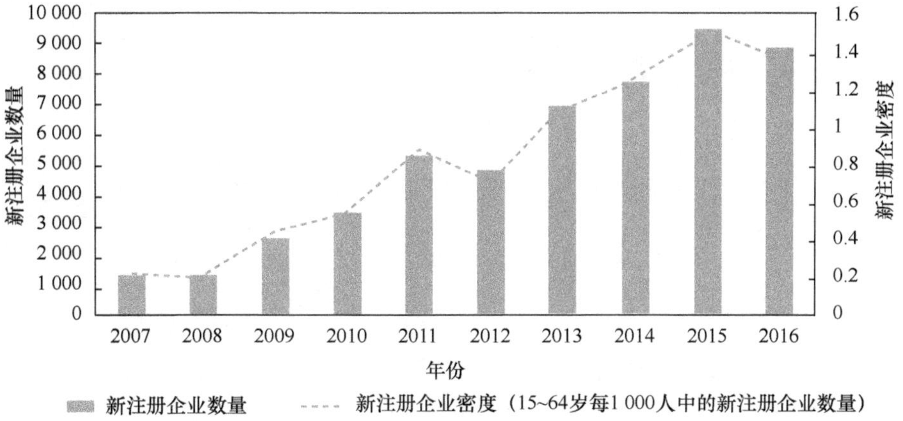

图 40-12 越南新注册企业数量及密度变化情况

第三节 产业结构情况分析

一、三次产业结构分析

图 40-13 反映了越南产业结构变化情况。近年来，越南工业发展较快，工业增加值占比不断提高，三次产业增加值占比不断优化。从图 40-13 中可以看出，越南服务业增加值占比较低且变化缓慢，基本保持稳定；农业与工业增加值占比较高。其中，工业增加值占比 2010—2016 年呈现上升的趋势，2012 年达到最高点（37.27%）；农业增加值占比 2011 年达到最高点，之后呈现出下降的趋势。

图 40-13 越南产业结构变化情况

越南劳动力就业结构变化情况如图 40-14 所示。其中，农业就业人数占比很高，但是呈现下降的趋势；工业就业人数占比少于农业就业人数占比，且呈现上升的趋势；服务业就业人数占比较低，但呈现逐年上升的趋势，2017 年达到 25.07%。越南的劳动力素质太低，很难进一步从事高精尖的技术产业，基本都是低复杂度的重复劳动力。

以上分析表明，越南产业增加值占比、就业人数占比都呈现出第一、二产业向第三产业转移的趋势，这说明越南产业结构逐步走向合理化。

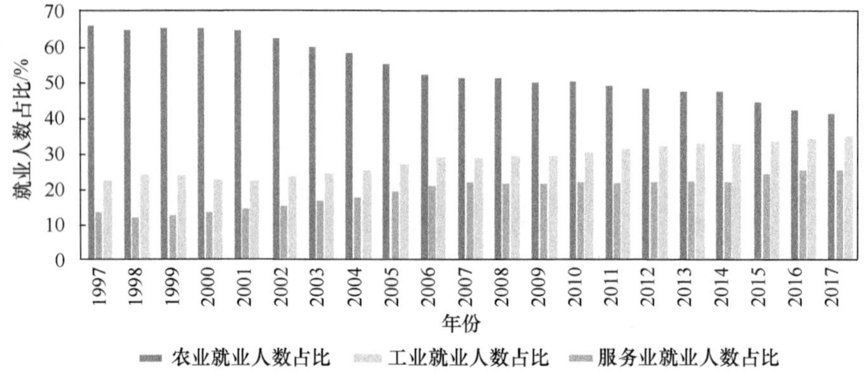

图 40-14 越南劳动力就业结构变化情况

二、工业、制造业规模变化分析

图 40-15 反映了越南工业、制造业规模变化情况。近几年，越南工业呈快速发展态势。越南最具发展前景的行业无疑是工业化、现代化以及先进技术的行业，对越南 GDP 的增长具有一定的推动作用。为了实现工业总产值增长目标，越南工商部已提出工业发展方向，其中包括对工业行业各项重点投资项目加大检查监察力度，研究制定发展工业群、工业区、辅助工业、高新技术工业、服务发展农业和农村经济的工业等政策。这些成为促进越南工业发展所需要的重要前提。近 10 年来，越南工业已取得不少突出成就，工业总产值增长 2.5 倍，为 GDP 贡献率为 31%～32%。其中，电子产品、纺织品服装、鞋类等成为越南主要出口产品，其出口贸易额占全国出口总贸易额的 60%以上。

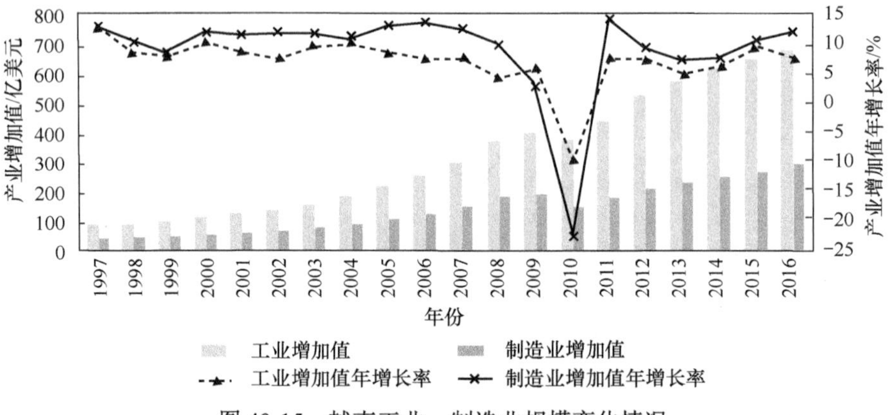

图 40-15 越南工业、制造业规模变化情况

总体而言，2006—2008 年，越南工业、制造业发展较快。在全球性金融危机的影响下，2009—2010 年，越南工业、制造业增加值出现大幅下滑。2011—2016 年，越南工业、制造业增加值逐步恢复，但增长速度相对放缓。

越南制造业分行业增加值占比情况如表 40-6 所示。虽然越南曾经尝试加快轻工业发展，但轻工业并没有得到较大的发展。近几十年来，越南相对侧重重工业发展，造成越南经济结构稍显单一，加工制造业增加值占比较大。越南工业基础相对较好，机械制造业是越南工业的优势领域。2013 年，食品、饮料、烟草行业增加值占比约为 22.82%，纺织品与服装行业增加值占比约为 13.22%，化学产品行业增加值占比约为 6.05%，机械和运输设备行业增加值占比约为 21.69%。

表 40-6　越南制造业分行业增加值占比情况

行业	行业增加值占比/%						
	2007 年	2008 年	2009 年	2010 年	2011 年	2012 年	2013 年
食品、饮料、烟草	22.489 71	22.524 06	22.546 15	22.787 61	18.269 4	19.926 25	22.817 57
纺织品与服装	17.593 08	16.482 48	14.427 03	15.35	9.811 61	10.813 98	13.219 59
化学产品	5.369 174	5.696 832	7.8220 72	5.368 244	4.621 766	5.369 646	6.048 336
机械和运输设备	14.376 65	13.673 32	14.737 04	14.732 98	12.619 09	16.199 26	21.690 5
其他	40.171 38	41.623 31	40.467 71	41.761 16	54.678 13	47.690 86	36.224

三、服务业规模变化分析

图 40-16 反映了越南服务业规模变化情况。总体来看，越南第三产业整体崛起，说明越南第三产业呈现合理化发展的趋势。

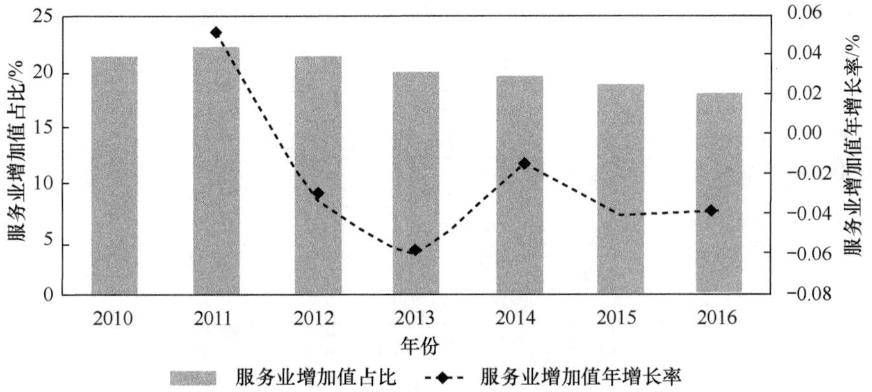

图 40-16　越南服务业规模变化情况

四、产品情况分析

越南石油工业经过 30 多年的发展，已经成为东南亚地区重要的油气生产国。越南石油剩余可采储量居东南亚地区第 3 位，原油一半以上用于出口，天然气自给自足。越南不断加大油气的勘探力度，允许更多国外公司进入油气领域，并推出了旨在强化能源产业的市场化改革措施。越南油气资源比较丰富，据 2012 年的资料，越南待开发的石油为 0.02 亿吨、液化天然气为 0.03 亿吨、天然气为 280 亿立方米，煤炭剩余可采储量为 1.5 亿吨。

越南能源情况如表 40-7 所示。越南能源资源消费总量一直保持着较低速的增长态势。越南的能源进口量一直不断地增长。随着越南对自身天然能源的开发，其能源出口量也在稳步增长。越南动力燃料矿产资源包括石油、天然气、泥炭、褐煤等。

表 40-7　越南能源情况

年份	2010	2011	2012	2013	2014	2015
泥煤燃料生产量/万吨标准煤	4 483.5	4 661.1	4 208.3	4 106.4	4 108.6	4 166.4
石油生产量/万吨标准煤	1 561	1 577	1 736	174	1 804	1 947
天然伴生气生产量/亿立方米	9 072.93	8 183.2	9 027.58	9 409.27	8 183.2	9 027.58
石油进口量/万吨标准煤	1 418	1 533	1 667	1 683	1 821	1 877
泥煤燃料进口量/万吨标准煤	14.55	17.34	16.1	17.19	20.77	26.23

（续表）

年份	2010	2011	2012	2013	2014	2015
天然可燃气进口量/亿立方米	7.8	7.04	7.76	8.09	8.47	8.85
能源出口量/万吨标准煤	332.29	361.38	368.05	397.77	409.8	437.39
能源库存变化量/万吨标准煤	1 395.55	−737.88	387.32	251.69	−1 229.92	334
能源消费总量/万吨标准煤	14.18	15.33	16.67	16.83	18.21	18.77

五、产品的相关成本

越南产品成本如表 40-8 所示。越南产品成本变化情况如图 40-17 所示。越南产品成本呈现出先上升后下降的变化趋势。

表 40-8 越南产品成本

年份	2013	2014	2015	2016	2017
产品的生产和销售成本/亿越南盾	2 389 150	3 856 900	4 500 310	1 019 800	1 209 730
其中：					
材料成本/亿越南盾	934 360	178 140	2 394 310	472 990	717 900
劳动力成本/亿越南盾	294 670	668 550	857 090	160 550	173 780
社会贡献成本/亿越南盾	419 410	398 030	505 220	41 420	44 500
固定资产和无形资产的折旧成本/亿越南盾	455 140	599 260	487 380	64 090	77 850
其他成本/亿越南盾	285 570	409 660	256 310	280 750	195 700
材料成本占比/%	39.11	46.19	53.20	46.38	59.34
劳动力成本占比/%	12.33	17.33	19.05	15.74	14.37

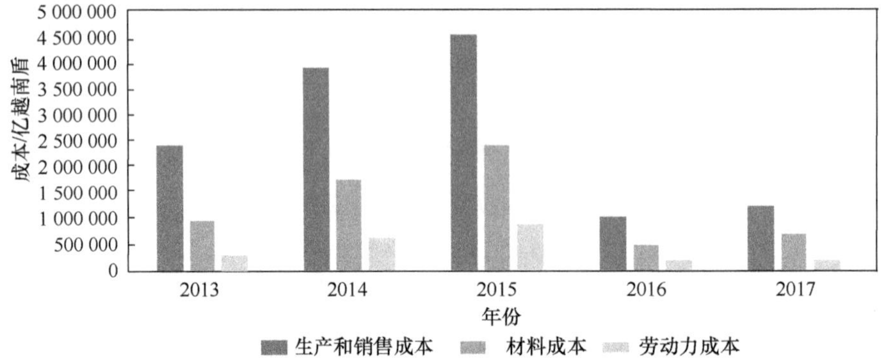

图 40-17 越南产品成本变化情况

自 2013 年以来，越南产品的生产和销售成本逐年上升，2016 年开始大幅度下降并保持相对较低水平。2015 年，越南产品的生产和销售成本达到统计期内最大值，为 4 500 310 亿越南盾，其中材料成本占比为 53.20%，劳动力成本占比为 19.05%。2016 年，越南产品的生产和销售成本达到 1 019 800 亿越南盾，其中材料成本占比为 46.38%，劳动力成本占比为 15.74%。在统计期内，材料成本、劳动力成本占比变化不大，呈现出较为平稳的发展趋势。

第四节 产业政策分析

越南是传统农业国，工业基础较薄弱，主要依靠投资拉动增长，科技创新对经济发展贡献不高。越南国内的资本只能满足一半资本需求，非常需要吸引外国资本，其中主要是外国直接投资。从越南进行改革开放以来，无论对外投资还是吸引外资都取得了较好的成果，这种进展不仅提高了越南的国际地位，甚至促进了越南经济水平的长期迅速提高。越南在取得发展成就的同时，也存在一定的不足。总体而言，越南的对外投资规模不大，所以越南在进行对外投资时还有很大的提升空间。越南对外投资和吸引外资的规模不仅低于世界的一般水平，甚至低于发展中国家的一般水平，而且对外投资的规模和本国的经济水平不相适应。

越南中长期经济前景仍然乐观，但也存在风险。目前，越南财政赤字高企，经济结构改革缓慢，坏账问题迟迟得不到解决，可能给未来宏观经济的稳定和增长带来风险。近年来，越南的产业结构调整基本上处于一个不断合理化的过程。同时，越南产业结构演变也存在着明显的非均衡性，从而严重制约着越南经济的发展。越南三次产业的关系不合理，农业、轻工业、重工业比例严重失调，第三产业基础薄弱等一系列问题仍然存在。

越南农业领域重组涉及农业、林业、畜牧业、渔业、农产品加工和服务，将加快新农村建设，并鼓励投资者参与农业和农村发展。越南在工业领域注重提高技术水平、附加值和本地化率，尤其注重配套工业、可再生能源产业、信息产业、生物技术产业、油气开发与加工产业、环境产业等的发展。

越南产业结构与就业结构的演变符合产业结构与就业结构演变的基本规律，但仍然存在一些问题，尤其是第一产业就业人数占比过大，劳动力向第二产业和第三产业转移速度较为缓慢，造成第二、三产业劳动力供给不足的问题。三次产业产值占比与就业人数占比的稳定性较差，但三次产业的就业结构调整越来越趋于有序和平稳。

首先，持续、快速的经济增长是以产业结构的不断优化为基础的，这可以从资源的高效率配置和形成协调的产业关系两方面得到解释。越南目前经济增长很难从这两方面获得推动力。

其次，越南在现有产业结构下，各产业间的良性循环并没有建立起来，不能相互促进，相互推动。

最后，从区域经济长期发展来看，越南三次产业发展缺乏整体协调，导致资源投向长期侧重于重工业、军事工业与能源工业等，引起资源供应、交通、物流等诸多问题，而轻工业产品却贸易逆差严重，人民生活水平得不到提高。

第五节　产业结构与产业政策分析基本结论

通过对越南的基本情况、经济发展情况、产业结构情况、产业政策几个方面的分析，初步得出以下结论。

（1）总体而言，越南近年来三次产业结构、产业就业人数占比不断优化，并逐步向合理化迈进。同时，越南产业结构演变也存在着明显的非均衡性，这在一定程度上制约了越南经济的发展。越南农业生产方式比较落后，工业化程度较低，对外商的吸引程度较低。越南的劳动力资源较丰富，且普遍劳动力成本较低，对比其他国家来说有相对优势，故对劳动密集型的外商企业吸引程度较大。

（2）近些年，越南推行的改革开放路线成效较大，但国民经济总体仍处于低位运行。

越南农业基础仍然薄弱，农业技术落后，农业生产率低下。越南农业发展起点低，农村和农业经济结构不尽合理。

（3）越南工业基础相对较好，机械制造等技术是越南的优势。越南政府相对侧重重工业，这在一定程度上使得越南经济结构稍显单一，加工产业产值在制造业产值中占有较大的比例。此外，越南可以较好地发展可持续能源的生产方式。因此，优化调整越南的工业，对越南经济的可持续发展至关重要。

（4）越南服务业发展相对较慢，服务业增加值占比、服务业就业人数占比，都呈现了越南经济重心由第一、二产业向第三产业转移的趋势，从而使产业结构得到优化升级。近几年，越南研发投入占 GDP 的百分比有所下降，创新产出减少，这不利于服务业的长期健康发展。越南应加大研发投入，鼓励技术创新，调整服务业结构，积极推进传统服务业的转向和现代服务业的发展。

（5）从区域经济长期发展来看，越南三次产业发展缺乏整体协调，产业结构变动所引起的经济增长具有短期和低效的特点，这势必对其长期经济增长产生不利影响。越南应以转变经济增长方式、推动技术创新和管理创新为核心，增强高新技术产业的辐射和带动能力，提高经济效益和产业竞争力。

（6）越南将产业结构升级与经济发展放在一个平面上进行。越南首先推动投资，完善市场经济体制，而越南企业能够通过更新设备和技术改造有效地提高产品质量、降低成本，提高市场竞争力。2003 年，用于工业领域的投资占到了越南总投资的 80%以上。越南确定了主要的投资领域，包括水利工程、交通设施、石化、冶金、机械制造、水泥、油气开采、电子等产业，并加强扶贫、医疗卫生、文化新闻、科学技术和教育培训方面的投资。与此同时，越南还在大规模地引进外资和先进技术，对国有企业进行技术改造，用先进的管理和技术提高产业的现代化程度。越南加大了对外开放的力度，不断提高出口产品的竞争力，推动产业结构的升级。

第四十一章　克罗地亚产业结构与产业政策分析

第一节　基本情况

克罗地亚共和国，简称克罗地亚，是位于欧洲东南部的国家，处于地中海及巴尔干半岛潘诺尼亚平原的交界处。克罗地亚位于中欧的东南边缘，巴尔干半岛的西北，亚得里亚海东岸。克罗地亚隔亚得里亚海与意大利相望，北部的邻国是斯洛文尼亚和匈牙利，东面和南面则是塞尔维亚与波黑。克罗地亚国土面积约为 56 594 平方千米。克罗地亚海岸线长约为 1 778 千米。克罗地亚是个多民族国家，其中主要民族是克罗地亚族（人口占总人口的 89.63%）。克罗地亚还有塞尔维亚人、波斯尼亚人、意大利人、匈牙利人、阿尔巴尼亚人、捷克人等。克罗地亚官方语言为克罗地亚语。克罗地亚主要宗教是天主教。

克罗地亚总人口约为 413 万人（2017 年）。克罗地亚全国设 20 个省和 1 个省级直辖市，共有 127 个市和 429 个区。克罗地亚分为 3 个地理区域：北部、东北部平原，中部山地，伊斯特拉半岛和达尔马提亚沿海地区。克罗地亚首都为萨格勒布，位于克罗地亚的西北部，坐落在萨瓦河西岸、梅德韦德尼察山脚下，面积约为 284 平方千米，人口约为 79.3 万人（2011 年）。克罗地亚的粮仓瓦拉日丁位于北部平原，素有巴洛克之城的美誉。里耶卡位于西北，拥有克罗地亚的第一大港口。里耶卡港在罗马帝国时期还曾一度是欧洲最大的港口。

在气候方面，克罗地亚北部为温带大陆性气候，四季分明，夏季温和，7 月份平均气温为 18～22℃，冬季寒冷，气温低于 0℃；中部和中南部为高原山地气候，夏季凉爽，气温不超过 18℃，冬季严寒且降雪频繁，平均气温低于零下 2℃；南部和西南部海岸为地中海式气候，夏季炎热干燥，平均气温超过 22℃，冬季温和多雨，气温在 0℃以上。

在经济建设方面，克罗地亚是一个发达的资本主义国家，经济以第三产业为主，第二产业为辅。克罗地亚工业以造船业、食品加工业、制药业、资讯科技业、生化业、木材加工业为主。2010 年，克罗地亚出口贸易额约为 649 亿库纳（约 86.5 亿美元），进口贸易额约为 1 103 亿库纳（约 147 亿美元）。克罗地亚最大贸易伙伴为欧盟。旅游业一直是克罗地亚政府着力发展的重点行业，并在克罗地亚经济发展中占据重要的地位。2008 年，克罗地亚旅游业收入创历史新高，达 71 亿欧元，约占 GDP 的 22%。克罗地亚经济处于从计划经济到市场经济的转型期。克罗地亚独立初期由于内战，经济发展受到严重影响，虽有所复苏，但失业率依然居高不下（2002 年为 21.7%）。

在外交方面，克罗地亚重视发展同大国的友好合作关系；在坚决维护国家利益和平等互利的基础上，同所有国家发展政治、经济、文化等领域的全面关系，融入欧洲经济安全一体化，重视加强同中欧国家和邻国的关系。克罗地亚 1991 年宣布从南斯拉夫独立后饱受战争蹂躏，2003 年开启加入欧盟谈判，并于 2013 年 7 月 1 日正式加入欧盟。

第二节 经济发展情况分析

一、经济规模情况分析

克罗地亚 GDP 变化情况如图 41-1 所示。克罗地亚 GDP 情况如表 41-1 所示。克罗地亚经济规模在经历中、高速增长阶段，急剧降低阶段后开始稳步上升。克罗地亚 GDP 2008 年之前一直保持着中、高速增长的态势，2008 年出现急剧下滑，之后有所回升但中高速增长的态势不复存在，但仍保持低速增长的趋势。2008 年之后，克罗地亚这个对外部市场高度依赖的国家在接连遭受国际金融危机、外汇危机、国际油价暴跌及俄罗斯经济危机的冲击后，经济发展一直萎靡不振。

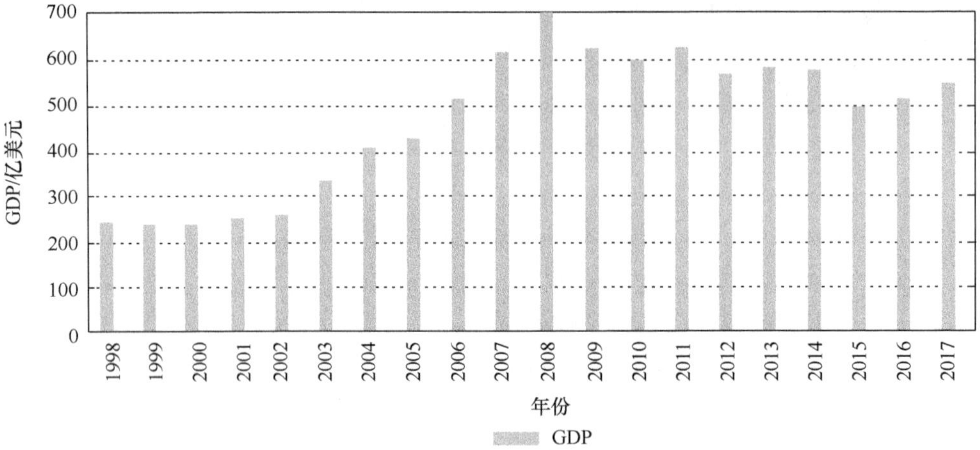

图 41-1 克罗地亚 GDP 变化情况

表 41-1 克罗地亚 GDP 情况

年份	GDP/亿美元	GDP 增长率/%	人均 GDP/美元	人均 GDP 增长率/%
1996	236.78	5.88	5 268.81	10.00
1997	238.22	6.65	5 210.43	4.83
1998	254.32	1.86	5 650.33	3.47
1999	233.87	−0.94	5 135.47	−2.09
2000	217.74	3.76	4 919.63	6.76
2001	232.90	3.43	5 245.42	3.11
2002	268.79	5.25	6 053.72	5.25
2003	346.58	5.56	7 805.88	5.56
2004	415.75	4.08	9 365.74	4.11
2005	454.16	4.16	10 224.30	4.09
2006	504.54	4.79	11 363.42	4.83
2007	600.93	5.15	13 546.71	5.25
2008	704.82	2.05	15 893.86	2.09
2009	627.03	−7.38	14 157.15	−7.27
2010	598.30	−1.42	13 542.90	−1.17
2011	623.75	−0.33	14 571.49	2.87
2012	565.66	−2.25	13 254.76	−1.95
2013	580.86	−0.65	13 648.99	−0.37

（续表）

年份	GDP/亿美元	GDP 增长率/%	人均 GDP/美元	人均 GDP 增长率/%
2014	576.30	−0.10	13 597.03	0.31
2015	494.26	2.35	11 757.89	3.19
2016	513.39	3.17	12 298.57	3.89
2017	548.49	2.78	13 294.51	3.99

数据来源：世界银行数据库。

克罗地亚人均 GDP 变化情况如图 41-2 所示。2008 年之前，克罗地亚经济规模的高速增长带来了人均收入水平的不断提高。2009 年，克罗地亚人均 GDP 在金融危机后出现大幅度下滑，人均 GDP 增长率为负值。克罗地亚人均 GDP 2011 年达到统计期内最高点（14 571.49 美元），但 2012 年、2015 年却出现大幅度下滑。

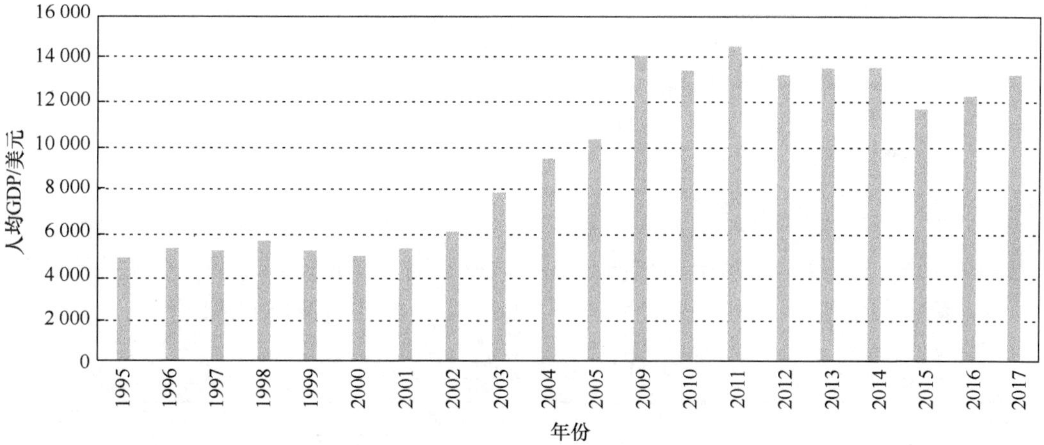

图 41-2　克罗地亚人均 GDP 变化情况

二、人力资本基础情况分析

从图 41-3 中可以看出，克罗地亚总人口在经历大幅波动后逐渐趋于稳定，其中 2011 年急剧下降，之后出现不断下降的趋势；总人口增长率 1995—2001 年经历了大幅的涨跌，1996 年甚至低至−3%以下，2002 年后渐趋平稳。

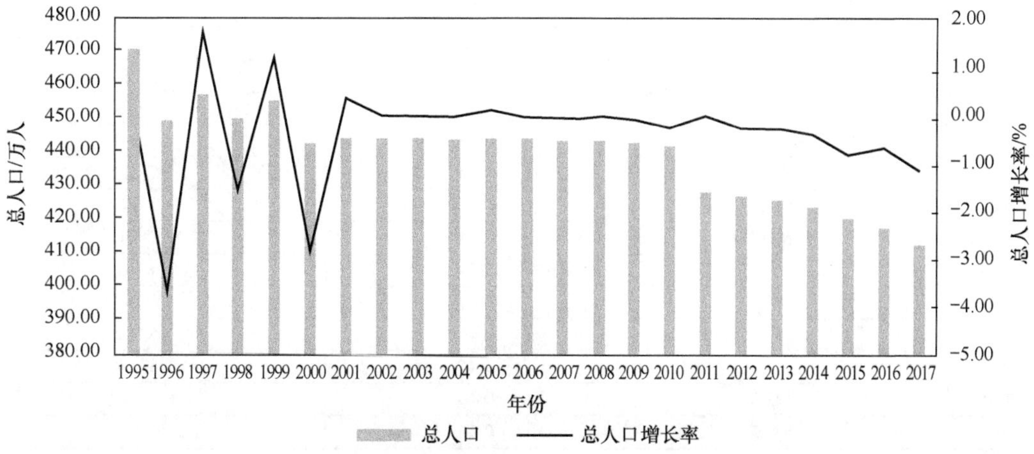

图 41-3　克罗地亚总人口变化情况

图 41-4 反映了克罗地亚城镇和农村人口变化情况。从图 41-4 中可以看出，在统计期内，城镇人口占比不断上升，从 1995 年的 52.048%上升为 2017 年的 56.667%；农村人口占比不断下降，2017 年为 43.33%。

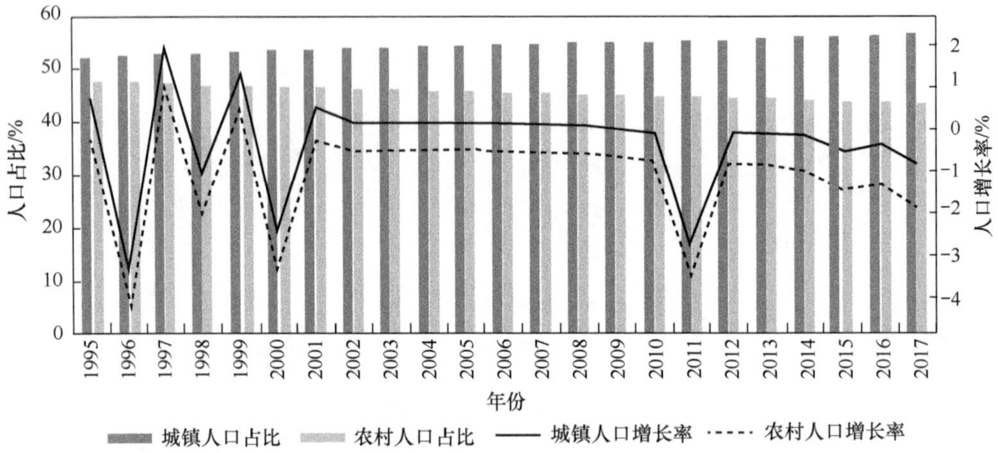

图 41-4　克罗地亚城镇和农村人口变化情况

表 41-2 反映了克罗地亚劳动力情况。克罗地亚劳动力总量不断下降；劳动力占比较为平稳，但有下降的趋势；15～64 岁劳动参与率不断下降，2017 年为 51.30%。

表 41-2　克罗地亚劳动力情况

年份	劳动力总量/万人	劳动力占比/%	15～64 岁劳动参与率/%
1995	211.41	0.45	55.52
1996	202.67	0.45	55.07
1997	205.22	0.45	54.67
1998	201.06	0.45	54.29
1999	202.59	0.45	53.95
2000	196.31	0.44	53.65
2001	196.09	0.44	53.29
2002	193.27	0.44	52.29
2003	194.44	0.44	52.33
2004	199.57	0.45	53.49
2005	199.51	0.45	53.29
2006	197.91	0.45	52.72
2007	199.31	0.45	53.11
2008	199.72	0.45	53.28
2009	199.31	0.45	53.27
2010	196.79	0.45	52.68
2011	187.74	0.44	51.88
2012	185.77	0.44	51.41
2013	183.80	0.43	50.87
2014	189.05	0.45	52.42
2015	189.36	0.45	52.89
2016	183.33	0.44	51.49
2017	180.57	0.44	51.30

数据来源：世界银行数据库。

三、交通基础情况分析

总体而言，克罗地亚货物周转量呈现波动的趋势。从表 41-3 中可以看出，克罗地亚铁路货物周转量 2000 年为 178 800 万吨 · 千米，2000—2007 年不断上升，2007 年后不断下降，2016 年又回归到 2000 年的水平；航空货物周转量 2000 年为 378 万吨 · 千米，2016 年下降为 66 万吨 · 千米。

表 41-3　克罗地亚货物周转量情况

年份	铁路货运量/（万吨 · 千米）	航空货运量/（万吨 · 千米）
2000	178 800	378
2001	204 700	400
2002	220 600	395
2003	248 700	391
2004	249 300	358
2005	283 500	400
2006	330 500	334
2007	357 400	222
2008	331 200	233
2009	264 100	192
2010	261 800	152
2011	243 800	167
2012	233 200	174
2013	208 600	147
2014	211 900	98
2015	218 400	78
2016	187 100	66

数据来源：世界银行数据库。

四、信息化情况分析

克罗地亚每 100 万人拥有的安全互联网服务器数量变化情况如图 41-5 所示。克罗地亚信息化情况如图 41-6 所示。总体而言，克罗地亚互联网、固定宽带覆盖率都有所上升，而移动

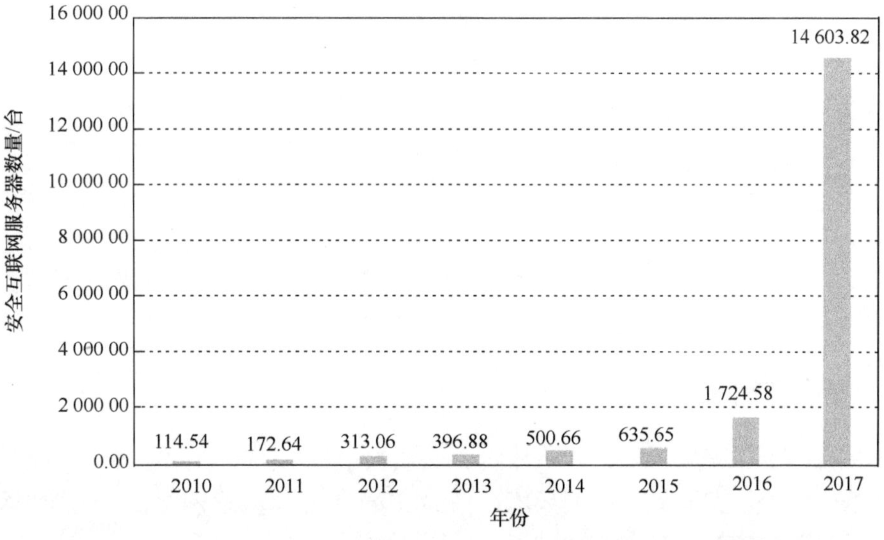

图 41-5　克罗地亚每 100 万人拥有的安全互联网服务器数量变化情况

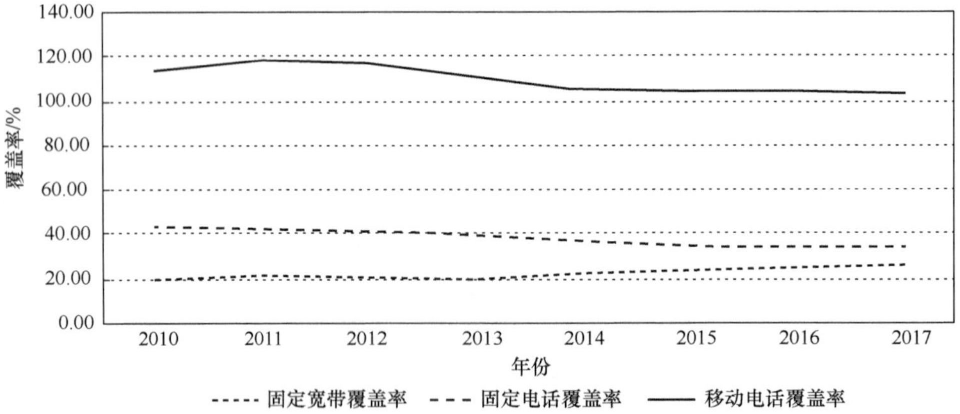

图 41-6 克罗地亚信息化情况

电话覆盖率、固定电话覆盖率有所下降。从图 41-5 中可以看出，克罗地亚每 100 万人拥有的安全互联网服务器数量上升速度快，2010 年仅有 114.54 台，而 2017 年猛增，达到 14 603.82 台。可见，克罗地亚整体的信息化水平不断提高，且主要表现为互联网覆盖率的大大提高。

五、研发投入与产出情况分析

图 41-7 反映了克罗地亚研发投入与产出情况。总体而言，克罗地亚研发投入占 GDP 的百分比大致维持在 0.8%左右，较为平稳，其中 2000 年达到 1.04%，2014 年为 0.79%，2015 年为 0.85%。居民专利申请数量则呈现出先升后降的趋势。研发技术人员数量较为稳定并且在 2013 年后不断上升，2015 年达到 744.5。克罗地亚对技术的重视程度还是不够，研发投入占 GDP 的百分比基本不到 1%，居民专利申请数量也不断降低。

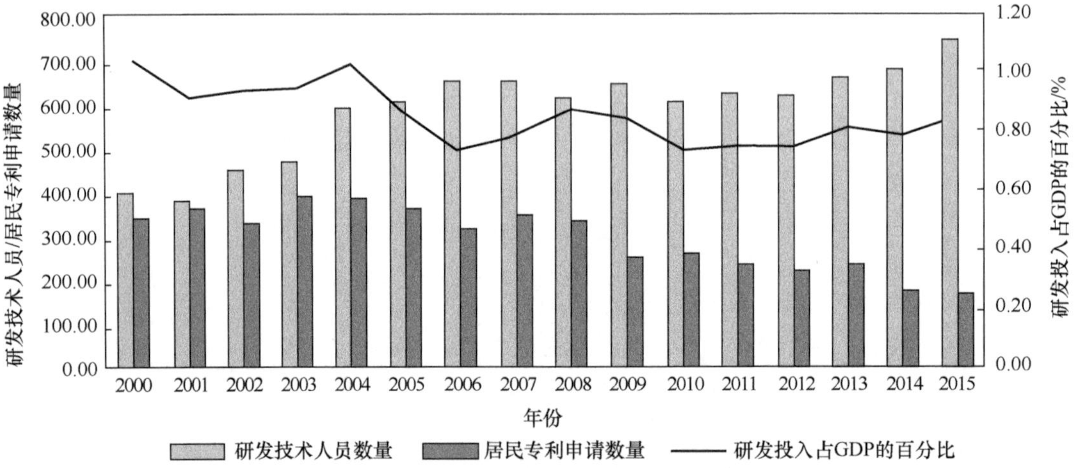

图 41-7 克罗地亚研发投入与产出情况

六、制度环境情况分析

下面从法律制度、腐败监管、政治稳定、民主自由权利、政府效能 5 个方面对克罗地亚的制度环境进行分析。克罗地亚制度环境评估如表 41-4 所示。总体而言，克罗地亚制度环境一直呈现逐渐改善的趋势。其中，2017 年法律制度指数、腐败监管指数、政治稳定指数、民主权利自由指数、政府效能指数分别为 0.33、0.19、0.75、0.51 和 0.58，高于 2002—2017 年的平均值 0.13、0.05、0.53、0.45 和 0.48，均有大幅度改善，并且保持着稳定的增长速度，法律制度指数及腐败监管指数较低，仍有较大提升空间。

表 41-4　克罗地亚制度环境评估

年份	法律制度指数	腐败监管指数	政治稳定指数	民主自由权利指数	政府效能指数
2002	−0.15	0.22	0.63	0.56	0.35
2003	−0.02	0.29	0.56	0.62	0.37
2004	0.09	0.26	0.69	0.66	0.44
2005	0.13	0.17	0.43	0.45	0.46
2006	0.01	0.08	0.56	0.48	0.57
2007	0.09	0.09	0.60	0.52	0.47
2008	0.09	−0.01	0.57	0.47	0.57
2009	0.16	−0.05	0.61	0.49	0.60
2010	0.20	0.06	0.61	0.48	0.62
2011	0.22	0.06	0.62	0.52	0.56
2012	0.25	0.01	0.61	0.54	0.71
2013	0.29	0.12	0.64	0.51	0.70
2014	0.32	0.22	0.62	0.51	0.69
2015	0.20	0.25	0.59	0.56	0.51
2016	0.41	0.20	0.66	0.52	0.50
2017	0.33	0.19	0.75	0.51	0.58
2002—2017（平均值）	0.13	0.05	0.53	0.45	0.48

数据来源：世界银行数据库。

不同国家制度环境对比如图 41-8 所示。克罗地亚属于高等收入国家，但其在法律制度、腐败监管、政治稳定、政府效能方面均落后于高等收入国家，尤其是在法律制度和腐败监管方面与高等收入国家存在较大差距，说明克罗地亚的制度环境建设亟待加强。

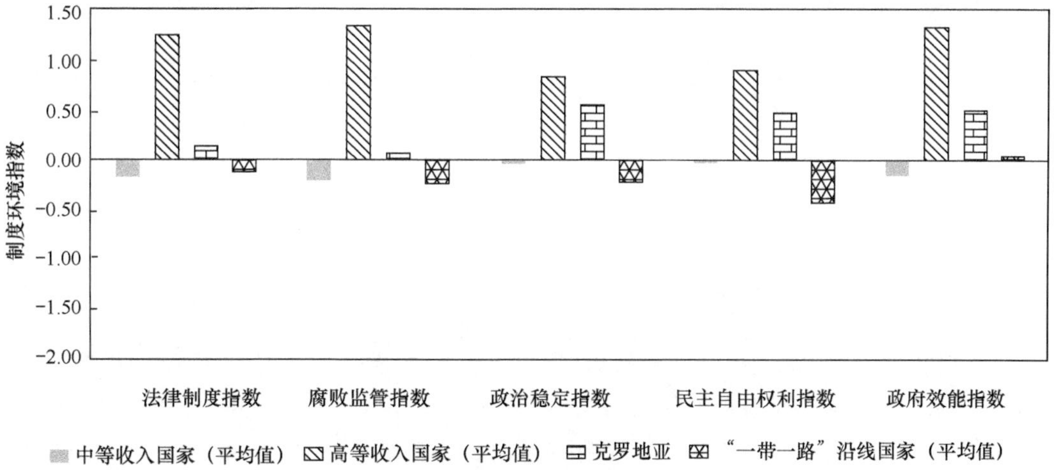

图 41-8　不同国家制度环境对比

七、税收负担情况分析

从图 41-9 中可以看出，克罗地亚总税收占 GDP 的百分比大致维持在 20%的水平，2000

年之后不断下降，并逐渐维持相对稳定。

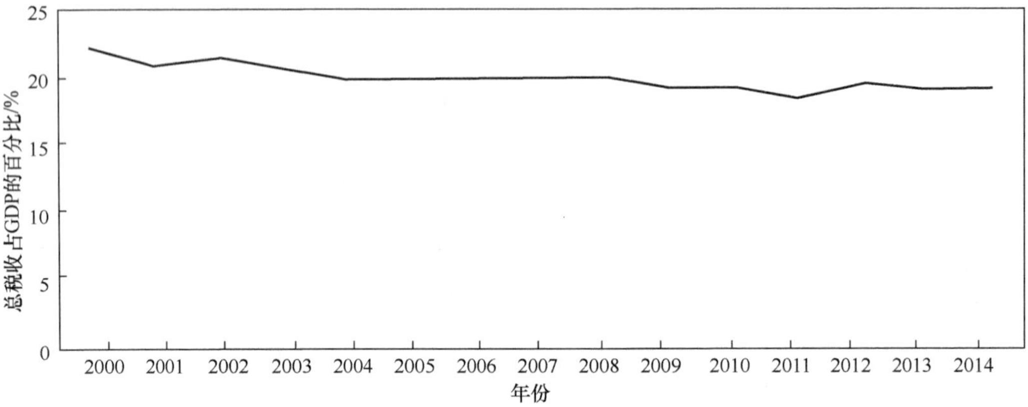

图 41-9 克罗地亚总税收占 GDP 的百分比变化情况

从图 41-10 中可以看出，克罗地亚总税收占比 2005—2009 年是固定的 20.8%，但之后上调，2010 年达到最高点为 21.5%，2012 年之后又下调，2014 年达到最低点为 18.4%，而后又逐渐上升，2015 年达到 20%，2017 年上升到 20.6%。

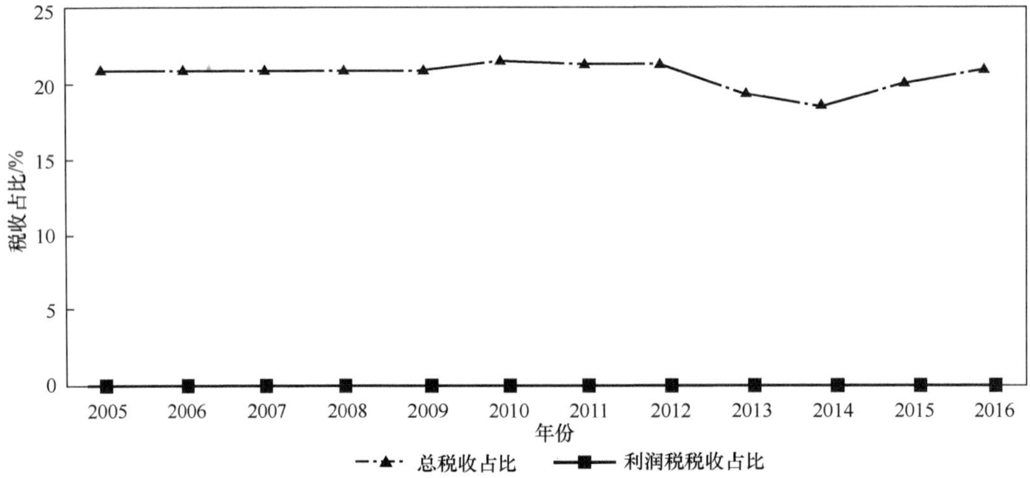

图 41-10 克罗地亚税收占比变化情况

八、国际贸易情况分析

由图 41-11 可知，克罗地亚对外贸易额占 GDP 的百分比 1995—2017 年在波动中不断上升，并在 80%的水平上波动，1998 年和 2009 年出现两次突降，1998 年突降至 65.76%之后迅速回升，2009 年之后出现上升的趋势，2017 年达到 100.36%，首次超过 100%；货物和服务进口贸易额占 GDP 百分比变化相对平稳，维持在 40%左右的水平，且波动趋势与对外贸易额占 GDP 的百分比基本一致；货物和服务贸易差额占 GDP 的百分比约为−12.91%，2009 年以前一直为负值，而 2009 年以后不断上升，最低点出现在 1997 年。克罗地亚对外国货物与服务的依赖是比较严重的。

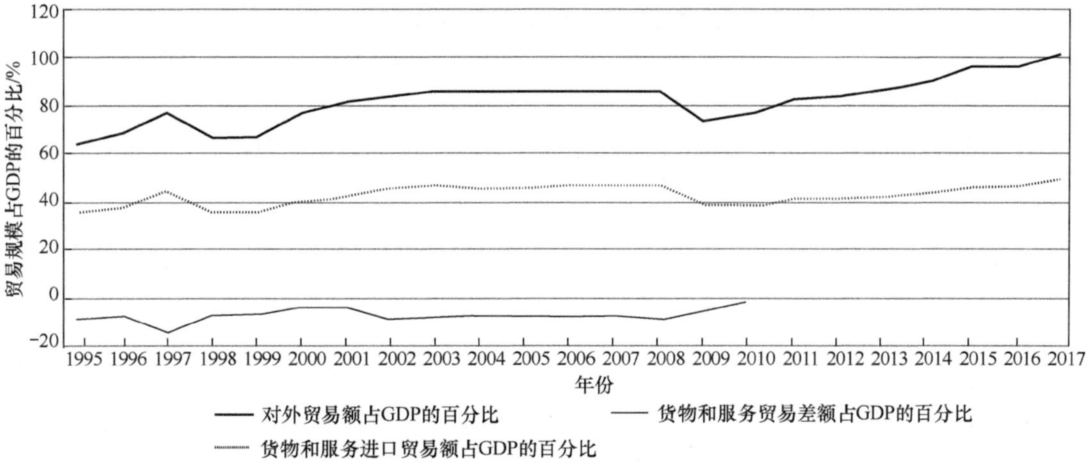

图 41-11　克罗地亚国际贸易情况

九、外国直接投资情况分析

图 41-12 反映了克罗地亚外国直接投资占 GDP 的百分比变化情况。从图 41-12 中可以看出，克罗地亚外国直接投资占 GDP 的百分比总体上不断波动，第一个峰值出现在 1999 年（为 6.21%），最高点出现在 2007 年（为 7.6%），最近的峰值出现在 2014 年（为 6.87%）。克罗地亚外国直接投资占 GDP 的百分比 2016—2017 年较为稳定，2017 年为 3.72%。克罗地亚外国直接投资波动严重，没有稳定的指引和向导，说明克罗地亚政府对外商投资没有进行严格的宏观调控，而是放任市场进行自由流动。

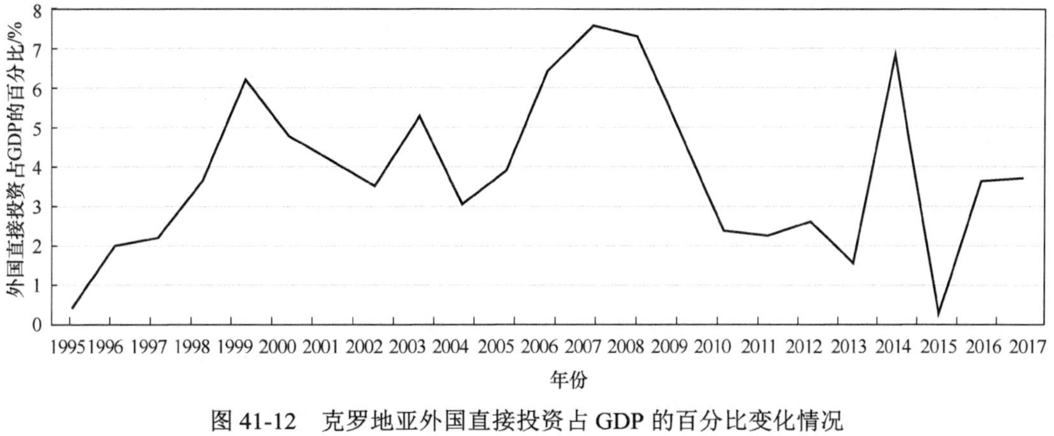

图 41-12　克罗地亚外国直接投资占 GDP 的百分比变化情况

十、经济活力情况分析

表 41-5 反映了克罗地亚 2000—2017 年克罗地亚资本形成总额情况。资本形成总额是资本总量指标，等于固定资本形成总额、存货变化价值和珍贵物品的获得之和减去处置的价值。固定资本形成总额等于生产者在核算期内购置、转入和为自用而生产的固定资产减去处置（销售和转出）固定资产后的价值。克罗地亚固定资本形成总额占 GDP 的百分比 2008 年之前逐年递增，2008 年之后呈减少的趋势。2010—2017 年，克罗地亚资本形成总额占 GDP 的百分比基本稳定在 20%。

表 41-5 克罗地亚 2000—2017 年资本形成总额情况

年份	固定资本形成总额占 GDP 的百分比/%	私营部门固定资本形成总额占 GDP 的百分比/%	资本形成总额占 GDP 的百分比/%
2000	19.95	17.24	20.15
2001	20.39	17.56	22.11
2002	22.30	16.79	25.85
2003	25.83	18.66	27.99
2004	25.69	19.16	27.53
2005	25.41	19.72	27.94
2006	26.58	20.89	29.81
2007	26.80	20.68	29.70
2008	28.10	22.25	31.43
2009	25.21	19.46	25.04
2010	21.21	17.61	21.38
2011	20.24	16.61	20.64
2012	19.59	16.05	19.20
2013	19.69	15.97	19.32
2014	19.26	15.69	18.84
2015	19.59	16.54	20.01
2016	19.90	16.82	20.15
2017	19.87	17.39	20.52

数据来源：克罗地亚统计局。

从图 41-13 中可以看出，克罗地亚新企业数量及密度总体上呈波动增加的趋势。克罗地亚新注册企业密度 2012—2015 年不断减少，2016 年为 2.68，2012 年达到最大值（3.6）。克罗地亚新注册企业数量 2013 年大量增加并达到最大值（14 405）。克罗地亚政府在 2012 年经济发展势头良好，能够营造一个适合企业发展、适合新兴企业进入的良好氛围，为经济增添了活力。

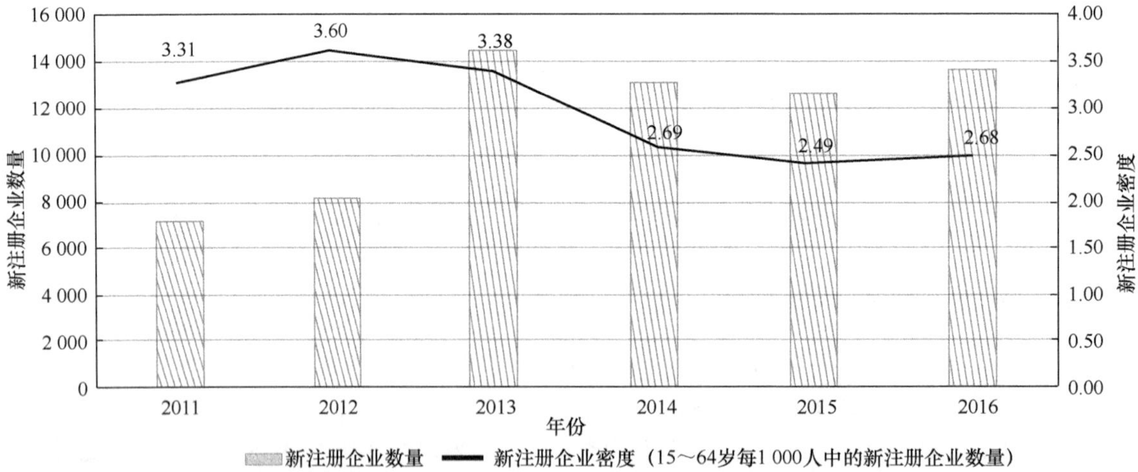

图 41-13 克罗地亚新注册企业数量及密度变化情况

第三节　产业结构情况分析

一、三次产业结构分析

近年来，克罗地亚服务业发展较快，三次产业增加值占比都很稳定。从图 41-14 中可以看出，克罗地亚农业增加值占比很低且变化缓慢；第二产业增加值占比较大；服务业增加值占比最高。经统计，美国第三产业增加值占比约为 80%，而英国、法国、德国、日本第三产业增加值占比都在 60%～70%。因此，克罗地亚的经济从第二产业转移到第三产业的发展趋势与发达国家经济发展历程类似，并且第三产业增加值占比与发达国家的更为接近，但还有一定距离。

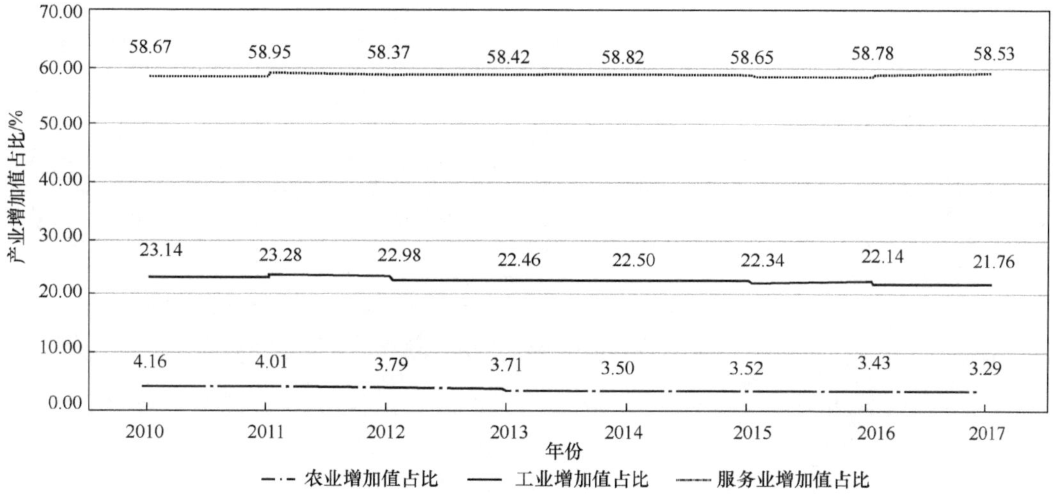

图 41-14　克罗地亚产业结构变化情况

如图 41-15 所示。其中，农业就业人数占比很低且不断下降，2010—2017 年从 14.25%下降到 7.54%；工业就业人数占比较低，但基本稳定在 27%左右；服务业就业人数占比较高，并呈现出逐年上升的趋势，2017 年高达 65.41%。

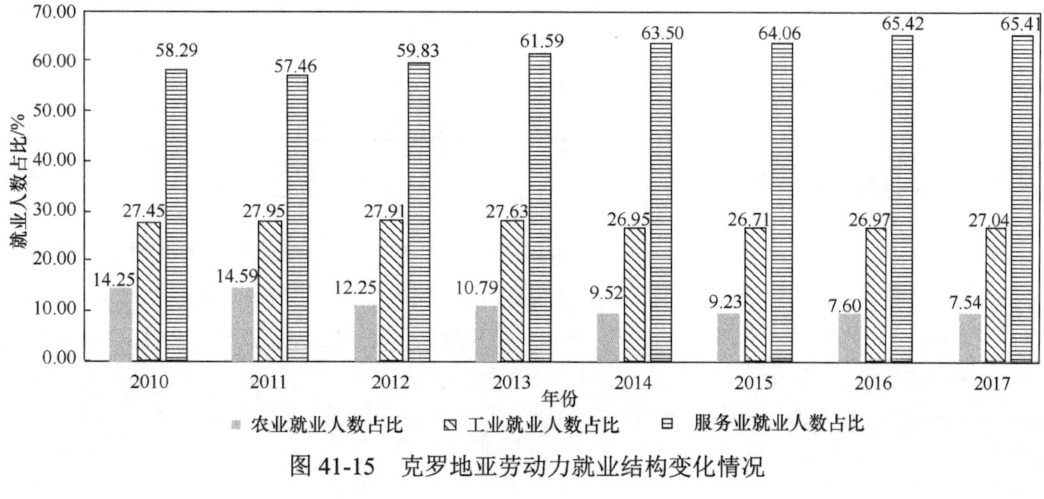

图 41-15　克罗地亚劳动力就业结构变化情况

以上分析表明，克罗地亚产业增加值占比、就业人数占比都呈现出第二产业向第三产业转移的趋势，这说明克罗地亚产业结构逐步走向合理化。

二、工业、制造业规模变化分析

图 41-16 反映了克罗地亚工业、制造业规模变化情况。总体而言，在统计期内，克罗地亚的工业和制造业增加值年增长率不稳定，最高点出现在 2000 年，分别为 7.83%和 6.57%，2000—2008 年呈现持续增长的态势，而 2009 年后有所下滑。在金融危机的影响下，克罗地亚工业、制造业增加值出现大幅下滑。

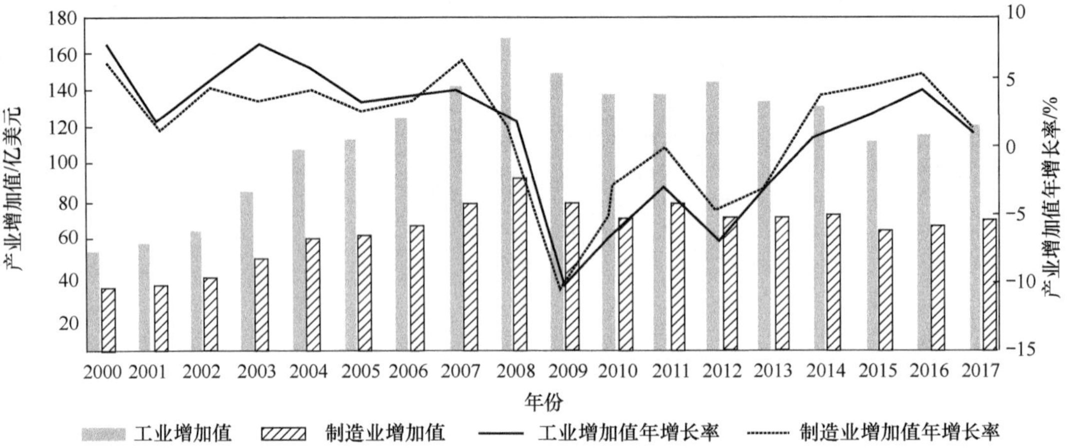

图 41-16 克罗地亚工业、制造业规模变化情况

克罗地亚制造业分行业增加值占比情况如表 41-6 所示。20 世纪，克罗地亚轻工业较为发达，重工业并没有得到发展。从表 41-7 中可以看出，克罗地亚机械和运输设备行业增加值占比稳中有升，1996 年稳定在 13.76%的水平；其他行业增加值占比较为稳定。

表 41-6 克罗地亚制造业分行业增加值占比情况

行业	行业增加值占比/%						
	1990 年	1991 年	1992 年	1993 年	1994 年	1995 年	1996 年
纺织品与服装	14.54	15.94	12.44	12.44	12.44	12.44	12.44
其他	43.25	29.94	39.28	39.28	39.28	39.28	39.28
机械和运输设备	12.52	13.38	13.76	13.76	13.76	13.76	13.76
食品、饮料和烟草	21.91	28.04	23.63	23.63	23.63	23.63	23.63
化学品	7.77	12.70	10.90	10.90	10.90	10.90	10.90

三、服务业规模变化分析

克罗地亚第三产业整体崛起，说明克罗地亚第三产业呈现合理化发展的趋势。如图 41-17 所示，总体而言，克罗地亚服务业增加值占比在 58%上下波动。在农业增加值占比不断下降，工业增加值占比保持水平不变的情况下，服务业作为克罗地亚的主导产业，对拉动经济的作用越发显著。克罗地亚服务业增加值年增长率并不稳定，有少许波动，2012 年后呈现持续上升趋势，2016 年达到最高点（2.53%）。

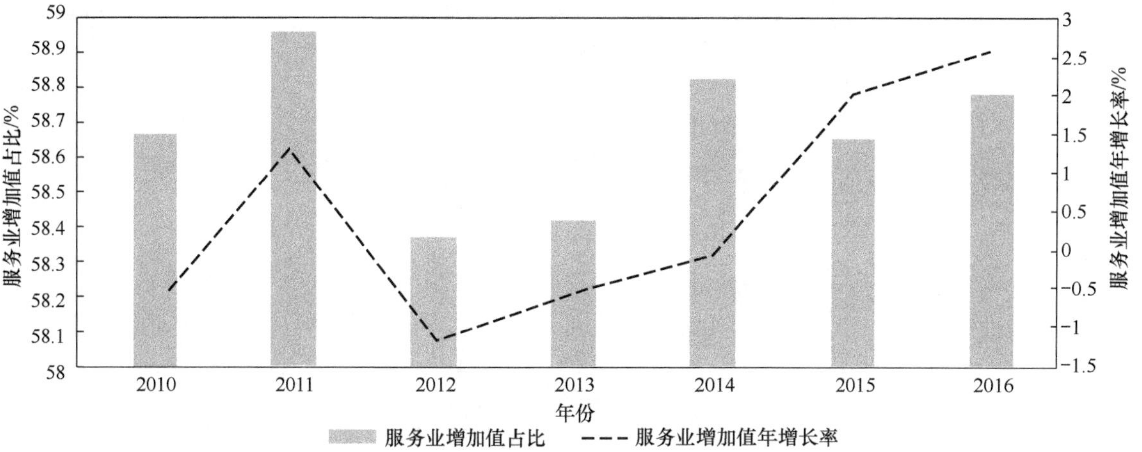

图 41-17　克罗地亚服务业规模变化情况

四、产品情况分析

1. 能源产业

克罗地亚森林和水力资源丰富，全国森林面积达 222 万公顷，森林覆盖率为 39.2%。此外，克罗地亚还有石油、天然气、铝等资源。克罗地亚并非资源大国。如图 41-18 所示，人均能源使用量在 2007 年之前不断上升，2007 年达到最高点（2 272.14 千克油当量），而后不断下降，2014 年下降到 1 907.84 千克油当量。从图 41-19 中可以看出，燃料进口量占比（燃料进口量占产品进口总量的百分比的简称）远远高出燃料出口量占比（燃料出口量占产品出口总量的百分比的简称），燃料的进口量和出口量占比变化趋势基本一致；2012 年，燃料进口量占比达到最高值，为 23.18%；2013 年，燃料的出口量占比达到最高值，为 13.91%；近年来，燃料进口量和出口量占比都出现不断下降的趋势。

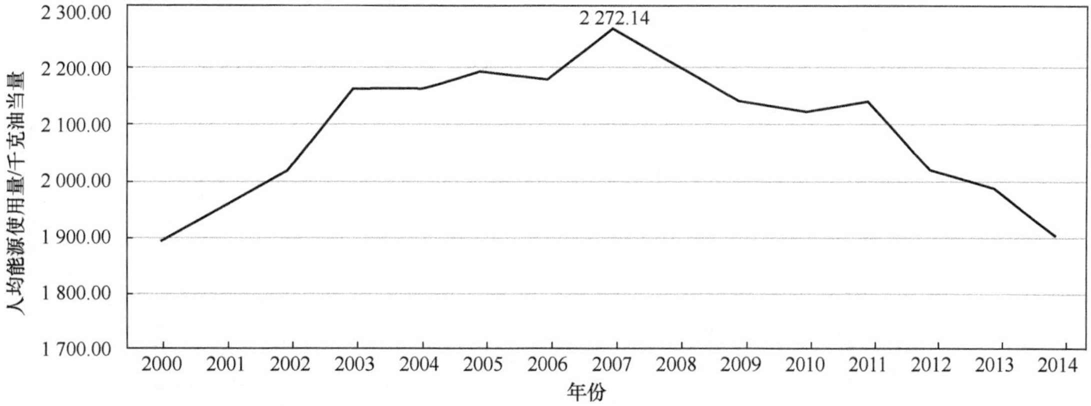

图 41-18　人均能源使用量

从表 41-7 中可以看出，石油、天然气、煤炭发电量占比不断下降，说明克罗地亚有意识地减少环境污染，减少石化能源使用量，其中石油发电量占比下降最多，2014 年仅为 0.96%；水力发电量占比自 2000 年以来在波动中上升，2014 年达到 67.04%，且成为现今的主要发电方式。

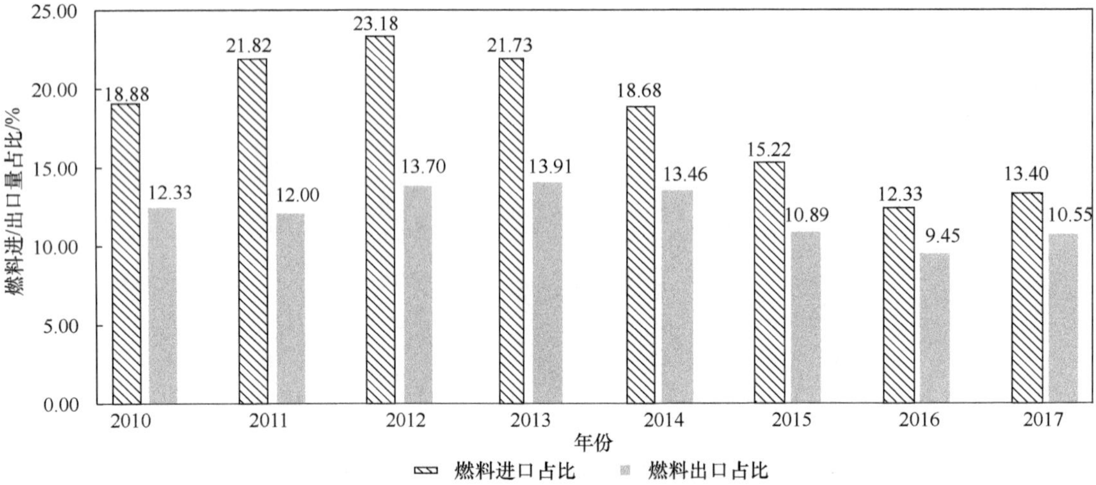

图 41-19 燃料进/出口量占比变化情况

表 41-7 在总发电量中不同能源发电量占比

年份	石油发电量占比/%	天然气发电量占比/%	水力发电量占比/%	煤炭发电量占比/%
2000	14.98	13.95	57.29	13.77
2001	16.70	14.24	56.23	12.83
2002	17.46	19.89	46.05	16.60
2003	24.78	15.62	41.37	18.22
2004	11.99	17.69	54.88	15.39
2005	14.21	13.89	53.89	17.83
2006	15.17	15.93	51.20	17.46
2007	18.45	24.42	37.47	19.31
2008	15.53	19.24	45.23	19.52
2009	15.06	16.54	55.42	12.40
2010	3.78	17.25	61.68	16.12
2011	6.69	23.31	44.76	22.96
2012	5.49	23.70	45.66	21.13
2013	1.65	14.49	61.82	17.36
2014	0.96	7.46	67.04	17.62

数据来源：国家统计局网站。

2. 信息和通信技术产品

从图 41-20 中可以看出，克罗地亚信息和通信技术产品出口量占比（信息和通信技术产品出口量占产品出口总量的百分比的简称）远低于信息和通信技术产品进口量占比（信息和通信技术产品进口量占产品进口总量的百分比的简称）。信息和通信技术产品出口量占比自 2011 年以来呈上升的趋势，从 2011 年的 1.55%上升至 2016 年的 2.70%。信息和通信技术产品进口量占比 2010—2016 年稳定在 5%左右。可见，克罗地亚正在逐渐重视信息和通信技术产品的生产。

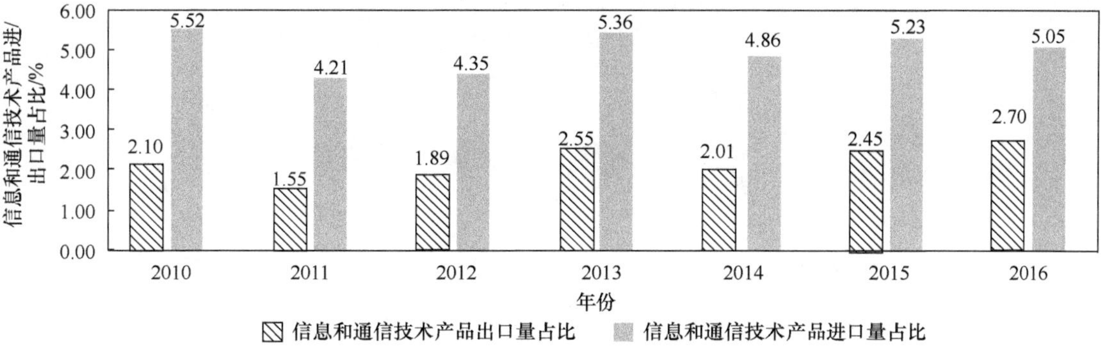

图 41-20 信息和通信技术产品进/出口量占比变化情况

五、旅游业情况分析

旅游业是克罗地亚的重要产业之一。克罗地亚旅游业发达，是国民经济的重要组成部分和外汇收入的主要来源。克罗地亚主要风景区有秀丽迷人的亚得里亚海海滨、普利特维采湖群和布里俄尼岛等国家公园。旅游业一直是克罗地亚政府着力发展的重点行业，并在克罗地亚经济发展中占据重要的地位。2008 年，克罗地亚旅游业收入创历史新高，达 71 亿欧元，约占 GDP 的 22%。从图 41-21 中可以看出，2010—2016 年，克罗地亚国际旅游业收入占总出口贸易额的百分比（简称国际旅游业收入占比）在 35%～40%范围内波动，而国际旅游业支出占总进口贸易额的百分比（简称国际旅游业支出占比）在 3%～5%范围内波动。

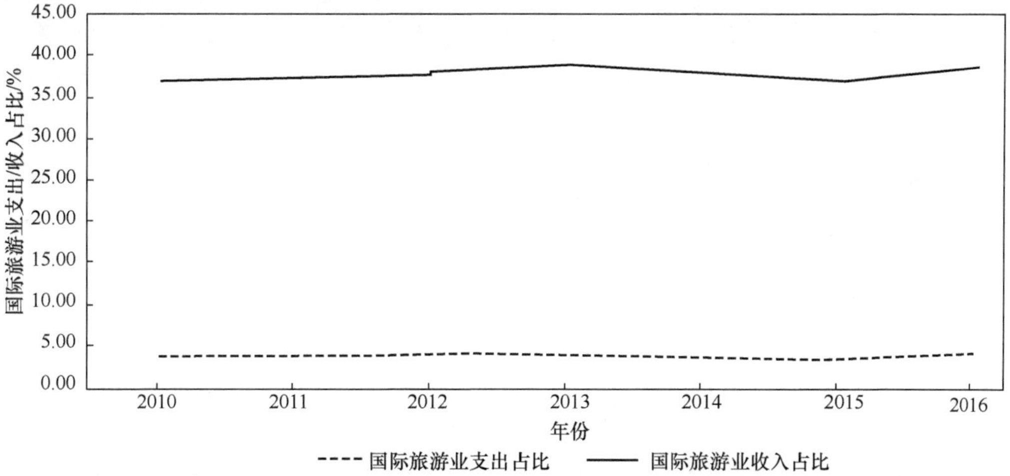

图 41-21 克罗地亚国际旅游业支出/收入占比变化情况

2008 年，克罗地亚旅游业收入增长速度较上年有所放缓，但游客数和过夜数均创下历史新高。2008 年，克罗地亚共接待游客 1 126 万人次，同比增加 1%。其中，国内游客 185 万人次，同比减少 1%；国外游客 941 万人次，同比增加 1%；游客总过夜数为 5 710 万次，同比增加 2%；国内游客过夜数为 648 万次，同比增加 1%，占游客总过夜数的 11.3%；国外游客过夜数为 5 062 万次，同比增加 2%，占游客总过夜数的 88.7%；国内游客平均每人次停留 3.5 夜；国外游客平均每人次停留 5.4 夜。从图 41-22 中可以看出，2013—2014 年，克罗地亚游客过夜数不断增加，而游客过夜数高峰在每年 8 月份。

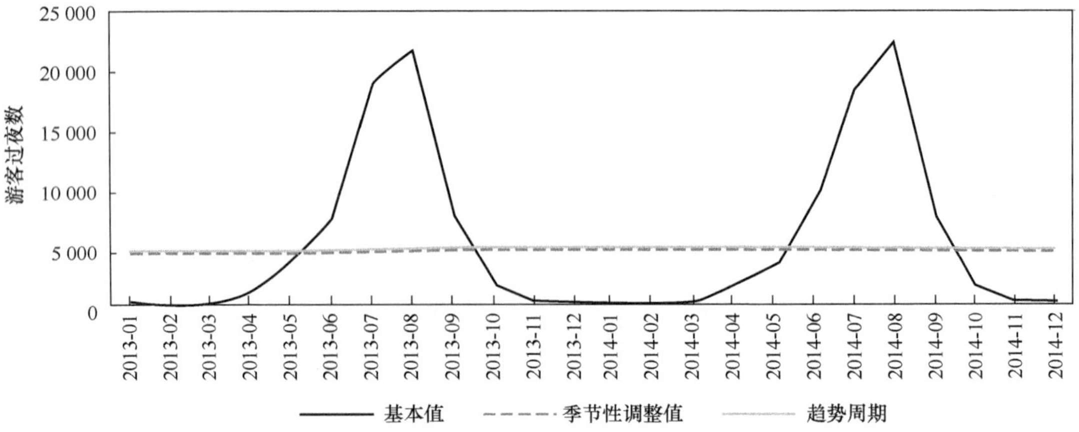

图 41-22 克罗地亚游客过夜次数变化情况

第四节 产业政策分析

自 1993 年 10 月实施旨在制止恶性通货膨胀的稳定计划之后，克罗地亚经济就进入伴随着低通货膨胀的稳定增长阶段。随后受美国次贷危机影响，克罗地亚经济陷入衰退，2009 年经济负增长高达 6.9%，新增登记失业人数由美国次贷危机前的 20 万人激增至 27.1 万人（涨幅超过 35%）。尽管克罗地亚政府出台了一系列措施以提振经济，但各项关键指标显示宏观经济至今仍未恢复到衰退前水平。2012 年，克罗地亚实体经济增长乏力，难以走出负增长阴影；失业人数增速放缓，但绝对量持续增至 33.9 万人，其中男性就业受冲击较大，失业率由美国次贷危机前的 37.6%增至 47%。2014 年，克罗地亚失业率略有下降。但 2015 年，克罗地亚就业情况持续恶化，2 月失业率达近 10 年来最高水平（20.3%），4 月回落至 19.7%。因此，克罗地亚政府以提高就业为前提进一步扩大招商引资力度。加入欧盟使克罗地亚获得进入欧洲单一市场、进一步扩大出口和吸引外商投资的机会。克罗地亚在法律上平等对待国内外投资者，没有排斥外商投资的筛选机制，也没有对外商投资施以限制。克罗地亚允许外国投资者以普通合伙、有限合伙、有限责任公司或参股公司的方式进行投资。

一、鼓励外商投资的政策措施

为了吸引外商投资，克罗地亚设立自由贸易区并采取了一系列优惠政策。克罗地亚 2007 年新颁布了《鼓励投资法》，在税收、关税等方面明确了对外商投资具体的优惠政策；2012 年 9 月 21 日新颁布了《投资促进与改善投资环境法》，在鼓励投资、增加就业方面给予了具体优惠政策。其中，税收优惠政策包括：投资 100 万欧元以下，创造 5 个就业岗位的，将给予 10 年内减免 50%所得税；投资 100 万～300 万欧元，创造 10 个就业岗位的，将给予 10 年内减免 75%所得税；投资 300 万欧元以上，创造 15 个就业岗位的，将给予 10 年内减免 100%所得税。以上保持投资项目的期限不能短于享受鼓励措施的年限，大型企业至少保持 5 年，中、小型企业至少保持 3 年。

二、外商投资的行业分布

克罗地亚吸引的外资主要流向服务业。1993—2014 年，克罗地亚服务业吸引了超过 200 亿欧元的外资，占同期流入克罗地亚外资总额的 72.3%，且投资目的多为国内服务市场。

内战结束后，1994—1998 年，克罗地亚制造业，尤其是化学制品相关行业吸引了大量外资。此后，始于 20 世纪 90 年代末的银行业和电信业的大规模私有化使外商以并购的方式大量进入服务业。例如，1999 年克罗地亚将国有电信公司 31%的股份以 8.5 亿美元的价格卖给德国电信公司。2000 年，克罗地亚外资银行资产占银行业总资产的 90%多，国有银行数量从 1993 年的 26 家锐减至 3 家；截至 2013 年第三季度，克罗地亚银行业累计获得外商投资达 88.2 亿欧元，占同期流入克罗地亚外资总额的 32.5%，成为外资流入最多的行业。

克罗地亚自由贸易区的设立使批发和佣金贸易吸引超过 25 亿欧元的外资，如果将之与零售贸易汇总，则流入克罗地亚贸易行业的外资总额为 42.3 亿欧元，占同期流入克罗地亚外资总额的 14.4%。这不仅促进了克罗地亚国内就业，也反映了大型零售贸易领域投资者的进入状况。

在房地产业，大部分外商投资分布在餐厅、宾馆及与旅游密切相关的服务业，其投资额占同期流入克罗地亚外资总额的 7.8%。通信和化学品制造业分别吸引 18.5 亿欧元和 16.2 亿欧元，分别占同期流入克罗地亚外资总额的 6.3%和 5.5%。此外，尽管化学与医药行业吸引的外资在下降，但 2008 年仍吸引外资约为 16 亿欧元，而最近一次大型外商投资则是 2006 年美国拜尔公司斥资 20 亿美元收购中东欧最大的克罗地亚普里瓦医药公司。

第五节　产业结构与产业政策分析基本结论

通过对克罗地亚的基本情况、经济发展情况、产业结构情况、产业政策几个方面的分析，初步得出以下结论。

（1）总体而言，克罗地亚近年来三次产业结构、产业就业人数占比不断优化，并逐步向合理化迈进。克罗地亚能够根据自身优势，协调第一产业、第二产业、第三产业发展，且发展趋势平稳。克罗地亚着重发展第三产业，尤其是旅游业。

（2）具体而言，克罗地亚拥有丰富的森林和水力资源，有一定优势发展林业。克罗地亚有长达 1 778 千米的海岸线，拥有丰富的水资源，并且能够对水资源进行较好的利用。近年来，克罗地亚在水力发电和水运上都有较好的发展。克罗地亚工业基础相对较好，但工业内部行业持续低迷，其产值呈现负增长，对克罗地亚经济基础有一定的冲击。克罗地亚应稳固发展工业，为第三产业的发展奠定坚实的基础。

（3）克罗地亚服务业发展相对较快，服务业增加值占比、服务业就业人数占比，都呈现了克罗地亚经济重心由第二产业向第三产业转移的趋势，从而使产业结构得到优化升级。

（4）近几年，克罗地亚研发投入占 GDP 的百分比较为稳定，但研发投入占 GDP 的百分比仍然较少，导致创新产出减少，居民专利申请数量也不断减少，这不利于服务业的长期健康发展。克罗地亚应加大研发投入，鼓励技术创新，调整服务业结构，发展高新技术产业，积极推动传统服务业的转向和现代服务业的发展。

（5）从区域经济长期发展来看，克罗地亚三次产业协同发展，并有较好的经济基础，但仍存在些许问题。克罗地亚应以转变经济增长方式、推动技术创新和管理创新为核心，增强高新技术产业的辐射和带动能力，提高经济效益和产业竞争力。

克罗地亚是中国在中东欧的传统友好国家。中国与克罗地亚在 1992 年正式建交，并于 2005 年宣布建立全面合作伙伴关系。在历史上，克罗地亚处在欧洲与中国之间古贸易通道版图的重要位置，自古以来与中国就有着紧密的经贸往来，而在现代社会两国一直保持着紧密的经贸联系。自 2013 年以来，中国陆续提出建设“丝绸之路经济带”和“21 世纪海上丝绸之路”战略，以及与中东欧的“16+1 合作”倡议和针对克罗地亚的“海上运输走廊”建设规划，这为扩展两国之间的合作内容、加深经贸合作提供了新的机遇，而且两国对合作的积极推动，有利于密切中国与中东欧国家的经济合作，并对“一带一路”倡议的推广和落实有着极为重要的意义。